KB059248

2021년판

범죄 경찰 수사규칙

감수 : 정해룡
편저 : 신연덕
    윤용의

범죄수사규칙을 기본으로

경찰수사규칙, 수사준칙, 형사소송법을 조합하고
경찰수사 관련 훈령 · 예규를 보충

수사의 기본 집합체 완성

 법률미디어

2021년 전면 개정판을 내면서

검사의 수사지휘를 폐지하고, 검사와 사법경찰관이 수사, 공소제기와 유지에 관하여 상호협력하도록 한 개정 형사소송법과 「검사와 사법경찰관의 상호협력과 일반적 수사준칙에 관한 규정((수사준칙/대통령령)」 및 「경찰수사규칙(행안부령)」이 제정되어 2021.1.1. 시행되었습니다.

이에 따라 개정 범죄수사규칙은 수사권개혁 입법 내용 및 취지를 수사 실무절차에 반영하고, 일반적인 수사절차가 수사준칙과 경찰수사규칙 내용이 대폭 반영되었습니다.

한편 범죄수사규칙은 법령체계에 맞게 상위법령과 중복되는 내용은 삭제되고 상위법령의 내용이 명확하지 않거나 불완전한 것에 한정하여 필요한 보충적 사항만을 규정하도록 개정되었습니다.

따라서 본 책자는 범죄수사규칙 각 조문을 기본으로 여기에 경찰수사규칙과 각종 경찰 관련 법령을 추가하여 수사 기본 집합체의 완성을 기하도록 하였습니다.

범죄
경찰 수사규칙의 개정내용은 다음과 같습니다.
첫째, 사법경찰관과 검사의 상호협력에 필요한 사항과 수사를 할 때 지켜야 하는 일반적인 수사준칙의 개정내용을 모두 반영하였다.
둘째, 각종 수사서류 양식의 용어가 기존 보고나 지휘 등으로 되어 있던 것을 통보나 요청 등으로 변경되어 정리하였다.
셋째, 관련 조문을 입체적이며 구체적으로 정리함으로써 경찰의 수사과정에서 적법절차 원칙을 준수하도록 하여 국민의 인권 보호를 최우선으로 하였다.

끝으로 본 책자의 전면개정을 위한 원고와 자료입력 작업을 전담한 법률미디어의 편집부 직원분들과 개정판의 출간을 서둘러 주신 법률미디어 출판사에 고마움을 표시하는 바입니다.

2021. 2.

편저자 신현덕, 윤홍희 드림

목 차

제1부 수사규칙 해설

제3편 수사종결 등에 관한 사항

제2부 수사규칙 양식

제3부 경찰관련 법령

부 록

수사규칙해설

1

제1편 총   칙

■ 목 적

제1조(목적) 이 규칙은 경찰공무원이 범죄를 수사할 때에 지켜야 할 방법과 절차 그 밖에 수사에 관하여 필요한 사항을 정함으로써 수사사무의 적정한 운영을 기함을 목적으로 한다.

> ※ 경찰수사규칙
> 제1조(목적) 이 규칙은 경찰공무원(해양경찰청 소속 경찰공무원은 제외한다)인 사법경찰관리가 「형사소송법」 및 「검사와 사법경찰관의 상호협력과 일반적 수사준칙에 관한 규정」 등 수사 관계 법령에 따라 수사를 하는 데 필요한 사항을 규정함을 목적으로 한다.

> ※ 검사와 사법경찰관의 상호협력과 일반적 수사준칙에 관한 규정
> 제1조(목적) 이 영은 「형사소송법」 제195조에 따라 검사와 사법경찰관의 상호협력과 일반적 수사준칙에 관한 사항을 규정함으로써 수사과정에서 국민의 인권을 보호하고, 수사절차의 투명성과 수사의 효율성을 보장함을 목적으로 한다.

○ 본 범죄수사규칙(2021.1.1.개정)은
❖ 일반적인 수사절차가 제정 「수사준칙」 및 「경찰수사규칙(행안부령)」 제정안에 대폭 반영되어 본 범죄수사규칙은 법령체계에 맞게 상위법령과 중복되는 내용은 삭제하고 상위법령의 내용이 명확하지 않거나 불완전한 것에 한정하여 필요한 보충적 사항만을 규정하도록 개정되었다.

○ 범죄수사규칙은
❖ 전국경찰의 수사·형사업무를 담당하는 사법경찰관리인 경찰관들에게 범죄수사업무를 수행함에 있어서 지켜야 할 마음가짐, 수사의 방법과 절차 그 밖에 수사의 필요사항을 규정함으로써 구체적 업무처리에 있어서의 기준과 통일을 기하여 수사의 방법수사절차와 서식에 있어서 능률을 극대화할 수 있도록 제정된 규칙으로 수사업무 종사자들은 수사실무의 기본지침으로써 숙독함에 소홀해서는 안 되겠다.

> ※ 경찰수사규칙
> 제2조(인권 보호 및 적법절차의 준수) ① 사법경찰관리는 수사를 할 때에는 합리적 이유 없이 피의자와 그 밖의 피해자·참고인 등(이하 "사건관계인"이라 한다)의 성별, 종교, 나이, 장애, 사회적 신분, 출신지역, 인종, 국적, 외모 등 신체조건, 병력(病歷), 혼인 여부, 정치적 의견 및 성적(性的) 지향 등을 이유로 차별해서는 안 된다.

② 사법경찰관리는 「형사소송법」(이하 "법"이라 한다) 및 「검사와 사법경찰관의 상호협력과 일반적 수사준칙에 관한 규정」(이하 "수사준칙"이라 한다) 등 관계 법령을 준수하고 적법한 절차와 방식에 따라 수사해야 한다.

○ 수사경찰이 지켜야 할 마음가짐
  ❖ 수사경찰은 실체적 진실발견에 노력하여야 한다. 한편으로 국민의 기본적 인권이 침해되지 않도록 노력하며, 특히 유의할 점은
    • 국민의 권익침해를 최소화하고
    • 합리적인 수사
    • 관계법령 및 수사기술 숙지
    • 품위를 유지하고, 남에게 오해를 사는 일이 없도록 특히 유의함으로써 사건관계인에게는 공정한 자세로서 편파 수사 등의 물의를 일으키는 일이 없도록 하여야 한다.

○ 사법경찰관리인 수사경찰이 지켜야 할 마음가짐
❖ 경찰청에서는 수사업무 종사자에게 4대 기본 덕목을 공정·친절·신속·청렴으로 정하고 대국민 신뢰회복과 경찰 거듭나기 운동의 중점 실천과제로 하고 있다.
  <공   정>
    • 신뢰감이 넘치도록 불편부당한 조사 자세를 근절하고
    • 법 규정의 정확한 적용과 명쾌한 처리
    • 객관적으로 이해가 가는 정의로운 수사결과를 지향한다.
  <친   절>
    • 억울함을 해소해 주는 봉사자로서의 조사 태도
    • 친절한 언어와 예의 바른 행동으로 승복시키는 조사
    • 경찰에 형사민원을 제기한 것을 후회하지 않도록 후련한 조사를 한다.
  <신   속>
    • 1개월 이내 처리원칙 엄수 - 기일연장을 엄격히 제한하고
    • 출석민원인 즉석 보충조서 작성 - 대기시간을 최소화하며
    • 접수순서에 따른 신속한 지정, 조사를 확행한다.
  <청   렴>
    • 금품유혹이 범접치 못할 깨끗한 자세를 견지하며,
    • 사무실 이외의 장소에서 고소인, 피고소인 등 사건관계인과 만나는 일을 지양한다.
    • 가족에 이르기까지 검소, 건전하게 생활한다.

▣ 적용범위

제2조(적용범위) 경찰관의 수사에 관하여 다른 규칙에 특별한 규정이 있는 경우를 제외하고는 이 규칙이 정하는 바에 따른다.

❖ 상위법인 형사소송법, 형사소송규칙, 검사와 사법경찰관의 상호협력과 일반적 수사준칙에 관한 규정(시행령), 경찰수사규칙(시행규칙) 등에서 규정하는 경우를 제외하고는 본 규칙이 정하는 바에 따른다.

※ 검사와 사법경찰관의 상호협력과 일반적 수사준칙에 관한 규정
제2조(적용 범위) 검사와 사법경찰관의 협력관계, 일반적인 수사의 절차와 방법에 관하여 다른 법령에 특별한 규정이 있는 경우를 제외하고는 이 영이 정하는 바에 따른다.

▣ 특별사법경찰관리 직무범위 사건을 직접 수사하는 경우

제3조(특별사법경찰관리 직무범위 사건을 직접 수사하는 경우) 경찰관은 특별사법경찰관리의 직무범위에 속하는 범죄를 먼저 알게 되어 직접 수사하고자 할 때에는 경찰관이 소속된 경찰관서의 장(이하 "소속 경찰관서장"이라 한다)의 지휘를 받아 수사하여야 한다. 이 경우 해당 특별사법경찰관리와 긴밀히 협조하여야 한다.

○ 특별사법경찰관리는
 ❖ 사법경찰관리의직무를행할자와그직무범위에관한법률 및 각 특별법규에 규정된 직무범위에 한정되므로 자연히 그 직무범위를 넘는 범죄는 일반사법경찰관리에게 이첩하여야 한다.

○ 공조에 관하여서는
 다른 법령에 특별한 규정이 없는 한 본 규정에서 규정한
  1. 직접 수사하는 경우
  2. 인계를 받았을 경우
  3. 수사가 경합하는 경우 등의 규정에 따라 처리한다.

○ 특별사법경찰관리의 직무에 대하여는
 본 규칙 제4조 이송하는 경우에는 구체적으로 설명하는 것이니 이를 참조한다.

○ 수사경찰이 사건 취급 중에 특별사법경찰관리 등의 직무범위

　에 속하는 범죄를 인지한 경우에는 그 수사권이 경합하는 범죄라고 보아서 소
　속 경찰관서장에게 보고하여 그 지휘를 받아 수사하는 것이 마땅하다. 또한 관
　련사건으로써 직접 수사하는 것이 적당하다고 인정할 때에도 마찬가지이다.

○ 수사경찰이 이러한 특정의 범죄를 수사함에 있어서

　❖ 특수한 전문직 지식을 가진 특별사법경찰관리와 긴밀히 협조하여 그 전문적
　　지식에 의한 조언 등을 존중해서 수사하여야 한다.
　❖ 실무상에서는 특별한 사정이 없으면 전문지식을 가진 특별사법경찰관리에게
　　처리하는 경우가 일반적이다.

■ 이송하는 경우

> 제4조(이송하는 경우) 경찰관은 특별사법경찰관리에게 사건을 이송하고자 할 때에는 필요한 조치를 한
> 후 관련 수사 자료와 함께 신속하게 이송하여야 한다.

○ 특수 업무 분야로서 이는 특별사법경찰관리가 그 업무를 취급하는 것이

　❖ 가장 적정한 단속과 수사가 이루어질 수 있으며 일반사법경찰관리인 수사경찰이
　　취급하는 것이 오히려 극히 부적정한 경우에는 수사자료를 첨부하여 그 지휘를
　　받아 관련 수사자료를 첨부하여 특별사법경찰관리에게 이송하여 처리한다.

○ 다음의 경우들은 수사경찰의 직무 중 제한이 되는 경우로서 해당 특별사법경
　찰관리에게 이첩하여 처리하여야 한다.

　❖ 관세법에 관한 사건을 발견하거나 피의자를 체포하였을 때에는 즉시 관세청
　　또는 세관에 인계하여야 한다(관세법 제284조 제2항).
　❖ 조세에 관한 범칙 사건을 인지하였을 때는 국세청장 또는 세무서장에게 지
　　체없이 인계하여야 한다.
　❖ 근로기준법 위반 또는 선원법위반 범죄에 대한 수사는 검사 및 근로감독관 또는
　　선원 근로감독관만이 행할 수 있다(근로기준법 제105조, 선원법 제117조). 그러
　　나 당해 근로감독관 또는 선원 근로감독관의 직무에 관한 범죄는 예외이다.
　❖ 국가정보원 직원의 범죄수사는 동 원장이 지정하는 직원이 행한다.

○ 관세나 조세사건이라 하더라도 일반경찰이 수사할 수 있는 경우

　❖ 범죄의 정도가 중하여 특정범죄가중처벌등에관한법률위반에 해당될 경우에

는 일반사법경찰관리도 수사할 수 있다.

❖ 특정범죄가중처벌등에관한법률 위반에 해당되는 경우는 관세포탈은 포탈세액이 3,000만원 이상, 조세포탈은 포탈세액이 5억원 이상 인 때이다.

○ 실무에서는 관세 또는 조세사건을 수사하여

❖ 단순관세법 위반이나 단순조세범에 해당하는 것으로 판명될 경우, 해당기관에 인계할 때도 있으나 타 사건과의 관련 등으로 인계하는 것이 적합하지 아니한 사건에 대하여는 해당기관의 고발을 받아 직접 수사하여 검사에게 송치하는 경우도 많다.

❖ 또한 사안이 특정범죄가중처벌등에 관한법률 위반에 해당한다 하더라도 앞으로의 재판과정에서 단순 관세범이나 조세범으로 인정될 경우에 대비하여 해당기관의 고발을 받아서 수사하여야 한다.

○ 특수 분야에 대하여는

❖ 해당 특별사법경찰관리에게 일차적인 수사권이 있다 하더라도 일단 수사에 착수한 이상 특별사법경찰관리에게 사건을 인계하기 전까지는 성실하게 수사의 임무를 다하여야 한다.

■ 사건을 이송받았을 경우

제5조(사건을 이송받았을 경우) ① 경찰관은 특별사법경찰관리의 직무범위에 해당하는 범죄를 이송받아 수사할 수 있으며, 수사를 종결한 때에는 그 결과를 특별사법경찰관리에게 통보하여야 한다.
② 제1항의 경우에 있어서 필요한 때에는 해당 특별사법경찰관리에게 증거물의 인도 그 밖의 수사를 위한 협력을 요구하여야 한다.

○ 특별사법경찰관리는
  ❖ 사법경찰관리의직무를행할자와그직무범위에관한법률 및 각 특별법규에 규정된 직무범위에 한정되므로 자연히 그 직무범위를 넘는 범죄는 일반사법경찰관리인 수사경찰에게 이첩하여야 한다.

○ 수사경찰은 일반적으로 모든 범죄에 대하여
  ❖ 그 수사의 책임을 지고 있기 때문에 특별사법경찰관리의 직무범위에 속한 범죄를 수사한 후 그 사건이 다른 범죄사건과 관련하여 그 수사를 인계하겠다는 연락이 있을 경우에는 관련증거물과 증거서류를 인수하여 처리한다.

■ 수사가 경합하는 경우

제6조(수사가 경합하는 경우) 경찰관은 특별사법경찰관리가 행하는 수사와 경합할 때에는 경찰관이 소속된 경찰관서 수사부서의 장(이하 "소속 수사부서장"이라 한다)의 지휘를 받아 해당 특별사법경찰관리와 그 수사에 관하여 필요한 사항을 협의하여야 한다.

○ 수사경찰과 특별사법경찰관리의 직무범위에 속하는 범죄를
  ❖ 수사하는 경우에 있어서 당해 특별사법경찰관리가 행하는 수사와 상호 경합할 때에는 특별사법경찰관리가 수사의 제1차적인 책임을 부담하게 되므로 소속관서장에게 보고하여 그 지휘를 받아 당해 특별사법경찰관리와 협의, 인계하여 처리한다. 또한 사후 수사결과를 통보하여야 한다.

제2편 수사에 관한 사항
제1장 통 칙
제1절 수사의 기본원칙

▣ 사건의 관할

제7조(사건의 관할) ① 사건의 수사는 범죄지, 피의자의 주소·거소 또는 현재지를 관할하는 경찰관서가 담당한다.
② 사건관할을 달리하는 수개의 사건이 관련된 때에는 1개의 사건에 관하여 관할이 있는 경찰관서는 다른 사건까지 병합하여 수사를 할 수 있다.
③ 그밖에 관할에 대한 세부 사항은 「사건의 관할 및 관할사건수사에 관한 규칙」에 따른다.

※ 경찰수사규칙
제15조(직무 관할) 사법경찰관리는 소속된 경찰관서의 관할구역에서 직무를 수행한다. 다만, 다음 각 호의 어느 하나에 해당하는 경우에는 관할구역이 아닌 곳에서도 그 직무를 수행할 수 있다.
 1. 관할구역의 사건과 관련성이 있는 사실을 발견하기 위한 경우
 2. 관할구역이 불분명한 경우
 3. 긴급을 요하는 등 수사에 필요한 경우

※ 사건의 관할 및 관할사건수사에 관한 규칙
제5조(사건의 관할) ① 사건의 관할은 범죄지, 피의자의 주소·거소 또는 현재지를 관할하는 경찰서를 기준으로 한다.
② 사건관할을 달리하는 수개의 사건이 관련된 때에는 1개의 사건에 관하여 관할이 있는 경찰관서는 다른 사건까지 병합하여 수사 할 수 있다.
제6조(사건관할이 불분명한 경우의 관할지정) ① 다음 각 호의 사건 중 범죄지와 피의자가 모두 불명확한 경우에는 특별한 사정이 없는 한 사건을 최초로 접수한 관서를 사건의 관할관서로 한다.
 1. 전화, 인터넷 등 정보통신매체를 이용한 범죄
 2. 지하철, 버스 등 대중교통수단 이동 중에 발생한 범죄
 3. 그 밖에 경찰청장이 정하는 범죄
② 외국에서 발생한 범죄의 경우에도 사건을 최초로 접수한 관서를 사건의 관할관서로 한다. 다만, 사건접수 단계부터 피의자가 내국인으로 특정된 경우에는 피의자의 주소·거소 또는 현재지를 관할하는 경찰서를 관할관서로 한다.
③ 국내 또는 국외에 있는 대한민국 및 외국국적 항공기 내에서 발생한 범죄에 관하여는 출발지 또는 범죄 후의 도착지를 관할하는 경찰서를 관할관서로 한다.
④ 제1항부터 제3항까지의 규정에도 불구하고 해양경찰청, 군수사기관, 철도특별사법경찰대 등 다른 국가기관과 협의하여 정한 협정 등이 있으면 이를 이 규칙보다 우선하여 적용한다.

○ 수사기관의 관할은 먼저 토지관할과 사물관할로 나눌 수 있는데 먼저 토지관할은

❖ 사법경찰관리의 수사관할구역은 그 소속관서의 관할구역과 같으며 그 관할 구역 안에서 직무를 행하는 것이 원칙이다.

❖ 다만, 관할구역내의 사건과 관련이 있는 사실을 발견하는데 필요한 경우 관할구역 외에서도 그 직무를 행할 수 있다.

❖ 범죄수사에 관할 분쟁이 있는 경우에는 차상급기관의 지휘조성을 받아서 처리한다.

○ 사물관할로서 원칙적으로는 제한이 없으나 다음의 경우처럼 예외적으로 제한

❖ 특정범죄가중처벌등에관한법률 위반의 경우를 제외한 관세사범에 대한 정보는 관세청에 이첩하여야 한다(조세범처벌절차법 제6조 제5항). 따라서 사법경찰관이 조세사건에 대한 내사, 수사에 착수할 때에는 세무공무원의 고발이 있어야 한다.

❖ 근로기준법 위반 또는 선원법 위반범죄에 대한 수사는 검사 또는 근로감독관, 선원근로감독관만이 할 수 있다.
  다만, 당해 근로감독관 또는 선원근로감독관의 직무에 관한 범죄는 예외이다.

❖ 물가안정에관한법률위반 범죄에 대한 수사는 주무장관의 고발이 있어야 한다.

❖ 관세법 위반 사건에 대하여는 발견 즉시 세관장에게 이첩하여야 한다.

○ 사건의 관할 및 관할 사건수사에 관한 규칙

❖ 사건의 관할

① 사건의 관할은 범죄지, 피의자의 주소·거소 또는 현재지를 관할하는 경찰서를 기준으로 한다.

② 사건관할을 달리하는 수개의 사건이 관련된 때에는 1개의 사건에 관하여 관할이 있는 경찰관서는 다른 사건까지 병합하여 수사 할 수 있다.

❖ 사건관할이 불분명한 경우의 관할지정

① 다음 각 호의 사건 중 범죄지와 피의자가 모두 불명확한 경우에는 특별한 사정이 없는 한 사건을 최초로 접수한 관서를 사건의 관할관서로 한다.
  1. 전화, 인터넷 등 정보통신매체를 이용한 범죄
  2. 지하철, 버스 등 대중교통수단 이동 중에 발생한 범죄
  3. 그 밖에 경찰청장이 정하는 범죄

② 외국에서 발생한 범죄의 경우에도 사건을 최초로 접수한 관서를 사건의 관할관서로 한다. 다만, 사건접수 단계부터 피의자가 내국인으로 특정된 경우에는 피의자의 주소·거소 또는 현재지를 관할하는 경찰서를 관할관서로 한다.

③ 국내 또는 국외에 있는 대한민국 및 외국국적 항공기 내에서 발생한 범죄에 관

하여는 출발지 또는 범죄 후의 도착지를 관할하는 경찰서를 관할관서로 한다.

④ 제1항부터 제3항까지의 규정에도 불구하고 해양경찰청, 군수사기관, 철도특별사법경찰대 등 다른 국가기관과 협의하여 정한 협정 등이 있으면 이를 이 규칙보다 우선하여 적용한다.

▣ 제척

> 제8조(제척) 경찰관은 다음 각 호의 어느 하나에 해당하는 경우 수사직무(조사 등 직접적인 수사 및 수사지휘를 포함한다)의 집행에서 제척된다.
> 1. 경찰관 본인이 피해자인 때
> 2. 경찰관 본인이 피의자 또는 피해자의 친족이거나 친족이었던 사람인 때
> 3. 경찰관 본인이 피의자 또는 피해자의 법정대리인이거나 후견감독인인 때

○ 범죄수사규칙 제척원인 등 추가 개정 필요성 (2018.1.2.)
  ❖ 경찰수사가 한층 더 중립적이고 공정하게 이뤄져야 한다는 국민적 여망이 크고, 이에 따라 공정성 확보 등을 위한 다각적인 통제방안이 요구되고 있다.
  ❖ 수사절차에서 담당수사관에게 공정성의 문제가 염려되는 경우 법원직원과 같이 제척·기피·회피 할 수 있도록 제도 신설의 필요성이 있다.
  ❖ 어느 것이든 경찰관이 구체적 사건과 특별한 관계에 있는 때, 그 사건에 관한 직무의 집행에서 그 수사경찰관을 배제하여 정당한 수사를 보장하기 위한 제도이다.
  ❖ 이러한 제도를 범죄수사규칙에 도입함으로써 경찰수사의 중립성과 공정성을 확보하려는 것이다.

○ 제척이란
  ❖ 제척은 법관이 어떤 사건에 관하여 법에서 정한 일정한 관계(민사소송법 제41조, 형사소송법 제17조)가 있는 경우에 법률상 당연히 그 사건에 관한 직무를 행할 수 없는 것이다.
  ❖ 회피·기피·제척에 관한 규정은 법원서기관·법원사무관·법원주사 또는 법원주사보와 통역인에 준용한다(민사소송법 제50조1항, 형사소송법 제25조1항). 감정인에 관해서도 성실히 감정할 수 없는 사정이 있는 때에는 기피가 인정된다(민사소송법 제336조).

○ 제척사유
  ❖ 경찰관 본인이 피해자인 때
  ❖ 경찰관 본인이 피의자 또는 피해자의 친족이거나 친족이었던 사람인 때

❖ 경찰관 본인이 피의자 또는 피해자의 법정대리인이거나 후견감독인인 때

▣ 기피 원인과 신청권자

제9조(기피 원인과 신청권자) ① 피의자, 피해자와 그 변호인은 다음 각 호의 어느 하나에 해당하는 때에 는 경찰관에 대해 기피를 신청할 수 있다. 다만, 변호인은 피의자, 피해자의 명시한 의사에 반하지 아 니하는 때에 한하여 기피를 신청할 수 있다.
1. 경찰관이 제8조 각 호의 어느 하나에 해당되는 때
2. 경찰관이 불공정한 수사를 하였거나 그러한 염려가 있다고 볼만한 객관적·구체적 사정이 있는 때
② 기피 신청은 경찰관서에 접수된 고소·고발·진정·탄원·신고 사건에 한하여 신청할 수 있다.

○ 기피란
  ❖ 기피는 법관에게 제척원인이 있을 때 또는 재판의 공정을 기대하기 어려운 사정이 있는 때에 당사자의 신청에 의하여 재판에 의해 당해 법관을 직무집 행으로부터 배제하는 것이다(민사소송법 제43조, 형사소송법 제18조).

○ 기피 신청권자와 신청대상
  ❖ 피의자, 피해자와 그 변호인
  ❖ 경찰관서에 접수된 고소·고발·진정·탄원·신고 사건

○ 기피 신청사유
  ❖ 경찰관 본인이 피해자인 때
  ❖ 경찰관 본인이 피의자 또는 피해자의 친족이거나 친족이었던 사람인 때
  ❖ 경찰관 본인이 피의자 또는 피해자의 법정대리인이거나 후견감독인인 때
  ❖ 경찰관이 불공정한 수사를 하였거나 그러한 염려가 있다고 볼만한 객관적· 구체적 사정이 있는 때

▣ 기피 신청 방법과 대상

제10조(기피 신청 방법과 대상) ① 제9조에 따라 기피 신청을 하려는 사람은 별지 제1호서식의 기피신청 서를 작성하여 기피 신청 대상 경찰관이 소속된 경찰관서 내 감사부서의 장(이하 "감사부서의 장"이라 한다)에게 제출하여야 한다. 이 경우 해당 감사부서의 장은 즉시 수사부서장에게 기피 신청 사실을 통보하여야 한다.
② 제1항의 기피 신청을 하려는 사람은 기피 신청을 한 날부터 3일 이내에 기피사유를 서면으로 소명하 여야 한다.

기 피 신 청

신청인	성　　명		사건관련 신분	
	주민등록번호	-	전 화 번 호	-
	주　　소			

아래 사건의 대상수사관에 대하여 신청인은 다음과 같은 사유로 기피신청하니, 필요한 조치를 취하여 주시기 바랍니다.

사 건 번 호		-		
대상수사관	소　속		성　명	

기 피 신 청 이 유

◆ **아래의 사유 중 해당사항을 체크하여 주시기 바랍니다.**
☐ 수사관이 다음에 해당됨
　△ 사건의 피해자임　△ 피의자·피해자와 친족이거나 친족관계에 있었음
　△ 피의자·피해자의 법정대리인 또는 후견감독인임
☐ 청탁전화 수신, 피의자·피해자와 공무 외 접촉하여 공정성을 해하였음
☐ 모욕적 언행, 욕설, 가혹행위 등 인권을 침해함
☐ 조사과정 변호인 참여 등 신청인의 방어권을 보장받지 못함
☐ 사건접수 후 30일 이상 아무런 수사 진행사항이 없음
☐ 기타 불공평한 수사를 할 염려가 있다고 볼만한 객관적·구체적 사정이 있음

◆ **위에서 체크한 해당사항에 대한 구체적인 사유를 기재하여 주시기 바랍니다.**

※ 근거자료가 있는 경우에는 이 신청서와 함께 제출하여 주시기 바랍니다.

결과통지방법	☐ 서면	☐ 전화	☐ 문자메시지	☐ 기타(전자우편, 팩스 등)

. . . .

신청인　　　　　　　(서명)

소 속 관 서 장 귀 하

기 피 신 청 에 대 한 의 견

담 당 수 사 관	소 속	계 급 성 명	사 건 번 호
			-

기피신청 사 유	

수 사 관 의 견	

팀 장 검토결과	<기피 신청 수용여부> ☐ 수 용　　　　　　　　　　☐ 불수용 └ 재지정 수사관 ○○팀 경○　○　○　○ <판단근거> ※ 구체적으로 기재

작 성 자 확 인	

210mm × 297mm(백상지 80g/㎡)

▣ 기피 신청의 처리

제11조(기피 신청의 처리) ① 기피 신청을 접수한 감사부서의 장은 다음 각 호의 어느 하나에 해당하는 경우 해당 신청을 수리하지 않을 수 있다.
 1. 대상 사건이 종결된 경우
 2. 동일한 사유로 이미 기피 신청이 있었던 경우
 3. 기피사유에 대한 소명이 없는 경우
 4. 제9조제1항 후단 또는 제9조제2항에 위배되어 기피 신청이 이루어진 경우
 5. 기피 신청이 수사의 지연 또는 방해만을 목적으로 하는 것이 명백한 경우
② 수사부서장은 제10조제1항 후단에 따라 기피 신청 사실을 통보받은 후 지체 없이 별지 제2호서식의 의견서를 작성하여 감사부서의 장에게 제출하여야 한다. 다만, 제1항에 따라 해당 기피 신청을 수리하지 않는 경우에는 그러하지 아니하다.
③ 수사부서장은 기피 신청이 이유 있다고 인정하는 때에는 기피 신청 사실을 통보받은 날부터 3일(근무일 기준) 이내에 사건 담당 경찰관을 재지정하여 감사부서의 장에게 해당 사실을 통보해야 한다.
④ 수사부서장이 기피 신청을 이유 있다고 인정하지 않는 때에는 감사부서의 장은 기피 신청 접수일부터 7일 이내에 공정수사위원회를 개최하여 기피 신청 수용 여부를 결정하여야 한다.
⑤ 공정수사위원회는 위원장을 포함하여 5명의 위원으로 구성하되, 감사부서의 장을 위원장으로, 수사부서 소속 경찰관 2명과 수사부서 이외의 부서 소속 경찰관 2명을 위원으로 구성한다.
⑥ 공정수사위원회는 재적위원 전원의 출석으로 개의하고 출석위원 과반수의 찬성으로 의결한다.
⑦ 감사부서의 장은 제3항에 따른 재지정 사실 또는 제6항에 따른 의결 결과를 기피신청자에게 통지하여야 한다.
⑧ 제7항의 통지는 서면, 전화, 팩스, 전자우편, 문자메시지 등 신청인이 요청한 방법으로 할 수 있으며, 별도로 요청한 방법이 없는 경우에는 서면 또는 문자메시지로 한다. 이 경우 서면으로 통지할 때에는 별지 제3호서식의 기피신청에 대한 결과통지서에 따른다.
⑨ 기피 신청 접수일부터 수용 여부 결정일까지 해당 사건의 수사는 중지된다. 다만, 공소시효 만료, 증거 인멸 방지 등 신속한 수사의 필요성이 있는 경우에는 그러하지 아니하다.

○ 기피 신청 수리 거부 사유
  기피 신청을 접수한 감사부서의 장은 다음 각 호의 어느 하나에 해당하는 경우 해당 신청을 수리하지 않을 수 있다.
  ❖ 대상 사건이 종결된 경우
  ❖ 동일한 사유로 이미 기피 신청이 있었던 경우
  ❖ 기피사유에 대한 소명이 없는 경우
  ❖ 제9조제1항 후단 또는 제9조제2항에 위배되어 기피 신청이 이루어진 경우
  ❖ 기피 신청이 수사의 지연 또는 방해만을 목적으로 하는 것이 명백한 경우

○ 기피 절차

 ❖ 기피신청서를 작성하여 기피 신청 대상 경찰관이 소속된 경찰관서 내 감사
  부서의 장에게 제출

 ❖ 감사부서의 장은 즉시 수사부서장에게 기피 신청 사실 통보

 ❖ 기피 신청을 하려는 사람은 기피 신청을 한 날부터 3일 이내에 기피사유를
  서면으로 소명

 ❖ 기피 신청이 이유 있다고 인정하는 때에는 기피 신청 사실을 통보받은 날부
  터 3일(근무일 기준) 이내에 사건 담당 경찰관을 재지정하여 감사부서의 장
  에게 해당 사실 통보

 ❖ 기피 신청 접수일부터 수용 여부 결정일까지 해당 사건의 수사 중지

 ❖ 기피 신청 접수일부터 7일 이내에 공정수사위원회를 개최하여 기피 신청 수
  용 여부 결정

 ❖ 결과 통지는 서면, 전화, 팩스, 전자우편, 문자메시지 등 신청인이 요청한 방법으
  로 할 수 있으며, 별도로 요청한 방법이 없는 경우에는 서면 또는 문자메시지

소속관서

제 0000-000000 호   0000.00.00.

수 신 :

제 목 : 기피 신청에 대한 결과 통지

귀하의 기피 신청에 대한 결과를 다음과 같이 알려드립니다.

신 청 인	성 명		주민등록번호	
	주 소			
사 건 번 호				
결 정 내 용	1. 수　용 (선택) : 교체 수사관 00팀 00 000 (☎ : 전화번호) 2. 불 수 용 (선택) :			
결 정 사 유				
참 고 사 항	○ 수사결과에 이의가 있는 경우, 「수사이의제도」 활용 가능 　- 접수방법 등은 00시도경찰청 '수사심의계'로 문의 　 (☎ 02-000-0000)			

소 속 관 서 장

210㎜ × 297㎜(백상지 80g/㎡)

■ 회피

제12조(회피) 소속 경찰관서장이 「검사와 사법경찰관의 상호협력과 일반적 수사준칙에 관한 규정」(이하 "수사준칙"이라 한다) 제11조에 따른 회피 신청을 허가한 때에는 회피신청서를 제출받은 날로부터 3일 이내에 사건 담당 경찰관을 재지정하여야 한다.

※ 경찰수사규칙
제10조(회피) 사법경찰관리는 수사준칙 제11조에 따라 수사를 회피하려는 경우에는 별지 제8호서식의 회피신청서를 소속경찰관서장에게 제출해야 한다.

※ 검사와 사법경찰관의 상호협력과 일반적 수사준칙에 관한 규정
제11조(회피) 검사 또는 사법경찰관리는 피의자나 사건관계인과 친족관계 또는 이에 준하는 관계가 있거나 그 밖에 수사의 공정성을 의심 받을 염려가 있는 사건에 대해서는 소속 기관의 장의 허가를 받아 그 수사를 회피해야 한다.

○ 회피란
  ❖ 회피는 법관이 사건에 관하여 제척 또는 기피의 원인이 있다고 생각하여 스스로 사건을 취급하는 것을 피하는 것이다(민사소송법 제49조, 형사소송법 제24조).

○ 회피사유
  ❖ 사법경찰관리는 피의자나 사건관계인과 친족관계 또는 이에 준하는 관계가 있거나 그 밖에 수사의 공정성을 의심받을 염려가 있는 사건에 대해서는 소속기관의 장의 허가를 받아 그 수사를 회피해야 한다.(※ 검사와 사법경찰관의 상호협력과 일반적 수사준칙에 관한 규정 제11조)

○○경찰서

제 호   20○○.○.○.

수 신 :

참 조 :

제 목 : **회피신청서**

다음 사건에 대해 회피를 신청합니다.

1. 대상 사건

2. 회피 사유

3. 증빙 서류

사법경찰관(리)   ○○   홍 길 동

■ 수사 진행상황의 통지

제13조(수사 진행상황의 통지) ① 경찰관은「경찰수사규칙」제11조제1항의 통지대상자가 사망 또는 의사능력이 없거나 미성년자인 경우에는 법정대리인·배우자·직계친족·형제자매 또는 가족(이하 "법정대리인등"이라 한다)에게 통지하여야 하며, 통지대상자가 미성년자인 경우에는 본인에게도 통지하여야 한다.
② 제1항에도 불구하고 미성년자인 피해자의 가해자 또는 피의자가 법정대리인등인 경우에는 법정대리인등에게 통지하지 않는다. 다만, 필요한 경우 미성년자의 동의를 얻어 그와 신뢰관계 있는 사람에게 통지할 수 있다.

※ 경찰수사규칙

제11조(수사 진행상황의 통지) ① 사법경찰관은 다음 각 호의 어느 하나에 해당하는 날부터 7일 이내에 고소인·고발인·피해자 또는 그 법정대리인(피해자가 사망한 경우에는 그 배우자·직계친족·형제자매를 포함한다. 이하 "고소인등"이라 한다)에게 수사 진행상황을 통지해야 한다. 다만, 고소인등의 연락처를 모르거나 소재가 확인되지 않으면 연락처나 소재를 알게 된 날부터 7일 이내에 수사 진행상황을 통지해야 한다.
 1. 신고·고소·고발·진정·탄원에 따라 수사를 개시한 날
 2. 제1호에 따른 수사를 개시한 날부터 매 1개월이 지난 날
② 제1항에 따른 통지는 서면, 전화, 팩스, 전자우편, 문자메시지 등 고소인등이 요청한 방법으로 할 수 있으며, 고소인등이 별도로 요청한 방법이 없는 경우에는 서면 또는 문자메시지로 통지한다. 이 경우 서면으로 하는 통지는 별지 제9호서식의 수사 진행상황 통지서에 따른다.
③ 사법경찰관은 수사 진행상황을 서면으로 통지한 경우에는 그 사본을, 그 밖의 방법으로 통지한 경우에는 그 취지를 적은 서면을 사건기록에 편철해야 한다.
④ 사법경찰관은 제1항에도 불구하고 다음 각 호의 어느 하나에 해당하는 경우에는 수사 진행상황을 통지하지 않을 수 있다. 이 경우 그 사실을 수사보고서로 작성하여 사건기록에 편철해야 한다.
 1. 고소인등이 통지를 원하지 않는 경우
 2. 고소인등에게 통지해야 하는 수사 진행상황을 사전에 고지한 경우
 3. 사건관계인의 명예나 권리를 부당하게 침해하는 경우
 4. 사건관계인에 대한 보복범죄나 2차 피해가 우려되는 경우

※ 검사와 사법경찰관의 상호협력과 일반적 수사준칙에 관한 규정

제12조(수사 진행상황의 통지) ① 검사 또는 사법경찰관은 수사에 대한 진행상황을 사건관계인에게 적절히 통지하도록 노력해야 한다.
② 제1항에 따른 통지의 구체적인 방법·절차 등은 법무부장관, 경찰청장 또는 해양경찰청장이 정한다.

○ 피해자 등에 대한 통지제 시행
  ❖ 피해자 등에 형사절차 등의 개요 등을 설명한다.
  ❖ 사건의 처리 진행상황은 서면 등 피해자가 요구하는 대로 3일내에 통지한다. (단, 수사 또는 재판에 지장을 주거나 사건 관계자의 명예나 권리침해 우려 있을 때는 제외)

○ 검사와 사법경찰관의 상호협력과 일반적 수사준칙에 관한 규정
  ❖ 검사 또는 사법경찰관은 수사에 대한 진행상황을 사건관계인에게 적절히 통지하도록 노력해야 한다.(제12조)

○ 경찰수사규칙 (제11조)
  ❖ 사법경찰관은 다음 각 호의 어느 하나에 해당하는 날부터 7일 이내에 고소인·고발인·피해자 또는 그 법정대리인(피해자가 사망한 경우에는 그 배우자·직계친족·형제자매를 포함한다. 이하 "고소인등"이라 한다)에게 수사 진행상황을 통지해야 한다. 다만, 고소인등의 연락처를 모르거나 소재가 확인되지 않으면 연락처나 소재를 알게 된 날부터 7일 이내에 수사 진행상황을 통지해야 한다.
    1. 신고·고소·고발·진정·탄원에 따라 수사를 개시한 날
    2. 제1호에 따른 수사를 개시한 날부터 매 1개월이 지난 날
  ❖ 통지는 서면, 전화, 팩스, 전자우편, 문자메시지 등 고소인등이 요청한 방법으로 할 수 있으며, 고소인등이 별도로 요청한 방법이 없는 경우에는 서면 또는 문자메시지로 통지한다. 이 경우 서면으로 하는 통지는 별지 제9호서식의 수사 진행상황 통지서에 따른다.
  ❖ 사법경찰관은 수사 진행상황을 서면으로 통지한 경우에는 그 사본을, 그 밖의 방법으로 통지한 경우에는 그 취지를 적은 서면을 사건기록에 편철해야 한다.
  ❖ 사법경찰관은 다음 각 호의 어느 하나에 해당하는 경우에는 수사 진행상황을 통지하지 않을 수 있다. 이 경우 그 사실을 수사보고서로 작성하여 사건기록에 편철해야 한다.
    1. 고소인등이 통지를 원하지 않는 경우
    2. 고소인등에게 통지해야 하는 수사 진행상황을 사전에 고지한 경우
    3. 사건관계인의 명예나 권리를 부당하게 침해하는 경우
    4. 사건관계인에 대한 보복범죄나 2차 피해가 우려되는 경우

소속관서

제 0000-00000 호   0000.00.00.

수 신 :   귀하

제 목 : 수사 진행상황 통지서

귀하와 관련된 사건의 수사진행상황을 다음과 같이 알려드립니다.

접 수 일 시		사 건 번 호	
주요진행상황			
담 당 팀 장	○○과 ○○팀 경○ ○○○	☎	02-0000-0000

※ 범죄피해자 권리 보호를 위한 각종 제도

○ 범죄피해자 구조 신청제도(범죄피해자 보호법)
   - 관할지방검찰청 범죄피해자지원센터에 신청
○ 의사상자예우 등에 관한 제도(의사상자 등 예우 및 지원에 관한 법률)
   - 보건복지부 및 관할 지방자치단체 사회복지과에 신청
○ 범죄행위의 피해에 대한 손해배상명령(소송촉진 등에 관한 특례법)
   - 각급법원에 신청, 형사재판과정에서 민사손해배상까지 청구 가능
○ 가정폭력.성폭력 피해자 보호 및 구조
   - 여성 긴급전화(국번없이 1366), 아동보호 전문기관(1577-1391) 등
○ 무보험 차량 교통사고 뺑소니 피해자 구조제도(자동차손해배상 보장법)
   - 동부화재, 삼성화재 등 자동차 보험회사에 청구
○ 국민건강보험제도를 이용한 피해자 구조제도
   - 국민건강보험공단 급여관리실, 지역별 공단지부에 문의
○ 법률구조공단의 법률구조제도(국번없이 132 또는 공단 지부.출장소)
   - 범죄피해자에 대한 무료법률구조(손해배상청구, 배상명령신청 소송대리 등)
○ 국민권익위원회의 고충민원 접수제도
   - 국민신문고 www.epeople.go.kr, 정부민원안내콜센터 국번없이 110
○ 국가인권위원회의 진정 접수제도
   - www.humanrights.go.kr, 국번없이 1331
○ 범죄피해자지원센터(국번없이 1577-1295)
   - 피해자나 가족, 유족등에 대한 전화상담 및 면접상담 등
○ 수사 심의신청 제도(경찰민원콜센터 국번없이 182)
   - 수사과정 및 결과에 이의가 있는 경우, 관할 시도경찰청 「수사심의계」에 심의신청
   ※ 고소인.고발인은 형사사법포털(www.kics.go.kr)을 통해 온라인으로 사건진행상황을 조회하실 수 있습니다.

■ 사건의 단위

제14조(사건의 단위) 「형사소송법」 제11조의 관련사건 또는 다음 각 호에 해당하는 범죄사건은 1건으로 처리한다. 다만, 분리수사를 하는 경우에는 그러하지 아니하다.
1. 판사가 청구기각 결정을 한 즉결심판 청구 사건
2. 피고인으로부터 정식재판 청구가 있는 즉결심판 청구 사건

제15조 〈삭제〉

※ 경찰수사규칙
제16조(사건의 단위) 법 제11조에 따른 관련사건은 1건으로 처리한다. 다만, 분리수사를 하는 경우에는 그렇지 않다.

※ 형사소송법
제11조(관련사건의 정의) 관련사건은 다음과 같다.
1. 1인이 범한 수죄
2. 수인이 공동으로 범한 죄
3. 수인이 동시에 동일장소에서 범한 죄
4. 범인은닉죄, 증거인멸죄, 위증죄, 허위감정통역죄 또는 장물에 관한 죄와 그 본범의 죄

○ 1인이 범한 수죄
❖ 1인이 범한 수죄란 경합범의 관계가 있는 경우도 포함한다.
❖ 따라서 확정판결이 그간에 존재하는 경우도 포함한다.

○ 수인이 공동으로 범한 죄와 수인이 동시에 동일장소에서 범한 죄
❖ 수인이 공동으로 범한 죄와 수인이 동시에 동일장소에서 범한 죄란 공동정범 뿐 아니라 교사범·종범·필요적 공범·공동과실 등의 관계가 있는 경우 등을 말한다.

○ 사건의 단위
❖ 관련사건(형사소송법 제11조)
1. 1인이 범한 수죄
2. 수인이 공동으로 범한 죄
3. 수인이 동시에 동일장소에서 범한 죄
4. 범인은닉죄, 증거인멸죄, 위증죄, 허위감정통역죄 또는 장물에 관한 죄와 그 본범의 죄
❖ 그밖의 사건
1. 판사가 청구기각 결정을 한 즉결심판 청구 사건
2. 피고인으로부터 정식재판 청구가 있는 즉결심판 청구 사건

제2절 수사의 조직

■ 수사의 조직적 운영

> 제16조(수사의 조직적 운영) 경찰관이 수사를 할 때에는 경찰관 상호 간의 긴밀한 협력과 적정한 통제를 도모하고, 수사담당부서 이외의 다른 수사부서나 그밖에 관계있는 다른 경찰관서와 유기적으로 긴밀히 연락하여, 경찰의 조직적 기능을 최고도로 발휘할 수 있도록 유의하여야 한다.

■ 국가수사본부장

> 제17조(국가수사본부장) 국가수사본부장은 다음 각 호의 사항을 제외한 일반적인 사건수사에 대한 지휘는 시·도경찰청장에게 위임할 수 있다.
> 1. 수사관할이 수 개의 시·도경찰청에 속하는 사건
> 2. 고위공직자 또는 경찰관이 연루된 비위 사건으로 해당 관서에서 수사하게 되면 수사의 공정성이 의심받을 우려가 있는 경우
> 3. 국가수사본부장이 수사본부 또는 특별수사본부를 설치하여 지정하는 사건
> 4. 그 밖에 사회적 이목이 집중되거나, 파장이 큰 사건으로 국가수사본부장이 특별히 지정하는 사건

○ 국가수사본부장
  ❖ 경찰청에 국가수사본부를 두며, 국가수사본부장은 치안정감으로 보한다.
  ❖ 국가수사본부장은 「형사소송법」에 따른 경찰의 수사에 관하여 각 시·도경찰청장과 경찰서장 및 수사부서 소속 공무원을 지휘·감독한다.
  ❖ 국가수사본부장의 임기는 2년으로 하며, 중임할 수 없다.
  ❖ 국가수사본부장은 임기가 끝나면 당연히 퇴직한다.
  ❖ 국가수사본부장이 직무를 집행하면서 헌법이나 법률을 위배하였을 때에는 국회는 탄핵 소추를 의결할 수 있다.
  ❖ 국가수사본부장을 경찰청 외부를 대상으로 모집하여 임용할 필요가 있는 때에는 다음 각 호의 자격을 갖춘 사람 중에서 임용한다.
    1. 10년 이상 수사업무에 종사한 사람 중에서 「국가공무원법」 제2조의2에 따른 고위공무원단에 속하는 공무원, 3급 이상 공무원 또는 총경 이상 경찰공무원으로 재직한 경력이 있는 사람
    2. 판사·검사 또는 변호사의 직에 10년 이상 있었던 사람
    3. 변호사 자격이 있는 사람으로서 국가기관, 지방자치단체, 「공공기관의 운영에 관한 법률」 제4조에 따른 공공기관(이하 "국가기관등"이라 한다)에

서 법률에 관한 사무에 10년 이상 종사한 경력이 있는 사람

4. 대학이나 공인된 연구기관에서 법률학·경찰학 분야에서 조교수 이상의 직이나 이에 상당하는 직에 10년 이상 있었던 사람

5. 제1호부터 제4호까지의 경력 기간의 합산이 15년 이상인 사람

❖ 국가수사본부장을 경찰청 외부를 대상으로 모집하여 임용하는 경우 다음 각 호의 어느 하나에 해당하는 사람은 국가수사본부장이 될 수 없다.

1. 「경찰공무원법」 제8조제2항 각 호의 결격사유에 해당하는 사람

2. 정당의 당원이거나 당적을 이탈한 날부터 3년이 지나지 아니한 사람

3. 선거에 의하여 취임하는 공직에 있거나 그 공직에서 퇴직한 날부터 3년이 지나지 아니한 사람

4. 제6항제1호에 해당하는 공무원 또는 제6항제2호의 판사·검사의 직에서 퇴직한 날로부터 1년이 지나지 아니한 사람

5. 제6항제3호에 해당하는 사람으로서 국가기관등에서 퇴직한 날로부터 1년이 지나지 아니한 사람

◼ 시·도경찰청장

제18조(시·도경찰청장) 시·도경찰청장은 체계적인 수사 인력·장비·시설·예산 운영 및 지도 등을 통해 합리적이고 공정한 수사를 위하여 그 책임을 다하여야 한다.

❖ 시·도경찰청장은 국가경찰사무에 대해서는 경찰청장의 지휘·감독을, 자치경찰사무에 대해서는 시·도자치경찰위원회의 지휘·감독을 받아 관할구역의 소관 사무를 관장하고 소속 공무원 및 소속 경찰기관의 장을 지휘·감독한다.

❖ 다만, 수사에 관한 사무에 대해서는 국가수사본부장의 지휘·감독을 받아 관할구역의 소관 사무를 관장하고 소속 공무원 및 소속 경찰기관의 장을 지휘·감독한다.

◼ 경찰서장

제19조(경찰서장) 경찰서장은 해당 경찰서 관할 내의 수사에 대하여 지휘·감독하며, 합리적이고 공정한 수사를 위하여 그 책임을 다하여야 한다.

❖ 경찰서장은 시·도경찰청장의 지휘·감독을 받아 관할구역의 소관 사무를 관장하고 소속 공무원을 지휘·감독한다.

▣ 수사간부

제20조(수사간부) 수사를 담당하는 경찰관서의 수사간부는 소속 경찰관서장을 보좌하고 그 명에 의하여 수사의 지휘·감독을 하여야 한다.

제21조(수사경찰관 등) ① 경찰관은 소속 상관의 명을 받아 범죄의 수사에 종사한다.
② 경찰관 이외의 수사관계 직원이 경찰관을 도와 직무를 행하는 경우에는 이 규칙이 정하는 바에 따라야 한다.

제22조(사건의 지휘와 수사보고 요구) ① 경찰관서장과 수사간부(이하 "수사지휘권자"라 한다)는 소속 경찰관이 담당하는 사건의 수사진행 사항에 대하여 명시적인 이유를 근거로 구체적으로 지휘를 하여야 하며, 필요한 경우 수사진행에 관하여 소속 경찰관에게 수사보고를 요구할 수 있다.
② 제1항의 요구를 받은 경찰관은 이에 따라야 한다.

제23조(수사에 관한 보고) ① 경찰관은 범죄와 관계가 있다고 인정되는 사항과 수사상 참고가 될 만한 사항을 인지한 때에는 신속히 소속 상관에게 보고하여야 한다.
② 경찰서장은 관할구역 내에서 별표1의 보고 및 수사지휘 대상 중요사건에 규정된 중요사건이 발생 또는 접수되거나 범인을 검거하였을 때에는 별표2의 보고 절차 및 방법에 따라 시·도경찰청장에게 신속히 보고하여야 한다.

[별표1]   **보고 및 수사지휘 대상 중요사건**

분류	세부 내용
1. 범죄의 주체	장·차관, 국회의원 및 지방의회의원, 자치단체장, 시·도 교육감, 4급 이상 공무원, 주요기업의 대표 및 임원, 금융기관 대표 및 임원, 유명 연예인·운동선수 등 기타 이에 준하는 저명인사의 범죄
	외교사절, 수행원 기타 이에 준하는 외국 저명인사의 범죄 및 외국군대의 군인·군속의 범죄, 주한 미합중국 군대의 구성원·외국인군무원 및 가족이나 초청계약자의 범죄
	법관, 검사 또는 변호사의 범죄
	경찰관 범죄(단 교통사고처리특례법 제3조 제2항 본문 및 제4조 제1항 본문에 정한 교통사고사건 중 경상의 인피사고 또는 물피사고에 관한 것으로 분쟁이 발생할 우려가 없다고 인정되는 사건은 제외)
	정부, 공공기관, 대기업, 주요 협회, 주요 포털·이동통신사·온라인게임사 등 사이버 관련 주요 법인의 범죄
2. 범죄의 대상	장·차관, 국회의원 및 지방의회의원, 자치단체장, 시·도 교육감, 4급 이상 공무원, 주요기업의 대표 및 임원, 금융기관 대표 및 임원, 유명 연예인·운동선수 등 기타 이에 준하는 저명인사에 대한 범죄
	외국의 원수, 외교사절, 수행원 기타 이에 준하는 외국 저명인사에 대한 범죄 및 외국군대의 군인·군속, 주한 미합중국 군대의 구성원·외국인군무원 및 가족이나 초청계약자에 대한 범죄 중 사회적 이목이 집중되거나 사회적 반향이 크다고 인정되는 중요사건
	경찰관, 교도관, 법관, 검사 등 법집행 공무원에 대한 범죄 중 사회적 이목이 집중되거나 사회적 반향이 크다고 인정되는 중요사건
	대규모 국책사업·공익사업을 방해하거나, 공공시설을 파괴 또는 그 기능을 방해하는 범죄 중 사회적 이목이 집중되거나 사회적 반향이 크다고 인정되는 중요사건
	정부, 공공기관, 대기업, 주요 협회, 주요 포털·이동통신사·온라인게임사 등 사이버 관련 주요 법인 등에서 운영하는 주요 시스템을 공격한 사건
3. 수사의 태양	수사본부 또는 수사전담팀 편성이 필요한 사건
	범죄수사를 위해 통신비밀보호법에 의한 '감청'이 필요한 사건 중 보안유지가 필요하고 사회적 이목이 집중되거나 사회적 반향이 크다고 인정되는 중요사건
	다른 경찰관서(시·도경찰청·경찰서) 및 타 기관(검찰·국방부·국세청·국정원 등)과 공조수사 또는 합동수사가 필요한 사건 중 사회적 이목이 집중되거나 사회적 반향이 크다고 인정되는 중요사건
	집중(통합)수사 등 국가수사본부에서 수사지시(지휘)한 사이버 사건

분류	세부 내용
4. 범죄의 종류 및 정도	내란, 외환 또는 국교에 관한 사건
	화재사건 중 다음에 열거한 사건 ① 현주건조물방화(다만, 피의자를 현행범으로 검거하였거나 수단·방법이 명확하여 입증상 문제가 없다고 인정되는 사건은 제외) ② 연쇄방화(원인불명의 화재를 포함) 및 관공서, 학교, 주요 문화재 기타 중요 시설에서의 실화사건(다만, 원인이 명확하고 입증상 문제가 없다고 인정되는 사건은 제외)
	통화위조·동행사사건 중 범죄수법이 특이하거나 사회적 이목이 집중되거나 사회적 반향이 크다고 인정되는 중요사건
	공문서위조·변조·동행사사건 및 유가증권 위조·변조·동행사사건 중 사회의 존립에 위험을 발생시켜 현저하게 신용질서를 해칠 우려가 있는 사건
	집단 또는 범행수법이 특이하거나 연속적으로 발생한 강간 또는 강제추행 사건
	증·수뢰사건 중 특정범죄 가중처벌 등에 관한 법률위반이 적용되는 사안으로 사회적 이목이 집중되거나 사회적 반향이 크다고 인정되는 중요사건
	살인 및 강도사건(경찰관이 피의자를 현행범으로 검거한 경우에는 '5. 기타 시·도 경찰청장이 지정한 사건'에 해당할 시 보고)
	불특정 또는 다수인을 대상으로 흉기를 사용하거나, 범행수법이 특이하거나 잔인한 상해, 상해치사 사건
	과실치사상 사건(교통사고사건은 제외한다) 중 사망자 1인 이상 또는 사상자 5인 이상의 사건
	약취·유인, 체포·감금사건 중 피해자의 생명에 위험이 미칠 우려가 있는 사건
	인신매매사건
	절도사건 중 다음에 열거한 사건 ① 피해액이 1천만원 상당 이상인 사건 ② 조직적인 절도사건 중 피의자 또는 범죄 건수가 다수인 사건 ③ 신종 또는 특이한 수법으로 분석 및 정보공유가 필요한 사건
	피해액 5억원 이상 또는 범행 수법이 특이한 사기, 공갈, 횡령·배임 사건
	치사를 수반한 결과적 가중범

분류	세부 내용
4. 범죄의 종류 및 정도	특별법 위반의 죄 중 중요하고 사회적 이목이 집중되거나 사회적 반향이 크다고 인정되는 중요사건
	선거관계범죄 중 사회적 이목이 집중되거나 사회적 반향이 크다고 인정되는 중요사건
	금융 관련범죄, 증권거래 관련범죄, 기업경영 관련범죄, 기타 국민경제에 중대한 영향을 미치고 시장경제질서를 해칠 우려가 있는 범죄
	폭력단체 관련범죄
	약물에 관한 범죄
	총기를 사용한 살인·강도·절도·폭력사건, 총기 불법 유통사건
	환경 관련 범죄 중 조직적, 계획적 또는 광역적으로 행해졌고, 사회적 이목이 집중되거나 사회적 반향이 크다고 인정되는 중요사건
	위험물 관련범죄 중 위험물의 성질 등에 비추어 공공의 위험성이 높은 사건
	풍속관련 범죄 중 조직적 또는 계획적으로 행해졌고, 정치인, 유명 연예인 등 사회 저명인사가 연루되었거나, 사회적 이목이 집중되거나 사회적 반향이 크다고 인정되는 중요사건
	실종·아동학대·소년범죄 중 범행수법이 특이하고 잔인하거나, 사회적 이목이 집중되거나 사회적 반향이 크다고 인정되는 중요사건
	교통사고사건 중 다음에 열거한 사건 ① 사망뺑소니사건 중 사회적 이목이 집중되거나 사회적 반향이 크다고 인정되는 중요사건 ② 인피사고 중 사망자 3인 이상 또는 사상자 20인 이상으로 사회적 이목이 집중되거나 사회적 반향이 크다고 인정되는 중요사건 ③ 범행수법이 특이한 사건 또는 사회적 이목이 집중되거나 사회적 반향이 크다고 인정되는 중요사건
	공안범죄 중 다음에 열거한 사건 ① 국가보안법위반의 죄 ② 군형법중 반란·이적의죄·군사기밀누설죄 및 암호부정사용죄 ③ 군사기밀보호법위반의 죄 ④ 국제테러리즘에 관한 사건 ⑤ 안보관련 범죄 중 사회적 이목이 집중되거나 사회적 반향이 크다고 인정되는 중요사건

분류	세부 내용
4. 범죄의 종류 및 정도	해킹·디도스·악성프로그램 관련 범죄 중 다음에 열거한 사건 ① 주요 정부기관·공기업·민간업체에 대한 정보통신망 침해사건 ② 정보통신망을 침해하여 5천만원 이상 부당이득을 취득한 피의자 검거 ③ 악성프로그램을 유포하여 국내 50대 이상 서버·PC를 감염시킨 피의자 검거 ④ 신종 해킹 사건
	다중피해 사이버사기 범죄 중 피해자 100명 이상 또는 피해액 1억원 이상인 사건
	피해자 50명 이상 또는 피해액 2천만원 이상이거나 범행수법이 특이한 피싱·파밍·스미싱 등 사이버금융범죄
	개인정보 침해범죄 중 다음에 열거한 사건 ① 100만명 이상 개인정보를 불법 수집·이용·제공한 피의자 검거 ② 부정하게 취득한 10만명 이상의 개인정보를 이용하여 2천만원 이상의 부당이득을 취득한 피의자 검거
	사이버성폭력 범죄 중 다음에 열거한 사건 ① 다크웹, 텔레그램 등 SNS·웹하드·불법사이트 등을 이용한 운영자급 주범 검거 ② 성착취물 등 제작·유통하여 3천만원 이상 부당이득을 취득한 피의자 검거
	기타 사이버범죄 중 다음에 열거한 중요 사건 ① 사이버도박 – 총 매출액(입금액 기준) 1천억원 이상 도박 사이트 운영자 검거 ② 사이버저작권 침해 – 1억원 이상의 부당이득을 취득한 피의자 검거 ③ 몸캠피싱 – 피해자 10명 이상 또는 피해액 1억원 이상 ④ 사이버선거 – 모든 사이버선거 사건 ⑤ 국제공조 수사를 통해 주요 사이버범죄 피의자를 검거한 사건 ⑥ 사이버범죄 관련 지명수배·통보 10건 이상 수배자 검거 사건

5. 기타 시·도경찰청장이 지정한 아래의 사건
① 범인검거, 피해자 보호 등 수사를 위해 타관서와의 공조, 시·도경찰청 직접수사부서의 투입 등 지원이 필요한 사건
② 시·도경찰청장의 지휘가 필요한 사회적 이목이 집중되거나 사회적 반향이 크다고 인정되는 중요사건

[별표2]

보고 절차 및 방법

보고 절차	◦지구대장.파출소장은 경찰서장에게 보고, 경찰서장이 시·도경찰청장에게 보고, 시·도경찰청장은 국가수사본부장에게 보고(**국가수사본부 조치가 필요한 사항은 국가수사본부까지 보고하고, 시·도경찰청에서 조치해야할 사항은 시·도경찰청에 보고**) ◦단, 필요시 경찰서장은 시·도경찰청장과 국가수사본부장에게 동시보고
보고 시점	◦사건 발생 또는 검거시 ◦필요성이 있는 경우 첩보입수.수사(내사) 착수시, 압수수색·체포·구속영장신청, 수사종결 등 중요수사 진행사항 발생시에도 보고
보고 종류	◦사건발생시는 발생보고 ◦피의자검거시는 검거보고 ◦첩보입수, 수사(내사) 착수시, 수사종결시, 중요수사진행사항 발생시는 수사사항보고
보고 방법	◦형사사법정보시스템 또는 팩시밀리로 보고 ◦긴급시에는 일단 유·무선 전화를 사용하여 보고한 후, 형사사법정보시스템 또는 팩시밀리로 보고

❖ 보고에 관한 일반적인 규정으로서 경찰관서장은 관할구역 안에서 보고대상 사건인 중요범죄가 발생하였거나, 검거하였을 때에는 신속히 보고하여야 한다.

◼ 수사지휘

제24조(수사지휘) ① 제23조제2항의 보고를 받은 시·도경찰청장은 사건의 경중, 중요도 등을 종합적으로 검토하여 다른 경찰관서에서 수사를 진행하는 것이 적합하다고 판단되는 경우 시·도경찰청 또는 다른 경찰서에서 수사할 것을 명할 수 있다.
② 시·도경찰청장은 경찰서에서 수사 중인 사건을 지휘할 필요성이 있다고 인정될 때에는 구체적 수사지휘를 할 수 있다.

◼ 수사지휘의 방식

제25조(수사지휘의 방식) ① 시·도경찰청장이 경찰서장에게 사건에 대한 구체적 지휘를 할 때에는 형사사법정보시스템 또는 모사전송 등을 통해 별지 제5호서식의 수사지휘서(관서간)를 작성하여 송부하여야 하며, 수사지휘권자가 경찰관서 내에서 사건에 대한 구체적 지휘를 할 때에는 형사사법정보시스템을 통해 별지 제4호서식의 수사지휘서를 작성하여 송부하거나 수사서류의 결재 수사지휘란에 기재하는 방식으로 하여야 한다.
② 제1항에도 불구하고 다음 각 호의 경우에는 구두나 전화 등 간편한 방식으로 지휘할 수 있으며, 사후에 신속하게 형사사법정보시스템 또는 모사전송 등을 이용하여 지휘내용을 제1항의 수사지휘서로 송부하여야 한다.
  1. 천재지변, 긴급한 상황 또는 전산장애가 발생한 경우
  2. 이미 수사지휘한 내용을 보완하는 경우
  3. 수사 현장에서 지휘하는 경우
③ 수사지휘를 받은 경찰관이 제1항 또는 제2항의 지휘내용을 송부받지 못한 경우에는 수사지휘권자에게 형사사법정보시스템 또는 모사전송 등을 이용하여 지휘내용을 송부해 줄 것을 요청할 수 있다.
④ 제3항의 요청을 받은 수사지휘권자는 신속하게 지휘내용을 형사사법정보시스템 또는 모사전송 등을 이용하여 서면으로 송부하여야 한다.
⑤ 경찰관은 제1항, 제2항 또는 제4항에 따라 송부된 수사지휘서를 사건기록에 편철하여야 하며, 형사사법정보시스템 또는 모사전송 등을 이용한 서면지휘를 받지 못한 경우에는 관련 사항을 수사보고서로 작성하여야 한다.

◼ 수사지휘의 내용

제26조(수사지휘의 내용) ① 수사지휘권자는 다음 각 호의 사항에 대해 구체적으로 지휘하여야 한다.
  1. 범죄인지에 관한 사항
  2. 체포·구속에 관한 사항
  3. 영장에 의한 압수·수색·검증에 관한 사항
  4. 법원 허가에 의한 통신수사에 관한 사항
  5. 「수사준칙」제51조제1항 각 호의 결정에 관한 사항
  6. 사건 이송 등 책임수사관서 변경에 관한 사항
  7. 수사지휘권자와 경찰관 간 수사에 관하여 이견이 있어 지휘를 요청받은 사항
  8. 그 밖에 수사에 관하여 지휘가 필요하다고 인정되는 사항

② 시·도경찰청장이 경찰서장에 대해 수사지휘하는 경우에는 제1항에서 정한 사항 외에 다음 각 호의 사항에 대해서도 구체적으로 지휘하여야 한다.
1. 제36조의 수사본부 설치 및 해산
2. 제24조제1항에 관한 사항
3. 수사방침의 수립 또는 변경
4. 공보책임자 지정 등 언론대응에 관한 사항
③ 경찰관서 내 수사지휘의 위임과 수사서류 전결에 관한 사항은 별도로 정한다.

▣ 경찰서장의 수사지휘 건의

제27조(경찰서장의 수사지휘 건의) ① 경찰서장은 사건수사를 함에 있어서 시·도경찰청장의 지휘가 필요한 때에는 시·도경찰청장에게 수사지휘를 하여 줄 것을 건의할 수 있다.
② 제1항의 수사지휘건의를 받은 시·도경찰청장은 지휘가 필요하다고 판단하는 때에는 신속하게 지휘한다.

▣ 지휘계통의 준수

제28조(지휘계통의 준수) ① 시·도경찰청장이 소속 경찰서장을 지휘하는 경우에는 지휘계통을 준수하여 제20조의 수사간부를 통하거나, 직접 경찰서장에게 지휘하여야 한다.
② 경찰관서장이 관서 내에서 수사지휘를 하는 경우에도 지휘계통을 준수하여야 한다.

제29조(준용규정) 국가수사본부장의 수사지휘에 관하여는 제22조부터 제28조까지를 준용한다.

○ 시도경찰청장의 수사지휘
  ❖ 시·도경찰청장은 사건의 경중, 중요도 등을 종합적으로 검토하여 다른 경찰 관서에서 수사를 진행하는 것이 적합하다고 판단되는 경우 시·도경찰청 또는 다른 경찰서에서 수사할 것을 명할 수 있다.

○ 수사지휘 방식
  ❖ 원칙
    형사사법정보시스템 또는 모사전송 등 방법
  ❖ 예외
    다음의 경우에는 구두나 전화 등 간편한 방식으로 지휘할 수 있으며, 사후에 신속하게 형사사법정보시스템 또는 모사전송 등을 이용하여 지휘내용을 수사지휘서로 송부하여야 한다.
    1. 천재지변, 긴급한 상황 또는 전산장애가 발생한 경우

2. 이미 수사지휘한 내용을 보완하는 경우

3. 수사 현장에서 지휘하는 경우

○ 수사지휘의 내용

❖ 수사지휘권자는 다음 각 호의 사항에 대해 구체적으로 지휘하여야 한다.

1. 범죄인지에 관한 사항

2. 체포·구속에 관한 사항

3. 영장에 의한 압수·수색·검증에 관한 사항

4. 법원 허가에 의한 통신수사에 관한 사항

5. 「수사준칙」 제51조제1항 각 호의 결정에 관한 사항

※ 검사와 사법경찰관의 상호협력과 일반적 수사준칙에 관한 규정

제51조(사법경찰관의 결정) ① 사법경찰관은 사건을 수사한 경우에는 다음 각 호의 구분에 따라 결정해야 한다.

1. 법원송치

2. 검찰송치

3. 불송치

  가. 혐의없음

    1) 범죄인정안됨

    2) 증거불충분

  나. 죄가안됨

  다. 공소권없음

  라. 각하

4. 수사중지

  가. 피의자중지

  나. 참고인중지

5. 이송

---

6. 사건 이송 등 책임수사관서 변경에 관한 사항

7. 수사지휘권자와 경찰관 간 수사에 관하여 이견이 있어 지휘를 요청받은 사항

8. 그 밖에 수사에 관하여 지휘가 필요하다고 인정되는 사항

○ 경찰서장의 수사지휘 건의

❖ 경찰서장은 사건수사를 함에 있어서 시·도경찰청장의 지휘가 필요한 때에는 시·도경찰청장에게 수사지휘를 하여 줄 것을 건의할 수 있다.

❖ 수사지휘건의를 받은 시·도경찰청장은 지휘가 필요하다고 판단하는 때에는 신속하게 지휘한다.

수 사 지 휘 서

제 0000-000000 호			20 . . .
접수번호		사건번호	
피 의 자			
담당경찰관서			

< 지 휘 내 용 >

소 속 관 서

사법경찰관　계급

210㎜ × 297㎜(백상지 80g/㎡

▣ 경찰관서 내 이의제기

제30조(경찰관서 내 이의제기) ① 경찰관은 구체적 수사와 관련된 소속 수사부서장의 지휘·감독의 적법성 또는 정당성에 이견이 있는 경우에는 해당 상관에게 별지 제6호서식의 수사지휘에 대한 이의제기서를 작성하여 이의를 제기할 수 있다.

② 제1항의 이의제기를 받은 상관은 신속하게 이의제기에 대해 검토한 후 그 사유를 적시하여 별지 제4호서식의 수사지휘서에 따라 재지휘를 하여야 한다.

③ 경찰서 소속 경찰관은 제2항의 재지휘에 대해 이견이 있는 경우에는 경찰서장에게 별지 제6호서식의 수사지휘에 대한 이의제기서를 작성하여 다시 이의를 제기할 수 있고, 경찰서장은 이의제기에 대해 신속하게 판단한 후 그 사유를 적시하여 별지 제4호서식의 수사지휘서에 따라 지휘하여야 한다.

④ 제3항에 따른 경찰서장의 지휘에 따르는 것이 위법하다고 판단하는 해당 경찰관은 시·도경찰청장에게 별지 제6호서식의 수사지휘에 대한 이의제기서를 작성하여 다시 이의를 제기할 수 있다.

⑤ 제4항의 이의제기를 받은 시·도경찰청장은 신속하게 수사이의심사위원회의 의견을 들어 판단한 후 그 사유를 적시하여 별지 제6호서식의 수사지휘서(관서간)에 따라 지휘하여야 한다.

⑥ 시·도경찰청 소속 경찰관은 제2항의 재지휘에 대해 이견이 있는 경우에는 시·도경찰청장에게 별지 제6호서식의 수사지휘에 대한 이의제기서를 작성하여 다시 이의를 제기할 수 있고, 시·도경찰청장은 이의제기에 대해 신속하게 판단한 후 그 사유를 적시하여 별지 제4호서식의 수사지휘서에 따라 지휘하여야 한다.

⑦ 제6항에 따른 시·도경찰청장의 지휘에 따르는 것이 위법하다고 판단하는 해당 경찰관은 국가수사본부장에게 별지 제6호서식의 수사지휘에 대한 이의제기서를 작성하여 다시 이의를 제기할 수 있다.

⑧ 제7항의 이의제기를 받은 국가수사본부장은 신속하게 경찰수사정책위원회의 의견을 들어 판단한 후 그 사유를 적시하여 별지 제5호서식의 수사지휘서(관서간)에 따라 지휘하여야 한다.

⑨ 국가수사본부 소속 경찰관은 제2항의 재수사지휘에 대해 이견이 있는 경우에는 소속 국장에게 별지 제6호서식의 수사지휘에 대한 이의제기서를 작성하여 다시 이의를 제기할 수 있고, 소속 국장은 이의제기에 대해 신속하게 판단한 후 그 사유를 적시하여 별지 제4호서식의 수사지휘서에 따라 수사지휘하여야 한다.

⑩ 제9항에 따른 소속 국장의 지휘에 따르는 것이 위법하다고 판단하는 해당 경찰관은 국가수사본부장에게 별지 제6호서식의 수사지휘에 대한 이의제기서를 작성하여 다시 이의를 제기할 수 있다.

⑪ 제10항의 이의제기를 받은 국가수사본부장은 신속하게 경찰수사정책위원회의 의견을 들어 판단한 후 그 사유를 적시하여 별지 제5호서식의 수사지휘서(관서간)에 따라 지휘하여야 한다.

⑫ 시·도경찰청 수사이의심사위원회와 국가수사본부 경찰수사정책위원회의 설치 및 운영에 관한 사항은 별도로 정한다.

○ 경찰관서 내 이의제기

  ❖ 경찰관은 구체적 수사와 관련된 소속 수사부서장의 지휘·감독의 적법성 또는 정당성에 이견이 있는 경우에는 해당 상관에게 이의를 제기할 수 있다.

  ❖ 이의제기를 받은 상관은 신속하게 이의제기에 대해 검토한 후 그 사유를 적시하여 재지휘를 하여야 한다.

  ❖ 재지휘에 대해 이견이 있는 경우에는 경찰서장에게 이의제기서를 작성하여

다시 이의를 제기할 수 있다.

❖ 경찰서장의 지휘에 따르는 것이 위법하다고 판단하는 해당 경찰관은 시·도
경찰청장에게 이의제기서를 작성하여 다시 이의를 제기할 수 있다.

❖ 시·도경찰청장은 신속하게 수사이의심사위원회의 의견을 들어 판단한 후 그
사유를 적시하여 수사지휘서(관서간)에 따라 지휘하여야 한다.

소 속 관 서				
제 0000-000000 호				0000.00.00.
수 신 :				
참 조 :				
제 목 : 경찰관서내 수사지휘에 대한 이의제기				
범죄수사규칙 제30조에 따라 다음과 같이 이의를 제기합니다.				
접 수 일 자		접 수 번 호	0000-000000	사건번호	0000-000000
피 의 자				
죄 명				
사 건 개 요				
이의제기할 수사지휘내용				
이의제기 내 용 및 사유				
첨 부 사 항				

소 속 관 서

사법경찰관(리)　계급

◼ 상급경찰관서장에 대한 이의제기

제31조(상급경찰관서장에 대한 이의제기) ① 경찰서장은 시·도경찰청장의 구체적 수사와 관련된 지휘·감독의 적법성 또는 정당성에 이견이 있는 경우에는 직권 또는 소속 경찰관의 이의제기 신청을 받아 시·도경찰청장에게 별지 제7호서식의 수사지휘에 대한 이의제기서(상급관서용)에 따라 이의를 제기할 수 있다. 이때 소속 경찰관의 이의제기 신청에 대한 처리 절차에 대하여는 제30조제1항부터 제3항까지를 준용한다.
② 시·도경찰청장은 제1항에 따른 경찰서장의 이의제기에 대하여 신속하게 수사이의심사위원회의 의견을 들어 판단한 후 그 사유를 적시하여 별지 제5호서식의 수사지휘서(관서간)에 따라 지휘하여야 한다.
③ 시·도경찰청장은 국가수사본부장의 구체적 수사와 관련된 지휘·감독의 적법성 또는 정당성에 이견이 있는 경우에는 직권 또는 소속 경찰관의 이의제기 신청을 받아 국가수사본부장에게 상급경찰관서장의 수사지휘에 대한 이의제기서에 따라 이의를 제기할 수 있다. 이때 소속 경찰관의 이의제기 신청에 대한 처리 절차에 대하여는 제30조제1항, 제2항 및 제6항을 준용한다.
④ 국가수사본부장은 제1항에 따른 시·도경찰청장의 이의제기에 대하여 신속하게 경찰수사정책위원회의 의견을 들어 판단한 후 그 사유를 적시하여 별지 제5호서식의 수사지휘서(관서간)에 따라 지휘하여야 한다.

○ 상급경찰관서장에 대한 이의제기
  ❖ 경찰서장은 시·도경찰청장의 구체적 수사와 관련된 지휘·감독의 적법성 또는 정당성에 이견이 있는 경우에는 직권 또는 소속 경찰관의 이의제기 신청을 받아 시·도경찰청장에게 이의를 제기할 수 있다.
  ❖ 시·도경찰청장은 경찰서장의 이의제기에 대하여 신속하게 수사이의심사위원회의 의견을 들어 판단한 후 그 사유를 적시하여 수사지휘서(관서간)에 따라 지휘하여야 한다.

◼ 긴급한 경우의 지휘

제32조(긴급한 경우의 지휘) ① 시·도경찰청장과 국가수사본부장은 각각 제30조제5항·제8항·제11항, 제31조제2항·제4항에 따라 지휘함에 있어서 긴급한 사유가 있는 경우에 한하여 수사이의심사위원회와 경찰수사정책위원회의 의견을 듣지 않고 지휘할 수 있다.
② 제1항에 따라 지휘한 시·도경찰청장과 국가수사본부장은 각각 신속하게 수사이의심사위원회와 경찰수사정책위원회에 다음 각 호의 사항을 설명하여야 한다.
1. 해당 이의제기 내용
2. 수사이의심사위원회 또는 경찰수사정책위원회의 의견을 듣지 않고 지휘한 사유 및 지휘내용

■ 이의제기에 대한 지휘와 수명

제33조(이의제기에 대한 지휘와 수명) 제30조 및 제31조에 따라 이의제기를 한 경찰관, 경찰서장, 시·도경찰청장은 각각 제30조제5항·제8항·제11항, 제31조제2항·제4항, 제32조에 따른 시·도경찰청장과 국가수사본부장의 지휘를 따라야 한다.

■ 이의제기 목록제출

제34조(이의제기 목록제출) 경찰서장과 시·도경찰청장은 각각 해당 경찰서 및 시·도경찰청 내에서 발생한 이의제기사건 목록을 분기별로 상급 경찰관서장에게 제출하여야 한다.

■ 불이익 금지 등

제35조(불이익 금지 등) ① 제30조 및 제31조에 따라 이의제기를 하는 경찰관, 경찰서장, 시·도경찰청장은 정확한 사실에 기초하여 신속하고 성실하게 자신의 의견을 표시하여야 한다.
② 이의제기를 한 경찰관, 경찰서장, 시·도경찰청장은 그 이의제기를 이유로 인사상, 직무상 불이익한 조치를 받아서는 아니 된다.

■ 수사본부

제36조(수사본부) ① 국가수사본부장 또는 시·도경찰청장은 살인 등 중요사건이 발생하여 종합적인 수사가 필요하다고 인정할 때에는 수사본부를 설치할 수 있다.
② 국가수사본부장은 제1항에도 불구하고 경찰고위직의 내부비리사건, 사회적 관심이 집중되고 공정성이 특별하게 중시되는 사건 등에 대하여는 그 직무에 관하여 국가수사본부장 등 상급자의 지휘·감독을 받지 않고 독자적 수사가 가능한 "특별수사본부"를 설치·운용할 수 있다.
③ 국가수사본부장 또는 시·도경찰청장은 국가기관간 공조수사가 필요한 경우에 관계기관과 "합동수사본부"를 설치·운용할 수 있다.
④ 제1항부터 제3항까지에 따른 수사본부의 설치절차와 운영방법은 별도 규칙으로 정한다.

※ 수사본부 설치 및 운영 규칙
제1조(목적) 이 규칙은 살인 등 중요사건이 발생한 경우에 경찰 수사기능을 집중적으로 운용함으로써 종합수사의 효율성을 제고하기 위하여 「범죄수사규칙」 제36조에 따라 설치하는 수사본부의 구성 및 운용에 관하여 필요한 사항을 규정함을 목적으로 한다.

○ 수사본부는
　❖ 살인 등 중요사건이 발생한 경우에 경찰 수사기능을 집중적으로 운용함으로

써 종합수사의 효율성을 제고하기 위함이다.

○ 수사본부 설치대상 중요사건
   ❖ 수사본부 설치대상이 되는 중요사건(이하 "중요사건"이라 한다)의 범위는 다음 각호와 같다.
   1. 살인, 강도, 강간, 약취유인, 방화 사건
   2. 피해자가 많은 업무상 과실치사상 사건
   3. 조직폭력, 실종사건 중 중요하다고 인정되는 사건
   4. 국가중요시설물 파괴 및 인명피해가 발생한 테러사건 또는 그러한 테러가 예상되는 사건
   5. 기타 사회적 이목을 집중시키거나 중대한 영향을 미칠 우려가 있다고 인정되는 사건

○ 수사본부의 설치
   ❖ 경찰청장은 중요사건이 발생하여 특별하게 수사하여야 할 필요가 있다고 판단되는 경우에는 시도경찰청장에게 수사본부의 설치를 명할 수 있고, 이 경우 시도경찰청장은 수사본부를 설치하여야 한다.
   ❖ 시도경찰청장은 관할 지역내에서 중요사건이 발생하여 필요하다고 인정할 때에는 수사본부를 설치하거나 관할경찰서장에게 수사본부의 설치를 명할 수 있다.

○ 합동수사본부의 설치
   ❖ 시도경찰청장은 국가기관간 공조수사가 필요한 경우에는 관계기관과 합동수사본부(이하 "합동수사본부"라 한다)를 설치·운용할 수 있다. 이 경우 수사본부의 조직, 설치장소, 인원구성, 수사분담 등에 관하여 상호 협의하여 운용한다.
   ❖ "국가기관간 공조수사가 필요한 경우"란 다음 각호의 사건이 발생한 경우를 말한다.
   1. 군탈영병, 교도소·구치소·법정 탈주범 추적수사 등 수개의 국가기관이 관련된 사건
   2. 마약·총기·위폐·테러수사 등 관계기관간 정보교류·수사공조가 특히 필요한 사건
   3. 기타 경찰청장이 필요하다고 인정한 사건

○ 수사전담반의 설치
  ❖ 시도경찰청장은 중요사건이 발생한 경우 필요하다고 인정하는 경우에는 해
    당사건에 대한 특별수사를 전담하는 수사전담반을 설치·운용할 수 있다.

○ 수사본부의 설치장소
  ❖ 수사본부는 사건 발생지를 관할하는 경찰서 또는 지구대·파출소 등 지역경찰
    관서에 설치하는 것을 원칙으로 한다. 다만, 시도경찰청장은 관계기관과의
    협조 등을 위해 필요하거나 사건의 내용 및 성격을 고려하여 다른 곳에 설
    치하는 것이 적당하다고 인정될 때에는 다른 장소에 설치할 수 있다.

○ 수사본부의 설치지시
  ❖ 시도경찰청장이 경찰서장에게 수사본부의 설치를 명할 때에는 다음 각호의
    사항을 지시하여야 한다.
    1. 설치장소
    2. 사건의 개요
    3. 수사요강
    4. 기타 수사에 필요한 사항

○ 수사본부의 구성
  ❖ 수사본부에는 수사본부장(이하 "본부장"이라 한다), 수사부본부장(이하 "부
    본부장"이라 한다), 수사전임관, 홍보관, 분석연구관, 지도관, 수색담당관과
    관리반, 수사반 및 제보분석반을 둘 수 있다.
  ❖ 본부장과 부본부장은 시도경찰청장이 지명하며, 수사전임관, 홍보관, 분석연
    구관, 지도관, 수색담당관, 관리반원, 수사반원 및 제보분석반원은 본부장이
    지명한다.

○ 수사본부장
  ❖ 본부장은 다음 각호의 어느 하나에 해당하는 자 중에서 시도경찰청장이 지
    명하는 자가 된다.
    1. 서울시도경찰청 수사부장, 경기시도경찰청 수사업무 담당 부장, 기타 시
       도경찰청의 차장
    2. 지방청 형사·수사과장 또는 사건관계 과장
    3. 사건관할지 경찰서장
    4. 합동수사본부의 경우에는 관계기관과 협의한 기관별 대표자

❖ 본부장은 수사본부 수사요원을 지휘·감독하며, 수사본부를 운영 관리한다.

○ 수사부본부장
　❖ 부본부장은 다음 각호의 어느 하나에 해당하는 자가 된다.
　　1. 본부장이 제9조제1항제1호에 해당하는 자인 경우
　　　가. 시도경찰청 주무과장
　　　나. 수사본부가 설치된 관할지 경찰서장
　　2. 본부장이 제9조제1항제2호 또는 제3호에 해당하는 경우
　　　가. 시도경찰청 주무계장
　　　나. 관할지 경찰서 형사·수사과장
　❖ 부본부장은 본부장을 보좌하여 수사본부가 원활하게 운영되도록 하며, 인접 시도경찰청·경찰서간의 공조수사지휘를 담당한다.

○ 수사전임관
　❖ 수사전임관은 시도경찰청·경찰서 사건 주무과의 경정 또는 경감급 중에서 본부장이 지명하는 자가 된다.
　❖ 수사전임관은 수사본부의 중추로써 수사본부 요원의 수사를 지도·관리하거나 직접 수사를 실시한다.

○ 홍보관
　❖ 홍보관은 총경, 경정, 경감급으로 본부장이 지명하는 자가 되며, 사건 내용 및 수사진행상황과 협조가 필요한 사항 등의 대외적 전파 등의 홍보업무를 담당한다.
　❖ 홍보관 산하에 홍보관을 팀장으로 언론지원팀을 둘 수 있고, 언론지원팀은 보도분석 및 체계적 언론 지원 등의 활동을 수행한다.

○ 분석연구관
　❖ 분석연구관은 수사경력이 많은 경정, 경감, 경위급으로 본부장이 지명하는 자가 되며, 다음 각호의 임무를 수행한다.
　　1. 사건의 분석, 연구, 검토
　　2. 합리적인 수사계획의 수립
　　3. 수사미진사항 검토를 통한 수사상 문제점 도출, 보완

○ 지도관
  ❖ 지도관은 경정, 경감, 경위급으로 본부장이 지명하는 자가 되며, 분석연구관의 사건분석 결과를 토대로 수사를 효율적으로 추진하여 사건을 조기에 해결할 수 있도록 수사반원에 대한 지도, 수사방향 제시, 공조수사 조정 등의 임무를 수행한다.
  ❖ 본부장은 경찰청 소속 직원을 지도관으로 지원받을 수 있으며, 이 경우에는 그들의 수사지도를 반영하여 사건해결에 노력하여야 한다.

○ 수색담당관
  ❖ 수색담당관은 경정, 경감, 경위급으로 본부장이 지명하는 자가 되며, 피해자 또는 피의자 및 증거물에 대한 수색 등의 활동을 수행한다.

○ 관리반
  ❖ 관리반의 반장은 경정, 경감, 경위급으로 본부장이 지명하는 자가 되며, 관리반은 다음 각호의 임무를 수행한다.
    1. 사건기록 및 부책관리
    2. 압수물, 증거물 등 보관관리
    3. 공조수사와 수사상황 보고, 시달 등 관리업무

○ 수사반
  ❖ 수사반의 반장은 경감, 경위급으로 본부장이 지명하는 자가 되고, 수사반은 여러개의 반으로 편성할 수 있으며, 수사계획에 따라 분담하여 증거수집 및 범인검거 등의 활동을 수행한다.

○ 제보분석반
  ❖ 제보분석반의 반장은 경감, 경위급으로 본부장이 지명하는 자가 되며, 제보분석반은 제보 접수 및 분석 후 수사반 등 필요 부서에 전파하는 등의 활동을 수행한다.

○ 수사본부요원의 파견요청 등
  ❖ 수사본부장은 수사본부요원 등을 편성하며 필요한 경우에는 시도경찰청장 또는 인접 경찰서장 등에게 수사요원의 파견을 명하거나 요구할 수 있다.
  ❖ 수사본부장은 특수업무의 효율적 수행 등을 위하여 다른 국가기관이나 국가기관외의 기관·단체의 임·직원을 파견받을 필요가 있을 경우에 관계기관

등의 장에게 파견을 요청할 수 있다.. 이 경우 파견된 자의 복무에 관한 제반사항은 「국가공무원법」을 적용한다.

❖ 시도경찰청장은 합동수사본부가 설치된 경우 또는 제2항에 따라 수사업무의 수행에 필요한 자를 파견받은 경우로서 필요하다고 인정될 때에는 다른 국가기관·단체의 임·직원 등에게 예산의 범위안에서 수사에 필요한 실비를 지원할 수 있다.

❖ 수사본무에 파견된 요원은 본부장의 지시명령에 따라야 하며, 타 기관 및 타 시도 본부장으로부터의 제보사항은 성실하고 신속·정확하게 처리하여야 한다.

❖ 본부장은 수색, 유관기관 협조, 홍보, 현장주변 목검문 등의 조치를 위하여 필요한 경우 시도경찰청장 또는 경찰서장에게 해당 경찰관서 소속 전 기능 경찰공무원의 동원 요청 또는 동원 지시를 하거나 직접 동원할 수 있다.

○ 관할경찰서의 임무

❖ 수사본부가 설치된 관할경찰서(이하 "관할경찰서라" 한다) 소속 경찰공무원은 대상사건에 대하여 본부장이 지시한 수배, 조사, 기타 필요한 수사업무를 빠르고 정확하게 처리하여야 한다.

❖ 관할경찰서장 및 수사관련 부서의 장은 수사본부에 관련된 정보, 기타 수사자료를 얻었을 때에는 지체없이 필요한 조치를 하고 즉시 본부장에게 보고하여 그 지시를 받아야 한다.

○ 초동수사반의 협력

❖ 초동수사반은 이미 출동한 사건에 대하여 수사본부가 설치되었을 경우에는 수사결과를 즉시 수사본부에 보고하고, 인계하는 동시에 그 후의 수사에 협력하여야 한다.

○ 인접경찰서의 협력

❖ 수사본부사건 발생지의 인접경찰서에서는 수사본부사건의 발생을 알았을 때에는 본부장의 특별한 지시가 없더라도 빨리 범죄현장에 임하여 수사에 협력하여야 한다.

○ 수사회의

❖ 본부장은 수사상 필요할 때에는 수사본부요원과 관계 소속직원을 소집하여 회의를 열 수 있다.

○ 비치서류

❖ 수사본부에는 다음 각호의 서류를 갖추고 수사진행상황을 기록하여야 한다.
   1. 사건수사지휘 및 진행부
   2. 수사일지 및 수사요원 배치표
   3. 수사보고서철
   4. 용의자 명부
   5. 참고인 명부

❖ 시도경찰청 또는 경찰서 해당과장은 제1항의 서류와 사건기록의 사본을 작성하여 한꺼번에 철하여 두고, 연구하는 동시에 앞으로의 수사 및 교양자료로 한다.

❖ 서류와 사건기록 사본의 보존기간은, 범인을 검거하였을 경우에는 3년, 검거하지 못한 사건인 경우에는 공소시효 완성 후 1년으로 한다.

○ 수사본부의 해산

❖ 시도경찰청장은 다음 각호의 어느 하나에 해당한 경우에는 수사본부를 해산할 수 있다.
   1. 범인을 검거한 경우
   2. 오랜기간 수사하였으나 사건해결의 전망이 없는 경우
   3. 기타 특별수사를 계속할 필요가 없다고 판단되는 경우

❖ 시도경찰청장은 수사본부를 해산하였을 때에는 각 경찰서장, 기타 소속 관계기관 및 부서의 장에게 해산사실 및 그 사유를 알려야 한다.

○ 수사본부 해산에 따른 조치

❖ 본부장은 수사본부가 해산하게 된 때에는 특별한 경우를 제외하고 해산 전에 수사본부 관계자를 소집하여, 수사검토회의를 열고 수사실행의 경과를 반성, 검토하여 수사업무의 향상을 도모하여야 한다.

❖ 본부장은 사건을 해결하지 못하고 수사본부를 해산할 경우에는 그 사건수사를 계속 담당하여야 할 해당 과장, 경찰서장에게 관계서류, 증거물 등을 인계하고 수사 중에 유의하여야 할 사항을 밝혀 주어야 한다.

❖ 사건을 인계받은 해당 과장 또는 경찰서장은 수사전담반으로 전환, 편성운영하고, 필요성 감소시 연 4회 이상 수사담당자를 지명하여 특별수사를 하여야 한다. 다만, 수사한 결과 범인을 검거할 가망이 전혀 없는 사건은 시도경찰청장의 승인을 얻어 수사전담반 또는 수사담당자에 의한 특별수사를 생략할 수 있다.

○ 국립과학수사연구원장의 감정회보

❖ 본부장은 국립과학수사연구원장에게 범죄와 관련, 증거의 수집, 발견을 위하여 수사자료의 감정과 분석을 의뢰할 수 있고, 국립과학수사연구원장은 성실히 과학적 수사에 대응한 감정과 분석을 실시하고, 그 결과를 빠른 시일 내에 의뢰관서에 회보하여야 한다.

○ 보고

❖ 시도경찰청장은 수사본부를 설치 운영하는 경우에는 경찰청장에게 설치사실과 수사상황을 수시로 보고하여야 하며, 수사본부를 해산하는 경우에도 그 사실과 해산사유 등을 보고하여야 한다.

○ 특별수사본부의 설치 및 운영

❖ 경찰청장은 중요사건 중 경찰고위직의 내부비리사건, 사회적 관심이 집중되고 공정성이 특별하게 중시되는 사건에 대하여는 직접 특별수사본부를 설치하여 운영할 수 있다.

❖ 특별수사본부장은 경찰청장이 경무관급 경찰관 중에서 지명한다.

❖ 경찰청장은 특별수사본부장을 지명하는 경우「경찰수사정책위원회 운영규칙」에서 규정하는 경찰수사정책위원회에 3배수 이내 후보자에 대한 심사를 요청하고, 심사결과에 따라 추천된 자를 특별수사본부장으로 지명하여야 한다.

❖ 특별수사본부장은 그 직무에 관하여 경찰청장 등 상급자의 지휘·감독을 받지 않고 수사결과만을 경찰청장에게 보고한다.

❖ 경찰청장은 특별수사본부장의 조치가 현저히 부당하거나 직무의 범위를 벗어난 때에는 그 직무수행을 중단시킬 수 있으며, 교체가 필요한 경우에는 다시 교체할 수 있다.

제3절 수사서류

■ 수사서류의 작성

제37조(수사서류의 작성) ① 경찰관이 범죄수사에 사용하는 문서와 장부는 「경찰수사규칙」 별지 제1호서식부터 제140호서식 그리고 본 규칙의 별표 3 및 별지 제1호서식부터 제174호서식에 따른다.
② 경찰관이 수사서류를 작성할 때에는 다음 각 호의 사항에 주의하여야 한다.
1. 일상용어로 평이한 문구를 사용
2. 복잡한 사항은 항목을 나누어 적음
3. 사투리, 약어, 은어 등을 사용하는 경우에는 그대로 적은 다음에 괄호를 하고 적당한 설명을 붙임
4. 외국어 또는 학술용어에는 그 다음에 괄호를 하고 간단한 설명을 붙임
5. 지명, 인명의 경우 읽기 어렵거나 특이한 칭호가 있을 때에는 그 다음에 괄호를 하고 음을 적음

○ 수사서류란
   ❖ 수사에 관하여 수사경찰이 작성한 서류인데 사법경찰관리 이외에도 피해자 사건관계자가 작성한, 즉 일반인이 작성한 고소장·피해신고서·진술서 등을 포함한다.

○ 수사서류 작성할 때 주의사항
   ❖ 일상용어로 평이한 문구를 사용
   ❖ 복잡한 사항은 항목을 나누어 적음
   ❖ 사투리, 약어, 은어 등을 사용하는 경우에는 그대로 적은 다음에 괄호를 하고 적당한 설명을 붙임
   ❖ 외국어 또는 학술용어에는 그 다음에 괄호를 하고 간단한 설명을 붙임
   ❖ 지명, 인명의 경우 읽기 어렵거나 특이한 칭호가 있을 때에는 그 다음에 괄호를 하고 음을 적음

■ 형사사법정보시스템의 이용

제38조(형사사법정보시스템의 이용) 경찰관은 「형사사법절차 전자화 촉진법」 제2조제1호에서 정한 형사사법업무와 관련된 문서를 작성할 경우 형사사법정보시스템을 이용하여야 하며, 작성한 문서는 형사사법정보시스템에 저장·보관하여야 한다. 다만, 형사사법정보시스템을 이용하는 것이 곤란한 다음 각 호의 문서의 경우에는 예외로 한다.
1. 피의자, 피해자, 참고인 등 사건관계인이 직접 작성하는 문서
2. 형사사법정보시스템에 작성 기능이 구현되어 있지 아니한 문서
3. 형사사법정보시스템을 이용할 수 없는 경우에 불가피하게 작성해야 하는 문서

■ 기명날인 또는 서명 등

제39조(기명날인 또는 서명 등) ① 수사서류에는 작성연월일, 경찰관의 소속 관서와 계급을 적고 기명날인 또는 서명하여야 한다.
② 날인은 문자 등 형태를 알아볼 수 있도록 하여야 한다.
③ 수사서류에는 매장마다 간인한다. 다만, 전자문서 출력물의 간인은 면수 및 총면수를 표시하는 방법으로 한다.
④ 수사서류의 여백이나 공백에는 사선을 긋고 날인한다.
⑤ 피의자신문조서와 진술조서는 진술자로 하여금 간인한 후 기명날인 또는 서명하게 한다. 다만, 진술자가 기명날인 또는 서명을 할 수 없거나 이를 거부할 경우, 그 사유를 조서말미에 적어야 한다.
⑥ 인장이 없으면 날인 대신 무인하게 할 수 있다.

※ 형사사법절차 전자화 촉진법
제2조(정의) 이 법에서 사용하는 용어의 뜻은 다음과 같다.
  1. "형사사법업무"란 수사, 공소, 공판, 재판의 집행 등 형사사건의 처리와 관련된 업무를 말한다.

○ 형사사법정보시스템의 이용
  ❖ 경찰관은 「형사사법절차 전자화 촉진법」 제2조제1호에서 정한 형사사법업무와 관련된 문서를 작성할 경우 형사사법정보시스템을 이용하여야 하며, 작성한 문서는 형사사법정보시스템에 저장·보관하여야 한다.
  ❖ 다만, 형사사법정보시스템을 이용하는 것이 곤란한 다음 각 호의 문서의 경우에는 예외로 한다.
    1. 피의자, 피해자, 참고인 등 사건관계인이 직접 작성하는 문서
    2. 형사사법정보시스템에 작성 기능이 구현되어 있지 아니한 문서
    3. 형사사법정보시스템을 이용할 수 없는 경우에 불가피하게 작성해야 하는 문서

○ 수사서류 작성의 중요성
　❖ 수사서류 작성은 계속 반복되는 경찰의 수사업무 중 가장 큰 비중을 차지하고 있으며, 그 작성 내용형식절차는 수사 착수에서부터 법원의 재판, 심지어는 재판기록사본 등으로 변호사 등 기타 관계자에게까지 전파되어 읽혀지고 있으며 기록 이외의 실제 수사활동은 재판과정 중에 현출시킬 수 있는 방법이 없는 등, 애로가 있어 수사서류의 중요성은 더 큰 의미를 가지고 있다.

○ 수사서류 작성 방식
　❖ 수사서류 작성 주의사항
　　1. 일상용어로 평이한 문구를 사용
　　2. 복잡한 사항은 항목을 나누어 적음
　　3. 사투리, 약어, 은어 등을 사용하는 경우에는 그대로 적은 다음에 괄호를 하고 적당한 설명을 붙임
　　4. 외국어 또는 학술용어에는 그 다음에 괄호를 하고 간단한 설명을 붙임
　　5. 지명, 인명의 경우 읽기 어렵거나 특이한 칭호가 있을 때에는 그 다음에 괄호를 하고 음을 적음

　❖ 경찰관이 작성하는 서류의 경우
　　① 작성년월일을 기재할 것
　　　수사서류에는 특별한 규정이 있는 것을 제외하고는 실제로 작성한 연월일을 기재하여야 한다.
　　② 작성자의 계급을 기재할 것
　　　작성자의 소속경찰서(소속부·과 또는 국·과·팀)를 기재할 것
　　③ 작성자의 계급을 기재할 것
　　　예 : 순경의 경우, 사법경찰리 순경 ○○○
　　　경위 이상의 경우, 사법경찰관 경위 ○○○
　　④ 작성자의 기명날인 또는 서명할 것
　　　서명이라 함은 손수 성명을 기재하는 것이며, 타인으로 하여금 기재하게 하거나 성명의 고무인을 사용하는 기명과는 다르므로 주의하여야 한다. 날인 대신 무인은 허용하지 않는다.
　　⑤ 매엽에 간인할 것
　　　수사서류가 2매 이상인 때에는 계속하는 것을 증명하기 위하여 작성자의 기명날인 또는 서명을 매엽에 날인한다.
　　⑥ 여백이나 공백에는 사선을 긋고 기명날인 또는 서명한다.

문자를 마음대로 삽입할 수 없다는 것을 담보하여 서류의 신빙성을 높이기 위하여, 여백·공백에는 반드시 사선을 긋고 그 선상 중앙부에 기명날인 또는 서명한다.

⑦ 문자를 변개하여서는 아니 된다.

문자를 고쳐서는 아니 된다. 문자를 삭제하거나 삽입하거나 난외에 기재할 필요가 있는 경우

- 문자를 삭제할 때에는 삭제할 문자에 두 줄의 선을 긋고 날인하며, 그 좌측 여백에 "몇자삭제"라고 기재하여야 한다.
- 문자를 삽입할 때에는 그 개소를 명시하여 행의 상부에 삽입할 문자를 기입하는 것을 원칙으로 하고 예외적으로 하부에 기입하는 것도 허용되며 그 부분에 날인하여야 하며, 그 좌측 여백에 "몇자 추가"라고 기재하여야 한다.
- 피의자 신문조서나 진술서인 때에는 난외에 "삭제 몇자" 또는 "몇자 추가"라고 기재하고 그곳에 진술자로 하여금 기명날인 또는 서명하게 하여야 한다.

❖ 사인(私人)이 작성하는 서류의 경우
① 작성년월일을 기재할 것
② 작성자의 기명날인 또는 서명 할 것

다만, 서명을 할 수 없을 때에는 타인으로 하여금 대서 기명하게 할 수 있다.

③ 타인으로 하여금 대서하게 하였을 때

그 이유를 기재하고 기명날인 또는 서명하게 하여야 한다. 경찰관이 대서하였을 경우에는 열람하게 하거나 읽어주어서 대서 사항이 본인의의사와 상위가 없는가를 확인한 후, 대서의 이유를 기재하고 본인과 함께 기명날인 또는 서명하여야 한다.

④ 인장이 없으면 날인 대신 무인하게 할 수 있다.

○ 수사서류 작성상의 일반적 유의사항

❖ 소정의 서식에 따를 것

'경찰수사규칙' 등에 서식이 제정된 수사서류는 반드시 그 서식에 따라 작성한다. 그러나 별도의 서식이 없는 경우에는 6하원칙에 의거 간략하면서도 작성하고자 하는 내용이 충분히 반영되도록 한다.

❖ 문자의 단락·용어에 주의할 것
 가. 되도록 끊어서 짧게 하고 적당히 단락을 붙이는 것이 좋으며, 또한 번거로운 표현은 되도록 피하여 간결하고 논리적인 문장이 되도록 한다.
 나. 용어는 일상용어에 사용하는 쉬운 문구를 사용한다. 같은 단어는 가능한 반복사용 하지 않는 것이 좋다.

❖ 숫자의 기재 방법에 주의할 것
 가. 아라비아숫자를 사용한다.
  例, 삼천삼백오십만 원 → 3,350만 원 또는 33,500,000원
 나. 수가 3단계 이상이 될 때는 3단계마다 구두점을 넣어서 표기한다.
  例, 100,300원
 다. 다만 계단 수가 많아 읽기 어려운 경우에는 만, 억, 조, 경 단위부터는 한글로 기재한다.
  例, 2억 3,000만 원
 라. '금 1,000만 원'의 '금' 표현은 생략한다.
  例, 금 1,000만 원 → 1,000만 원 또는 현금 1,000만 원

❖ 혼동 우려, 사투리, 약어 등 표기 시
 표기에 있어 혼동의 우려가 있는 경우는 ( )안에 한자를 기재하거나 설명을 부기하고, 사투리·약어·은어 등에 있어서도 ( )안에 간단한 설명을 기재한다.
  例, 허벌라게(많이) 때려서 나도 같이 때렸다.
❖ 각종 단위부호의 표기 시
 g, kg, m, km, cc, ℓ, ㎖, ㎜, ㎝ 등 일반인들이 널리 사용하고 있는 각종 도량형 단위 등은 그대로 표기한다.

❖ 기 타
 가. 복잡한 사항은 항목을 나누어 기술한다.
  例, 1. 절취 혐의에 대해서는
     … 하였으며
    2. 횡령 사실에 대해서는
     … 하였다.
 나. 외국어 또는 학술용어에는 그 다음에 괄호를 하고 간단한 설명을 붙인다.
 다. 서류마다 작성연월일을 기재하고 간인하게 한 후 서명날인 하도록 한다.

다만, 진술자가 서명할 수 없을 때는 대서 기명하되 그 사유를 기재하고 진술자의 날인을 받거나 그 무인을 받는다.

라. 외국어로 기재한 서류가 있을 때는 번역문을 첨부하여야 한다.

❖ 기명날인 또는 서명 등
① 수사서류에는 작성연월일, 경찰관의 소속 관서와 계급을 적고 기명날인 또는 서명하여야 한다.
② 날인은 문자 등 형태를 알아볼 수 있도록 하여야 한다.
③ 수사서류에는 매장마다 간인한다. 다만, 전자문서 출력물의 간인은 면수 및 총면수를 표시하는 방법으로 한다.
④ 수사서류의 여백이나 공백에는 사선을 긋고 날인한다.
⑤ 피의자신문조서와 진술조서는 진술자로 하여금 간인한 후 기명날인 또는 서명하게 한다. 다만, 진술자가 기명날인 또는 서명을 할 수 없거나 이를 거부할 경우, 그 사유를 조서말미에 적어야 한다.
⑥ 인장이 없으면 날인 대신 무인하게 할 수 있다.

▣ 통역과 번역의 경우의 조치

제40조(통역과 번역의 경우의 조치) ① 경찰관은 수사상 필요에 의하여 통역인을 위촉하여 그 협조를 얻어서 조사하였을 때에는 피의자신문조서나 진술조서에 그 사실과 통역을 통하여 열람하게 하거나 읽어주었다는 사실을 적고 통역인의 기명날인 또는 서명을 받아야 한다.
② 경찰관은 수사상 필요에 의하여 번역인에게 피의자 그 밖의 관계자가 제출한 서면 그 밖의 수사자료인 서면을 번역하게 하였을 때에는 그 번역문을 기재한 서면에 번역한 사실을 적고 번역인의 기명날인을 받아야 한다.

○ 통역인의 경우
❖ 모두 조서
ㅇ 피의자의 경우
위의 사람에 대한 ○○ 피의사건에 관하여 20○○. ○. ○. ○○에서 사법경찰관 경위 甲은 사법경찰리 경사 乙과 피의자가 재일 한국인으로 한국말을 하지 못하여 통역인 ○○○을 참여하게 하고, 아래와 같이 피의자임이 틀림없음을 확인하다.

ㅇ 피해자, 참고인인 경우

위의 사람은 피의자 홍길동에 대한 ○○법 위반 피의사건에 관하여 20○○. ○. ○. ○○에 임의 출석하여 다음과 같이 진술하다.

이때 피해자(참고인)가 재일 한국인으로 한국말을 하지 못하여 통역인 ○○○을 참여하게 하다.

❖ 말미 조서

"위의 조서를 통역인 ○○○으로 하여금 피의자(진술인)에게 읽어 주게 하였던바 피의자(진술인)가 진술한 대로 …… "

○ 농아자의 경우(수화)

❖ 모두 조서

o 피의자의 경우

위의 사람에 대한 ○○ 피의사건에 관하여 20○○. ○. ○. ○○에서 사법경찰관 경위 甲은 사법경찰리 경사 乙과 피의자가 농아자이므로 수화자 ○○○를 참여하게 하고, 아래와 같이 피의자임이 틀림없음을 확인하다.

o 피해자, 참고인인 경우

위의 사람은 피의자 홍길동에 대한 ○○ 피의사건에 관하여 20○○. ○. ○. ○○에 임의 출석하여 다음과 같이 진술하다.

이때 피해자(참고인)가 재일 한국인으로 한국말을 하지 못하여 수화자 ○○○를 참여하게 한 후 진술하다.

피의사건의 신문에 들어가기 전에 참여인이 수화자로 나오게 된 경우(통역인의 경우도 같으나 통역인은 경력을 물어 두는 것이 옳음)를 간단하게 신문한 다음 일반 신문 형식으로 신문한다.(말미조서에 필요자격증의 사본을 첨부한다)

❖ 말미조서

o 피의자(진술자)가 농아자이지만 글을 읽을 줄 아는 경우는 일반인의 경우와 같이 처리

例, 위의 조서를 진술자에게 열람하게 하였던바 진술한 대로 오기나 증감, 변경할 것이 전혀 없다고 통역인에게 수화로 말하므로 간인한 후 서명(기명날인)하게 하다.

진술자 홍길동 ㊞

o 그러나 한글을 읽지 못한 경우에는 다음과 같이 기록한다.

"위의 조서를 참여인 또는 수화자로 하여금 수화로 읽어 주게 하였던바"

■ 서류의 대서

제41조(서류의 대서) 경찰관은 진술자의 문맹 등 부득이한 이유로 서류를 대신 작성하였을 경우에는 대신 작성한 내용이 본인의 의사와 다름이 없는가를 확인한 후 그 확인한 사실과 대신 작성한 이유를 적고 본인과 함께 기명날인 또는 서명하여야 한다.

○ 진술자가 무식자인 경우

例. 위의 조서를 진술자에게 읽어 준바, 진술한 대로 오기나 증감 변경할 것이 전혀 없다고 말하였으나 무학 하여 서명 불능하므로 본직이 대리 서명하고 간인한 후 서명(기명날인)하게 하다.

진술자 홍길동 ㉑

○ 진술자가 질병, 중상 등의 경우

例. 위의 조서를 진술자에게 읽어 준바, 진술한 대로 오기나 증감, 변경할 것이 전혀 없다고 말하였으나, 중상(질병)으로 서명 불능하므로 본인의 의뢰에 따라 본직이 대서 기명하고 간인한 후 서명(기명날인)하게 하다.

진술자 홍길동 ㉑

○ 진술자가 서명날인을 거절한 경우

작성한 조서에 진술자가 서명날인을 거절할 때도 조서말미에 그 사유를 기재하여 그 조서를 종결하여야 한다. 이것이 공판에서 증거로서 가치가 없더라도, 조사한 사실과 그 결과를 명확하게 해둘 필요가 있으며 때로는 공판 과정에서 조사관이 증인으로서 조사 상황을 설명할 때, 이 조서가 필요한 예도 있다.

例. 위의 조서를 진술자에게 열람하게 하였으나 묵비하면서 서명날인을 거부한다.

진술자   서명 및 날인거부

○ 대질한 경우

例. 위의 조서를 각 진술자에게 열람하게 하였던바 (읽어준바) 진술한 대로 오기나 증감, 변경할 것이 전혀 없다고 말하므로 간인한 후 서명(기명날인)하게 하다.

진술자 홍길동㉑
진술자 정직해㉑

✽ 이때 대질자가 상대방의 진술한 내용이 잘못되었기 때문에 이름을 쓰고 도장을 찍지 못하겠다 할 경우

→ 본인 서명날인 옆에 '본인 것만 잃음' 또는 '본인 것만 맞음'으로 표기하도록 하면 될 것임

■ 문자의 삽입·삭제

제42조(문자의 삽입·삭제) ① 경찰관은 수사서류를 작성할 때에는 임의로 문자를 고쳐서는 아니 되며, 다음 각 호와 같이 고친 내용을 알 수 있도록 하여야 한다.
1. 문자를 삭제할 때에는 삭제할 문자에 두 줄의 선을 긋고 날인하며 그 왼쪽 여백에 "몇자 삭제"라고 적되 삭제한 부분을 해독할 수 있도록 자체를 존치하여야 함
2. 문자를 삽입할 때에는 행의 상부에 삽입할 문자를 기입하고 그 부분에 날인하여야 하며 그 왼쪽 여백에 "몇자 추가"라고 적음
3. 1행 중에 두 곳 이상 문자를 삭제 또는 삽입하였을 때에는 각 자수를 합하여 "몇자 삭제" 또는 "몇자 추가"라고 기재
4. 여백에 기재할 때에는 기재한 곳에 날인하고 "몇자 추가"라고 적음
② 피의자신문조서와 진술조서의 경우 문자를 삽입 또는 삭제하였을 때에는 "몇자 추가" 또는 "몇자 삭제"라고 적고 그 곳에 진술자로 하여금 날인 또는 무인하게 하여야 한다.

○ 삽입, 삭제시의 유의사항
  ❖ 삽입, 삭제 또는 난외 기재를 할 때에는 이 기재한 곳에 날인하고 그 자수를 기재하여야 하며 삭제한 부분은 해독할 수 있도록 자체를 존치하여야 한다 (형사소송법 제58조 제2항).

○ 삽입, 삭제 요령
  ❖ 삭제할 부분에 대해서는 두 줄을 긋고 날인을 하고 좌측여백에 "몇자 삭제"라고 기재하고 삽입할 경우에는 날인한 후 좌측여백에 "몇자추가"라고 기재한다.
  ❖ 1행 중에 2개소 이상 문자를 삭제삽입할 경우는 각 자수를 합하여 "몇자삭제"라고 기재한다.
  ❖ 난외, 즉 서식의 선 밖에 기재해야 될 때에는 기재한 곳에 날인하고 여백에 "몇자추가"라고 기재한다.

○ 피의자 신문조서진술조서의 경우
  ❖ 삽입·삭제의 경우 난외에 "가몇자" "삭몇자"라고 기재한 후 그곳에 진술자가 날인한다.
  ❖ 난내(서식의 선 안)의 가. 삭 부분에는 진술받은 경찰관이 날인하면 된다.

○ 진술자가 외국인일 경우에는 그 날인을 생략할 수 있다.

■ 서류의 접수

제43조(서류의 접수) 경찰관은 수사서류를 접수하였을 때에는 즉시 여백 또는 그 밖의 적당한 곳에 접수연월일을 기입하고 특히 필요하다고 인정되는 서류에 대하여는 접수 시각을 기입해 두어야 한다.

○ 서류의 접수
  ❖ 수사서류의 출처를 확인하기 위해서는 수사기관에 접수된 경위가 명확해야 재판과정에서 증거로써의 가치능력을 평가 받을 수 있다. 따라서 접수된 모든 서류에 대해 접수확인이 받듯이 필요하다.

○ 사건관계자가 민원실 등에 접수한 경우
  ❖ 서류 접수 담당관은 접수 즉시 접수 일자를 지입한 후 해당 수사부서에 신속히 전달하여야 한다.

○ 사건관계자가 담당수사관에게 직접 제출한 경우
  ❖ 사건 수사진행과정에서 제출한 경우
    • 접수 경위 등을 수사보고 형식으로 구체적으로 작성하여 수사서류에 편철하도록 한다.
      例, 피의자 홍길동이 20○○. ○. ○. 11:00경 우리 경찰서 경제1팀 사무실을 방문하여 담당수사관인 경위 홍길동에게 ○○서류(사본) 10매를 사건에 편철해 달라면서 제출하였기 수사보고 합니다.
  ❖ 조사받는 과정에서 제출한 경우
    • 제출한 서류가 많지 않을 경우에는 조서 말미에 첨부한다는 내용을 조서에 기재한 후 첨부한다. 그런 그 분량이 많아 조서말미에 첨부할 수 없을 경우에는 별도 수사보고서를 작성하여 수사서류에 첨부하거나 또는 별권으로 첨부한다.

제2장 수사의 개시

■ 수사의 개시

> **제44조(수사의 개시)** 경찰관은 수사를 개시할 때에는 범죄의 경중과 정상, 범인의 성격, 사건의 파급성과 모방성, 수사의 완급 등 제반 사정을 고려하여 수사의 시기 또는 방법을 신중하게 결정하여야 한다.

※ 경찰수사규칙
제18조(수사의 개시) ① 사법경찰관은 법 제197조제1항에 따라 구체적인 사실에 근거를 둔 범죄의 혐의를 인식한 때에는 수사를 개시한다.
② 사법경찰관은 제1항에 따라 수사를 개시할 때에는 지체 없이 별지 제11호서식의 범죄인지서를 작성하여 사건기록에 편철해야 한다.

※ 검사와 사법경찰관의 상호협력과 일반적 수사준칙에 관한 규정
제16조(수사의 개시) ① 검사 또는 사법경찰관이 다음 각 호의 어느 하나에 해당하는 행위에 착수한 때에는 수사를 개시한 것으로 본다. 이 경우 검사 또는 사법경찰관은 해당 사건을 즉시 입건해야 한다.
  1. 피혐의자의 수사기관 출석조사
  2. 피의자신문조서의 작성
  3. 긴급체포
  4. 체포·구속영장의 청구 또는 신청
  5. 사람의 신체, 주거, 관리하는 건조물, 자동차, 선박, 항공기 또는 점유하는 방실에 대한 압수·수색 또는 검증영장(부검을 위한 검증영장은 제외한다)의 청구 또는 신청
② 검사 또는 사법경찰관은 수사 중인 사건의 범죄 혐의를 밝히기 위한 목적으로 관련 없는 사건의 수사를 개시하거나 수사기간을 부당하게 연장해서는 안 된다.
③ 검사 또는 사법경찰관은 입건 전에 범죄를 의심할 만한 정황이 있어 수사 개시 여부를 결정하기 위한 사실관계의 확인 등 필요한 조사를 할 때에는 적법절차를 준수하고 사건관계인의 인권을 존중하며, 조사가 부당하게 장기화되지 않도록 신속하게 진행해야 한다.
④ 검사 또는 사법경찰관은 제3항에 따른 조사 결과 입건하지 않는 결정을 한 때에는 피해자에 대한 보복범죄나 2차 피해가 우려되는 경우 등을 제외하고는 피혐의자 및 사건관계인에게 통지해야 한다.
⑤ 제4항에 따른 통지의 구체적인 방법 및 절차 등은 법무부장관, 경찰청장 또는 해양경찰청장이 정한다.
⑥ 제3항에 따른 조사와 관련한 서류 등의 열람 및 복사에 관하여는 제69조제1항, 제3항, 제5항(같은 조 제1항 및 제3항을 준용하는 부분으로 한정한다. 이하 이 항에서 같다) 및 제6항(같은 조 제1항, 제3항 및 제5항에 따른 신청을 받은 경우로 한정한다)을 준용한다.

○ 수사의 개시
  ❖ 경찰관은 수사를 개시할 때에는 범죄의 경중과 정상, 범인의 성격, 사건의

파급성과 모방성, 수사의 완급 등 제반 사정을 고려하여 수사의 시기 또는 방법을 신중하게 결정하여야 한다.

■ 경찰 훈방

제45조(경찰 훈방) ① 경찰관은 죄질이 매우 경미하고, 피해 회복 및 피해자의 처벌의사 등을 종합적으로 고려하여 훈방할 수 있다.
② 제1항의 훈방을 위해 필요한 경우 경찰청장이 정하는 위원회의 조정·심의·의결을 거칠 수 있다.
③ 경찰관은 훈방할 때에는 공정하고 투명하게 하여야 하고 반드시 그 이유와 근거를 기록에 남겨야 한다.

○ 경찰 훈방

❖ 경찰관은 죄질이 매우 경미하고, 피해 회복 및 피해자의 처벌의사 등을 종합적으로 고려하여 훈방할 수 있다.

❖ 훈방을 위해 필요한 경우 경찰청장이 정하는 위원회의 조정·심의·의결을 거칠 수 있다.

❖ 경찰관은 훈방할 때에는 공정하고 투명하게 하여야 하고 반드시 그 이유와 근거를 기록에 남겨야 한다.

■ 공무원 등에 대한 수사개시 등의 통보

제46조(공무원 등에 대한 수사개시 등의 통보) 경찰관은 공무원에 대하여 수사를 개시한 경우에는 「국가공무원법」 제83조제3항 및 「지방공무원법」 제73조제3항, 「사립학교법」 제66조의3제1항, 「공공기관의 운영에 관한 법률」 제53조의2에 따라 별지 제12호서식의 공무원 등 범죄 수사개시 통보서를 작성하여 해당 공무원 등의 소속기관의 장등에게 통보하여야 하며, 「수사준칙」 제51조제1항제2호부터 제5호까지의 결정을 한 경우에는 별지 제13호서식의 공무원 등 범죄 수사결과 통보서를 작성하여 그 결과를 통보하여야 한다.

※ 국가공무원법
제83조(감사원에서의 조사와의 관계등) ③ 감사원과 검찰·경찰·기타 수사기관은 조사나 수사를 개시한 때와 이를 종료한 때에는 10일내에 소속기관의 장에게 당해 사실을 통보하여야 한다.

※ 지방공무원법
제73조(징계의 관리) ③ 감사원과 검찰·경찰, 그 밖의 수사기관 및 제1항에 따른 행정기관은 조사나 수사를 시작하였을 때와 마쳤을 때에는 10일 이내에 소속 기관의 장에게 해당 사실을 알려야 한다.

※ 사립학교법

제66조의3(감사원 조사와의 관계 등) ③ 검찰·경찰, 그 밖의 수사기관에서 수사 중인 사건에 대해서는 제1항에 따른 수사 개시 통보를 받은 날부터 징계의결의 요구나 그 밖의 징계 절차를 진행하지 아니할 수 있다.

※ 공공기관의 운영에 관한 법률

제53조의2(수사기관등의 수사 개시·종료 통보) 수사기관등은 공공기관의 임직원에 대하여 직무와 관련된 사건에 관한 조사나 수사를 시작한 때와 이를 마친 때에는 10일 이내에 공공기관의 장에게 해당 사실과 결과를 통보하여야 한다.

○ 수사통보 대상

❖ 경찰·기타 수사기관은 조사나 수사를 개시한 때와 이를 종료한 때에는 10일 내에 소속기관의 장에게 당해 사실을 통보하여야 한다.

❖ 결과 통보

수사준칙 제51조제1항제2호부터 제5호까지의 결정을 한 경우 그 결과를 통보하여야 한다.

※ 검사와 사법경찰관의 상호협력과 일반적 수사준칙에 관한 규정

2. 검찰송치

3. 불송치

　가. 혐의없음(범죄인정안됨, 증거불충분)

　나. 죄가안됨

　다. 공소권없음

　라. 각하

4. 수사중지

　가. 피의자중지

　나. 참고인중지

5. 이송

○ 공무원범죄로 인해 취득한 불법수익 몰수(공무원범죄에관한몰수특례법)

❖ 특정공무원범죄를 범한 자가 그 범죄행위를 통하여 취득한 불법수익 등은 이를 몰수한다.

❖ "특정공무원범죄"라 함은 다음 각목의 1에 해당하는 죄를 말한다.

① 형법 제129조 내지 제132조의 죄

② 회계관계직원등의책임에관한법률 제2조제1호·제2호 또는 제4호(제1호 또는 제2호에 규정된 자의 보조자로서 그 회계사무의 일부를 처리하는 자에 한한다)에 규정된 자가 국고 또는 지방자치단체에 손실을 미칠 것을 인식하고 그 직무에 관하여 범한 형법 제355조의 죄

③ 특정범죄가중처벌등에관한법률 제2조 및 제5조의 죄

○ ○ 경 찰 서

분류기호 및 문서번호

수 신

발 신　　　○○경찰서

사법경찰관　　　　　㊞

제 목　**공무원범죄 수사개시 통보**

아래 직원에 대하여 다음과 같이 수사를 개시하였으므로 국가공무원법 제83조 제3항 (지방공무원법 제73조제3항, 사립학교법 제66조의3제1항, 공공기관의 운영에 관한 법률 제53조의2)에 의거 통보합니다.

피의자	성 명		주민등록번호	
	주 거			
	소속 및 직급			

사 건 번 호		수사개시일자	
죄　　　　명		신 병	

<u>피의사실요지</u>

비 고	이 사건과 관련 행정조치를 취한 사실이 있으면 참고로 통보하여 주시기 바랍니다.

소 속 관 서

사법경찰관 계급

○ ○ 경 찰 서

분류기호 및 문서번호

수　신　　　　　　　　　　　발　신　　　○○경찰서
　　　　　　　　　　　　　　　　사법경찰관　　　　　　　　　⑪

제　목　**공무원 등 범죄 수사결과 통보**

아래 사항에 대하여 다음과 같이 처리하였으므로 국가공무원법 제83조 제3항(지방공무원법 제73조제3항, 사립학교법 제66조의3제1항, 공공기관의 운영에 관한 법률 제53조의2)에 의거 통보합니다.

사　건　번　호		
죄　　　　　명		
피의자	소속 및 직위	
	주민등록번호	
	성　　　　명	
처리상황	연　월　일	
	내　　　용	※ 이첩 또는 송치내용 기재

피의사실요지

비　　　　고	이 사건과 관련 행정조치를 취한 사실이 있으면 참고로 통보하여 주시기 바랍니다.

소 속 관 서

사법경찰관 계급

▣ 피해신고의 접수 및 처리

제47조(피해신고의 접수 및 처리) ① 경찰관은 범죄로 인한 피해신고가 있는 경우에는 관할 여부를 불문하고 이를 접수하여야 한다.
② 경찰관은 제1항의 피해신고 중 범죄에 의한 것이 아님이 명백한 경우 피해자 구호 등 필요한 조치를 행한 후 범죄인지는 하지 않는다.
③ 경찰관은 제1항의 신고가 구술에 의한 것일 때에는 신고자에게 별지 제14호서식의 피해신고서 또는 진술서를 작성하게 할 수 있다. 이 경우 신고자가 피해신고서 또는 진술서에 그 내용을 충분히 기재하지 않았거나 기재할 수 없을 때에는 진술조서를 작성하여야 한다.

○ 피해신고 접수와 처리
   ❖ 경찰관은 범죄로 인한 피해신고가 있는 경우 관할구역 불문하고 이를 접수하여야 한다.
   ❖ 피해신고가 범죄로 인한 것이 아님이 명백한 경우 피해자 구호 등 필요한 조치를 행한 후 범죄인지는 하지 않는다.
   ❖ 경찰관은 신고가 구술에 의한 것일 때에는 신고자에게 피해신고서 또는 진술서를 작성하게 할 수 있다. 이 경우 신고자가 피해신고서 또는 진술서에 그 내용을 충분히 기재하지 않았거나 기재할 수 없을 때에는 진술조서를 작성하여야 한다.
   ❖ 신고인이 대서를 의뢰할 때에는 경찰관이 대서해 주도록 한다. 경찰관이 대서했을 경우에는 대서사항이 본인의 의사와 내용이 상위가 없음을 확인한 후 대서의 이유를 기재하고 기명날인 또는 서명하여야 한다.

피 해 신 고 서

다음과 같이 범죄피해를 당하였으므로 신고합니다.

                                               . .   .

신고인 주거 :

피해자와의 관계 :   성명 :   ㉑ (전화 :   -   -   )

                                           소 속 관 서 장 귀 하

피 해 자 인 적 사 항	주 거 :			
	성 명 : 주민등록번호 : (만 세)			
	직 업 : 연락처 : (휴대폰)			
피 해 연 월 일 시	경부터 경까지 사이			
피 해 장 소				
피 해 상 황 (범 행)				

피 해 금 품	금 품	수 량	시 가	특 징	소 유 자

범 인 의 주 거·성 명 또 는 인 상·착 의·특 정 등	
참 고 사 항 (유 류 물 품 기 타)	

피해자 보호사항 통지	통지 방법	구두, 우편, 전화, FAX, e-mail, 기타 (해당 연락처 :)
원함 ( ) 원하지않음 ( )		

※ 원하는 통지방법중 하나를 선택 표시하고, 해당 연락처를 기재하세요.

210㎜ × 297㎜(백상지 80g/㎡)

■ 신고사건 인계

제48조(신고사건 인계) 경찰관은 접수된 피해신고가 제7조 및 「경찰수사규칙」 제15조에 따라 계속 수사가 어려운 경우에는 필요한 조치를 완료한 후 지체 없이 책임수사가 가능한 경찰관서로 인계하여야 한다.

※ 경찰수사규칙
제15조(직무 관할) 사법경찰관리는 소속된 경찰관서의 관할구역에서 직무를 수행한다. 다만, 다음 각 호의 어느 하나에 해당하는 경우에는 관할구역이 아닌 곳에서도 그 직무를 수행할 수 있다.
1. 관할구역의 사건과 관련성이 있는 사실을 발견하기 위한 경우
2. 관할구역이 불분명한 경우
3. 긴급을 요하는 등 수사에 필요한 경우

○ 사건의 관할
 ❖ 사건의 수사는 범죄지, 피의자의 주소·거소 또는 현재지를 관할하는 경찰관서가 담당한다.
 ❖ 사건관할을 달리하는 수개의 사건이 관련된 때에는 1개의 사건에 관하여 관할이 있는 경찰관서는 다른 사건까지 병합하여 수사를 할 수 있다.
 ❖ 그밖에 관할에 대한 세부 사항은 「사건의 관할 및 관할사건수사에 관한 규칙」에 따른다.

○ 사건의 관할 및 관할사건수사에 관한 규칙
 ❖ 사건의 관할은 범죄지, 피의자의 주소·거소 또는 현재지를 관할하는 경찰서를 기준으로 한다.
 ❖ 사건관할을 달리하는 수개의 사건이 관련된 때에는 1개의 사건에 관하여 관할이 있는 경찰관서는 다른 사건까지 병합하여 수사 할 수 있다.
 ❖ 사건관할이 불분명한 경우의 관할지정)
  ① 다음 각 호의 사건 중 범죄지와 피의자가 모두 불명확한 경우에는 특별한 사정이 없는 한 사건을 최초로 접수한 관서를 사건의 관할관서로 한다.
  1. 전화, 인터넷 등 정보통신매체를 이용한 범죄
  2. 지하철, 버스 등 대중교통수단 이동 중에 발생한 범죄
  3. 그 밖에 경찰청장이 정하는 범죄
  ② 외국에서 발생한 범죄의 경우에도 사건을 최초로 접수한 관서를 사건의 관할관서로 한다. 다만, 사건접수 단계부터 피의자가 내국인으로 특정된 경우에는 피의자의 주소·거소 또는 현재지를 관할하는 경찰서를 관할관서로 한다.

③ 국내 또는 국외에 있는 대한민국 및 외국국적 항공기 내에서 발생한 범죄에 관하여는 출발지 또는 범죄 후의 도착지를 관할하는 경찰서를 관할관서로 한다.

④ 제1항부터 제3항까지의 규정에도 불구하고 해양경찰청, 군수사기관, 철도특별사법경찰대 등 다른 국가기관과 협의하여 정한 협정 등이 있으면 이를 이 규칙보다 우선하여 적용한다.

❖ 경찰관서 소속 공무원 관련 사건의 관할 지정

① 경찰관 등 경찰관서에서 근무하는 공무원이 피의자, 피혐의자, 피고소인, 피진정인 또는 피해자, 고소인, 고발인, 진정인, 탄원인인 모든 사건은 해당 공무원의 소속 경찰관서가 아닌 동일 법원관할 내 인접 경찰관서 중 상급 경찰관서장의 지휘를 받아 지정된 관서를 사건의 관할관서로 한다.

② 긴급·현행범체포 등 즉시 현장조치가 필요한 경우, 제5조에 따른 관할관서 또는 최초 신고접수서에서 우선 피의자 검거 및 초동조치를 취한 후 즉시 상급관서의 지휘를 받아 동일 법원관할 내 인접 경찰관서 중 지정된 경찰관서로 이송하여야 한다.

③ 제1항과 제2항에도 불구하고 인접 경찰관서에서 수사하는 것이 수사의 신속성·효율성을 현저히 저해하거나, 해당 공무원의 소속 경찰관서에서 수사하더라도 수사공정성에 지장이 없음이 명백한 경우에는 상급 경찰관서장의 승인을 받아 계속 수사할 수 있다.

④ 제1항부터 제3항까지의 수사지휘와 수사지휘건의는 「범죄수사규칙」 제25조 및 제26조를 따른다.

❖ 사건관할의 유무에 따른 조치

① 경찰관은 사건의 관할 여부를 불문하고 이를 접수하여야 한다.

② 경찰관은 제5조, 제6조, 제6조의2에 따라 사건의 관할이 인정되면 다른 경찰관서에 이송하지 않고 수사하여야 한다.

③ 사건을 접수한 관서는 일체의 관할이 없다고 판단되는 경우에는 사건의 관할이 있는 관서에 이송하여야 한다.

④ 제3항에 따른 사건의 이송은 원칙적으로 범죄지를 관할하는 관서에 우선적으로 하여야 한다. 다만, 범죄지가 분명하지 않거나 사건의 특성상 범죄지에 대한 수사가 실익이 없어 범죄지를 관할하는 관서에 이송하는 것이 불합리한 경우에는 피의자의 주소·거소 또는 현재지를 관할하는 관서로 이송할 수 있다.

⑤ 제2항부터 제4항까지의 규정에도 불구하고 경찰청장은 개별사건의 특수성을 고려하여 사건관할 및 그에 따른 조치에 대해 별도 지침을 마련하여 따로 정할 수 있다.

❖ 동일 법원관할 내의 사건관할

　이송대상 경찰관서가 동일한 법원의 관할에 속하는 경우에는 사건을 이송하지 아니하고 수사할 수 있다.

○ 사건수사의 착수시기

❖ 착수시기를 어느 때로 할 것인가? 여부와 판단에 있어서는 수사주무관이나 사건담당경찰관은 그 판단에 필요한 자료를 내탐 등의 방법에 의하여 되도록 많이 수집해서 보고하도록 하고 많이 수집하도록 노력하여야 한다.

❖ 피해신고등 수사의 단서가 될 자료를 입수하였으면 그 내용을 검토하여 수사착수의 필요성과 착수의 시기 등을 판단하고 또는 범죄사실의 존부를 검토 확인하여야 한다.

○ 수사의 개시

❖ 범인이 침입중인 경우에는 물론 범행 후 시간이 얼마 경과하지 않다면 긴급비상배치와 유도파수 검색 등으로 지체없이 비치된 경찰관에 의하여 범인이 숨어 있을만한 장소를 수색하여 체포에 노력하거나 범행의 현장을 목격한 자를 찾아서 수사자료 수집에 노력하여 초기단계의 수사를 개시한다.

○ 현장관찰

❖ 보통의 경우는 수사 초기단계에서 병행하여 현장보존과 현장관찰이 행하여지는 것이다. 현장보존은 외근경찰이 하는 것이 상례이고, 현장상황을 관찰하고 수사자료를 획득하는 것은 수사요원인 형사가 하는 것이다.

○ 수사방침 수립

❖ 현장에서 수집된 여러 가지 자료를 검토하여 수사를 어떠한 방법으로 전개할 것인가를 결정하는 것이다. 만일에 수사방침이 어긋나면 범인검거는 어렵게 되고 설사 검거된다 하더라도 많은 시간과 노력을 낭비하게 되는 것이다. 그러므로 중요한 사건에 있어서는 수사회의를 개최하고 각 수사기관의 의견을 종합하여 결정하는 것이다.

○ 입건

❖ 입건이란 수사기관이 사건을 수리하여 수사를 개시함을 말하는데, 실무상으로는 사건부에 사건을 처음 기재하게 되는 단계를 가리킨다. 즉 입건한 때부터 혐의자는 "피의자"로 불리게 된다.

❖ 입건은 범죄인지, 고소·고발의 접수, 검사의 수사 지휘 등을 있을 때에 하게 된다.
- 입건이란 수사기관이 사건을 수리하여 수사를 개시함을 말하는데, 실무상 으로는 사건부에 사건을 처음 기재하게 되는 단계를 가리킨다. 즉 입건한 때부터 혐의자는 "피의자"로 불리게 된다.
❖ 입건은 범죄인지, 고소·고발의 접수, 검사의 수사 지휘 등이 있을 때에 하게 된다.
- 사법경찰관은 형사소송법 제196조제2항에 따라 범죄의 혐의가 있다고 인식하는 때에는 수사를 개시하고 지체 없이 범죄인지서를 작성하여 수사기록에 편철(編綴)하여야 한다.
- 경찰관서로부터 사건이 송치되는 것은 입건이 아니다. 송치이전에 해당기관에서 이미 입건한 사건이기 때문이다.

※ 경찰수사규칙
제19조(입건 전 조사) ① 사법경찰관은 수사준칙 제16조제3항에 따른 입건 전에 범죄를 의심할 만한 정황이 있어 수사 개시 여부를 결정하기 위한 사실관계의 확인 등 필요한 조사(이하 "내사"라고 한다)에 착수하기 위해서는 해당 사법경찰관이 소속된 경찰관서의 수사 부서의 장(이하 "소속수사부서장"이라 한다)의 지휘를 받아야 한다.
② 사법경찰관은 내사한 사건을 다음 각 호의 구분에 따라 처리해야 한다.
 1. 입건: 범죄의 혐의가 있어 수사를 개시하는 경우
 2. 내사종결: 제108조제1항제1호부터 제3호까지의 규정에 따른 사유가 있는 경우
 3. 내사중지: 피혐의자 또는 참고인 등의 소재불명으로 내사를 계속할 수 없는 경우
 4. 이송: 관할이 없거나 범죄특성 및 병합처리 등을 고려하여 다른 경찰관서 또는 기관(해당 기관과 협의된 경우로 한정한다)에서 내사할 필요가 있는 경우
 5. 공람종결: 진정·탄원·투서 등 서면으로 접수된 신고가 다음 각 목의 어느 하나에 해당하는 경우
  가. 같은 내용으로 3회 이상 반복하여 접수되고 2회 이상 그 처리 결과를 통지한 신고와 같은 내용인 경우
  나. 무기명 또는 가명으로 접수된 경우
  다. 단순한 풍문이나 인신공격적인 내용인 경우
  라. 완결된 사건 또는 재판에 불복하는 내용인 경우
  마. 민사소송 또는 행정소송에 관한 사항인 경우

○ 범죄인지보고서란
❖ 수사경찰이 수사단서를 얻어 수사에 착수할 때에 상사의 지휘를 받기 위한 범죄사실을 인지한 내용을 보고하는 서류이다.

○ 범죄인지의 요건

✦ 현행법상 범죄인지의 요건은 범죄혐의의 존재와 범죄인지의 필요성을 들 수가 있다. 수사기관이 범죄혐의가 있다고 사료되는 때에 한하여 범죄를 인지할 수 있다. 범죄인지의 요건으로서 범죄혐의는 객관적 혐의를 의미하는 것이 아니고, 수사기관의 주관적 혐의를 의미하는 바, 범죄혐의를 주관적으로 인정함에 대한 합리적인 근거가 있어야 한다.

✦ 수사기관이 범죄를 인지하기 위해서는 범죄혐의의 존재 이외에 범죄인지의 필요성이 있어야 한다. 범죄인지의 필요성 유무는 가벌성의 유무, 수사비례의 원칙 등이 그 판단기준이 된다.

○ 범죄인지의 주체

✦ 검사 또는 사법경찰관은 범죄인지의 권한이 있다, 사법경찰리는 수사의 보조기관에 불과하므로 범죄인지 권한이 없다.

✦ 실무상으로는 사법경찰리가 '범죄인지보고서'란 형식으로 사법경찰관리가 인지하고 있어 경찰의 인지권은 사법경찰관과 사법경찰관리를 구별할 실익이 없다.

○ 범죄인지의 절차

✦ 범죄인지서에는 피의자의 성명, 주민등록번호, 직업, 주거, 범죄경력, 죄명, 범죄사실의 요지, 적용법조 및 수사의 단서와 범죄 인지 경위를 적어야 한다.

✦ 고소·고발을 수리하거나 자수를 받은 경우에는 범죄인지보고서 또는 인지보고서를 작성할 필요가 없으나, 현행범인을 체포하거나 인도 받은 때에는 범죄인지보고서를 작성하여야 한다.

✦ 위 경우 피의자의 시기(始期)는 체포시라고 해석하여야 한다. 범죄인지시 또는 범인체포시에는 반드시 조회용 터미널을 활용하여 기소중지사건의 유무, 범죄경력, 형미집행자인가 여부 또는 고액 벌과금 미납자인가 여부 등을 조회·확인하여야 한다.

○ 범죄인지의 효과

✦ 범죄인지에 의해서 피내사자 또는 용의자(혐의자)는 피의자로 된다. 범죄를 인지한 때에는 범죄사건부에 등재하여야 한다.

✦ 수사기관이 일단 범죄를 인지한 때에는 그 사건에 대하여 수사종결의 의무가 있다. 사법경찰관이 범죄를 인지하여 수사한 결과 범죄 혐의가 없다고 인정되어도 그 사건을 관할하는 검찰에 송치하여야 한다.

○ 범죄인지보고서 작성요령

❖ 수사의 단서를 명백히 기재한다.

수사경찰이 수사의 단서를 얻어 수사에 착수한 때에는 어떠한 경로로 범죄 사실을 인지하게 되었는지 등의 범죄혐의를 인정하게 된 경위, 수사의 단서를 구체적으로 (즉, 그 사건을 어떻게 해서 알게 되었는가, 범인이 누구인줄을 어떻게 알았는가 등) 명백히 기재하여 상사의 심증을 굳히는데 의의가 있다.

❖ 범죄사실을 구체적으로 기재한다.

범죄사실은 범죄구성요건의 충족이 인정되므로 6하원칙(또는 8하원칙)에 의하여 구체적으로 기재한다.

❖ 범죄사실을 기재함에 있어서는 범죄행위, 즉 범행의 방법에 따라 전후를 순서있게 기재하여야 한다.

- 피의자의 인적사항
- 범죄경력
- 범죄사실
- 인지경위
- 적용법조

❖ 인지보고서는 수사관서의 장에게 범죄를 인지하였다고 보고하는 하나의 보고서이므로 수사단서와 인지경위가 정확하게 기재되어야 한다.

❖ 합리적인 인지경위의 기재는 수사절차의 적법성과 수집된 증거에 대한 신빙성을 높여준다.

■ 고소 · 고발의 수리

제49조(고소 · 고발의 수리) 경찰관은 고소·고발은 관할 여부를 불문하고 접수하여야 한다. 다만, 제7조에 규정된 관할권이 없어 계속 수사가 어려운 경우에는 「경찰수사규칙」 제96조에 따라 책임수사가 가능한 관서로 이송하여야 한다.

※ 경찰수사규칙
제96조(사건 이송) ① 사법경찰관은 사건이 다음 각 호의 어느 하나에 해당하는 경우에는 해당 사건을 다른 경찰관서 또는 기관에 이송해야 한다.
 1. 사건의 관할이 없거나 다른 기관의 소관 사항에 관한 것인 경우
 2. 법령에서 다른 기관으로 사건을 이송하도록 의무를 부여한 경우
② 사법경찰관은 사건이 다음 각 호의 어느 하나에 해당하는 경우에는 해당 사건을 다른 경찰관서 또는 기관(해당 기관과 협의된 경우로 한정한다)에 이송할 수 있다.

1. 다른 사건과 병합하여 처리할 필요가 있는 등 다른 경찰관서 또는 기관에서 수사하는 것이 적절하다고 판단하는 경우
2. 해당 경찰관서에서 수사하는 것이 부적당한 경우
③ 사법경찰관은 제1항 또는 제2항에 따라 사건을 이송하는 경우에는 별지 제99호서식의 사건이송서를 사건기록에 편철하고 관계 서류와 증거물을 다른 경찰관서 또는 기관에 송부해야 한다.

※ 형사소송법

제245조의6(고소인 등에 대한 송부통지) 사법경찰관은 제245조의5제2호의 경우에는 그 송부한 날부터 7일 이내에 서면으로 고소인·고발인·피해자 또는 그 법정대리인(피해자가 사망한 경우에는 그 배우자·직계친족·형제자매를 포함한다)에게 사건을 검사에게 송치하지 아니하는 취지와 그 이유를 통지하여야 한다.

제245조의7(고소인 등의 이의신청) ① 제245조의6의 통지를 받은 사람은 해당 사법경찰관의 소속 관서의 장에게 이의를 신청할 수 있다.

② 사법경찰관은 제1항의 신청이 있는 때에는 지체 없이 검사에게 사건을 송치하고 관계 서류와 증거물을 송부하여야 하며, 처리결과와 그 이유를 제1항의 신청인에게 통지하여야 한다.

제245조의8(재수사요청 등) ① 검사는 제245조의5제2호의 경우에 사법경찰관이 사건을 송치하지 아니한 것이 위법 또는 부당한 때에는 그 이유를 문서로 명시하여 사법경찰관에게 재수사를 요청할 수 있다.

② 사법경찰관은 제1항의 요청이 있는 때에는 사건을 재수사하여야 한다.

※ **경찰수사규칙**

제22조(고소·고발인 진술조서 등) ① 사법경찰관리는 구술로 제출된 고소·고발을 수리한 경우에는 진술조서를 작성해야 한다.

② 사법경찰관리는 서면으로 제출된 고소·고발을 수리했으나 추가 진술이 필요하다고 판단하는 경우 고소인·고발인으로부터 보충 서면을 제출받거나 추가로 진술을 들어야 한다.

③ 자수하는 경우 진술조서의 작성 및 추가 진술에 관하여는 제1항 및 제2항을 준용한다.

○ 수 리

❖ 수사 민원사건을 제기하는 자가 있을 때는 수사관할의 여부를 불문하고 이를 수리함을 원칙으로 한다.

❖ 관할에 불구하고 이를 수리하였을 때는 지체없이 수사관할 관서에 이첩하고 민원인에게 그 취지를 통보하여야 한다.

❖ 익명 또는 허무인 명의의 진정·탄원 및 투서에 대하여는 그 내용을 정확히 판단하여 수사단서로서의 가치가 없다고 인정될 때는 내사하지 아니할 수 있다.

❖ 실존 인물의 진정·탄원·투서라도 내용이 형벌 법규에 저촉되지 아니함이 명백하다고 인정될 때는 그 뜻을 통지하고 제3항에 준하여 처리할 수 있다.

❖ 수사 민원사건을 수리하지 않고 관계인을 소환하는 등 부당한 수사를 하여

서는 안 되며 특히 특정인을 위한 편파수사를 하여서는 아니된다.

❖ 수사민원인이 민원실에 직접 휴대 제출한 민원서류는 민원실에서는 고소·고발인계개장(진정은 민원사무처리부)에서만 등재한 후 민원서류와 민원인을 관련 처리 주무기능에 즉시 인계하고, 처리주무 간부가 즉시 조사자를 지정하여 즉석 보충 조서 작성 후 결재토록 하여 가급적 민원인이 조서작성을 위하여 재차 출석하는 일이 없도록 하여야 한다.

※ 경찰수사규칙

제23조(고소의 대리 등) ① 사법경찰관리는 법 제236조에 따라 대리인으로부터 고소를 수리하는 경우에는 고소인 본인의 위임장을 제출받아야 한다.

② 사법경찰관리는 법 제225조부터 제228조까지의 규정에 따른 고소권자로부터 고소를 수리하는 경우에는 그 자격을 증명하는 서면을 제출받아야 한다.

③ 사법경찰관리는 제2항에 따른 고소권자의 대리인으로부터 고소를 수리하는 경우에는 제1항 및 제2항에 따른 위임장 및 자격을 증명하는 서면을 함께 제출받아야 한다.

④ 고소의 취소에 관하여는 제1항부터 제3항까지의 규정을 준용한다.

제22조(고소·고발인 진술조서 등) ① 사법경찰관리는 구술로 제출된 고소·고발을 수리한 경우에는 진술조서를 작성해야 한다.

② 사법경찰관리는 서면으로 제출된 고소·고발을 수리했으나 추가 진술이 필요하다고 판단하는 경우 고소인·고발인으로부터 보충 서면을 제출받거나 추가로 진술을 들어야 한다.

③ 자수하는 경우 진술조서의 작성 및 추가 진술에 관하여는 제1항 및 제2항을 준용한다.

○ 대리고소의 처리

❖ 친권자로부터 고소를 접수한 경우에는 그 자격증 증명하는 서면(호적등본 등 신분관계를 증명하는 서면)을 제출시켜야 한다. 고소권자는 대리인에 위임하여 고소할 수 있는데 이 경우 고소를 접수한 사법경찰관은 피해자인 고소권자로부터는 위임장을 피해자 이외의 친권자로부터는 그 자격을 증명하는 서면을 제출하게 해야 한다.

❖ 이 위임장은 백지위임장은 불가하며 사건명과 전권을 위임한다는 취지를 명확히 기재하고 위임자의 날인이 있어야 한다.

❖ 피해자가 행한 고소를 비피해자인 고소권자가 취소할 수 없다. 또한 고소권자로서 자기가 고소한 사건에 대해서 고소를 취소할 수 있다.

❖ 고소불가분의 원칙

고소불가분의 원칙은 친고죄의 고소에 관해서만 문제된다. 이 원칙은,

- 첫째, 1개의 범죄의 일부에 대한 고소 또는 그 취소가 있는 경우에는 그 효력은 당연히 그 범죄사실의 전부에 대하여 발생한다(객관적 불가분).

- 둘째, 고소불가분의 원칙은 또한 친고죄의 공범 중 그 1인 또는 수인에

대한 고소 또는 그 취소는 다른 공범자에 대하여도 효력이 있음을 의미한다(주관적 불가분-형사소송법 제223조). 형사소송법은 이 경우만을 규정하고 있다.

가. 친족상도례 등

여기에 공범은 형법 총칙상의 공범(공동정범·교사범·종범)에 한하지 않고 필요적 공범도 포함한다.

고소의 주관적 불가분의 원칙은 절대적 친고죄에 대하여는 그대로 타당하나, 상대적 친고죄에 대하여는 예외가 있다.

나. 특별법의 경우

고소불가분의 원칙은 수사기관에 범죄사실을 신고하여 처벌을 요구하는 경우에만 적용되고, 조세범 처벌법이나 관세법상의 즉시 고발의 경우에 즉시 고발의 특별요건의 구비여부는 범인 개개인에 대하여 따져야 하므로 고소불가분의 원칙이 적용되지 않는다(대법원 1962. 1. 11. 선고 4293형상 883 판결 및 대법원 1971. 11. 23. 선고 71도1106 판결).

○ 처 리

❖ 수리한 수사 민원사건은 피 민원인 주거지 또는 범죄발생지 중 1개의 관할이 있는 한 접수한 시도경찰청 또는 경찰서에서 처리함을 원칙으로 한다.

❖ 수사민원 사건이 관할을 달리하는 다수의 피 민원인이 있을 때는 주된 피 민원인의 주거지를 관할하는 경찰관서에서 처리한다.

❖ 주된 피 민원인이 불명확할 때는
① 피 민원인이 수가 가장 많은 관할 경찰관서에서 처리한다.
② 피 민원인이 동수일 때에는 수리한 경찰관서에서 처리한다.
③ 동일 범죄사실에 관한 수사 민원사건 등을 동시에 수개 경찰관서에서 수리하였을 때는 전 "①, ②항"과 같다.

❖ 수사민원 사건 등을 수사하면서 먼저 민원인 및 참고인 보충조서를 작성한 후 피 민원인에 대한 조서를 작성하는 등 타당성 있고 합리적인 절차에 의하여 수사하여야 한다.

❖ 고소 사건에 대하여는 고소권의 유무, 친고죄에 있어서는 고소 기간의 경과 여부, 피해자의 명시한 의사에 반하여 죄를 논할 수 없는 사건에 있어서는 처벌 희망 여부를 각각 조사하여야 한다.

❖ 수사민원 사건을 완결(내사종결 또는 송치)하였을 때는 그 결과를 즉시 민원인에게 통지하고, 처리 진행상황 및 기타 피해자등의 구조에 도움이 되는 사항을 통지하여야 한다. 통지는 민원인의 비밀보호를 위해 구두, 전화, 우

편, 모사전송, E-mail 등 피해접수 때 민원인이 원하는 방법으로 한다.

※ 경찰수사규칙

제24조(고소·고발사건의 수사기간) ① 사법경찰관리는 고소·고발을 수리한 날부터 3개월 이내에 수사를 마쳐야 한다.

② 사법경찰관리는 제1항의 기간 내에 수사를 완료하지 못하였을 때에는 그 이유를 소속 수사부서 장에게 보고하고 수사기일 연장을 승인받아야 한다.

제53조(고소·고발 취소 등에 따른 조치) ① 사법경찰관리는 고소·고발의 취소가 있을 때에는 그 취지를 명확하게 확인해야 한다.

② 피해자의 명시한 의사에 반하여 공소를 제기할 수 없는 범죄에 대해 처벌을 희망하는 의사표시의 철회가 있을 때에도 제1항과 같다.

○ 고소·고발 전환 수리

※ 경찰수사규칙

제21조(고소·고발의 수리) ① 사법경찰관리는 진정인·탄원인 등 민원인이 제출하는 서류가 고소·고발의 요건을 갖추었다고 판단하는 경우 이를 고소·고발로 수리한다.

② 사법경찰관리는 고소장 또는 고발장의 명칭으로 제출된 서류가 다음 각 호의 어느 하나에 해당하는 경우에는 이를 진정(陳情)으로 처리할 수 있다.

1. 고소인 또는 고발인의 진술이나 고소장 또는 고발장에 따른 내용이 불분명하거나 구체적 사실이 적시되어 있지 않은 경우

2. 피고소인 또는 피고발인에 대한 처벌을 희망하는 의사표시가 없거나 처벌을 희망하는 의사표시가 취소된 경우

○ 요 건

　❖ 고소·고발 사건으로 수리

　　① 범죄구성요건에 해당하는 행위가 발생했을 가능성이 민원인 제출 자료 및 진술에서 확인

　　② 행위자에 대해 형사처벌을 희망하는 명시적인 의사표시

　❖ 진정 사건으로 수리

　　고소장 또는 고발장으로 접수되더라도 다음의 경우에는 진정으로 수리 가능

　　① 고소장 또는 고발장에 의한 내용이 불분명하거나 구체적 사실이 적시되어 있지 아니한 경우

　　② 피고소인 또는 피고발인에 대한 처벌을 희망하는 의사표시가 없거나 처벌을 희망하는 의사표시가 취소된 경우(단, 이미 고소나 고발로 수리된

이후 처벌 불원 의사가 있어도 접수 단서 변경 불가능)

○ 절 차
  ❖ 민원사건 접수 후 10 근무일 이내 수리 형식 결정
    접수 단서 변경할 때 '민원사건 정정 수리보고서'를 작성하여 소속 수사부
    서장 결재 진행
  ❖ 정정 수리 시 민원인에게 해당 사실 통지
      전화, 우편 등 방법
  ❖ 민원인의 이의신청 절차
    ① 민원인은 경찰관서 정문감사관실에 이의신청 가능
    ② 이의신청 접수일로부터 5일 이내 심의위원회 개최로 수용 여부 결정

○ 수사진행 상황의 통지
  ❖ 사법경찰관은 신고·고소·고발·진정·탄원에 따라 수사를 개시한 때, 수사 개시
    후 매 1개월이 경과한 때에는 그날로부터 7일 이내에 고소인·고발인·피해자
    또는 그 법정대리인(피해자가 사망하면 그 배우자·직계친족·형제자매를 포함
    한다. 이하 "고소인등"이라 한다)에게 수사 진행 상황을 통지하여야 한다.
  ❖ 고소인등의 연락처를 모르거나 소재가 확인되지 않을 때는 연락처나 소재를
    안 날로부터 7일 이내에 통지하여야 한다.
  ❖ 통지는 서면, 전화, 팩스, 전자우편, 문자메시지 등 고소인등이 요청한 방법
    으로 할 수 있으며, 별도로 요청한 방법이 없는 경우에는 서면 또는 문자메
    시지로 한다. 이 경우 서면으로 통지할 때는 별지 제9호서식의 수사 진행
    상황 통지서에 따른다.
  ❖ 서면으로 통지하였을 때는 그 사본을, 그 이외의 방법으로 통지한 때에는 그
    취지를 적은 서면을 사건기록에 편철하여야 한다.
  ❖ 사법경찰관은 고소인등이 통지를 원하지 않는 때, 고소인등에게 통지사유에
    해당하는 사실을 이미 고지한 때, 사건관계인의 명예나 권리를 부당하게 침
    해하거나 사건관계인에 대한 보복 범죄나 2차 피해의 우려가 있는 때에는
    통지하지 않을 수 있다. 이 경우 그 사실을 수사보고서로 작성하여 사건기
    록에 편철하여야 한다.
  ❖ 수사 진행 상황을 통지할 때는 해당 사건의 피의자 또는 사건관계인의 명예나
    권리 등이 부당하게 침해되지 않도록 주의해야 한다. (수사준칙 제66조)

○ ○ 경 찰 서

제 호   20○○. ○. ○.

수 신 : 경 찰 서 장

참 조 : 수 사 과 장

제 목 : **민원사건 정정 수리 보고**

민원인 ○○가 제출한 사건에 대해 다음과 같이 수리하고자 합니다.

□ **수리하는 단서**

접수단서 (민원인 기재)	
수 리 단서	
변경 사유 (필요시만 기재)	

경 로	수사지휘 및 의견	구분	결 재	일시

전환 수리 이의신청

신 청 인	성 명		주민등록번호	
	주 소		전 화 번 호	
담 당 수 사 관	소 속		성 명	

이 의 신 청 사 유	

통 지 방 법	☐ 전화 ☐ 문자 ☐ 이메일 ☐ 서 신

20○○.○.○.

신청인 홍길동 (서명)

○○경찰서장 귀하

○ ○ 경 찰 서

제 호   20○○.○.○.

수 신 :   귀하

제 목 : **수사진행상황 통지**

귀하와 관련된 사건의 수사진행상황을 다음과 같이 알려드립니다.

접 수 일 시		사건번호	
주 요 진 행 상 황			
담 당 팀 장	○○과 ○○팀 경○ ○○○	☎	02-0000-0000

※ 범죄피해자 권리 보호를 위한 각종 제도

- 범죄피해자 구조 신청제도(범죄피해자보호법)
  - 관할지방검찰청 범죄피해자지원센터에 신청
- 의사상자예우 등에 관한 제도(의사상자예우에관한법률)
  - 보건복지부 및 관할 자치단체 사회복지과에 신청
- 범죄행위의 피해에 대한 손해배상명령(소송촉진등에관한특례법)
  - 각급법원에 신청, 형사재판과정에서 민사손해배상까지 청구 가능
- 가정폭력·성폭력 피해자 보호 및 구조
  - 여성 긴급전화(국번없이 1366), 아동보호 전문기관(1577-1391) 등
- 무보험 차량 교통사고 뺑소니 피해자 구조제도(자동차손해배상보장법)
  - 동부화재, 삼성화재 등 자동차 보험회사에 청구
- 국민건강보험제도를 이용한 피해자 구조제도
  - 국민건강보험공단 급여관리실, 지역별 공단지부에 문의
- 법률구조공단의 법률구조제도(국번없이 132 또는 공단 지부·출장소)
  - 범죄피해자에 대한 무료법률구조(손해배상청구, 배상명령신청 소송대리 등)
- 국민권익위원회의 고충민원 접수제도
  - 국민신문고 www.epeople.go.kr, 정부민원안내콜센터 국번없이 110
- 국가인권위원회의 진정 접수제도
  - www.humanrights.go.kr, 국번없이 1331
- 범죄피해자지원센터(국번없이 1577-1295)
  - 피해자나 가족, 유족등에 대한 전화상담 및 면접상담 등
- 수사 심의신청 제도(경찰민원콜센터 국번없이 182)
  - 수사과정 및 결과에 이의가 있는 경우, 관할 시도경찰청 「수사심의계」에 심의신청

  ※ 고소·고발인은 형사사법포털(www.kics.go.kr)을 통해 온라인으로 사건진행상황을 조회하실
    수 있습니다.

○ ○ 경 찰 서 장

■ 고소 · 고발의 반려

제50조(고소 · 고발의 반려) 경찰관은 접수한 고소·고발이 다음 각 호의 어느 하나에 해당하는 경우 고소인 또는 고발인의 동의를 받아 이를 수리하지 않고 반려할 수 있다.
1. 고소·고발 사실이 범죄를 구성하지 않을 경우
2. 공소시효가 완성된 사건인 경우
3. 동일한 사안에 대하여 이미 법원의 판결이나 수사기관의 결정(경찰의 불송치 결정 또는 검사의 불기소 결정)이 있었던 사실을 발견한 경우에 새로운 증거 등이 없어 다시 수사하여도 동일하게 결정될 것이 명백하다고 판단되는 경우
4. 피의자가 사망하였거나 피의자인 법인이 존속하지 않게 되었음에도 고소·고발된 사건인 경우
5. 반의사불벌죄의 경우, 처벌을 희망하지 않는 의사표시가 있거나 처벌을 희망하는 의사가 철회되었음에도 고소·고발된 사건인 경우
6. 「형사소송법」제223조 및 제225조에 따라 고소 권한이 없는 사람이 고소한 사건인 경우. 다만, 고발로 수리할 수 있는 사건은 제외한다.
7. 「형사소송법」제224조, 제232조, 제235조에 의한 고소 제한규정에 위반하여 고소·고발된 사건인 경우. 이때 「형사소송법」 제232조는 친고죄 및 반의사불벌죄에 한한다.

※ 형사소송법
제223조(고소권자) 범죄로 인한 피해자는 고소할 수 있다.
제224조(고소의 제한) 자기 또는 배우자의 직계존속을 고소하지 못한다.
제225조(비피해자인 고소권자) ① 피해자의 법정대리인은 독립하여 고소할 수 있다.
② 피해자가 사망한 때에는 그 배우자, 직계친족 또는 형제자매는 고소할 수 있다. 단, 피해자의 명시한 의사에 반하지 못한다.
제232조(고소의 취소) ① 고소는 제1심 판결선고 전까지 취소할 수 있다.
② 고소를 취소한 자는 다시 고소할 수 없다.
③ 피해자의 명시한 의사에 반하여 공소를 제기할 수 없는 사건에서 처벌을 원하는 의사표시를 철회한 경우에도 제1항과 제2항을 준용한다.
제235조(고발의 제한) 제224조의 규정은 고발에 준용한다.

○ 서 론
❖ 반려가 가능한지 여부에 대해 憲裁 판결에 의거, '명백히 공소제기할 대상이 아닌 경우, '고소·고발로서 수리' 거부하는 것은 가능한 것으로 판단된다. 검사가 고소를 고소로 수리하지 아니하고 진정으로 수리하여 공람종결한 것에 대해 '고소사건으로 수리하여 처리하였다고 해도 공소제기할 사건으로 보이지 아니하므로 재판절차진술권과 평등권이 침해되었다고 볼 수 없다(헌재 2003헌마149)

❖ '수리'의 법적 의미

"단순사실인 도달·접수와 다른 행정청의 의사행위이며 타인의 행위를 유효한 행위로 판단, 법령에 의해 처리할 의사로 수령하는 행위"로 해석되므로 고소·고발 '접수'와 처리의사로 수령하는 '수리'를 구분, 접수는 하되 접수 後 수리

❖ 반려 사유 규정은,

"수리 결정이 실질적 심사가 아닌, 형식적 요건만 심사할 수 있다"는 판례에 의거, 사유를 구체화하여 열거한 것이다.

가. '고소권의 남용에 해당하는 경우' 등으로 개념적으로 해석·반려할 경우 '판단'을 필요로 하는 실질적 심사에 해당된다는 이의제기 가능

나. 수리여부를 결정함에 있어 형식적 요건을 심사할 수 있을 뿐이고, …원칙적으로 실질적 심사권이 없으며…형식적 요건이 제대로 갖춰진 경우는 수리하여야 하는 기속성이 인정된다(대판 96누6646 등).

다. 수리거절에 대해서는 행정쟁송상 다툴 수 있다(대판 87누308, 4292행상 16)

○ 반려 대상

❖ 고소·고발사실이 범죄를 구성하지 않을 경우

❖ 공소시효가 완성된 사건

❖ 동일한 사안에 대하여 이미 법원의 판결이나 수사기관의 처분이 존재하여 다시 수사할 가치가 없다고 인정되는 사건. 다만, 고소·고발인이 새로운 증거가 발견된 사실을 소명한 때에는 예외로 함

❖ 피의자가 사망하였거나 피의자인 법인이 존속하지 않게 되었음에도 고소·고발된 사건

❖ 반의사불벌죄의 경우, 처벌을 희망하지 않는 의사표시가 있거나 처벌을 희망하는 의사가 철회되었음에도 고소·고발된 사건

❖ 고소 권한이 없는 자가 고소한 사건

❖ 고소 제한규정에 위반하여 고소·고발된 사건

○ 처리요령

❖ 반려시 고소·고발인에게 반려사유와 이의제기절차 고지

행정심판법상 처분에 대한 불복절차를 '고지'하도록 규정되어 있으므로, 본 제도도 '고지'의무로 규정하고 있다.

※ 행정심판법
제42조(고지) ① 행정청이 처분을 서면으로 하는 경우에는 그 상대방에게 처분에 관하여 행정심판을 제기할 수 있는지의 여부, 제기하는 경우의 심판청구절차 및 청구기간을 알려야 한다.

❖ 수리 또는 반려 판단
▪ 즉일 상담하는 수사관·팀장이 판단하여, 수리·반려여부 판단
  ① 범죄사실을 구성하지 않는 민사사항인지 ② 내용이 불분명하거나 구체적 사실이 적시되어 있지 아니하고, 추후 보정될 가능성도 없는지 ③ 공소시효·고소권 유무 등을 판단하고,
  ▷ 반려사유에 해당할 경우, 취지를 설명하고, 민사소송 등 他 절차 안내한다.
  ▪ 반려사유 및 이의제기 절차를 안내하고, 그 내용을 CIMS('반려사건 관리')에 반려이유·절차안내·고소인동의유무 등을 기재한다.

❖ 반려 사유 및 이의제기 절차 고지
  가. 구두·서면 등 적의한 방법으로 반려사유 및 이의제기절차 고지
  나. 서면 고지할 경우, CIMS상 반려사유 기재화면을 출력·교부

❖ 이의신청 및 심의절차
  ▪ 이의신청은 사유기재한 서면으로 접수
  - 민원실에서 이의신청서(「붙임3」 양식 참조)접수, 민원인에게 접수증 교부
  - 이의신청받은 때로부터 최장 10일 내에(민원사무처리에관한법률상 이의신청시 결정기간) 최대한 신속하게 수리여부를 재결정
  - 부득이한 사정으로 결정하지 못한 경우는 그 사유를 민원인에게 통지하고 10일내 연장

○ ○ 경 찰 서

제   호 (임시사건 접수번호)

수 신 :   귀하

제 목 : **고소·고발 반려 통지**

　　　귀하께서 20○○. ○. ○.에　　　　　를 상대로 제출하신　　　　　고소·고발
사건에 대하여 다음과 같은 사유로 반려함을 아래와 같이 통지합니다.

반려사유	例, 　　동일한 사안에 대하여 20○○. ○. ○. 법원의 판결이 있어 다시 수사할 가치가 없다고 인정됨.
담당자	계급　　　　　성명 (전화번호)

※ 반려처분에 대한 이의가 있을 때에는 반려처분을 한 경찰관서에 비치된 서식에 의해 이의를 제기할 수 있습니다.

　　　　　　　　　　　　　　　　20○○. ○. ○.

　　　　　　　　　　　　　　　　　　○○ 경찰서장

고소 · 고발 반려에 대한 이의신청서

※ 접수일자와 접수번호는 청구인이 기재하지 아니합니다.

※접 수 일 자			※ 접 수 번 호	
			※임시사건접수번호	
신청인	이 름 (법인명등 및 대표자)		주민등록(여권·외국인 등록)번호	
			사업자(법인·단체) 등 록 번 호	
	주 소 (소 재 지)		전 화 번 호 (모 사 전 송 번 호)	
			전 자 우 편 주 소	
이의신청 사유				
회신 방법	□직접방문 □우편 □모사전송 □전자우편 □기타( )			

고소·고발 반려 결정에 대하여 위와 같이 이의신청하니 수리여부에 대한 재결정을 신청 합니다.

년 월 일

청 구 인 (서명 또는 인)

(접수기관의 장) 귀 하

접 수 증

접 수 번 호		신 청 인 이 름	
접수자	직 급	이 름	(서명 또는 인)

귀하의 신청서는 위와 같이 접수되었습니다.

년 월 일

○ ○ 경 찰 서

※ 민원실 비치하여 고소·고발 반려에 이의제기하는 민원인이, 작성하여 접수

▣ 자수사건의 수사

> **제51조(자수사건의 수사)** 경찰관은 자수사건을 수사할 때에는 자수인이 해당 범죄사실의 범인으로서 이미 발각되어 있었던 것인지 여부와 진범인이나 자기의 다른 범죄를 숨기기 위해서 해당 사건만을 자수하는 것인지 여부를 주의하여야 한다.

○ 자수의 의의
   ❖ 자수란 범인이 수사기관에 대하여 자발적으로 자기의 범죄사실을 신고하여 소추를 구하는 의사표시를 말한다.
   ❖ 따라서 범죄사실의 신고 외에 형사소추를 스스로 구하는 의사가 명시적 또는 묵시적으로 포함되어 있음을 요한다. 그러한 의미에서 단순한 자백은 자수라 보기 어렵다. 형법상의 자수는 형의 감면사유(형법 제52조 제1항)로 되나 형사소송법상 자수는 수사의 단서에 불과할 뿐이다.

○ 준용규정
   ❖ 자수가 그 범죄사실이 전연 발각되어 있지 않은 경우, 또는 범죄사실은 발각되었을지라도 범인이 누구인지 아직 인지되어 있지 않은 경우에 행하여진 때에는 형법(총칙) 제52조(자수 자복)의 규정에 의하여 그 형을 감경 또는 면제할 수 있는 원인이 되며, 형법(각칙) 제90조·제101조·제102조·제153조·제154조·제157조·제175조·제213조와 국가보안법 제16조의 규정에 의하여 그 형을 감경 또는 면제하는 원인이 된다.
   따라서 자수한 사건에 대하여는 그 자수에 앞서 당해 범죄 또는 범인이 이미 수사기관에 의해서 인지되었는지 여부를 밝혀 두지 않으면 아니 된다.
   ❖ 지명수배 또는 지명통보된 범인이라 하더라도 자발적으로 수사기관에 자수한 이상 자수로 보아야 한다.
   ❖ 범죄의 속성상 자수는 진범인을 숨기기 위해 대신 자수하는 경우가 있으므로 주의를 요한다.
   특히 현대의 조직범죄(폭력단위 두목을 대신해 부하가 자수하는 등)와 지능범죄(경한 범죄로 자수하여 중한 범죄를 피하는 등)에 유의하여 수사하여야 한다.

■ 고소 취소에 따른 조치

> **제52조(고소 취소에 따른 조치)** 경찰관은 친고죄에 해당하는 사건을 송치한 후 고소인으로부터 그 고소의 취소를 수리하였을 때에는 즉시 필요한 서류를 작성하여 검사에게 송부하여야 한다.

※ 형사소송법
제232조(고소의 취소) ① 고소는 제1심 판결선고 전까지 취소할 수 있다.
② 고소를 취소한 자는 다시 고소할 수 없다.
③ 피해자의 명시한 의사에 반하여 공소를 제기할 수 없는 사건에서 처벌을 원하는 의사표시를 철회한 경우에도 제1항과 제2항을 준용한다.

○ 고소 취소에 따른 조치
- ❖ 경찰관은 친고죄에 해당하는 사건을 송치한 후 고소인으로부터 그 고소의 취소를 수리하였을 때에는 즉시 필요한 서류를 작성하여 검사에게 송부하여야 한다.

○ 고소의 취소
- ❖ 고소는 제1심 판결선고 전까지 취소할 수 있다(형사소송법 제232조 제1항) 여기서는 친고죄의 고소를 의미한다.
- ❖ 고소의 취소제도를 둔 이유는 1심판결 선고 후까지도 형사사법권의 발동을 사인의 의사에 의하여 좌우케 하지 않으려는 데 있다.
- ❖ 고소의 취소도 대리인으로 하여금 하게 할 수 있다(형사소송법 제236조). 고소취소의 방식은 고소의 방식에 관한 형사소송법 제237조·제238조의 규정을 준용한다(형사소송법 제239조).
- ❖ 고소의 취소는 서면 또는 구술로 할 수 있으며, 사법경찰관리의 진술조서 작성시에 고소취소의 진술이 있었다면 그 고소는 적법하게 취소되었다고 할 수 있다(대법원 1983. 7. 26. 선고 83도1431 판결).
- ❖ 따라서 처벌의사를 철회하는 경우 그 명칭 여하를 불문하고(합의서·화해서·취소장 등) 법률상 고소 고발의 취소로 해석하여 처리하여야 한다.
- ❖ 다만, 공소제기 후의 고소의 취소는 법원에 대하여 할 수 있다. 따라서 공소제기 후 고소취소장이 검찰·경찰에 접수되면 즉시 추송하여 해당법원의 재판부에 송부하여 주어야 한다.
- ❖ 고소취소의 효력으로서는 고소를 취소한 자는 다시 고소하지 못한다(형사소송법 제232조 제2항). 또 고소의 취소를 다시 취소할 수 없다.
- ❖ 고소의 취소에 관해서도 고소불가분의 원칙이 적용되므로 공범자의 1인 또

는 수인에 대하여 한 고소의 취소는 다른 공범자에 대해서도 그 효력을 발생한다(형사소송법 제233조).

❖ 또 범죄사실의 일부에 관하여 고소를 취소하면 그 범죄사실 전체에 관하여 그 취소의 효력이 발생한다. 따라서 이러한 경우에는 다른 공범자 또는 범죄사실의 다른 부분에 관하여도 고소를 할 수 있게 된다.

❖ 형사소송법 제229조 제1항(배우자의 고소)의 경우에, 다시 혼인을 하거나 이혼소송을 취하한 때에는 고소는 취소된 것으로 간주한다(동조 제2항).

❖ 피해자의 명시한 의사에 반하여 죄를 논할 수 없는 사건에 있어서 처벌을 희망하는 의사표시의 철회에 관하여도 전기 취소에 관한 규정을 준용한다(형사소송법 제232조 제3항).

❖ 고소 후에 공범자의 1인에 대하여 제1심 판결이 선고되어 고소를 취할 수 없게 되었을 때, 다른 1심판결 선고전의 공범에 대한 고소 취소문제는 고소의 주관적 불가분의 원칙에 반하고, 고소권자의 선택에 의하여 불공평한 결과를 초래하는 것이므로 고소를 취소할 수 없고 고소의 취소가 있어도 효력이 없다(통설, 판례 - 대법원 1975. 6. 10. 선고 75도204 판결).

○ 고소의 포기

❖ 고소 또는 고소권의 포기란 친고죄의 고소기간 내에 장차 고소권을 행사하지 아니한다는 의사표시를 말한다.

❖ 고소권의 포기를 인정할 때에는 고소권자는 고소권을 상실하게 된다.
고소권을 포기할 수 있느냐에 대하여 적극설은 고소권의 포기를 유효하다고 한다. 절충설은 고소권의 포기를 인정하지만 고소권의 포기는 고소의 취소와 같은 방식으로 하여야 한다고 한다(우리나라 다수설).

❖ 그러나 소극설은 고소권의 포기를 인정할 수 없다고 한다.
대법원은 1967. 5. 23. 선고 67도471호 판결에서 피해자의 고소권은 형사소송법상 부여된 권리로서 친고죄에 있어서는 고소의 존재는 공소제기를 유효하게 하는 것이며 공법상의 권리라고 할 것이므로 그 권리의 성질상 법이 특히 명문으로 인정하는 경우를 제외하고는 자유처분을 할 수 없다고 함이 상당하다.

❖ 그런데 형사소송법 제232조에 의하면 일단 한 고소는 취소할 수 있도록 규정하였으나 고소권의 포기에 관하여는 아무런 규정이 없으므로 고소 전에 고소권을 포기할 수 없다고 함이 상당하다고 하여 소극설을 취하고 있다.

○ 고소기간

❖ 친고죄에 대하여는 범인을 알게 된 날부터 6월을 경과하면 고소하지 못한다 (친고죄가 아닌 범죄에 대하여는 고소기간의 제한이 없다). 단, 고소할 수 없는 불가항력의 사유가 있을 때에는 그 사유가 없어진 날로부터 기산한다 (형사소송법 제230조 제1항).

❖ 대법원판례는 불가항력의 사유에 관하여, 이혼심판청구소송이 각하되고 또 피고인이 주소를 알 수 없어 고소가 늦어진 사건에 대하여 불가항력의 사유로 보지 않는다(대법원 1977. 3. 8. 선고 77도421 판결).

❖ 형법 제291조의 죄로 약취·유인된 자가 결혼을 한 경우의 고소는 혼인의 무효 또는 취소의 재판이 확정된 날로부터 전기의 기간이 진행된다(동조 제2항).

❖ 범인을 알게 된 날이란, 범인을 특정할 수 있는 정도로 알게 된 날을 의미하고 반드시 그 주소·성명까지는 알 필요가 없다.

❖ 또 범죄사실을 알게 된 것 만으로서는 고소기간은 진행하지 아니한다. 그러나 범인을 아는 것은 고소권발생의 요건이 아니므로 범인을 알기 전에도 유효한 고소를 할 수 있다.

❖ 범인을 알게 된 날부터 고소기간이 진행되지만 아직 범죄가 종료되지 아니한 때는 고소기간이 진행되지 않는다.

❖ 여기서의 범인은 정범·교사범·종범의 여하를 불문하고 수인의 공범이 있는 경우에는 그 1인만을 앎으로써 족하다.

■ 고소 · 고발사건 수사 시 주의사항

제53조(고소·고발사건 수사 시 주의사항) ① 경찰관은 고소·고발을 수리하였을 때에는 즉시 수사에 착수하여야 한다.

② 경찰관은 고소사건을 수사할 때에는 고소권의 유무, 자기 또는 배우자의 직계존속에 대한 고소 여부, 친고죄에 있어서는 「형사소송법」 제230조 소정의 고소기간의 경과여부, 피해자의 명시한 의사에 반하여 죄를 논할 수 없는 사건에 있어서는 처벌을 희망하는가의 여부를 각각 조사하여야 한다.

③ 경찰관은 고발사건을 수사할 때에는 자기 또는 배우자의 직계존속에 대한 고발인지 여부, 고발이 소송조건인 범죄에 있어서는 고발권자의 고발이 있는지 여부 등을 조사하여야 한다.

④ 경찰관은 고소·고발에 따라 범죄를 수사할 때에는 다음 각 호의 사항에 주의하여야 한다.

1. 무고, 비방을 목적으로 하는 허위 또는 현저하게 과장된 사실의 유무
2. 해당 사건의 범죄사실 이외의 범죄 유무

○ 고소·고발사건 수사 시 주의사항
  ❖ 경찰관은 고소·고발을 수리하였을 때에는 즉시 수사에 착수하여야 한다.
  ❖ 경찰관은 고소사건을 수사할 때에는 고소권의 유무, 자기 또는 배우자의 직계존속에 대한 고소 여부, 친고죄에 있어서는 「형사소송법」 제230조 소정의 고소기간의 경과여부, 피해자의 명시한 의사에 반하여 죄를 논할 수 없는 사건에 있어서는 처벌을 희망하는가의 여부를 각각 조사하여야 한다.
  ❖ 경찰관은 고발사건을 수사할 때에는 자기 또는 배우자의 직계존속에 대한 고발인지 여부, 고발이 소송조건인 범죄에 있어서는 고발권자의 고발이 있는지 여부 등을 조사하여야 한다.
  ❖ 경찰관은 고소·고발에 따라 범죄를 수사할 때에는 다음 각 호의 사항에 주의하여야 한다.
  1. 무고, 비방을 목적으로 하는 허위 또는 현저하게 과장된 사실의 유무
  2. 해당 사건의 범죄사실 이외의 범죄 유무

■ 친고죄의 긴급수사착수

제54조(친고죄의 긴급수사착수) 경찰관은 친고죄에 해당하는 범죄가 있음을 인지한 경우에 즉시 수사를 하지 않으면 향후 증거수집 등이 현저히 곤란하게 될 우려가 있다고 인정될 때에는 고소권자의 고소가 제출되기 전에도 수사할 수 있다. 다만, 고소권자의 명시한 의사에 반하여 수사할 수 없다.

○ 친고죄의 긴급수사착수
  ❖ 경찰관은 친고죄에 해당하는 범죄가 있음을 인지한 경우에 즉시 수사를 하지 않으면 향후 증거수집 등이 현저히 곤란하게 될 우려가 있다고 인정될 때에는 고소권자의 고소가 제출되기 전에도 수사할 수 있다. 다만, 고소권자의 명시한 의사에 반하여 수사할 수 없다.

○ 친고죄의 의의
  ❖ 친고죄란 피해자의 명예·신용 등을 존중하여 피해자의 의사에 반해서 처벌할 수 없는 범죄를 말한다.
  ❖ 친고죄의 고소는 소송 조건이 되는 것이다. 따라서 유효한 고소가 없는 한, 검사는 유효한 공소를 제기할 수 없으며, 만약에 잘못하여 기소하더라도 법원은 실체적 심판을 할 수가 없고, 공소기각의 판결을 선고하여(형사소송법 제327조 제5호) 절차가 종결된다.

○ 친고죄의 수사

❖ 공소의 제기를 전제하지 않는 수사는 의미가 없으므로 보통의 경우 수사를 하지 않는 것일 뿐이다.

❖ 법이 특정의 범죄를 친고죄로 한 것은 피해자의 명예, 신용 등을 존중하여 훼손하지 않도록 하기 위한 것이므로 이론적으로 수사를 할 수 있다고 하는 것은 법 정신에 배치되고, 형사소송법 제198조의 주의에도 위배하는 것이 될 것이다.

❖ 친고죄에 대하여는 보통 고소를 수리한 후에 적극적인 수사가 개시되는 것이지만, 개중에는 즉시 수사를 하지 않으면 시일의 경과에 따라 증거의 수집이 곤란해지는 것이 있다. 더욱이 친고죄에 대한 고소는 범인을 알게된 날로부터 6개월 이내이면 이를 행할 수 있기 때문에, 고소가 있을 때까지 수사할 수가 없다고 한다면 결국 친고죄에 대한 수사는 증거의 수집 등에 현저히 지장을 초래하게 되는 경우라 하더라도 필요하다면 수사를 행할 수 있으며 특히 증거의 수집 등이 곤란하게 될 염려가 있다고 인정될 때에는 고소권자의 명시한 의사에 반하지 않는 한 수사를 도리어 적극적으로 행하지 않으면 아니 된다.

❖ 이 경우의 수사에는 강제처분도 포함된다. 이 수사과정에 있어서도 피해자 측은 물론 피의자측의 명예·신용 등을 훼손하지 않도록 특히 주의하지 않으면 아니 된다.

○ 반의사불벌죄의 수사

❖ 피해자의 명시한 의사에 반하여 죄를 논할 수 없는 범죄란, 이른바 반의사불벌죄('반의사불벌죄' 또는 '해제조건부범죄'라고도 한다)이며, 피해자(외국 정부 포함)가 처벌을 희망하지 않는다는 의사를 표시하면 처벌할 수 없는 범죄를 말한다.

❖ 본죄는 처벌을 희망하는 피해자의 의사표시가 없더라도 소추할 수 있으나 (이 점에서 친고죄와 다르다), 피해자로부터 처벌을 희망하지 아니하는 의사 표시가 있거나, 처벌을 희망하는 의사표시가 철회되었을 때에는 공소를 제기할 수 없으며, 기소후인 경우에는 판결로써 공소기각의 선고를 하여야 한다(형사소송법 제327조 제6호·제232조 제3항).

❖ 의사의 명시가 없는 경우에 수사할 수가 있는지 없는지에 관하여는 이론적으로는 친고죄의 경우와 마찬가지이지만 친고죄와 달리 개중에는 의사를 명시할 것인지 않을 것인지 그 자체가 중요한 국제적 문제인 경우가 있어, 의사의 명시가 없는 경우에 이것을 수사할 것인지의 여부는 친고죄의 경우보다도

보다 복잡한 정황판단을 필요로 하는 경우가 있는가 하면 죄질이 경미한 것
도 있다.

○ 고소권자
  ❖ 현형 형사소송법상 고소할 수 있는 자(고소권자)는 다음과 같다.
  ① 피해자
    - 범죄로 인한 피해자는 고소할 수 있다(형사소송법 제223조). 단, 자기
      또는 배우자의 직계존속은 고소하지 못한다(형사소송법 제224조).
      여기서 피해자란 직접의 피해만을 의미하고 범죄로 인하여 간접적으로
      피해를 받은 자는 포함되지 아니한다. 다만 이러한 피해자인 한, 보호
      법익의 주체이건 공격의 객체이건 불문한다.
    - 또 자연인에 한하지 않고, 법인은 물론 법인격 없는 사단·재단도 포함한다.
      "갑"이 보관 중인 "을"의 물건을 절취하였다면 "갑", "을" 모두 피해자이고
      공무집행방해죄에 있어서 폭행·협박의 대상으로 된 당해 공무원은 피해자
      이다. 또 피해자가 법인인 경우에는 그 대표자가 고소할 수가 있다.
    - 고소권은 피해자의 일신에 전속하고 이를 상속, 양도하는 것은 허용되
      지 아니한다.
      특허권·저작권 등과 같이 범죄로 인한 피해가 계속되는 경우에는 이전
      (移轉)에 따라 그 이전전의 침해에 대한 고소권도 이전한다고 본다(이
      를 고소권의 이전이 아니라 권리승계인이 피해자의 입장에서 가지는
      고소권이라고 하는 견해도 있다).
  ② 피해자의 법정대리인
    - 피해자의 법정대리인은 독립하여 고소할 수 있다(형사소송법 제225조
      제1항).
      여기에 법정대리인은 법률상 대리권을 갖는 자(예 : 미성년자의 친권
      자, 후견인, 금치산자의 후견인 또는 법인의 대표자, 무능력자의 행위를
      일반적으로 대리할 수 있는 자 등)를 말한다. 그러나 재산관리인·파산관
      재인은 포함되지 않는다.
    - 그리고 법정대리인은 독립하여, 즉 피해자 본인의 명시 또는 묵시의 의
      사에 불구하고(따라서 피해자 본인의 의사에 반하여도) 고소할 수 있다.
    - 법정대리인의 고소권은 무능력자의 보호를 위하여 법정대리인에게 주
      어진 고유권이어서, 피해자의 고소권 소멸여부에 관계없이 고소할 수
      있는 것이며, 그 고소기간은 법정대리인 자신이 범인을 알게 된 날부터
      진행한다(대법원 1984.9.11.선고 84도1579판결).

③ 피해자가 사망한 경우의 고소권자
  - 피해자가 사망한 때에는 그 배우자 직계친족 또는 형제자매는 고소할 수 있다. 단, 피해자의 명시한 의사에 반하지 못한다(형사소송법 제225조 제2항).
  - 이러한 신분관계는 피해자가 사망한 때에 존재하면 족하다.(대법원 1976. 8. 29. 선고, 67도878 판결 : 대법원 1967. 12. 9. 선고, 67도1181 판결).
④ 법정대리인이 피의자 등인 경우의 고소권자
  - 피해자의 법정대리인이 피의자이거나, 법정대리인의 친족이 피의자인 때는 피해자의 친족은 독립하여 고소할 수 있다(형사소송법 제226조).
  - 피해자의 생모가 미성년자인 피해자의 법정대리인을 고소한 경우가 여기에 해당한다(대법원 1986. 11. 11. 선고, 86도1982 판결).
⑤ 사자의 명예훼손죄에 대한 고소권자
  - 사자의 명예를 훼손한 범죄에 대하여는 그 친족 또는 자손은 고소할 수 있다(형사소송법 제227조).
⑥ 고소권자가 없는 경우의 지정고소권자
  - 친고죄에 대하여 고소할 자가 없는 경우에 법률상
  ·사실상 피해자와의 이해관계인의 신청이 있으면, 검사는 10일 이내에 고소할 수 있는 자를 지정하여야 한다(형사소송법 제228조).
  - 이때 고소할 수 없게 된 사유(법률상·사실상의 사유)는 묻지 않는다. 또 고소권자가 고소권을 상실하거나 고소하지 아니할 의사를 명시하고 사망한 경우는 제외한다.

○ 고소고발의 제한
❖ 고발도 고소와 같이 자기 또는 배우자의 직계존속을 고발하지 못하며(형사소송법 제235조·제224조), 고발과 그 취소방식 절차는 고소의 경우와 같다.

○ 반의사 불벌죄의 조사
❖ 외국원수에 대한 폭행(협박·모욕·명예훼손)죄·외국사절에 대한 폭행(협박·모욕·명예훼손)죄·외국국기(국장) 모독죄(형법 제110조), 폭행(존속폭행)죄(형법 제260조 제3항), 과실상해죄(형법 제266조 제2항), 협박(존속협박)죄(형법 제283조 제3항), 명예훼손출판물(라디오)에 의한 명예훼손죄(형법 제312조 제2항) 등에 있어서는 처벌을 희망하는지의 여부를 각각 조사하여야 한다.

○ 무고죄 등의 조사

❖ 고소·고발

• 고소·고발사건을 수리하면 즉시 수사에 착수하여야 한다.

• 이따금 무고, 중상을 목적으로 허위의 신고를 하거나, 내용이 과장되는 일이 있으므로 특히 무고죄 등의 조사여부에 주의하지 않으면 아니 된다.

❖ 타인으로 하여금 형사처분이나 징계처분을 받게 할 목적으로 허위의 사실을 신고한 것이 명백해졌을 때에는 무고죄(형법 제156조)에 해당하므로 신중히 검토하여 이에 대한 수사도 병행, 조사해야 한다.

❖ 고소나 고발을 함에 있어서 사회적 치욕 등의 이유로 범죄사실의 일부 밖에 신고하지 않는 경우가 있으므로 주의를 요한다.

❖ 기타 신고고발을 자기의 민사사건이나 행정처분을 유리하게 이끌 목적으로 하는 경우가 있으므로 고소인 등의 진의가 어디에 있는가를 충분히 주의하여 조사하는 동시에 고소나 고발을 당한 자의 처지에 대해서도 공평하게 판단해서 수사를 진행해야 할 것이다.

○ 은폐 가능한 범죄의 조사

❖ 고소 또는 고발된 사건과 관련 그 배후에 보다 큰 범죄가 은폐되는 경우가 있을 수 있다.

❖ 예컨대, 소년범죄의 고소가 행하여진 배후에 영리약취(유인)인죄·부녀매매죄 등의 범행이 있을 수 있는 것과 같다.

○ 고소·고발 사건의 신속처리

❖ 2개월 이내에 수사를 완료치 못하였을 때에는 관서장의 승인을 받아야 한다.

○ 고소·고발 등의 의사표시

❖ 고소·고발과 마찬가지로 고소 또는 고발의 취소도 검사 또는 사법경찰관에게 하여야 하며(형사소송법 제237조), 사법경찰관이 고소 또는 고발의 취소를 받은 때에는 신속히 그 원인을 명백히 조사(진술조서 작성 등)하여 관계서류 등을 검사에게 송부해야 하므로 형사소송법 제238조, 제239조), 당해 사건을 아직 송치하지 않았을 때에는 일괄하여 검사에게 송치한다.

❖ 고소를 취소한 자는 다시 고소하지 못하며, 피해자의 명시한 의사에 반하여 죄를 논할 수 없는 사건(반의사불벌죄)에 있어서 처벌을 희망하는 의사표시를 철회한 자는 다시 처벌을 희망하는 의사표시를 하지 못한다.

○ 고소의 취소
  ❖ 고소의 취소는 제1심판결 선고 전이 아니면 하지 못하게 되어 있으며(형사소송법 제232조 제1항), 제1심판결 선고 전인가 아닌가는 사법경찰관이 그의 취소를 수리한 때를 기준으로 하여 판단하게 된다.
  ❖ 고소의 취소, 특히 친고죄에 있어서의 고소는 소송사건이 되는 것이므로, 그의 취소의 수리 일시를 명확히 하는 동시에 그 취지를 검사에게 보고하고 필요한 서류를 작성하여 추송하지 않으면 아니 된다.

■ 범칙사건의 통지 등

> 제55조(범칙사건의 통지 등) ① 경찰관은 「관세법」, 「조세범처벌법」 등에 따른 범칙사건을 인지하였을 때에는 해당 사건의 관할관서에 통지하여야 한다.
> ② 경찰관은 세무공무원 등이 현장조사, 수색, 압수를 위한 협조를 요구할 때에는 필요한 지원을 할 수 있다.

○ 수사의 공조
  ❖ 관세범·조세범처벌법 등의 규정에 의한 범칙행위는 고발이 소송조건으로 되어 있는데, 이 고발은 관세법·조세범처벌절차법 등에 의한 특수한 고발로서 형사소송법의 규정에 의한 고발은 아니며 조세범처벌절차법 제7조의2(국가기관의 협조)에 규정되어 있을 뿐이므로 사법경찰관이 범칙사건에 관하여 세무공무원 등으로부터 고발을 받았을 때에는 수사를 해야 하는데, 이 경우에도 항시 당해 공무원 등과 긴밀한 연결을 취하여 그의 전문적 지식을 존중하는 것이 긴요하다.

○ 범칙사건의 긴급수사
  • 본 조는 통고처분이 인정되어 있는 범칙행위
    즉, 고발이 소송조건인 범칙사건에 관한 규정이며, 친고죄등에 관한 제68조(친고죄 등의 요급수사)의 규정과 같은 취지로 나온 것이다.

○ 소추조건으로의 고발
  ❖ 범죄유형
  • 조세범처벌절차법 위반 범죄
    제6조 본문, 납세증지, 인지나 입장권의 위조범(동조 단서)과 포탈금액 연

간 5억원 이상의 경우(특정범죄가중처벌등에관한법률 8)는 예외 – 국세청장·지방국세청장·세무서장·세무에 종사하는 공무원의 고발

- 관세법 위반 범죄(동법 제200조 제1항). 다만, 특정범죄가중처벌등에관한법률 제6조에 해당할 때는 예외(포탈액 또는 물품원가가 일정액 이상이될 때 또는 집단범·상습범의 경우 ― 특정범죄가중처벌등에관한법률 제6조·제7조) ― 세관장의 고발
- 출입국관리법 위반 범죄(동법 제101조) ― 출입국관리사무소장
- 물가안정에관한법률위반 범죄(동법 제31조) ― 주무부장관

❖ 처리

- 위 각종 사범은 고발이 소추조건으로서 공소제기 전에 고발이 있어야 하며, 고발사실도 특정되어야 하므로, 특별사법경찰관리 및 고발관서에서는 고발사실을 6하원칙에 따라 자세히 기재, 고발하여야 한다.
- 고발이 소추조건으로 된 경우 가운데 취급행정기관이 통고처분을 할 수 있는 경우(조세사범, 관세사범, 출입국관리사범 등)에는 원칙적으로 통고처분철자를 거쳐야 하고, 도망할 염려, 징역형 해당, 무자력 등 일정한 경우에만 소위 즉시 고발을 하게 된다. 따라서 이 경우에는 고발서에 고발이유, 즉 통고불이행 또는 즉시 고발사유를 기재하여야 한다.
- 판례상으로는 즉시 고발사유를 구체적으로 명기하지 아니한 경우에도 무효라고 볼 수 없다고 하였으나(대법원 1974. 3. 25. 선고 73도2711 판결), 고발관서에서는 그 사유를 명기하는 것이 바람직하다.
  - 즉시 고발의 경우에 있어서는 고소·고발 불가분의 원칙이 적용되지 아니한다(대법원 1962. 1. 11. 선고 4293형상883 판결).

○ 조사를 위한 원조

❖ 조사를 위한 원조는 관세법 제268조(경찰관의 원조)·조세범처벌절차법 제7조의 2에 "세관공무원·세무공무원 또는 전매공무원이 신문·임검·수색 또는 압수를 함에 있어서 필요하다고 인정할 때에는 경찰관의 원조(협조)를 요구(청구)할 수 있다"고 규정되어 있으므로 그를 받아서 규정하게 된 것이다.

■ 변사사건 발생보고

> 제56조(변사사건 발생보고) 경찰관은 변사자 또는 변사로 의심되는 시체를 발견하거나 시체가 있다는 신고를 받았을 때에는 즉시 소속 경찰관서장에게 보고하여야 한다.

> ※ 경찰수사규칙
> 제26조(변사사건 발생사실 통보) ① 사법경찰관은 수사준칙 제17조제1항에 따라 변사사건 발생사실을 검사에게 통보하는 경우에는 별지 제14호서식의 변사사건 발생 통보서 또는 별지 제15호서식의 교통사고 변사사건 발생 통보서에 따른다.
> ② 사법경찰관은 긴급한 상황 등 제1항의 방식으로 통보하는 것이 불가능하거나 현저히 곤란한 경우에는 구두·전화·팩스·전자우편 등 간편한 방식으로 통보할 수 있다. 이 경우 사후에 지체 없이 서면으로 변사사건 발생사실을 통보해야 한다.

> ※ 형사소송법
> 제17조(변사자의 검시 등) ① 사법경찰관은 변사자 또는 변사한 것으로 의심되는 사체가 있으면 변사사건 발생사실을 검사에게 통보해야 한다.

○ '변사자'란
  ❖ 자연사가 아닌 사망자로서 범죄에 의한 사망자가 아닌가하는 의심이 있는 사체를 말한다.
  ❖ '변사의 의심이 있는 사체'라 함은 자연사인지 부자연사인지 불명한 사체로서 범죄에 의한 것인지 아닌지가 불명한 것을 말한다.
    따라서 자연사임이 명백한 사체(=익사 또는 천재지변에 의하여 사망한 것이 명백한 사체 등), 자연사가 아니라도 범죄에 인하지 않음이 명백한 사체는 변사체)=변사자 또는 변사의 의심이 있는 사체)에 포함되지 않는다.
  ❖ 따라서 사람의 사망은
    자연사(병사, 노쇄사)
      ↕
    (변사의 의심이 있는 사체)
      ↕
    부자연사 ── 비범죄자(천재사, 익사, 자살)
             ── (변사자)
             ── 범죄자(살인, 상해치사, 과실치사 등)

○ 변사사건 발생통보
가. 사법경찰관은 변사사건발생통보서를 작성하여 검사에게 통보한다.
나. 긴급한 상황 등의 경우 구두·전화·팩스·전자우편 등 간편한 방식을 이용할 수 있다. 이 경우 사후에 신속하게 서면으로 변사사건 발생사실을 통보해야 한다.

○ ○ 경 찰 서

제 0000-00000 호   20○○. ○. ○.

수 신 : ○○지방검찰청장 (검사 : ○○○)

제 목 : **변사사건 발생 통보서**

　우리 서 관내에서 아래와 같은 변사사건이 발생하였기에 「검사와 사법경찰관의 상호협력과 일반적 수사준칙에 관한 규정」 제17조에 따라 통보합니다.

발 견 일 시		20○○. ○. ○. 00:00
발 견 장 소		
신 고 일 시		20○○. ○. ○. 00:00
변 사 종 별	원 인	
	방 법	
변 사 자 인 적 사 항		성　　명 :　　　(　세, 　) 주민등록번호 :　　　－ 직　　업 : 주　　거 :
발 견 자 인 적 사 항		성　　명 :　　　(　세, 　) 직　　업 : 주　　거 : 변사자와관계 :
발 견 경 위		

피 의 자 (피 내 사 자)	성 명 : (세,) 주민등록번호 : - 직 업 : 주 거 :				
사 인 및 의 사 소 견	직접사인 : 중간선행사인 : 선행사인 :				
사망추정시각					
사 체 의 상 황 (위 치, 착 의, 외상 유무등사체의상태를 구 체 적 으 로 기 재)					
증 거 품 (소지금품, 흉기등범행 공용물, 유서, 일지등 존 재 사 항) 및 참 고 사 항					
유 족 의 진 술	진 술 일 시		변 사 자 와 관 계		
	주 소				
	직 업		주 민 등 록 번 호		
	성 명		연 령	만 세	

관계인진술	진술일시		변 사 자 와 관 계		
	주 소				
	직 업		주 민 등 록 번 호		
	성 명		연 령	만 세	
사 건 개 요					
경 찰 조 치 및 의 견					
담당경찰관	계급 : 성명 : 전화 :				

○○경찰서

사법경찰관 경위 홍길동 (인)

○○경찰서

제 호   20○○.○.○.

수 신 : ○○검찰청의 장

제 목 : **교통사고 변사사건 발생 통보서**

우리 서 관내에서 아래와 같은 교통사고 변사사건이 발생하였기에 「검사와 사법경찰관의 상호협력과 일반적 수사준칙에 관한 규정」 제17조에 따라 통보합니다.

<table>
<tr><td rowspan="2">사 망</td><td>일 시</td><td colspan="6"></td></tr>
<tr><td>장 소</td><td colspan="6"></td></tr>
<tr><td colspan="2">사 고 일 시</td><td colspan="6"></td></tr>
<tr><td colspan="2">발 생 장 소</td><td colspan="6"></td></tr>
<tr><td colspan="2">변 사 자
인 적 사 항</td><td colspan="6">성 명 :
주민등록번호 :
직 업 :
주 거 :</td></tr>
<tr><td colspan="2" rowspan="7">피 의 자
(피 내 사 자)</td><td>성 명</td><td></td><td>주민등록번호</td><td></td><td>연령</td><td></td></tr>
<tr><td>직 업</td><td></td><td>변사자와관계</td><td></td><td>성별</td><td></td></tr>
<tr><td>주 거</td><td colspan="5"></td></tr>
<tr><td>집전화번호</td><td colspan="2"></td><td>회사전화번호</td><td colspan="2"></td></tr>
<tr><td>진술일시</td><td colspan="2"></td><td>휴대전화번호</td><td colspan="2"></td></tr>
<tr><td colspan="6">진술내용</td></tr>
<tr><td colspan="6"></td></tr>
</table>

의 사 소 견	
특 이 사 항	
경 찰 조 치 및 의 견	
담 당 경 찰 관	

○○경찰서

사법경찰관 경위 홍길동 (인)

■ 변사자의 검시

제57조(변사자의 검시) ① 「경찰수사규칙」 제27조제1항에 따라 검시에 참여한 검시조사관은 별지 제15호서식의 변사자조사결과보고서를 작성하여야 한다.
② 경찰관은 「형사소송법」 제222조제1항 및 제3항에 따라 검시를 한 때에는 의사의 검안서, 촬영한 사진 등을 검시조서에 첨부하여야 하며, 변사자의 가족, 친족, 이웃사람, 관계자 등의 진술조서를 작성한 때에는 그 조서도 첨부하여야 한다.
③ 경찰관은 검시를 한 경우에 범죄로 인한 사망이라 인식한 때에는 신속하게 수사를 개시하고 소속 경찰관서장에게 보고하여야 한다.

※ 경찰수사규칙
제27조(변사자의 검시·검증) ① 사법경찰관은 법 제222조제1항 및 제3항에 따라 검시를 하는 경우에는 의사를 참여시켜야 하며, 그 의사로 하여금 검안서를 작성하게 해야 한다. 이 경우 사법경찰관은 검시 조사관을 참여시킬 수 있다.
② 사법경찰관은 법 제222조에 따른 검시 또는 검증 결과 사망의 원인이 범죄로 인한 것으로 판단하는 경우에는 신속하게 수사를 개시해야 한다.
제28조(검시·검증조서 등) ① 수사준칙 제17조제3항에 따른 검시조서는 별지 제16호서식에 따르고, 검증조서는 별지 제17호서식에 따른다.
② 사법경찰관은 수사준칙 제17조제3항에 따라 검사에게 제1항의 검시조서 또는 검증조서를 송부하는 경우에는 의사의 검안서, 감정서 및 촬영한 사진 등 관련 자료를 첨부해야 한다.
③ 사법경찰관은 수사준칙 제17조제4항에 따라 검시를 한 사건에 대해 검사와 의견을 제시·교환하는 경우에는 별지 제18호서식의 변사사건 처리 등에 관한 의견서에 따른다.

※ 검사와 사법경찰관의 상호협력과 일반적 수사준칙에 관한 규정
제17조(변사자의 검시 등) ② 검사는 법 제222조제1항에 따라 검시를 했을 경우에는 검시조서를, 검증영장이나 같은 조 제2항에 따라 검증을 했을 경우에는 검증조서를 각각 작성하여 사법경찰관에게 송부해야 한다.
③ 사법경찰관은 법 제222조제1항 및 제3항에 따라 검시를 했을 경우에는 검시조서를, 검증영장이나 같은 조 제2항 및 제3항에 따라 검증을 했을 경우에는 검증조서를 각각 작성하여 검사에게 송부해야 한다.
④ 검사와 사법경찰관은 법 제222조에 따라 변사자의 검시를 한 사건에 대해 사건 종결 전에 수사할 사항 등에 관하여 상호 의견을 제시·교환해야 한다.

※ 형사소송법
제222조(변사자의 검시) ①변사자 또는 변사의 의심있는 사체가 있는 때에는 그 소재지를 관할하는 지방검찰청 검사가 검시하여야 한다.
② 전항의 검시로 범죄의 혐의를 인정하고 긴급을 요할 때에는 영장없이 검증할 수 있다.
③ 검사는 사법경찰관에게 전2항의 처분을 명할 수 있다.

○ 부검여부 판단

❖ 검안의사, 검시조사관 등의 의견을 참고하여 변사자의 사인확인을 위해 부검 여부 판단

> ※ **부검 필요성 판단 기준 (변사사건 처리규칙 제22조)**
> 1. **특별한 사정이 없는 한 부검영장 신청**
>   타살의심, 신원미상, 집단아동학대의심 등 사회이목 집중 예상, 고도 부패로 손상·사인 불명확
> 2. **부검영장 신청을 우선 고려**
>   영아아동 돌연사, 구금·조사 등 범집행 과정, 중독의심, 익사·추락, 탄화·백골화, 유가족이 의혹 제기, 범죄의심 교통사망사고, 과도한 보험 가입, 의사·검시조사관·변사사건책임자 의견 불일치, 기타 사인파악 등에 필요

❖ 부검은 검시단계로 검사 권한영역에 속하므로 사전 충분한 의견교환을 거치 되 최종적으로 검사의 의견에 따라 결정

❖ 검사결정과 의견회신
변사사건 발생통보를 받은 검사가 직접 검시 여부, 부검여부 등에 대한 의 견을 회신

❖ 검시·검증조서 검사 송부(경찰과 검찰 각자 검시나 검증한 경우)
상대기관에 검시조서 또는 검증조서 등 관련 서류 송부

❖ 사체 등 인도
검시 또는 검증(부검) 종료되면 검사 지휘없이 경찰이 유족에게 인도

※ 인도시점 : 검사가 경찰에 검시조서를 송부 한때, 경찰이 검사에게 검시조서 를 송부한 검사가 의견을 제시한 때, 부검 종료된 시점

❖ 수사착수 또는 내사종결
① 검찰과 상호의견 교환 후 그 결정에 따라 수사착수 또는 내사종결 처리
② 다만, 현장감식, 시체검안, 부검, 주변조사 등 변사사건 처리과정에서 범 죄관련성이 확인되면 즉시 수사착수

■ 검시의 요령과 주의사항 등

> 제58조(검시의 요령과 주의사항 등) ① 경찰관은 검시할 때에는 다음 각 호의 사항을 면밀히 조사하여 야 한다.
> 1. 변사자의 등록기준지 또는 국적, 주거, 직업, 성명, 연령과 성별
> 2. 변사장소 주위의 지형과 사물의 상황
> 3. 변사체의 위치, 자세, 인상, 치아, 전신의 형상, 상처, 문신 그 밖의 특징
> 4. 사망의 추정연월일
> 5. 사인(특히 범죄행위에 기인 여부)

6. 흉기 그 밖의 범죄행위에 사용되었다고 의심되는 물건

7. 발견일시와 발견자

8. 의사의 검안과 관계인의 진술

9. 소지금품 및 유류품

10. 착의 및 휴대품

11. 참여인

12. 중독사의 의심이 있을 때에는 증상, 독물의 종류와 중독에 이른 경우

② 경찰관은 변사자에 관하여 검시, 검증, 해부, 조사 등을 하였을 때에는 특히 인상·전신의 형상·착의 그 밖의 특징있는 소지품의 촬영, 지문의 채취 등을 하여 향후의 수사 또는 신원조사에 지장을 초래하지 않도록 하여야 한다.

※ 경찰수사규칙

제29조(검시의 주의사항) 사법경찰관리는 검시할 때에는 다음 각 호의 사항에 주의해야 한다.

1. 검시에 착수하기 전에 변사자의 위치, 상태 등이 변하지 않도록 현장을 보존하고, 변사자 발견 당시 변사자의 주변 환경을 조사할 것

2. 변사자의 소지품이나 그 밖에 변사자가 남겨 놓은 물건이 수사에 필요하다고 인정되는 경우에는 이를 보존하는 데 유의할 것

3. 검시하는 경우에는 잠재지문 및 변사자의 지문 채취에 유의할 것

4. 자살자나 자살로 의심되는 사체를 검시하는 경우에는 교사자(敎唆者) 또는 방조자의 유무와 유서가 있는 경우 그 진위를 조사할 것

5. 등록된 지문이 확인되지 않거나 부패 등으로 신원확인이 곤란한 경우에는 디엔에이(DNA) 감정을 의뢰하고, 입양자로 확인된 경우에는 입양기관 탐문 등 신원확인을 위한 보강 조사를 할 것

6. 신속하게 절차를 진행하여 유족의 장례 절차에 불필요하게 지장을 초래하지 않도록 할 것

제30조(검시와 참여자) 사법경찰관리는 검시에 특별한 지장이 없다고 인정하면 변사자의 가족·친족, 이웃사람·친구, 시·군·구·읍·면·동의 공무원이나 그 밖에 필요하다고 인정하는 사람을 검시에 참여시켜야 한다.

○ 검시할 때에는 다음 사항을 면밀히 조사하여야 한다.

❖ 변사자의 등록기준지, 주거, 직업, 성명, 연령과 성별

❖ 변사 장소 주위의 지형과 사물의 상황, 변사체의 위치, 자세, 인상, 치아, 전신의 형상, 상흔, 문신 기타 특징

❖ 사망의 추정 연월일시

❖ 사인(특히, 범죄행위의 기인 여부)

❖ 흉기 기타 범죄행위에 사용되었다고 의심되는 물건

❖ 발견일시와 발견자

❖ 의사의 검안과 관계인의 진술

❖ 착의 휴대품과 의류품

❖ 중독사의 의심이 있는 때에는 중독물의 종류와 중독에 이른 경위

○ 검시할 때에는 다음 사항에 주의하여야 한다.
  ❖ 검시에 착수하기 전에 변사자의 위치, 형태 등이 변하지 아니하도록 현장을 보존할 것
  ❖ 변사자의 소지 금품이나 기타 유류한 물건으로서 수사에 필요하다고 인정할 때에는 이를 보존하는 데 유의할 것
  ❖ 잠재지문과 변사자 지문채취에 유의하고 의사가 사체검안서를 작성하게 할 것
  ❖ 자살자나 자살의 의심있는 시체를 검시할 때에는 교사자 또는 방조자의 유무, 유서가 있을 때는 그 진위를 조사할 것

검 시 조 서

사법경찰관 경감 홍길동은/는 20○○.○.○. 사법경찰관/리 ○○ 김홍수을/를 참여하게 하고 다음의 변사자를 검시하다.

<table>
<tr><td rowspan="4">변
사
자</td><td>성 명</td><td></td><td>성 별</td><td></td><td>연 령</td><td></td></tr>
<tr><td>직 업</td><td></td><td>국 적</td><td colspan="3"></td></tr>
<tr><td>등록기준지</td><td colspan="5"></td></tr>
<tr><td>주 거</td><td colspan="5"></td></tr>
<tr><td colspan="2">변 사 장 소</td><td colspan="5"></td></tr>
<tr><td colspan="2">검 시 장 소</td><td colspan="5"></td></tr>
<tr><td colspan="2">사체의모양 및상황</td><td colspan="5"></td></tr>
<tr><td colspan="2">변 사 년 월 일</td><td colspan="5"></td></tr>
<tr><td colspan="2">사 인</td><td colspan="5"></td></tr>
<tr><td colspan="2">발 견 일 시</td><td colspan="5"></td></tr>
<tr><td colspan="2">발 견 자</td><td colspan="5"></td></tr>
<tr><td colspan="2">의사의 검안 및
관계자의 진술</td><td colspan="5"></td></tr>
<tr><td colspan="2">소지금품 및 유류품</td><td colspan="5"></td></tr>
<tr><td colspan="2">사체및휴대품의
처 리</td><td colspan="5"></td></tr>
<tr><td colspan="2">참 여 인</td><td colspan="5"></td></tr>
<tr><td colspan="2">의 견</td><td colspan="5"></td></tr>
</table>

이 검사는 20○○.○.○. 00 00:00에 시작하여 20○○.○.○. 00:00에 끝나다.

20○○.○.○.

○○경찰서

사법경찰관   ㉑

사법경찰관/리   ㉑

■ 시체의 인도

제59조(시체의 인도) ① 「경찰수사규칙」 제31조제1항에 따라 시체를 인도하였을 때에는 인수자에게 별지 제16호서식의 검시필증을 교부해야 한다.
② 변사체는 후일을 위하여 매장함을 원칙으로 한다.

※ 경찰수사규칙

제31조(사체의 인도) ① 사법경찰관은 변사자에 대한 검시 또는 검증이 종료된 때에는 사체를 소지품 등과 함께 신속히 유족 등에게 인도한다. 다만, 사체를 인수할 사람이 없거나 변사자의 신원이 판명되지 않은 경우에는 사체가 현존하는 지역의 특별자치시장·특별자치도지사·시장·군수 또는 자치구의 구청장에게 인도해야 한다.
② 제1항 본문에서 검시 또는 검증이 종료된 때는 다음 각 호의 구분에 따른 때를 말한다.
  1. 검시가 종료된 때: 다음 각 목의 어느 하나에 해당하는 때
    가. 수사준칙 제17조제2항에 따라 검사가 사법경찰관에게 검시조서를 송부한 때
    나. 수사준칙 제17조제3항에 따라 사법경찰관이 검사에게 검시조서를 송부한 이후 검사가 의견을 제시한 때
  2. 검증이 종료된 때: 부검이 종료된 때
③ 사법경찰관은 제1항에 따라 사체를 인도한 경우에는 인수자로부터 별지 제19호서식의 사체 및 소지품 인수서를 받아야 한다.

○ 사체의 인도
  ❖ 사법경찰관은 변사자에 대한 검시 또는 검증이 종료된 때에는 사체를 소지품 등과 함께 신속히 유족 등에게 인도한다.
  ❖ 다만, 사체를 인수할 사람이 없거나 변사자의 신원이 판명되지 않은 경우에는 사체가 현존하는 지역의 특별자치시장·특별자치도지사·시장·군수 또는 자치구의 구청장에게 인도해야 한다.

○ 검시 또는 검증이 종료된 때의 의미
  ❖ 검시가 종료된 때
    가. 검사가 사법경찰관에게 검시조서를 송부한 때
    나. 사법경찰관이 검사에게 검시조서를 송부한 이후 검사가 의견을 제시한 때
  ❖ 검증이 종료된 때
    부검이 종료된 때

소 속 관 서

제 0000-000000 호	0000.00.00.

수 신 : 수신자 귀하

제 목 : 검시필증

아래 사람은 당서 관내에서 변사한 자인 바, 검찰청명 검사 검사명의 지휘로 검시를 마쳤으므로 사체를 유족에게 인도하여도 무방함

성 명	
주민등록번호	
직 업	
주 소	
비 고	

소 속 관 서

사법경찰관 계급

■ 가족관계의 등록 등에 관한 법률에 의한 통보

제60조(「가족관계의 등록 등에 관한 법률」에 의한 통보) ① 경찰관은 변사체의 검시를 한 경우에 사망자의 등록기준지가 분명하지 않거나 사망자를 인식할 수 없을 때에는 「가족관계의 등록 등에 관한 법률」제90조제1항에 따라 지체 없이 사망지역의 시·구·읍·면의 장에게 검시조서를 첨부하여 별지 제17호서식의 사망통지서를 송부하여야 한다.
② 경찰관은 제1항에 따라 통보한 사망자가 등록이 되어 있음이 판명되었거나 사망자의 신원을 알 수 있게 된 때에는 「가족관계의 등록 등에 관한 법률」제90조제2항에 따라 지체 없이 그 취지를 사망지역의 시·구·읍·면의 장에게 통보하여야 한다.

※ 가족관계의 등록 등에 관한 법률
제90조(등록불명자 등의 사망) ② 사망자가 등록이 되어 있음이 판명되었거나 사망자의 신원을 알 수 있게 된 때에는 경찰공무원은 지체 없이 사망지의 시·읍·면의 장에게 그 취지를 통보하여야 한다.

○ 시체를 인수할 자가 없거나 신원불상 사체 등의 처리
  ❖ 행정검시 또는 검시 후 시체를 인수할 자가 없거나 그 신원이 판명되지 아니할 때는 시체 현존지의 구청장, 시장 또는 읍면장에게 인도하여야 한다. 사체를 인도하였을 때에는 사체 및 소지금품 인수서를 받아야 한다. 변사체는 후일을 위해 매장함을 원칙으로 한다.
  ❖ 사법경찰관은 변사자를 검시, 검증, 해부, 조사 등을 하였을 때는 특히 인상, 전신의 형상, 기타 특징 있는 소지품을 촬영, 지문의 채취 등을 하여 사후에 수사 또는 신원조사에 지장이 없도록 하여야 한다.
  ❖ 사법경찰관은 변사자의 검시하면 사망자의 등록기준지가 분명하지 아니하거나 사망자를 인식할 수 없을 때는 가족관계등록 등에 관한 법률에 따라 지체없이 사망지역의 구·시·읍·면장에게 추보하여야 한다.
  ❖ 변사자 수배는 다음 요령에 따라 행한다.
    ① 변사사건 수배는 긴급사건 수배요령에 준하여 행하고 긴급사건 수배를 받은 시도경찰청에서는 긴급수배하여야 한다.
    ② 신원이 발견되지 않은 사건으로서 계속 수사할 필요가 있을 때는 수배카드를 작성 관리한다.
    ③ 변사자 발생 경찰서에서는 지문규칙 제12조에 의거 지문조회를 경찰청 과학수사과에 행하는 한편, 변사자의 인상과 특징 등을 사진 촬영하여 변사자 수배카드를 작성, 활용한다. 지문조회 시는 반드시 성별, 연령, 사망일시 및 장소 등을 기입, 조회한다.

④ 경찰서에서는 작성한 변사자 수배카드는 당해 시도경찰청에 송부하고 시도경찰청에서는 그 카드를 성별, 연령, 발생지별로 분류, 보관하여 연고자 열람 또는 경찰서 조회 등에 활용한다.

⑤ 타시도 연고지 경찰서 수배가 필요할 때에는 카드의 필요매수를 작성하여 연고지 시도경찰청에 한하여 수배한다.

⑥ 수배업무에 임하는 자는 언제나 수배사항에 유의하여 수사하고 연고지 시도경찰청에서는 적극적으로 수사하여 연고자의 발견이나 열람이 필요한 때에는 당해 시도경찰청에 조회한다.

⑦ 업무처리는 각 사건 주무과에서 분장하되 변사자 수배카드 관리업무는 과학수사반에서 관장한다.

○ 검시를 행한 후
❖ 사망자의 등록기준지가 분명하지 않거나
❖ 사망자를 인식할 수 없는 경우에는
  • 가족관계의 등록등에 관한 법률 제90조 제1항의 규정에 의해서 검시조서를 작성하여 지체없이 사망자의 시·구·읍·면의 장에게 사망의 통보를 해야 하므로 '사망통보서'를 작성하도록 통보서식을 규정하였다.

○ 본조 제1항에 의하여 통보한 경우
❖ 사망자의 등록기준지가 판명되었거나, 사망자를 인식할 수 있게 된 때에는 지체없이 그 취지를 추보해야 한다는 것을 가족관계의 등록등에 관한 법률 제90조 제2항의 규정을 인용하여 규정하였다.

사 체 및 소 지 금 품 인 수 서

□ 인 수 자

성　　　명		주민등록번호	
직　　　업		연　락　처	
주　　　거			
사망자와의 관계			

□ 사　　　체

성　　　명			주민등록번호	
성　　　별		연　　령	국　　　적	
등록기준지				
주　　　소				

□ 소지금품

품　　　명	수　량	비　　고

□ 인수경위

일시·장소	
인 계 자	소속 :　　　　　　　계급 :　　　　성명 :

위와 같이 사체와 소지금품을 인수하였음을 확인합니다.

20○○.○.○.

인 수 자 :　　　　　　　㊞

○○경찰서장 **귀하**

○ ○ 경 찰 서

제   호   년 월 일

수 신 :

제 목 : 사망통보서

사망자의 등록기준지가 분명하지 아니한(사망자를 인식할 수 없는) 사체를 검시하였

으므로 가족관계의 등록 등에 관한 법률 제90조 제1항의 규정에 의하여 별지 검시

조서를 첨부 통보합니다.

첨부 : 검시조서   통

○ ○ 경 찰 서

사법경찰관   ⑪

제3장 임의수사

제1절 출석요구와 조사 등

◼ 출석요구

> **제61조(출석요구)** 경찰관은 「형사소송법」 제200조 및 같은 법 제221조의 출석요구에 따라 출석한 피의자 또는 사건관계인에 대하여 지체 없이 진술을 들어야 하며 피의자 또는 사건관계인이 장시간 기다리게 하는 일이 없도록 하여야 한다.

※ 경찰수사규칙

제34조(출석요구) 수사준칙 제19조제3항 본문 또는 같은 조 제6항에 따라 피의자 또는 피의자 외의 사람에게 출석요구를 하려는 경우에는 별지 제21호서식 또는 별지 제22호서식의 출석요구서에 따른다.

※ 검사와 사법경찰관의 상호협력과 일반적 수사준칙에 관한 규정

제19조(출석요구) ① 검사 또는 사법경찰관은 피의자에게 출석요구를 할 때에는 다음 각 호의 사항을 유의해야 한다.
  1. 출석요구를 하기 전에 우편·전자우편·전화를 통한 진술 등 출석을 대체할 수 있는 방법의 선택 가능성을 고려할 것
  2. 출석요구의 방법, 출석의 일시·장소 등을 정할 때에는 피의자의 명예 또는 사생활의 비밀이 침해되지 않도록 주의할 것
  3. 출석요구를 할 때에는 피의자의 생업에 지장을 주지 않도록 충분한 시간적 여유를 두도록 하고, 피의자가 출석 일시의 연기를 요청하는 경우 특별한 사정이 없으면 출석 일시를 조정할 것
  4. 불필요하게 여러 차례 출석요구를 하지 않을 것
② 검사 또는 사법경찰관은 피의자에게 출석요구를 하려는 경우 피의자와 조사의 일시·장소에 관하여 협의해야 한다. 이 경우 변호인이 있는 경우에는 변호인과도 협의해야 한다.
③ 검사 또는 사법경찰관은 피의자에게 출석요구를 하려는 경우 피의사실의 요지 등 출석요구의 취지를 구체적으로 적은 출석요구서를 발송해야 한다. 다만, 신속한 출석요구가 필요한 경우 등 부득이한 사정이 있는 경우에는 전화, 문자메시지, 그 밖의 상당한 방법으로 출석요구를 할 수 있다.
④ 검사 또는 사법경찰관은 제3항 본문에 따른 방법으로 출석요구를 했을 때에는 출석요구서의 사본을, 같은 항 단서에 따른 방법으로 출석요구를 했을 때에는 그 취지를 적은 수사보고서를 각각 사건기록에 편철한다.
⑤ 검사 또는 사법경찰관은 피의자가 치료 등 수사관서에 출석하여 조사를 받는 것이 현저히 곤란한 사정이 있는 경우에는 수사관서 외의 장소에서 조사할 수 있다.
⑥ 제1항부터 제5항까지의 규정은 피의자 외의 사람에 대한 출석요구의 경우에도 적용한다.

※ 형사소송법

제200조(피의자의 출석요구) 검사 또는 사법경찰관은 수사에 필요한 때에는 피의자의 출석을 요구하여 진술을 들을 수 있다.

제221조(제3자의 출석요구 등) ① 검사 또는 사법경찰관은 수사에 필요한 때에는 피의자가 아닌 자의 출석을 요구하여 진술을 들을 수 있다. 이 경우 그의 동의를 받아 영상녹화할 수 있다.

② 검사 또는 사법경찰관은 수사에 필요한 때에는 감정·통역 또는 번역을 위촉할 수 있다.

③ 제163조의2제1항부터 제3항까지는 검사 또는 사법경찰관이 범죄로 인한 피해자를 조사하는 경우에 준용한다.

○ 출석요구
  ❖ 사법경찰관은 수사에 필요한 때에는 피의자 또는 피의자 아닌 자의 출석을 요구하여 진술을 들을 수 있고, 피의자의 진술을 들을 때에는 미리 피의자에 대하여 진술을 거부할 수 있음을 알려야 한다(형사소송법 제200조·제221조).
  ❖ 이 출석은 임의출석이며, 임의출석은 임의수사의 유형에 비추어 보면, 상대방의 승낙에 의한 임의수사(형사소송법 제199조)에 속하는 것인데 본 조는 그 요구하는 방법과 출석 후의 처우에 관해서 수사준칙에 의한 것이다.

○ 출석요구의 방법
  ❖ 참고인에 대하여 임의출석을 요구할 때에는 출석요구의 일시·장소·용건 기타 필요한 사항 등 취지를 명백히 기재한 참고인 출석요구서를 발부하여야 한다.
  ❖ 피의자에 대하여 임의출석을 요구했으나 이에 응하지 않은 경우에 그 사본이 구속 영장 신청을 위한 소명자료가 될 수도 있을 것이다.
  ❖ 사법경찰관은 신속한 출석요구 등을 위하여 필요할 때에는 전화, 팩스, 그 밖의 상당한 방법으로 출석을 요구할 수 있다.
  ❖ 사법경찰관은 출석요구서를 발부하였을 때에는 그 사본을 수사기록에 첨부하여야 하며, 출석요구서 외의 방법으로 출석을 요구하였을 때에는 그 취지를 적은 수사보고서를 수사기록에 첨부하여야 한다.

○ 출석요구 등 피의자의 자유로운 의사에 따른 수사
  ❖ 수사에 필요한 때에는 사법경찰관이 피의자의 출석을 요구하여 진술을 들을 수 있는 등 피의자의 자유로운 의사에 따라 협조를 받아 수사를 진행할 수 있다.
    • 출석요구서에 의한 경우
      - 피의자에 대하여 출석을 요구할 때에는 사법경찰관의 명의로 피의자 출석요구서를 발부하여야 한다.
      - 출석요구서를 발부한 때에는 출석요구통지부에 기재사항을 등재하여야 한다.

·피의자가 출석하였을 경우에는 지체없이 진술을 들어야 하며 장시간 대기하는 일이 없도록 미리 조사계획을 세워 출석한 피의자의 불평을 사는 일이 없도록 한다.

- 기타 피의자의 자유로운 의사에 따라 수사에 협조하는 경우
  - 일상의 임의수사절차에 따라 수사를 진행하여야 한다.

○ 피의자 조사 후 구속영장을 신청할 경우
❖ 피의자에 대하여 조사결과 구속의 필요성이 있을 경우에는 구속영장을 신청한다.
❖ 신청절차
  • 구속영장 신청서 작성
  • 구속영장 신청부 작성
  • 검사에게 구속영장 신청

○ 출석요구시의 주의사항
❖ 출석할 일시 및 장소와 지참할 물건 등을 명시하여야 한다.
❖ 지정 일시에 출석치 못하게 될 사정을 감안하여 연락처를 기재하여 송부해 준다.
❖ 조사 전에 필요한 다른 관계인(피의자·참고인·통역인 기타 보조자 등)의 출석요구 필요한 물건, 서류의 준비등 모든 계획을 수립하여야 한다.
❖ 상대방의 사정(일정 및 교통수단, 거리, 기후 등)을 고려하여 충분한 시간적 여유를 주어야 한다.
❖ 사건별로 시차제 소환을 이행하여 장시간 대기시키는 일이 없도록 하여야 한다.
❖ 전화로 출석을 요구할 때에는 그 이유를 친절히 설명하고, 불쾌감이나 불안감이 생기지 않도록 배려하여 출석을 기피하는 일이 없도록 유의하여야 한다.
❖ 질병 기타 사정이 있으면 기일을 연기하여 주거나, 출장수사를 하는 등 편의를 보아주고 수사의 목적을 달성하도록 방법을 강구함이 타당하다.

○ 임의출석자 조사 후 신병확보시 주의사항(개정 형소법)
❖ 경찰서·지구대에 출석요구서를 받고 자진 출석한 자 등을 장시간 조사하고, 조사 결과 구속의 사유가 있어 신병확보가 필요한 경우에는 긴급체포하지 말고 조사 중에라도 체포영장을 발부받아 신병확보 후 구속영장을 신청한다.
❖ 임의출석한 자에 대해서는 긴급성이 인정되지 않아, 긴급체포의 당위성을 인정받기 위해서는 어려움이 있다.
❖ 부득이 긴급체포가 불가피한 경우에는 긴급체포의 필요성·급박성 등 긴급 체포할 수밖에 없는 제반사항을 상세하게 체포영장 청구시에 나타내야 한다.

출석요구서 (피의자)

제 호

　대상자 귀하에 대한 ○○ 사건(접수번호:20○○-○○.)에 관하여 문의할 일이 있으니 20○○. ○. ○. ○○:○○에 수사과 경제1팀으로 출석하여 주시기 바랍니다.

< 사건의 요지 >

< 구비서류 등 >

　1.

　2.

　3.

　출석하실 때에는 이 출석요구서와 위 구비서류, 기타 귀하가 필요하다고 생각하는 자료를 가지고 나오시기 바라며, 이 사건과 관련하여 귀하가 전에 충분히 진술하지 못하였거나 새롭게 주장하고 싶은 사항 및 조사가 필요하다고 생각하는 사항이 있으면 이를 정리한 진술서를 작성하여 제출하시기 바랍니다.

　지정된 일시에 출석할 수 없는 부득이한 사정이 있거나 이 출석요구서와 관련하여 궁금한 점이 있으면, ○○팀(☎　－　－　)에 연락하여 출석일시를 조정하시거나 궁금한 사항을 문의하시기 바랍니다.

　정당한 이유없이 출석요구에 응하지 아니하면 형사소송법 제200조의2에 따라 체포될 수 있습니다.

20○○. ○. ○.

○　○　경　찰　서

사법경찰관 경감　이 기 석　㊞

사건담당자 경위　송 재 홍　㊞

출 석 요 구 서 (참고인)

제   호

  대상자 귀하에 대한 ○○ <u>피의/내사</u>사건 (접수번호 :20○○-000)의 <u>고소인/고</u>
<u>발인/피해자/참고인</u>(으)로 문의할 사항이 있으니 20○○.○.○.○○:○○에 수
사과 경제1팀으로 출석하여 주시기 바랍니다.

  <사건의 요지>

  <구비서류 등>

  1.

  2.

  3.

  출석할 수 없는 부득이한 사정이 있거나 사건내용에 관하여 문의할 사항이
있으면 ○○팀(☎   -   )로 연락하여 출석일시를 협의하거나 사건내용을
문의하시기 바랍니다.

※ 질병 등으로 경찰관서 직접 출석이 곤란한 경우에는 우편·FAX·E-mail 등 편리한
    매체를 이용한 조사를 받을 수 있으며, 출장조사도 요청하실 수 있습니다.

20○○. ○. ○.

○　○　경　찰　서

사법경찰관 경감　이 기 석　㉑

사건담당자 경위　송 재 홍　㉑

■ 수사관서 이외의 장소에서의 조사

제62조(수사관서 이외의 장소에서의 조사) ① 경찰관은 조사를 할 때에는 경찰관서 사무실 또는 조사실
에서 하여야 하며 부득이한 사유로 그 이외의 장소에서 하는 경우에는 소속 경찰관서장의 사전 승인
을 받아야 한다.
② 경찰관은 치료 등 건강상의 이유로 출석이 현저히 곤란한 피의자 또는 사건관계인을 경찰관서 이외
의 장소에서 조사하는 경우에는 피조사자의 건강상태를 충분히 고려하여야 하며, 수사에 중대한 지장
이 없으면 가족, 의사, 그 밖의 적당한 사람을 참여시켜야 한다.
③ 경찰관은 피의자신문 이외의 경우 피조사자가 경찰관서로부터 멀리 떨어져 거주하거나 그 밖의 사유
로 출석조사가 곤란한 경우에는 별지 제18호서식의 우편조서를 작성하여 우편, 팩스, 전자우편 등의
방법으로 조사할 수 있다.

○ 수사관서 이외의 장소에서의 조사
　❖ 경찰관은 조사를 할 때에는 경찰관서 사무실 또는 조사실에서 하여야 하며
　　부득이한 사유로 그 이외의 장소에서 하는 경우에는 소속 경찰관서장의 사
　　전 승인을 받아야 한다.
　❖ 경찰관은 치료 등 건강상의 이유로 출석이 현저히 곤란한 피의자 또는 사건
　　관계인을 경찰관서 이외의 장소에서 조사하는 경우에는 피조사자의 건강상
　　태를 충분히 고려하여야 하며, 수사에 중대한 지장이 없으면 가족, 의사, 그
　　밖의 적당한 사람을 참여시켜야 한다.
　❖ 경찰관은 피의자신문 이외의 경우 피조사자가 경찰관서로부터 멀리 떨어져
　　거주하거나 그 밖의 사유로 출석조사가 곤란한 경우에는 우편조서를 작성하
　　여 우편, 팩스, 전자우편 등의 방법으로 조사할 수 있다.

우 편 조 서

성 명 :　　　　　(　　　　) 주민등록번호 :　　　　-

직 업 :　　　　　　　　　　직 장 :

전화번호 : 자택　　　　　직장　　　　　휴대전화

주 거 :

등록기준지 :

피의자 피의자외 O명에 대한 죄명 사건에 관하여 귀하의 편의를 위하여 우편으로 조사하고자 하오니 아래 "문"란의 내용을 잘 읽으시고 "답"란에 진실하게 사실대로 기입하여 주시기 바라며, 끝장에 서명 또는 기명날인(또는 무인)하신 다음 송부하여 주시기 바랍니다.

문 :

답 :

문 :

답 :

※ 진술하고자 하는 내용을 기재하기에 용지가 부족하면 A4용지(본 진술조서 용지규격) 에 추가로 기재한 후 간인하고 동봉하여 송부하여 주시기 바랍니다.

20　.　.　.

위 진술인　　　　　　　　　⑨

▣ 임의성 확보

제63조(임의성의 확보) ① 경찰관은 조사를 할 때에는 고문, 폭행, 협박, 신체구속의 부당한 장기화 그 밖에 진술의 임의성에 관하여 의심받을 만한 방법을 취하여서는 아니 된다.
② 경찰관은 조사를 할 때에는 희망하는 진술을 상대자에게 시사하는 등의 방법으로 진술을 유도하거나 진술의 대가로 이익을 제공할 것을 약속하거나 그 밖에 진술의 진실성을 잃게 할 염려가 있는 방법을 취하여서는 아니 된다.

※ 형사소송법
제317조(진술의 임의성) ① 피고인 또는 피고인 아닌 자의 진술이 임의로 된 것이 아닌 것은 증거로 할 수 없다.
② 전항의 서류는 그 작성 또는 내용인 진술이 임의로 되었다는 것이 증명된 것이 아니면 증거로 할 수 없다.
③ 검증조서의 일부가 피고인 또는 피고인 아닌 자의 진술을 기재한 것인 때에는 그 부분에 한하여 전2항의 예에 의한다.

○ 진술의 임의성
  ❖ 비록 자백을 얻었더라도 임의성이 의심되면 그 진술은 증명력을 잃기 때문에 피의자 조사에 있어서는 고문·폭행·협박·신체구속의 부당한 장기화 또는 기망 기타 진술의 임의성에 관하여 의심받을 만한 방법을 취하여서는 아니 된다.
  ❖ 조사를 할 때 자기가 기대하거나 희망하는 진술을 상대자에게 진술을 유도하거나 진술의 대가로 어떤 이익을 제공할 것처럼 기만하거나 약속하는 방법으로 진술의 진실성을 의심받는 방법을 취해서도 아니 된다.

○ 임의성 확보를 위해 유의할 사항
  ❖ 진술거부권의 고지
    피의자에게 진술거부권이 있음을 분명하게 고지해야 한다. 이 사전고지는 그 조사절차를 형성하는 요식행위이므로 고지없이 받은 자백은 증명력이 없다.
  ❖ 유도질문 등의 고지
    조사관이 기대하거나 희망하는 진술을 피의자에게 시사하는 등의 방법으로 함부로 진술을 유도하거나 진술의 대가로 어떤 이익을 제공할 것을 약속하거나 기타 진실을 잃게 할 염려가 있는 방법을 취하여서는 안 된다.
  ❖ 조사환경 등이 배려
    피의자의 심리적 압박 등 임의성을 의심받지 않는 조사환경을 확보하도록 특히 유의해야 한다.
    • 조사실

일반적으로 경찰관의 사무실에서 조사하여야 하며 조사실에는 외부 소음이나 불안감을 주는 물건이 없어야 하며 불필요한 사람의 출입도 삼가야 한다.

- 피조사자의 처우
  원칙적으로 수갑을 풀어주고 조사하여야 하며 마룻바닥에 꿇게 하거나 머리를 숙이고, 눈을 감게 등의 처우를 해서는 아니 된다.
- 수사관 수
  다수인의 경찰관이 1인을 상대로 조사하는 일은 삼가야 한다.
- 조사방법
  심야에 걸치는 조사나 피의자에게 생리적·심리적 고통이 미칠만큼 장시간 계속하는 조사, 강제로 조사하였다고 의심받는 방법에 의한 조사를 해서는 안 된다.
- 여자 피의자의 수사
  여자 피의자를 조사할 때는 반드시 참여인을 두어야 한다.

❖ 진술상황 등의 기록
피의자로부터 자백을 얻은 경우에는 자백하기에 이른 동기, 이유와 진술한 후의 심경 등을 조서에 기록하는 등 진술의 임의성을 뒷받침할 수 있는 자료를 문서화해야 한다. 피의자 스스로 자백후의 심경을 기록한 수기 등은 진술의 임의성을 인정받는데 특히 효과적이다.

❖ 종래에 경찰관서 이외의 장소에서 함부로 피의자를 조사하여 물의를 일으킨 폐단이 있었음을 고려하여 방임상태였던 피의자 등의 조사장소를 소속 경찰관서 사무실로 정하고, 부득이 다른 장소에서 조사할 경우에는 사전에 소속 경찰관서장의 승인을 받도록 제한하는 규정을 하였다.

▣ 조사 시 진술거부권 등의 고지

> **제64조(조사 시 진술거부권 등의 고지)** 「형사소송법」 제244조의3에 따른 진술거부권의 고지는 조사를 상당 시간 중단하거나 회차를 달리하거나 담당 경찰관이 교체된 경우에도 다시 하여야 한다.

> **제65조(삭제)**

> ※ 형사소송법
> **제244조의3(진술거부권 등의 고지)** ① 검사 또는 사법경찰관은 피의자를 신문하기 전에 다음 각 호의 사항을 알려주어야 한다.
> 1. 일체의 진술을 하지 아니하거나 개개의 질문에 대하여 진술을 하지 아니할 수 있다는 것
> 2. 진술을 하지 아니하더라도 불이익을 받지 아니한다는 것
> 3. 진술을 거부할 권리를 포기하고 행한 진술은 법정에서 유죄의 증거로 사용될 수 있다는 것
> 4. 신문을 받을 때에는 변호인을 참여하게 하는 등 변호인의 조력을 받을 수 있다는 것
> ② 검사 또는 사법경찰관은 제1항에 따라 알려 준 때에는 피의자가 진술을 거부할 권리와 변호인의 조력을 받을 권리를 행사할 것인지의 여부를 질문하고, 이에 대한 피의자의 답변을 조서에 기재하여야 한다. 이 경우 피의자의 답변은 피의자로 하여금 자필로 기재하게 하거나 검사 또는 사법경찰관이 피의자의 답변을 기재한 부분에 기명날인 또는 서명하게 하여야 한다.

○ 진술거부권이란
   ❖ 수사경찰이 피의자를 조사할 경우에는 미리 진술을 거부할 수 있음을 알려야 한다는 형사소송법의 권리를 말한다.
   ❖ 이른바 진술거부권의 고지는 헌법 제12조 제2항에 "형사상 자기에게 불리한 진술을 강요당하지 아니한다"고 규정되어 있어 이에 근거하여 형사소송법상(제200조 제2항) 이 절차가 요구되어 있는 것이다.
   ❖ 진술거부권은 근대 형사소송법의 기본원칙인 자기부죄강요금지(自己負罪强要禁止)의 원칙에 입각하여 진술거부권을 보장하고 있는데 이는 과거 규문주의 하에서 선행된 자백강요로 인한 고문등의 폐단을 방지하기 위한 것이다.

○ 진술거부권의 고지와 진술의 임의성
   ❖ 진술거부권의 고지는 진술의 임의성에 대하여 논쟁이 생겼을 경우 그 진술의 임의성을 증명하는 의미에서 매우 중요하다.
   ❖ 진술의 임의성은 진술의 생명인데 그 진술의 임의성의 존재를 증명하는 하나의 방법으로서 미리 피의자에게 "진술을 거부할 수 있음"을 정확하게 알렸다는 것을 명백히 하는 것이다.
   ❖ 이러한 취지에서 조서에 기재하여 장래 진술의 임의성에 대하여 다툼이 생겼

을 경우에 대비해서 이 절차는 정확하게 고지의 절차를 취해 두어야 한다.

○ 진술거부권 고지의 경우와 내용
  ❖ 피의자의 조사에 한한다.
  ❖ 참고인의 조사에 관해서는 필요없다.
  ❖ 피의자가 거부할 수 있는 진술의 내용에는 제한이 없다.
  ❖ 조사를 개시할 때마다 할 필요가 있다.
  ❖ 조사담당관이 교체되었을 때에는 새로 고지해야 한다.

■ 대질조사 시 유의사항

제66조(대질조사 시 유의사항) 경찰관은 대질신문을 하는 경우에는 사건의 특성 및 그 시기와 방법에 주의하여 한쪽이 다른 한쪽으로부터 위압을 받는 등 다른 피해가 발생하지 않도록 하여야 한다.

○ 대질신문(조사)
  ❖ 대질신문이란 조사관이 피의자와 다른 피의자 또는 피의자가 아닌 제3자 참고인과의 2인 이상을 동석시키고 한편의 진술에 대하여 다른 편의 진술을 요구하는 것이다.
  ❖ 공범자 상호간의 진술이 최후까지 상치(상반)될 경우에는 대질조사를 하는 것이 좋다고 생각할 수 있을지 모르나 원칙적으로는 하지 않는 것이 바람직하다. 부득이 대질조사를 할 경우에는 다음과 같은 사항을 유의하여야 한다.
    • 대질의 시기가 빠르면 좋지 않다. 피조사자 쌍방의 성격을 파악하는데 상당한 시일을 요하기 때문이다. 만약에 아무런 예비지식도 없이 덮어놓고 함부로 대질조사를 할 경우에는 피조사자에게 수사의 초점을 눈치채게 할 염려가 있다.
    • 피조사자의 세력관계, 특히 주도관계 등이 있는 경우에는 약자는 강자에게 눌리는 경향이 있으므로 판단을 그르치지 않도록 신중을 기해야 한다.
    • 말 잘하고 표정 잘쓰고 교활한 자와, 말 없고 우직한 자의 대질조사는 표현의 차가 많으므로 진상파악을 그르치지 않도록 주의해야 한다.

■ 심야조사 제한

※ 경찰수사규칙
제36조(심야조사 제한) ① 사법경찰관은 수사준칙 제21조제2항제4호에 따라 심야조사를 하려는
경우에는 심야조사의 내용 및 심야조사가 필요한 사유를 소속 경찰관서에서 인권보호 업무를
담당하는 부서의 장에게 보고하고 허가를 받아야 한다.
② 사법경찰관은 제1항에 따라 허가를 받은 경우 수사보고서를 작성하여 사건기록에 편철해야 한다.

※ 검사와 사법경찰관의 상호협력과 일반적 수사준칙에 관한 규정
제21조(심야조사 제한) ① 검사 또는 사법경찰관은 조사, 신문, 면담 등 그 명칭을 불문하고 피의
자나 사건관계인에 대해 오후 9시부터 오전 6시까지 사이에 조사(이하 "심야조사"라 한다)를
해서는 안 된다. 다만, 이미 작성된 조서의 열람을 위한 절차는 자정 이전까지 진행할 수 있다.
② 제1항에도 불구하고 다음 각 호의 어느 하나에 해당하는 경우에는 심야조사를 할 수 있다. 이
경우 심야조사의 사유를 조서에 명확하게 적어야 한다.
  1. 피의자를 체포한 후 48시간 이내에 구속영장의 청구 또는 신청 여부를 판단하기 위해 불가피
     한 경우
  2. 공소시효가 임박한 경우
  3. 피의자나 사건관계인이 출국, 입원, 원거리 거주, 직업상 사유 등 재출석이 곤란한 구체적인
     사유를 들어 심야조사를 요청한 경우(변호인이 심야조사에 동의하지 않는다는 의사를 명시
     한 경우는 제외한다)로서 해당 요청에 상당한 이유가 있다고 인정되는 경우
  4. 그 밖에 사건의 성질 등을 고려할 때 심야조사가 불가피하다고 판단되는 경우 등 법무부장관,
     경찰청장 또는 해양경찰청장이 정하는 경우로서 검사 또는 사법경찰관의 소속 기관의 장이
     지정하는 인권보호 책임자의 허가 등을 받은 경우

○ 심야조사 제한 시간
   ❖ 오후 9시부터 오전 6시까지 사이 조사
   ❖ 다만, 이미 작성된 조서의 열람을 위한 절차는 자정 이전까지 진행 가능

○ 심야조사 제한 대상
   ❖ 피의자
   ❖ 사건관계인(피해자, 참고인, 피 혐의자)

○ 예외적 심야조사 가능 대상
   ❖ 피의자를 체포한 후 48시간 이내에 구속영장의 청구 또는 신청 여부를 판단
      하기 위해 불가피한 경우
   ❖ 공소시효가 임박한 경우
   ❖ 피의자나 사건관계인이 출국, 입원, 원거리 거주, 직업상 사유 등 재출석이

곤란한 구체적인 사유를 들어 심야조사를 요청한 경우(변호인이 심야조사에 동의하지 않는다는 의사를 명시한 경우는 제외한다)로써 해당 요청에 상당한 이유가 있다고 인정되는 경우

❖ 그 밖에 사건의 성질 등을 고려할 때 심야조사가 불가피하다고 판단되는 경우 등 경찰청장이 정하는 경우로서 사법경찰관의 소속 기관의 장이 지정하는 인권 보호 책임자의 허가 등을 받은 경우

<table>
<tr><td colspan="3" align="center">심 야 조 사 요 청 서</td></tr>
<tr><td rowspan="3">요 청 인</td><td>성 명</td><td></td></tr>
<tr><td>주민등록번호</td><td></td></tr>
<tr><td>주 거</td><td></td></tr>
<tr><td>요청일시</td><td colspan="2">20○○.○.○. ○○:○○</td></tr>
<tr><td>요청이유</td><td colspan="2"></td></tr>
<tr><td colspan="3">요청인은 위와 같은 이유로 요청인 본인이 자유로운 의사에 의하여 심야조사를 실시할 것을 요청합니다.

20○○.○.○.

요청인 홍 길 동 (서명)</td></tr>
</table>

▣ 장시간 조사 제한

※ 경찰수사규칙
제37조(장시간 조사 제한) 사법경찰관리는 피의자나 사건관계인으로부터 수사준칙 제22조제1항
　　제1호에 따라 조서 열람을 위한 조사 연장을 요청받은 경우에는 별지 제24호서식의 조사연장
　　요청서를 제출받아야 한다.

※ 검사와 사법경찰관의 상호협력과 일반적 수사준칙에 관한 규정
제22조(장시간 조사 제한) ① 검사 또는 사법경찰관은 조사, 신문, 면담 등 그 명칭을 불문하고
　　피의자나 사건관계인을 조사하는 경우에는 대기시간, 휴식시간, 식사시간 등 모든 시간을 합산
　　한 조사시간(이하 "총조사시간"이라 한다)이 12시간을 초과하지 않도록 해야 한다. 다만, 다음
　　각 호의 어느 하나에 해당하는 경우에는 예외로 한다.
　　1. 피의자나 사건관계인의 서면 요청에 따라 조서를 열람하는 경우
　　2. 제21조제2항 각 호의 어느 하나에 해당하는 경우
② 검사 또는 사법경찰관은 특별한 사정이 없으면 총조사시간 중 식사시간, 휴식시간 및 조서의
　　열람시간 등을 제외한 실제 조사시간이 8시간을 초과하지 않도록 해야 한다.
③ 검사 또는 사법경찰관은 피의자나 사건관계인에 대한 조사를 마친 때부터 8시간이 지나기 전에
　　는 다시 조사할 수 없다. 다만, 제1항제2호에 해당하는 경우에는 예외로 한다.
제23조(휴식시간 부여) ① 검사 또는 사법경찰관은 조사에 상당한 시간이 소요되는 경우에는 특별
　　한 사정이 없으면 피의자 또는 사건관계인에게 조사 도중에 최소한 2시간마다 10분 이상의 휴
　　식시간을 주어야 한다.
② 검사 또는 사법경찰관은 조사 도중 피의자, 사건관계인 또는 그 변호인으로부터 휴식시간의
　　부여를 요청받았을 때에는 그때까지 조사에 소요된 시간, 피의자 또는 사건관계인의 건강상태
　　등을 고려해 적정하다고 판단될 경우 휴식시간을 주어야 한다.
③ 검사 또는 사법경찰관은 조사 중인 피의자 또는 사건관계인의 건강상태에 이상 징후가 발견되
　　면 의사의 진료를 받게 하거나 휴식하게 하는 등 필요한 조치를 해야 한다.

○ 총조사시간 준수
　❖ 대기시간, 휴식 시간, 식사 시간 등 모든 시간을 합산한 조사 시간이 12시
　　간을 초과하지 않도록 해야 한다.

○ 총조사시간 초과 가능
　❖ 피의자나 사건관계인의 서면 요청에 따라 조서를 열람하는 경우
　❖ 체포 후 48시간 이내에 구속영장의 신청
　❖ 공소시효가 임박한 경우
　❖ 피의자나 사건관계인의 심야조사 요청(변호인 부동의 시 제외)
　❖ 인권 보호 책임자의 허가 등을 받은 경우

○ 휴식 시간 부여

❖ 조사 도중에 최소한 2시간마다 10분 이상의 휴식 시간을 주어야 한다.

❖ 건강 상태 등을 고려해 적정하다고 판단되면 휴식 시간을 주어야 한다.

❖ 건강 상태에 이상 징후가 발견되면 의사의 진료를 받게 하거나 휴식하게 하는 등 필요한 조치를 해야 한다.

조 사 연 장 요 청 서

요청인	성 명	
	주민등록번호	
	주 거	
비 고		※ 요청에 참고할 사항이 있으면 기재

요청인은 「검사와 사법경찰관의 상호협력과 일반적 수사준칙에 관한 규정」 제22조에 따라 조서의 열람을 위해 요청인 본인의 자유로운 의사에 의하여 조사시간 연장을 요청합니다.

20〇〇.〇.〇.

요청인   홍 길 동   (서명)

▣ 신뢰관계자 동석제도

※ 경찰수사규칙
제24조(신뢰관계인의 동석) ① 법 제244조의5에 따라 피의자와 동석할 수 있는 신뢰관계에 있는 사람과 법 제221조제3항에서 준용하는 법 제163조의2에 따라 피해자와 동석할 수 있는 신뢰관계에 있는 사람은 피의자 또는 피해자의 직계친족, 형제자매, 배우자, 가족, 동거인, 보호 · 교육시설의 보호 · 교육담당자 등 피의자 또는 피해자의 심리적 안정과 원활한 의사소통에 도움을 줄 수 있는 사람으로 한다.
② 피의자, 피해자 또는 그 법정대리인이 제1항에 따른 신뢰관계에 있는 사람의 동석을 신청한 경우 검사 또는 사법경찰관은 그 관계를 적은 동석신청서를 제출받거나 조서 또는 수사보고서에 그 관계를 적어야 한다.

※ 검사와 사법경찰관의 상호협력과 일반적 수사준칙에 관한 규정
제24조(신뢰관계인의 동석) ① 법 제244조의5에 따라 피의자와 동석할 수 있는 신뢰관계에 있는 사람과 법 제221조제3항에서 준용하는 법 제163조의2에 따라 피해자와 동석할 수 있는 신뢰관계에 있는 사람은 피의자 또는 피해자의 직계친족, 형제자매, 배우자, 가족, 동거인, 보호 · 교육시설의 보호 · 교육담당자 등 피의자 또는 피해자의 심리적 안정과 원활한 의사소통에 도움을 줄 수 있는 사람으로 한다.
② 피의자, 피해자 또는 그 법정대리인이 제1항에 따른 신뢰관계에 있는 사람의 동석을 신청한 경우 검사 또는 사법경찰관은 그 관계를 적은 동석신청서를 제출받거나 조서 또는 수사보고서에 그 관계를 적어야 한다.

※ 형사소송법
제163조의2 (신뢰관계에 있는 자의 동석) ① 법원은 범죄로 인한 피해자를 증인으로 신문하는 경우 증인의 연령, 심신의 상태, 그 밖의 사정을 고려하여 증인이 현저하게 불안 또는 긴장을 느낄 우려가 있다고 인정하는 때에는 직권 또는 피해자·법정대리인·검사의 신청에 따라 피해자와 신뢰관계에 있는 자를 동석하게 할 수 있다.
② 법원은 범죄로 인한 피해자가 13세 미만이거나 신체적 또는 정신적 장애로 사물을 변별하거나 의사를 결정할 능력이 미약한 경우에 재판에 지장을 초래할 우려가 있는 등 부득이한 경우가 아닌 한 피해자와 신뢰관계에 있는 자를 동석하게 하여야 한다.
③ 제1항 또는 제2항에 따라 동석한 자는 법원·소송관계인의 신문 또는 증인의 진술을 방해하거나 그 진술의 내용에 부당한 영향을 미칠 수 있는 행위를 하여서는 아니 된다.
④ 제1항 또는 제2항에 따라 동석할 수 있는 신뢰관계에 있는 자의 범위, 동석의 절차 및 방법 등에 관하여 필요한 사항은 대법원규칙으로 정한다.

○ 피의자의 신뢰관계자 동석
  ❖ 사법경찰관은 피의자를 신문하는 경우 다음 각 호의 어느 하나에 해당하는 때에는 직권 또는 피의자·법정대리인의 신청에 따라 피의자와 신뢰관계에

있는 자를 동석하게 할 수 있다(형사소송법 제244조의5).

① 피의자가 신체적 또는 정신적 장애로 사물을 변별하거나 의사를 결정·전
달할 능력이 미약한 때

② 피의자의 연령·성별·국적 등의 사정을 고려하여 그 심리적 안정의 도모와
원활한 의사소통을 위하여 필요한 경우

❖ 피의자와 동석할 수 있는 신뢰관계에 있는 자는 피의자의 직계친족, 형제자
매, 배우자, 가족, 동거인, 보호시설 또는 교육시설의 보호 또는 교육담당자
등 피의자의 심리적 안정과 원활한 의사소통에 도움을 줄 수 있는 자를 말
한다.

❖ 피의자 또는 법정대리인이 제2항에 기재된 자에 대한 동석신청을 한 때에는
사법경찰관은 신청인으로부터 동석 신청서 및 피의자와의 관계를 소명할
수 있는 자료를 제출받아 기록에 편철하여야 한다.

❖ 다만, 신청서 작성에 시간적 여유가 없는 경우 등에 있어서는 신청서를 작성
하게 하지 아니하고, 수사보고서나 조서에 그 취지를 기재하는 것으로 갈음
할 수 있으며, 대상자와 피의자와의 관계를 소명할 서류를 동석신청시에 제
출받지 못하는 경우에는 조사의 긴급성, 동석의 필요성 등이 현저히 존재하
는 때에 한하여 예외적으로 동석 조사 이후에 자료를 제출받아 기록에 편철
할 수 있다.

❖ 사법경찰관은 제3항에 의한 신청이 없더라도 동석의 필요성이 있다고 인정
되는 때에 있어서는 피의자와의 신뢰관계 유무를 확인한 후 직권으로 신뢰
관계자를 동석하게 할 수 있다. 다만, 이러한 취지를 수사보고서나 조서에
기재하여야 한다.

❖ 사법경찰관은 수사기밀 누설이나 신문방해 등을 통해 수사에 부당한 지장을
초래할 우려가 있다고 인정할 만한 상당한 이유가 존재하는 때에는 동석을 거부할
수 있다.

❖ 피의자의 신문에 동석하는 자는 피의자의 심리적 안정과 원활한 의사소통에
도움을 주는 행위 이외의 불필요한 행위를 하여서는 아니되고, 동석자가 신
문방해 등을 통해 부당하게 수사의 진행을 방해하는 경우나 제5항의 제한
사유가 인정되는 때에는 사법경찰관은 신문 도중에 동석을 중지시킬 수 있
다.

동 석 신 청 서
(피 (형)의 자)

수 신 : ○○○경찰서 사법경찰관 ○○○

　　귀서 20○○-○○호 피의자 홍길동 외 ○명에 대한 ○○피의사건에 관하여 **피의자** 김갑돌을 조사함에 있어 아래와 같이 피의자와 신뢰관계에 있는 자의 동석을 신청합니다.

신뢰 관계자	성　　　　　명	
	주민등록번호	
	직　　　　　업	
	주거(사무소)	
	전 화 번 호	
	피(형)의자와의 관계	
동석 필요 사유		

※　소명자료 별첨

20○○. ○. ○.

신청인　　　　　　　　　㊞

○ 피해자 등 사건관계인의 동석
  ❖ 피해자와 동석할 수 있는 신뢰관계에 있는 자는 피해자의 직계친족, 형제자매, 배우자, 가족, 동거인, 보호시설 또는 교육시설의 보호 또는 교육담당자 등 피해자의 심리적 안정과 원활한 의사소통에 도움을 줄 수 있는 자를 말한다.
  ❖ 피해자 또는 법정대리인이 동석신청을 한 때에는 사법경찰관은 신청인으로부터 동석 신청서 및 피해자와의 관계를 소명할 수 있는 자료를 제출받아 기록에 편철하여야 한다.
  ❖ 다만, 신청서 작성에 시간적 여유가 없는 경우 등에 있어서는 신청서를 작성하게 하지 아니하고, 수사보고서나 조서에 그 취지를 기재하는 것으로 갈음할 수 있다.
  ❖ 대상자와 피해자와의 관계를 소명할 서류를 동석신청시에 제출받지 못하는 경우에는 조사의 긴급성, 동석의 필요성 등이 현저히 존재하는 때에 한하여 예외적으로 동석 조사 이후에 자료를 제출받아 기록에 편철할 수 있다.
  ❖ 사법경찰관은 신청이 없더라도 동석의 필요성이 있다고 인정되는 때에 있어서는 피해자와의 신뢰관계 유무를 확인한 후 직권으로 신뢰관계자를 동석하게 할 수 있다. 다만, 이러한 취지를 수사보고서나 조서에 기재하여야 한다.
  ❖ 사법경찰관은 수사기밀 누설이나 진술방해 등을 통해 수사에 부당한 지장을 초래할 우려가 있다고 인정할 만한 상당한 이유가 존재하는 때에는 동석을 거부할 수 있다.
  ❖ 피해자의 조사에 동석하는 자는 피해자의 심리적 안정과 원활한 의사소통에 도움을 주는 행위 이외의 불필요한 행위를 하여서는 아니되고, 동석자가 진술방해 등을 통해 부당하게 수사의 진행을 방해하는 경우나 제한 사유가 인정되는 때에는 사법경찰관은 조사 도중에 동석을 중지시킬 수 있다.

동 석 신 청 서
(사 건 관 계 인)

수 신 : ○○○경찰서 사법경찰관 ○○○

　　　귀서 20○○-○○호 피의자 홍길동 외○명 에 대한 ○○피의사건에 관하여 사건관계인(고소인/고발인/피해자/참고인) 김갑돌을 조사함에 있어 아래와 같이 피해자와 신뢰관계에 있는 자의 동석을 신청합니다.

사건관계인	성　　　명	
	주민등록번호	
	직　　　업	
	주　　　거	
	전 화 번 호	
신뢰관계자	성　　　명	
	주민등록번호	
	직　　　업	
	주거(사무소)	
	전 화 번 호	
	피해자와의 관계	
동석 필요 사유		

※　소 명 자 료 별 첨

　　　　　　　　　　20○○. ○. ○.

　　　　　　신청인　　　　　　　　　㉑

▣ 공범자의 조사

> 제67조(공범자의 조사) 경찰관은 공범자에 대한 조사를 할 때에는 분리조사를 통해 범행은폐 등 통모를 방지하여야 하며, 필요시에는 대질신문 등을 할 수 있다.

○ 통모의 방지
   ❖ 공범자의 조사는 그 통모를 방지하는 것이 사실을 수사하는데 가장 중요하다. 따라서 공범자를 동시에 같은 실내에서 조사하는 것은 되도록 피하지 않으면 아니 된다.
   ❖ 공범자간의 통모는 유치장 출입시, 세면장 출입시, 조사시에 가장 많이 행하여진다는 것을 주의해야 한다. 따라서 감방을 달리하는 등 통모방지에 노력해야 한다.
   ❖ 조사관은 항상 유치관리관과 부단히 연락하여 피조사자의 유치장 내에서의 동정을 파악해야 한다.

○ 공범자의 조사요령과 유의사항
   ❖ 공범자의 조사는 범정(犯情)이 경한자, 성격이 약한 자, 순진한 자, 다변자, 감격성이 강한 자로부터 먼저 조사하는 것이 효과적이다.
   ❖ 공범자가 서로 불신감을 갖도록 공작하는 것도 효과적이다.
   ❖ 공범자의 진술이 상치(상반)될 경우에는 어느 쪽인 진실인가, 상호모순·불합리한 점 등을 발견하는데 힘쓰고 다른쪽 진술에 추종시키지 말고 진상을 자백시키도록 힘써야 한다.
   ❖ 대개 먼저 조사한 피조사자의 진술이 정당하다고 생각하기 쉬우므로 그런 선입감을 스스로 경계하여야 한다.
   ❖ 여러 조사관이 분담하여 조사할 경우에는 자기가 조사한 피조사자의 진술이 정확하다고 생각하기 쉬우므로 주의할 필요가 있다.
   ❖ 진술과 실황조사서(검증조서)를 대비하여 그 범행의 불능 또는 착오된 점을 유무를 검토한다.
   ❖ 한쪽의 공범자가 다른 편의 공범자의 진술내용을 듣고 고의로 그 진술에 부합되는 진술을 하는 일이 없도록 충분히 배려하는 것이 중요하다.

▣ 증거의 제시

> **제68조(증거의 제시)** 경찰관은 조사과정에서 피의자에게 증거를 제시할 필요가 있는 때에는 적절한 시기와 방법을 고려하여야 하며, 그 당시의 피의자의 진술이나 정황 등을 조서에 적어야 한다.

○ 증거물의 제시
 ❖ 수사과정에서 압수한 증거물을 피의자에게 제시하여 확인해 두는 것이 중요한 일이다. 그 시기와 방법을 잘 택하지 못하면 유도심문이나 진실성이 의심받는 경우가 있게 된다.

○ 증거제시의 시기
 ❖ 피의자가 범행일체를 자백하고 그 자백이 진실이라고 확인된 뒤에 증거를 제시하는 것이 원칙이다.
 ❖ 부인할 때는 원칙적으로 제시하지 않아야 한다.
 ❖ 자백하지 않기 때문에 석방을 한다든지 귀가시킬 단계에서 최후의 수단으로서 제시한다.

○ 증거제시의 방법
 ❖ 확신이 되는 것만 제시한다.
 ❖ 장물이나 범행용구 등에 대하여는 제시하기 전에 상대자에게 그 모양·특성·수량(중량) 등을 설명시켜 확인한 후에 제시한다.
 ❖ 증거물에는 상대자의 손을 대지 못하게 해야 한다(후일 현장지문에 대하여 그때의 지문이라고 변명하는 경우가 있다).
 ❖ 여죄가 없을 때는 단도직입적으로 증거를 제시하며 부인해도 소용없다는 것을 깨닫게 하는 것도 하나의 방법이다.
 ❖ 여죄가 있는 경우에는 처음부터 제시하지 말고 자백할 가능성이 있다고 인정되는 경우에만 제시하는 것이 좋다.
 ❖ 증거물을 제시하였을 경우에는 그때에 있어서의 피의자의 거동을 잘 관찰하는 동시에 그때의 진술을 조서(피의자신문조서)에 기재해 두어야 한다.

○ 압수한 증거물의 처리
 ❖ 압수한 증거물은 피의자 기타 관계자에게 제시하여 확인한 후가 아니면 환부·가환부·대가보관 또는 폐기 등의 처분을 해서는 안 된다.

○ 편의조사
❖ 병원이나 질병으로 자택으로 가료중인 피의자·참고인을 조사하는 경우에는 수사상 필요한 부득이한 경우에 한하며, 상대자의 건강상태를 충분히 고려하여야 한다.
❖ 수사상 중대한 지장이 없는 한 가족이나·의사·기타의 적당한 자(변호인 등)를 참여시키는 것이 필요하다.

○ 진술의 임의성 담보와 공정성
❖ 가족·의사 등을 참여시키는 것이 조사의 공정성과 진술의 임의성을 담보하는 것으로 크나큰 의의가 있다.
  • 사안에 따라서는 변호인을 참여하게 하여 임의성에 관한 다툼을 방지하는 데 큰 도움이 되는 경우가 있다.

○ 우편 등 방법의 조사
❖ 경찰관서로부터 거리가 떨어져 있거나 특별한 사유가 있어서 출석조사가 곤란한 경우에는 우편·모사전송·전자우편 등의 방법으로 조사할 수가 있다.

■ 직접진술의 확보

제69조(직접진술의 확보) ① 경찰관은 사실을 명백히 하기 위하여 피의자 이외의 관계자를 조사할 필요가 있을 때에는 되도록 그 사실을 직접 경험한 사람의 진술을 들어야 한다.
② 경찰관은 사건 수사에 있어 중요한 사항에 속한 것으로서 타인의 진술을 내용으로 하는 진술을 들었을 때에는 그 사실을 직접 경험한 사람의 진술을 듣도록 노력하여야 한다.

○ 직접진술이란
❖ 피고인이 아닌 자의 진술이 피고인의 진술을 그 내용으로 하는 것으로써 그 진술이 특히 신용할 수 있는 상태하에서 행하여진 때에 한하여 이를 증거로 할 수 있다는 것이다.
❖ 사건수사를 담당한 사법경찰관의 진술이 피해자로부터 피고인을 인계받아 체포하게 된 경위와 피고인의 수사과정에서 범행을 자인하게 된 경위에 관한 것으로서 피고인이 자신의 경찰에서의 진술내용을 부인하고 있는 이상 증거로 삼을수 없다는 대법원 1983. 12. 27 83도2820의 판례로 보아 직접 경험한 자의 진술을 조서로 나타내어 보는 신중한 노력이 필요하다.

❖ 전문진술은 어떤 사실을 아는 단서로서는 중요하지만 증거법상에서는 거의 아무런 가치가 없는 것임을 알고 직접 경험한 자의 진술이 보다 진실성에 풍부하다는 것에 유의한다.

○ 전문진술의 배제
❖ 조사의 목적은 진실의 발견에 있으므로 피의자 이외의 관계자를 조사하여 어떤 사실을 명백히 하고자 하는 경우에는 그 사실을 직접 경험한 자에게 사정을 듣지 않으면 조사관으로서는 사안의 진상을 판단할 수 없고, 사건에 대한 심정을 얻기가 어렵다.
❖ 진술조서, 참고인 진술조서는 다른 사람의 진술을 내용으로 하는 진술로서 그 증거능력 자체가 제한되어 있는 것이나, 그 위에 다시 전문에 의한 진술을 기재한 것이라면 "전문의 전문"으로 되어 증거능력의 제한은 2중으로 겹치게 되는 것이다.
❖ 중요한 사항에 대해서는 경험자를 직접 조사하도록 힘써야 한다.

▣ 진술자의 사망 등에 대비하는 조치

제70조(진술자의 사망 등에 대비하는 조치) 경찰관은 피의자 아닌 사람을 조사하는 경우에 있어서 그 사람이 사망, 정신 또는 신체상 장애 등의 사유로 인하여 공판준비 또는 공판기일에 진술하지 못하게 될 염려가 있고, 그 진술이 범죄의 증명에 없어서는 안 될 것으로 인정할 경우에는 수사에 지장이 없는 한 피의자, 변호인 그 밖의 적당한 사람을 참여하게 하거나 검사에게 증인신문 청구를 신청하는 등 필요한 조치를 취하여야 한다.

○ 중요 참고인을 조사하는 경우
❖ 사건의 성부의 열쇠를 가진 중요 참고인을 조사하는 경우에 그 참고인이 장래에 공판이 개정될 무렵에는 사망하거나 정신 또는 신체의 이상을 초래하거나 외국에 가있는 등의 사유로 공판정에 나와서 증언하지 못할 것이 예측될 때에는 수사에 지장이 없는 한 피의자·변호인 기타 적당한 자를 참여시키고 조사를 하거나 검사에 의한 조사가 행하여 지도록 하는 것이 좋다.
❖ 피의자 조사의 공정성을 담보 증명하고 형사소송법 제313조 제1항에서 "특히 신빙할 수 있는 상태"를 확보할 수 있도록 피의자나 변호인 등을 조사에 참여하게 하는 것이 좋으며 경우에 따라서는 법원에 증인신문신청을 미리 하여 증거확보 등의 배려가 많이 활용되어지고 있다.

❖ 검사에 의한 조사가 행하여지도록 하는 것은 형사소송법 제312조 제1항에 규정한 진술조서가 작성됨으로써 증거 능력을 확보하기 위한 것이다. 즉, 사법경찰관이 작성한 진술조서보다도 증거능력에 관한 제한이 부드러운 검사에 의해 진술조서를 작성하도록 하자는 것이다.

○ 증인신문의 신청
❖ 증인신문의 신청이란 참고인이 출석 또는 진술을 거부하거나 전의 진술과 다른 진술을 할 염려가 있는 경우에 검사에게 신청하여 검사의 청구에 의하여 판사가 그를 증인으로 신문하는 진술증거의 수집과 보전을 위한 강제처분인 것이다.
❖ 참고인 조사는 임의수사에 불과하여 참고인에게 출석을 요구하여 진술을 들을 수 있으나 참고인은 출석과 진술의 의무는 없다.
❖ 범죄에 대하여 책임이 없는 제3자라 할지라도 국가형벌권의 신속·정확한 실현과 실체적 진실의 발견을 위하여 어느 정도까지는 희생을 하는 것이 바람직하다고 보며 일정한 범위에서 참고인이 수사기관에의 출석과 진술을 강제할 필요가 인정된다.
❖ 증인신문의 청구권자는 검사만 할 수 있고, 사법경찰관은 참고인이 출석요구에 출석 또는 진술을 거부한 때에 증인신문의 청구를 신청할 수 있다.
❖ 수사단계에서 중요 참고인이 출석 또는 진술거부를 하거나 나중에 공판단계에서 진술을 번복할 경우에 대비하여 이 제도를 마련한 것으로써 최근 이 제도의 활용가치가 점점 증가되고 있다.

○ 증인신문 후의 조치
❖ 증인 신문을 한 판사는 이에 관한 서류를 검사에게 송부하여야 한다.
❖ 증인 신문조서는 법관의 면전조사(面前調書)로서 당연히 증거능력이 인정된다.
❖ 이 경우 검사가 제출한 증거에 대한 증거조사가 필요한 것도 당연하다.

■ 피의자에 대한 조사

제71조(피의자에 대한 조사사항) 경찰관은 피의자를 신문하는 경우에는 다음 각 호의 사항에 유의하여 「경찰수사규칙」 제39조제1항의 피의자신문조서를 작성하여야 한다. 이 경우, 사건의 성격과 유형을 고려하였을 때, 범죄 사실 및 정상과 관련이 없는 불필요한 질문은 지양하여야 한다.

1. 성명, 연령, 생년월일, 주민등록번호, 등록기준지, 주거, 직업, 출생지, 피의자가 법인 또는 단체인 경우에는 명칭, 상호, 소재지, 대표자의 성명 및 주거, 설립목적, 기구
2. 구(舊)성명, 개명, 이명, 위명, 통칭 또는 별명
3. 전과의 유무(만약 있다면 그 죄명, 형명, 형기, 벌금 또는 과료의 금액, 형의 집행유예 선고의 유무, 범죄사실의 개요, 재판한 법원의 명칭과 연월일, 출소한 연월일 및 교도소명)
4. 형의 집행정지, 가석방, 사면에 의한 형의 감면이나 형의 소멸의 유무
5. 기소유예 또는 선고유예 등 처분을 받은 사실의 유무(만약 있다면 범죄사실의 개요, 처분한 검찰청 또는 법원의 명칭과 처분연월일)
6. 소년보호 처분을 받은 사실의 유무(만약 있다면 그 처분의 내용, 처분을 한 법원명과 처분연월일)
7. 현재 다른 경찰관서 그 밖의 수사기관에서 수사 중인 사건의 유무(만약 있다면 그 죄명, 범죄사실의 개요와 해당 수사기관의 명칭)
8. 현재 재판 진행 중인 사건의 유무(만약 있다면 그 죄명, 범죄사실의 개요, 기소 연월일과 해당 법원의 명칭)
9. 병역관계
10. 훈장, 기장, 포장, 연금의 유무
11. 자수 또는 자복하였을 때에는 그 동기와 경위
12. 피의자의 환경, 교육, 경력, 가족상황, 재산과 생활정도, 종교관계
13. 범죄의 동기와 원인, 목적, 성질, 일시장소, 방법, 범인의 상황, 결과, 범행 후의 행동
14. 피해자를 범죄대상으로 선정하게 된 동기
15. 피의자와 피해자의 친족관계 등으로 인한 죄의 성부, 형의 경중이 있는 사건에 대하여는 그 사항
16. 범인은닉죄, 증거인멸죄와 장물에 관한 죄의 피의자에 대하여는 본범과 친족 또는 동거 가족관계의 유무
17. 미성년자나 피성년후견인 또는 피한정후견인인 때에는 그 친권자 또는 후견인의 유무(만약 있다면 그 성명과 주거)
18. 피의자의 처벌로 인하여 그 가정에 미치는 영향
19. 피의자의 이익이 될 만한 사항
20. 제1호부터 제19호까지의 각 사항을 증명할 만한 자료
21. 피의자가 외국인인 경우에는 제216조 각 호의 사항

※ 경찰수사규칙
제39조(조서와 진술서) ① 사법경찰관리가 법 제244조제1항에 따라 피의자의 진술을 조서에 적는 경우에는 별지 제27호서식 또는 별지 제28호서식의 피의자신문조서에 따른다.

■ 피의자 아닌 사람에 대한 조사사항

제72조(피의자 아닌 사람에 대한 조사사항) 경찰관은 피의자 아닌 사람을 조사하는 경우에는 특별한 사정이 없는 한 다음 각 호의 사항에 유의하여 「경찰수사규칙」 제39조제2항의 진술조서를 작성하여야 한다.
1. 피해자의 피해상황
2. 범죄로 인하여 피해자 및 사회에 미치는 영향
3. 피해회복의 여부
4. 처벌희망의 여부
5. 피의자와의 관계
6. 그 밖의 수사상 필요한 사항

※ 경찰수사규칙
제39조(조서와 진술서) ② 사법경찰관리가 피의자가 아닌 사람의 진술을 조서에 적는 경우에는 별지 제29호서식 또는 별지 제30호서식의 진술조서에 따른다.

○ 진술을 임의로 행하여졌다는 것을 명백히 밝혀 둘 것
  ❖ 형식적 요건을 갖출 것
    진술거부권의 고지, 조서의 열람, 읽어 줌을 확실히 행하여야 하며 문자의 가제, 간인 등에서도 임의성을 의심받을 만한 일이 없도록 하여야 한다.
  ❖ 자백하기에 이른 경과를 명백히 밝힐 것
  ❖ 진술한 내용이 합리성을 잃지 않도록 문장의 표현에 주의할 것

○ 진술의 모순점을 명확히 규명할 것
  ❖ 자기 자신의 범행을 은폐하기 위하여 자신이 타인의 참고인으로 등장할 수도 있고 주요 참고인의 진술에 모순이 있어 다른 합리적 증거까지도 배척되는 경우가 있으므로 진술의 모순점이 발견되면 반드시 명확히 규명하여야 한다.

○ 진술의 진실성을 잃지 않도록 기록내용에 주의할 것
  ❖ 조서의 내용은 진술한 그대로를 자연스럽게 기재하여야 한다. 피의자에게 유리하고 불리한 것을 가리지 않고, 진술한 그대로를 기재한 조서는 자연스럽고 진실성의 판단에 한 기준이 된다.

○ 조서를 작성하는 목적과 초점을 확실하게 해 둘 것
  ❖ 범죄의 구성요건이 되는 사항이 구체적으로는 피의자의 행위에 어떻게 나타났는가를 생각하며 그 사실을 빠짐없이 조서에 기재하여야 한다.

○ 내용을 잘 정리하여 이해한 후 기재할 것
  ❖ 진술한 내용을 잘 정리하려면 조사할 때 상세히 비망록에 기재하여, 그것을 항목마다 정리해서 기재하는 것이 필요하다.
  ❖ 또한 진술한 내용은 다른 진술이나 수사 자료와도 잘 대조해서 그사이에 잘못이나 틀린 것이나 모순이 없는가를 잘 조사해서 기재하도록 하여야 한다.

■ 피의자신문조서 등 작성 시 주의사항

제73조(피의자신문조서 등 작성 시 주의사항) ① 경찰관은 피의자신문조서와 진술조서를 작성할 때에는 다음 각 호의 사항에 주의하여야 한다.
1. 형식에 흐르지 말고 추측이나 과장을 배제하며 범의 착수의 방법, 실행행위의 태양, 미수·기수의 구별, 공모사실 등 범죄 구성요건에 관한 사항에 대하여는 특히 명확히 기재할 것
2. 필요할 때에는 진술자의 진술 태도 등을 기입하여 진술의 내용뿐 아니라 진술 당시의 상황을 명백히 알 수 있도록 할 것
② 경찰관은 조사가 진행 중인 동안에는 수갑·포승 등을 해제하여야 한다. 다만, 자살, 자해, 도주, 폭행의 우려가 현저한 사람으로서 담당경찰관 및 유치인 보호주무자가 수갑·포승 등 사용이 반드시 필요하다고 인정한 사람에 대하여는 예외로 한다.

○ 피의자신문조서란
  ❖ 피의자신문이란 수사경찰이 범죄의 진상을 파악하기 위하여 피의자에게 질문을 하고 피의자의 대답을 듣는 수사방법으로써 그 진술을 기재한조사가 피의자 신문조서이다.
  ❖ 입건된 피의자에 반드시 피의자신문을 하여야 한다. 피의자는 범행실행 여부와 만약 범행을 하였다면 그 경위에 관하여 누구보다도 잘 알고 있기 때문이다.

○ 피의자신문조서의 증거능력
  ❖ 조서 등 서류가 증거능력을 갖추려면 그 내용인 진술(또는 그 작성)이 임의로 되었다는 것(진술의 임의성)이 증명되어야 한다.
  ❖ 수사경찰이 작성한 피의자 신문조서는 적법한 절차와 방식에 따라 작성된 것으로서 공판준비 또는 공판기일에 그 피의자였던 피고인 또는 변호인이

그 내용을 인정할 때에 한하여 증거로 할 수 있다.

❖ 검사가 작성한 피의자 신문조서는 피고인이 된 피의자의 진술을 기재한 조서는 적법한 절차와 방식에 따라 작성된 것으로서 피고인이 진술한 내용과 동일하게 기재되어 있음이 공판준비 또는 공판기일에서의 피고인의 진술에 의하여 인정되고, 그 조서에 기재된 진술이 특히 신빙할 수 있는 상태하에서 행하여졌음이 증명된 때에 한하여 증거로 할 수 있다.

❖ 검사가 작성한 피의자 신문조서와 조사경찰이 작성한 신문조서와의 증거능력상의 차이는 검사작성의 신문조서는 피의자 신문조서의 내용과 그 피의자가 공판정에서 진술한 진술내용이 다르더라도 그 신문조서가 특히 신빙할 수 있는 상태에서 이루어진 것인 때에는 증거능력을 인정받게 된다는 점이다.

○ 피의자 신문절차

❖ 사법경찰관이 피의자를 신문할 때에는 사법경찰관리를 참여하게 하여야 한다(형사소송법 제243조). 이와 같이 수사를 보조하는 자를 참여하게 하는 이유는 신문내용의 정확성과 신문분위기에 대한 신빙성을 뒷받침하기 위해서이다.

❖ 신문에 앞서 성명·연령·등록기준지·주거와 직업을 묻고 주민등록증을 제시받아 본인임을 확인하여야 하며 진술거부권이 있음을 고지하여야 한다.

❖ 진술거부권의 고지는 진술의 임의성을 증명하는 하나의 요소가 되며, 그 고지가 없는 신문조서는 증거능력(재판의 증거로 사용될 수 있는 법률적 자격을 말함. 증거능력이 인정될 경우에 한해서 과연 얼마만큼 믿을 수 있느냐, 즉 증명력을 따지게 되는 것임)이 인정되지 않는다. 실무상은 조서용지에 부동의 문자로 미리 인쇄가 되어 있다.

❖ 범죄사실과 정상에 관한 필요사항을 신문하고 피의자에게 이익되는 사실에 대한 진술의 기회도 주어야 한다(형사소송법 제242조). 수사에 대한 국민의 불만 중 많은 부분이 피의자에게 이익되는 진술을 할 기회를 주지 않거나 그 진술을 무시하는데 그 원인이 있음을 유의하여야 한다.

❖ 조사자의 질문과 피의자의 진술을 조서에 기재한 후 피의자에게 열람하게 하거나 그 내용을 읽어주어 잘못 기재하였다가 어떤 부분을 더 기재하여 달라고 할 때에는 그와 같은 요청의 취지를 조서에 기재하여야 한다. 실무에서는 자기가 그렇게 진술하지 않았으니 그 부분을 삭제해 달라고 요구하는 피의자가 있어 조사자와 이를 두고 다투는 경우가 생기는데 이러한 때에는 피의자의 요구취지를 말미에 기재하는 정도로 납득을 구하는 것이 좋을 것이다.

❖ 피의자가 잘못 기재된 것이 없다고 할 때에는 간인한 후 서명 또는 기명 날

인하게 한다. 피의자가 서명할 수 없을 때에는 그 취지를 기재한 후 대리하여 서명하고, 서명 날인을 거부할 때에는 서명 날인을 거부하기 때문에 서명날인이 없다는 취지를 기재한다.

❖ 신문도중 필요한 때에는 다른 피의자 또는 참고인과 대질하게 할 수 있다. 이때는 대질에 참여한 다른 피의자 또는 참고인에게도 그 진술부분을 열람하게 하거나 내용을 읽어주고 간인과 서명 날인을 받아야 한다.

○ 필요적 신문사항

❖ 피의자를 특정할 수 있는 사항(인정신문) 즉 등록기준지, 주소, 성명, 생년월일, 직업(군인인 경우에는 소속·계급·군번 등 병적을 확인할 수 있는 사항), 주민등록번호, 법인인 경우에는 법인명칭, 주사무소의 소재지 및 대표자의 성명, 외국인인 경우에는 국적, 입국연월일·입국목적·외교특권이 있는 자인지 또는 한미행법 적용대상자인지 여부 등을 확인하여야 한다.

❖ 범죄경력

❖ 학력·경력·병역관계·가족상황·재산정도·종교관계

❖ 범죄구성요건 사실에 관한 사항
  • 주체
  • 일시, 장소
  • 객체
  • 수단, 방법
  • 결과
  • 원인, 동기
  • 범행 후의 동태

❖ 정상관계

❖ 기타 필요한 사항

❖ 범죄의 위법성이나 책임을 조각하는 사유 또는 소송조건의 결여를 주장하는 진술이 있거나 그러한 의심이 있는 경우에는 그 점에 관하여 철저히 조사할 필요가 있다.

❖ 피의자에게 이익되는 사실을 진술할 기회를 주어야 하며(형사소송법 제242조), 피의자에게 유리한 내용도 충분히 조사함으로써 피의자가 수사기관에 의하여 불리한 처분을 받았다는 불만이 없도록 하여야 한다. 특히 피의자에게 유리한 진술을 받아둘 경우에는 그 조서의 신빙성이 더욱 높아지는 것이 보통이다.

○ 신문조서 작성자의 주의사항

❖ 조사자가 묻고 피의자가 대답한 내용을 모두 그대로 옮겨 기재하는 것이 아니고 그 취지를 기재하는 것이다. 불필요한 부분은 생략하고 복잡한 진술은 알기 쉽게 항목을 나누어 요약·정리하여 기재한다.

❖ 조서는 다른 수사서류와 마찬가지로 결국 재판관에게 보이기 위한 것이므로 조서 내용을 쉽게 알아볼 수 있도록 작성하여야 한다.
그러므로 평이한 문장으로 자연스럽게 간명하게 기재하고 글씨도 또박또박 알아보기 쉽게 써야 한다.

❖ 진술취지대로 기재해야 하고 피의자에게 유리한 내용도 기재하여 조서에 대한 공정성을 보여야 한다.

❖ 반드시 내용을 읽어보도록 한 뒤, 스스로 서명 날인을 하게 한다. 경찰송치 사건 중 많은 수에서 피의자나 참고인이 자신이 진술한 내용대로 기재되지 않았다든지, 조서에 무엇이라고 쓰였는지 알지도 못하고 억지로 서명날인하였다고 진정 호소하는 경우가 많음을 특히 유의하여야 한다.

○ 신문조서 작성방법
대략 3가지 방법을 생각할 수 있다.

❖ 매 항목마다 분리해서 하나의 질문과 답변이 끝나면 그때 그때 기재해 나가는 방법이다. 간단한 사건에 사용하기 좋다. 복잡한 사건에는 오히려 두서없는 작성이 되기 쉽고 조사가 중간 중간에 단절되는 단점이 있다.

❖ 일단 전부에 걸쳐 신문을 하면서 요점을 메모하였다가 메모를 토대로 다시 진술자에게 확인하면서 기재하는 방법이다. 대체로 무난한 방법이다.

❖ 처음부터 끝까지 조서에 기재할 만한 모든 진술의 요점을 명확하게 메모하였다가 그 메모에 의거하여 기재하는 방법이다. 가장 정확한 방법이나 시간이 많이 걸린다.

○ 신문조서의 일반적 작성요령

❖ 일상생활에 사용하는 쉬운 문구를 사용한다.
귀가·금품·도품·절취·강취·본인·상기장소·동인·타인·범행·검거·침입·손괴·구타 전시(前示)와 같은 말을 피해야 한다.

❖ 호칭은 "피의자"로 하고 경어체로 작성한다. 실제 수사시에는 상대방을 고려하여 "당신", "자네" 등의 용어로 묻더라도 조서에는 형사소송법상의 용어인 "피의자"로 나타내는 것이 좋다.
그러나 경어체로 작성한다고 해서 아주 나이 어린 미성년자에게 지나치게 경어를 상용하면 오히려 부자연스러우므로 적절히 조정할 필요가 있다.

❖ 6하원칙 또는 8하원칙에 따라 항목을 나누어 기재하는 것이 바람직하다. 언제, 어디서, 누구의 어떤 물건을 훔쳤나요 하는 식으로 한꺼번에 한 항목에 기재하는 것은 좋지 않다.

❖ 질문은 짧게, 대답은 길게 기재하는 것이 좋다. 질문이 길고 대답이 극히 짧다면 유도신문을 한 것 같은 느낌을 줄 우려가 있다.

[사례]

문) 피의자는 20○○년 12월 25일 20시에 반포 쇼핑센터에 진열된 운동화 10켤레 시가 50,000원 상당을 들고 도망간 일이 있는가요?

답) 네, 그러한 사실이 있습니다.

❖ 조서는 전후 모순없이 임의성이 있도록 자연스럽게 작성해야 한다.
  - 같은 조서의 전후 내용에 모순이 있거나 1회 조서와 그 이후의 조서 내용이 서로 모순될 경우에 법원에서는 "진술에 일관성이 없어서 진술전체를 믿기 어렵다"고 판시하는 예가 많다.
  - 그러나 범행의 상세한 부분은 1회 조서와 그 이후의 조서에 서로 차이가 있을 수 있고 처음에는 부인하다가 심경에 변화가 있거나 사정변경으로 자백하는 수도 있으므로 반드시 진술이 일치할 수만은 없고 경우에 따라서는 진술내용이 변화하는 것이 오히려 자연스러운 때도 있을 수 있다.
  - 다만 이와 같이 진술 내용에 변화가 있을 때에는 왜 그와 같은 변화가 있게 되었는가를 묻고 그에 대한 납득할 수 있는 대답이 조서에 기재되어야만 한다.

❖ 피조사자가 사용하는 특이한 말은 그대로 조서에 기재하는 것이 좋다.
  실제 사건에서 특정지역에서만 사용하는 방언을 그대로 조서에 적고 다시 그 뜻을 물어 ("……") 그 대답을 조서에 기재한다.

○ 신문조서의 구체적 작성요령

❖ 조서의 전문

다음 설명 중 화살표(→)앞 또는 글속의 ①②③④⑤ 및 ①②③ …의 번호는 뒤에 첨부한 서식(피의자 신문조서 : 범죄수사규칙 제13호 갑·을 서식)에 있는 번호를 가리킨다.

  - → 피의자 성명을 기재한다.
  - → 피의 사건명의 기재한다.
  - → 조서 작성년월일을 기재한다(작성시간까지 기재하는 것도 생각해 볼

과제이다)
- → 조서 작성장소를 기재한다.
- → 조서 작성자의 계급·성명을 기재한다.
- → 참여 경찰관의 계급·성명을 기재한다.

❖ 피의자를 특정하는 사항

피의자 신문조서의 머리에 피의자의 성명·연령·생년월일·주민등록번호·등록기준지·주거·직업을 기재한다.

이 부분에 대하여는 피의자의 진술거부권도 없는 것이므로 진술을 요구할 수 있다.

그러나 끝내 침묵하여 이를 알 수 없는 때는 성별·추정연령·인상·착의·체격·특징 기타 그 피의자를 특정할 수 있는 사항을 기재하여 대신한다.

- → 피의자 성명을 기재한다. 옆에 괄호에는 한자명을 기재한다. 구명·이명·별명 등은 성명 옆에 괄호하고 기입한다.

  피의자가 법인인 경우에는 등기부상 이름을 적고 괄호하고 대표이사 이름을 적는다.

  예 : 성명, 주식회사 천일(대표이사 엄복동)

- → 생년월일과 함께 연령은 만으로 기입한다.
- → 주민등록번호는 주민등록증을 확인하고 거기에 기록된 번호를 기재한다.
- → 등록기준지를 기록하되 전적한 경우에는 괄호하고 원등록 기준지도 기재하는 것이 좋다.
- → 현재의 주소 또는 거주지를 기재한다.
- → 조사 당시의 직업을 되도록 구체적으로 기재한다. 그리고 직업 다음에 괄호하고 당시의 신분을 "전 ○○○"라고 구체적으로 기입한다.

❖ 피의자의 신문

신문하기에 앞서 피의자에게 사건의 요지를 설명하고 반드시 진술거부권을 고지하여야 한다.

- → 전과란 과거에 범죄행위에 의하여 징역·금고·자격상실·자격정지·벌금 등의 형벌을 받은 것을 말한다.

  기타의 범행경력이란 이 전과 이외의 범죄경력을 총칭하는 것이다.

- → 이 전과의 유무는 본인의 범정을 아는데 참고가 되고 정상참작 자료가 되는 동시에 누범 가중 여하를 결정하는데 기준이 되는 것이므로 전과 기타 범죄경력을 물어 기재하되 지문을 채취하여 신속히 범죄경력조회를 하는 동시에, 등록기준지의 시·읍·면장에서 등록기준지조회를 하여 이를 확인하여야 한다. 기재요령을 좀 더 구체적으로 설

명하면 다음과 같다.

※ 형벌일 경우에는 최종심 선고시기·선고법원·죄명·형기 (또는 벌금액)·석방일 및 교도소·석방원인(만기·형집행정지·가석방·특사 등)·벌금의 납입여부 등을 자세히 적는다.

[사례 ①]
문) 피의자는 형사처벌을 받은 사실이 있는가요?
답) 네, 20○○. 11. 19. 서울형사지방법원에서 특수절도죄로 징역 8 월을 선고받아 서울구치소에서 복역하다가 20○○. 1. 20. 집행을 마치고 출소하였습니다.

※ 보호처분일 경우에는 처분법원·처분시기·죄명·처분명으로 기재한다.

[사례 ②]
문) 피의자는 형사처벌을 받은 사실이 있는가요?
답) 20○○. 3. 10. 수원지방법원에서 특정범죄가중처벌등에관한법률위반(상습절도)죄로 징역 3년, 보호감호 7년을 선고 받고 청송보호감호소에서 복역중, 20○○. 1. 30.경 사회보호위원회의 심사결정으로 가출소 한 사실이 있습니다.

[사례 ③]
문) 피의자는 형사처벌을 받은 사실이 있는가요?
답) 20○○. 7. 30. 서울지방검찰청에서 상해죄로 기소유예 처분을 받아 석방된 사실이 있고 20○○. 5. 30. 서울가정법원에서 같은 죄로 1호 처분을 받은 사실이 있습니다.

※ 기소된 상태일 경우에는 기소일·죄명을 기재한다.

[사례 ④]
문) 피의자는 형사처벌을 받은 사실이 있는가요?
답) 20○○. 7. 30. 서울지방법원 동부지원에 강간죄로 구속기소되어 현재 재판 중에 있습니다.

- → 피의자의 군별·입대연월일·제대당시의 계급 등을 표시하고 군에 입대하지 않은 경우는 그 사유와 역종 등을 기재한다.
- → 본인의 과거의 공적을 안다는 것은 정상참작이 되는 동시에 유죄로 확정될 경우에 그 처우에 참작되는 것이므로 그러한 생각을 가지고 기재하여야 한다. 피의자가 훈장·기장·포상 등을 받은 자인 때에는 그 종류·등급 등을 기재하고 연금을 받고 있는 경우에는 이를 받게 된 경위와 종류·금액 등을 기재한다.

- → 학력은 보통 최종의 것을 기재하면 되지만 전학한 경우, 중도 퇴학한 경우 또는 사건의 내용 등으로 봐서 재학한 모든 학교를 알아 둘 필요가 있는 때는 그 모든 학교명과 전·퇴학의 경위 등을 기재해 두어야 한다.
- → 경력은 출생으로부터 현재까지의 개요를 간략하게 기재한다.
- → 동거가족을 중심으로 하여 양친·배우자·자녀 등을 피의자와의 관계·성명·연령·직업의 순으로 기재한다.
- → 부동산·동산·저축 등의 개요와 부채 등의 채무관계를 명백히 하는 동시에 수입·지출의 상황을 청취하여 그 생활상태의 개황을 기재하되 특히 범죄의 원인이 그 생활상태 등과 밀접한 관계가 있는 경우에는 가능한 한 구체적으로 기재해야 한다.
- → 현재 피의자가 믿는 종교를 기재한다.
  기타 술·담배 등 기호품이나 특정사항도 범죄행위와 관련이 있는 것은 기재해두어야 한다.
- ❖ 구성요건 사실에 관한 사항
  - 주체
    → 반드시 공범관계를 확인한다.

[사례]
문) 피의자는 남의 물건을 가지고 간 사실이 있는가요?
답) 네, 그런 사실이 있습니다.
문) 혼자서 가져갔나요?
답) 친구 김갑동과 이름을 잘 모르는 김갑동의 친구 2명 모두 4명이 훔쳤습니다.

- → 일시·장소
  일시·장소에 따라 죄명과 적용법조가 달라지는 경우가 있고(야간주거침입절도와 절도) 일시는 공소시효의 기산, 누범기간의 계산을 위하여 특정시켜야 하며 장소는 법원, 수사기관의 관할과도 관계가 있다.
  예컨대, "20○○. 1. 중순 저녁에 동대문상가에서 훔쳤습니다."라고 기재하면 일몰 전인지, 일몰 후인지, 어느 점포에서인지, 점포 안인지, 밖인지 알 수 없다.
- → 객체
  재산과 관계된 것일 때는 종류·수량·가격을 물어 구체화 한다.

[사례]
문) 누구의 물건을 얼마나 가지고 갔는가요?
답) 잡히고 나서 물건 주인의 이름을 들었는데, 박병정이라는 사람의 것인 르까프
운동화 40켤레를 훔쳤습니다. 가게 주인의 말에 의하여 한 켤레 5,000원씩 모두
200,000원 어치 된다고 합니다.

- → 수단·방법
범행을 준비한 과정으로부터 범행에 사용한 물건, 범죄대상에의 접근 또
는 침범한 방법, 실행방법에 이르기까지 상세하게 신문하여야 한다.

[사례]
문) 어떤 방법으로 가지고 갔나요?
답) 그 전날 밤에 제 집에서 친구 3명이 놀러와 술을 먹고 이야기하던 중, 김갑동이
먼저 동대문상가의 신발가게에 들어가서 운동화를 훔쳐 팔자고 말을 꺼내어
전부 찬성을 하였습니다. 그 신발가게에 모두 같이 가서 김갑동과 갑동이의
친구 2명은 가게앞을 왔다갔다 하며 망을 보고 저는 준비해 간 드라이버로 잠긴
자물쇠를 비틀어 열고 점포내 창고에 들어갔습니다. 그 안에서 운동화 박스
1개를 들고 나와 밖에 기다리던 3명과 같이 갑동이의 집까지 제가
운반하였습니다.

- → 결과
피해상황·위험정도·기타 범행으로 인하여 파급된 효과 등을 명확히 하여야
한다.

[사례]
문) 피의자는 남을 때린 사실이 있는가요?
답) 친구 박삼돌과 말다툼을 하다가 화가 나서 주먹으로 그의 얼굴을 한 번 세게
때렸습니다.
문) 박삼돌에게 어느 정도 상처를 입혔는가요?
답) 때리고 나서 코피를 흘리는 것을 보았는데, 나중에 들어보니 병원에서 3주짜리
진단서를 끊었다고 하였습니다.
※ 실무상 "전치 3주의 상해를 입혔습니다."는 식의 기재가 많으나 일반
인의 진술로는 아주 부자연스러운 것이다.

- → 원인·동기
이는 정상참작에 필요할 뿐 아니라 피의자의 진술에 대한 신뢰성을 판단
할 수 있는 자료가 된다.

[사례]

문) 피의자는 왜 남의 물건을 가지고 갔나요?

답) 저의 처가 위궤양으로 석달째 입원을 하고 있는데 치료비가 없어 고민하다가 이런 짓을 하게 되었습니다.

• → 범행 후의 동태

범행으로 얻은 물건의 소비여부 또는 처분방법 등을 반드시 물어야 한다. 이는 그 진술에 따라 객관적인 보강증거를 수집함으로써 범행에 대한 확증을 얻어내기 위함이다.

[사례]

문) 피의자가 가지고 간 삼성미놀타 카메라 1대는 어떻게 하였는가?

답) 훔친 바로 다음 날 10시쯤 저의 집 근처 갑을 전당포에 3만원을 받고 전당 잡혔습니다. 전당표는 가지고 다니다가 이번에 압수되었습니다.

문) 종로 2가에 있는 삼성카메라 센터에서 팔려다가 센터 주인의 신고로 붙잡혀 이번에 압수되었습니다.

[사례]

문) 정갑동으로부터 받은 자기앞수표는 어떻게 하였나요?

답) 1,000,000원짜리 자기앞수표 1장을 받은 다음날 제일은행 광화문 지점에서 제 명의의 저축예금통장에 입금하였고, 100,000원짜리 자기앞수표 5장을 받은 즉시 같은 과의 김을병 계장을 제 사무실로 오라고 하여 직접 주었습니다.

※ 은행관계와 김을병을 수사하여 증거를 보강하게 된다.

❖ 범죄 후의 정황

• 피해변상 등을 조사하여야 한다.

[사례]

문) 피해변상은 하였는가?

답) 저의 어머니가 치료비로 500,000원을 주고 합의하였습니다.

❖ 소추요건 등에 관한 사항

• → 친족상도, 소유요건 소멸여부(친고죄반의사불벌죄)등도 조사하여야 한다.

[사례]

문) 피해자와 친족관계가 있는가요?

답) 피해자는 저의 외삼촌입니다.

또는

답) 아무런 관계가 없습니다.

※ 친족관계를 주장할 때에는 호적등본 등에 의하여 반드시 확인하여야 한다.

❖ 유일한 증거나 진술

피의자에게 유리한 내용도 충분히 조사하여 피의자가 수사기관에 의하여 불리한 처분을 받았다는 불만이 없도록 하여야 한다.

[사례]

문) 피의자에게 유리한 진술이 더 있는가요?

답) 피해자가 먼저 아무런 이유없이 저에게 욕을 하고 시비를 걸어오기 때문에 같이 때리고 싸웠던 것입니다. 피해자와 싸울 때 근처 삼일복덕방 할아버지가 말렸는데 그 분을 불러 당시의 경위를 물어 보아 주었으면 좋겠습니다.

❖ 특수한 경우 작성요령

• → 부인할 경우

부인할 경우에는 부인하는 내용의 진술을 조서에 그대로 기재한 다음 모순점을 추궁하거나 증거를 제시하여야 피의자가 굴복하여 자백하거나 횡설수설하는 내용을 생생하게 기재한다.

[사례]

문) 피의자는 택시사업 면허를 내주겠다는 명목으로 김갑돌로부터 돈을 받은 사실이 있는가요?

답) 평소 잘 아는 김갑돌로부터 그런 부탁을 받은 사실은 있으나 돈을 받은 사실은 없습니다.

이때 압수된 증 제10호 제일은행 서대문지점 발행 자기앞수표 300만원권 1장을 피의자에게 제시하고,

문) 이 수표를 알겠나요?

답) 전혀 처음 보는 것입니다.

문) 이 수표를 국민은행 충무로 지점에서 피의자의 구좌에 입금한 사실이 있는가요?

답) 저는 그런 사실이 없습니다. 아마도 저와 동업 관계에 있는 정을동이 사업상 판매대금을 입금시킨 것으로 봅니다.

문) 이 수표 뒷면에는 피의자의 이름과 주민등록번호가 적혀있는데도 부인하는가요?

답) ………………………………

이때 피의자는 수표 뒷면을 보고 고개를 떨구면서 대답이 없다.

문) 이 수표 뒷면에 적힌 피의자의 이름과 주민등록번호는 피의자의 필적인가요?

답) 제 필적이 맞습니다. 사실은 제가 김갑돌로부터 수표를 받아 국민은행 충무로 지점에 가서 뒷면에 이름과 주민등록번호를 적고 제 구좌에 입금하였습니다.

• → 증거물·현장도면 등을 제시할 경우

[사례]

문) 피의자는 이 물건을 알겠는가?

이때 압수된 증 제2호 파란색 비닐팩에 들어있는 히로뽕 1킬로그램을 피의자에게
　　제시한 바,

답) 제가 살 사람을 물색하기 위해 가지고 다니다가 마약감시반원에게 적발되어
　　압수된 히로뽕이 틀림없습니다.

- → 피해자 또는 참고인과 대질할 경우

[사례]

문) 피의자는 그날 밤에 김을동을 때린 사실이 있는가요?

답) 저는 김을동을 때리기는커녕 그날 밤에 그를 본 일조차 없습니다.

문) 김을동을 불러서 물어보아도 좋은가요?

답) 오히려 제가 만나보고 싶습니다.

이때 대기실에 대기중이던 김을동을 입실케 하고

문) 피의자는 이 김을동을 정말 본 일이 없는가요?

답) 기억이 없습니다.

이때, 김을동에게

문) 이름이 무엇인가요?

답) 김을동입니다.

문) 여기 있는 이 피의자를 알겠는가요?

답) 네, 12월 24일 밤에 맥주병으로 저를 때린 사람이 분명합니다.

문) 피의자 말에 의하면 진술인을 때리기는커녕 그날 밤에 본일도 없다고 하는데
　　그런가요?

답) 그날밤 이 사람이 제 옆자리에서 술을 먹다가 이유없이 저에게 시비를 걸며
　　맥주병으로 머리를 내리쳤는데 그 당시 술집 주인 김병정씨도 목격하였습니다.

이때 다시 피의자에게

문) 이 사람은 피의자로부터 맞은 것이 분명하다고 하는데 어떤가요?

답) 제가 그날 밤 옆사람과 시비를 하고 싸웠는데 이 사람인 줄 미처 몰랐습니다.
　　이 사람 말을 듣고보니 제가 이 사람을 때린 것이 기억납니다.

- → 피의자가 유리한 변소 자료를 제출하는 경우

[사례]

문) 더 이상 유리한 말이 있는가요?

답) 제가 고소인에게 돈을 받은 것이 있다는 것을 증명하기 위해 공정증서 사본을

제출하겠으니 참고해 주시기 바랍니다.

이때 본직은 피의자가 임의 제출하는 공정증서 사본 1장을 교부받아 그 내용을 살펴본 다음 이 조서 뒤에 편철한다.

• → 수법이 같은 다수범행에 대하여 신문할 경우

모든 범행에 대해 일일이 신문하고 답변을 기재하는 것은 번거롭고 알아보기에도 힘드므로 한 두가지의 대표적 사실에 대하여만 기재하고 나머지 사실은 일람표를 작성케 하는 것이 좋다.

[사례]

문) 피의자는 그 외에 또 남의 물건을 가지고 간 사실이 있는가요?

답) 네, 지금까지 말한 것과 같은 방법으로 6번을 더 훔쳤습니다.

문) 그렇다면 그 내용을 일시·장소·가지고 간 물건별로 일람표를 작성할 수 있나요?

답) 네, 지금 그것을 작성하여 제출하겠습니다.

이때 피의자 자신이 자필로 작성하여 제출하는 범죄일람표 1장을 교부받아 이 조서 뒤에 첨부한다.

• → 피의자의 진술을 조서에 기재한 뒤 반드시 피의자에게 읽어보게 하거나 들려준 뒤 피의자가 틀린 부분이 있다고 주장하는 것은 그대로 고쳐주어야 한다. "말의 표현방법이 조금 다르지만 그 말이 그 말 아니냐"하는 식으로 묵살해서는 아니 된다.

[사례]

문) 더 이상 할 말이 있는가요??

답) 여기 조서 셋째 페이지에 제가 먼저 영수증을 조작하자고 한 것으로 기재되어 있는데 지금 생각해 보니 정을갑이 그 말을 먼저 꺼내었던 것이 분명합니다.

또는

답) 제가 먼저 영수증을 조작한 것처럼 기재가 되어 있는데 이것은 사실과 다릅니다. 분명히 정을갑이 그 말을 꺼낸 것으로 진술하였으니 그렇게 고쳐 주십시오.

❖ 조서의 정정

• 조서를 정정할 때에는 원칙적으로 작성자의 날인만으로 족하다.

사법경찰관의 조서에는 조서를 작성한 사법경찰관의 날인만으로 정정한다.

• 글자를 삭제할 때에는 삭제하는 줄의 좌측 난 밖에 "몇자삭제"라고 기재하고 삭제할 곳에 두 줄을 긋고 날인하되 삭제된 글자를 알아볼 수 있게 두어야 한다.

- 글자를 추가할 때에는 좌측 난 밖에 "○자"라고 기재 하고 추가한 곳에 날인 하면, 삭제와 추가를 동시에 하였을 때에는 "몇자삭제, 몇자추가"라고 기재 한다.
- 조서의 끝에는 사선을 긋고 조서를 작성한 사람이 날인한다.

❖ 조서말미의 기재
  - 진술자의 서명·날인
    - 일반적인 경우

      진술조서 등의 기재를 마쳤을 때에는 이것을 진술자에게 열람 또는 읽어 주어서 오기나 증감·변경할 것이 없는가를 확인한 뒤에 진술자의 서명·날(기명날인)인을 받은 다음, 작성년월일·작성자의 소속관서와 계급을 기재하고 서명·날인·간인해서 완성하는 것이 원칙이다.

[조서말미 작성례]

위의 조서를 진술자에게 열람하게 하였던 바(읽어준 바) 진술한대로 오기나 증감·변경할 것이 전혀 없다고 말하므로 간인한 후 서명(기명날인)하게 한다.

진술자 ○ ○ ○ ㊞

년　월　일

○ ○ 경 찰 서

사법경찰관 경위 ○ ○ ○　㊞

사법경찰리 순경 ○ ○ ○　㊞

    - 진술자가 서명 불능한 경우

      진술자가 무직자라든가 질병·증상 등으로 서명할 수 없을 때에는 말미에 그 사유를 기재하여야 한다.

[조서말미 작성례]
  - 무식자인 경우

    위의 조서를 진술인에게 읽어준 바 진술한 대로 오기나 증감·변경할 것이 전혀 없다고 말하였으나, 무식하여 서명불능하므로 본직이 대서 기명하고 간인한 후 기명날인 또는 서명하게 하다.

  - 질병·증상 등의 경우

    위의 조서를 진술인에게 읽어준 바 진술한 대로 오기나 증감·변경할 것이 전혀 없다고 말하였으나, 증상(질병)으로 서명불능하므로 본인의 의뢰에 따라 본직이 대서 기명하고, 간인한 후 기명날인 또는 서명하게 하다.

❖ 진술자가 기명날인 또는 서명을 거절한 경우

작성한 조서에 진술자가 기명날인 또는 서명을 거절하는 경우도 조서말미에 그 사유를 기재하여 그 조서를 종결해야 한다.

❖ 참여인을 둔 경우

소년이나 질병·중상자 등을 조사할 때에는 대개 참여인을 두는 데 이 경우에는 진술조서의 전문에 "친부 김○○을 참여하게 하고"라고 기재하여 그 뜻을 명확히 하는 외에 조서의 말미에도 그 사유를 기재하여야 하며 통역인을 두었을 때에도 마찬가지이다.

[조서말미 작성례]

① 참여인을 둔 경우

위의 조서를 장○○을 참여하게 하고 진술자에게 읽어준 바 진술한대로 오기나 증감·변경할 것이 전혀 없다고 말하므로 간인한 후 서명 날(기명날인)인하게 하다.

② 통역인을 두었을 경우

통역인을 통하여 진술자에게 읽어준 바 진술한대로 오기나 증감·변경할 것이 전혀 없다고 말하므로, 통역인과 같이 간인한 후 기명날인 또는 서명하게 한다.

❖ 증감·변경의 청구가 있는 경우

작성한 조서를 진술자에게 열람 또는 읽어준 바, 진술자가 그 내용에 틀린 것이 있다든가, 추가하여 진술하는 것과 같은 경우가 이른바 증감·변경의 청구이다.

증감·변경의 청구가 있는 경우에는 그 진술을 조서에 기재해 두어야 한다(형사소송법 제244조 제2항).

[조서말미 작성례]

① 증가의 청구가 있는 경우

위의 조서를 진술자에게 열람하게 하였던 바(읽어준 바), 증가의 청구가 있었으므로 그 진술을 '추록'과 같이 기재하였던 바(또는 "제○항의 제○행 중, 내가 때렸습니다의 앞에 상대방 남자가 때리려고 달려들기 때문에를 삽입하고 싶다는 청구가 있었으므로 그와 같이 삽입하였던바,") 진술한대로 오기나 증감·변경할 것이 전혀 없다고 말하므로, 간인한 후 서명 날(기명날인)인하게 하다.

② 삭제의 청구가 있는 경우

위의 조서를 진술자에게 읽어준 바, 삭제의 청구가 있었으므로 그 진술을

'정정의 청구(삭제의 청구)'와 같이 기재하였던 바(또는 "제○항 중 이 놈의 자식이라고 기재되어 있는 부분을 삭제하였던 바), 진술한대로 오기나 증감·변경할 것이 전혀 없다고 말하므로, 간인한 후 서명·날(기명날인)인하게 하다.

③ 변경의 청구가 있는 경우

위의 조서를 진술자에게 열람하게 하였던 바, 변경의 청구가 있었으므로 그 진술을 '정정(변경)의 청구'와 같이 기재하였던 바(또는 "나의 이웃 생선집에 뛰어 들었습니다. 라고 되어 있는 것을 건너편 담배집에 들어갔습니다. 라고 변경하도록 청구가 있었으므로 그 부분을 변경기재 하였던 바"), 진술한대로 오기나 증감·변경할 것이 전혀 없다고 말하므로, 간인한 후 서명·날(기명날인)인하게 하다.

❖ 작성년월일·작성자의 소속·계급·서명·날인·간인등 조서작성 후, 조서의 작성자는 진술하는 진술자의 서명·날인 다음에 조서의 작성년월일과 자기의 소속·계급을 기재하고 서명·날인하는 동시에 매엽에 간인하여야 한다.

❖ 특수한 사항의 기재례

• 증거물의 수리 또는 제시한 경우

증거물을 반드시 피의자·참고인에게 제시하고, 설명시켜서 조서상에 이것을 명확하게 기재해 두지 않으면 안 된다. 일반적으로 증거물을 제시하는 시기는 피의자가 자백한 뒤에 피의자로부터 그 모양·특징·수량 등을 상세히 청취하여 그 증거물과 일치하는가 어떤가를 확인한 뒤에 제시하는 것이 원칙이다.

• 진단서를 수리 또는 제시한 경우

상해사건 등에서는 피해자가 제출한 진단서를 수리하여, 이것을 진술조서에 나타나는 경우와 그 진단서를 피의자에게 제시하는 경우가 있다. 진단서는 주로 피해자(참고인)로부터 제출되는 것이므로, 단지 조서의 끝에 첨부하는 것만으로써 충분하며, 물론 조서나 진단서의 사이에 간인을 해서는 안 된다. 그리고 진단서를 첨부하는 경우, 상해의 부위·정도 등이 진단서의 범인의 진술과 부합되지 않으면 안 된다.

• 도면의 첨부

도면을 작성한 경우에는 그 뜻을 조서에 기재하고 조서 끝에 첨부하여 조서와 간인해야 한다. 또한 도면자체에도 작성자로 하여금 작성년월일을 기재하고, 서명·날(기명날인)인하게 하는 것을 잊어서는 안 된다.

■ 진술서 등 접수

제74조(진술서 등 접수) ① 경찰관은 피의자와 그 밖의 관계자로부터 수기, 자술서, 경위서 등의 서류를 제출받는 경우에도 필요한 때에는 피의자신문조서 또는 진술조서를 작성하여야 한다.
② 경찰관은 「경찰수사규칙」 제39조제3항에 따라 진술인이 진술서로 작성하여 제출하게 하는 경우에는 되도록 진술인이 자필로 작성하도록 하고 경찰관이 대신 쓰지 않도록 하여야 한다.

※ 경찰수사규칙
제39조(조서와 진술서) ① 사법경찰관리가 법 제244조제1항에 따라 피의자의 진술을 조서에 적는 경우에는 별지 제27호서식 또는 별지 제28호서식의 피의자신문조서에 따른다.
② 사법경찰관리가 피의자가 아닌 사람의 진술을 조서에 적는 경우에는 별지 제29호서식 또는 별지 제30호서식의 진술조서에 따른다.
③ 사법경찰관리는 피의자 또는 피의자가 아닌 사람의 진술을 듣는 경우 진술 사항이 복잡하거나 진술인이 서면진술을 원하면 진술서를 작성하여 제출하게 할 수 있다.
④ 피의자신문조서와 진술조서에는 진술자로 하여금 간인(間印)한 후 기명날인 또는 서명하게 한다.

※ 형사소송법
제313조(진술서등) ① 전2조의 규정 이외에 피고인 또는 피고인이 아닌 자가 작성한 진술서나 그 진술을 기재한 서류로서 그 작성자 또는 진술자의 자필이거나 그 서명 또는 날인이 있는 것(피고인 또는 피고인 아닌 자가 작성하였거나 진술한 내용이 포함된 문자·사진·영상 등의 정보로서 컴퓨터용디스크, 그 밖에 이와 비슷한 정보저장매체에 저장된 것을 포함한다. 이하 이 조에서 같다)은 공판준비나 공판기일에서의 그 작성자 또는 진술자의 진술에 의하여 그 성립의 진정함이 증명된 때에는 증거로 할 수 있다. 단, 피고인의 진술을 기재한 서류는 공판준비 또는 공판기일에서의 그 작성자의 진술에 의하여 그 성립의 진정함이 증명되고 그 진술이 특히 신빙할 수 있는 상태하에서 행하여 진 때에 한하여 피고인의 공판준비 또는 공판기일에서의 진술에 불구하고 증거로 할 수 있다.
② 제1항 본문에도 불구하고 진술서의 작성자가 공판준비나 공판기일에서 그 성립의 진정을 부인하는 경우에는 과학적 분석결과에 기초한 디지털포렌식 자료, 감정 등 객관적 방법으로 성립의 진정함이 증명되는 때에는 증거로 할 수 있다. 다만, 피고인 아닌 자가 작성한 진술서는 피고인 또는 변호인이 공판준비 또는 공판기일에 그 기재 내용에 관하여 작성자를 신문할 수 있었을 것을 요한다.

○ 진술주체
  ❖ 진술주체는 수사관이외의 자이다. 그러나 수사관 자신도 그가 체험한 사실을 진술할 때에는 진술주체가 된다.

○ 작성시 유의사항
  ❖ 작성자 본인이 작성함을 원칙으로 하고 본인의 무학 또는 자필로 작성할 수 없는 사유가 있을 경우에는 그런 내용을 말미에 기록한 후 대리 작성할 수 있다.
  ❖ 고소인이나 피의자 또는 참고인이 진술조서 또는 신문조서를 내용중 미비점이

있다면서 보충을 요구할 경우 간단한 것은 바로 삽입하면 되지만 그 요구사항이 많을 경우에는 진술서를 작성 제출하도록 하여 이를 서류에 첨부하는 것도 민원인을 위해 바람직한 방법이 될 수 있다.

◾ 수사과정의 기록

제75조(수사과정의 기록) 경찰관은 조사과정에서 수갑·포승 등을 사용한 경우, 그 사유와 사용 시간을 기록하여야 한다.

※ 경찰수사규칙
제40조(수사과정의 기록) 사법경찰관리는 수사준칙 제26조제1항에 따라 조사 과정의 진행경과를 별도의 서면에 기록하는 경우에는 별지 제31호서식 또는 별지 제32호서식의 수사 과정 확인서에 따른다.

※ 검사와 사법경찰관의 상호협력과 일반적 수사준칙에 관한 규정
제26조(수사과정의 기록) ① 검사 또는 사법경찰관은 법 제244조의4에 따라 조사(신문, 면담 등 명칭을 불문한다. 이하 이 조에서 같다) 과정의 진행경과를 다음 각 호의 구분에 따른 방법으로 기록해야 한다.
 1. 조서를 작성하는 경우: 조서에 기록(별도의 서면에 기록한 후 조서의 끝부분에 편철하는 것을 포함한다)
 2. 조서를 작성하지 않는 경우: 별도의 서면에 기록한 후 수사기록에 편철
② 제1항에 따라 조사과정의 진행경과를 기록할 때에는 다음 각 호의 구분에 따른 사항을 구체적으로 적어야 한다.
 1. 조서를 작성하는 경우에는 다음 각 목의 사항
  가. 조사 대상자가 조사장소에 도착한 시각
  나. 조사의 시작 및 종료 시각
  다. 조사 대상자가 조사장소에 도착한 시각과 조사를 시작한 시각에 상당한 시간적 차이가 있는 경우에는 그 이유
  라. 조사가 중단되었다가 재개된 경우에는 그 이유와 중단 시각 및 재개 시각
 2. 조서를 작성하지 않는 경우에는 다음 각 목의 사항
  가. 조사 대상자가 조사장소에 도착한 시각
  나. 조사 대상자가 조사장소를 떠난 시각
  다. 조서를 작성하지 않는 이유
  라. 조사 외에 실시한 활동
  마. 변호인 참여 여부

※ 형사소송법

제244조의4(수사과정의 기록) ① 검사 또는 사법경찰관은 피의자가 조사장소에 도착한 시각, 조사를 시작하고 마친 시각, 그 밖에 조사과정의 진행경과를 확인하기 위하여 필요한 사항을 피의자신문조서에 기록하거나 별도의 서면에 기록한 후 수사기록에 편철하여야 한다.
② 제244조제2항 및 제3항은 제1항의 조서 또는 서면에 관하여 준용한다.
③ 제1항 및 제2항은 피의자가 아닌 자를 조사하는 경우에 준용한다.

○ 실무상 유의사항
  ❖ 수사과정확인서를 신설, 피의자 또는 피의자 아닌 자에 대하여 조사장소 도착시각, 조사 시작 시각 및 종료 시각, 도착 시각과 조사 시작 시각이 차이가 있는 경우 구체적 이유, 조사가 중단되었다 재개된 경우 그 이유와 중단·재개 시각 등을 구체적으로 기재한다.
  ❖ 수사과정확인서를 열람하게 하거나 읽어준 후 피조사자가 증감·변경 등 이의제기를 하거나 의견을 진술할 경우 추가 기재하여야 하며, 수사과정확인서의 기재사항에 대해 이의나 의견이 없는 경우에는 그 취지를 확인자 자필로 기재하게 하고 기명날인 또는 서명토록한다.
  ※ 수사과정 확인서가 2페이지 이상인 경우 확인자·작성자 간인 필요
  ❖ 수사과정확인서는 조서의 말미에 편철하여 함께 간인함으로써 조서의 일부로 하거나, 별도의 서면으로 기록에 편철한다.
  ❖ 대질신문 등에 있어 진술자마다 작성해야 하는지에 대해 논란이 있으나 수사과정 투명화를 위해 제도를 도입한 입법취지에 입각하여 조서에 진술자로서 서명 또는 기명날인하는 모든 진술자에 대해 작성한다.
  • 대질신문자 등 조사대상이 된 모든 진술자에 대해 작성
  ❖ 여러명의 진술자에 대해서는 절차 및 확인 편의를 위해 진술자별로 작성한다.
  • 1회 조사에 수명이 진술한 경우 진술자별로 작성
  ❖ 구속된 상태에서 수회의 조사가 이루어지는 경우 1회만 포괄적으로 작성할지 수회 마다 별도 작성할지 논란이 있으나 시간적·장소적 연속성이 인정되는 개별 조사시마다 별도 작성하여 조서말미에 첨부함으로써 조서의 일부로 함이 타당하다.
  • 시간적·장소적 연속성이 인정되는 개별 조사시마다 작성
  ❖ 유치장에 유치된 피의자를 조사하는 경우 조사장소 도착시각을 수사관서 도착시각으로 할지, 유치장에서 나와 수사사무실 입실시간으로 할지 논란이 있으나 개별 조사 시마다 작성하는 취지에 입각 수사사무실 입실시간으로 기재. 다만, 입법취지를 고려 수사사무실이나 유치장 등 조사대기 정황을 알 수 없는 제3의 장소에 체류하는 경우 해당사항을 확인서에 기재해야 한다.
  • 구속·유치 수사시 도착시각을 조사를 위한 입실시간으로 기재

수사 과정 확인서

구 분	내 용
1. 조사 장소 도착 시각	
2. 조사 시작 시각 및 종료 시각	☐ 시작시각 : ☐ 종료시각 :
3. 조서 열람 시작 시각 및 종료 시각	☐ 시작시각 : ☐ 종료시각 :
4. 기타 조사과정 진행경과 확 인에 필요한 사항	

5. 조사과정 기재사항에
  대한 이의제기나 의견
  진술 여부 및 그 내용	

20○○ . ○ . ○ .

사법경찰관 경감 정 삽 수 는(은) 홍 길 동 를(을) 조사한 후, 위와 같은 사항에 대

해 홍길동 로(으로)부터 확인받음

확 인 자 : 홍 길 동   (인)

사법경찰관 : 정 삽 수   (인)

수 사 과 정 확 인 서 (조서미작성)

대상자	성 명		사 건 관 련 신 분	
	주 민 등 록 번 호		전 화 번 호	
	주 소			

구 분	내 용
1. 조사 장소 도착시각	
2. 조사 장소를 떠난 시각	
3. 조서 미작성 이유	
4. 조사 외 실시한 활동	
5. 참여 변호인	
6. 조사과정 기재사항에 대한 　 이의제기나 의견진술 여부 및 그 　 내용	

20○○.○.○.

사법경찰관 경감 정 상 수 는(은) 홍 길 동 를(을) 조사한 후, 위와 같은 사항에 대해

홍길동 로(으로)부터 확인받음

확 인 자 : 홍 길 동   (인)

사법경찰관 : 정 상 수   (인)

▣ 실황조사

제76조(피의자의 진술에 따른 실황조사) 경찰관은 피의자의 진술에 의하여 흉기, 장물 그 밖의 증거자료를 발견하였을 경우에 증명력 확보를 위하여 필요할 때에는 실황조사를 하여 그 발견의 상황을 실황조사서에 정확히 작성해야 한다.

※ 형사소송법
제41조(실황조사) ① 사법경찰관리는 범죄의 현장 또는 그 밖의 장소에서 피의사실을 확인하거나 증거물의 증명력을 확보하기 위해 필요한 경우 실황조사를 할 수 있다.
② 사법경찰관리는 실황조사를 하는 경우에는 거주자, 관리자 그 밖의 관계자 등을 참여하게 할 수 있다.
③ 사법경찰관리는 실황조사를 한 경우에는 별지 제33호서식의 실황조사서에 조사 내용을 상세하게 적고, 현장도면이나 사진이 있으면 이를 실황조사서에 첨부해야 한다.

○ 진술에 의한 실황조사서 작성
  ❖ 피의자의 조사를 행하였는데 범행을 자백하였고 범행에 사용한 흉기는 자택의 마루 밑에 묻었다는 것, 피의자에게서 탈취한 장물은 자택의 벽장 속에 은닉해 두었다는 것을 진술했다고 한다면 두말할 것도 없이 즉시 그 진술을 뒷받침하기 위한 수사가 행하여지게 된다.
  ❖ 가택수색의 결과 피의자가 진술한대로의 증거물을 발견한 경우에 있어서는 그 물건이 확실히 그 장소에서 발견된 것임을 명백히 하는 것은 물론 경우에 따라서는 "그 흉기는 신문지로 싸서 약 80cm의 깊이로 동서에 향해서 묻어져 있었던 것이다"라고 구체적인 상황을 명백히 하기 위한 실황조사서를 작성해 두는 것이 또한 필요하다.
  ❖ 압수조서나 수색조서 등에 대하여는 검증조서나 실황조사서와 같은 증거능력은 부여되어 있지 않기 때문이다. 발견된 물건 자체에 증거능력이 있는 것은 물론이지만, 그 증명력을 높이기 위해서는 앞에서와 같은 조치가 필요하게 되는 것이다. 그리고 본조의 규정은 "검증"을 하는 경우에도 준용한다.

제77조(실황조사 기재) ① 경찰관은 피의자, 피해자, 참고인 등의 진술을 실황조사서에 작성할 필요가 있는 경우에는 「형사소송법」 제199조 및 제244조에 따라야 한다.
② 경찰관은 제1항의 경우에 피의자의 진술에 관하여는 미리 피의자에게 제64조에 따른 진술거부권 등을 고지하고 이를 조서에 명백히 작성하여야 한다.

○ 실황조사란
  ❖ 장소 또는 물건의 존재·형태 또는 움직임을 오관의 작용으로 직접 경험하는

것을 말하며 실무상 검증과 내용에 있어서는 다를 바가 없으나 다만 강제력이 따르지 않는 것이 다를 뿐이다.

❖ 대표적 예가 교통사고의 현장조사로서 특수한 경우 이외의 대부분의 현장상황 파악은 실황조사를 통하여 하게 된다.

○ 실황조사란
  ❖ 범죄는 발견되었으나 범인이 불명일 경우 범인 및 증거를 발견하기 위하여
  ❖ 범인은 판명되었으나 미체포할 경우 범인의 도주경로를 명백히 하고 범죄의 증명자료를 얻기 위하여
  ❖ 범인은 검거되었으나 범행을 부인하는 경우 범죄사실을 입증하는 자료로 삼기 위하여,
  ❖ 범인이 자백하였을 경우 그 진위를 명백히 하는 자료로 사용하기 위하여 실시한다.

○ 관계자 참여를 요하는 경우
  ❖ 실황조사를 함에 있어서 그 거주자·관리자 기타 관계자의 참여를 필요로 하는 것은 두가지 이유(의미)가 있다. 즉,
    • 관계자의 증명을 들으면서 실황을 조사할 수 있어 사실을 조사하는데 유효하고 편리한 것
    • 임의의 승낙에 의거하는 것인 이상, 관계자의 참여를 얻어서 그의 승낙할 수 있는 범위를 명확히 하여 어디까지나 임의의 처분에 그치는 것임을 명백히 하는데 필요한 것이다.
  ❖ 앞의 이유(의미)에서는 제2항의 규정에 해당하지 않는 장소에서 실황조사를 행할 경우에도 참여를 얻을 것이 요망된다. 그리고 신체에 대한 실황조사는 임의의 신체검사로서의 성질을 가지는 것이므로 이를 행함에 있어서는 특히 신중을 기하지 않으면 아니 된다.

○ 검증과 실황조사의 관계
  ❖ 검증과 실황조사와는 강제의 형식을 취하느냐, 임의의 형식을 취하느냐의 상의가 있을 뿐이고, 이를 행한 결과에 대해서의 법률상의 차이는 없다.
    즉, 검증의 결과를 기재한 검증조사와 실황조사의 결과를 기재한 실황조사서는 그 본질에 있어서와 법률상의 효과(증거능력)는 꼭 같은 것이다.
  ❖ 예컨대, 임의수사인 임의제출물의 압수에 의하여 압수된 증거물과 강제수색·압수에 의하여 압수된 증거물의 사이에 법률상의 효과에 아무런 구별이 없

는 것과 마찬가지이다

❖ 실황조사서는 형사소송법 제312조 제1항의 "검증과 결과를 기재한 조서"에 해당한다. 따라서 원진술자(조서의 작성자)가 공판정에서 증인으로서 신문을 받고, 그의 진정하게 작성되었다는 것을 진술하여 그 성립의 진정함이 인정된 때에는 증거로 할 수 있다.

○ 실황조사서 작성의 주의사항

❖ 실황조사서는 매우 복잡한 사항을 기재하지 않으면 안되는 경우가 많으므로, 특히 다음의 점에 주의하여 작성하지 않으면 아니 된다. 다음의 점은 실황조사서에 한정하지 않고 일반조서의 작성에 있어서도 주의해야 할 것이다.

- 간명하게 기재할 것
- 사실에 입각하여 객관적으로 기재할 것
- 작위를 가하지 말 것
- 타인에게 열람시키는 것임에 유의하여, 친절히 알기쉽게 기재할 것

❖ 실황조사는 전조 해설 중에 기술한 바와 같이 5관의 작용에 의해서 직접 사물에 대하여 실험·인식하는 처분이고, 5관의 작용에 의하여 지각한 것을, 일반적 개념이나 경험법칙에 비추어 판단하는 것은 당연하지만, 그것 이상으로 수사용원의 추측을 첨가해서는 아니 된다.

○ 실황조사의 "경위 및 결과"란 작성요령

❖ 실황조사서 중 특히 "실황조사의 경위 및 결과"란의 기재에는 주의를 요한다. 실황조사의 방법이 조직적이고 질서정연하면 자연히 그 경위 및 그 기재도 요령있게 표현될 것이다. 동난에는 대개 다음 사항을 항목별로 기재하면 좋을 것으로 생각된다.

- 실황조사의 조건
- 현장의 위치
- 현장 및 그 부근의 상황
- 현장의 모양
- 피해상황
- 증거자료
- 참여인의 지시 설명
- 도면 및 사진

  각 항목 중의 기재에 있어서도 전체로부터 일부분으로 전반적으로부터 개

별적으로 외부로부터 내부로, 상태로부터 변태로, 동종으로부터 이종으로의 순서에 따라 기재하면 이해하기 쉬울 것이다.

○ 실황조사(검증)와 증거능력 관계
　❖ 검증 또는 실황조사는 범죄에 관계있는 장소·시내 또는 물건에 대하여 5관의 작용에 의해서 직접 사실을 실험·인식하는 수사병법(처분)이므로, 사람의 진술에 의하여 사실을 조사하는 수사방법과는 대조적인 것이라고 할 수 있다.
　❖ 검증 또는 실황조사의 결과를 기재한 서면과 조사함에 있어서 피의자 기타 참고인의 진술을 기재한 서면과는 본래 별개의 것이며 형사소송법상의 증거능력도 또한 다른 것이다. 즉, 검증조서 또는 실황조사서에 관하여는 형사소송법 제312조 제1항의 적용이 있음에 반하여 피의자의 진술을 기재한 피의자신문조서에 관하여는 동법 제312조 제2항이 참고인의 진술을 기재한 이른바 진술조서에 관하여는 동법 제313조 제1항이 각각 적용되는 외에 동법 제314조가 각각 적용되는 것이다.

○ 관계자의 "지시설명"관련 문제
　❖ 피의자·피해자 기타 관계자에 대하여 설명을 요구한 경우에 있어서는 그의 설명의 범위 내에서는 검증조서 또는 실황조사서 그것으로 해서 이를 기재할 수가 있으므로, 그 서면 전부에 관하여 형사소송법 제312조 제1항의 적용이 있다.
　　• 피의자·피해자 기타 관계자의 지시설명의 범위를 넘은 진술에 관하여는 원칙적으로 이것을 검증조서 또는 실황조사서에 기재할 성질의 것이 아니다.
　　• 특별히 필요가 있어서 그것을 동일한 서면(조서)에 기재했다 하더라도 그 진술을 기재한 부분만은 검증조서 또는 실황조사서로서의 취급을 받지 않고, 피의자 신문조서 또는 참고인의 진술조서로서의 취급을 받는다(형사소송법 제317조 참조).
　　• 따라서 그 부분에 대하여는 피의자신문조서 또는 참고인의 진술조서로서의 필요한 형사소송법상의 요건이 전부 구비되어 있지 않으면 형사소송법 제312조 제2항 또는 동법 제313조 제1항·제314조와 제317조의 적용상 지장이 생기게 된다.
　❖ 검증 또는 실황조사는 범행 후 상당한 시일이 경과한 뒤에 행하는 것이 상례이므로 관계자의 설명을 구할 필요가 있는 경우가 많다. 관계자의 설명을 구하는 것 자체는 무엇을 듣더라도 좋고 오히려 될 수 있는대로 상세히 들

어 두어야 하겠지만 그것은 실황조사(검증)시에 있어서의 조사이며 조사와 실황조사(검증) 그것과 혼동해서는 안 된다. 실황조사(검증)의 일부로 되고 실황조사서(검증조서)의 속에도 유효하게 기재할 수 있는 것은 관계자의 지시설명에 한다.

❖ "지시설명"이라 함은 문자 그대로 "손가락으로 가리키며 설명(진술)하는 것"이다.

- 예컨대, 창문을 가리키며 "범인이 도망할 때 이 문으로 나갔습니다"라든지 방화사건의 현장에서 "이 콘크리트 바닥 부분이 우리집의 부엌이었던 장소입니다"라든지, "여기가 주방의 난로장치가 있었던 위치이고, 이것이 타다 남은 주춧돌입니다"라고 말함과 같이 구체적인 장소 또는 물건을 지시하며 행하는 설명의 범위 내에 한하는 것이며 그에 의해서 실황조사(검증)를 하고 있는 수사관은 지시한 개소와 범죄와의 관련을 알 수 있어, 정확한 관찰을 할 수가 있는 것이다.
- 지시설명은 실황조사(검증)의 초점을 정하고 실황조사(검증)을 효율적으로 행하기 위한 보조행위이며, 어디까지나 실황조사(검증)의 수단에 불과한 것이다.

○ 실황조사의 요령

❖ 실황조사시에는 실황조서를 작성한다. 실무에서는 흔히들 "… 한 점으로 보아 피의자가 범행한 것으로 판단된다"는 식으로 조사자의 주관적인 의견을 기재하는 경우가 많으나 이것은 실황조사의 취지에도 반할 뿐만 아니라 재판에서도 그 가치를 인정받지 못한다.

❖ 특수한 경우 이외에는 대부분 현장의 상황파악은 실황조사를 통하여 하게 된다. 또 실무상 실황조사서는 명칭에 있어서만 검증조서와 다를 뿐 내용에 있어서는 검증조서와 같기 때문에 증거조사절차 및 방법에 있어서도 검증조서와 같기 때문에 증거조사절차 및 방법에 있어서도 검증조서의 증거조사방법(형사소송법 제312조 제1항)과 같다(사건규칙 제16조)

❖ 실황조사는 계획적·조직적으로 실행하고 질서 정연히 할 것이 요구된다. 실황조사 순서는
- 전체에서 부분으로
- 전반에서 개별로
- 외부에서 내부로
- 위에서 아래로
- 상태에서 변태로

- 동종에서 이종으로 살펴나가는 것이 합리적이다.

❖ 조서내용에는 조건, 장소의 위치, 현장과 부근의 상황, 현장에서의 모양, 피해상황, 증거자료, 참여인의 지시와 설명, 도면과 사진의 첨부 등이다.

❖ 실황조사를 했을 때에는 실황조사서를 작성하여 그 결과를 상세하고 정확하게 기재해 두지 않으면 아니되며, 그때의 상황이 명백하도록 촬영한 현장사진과 현장도면의 첨부가 있으면 법관 등 제3자가 그것을 보고 마치 임장한 것과 같은 심증을 얻을 수 있도록 하는데 매우 효과적이다.

❖ 실황조사서에 도면이나 사진을 첨부했을 때에는 그 조서와 그 도면 또는 사진의 연결을 명백히 하기 위하여 작성자가 간인하는 것을 잊어서는 아니 된다. 당연히 알면서도 자칫하면 잊어버리기 쉬운 것이므로 특히 주의를 해야 한다.

실 황 조 사 서

배○○에 대한 실화 피의사건에 관하여 20○○년 6월 20일 08시 다음 장소에 임하여 실황을 조사한 바 다음과 같다.

1. 실황조사의 장소
   ○○시 북구 ○○3동 233
   배○○ (50세)의 집

2. 실황조사의 목적
   범죄 상황을 명백히 하고 증거자료를 수집, 보전함에 있음.

3. 실황조사의 참여인
   피의자 배○○와 그의 처 홍○○(48세)

4. 실황조사의 경위 및 결과
   가. 실황조사의 조건
      이 실황조사 당일 일기가 흐렸으나 실황을 조사하는 데는 지장이 없었음
   나. 현장의 위치
침산교에서 시내쪽으로 가는 도로를 약 400m 진행하면 우측에 도로와 인접한 침산초등학교가 있으며, 동교 정문에서 좌측 담을 끼고 오봉산을 향해 약 300m 진행하면 오봉산 언덕 풀밭 가운데에 있는 피해자 집에 도달함(별지 도면 제1호 현장위치도, 사진 제1~2호 참조)
   다. 현장 및 부근의 상황
(1) 현장은 ○○3동 오봉산 서쪽 밑으로 침산초등학교 정문에서 왼쪽 담을 끼고 약 300m 가면 침산탕이 있는 외에는 전부 신흥 주택가이며,
(2) 주택가가 끝나는 지점에서 오봉산으로 올라가는 산책로를 따라 약 300m 올라간 지점의 풀밭 가운데 피해자 가옥이 전소된 채 검게 타 있고 주의 풀밭은 타지 않은 상태로 있었음(별지 도면 제2호 현장 부근 약도 사진 제3~4호 참조).
   라. 현장의 모양
      (1) 옥외 상황
① 본 가옥은 대지 60평에 건평 20평으로 목조와 가로되어 있었으며 담은 블록으로 높이 쌓여져 있었으나 검게 그을려 있을 뿐 붕괴되지 않았고 담 밖으로는 잡초 등이 있었으나 전혀 타지 않은 상태로 있었고,
② 목조 대문에서 북쪽으로 약 5m 가면 산책로가 연결되며 대문 밖 우측 담 밑에 약 2평 정도의 변소가 타지 않은 채 있었음.
      (2) 옥내 상황
         ① 방실 등의 위치
현장의 가옥은 "ㄱ"자형 단층 목조 주택으로 그 구조는 서쪽(왼쪽)으로부터 각각 온돌방(2평,

공부방), 온돌방(2.5평, 공부방), 마루(3평), 온돌방(3.5평, 안방), 부엌(2평), 온돌방(2평, 식모방)이 있고 대문남쪽 1.5m 지점에 높이 1m의 장독대(2.8평)가 있고 온돌방(2.5평, 공부방), 마루, 안방, 북쪽과 담장 사이에 타다 남은 나무조각(200x50x30cm 정도 70개)과 부엌 동쪽으로 담장 사이에 장독대의 플라스틱 통이 타지 않은 채 흩어져 있었음.

② 온돌방(2평, 공부방)

완전 전소된 상태로 구들장에 그을린 채 방바닥에 있었으며 북쪽으로 굴뚝자리였던 구멍이 직격 15m 뚫려 있었음.

③ 온돌방(2.5평, 공부방)

완전 전소되어 구들장이 그을린 채 흩어져 있고 남쪽 아랫목쪽 구들장(세로 57cm x 63cm) 3개는 구들장마다 새로 10cm, 가로 15cm 정도로 갈라진 채 놓여있었음

이때 참여인 배○○에게 "구들장이 왜 이렇게 갈려겼는가"라고 묻자 "새로 갈아 낀 구들장인데 너무 과열해서 갈라진 모양입니다"라고 하여 현장 촬영후 별지 압수목록과 같이 이를 압수하였음(별지 사진 제5~6호 참조).

그리고 북쪽 방 벽과 5cm 간격으로 붙어 있는 굴뚝은 45°각도로 서쪽 온돌방으로 누워 있는데 굴뚝은 직경 10cm의 연와조 제품으로 길이 4m였으며 받침대도 없이 굴뚝 밑받침대 구멍에 쑥 내려 앉아 있었음(별지 사진 7호 참조). 그리고 높이 85cm에 길이 15cm의 틈이 2개, 높이 1.2m에 약 10cm의 틈이 3개 갈라져 있는데 그 틈의 간격은 약 0.5cm정도였음.

이때 참여한 배○○는 연통과 연소된 장작더미를 가리키며 "불이 과열되서 연통으로 새어 나와 여기에 쌓아 둔(담장과 연통 사이의 포를 가리킴) 지푸라기와 장작에 인화된 것 같았습니다. 장작과 지푸라기는 이 앞의 신흥주택을 지을 때 하나씩 얻어서 쌓아 둔 것입니다"라고 설명하므로 연통과 연통 부근의 재를 별지 압수 목록과 같이 압수하였음.

④ 마루

마루바닥이 탄 채 그대로 주저앉아 있었고, 그 위에 기왓장이 흩어져 있고 안방 문짝 2개가 탄 채 마루에 흩어져 있었음(별지 사진 제00호 참조).

⑤ 안방

마루쪽 벽은 완전히 허물어져 있고 북쪽으로 놓여 있는 장롱은 가로 3.7m, 세로 2.2m의 형체는 있으나 좌측 가로 0.5m 위쪽은 타버렸으며 장롱과 연이어 있는 동쪽의 화장대(가로 1.3m x 세로 1m) 위에는 기왓장과 탄 나무조각들이 흩어져 있고 방바닥은 종이장판 위에 요와 이불이 흩어져 있으며 이불 위에는 기왓장과 반쯤 탄 나무조각이 널려 있었음(별지 사진 제00호 참조).

⑥ 부엌

부뚜막 가운데 직경 36m의 솥이 있고, 그 양쪽으로 직경 30cm의 솥이 두 개 아궁이 위에 걸켜 있으며 남쪽으로 싱크대(세로 1.1m x 가로 2.3m)가 있고 벽에서 찬장(가로 2.3m x 세로 1.5m)이 부착되어 있는데 찬장과 싱크대 사이는 폭 0.6m로 한가운데 수도꼭지가 있으며 수도꼭지에는 홋가 연결되어 싱크대 서쪽 옆에 있는 항아리(직경 40cm x 높이 1.5m) 속으로 넣어져 있는 밑부분 약 6cm정도 물이 차있고 호스는 직경 2.1cm, 길이 3m였음.

이때 참여인 홍○○은 "수돗물이 항상 나오기 때문에 물을 별도로 받아 놓지 않고 이 항아리에만 받아 놓는데 불이 났어도 물이 없어 끄지를 못했습니다. 불이 났을 때 호스를 항아리에 넣고 물을 크게 틀어 항아리 물로 불을 껐습니다"라고 설명하여 사진 촬영 후 호스를 별지 목록

과 같이 압수하였음.

또한 싱크대 위에 바가지 1개(직경 25cm)가 있고 싱크대 앞쪽에 양동이(직경 50cm x 높이 60cm) 2개가 엎어져 있었음(별지 사진 제15~17호 참조).

　　　　⑦ 온돌방(식모방)

서쪽에 가로 87cm, 세로 1.9m의 여닫이 문이 있고 동쪽에 높이 1.3m 세로 40cm, 가로 1.2m의 미닫이 창문이 있었으며 남쪽벽에 가로 1.3m, 세로 1.2m의 흰색 미니옷장이 있고 비닐장판 위에 먼지가 있으며 천장과 벽은 흰색 벽지가 일체 타지 않은 채 있었음(별지 사진 제18호 참조).

　　　　⑧ 북쪽 담당

블록담과 마루, 안병 벽 사이의 공간은 2.5m이며 공부장에서부터 안방 사이에 200 x 50 x 30cm 정도의 나무조각 70개, 20 x 10 x 3cm 정도의 장작, 지푸라기, 톱밥 등이 높이 70cm, 가로 1m 정도 쌓여 반쯤 탄 채 있었으며 그 위에 기왓장, 전기줄이 흩어져 있었음(별지 사진 제00호 참조).

　　　　⑨ 마당

마당은 흙으로 되어 있으며 대문에서 남쪽으로 1.5m 지점에 높이 1m의 장독대(2.7평) 항아리 14개가 놓여 있었고, 장독대는 시멘트로 바른 후 청색 페인트로 칠을 하였음(별지 사진 제19호 참조).

　　마. 피해상황

　　　(1) 실화 상태

① 온돌방(2.0평, 2.5평), 마루는 벽도 전소된 상태로 그 안에 있던 가재도구도 완전 전소되었음.

② 안방(3.5평)은 마룻문쪽 벽이 무너지고 장롱이 반소 되었음.

③ 부엌과 식모방, 마당 장독대는 전혀 타지 않았음.

④ 사방을 둘러싼 담장은 전혀 무너지지 않았으나 북쪽 담장은 그을려 있었음.

　　　(2) 피해금품

·책상(목제, 1, 철제 1)	2개
·옷장(선퍼니처)	2개
·벽시계	2개
·찬장	1개
·옷(남·녀용 포함)	57점
·이불 등	21점
·전화기	1대

　　바. 증거자료

① 화재의 원인이라고 인정되는 공부방(2.5평) 굴뚝 1개와 동방의 과열로 금이 간 아랫목 구들장 3개 및 굴뚝 부근의 재를 별지 압수 목록과 같이 압수하고

② 부엌의 수도꼭지와 항아리를 연결한 호스는 참여인 홍○○이 임의로 제출하였음으로 본건 증거물로 별지 압수목록과 같이 압수하였음.

　　사. 참여인의 지시 설명

참여인 배○○에게 화재 당사자의 상황에 대한 설명을 요구하였던 바, 다음과 같이 임의로 진

술하였다.

① 공부방(2.5평) 구들장을 2명의 인부가 다시 놓고 돌아간 후 빨리 말리기 위해 나무·장작 등을 넣어 많이 한꺼번에 불을 붙이여 낡은 굴뚝의 금간 곳으로 불길이 새어나와 굴뚝 근처에 있던 지푸라기에 옮겨 붙은 것 같습니다.

② 자주 불을 봐야 하는데 피곤해서 0시 20분경 한꺼번에 나무를 많이 집어 넣고 안방에서 잤습니다.

③ 뒤꼍의 나무·지푸라기는 이 앞 신흥주택 건설장의 목재 자투리를 조금씩 얻어다 둔 것이었습니다.

④ 1시 40분경 마루 창문이 훤해 섬짓한 생각이 들어 나가보니 공부방 뒤꼍에서 불이 나기에 집안 식구 모두가 일어나서 소화작업을 했습니다.

⑤ 부엌에서 물이 없어서 진화작업을 할 수 없었으며, 곧이어 2시쯤 소방차가 와서 진화하였습니다.

위의 진술내용을 진술자에게 읽어준 바 진술한대로 오기나 증감, 변경할 것이 전혀 없다고 말하므로 간인한 후 서명, 무인하게 하다.

진술자 배 ○ ○ ○ ㉑

아. 도면 및 사진

이 실황조사의 경위 및 결과를 명확히 하기 위하여 현장 위치, 현장부근 약도, 현장 평면도 등 도면 4매를 작성하고 현장사진 19매를 활용하여 이 조사서 말미에 첨부하였음.

자. 기타

① 화재의 상태, 참여인의 지시 설명 등 기타 현장 상황 등을 종합, 판단하건데, 구들장을 새로 수리한 후 불을 한꺼번에 많이 때면서 주의를 하지 않아 낡은 굴뚝의 틈 사이로 새어나간 불길이 굴뚝과 인접한 톱밥·지푸라기 등에 인화한 것으로 추정됨(별지 도면 제3호, 사진 제5~10호 참조).

② 이 실황조사를 함에 있어서 다음의 당서 사법경찰리 2명을 보조시켰음

현장 사진 촬영 순경 도 ○ ○ ㉑
현장도면등 작성 순경 김 ○ ○ ㉑

이 실황 조사서는 20○○년 ○월 ○일 08:00시에 시작하여 동일 09:00시에 끝나다.

20○○년 ○월 ○○일

○ ○ 경 찰 서

사법경찰관 경위 문 ○ ○ ㉑

제2절 변호인 접견·참여

■ 변호인의 선임

제78조(변호인의 선임) ① 경찰관은 변호인의 선임에 관하여 특정의 변호인을 시사하거나 추천하여서는 아니 된다.
② 경찰관은 피의자가 조사 중 변호인 선임 의사를 밝히거나 피의자신문 과정에서의 변호인 참여를 요청하는 경우 즉시 조사를 중단하고, 변호인 선임 또는 변호인의 신문과정 참여를 보장하여야 한다.

제79조 〈삭제〉

※ 경찰수사규칙
제12조(변호인의 피의자신문 참여) ① 사법경찰관리는 법 제243조의2제1항에 따라 피의자 또는 그 변호인·법정대리인·배우자·직계친족·형제자매의 신청이 있는 경우 변호인의 참여로 인하여 신문이 방해되거나, 수사기밀이 누설되는 등 정당한 사유가 있는 경우를 제외하고는 피의자에 대한 신문에 변호인을 참여하게 해야 한다.
② 제1항의 변호인의 피의자신문 참여 신청을 받은 사법경찰관리는 신청인으로부터 변호인의 피의자신문 참여 전에 다음 각 호의 서면을 제출받아야 한다.
  1. 변호인 선임서
  2. 별지 제10호서식의 변호인 참여 신청서

※ 검사와 사법경찰관의 상호협력과 일반적 수사준칙에 관한 규정
제13조(변호인의 피의자신문 참여·조력) ① 검사 또는 사법경찰관은 피의자신문에 참여한 변호인이 피의자의 옆자리 등 실질적인 조력을 할 수 있는 위치에 앉도록 해야 하고, 정당한 사유가 없으면 피의자에 대한 법적인 조언·상담을 보장해야 하며, 법적인 조언·상담을 위한 변호인의 메모를 허용해야 한다.
② 검사 또는 사법경찰관은 피의자에 대한 신문이 아닌 단순 면담 등이라는 이유로 변호인의 참여·조력을 제한해서는 안 된다.
③ 제1항 및 제2항은 검사 또는 사법경찰관의 사건관계인에 대한 조사·면담 등의 경우에도 적용한다.

※ 형사소송법
제30조(변호인선임권자) ① 피고인 또는 피의자는 변호인을 선임할 수 있다.
② 피고인 또는 피의자의 법정대리인, 배우자, 직계친족과 형제자매는 독립하여 변호인을 선임할 수 있다.

○ 변호인 선임 의뢰 통지요령
  ❖ 사법경찰관은 변호인을 선임할 수 있음을 알리지 않으면 아니 된다.

❖ 구속된 피의자는 사법경찰관에게 변호사를 지정하여 변호인의 선임을 의뢰할 수 있으며, 그 의뢰를 받은 사법경찰관은 피의자가 지명한 변호사에게 그 취지를 통지하여야 한다.

❖ 2인 이상의 변호사를 지정하여 선임의 의뢰가 있을 때에는 그 중 대표변호인에게 이를 통지하면 된다(형사소송법 제32조의2).

❖ 형사소송법의 규정에서 본다면 변호인의 선임을 의뢰하는 방법은 변호사를 지정하여 의뢰하는 방법밖에 없다. 그러나 그와 같은 지정을 하지 않고, 변호인을 선임하도록 그 피의자의 법정대리인·배우자·직계친족·형제자매 또는 호주에 대하여 통지해 주기 바란다는 의뢰가 있을 때에도 그 의뢰를 접수해야 할 것이며 이 경우 "구속통지서"에 그 취지를 첨가하여 급속히 통지해도 무방할 것이다.

변호인(변호사) 참여 신청

일시	20 년 월 일 :		

| 대상자 | 구분 | ☐ 피의자   ☐ 피혐의자   ☐ 피해자   ☐ 참고인 | |
| | 성명 | 생년월일 | |

신청인	성명	대상자와의 관 계	
	연령	전화번호	
	주소		

| 변호인 | 성명 | 전화번호 | |

※ 변호인선임서를 제출하고 변호사 신분증을 제시해 주시기 바랍니다.

< 안내사항 >

☐ 변호사의 참여로 인해 신문방해, 수사기밀 누설 등 수사에 현저한 지장을 줄 우려가 있다고 인정되는 경우 변호사 참여신청이 제한될 수 있습니다.

☐ 다음의 사유가 발생하여 신문방해, 수사기밀 누설 등 수사에 현저한 지장이 있을 경우 신문 중이라도 변호인참여가 제한될 수 있습니다.

1. 경찰관의 승인 없이 부당하게 신문에 개입하거나 모욕적인 말과 행동을 하는 경우

2. 피의자를 대신하여 답변하거나 특정한 답변 또는 진술 번복을 유도하는 경우

3. 형사소송법 제243조의2 제3항 단서에 반하여 부당하게 이의를 제기하는 경우

4. 피의자신문 내용을 촬영·녹음·기록하는 경우. 다만 기록의 경우 피의자에 대한 법적 조언을 위하여 변호인의 기억을 되살리기 위해 하는 간단한 메모는 제외

※ 검사의 사법경찰관리에 대한 수사지휘 및 사법경찰관리의 수사준칙에 관한 규정   제21조

☐ 신문에 참여한 변호인은 신문 후 조서를 열람할 수 있고 의견을 진술할 수 있습니다. 다만 신문 중이라도 부당한 신문 방법에 대하여 이의를 제기할 수 있고, 경찰관의 승인을 얻어 의견을 진술할 수 있습니다.

☐ 피의자신문시 변호인참여관련 내용은 피혐의자, 피해자, 참고인 조사시에도 준용됩니다.

▣ 변호인 등의 접견신청절차

제80조(변호인 등의 접견신청절차) ① 유치장 입감 피의자(조사 등의 이유로 일시 출감 중인 경우를 포함한다. 이하 같다.)에 대한 변호인 등의 접견신청은 유치장관리부서에서 처리한다.
② 제1항의 신청을 받은 유치장관리부서의 경찰관은 다음 각 호의 사항을 확인하고, 즉시 「피의자 유치 및 호송규칙」 제4조제2항의 유치인보호주무자에게 보고하여야 한다.
1. 변호사 신분증
2. 별지 제23호서식의 접견신청서
③ 경찰관은 변호인 등이 변호사 신분증을 소지하지 아니한 경우 지방변호사협회 회원명부와 주민등록증을 대조하는 등 그 밖의 방법으로 변호사 신분을 확인할 수 있고, 신분을 확인할 수 없는 경우에는 일반 접견절차에 따라 접견하도록 안내하여야 한다.
④ 유치인보호주무자는 변호인 접견신청 보고를 받은 경우 즉시 접견장소와 담당경찰관을 지정하는 등 필요한 조치를 하여야 한다.

※ 형사소송법
제34조(피고인, 피의자와의 접견, 교통, 수진) 변호인 또는 변호인이 되려는 자는 신체구속을 당한 피고인 또는 피의자와 접견하고 서류 또는 물건을 수수할 수 있으며 의사로 하여금 진료하게 할 수 있다.

○ 변호인 선임요령
  ❖ 피의자의 변호인 선임은 피의자 또는 그의 법정대리인·배우자·직계친족·형제자매와 호주는 변호인과 연명·날인한 서면(변호인선임신고(서))을 당해 사건을 취급하는 사법경찰관에게 제출하게 된다(사건송치 후인 때에는 송치를 받은 검사에게 제출하게 된다).
  ❖ 선임된 변호인은 그 피의자가 기소된 경우에 제1심에도 계속하여 그 효력이 있다(형사소송법 제32조).
  ❖ "변호인 선임계"는 피의자 등은 변호인과 연명·날인하지 않으면 아니 된다. "연명"이란 변호인 선임자와 그 변호인이 그 성명을 연기하는 것이며, 이 경우에는 형사소송법 제59조의 적용이 있는 것으로 해석하는 것이 원칙일 것이며 반드시 서명함을 요하지 않고 기명이라도 무방하다.

○ 특정변호인 추천 금지
  ❖ 사건처리와 관련해서 수사경찰이 특정의 변호인을 시사하거나 추천하여 공정성을 의심받지 않도록 하여야 한다.
  ❖ 공무를 처리하는 공직자로서 업무처리의 공정과 법집행의 위엄을 견지하여 오해가 없도록 한다.

○ 실무상 유의할 점

❖ 변호인·법정대리인·배우자·직계친족 또는 형제자매의 「변호인 참여신청」은 피의자의 신청 없이 별도로 신청 가능

❖ 피의자가 수사관의 질문 요지를 파악하지 못하거나 질문 및 답변의 법률적 의미를 모를 때 피의자의 요청으로 변호인과 상의하는 정도는 보장하되 신문 과정에 개입하는 것은 금지

※ 피의자신문 종료 후 의견 진술토록 안내하고, 이를 조서에 기재하여 변호인으로 하여금 기명날인 또는 서명을 받아야 함

❖ 신문방해, 수사기밀 누설 등 수사에 현저한 지장을 초래할 우려가 있는 경우 변호인 참여를 제한할 수 있으며, 피의자신문 중이라도 위와 같은 사유 발생시 즉시 참여 제한 가능

• 다수 피의자간 동일한 변호인이 선임되어 변호인이 진술내용을 조율하거나 특정진술을 하지 못하게 하거나 다른 방향으로 유도할 경우 해당 변호인의 참여를 제한 가능

❖ 변호인 참여 제한 등을 이유로 피의자 신문이 이루어지지 않은 경우에는 해당 취지 및 변호인 참여 제한 사유 등을 기재한 수사보고서를 작성

접견 신청서

일 시	20 년 월 일 :			
피의자	성명		생년월일	
변호인	성명		연락처	
	변 호 사 등록번호		선임여부	☐ 선 임 ☐ 비선임
	소 속 법률사무소			

※ 1. 접견신청서와 함께 변호사 신분증을 제시해 주시기 바랍니다.

　 2. 비선임 변호사인 경우에는 선임여부 항목에 비선임 체크(☑)를 하시기 바랍니다.

< 유의사항 >

☐ 피의자를 면회(접견)할 때에는 다음과 같은 물품의 소지 및 제공이 금지됩니다.

① 마약, 총기, 도검, 폭발물, 흉기, 독극물 등 그 밖에 범죄의 도구로 이용될 우려가 있는

　 물품

② 주류, 담배, 화기 등 그 밖에 시설의 안전 또는 질서를 해칠 우려가 있는 물품

③ 휴대전화, 음란물, 사행행위에 사용되는 물품 등

☐ 아울러 접견에 있어서 필요한 질서유지 및 안전확보에 적극 협조해 주시기 바랍니다.

■ 접견 장소 및 관찰

제81조(접견 장소 및 관찰) ① 변호인 등의 접견은 경찰관서 내 지정된 장소에서 이루어져야 한다.
② 별도의 지정된 접견실이 설치되어 있지 않은 경우에는 경찰관서 내 조사실 등 적정한 공간을 이용할 수 있다.
③ 체포·구속된 피의자와 변호인 등과의 접견에는 경찰관이 참여하지 못하며 그 내용을 청취 또는 녹취하지 못한다. 다만 보이는 거리에서 체포·구속된 피의자를 관찰할 수 있다.
④ 경찰관은 「형의 집행 및 수용자의 처우에 관한 법률」 제92조의 금지물품이 수수되지 않도록 관찰하며 이러한 물품의 수수행위를 발견한 때에는 이를 제지하고 유치인보호주무자에게 보고하여야 한다.

○ 접견 장소 및 관찰
  ❖ 변호인 등의 접견은 경찰관서 내 지정된 장소에서 이루어져야 한다.
  ❖ 별도의 지정된 접견실이 설치되어 있지 않은 경우에는 경찰관서 내 조사실 등 적정한 공간을 이용할 수 있다.
  ❖ 체포·구속된 피의자와 변호인 등과의 접견에는 경찰관이 참여하지 못하며 그 내용을 청취 또는 녹취하지 못한다. 다만 보이는 거리에서 체포·구속된 피의자를 관찰할 수 있다.

■ 피의자 신병이 경찰관서 내에 있는 경우의 접견

제82조(피의자 신병이 경찰관서 내에 있는 경우의 접견) ① 체포·구속된 피의자 중 유치장에 입감되지 않은 상태로 신병이 경찰관서에 있는 피의자에 대한 변호인 등의 접견신청은 피의자 수사를 담당하는 수사팀에서 접수하여 조치하여야 한다.
② 제1항에 따른 접견 신청의 접수처리는 제80조와 제81조를 준용한다.

○ 피의자 유치 시 유의사항
  ❖ 피의자 유치 시 남성과 여성은 분리하여 유치하여야 한다.
  ❖ 경찰서장은 유치인이 친권이 있는 18개월 이내의 유아의 대동(對同)을 신청한 때에는 다음 각 호의 어느 하나에 해당하는 사유가 없다고 인정되는 경우 이를 허가하여야 한다. 이 경우 유아의 양육에 필요한 설비와 물품의 제공, 그 밖에 양육을 위하여 필요한 조치를 하여야 한다.
    1. 유아가 질병·부상, 그 밖의 사유로 유치장에서 생활하는 것이 적당하지 않은 경우
    2. 유치인이 질병·부상, 그 밖의 사유로 유아를 양육하는 것이 적당하지 않

은 경우

  3. 유치장에 감염병이 유행하거나 그 밖의 사정으로 유아의 대동이 적당하지 않은 경우

❖ 유아의 대동 허가를 받으려는 자는 경찰서장에게 유아대동신청서를 제출하여야 하며, 경찰서장이 이를 허가할 때에는 해당 신청서를 입감지휘서에 첨부하여야 한다.

❖ 경찰서장은 유아의 대동을 허가하지 않은 경우에는 「형의 집행 및 수용자의 처우에 관한 법률 시행령」 제80조의 규정에 따라 해당 유치인의 의사를 고려하여 유아보호에 적당하다고 인정하는 개인 또는 법인에게 그 유아를 보낼 수 있다.

❖ 다만, 적당한 개인 또는 법인이 없는 경우에는 경찰서 소재지 관할 시장·군수 또는 구청장에게 보내서 보호하게 하여야 한다.

❖ 유치장에서 출생한 유아에게도 본 규정을 준용한다.

유 아 대 동 신 청 서

년 월 일

수 신 : ○○○경찰서장

아래와 같이 유아대동을 신청하오니 허가하여 주시기 바랍니다.

입 감 자	죄 (형) 명	
	입 감 년 월 일	
	성 명 (성별)	
	생 년 월 일	
대 동 할 유 아	성 명 (성별)	
	입감자와의관계)	
	생 년 월 일	
대동하여 야할 이유		

위 사항을 허가함

신 청 자 ㉑

년 월 일

○ ○ 경 찰 서 장

▣ 피의자 신병이 경찰관서 내에 있지 않는 경우의 접견

제83조(피의자 신병이 경찰관서 내에 있지 않는 경우의 접견) ① 현행범인 체포 등 체포·구속된 피의자의 신병이 경찰관서 내에 있지 않는 경우 변호인 등의 접견 신청에 대하여는 신청 당시 현장에서 피의자 신병을 관리하는 부서(이하 "현장담당부서"라고 한다)에서 담당하여 안내하여야 한다.
② 접견신청을 받은 현장담당부서 경찰관은 피의자와 변호인 등의 접견이 이루어질 경찰관서와 예상접견시각을 고지하고 접견이 이루어질 경찰관서의 담당수사팀 또는 유치장관리부서에 통보하여야 한다. 이 경우 접견은 신속하게 이루어져야 하며, 제1항의 접견신청을 받은 때로부터 6시간을 초과해서는 아니 된다.
③ 현장담당부서의 경찰관으로부터 피의자 신병 인수와 함께 변호인 등의 접견신청사실을 통보받은 유치장관리부서 또는 담당수사팀의 경찰관은 제80조부터 제82조까지에 따라 접수하여 조치하여야 한다.

○ 피의자 신병이 경찰관서 내에 있지 않는 경우의 접견
  ❖ 현행범인 체포 등 체포·구속된 피의자의 신병이 경찰관서 내에 있지 않는 경우 변호인 등의 접견 신청에 대하여는 현장담당부서에서 담당하여 안내하여야 한다.
  ❖ 접견신청을 받은 현장담당부서 경찰관은 피의자와 변호인 등의 접견이 이루어질 경찰관서와 예상접견시각을 고지하고 접견이 이루어질 경찰관서의 담당수사팀 또는 유치장관리부서에 통보하여야 한다.

▣ 접견 시간 및 횟수

제84조(접견 시간 및 횟수) ① 유치장 입감 피의자와 변호인 등 간의 접견 시간 및 횟수에 관하여는 「피의자 유치 및 호송규칙」에 따른다.
② 유치장에 입감되지 않은 체포·구속 피의자에 대해서는 제1항의 시간 외에도 접견을 실시할 수 있다.

※ 피의자 유치 및 호송규칙
제37조(접견시간 및 요령) ①유치인의 접견은 다음의 구분에 따라 실시한다.
  1. 평일에는 09:00~21:00까지로 한다. 다만, 원거리에서 온 접견 희망자 등 특별한 경우에는 경찰서장의 허가를 받아 22:00까지 연장할 수 있다.
  2. 토요일 및 일요일과 공휴일은 09:00~20:00까지로 한다.
  3. 대용감방의 경우에는 구치소 미결수에 준하여 유치인 접견시간을 조정할 수 있다.
② 제1항에도 불구하고 변호인의 접견 신청이 있는 때에는 접견을 제한하지 아니한다. 다만, 유치인의 안전 또는 유치장 내 질서유지 등 관리에 지장이 있는 경우에는 그러하지 아니하다.

③ 유치인의 접견 시간은 1회에 30분이내로, 접견횟수는 1일 3회 이내로 하여 접수순서에 따라 접견자의 수를 고려 균등하게 시간을 배분하여야 한다. 다만, 변호인과의 접견은 예외로 한다.

④ 제33조부터 제36조까지의 규정에 의한 접견시에는 접견을 신청한 자의 성명, 직업, 주소, 연령 및 유치인과의 관계를 기록하여야 한다. 다만, 경찰관이 입회한 경우에는 면담의 중요한 내용을 기록하여야 한다.

⑤ 경찰관이 접견에 입회한 경우 대화 내용이 죄증인멸의 우려가 있거나 도주의 기도 등 유치장의 안전과 질서를 위태롭게 하는 때에는 입회한 유치인보호관 등이 접견을 중지시키고 유치인보호 주무자에게 보고하여야 하며 접견도중 검사한 음식물을 제외한 물품의 수수를 금하고 암호 등 으로 상호의사를 주고받지 않도록 엄중히 관찰하여야 한다.

○ 접견시간
  ❖ 평일에는 09:00 ~ 21:00까지로 한다.
     다만, 원거리에서 온 접견 희망자 등 특별한 경우에는 경찰서장의 허가를 받아 22:00까지 연장할 수 있다.
  ❖ 토요일 및 일요일과 공휴일은 09:00 ~ 20:00까지로 한다.
  ❖ 대용감방의 경우에는 구치소 미결수에 준하여 유치인 접견시간을 조정할 수 있다.
  ❖ 변호인의 접견 신청이 있는 때에는 접견을 제한하지 아니한다. 다만, 유치인 의 안전 또는 유치장 내 질서유지 등 관리에 지장이 있는 경우에는 그러하 지 아니하다.
  ❖ 유치인의 접견 시간은 1회에 30분 이내로 한다.

○ 접견횟수
  ❖ 1일 3회 이내로 하여 접수순서에 따라 접견자의 수를 고려 균등하게 시간을 배분하여야 한다.
  ❖ 다만, 변호인과의 접견은 예외로 한다.

제3절 영상녹화

■ 영상녹화물의 제작과 보관

제85조(영상녹화물의 제작·보관) ① 경찰관은 「경찰수사규칙」 제44조에 따라 영상녹화물을 제작할 때에는 영상녹화물 표면에 사건번호, 죄명, 진술자 성명 등 사건정보를 기재하여야 한다.
② 경찰관은 제1항에 따라 제작한 영상녹화물 중 하나는 수사기록에 편철하고 나머지 하나는 보관한다.
③ 경찰관은 피조사자의 기명날인 또는 서명을 받을 수 없는 경우에는 기명날인 또는 서명란에 그 취지를 기재하고 직접 기명날인 또는 서명한다.
④ 경찰관은 영상녹화물을 생성한 후 별지 제25호서식에 따른 영상녹화물 관리대장에 등록하여야 한다.

제86조(봉인 전 재생·시청) 경찰관은 원본을 봉인하기 전에 진술자 또는 변호인이 녹화물의 시청을 요구하는 때에는 영상녹화물을 재생하여 시청하게 하여야 한다. 이 경우 진술자 또는 변호인이 녹화된 내용에 대하여 이의를 진술하는 때에는 그 취지를 기재한 서면을 사건기록에 편철하여야 한다.

※ 경찰수사규칙
제43조(영상녹화) ① 사법경찰관리는 법 제221조제1항 또는 제244조의2제1항에 따라 피의자 또는 피의자가 아닌 사람을 영상녹화하는 경우 그 조사의 시작부터 조서에 기명날인 또는 서명을 마치는 시점까지의 모든 과정을 영상녹화해야 한다. 다만, 조사 도중 영상녹화의 필요성이 발생한 때에는 그 시점에서 진행 중인 조사를 중단하고, 중단한 조사를 다시 시작하는 때부터 조서에 기명날인 또는 서명을 마치는 시점까지의 모든 과정을 영상녹화해야 한다.
② 사법경찰관리는 제1항에도 불구하고 조사를 마친 후 조서 정리에 오랜 시간이 필요한 경우에는 조서 정리과정을 영상녹화하지 않고, 조서 열람 시부터 영상녹화를 다시 시작할 수 있다.
③ 제1항 및 제2항에 따른 영상녹화는 조사실 전체를 확인할 수 있고 조사받는 사람의 얼굴과 음성을 식별할 수 있도록 해야 한다.
④ 사법경찰관리는 피의자에 대한 조사 과정을 영상녹화하는 경우 다음 각 호의 사항을 고지해야 한다.
  1. 조사자 및 법 제243조에 따른 참여자의 성명과 직책
  2. 영상녹화 사실 및 장소, 시작 및 종료 시각
  3. 법 제244조의3에 따른 진술거부권 등
  4. 조사를 중단·재개하는 경우 중단 이유와 중단 시각, 중단 후 재개하는 시각
⑤ 사법경찰관리는 피의자가 아닌 사람의 조사 과정을 영상녹화하는 경우에는 별지 제35호서식의 영상녹화 동의서로 영상녹화 동의 여부를 확인하고, 제4항제1호, 제2호 및 제4호의 사항을 고지해야 한다. 다만, 피혐의자에 대해서는 제4항제1호부터 제4호까지의 규정에 따른 사항을 고지해야 한다.
제44조(영상녹화물의 제작 및 보관) ① 사법경찰관리는 조사 시 영상녹화를 한 경우에는 영상녹화용 컴퓨터에 저장된 영상녹화 파일을 이용하여 영상녹화물(CD, DVD 등을 말한다. 이하 같다) 2개를 제작한 후, 피조사자 또는 변호인 앞에서 지체 없이 제작된 영상녹화물을 봉인하고 피조사자로 하여금 기명날인 또는 서명하게 해야 한다.

② 사법경찰관리는 제1항에 따라 영상녹화물을 제작한 후 영상녹화용 컴퓨터에 저장되어 있는 영상녹화 파일을 데이터베이스 서버에 전송하여 보관할 수 있다.

③ 사법경찰관리는 손상 또는 분실 등으로 제1항의 영상녹화물을 사용할 수 없는 경우에는 데이터베이스 서버에 보관되어 있는 영상녹화 파일을 이용하여 다시 영상녹화물을 제작할 수 있다.

※ 형사소송법

제244조의2(피의자진술의 영상녹화) ① 피의자의 진술은 영상녹화할 수 있다. 이 경우 미리 영상녹화사실을 알려주어야 하며, 조사의 개시부터 종료까지의 전 과정 및 객관적 정황을 영상녹화하여야 한다.

② 제1항에 따른 영상녹화가 완료된 때에는 피의자 또는 변호인 앞에서 지체 없이 그 원본을 봉인하고 피의자로 하여금 기명날인 또는 서명하게 하여야 한다.

③ 제2항의 경우에 피의자 또는 변호인의 요구가 있는 때에는 영상녹화물을 재생하여 시청하게 하여야 한다. 이 경우 그 내용에 대하여 이의를 진술하는 때에는 그 취지를 기재한 서면을 첨부하여야 한다.

제221조(제3자의 출석요구 등) ① 검사 또는 사법경찰관은 수사에 필요한 때에는 피의자가 아닌 자의 출석을 요구하여 진술을 들을 수 있다. 이 경우 그의 동의를 받아 영상녹화할 수 있다.

제318조의2(증명력을 다투기 위한 증거) ② 제1항에도 불구하고 피고인 또는 피고인이 아닌 자의 진술을 내용으로 하는 영상녹화물은 공판준비 또는 공판기일에 피고인 또는 피고인이 아닌 자가 진술함에 있어서 기억이 명백하지 아니한 사항에 관하여 기억을 환기시켜야 할 필요가 있다고 인정되는 때에 한하여 피고인 또는 피고인이 아닌 자에게 재생하여 시청하게 할 수 있다.

○ 피의자 진술의 영상녹화

❖ 피의자의 진술은 영상녹화 할 수 있다. 이 경우 미리 영상녹화 사실을 알려주어야 하며, 조사의 개시부터 종료까지의 전 과정 및 객관적 정황을 영상녹화 하여야 한다.

❖ 영상녹화가 완료된 때에는 피의자 또는 변호인 앞에서 지체 없이 그 원본을 봉인하고 피의자가 기명날인 또는 서명하게 하여야 한다.

❖ 피의자 또는 변호인의 요구가 있는 때에는 영상녹화물을 재생하여 시청하게 하여야 한다. 이 경우 그 내용에 대하여 이의를 진술하는 때에는 그 취지를 기재한 서면을 첨부하여야 한다(법 제244조의2).

❖ 영상녹화물은 조사가 개시된 시점부터 조사가 종료되어 피의자가 조서에 기명날인 또는 서명을 마치는 시점까지 전 과정이 영상녹화 된 것으로, 다음 각 호의 내용을 포함하는 것이어야 한다(형사소송규칙 제134조의2).

① 피의자의 신문이 영상녹화 되고 있다는 취지의 고지

② 영상녹화를 시작하고 마친 시각 및 장소의 고지

③ 신문하는 검사와 참여한 자의 성명과 직급의 고지

④ 진술거부권·변호인의 참여를 요청할 수 있다는 점 등의 고지

⑤ 조사를 중단·재개하는 경우 중단 이유와 중단 시각, 중단 후 재개하는 시각

⑥ 조사를 종료하는 시각

❖ 영상녹화물은 조사가 행해지는 동안 조사실 전체를 확인할 수 있도록 녹화된 것으로 진술자의 얼굴을 식별할 수 있어야 한다.

❖ 사법경찰관은 사건송치 시 봉인된 영상녹화물을 기록과 함께 송치하여야 한다.

❖ 영상녹화물 송치 시 사법경찰관은 송치서 표지 비고란에 영상녹화물의 종류 및 개수를 표시하여야 한다.

○ 참고인 등 진술의 영상녹화

❖ 사법경찰관은 수사에 필요한 때에는 피의자가 아닌 자의 출석을 요구하여 진술을 들을 수 있다. 이 경우 그의 동의를 받아 영상녹화 할 수 있다. (법 제221조)

❖ 피의자가 아닌 자가 공판준비 또는 공판기일에서 조서가 자신이 검사 또는 사법경찰관 앞에서 진술한 내용과 동일하게 기재되어 있음을 인정하지 아니하는 경우 그 부분 성립의 진정을 증명하기 위하여 영상녹화물의 조사를 신청할 수 있다.

❖ 검사는 영상녹화물의 조사를 신청하는 때에는 피의자가 아닌 자가 영상녹화에 동의하였다는 취지로 기재하고 기명날인 또는 서명한 서면을 첨부하여야 한다.

❖ 위 '피의자 진술의 영상녹화 사항은 참고인 등의 녹화에도 준용한다.

영상녹화 동의서

진술자	성 명	홍 길 동	주민등록번호	770101-1234567
	주 거	○○시 ○○동 123번지		

　상기인은　○○ 피의사건에 관하여 피의자·참고인·피해자로서 진술함에 있어 진술
내용이 영상녹화됨을 고지받고 강제적인 압력이나 권유를 받음이 없이 영상녹화 하는
것에 동의합니다.

20○○. ○. ○.

성 명　홍 길 동 (인)

○○경찰서장 귀하

영상녹화제도

○ 중요운영지침
  ❖ 녹음녹화대상
    • 살인, 성폭력 사건의 피의자, 선거사범, 공식비리사범
    • 진술 자체가 향후 법정에서 논란이 예상되는 사건 피의자
    • 사회 이목 집중 사건으로 녹화 필요성이 인정되는 사건 피의자 등에 대해
      원칙적으로 녹음녹화 실시
    ※ 피해자 등 참고인 조사시에도 조사실을 적극 활용하되, 이 때는 반드시
      동의를 받아야 녹음녹화가 가능함에 유의
  ❖ 녹음녹화절차
    • 피의자진술 녹음녹화는 ①서면조서 작성 병행 방식, ②서면조서 작성치 않고
      녹음녹화 CD만 작성하는 방식 등 2가지 방식이 있으며 절차가 상이함에 유의
    • 서면조서 작성시 - 피의자 신문조서를 송치 (녹음녹화 2부)
  ❖ 관리주체
    • 수사·형사과 미분과서는 수사지원팀장이 관리 원칙
    • 수사·형사가 분과서는 형사지원팀장이 관리 원칙
      (단 조사실이 위치한 사무실의 해당 지원팀장이 관리할 수 있음)
  ❖ 피의자 진술녹화는 녹화CD3부를 작성 그 중 2부는 피의자 신문조서 송치시
    송치토록 하고 그 중 1부는 별지 서식에 등재한 후 보관한다.

○ 녹음·녹화
  ❖ 고지
    녹음·녹화를 하는 경우에는 다음 각 호의 사항을 고지한 후 신문하여야 한다.
    1. 조사실 내의 대화는 녹음·녹화가 되고 있다는 것
    2. 일체의 진술을 하지 아니하거나 개개의 질문에 대하여 진술을 하지 아니
       할 수 있다는 것
    3. 진술을 하지 아니하더라도 불이익을 받지 아니한다는 것
    4. 진술을 거부할 권리를 포기하고 행한 진술은 법정에서 유죄의 증거로 사
       용될 수 있다는 것
    5. 신문을 받을 때에는 변호인을 참여하게 하는 등 변호인의 조력을 받을
       수 있다는 것
  ❖ 시작
    ① 신문을 위해 녹음·녹화를 시작한 때에는 제5조 각호 및 신문 시작 시각

을 피의자에게 명시적으로 고지하여야 하며 그 고지사실은 녹음·녹화 되어야 한다.

② 피의자가 녹음·녹화가 되고 있음을 고지받기 이전의 촬영은 경찰관서 내 CCTV 촬영으로 본다.

❖ 중단

① 신문이 중단되어 녹음·녹화를 중단할 때에는 신문 중단의 취지 및 중단시각을 피의자에게 명시적으로 고지하고 고지사실이 녹음·녹화되도록 하여야 한다.

② 피의자 신문 중 휴식하는 경우에는 내용적·시간적 연속성이 인정되는 한 녹음·녹화를 중단하여서는 아니 된다.

❖ 재개

① 신문이 재개되어 녹음·녹화를 재개할 경우 신문을 재개한다는 취지 및 재개시각을 피의자에게 명시적으로 고지하고 고지사실이 녹음·녹화되도록 하여야 한다.

② 정전 또는 녹음·녹화 장비의 이상 등으로 녹음·녹화가 중단된 이후 재개할 경우 전항을 준용한다.

❖ 종료

① 신문이 종료되어 녹음·녹화를 종료할 때에는 녹음·녹화 종료 사실과 종료시각을 피의자에게 명시적으로 고지하고 그 고지사실이 녹음·녹화 되도록 하여야 한다.

② 피의자가 녹음·녹화를 사유로 진술을 거부하여 녹음·녹화를 종료할 경우 그 취지와 종료시각을 피의자에게 명시적으로 고지하고 그 고지사실이 녹음·녹화 되도록 하여야 한다.

❖ 참여자

녹음·녹화를 하고 녹음·녹화물을 송치하는 경우 형사소송법 제243조에 의한 참여자는 조사실에 동석하여야 한다.

❖ 수사보고서 작성

① 녹음·녹화와 함께 서면조서 작성을 병행할 수 있다.

② 서면 조서 작성을 하지 않은 경우에는 신문 종료 후 별지 제1호 서식에 의한 수사 보고서를 작성하여야 한다.

❖ 녹음·녹화물의 작성

① CD를 작성하여 CD표면에 사건번호, 죄명, 피의자 성명 등 사건정보를 기재한다.

② 녹음·녹화가 종료된 즉시 3부의 CD를 작성하고 그 표면에 사건번호, 죄명, 피의자 성명 등을 기재한 후 조사자 및 피조사자가 서명토록 한다.

제4절 수 배

■ 수사의 협력과 수배업무 관리·감독

제87조(수사의 협력) 경찰관은 수사에 필요하다고 인정할 때에는 피의자의 체포·출석요구·조사, 장물 등 증거물의 수배, 압수·수색·검증, 참고인의 출석요구·조사 등 그 밖의 필요한 조치(이하 "수사등"이라 한다)에 대한 협력을 다른 경찰관에게 요청할 수 있다.

제88조(사건수배 등) 경찰관은 범죄수사와 관련하여 사건의 용의자와 수사자료 그 밖의 참고사항에 관하여 다른 경찰관 및 경찰관서에 통보를 요구(이하 "사건수배"라 한다)하거나 긴급배치 등 긴급한 조치를 의뢰할 수 있다.

제89조(지명수배·지명통보 관리 및 감독 부서) ① 국가수사본부는 수사국 수사기획과에서 관리·감독한다.
② 시·도경찰청 및 경찰서는 수사과에서 관리·감독한다.
③ 시·도경찰청 및 경찰서 수사과장은 수배관리자를 지정하고 관리·감독한다.

제90조(수배관리자의 임무) 수배관리자의 임무는 다음 각 호와 같다.
  1. 사건담당자로부터 의뢰가 있는 자에 대한 지명수배 또는 지명통보의 실시
  2. 지명수배·지명통보자에 대한 전산 입력 및 지명수배자료 관리

○ 수사의 협력
  ❖ 경찰관은 수사에 필요하다고 인정할 때에는 피의자의 체포·출석요구·조사, 장물 등 증거물의 수배, 압수·수색·검증, 참고인의 출석요구·조사 등 그 밖의 필요한 조치(이하 "수사등"이라 한다)에 대한 협력을 다른 경찰관에게 요청할 수 있다.

○ 사건수배 등
  ❖ 경찰관은 범죄수사와 관련하여 사건의 용의자와 수사자료 그 밖의 참고사항에 관하여 다른 경찰관 및 경찰관서에 통보를 요구(이하 "사건수배"라 한다)하거나 긴급배치 등 긴급한 조치를 의뢰할 수 있다.

○ 지명수배·지명통보 관리 및 감독 부서
  ❖ 국가수사본부는 수사국 수사기획과에서 관리·감독한다.
  ❖ 시·도경찰청 및 경찰서는 수사과에서 관리·감독한다.

❖ 시·도경찰청 및 경찰서 수사과장은 수배관리자를 지정하고 관리·감독한다.

○ 수배관리자의 임무
   ❖ 사건담당자로부터 의뢰가 있는 자에 대한 지명수배 또는 지명통보의 실시
   ❖ 지명수배·지명통보자에 대한 전산 입력 및 지명수배자료 관리

▣ 현행 수배제도의 개요

   ❖ (긴급)사건수배
   발생한 사건에 관하여 다른 경찰관서에 대하여 수사상 필요한 조치를 의뢰하는 수배로서 이에는 긴급사건수배와 사건수배의 2종이 있다.
   ❖ 지명수배·통보
   지정한 피의자에 대하여 그의 체포를 의뢰하거나 출석요구를 의뢰하거나 또는 그 피의자의 사건처리를 의뢰하는 수배로서 지명수배, 지명통보의 2종이 있다.
   ❖ 장물수배
   다른 경찰관서에 대하여 장물의 발견을 요구하는 수배이다. 그리고 장물발견을 위한 수단으로서 고물상-전당포업자에 대하여 장물의 발견 신고를 요청하기 위하여 배부하는 장물품표의 제도가 있다.

○ 수배와 공조의 제도는 서로 신의·성실의 원칙을 지킴으로써
   ❖ 유지·발전되는 것이므로, 자기의 공명심에 급급하여 신의에 배반하고, 성실을 잃는 일이 있어서는 안될 것이다.

○ 공조수사체제를 확립 강화하여 경찰관서 상호간에 있어서
   ❖ 타시도경찰청, 경찰서 사건을 적극 협조하여 범인의 조기검거와 범죄의 광역화, 신속화에 대응하도록 하여야 한다.

○ 검찰, 군수사기관, 기타 특별사법경찰관리와도
   ❖ 합리적인 수사공조를 활용하고 인터폴을 통한 국제간에도 긴밀한 수사협조를 기하여 국외 도피하는 피의자들까지 추적하여 법집행을 하는데 끈질긴 집념을 가져야 한다.

○ 조치
  ❖ 수배를 접수한 경찰은 통보를 요구한 사항에 대하여 신속히 필요한 수사조
    치를 취하고 필요에 따라 그 결과를 통보한다.
  ❖ 사건수배는 그 수효가 많고 서식화할 필요도 없다고 인정되기 때문에 사건
    의 개요와 통보를 요구할 사항을 명백히 하여 (긴급)사건수배서에 의하여
    처리

○ 수배의 범위, 방법 등의 검토
  ❖ 정확한 사건판단 하에 적절한 범위의 수배를 하고 수배해제는 적정하게 행
    해야 하며 책임회피를 위하여 수배해제를 등한히 하여 다른 경찰관서에 폐
    를 끼치는 일이 없도록 할 것

○ 참고통보
  ❖ 참고통보는 수사 등의 의뢰가 아니라 반대로 다른 경찰관서에 대하여 수사
    상의 편의를 제공하고 원조하기 위한 통보로서 수배를 받은 사건뿐만 아니
    라 수배를 받지 않았을 경우라 하더라도 수사상 또는 방법상 참고가 될 만
    한 사항을 발견 입수하였을 때 관계 경찰관서에 그 사항을 통보하는 것

○ 긴급 사건수배란
  ❖ 범죄수사에 있어서 다른 경찰관서에 대하여 긴급조치를 의뢰할 필요가 있을
    때에 행하는 수배를 말하는데, 발생사건의 조기검거를 위하여 수사긴급배치·
    긴급수사 기타 필요한 조치를 요구하는 수배이다.

○ 긴급 사건수배 요령
  ❖ 긴급사건수배서에 의하여 수사긴급배치, 긴급수사 기타의 긴급조치를 의뢰
    한다.
  ❖ 긴급 사건수배는 그 성질상 전화로서 행하는 일이 많을 것이나 그것에 한정
    되는 것이 아니므로 그때의 상황에 따라 무전 모사전송 기타 편리한 방법에
    의한다.
  ❖ 경찰서장은 긴급 사건수배를 하는 경우에 직접 또는 시도경찰청장을 경유하
    여 행한다.

○ 수사에 관하여 긴급조치를 의뢰할 필요가 있는 경우라면
  ❖ 발생한 사건이 종류의 여하를 가리지 않으며, 도주 중인 범인을 체포할 수

있는 상태하에 있는 경우에, 그의 체포를 의뢰하는 것이 전형적인 '케이스' 이지만, 반드시 그것에만 국한하지 않는다.

❖ 그러나 이 범죄수사규칙에 규정된 각종 수배를 함에 있어서는, 그 실효를 거두기 위하여 범죄의 종별, 경중, 긴급의 정도 등을 참착하여 수배의 범위, 종별과 방법을 합리적으로 판단하여 남용하는 일이 없도록 특별히 주의하여야 한다.

○ 수사 긴급배치란

❖ 경찰청 훈령으로써 "수사긴급배치규칙"을 제정하여, 한층 세밀히 구체적으로 규정하고 있다.

❖ 여기서 "긴급배치"라 함은 중요사건이 발생하였을 때, 적시성이 있다고 판단되는 경우, 신속한 경찰력 배치, 범인의 도주로 차단, 검문검색을 통하여 범인을 체포하고 현장을 보존하는 등의 초동조치로 범죄수사자료를 수집하는 수사활동을 말한다.

❖ 긴급배치 종별사건 범위

갑 호	을 호
1. 살인사건 　강도·강간·약취·유인·방화살인　2명이상 　집단살인 및 연쇄살인 2. 강도사건 　인질강도 및 해상강도 　금융기관 및 5,000만원 이상다액 강도 　총기, 폭발물 소지강도 　연쇄가도 및 해상강도 3. 방화사건 　관공서, 산업시설, 시장 등의 방화, 연쇄방화, 중요한 범죄 은닉목적 방화보험금 취득목적 방화 4. 기타 중요사건 　총기, 대량의 탄약 및 폭발물 절도 조직 　폭력사건 　약취유인 또는 인질강도 　구인 또는 구속피의자 도주	1. 다음 사건 중 갑호 이외의 사건 　살인 　강도 　방화 　중요 상해치사 　1억원 이상 다액 절도 　관공서 및 국가중요시설 절도 　국보급 문화재 절도 2. 기타 경찰관서장이 중요하다고 판단하여 긴급배치가 필요하다고 인정하는 사건

❖ 긴급배치 종별사건 범위

구 분	지휘부 형태	지휘부요원	
		갑 호	을 호
경 찰 서 단 위	발령경찰서	서 장	형사(수사)과장
	인접경찰서	형사(수사)과장	〃
시도경찰청단위	발생경찰서	서 장	〃
	기타경찰서	형사(수사)과장	〃
	시도경찰청	형사(수사)과장	해 당 계 장
전 국 단 위	경 찰 서	서 장	형사(수사)과장
	시도경찰청	형사(수사)과장	해 당 계 장
	경 찰 청	수 사 국 장	해 당 과 장

○ 수사긴급배치의 발령권자
　❖ 긴급배치의 발령권자는 다음과 같다.
　　　• 긴급배치를 사건발생시 관할경찰서 또는 인접경찰서에 시행할 경우는 발생지 관할경찰서장이 발령한다. 인접경찰서가 타 시도경찰청 관할인 경우도 있다.
　　　• 긴급배치를 사건발생지 시도경찰청의 전경경찰서 또는 인접시도경찰청에 시행할 경우는 발생지 시도경찰청장이 발령한다.
　　　• 전국적인 긴급배치는 경찰청장이 발령한다.
　❖ 발령권자는 긴급배치를 함에 있어, 사건의 종류, 규모, 태양, 범인 도주로 및 차량 이용 등을 감안하여 별지 서식 제1호 「긴급배치수배서」에 의해 신속히 긴급배치수배를 하여야 한다.
　❖ 제1항의 경우 2개 이상의 경찰서 또는 시도경찰청에 긴급배치를 발령할 경우, 발령권자는 긴급배치수배사항을 관련 경찰관서에 통보를 하여야 하며, 통보를 받은 해당경찰관서장은 지체없이 긴급배치를 하여야 한다.

○ 수사긴급배치시의 보고 및 조정
　❖ 발령권자는 긴급배치발령시에는 지체없이 「긴급배치실사부」에 의거, 차상급기관의 자에게 보고하여야 하며, 비상 해제시는 6시간 이내에 같은 서식에 의해 해제일시 및 사유, 단속실적 등을 보고하여야 한다.
　❖ 발령권자의 상급기관의 장은 긴급배치에 불합리한 점이 발견되면 이를 조정해야 한다.

○ 수사긴급배치의 생략

　발령권자는 다음 각호에 해당하는 경우에는 긴급배치를 생략할 수 있다.

❖ 사건 발생 후 상당시간이 경과하여 범인을 체포할 수 없다고 인정될 때

❖ 범인의 인상착의가 확인되지 아니하거나 사건내용이 애매하여 긴급배치에 필요한 자료를 얻지 못할 때

❖ 범인의 성명, 주거, 연고선 등이 판명되어 조속히 체포할 수 있다고 판단된 때

❖ 기타 사건의 성질상 긴급배치가 필요하지 않다고 인정될 때

○ 수사긴급배치시 경력동원기준

❖ 긴급배치 종별에 따른 경력동원 기준은 다음과 같다.

• 갑호배치 : 형사(수사)요원, 지구대/파출소, 검문소 요원은 가동경력 100%

• 가동경력 100%, 지구대/파출소, 검문소요원은 가동경력 50%

❖ 발령권자는 긴급배치 실시상 필요하다고 인정할 때에는 전항의 규정에 불구하고 추가로 경력을 동원 배치할 수 있다.

○ 수사긴급배치의 실시

❖ 긴급배치의 실시는 범행현장 및 부근의 교통요소, 범인의 도주로 잠복, 배회처 등 예상되는 지점 또는 지역에 경찰력을 배치하고, 탐문수사 및 검문검색을 실시한다. 다만, 사건의 상황에 따라 그 일부만 실시할 수 있다.

❖ 관외 중요사건 발생을 관할서장보다 먼저 인지한 서장은 신속히 시도경찰청장에게 보고하는 동시에 관할을 불문, 초동조치를 취하고 즉시 관할서장에게 사건을 인계하여야 하며, 필요한 경우 공조수사를 하여야 한다.

❖ 사건발생지 관할서장은 당해 사건에 대하여 타 서장으로부터 사건을 인수하였을 때에는 전 항에 준하여 조치하여야 한다.

○ 긴급배치시 서장의 기초계획

　서장은 다음 각 호의 사항에 대하여 지역실정에 적합한 자체계획에 의한 지침을 수립, 지침서를 비치하여 긴급배치시 활용토록 하여야 한다.

❖ 중요사건신고에 대한 수리요령

❖ 신속한 초동수사태세의 확립에 필요한 보고전파 및 수배요령

❖ 감독자 및 기능별 배치근무자의 임무분담

❖ 배치개소, 배치인원, 휴대장비 및 검문검색 실시요령

❖ 긴급배치 발령시의 외근근무자에 대한 연락 또는 배치근무자에 대한 추가수배, 해제의 전달방법

❖ 현장에 있어서의 본서 및 시도경찰청과 연락 협조방법

❖ 통신 및 차량의 효율적 운영방법
❖ 관내 금융기관 약도, 연결 도로망, 기타 취약개소 지역등에 대한 현장약도
  및 예상 도주로
❖ 인접서, 인접 시도경찰청과의 상호협조방법

○ 수사긴급배치일람표 및 긴급배치지휘도
  서장은 긴급배치를 함에 있어 배치 개소, 시간 등을 표시한「긴급배치일람표」
  와 다음 각호에 기재된 사항에 대한 긴급배치지휘도를 작성 비치하여야 한다.
❖ 경찰서, 지파출소 및 출장소 등의 소재지
❖ 배치개소
❖ 인접서와 경계지점과 취약지점
  • 역, 터미널, 버스정류장, 공항, 항만 기타 선박기항지등
  • ① 내지 ④ 외에 범인의 도주로, 잠복이 예상되는 장소

○ 수사긴급배치의 해제
  다음 각호에 해당할 때에는 긴급배치를 해제하여야 한다.
❖ 범인을 체포하였을 때
❖ 허위신고 또는 중요사건에 해당되지 않음이 판단되었을 때
❖ 긴급배치를 계속한다 하더라도 효과가 없다고 인정될 때

○ 수사긴급배치 해제의 특례
❖ 경찰청장 또는 시도경찰청장은 긴급배치의 장기화로 인하여 당면 타업무 추
  진에 지장을 가져온다고 인정될 때에는 긴급배치를 해제하고 필요한 최소한
  도의 경찰력만으로 경계 및 수사를 명할 수 있다.

○ 평상시 교양훈련 실시
❖ 경찰청장, 시도경찰청장, 경찰서장은 범인 필검태세 확립 및 범죄현장 적응능
  력 배양을 위하여 긴급배치 훈련을 실시해야 하며, 그 기준은 다음과 같다.
  • 경찰청 : 시도경찰청서 대상 연 1회 이상
  • 시도경찰청 : 관하 경찰서 대상 분기 1회 이상
  • 계획에 의거 분기 1회 이상
❖ 서장은 기초계획에 의거 긴급배치 활동을 신속, 정확하게 실시하기 위하여
  경찰서 직원에 대하여 수시로 긴급배치에 필요한 실무교양 및 훈련을 실시
  하여야 한다.
❖ 서장은 교양훈련을 실시할 때에는 사전에 시도경찰청장에게 보고하여야 한다.

긴 급 배 치 수 배 서

발령자			수 명 자	
발 령 시 각	년 월 일 시 분		수명시각	년 월 일 시 분
사 건 명				
비상배치종별				

1	발 생 지	
2	발 생 장 소	
3	피해자 주소	

	성 명		생년월일	년 월 일	직업	

4	범 인 인상착의 특 징 등	범인수: 명, 신장: cm가량, 연령: 세 가량 두 발: 얼굴형: 착 의: 언 어: 체 격: 특 장: 기타 참고사항:
	차량이용 범 죄	차 종: 차량번호: 차 색: 기 타: 도주로 또는 도주방향:
5	범행의 방법	
6	피 해 상 황	인적피해: 물적피해:
7	비상배치시각	
8	배치개소인원	배치개소 : 개소, 인 원 : 명

긴 급 배 치 실 시 부

시도경찰청장 (서 장)	국 (부) 장	과 장 (계 장)	년 월 일 시 분	상황실장

사 건 명		발 령 자	
신고일시장소		신고방법	

신 고 자	

신고수리시각		신고수리자	

발 생 일 시	
발 생 장 소	

피 해 자	주거					
	성명		생년월일		직업	

범 인 인상착의 특 징 등	범인수: 명, 신장: cm가량, 연령: 세 가량 두 발: 얼굴형: 착 의: 언 어: 체 격: 특 장: 기타 참고사항:

범 행 차 량	차 종: 차량번호: 차 색: 기 타: 도주로 또는 도주방향:

사 건 개 요	

범 행 방 법	

피 해 상 황	인적피해: 물적피해:

발 령 시 각	년 월 일 시 분	해제시각	년 월 일 시 분

갑 □, 을 □, 전국 □, 지방 □, 자서 □

긴급배치상황	시도경찰청 보 고	시 분	관할파출소 수 배	시 분	인접청 · 서 수 배	시 분
	배 치 시 각	시 분	배 치 종료시각	시 분		

주요배치장소 및 인원(총 개소 명)

상설검문소		"목" 검문소		역 · 터미널 (항만, 공항등)		숙박업소등 임 검		은신용의 지역수색 및 잠복		기타 취약지 역	
개소	인원	개소	인원	개소	인원	개소	인원	개소	인원	개소	인원

동 원 인 원

기능별 / 구분	계	경 찰	의 경	기타
자 서				
자 원 경 력				

긴급배치해제상황

해 제 일 시	년 월 일	해제사유	

부 수 범 죄 검 거 실 적

구분	계	살인	강도	강간	절도	폭력	기소중지자	기타
건수								
인원								

※ 사후수사 등 검토사항

긴 급 배 치 일 람 표

경찰서

연번	배치장소	근 무 자				감 독 자	
		계급	성 명	계급	성 명	계급	성 명

국제간 공조수사 요령

○ 인터폴로부터 수배의뢰된 국내 잠입 외국인 범죄자에 대한 색출과 국외 도주한 내국인 범죄자에 대하여 국제 수배요구 등으로 범죄자에게 끈질긴 추적수사가 계속되어야 한다.

○ 인터폴이 의뢰한 국제수배 등의 공조수사 처리
  ❖ 경찰청(외사3과 1계 담당)의 조치사항
    • 수배서 및 수배전문 접수시 인터폴 수배전산망에 수배자료를 전산입력한다.
      - 인터폴 수배 종류
        ·적색수배서 : 범인체포 인도
        ·청색수배서 : 전과 및 신원확인
        ·녹색수배서 : 범죄예방 차원에서 국제간 통보되는 우범자 명단
        ·황색수배서 : 실종자, 가출인 소재 파악
        ·흑색수배서 : 사망자 신원확인
      ※ 인터폴로부터 접수한 적색·녹색수배서는 문서화하여 전국 경찰관서에 하달한다.
      - 파출소, 검문소 등에 외국인 수배철 비치, 외국인 검문시 수배사진 등 자료로 활용한다.
      ※ 법무부 등 유관기관에 인터폴 수배상황을 통보한다.
      - 출입국관리사무소의 출입국 규제 전산망의 입력을 의뢰 협조한다.
      - 수배외국인 입·출국 사열시 대상자를 적발, 경찰관서에 통보되도록 협조체제를 구성한다.
        ·적색수배자 : 대상자 신병확보 후 경찰관서에 인계, 검서 조치
        ·녹·청색수배자 : 대상자 입·출국시 경찰관서에 즉시 통보되어 동향 관찰 또는 소재지 확인이 가능하도록 사전조치
  ❖ 일선 경찰관서의 조치사항
    • 거동수상 외국인에 대한 검문시 대상외국인의 소지여권을 확인하고 파출소, 검문소 등에 설치된 컴퓨터 단말기를 통한 인터폴 수배 전산조회를 확인한다.

<인터폴 수배 전산모니터 화상 예시>

조회 대상자	조회연월일 : 20○○.○.○.
성 명 : KRAMM MECHTHILD HTE	자료번호 : A-00123/01-1997
성 별 : 여	생년월일 : 1971. 6. 17
국 적 : 독일연방공화국	
수 배 국 가 : 독일연방공화국	
수 배 내 역 : 사기	
수 배 종 별 : 통보	수배일자 : 20○○. 1. 21

- 자료작성번호의 구분요령 및 구분에 따른 조치

  (예시 A-00123/01-1997)

  - A : 적색수배자—대상외국인 체포

  ·적발한 파출소, 검문소 근무자는 즉시 신병을 확보하여 경찰서 인계한다.

  ·신병을 인계받은 경찰서는 시도경찰청을 경유, 경찰청(외사3과)에 보고하고 검사의 지휘를 요청한다.

  ·경찰청 외사3과는 수배요청 국가에 체포사실을 통보하여 관계기관과의 협조하에 외교경로를 통한 신병인도를 추진한다.

  - C : 녹색수배자—우범자 인적사항

  ·인터폴 수배 전산조회를 통하여 대상자 발견시 경찰청(외사3과)에 즉시 보고한다.

  ·경찰청의 지휘조정하에 동향감시 또는 신병을 확보한다.

  ·경찰청에서 대상자의 우범성을 판단, 강제출국 등 조치를 강구한다.

  - F : 황색수배자—실종자, 가출인

  ·대상 외국인 발견시 체류지 등을 파악, 연락체계 유지 후 경찰청을 보고한다.

  ·대상자 수배국가에 국내 체류사실을 통보한다.

○ 국외도주범의 검거를 위한 국제공조 수배

  ❖ 일선 경찰관서에서의 구속영장 신청 및 발부

  - 피의자에 대한 구속영장 신청 빙 발부

    - 피의자가 내국인인 경우

    ·여권발급 사실 및 출국여부를 경찰청 외사3과에 확인하고 이미 여권을 발급받은 자로서 아직 출국 사실이 없는 경우 즉시 경찰청 외사3과를

경유, 법무부에 출국규제 조치를 의뢰한다.
- 피의자가 외국인인 경우
·구속영장 발부 즉시 출국규제 조치를 의뢰한다.
　※ 피의자의 국외도주가 확인된 경우
- 경찰청 국제형사계에 범죄사실을 보고 및 국제수배에 필요한 공조자료를 송부한다.
·성명
·생년월일
·성별
·범죄사실
·여권번호 및 여권발급 신청시 제출한 사진
·구속영장사본
❖ 경찰청(외사3과)의 조치사항
- 인터폴에 국제수배 전문 또는 수배서 발송 및 여권 무효화 조치를 의뢰하여 강제퇴거를 유도한다.
- 도피국가가 확인된 중요 범죄자인 경우
·해외주재관이 해당국가의 수사당국을 방문, 구속영장 및 국제수배서를 제시하고 사진 등 수배관련 자료를 제공하고 피의자 검거 및 신병인도를 추진한다.

▣ 지명수배

제91조(지명수배) 경찰관은 「경찰수사규칙」 제46조에 따라 지명수배를 한 경우에는 체포영장 또는 구속영장의 유효기간에 유의하여야 하며, 유효기간 경과 후에도 계속 수배할 필요가 있는 때에는 유효기간 만료 전에 체포영장 또는 구속영장을 재발부 받아야 한다.

제92조(사건담당자의 지명수배·지명통보 의뢰) ① 사건담당자는 「경찰수사규칙」 제45조에 따른 지명수배 또는 같은 규칙 제47조에 따른 지명통보를 할 때에는 별지 제32호서식의 지명수배·지명통보자 전산입력 요구서를 작성 또는 전산입력 하여 수배관리자에게 지명수배 또는 지명통보를 의뢰하여야 한다.
② 지명수배·지명통보를 의뢰할 때에는 다음 각 호의 사항을 정확히 파악하여야 한다.
  1. 성명, 주민등록번호(생년월일), 성별과 주소
  2. 인상, 신체특징 및 피의자의 사진, 방언, 공범
  3. 범죄일자, 죄명, 죄명코드, 공소시효 만료일
  4. 수배관서, 수배번호, 사건번호, 수배일자, 수배종별 구분
  5. 수배종별이 지명수배자인 경우 영장명칭, 영장발부일자, 영장유효기간, 영장번호 또는 긴급체포 대상 유무
  6. 범행 장소, 피해자, 피해정도, 범죄사실 개요
  7. 주민조회, 전과조회, 수배조회 결과
  8. 작성자(사건담당자) 계급, 성명, 작성일시
③ 외국인을 지명수배 또는 지명통보 의뢰할 때에는 영문 성명, 여권번호, 외국인등록번호, 연령, 피부색, 머리카락, 신장, 체격, 활동지, 언어, 국적 등을 추가로 파악하여야 한다.
④ 사건담당자는 지명수배·지명통보의 사유를 명확히 하기 위해 지명수배·지명통보 의뢰 전 다음 각 호의 사항을 수사한 후, 수사보고서로 작성하여 수사기록에 편철하여야 한다.
  1. 연고지 거주 여부
  2. 가족, 형제자매, 동거인과의 연락 여부
  3. 국외 출국 여부
  4. 교도소 등 교정기관 수감 여부
  5. 경찰관서 유치장 수감 여부
⑤ 제4항 제1호의 "연고지"란 다음 각 호와 같다.
  1. 최종 거주지
  2. 주소지
  3. 등록기준지
  4. 사건 관계자 진술 등 수사 과정에서 파악된 배회처

※ 경찰수사규칙
제98조(수사중지 결정) ① 사법경찰관은 다음 각 호의 구분에 해당하는 경우에는 그 사유가 해소될 때까지 수사준칙 제51조제1항제4호에 따른 수사중지 결정을 할 수 있다.
  1. 피의자중지: 다음 각 목의 어느 하나에 해당하는 경우
    가. 피의자가 소재불명인 경우

나. 2개월 이상 해외체류, 중병 등의 사유로 상당한 기간 동안 피의자나 참고인에 대한 조사가 불가능하여 수사를 종결할 수 없는 경우

다. 의료사고·교통사고·특허침해 등 사건의 수사 종결을 위해 전문가의 감정이 필요하나 그 감정에 상당한 시일이 소요되는 경우

라. 다른 기관의 결정이나 법원의 재판 결과가 수사의 종결을 위해 필요하나 그 결정이나 재판에 상당한 시일이 소요되는 경우

마. 수사의 종결을 위해 필요한 중요 증거자료가 외국에 소재하고 있어 이를 확보하는 데 상당한 시일이 소요되는 경우

2. 참고인중지: 참고인·고소인·고발인·피해자 또는 같은 사건 피의자의 소재불명으로 수사를 종결할 수 없는 경우

② 사법경찰관은 제1항에 따라 수사중지의 결정을 하는 경우에는 별지 제107호서식의 수사중지 결정서를 작성하여 사건기록에 편철해야 한다.

③ 사법경찰관은 수사준칙 제51조제4항에 따라 검사에게 사건기록을 송부하는 경우에는 별지 제108호서식의 수사중지 사건기록 송부서를 사건기록에 편철해야 한다.

④ 사법경찰관리는 제1항제1호나목 또는 다목의 사유로 수사중지 결정을 한 경우에는 매월 1회 이상 해당 수사중지 사유가 해소되었는지를 확인해야 한다.

※ 경찰수사규칙

제100조(수사중지 시 지명수배·지명통보) 사법경찰관은 피의자의 소재불명을 이유로 수사중지 결정을 하려는 경우에는 지명수배 또는 지명통보를 해야 한다.

※ 경찰수사규칙

제45조(지명수배) ① 사법경찰관리는 다음 각 호의 어느 하나에 해당하는 사람의 소재를 알 수 없을 때에는 지명수배를 할 수 있다.

1. 법정형이 사형, 무기 또는 장기 3년 이상의 징역이나 금고에 해당하는 죄를 범했다고 의심할 만한 상당한 이유가 있어 체포영장 또는 구속영장이 발부된 사람

2. 제47조에 따른 지명통보의 대상인 사람 중 지명수배를 할 필요가 있어 체포영장 또는 구속영장이 발부된 사람

② 제1항에도 불구하고 법 제200조의3제1항에 따른 긴급체포를 하지 않으면 수사에 현저한 지장을 초래하는 경우에는 영장을 발부받지 않고 지명수배할 수 있다. 이 경우 지명수배 후 신속히 체포영장을 발부받아야 하며, 체포영장을 발부받지 못한 때에는 즉시 지명수배를 해제해야 한다.

※ 경찰수사규칙

제47조(지명통보) 사법경찰관리는 다음 각 호의 어느 하나에 해당하는 사람의 소재를 알 수 없을 때에는 지명통보를 할 수 있다.

1. 법정형이 장기 3년 미만의 징역 또는 금고, 벌금에 해당하는 죄를 범했다고 의심할 만한 상당한 이유가 있고, 출석요구에 응하지 않은 사람

2. 법정형이 장기 3년 이상의 징역이나 금고에 해당하는 죄를 범했다고 의심되더라도 사안이 경미하고, 출석요구에 응하지 않은 사람

○ 수사중지 결정

❖ 사법경찰관은 다음 각 호의 구분에 해당하는 경우에는 그 사유가 해소될 때까지 수사준칙 제51조제1항제4호에 따른 수사중지 결정을 할 수 있다.

    1. 피의자중지: 다음 각 목의 어느 하나에 해당하는 경우

      가. 피의자가 소재불명인 경우

      나. 2개월 이상 해외체류, 중병 등의 사유로 상당한 기간 동안 피의자나 참고인에 대한 조사가 불가능하여 수사를 종결할 수 없는 경우

      다. 의료사고 · 교통사고 · 특허침해 등 사건의 수사 종결을 위해 전문가의 감정이 필요하나 그 감정에 상당한 시일이 소요되는 경우

      라. 다른 기관의 결정이나 법원의 재판 결과가 수사의 종결을 위해 필요하나 그 결정이나 재판에 상당한 시일이 소요되는 경우

      마. 수사의 종결을 위해 필요한 중요 증거자료가 외국에 소재하고 있어 이를 확보하는 데 상당한 시일이 소요되는 경우

    2. 참고인중지: 참고인 · 고소인 · 고발인 · 피해자 또는 같은 사건 피의자의 소재불명으로 수사를 종결할 수 없는 경우

❖ 사법경찰관은 수사중지의 결정을 하는 경우에는 수사중지 결정서를 작성하여 사건기록에 편철해야 한다.

※ 검사와 사법경찰관의 상호협력과 일반적 수사준칙에 관한 규정

제51조(사법경찰관의 결정) ① 사법경찰관은 사건을 수사한 경우에는 다음 각 호의 구분에 따라 결정해야 한다.

  4. 수사중지

    가. 피의자중지

    나. 참고인중지

대한민국경찰
KOREAN NATIONAL POLICE

○○경 찰 서

20○○.○.○

사건번호   제○○호

제   목   **수사중지 결정서**

아래와 같이 수사중지 결정합니다.

Ⅰ. 피의자

Ⅱ. 죄명

Ⅲ. 주문

Ⅳ. 피의사실과 수사중지 이유

　○ 참고인 중지 → 김길동의 소재가 발견될 때까지 수사중지(참고인중지)한다.

　○ 수사중지 → 피의자의 소재가 발견될 때까지 수사중지(피의자중지/지명수배 또는 지명통보)한다.

사법경찰관 경위 홍 길 동

○ 지명수배·지명통보를 의뢰할 때 파악할 사항
  ❖ 성명, 주민등록번호(생년월일), 성별과 주소
  ❖ 인상, 신체특징 및 피의자의 사진, 방언, 공범
  ❖ 범죄일자, 죄명, 죄명코드, 공소시효 만료일
  ❖ 수배관서, 수배번호, 사건번호, 수배일자, 수배종별 구분
  ❖ 수배종별이 지명수배자인 경우 영장명칭, 영장발부일자, 영장유효기간, 영장
    번호 또는 긴급체포 대상 유무
  ❖ 범행 장소, 피해자, 피해정도, 범죄사실 개요
  ❖ 주민조회, 전과조회, 수배조회 결과
  ❖ 작성자(사건담당자) 계급, 성명, 작성일시

○ 외국인을 지명수배 또는 지명통보 의뢰할 때
  ❖ 영문 성명, 여권번호, 외국인등록번호, 연령, 피부색, 머리카락, 신장, 체격,
    활동지, 언어, 국적 등을 추가로 파악

○ 지명수배·지명통보 의뢰 전 확인사항(수사보고서 작성)
  ❖ 연고지 거주 여부
    −최종 거주지
    −주소지
    −등록기준지
    −사건 관계자 진술 등 수사 과정에서 파악된 배회처
  ❖ 가족, 형제자매, 동거인과의 연락 여부
  ❖ 국외 출국 여부
  ❖ 교도소 등 교정기관 수감 여부
  ❖ 경찰관서 유치장 수감 여부

○ 지명수배 대상
  ❖ 법정형이 사형 무기 또는 장기 3년 이상의 징역이나 금고에 해당하는 죄를
    범하였다고 의심할 만한 상당한 이유가 있어 체포영장 또는 구속영장이 발
    부된 사람
  ❖ 지명통보의 대상인 사람 중 지명수배를 할 필요가 있어 체포영장 또는 구속
    영장이 발부된 사람
  ❖ 긴급체포 대상에 해당하는 긴박한 사유가 있는 때에는 영장을 발부받지 아
    니하고 지명수배 가능

(이 경우 지명수배를 한 후 신속히 체포영장을 발부받아야 하며, 발부받지 못한 경우에는 즉시 지명수배를 해제하여야 한다.)

○ 지명통보 대상

❖ 법정형이 장기 3년 미만의 징역 또는 금고, 벌금에 해당하는 죄를 범하였다고 의심할 만한 상당한 이유가 있고, 수사기관의 출석요구에 응하지 아니하며 소재수사 결과 소재불명된 자

❖ 법정형이 장기 3년 이상의 징역이나 금고에 해당하는 죄를 범하였다고 의심되더라도 사안이 경미하거나 기록상 혐의를 인정키 어려운 자로서 출석요구에 불응하고 소재가 불명인 자

❖ 사기, 횡령, 배임죄 및 부정수표단속법 제2조에 정한 죄의 혐의를 받는 자로서 초범이고 그 피해액이 500만원 이하에 해당하는 자

❖ 구속영장을 청구하지 아니하거나 발부받지 못하여 긴급체포 되었다가 석방된 지명수배자

○ 내국인 수배
○ 외국인 · 교포 수배

지문 번호				

지명수배 · 지명통보자 전산입력 요구서

수배관서 :	청 서
수배번호 :	년 호
사건번호 :	년 호
즉심구분 :	

주민조회		전과조회		수배조회	
했음	안했음	했음	안했음	했음	안했음

성 명		주 민 번 호 (생년월일)	성별	죄 명	수배년월일	범죄일자	공소시효 만료일	수 배 종 별 (해당란 ○표)	인상·방언 신체특징	공 범	
			남					A지명수배자, B지명수배자		성 명	연 령
			여					C지명통보자			

영문 성명	First		여권번호	연령	피부색	머리카락	신 장	체 격	활동지	언 어	국 적
	Middle										
	Last										

영장구분 (해당란 ○표)	발 부 일 자	유 효 기 간	영장번호	공소시효정지자 무 적 자	범행장소	
1. 구속 2. 체포 3. 긴급체포 4. 형집행장 5. 구인장	년 월 일	년 월 일			피 해 자	피해정도

개   요

해 제 사 유 < 해당란 ○ 표 >						
01	02	03	04	05	06	07
검 거	자 수	공소시효만료	오류입력	죄안됨	공소권무	혐의무
일 자	관 서	계급	성 명	08	09	10	11	12
				기소유예	구약식	구공판	수배종별변경	기타(각하등)

210㎜ × 297㎜(백상지 80g/㎡)

회 차	영장 발부일자	유 효 기 간	영장 번호	영장 종류	사 진

※ 영장구분 중
4. 형집행장과
5. 구인장은
B지명수배자만 해당함

※ 참   고

구분		담당 작 성 자 (사건담당자)	수배 담당자	책 임 자
수 배	일자	년 월 일	년 월 일	년 월 일
	소속			
	계급			
	성명			
해 제	일자	년 월 일	년 월 일	년 월 일
	소속			
	계급			
	성명			

210㎜ × 297㎜(백상지 80g/㎡)

▣ 지명수배 · 지명통보 관리

제93조(지명수배·지명통보 실시) ① 수배관리자는 제92조에 따라 의뢰받은 지명수배·지명통보자를 별지 제33호서식의 지명수배 및 통보대장에 등재하고, 전산 입력하여 전국 수배를 해야 한다.
② 별지 제32호서식의 지명수배·지명통보자 전산입력요구서는 작성관서에서 작성 내용과 입력사항 및 관련 영장 등을 확인 검토한 후 연도별, 번호순으로 보관하여야 한다.

제94조(지명수배·지명통보의 책임) 지명수배와 지명통보를 신속하고 정확하게 하여 인권침해 등을 방지하고, 수사의 적정성을 기하기 위하여 다음 각 호와 같이 한다.
 1. 지명수배·지명통보자 전산입력 요구서 작성, 지명수배·지명통보의 실시 및 해제서 작성과 의뢰에 대한 책임은 담당 수사팀장으로 한다.
 2. 지명수배·지명통보의 실시 및 해제 사항 또는 수배사건 담당자 변경, 전산입력 등 관리책임은 수배관리자로 한다.
 3. 제1호 및 제2호의 최종 승인은 수배관리자가 처리한다.

제95조(지명수배 · 지명통보 통계) 국가수사본부장은 지명수배·지명통보의 발생, 검거 현황 등을 별지 제34호서식의 지명수배 · 지명통보자 죄종별 현황에 따라 전산 집계한다.

제96조(장부와 비치서류의 전자화) ① 다음 각 호의 장부와 비치서류 중 형사사법정보시스템에 그 작성·저장·관리 기능이 구현되어 있는 것은 전자적으로 관리할 수 있다.
 1. 지명수배·지명통보자 전산입력요구서
 2. 지명수배·지명통보자 죄종별 현황
 3. 지명수배·지명통보자 발견 통보대장
② 제1항 각 호의 전자장부와 전자 비치서류는 종이 장부와 서류의 개별 항목을 포함하여야 한다.

제97조(지명수배·지명통보 변경) ① 수배 또는 통보 경찰관서에서는 지명수배·지명통보자의 인적사항 등에 대한 변경사항을 확인하였을 경우에는 기존 작성된 지명수배·지명통보자 전산입력 요구서에 변경사항을 작성하고 지명수배·지명통보 내용을 변경하여야 한다.
② 수배관리자는 영장 유효기간이 경과된 지명수배자에 대해서는 영장이 재발부 될 때까지 지명통보자로 변경한다.

○ 수배입력
 ❖ 수사중지된 피의자는 기존과 동일하게 지명수배 또는 지명통보
 ❖ 피의자 불특정 시 '수사중지(피의자중지)' 결정하고 수배 입력은 생략
 ❖ 법 제200조의3제1항에 해당하는 긴박한 사유가 있는 때에는 영장을 발부받지 아니하고 지명수배 가능(이 경우 지명수배를 한 후 신속히 체포영장을 발부받아야 하며, 발부받지 못한 경우에는 즉시 지명수배를 해제하여야 한다.)

○ 장부와 비치서류의 전자화

다음 각 호의 장부와 비치서류 중 형사사법정보시스템에 그 작성·저장·관리 기능이 구현되어 있는 것은 전자적으로 관리할 수 있다.

❖ 지명수배·지명통보자 전산입력요구서
❖ 지명수배·지명통보자 죄종별 현황
❖ 지명수배·지명통보자 발견 통보대장

○ 지명수배·지명통보 변경

❖ 지명수배·지명통보자의 인적사항 등에 대한 변경사항을 확인하였을 경우에는 전산입력 요구서에 변경사항을 작성하고 내용을 변경하여야 한다.
❖ 수배관리자는 영장 유효기간이 경과된 지명수배자에 대해서는 영장이 재발부 될 때까지 지명통보자로 변경한다.

지명수배 및 통보대장

사건송치			수배번호				피의자				죄명	공소시효 만료 일자	연고지 수사상황		수배해제		
청자	일자	번호	일자	번호	공조		성명	연령	성별	주민등록번호			등록기준지 또는 주소	회보내용	사유	일자	번호
					일자	번호											

210mm × 297mm(백상지 80g/㎡)

▣ 지명수배자 발견 시 조치

제98조(지명수배된 사람 발견 시 조치) ① 경찰관은 「경찰수사규칙」 제46조제1항에 따라 지명수배자를 체포 또는 구속하고, 지명수배한 경찰관서(이하 "수배관서"라 한다)에 인계하여야 한다.

② 도서지역에서 지명수배자가 발견된 경우에는 지명수배자 등이 발견된 관할 경찰관서(이하 "발견관서"라 한다)의 경찰관은 지명수배자의 소재를 계속 확인하고, 수배관서와 협조하여 검거 시기를 정함으로써 검거 후 구속영장청구시한(체포한 때부터 48시간)이 경과되지 않도록 하여야 한다.

③ 지명수배자를 검거한 경찰관은 구속영장 청구에 대비하여 피의자가 도망 또는 증거를 인멸할 염려에 대한 소명자료 확보를 위하여 필요하다고 판단되는 경우에는 체포의 과정과 상황 등을 별지 제35호서식의 지명수배자 검거보고서에 작성하고 이를 수배관서에 인계하여 수사기록에 편철하도록 하여야 한다.

④ 검거된 지명수배자를 인수한 수배관서의 경찰관은 24시간 내에 「형사소송법」제200조의6 또는 제209조에서 준용하는 법 제87조 및 「수사준칙」 제33조제1항에 따라 체포 또는 구속의 통지를 하여야 한다. 다만, 지명수배자를 수배관서가 위치하는 특별시, 광역시, 도 이외의 지역에서 지명수배자를 검거한 경우에는 지명수배자를 검거한 경찰관서(이하 "검거관서"라 한다)에서 통지를 하여야 한다.

※ 경찰수사규칙

제46조(지명수배자 발견 시 조치) ① 사법경찰관리는 제45조제1항에 따라 지명수배된 사람(이하 "지명수배자"라 한다)을 발견한 때에는 체포영장 또는 구속영장을 제시하고, 수사준칙 제32조제1항에 따라 권리 등을 고지한 후 체포 또는 구속하며 별지 제36호서식의 권리 고지 확인서를 받아야 한다. 다만, 체포영장 또는 구속영장을 소지하지 않은 경우 긴급하게 필요하면 지명수배자에게 영장이 발부되었음을 고지한 후 체포 또는 구속할 수 있으며 사후에 지체 없이 그 영장을 제시해야 한다.

② 사법경찰관은 제45조제2항에 따라 영장을 발부받지 않고 지명수배한 경우에는 지명수배자에게 긴급체포한다는 사실과 수사준칙 제32조제1항에 따른 권리 등을 고지한 후 긴급체포해야 한다. 이 경우 지명수배자로부터 별지 제36호서식의 권리 고지 확인서를 받고 제51조제1항에 따른 긴급체포서를 작성해야 한다.

제99조(지명수배자의 인수·호송 등) ① 경찰관서장은 검거된 지명수배자에 대한 신속한 조사와 호송을 위하여 미리 출장조사 체계 및 자체 호송계획을 수립하여야 한다.

② 수배관서의 경찰관은 다음 각 호의 어느 하나에 해당하는 경우를 제외하고는 검거관서로부터 검거된 지명수배자를 인수하여야 한다. 다만, 수배관서와 검거관서 간에 서로 합의한 때에는 이에 따른다.

1. 수배대상 범죄의 죄종 및 죄질과 비교하여 동등하거나 그 이상에 해당하는 다른 범죄를 검거관서의 관할구역 내에서 범한 경우
2. 검거관서에서 지명수배자와 관련된 범죄로 이미 정범이나 공동정범인 피의자의 일부를 검거하고 있는 경우
3. 지명수배자가 단일 사건으로 수배되고 불구속 수사대상자로서 검거관서로 출장하여 조사한 후 신속히 석방함이 타당한 경우

③ 경찰관은 검거한 지명수배자에 대하여 지명수배가 여러 건인 경우에는 다음 각호의 수배관서 순위에 따라 검거된 지명수배자를 인계받아 조사하여야 한다.

1. 공소시효 만료 3개월 이내이거나 공범에 대한 수사 또는 재판이 진행 중인 수배관서
2. 법정형이 중한 죄명으로 지명수배한 수배관서
3. 검거관서와 동일한 지방검찰청 또는 지청의 관할구역에 있는 수배관서
4. 검거관서와 거리 또는 교통상 가장 인접한 수배관서

제100조(재지명수배의 제한) 긴급체포한 지명수배자를 석방한 경우에는 영장을 발부받지 않고 동일한 범죄사실에 관하여 다시 지명수배하지 못한다.

○ 경찰수배자를 수배경찰관서에서 검거
  ❖ 수사중지 대상자
    지명수배자 검거보고서, 영장집행관련 서류 작성, 수사중지사건 수사재개서 작성
  ❖ 기소중지/참고인중지 (2021년 이전)
    지명수배자 검거보고서, 영장집행관련 서류 작성, 기소중지사건 소재발견통보서 작성, 수사중지사건 수사재개서 작성

○ 경찰수배자를 타 경찰관서에서 검거
  ❖ 지명수배자 검거보고서, 영장집행관련 서류 작성, 사건 담당경찰관서에 송부

○ 검찰 등 타수사기관 수배자를 경찰이 검거
  ❖ 영장 집행관련 서류 작성, 유선 통보 또는 소재불명자 발견 통보서 작성 공문 발송

소 속 관 서

제 0000-000000 호   0000.00.00.

수 신 :

참 조 :

제 목 : 지명수배자 검거 보고

아래와 같이 지명수배자를 검거하였기에 보고합니다.

1. 검거 일시·장소

2. 인적사항

　　성 명 :　　　　　　주민등록번호 :

　　주 소 :

　　주 거 :

3. 수배내용

수배관서	수배일자	수배번호	사건번호	죄 명	종별(ABC)

4. 검거경위

5. 검 거 자

○○경 찰 서

제 호   20○○.○.○.

수 신 : ○○검찰청의 장(검사: 홍길동)

제 목 : **기소중지 사건 소재발견 통보서**

「검사와 사법경찰관의 상호협력과 일반적 수사준칙에 관한 규정」 제55조 제3항에 따라 본 관서에서 기 송치하여 귀청에서 기소중지한 사건 피의자의 소재를 발견하여 통보합니다.

피의자	성 명	
	주 민 등 록 번 호	
	직 업	
	주 거	
대상사건	죄 명	
	송 치 일 자	
	송 치 번 호	
	사 건 번 호	
발견 경위	**※ 2021년 이전 송치사건 기록 반환용**	
비 고		

○○경찰서

사법경찰관 경

권리 고지 확인서

성   명 :

주민등록번호 : (세)

주   거 :

본인은 20○○.○.○. 00:00경 ○○에서 (체포/긴급체포/현행범인체포/구속)되면서 피의

사실의 요지, 체포·구속의 이유와 함께 변호인을 선임할 수 있고, 진술을 거부하거나, 변명을

할 수 있으며, 체포·구속적부심을 청구할 수 있음을 고지받았음을 확인합니다.

20○○.○.○.

위 확인인

   위 피의자를 (체포/긴급체포/현행범인체포/구속)하면서 위와 같이 고지하고 변명의 기회를

주었음(변명의 기회를 주었으나 정당한 이유없이 기명날인 또는 서명을 거부함).

※ 기명날인 또는 서명 거부 사유 :

20○○.○.○.

○○경찰서

사법경찰관 경

▣ 중요지명피의자 종합 공개수배

제101조(중요지명피의자 종합 공개수배) ① 시·도경찰청장은 지명수배를 한 후, 6월이 경과하여도 검거하지 못한 사람들 중 다음 각 호에 해당하는 중요지명피의자를 매년 5월과 11월 연 2회 선정하여 국가수사본부장에게 별지 제36호서식의 중요지명피의자 종합 공개수배 보고서에 따라 보고하여야 한다.
1. 강력범(살인, 강도, 성폭력, 마약, 방화, 폭력, 절도범을 말한다)
2. 다액·다수피해 경제사범, 부정부패 사범
3. 그밖에 신속한 검거를 위해 전국적 공개수배가 필요하다고 판단되는 자
② 국가수사본부장은 공개수배 위원회를 개최하여 제1항의 중요지명피의자 종합 공개수배 대상자를 선정하고, 매년 6월과 12월 중요지명피의자 종합 공개수배 전단을 별지 제37호서식의 중요지명피의자 종합 공개수배에 따라 작성하여 게시하는 방법으로 공개수배 한다.
③ 경찰서장은 제2항의 중요지명피의자 종합 공개수배 전단을 다음 각 호에 따라 게시·관리하여야 한다.
1. 관할 내 다중의 눈에 잘 띄는 장소, 수배자의 은신 또는 이용·출현 예상 장소 등을 선별하여 게시한다.
2. 관할 내 교도소·구치소 등 교정시설, 읍·면사무소·주민센터 등 관공서, 병무관서, 군 부대 등에 게시한다.
3. 검거 등 사유로 종합 공개수배를 해제한 경우 즉시 검거표시 한다.
4. 신규 종합 공개수배 전단을 게시할 때에는 전회 게시 전단을 회수하여 폐기한다.
④ 중요지명피의자 종합 공개수배 전단은 언론매체·정보통신망 등에 게시할 수 있다.

제102조(긴급 공개수배) ① 경찰관서의 장은 법정형이 사형·무기 또는 장기 3년 이상 징역이나 금고에 해당하는 죄를 범하였다고 의심할만한 상당한 이유가 있고, 범죄의 상습성, 사회적 관심, 공익에 대한 위험 등을 고려할 때 신속한 검거가 필요한 자에 대해 긴급 공개수배 할 수 있다.
② 긴급 공개수배는 사진·현상·전단 등의 방법으로 할 수 있으며, 언론매체·정보통신망 등을 이용할 수 있다.
③ 검거 등 긴급 공개수배의 필요성이 소멸한 때에는 긴급 공개수배 해제의 사유를 고지하고 관련 게시물·방영물을 회수, 삭제하여야 한다.

제103조(언론매체·정보통신망 등을 이용한 공개수배) ① 언론매체·정보통신망 등을 이용한 공개수배는 제104조에 따른 공개수배 위원회의 심의를 거쳐야 한다. 단, 공개수배 위원회를 개최할 시간적 여유가 없는 긴급한 경우에는 사후 심의할 수 있으며, 이 경우 지체 없이 위원회를 개최하여야 한다.
② 언론매체·정보통신망 등을 이용한 공개수배는 퍼 나르기, 무단 복제 등 방지를 위한 기술적·제도적 보안 조치된 수단을 이용하여야 하며, 방영물·게시물의 삭제 등 관리 감독이 가능한 장치를 마련해야 한다.
③ 검거, 공소시효 만료 등 공개수배의 필요성이 소멸한 때에는 공개수배 해제의 사유를 고지하고 관련 게시물·방영물 등을 회수, 삭제하여야 한다.

제104조(공개수배 위원회) ① 국가수사본부는 중요지명피의자 종합 공개수배, 긴급 공개수배 등 공개수배에 관한 사항을 심의하기 위하여 공개수배위원회를 둘 수 있다.

② 제1항에 따라 공개수배 위원회를 두는 경우 위원장은 수사기획과장으로 하고, 위원회는 위원장 1명을 포함하여 7명 이상 11명 이내로 성별을 고려하여 구성한다. 이 경우, 외부전문가를 포함하여야 한다.
③ 「공직선거법」에 따라 실시하는 선거에 후보자(예비후보자 포함)로 등록한 사람, 같은 법에 따른 선거사무관계자 및 선거에 의하여 취임한 공무원, 「정당법」에 따른 정당의 당원은 위원이 될 수 없다.
④ 위원이 제3항에 해당하게 된 때에는 당연 해촉된다.
⑤ 국가수사본부 공개수배 위원회 정기회의는 매년 5월, 11월 연 2회 개최하며 제102조제1항에 해당하는 등 필요한 경우 임시회의를 개최할 수 있다.
⑥ 국가수사본부 공개수배 위원회 회의는 위원 5명 이상의 출석과 출석위원 과반수 찬성으로 의결한다.
⑦ 경찰관서의 장은 관할 내 공개수배에 관한 사항의 심의를 위해 필요한 경우 국가수사본부 공개수배 위원회 관련 규정을 준용하여 공개수배 위원회를 운영할 수 있다.

제105조(공개수배 시 유의사항) ① 공개수배를 할 때에는 그 죄증이 명백하고 공익상의 필요성이 현저한 경우에만 실시하여야 한다.
② 제1항의 공개수배를 하는 경우 제101조부터 제104조까지에서 정한 요건과 절차를 준수하여야 하며, 객관적이고 정확한 자료를 바탕으로 필요 최소한의 사항만 공개하여야 한다.
③ 공개수배의 필요성이 소멸된 경우에는 즉시 공개수배를 해제하여야 한다.

○ 중요지명피의자 종합 공개수배
   ❖ 시·도경찰청장은 지명수배를 한 후, 6월이 경과하여도 검거하지 못한 사람들 중 다음 각 호에 해당하는 중요지명피의자를 매년 5월과 11월 연 2회 선정하여 국가수사본부장에게 중요지명피의자 종합 공개수배 보고서에 따라 보고하여야 한다.
      1. 강력범(살인, 강도, 성폭력, 마약, 방화, 폭력, 절도범을 말한다)
      2. 다액·다수피해 경제사범, 부정부패 사범
      3. 그밖에 신속한 검거를 위해 전국적 공개수배가 필요하다고 판단되는 자
   ❖ 국가수사본부장은 공개수배 위원회를 개최하여 중요지명피의자 종합 공개수배 대상자를 선정하고, 매년 6월과 12월 중요지명피의자 종합 공개수배 전단을 작성하여 게시하는 방법으로 공개수배 한다.
   ❖ 경찰서장은 중요지명피의자 종합 공개수배 전단을 다음 각 호에 따라 게시·관리하여야 한다.
      1. 관할 내 다중의 눈에 잘 띄는 장소, 수배자의 은신 또는 이용·출현 예상 장소 등을 선별하여 게시한다.
      2. 관할 내 교도소·구치소 등 교정시설, 읍·면사무소·주민센터 등 관공서, 병무관서, 군 부대 등에 게시한다.
      3. 검거 등 사유로 종합 공개수배를 해제한 경우 즉시 검거표시 한다.

4. 신규 종합 공개수배 전단을 게시할 때에는 전회 게시 전단을 회수하여 폐기한다.

❖ 중요지명피의자 종합 공개수배 전단은 언론매체·정보통신망 등에 게시할 수 있다.

○ 긴급 공개수배

❖ 경찰관서의 장은 법정형이 사형·무기 또는 장기 3년 이상 징역이나 금고에 해당하는 죄를 범하였다고 의심할만한 상당한 이유가 있고, 범죄의 상습성, 사회적 관심, 공익에 대한 위험 등을 고려할 때 신속한 검거가 필요한 자에 대해 긴급 공개수배 할 수 있다.

❖ 긴급 공개수배는 사진·현상·전단 등의 방법으로 할 수 있으며, 언론매체·정보통신망 등을 이용할 수 있다.

❖ 검거 등 긴급 공개수배의 필요성이 소멸한 때에는 긴급 공개수배 해제의 사유를 고지하고 관련 게시물·방영물을 회수, 삭제하여야 한다.

○ 언론매체·정보통신망 등을 이용한 공개수배

❖ 언론매체·정보통신망 등을 이용한 공개수배는 공개수배 위원회의 심의를 거쳐야 한다. 단, 공개수배 위원회를 개최할 시간적 여유가 없는 긴급한 경우에는 사후 심의할 수 있으며, 이 경우 지체 없이 위원회를 개최하여야 한다.

❖ 언론매체·정보통신망 등을 이용한 공개수배는 퍼 나르기, 무단 복제 등 방지를 위한 기술적·제도적 보안 조치된 수단을 이용하여야 하며, 방영물·게시물의 삭제 등 관리 감독이 가능한 장치를 마련해야 한다.

❖ 검거, 공소시효 만료 등 공개수배의 필요성이 소멸한 때에는 공개수배 해제의 사유를 고지하고 관련 게시물·방영물 등을 회수, 삭제하여야 한다.

○ 공개수배 위원회

❖ 국가수사본부는 중요지명피의자 종합 공개수배, 긴급 공개수배 등 공개수배에 관한 사항을 심의하기 위하여 공개수배위원회를 둘 수 있다.

❖ 공개수배 위원회를 두는 경우 위원장은 수사기획과장으로 하고, 위원회는 위원장 1명을 포함하여 7명 이상 11명 이내로 성별을 고려하여 구성한다. 이 경우, 외부전문가를 포함하여야 한다.

❖ 「공직선거법」에 따라 실시하는 선거에 후보자(예비후보자 포함)로 등록한 사람, 같은 법에 따른 선거사무관계자 및 선거에 의하여 취임한 공무원, 「정당법」에 따른 정당의 당원은 위원이 될 수 없다.

❖ 국가수사본부 공개수배 위원회 정기회의는 매년 5월, 11월 연 2회 개최하며 제102조제1항에 해당하는 등 필요한 경우 임시회의를 개최할 수 있다.

○ 공개수배 시 유의사항

❖ 공개수배를 할 때에는 그 죄증이 명백하고 공익상의 필요성이 현저한 경우에만 실시하여야 한다.

❖ 공개수배를 하는 경우 객관적이고 정확한 자료를 바탕으로 필요 최소한의 사항만 공개하여야 한다.

❖ 공개수배의 필요성이 소멸된 경우에는 즉시 공개수배를 해제하여야 한다.

중요지명피의자 종합 공개수배 보고서

<table>
<tr><td rowspan="5">사진</td><td>죄　　　명</td><td></td></tr>
<tr><td>발 생 일 시</td><td></td></tr>
<tr><td>발 생 장 소</td><td></td></tr>
<tr><td>등 록 기 준 지</td><td></td></tr>
<tr><td>주　　　소</td><td></td></tr>
<tr><td>성　　명</td><td></td><td>주민등록번호
(연령)</td><td></td></tr>
<tr><td>인상특징</td><td colspan="3">신장 :　　　　체격 :　　　　　　방언 :　　　　　기타 :</td></tr>
<tr><td>범죄사실</td><td colspan="3"></td></tr>
<tr><td>종합공개수배
대상자로
지명하게
된 사 유</td><td colspan="3"></td></tr>
<tr><td>피의자로
판단한 인적
물적증거</td><td colspan="3"></td></tr>
<tr><td rowspan="2">지명수배</td><td>경찰서</td><td></td><td>년월일</td><td></td></tr>
</table>

| 지명수배 | 영장구분 | 체포, 구속 | | 영장유효기간 | |

210mm × 297mm(백상지 80g/㎡)

▣ 지명통보자 발견 시 조치

제106조(지명통보된 사람 발견 시 조치) ① 경찰관은 지명통보된 사람(이하 "지명통보자"라 한다)을 발견한 때에는 「경찰수사규칙」 제48조에 따라 지명통보자에게 지명통보된 사실 등을 고지한 뒤 별지 제38호서식의 지명통보사실 통지서를 교부하고, 별지 제39호서식의 지명통보자 소재발견 보고서를 작성한 후 「경찰수사규칙」 제96조에 따라 사건이송서와 함께 통보관서에 인계하여야 한다. 다만, 지명통보된 사실 등을 고지받은 지명통보자가 지명통보사실통지서를 교부받기 거부하는 경우에는 그 취지를 지명통보자 소재발견 보고서에 기재하여야 한다.
② 제1항의 경우 여러 건의 지명통보가 된 사람을 발견하였을 때에는 각 건마다 별지 제38호서식의 지명통보사실 통지서를 작성하여 교부하고 별지 제39호서식의 지명통보자 소재발견 보고서를 작성하여야 한다.
③ 별지 제39호서식의 지명통보자 소재발견 보고서를 송부받은 통보관서의 사건담당 경찰관은 즉시 지명통보된 피의자에게 피의자가 출석하기로 확인한 일자에 출석하거나 사건이송신청서를 제출하라는 취지의 출석요구서를 발송하여야 한다.
④ 경찰관은 지명통보된 피의자가 정당한 이유없이 약속한 일자에 출석하지 않거나 출석요구에 응하지 아니하는 때에는 지명수배 절차를 진행할 수 있다. 이 경우 체포영장청구기록에 지명통보자 소재발견 보고서, 지명통보사실 통지서, 출석요구서 사본 등 지명통보된 피의자가 본인이 약속한 일자에 정당한 이유없이 출석하지 않았다는 취지의 증명자료를 첨부하여야 한다.

제107조(지명통보자에 대한 특칙) 제106조에도 불구하고 행정기관 고발사건 중 법정형이 2년 이하의 징역에 해당하는 범죄로 수사중지된 자를 발견한 발견관서의 경찰관은 통보관서로부터 수사중지결정서를 팩스 등의 방법으로 송부받아 피의자를 조사한 후 조사서류만 통보관서로 보낼 수 있다. 다만, 피의자가 상습적인 법규위반자 또는 전과자이거나 위반사실을 부인하는 경우에는 그러하지 아니 하다.

○ 경찰수배자를 수배경찰관서에서 검거
  ❖ 지명통보자
    ① 수사중지 대상자
      지명통보사실 통지서, 지명통보자 소재발견 보고 작성
    ② 기소중지/참고인중지 (2021년 이전)
      -지명통보사실 통지서
      -지명통보자 소재발견 보고 작성, 기소중지사건 소재발견통보서 작성, 검찰에 요청서 송부, 기록반환, 수사중지사건 수사재개서 작성
  ❖ 참고인중지
    ① 수사중지 대상자
      소재발견 관련 수사보고 작성, 수사중지사건 수사재개서 작성
    ② 기소중지/참고인중지 (2021년 이전)

수사보고서 작성, 지명통보자 소재발견 보고 작성, 참고인중지사건 소재발견통보서 작성, 검찰에 요청서 송부, 기록반환, 수사중지사건 수사재개서 작성

○ 경찰수배자를 타 경찰관서에서 검거
  ❖ 지명통보자
    지명통보사실 통지서, 지명통보자 소재발견 보고 작성, 사건 담당경찰관서에 송부
  ❖ 참고인중지
    소재발견 관련 수사보고 작성, 사건 담당경찰관서에 송부

○ 검찰 등 타 수사기관 수배자를 경찰이 검거
  ❖ 지명통보자
    지명통보사실 통지서, 지명통보자 소재발견 보고 작성, 유선 통보 또는 소재불명자 발견 통보서 작성 공문 발송
  ❖ 참고인중지
    유선 통보 또는 소재불명자 발견 통보서 작성 공문 발송

○ 지명통보자에 대한 특칙
  ❖ 행정기관 고발사건 중 법정형이 2년 이하의 징역에 해당하는 범죄로 수사중지된 자를 발견한 발견관서의 경찰관은 통보관서로부터 수사중지결정서를 팩스 등의 방법으로 송부받아 피의자를 조사한 후 조사서류만 통보관서로 보낼 수 있다.
  ❖ 다만, 피의자가 상습적인 법규위반자 또는 전과자이거나 위반사실을 부인하는 경우에는 그러하지 아니 하다.

○○경 찰 서

제 호   20○○.○.○.

수 신 : ○○검찰청의 장(검사: 홍길동)

제 목 : **소재불명자 발견 통보자(참고인등)**

「검사와 사법경찰관의 상호협력과 일반적 수사준칙에 관한 규정」 제55조 제1항에 따라 귀청에서 참고인중지한 사건의 참고인등을 다음과 같이 발견하였으므로 통보합니다.

참고인등	성 명				
	주 민 등 록 번 호				
	직 업				
	주 거				
	전 화	(자택)		(직장)	
대상사건	피 의 자				
	죄 명				
	송 치 일 자				
	송 치 번 호				
	사 건 번 호				
발견 경위					
비 고					
첨 부					

○○경찰서

사법경찰관 경감 유 아 림

▣ 장물수배

제108조(장물수배) ① 장물수배란 수사중인 사건의 장물에 관하여 다른 경찰관서에 그 발견을 요청하는 수배를 말한다.
② 경찰관은 장물수배를 할 때에는 발견해야 할 장물의 명칭, 모양, 상표, 품질, 품종 그 밖의 특징 등을 명백히 하여야 하며 사진, 도면, 동일한 견본·조각을 첨부하는 등 필요한 조치를 하여야 한다.
③ 「범죄수법 공조자료 관리규칙」 제10조의 피해통보표에 전산입력한 피해품은 장물수배로 본다.

※ 범죄수법 공조자료 관리규칙
제10조(피해통보표의 장물 수배) ① 재산범죄 사건의 피해품은 경찰시스템 피해통보표의 피해품 란에 각각 전산입력하여 장물조회 등의 수사자료로 활용한다.
② 피해통보표에 전산입력한 피해품은 장물수배로 본다.

제109조(장물수배서) ① 경찰서장은 범죄수사상 필요하다고 인정할 때에는 장물과 관련있는 영업주에 대하여 장물수배서를 발급할 수 있으며, 장물수배서는 다음의 3종으로 구분한다.
1. 특별 중요 장물수배서(수사본부를 설치하고 수사하고 있는 사건에 관하여 발하는 경우의 장물수배서를 말한다)
2. 중요 장물수배서(수사본부를 설치하고 수사하고 있는 사건 이외의 중요한 사건에 관하여 발하는 경우의 장물수배서를 말한다)
3. 보통 장물수배서(그 밖의 사건에 관하여 발하는 경우의 장물수배서를 말한다)
② 특별 중요 장물수배서는 홍색, 중요 장물수배서는 청색, 보통장물수배서는 백색에 의하여 각각 그 구별을 하여야 한다.
③ 장물수배서를 발급할 때에는 제108조제2항을 준용한다.
④ 경찰서장은 장물수배서를 발부하거나 배부하였을 때 별지 제40호서식의 장물수배서 원부와 별지 제41호서식의 장물수배서 배부부에 따라 각각 그 상황을 명확히 작성하여야 한다.

제110조(수배 등의 해제) ① 제108조에 규정한 수배 또는 통보에 관계된 사건에 대하여는 「경찰수사규칙」 제49조를 준용한다.
② 경찰관은 제1항의 경우 이외에는 제87조에 따라 수사 등의 요청을 한 경우 또는 장물수배서를 발행한 경우에도 그 필요성이 없다고 인정할 때에는 제1항에 준하여 필요한 절차를 밟아야 한다.

○ 장물수배는 경찰관서에서 수사하고
　있는 사건에 관하여 그 장물의 발견을 다른 경찰관서에 의뢰하는 수배이다.

○ 장물수배의 방법
　❖ 본 수사규칙에는 구체적으로 규정되어 있지 않으나 범죄수법공조자료규칙과 범죄수사자료 긴급조회규칙에 의하면
　❖ 장물조회는 C로 부호를 지정하여(조회 중 중요장물의 경우 범죄수법 공조자

료규칙 제2호 서식 피해통보표의 비대체성 피해품에 부여한 대상물의 품목별 분류번호와 물품의 고유번호(제작, 발행번호)를 적시하여 조회한다.

❖ C조회 대상에 해당되지 않는 장물조회는 관계 경찰서간 별지 제1호 서식에 의거, 경찰전화로 실시한다.

❖ 장물수배를 할 때에는 발견해야 할 장물의 명칭, 모양, 상품, 품질, 품종, 기타 특징 등을 명백히 하여야 하고, 사진 도면 또는 동일한 견본 조각 등을 첨부하는 등으로 필요한 조치를 하여야 한다.

❖ 재산범죄사건 중 고유번호를 아는 피해품에 대하여는 제2호서식 피해통보표(첨부)의 비대체성 피해품란에 기재한 후 전산입력하여 장물조회 등의 수사자료를 활용한다.

○ 장물수배의 유의사항

❖ 장물의 명칭, 모양, 상표, 품질, 품종 기타 특징 등을 명백히 하여야 하며, 필요한 때에는 사진, 도면 또는 동일한 견본조각 등을 첨부하여 수배하여야 한다.

❖ 공조제보인 '장물수배표'에 의하여 행하는 경우는 다음과 같다.
경찰서에서 시도경찰청에 장물수배표의 작성을 요구하는 경우에는 서면, 전화 기타의 방법에 의하여 공조제보(장물수배)의 기재사항을 갖추어서 행하여야 한다.

• 시도경찰청에서는 경찰서의 요구 또는 스스로의 판단에 의하여 수배할 필요가 있다고 인정할 때에는 공조제보인 '장물수배표'를 작성하여 다른 시도시도경찰청 또는 관내 경찰서로 송부한다.

• 수배는 보통 '장물수배표'의 송부에 의하여 행하는 것이지만 급속을 요하는 때에는 전화에 의할 수 있다.

○ 장물품표의 의의

❖ 장물품표란 경찰서장이 범죄수사상 필요하다고 인정된 때 전당포주 또는 고물상주에게 수사중인 사건의 피해품을 발견하면 신고를 촉구하는 공개수배서를 말한다.

❖ 본조의 장물품표는 장물수배와 구별하여 규정하고 있으므로 고물영업법과 전당포영업법에 의거한 것에 한정한다.

❖ 장물품표는 장물이 유출되었거나 유출될 것이라고 인정되는 고물상·전당포업자 등을 대상으로 장물의 발견과 신고를 의뢰하여 업자들의 협조를 구하려는 것이다.

❖ 따라서 이들 업자 이외에 여관여인숙 등 업자에 대하여 장물품표를 배부하는 경우에도 하등 법의 효력은 없고 사실상의 행위를 보아야 하므로 본조에서는 일단 제외된다.

○ 장물품표의 종류
  ❖ 특별중요장물품표
    수사본부를 설치하고 수사하고 있는 사건에 관하여 발하는 경우의 장물수배서를 말한다
  ❖ 중요장물품표
    수사본부를 설치하고 수사하고 있는 사건 이외의 중요한 사건에 관하여 발하는 경우의 장물수배서를 말한다.
  ❖ 보통장물품표
    그 밖의 사건에 관하여 발하는 경우의 장물수배서를 말한다

○ 장물품표의 색상
  ❖ 특별 중요 장물수배서는 홍색, 중요 장물수배서는 청색, 보통장물수배서는 백색에 의하여 각각 그 구별을 하여야 한다.

○ 발부요령
  ❖ 장물품표를 발부할 때에는 장물수배의 예에 준하여 업자가 장물을 쉽게 알아볼 수 있도록 그 특징 등을 명백히 해야 한다.
    1. 범죄의 종류, 경중, 완급의 정도 등을 충분히 고려하여 발부
    2. 피해품의 특징이 비교적 명백한 것을 충분히 고려하여 발부
    3. 피해품의 종류에 따라 고물상이나 전당포 등 유출가능한 통로를 충분히 고려하여 발부
  ❖ 경찰서장은 특별중요장물품표, 중요장물품표 또는 보통장물품표를 발부하고자 하는 때에는 소정의 장물품표원부와 장물품표 배부부에 의하여 각각 그 상황을 명확히 해두어야 한다.

○ 배부
  ❖ 장물품표를 받은 고물상, 전당포업자는 그 품표가 도달한 일자를 기재하고 그날로부터 6개월간 보관하여야 한다.
  ❖ 따라서 장물품표가 언제 배부되어 도달하였는가를 경찰관서에서도 명백히 해 두어야 하므로 장물품표 배부를 수사과, 형사과, 파출소마다 비치하고 동 배부는 평소에 관할구역안의 고물상의 전당포업자를 누락없이 등재해 두었다가 배부시마다 소정사항을 기재하여 배부처의 수령인을 받아두어야 한다.
  ❖ 파출소 등에서 장물품표를 배부함에 있어서 경찰관계자는 수사의 효과를 얻을 수 있도록 상대방에게 의무를 지운다든가 하는 태도를 취하지 말고 친절히 지도하여 업자의 적극적인 협력을 얻도록 해야한다.

■ 수배의 해제와 지명수배 여부 조회

제110조(수배 등의 해제) ① 제108조에 규정한 수배 또는 통보에 관계된 사건에 대하여는 「경찰수사규칙」 제49조를 준용한다.
② 경찰관은 제1항의 경우 이외에는 제87조에 따라 수사 등의 요청을 한 경우 또는 장물수배서를 발행한 경우에도 그 필요성이 없다고 인정할 때에는 제1항에 준하여 필요한 절차를 밟아야 한다.

※ 경찰수사규칙
제49조(지명수배·지명통보 해제) 사법경찰관리는 다음 각 호의 어느 하나에 해당하는 경우에는 즉시 지명수배 또는 지명통보를 해제해야 한다.
1. 지명수배자를 검거한 경우
2. 지명통보자가 통보관서에 출석하여 조사에 응한 경우
3. 공소시효의 완성, 친고죄에서 고소의 취소, 피의자의 사망 등 공소권이 소멸된 경우
4. 지명수배됐으나 체포영장 또는 구속영장의 유효기간이 지난 후 체포영장 또는 구속영장이 재발부되지 않은 경우
5. 그 밖에 지명수배 또는 지명통보의 필요성이 없어진 경우

제111조(지명수배·지명통보 여부 조회) ① 피의자를 검거하는 경우 지명수배·지명통보자 여부를 조회하여야 한다.
② 신병이 확보되지 않은 사람을 수배 조회하여 지명수배·지명통보자를 발견하였을 경우 직접 검거하기 곤란한 때는 거주지 관할 경찰관서 또는 수배관서에 즉시 발견통보를 하고 별지 제42호서식의 지명수배·지명통보자 발견 통보대장에 적어야 한다.
③ 피의자를 입건하거나 사건을 송치하기 전에는 반드시 지명수배·지명통보자 여부를 조회해야 한다.

제112조(참고사항 통보) ① 경찰관서장은 다른 경찰관서에 관련된 범죄사건에 대하여 그 피의자, 증거물 그 밖의 수사상 참고가 될 사항을 발견하였을 때에는 지체 없이 적당한 조치를 취하는 동시에 그 취지를 해당 경찰관서에 통보하여야 한다.
② 경찰관서장은 제1항의 통보 외에 중요사건, 타에 파급될 염려가 있는 사건 그 밖의 범죄의 수사나 예방에 참고가 될 사건에 관하여는 관계 경찰관서에 통보하여야 한다.

○ 지명수배·지명통보 해제
❖ 다음 각 호의 어느 하나에 해당하는 사유가 발생하였을 때에는 지체 없이 수배·통보 당시 작성한 지명수배·지명통보자 전산입력 요구서의 해제란을 기재하여 수배관리자에게 수배 또는 통보 해제를 의뢰하여야 한다.
 1. 지명수배자를 검거한 경우
 2. 지명수배자에 대한 구속영장, 체포영장이 실효되었거나 기타 구속·체포할 필요가 없어진 경우. 다만, 이 경우에는 지명통보로 한다.

3. 지명통보자가 통보관서에 출석하거나 이송신청에 따른 이송관서에 출석하여 조사에 응한 경우
4. 지명수배자 또는 지명통보자의 사망 등 공소권이 소멸된 경우
5. 사건이 해결된 경우

❖ 지명수배·지명통보 해제 사유가 검거일 경우에는 반드시 실제 검거한 검거자의 계급·성명 및 검거일자, 검거관서를 입력하여야 한다.

❖ 수배관리자는 지명수배·지명통보대장을 정리하고 해당 전산자료를 해제한다.

◼ 유치장의 이용

> **제113조(유치장의 이용)** 경찰관은 피의자의 호송 그 밖의 수사상 필요한 때에는 다른 경찰관서에 의뢰하여 그 경찰관서의 유치장 등을 사용할 수 있다.

○ 유치장의 이용
 ❖ 피의자 호송의 경우나 기타 수사상 필요한 경우에는 다른 경찰관서에 의뢰하여 그 경찰관서의 유치장을 사용할 수 있도록 서로 공주해 주는 규정이다.
  • 체포, 구속한 피의자를 호송하는 도중의 경우
  • 집단범죄(집단민원관련 집회시위 주모자 검거 관련 사건등) 또는 공범자가 다수이거나, 기타 관련자가 많은 사건의 피의자를 일시에 다수 체포하거나, 구속할 경우에는 공모방지 등을 위하여
  • 서로 관련있는 다수의 피의자를 분산 유치할 필요가 있는 때

○ 구속한 피의자를 호송하는 경우에 비치
 ❖ 구속한 피의자를 호송하는 경우에 유치 기타 필요한 때에는 가장 가까운 다른 경찰관서 또는 교도소를 이용하여 임시로 유치해야 하며 유치하기 어려운 경우에는 다른 숙소를 정할 수 있다.

○ 피의자 유치 및 호송규칙
 ❖ 피의자 유치 및 호송규칙에서 경찰관서의 장은 호송관서의 장 또는 호송관으로부터 피호송자의 유숙을 위한 입감의뢰가 있을 때에는 최대한으로 지원 협조하여야 한다고 규정하고 있다.

제4장 강제수사
제1절 체포 · 구속

■ 영장에 의한 체포

제114조(영장에 의한 체포) ① 경찰관은 「형사소송법」 제200조의2제1항 및 「경찰수사규칙」 제50조에 따라 체포영장을 신청할 때에는 별지 제43호서식의 체포영장신청부에 필요한 사항을 적어야 한다.
② 경찰관은 체포영장에 따라 피의자를 체포한 경우에는 별지 제44호서식의 체포·구속영장 집행원부에 그 내용을 적어야 한다.

※ 경찰수사규칙
제50조(체포영장의 신청) 사법경찰관은 법 제200조의2제1항에 따라 체포영장을 신청하는 경우에는 별지 제37호서식의 체포영장 신청서에 따른다. 이 경우 현재 수사 중인 다른 범죄사실에 관하여 그 피의자에 대해 발부된 유효한 체포영장이 있는지를 확인해야 하며 해당사항이 있는 경우에는 그 사실을 체포영장 신청서에 적어야 한다.

※ 형사소송법
제200조의2(체포) ① 피의자가 죄를 범하였다고 의심할 만한 상당한 이유가 있고, 정당한 이유없이 제200조의 규정에 의한 출석요구에 응하지 아니하거나 응하지 아니할 우려가 있는 때에는 검사는 관할 지방법원판사에게 청구하여 체포영장을 발부 받아 피의자를 체포할 수 있고, 사법경찰관은 검사에게 신청하여 검사의 청구로 관할지방법원판사의 체포영장을 발부받아 피의자를 체포할 수 있다. 다만, 다액 50만원이하의 벌금, 구류 또는 과료에 해당하는 사건에 관하여는 피의자가 일정한 주거가 없는 경우 또는 정당한 이유없이 제200조의 규정에 의한 출석요구에 응하지 아니한 경우에 한한다.
② 제1항의 청구를 받은 지방법원판사는 상당하다고 인정할 때에는 체포영장을 발부한다. 다만, 명백히 체포의 필요가 인정되지 아니하는 경우에는 그러하지 아니하다.
③ 제1항의 청구를 받은 지방법원판사가 체포영장을 발부하지 아니할 때에는 청구서에 그 취지 및 이유를 기재하고 서명날인하여 청구한 검사에게 교부한다.
④ 검사가 제1항의 청구를 함에 있어서 동일한 범죄사실에 관하여 그 피의자에 대하여 전에 체포영장을 청구하였거나 발부받은 사실이 있는 때에는 다시 체포영장을 청구하는 취지 및 이유를 기재하여야 한다.
⑤ 체포한 피의자를 구속하고자 할 때에는 체포한 때부터 48시간이내에 제201조의 규정에 의하여 구속영장을 청구하여야 하고, 그 기간내에 구속영장을 청구하지 아니하는 때에는 피의자를 즉시 석방하여야 한다.

○ 체포의 요건
  ❖ 죄를 범하였다고 의심할 만한 상당한 이유
    • 범죄의 혐의는 소명자료에 의하여 입증되는 객관적·합리적 혐의를 말한다.

❖ 출석불응 또는 출석불응의 우려
  • 피의자가 정당한 이유없이 출석요구에 불응하였다는 점은 출석요구서 사본 및 출석요구통지부 사본을 기록에 첨부하여 소명한다.
  • 전화로 출석요구를 하는 경우에는 통화일시, 수화자, 수화자와 피의자의 관계, 피의자의 연락가능성, 통화내용 등을 기재한 수사보고서를 작성하여 수사기록에 편철한다.
  • 출석불응의 우려가 있는 경우라 함은 피의자가 도망하거나 지명수배 중에 있는 경우를 말한다.

○ 체포의 필요(도망 또는 증거인멸의 염려)
  ❖ 판단기준
    • 사법경찰관은 체포의 필요를 판단함에 있어서는 피의자의 연령, 신분, 직업, 경력, 가족상황, 교우관계, 질병, 방랑성, 주벽, 전과, 집행유예 기간중인지 여부, 자수 및 합의여부 등 개인적인 정상
    • 범죄의 경중, 태양, 동기, 횟수, 수법, 규모, 결과 등 제반사정을 종합적으로 고려하여 피의자가 도망할 염려가 있는지와 증거를 인멸할 염려가 있는지 여부를 검토하여야 한다.
  ❖ 경미사건
    • 형사소송법 제200조의2 제1항 단서에 규정된 경미사건의 경우에는 체포의 사유외에 피의자가 일정한 주거가 없는지 또는 정당한 이유없이 동법 제200조에 의한 출석요구에 응하지 아니하였는지 여부를 검토하여야 한다.
      ※ 형사소송법 제200조의2 제1항 단서
        (다만, 다액 50만원 이하의 벌금, 구류 또는 과료에 해당하는 사건에 관하여는 피의자가 일정한 주거가 없는 경우 또는 정당한 이유없이 제200조의 규정에 의한 출석요구에 응하지 아니하는 경우에 한한다).

○ 체포영장신청서의 기재사항
  ❖ 피의자의 특징
    • 피의자의 성명, 주민등록번호, 직업, 주거를 기재하여야 한다.
    • 피의자 성명이 명백하지 않은 경우 인상, 체격 기타 피의자를 특정할 수 있는 사항을 기재하고, 주민등록번호가 없거나 이를 알 수 없는 경우에는 생년월일을 기재하며, 피의자의 직업, 주거가 명백하지 않은 경우에는 그 취지를 기재하여야 한다.
  ❖ 변호인의 성명

- 변호인 선임계를 제출한 변호인의 성명을 기재한다.
❖ 범죄사실 및 체포를 필요로 하는 사유
  - 범죄사실을 혐의사실을 특정할 수 있을 정도로 기재하고 범죄사실 말미에 아래와 같은 요령으로 체포를 필요로 하는 사유를 구체적으로 기재한다.
    - 피의자는 출석에 응하지 아니하는 자로서 도망 또는 증거인멸의 우려가 있다.
    - 피의자는 그 연령, 전과, 가정상황 등에 비추어 출석에 응하지 아니할 우려가 있는 자로서 도망 또는 증거인멸의 우려가 있다.
    - 피의자에게는 정해진 주거가 없고 도망의 염려가 있다.
    - 사건의 중대성에 비추어 체포할 필요성이 있다.
    - 도망중에 있어 체포할 필요가 있다.
❖ 현재 수사 중인 다른 범죄사실에 관하여 발부된 유효한 체포영장의 발부
  - 취지와 범죄사실
❖ 체포영장의 유효기간
  - 체포영장의 집행 유효기간은 원칙적으로 7일이나, 지명수배자 또는 연고지가 여러 곳인 경우와 같이 피의자의 소재파악에 7일 이상이 소요될 것으로 예상되는 때에는 그 취지 및 사유를 소명하여 7일을 초과하는 유효기간을 청구할 수 있다.
  - 기소중지 결정을 하면서 체포영장을 청구할 때에는 피의자의 신분, 가족상황, 주민등록 말소 여부나 범죄의 경중, 횟수, 수법 등을 고려하여 상당한 기간을 유효기간으로 하는 체포영장을 청구할 수 있다.
  - 유효기간 기재가 없는 경우나 유효기간이 불명한 경우의 유효기간은 7일(초일 불산입)로 보며, 7일 미만의 유효기간으로 발부된 체포영장의 경우는 그 유효기간 내에서만 유효하다.
❖ 수통의 체포영장
  - 지명수배나 피의자의 연고지가 여러 곳인 경우와 같이 수통의 체포영장이 필요할 때에는 그 사유를 기재하고 수통을 청구할 수 있다.
  - 수통의 체포영장은 모두 원본으로 독립하여 집행력을 가지며, 피의자가 체포된 경우 다른 체포영장은 효력을 상실한다.
❖ 인치·구금할 장소
  - 인치할 장소는 피의자를 체포할 다음 인치할 경찰서 등 수사관서를, 구금할 장소는 피의자를 인치한 후에 일시적으로 유치 또는 구금할 구치소나 유치장 등을 각 기재한다.
  - 다만, 수사상 특히 필요하며 인치할 장소를 신청 당시 특정할 수 없는 경

우에는 택일적으로 정하여 기재할 수 있다.

　　※ 택일적 기재례 : ○○경찰서 또는 체포지에 가까운 경찰서

❖ 재신청의 취지 및 이유
- 아래 각항의 경우와 같이 체포영장을 재신청하는 때에는 다시 체포영장을 신청하는 취지 및 이유를 기재하고 그에 관한 소명자료를 제출하여야 한다.
- 전회의 체포영장 신청이 요건불비나 절차상 잘못 때문에 기각되었으나 이 것이 시정된 경우
- 발부된 체포영장을 유효기간 내에 집행하지 못한 경우

　　※ 체포영장신청부 비고란에 [최초 체포영장 집행번호]를 기재하고 [유 효기간 만료]라고 주서한다.

- 체포 후 혐의불충분을 이유로 구속영장이 기각되어 석방하였으나 다른 중 요한 증거를 발견한 경우
- 체포 후 정당한 이유없이 출석요구에 불응하거나 불응할 우려가 소명되지 아 니하였다는 이유로 구속영장이 기각되어 석방하였으나 그 후 사정이 바뀌어 출석요구에 불응하거나 불응할 우려가 소명된 경우
- 체포 후 도망 또는 증거인멸의 염려가 없다는 이유로 구속영장이 기각되어 석방하였으나 그 후 사정이 바뀌어 도망 또는 증거인멸의 염려가 소멸된 경우
- 체포(또는 구속) 후 혐의불충분을 이유로 석방하였으나 다른 중요한 증거 를 발견한 경우
- 체포적 부심으로 석방된 피의자에 대하여 형사소송법 제214조3 제1항의 사유가 있는 경우

　　※ 형사소송법 제214조의3 제1항

　　　(제214조의2 제3항의 규정에 의한 체포 또는 구속적부심사 결정에 의하여 석방된 피의자가 도망하거나 죄증을 인멸하는 경우를 제외하고는 동일한 범죄사실에 관하여 재차 체포 또는 구속하지 못한다).

○ 소명자료의 제출
❖ 체포영장을 신청할 때는 체포의 요건 및 필요성을 인정할 수 있는 자료를 제출한다.
❖ 범죄사실을 인정할 수 있는 자료는 엄격한 증명을 요하지 아니하고 소명의 정도로 충분하다.
❖ 출석요구에 불응 또는 불응할 우려가 있거나 도망 또는 증거인멸의 염려가 있다는 사실을 인정할 수 있는 자료로서 출석요구서 사본, 출석요구통지부

사본, 출석요구를 하면 도망 또는 증거인멸의 염려가 있다는 취지의소재 수사결과보고서, 피의자의 신분·경력·교우·가정상황등에 관한 서면, 전과조회서 등을 제출하여야 한다.

○ 영장의 제시
  ❖ 일반적인 경우
    • 일반적인 경우
    • 체포영장에 의하여 피의자를 체포하려면 피의자에게 체포영장의 유효기간 내에 체포영장을 제시하여야 한다.
    • 피의자를 체포하기 전에 체포영장을 멸실한 경우에는 체포영장을 재신청하여 발부받아야 한다.
    • 체포할 때 피의자가 체포영장을 파기한 경우나 피의자를 체포한 후 멸실한 경우에는 체포는 유효하고 다시 체포영장을 신청할 필요는 없다. 이 경우 체포영장을 멸실하게 된 경위를 기재한 수사보고서를 작성하여 기록에 편철 한다.
  ❖ 급속을 요하는 경우
    • 체포영장을 소지하고 있지 않은 경우에 급속을 요하는 때에는 피의자에게 범죄사실을 요지와 체포영장이 발부되었음을 고지하고 집행할 수 있다.
    • 「급속을 요하는 경우」란 발부되어 있는 체포영장을 소지하고 있지 아니 하나 즉시 집행하지 않으면 피의자의 소재가 불명하게 되어 영장집행이 현저히 곤란하게 될 우려가 있는 경우를 말한다.
    • 위 집행을 완료한 후에는 신속히 체포영장을 제시하여야 하며, 그 집행경위와 체포영장 제시일자, 장소 등을 기재한 수사보고서를 작성하여 수사기록을 편철 한다.
  ❖ 구속영장 청구에 대비하여 피의자가 도망 또는 증거를 인멸할 염려가 농후 하다는 점을 부각시키기 위하여 필요한 경우 체포의 과정과 상황 등을 자세 히 기재한 수사보고서를 작성하여 구속영장신청기록을 첨부한다.

○ 체포적부 심사절차
  ※ 인신구속사무의 처리요령
  ❖ 체포적부심사청구
    • 피의자 또는 그 변호인 등이 청구한다.
    • 적부심사청구인이 체포영장 등본 교부청구시에는 사법경찰관은 이를 교부 하고 체포·구속영장등본교부대장에 교부사항을 기재하여야 한다.

❖ 판사의 심문기일 및 장소의 통지
  • 심문기일은 청구한 때로부터 24시간 이내로 한다.
  • 심문기일을 정한 법원은 즉시 청구인, 변호인, 검사 및 피의자를 구금하고 있는 관서의 장 등에게 심문기일과 장소를 통지하되 서면·전화 또는 모사 전송기 기타 신속한 방법으로 한다.
  • 사법경찰관은 심문기일까지 수사관계서류와 증거물을 법원에 제출하고 심문기일에 피의자를 출석시켜야 한다.
  • 피의자 호송은 피의사건 담당자가 호송차량을 이용하여 호송하여야 한다.
  • 법원은 피의자를 심문 후 기각 또는 석방여부를 결정한다.

○ 체포한 피의자에 대해 구속영장을 신청하지 아니할 경우
  ❖ 피의자 석방
    체포영장에 의하여 체포한 피의자에 대하여 구속영장을 신청하지 아니할 경우에는 검사에게 건의후 지휘를 받아 즉시 석방하여야 한다.
  ❖ 절차
    • 체포피의자에 대한 석방건의서를 작성한다(동 규칙 제30호)
    • 검사에게 서면으로 석방건의를 한다.
    • 검사의 지휘에 따라 즉시 석방하고, 석방 후에는 지체없이 검사에게 석방사실을 보고하여야 한다.
    • 석방일시와 석방사유를 기재한 서면을 작성하여 그 사건기록에 편철하여야 한다.

○ 체포한 피의자에 대해 구속영장을 신청할 경우
  ❖ 구속영장 신청
    • 체포영장에 의하여 체포한 피의자를 조사한 결과 계속 구금할 필요가 있을 경우 48시간 이내에 판사에게 구속영장을 청구하여야 한다.
    • 체포적부심사를 청구한 피의자에 대하여는 법원에 수사관계서류 등을 접수한 때로부터 결정 후 검찰청에 반환한 기간은 영장청구 제한시간인 48시간에 산입하지 아니한다.
    • 구속사유 판단기준
      ※ 인신구속사무의 처리요령(대법원송무예규 제501호)에 의한다.

○ 구속사유 판단기준
※ 인신구속 사무의 처리요령
  ❖ 증거를 인멸할 염려

다음 각항의 요소를 종합적으로 고려하여 판단하여야 한다.
- 인멸의 대상이 되는 증거가 존재하는지 여부(이 경우 인멸이라 함은 물증의 은 닉이나 훼멸, 증인에 대한 위증이나 침묵의 강제 등을 말한다).
- 그 증거가 범죄사실의 입증에 결정적으로 영향을 주는지 여부
- 피의자측에 의하여 그 증거를 인멸하는 것이 물리적·사회적으로 가능한 것 인지 여부
- 피의자측이 피해자 등 증인에 대하여 어느 정도의 압력이나 영향력을 행 사할 수 있는지 여부

❖ 도망할 염려
다음 각 항의 요소를 종합적으로 고려하여 판단한다.
- 범죄사실에 관한 사정
  ① 범죄의 경중, 태양, 동기, 횟수, 수법, 규모, 결과 등
  ② 자수여부
- 피해자의 개인적 사정
  ① 직업이 쉽게 포기할 수 있는 것인지 여부
  ② 경력, 범죄경력, 범죄에 의존하지 아니하고도 생계를 유지하였는지 등 그동안의 생계수단의 변천
  ③ 약물복용이나 음주의 경력, 피의자의 도망을 억제할 만한 치료중의 질 병이 있는지 또는 출산을 앞두고 있는지 여부
  ④ 다른 곳 특히 외국과의 연결점이 있는지 여부, 여권의 소지 여부 및 여행 특히 해외여행의 빈도
- 피해자의 가족관계
  ① 가족간의 결속력
  ② 가족 중의 보호자가 있는지 여부
  ③ 배우자 또는 나이가 어리거나 학생인 자녀가 있는지 여부
  ④ 연로한 부모와 함께 거주하거나 부모를 부양하고 있는지 여부
  ⑤ 피의자에 대한 가족들의 의존의 정도
  ⑥ 가족들이 피의자에게 양심에 호소하는 권고나 충고를 하야 피의자를 선행으로 이끌만한 능력과 의사가 있는지 여부
- 피의자의 사회적 환경
  ① 피의자의 지역사회에서의 거주기간 및 지역사회에서의 정착성 정도
  ② 피의자 가족의 지역사회와의 유대의 정도
  ③ 교우 등 지원자가 있는지 여부
○ 구속영장실질심사

❖ 구속영장의 청구를 받은 판사는 원칙적으로 구속여부를 결정하기 위하여 피의자를 심문한다.

❖ 피의자를 심문하여야 하는 경우
  - 수사기록상 피의자가 범행을 부인하고 수사기록만으로는 범죄사실에 대한 소명여부를 판단하기에 충분하지 아니한 경우
  - 구속의 사유 및 필요에 관하여 수사기록에만 의하여 판단하기 어려운 경우
  - 피의자가 긴급체포되거나 현행범으로 체포된 자로서 그 요건을 갖추었는지에 관하여 수사기록만에 의하여 판단하기 어려운 경우
  - 기타 판사가 구속여부 결정을 위하여 필요하다고 인정하는 경우

❖ 심문절차
  - 심문기일 및 장소통지
    구속영장이 청구된 피의자에 대하여 판사는 심문여부를 결정하여 검사, 피의자 및 변호인에게 심문기일 및 장소를 통지하되 서면·전화 또는 모사전송기 기타 신속한 방법으로 한다.

❖ 심문장소
  - 원칙적으로 법원에서 신문하거나 피의자가 출석을 거부하거나 질병 기타 부득이한 사유로 법원에 출석할 수 없는 때에는 경찰서 등 적당한 장소에서 심문할 수 있다.
  - 피의자 출석
    - 검사로부터 심문기일 및 장소를 통지받은 경우에 수사과장 책임하에 수사계송치 담당 직원 및 사건수사 담당직원이 심문장소에 피의자 대동 출석하여야 한다.
    - 호송차량
      현재의 호송차량으로 업무를 수행하되, 호송차량이 부족한 경찰서에 대해서는 호송차량을 확보한다.
    - 피의자가 출석을 거부하는 때에는 사법경찰관은 판사에게 그 취지 및 사유를 기재한 서면을 작성 제출하여야 한다.

○ 체포이유와 범죄사실 등의 고지
  ❖ 피의자를 체포하는 때에는 피의자에게 범죄사실의 요지, 체포의 이유와 변호인을 선임할 수 있음을 고지하고 변명의 기회를 준 후 확인서를 받아 수사기록에 편철하여야 한다.
  ❖ 확인서에는 피체포자의 서명·날인을 받아야 하고, 서명·날인을 거부하는 경우에는 체포자가 그 사유를 기재하고 서명·날인하여야 한다.

○ 인치·구금

❖ 체포영장에 의하여 피의자를 체포한 때에는 즉시 영장에 기재된 인치·구금장소로 호송하여 인치 또는 구금하여야 한다.

❖ 체포된 피의자의 호송 중 필요한 때에는 가까이 인접한 경찰서 유치장에 임시로 유치할 수 있다.

○ 체포의 통지

❖ 피의자를 체포한 때에는 변호인이 있는 경우에는 변호인에게, 변호인이 없는 경우에는 피의자의 법정대리인, 배우자, 직계친족, 형제자매와 호주 중 피의자가 지정한 자에게 체포한 때로부터 늦어도 24시간내에 체포의 통지를 하여야 한다.

❖ 위에 규정한 자가 없어 체포의 통지를 하지 못한 경우에는 그 취지를 기재한 서면을 수사기록에 편철하여야 한다.

❖ 체포의 통지는 급속을 요하는 경우 전화 또는 모사전송기타 상당한 방법으로 할 수 있으나, 사후에 지체없이 서면통지를 하여야 한다.

○ 피의자의 석방

❖ 사법경찰관이 피의자를 체포한 때로부터 48시간이 경과하였음에도 구속영장을 신청하지 아니하거나, 구속영장을 발부받지 못한 때에는 피의자를 즉시 석방하여야 한다.

❖ 사법경찰관이 체포한 피의자를 석방하고자 할 때에는 미리 석방사유 등을 기재한 석방건의서를 작성하여 검사의 지휘를 받아야 한다. 급속을 요하는 경우에는 모사전송으로 석방건의를 할 수 있다.

❖ 체포한 피의자를 석방하는 경우에는 체포영장신청부에 석방일시 및 사유를 기재하여야 한다.

❖ 사법경찰관이 체포한 피의자를 석방한 경우에는 지체없이 피의자 석방보고서를 작성하여 검사에게 보고하여야 한다.

○ ○ 경 찰 서

제 0000-00000 호   20○○. ○. ○.

수 신 : ○○지방검찰청장

제 목 : **체포영장 신청서**

다음 사람에 대한 ○○○ 피의사건에 관하여 동인을 ○○에 인치하고 ○○에 구금하려 하니 20○○. ○. ○.까지 유효한 체포영장의 청구를 신청합니다.

피의자	성 명	
	주 민 등 록 번 호	– (세)
	직 업	
	주 거	
변 호 인		
범 죄 사 실 및 체 포 를 필 요 로 하 는 이 유		
7 일 을 넘 는 유 효 기 간 을 필 요 로 하 는 취 지 와 사 유		
둘 이 상 의 영 장 을 신 청 하 는 취 지 와 사 유		
재 신 청 의 취 지 및 이 유		
현 재 수 사 중 인 다 른 범 죄 사 실 에 관 하 여 발 부 된 유 효 한 체 포 영 장 존 재 시 그 취 지 및 범 죄 사 실		

○ ○ 경 찰 서

사법경찰관 경위 홍 길 동 (인)

○○경찰서

제 0000-00000 호   2○○○. ○. ○.

수 신 : ○○지방검찰청장

제 목 : 구속영장 신청서(체포영장)

다음 사람에 대한 ○○ 피의사건에 관하여 동인을 아래와 같이 체포영장에 의하여 체포하여 ○○에 구속하려 하니 20○○. ○. ○.까지 유효한 구속영장의 청구를 신청합니다.

피의자	성 명	
	주민등록번호	– (세)
	직 업	
	주 거	
변 호 인		
체포한 일시·장소		
인치한 일시·장소		
구금한 일시·장소		
범죄사실 및 구속을 필요로 하는 이유		
필요적 고려사항	□ 범죄의 중대성 □ 재범의 위험성 □ 피해자·중요참고인 등에 대한 위해 우려 □ 기타 사유 ※ 구체적 내용은 별지와 같음	
피의자의 지정에 따라 체포이유등이 통지된 자의 성 명 및 연락처		
재신청의 취지 및 이유		
비 고		

○○경찰서

사법경찰관   경위 홍 길 동 (인)

▣ 긴급체포

제115조(긴급체포) ① 「형사소송법」 제200조의3제1항의 "긴급을 요"한다고 함은 피의자를 우연히 발견한 경우 등과 같이 체포영장을 받을 시간적 여유가 없는 때를 말하며 피의자의 연령, 경력, 범죄성향이나 범죄의 경중, 태양, 그 밖에 제반사항을 고려하여 인권침해가 없도록 하여야 한다.
② 「형사소송법」 제200조의3제1항에 따라 긴급체포를 하였을 때에는 같은 법 제200조의3제3항에 따라 즉시 긴급체포서를 작성하고, 별지 제45호서식의 긴급체포원부에 적어야 한다.
③ 긴급체포한 피의자를 석방한 때에는 긴급체포원부에 석방일시 및 석방사유를 적어야 한다.

※ 경찰수사규칙
제51조(긴급체포) ① 법 제200조의3제3항에 따른 긴급체포서는 별지 제38호서식에 따른다.
② 수사준칙 제27조제2항 본문에 따른 긴급체포 승인요청서는 별지 제39호서식에 따른다.
③ 사법경찰관은 수사준칙 제27조제4항 후단에 따라 긴급체포된 피의자의 석방 일시와 사유 등을 검사에게 통보하는 경우에는 별지 제40호서식의 석방 통보서에 따른다.

※ 검사와 사법경찰관의 상호협력과 일반적 수사준칙에 관한 규정
제27조(긴급체포) ① 사법경찰관은 법 제200조의3제2항에 따라 긴급체포 후 12시간 내에 검사에게 긴급체포의 승인을 요청해야 한다. 다만, 제51조제1항제4호가목 또는 제52조제1항제3호에 따라 수사중지 결정 또는 기소중지 결정이 된 피의자를 소속 경찰관서가 위치하는 특별시・광역시・특별자치시・도 또는 특별자치도 외의 지역이나 「연안관리법」 제2조제2호나목의 바다에서 긴급체포한 경우에는 긴급체포 후 24시간 이내에 긴급체포의 승인을 요청해야 한다.
② 제1항에 따라 긴급체포의 승인을 요청할 때에는 범죄사실의 요지, 긴급체포의 일시・장소, 긴급체포의 사유, 체포를 계속해야 하는 사유 등을 적은 긴급체포 승인요청서로 요청해야 한다. 다만, 긴급한 경우에는 「형사사법절차 전자화 촉진법」 제2조제4호에 따른 형사사법정보시스템(이하 "형사사법정보시스템"이라 한다) 또는 팩스를 이용하여 긴급체포의 승인을 요청할 수 있다.
③ 검사는 사법경찰관의 긴급체포 승인 요청이 이유 있다고 인정하는 경우에는 지체 없이 긴급체포 승인서를 사법경찰관에게 송부해야 한다.
④ 검사는 사법경찰관의 긴급체포 승인 요청이 이유 없다고 인정하는 경우에는 지체 없이 사법경찰관에게 불승인 통보를 해야 한다. 이 경우 사법경찰관은 긴급체포된 피의자를 즉시 석방하고 그 석방 일시와 사유 등을 검사에게 통보해야 한다.

※ 형사소송법
제200조의3(긴급체포) ① 검사 또는 사법경찰관은 피의자가 사형・무기 또는 장기 3년이상의 징역이나 금고에 해당하는 죄를 범하였다고 의심할 만한 상당한 이유가 있고, 다음 각 호의 어느 하나에 해당하는 사유가 있는 경우에 긴급을 요하여 지방법원판사의 체포영장을 받을 수 없는 때에는 그 사유를 알리고 영장없이 피의자를 체포할 수 있다. 이 경우 긴급을 요한다 함은 피의자를 우연히 발견한 경우등과 같이 체포영장을 받을 시간적 여유가 없는 때를 말한다.
1. 피의자가 증거를 인멸할 염려가 있는 때
2. 피의자가 도망하거나 도망할 우려가 있는 때
② 사법경찰관이 제1항의 규정에 의하여 피의자를 체포한 경우에는 즉시 검사의 승인을 얻어야 한다.

③ 검사 또는 사법경찰관은 제1항의 규정에 의하여 피의자를 체포한 경우에는 즉시 긴급체포서를 작성하여야 한다.
④ 제3항의 규정에 의한 긴급체포서에는 범죄사실의 요지, 긴급체포의 사유등을 기재하여야 한다.

○ 요 건
  ❖ 범죄의 중대성
    • 사형, 무기 또는 장기 3년 이상의 징역이나 금고에 해당하는 죄를 범하였다고 의심할 만한 상당한 이유가 있어야 한다.
  ❖ 체포의 필요
    • 증거를 인멸할 염려 및 도망 또는 도망할 염려가 있어야 한다.
  ❖ 체포의 긴급성
    • 증거를 인멸할 염려 및 도망 또는 도망할 염려가 있어야 한다.
  ❖ 체포의 긴급성
    • 피의자를 우연히 발견한 경우 등과 같이 긴급을 요하여 판사로부터 체포영장을 발부받을 시간적 여유가 없어야 한다.
  ❖ 재체포의 제한
    • 긴급체포 후 구속영장을 청구하지 아니하거나 발부받지 못하여 석방한 피의자는 영장없이는 동일한 범죄사실에 관하여 다시 긴급체포하지 못하므로 피의자를 긴급체포하려고 할 때에는 반드시 긴급체포된 전력이 있는지 여부를 확인하여야 한다.
  ※ 주의사항
  ❖ 긴급체포는 수사를 함에 있어서 피의자의 연령·경력·범죄성향이나 범죄의 경중·태양 기타 제반사정을 고려하여 판사에게 체포영장을 발부받을 시간적 여유가 없는 경우에 한하여 인권의 침해가 없도록 신중히 활용하여야 한다.

○ 긴급체포 절차
  ❖ 긴급체포서 작성
    • 검사 또는 사법경찰관이 긴급체포한 때에는 긴급체포서를 작성하고, 긴급체포원부에 그 내용을 기재하여야 한다.
    • 지명수배된 피의자를 긴급체포한 경우에는 긴급체포서를 작성하여 수배관서에 인계하여야 한다.
    • 구속영장 신청에 대비하여 체포의 과정과 상황 등을 자세히 기재한 체포보고서를 작성한다.
  ❖ 긴급체포 승인건의

- 사법경찰관이 긴급체포를 하였을 때에는 12시간내(특별시, 광역시, 도 이 외의 지역의 경우에는 24시간)에 검사에게 긴급 체포승인건의서를 작성 하여 긴급체포 승인건의를 하여야 한다.
- 급속을 요하는 경우에는 모사전송으로 긴급체포승인건의를 할 수 있다.

❖ 체포통지
- 피의자를 체포한 때에는 변호인이 있는 경우에는 변호인에게, 변호인이 없는 경우에는 피의자의 법정대리인, 배우자, 직계친족과 형제자매 중 피 의자가 지정한 자에게 피의사건명, 구속일시·장소, 범죄사실의 요지, 구속 의 이유와 변호인을 선임할 수 있는 취지를 알려야 한다(형사소송법 제 87조, 제200조의6).
- 구속의 통지는 구속을 한 때로부터 늦어도 24시간 이내에 서면으로 하여야 한다. 통지받을 자가 없어 통지를 하지 못한 경우에는 그 취지를 기재한 서면을 기록에 철하여야 한다(형사소송규칙 제51조).
- 긴급을 요하는 경우에는 전화, 모사전송, 전자우편, 휴대전화 문자전송, 그 밖에 상당한 방법으로 체포·구속의 통지를 할 수 있다. 이 경우 다시 서 면으로 체포·구속의 통지를 하여야 한다.

○ 체포이유와 범죄사실 등의 고지
❖ 피의자를 체포하는 때에는 피의자에게 범죄사실의 요지, 체포의 이유와 변 호인을 선임할 수 있음을 고지하고 변명의 기회를 준 후 확인서를 받아 수 사기록에 편철하여야 한다.
❖ 확인서는 피체포자의 서명·날인을 받아야 하고, 서명날인을 거부하는 경우에 는 체포자가 그 사유를 기재하고 서명·날인하여야 한다.

○ 인치·구금
❖ 체포영장에 의하여 피의자를 체포한 때에는 즉시 영장에 기재된 인치·구금장 소로 호송하여 인치 또는 구금하여야 한다.
❖ 체포된 피의자의 호송중 필요한 때에는 가까이 인접한 경찰서 유치장에 임 시로 유치할 수 있다.

○ 열람등사
❖ 긴급체포 후 석방된 자 또는 그 변호인·법정대리인·배우자·직계친족·형제자매 가 관련서류의 열람·등사 요청이 있을 때 이에 응하여야 한다.

○ 긴급체포시 특별유의사항

  ❖ 긴급체포는 사법경찰관만이 할 수 있도록 규정되어 사법경찰관리는 사법경찰관의 지휘를 받아 체포할 수 있음에 특별히 기록작성에 유의한다.

  ❖ 따라서 사법경찰 리가 긴급체포한 경우에는 사법경찰관의 지휘를 받아 체포하였음을 명시한 수사(체포)보고서를 작성하여 긴급체포서 승인, 또는 영장신청시 참고서류로 첨부하여야 한다.

  ※ 예) "검거경위에 사법경찰관 경위 ○○○의 지휘에 의하여 검거함"등과 같이 표시

  ❖ 검거를 지휘관 사법경찰관과 긴급체포서를 작성한 사법경찰관의 명의가 일치되어야 한다.

○ 석방할 경우

  ❖ 검사로부터 긴급체포 승인을 받지 못하여 불승인 통보를 받은 경우 사법경찰관은 즉시 석방하고 검사에게 '석방 통보(긴급체포불승인)"를 하여야 한다.

  ❖ 사법경찰관이 긴급체포한 피의자를 석방한 경우에는 지체없이 피의자 석방보고서를 작성하여 검사에게 보고하여야 한다. 석방을 위한 사전 건의는 받을 필요 없다.

    ※ 검사에 대한 지휘관계를 전제한 보고 용어는 모두 통보로 정리되었으나 긴급체포 피의자 석방은 법에 보고로 되어 있어 보고 용어 유지

  ❖ 검사는 구속영장을 청구하지 아니하고 피의자를 석방한 경우에는 석방한 날부터 30일 이내에 서면으로 다음 각호의 사항을 법원에 통지하여야 한다. 이 경우 긴급체포서의 사본을 첨부하여야 한다.

    ① 긴급체포 후 석방된 자의 인적사항
    ② 긴급체포의 일시·장소와 긴급체포하게 된 구체적 이유
    ③ 석방의 일시·장소 및 사유
    ④ 긴급체포 및 석방한 검사 또는 사법경찰관의 성명

  ❖ 긴급체포 후 석방된 자 또는 그 변호인·법정대리인·배우자·직계친족·형제자매는 통지서 및 관련 서류를 열람하거나 등사할 수 있다.

○○경찰서

제 호   20○○.○.○.

수 신 : 검찰청의 장 (검사 : 홍길동)

제 목 : **석방 통보서(긴급체포불승인)**

다음 피체포자를 긴급체포 불승인을 이유로 아래와 같이 석방하였기에 「검사와 사법경찰관의 상호협력과 일반적 수사준칙에 관한 규정」 제27조제4항에 따라 통보합니다.

피 체 포 자	성 명	
	주 민 등 록 번 호	
	직 업	
	주 거	
죄 명		
긴 급 체 포 한 일 시		
긴 급 체 포 한 장 소		
긴 급 체 포 한 사 유		
석 방 한 일 시		
석 방 한 장 소		
불 승 인 사 유		
석방한 자의 관직 및 성명		

○○경찰서

사법경찰관 경위 홍길동 (인)

○ 긴급체포한 피의자에 대해 구속영장을 신청할 경우

  ❖ 사법경찰관이 피의자를 긴급체포한 경우 피의자를 구속하고자 할 때에는 지체 없이 사법경찰관은 구속영장을 검사에게 신청하여 검사의 청구로 관할지방법원판사에게 구속영장을 청구하여야 한다. 이 경우 구속영장은 피의자를 체포한 때부터 48시간 이내에 청구(사법경찰관은 검사에게 36시간 이내)하여야 하며, 긴급체포서를 첨부하여야 한다.

  ❖ 석방된 자는 영장없이는 동일한 범죄사실에 관하여 체포하지 못한다.

○ 구속영장실질심사 이후의 절차

  ❖ 체포영장에 의해 체포한 피의자에 대한 구속영장실질심사 이후 절차와 동일하다.

○ ○ 경 찰 서

제 0000-00000 호   20○○. ○. ○.

수 신 : ○○지방검찰청장

제 목 : 구속영장 신청서(긴급체포)

다음 사람에 대한 ○○ 피의사건에 관하여 동인을 아래와 같이 긴급체포하여 ○○
에 구속하려 하니 20○○. ○. ○.까지 유효한 구속영장의 청구를 신청합니다.

피 의 자	성 명	
	주민등록번호	－ (세)
	직 업	
	주 거	
변 호 인		
체포한 일시·장소		
인치한 일시·장소		
구금한 일시·장소		
범죄사실 및 구속을 필요로 하는 이유		
필요적 고려사항	□ 범죄의 중대성 □ 재범의 위험성 □ 피해자·중요참고인 등에 대한 위해 우려 □ 기타 사유 　※ 구체적 내용은 별지와 같음	
피의자의 지정에 따라 체포이유등이 통지된 자의 성명 및 연 락 처		
재신청의 취지 및 이유		
비 고		

○○경찰서

사법경찰관 경위 홍길동 (인)

▣ 현행범인의 체포

제116조(현행범인의 체포) ① 경찰관은 「경찰수사규칙」 제52조제2항에 따라 현행범인인수서를 작성할 때에는 체포자로부터 성명, 주민등록번호(외국인인 경우에는 외국인등록번호, 해당 번호들이 없거나 이를 알 수 없는 경우에는 생년월일 및 성별, 이하 "주민등록번호등"이라 한다), 주거, 직업, 체포일시·장소 및 체포의 사유를 청취하여 적어야 한다.
② 경찰관은 현행범인을 체포하거나 인도받은 경우에는 별지 제46호서식의 현행범인체포원부에 필요한 사항을 적어야 한다.
③ 경찰관은 다른 경찰관서의 관할구역 내에서 현행범인을 체포하였을 때에는 체포지를 관할하는 경찰관서에 인도하는 것을 원칙으로 한다.

제117조(현행범인의 조사 및 석방) ① 경찰관은 「수사준칙」 제28조제1항에 따라 현행범인을 석방할 때에는 소속 수사부서장의 지휘를 받아야 한다.
② 경찰관은 제1항에 따라 체포한 현행범인을 석방하는 때에는 별지 제46호서식의 현행범인 체포원부에 석방일시 및 석방사유를 적어야 한다.

※ 경찰수사규칙
제52조(현행범인 체포 및 인수) ① 사법경찰관리는 법 제212조에 따라 현행범인을 체포할 때에는 현행범인에게 도망 또는 증거인멸의 우려가 있는 등 당장에 체포하지 않으면 안 될 정도의 급박한 사정이 있는지 또는 체포 외에는 현행범인의 위법행위를 제지할 다른 방법이 없는지 등을 고려해야 한다.
② 사법경찰관리는 법 제212조에 따라 현행범인을 체포한 때에는 별지 제41호서식의 현행범인체포서를 작성하고, 법 제213조에 따라 현행범인을 인도받은 때에는 별지 제42호서식의 현행범인인수서를 작성해야 한다.
③ 사법경찰관리는 제2항의 현행범인체포서 또는 현행범인인수서를 작성하는 경우 현행범인에 대해서는 범죄와의 시간적 접착성과 범죄의 명백성이 인정되는 상황을, 준현행범인에 대해서는 범죄와의 관련성이 인정되는 상황을 구체적으로 적어야 한다.
제53조(현행범인 석방) ① 수사준칙 제28조제2항 전단에 따른 피의자 석방서는 별지 제43호서식에 따른다.
② 사법경찰관은 수사준칙 제28조제2항 후단에 따라 검사에게 현행범인의 석방사실을 통보하는 경우에는 별지 제44호서식의 석방 통보서에 따른다.

※ 검사와 사법경찰관의 상호협력과 일반적 수사준칙에 관한 규정
제28조(현행범인 조사 및 석방) ① 검사 또는 사법경찰관은 법 제212조 또는 제213조에 따라 현행범인을 체포하거나 체포된 현행범인을 인수했을 때에는 조사가 현저히 곤란하다고 인정되는 경우가 아니면 지체 없이 조사해야 하며, 조사 결과 계속 구금할 필요가 없다고 인정할 때에는 현행범인을 즉시 석방해야 한다.
② 검사 또는 사법경찰관은 제1항에 따라 현행범인을 석방했을 때에는 석방 일시와 사유 등을 적은 피의자 석방서를 작성해 사건기록에 편철한다. 이 경우 사법경찰관은 석방 후 지체 없이 검사에게 석방 사실을 통보해야 한다.

※ 형사소송법
제211조(현행범인과 준현행범인) ① 범죄의 실행중이거나 실행의 즉후인 자를 현행범인이라 한다.
② 다음 각호의 1에 해당하는 자는 현행범인으로 간주한다.
 1. 범인으로 호창되어 추적되고 있는 때
 2. 장물이나 범죄에 사용되었다고 인정함에 충분한 흉기 기타의 물건을 소지하고 있는 때
 3. 신체 또는 의복류에 현저한 증적이 있는 때
 4. 누구임을 물음에 대하여 도망하려 하는 때
제212조(현행범인의 체포) 현행범인은 누구든지 영장없이 체포할 수 있다.
제213조(체포된 현행범인의 인도) ① 검사 또는 사법경찰관리 아닌 자가 현행범인을 체포한 때에
 는 즉시 검사 또는 사법경찰관리에게 인도하여야 한다.
② 사법경찰관리가 현행범인의 인도를 받은 때에는 체포자의 성명, 주거, 체포의 사유를 물어야
 하고 필요한 때에는 체포자에 대하여 경찰관서에 동행함을 요구할 수 있다.
제214조(경미사건과 현행범인의 체포) 다액 50만원 이하의 벌금, 구류 또는 과료에 해당하는 죄의
 현행범인에 대하여는 범인의 주거가 분명하지 아니한 때에 한하여 제212조 내지 제213조의 규
 정을 적용한다.

○ 현행범인의 체포요건
  ❖ 현행범인
    • 범죄의 실행중인 자로서 범죄의 실행행위에 착수하여 아직 범죄종료에 이르지
      아니한 자를 말하고, 미수범의 경우 실행의 착수가 있으면 충분하며, 교사범·방조
      범의 경우에는 정범의 실행행위가 개시된 때에 실행행위에 착수한 것으로 본다.
    • 범죄의 실행 직후인 자로서 범행과의 시간적·장소적 근접성, 범행 후의 경
      과, 범인의 거동, 휴대품, 범죄의 태양과 결과, 범죄의 경중 등을 고려하여
      합리적으로 판단한다.
  ❖ 준현행범인
    • 범인으로 호칭되어 추적되고 있는 자
    • 장물이나 범죄에 사용하였다고 인정함에 충분한 흉기 기타 물건을 소지하
      고 있는 자
    • 신체 또는 의복류에 현저한 증적이 있는 자
    • 누구임을 물음에 대하여 도망하려 하는 자를 말한다.
  ❖ 범인의 명백성
    • 체포시점의 현장상황에 의하여 특정한 범죄의 범인임이 명백하여야 한다.

○ 현행범인의 체포요건
  ❖ 50만원 이하의 벌금, 구류 또는 과료에 해당하는 죄의 현행범인에 대하여는 범인의
    주거가 분명하지 아니한 때에 한하여 현행범인으로 체포할 수 있다.

○ 현행범인체포서의 작성
  ❖ 사법경찰관이 현행범인을 체포하였을 때에는 범죄사실 및 체포의 사유 등을 기재한 현행범인체포서를 작성하고 현행범인체포원부에 그 내용을 기재하여야 한다(동 규칙 제54호, 제56의갑 서식 참조).
  ❖ 구속영장 청구에 대비하여 체포의 사유란에 체포하지 않으면 범인의 신병을 특정할 수 없어 도망 또는 증거인멸의 염려가 있다는 점을 설득력 있게 기재하여야 한다.

○ 현행범인 체포절차
  ❖ 사법경찰관이 체포한 경우
    • 범죄사실의 요지, 체포·구속의 이유와 변호인을 선임할 수 있음을 고지하고 변명의 기회를 준후 확인서를 작성(동 규칙 제20호의4 서식)한다.
      - 확인서는 피의자의 기명날인 또는 서명을 받아 사건기록에 편철한다.
      - 피의자가 기명날인 또는 서명을 거부하는 경우에는 사법경찰관리는 확인서 말미에 그 사유를 기재하고 기명날인 또는 서명한다.
    • 현행범인 체포서를 작성
    • 피의자의 변호인 또는 변호인이 없는 경우에는 형사소송법 제30조 제2항 규정한 자 중 피의자가 지정한자에게 24시간 내에 현행범인 체포통지를 서면으로 한다.
      - 원칙적으로 서면으로 통지하여야 하며, 통지서 사본은 그 사건기록에 편철하여야 한다.
      - 단, 필요한 경우 전화 또는 모사전송기 등으로 통지하되 사후에 지체없이 서면으로 통지하여야 한다.
    • 현행범인 체포원부에 그 내용을 기재하여야 한다.
  ❖ 일반인이 체포한 경우
    • 일반인이 체포한 때에는 지체없이 사법경찰관에게 현행범인을 인도하여야 한다.
    • 인도받은 사법경찰관은 범죄사실의 요지·체포의 이유와 변호인을 선임할 수 있음을 고지하고, 변명의 기회를 준 후 확인서를 작성하여야 한다.
      - 확인서는 피의자의 기명날인 또는 서명을 받아 사건기록에 편철한다.
      - 피의자가 기명날인 또는 서명을 거부하는 경우에는 사법경찰관리는 확인서 말미에 그 사유를 기재하고 기명날인 또는 서명한다.
      - 현행범인 인수 및 현행범인 인수서를 작성한다.
      - 피의자의 변호인 또는 변호인이 없는 경우에는 형사소송법 제30조 제2

항에 규정한 자 중 피의자가 지정한 자에게 24시간 내에 현행범인 체포통지를 하여야 한다.

- 원칙적으로 서면으로 통지하여야 하며, 통지서 사본은 그 사건기록에 편철한다.
- 단, 필요한 경우 전화 또는 모사전송기 등으로 통지하되 사후에 지체없이 서면으로 통지하여야 한다.
- 현행범인 체포원부에 그 내용을 기재하여야 한다.

○ 현행범인으로 체포한 피의자에 대해 구속영장을 신청하지 아니할 경우
  ❖ 피의자 석방
  현행범인으로 체포한 피의자에 대하여 구속영장을 신청하지 아니할 경우에는 소속경찰관서장의 지휘를 받아 즉시 석방하여야 한다.
  ❖ 석방 후 조치
  • 지체없이 석방사실을 검사에게 보고한다.
  • 석방일시와 석방사유를 기재한 서면을 작성하여 사건기록에 편철하고, 현행범인 체포원부에도 같은 내용을 기재한다.

○ 현행범인으로 체포한 피의자에 대해 구속영장을 신청할 경우
  ❖ 구속영장의 신청
  현행범인으로 체포한 피의자를 조사한 결과 계속 구금할 필요가 있을 경우 48시간 이내에 판사에게 구속영장을 청구하여야 한다.
  ❖ 신청절차
  • 구속영장 신청서 작성한다.
    피의자 구속기간은 현행범인으로 체포한 때로부터 기산한다.
  • 구속영장 신청부를 작성한다.
  • 검사에게 구속영장을 신청(현행범인 체포 후 늦어도 36시간 이내) 한다.

○ 구속영장실질심사 이후의 절차는 체포영장에 의해 체포한 피의자에 대한 구속영장실질심사 이후 절차와 동일하다.

○ 체포이유와 범죄사실 등의 고지
  ❖ 피의자를 체포하는 때에는 피의자에게 범죄사실의 요지, 체포의 이유와 변호인을 선임할 수 있음을 고지하고 변명의 기회를 준 후 확인서를 받아 수사기록에 편철하여야 한다.

❖ 확인서는 피체포자의 기명날인 또는 서명을 받아야 하고, 기명날인 또는 서명을 거부하는 경우에는 체포자가 그 사유를 기재하고 기명날인 또는 서명하여야 한다.

○ 인치·구금
❖ 체포영장에 의하여 피의자를 체포한 때에는 즉시 영장에 기재된 인치·구금장소로 호송하여 인치 또는 구금하여야 한다.
❖ 체포된 피의자의 호송 중 필요한 때에는 가까이 인접한 경찰서 유치장에 임시로 유치할 수 있다.

○ 체포의 통지
❖ 피의자를 체포한 때에는 변호인이 있는 경우에는 변호인에게, 변호인이 없는 경우에는 피의자의 법정대리인, 배우자, 직계친족, 형제자매와 호주 중 피의자가 지정한 자에게 체포한 때로부터 늦어도 24시간 내에 체포의 통지를 하여야 한다.
❖ 체포의 통지는 급속을 요하는 경우 전화 또는 모사전송기 기타 상당한 방법으로 할 수 있으나, 사후에 지체없이 서면통지를 하여야 한다.

현 행 범 인 체 포 서

피 체 포 자	성 명	
	주민등록번호	
	직 업	
	주 거	
변 호 인		

형사소송법 제212조에 따라, ○○피의사건과 관련된 위 피체포자를 아래와 같이 현행범인으로 체포함.

20○○. ○. ○.

○ ○ 경 찰 서

사법경찰관 경감 이 호 기 ㉑

체 포 한 일 시	
체 포 한 장 소	
범 죄 사 실 및 체 포 의 사 유	
체포자의 관직 및 성 명	
인 치 한 일 시	
인 치 한 장 소	
구 금 한 일 시	
구 금 한 장 소	

현 행 범 인 인 수 서

피체포자	성 명	
	주 민 등 록 번 호	
	직 업	
	주 거	
변 호 인		

형사소송법 제213조 제1항에 따라, ○○피의사건과 관련된 위 피체포자를 아래와 같이 현행범인으로 인수함

20○○. ○. ○.

○ ○ 경 찰 서

사법경찰관 경감 이 호 기 ㉑

체 포 한 일 시	
체 포 한 장 소	

체포자	성 명	
	주 민 등 록 번 호	
	주 거	

범죄사실 및 체포의 사유	
인 수 한 일 시	
인 수 한 장 소	
인 치 한 일 시	
인 치 한 장 소	
구 금 한 일 시	
구 금 한 장 소	

○○경찰서

제 0000-00000 호   20○○. ○. ○.

수 신 : ○○지방검찰청장

제 목 : 구속영장 신청서(현행범인)

다음 사람에 대한 ○○ 피의사건에 관하여 동인을 아래와 같이 현행범인으로 체포하여 ○○에 구속하려 하니 20○○. ○. ○.까지 유효한 구속영장의 청구를 신청합니다.

피의자	성 명	
	주민등록번호	- (세)
	직 업	
	주 거	
변 호 인		
체 포 한 일 시 장 소		
인 치 한 일 시 장 소		
구 금 한 일 시 장 소		
범죄사실 및 구속을 필요로 하는 이유		
필 요 적 고 려 사 항	□ 범죄의 중대성 □ 재범의 위험성 □ 피해자·중요참고인 등에 대한 위해 우려 □ 기타 사유 ※ 구체적 내용은 별지와 같음	
피의자의 지정에 따라 체포이유등 이 통지된 자의 성명 및 연 락 처		
재신청의 취지 및 이유		
비 고		

○ ○ 경 찰 서

사법경찰관 경위 홍 길 동 (인)

○○경 찰 서

제 0000-00000 호   20○○. ○. ○.

수 신 : ○○지방검찰청장

제 목 : **구속영장 신청서(현행범인)**

다음 사람에 대한 ○○ 피의사건에 관하여 동인을 아래와 같이 현행범인으로 체포하여 ○○에 구속하려 하니 20○○. ○. ○.까지 유효한 구속영장의 청구를 신청합니다.

피의자	성 명	
	주 민 등 록 번 호	– (세)
	직 업	
	주 거	
변 호 인		
체 포 한 일 시·장 소		
인 치 한 일 시·장 소		
구 금 한 일 시·장 소		
범죄사실 및 구속을 필 요 로 하 는 이 유		
필 요 적 고 려 사 항		□ 범죄의 중대성 □ 재범의 위험성 □ 피해자·중요참고인 등에 대한 위해 우려 □ 기타 사유 ※ 구체적 내용은 별지와 같음
피의자의 지정에 따라 체포이유등이 통지된 자의 성명 및 연 락 처		
재신청의 취지 및 이유		
비 고		

○ ○ 경 찰 서

사법경찰관 경위 홍 길 동 (인)

○ ○ 경 찰 서

제 호   20○○.○.○.

수 신 : 검찰청의 장 (검사 : 홍길동)

제 목 : **석방 통보서(현행범인)**

다음 피체포자(현행범인)를 아래와 같이 석방하였기에 「검사와 사법경찰관의 상호협력
과 일반적 수사준칙에 관한 규정」 제28조제2항에 따라 통보합니다.

피 체 포 자	성 명	
	주민등록번호	
	직 업	
	주 거	
죄 명		
체 포 한 일 시		
체 포 한 장 소		
체 포 의 사 유		
석 방 일 시		
석 방 장 소		
석 방 사 유		
석방자의 관직 및 성명		
비 고		

○ ○ 경 찰 서

사법경찰관 경위 홍 길 동 (인)

■ 체포보고서 서식

제118조(체포보고서) 경찰관은 피의자를 영장에 의한 체포, 긴급체포, 현행범인으로 체포하였을 때에는 별지 제47호서식의 피의자 체포보고서를 작성하여 소속관서장에게 보고하여야 한다.

○ 체포보고서 서식
  ❖ 현행범인을 체포했을 때에는 "현행범인체포서"를 통상 구속에 의한 체포를 했을 때에는 "피의자 체포보고서"를 각각 작성하고 소속 관서장에게 보고하여야 한다.

○ 체포경위의 구체적 기재
  ❖ 체포할 때에 피의자가 저항 또는 도망하려고 한 상황 등을 구체적으로 기재하여 체포의 상황과 그 절차를 명백히 하여야 한다.
  ❖ 긴급체포의 경우
    • 체포할 때에 체포영장을 제시하였는지 여부
    • 범죄사실의 요지와 영장발부 사실의 고지여부를 기재한다.
  ❖ 긴급구속의 경우
    • 피의자가 죄를 범하였다고 의심할 만한 상당한 이유의 존재
    • 피의자가 증거를 인멸할 염려와 도망할 염려 등 사유의 존재
    • 긴급을 요한 판사의 구속영장을 받을 수 없었던 사유를 기재한다.
  ❖ 현행범인체포의 경우
    • 현행범인 준현행범인에 있어 여러 가지 태양 중 구체적인 어떠한 상황이 있었기 때문에 현행범인으로 인정했다든가.
    • 도망, 저항을 하려고 한 상황등을 구체적으로 기재한다.

○ 체포보고서와 소명자료
  ❖ 긴급구속에 있어서는 피의자 긴급구속(체포) 보고서의 기재가 구속영장신청(사후)을 할 때에 가장 유력한 소명자료가 된다.
  ❖ 현행범인체포에 있어서는 현행범인체포서에 기재된 "현행범인으로 인정한 이유"가 당해 범죄사실의 입증에 유력한 증거자료가 되는 경우가 있다.

소 속 관 서

제 0000-000000 호   0000.00.00.

수 신 :

참 조 :

제 목 : 피의자체포보고

피의자 OOO외 O명에 대한 죄명 사건에 관하여 다음과 같이 체포하였기에 보고합니다.

1. 체포일시 및 장소

   일   시 :

   장   소 :

2. 피의자 인적사항

3. 범죄사실

4. 체포경위

5. 증거자료의 유무

6. 조   치

■ 구속영장 신청

제119조(구속영장 신청) ① 경찰관은 「형사소송법」 제201조제1항 및 「수사준칙」 제29조제1항에 따라 구속영장을 신청할 때에는 범죄의 중대성, 재범의 위험성, 피해자 및 중요 참고인 등에 대한 위해 우려, 피의자의 연령, 건강상태 그 밖의 제반사항 등을 고려하여야 한다.
② 경찰관은 「형사소송법」 제200조의2제5항 및 「수사준칙」 제29조제2항에 따라 체포한 피의자에 대해 구속영장을 신청할 때에는 구속영장 신청서에 제1항의 사유를 인정할 수 있는 자료를 첨부해야 하며, 긴급체포 후 구속영장을 신청할 때에는 「형사소송법」 제200조의3제1항의 사유를 인정할 수 있는 자료도 함께 첨부해야 한다.
③ 경찰관은 「형사소송법」 제200조의2제5항(같은 법 제213조의2에서 준용하는 경우를 포함한다) 및 「형사소송법」 제200조의4제1항에 따라 체포한 피의자를 구속하고자 할 때에는 체포한 때부터 48시간 내에 구속영장을 신청하되 검사의 영장청구에 필요한 시한을 고려하여야 한다.
④ 경찰관은 구속영장을 신청하였을 때에는 별지 제48호서식의 구속영장신청부에 필요한 사항을 적어야 한다.

※ 경찰수사규칙
제54조(구속영장의 신청) 수사준칙 제29조에 따른 구속영장 신청서는 별지 제45호서식부터 별지 제48호서식까지에 따른다.

※ 검사와 사법경찰관의 상호협력과 일반적 수사준칙에 관한 규정
제29조(구속영장의 청구·신청) ① 검사 또는 사법경찰관은 구속영장을 청구하거나 신청하는 경우 법 제209조에서 준용하는 법 제70조제2항의 필요적 고려사항이 있을 때에는 구속영장 청구서 또는 신청서에 그 내용을 적어야 한다.
② 검사 또는 사법경찰관은 체포한 피의자에 대해 구속영장을 청구하거나 신청할 때에는 구속영장 청구서 또는 신청서에 체포영장, 긴급체포서, 현행범인 체포서 또는 현행범인 인수서를 첨부해야 한다.

※ 형사소송법
제201조(구속) ① 피의자가 죄를 범하였다고 의심할 만한 상당한 이유가 있고 제70조제1항 각 호의 1에 해당하는 사유가 있을 때에는 검사는 관할지방법원판사에게 청구하여 구속영장을 받아 피의자를 구속할 수 있고 사법경찰관은 검사에게 신청하여 검사의 청구로 관할지방법원판사의 구속영장을 받아 피의자를 구속할 수 있다. 다만, 다액 50만원이하의 벌금, 구류 또는 과료에 해당하는 범죄에 관하여는 피의자가 일정한 주거가 없는 경우에 한한다.

○ 구속의 요건
  ❖ 죄를 범하였다고 의심할 만한 상당한 이유와 함께 다음 각항의 1에 해당하는 사유가 있어야 한다.
    • 일정한 주거가 없는 때
      - 일정한 주거의 유무는 실질적으로 고찰하되, 피의자가 성명, 주거를 묵비

한 경우에는 객관적으로 일정한 주거가 있더라도 위 요건에 해당한다고
본다.

- 피의자를 신문할 때 피의자의 주민등록상 주소와 실체주거가 동일한지
  여부, 다르다면 그 이유, 동거인이 있는지 여부, 동거인과 연락이 가능
  한지 여부 등을 자세히 조사한다.

❖ 증거를 인멸할 염려

구속의 사유 중 증거를 인멸할 염려는 다음 각 호의 요소를 종합적으로 고
려하여 판단한다.

- 인멸의 대상이 되는 증거가 존재하는지 여부
- 그 증거가 범죄사실의 입증에 결정적으로 영향을 주는지 여부
- 피의자 측에 의하여 그 증거를 인멸하는 것이 물리적·사회적으로 가능한지
  여부
- 피의자 측이 피해자 등 증인에 대하여 어느 정도의 압력이나 영향력을 행
  사할 수 있는지 여부

❖ 도망할 염려

구속의 사유 중 도망할 염려는 다음 각 호의 요소를 종합적으로 고려하여
판단한다.

- 범죄사실에 관한 사정
  - 범죄의 경중, 태양, 동기, 횟수, 수법, 규모, 결과 등
  - 자수 여부
- 피의자의 개인적 사정
  - 직업이 쉽게 포기할 수 있는 것인지 여부
  - 경력, 범죄경력, 범죄에 의존하지 아니하고도 생계를 유지하였는지 등
    그 동안의 생계수단의 변천
  - 약물복용이나 음주의 경력, 피의자의 도망을 억제할 만한 치료 중인 질
    병이 있는지 또는 출산을 앞두고 있는지 여부
  - 다른 곳 특히 외국과의 연결점이 있는지 여부, 여권의 소지 여부 및 여
    행 특히 해외여행의 빈도
- 피의자의 가족관계
  - 가족 간의 결속력
  - 가족 중에 보호자가 있는지 여부
  - 배우자 또는 나이가 어리거나 학생인 자녀가 있는지 여부
  - 연로한 부모와 함께 거주하거나 부모를 부양하고 있는지 여부
  - 피의자에 대한 가족들의 의존 정도

- 가족들이 피의자에게 양심에 호소하는 권고나 충고를 하여 피의자를 선
　　　　행으로 이끌만한 능력과 의사가 있는지 여부
　❖ 피의자의 사회적 환경
　　• 피의자의 지역사회에서의 거주기간 및 지역사회에서의 정착성의 정도
　　• 피의자 가족의 지역사회와의 유대의 정도
　　• 교우 등 지원자가 있는지 여부

○ 구속의 제한
　❖ 50만원 이하의 벌금, 구류 또는 과료에 해당하는 사건에 대하여는 일정한
　　주거가 없을 때에만 구속할 수 있다(형사소송법 제70조 제2항).

○ 구속영장신청의 시간적 제한
　❖ 체포(긴급체포, 체포영장에 의한 체포, 현행범인체포)후 48시간 이내에 구속
　　영장을 청구하여야 하므로 사법경찰관이 피의자를 체포한 경우에는 영장처
　　리시간표를 작성하여 영장기록에 부착하고 늦어도 체포후 36시간 이내에
　　검사에게 구속영장을 신청하여야 한다.
　❖ 영장처리시간표는 구속영장이 발부되거나 기각된 후에는 수사기록에 편철한다.

○ 구속영장신청서의 기재사항
　❖ 재신청 취지 및 이유를 제외하고는 체포영장신청서의 기재방법과 같다.
　❖ 재신청 취지 및 사유
　　아래 각항의 경우와 같이 구속영장을 재신청하는 때에는 다시 구속영장을
　　신청하는 취지 및 이유를 기재하고 그에 관한 소명자료를 제출하여야 한다.
　　• 전회의 신청이 요건불비나 절차상 잘못 때문에 기각되었으나 이것이 시정된 경우
　　• 발부된 구속영장의 유효기간내에 집행하지 못한 경우
　　　- 구속영장청구부 비고란에 「최초구속영장 진행번호」를 기재하고 「유
　　　　효기간 만료」라고 주서한다.
　　• 구속 후 혐의불충분으로 석방되었으나 다른 중요한 증거를 발견한 경우
　　• 구속적부심으로 석방된 피의자에 대하여 형사소송법 제214조의3에 규정
　　　된 사유가 있는 경우.
　　　※ 형사소송법 제214조의3 제1항
　　　　(제 214조2 제3항의 규정에 의한 체포 또는 구속적부심사결정에 의하
　　　　여 석방된 피의자가 도망하거나 죄증을 인멸하는 경우를 제외하고는
　　　　동일한 범죄사실에 관하여 재차 체포 또는 구속하지 못한다).

○ 구속기간 산정유의

　체포, 긴급체포, 현행범인체포 후 구속한 경우에는 체포한날로부터 구속기간을 계산하므로 구속기간의 산정에 착오가 없도록 유의한다.

○ 구속영장 첨부서류

　❖ 체포한 피의자를 구속하는 경우에는 체포영장, 긴급체포서, 현행범인체포서 또는 현행범인인수서를 구속영장신청기록에 첨부한다.

　❖ 구속의 이유와 필요성을 입증하기 위하여 체포영장을 신청할 때 보다 더욱 구체적인 증거자료를 제출하여야 한다.

○ 구속이유와 범죄사실 등의 고지

　❖ 피의자를 구속하는 때에는 피의자에게 범죄사실의 요지, 구속의 사유와 변호인을 선임할 수 있음을 고지하고 변명의 기회를 준 후 확인서를 받아 수사기록에 편철하여야 한다.

　❖ 확인서는 피의자의 서명·날인을 받아야 하고 기명 또는 서명날인을 거부하는 경우에는 그 사유를 기재하고 서명·날인하여야 한다.

○ 인치·구금

　❖ 구속영장에 의하여 피의자를 구속한 때에는 즉시 영장에 기재된 인치·구금장소로 호송하여 인치 또는 구금하여야 한다.

　❖ 구속된 피의자의 호송 중 필요한 때에는 가까이 인접한 경찰서 유치장에 임시로 유치할 수 있다.

○ 구속의 통지

　❖ 피의자를 구속한 때에는 변호인이 있는 경우에는 변호인에게, 변호인이 없는 경우에는 피의자의 법정대리인, 배우자, 직계친족, 형제자매와 호주 중 피의자가 지정한 자에게 구속한 때로부터 늦어도 24시간 내에 구속의 통지를 하여야 한다.

　❖ 위에 규정한 자가 없어 구속의 통지를 하지 못한 경우에는 그 취지를 기재한 서면을 수사기록에 편철하여야 한다.

　❖ 구속의 통지는 급속을 요하는 경우 전화 또는 모사전송기 기타 상당한 방법으로 할 수 있으나, 사후에 지체없이 서면통지를 하여야 한다

구 속 영 장 신 청 부

진 행 번 호			
사 건 번 호		년 제 호	년 제 호
신 청 일 시		. . . 시 분	. . . 시 분
신청자 관직 및 성명			
피의자	성 명		
	주 민 등 록 번 호		
	직 업		
	주 거		
죄 명			
체 포 일 시 및 유 형		. . . 시 분 체포·긴급체포·현행범인체포 (진행번호)	. . . 시 분 체포·긴급체포·현행범인체포 (진행번호)
영장신청 및 발부	검 사 불 청 구	. . . 시 분	. . . 시 분
	판 사 기 각	. . . 시 분	. . . 시 분
	발 부	. . . 시 분	. . . 시 분
	재신청	신 청	. . . 시 분	. . . 시 분
		검 사 불 청 구	. . . 시 분	. . . 시 분
		판 사 기 각	. . . 시 분	. . . 시 분
		발 부	. . . 시 분	. . . 시 분
	피의자 심문	일 련 번 호		
		검사 또는 판사명		
		접 수 일 시	. . . 시 분	. . . 시 분
		접수자 관직 성명		
		구 인 일 시	. . . 시 분	. . . 시 분
유 효 기 간		. . .	. . .
석방	연 월 일	. . .	. . .
	사 유		
반 환		. . .	. . .
비 고			

210mm × 297mm(백상지 80g/㎡)

▣ 체포 · 구속영장의 반환

> **제120조(체포 · 구속영장의 반환)** 경찰관은 「수사준칙」 제35조제1항 및 제3항에 따라 해당 영장을 검사에게 반환하고자 할 때에는 신속히 소속 수사부서의 장에게 그 취지를 보고하여 지휘를 받아야 하고, 영장을 반환할 때에는 영장 사본을 사건기록에 편철해야 한다.

※ 경찰수사규칙

제58조(체포 · 구속영장의 반환) 수사준칙 제35조제2항에 따른 영장반환서는 별지 제50호서식에 따른다.

※ 검사와 사법경찰관의 상호협력과 일반적 수사준칙에 관한 규정

제35조(체포·구속영장의 반환) ① 검사 또는 사법경찰관은 체포 · 구속영장의 유효기간 내에 영장의 집행에 착수하지 못했거나, 그 밖의 사유로 영장의 집행이 불가능하거나 불필요하게 되었을 때에는 즉시 해당 영장을 법원에 반환해야 한다. 이 경우 체포 · 구속영장이 여러 통 발부된 경우에는 모두 반환해야 한다.

② 검사 또는 사법경찰관은 제1항에 따라 체포 · 구속영장을 반환하는 경우에는 반환사유 등을 적은 영장반환서에 해당 영장을 첨부하여 반환하고, 그 사본을 사건기록에 편철한다.

③ 제1항에 따라 사법경찰관이 체포 · 구속영장을 반환하는 경우에는 그 영장을 청구한 검사에게 반환하고, 검사는 사법경찰관이 반환한 영장을 법원에 반환한다.

※ 형사소송법

제204조(영장발부와 법원에 대한 통지) 체포영장 또는 구속영장의 발부를 받은 후 피의자를 체포 또는 구속하지 아니하거나 체포 또는 구속한 피의자를 석방한 때에는 지체없이 검사는 영장을 발부한 법원에 그 사유를 서면으로 통지하여야 한다.

○ 체포·구속영장 발부후 사정의 변경

❖ 체포영장·구속영장은 체포·구속의 이유와 체포·구속의 필요성을 인정하지 않으면 발부되지 않는다(형소법 제201조 참조). 그런데 그 구속의 필요성을 인정하느냐 않느냐는 지방법원 판사가 그 체포영장·구속영장을 발부하는 때를 기준으로 하여 심사하게 되는 것이다.

❖ 체포영장·구속영장의 유효기간은 검사가 영장을 청구할 때에 집행이 가능한 기간을 부기하면 대개, 필요하다고 인정되는 소요일수를 참작해서 판사가 발부한다.

❖ 사안에 따라서는 체포·구속영장을 발부할 때에 구비되어 있던 체포영장·구속영장 발부의 요건이 그 후의 사정 변경에 의하여 아직 유효기간 내임에도 불구하고 벌써 구비되지 않은 것으로 되어버릴 경우가 있을 것이다.

❖ 발부된 체포영장 또는 구속영장이 그 후의 사정 변경에 의하여 상대자가 임

의출석 요구에 응하고 또한 증거인멸의 염려가 없어진 경우, 즉 명백히 체포 또는 구속의 이유가 없어진 경우는 물론 체포 또는 구속의 필요가 없게 되었을 때에는 체포영장 또는 구속영장을 행사하지 말아야 할 것이다.

❖ 체포영장 또는 구속영장이 발부되어 있는가 어떤가의 형식적 판단에 의할 것이 아니라 체포 영장 또는 구속영장 행사시에 있어서 현재의 상황으로도 영장이 발부되겠는가 안되겠는가가 판단의 기준이 되어야 할 것이다.

○ 영장의 반환

❖ 발부된 체포영장 또는 구속영장 그 유효기간 내일지라도 즉시 검사장 또는 지청장에게 반환(여러 통 발부된 경우에는 모두 반환)함으로써 지체없이 검사가 발부한 법원에 그 사유를 서면으로 통지할 수 있도록 해야 한다(형소법 제204조 참조).

❖ 체포영장 또는 구속영장의 발부를 받은 후 피의자를 체포 또는 구속하지 아니하거나 체포 또는 구속한 피의자를 검사의 지휘를 받아 석방한 때에는 영장반환보고서 및 체포영장 또는 구속영장의 사본을 사건기록부에 같이 편철한다.

○○경찰서

제 0000-00000 호   20○○. ○. ○.

수 신 : ○○지방검찰청장 (검사 : ○○○)

제 목 : **영장반환서**

「검사와 사법경찰관의 상호협력과 일반적 수사준칙에 관한 규정」 제35조에 따라 별지 영장을 다음과 같은 이유로 반환합니다.

영 장 종 별		
영 장 발 부 일		
영 장 번 호		
대 상 자	성 명	
	주민등록번호	
	주 거	
죄 명		
영 장 반 환 사 유		
첨 부 : 영장		

○○경찰서

사법경찰관 경위 홍 길 동 (인)

▣ 체포 · 구속영장의 기재사항 변경과 영장 재신청

제121조(체포 · 구속영장의 기재사항 변경) 경찰관은 체포 · 구속영장의 발부를 받은 후 그 체포 · 구속영장을 집행하기 전에 인치 · 구금할 장소 그 밖에 기재사항의 변경을 필요로 하는 이유가 생겼을 때에는 검사를 거쳐 해당 체포·구속영장을 발부한 판사 또는 그 소속법원의 다른 판사에게 서면으로 체포·구속영장의 기재사항 변경을 신청하여야 한다.

제122조(체포 · 구속영장의 재신청) 경찰관은 「형사소송법」제200조의2제4항 및 「수사준칙」 제31조에 따라 동일한 범죄사실로 다시 체포 · 구속영장을 신청할 때에는 다음 각 호의 사유에 해당하는 경우 그 취지를 체포 · 구속영장 신청서에 적어야 한다.
1. 체포 · 구속영장의 유효기간이 경과된 경우
2. 체포 · 구속영장을 신청하였으나 그 발부를 받지 못한 경우
3. 체포 · 구속되었다가 석방된 경우

제123조(영장에 의하지 않은 체포 시 권리고지) 「수사준칙」 제32조는 경찰관이 「형사소송법」제200조의3에 따라 피의자를 긴급체포하거나 같은 법 제212조에 따라 현행범을 체포한 경우에 준용한다.

※ 검사와 사법경찰관의 상호협력과 일반적 수사준칙에 관한 규정
제31조(체포·구속영장의 재청구·재신청) 검사 또는 사법경찰관은 동일한 범죄사실로 다시 체포·구속영장을 청구하거나 신청하는 경우(체포 · 구속영장의 청구 또는 신청이 기각된 후 다시 체포·구속영장을 청구하거나 신청하는 경우와 이미 발부받은 체포·구속영장과 동일한 범죄사실로 다시 체포·구속영장을 청구하거나 신청하는 경우를 말한다)에는 그 취지를 체포·구속영장 청구서 또는 신청서에 적어야 한다.

※ 검사와 사법경찰관의 상호협력과 일반적 수사준칙에 관한 규정
제32조(체포·구속영장 집행 시의 권리 고지) ① 검사 또는 사법경찰관은 피의자를 체포하거나 구속할 때에는 법 제200조의5(법 제209조에서 준용하는 경우를 포함한다)에 따라 피의자에게 피의사실의 요지, 체포 · 구속의 이유와 변호인을 선임할 수 있음을 말하고, 변명할 기회를 주어야 하며, 진술거부권을 알려주어야 한다.
② 제1항에 따라 피의자에게 알려주어야 하는 진술거부권의 내용은 법 제244조의3제1항제1호부터 제3호까지의 사항으로 한다.
③ 검사와 사법경찰관이 제1항에 따라 피의자에게 그 권리를 알려준 경우에는 피의자로부터 권리고지 확인서를 받아 사건기록에 편철한다.

○ 재신청의 취지 및 이유기재
  ❖ 다음 각항의 경우와 같이 체포영장을 재신청하는 때에는 다시 체포영장을 신청하는 취지 및 이유를 기재하고 그에 관한 소명자료를 제출하혀야 한다.
    • 전회의 체포영장 신청이 요건불비나 절차상 잘못 때문에 기각되었으나 이

것이 시정된 경우
- 발부된 체포영장 유효기간 내에 집행하지 못한 경우
  - 체포영장신청부 비고란에 「최초 체포영장 진행번호」를 기재하고 「유효기간 만료」라고 주기한다.
- 체포 후 혐의불충분을 이유로 구속영장이 기각되어 석방하였으나 다른 중요한 증거를 발견한 경우
- 체포 후 정당한 이유없이 출석요구에 불응하거나 불응할 우려가 소명되지 아니하였다는 이유로 구속영장이 기각되어 석방하였으나 그 후 사정이 바뀌어 출석요구에 불응하거나 불응할 우려가 소명된 경우
- 체포 후 도망 또는 증거인멸의 염려가 없다는 이유로 구속영장이 기각되어 석방하였으나 그 후 사정이 바뀌어 도망 또는 증거인멸의 염려가 소명된 경우
- 체포(또는 구속) 후 혐의불충분을 이유로 석방하였으나 다른 중요한 증거를 발견한 경우
- 체포적부심으로 석방된 피의자에 대하여 형사소송법 제214조3 제1항의 사유가 있는 경우

○ 재신청의 사유 작성예
  [예 1]
  (범죄사실)……
    피의자는 계속 이 건 범행을 부인하고 있으나 새로운 현장목격자 김 ○○, 이○○ 등의 진술 및 감정결과 피의자가 운전하던 차량에 붙어 있던 머리카락에 피해자의 머리카락이 일치한 것으로 나타나 범죄사실의 입증이 충분하며 ……하여 도망할 우려가 있다.
  [예 2]
  (범죄사실)……
    피해자는 이 건 상해를 입을 당시 7일간의 안정치료를 요하는 가벼운 뇌진탕상을 입은 데 불과한 진단결과였으나 2○○.○.○. 뇌출혈로 사망하였으며 부검결과 뇌진탕은 간접사인이 되었음이 판명되었으므로 ……하여 도망할 우려가 있다.
  [예 3]
  (범죄사실)……
    1회 조사 후 3차 소환하였으나 출석요구서가 반려되어 그 소재를 알 수 없고 피의자의 주민등록상의 주거지에는 거주치 아니하여 직권말소되었고, 피의자에 대한 신원보증인 역시 그 소재를 알 수 없으므로 피의자는 주거가 일정치 아니하여 도망할 우려가 있다.

○ 구속영장의 집행
 ❖ 영장은 검사의 지휘에 의하여 사법경찰관리가 집행한다.
 ❖ 영장은 검사의 서명, 날인 또는 집행지휘서에 의하여 집행하게 되나 실무상
   으로는 구속영장 상단 여백에 지휘란의 고무인을 설정하고 이에 서명 날인
   하고 있다.
 ❖ 영장을 집행할 때에는 반드시 영장을 제시하여야 하고 신속히 지정된 구속
   할 장소(유치장)에 인치하여야 한다.
 ❖ 영장을 집행할 때는 친절히 하여야 하고 피의자 또는 관계인의 명예를 해하
   지 않도록 유의한다.
   특히 피의자의 자녀들의 면전에서 수갑을 채워 영장을 집행하는 등의 일은
   삼가는 것이 좋다.
 ❖ 사법경찰관리는 관할구역 외에서도 영장을 집행할 수 있고 해당 관할구역의
   사법경찰관리에게 집행을 촉탁할 수도 있다.
 ❖ 영장을 집행한 사법경찰관리는 영장 하단 집행란에 집행일시와 장소, 집행
   자의 관직, 성명을 기재하고 날인하여야 한다.
 ❖ 영장이 이미 발부되었으나 이를 소지하고 있지 않으므로 제시할 수 없는 경
   우에 급속을 요하는 때에는 영장의 사후 제시에 의한 긴급집행이 인정되고
   있다.
   이 경우에는 피의자의 범죄사실의 요지와 영장발부 상황을 고지하고 체포하
   여야 한다.
 ❖ 영장을 집행할 경우 필요한 때에는 별도의 압수수색 영장없이 주거, 간수자
   의 가옥, 건조물, 항공기, 선차 내에 들어가 피의자를 수색할 수 있다.
 ❖ 영장은 압수수색영장에 대신하는 보장기능을 수행하는 것이므로 수색을 받
   는 자에게 이를 제시함을 요한다고 본다.

○ 증인의 구인
 ❖ 증인을 법원 기타 지정한 장소에 출석시키기 위하여 행하는 것이므로 증인
   에 대한 구속영장의 집행은 당해 영장에 지정된 장소와 지정된 일시에 인치
   하여 필요한 목적을 달성하는데 지장이 없도록 하여야 한다.
 ❖ 증인은 피의자·피고인과 달라서 자기의 형사책임을 추궁당하는 것이 아니므
   로 도망하거나, 자살 등의 사고는 없을 것이므로 수갑, 포승 등의 사용은 피
   하여야 한다.
 ❖ 구인을 받는 증인은 정당한 사유없이 소환에 불응하거나 동행을 거부하거나

한 경우에는 도망, 자살의 염려가 있다고 보아 그 취급에 신중하여야 한다.

○ 영장의 반환

❖ 구속영장과 압수수색영장에는 유효기간과 그 기간을 경과하면 집행에 착수하지 못하며 영장을 반환하여야 한다.

❖ 영장반환의 경우에는 그 유효기간 내에 집행할 수 없게 되었을 경우, 그 이유를 기재하여 반환보고서에 첨부관할 검사에게 반환하여야 한다.

❖ 구속영장의 발부를 받은 후 피의자를 구속하지 아니하거나 구속한 피의자를 석방한 때에는 지체없이 검사는 영장을 발부한 법원에 그 이유를 서면으로 통지하여야 한다(형사소송법 제204조).

❖ 구속영장을 집행하지 아니하였거나 피의자가 도주하여 집행하지 못하였을 때에는 영장반환 보고서에 구속영장을 첨부하여 검찰을 경유 법원에 반환하고 사건기록에는 반환보고서와 영장사본을 편철한다.

○ 영장 집행이 부적당한 경우

❖ 구속영장의 집행 지휘를 받았으나 그 집행을 받을 자가 심신의 장애로 의사능력이 없는 상태에 있거나, 그 집행으로 인하여 현저하게 건강을 해할 염려가 있을 때 기타 집행이 부적당하다고 인정되는 이유가 있는 때에는 신속히 지휘한 검사에게 그 취지를 보고하여 지휘를 받아야 한다.

❖ 발부된 구속영장을 집행할 필요가 없을 때 또는 영장발부 후 집행 전에 피의자가 사망한 경우 등에는 검사의 지휘를 받아 처리한다.

▣ 소년에 대한 동행영장의 집행

제124조(소년에 대한 동행영장의 집행) 「수사준칙」 제35조와 「경찰수사규칙」 제55조 및 제58조는 「소년법」 제16조제2항에 따라 소년부 판사가 경찰관에게 동행영장을 집행하게 한 경우에 준용한다. 이 경우에는 그 규정 중 "검사"를 "소년부 판사"로 한다.

※ 경찰수사규칙

제55조(체포·구속영장의 집행) ① 사법경찰관리는 체포영장 또는 구속영장을 집행할 때에는 신속하고 정확하게 해야 한다.

② 체포영장 또는 구속영장의 집행은 검사가 서명 또는 날인하여 교부한 영장이나 검사가 영장의 집행에 관한 사항을 적어 교부한 서면에 따른다.

③ 수사준칙 제32조제3항에 따른 권리 고지 확인서는 별지 제36호서식에 따른다. 다만, 피의자가 권리 고지 확인서에 기명날인 또는 서명하기를 거부하는 경우에는 피의자를 체포·구속하는 사법경찰관리가 확인서 끝부분에 그 사유를 적고 기명날인 또는 서명해야 한다.

제58조(체포·구속영장의 반환) 수사준칙 제35조제2항에 따른 영장반환서는 별지 제50호서식에 따른다.

※ 소년법

제16조(동행영장의 집행) ② 소년부 판사는 소년부 법원서기관·법원사무관·법원주사·법원주사보나 보호관찰관 또는 사법경찰관리에게 동행영장을 집행하게 할 수 있다.

○ 소년부 판사의 동행영장 집행

❖ 소년부 판사가 사건의 조사, 심리에 필요하여 본인 또는 보호자, 참고인에게 소환한 경우, 본인 또는 보호자가 정당한 이유없이 소환에 응하지 아니한 때에는 소년부 판사가 동행영장을 발부할 수 있다.

❖ 동행영장은 원칙적으로 소년부의 조사관이 집행하는 것이나 소년법 제16조에 의하여 "사법경찰관리로 하여금 동행영장을 집행하게 할 수 있다"라고 하여 집행하는 것으로, 이 규칙 제90조의 "영장의 집행"의 규정을 준용한다.

❖ 동행영장을 집행한 때에는 지체없이 이를 보호자 또는 보조인에게 통지하여야 한다.

▣ 체포 · 구속 시의 주의사항

제125조(체포 · 구속 시의 주의사항) ① 경찰관은 피의자를 체포·구속할 때에는 필요한 한도를 넘어서 실력을 행사하는 일이 없도록 하고 그 시간 · 방법을 고려하여야 한다.
② 경찰관은 다수의 피의자를 동시에 체포 · 구속할 때에는 각각의 피의자별로 피의사실, 증거방법, 체포 · 구속 시의 상황, 인상, 체격 그 밖의 특징 등을 명확히 구분하여 체포 · 구속, 압수 · 수색 또는 검증 그 밖의 처분에 관한 서류의 작성, 조사, 증명에 지장이 생기지 않도록 하여야 한다.
③ 경찰관은 피의자를 체포·구속할 때에는 피의자의 건강상태를 조사하고 체포·구속으로 인하여 현저하게 건강을 해할 염려가 있다고 인정할 때에는 그 사유를 소속 경찰관서장에게 보고하여야 한다.
④ 경찰관은 피의자가 도주, 자살 또는 폭행 등을 할 염려가 있을 때에는 수갑·포승 등 경찰장구를 사용할 수 있다.

○ 체포·구속의 집행절차
  ❖ 피의자를 체포·구속할 때에는 체포·구속영장에 의하여 검사의 지휘로 사법경찰관리가 집행한다.
  ❖ 체포·구속영장을 집행할 때에는 반드시 영장을 제시하여야 한다.
  ❖ 한·미행협사건 적용대상자를 미국군대의 영내에서 체포할 때에는 미군당국에 체포의뢰를 하여야 한다.
  ❖ 체포·구속영장은 집행하기 전에 반드시 피의자를 구속하게 된 범죄사실의 요지와 변호인을 선임할 수 있다는 취지를 알려주고 변명의 기회를 주어야 한다(형사소송법 제209조).
  ❖ 사법경찰관리는 관할구역 외에서도 영장을 집행할 수 있으며 영장을 집행한 사법경찰관리는 영장하단 집행관여 집행일시와 장소·집행자의 계급 성명을 기재하고 날인하여야 한다.

○ 구속할 때의 주의사항
  ❖ 체포·구속할 때에는 감정에 치우치지 말고 침착, 냉정한 태도로 필요한 범위를 넘어서 실력을 행사하는 일이 없도록 하여야 한다.
  ❖ 집행시는 피의자의 자녀들의 면전에서 그 부모(피의자)에게 수갑을 채워 영장을 집행하는 일이 없도록 유의한다.
  ❖ 피의자의 건강상태를 물어 건강을 해할 현저한 사유가 있을 때에는 이를 검사에게 보고하여 그 지휘에 따라 처리한다.
  ❖ 체포를 함에 있어서는 상대자의 세력을 잘 예측하여, 이에 대항하는데 충분한 협동의 힘으로써 하며, 공연히 조속히 서두르지 말고, 주범자를 체포할 수 있도록 적당한 시기를 선택하여야 한다.

❖ 공범자가 있는 피의자를 체포·구속하는 경우에는 그 자가 구속(체포)된 것이 공범자에게 알려지지 않도록 그 주거에서 이를 체포하는 것을 피하고, 통행하는 도중에서 체포하는 등의 방법을 취하여야 한다. 물론 합법적이어야 하며, 신중을 기하여야 한다.

❖ 다수의 피의자를 동시에 체포·구속할 때에는, 자칫하면 혼란하기 쉬운데, 오인으로 인하여 불법체포하는 일이 없도록 함은 물론, 어느 경찰관이 어떤 피의자를 체포했는지 또한 어느 압수물은 어떤 피의자에게 압수한 것인지를 혼동해서 알지 못하게 되는 일이 없도록 주의하여 명확히 해두지 않으면 아니 된다.

❖ 체포·구속하는 경우에 필요한 때에는 압수 수색영장 없이 타인의 주거 또는 타인이 간수하는 가옥, 건조물, 항공기, 선차 내에 들어가 피의자(발견을 위한)수사를 할 수 있다(형사소송법 제216조).

❖ 체포는 실력의 행사에 의해서 피의자를 구금하며, 구금의 상태를 유지하는 것이다. 따라서 피의자의 도망을 방지하고 또는 폭행 등을 하지 못하도록 수갑 등을 사용하는 것도 구속(체포)권 행사의 일부로서 이용된다. 피의자를 유치장에 수용할 수 있는 것도 또한 동일한 근거에서이다. 피의자의 자살을 방지하기 위한 수갑 등의 사용은 바로 피의자를 위해서이다.

○ 연행, 호송의 관계
❖ 연행이란 체포 구속한 피의자를 인차할 장소 또는 사법경찰관에게 데리고 가는 것, 즉 인치하는 것이다.

❖ 호송이란 지명수배 등에 의하여 원격지에 데리고 가는 경우를 말한다.

❖ 지명수배된 피의자를 체포하는 경우에는 수배경찰관서의 경찰관이 피의자를 인수하여 오는데 피의자의 인도를 받은 경찰관은 다시 이를 구속영장에 지정된 인치할 장소로 연행하여야 한다.

❖ 이와 같이 체포경찰관서에서 수배경찰관서에서의 연행은 원격지간의 호송이란 점에서 호송의 비중은 크다.

○ 호송의 의의
❖ 호송이란 기결수·형사피고인·피의자 또는 구류수 등을 검찰청·교도소 또는 경찰서로 연행하기 위하여 이동하면서 간수하는 것을 말한다.

○ 호송의 종류
❖ 호송은

- 호송방법에 의하여 ① 직송 ② 체송
- 호송내용에 의하여 ① 이감호송 ② 왕복호송 ③ 집단호송 ④ 비상호송
- 호송수단에 따라 ① 도보호송 ② 차량호송 ③ 열차호송 ④ 선박호송 ⑤ 항공기호송으로 나눌 수 있다.

○ 호송시 유의사항
❖ 면접·물건수수 등의 금지
  피호송자의 가족 관계인이 피소송자와 동반·면접·물건수수 등을 하지 못하게 하고 특히 피호송자가 담배를 피우지 못하게 하여야 한다.
❖ 호송로
  도심지·번화가 기타 복잡한 곳은 가능한 한 피하여야 한다.
❖ 피호송자의 취급
  피호송자가 용변을 보고자 할 때에는 호송경찰관은 변소에 같이 들어가거나 변소문을 감시하여야 한다.
❖ 피호송자를 포박한 수갑 또는 포승은 질병의 치료, 용변 및 식사할 때 한쪽 수갑을 필요한 최소한의 시간에 풀어주는 것을 제외하고는 호송이 끝날 때까지 변경하거나 풀어주어서는 아니 된다.
❖ 호송관의 자세
  호송관은 항상 피호송자의 가슴으로부터 방어할 수 있는 자세를 유지하고 감시가 용이한 위치를 유지하여야 한다.
❖ 호송중 식사 및 유숙
  호송중 피호송자로 하여금 식사를 하게 할 때에는 가까운 경찰관서에서 하여야 한다.
  다만, 열차·선박·항공기에 의한 호송일 때에는 경찰관서 아닌 곳에서 하게 할 수 있다.
  또한 피호송자를 유숙시켜야 할 사유가 생긴 때에는 체류지 관할경찰서, 교도소에 의뢰하여 유치장 또는 교도소 감방에 입감 유숙시켜야 한다.
❖ 피호송자의 자비부담 등의 허가
  피호송자가 식량·의류·침구 등을 자비로 부담할 때에는 호송경찰관은 물품의 구매 또는 피호송자에의 공여를 허가할 수 있다.
  이 경우 구매 대가를 피호송자의 영치금품 등으로 지급한 때에는 본인의 인증서를 받아야 한다.

▣ 체포 · 구속적부심사

제126조(체포 · 구속적부심사) ① 경찰관은 체포 · 구속적부심사 심문기일과 장소를 통보받은 경우에는 「형사소송규칙」 제104조제2항에 따라 위 심문기일까지 수사관계서류와 증거물을 검사를 거쳐 법원에 제출하여야 하고, 위 심문기일에 피의자를 법원에 출석시켜야 한다.
② 경찰관은 제1항에 따라 수사관계서류 및 증거물을 제출하는 경우에는 별지 제115호서식의 수사관계서류 등 제출서에 소정의 사항을 작성하고, 「형사소송법」 제214조의2제5항 각 호의 사유가 있거나 같은 조 제6항에 따른 석방조건을 부가할 필요가 있는 경우 및 같은 조 제11항에 따른 공범의 분리심문이나 그 밖의 수사상의 비밀보호를 위한 조치가 필요한 때에는 그 뜻을 적은 서면을 수사관계서류 등 제출서에 첨부한다.
③ 경찰관은 법원이 석방결정을 한 경우에는 피의자를 즉시 석방하여야 하고, 보증금의 납입을 조건으로 석방결정을 한 경우에는 보증금 납입증명서를 제출받은 후 석방하여야 한다.

※ 검사와 사법경찰관의 상호협력과 일반적 수사준칙에 관한 규정
제33조(체포·구속 등의 통지) ① 검사 또는 사법경찰관은 피의자를 체포하거나 구속하였을 때에는 법 제200조의6 또는 제209조에서 준용하는 법 제87조에 따라 변호인이 있으면 변호인에게, 변호인이 없으면 법 제30조제2항에 따른 사람 중 피의자가 지정한 사람에게 24시간 이내에 서면으로 사건명, 체포 · 구속의 일시 · 장소, 범죄사실의 요지, 체포 · 구속의 이유와 변호인을 선임할 수 있음을 통지해야 한다.
② 검사 또는 사법경찰관은 제1항에 따른 통지를 하였을 때에는 그 통지서 사본을 사건기록에 편철한다. 다만, 변호인 및 법 제30조제2항에 따른 사람이 없어서 체포 · 구속의 통지를 할 수 없을 때에는 그 취지를 수사보고서에 적어 사건기록에 편철한다.
③ 제1항 및 제2항은 법 제214조의2제2항에 따라 검사 또는 사법경찰관이 같은 조 제1항에 따른 자 중에서 피의자가 지정한 자에게 체포 또는 구속의 적부심사를 청구할 수 있음을 통지하는 경우에도 준용한다.

※ 형사소송규칙
제104조(심문기일의 통지 및 수사관계서류 등의 제출) ① 체포 또는 구속의 적부심사의 청구를 받은 법원은 지체 없이 청구인, 변호인, 검사 및 피의자를 구금하고 있는 관서(경찰서, 교도소 또는 구치소 등)의 장에게 심문기일과 장소를 통지하여야 한다.
② 사건을 수사 중인 검사 또는 사법경찰관은 제1항의 심문기일까지 수사관계서류와 증거물을 법원에 제출하여야 하고, 피의자를 구금하고 있는 관서의 장은 위 심문기일에 피의자를 출석시켜야 한다. 법원사무관 등은 체포적부심사청구사건의 기록표지에 수사관계서류와 증거물의 접수 및 반환의 시각을 기재하여야 한다.

※ 형사소송법
제214조의2(체포와 구속의 적부심사) ⑤ 법원은 구속된 피의자(심사청구후 공소제기된 자를 포함한다)에 대하여 피의자의 출석을 보증할 만한 보증금의 납입을 조건으로 하여 결정으로 제4항의 석방을 명할 수 있다. 다만, 다음 각 호에 해당하는 경우에는 그러하지 아니하다.

1. 죄증을 인멸할 염려가 있다고 믿을만한 충분한 이유가 있는 때
2. 피해자, 당해 사건의 재판에 필요한 사실을 알고 있다고 인정되는 자 또는 그 친족의 생명·신체나 재산에 해를 가하거나 가할 염려가 있다고 믿을만한 충분한 이유가 있는 때
⑥ 제5항의 석방결정을 하는 경우에 주거의 제한, 법원 또는 검사가 지정하는 일시·장소에 출석할 의무 기타 적당한 조건을 부가할 수 있다.

○ 적부심사
  ❖ 사법경찰관은 심문기일과 장소를 통보받은 때에는 관계서류와 증거물을 검사를 거쳐 법원에 제출하여야 한다.
  ❖ 피의자는 통보받은 심문기일까지 법원에 출석시켜야 한다.

○ 체포·구속 적부심사결과 석방결정한 경우
  ❖ 검사 지휘받아 즉시 석방 (단, 보증금 납입조건으로 석방결정의 경우 보증금 납입증명서를 제출받고 석방)

○ 적부심사 제외 대상
  ❖ 죄증을 인멸할 염려가 있다고 믿을만한 충분한 이유가 있는 때
  ❖ 피해자, 당해 사건의 재판에 필요한 사실을 알고 있다고 인정되는 자 또는 그 친족의 생명·신체나 재산에 해를 가하거나 가할 염려가 있다고 믿을만한 충분한 이유가 있는 때

소 속 관 서

제 0000-00000 호   0000.00.00.

수 신 :

제 목 : **수사관계서류 등 제출**

　　　　　　　　으로부터 다음 사람에 대한 동원 제　　　　　　　호
　　사건의 심문기일 지정통지가 있으므로 동사건 심리에 필요한 수사관계서류와 증
거물을 제출합니다.

피체포·구속자	성　　　　명	
	주 민 등 록 번 호	
	직　　　　업	
	주　　　　거	
체포·구속　일자		
지 정 된　심 문 기 일		

첨부　1. 사건기록 1권
　　　2. 증거물(있음/없음)

소 속 관 서

사법경찰관　　계급

210mm × 297mm(백상지 80g/㎡)

■ 영장 등본의 교부

제127조(체포·구속영장 등본의 교부) 경찰관은 「수사준칙」 제34조에 따라 체포·구속영장 등본을 교부한 때에는 별지 제49호서식의 체포·구속영장등본교부대장에 교부사항을 적어야 한다.

※ 검사와 사법경찰관의 상호협력과 일반적 수사준칙에 관한 규정
제34조(체포·구속영장 등본의 교부) 검사 또는 사법경찰관은 법 제214조의2제1항에 따른 자가 체포·구속영장 등본의 교부를 청구하면 그 등본을 교부해야 한다.

※ 형사소송규칙
제101조(체포·구속적부심청구권자의 체포·구속영장등본 교부청구등) 구속영장이 청구되거나 체포 또는 구속된 피의자, 그 변호인, 법정대리인, 배우자, 직계친족, 형제자매나 동거인 또는 고용주는 긴급체포서, 현행범인체포서, 체포영장, 구속영장 또는 그 청구서를 보관하고 있는 검사, 사법경찰관 또는 법원사무관등에게 그 등본의 교부를 청구할 수 있다.

※ 형사소송법
제214조의2(체포와 구속의 적부심사) ① 체포 또는 구속된 피의자 또는 그 변호인, 법정대리인, 배우자, 직계친족, 형제자매나 가족, 동거인 또는 고용주는 관할법원에 체포 또는 구속의 적부심사를 청구할 수 있다.

○ 영장 등본의 교부
❖ 체포영장 또는 구속영장에 의하여 체포 또는 구속된 피의자 또는 그 변호인, 대리인, 배우자, 직계친족, 형제자매, 호주, 가족이나 동거인 또는 고용주는 체포 또는 구속된 자와의 관계를 소명하여 영장등본의 교부를 청구한 때에는 그 등본을 교부하여야 한다(형사소송규칙 제101조).
❖ 위 규정에 의하여 체포영장·구속영장 등본을 교부한 때에는 체포·구속영장등본교부대장에 발부사항을 기재한다.

■ 검사의 체포 · 구속장소 감찰

> 제128조(체포·구속장소 감찰) 경찰관은 「형사소송법」 제198조의2제2항의 경우 소속 경찰관서장에게 보고한 후 즉시 피의자를 석방하거나 사건을 송치하여야 한다.

※ 형사소송법
제198조의2(검사의 체포 · 구속장소감찰) ① 지방검찰청 검사장 또는 지청장은 불법체포 · 구속의 유무를 조사하기 위하여 검사로 하여금 매월 1회 이상 관하수사관서의 피의자의 체포 · 구속장소를 감찰하게 하여야 한다. 감찰하는 검사는 체포 또는 구속된 자를 심문하고 관련서류를 조사하여야 한다.
② 검사는 적법한 절차에 의하지 아니하고 체포 또는 구속된 것이라고 의심할 만한 상당한 이유가 있는 경우에는 즉시 체포 또는 구속된 자를 석방하거나 사건을 검찰에 송치할 것을 명하여야 한다.

❖ 개정 형사소송법 제198조의2의 규정에는 검사의 체포·구속장소의 감찰대상을 경찰서 외에도 모든 수사기관(관서) 체포·구속장소로 확대하고 불법체포, 구속된 자에 대한 검사의 즉시 석방명령권을 부여하고 있다.
❖ 감찰하는 검사는 체포 또는 구속된 자를 신문하고 관련서류를 조사하여야 한다.
❖ 석방명령서, 사건송치명령서의 경우에는 이를 그 사건기록에 편철하여야 한다.

■ 범죄경력 조회

> 제129조(범죄경력 조회 등) 경찰관은 피의자를 체포·구속한 때에는 지문 채취, 사진 촬영 등 감식자료를 작성하고, 범죄경력 조회(수사경력자료를 포함한다), 여죄 조회, 지명수배·통보 유무 조회 등 수사와 관련된 경찰전산시스템의 조회를 하여야 한다.

○ 조회의 종류
  ❖ 범죄경력조회
    범죄경력조회란 범죄를 범하여 형사입건 되었거나 즉결심판에 회부된 사실이 있느냐의 여부를 지문 또는 컴퓨터로 조회하는 것으로 사건을 검찰청에 송치할 때에는 송치서류에 범죄경력조회(지문조회)통보서를 첨부하여야 한다.
  ❖ 범죄경력조회가 형사입건(즉심회부 포함) 사실을 조회함에 비하여
  ❖ 여죄조회란 아직 처벌받지 않은(입건되지 않은) 여죄를 조회하는 것이며,
  ❖ 전과조회란 형의선고를 받아 그 재판이 확정된 전과를 조회하는 것이다.

❖ 지명수배 여부 조회

피의자를 체포 또는 구속하거나 피의자의 성명 또는 위명, 이명, 별명 등에서 본명이 판명되거나 기타 불심검문등 수사상 필요할 때에 지명수배 또는 지명통보중인지의 여부를 조회하는 것이다.

❖ 장물조회

장물로 인정되는 물건을 발견한 후 진실로 범죄행위와 관련성이 있는 가의 여부를 알기 위하여 그 피해자의 발견을 의뢰, 조회하는 것이다.

❖ 수법조회

범죄수법의 대조에 의하여 범인을 발견하기 위하여 또는 범죄수법자료(수법원지, 피해통보표, 공조제보, 각종 소표, 동일범행자조사표 등)에 의하여 수사의 단서를 찾거나 수사과정에 있어서의 자료를 얻기 위하여 그러한 수법 기타 자료를 조회하는 것이다.

❖ 신원조회

경찰관서의 장이 범죄수사상 필요하다고 인정되는 자의 신원을 조회하는 것으로 범죄경력조회와 주민조회, 수사자료조회로 구분 실시한다.

※ "수사자료조회"라 함은 벌금형 이하의 형을 선고받아 그 형이 확정되거나 불기소처분 및 무죄확정판결 등을 받은 기록을 범죄경력에 삭제하여 별도 관리하는 자료에 의한 조회를 말한다(지문 및 수사자료표 등에 관한 규칙)

❖ 출입국조회

수사대상자의 출입국 여부 조회를 말한다.

○ 조회의 방법

❖ 긴급조회

❖ 긴급조회의 의의 : 긴급조회란 우범지대를 수사하거나 불심검문, 전당포 등 영업장소의 임검단속시, 기타 법인의 수사에 있어서 즉시 알아야 할 수사상 필요시 실시한다.

❖ 조회수단 : 범죄수사자료긴급조회는 컴퓨터터미널, 경비전화 또는 지문전송기에 의한다.

❖ 조회처 : 긴급조회는 경찰컴퓨터온라인 운영규정에 의거 경찰관서에 컴퓨터 온라인실에서 한다. 다만, 긴급사실조회는 관계 경찰관서간 직접 경비전화로 한다.

❖ 조회회보

• 각종 조회는 온라인 통신방방법에 의하여 즉시 회보

- C조회 대상에 해당되지 않는 장물조회 회보는 범죄수사자료긴급조회규칙 제2호 서식에 의거 회보
- 변사자 신원조회 결과는 지문규칙에 의거 회보
- 긴급사실조회는 범죄수사자료긴급조회규칙 별지 제1호 서식에 의거 경비 전화로 직접 실시하여 회보하되 신속하고 정확히 조사하여 의뢰 관서에 회보

❖ 컴퓨터 조회
❖ 컴퓨터에 의한 조회대상
  - 주민·인적사항 조회
  - 범죄경력조회, 수사자료조회
  - 지명수배조회
  - 범죄수법조회
  - 운전자기록조회
  - 차량조회
  - 장물조회

❖ 조회방법
  - 조회처 : 컴퓨터터미널이 설치된 경찰관서에서 행한다.
  - 조회 통신수단 : 컴퓨터 조회센터에는 경비전화·일반전화가 설치되어 있으며 긴급시에는 무전으로 직접 조회 및 통보

○ 조회대상별 조회방법
  ❖ 주민 인적사항 조회
    - 조회자료 : 대상자의 성별, 성명, 추정연령(연도)으로써 조회한다.
    - 회답내용 : 대상자의 성별, 성명, 생년월일, 주민등록번호, 지문번호, 군번, 직업, 등록기준지, 주소
  ❖ 범죄경력조회, 수사자료조회
    대상자의 범죄경력조회와 수사자료조회에 대하여 십지지문을 분류하여 경찰청 감식과 지문계에 조회할 수 없을 때 기타 필요시에 조회한다.
    - 조회자료 : 대상자의 성명, 생년월일로써 조회한다.
    - 회답내용 : 대상자의 성별, 성명, 생년월일 ,지문번호, 등록기준지, 지문원지 작성년월일 및 관서, 전과 경중, 주민등록번호, 선고연월일 및 관서, 죄명, 형기집행관서, 출소연월일
    - 지명수배조회
    - 조회자료 : 대상자의 성명, 추정연령(연도)으로 조회한다.

- 회답내용 : 대상자의 성별, 성명, 생년월일 ,주민등록번호, 수배종류, 작성관서, 작성연월일 ,작성번호, 범죄명, 범죄일시, 등록기준지, 주소, 직업, 수배번호
- ❖ 범죄수법조회
  - 조회자료 : 대상자 또는 범죄의 수법분류, 성별, 추정연령(연도)은 필수적인 사항이며 기타 직업, 공범, 범행장소로서 조회하고 구체적인 수법내용 및 인상특징을 조회하면 더욱 명료해진다.
  - 회답내용 : 동일수법의 범죄자에 대한 성별, 이명, 생년월일, 주민등록번호, 등록기준지, 주소, 출생지, 직업 등

■ 변호인 선임의뢰의 통지

제130조(변호인 선임의뢰의 통지) 경찰관은 「형사소송법」 제200조의6 및 제209조에서 준용하는 같은 법 제90조제2항에 따라 체포·구속된 피의자가 변호인 선임을 의뢰한 경우에는 해당 변호인 또는 가족 등에게 그 취지를 통지하여야 하며 그 사실을 적은 서면을 해당 사건기록에 편철하여야 한다.

※ 형사소송법
제90조(변호인의 의뢰) ① 구속된 피고인은 법원, 교도소장 또는 구치소장 또는 그 대리자에게 변호사를 지정하여 변호인의 선임을 의뢰할 수 있다.
② 전항의 의뢰를 받은 법원, 교도소장 또는 구치소장 또는 그 대리자는 급속히 피고인이 지명한 변호사에게 그 취지를 통지하여야 한다.

○ 변호인 선임 의뢰 통지요령
  - ❖ 사법경찰관은 변호인을 선임할 수 있음을 알리지 않으면 아니 된다.
  - ❖ 구속된 피의자는 사법경찰관에게 변호사를 지정하여 변호인의 선임을 의뢰할 수 있으며, 그 의뢰를 받은 사법경찰관은 피의자가 지명한 변호사에게 그 취지를 통지하여야 한다.
  - ❖ 2인 이상의 변호사를 지정하여 선임의 의뢰가 있을 때에는 그 중 대표변호인에게 이를 통지하면 된다(형사소송법 제32조의2).

※ 형사소송법
제32조의2(대표변호인) ① 수인의 변호인이 있는 때에는 재판장은 피고인·피의자 또는 변호인의 신청에 의하여 대표변호인을 지정할 수 있고 그 지정을 철회 또는 변경할 수 있다.
② 제1항의 신청이 없는 때에는 재판장은 직권으로 대표변호인을 지정할 수 있고 그 지정을 철회 또는 변경할 수 있다.
③ 대표변호인은 3인을 초과할 수 없다.

④ 대표변호인에 대한 통지 또는 서류의 송달은 변호인 전원에 대하여 효력이 있다.
⑤ 제1항 내지 제4항의 규정은 피의자에게 수인의 변호인이 있는 때에 검사가 대표변호인을 지정하는 경우에 이를 준용한다.

❖ 형사소송법의 규정에서 본다면 변호인의 선임을 의뢰하는 방법은 변호사를 지정하여 의뢰하는 방법밖에 없다. 그러나 그와 같은 지정을 하지 않고, 변호인을 선임하도록 그 피의자의 법정대리인·배우자·직계친족·형제자매 또는 호주에 대하여 통지해 주기 바란다는 의뢰가 있을 때에도 그 의뢰를 접수해야 할 것이며 이 경우 "구속통지서"에 그 취지를 첨가하여 급속히 통지해도 무방할 것이다.

▣ 피의자와의 접견

제131조(피의자와의 접견 등) ① 경찰관은 변호인 또는 변호인이 되려는 사람으로부터 체포·구속된 피의자와의 접견, 서류 또는 물건의 수수, 의사의 진료(이하 "접견등"이라 한다) 신청이 있을 때에는 정당한 사유가 없는 한 응하여야 한다.
② 경찰관은 변호인 아닌 사람으로부터 제1항의 신청이 있을 때에는 면밀히 검토하여 피의자가 도망 또는 죄증을 인멸할 염려가 없고 유치장의 보안상 지장이 없다고 판단되는 경우에는 제1항에 준하여 처리한다.
③ 경찰관은 「형사소송법」 제200조의6 및 제209조에서 준용하는 같은 법 제89조에 따라 체포·구속된 피의자로부터 타인과의 접견등의 신청이 있을 때에는 도망 또는 죄증을 인멸할 염려가 있거나 유치장의 보안상 지장이 있다고 판단되는 경우를 제외하고 응하여야 한다.
④ 경찰관은 체포·구속된 피의자와의 접견 등의 신청에 응하였을 때에는 별지 제51호서식의 체포·구속인접견부, 별지 제52호서식의 체포·구속인교통부, 별지 제53호서식의 물품차입부 또는 별지 제54호서식의 체포·구속인수진부에 그 상황을 상세히 적어야 한다.
⑤ 그 밖에 피의자 접견 등과 관련된 사항은 「피의자 유치 및 호송규칙」에 따른다.

※ 피의자 유치 및 호송규칙
제33조(변호인과의 접견, 접수) ① 유치인에 대하여 변호인(선임권이 있는 자의 의뢰에 의하여 변호인이 되려는 자를 포함한다)으로부터 유치인과의 접견 또는 서류 기타 물건의 접수신청이 있을 때에는 유치인보호주무자는 친절하게 응하여야 한다. 이 경우에는 그 변호인이 형사소송법 제30조의 규정에 의하여 선임된 자 또는 변호인이 되려고 하는 자에 대하여는 그 신분을 확인하여야 한다.
② 유치인보호 주무자는 제1항에 의한 접견 또는 기타 서류의 접수에 있어 변호인 접견실 기타 접견에 적당한 장소를 제공하여야 한다.

※ 변호인 접견·참여 등 규칙

제1조(목적) 이 규칙은 변호인 또는 변호인이 되려는 자의 체포·구속된 피의자에 대한 접견과 변호인의 피의자에 대한 신문과정 참여 및 변호사의 피혐의자·피해자·참고인에 대한 조사과정 참여에 관한 원칙을 정하고 그 절차 및 방법을 규정함으로써 경찰 수사과정의 신뢰를 제고하고 인권보호에 기여함을 목적으로 한다.

※ 형사소송법
제89조(구속된 피고인의 접견·진료) 구속된 피고인은 관련 법률이 정한 범위에서 타인과 접견하고 서류나 물건을 수수하며 의사의 진료를 받을 수 있다.

○ 피의자의 접견·교통·수진
  ❖ 구속된 피의자에게 변호인 또는 변호인이 되려는 자로부터 피의자와의 접견, 서류, 물건의 수수, 의사로 하여금 수진의 신청이 있을 때에는 친절히 응하여야 한다.
  ❖ 수사계장(경찰서 유치주무자)은 그 변호인이 형사소송법 제30조의 규정에 의하여 선임된 자임을 확인하여야 한다.

※ 형사소송법
제30조(변호인선임권자) ① 피고인 또는 피의자는 변호인을 선임할 수 있다.
② 피고인 또는 피의자의 법정대리인, 배우자, 직계친족과 형제자매는 독립하여 변호인을 선임할 수 있다.

  ❖ 구속된 피의자와의 접견, 서류 기타 물건의 수수에 있어서는 유치주무자가 지정한 경찰관(유치인보호관)이 참여하되, 서류 기타 물건의 수수를 방해해서는 아니 된다. 다만, 유치장의 보안상지장이 있는 물건 등이 수수되지 않도록 검사하여야 한다.
  ❖ 유치장의 보안상 지장이 있다고 인정되는 물건이 발견되었을 때에는 유치인보호주무자에게 보고하여 이의 수수를 금지하여야 한다.
  ❖ 피의자의 친족 이외의 자와의 접견과 서신의 접수는 필요한 용무가 있을 때에 한하여 허용하도록 통제하며 무제한 허용하는 것은 아니다.
  ❖ 구속된 피의자의 접견은 접견실에서 하는 등 유치장 이외의 장소에서 하여야 한다.
  ❖ 유치인보호주무자는 변호인과의 접견, 서류 기타 물건의 접수에 있어서 수사상 부득이 필요한 때에는 그 장소 및 시간을 지정할 수 있다. 그러나 피의자의 방어의 준비를 위한 권리를 부당하게 제한해서는 아니 된다.

○ 접견금지 및 압수할 수 있는 경우
  ❖ 구속된 피의자가 도망하거나 죄증을 인멸할 우려가 있다고 인정할만한 상당한 이유가 있는 때에는
    • 피의자의 변호인 아닌 자와의 접견을 금지할 수 있다.
  ❖ 다만 의류, 식량, 의료품의 수수를 금지 또는 압수할 수 없다.
  ❖ 변호인 아닌 자로부터 접견, 서류 또는 물건의 수수신청이 있을 때에는 도망, 죄증 인멸할 염려가 없고 유치장의 보안상 지장이 없는 한 친절하게 응하여야 한다.

○ 접견금지할 수 없는 경우
  ❖ 접견은 형사절차상 중요한 기등록기준지 권리이며 변호인의 고유권 가운데도 중요한 권리에 속하므로 피의자의 인권보장과 관련된 사항으로서 그 접견금지는 제반사정을 고려하여 신중히 결정하여야 한다.
    • 변호인의 접견 교통권은 법원의 결정이나 수사기관의 처분에 의하여 제한할 수 없다.
    • 변호인과의 접견을 감시하거나 수수한 서류나 물건을 압수하는 것은 허용되지 않는다고 본다.
      ※ 접견교통권을 침해하여 얻은 증거의 증거능력은 부정된다고 하는 견해도 있다.

○ 구속피의자에 대한 유치인보호관 근무요령
  ❖ 관찰·사고방지
    근무중 끊임없이 유치장을 순시하여 유치인의 태도를 관찰함으로써 사고방지에 노력하며, 특이사항을 발견했을 때에는 즉시 유치인보호주무자(수사과장)에게 보고하여 필요한 조치를 취하도록 하여야 한다.
  ❖ 사고 우려자 감시
    자살 또는 도주의 우려가 있는 자 등은 유치인보호관 근무일지의 인계사항에 붉은 글씨로 기재하고 도주, 증거인멸 통보, 자살, 자해행위 등을 미연에 방지하기 위해 특별히 감시하여야 한다.
  ❖ 공정한 처우
    유치인에 대하여 특별히 편애하는 등 차별대우를 하거나 오해받은 행위를 하여서는 아니 된다.
    그리고 유치인의 건강보호에 유의해야 한다.
  ❖ 유치장출입의 제한

누구든지 경찰서장 또는 유치인보호관의 허가없이 유치장에 출입시켜서는
아니 된다.
❖ 수사자료 등의 발견보고
유치인으로부터 수사자료 기타 참고사항을 발견하였을 때에는 지체없이 유
치인보호주무자(수사과장)에게 보고하여야 한다.
❖ 유치인의 의뢰에 대한 조치
유치인으로부터 ① 변호인 선임 ② 처우 ③ 가족 등에의 통지 ④ 질병 치료
⑤ 기타 타당한 조치 등의 요청이나 의뢰가 있을 때에는 유치인보호주무자
(수사과장)에게 보고하여야 하며, 그 결과를 당해 유치인에게 알려주고 의
뢰·조치 사항을 근무일지에 기재하여야 한다.
❖ 수갑 등의 사용
유치인이 도주·폭행·자살 등을 할 우려가 있어 필요하다고 인정할 때에는 유
치인보호주무자에게 보고하여 그 지휘를 받아 유치장내에서 수갑·포승 등을
사용할 수 있다.
❖ 정확한 교대
근무교대를 할 때에는 이상의 유무, 유치인의 이동 상황 기타 착수상 필요
한 사항을 인계하여야 하며, 당번자 전원이 집합하여 유치근무자 또는 이를
보조하는 수사간부 입회하에 교대하여야 한다.

▣ 체포·구속된 피의자의 처우

> 제132조(체포·구속된 피의자의 처우) 경찰관서장은 체포·구속된 피의자에게 공평하고 상당한 방법으로
> 급식, 위생, 의료 등을 제공하여야 한다.

※ 피의자 유치 및 호송 규칙
제27조(급식 등) ① 유치인보호 주무자는 유치인에 대한 식사 지급에 있어 영양 및 위생에 관한
검사를 하여야 한다.
② 질병자 또는 기타 특별한 사유가 있는 유치인에 대하여는 죽이나 기타 그 자에게 적당한 식사
를 지급하여야 한다.
③ 제12조제2항에 따라 유아를 대동한 자에 대한 급식은 유아 몫까지 배려하여야 한다.
④ 유치인에게는 베개, 모포 등 침구류와 화장지, 칫솔, 치약, 비누 등 그 밖에 생활필수용품을
지급하여야 한다. 이 경우 생리중인 여성유치인에 대하여는 위생에 필요한 물품을 지급하여야
한다.

○ 급여·위생·의료 등의 대우
  ❖ 도망, 죄증을 인멸할 염려가 있다고 인정할 만한 상당한 이유가 있는 때에는 변호인 아닌 자와의 접견을 금지하거나 접수할 서류, 기타 물건의 검열, 수수의 금지 또는 압수를 할 수 있으나 의류, 식량, 의료품의 수수를 금지 또는 압수할 수 없으므로 구속 피의자에 대하여는 급여, 위생, 의료 등 상당한 대우를 하여야 한다.

○ 보건위생
  ❖ 유치인보호 주무자는 유치인의 건강유지를 위하여 보건위생에 유의하고 다음과 같이 실시하여야 한다.
    1. 유치인에게는 수사 및 유치인보호에 지장이 없는 범위 안에서 적당한 시간을 택하여 간단한 운동을 시켜야 한다.
    2. 유치인이 목욕을 원할 때에는 유치장의 질서를 해하지 아니하는 범위 내에서 실시하도록 하여야 하며, 대용감방의 미결수용자에 대하여는 주기적으로 이발을 실시하도록 하여야 한다. 다만, 목욕시간은 경찰서장이 제한할 수 있다.
    3. 유치장 내외의 청소를 매일 1회 이상 실시하여 항상 청결을 유지하도록 하여야 한다.
    4. 유치장 내외에 대한 약품소독을 매주 1회 이상 실시하여야 한다.
    5. 계절적으로 전염병 발생기에 있어서는 보건기관과 협조하여 유치인(유치하고자 하는 자를 포함한다)에게 예방주사를 실시하여야 한다.
    6. 청명한 날씨에는 침구 등의 일광소독을 실시하여 기생충이 생기거나 악취가 나지 않도록 하여야 한다.
    7. 유치장 내에는 응급조치에 필요한 약품을 상비하고 유치인보호 주무자가 수시 점검하여 변질 여부를 검토하여야 한다.
  ❖ 상비약품을 의사의 지시 없이 통상적으로 상용할 수 있는 소화제, 외용연고, 소독제, 지사제, 위생대 등으로서 사전에 의사 또는 약사의 자문을 받아 부작용이 없는 약품으로 비치하여야 하며 약품을 사용할 때에는 의약품 수불대장을 정리하여야 한다.

○ 질병 등에 대한 조치
  ❖ 유치인보호 주무자는 유치인이 병에 걸린 경우 경찰서장에게 보고하여 필요한 조치를 받게 하고 그 사항에 따라 다른 유치실에 따로 수용하여 안전하게 하거나 또는 의료시설이 있는 장소에 수용하는 등 적당한 조치를 하여야

한다.

❖ 유치인보호 주무자는 유치인, 유치인의 가족 또는 변호인이 외부 의료시설에서 진료 받기를 요청하는 때에는 허용 여부를 신속히 결정하여야 한다.

❖ 모자보건법상 제2조 제1호에 따른 임산부 및 70세 이상의 고령자는 제1항에 준하여 조치하여야 한다.

❖ 경찰서장은 유치인의 질병이 위독하거나 조속히 치료될 가능성이 없어 그의 가족(가족이 없는 경우에는 유치인이 지정하는 사람) 또는 변호인에게 연락이 필요한 때에는 그 사유를 통지하여야 한다.

○ 감염병환자에 대한 조치

❖ 유치인보호 주무자는 유치인이 「감염병의 예방 및 관리에 관한 법률」 제2조에 규정된 감염병에 걸렸거나 또는 걸릴 염려가 있다고 인정할 때에는 지체 없이 당해 유치인을 격리하는 동시에 유치장 내외의 소독 기타 필요한 조치를 하여야 한다.

❖ 감염병 이외에 감염성 또는 다른 유치인에게 극히 불쾌감을 주는 질병에 걸린 유치인이 있을 때에는 가능한 다른 유치실에 따로 수용하는 등 제1항에 준하는 필요한 조치를 취하여야 한다.

○ 구속피의자에 대한 공정한 처우

❖ 구속피의자에 대하여 차별대우를 하거나 편파적인 처우로 오해받는 일이 없도록 하여야 한다.

❖ 구속된 피의자는 법률의 범위내에서 타인과 접견하고 서류 또는 물건을 수수하고 의사의 진료를 받을 수 있다.

▣ 피의자의 도주 등

> 제133조(피의자의 도주 등) 경찰관은 구금 중에 있는 피의자가 도주 또는 사망하거나 그 밖에 이상이 발생하였을 때에는 즉시 소속 경찰관서장에게 보고하고, 경찰관서장은 상급 경찰관서장에게 보고한다.

> ※ 피의자 유치 및 호송 규칙
> 제24조(사고발생에 대한 조치) ① 유치인보호관은 유치인 또는 유치장에서 사고가 발생하였을 때에는 응급조치를 강구하는 동시에 지체 없이 유치인보호 주무자를 경유하여 경찰서장에게 보고하여야 한다.
> ② 경찰서장은 유치장 사고 중 유치인의 자살, 질병으로 인한 사망, 도주, 기타 중요한 사고에 대하여는 지체 없이 시도경찰청장 및 지방검찰청검사장(지청 관할인 경우에는 "지청장", 이하 같다)에게 보고하여야 한다.
> ③ 제2항의 보고를 받은 시도경찰청장은 필요한 조치를 취함과 동시에 이를 지체 없이 경찰청장에게 보고하여야 한다.
> ④ 제2항의 경우 유치인이 자살하였거나 질병에 의하여 사망하였을 때에는 지체 없이 가족 등에게 통지하는 동시에 의사의 검안을 요청하는 등 적절한 조치를 취하여야 하며 사망의 원인 그 밖에 필요한 사항을 명백히 하여야 한다.

○ 보고·수배
  ❖ 구속피의자(유치인)의 도주, 자살, 질병으로 인한 사망 기타의 중요한 사고가 발생하였을 때에는 즉시 경찰서장에게 보고하고 경찰서에서는 시도경찰청장에게 보고, 수배하는 한편 지방검찰청 검사장 또는 지청장에게 보고해야 한다.
  ❖ 구속피의자가 자살하거나 질병에 의하여 사망하였을 때에는 지체없이 그 가족 등에게 통지하는 동시에 의사의 검안을 요청하는 등 적절한 조치를 취해야 하며 사망의 원인 기타 필요한 사항을 명백히 하여야 한다.

○ 유치인보호관 유의사항
  ❖ 유치장 시설의 정비, 점검한다.
    • 시설의 점검
      유치인보호관의 수시점검 및 유치주의자에 의한 정기검사 등을 통해 시설의 완전성을 부단히 검토하고, 취약점이 발견된 때에는 즉시 보완한다.
    • 구조의 개선
      유치인 관찰·감시상 사각지대가 없도록 유치장 구조를 개선하고, 부드럽고 깨끗한 환경을 조성한다.

❖ 유치인보호관근무를 철저히 하여 감시한다.

- 끊임없는 순회·감시
  유치인보호관은 엄정한 태도로 끊임없이 유치장 내부를 순회하여 유치인
  의 동태를 살피며, 유치인 스스로 규율을 엄수토록 교도에 힘쓴다.
- 불심점의 적발
  언쟁·소란이나 통보의 의심 등 불심점을 발견한 때에는 즉시 수색, 시정
  장치 확인 등 사고방지 조치를 강구한다.
- 차입물의 철저한 검사
  의류·음식물·약품 등이 차입될 때에는 이를 철저히 검사하여 사고예방을
  위한 위험물 또는 연락문 등을 색출한다.
- 여론의 수집 등
  - 석방자 등으로부터 유치장개선, 수감자 처우 등에 대한 개선 요망사항
    을 청취하여 상부에 반영
  - 중범자 등에 의한 감방내 폭행 방지
  - 도주의 공모 등이 없도록 수감자를 수시로 이동 수용한다.

❖ 입·출감시 신체검사의 철저

- 입감시는 철저한 신체검사를 실시하여 위험물의 남김없이 색출해야 하며,
  조사·면회 등으로 출감했던 유치인을 입감시킬 때에도 마찬가지이다.
- 세면 등에도 다수의 동시출감을 금하고 1명씩 교대로 출감시킨다.
- 유치인 면회는 면회실에서 하고 도주·증거인멸 등을 방지한다.
- 유치인보호관은 유치장 열쇠를 내근자·숙직자 입회하에 사용하고 잠시라도
  이를 보관하지 말아야 한다.

❖ 감독순시의 철저
유치인보호관에 대한 감독순시를 강화하고 CCTV 등 과학기재에 의한 24시
간 감독체제를 유지한다.

제2절 압수 · 수색 · 검증

▣ 압수 · 수색 또는 검증영장의 신청

제134조(압수 · 수색 또는 검증영장의 신청) 경찰관은 「형사소송법」제215조제2항에 따라 압수 · 수색 · 검증영장을 신청할 때에는 별지 제57호서식의 압수 · 수색 · 검증영장신청부에 신청의 절차, 발부 후의 상황 등을 명확히 적어야 한다.

※ 경찰수사규칙

제63조(압수 · 수색 · 검증영장의 신청 등) ① 사법경찰관은 수사준칙 제37조에 따라 압수 · 수색 또는 검증영장을 신청하는 경우에는 별지 제63호서식부터 별지 제65호서식까지의 압수 · 수색 · 검증영장 신청서에 따른다. 이 경우 압수 · 수색 또는 검증의 필요성 및 해당 사건과의 관련성을 인정할 수 있는 자료를 신청서에 첨부해야 한다.

② 압수 · 수색 또는 검증영장의 집행 및 반환에 관하여는 제55조제1항 · 제2항 및 제58조를 준용한다.

※ 검사와 사법경찰관의 상호협력과 일반적 수사준칙에 관한 규정

제37조(압수 · 수색 또는 검증영장의 청구 · 신청) 검사 또는 사법경찰관은 압수 · 수색 또는 검증영장을 청구하거나 신청할 때에는 압수 · 수색 또는 검증의 범위를 범죄 혐의의 소명에 필요한 최소한으로 정해야 하고, 수색 또는 검증할 장소 · 신체 · 물건 및 압수할 물건 등을 구체적으로 특정해야 한다.

제39조(압수 · 수색 또는 검증영장의 재청구 · 재신청 등) 압수 · 수색 또는 검증영장의 재청구 · 재신청(압수 · 수색 또는 검증영장의 청구 또는 신청이 기각된 후 다시 압수 · 수색 또는 검증영장을 청구하거나 신청하는 경우와 이미 발부받은 압수 · 수색 또는 검증영장과 동일한 범죄사실로 다시 압수 · 수색 또는 검증영장을 청구하거나 신청하는 경우를 말한다)과 반환에 관해서는 제31조 및 제35조를 준용한다.

※ 형사소송법

제113조(압수 · 수색영장) 공판정 외에서 압수 또는 수색을 함에는 영장을 발부하여 시행하여야 한다.

제114조(영장의 방식) ① 압수 · 수색영장에는 다음 각 호의 사항을 기재하고 재판장이나 수명법관이 서명날인하여야 한다. 다만, 압수 · 수색할 물건이 전기통신에 관한 것인 경우에는 작성기간을 기재하여야 한다.

1. 피고인의 성명
2. 죄명
3. 압수할 물건
4. 수색할 장소 · 신체 · 물건
5. 영장 발부 연월일
6. 영장의 유효기간과 그 기간이 지나면 집행에 착수할 수 없으며 영장을 반환하여야 한다는 취지
7. 그 밖에 대법원규칙으로 정하는 사항

○ 압수·수색·검증이란
- ❖ 압수는 증거물 또는 몰수할 것으로 사료되는 물건의 점유를 취득하는 강제처분으로서 몰수형 집행의 방법이기도 하다.
- ❖ 수색은 증거물 또는 몰수할 물건을 발견하기 위하여 신체, 물건 또는 주거기타 장소에 강제력을 행사하는 것이다.
- ❖ 검증이란 장소 또는 물건의 존재 형태를 오관의 작용으로 직접 실험 또는 경험하는 강제처분으로써 강제력이 따르는 점에서 실황조사와 다르다.

○ 압수·수색·검증영장
- ❖ 압수와 수색·검증은 서로 별개의 처분이지만 실무상으로 함께 행하여지기 때문에 형사소송법에서는 이를 묶어서 취급하며 영장도 '압수·수색·검증영장' 한 가지로 사용하고 있다(형사소송법 제215조).
- ❖ 법원에서도 단일 영장이 발부된다.

○ 영장의 신청
- ❖ 압수·수색·검증영장의 신청에 관하여는 경찰관서장의 지휘를 받아서 검사에게 신청한다.
- ❖ 압수·수색·검증영장 신청부에 관하여는 제117조, 제125조에서 참고할 것.

○ 법관이 공판정에서 압수 또는 수색을 행하기 위하여 발하는 압수·수색·검증영장의 집행과 혼동해서는 아니 된다.

○ 영장 신청할 때의 주의
- ❖ 압수·수색·검증을 위한 압압수·수색·검증영장 신청서에는 압수할 물건 수색할 장소·신체·개소 또는 물건 혹은 검증할 장소·신체·개소 또는 물건을 기재해야 한다.
- ❖ 압수·수색·검증영장 신청서에 기재해야 할 장소·신체 또는 물건의 범위는 이것을 특정할 수 있을 정도로 구체적으로 기재해야 하는 것이며 이것을 추상적으로 기재하고, 압수·수색·검증을 함에 있어서 그 범위를 확대 해석하는 것은 허용하지 않음을 물론 실제 또는 필요없음에도 불구하고 영장만은 범위를 넓혀서 신청하는 경우가 있어 이런 일이 없도록 하여야 한다.
- ❖ 영장을 신청하였을 때에는 압수·수색·검증영장 신청부에 신청의 절차, 발부 후의 상황 등을 명백히 기재해 두어야 한다.

○ 영장신청의 기재사항

　❖ 압수·수색·검증영장을 신청함에는 피의자(성명, 주민등록번호, 주거, 직업), 죄명, 압수·수색을 할 장소 또는 신체, 압수할 물건, 압수·수색을 필요로 하는 사유, 영장의 유효기간 등을 기재한 신청서에 의하여야 한다.

　❖ 신청방식·신청자료의 제출 등 신청절차는 구속영장 신청의 경우와 같다.

　❖ 압수할 물건

　[예 ①]
　피의자가 범행당시 착용한 의류 일체

　[예 ②]
　피해자 김○○가 강간을 당할 때 입고 있었던 속옷 일체

　[예 ③]
　강○○ 소유 ○○xx인치 TV1대

　[예 ④]
　○○주식회사의 주식회사 ○○은행 ○○지점 당좌거래 원장, 전표 및 김○○의 주식회사 ○○은행 ○○지점 보통예금 거래원장 전표

　• 수색·검증할 장소, 신체 또는 물건

　[예 ①]
　서울 ○○구 ○○동 125의 15 김○○의 집 및 김○○의 신체

　[예 ②]
　서울 ○○구 ○○동 1가 주식회사 ○○ 제2공장

　[예 ③]
　서울 ○○구 ○○동 123번지 김○○의 집 지하실에 숨어있는 속칭 ○○단 단원 박○○외 x명 모두의 신체

　❖ 압수·수색·검증을 필요로 하는 사유
　　먼저 피의자에 대한 범죄사실을 기재하고 다음 예문과 같이 소명사유를 표시한다.

　[예 ①]

…… 하는 자로서, 피의자가 입은 옷의 모양, 혈흔이 묻어 있는가를 확인하는 위함.

[예 ②]

…… 하는 자로서, 피의자가 입은 옷에 묻은 혈흔과 피해자의 혈흔이 같은 가를 인정하기 위함.

[예 ③]

…… 하는 자로서, 피해자의 처녀막 파열 당시의 혈흔이 내의에 묻어 있는지의 여부를 인정하기 위함.

[예 ④]

…… 하는 자로서, 성분을 분석하기 위함.

[예 ⑤]

…… 하는 자로서, 피의자 김○○가 피의자 이○○에게 뇌물로 제공된 것으로 의심되는 액면 xx백만원권 수표의 입출금 상황을 확인하기 위함.

▣ 자료의 제출

제135조(자료의 제출) ① 경찰관은 피의자 아닌 자의 신체, 물건, 주거 그 밖의 장소에 대하여 압수·수색영장을 신청할 때에는 압수할 물건이 있다는 개연성을 소명할 수 있는 자료를 기록에 첨부하여야 한다.
② 경찰관은 우편물 또는 전신에 관한 것으로서 체신관서 그 밖의 자가 소지 또는 보관하는 물건(피의자가 발송한 것이나 피의자에 대하여 발송된 것을 제외한다)에 대한 압수·수색영장을 신청할 때에는 그 물건과 해당 사건의 관련성을 인정할 수 있는 자료를 기록에 첨부하여야 한다.

○ 소명자료제출
   ❖ 압수·수색·검증을 위한 압수·수색·검증영장을 신청함에 있어서는 그 필요성에 관한 소명자료를 제출하여야 한다.
     그리고 그 사건의 피의자가 죄를 범하였다고 의심할 만한 상당한 이유가 있다고 생각되는 자료를 제출하여야함은 물론이다.
   ❖ 신청서를 소명자료와 함께 제출하는 것과 기타 신청방식은 구속영장신청서의 경우와 같다.

○ 피의자가 아닌 자의 주거 등의 수색과 체신관서 등에서의 압수
   ❖ 피의자가 아닌 자의 신체·물건·주거 기타 장소에 관하여는 압수할 물건이 있음을 인정할 수 있는 경우에 한하여 수색할 수 있다(형사소송법 제109조 제2항·제219조). 따라서 압수할 물건의 존재를 인정할 수 있는 자료를 제출하지 않으면 아니 된다.
   ❖ 피의자가 발송한 것이나 피의자에 대하여 발송된 우체물 또는 전신에 관한 것으로서 체신관서 기타가 소지 또는 보관하는 물건의 압수에 관하여는 입수·수색·검증영장의 신청을 위한 소명자료는 위에 기술한 경우와 동일하다(형사소송법 제107조 제1항·제219조).
   ❖ 그러나 이것 이외의 우체물 또는 전신에 관한 것으로서 체신관서 기타가 소지 또는 보관하는 물건의 압수는 그 물건이 당해 피의사건에 관계가 있다고 인정할 수 있는 것에 한하여 허용된다(동법 제107조 제2항·제219조). 따라서 그 물건이 당해 사건에 관계가 있다고 인정할 수 있는 자료를 제출하지 않으면 아니 된다.

○○경찰서

제 0000-00000 호   2○○○. ○. ○.

수 신 : ○○지방검찰청장

제 목 : **압수·수색·검증 영장신청서(사전)**

다음 사람에 대한 ○○ 피(형)의사건에 관하여 아래와 같이 압수·수색·검증하려 하니 20○○. ○. ○.까지 유효한 압수·수색·검증영장의 청구를 신청합니다.

피(형)의자	성 명	
	주 민 등 록 번 호	– (세)
	직 업	
	주 거	
변 호 인		
압 수 할 물 건		
수 색·검 증 할 장 소 , 신 체 또 는 물 건		
범죄사실 및 압수·수색· 검증을 필요로 하는 사유		
7일을 넘는 유효기간을 필요로 하는 취지와 사유		
둘 이상의 영장을 신청하는 취 지 와 사 유		
일출전 또는 일몰후 집행을 필요로 하는 취지와 사유		
신체검사를 받을 자의 성 별·건 강 상 태		
비 고		

○○**경찰서**

사법경찰관 경위 홍 길 동 (인)

○○경찰서

제 0000-00000 호   20○○. ○. ○.

수 신 : ○○지방검찰청장

제 목 : 압수·수색·검증 영장신청서(사후)

다음 사람에 대한 ○○ 피(혐)의사건에 관하여 아래와 같이 긴급압수·수색·검증하였으니 압수·수색·검증영장의 청구를 신청합니다.

피(혐)의자	성 명	
	주 민 등 록 번 호	─ (세)
	직 업	
	주 거	
변 호 인		
긴급압수수색검증한 자의 관 직성 명		
긴급압수수색검증한 일시		
긴 급 수 색검 증 한 장소·신체 또는 물건		
긴 급 압 수 한 물건		
범죄사실 및 긴급압수· 수 색검 증 한 사 유		
체 포 한 일 시 및 장 소 (「형사소송법」 제217조 제2항에 따른 경우)		
일 출 전 또는 일 몰 후 집 행 을 한 사 유		
신 체 검 사 를 한 자 의 성 별·건 강 상 태		
비 고		

○○경찰서

사법경찰관 경위   홍길동(인)

■ 압수 · 수색 또는 검증영장의 제시

> **제136조(압수 · 수색 또는 검증영장의 제시)** 경찰관은 부득이한 사유로 피압수자에게 「형사소송법」 제219조에서 준용하는 같은 법 제118조에 따라 영장을 제시할 수 없을 때에는 참여인에게 이를 제시하여야 한다.

> ※ 검사와 사법경찰관의 상호협력과 일반적 수사준칙에 관한 규정
> 제38조(압수·수색 또는 검증영장의 제시) ① 검사 또는 사법경찰관은 법 제219조에서 준용하는 법 제118조에 따라 영장을 제시할 때에는 피압수자에게 법관이 발부한 영장에 따른 압수·수색 또는 검증이라는 사실과 영장에 기재된 범죄사실 및 수색 또는 검증할 장소·신체·물건, 압수할 물건 등을 명확히 알리고, 피압수자가 해당 영장을 열람할 수 있도록 해야 한다.
> ② 압수 · 수색 또는 검증의 처분을 받는 자가 여럿인 경우에는 모두에게 개별적으로 영장을 제시해야 한다.

> ※ 형사소송법
> 제118조(영장의 제시) 압수 · 수색영장은 처분을 받는 자에게 반드시 제시하여야 한다.

○ 영장제시의 절차
  ❖ 영장확인
    • 영장에 의하여 압수·수색·검증·신체검사를 할 때에는 미리 영장의 유효기간 등을 확인하여 불법수사 및 인권유린의 말썽이 없도록 한다.
  ❖ 신분의 고지
    • 수사경찰이 영장을 제시하여 위와 같이 집행하고자 할 때는 침착하게 신분을 알려야 한다.
  ❖ 영장의 제시
    • 압수·수색·검증영장은 처분을 받는 자에게 반드시 영장을 제시해야 하며
    • 영장을 제시할 수 없는 경우에는 이웃 주민, 지방공공단체의 직원 등 참여인에게 제시하고 처분에 착수하며
    • 압수·수색·검증 도중에 처분받는 자가 나타났을 때에도 제시하여 확인시킴으로 후일에 이의가 없도록 한다.

○ 영장제시와 참여인
  ❖ 피의자의 주거에 가택수색을 하기 위하여 영장을 가지고 갔을 때 피의자가 도망중이거나 피의자에게 가족이 없는 경우에는 참여인에 대하여 이를 제시하여야 한다.

○ 피의자, 변호인 등의 참여
❖ 피의자 또는 변호인은 수사기관이 하는 압수·수색 또는 검증에 참여할 수 있다.
❖ 수사기관이 영장에 의하여 압수·수색을 집행함에는 미리 집행의 일시와 장소를 통지하여야 한다.
다만, 참여하지 아니한다는 의사를 명시한 때와 급속을 요하는 때에는 예외로 한다(형사소송법 제121조, 제122조).

○ 수사자료의 입수
❖ 참여인을 두는 목적을 2가지의 경우로 볼 수 있다.
• 처분을 받는 자를 보호할 목적의 경우와
• 그 처분을 하는 수사기관측이 수사의 목적에 도움이 되도록 하기 위한 경우가 있다.
❖ 참여인은 피의자 기타 관계자의 언동에 주의하여 새로운 수사자료의 입수에 적극 노력한다.

○ 책임자·주거주(住居主) 등에 참여
❖ 처분을 받는 자의 보호와 절차의 공정의 담보를 목적으로 책임자·주거주 등의 참여를 규정한 것이다.
❖ 공무소·군사용의 항공기 또는 선차내에서는 그 책임자에게 참여할 것을 통지하여야 한다.
❖ 타인의 주거·간수자가 있는 가옥·건조물·항공기 또는 선박내에서는 주거주·간수자 또는 이에 준하는 자나 인거인(隣居人) 또는 지방공공단체의 직원을 참여케 한다.

■ 제3자의 참여

제137조(제3자의 참여) ① 경찰관은 「형사소송법」 제123조제1항 및 제2항 이외의 장소에서 압수·수색 또는 검증영장을 집행하는 경우에도 되도록 제3자를 참여하게 하여야 한다.
② 제1항의 경우에 제3자를 참여시킬 수 없을 때에는 다른 경찰관을 참여하게 하고 압수·수색 또는 검증을 하여야 한다.

※ 형사소송법
제121조(영장집행과 당사자의 참여) 검사, 피고인 또는 변호인은 압수·수색영장의 집행에 참여할 수 있다.
제122조(영장집행과 참여권자에의 통지) 압수·수색영장을 집행함에는 미리 집행의 일시와 장소를 전조에 규정한 자에게 통지하여야 한다. 단, 전조에 규정한 자가 참여하지 아니한다는 의사를 명시한 때 또는 급속을 요하는 때에는 예외로 한다.
제123조(영장의 집행과 책임자의 참여) ① 공무소, 군사용 항공기 또는 선박·차량 안에서 압수·수색영장을 집행하려면 그 책임자에게 참여할 것을 통지하여야 한다.
② 제1항에 규정한 장소 외에 타인의 주거, 간수자 있는 가옥, 건조물(建造物), 항공기 또는 선박·차량 안에서 압수·수색영장을 집행할 때에는 주거주(住居主), 간수자 또는 이에 준하는 사람을 참여하게 하여야 한다.
③ 제2항의 사람을 참여하게 하지 못할 때에는 이웃 사람 또는 지방공공단체의 직원을 참여하게 하여야 한다.
제124조(여자의 수색과 참여) 여자의 신체에 대하여 수색할 때에는 성년의 여자를 참여하게 하여야 한다.

○ 제3자의 참여
  ❖ 사람이 간수하지 않는 공지, 산림, 공원 안 등의 장소에서 수색을 하는 경우는 되도록 제3자를 참여시키고 행하는 것은 향후 수색결과, 발견된 물건이 거기서 발견된 물건이라는 것을 증명하기 위한 유력한 증인(참고인)으로 필요한 때문이다.
  ❖ 제3자를 참여하게 하지 못한 때는 다른 경찰관이라도 참여시킨다.

○ 여자의 신체에 대한 수색
  ❖ 여자의 신체에 대하여 수색할 때에는 성년의 여자를 참여하게 하여야 하고, 여자의 신체를 검사하는 경우에는 의사나 성년의 여자를 참여하게 하여야 한다.
  ❖ 형사소송법 제124조는 특히 여자의 신체에 대하여는 이를 보호하기 위하여 특별히 참여인에 관한 규정을 두고 있는 것이므로 급속을 요하는 경우에도 예외로 한다는 규정은 없는 것이다.
  ❖ 그 취지는 객관적인 정조 자체와 수치심, 기타 정조에 관한 정신상태를 보호하는 데 있다.

※ 형사소송법

제125조(야간집행의 제한) 일출 전, 일몰 후에는 압수·수색영장에 야간집행을 할 수 있는 기재가 없으면 그 영장을 집행하기 위하여 타인의 주거, 간수자 있는 가옥, 건조물, 항공기 또는 선차 내에 들어가지 못한다.

제126조(야간집행제한의 예외) 다음 장소에서 압수·수색영장을 집행함에는 전조의 제한을 받지 아니한다.

1. 도박 기타 풍속을 해하는 행위에 상용된다고 인정하는 장소
2. 여관, 음식점 기타 야간에 공중이 출입할 수 있는 장소. 단, 공개한 시간 내에 한한다.

■ 압수 · 수색 또는 검증 중지 시의 조치

제138조(압수 · 수색 또는 검증 중지 시의 조치) 경찰관은 압수 · 수색 또는 검증에 착수한 후 이를 일시 중지하는 경우에는 그 장소를 폐쇄하거나 관리자를 선정하여 사후의 압수 · 수색 또는 검증을 계속하는 데에 지장이 없도록 하여야 한다.

※ 형사소송법

제127조(집행중지와 필요한 처분) 압수·수색영장의 집행을 중지한 경우에 필요한 때에는 집행이 종료될 때까지 그 장소를 폐쇄하거나 간수자를 둘 수 있다.

○ 압수·수색중지 시의 필요한 조치

❖ 장시간에 걸친 수색실시 중에 필요한 경우 이를 일시중지했다가 다시 계속할 수 있다.

❖ 이 경우 필요한 때에는 그 장소를 폐쇄하거나 간수자를 둘 수 있다.

❖ 폐쇄한 경우 그 장소에 출입하려고 하는 자가 있으면 출입을 금지하거나 퇴거시킬 수 있다.

❖ "폐쇄"에는 봉인을 하게 될 것이나 봉인 등의 표시를 손상 기타의 방법으로 그 효용을 해한 자는 공무상 봉인(표시)손상죄(형법 제140조 제1항)를 적용할 수 있다.

❖ "중지"는 현실의 처분을 일시적 정지를 하는 것이며 중지중과 중지 전후의 처분도 1개의 처분으로써 재개할 때에는 새로운 영장은 필요하지 않으며 영장의 제시도 필요하지 않다.

○ 집행 중의 출입금지

※ 형사소송법
제119조(집행 중의 출입금지) ① 압수·수색영장의 집행 중에는 타인의 출입을 금지할 수 있다.
② 전항의 규정에 위배한 자에게는 퇴거하게 하거나 집행종료시까지 간수자를 붙일 수 있다.

❖ 형사소송법 제119조에서 압수·수색영장의 집행중에는 타인의 출입을 금지할 수 있다고 규정하고 있는데, 이 경우에는 영장에 의한 경우와 영장에 의하지 않는 경우의 양자를 포함한다.

❖ 수색을 하고 있는 동안에는 어떤 사람에 대하여든 허가없이 그 장소에 출입하는 것을 금지할 수 있고, 또 이 금지에 위반한 자에게는 퇴거하게 하거나 집행종료시까지 간수자를 붙일 수 있다.

❖ 실력을 행사해서라도 퇴거시킬 수 있는 것은 물론이며, 이에 대해 폭행, 협박한 자는 공무집행방해죄(형법 제136조)에 해당되며 그 자리에서 현행범인으로 체포할 수도 있다.

○ 간수자와 간수의 방법

❖ 간수자는 반드시 경찰관일 필요는 없으며 승낙이 있으면 일반인이라도 가능하다.

❖ 간수의 방법에는 제한이 없으나 신체를 구속하는 것은 과잉으로 허용되지 않으며 금지를 침범하려고 할 경우에 곧 제지할 수 있도록 그 자의 신변에 있어 감시를 하는 정도에 그쳐야 한다.

○ 압수조서 작성요령

❖ 압수조서의 서식에 "참여인"란이 없고(수색조서에는 있음) "영장의 제시"에 대한 합법적인 절차를 기재할 란이 따로 마련되어 있지 않으므로 "압수경위"란에 "참여인의 참여여부와 영장의 제시여부" 등 합법적인 사유를 먼저 기재한 다음에 이 압수처분의 경위 및 결과를 구체적으로 기재한다.

❖ 압수조서는 증거를 보전하는 서류로서 중요하므로 실제로 압수한 수사관이 작성하여야 하며 압수경위를 사실에 맞도록 정확하게 기재하고 압수조서와 압수목록 사이에 간인하여야 한다.

❖ 압수경위
압수경위는 상세하고 구체적으로 기재하는데 특히, 압수당시의 물품의 위치 및 상태, 임의제시 사실, 압수의 필요성 등을 명확히 표시한다.

[작성예 ①]
　　피의자의 집 내실 장롱 서랍 속에 있던 금괴로서 피의자가 20○○.○.○. 김포공항을 통하여 일본으로부터 밀수입한 것이라고 진술하고 임의제출하므로 압수함.

[작성예 ②]
　　피의자가 작성한 피의자 회사의 1998년도 금전출납부로서 피의자 회사의 경리과 2호 캐비닛에 보관되어 있던 것을 임의제출하므로 압수함.

[작성예 ③]
　　범죄현장에 남은 물건으로서, 참고인 이○○가 범죄행위에 제공된 것이라고 진술하고 소유자 김○○가 임의제시하여 압수함.

❖　작성요령
- 압수목록에는 압수한 물건의 외형상 특징을 구체적으로 기재하여야 한다.
- 번호는 목록별 번호가 아니고 압수물 총수의 일련번호이므로 오기(중복)가 없도록 한다.
- "비고"란은 압수물의 외형상의 특징 또는 물건의 처분요지(환부, 가환부, 폐기 등)를 기입하는데 이용한다.
- 소유자가 소유권 포기의사를 하였을 때는 포기서를 받아 압수조서 말미에 첨부하고 압수목록의 비고란에 소유권포기사실을 표시한다.
- 압수한 후 피압수자에게 압수목록 교부서를 교부하고 그 사본을 압수조서 다음에 첨부한다.

❖　피의자 신문조서, 진술조서, 검증조서 등과 압수조서
- 피의자 신문조서, 진술조서, 검증조서 또는 실황조사서를 작성할 때에 압수하고 그 취지를 즉 "……을 임의 제출하므로 본건 증거로 별지 압수목록과 같이 압수한다"와 같이 본 조서에 구체적으로 기재했을 때에는 본조서는 압수조서에 갈음할 수 있는 기능을 겸하는 것이므로 압수조서의 작성을 생략하고 압수목록만을 작성하여 본 조서 말미에 첨부하는 동시에 본 서와 압수목록간에 간인하면 된다.

압수조서 작성예(강제처분의 경우)

압 수 조 서
강○○에 대한 공갈 및 사기 피의사건에 관하여 20○○.○.○. 11:00 서울 ○○구 ○○2동 산 3 강○○의 집에서 사법경찰관 경위 안○○은 사법경찰리 순경 장○○을 참여하게 하고, 별지 목록의 물건을 다음과 같이 압수하다.
압 수 경 위
1. 이 압수처분은 위 강○○의 집 마당에서 구속영장에 의하여 공갈 및 사기 피의자 강○○를 구속(체포)하는 경우에 체포현장에서 주거주 강○○을 참석하게 하고 시행하다(압수·수색·검증영장에 의하여 행하는 경우에는 예컨대, "이 압수처분은 20○○.○○. 자 서울형사지방법원 판사 ○○○ 발부의 압수·수색·검증영장에 의하여, 주거주 강○○을 참여하게 하고 동인에게 동영장을 제시한 후 시행하다"라고 기재한다).

참여인	성명	주민등록번호	주소	서명 또는 날인

20 .   .   .

○○경찰서

사법경찰관 경감 안○○   ㉑

사법경찰리 경사 장○○   ㉑

2. 동가 대청에서 3,000리호 자전거 1대를 발견하고, 동가 피해자의 침실(온돌방)에서 트랜지스터 라디오 1대를 발견하고, 각각 이를 압수하였음.

압수조서 작성예(강도살인사건)

압 수 조 서

성명 불상자에 대한 강도살인 피의사건에 대하여 20○○.○.○. 서울 ○○구 ○○동 523-40에서 사법경찰관 경위 여○○는 사법경찰리 순경 최○○을 참여하게 하고, 별지 목록의 물건을 다음과 같이 압수한다.

압 수 경 위

1. 서울 ○○구 ○○동 523-40 신○○ 집에서 발생한 강도살인 피의사건에 대하여 현장부근 수사중 동가와 인접한 전시 최○○ 집 대문 앞 쓰레기통 속에서 본건의 범인이 범행에 사용하고 나서 버리고 간 것으로 추정되는 피문은 식칼 1개를 발견하고 본건의 증거물로 압수한다.

2. 본 압수는 영장없이 실시하다.

	성명	주민등록번호	주소	서명 또는 날인
참여인				

20 . . .

○○경찰서

사법경찰관 경위 여○○   ㊞

사법경찰리 순경 최○○   ㊞

▣ 소유권의 포기

> 제139조(소유권 포기서) 경찰관은 압수물의 소유자가 그 물건의 소유권을 포기한다는 의사표시를 하였을 때에는 별지 제60호서식의 소유권포기서를 제출받아야 한다.

소유권 포기서

【 소유권 포기인 】

성 명		주민등록번호	
직 업		연 락 처	
주 거			

다음 물건에 대한 소유권을 포기합니다.

0000.00.00

포 기 인 :   ⑩

피 의 자					
죄 명					
압수번호		접수번호		사건번호	
연번	품 종		수 량	비 고	

소 속 관 서 장 귀 하

210mm × 297mm(백상지 80g/㎡)

▣ 수색조서

제140조(수색조서) ① 경찰관은 수색영장을 집행함에 있어서 처분을 받는 사람에게 수색영장을 제시하지 못하였거나 참여인을 참여시킬 수 없었을 때에는 수색조서에 그 취지와 이유를 명백히 적어야 한다.
② 경찰관은 주거주 또는 관리자가 임의로 승낙하는 등 피처분자의 동의를 얻어 영장 없이 수색하는 경우에도 수색조서에 그 취지와 이유를 명백히 적어야 한다.

※ 경찰수사규칙
제65조(수색조서와 수색증명서) ① 사법경찰관은 법 제215조에 따라 수색을 한 경우에는 수색의 상황과 결과를 명백히 한 별지 제70호서식의 수색조서를 작성해야 한다.
② 법 제219조에서 준용하는 법 제128조에 따라 증거물 또는 몰수할 물건이 없다는 취지의 증명서를 교부하는 경우에는 별지 제71호서식의 수색증명서에 따른다.

※ 형사소송규칙
제62조(압수수색조서의 기재) 압수수색에 있어서 제61조의 규정에 의한 증명서 또는 목록을 교부하거나 법 제130조의 규정에 의한 처분을 한 경우에는 압수수색의 조서에 그 취지를 기재하여야 한다.

※ 형사소송법
제109조(수색) ① 법원은 필요한 때에는 피고사건과 관계가 있다고 인정할 수 있는 것에 한정하여 피고인의 신체, 물건 또는 주거, 그 밖의 장소를 수색할 수 있다.
② 피고인 아닌 자의 신체, 물건, 주거 기타 장소에 관하여는 압수할 물건이 있음을 인정할 수 있는 경우에 한하여 수색할 수 있다.

○ 압수, 수색검증 영장의 집행
  ❖ 압수·수색·검증영장의 집행절차는 영장을 처분받은 자에게 반드시 제시하여야 하며 구속영장의 집행과 달리 사후제시하는 긴급집행절차는 인정되지 않는다.
  ❖ 압수를 하였을 때에는 압수조서에 압수목록을 첨부하고, 수색을 하였을 경우에는 수색조서를 작성하고 압수물에 대한 압수목록을 작성, 수색조서에 첨부하여야 한다.
  ❖ 압수·수색영장의 집행에 있어서도 타인의 비밀을 보전하여야 하며 처분받는 자의 명예를 해하지 아니하도록 유의한다.
  ❖ 압수·수색영장의 집행 중에는 타인의 출입을 금지할 수 있다. 이에 위배한 자에게는 퇴거하게 하거나 집행종료시까지 간수자를 붙일 수 있다.
  ❖ 압수·수색영장을 집행할 때에는 미리 집행의 일시와 장소를 피고인, 피의자,

변호인에게 통지하여야 하며, 참여권자가 참여하지 아니한다는 의사를 명시한 때나 급속을 요하는 때에는 예외로 한다.

❖ 여자의 신체에 대하여 수색할 때에는 성년의 여자를 참여하게 하여야 한다.

❖ 일출 전, 일몰 후에는 압수, 수색영장에 야간집행을 할 수 있는 기재가 없으며 그 집행은 제한된다.

❖ 야간 집행제한의 예외로는 도박 기타 풍속을 해하는 행위에 상용된다고 인정되는 장소, 여관, 음식점 기타 야간에 공중이 출입할 수 있는 장소로서 단, 공개된 시간 내에 한한다.

❖ 수색한 경우에 증거물 또는 몰수한 물건이 없는 때에는 그 취지의 증명서를 교부하여야 한다.

○ 영장에 의한 강제처분의 경우

❖ 수색이란 증거물이나 몰수할 물건 또는 피의자의 발견(찾아내기)을 위하여 사람의 신체, 물건, 주거 기타 장소를 점검하는 강제처분이다.

❖ 법관이 발부한 압수·수색·검증영장에 의하여 수색을 하였을 때에는 수색의 상황과 결과를 명백히 한 수색조서를 작성하여야 한다.

○ 영장없이 행한 강제처분의 경우

❖ 영장없이 압수한 때의 압수조서의 작성요령에 준한다.

❖ 급속을 요하는 주거주, 간수자 등을 참여시키지 못한 때에는 수색조서에 그 사유를 기재한다.

❖ 수색한 결과 증거물 또는 압수할 물건이 없을 때에는 그 취지를 기재한 증명서를 작성 교부하여야 한다.

○ 수색조서의 작성요령

❖ "참여인"란에는 참여인의 주거·직업·성명·연령·참여자격 등을 기재한다. 여자의 신체를 수색할 때에는 성년의 여자를 참여하게 하여야 한다.

❖ "참여결과"란에는 처분을 받는 자에 대한 압수·수색·검증영장 발부사실과 영장제시여부 등 합법적인 사유를 먼저 기재하고 수색결과 즉, 물건의 소재, 발견장소, 발견자, 발견의 경위, 압수사실(또는 발견하지 못한 사실)등을 구체적으로 기재한다.

❖ 압수·수색·검증영장을 제시하지 못하였을 때 또는 참여인이 없을 경우에는 그 취지를 기재하고 사유를 명백히 기재한다.

○ 증명서 교부의 취지
  ❖ 수색처분을 받는 자에 대하여 수색한 결과 몰수할 물건이 없을 때에 그 취지를 기재한 증명서를 교부하여 재차 수색하는 번거로움과 그에게 불안감을 주지 않기 위해서이다.

○ 증명서 교부의 효력
  ❖ 증명서를 교부했다 하더라도 재차 수색하는 것을 금지하는 것이 아니며 동일장소에 대하여 일시를 달리해서 새로운 압수·수색·검증영장에 의한 수색을 할 수 있다.

○ 증명서의 교부 방법
  ❖ 증명서의 교부는 반드시 수색현장에서 즉시 교부할 필요는 없고 뒤에 신속히 교부하면 된다.

수 색 조 서

○○○외 ○명에 대한 ○○ 피(혐)의사건에 관하여 20○○. ○. ○. 00:00 사법경찰관 ○ ○ ○○○는(은) 사법경찰리 ○○ ○○○를(을) 참여하게 하고 다음과 같이 수색하다.

수색장소	
참 여 인	
수색한 신체 개소 · 물건	
수색 결과	
수색 시간	착 수 20○○ 년 ○○ 월 ○○ 일 ○○:○○
	종 료 20○○ 년 ○○ 월 ○○ 일 ○○:○○

20○○ 년 월 일

○ ○ 경 찰 서

사법경찰관 경감 박 희 주 인

사법경찰관 경감 이 명 수 인

수 색 증 명 서

제 호   20○○.○.○.

수 신 :

○○에 대한 ○○ 피의사건에 관하여 0000. 00. 00. ○○○○○에서 ○○○○○을 수색한

결과, 증거물 등이 없었음을 증명합니다.

○ ○ 경 찰 서

사법경찰관 경감 유 경 일 ㉞

▣ 압수에 긴급을 요하는 경우

> 제141조(압수에 긴급을 요하는 경우) 경찰관은 범죄에 관계가 있다고 인정되는 물건을 발견한 경우에 있어서 그 물건이 소유자, 소지자 또는 보관자로부터 임의의 제출을 받을 가망이 없다고 인정한 때에는 즉시 그 물건에 대한 압수영장의 발부를 신청하는 동시에 은닉·멸실·산일 등의 방지를 위한 적절한 조치를 하여야 한다.

※ 형사소송법

제216조(영장에 의하지 아니한 강제처분) ① 검사 또는 사법경찰관은 제200조의2·제200조의3·제201조 또는 제212조의 규정에 의하여 피의자를 체포 또는 구속하는 경우에 필요한 때에는 영장없이 다음 처분을 할 수 있다.

 1. 타인의 주거나 타인이 간수하는 가옥, 건조물, 항공기, 선차 내에서의 피의자 수색. 다만, 제200조의2 또는 제201조에 따라 피의자를 체포 또는 구속하는 경우의 피의자 수색은 미리 수색영장을 발부받기 어려운 긴급한 사정이 있는 때에 한정한다.

 2. 체포현장에서의 압수, 수색, 검증

② 전항 제2호의 규정은 검사 또는 사법경찰관이 피고인에 대한 구속영장의 집행의 경우에 준용한다.

③ 범행 중 또는 범행직후의 범죄 장소에서 긴급을 요하여 법원판사의 영장을 받을 수 없는 때에는 영장없이 압수, 수색 또는 검증을 할 수 있다. 이 경우에는 사후에 지체없이 영장을 받아야 한다.

제217조(영장에 의하지 아니하는 강제처분) ① 검사 또는 사법경찰관은 제200조의3에 따라 체포된 자가 소유·소지 또는 보관하는 물건에 대하여 긴급히 압수할 필요가 있는 경우에는 체포한 때부터 24시간 이내에 한하여 영장 없이 압수·수색 또는 검증을 할 수 있다.

② 검사 또는 사법경찰관은 제1항 또는 제216조제1항제2호에 따라 압수한 물건을 계속 압수할 필요가 있는 경우에는 지체 없이 압수수색영장을 청구하여야 한다. 이 경우 압수수색영장의 청구는 체포한 때부터 48시간 이내에 하여야 한다.

③ 검사 또는 사법경찰관은 제2항에 따라 청구한 압수수색영장을 발부받지 못한 때에는 압수한 물건을 즉시 반환하여야 한다.

제218조(영장에 의하지 아니한 압수) 검사, 사법경찰관은 피의자 기타인의 유류한 물건이나 소유자, 소지자 또는 보관자가 임의로 제출한 물건을 영장없이 압수할 수 있다.

○ 범행중 또는 범행 직후의 범죄현장에서의 압수·수색

 ❖ 범행중 또는 범행 직후의 범죄장소에서 긴급을 요하며 법관의 영장을 받을 수 없을 때에는 영장없이 압수를 할 수 있다. 그러나 사후에 지체없이 영장을 발부받아야 한다.

 ❖ 이는 피의자의 체포 또는 구속을 전제로 하지 않는다는 점에서 긴급구속에 유사한 긴급압수를 인정한 것이라고 본다.

 ❖ 범죄현장에서의 증거물의 은닉과 산인을 방지하기 위한 것이다. 따라서 범행 중 또는 범행직후의 범죄현장이면 족하고, 피의자가 현장에 있거나 체포되었

을 것을 요건으로 하지 않는다. 다만, 사후에 지체없이 영장을 발부받아야 한다.

❖ 위 경우에는 주거주나 간수자의 참여없이 압수할 수 있고, 야간집행 제한규정의 적용을 받지 않는다(형사소송법 제220조).

❖ 한편 감시자를 두고 출입자에 대하여 불심검문을 행하는 등의 방법이 요구된다.

▣ 임의제출물의 압수

제142조(임의 제출물의 압수 등) ① 경찰관은 소유자, 소지자 또는 보관자(이하 "소유자등"이라 한다)에게 임의제출을 요구할 필요가 있을 때에는 별지 제61호서식의 물건제출요청서를 발부할 수 있다.
② 경찰관은 소유자등이 임의 제출한 물건을 압수할 때에는 제출자에게 임의제출의 취지 및 이유를 적은 별지 제62호서식의 임의제출서를 받아야 하고, 「경찰수사규칙」 제64조제1항의 압수조서와 같은 조 제2항의 압수목록교부서를 작성하여야 한다. 이 경우 제출자에게 압수목록교부서를 교부하여야 한다.
③ 경찰관은 임의 제출한 물건을 압수한 경우에 소유자등이 그 물건의 소유권을 포기한다는 의사표시를 하였을 때에는 제2항의 임의제출서에 그 취지를 작성하게 하거나 별지 제60호서식의 소유권포기서를 제출하게 하여야 한다.

○ 임의제출물 압수
❖ 소유자, 소지자 또는 보관자가 임의로 제출한 물건 또는 유류한 물건은 영장없이 압수할 수 있다.

❖ 소유자, 소지자 또는 보관자가 임의 제출한 물건을 압수할 때에는 되도록 제출자가 임의제출서를 제출하게 하고 압수조서와 압수목록을 작성하여야 한다. 이 경우에는 형사소송법 제129조의 규정에 따라 압수 증명서를 교부하여야 한다.

❖ 임의 제출한 물건을 압수한 경우에 그 소유자가 그 물건의 소유권을 포기한다는 의사표시를 하였을 때는 제1항의 임의제출서에 그 취지를 기재하거나 소유권 포기서를 제출하게 하여야 한다.

❖ 소유자, 소지자 또는 보관자에게 임의 제출을 요구할 필요가 있을 때는 사법경찰관 명의로 물건 제출 요청서를 발부할 수 있다.

■ 판례 ■ 수사단계에서 소유권을 포기한 압수물에 대하여 형사재판에서 몰수형이 선고되지 않은 경우, 피압수자는 국가에 대하여 민사소송으로 그 반환을 청구할 수 있다고 본 원심의 판단을 수긍한 사례(대법원 2000.12.22. 선고 2000다27725 선고 판결)

○ 압수 경위(임의제출 시)

❖ 범죄현장에 남은 물건으로서 참고인 홍길동이 범죄행위에 제공된 것이라고 진술하고 소유자 甲이 임의 제출함으로 압수하다

❖ 피의자가 도주하면서 현장에서 약 100m 떨어진 ○○소재 홍길동 집 마당에 버린 것으로서 범죄행위로 인하여 취득한 물건일 뿐만 아니라 소유자 甲이 임의 제출함으로 압수하다

❖ 피의자가 범행현장에서 범행에 사용하려고 준비하여 두었다가 도주하면서 버린 물건으로서 이를 취득한 甲이 임의 제출하므로 압수하다

❖ 피의자가 본건 범죄행위로 인하여 취득한 후 오른쪽 안 호주머니에 넣어 소지하고 있던 물건으로 甲이 도주하는 피의자를 체포할 때 빼앗아 가지고 있던 것을 임의 제출하므로 압수하다.

소 속 관 서

제 0000-000000 호	0000.00.00.

수 신 :

제 목 : 물건제출요청

아래 물건은   에 대한   사건에 관하여 압수할 필요가 있으니 20   .   .   .
안으로 제출하여 주시기 바랍니다.

연번	품 종	수 량	비 고

소 속 관 서

사법경찰관   계급

임 의 제 출

[제 출 자]

성 명		주 민 등 록 번 호	
직 업		연 락 처	
주 거			

다음 물건을 임의로 제출합니다. 사건처리 후에는 처분의견란 기재와 같이 처분해 주시기 바랍니다.

0000.00.00

제 출 자 : 제 출 자 ㊞

[제출물건]

연번	품 종	수량	제출자의 처분의견 (반환의사 유무)	비 고

소 속 관 서 장 귀 하

■ 유류물의 압수

제143조(유류물의 압수) ① 경찰관은 유류물을 압수할 때에는 거주자, 관리자 또는 이에 준하는 사람의 참여를 얻어서 행하여야 한다. 다만, 대상자가 참여하지 아니한다는 의사를 명시하는 등 참여할 사람이 없는 경우에는 예외로 한다.
② 제1항의 압수에 관하여는 압수조서 등에 그 물건이 발견된 상황 등을 명확히 기록하고 압수목록을 작성하여야 한다.

○ 유류물의 압수
  ❖ 피의자 등의 유류한 물건을 압수할 때에는 거주자, 관리자 기타 관계자의 참여를 얻어서 행하여야 한다.
  ❖ 제1항의 압수에 관하여는 실황조사서 등에 그 물건의 발견된 상황 등을 명확히 기록하고 압수조서와 압수목록을 작성하여야 한다.
  ❖ 압수금품 중 현금, 귀금속 등 중요금품은 임치금품과 같이 물품출납 공무원에게 보관하여야 하며, 기타 물품은 견고한 캐비닛 또는 보관에 적합한 창고 등에 보관할 수 있다.

○ 유류물의 압수와 관계자의 참여
  ❖ 피의자 기타인이 유류한 물건을 압수할 때에는 그 물건을 확실히 그 장소에서 발견된 것임을 명백히 해서 이를 압수할 필요가 있다. 그러기 위하여는 그 물건이 유류되어 있는 장소가 개인의 주택인 경우에는 그 주거자 기타의 장소인 경우에는 그 관리자 기타 관계자의 참여를 얻어서 이를 행하여야 하고 경우에 따라서는 그 증언을 얻을 수 있도록 해 두는 것이 필요하다.
  ❖ 그 물건이 그 장소에서 발견되었다는 것 뿐만 아니라 그 물건이 발견되었을 때에는 이것 이것이 이러한 상황으로 되어 있었다는 것을 구체적으로 명백히 하기 위한 실황조사서(검증조사)를 작성해 두는 것이 후일 그것을 증거로 사용하는데 있어서 그 물건의 증명력을 높이기 위하여 필요하다는 것은 이미 제106조(피의자의 진술에 의하여 실황조서)의 설명에 있어서와 같다.

○ 피의자 기타인이 유류한 물건
  ❖ 기타인이 유류한 물건 중에는 유실물법 제11조(장물의 습득)에 이른바 "범죄자가 놓고 간 것으로 인정되는 물건"도 포함되어 있는 것은 물론이지만 유실물법 및 민법 제253조(유실물의 소유권 취득)의 규정이 준용되는 물건이라 하더라도 압수 등 형사소송법의 규정에 의한 절차가 취해져 있는 동안은 형사절차의 효력이 우선하여, 그 한도 내에 있어서 유실물법의 활동할

여지가 없는 것으로 해석한다.

❖ 수사 중에 그 유류물이 범죄에 관계가 없는 것이 판명되면, 유실물법 제1조(습득물의 조치)의 규정에 의하여 반환 기타의 조치를 하여야 한다.

○ 실황조사서와 압수조서 생략 관계

❖ 피의자 기타인의 유류한 물건을 압수할 경우에 실황조사서나 검증조서에 압수한 취지를 기재함에 있어서는

• "…을 발견하여 압수하다"라고만 기재했을 때에는 따로 압수조서와 압수목록을 작성해야 한다.

• "…을 발견하여 별지 압수목록과 같이 압수하다."라고 구체적으로 기재한 때에는 동 실황조사서 등은 압수조서에 갈음할 수 있는 기능을 겸유하는 것이므로 압수조서의 작업은 생략하고 압수목록만을 작성하여 이 실황조사서 등의 말미에 첨부하는 동시에 이 실황조사서등과 압수목록간에 간인하면 된다.

❖ 본조 제2항의 규정은 "강제처분인 압수"를 하는 경우에도 준용한다(제164조).

▣ 압수 · 수색 또는 검증 시 주의사항

> 제144조(압수 · 수색 또는 검증 시 주의사항) ① 경찰관은 압수 · 수색 또는 검증을 할 때에는 부득이한 사유가 있는 경우 이외에는 건조물, 기구 등을 파괴하거나 서류 그 밖의 물건을 흩어지지 않게 하여야 하고, 이를 종료하였을 때에는 원상회복하여야 한다.
> ② 경찰관은 압수를 할 때에는 지문 등 수사자료가 손괴되지 않도록 주의하는 동시에 그 물건을 되도록 원상태로 보존하기 위한 적당한 조치를 하여 멸실, 파손, 변질, 변형, 혼합 또는 산일되지 않도록 주의하여야 한다.

> ※ 형사소송법
> 제116조(주의사항) 압수 · 수색영장의 집행에 있어서는 타인의 비밀을 보지하여야 하며 처분받은 자의 명예를 해하지 아니하도록 주의하여야 한다.

○ 압수수색상의 주의사항

❖ 가급적 외부와의 연락을 차단하고 출입자를 통제할 것이며, 동일 사건에 있어서 한 사람이 수개소를 수색하는 경우에는 수색가치가 가장 많은 곳부터 대략을 관찰하고, 관여자의 거동을 살피며 서두르지 말고 조용, 참작하여 실시한다.

❖ 특히 의심스러운 것은 빠짐없이 관찰하고(휴지통, 벽장, 사진틀 등), 인장이나 통장을 달라고 요구하여 중요물품의 소재를 확인하고, 압수수색물의 종류와 수량을 관여자에게 반드시 확인시키고 밀봉하는 등의 조치가 필요하다.

❖ 압수를 할 때에는 지문 등 수사자료가 손괴되지 않도록 주의할 것

○ 압수수색물의 처리

❖ 압수물건은 가장 신빙성 있고 정확한 증거방법이라고 할 수 있으므로 그 형상이나 내용, 특징을 상세히 관찰하여 파악하여 수사와 사실판단에 최대한 활용하여야 한다.

❖ 압수물을 사용할 때는 멸실, 파손, 변질·변형, 혼합 또는 산일 등의 방지를 위하여 세심한 주의를 하여야 한다.

❖ 종료하였을 때에는 되도록 원상회복시켜 놓도록 하며 물건들이 흩어져 있도록 하여 불쾌감을 주는 일이 없도록 하여야 한다.

◼ 압수물의 보관 등

제145조(압수물의 보관 등) ① 경찰관은 압수물을 보관할 때에는 「경찰수사규칙」 제67조제1항에 따라 압수물에 사건명, 피의자의 성명 및 압수목록에 적은 순위 · 번호를 기입한 표찰을 붙여 견고한 상자 또는 보관에 적합한 창고 등에 보관하여야 한다.
② 경찰관은 압수금품 중 현금, 귀금속 등 중요금품과 유치인으로부터 제출받은 임치 금품은 별도로 지정된 보관담당자로 하여금 금고에 보관하게 하여야 한다.
③ 경찰관은 압수물이 유가증권일 때에는 원형보존 필요 여부를 판단하고, 그 취지를 수사보고서에 작성하여 수사기록에 편철하여야 한다.

※ 경찰수사규칙
제67조(압수물 보관) ① 사법경찰관은 압수물에 사건명, 피의자의 성명, 제64조제1항의 압수목록에 적힌 순위 · 번호를 기입한 표찰을 붙여야 한다.
② 사법경찰관은 법 제219조에서 준용하는 법 제130조제1항에 따라 압수물을 다른 사람에게 보관하게 하려는 경우에는 별지 제75호서식의 압수물 처분 지휘요청서를 작성하여 검사에게 제출해야 한다.
③ 사법경찰관은 제2항에 따라 압수물을 다른 사람에게 보관하게 하는 경우 적절한 보관인을 선정하여 성실하게 보관하게 하고 보관인으로부터 별지 제76호서식의 압수물 보관 서약서를 받아야 한다.

※ 형사소송법

> 제130조(압수물의 보관과 폐기) ① 운반 또는 보관에 불편한 압수물에 관하여는 간수자를 두거나 소유자 또는 적당한 자의 승낙을 얻어 보관하게 할 수 있다.
>
> 제132조(압수물의 대가보관) ① 몰수하여야 할 압수물로서 멸실·파손·부패 또는 현저한 가치 감소의 염려가 있거나 보관하기 어려운 압수물은 매각하여 대가를 보관할 수 있다.
>
> ② 환부하여야 할 압수물 중 환부를 받을 자가 누구인지 알 수 없거나 그 소재가 불명한 경우로서 그 압수물의 멸실·파손·부패 또는 현저한 가치 감소의 염려가 있거나 보관하기 어려운 압수물은 매각하여 대가를 보관할 수 있다.

○ 선량한 관리자의 주의의무
   ❖ 압수물은 경찰관서로 운반하여 보관하는 것이 원칙이며 수사경찰은 압수물을 보관함에 있어서는 선량한 관리자의 주의의무를 다하여야 한다.
   ❖ 운반 또는 보관에 불편이 있는 물건에 관하여는 검사의 지휘를 받아 간수자를 두거나 소유자 또는 적당한 자의 승낙을 얻어 보관하게 할 수 있다.

○ 압수물 관리
   ❖ 압수물 관리·보관함에 있어서는 장소를 이동해도 되고, 일정한 장소에 보관한 후 그 장소를 변경하거나 보관자를 변경할 수도 있다. 이러한 경우 보관자에게 압수물 보관증을 받아야 한다.

○ 압수물의 보관
   ❖ 압수물을 다른 사람에게 보관시킬 때에는 미리 검사의 지휘를 받아야 한다.
   ❖ 전항의 경우에는 보관자의 선정에 주의하여 성실하게 보관하도록 하고 압수물건 보관증을 받아야 한다.
   ❖ 압수물에는 사건명, 피의자 성명 및 압수목록의 순위번호를 기재한 견고한 표찰을 붙여야 한다.

■ 판례 ■ 검사는 증거에 사용할 압수물에 대하여 가환부의 청구가 있는 경우 가환부에 응하여야 하는지 여부(원칙적 적극) 및 가환부를 거부할 수 있는 특별한 사정이 있는지 판단하는 기준

형사소송법 제218조의2 제1항은 '검사는 사본을 확보한 경우 등 압수를 계속할 필요가 없다고 인정되는 압수물 및 증거에 사용할 압수물에 대하여 공소제기 전이라도 소유자, 소지자, 보관자 또는 제출인의 청구가 있는 때에는 환부 또는 가환부하여야 한다'고 규정하고 있다. 따라서 검사는 증거에 사용할 압수물에 대하여 가환부의 청구가 있는 경우 가환부를 거부할 수 있는 특별한 사정이 없는 한 가환부에 응하여야 한다. 그리고 그러한 특별한 사정이 있는지는 범죄의 태양, 경중, 몰수 대상인지 여부, 압수물의 증거로서의 가치, 압수물의 은닉·인멸·훼손될 위험, 수사나 공판수행상의 지장 유무, 압수에 의하여 받는 피압수자 등의 불이익의 정도 등 여러 사정을 검토하여 종합적으로 판단하여야 한다.(대법원 2017. 9. 29.2017모236, 결정)

○ ○ 경 찰 서

제 호   20○○.○.○.
수 신 : 검찰청의 장(검사: 홍길동)
제 목 : **압수물 처분 지휘요청서(위탁보관)**

○○ 에 대한 ○○ 피의사건의 압수물인 다음 물건의 운반 또는 보관이 불편하여 위탁
보관 지휘를 요청합니다.

연번	품 종	수 량	비 고

○○경찰서

사법경찰관 경위   홍 길 동 (인)

압수물 보관 서약서

□ 서 약 인

성 명		주 민 등 록 번 호	
직 업		연 락 처	
주 거			

다음 압수물건에 대한 보관명령을 받았으므로 선량한 관리자로서의 주의를 다하여 보관할 것은 물론 언제든지 지시가 있으면 제출하겠습니다.

20○○. ○. ○.

서 약 인 :　　　　　　(인)

피의자	
죄 명	

압수번호	000-00000	접수번호	000-0000	사건번호	00-00000

연번	품 종	수 량	보 관 장 소	비 고

○○경찰서장 귀하

▣ 압수물의 폐기

> 제146조(압수물의 폐기) 「경찰수사규칙」 제68조제1항에 따른 폐기는 재생이 불가능한 방식으로 하여야 하며, 다른 법령에서 폐기에 관하여 별도의 규정을 두고 있는 경우는 그에 따라야 한다.

※ 경찰수사규칙

제68조(압수물 폐기) ① 사법경찰관은 법 제219조에서 준용하는 법 제130조제2항 및 제3항에 따라 압수물을 폐기하려는 경우에는 별지 제77호서식의 압수물 처분 지휘요청서를 작성하여 검사에게 제출해야 한다.

② 사법경찰관은 제1항에 따라 압수물을 폐기하는 경우에는 별지 제78호서식의 압수물 폐기 조서를 작성하고 사진을 촬영하여 사건기록에 편철해야 한다.

③ 사법경찰관은 법 제219조에서 준용하는 법 제130조제3항에 따라 압수물을 폐기하는 경우에는 소유자 등 권한 있는 사람으로부터 별지 제79호서식의 압수물 폐기 동의서를 제출받거나 진술조서 등에 그 취지를 적어야 한다.

※ 형사소송법

제130조(압수물의 보관과 폐기) ② 위험발생의 염려가 있는 압수물은 폐기할 수 있다.

③ 법령상 생산·제조·소지·소유 또는 유통이 금지된 압수물로서 부패의 염려가 있거나 보관하기 어려운 압수물은 소유자 등 권한 있는 자의 동의를 받아 폐기할 수 있다.

○ 압수물의 폐기

  ❖ 위험발생의 우려가 있는 압수물과 법령상 생산·제조·소지·소유 또는 유통이 금지된 압수물로서 보관하기 어려운 압수물은 검사의 지휘 받아 폐기할 수 있다.

  ❖ 보관하기 어려운 압수물은 소유자 등 권한 있는 자의 동의를 받은 후 검사의 지휘를 받는다.

○○경찰서

제 0000-00000 호   20○○.○.○.

수 신 : ○○지방검찰청장 (검사 : ○○○)

제 목 : **압수물 처분 지휘요청서(폐기)**

○○에 대한 ○○ 피의사건의 압수물에 위험발생의 염려가 있어 폐기 지휘를 요청합니다.

연번	품 종	수 량	비 고

○○경찰서

사법경찰관 경위   홍 길 동 (인)

압수물폐기조서

○○○외 ○명에 대한 ○○ 피의사건에 관하여 20○○. ○. ○. 00:00 사법경찰관 경위 ○○○는(은) 사법경찰리 경사 ○○○를(을) 참여하게 하고 압수물을 다음과 같이 폐기한다.

연 번	품종	수량	이유	비고

년   월   일

○ ○ 경 찰 서

사법경찰관   ㉙

사법경찰리   ㉙

■ 폐기, 대가보관 시 주의사항

제147조(폐기, 대가보관 시 주의사항) 경찰관은 압수물에 관하여 폐기 또는 대가보관의 처분을 할 때에는 다음 사항에 주의하여야 한다.
1. 폐기처분을 할 때에는 사전에 반드시 사진을 촬영해 둘 것
2. 그 물건의 상황을 사진, 도면, 모사도 또는 기록 등의 방법에 따라 명백히 할 것
3. 특히 필요가 있다고 인정될 때에는 해당 압수물의 성질과 상태, 가격 등을 감정해둘 것. 이 경우에는 재감정할 경우를 고려하여 그 물건의 일부를 보존해 둘 것
4. 위험발생, 멸실, 파손 또는 부패의 염려가 있거나 보관하기 어려운 물건이라는 등 폐기 또는 대가보관의 처분을 하여야 할 상당한 이유를 명백히 할 것

※ 형사소송법
제131조(주의사항) 압수물에 대하여는 그 상실 또는 파손등의 방지를 위하여 상당한 조치를 하여야 한다.

○ 주의사항
- ❖ 대가보관이 허용(지휘)되자면 다음의 두 가지 요건을 아울러서 필요로 한다.
  - 몰수하여야 할 압수물일 것(형법 제48조)
  - 멸실·파손 또는 부패의 염려가 있거나 보관하기 불편한 압수물일 것.
    예컨대 양어장에서 잡아온 다수어류
- ❖ 몰수하여야 할 압수물로서 멸실·파손 또는 부패의 염려가 있거나 보관하기 불편한 경우에는 이를 매각하여 대가를 보관할 수 있다. 이를 환가처분이라고 한다. 또 환가처분은 몰수하여야 할 압수물에 대해서만 할 수 있다.
- ❖ 몰수하여야 할 물건이 아닌 이상 멸실·부패의 염려가 있어도 환가처분이 허용되지 않는다(대법원 1995. 1. 19. 선고, 64다1150판결).
- ❖ 또 환가처분을 함에는 미리 검사·피해자·피고 또는 변호인에게 통지하여야 한다.
- ❖ 대가보관은 몰수와의 관계에서는 압수물과 동일성이 인정된다. 따라서 법원은 대가를 추징하지 않고 압수물을 몰수할 수 있다. 몰수를 하지 아니할 때는 대가를 소유자에게 인도하여야 한다.

압 수 물 대 가 보 관 조 서

에 대한　　피의사건에　관하여　20 ． ． ．사법경찰관 경　　　　은 사법경
찰리 경　　　　을 참여하게 하고 다음과 같이 대가보관하다.

대가보관금액		보 관 자			
번호	품 종	수 량	매각대금	이 유	매수자

20 ． ． ．

○ ○ 경 찰 서

사법경찰관　　　　　㊞

사법경찰리　　　　　㊞

○ 압수물의 환부와 가환부

※ 경찰수사규칙
제66조(압수물의 환부 및 가환부) ① 사법경찰관은 법 제218조의2제1항 및 제4항에 따라 압수물
에 대해 그 소유자, 소지자, 보관자 또는 제출인(이하 이 조에서 "소유자등"이라 한다)으로부터
환부 또는 가환부의 청구를 받거나 법 제219조에서 준용하는 법 제134조에 따라 압수장물을
피해자에게 환부하려는 경우에는 별지 제72호서식의 압수물 처분 지휘요청서를 작성하여 검사
에게 제출해야 한다.
② 사법경찰관은 제1항에 따른 압수물의 환부 또는 가환부의 청구를 받은 경우 소유자등으로부터
별지 제73호서식의 압수물 환부·가환부 청구서를 제출받아 별지 제72호서식의 압수물 처분
지휘요청서에 첨부한다.
③ 사법경찰관은 압수물을 환부 또는 가환부한 경우에는 피해자 및 소유자등으로부터 별지 제74
호서식의 압수물 환부·가환부 영수증을 받아야 한다.

※ 형사소송법
제133조(압수물의 환부, 가환부) ① 압수를 계속할 필요가 없다고 인정되는 압수물은 피고사건
종결 전이라도 결정으로 환부하여야 하고 증거에 공할 압수물은 소유자, 소지자, 보관자 또는
제출인의 청구에 의하여 가환부할 수 있다.
② 증거에만 공할 목적으로 압수한 물건으로서 그 소유자 또는 소지자가 계속 사용하여야 할 물건
은 사진촬영 기타 원형보존의 조치를 취하고 신속히 가환부하여야 한다.

○ 환부와 가환부
  ❖ 압수를 계속할 필요가 없다고 인정되는 압수물은 사건종결 전이라도 '환부'
    하여야 하고, 증거에만 공할 목적으로 압수할 물건은 소유자(소지자·보관자·
    제출인) 등의 청구에 의하여 가환부할 수 있을 뿐 아니라 그중 그 소유자
    또는 소지자가 계속 사용할 물건은 사진 촬영, 기타원형보존 조치를 취하고
    별지 제86호 서식의 압수물환부(가환부) 지휘건의서를 작성하여 검사의 지
    휘를 받아 신속히 가환부하여야 한다.
  ❖ "압수를 계속할 필요가 없다"몰수의 대상이 되지 않는다고 인정되는 물건,
    증거로 되지 않는 물건 또는 증거로 할 필요가 없는 물건을 말한다.
  ❖ "가환부"란 우선 압수물을 보관할 필요는 없어졌으나 수사상 완전히 필요가
    없어졌다고는 단정할 수 없기 때문에 필요가 있으면 다시 제출한다는 조건
    부 일시 반환해두는 처분이다.

○ 압수물 장물
  ❖ 압수한 장물은 사건 종결 전이라고 하더라도 피해자에게 환부할 수 있다.

❖ '장물'이란 재산죄인 범죄행위에 의하여 불법하게 영득된 재물로서 피해자가 법률상 그것을 추구할 수 있는 것을 말한다.

○ 압수물 환부의 상대자
❖ 형사소송법에는 꼭 청구자나 제출인에게 가환부해야 한다는 것을 규정하고 있지 않다.
  명백한 소유권자나 제출인 이외의 자로부터 청구가 있을 때에는 제출인 등 관계자의 의견을 들어야 할 것이다. 유류자도 소유자·소지자·보관자의 어느 것인가에 해당하므로, 이에 대한 가환부도 또한 인정된다. 가환부를 받는 자가 제출인 또는 유류자와 동일인일 필요는 없다.
❖ 예컨대 소지자가 임의제출한 물건에 관하여 소유자에게 가환부하는 것도 허용된다. 가환부할 것인가 안할 것인가는 검사의 지휘에 의하여 결정한다.

○ 가환부 후의 정식 환부
❖ 가환부란 물건을 정식으로 환부하는 경우에는 그 취지를 통지하면 된다. 따로 서식이 정해져 있지 않지만 "○월 ○일자 귀하에게 가환부한 …에 대하여는 필요가 없게 되었으니 처분해도 좋습니다."등으로 통지하면 될 것이다.

■ 압수물 처분 시 압수목록에의 기재

> 제148조(압수물 처분 시 압수목록에의 기재) 경찰관은 압수물의 폐기, 대가보관, 환부 또는 가환부의 처분을 하였을 때에는 그 물건에 해당한 압수목록의 비고란에 그 요지를 적어야 한다.

※ 경찰수사규칙
제64조(압수조서 등) ① 수사준칙 제40조 본문에 따른 압수조서는 별지 제66호서식에 따르고, 압수목록은 별지 제67호서식에 따른다.
② 법 제219조에서 준용하는 법 제129조에 따라 압수목록을 교부하는 경우에는 별지 제68호서식의 압수목록 교부서에 따른다. 이 경우 수사준칙 제41조제1항에 따른 전자정보에 대한 압수목록 교부서는 전자파일의 형태로 복사해 주거나 전자우편으로 전송하는 등의 방식으로 교부할 수 있다.

※ 검사와 사법경찰관의 상호협력과 일반적 수사준칙에 관한 규정
제40조(압수조서와 압수목록) 검사 또는 사법경찰관은 증거물 또는 몰수할 물건을 압수했을 때에는 압수의 일시·장소, 압수 경위 등을 적은 압수조서와 압수물건의 품종·수량 등을 적은 압수목록을 작성해야 한다. 다만, 피의자신문조서, 진술조서, 검증조서에 압수의 취지를 적은 경우에는 그렇지 않다.

○ "압수목록의 비고"란
  ❖ 압수물을 검찰청에 송치하지 않고 처분하였을 때에는 "압수목록의 비고"란에 그 요지(폐지·대가보관·환부·가환부 등)를 기재하여야 한다.
  ❖ 압수목록(비고)에는 물건의 특징을 각 구체적으로 기재하여야 한다.

압 수 목 록

번호	품 종	수량	소지자 또는 제출자		소 유 자		경찰의견	비고
			성 명		성 명			
			주 소		주 소			
			주민등록번호		주민등록번호			
			전화번호		전화번호			
			성 명		성 명			
			주 소		주 소			
			주민등록번호		주민등록번호			
			전화번호		전화번호			
			성 명		성 명			
			주 소		주 소			
			주민등록번호		주민등록번호			
			전화번호		전화번호			
			성 명		성 명			
			주 소		주 소			
			주민등록번호		주민등록번호			
			전화번호		전화번호			
			성 명		성 명			
			주 소		주 소			
			주민등록번호		주민등록번호			
			전화번호		전화번호			

소 속 관 서

제 0000-00000 호	0000.00.00.

수 신 : 수신자

제 목 : 압수목록 교부서

○○○에 대한 ○○○○ 피(혐)의사건에 관하여   ○○○로부터 다음 물건을 압수하였으므로 이에 압수목록을 교부합니다.

연번	품 종	수 량	비 고

소속관서

사법경찰관   계급

■ 영장에 의한 금융거래정보 요구 시 주의사항

제149조(영장에 의한 금융거래정보 요구 시 주의사항) ① 경찰관은 「금융실명거래 및 비밀보장에 관한 법률」 제4조제1항제1호에 따라 금융거래의 내용에 대한 정보 또는 자료(이하 "거래정보등"이라 한다)를 제공받을 때에는 압수·수색·검증영장(금융계좌 추적용)을 발부받아 해당 금융기관에 금융거래정보 등을 요구하여야 한다.
② 제1항에 따라 거래정보 등을 제공받은 경찰관은 「금융실명거래 및 비밀보장에 관한 법률」 제4조제4항에 따라 범죄수사목적 외의 용도로 이를 이용하거나 타인에게 제공 또는 누설하여서는 아니 된다.
③ 경찰관은 금융기관이 '거래정보 등을 제공하였다는 사실'을 거래명의자에게 통보하는 것이 「금융실명거래 및 비밀보장에 관한 법률」 제4조의2제2항 각 호에 해당하는 경우에는 해당 금융기관에 대하여 명의자에게 통보하는 것을 유예하도록 신청하여야 한다.

※ 금융실명거래 및 비밀보장에 관한 법률
제4조(금융거래의 비밀보장) ① 금융회사등에 종사하는 자는 명의인(신탁의 경우에는 위탁자 또는 수익자를 말한다)의 서면상의 요구나 동의를 받지 아니하고는 그 금융거래의 내용에 대한 정보 또는 자료(이하 "거래정보등"이라 한다)를 타인에게 제공하거나 누설하여서는 아니 되며, 누구든지 금융회사등에 종사하는 자에게 거래정보등의 제공을 요구하여서는 아니 된다. 다만, 다음 각 호의 어느 하나에 해당하는 경우로서 그 사용 목적에 필요한 최소한의 범위에서 거래정보등을 제공하거나 그 제공을 요구하는 경우에는 그러하지 아니하다.
1. 법원의 제출명령 또는 법관이 발부한 영장에 따른 거래정보등의 제공
④ 제1항 각 호[종전의 금융실명거래에관한법률(대통령긴급재정경제명령 제16호로 폐지되기 전의 것을 말한다) 제5조제1항제1호부터 제4호까지 및 금융실명거래및비밀보장에관한긴급재정경제명령(법률 제5493호로 폐지되기 전의 것을 말한다. 이하 같다) 제4조제1항 각 호를 포함한다]에 따라 거래정보등을 알게 된 자는 그 알게 된 거래정보등을 타인에게 제공 또는 누설하거나 그 목적 외의 용도로 이용하여서는 아니 되며, 누구든지 거래정보등을 알게 된 자에게 그 거래정보등의 제공을 요구하여서는 아니 된다. 다만, 금융위원회 또는 금융감독원장이 제1항제4호 및 제6호에 따라 알게 된 거래정보등을 외국 금융감독기관에 제공하거나 거래소가 제1항제7호에 따라 외국거래소 등에 거래정보등을 제공하는 경우에는 그러하지 아니하다.

※ 금융실명거래 및 비밀보장에 관한 법률
제4조의2(거래정보등의 제공사실의 통보) ① 금융회사등은 명의인의 서면상의 동의를 받아 거래정보등을 제공한 경우나 제4조제1항제1호·제2호(조세에 관한 법률에 따라 제출의무가 있는 과세자료 등의 경우는 제외한다)·제3호 및 제8호에 따라 거래정보등을 제공한 경우에는 제공한 날(제2항 또는 제3항에 따라 통보를 유예한 경우에는 통보유예기간이 끝난 날)부터 10일 이내에 제공한 거래정보등의 주요 내용, 사용 목적, 제공받은 자 및 제공일 등을 명의인에게 서면으로 통보하여야 한다.
② 금융회사등은 통보 대상 거래정보등의 요구자로부터 다음 각 호의 어느 하나에 해당하는 사유로 통보의 유예를 서면으로 요청받은 경우에는 제1항에도 불구하고 유예요청기간(제2호 또는 제3호의 사유로 요청을 받은 경우로서 그 유예요청기간이 6개월 이상인 경우에는 6개월) 동안 통보를 유예하여야 한다.

1. 해당 통보가 사람의 생명이나 신체의 안전을 위협할 우려가 있는 경우
2. 해당 통보가 증거 인멸, 증인 위협 등 공정한 사법절차의 진행을 방해할 우려가 명백한 경우
3. 해당 통보가 질문·조사 등의 행정절차의 진행을 방해하거나 과도하게 지연시킬 우려가 명백한 경우

③ 금융회사등은 거래정보등의 요구자가 제2항 각 호의 어느 하나에 해당하는 사유가 지속되고 있음을 제시하고 통보의 유예를 서면으로 반복하여 요청하는 경우에는 요청받은 날부터 두 차례만(제2항제1호의 경우는 제외한다) 매 1회 3개월의 범위에서 유예요청기간 동안 통보를 유예하여야 한다. 다만, 제4조제1항제2호(조세에 관한 법률에 따라 제출의무가 있는 과세자료 등의 경우는 제외한다)에 따른 거래정보등의 제공을 요구하는 자가 통보의 유예를 요청하는 경우에는 요청을 받은 때마다 그 날부터 6개월의 범위에서 유예요청기간 동안 통보를 유예하여야 한다.

④ 제1항에 따라 금융회사등이 거래정보등의 제공사실을 명의인에게 통보하는 경우에 드는 비용은 대통령령으로 정하는 바에 따라 제4조제1항에 따라 거래정보등의 제공을 요구하는 자가 부담한다.

⑤ 다음 각 호의 법률의 규정에 따라 거래정보등의 제공을 요구하는 경우에는 제1항부터 제4항까지의 규정을 적용한다.
1. 「감사원법」 제27조제2항
2. 「정치자금법」 제52조제2항
3. 「공직자윤리법」 제8조제5항
4. 삭제 <2020. 12. 29.>
5. 「상속세 및 증여세법」 제83조제1항
6. 「과세자료의 제출 및 관리에 관한 법률」 제6조제1항

○ 금융거래정보요구 및 주의사항
❖ 자료요구는 그 사용목적에 필요한 최소한의 범위안에서 거래정보등의 제공을 요구하여야 한다.
❖ 거래정보요구는 법관이 발부한 영장에 의한 절차를 준수하여야 한다.
❖ 범죄수사목적외 이용하거나 타인에게 제공, 누설 하여서는 아니 된다.

○○경찰서

제 0000-00000 호   20○○. ○. ○.

수 신 : ○○지방검찰청장

제 목 : 압수·수색·검증영장 신청서(금융계좌추적용)

다음 사람에 대한 ○○ 피(혐)의사건에 관하여 아래와 같이 압수·수색·검증하려 하니 20○○. ○. ○.까지 유효한 압수·수색·검증영장의 청구를 신청합니다.

피(혐)의자	성 명	
	주 민 등 록 번 호	– (세)
	직 업	
	주 거	
변 호 인		
대상계좌	계 좌 명 의 인	□ 피(혐)의자 본인 □ 제3자(인적사항은 별지와 같음)
	개설은행·계좌번호	
	거 래 기 간	
	거래정보 등의 내용	**명의인의 인적사항 및 거래내역**
압 수 할 물 건		
수 색·검 증 할 장 소 또 는 물 건		
범죄사실 및 압수수색·검증을 필요로 하는 사유		
7일을 넘는 유효기간을 필요로 하는 취지와 사유		
둘 이상의 영장을 신청하는 취 지 와 사 유		
일출 전 또는 일몰 후 집행을 필요로 하는 취지와 사유		
비 고		

○○경찰서

사법경찰관 경위 홍길동(인)

금융거래정보의 제공 요구서

(법 제4조제2항·제6항 및 제4조의2)

수신처 :

문서번호[※]		요구일자	
요구기관명			

요구자	근무부서	직책	성명
담당자			
책임자			

요구 내용	명의인의 인적사항[1]	
	요구대상 거래기간	
	요구의 법적근거	
	사용목적	
	요구하는 거래 정보등의 내용	
통보 유예[※]	유예기간	
	유예사유	
특이 사항[※]		

요구기관 기관장㊞

주1) 명의인의 인적사항은 금융실명거래및비밀보장에관한법률시행령 제10조각호의1을 의미

※ 문서번호, 통보유예 및 특이사항은 필요한 경우에만 기재(통보대상이 아닌 경우 그 법적 근거 등의 사유는 특이사항에 기재)

○ 검증조서

※ 경찰수사규칙
제70조(검증조서) 수사준칙 제43조에 따른 검증조서는 별지 제17호서식에 따른다.

※ 검사와 사법경찰관의 상호협력과 일반적 수사준칙에 관한 규정
제43조(검증조서) 검사 또는 사법경찰관은 검증을 한 경우에는 검증의 일시·장소, 검증 경위 등
  을 적은 검증조서를 작성해야 한다.

※ 형사소송법
제49조(검증 등의 조서) ① 검증, 압수 또는 수색에 관하여는 조서를 작성하여야 한다.
② 검증조서에는 검증목적물의 현장을 명확하게 하기 위하여 도화나 사진을 첨부할 수 있다.

❖ 검증·실황조사 모두 수사관이 수사상 필요에 따라 사실의 발견을 위해 5관의 작용에 의하여 범죄현장 기타 범죄에 관계있는 장소·신체·물건 등의 존재·상태를 관찰 확인하는 수사활동이다.

❖ 실황조사와 차이
검증과 실황조사의 내용 및 법률상의 효과(증거능력)에는 아무런 차이가 없고, 다만 검증이 강제절차임에 대하여 실황조사는 임의의 형식을 취하는 점에서 다르다.

○ 작성상 유의사항

❖ 사실을 있는 그대로 기재하도록 한다. 미사여구를 사용하여 각색이나 가미를 하는 것은 허용되지 않는다.

❖ 현장을 보지 아니한 수사간부나 수사관에게 현장상황을 그대로 인식할 수 있도록 기재하여야 한다.
  • 되도록 단문으로 작성한다.
  • 기재할 것을 잘 정리하여 순서를 정하여 작성한다.
  • 문자를 정확하게 읽기 쉽게 작성한다.

❖ 의견이나 추측을 기재하는 것이 아니고 관찰, 실험한 사실만을 기재하도록 한다.

❖ 조서에는 무의식중에라도 작위를 가하지 않도록 한다.
  [예] 검증당시 형편이 좋지 못하여 촬영 못한 사진을 그 다음날 찍어서 조서에 붙이는 행위
  • 현장에서 간과했기 때문에 재차 현장에 가서 비공식으로 다시 보고 조서

를 작성하는 행위 등의 사례가 없도록 한다.

❖ 추상적 표현, 즉 "다소", "비교적", "상당히" 등 그 사람의 소견에 따라 결과를 달리할 모호한 용어는 사용하지 않도록 한다.

❖ 직접 범행에 관계가 없다고 생각되는 소극적 사항도 기재하여 사후관계자의 진술의 변화에 대비하는데 도움이 되도록 한다.

○ 작성요령

❖ 검증조서는 형식적 기재사항과 실질적 기재사항이 있는데 형식적 기재사항은 서식에 정해진대로 반드시 기재하도록 하고 실질적 기재사항은 범죄의 종별에 따라 또는 개개의 구체적 경우에 따라 기재하도록 한다.

❖ 형식적 사항의 작성요령

(1) 먼저 "피의자명"과 "피의사건명"

㉮ 피의자 성명은 검증시를 기준으로 하여 작성한다.

[사례 ①]
검증시에는 피의자가 불명이었으나, 그 후 성명을 알게된 경우에 소급하여 성명을 기재하는 것이 아니고 "성명불상자"라고 작성한다.

[사례 ②]
범죄사건으로 피의자의 성명을 알고 있을 때에는, "김○○외 ○명"이라고 작성한다.

㉯ 피의사건명은 검증시에 추측되는 죄명을 기재하면 된다.

[사례 ①]
타살 사체의 현장인 경우 "살인피의사건"으로 하고 그 후 상해치사 혹은 강도살인 등의 사건으로 되더라도 사건 자체가 동일하며 조서의 효력엔 영향이 없다.

[사례 ②]
원인불명의 화재사건 등에는 "방화 또는 실화피의사건"이라고 하여 택일전으로 기재해도 가능하다.

(2) 작성연월일
조서 끝(末尾)에 기재하는 연월일은 조서의 작성연월일이다. 검증일자와 조서작성일자가 다른 경우가 있는데 맞춰서 동일자로 해서는 안 된다.

(3) 조서작성자의 서명·날인

검증한 담당자가 직접 조서를 작성하여 서명·날인한다.

도면작성 등에 참여한 보조자는 작성자가 아니므로 참여인으로 서명·날인하게 된다.

(4) 검증의 일시

범죄현장 기타에서 실지로 검증을 시작한 일시와 끝난 일시를 정확하게 기재한다. 검증을 일몰·강우 등 부득이한 사정으로 중단한 경우에는 그 사유를 간명하게 기재하여야 한다.

[사례]

이 검증은 ○월 ○일 17:30에 시작하여, 동일 19:10일몰로 인하여 일시 중지하고, 익일 08:30에 재개하여 동일 10:30에 끝나다.

(5) 증거의 장소

실지로 검증한 장소·물건 또는 신체를 기재하는데 그 대상이 특정되도록 구체적으로 기재한다.

[사례 ①]

○○시 ○○구 ○○2동 134 회사원 강○○(최○○)의 주택 및 부근 일대

경북 ○○군 ○○면 ○○동 129 정○○ 소유의 연초경작밭 및 부근일대

[사례 ③] 자동차의 경우

소나타 2021년형 자가용 승용자동차(서울 123루1234)

[사례 ④] 상해사건 등으로 부상상황을 아울러 검증하는 경우

·····························및 한○○(韓○○·女子) 41세의 신체

등과 같이 기재한다.

(6) 검증의 목적

검증의 목적 범죄의 태양·검증의 대상·검증을 필요로 하는 이유 에 따라 다르지만 요컨대, 무슨 목적으로 검증을 행하였는가를 간명하게 기재하되 되도록 특정적이고 구체적으로 기재한다.

[사례]

1.범죄현장 상황을 명백히 하여 범행의 수단방법을 인정하고 증거자료를 수집·보전함에 있음.

2. 범죄의 상황을 명백히 하고, 증거자료를 수집·보전함에 있음.
3. 다음 각호를 명백히 하고 증거물을 발견·보전함에 있음.
   ① 피해자를 발견, 유인한 장소·고무공을 사준 장소·살해한 장소·사체를 유기한 장소 및 공중전화를 건 장소 등 각 장소의 위치 확인
   ② 각 현장 및 피해자 집의 상황
   ③ 각 현장부근의 상황

(7) 검증의 참여인
   각 참여인의 주거·직업·성명·연령 이에 참여인이 어떠한 자격으로 참여하였는가를 명백히 해 두어야 한다. 예컨대 범행목격자·피해자·피의자·주거주라고 자격을 표현한다.
❖ 실질적 사항(검증의 경위 및 결과) 작성요령
   검증의 경위 및 결과는 가장 핵심으로써 조서의 가치가 좌우되는 것이므로 이 부분을 어떻게 작성할 것인가를 일반적으로 다음 항목으로 하는게 보통이다.(정형이 있는 것은 아님)
   • 검증의 조건
   • 현장의 위치
   • 현장부근의 상황
   • 현장의 모양
   • 피해상황
   • 증거자료
   • 참여인의 지시설명
   • 도면 및 사진 등이다.

(1) "합법적 사유(절차)"의 기재
   ㉮ 압수·수색·검증영장에 의하여 검증을 하는 경우에는 영장을 반드시 제시하여야 한다. 그래서 "검증의 경위 및 결과"의 서두에 먼저 그 뜻을 기재한다.

[사례]
   이 검증은 20○○.○.○.자 ○○지방법원 판사 이○○발부의 압수·수색·검증영장을 주거주 김○○에게 제시하고 시행한다.

   ㉯ 압수·수색·검증영장 없이 검증을 하는 경우에는 서두에 그 적법절차임을 명백히 기재해 두어야 한다.

[사례]

"이 검증은 20○○.○.○.자 구속영장에 의하여 피의자 김○○을 구속하는 경우에 필요하므로 체포현장에서 압수·수색·검증영장없이 시행한다."

이 검증은 범행직후의 범죄장소에서 긴급을 요하며 법원 판사의 압수·수색·검증영장을 받을 수 없으므로 영장없이 시행한다.

(2) 검증의 조건

검증의 조건이란 검증할 때의 일기(맑은·흐림·비·바람·눈 등)·기상(기온·습도·풍향·풍력 등)·해상(파도·조류·청탁 등)·시계·명암·지형·대상의 장소·물건·신체 등을 말하는 것으로서 검증을 하는 데 조건이 좋았든가 나빴든가 즉, 방해가 되었는가, 지장이 있었던가, 그렇지 않았던가를 기재한다.

"참여인 김○○의 설명에 의하면 ……" "○○관상대에 조회한 결과, ○월 ○일 ○시쯤의 ○○지방의 기상상황은……"

(3) 현장의 위치

현장의 위치는 현장부근의 상황과 더불어 검증한 현장의 지리적·장소적 조건을 명백히 하기 위해 기록한다.

㉮ 현장의 위치는 근접하고 표시하기 쉬운 저명한 고정물(역, 학교, 사찰, 교량 등)을 선정, 방향과 거리를 기록한다.

㉯ 방위는 북·북동·남동·남서·남·북서라는 호칭으로 하며

㉰ 거리는 원칙적으로 실측하여야 하는데 실측이 곤란한 경우는 "목측 약 ○○미터"라고 기록하는 예도 있다.

(4) 현장부근의 상황

㉮ 현장의 놓여져 있는 지리적·장소적 조건을 명백히 하는 것이므로, 현장을 중심으로 하여 주변의 도로·하천·호수·바다·산림·야산·황무지·전답·가옥의 유밀·기타 지형·지물·지세에 대하여 방위의 순서(예컨대 동서남북)에 따라 기재한다.

㉯ 현장부근의 현황은 현장을 확정하기 위한 표시이므로 사건에 따라서는 동시에 검증의 실질적 내용을 이루는 경우도 있다. 즉, 강도나 절도 등의 경우에는 그 장소가 그러한 범죄가 행하여질 장소인가 어떤가라는 관점에서 현장이 실내인가, 옥외이면 교통상황·부근의 주택의 유무·주택과 환경과의 거리, 야간이면 조명의 상황 등이 빼놓을 수 없는 중요한 기재사항이 되는 것이다.

[사례]

동쪽은 폭 ○○미터의 도로를 격하여 xx에 대하고, 남쪽은 뒷문을 나서면 곧 제천이 연속되고, 약 ○○미터 지점에 ……, 서쪽은 ○○미터 지점에서 xx에 접하고, 북쪽은 ……에 대하여 …

(5) 현장의 모양

㉮ 기록순서

현장의 모양의 기록은 검증의 목적이나 범죄의 태양에 따라 다르다.

❖ 일반적으로 검증의 순서에 따라(검증의 원칙)

- 외부로부터 내부로
- 전체로부터 부분으로
- 상태로부터 변태로
- 동종으로부터 이종으로

❖ 실내의 현장은 일정한 기점을 정하여 거기서부터 순서로 좌(우)회전으로 검증한 상황을 기록하며,

위로부터 아래로 옮겨가며 기록해 나가는게 좋다.

㉯ 참여인의 지시설명의 기록

·참여인의 지시설명은 검증사항을 명확하게 하기위한 검증의 수단이기 때문에 검증의 장소, 목적물의 위치, 형상, 방향 등 검증의 대상에 직접 관계가 있는것에 한하여 객관적으로 행하도록 한다.

·참여인의 지시설명은 각 참여인별로 하게 하고 기재요령은 진술조서 작성형식에 준하여 진술말미에 말미의 부동문자를 기재하고 진술자로 하여금 서명·날인하게 한다.

·참여인이 피의자인 경우에는 진술거부권을 고지하여야 한다.

㉰ 증거자료 등의 발견위치·상황 및 조치

·검증시에 발견한 증거자료는 발견시의 상황 및 조치결과를 명확하게 기록한다.

·유류의 지문·장문·족흔적 등 압수할 수 없는 증거자료의 채취상황은 다음 사례와 같이 구체적으로 기록한다.

[사례]

·사진촬영한 후, 젤라틴지를 사용하여 전사함으로써 이를 채취하였음.

·사진촬영한 후, 동 족적을 석고로 채취하였음.

(6) 피해상황

　피해상황은 범행의 결과를 명백히 하는데 있다. 즉 피해의 개소, 피해당한 상황, 금품물색상황 등을 상세히 기록한다.

(7) 증거자료

　검증의 결과 ,발견 또는 채취한 증거자료는 "현장의 모양"의 항에 그때마다 그 상태·조치 등을 기록해 왔지만 최후에 이것을 이 항에 일괄 정리하여 기재하는 것이 필요하다.

[사례 ①] 증거품을 압수한 경우

　① 다음의 물건은 범인이 유류한 것으로 인정하고 별지 압수조서 또는 압수목록과 같이 이를 압수하였음.

　㉮ 식칼 1자루

　㉯ 담배(장미)꽁초 2개

　② 다음의 물건은 참여인 김○○이 임의로 제출하였으므로 본건 증거물로 별지 압수조서(또는 압수목록)과 같이 이를 압수하였음.

[사례 ②] 족적·지문·장문 등을 채취한 경우

　① 이 검증현장의 범인이 접촉하였다고 생각되는 개소에서 다음과 같이 "족적"을 채취하였음.

　㉮ 대문근처 마당에서 좌우 족적 2개

　㉯ 현관근처 마당에서 우측 족적 1개

　② 이 검증현장의 범인이 접촉하였다고 생각되는 개소에서 다음과 같이 "지문" "장문" 등을 채취하였음.

　㉮ 침실 양복장 오른쪽 문짝 표면에서

　㉯ 동 왼쪽 문짝 표면에서 잠재지문 2개

(8) 참여인의 지시설명

　검증을 함에는 범죄현장의 상황과 범죄당시의 상황을 잘 아는 사람, 즉

　㉮ 일반적으로 피의자·피해자·범행목격자 등을 참여하게 하고 그 지시설명을 들어가면서 검증하고,

　㉯ 전문적 지식·경험을 필요로 하는 경우에는 전문진술자·의사·학자 등을 참여하게 하고 그 관찰, 판단한 바를 설명하게 하면서 검증을 하는 예가 많다.

　㉰ 작성요령은 앞에서 언급했듯이 진술조서, 피의자 신문조서의 작성형

식에 준하여 진술말미에 부동문자를 기록하여 진술자로 하여금 서명·날인(간인)하게 하여야 한다.

㉮ 참여인이 피의지인 경우에는 진술거부권을 고지한다.

(9) 도면 및 사진

검증조서에 첨부하는 도면 및 사진은 본문의 기재를 보충하여, 이것을 명확하게 하는 동시에 본문의 기술에 갈음하여 검증의 결과를 표시하는 조서, 그것이라고도 말하고 있으며, 매우 중요시되고 있는 것이다.

따라서 그 내용은 검증의 결과를 그 중요도에 다라 상세히 명백하게 표시하여 도면 및 사진만으로도 현장의 모양을 이해시킬 수 있도록 작성하여야 한다.

㉮ 도면

도면은 대개의 경우 평면도이지만, 높이·깊이·경사등을 나타낼 때에는 단면도를 입체적 상황을 명확하게 할 필요가 있을 때에는 입체도를 작성하여야 한다. 그 밖에 조도(부도)·부분도 등 여러 가지 작성방법이 있으나 어떠한 형식의 도면이든 검증의 결과를 일목요연하게 나태내고 있는 것이 필요하다.

도면에는 (작성매수는)

- 현장의 위치 및 부근의 상황을 표시한 것(전반적인 약도)
- 가옥 기타 구조 및 방실의 위치를 표시한 것
- 기타 필요한 부분을 확대한 부분도

등이 있어 검증의 순서에 따라

"제1도…, 제2도(또는 제1호 ○○○도·제2호 ○○○도, 제3호 ○○○○도 등)이라고 번호를 붙이고, 그 위에 본문 기재와의 관련을 명백히 하여, 수 매 작성하는 것이 보통이다.

㉯ 작성상의 주의사항

- 도시할 사항은 반드시 검증한 조서가 아니면 안 된다. 예컨대, 실지로 검증하지 않은 범인의 도주경로 등을 도해해서는 안 된다.
- 도면의 북쪽을 위로 하고 그리는 것이 원칙이며, 특별한 사항이 없는 한 이와 다른 기재는 피하여야 한다.

  또한 북쪽의 방위는 화살표로써 표시해 둔다.
- 검증에 비례한 축도를 작성할 것, 예컨대 200분의 1도·150분의 1도·100분의 1도 등의 축도를 작성한다.
- 위치나 방향 등을 표시하기 위하여 Ⓐ Ⓑ Ⓒ·㉮ ㉯ ㉰·① ② ③←①②③④⑤

등의 부호를 사용하였을 때에는 그것이 반드시 조서의 설명과 일치하도록 할 것.

- 지형·지상물·가옥·건물 등의 표시는 현장사진작성 및 기록관리규칙 (1991. 7. 31. 경찰청훈령 제65호) 서식의 현장사진부호에 따라 통일을 기할 것
- 사건발생 당시와 검증시와 틀림이 있는 부분은 실선이나 점선으로 표시하면 대비하는데 편리하다.
- 사진을 촬영한 위치와 방향을 표시하여 첨부한 사진과의 관련성을 가지게 할 것.

㉯ 사진

문장으로 표현하면 아주 장문으로 되거나 그 표현이 매우 어려운 경우에도 이것을 사진으로 찍으면 간명하고 정확하게 표현할 수 있다는 것이 사진의 장점이다. 따라서, 금후의 조서에 있어서는 사진의 활용에 충분히 배려하여야 한다. 조서작성상 사진촬영에 있어서 유의해야 할 사항은 다음과 같다.

- 검증관은 반드시 촬영자를 그의 통제 아래 넣고 촬영의 방향·위치·방법 등을 구체적으로 지시하여 효과적인 사진촬영을 하도록 유의할 것
- 사진의 신빙성을 확보하기 위하여 참여인의 참여를 요청하여 함께 촬영하는 등의 조치를 강구할 것
- 촬영의 방향과 위치를 도면과 관련시켜서 명백히 해둘 것
- 증거자료를 촬영한 때에는 개개의 확대사진을 촬영하는 외에 주위의 관련을 갖게 한 전체사진을 촬영할 것
- 필요한 때에는 줄자 등을 옆에 놓고 촬영하며, 피사체의 "크기", "길이" 등을 명백히 해둘 것

㉰ 도면 등의 말미 첨부의 기재

도면·사진을 조서에 첨부할 때에는 "검증의 경위 및 결과"의 항의 말미에 그 취지를 기재하는 것이 보통이다. 또한 도면 작성자와 사진촬영자가 다른 경우에는 다음과 같이 그 취지를 명백히 해둘 필요가 있다.

이 검증을 함에 있어서 다음의 당서 사법경찰리 3명을 보조시켰음.

(가) 지문·족적의 채취   사법경찰리 경장 김 ○ ○
(나) 현장 사진 촬영   사법경찰리 순경 이 ○ ○
(다) 현장도면 등 작성   사법경찰리 경사 박 ○ ○

이 검증의 경위 및 결과를 명확하게 하기 위하여 현장 및 현장부근 도면 ○수를

작성하고 현장사진 ○○매를 촬영하여 이 조서 끝(말미)에 첨부함.

㉤ 기록 편집상의 주의사항

- 도면은 조서와 일체가 되는 것이므로 도면 자체에는 도면의 작성연월일 이라든가, 작성자의 서명·날인은 필요하지 않다. 다만, 책임의 소재를 명확히 하는 뜻으로 실제로 도면을 작성한 사람이 서명·날인하는 것은 무방하다. 이 경우에도 조서와 도면과의 간인, 도면의 문자를 가제·정정 한 때의 정정인은 조서 작성자가 날인하여야 한다.
- 도면·사진을 조서에 첨부할 때에는 그 전기에 날인할 것
  도면은 지대(각봉투)에 넣어서 첨부할 때에는 조서말미와 각 도면과의 간인을 하고 조서의 그 간인개소에 "제1도와의 간인·제2도와의 간인" (또는 "도면 제1호와의 간인")이라고 각각 기록해 둘 것

검 증 조 서

사법경찰관 계급 성명은 0000.00.00. 사법경찰관/리 계급 성명을 참여하게 하고 000 외 0명에 대한 피의사건에 관하여 다음과 같이 검증하다.

1. 검증의 장소(대상)

2. 검증의 목적

3. 검증의 참여인

4. 검증의 경위 및 결과

이 검증은 0000. 00. 00. 00:00에 시작하여 0000. 00. 00. 00:00에 끝나다.

0000.00.00.

소속관서

사법경찰관   계급   성명   ㉑
사법경찰관/리   계급   성명   ㉑

◘ 사례 ①

검 증 조 서

배○○에 대한 강도 살인 및 방화 피의사건에 관하여 20○○.○.○. 다음 장소에 임하여 사법경찰관 경위 조○○은 사법경찰리 순경 강○○를 참여하게 하고 다음과 같이 검증하다

1	검증의 장소
	서울 ○○구 ○○2동 산 250 상○○의 집 별세
2	검증의 목적
	범행현장의 상황을 명백히 하여 범행이 수단 방법을 인정하고
	증거자료 수집과 보전에 있음
3	검증의 참여인
	(1) 서울 ○○구 ○○2동 산 250
	상 ○ ○(52세)
	(2) 서울 ○○구 ○○동 산 50(1통 6반)
	배 ○ ○(21세)
4	검증의 경위 및 결과
	이 검증의 범인 배○○를 체포후 급속을 요하여 법원 판사의
	압수수색영장없이 시행하다.
	(1) 검증의 조건
	이 검증 당시의 날씨는 쾌청하였고, 시계에는 아무런 지장이 없었으며
	범죄현장은 이미 소실되었으나 범행현장 상황을 판단하는 데는
	큰 지장이 없었음
	(2) 범행의 위치와 부근의 상황
	① 화재현장은 ○○2동 버스종점에서 ○○1동 방면으로 내려오다가
	○○버스정류장 못미쳐 ○○장여관 건너편 도로를 따라 100미터
	가량을 북으로 가서 오른쪽으로 ○○약국에 이르게 되고
	다시 ○○약국에서 5미터 도로를 20미터 가량 서쪽으로 가면
	범죄현장에 이르게 됨.(별지 도면 1호 참조)
	② 화재가 난 지역은 주택가이나 집들이 밀집되어 있지 않고
	공터가 많으며 상○○의 집 안채와는 5미터 거리를 두고 있고
	주위의 주택들과는 8미터 이상의 거리를 두고 있어 마치 독립

	가옥처럼 외따로 떨어져 있음(별지 도면 2호 참조).
	(3) 현장 모양
	화재가옥은 블록 건물은 정남형이며 크기는 8평 방으로 드나드는
	문은 길쪽으로 나 있었고, 문을 열고 들어가면 1.5평 정도의 주방이
	있으며 주방에 이어서 1평 남짓한 마루 그리고 3평의 거실로
	되어 있음(별지 도면 3호 참조)

이때 본직이 참여한 피의자 배○○에게 형사소송법 제200조 ② 항에 의하여

본건 피의사실에 대하여 진술을 거부할 수 있음을 알린 즉 사실대로 진술하겠다고

하여 범행당시 현장상황을 문의한바 다음과 같이 임의로 진술하다

	사건 당일인 20○○년 ○월 ○일 22:50분경 제가 이 집에 왔을 때
	밖으로 통하는 출입문은 잠겨져 있었습니다. 제가 김여인을 부르니까
	문을 열어 주었고, 제가 들어간 뒤 김여인이 문을 숟가락으로 빗장을
	했습니다. 부엌의 연탄 아궁이 옆 부뚝막에는 저녁식사를 하고 설거지를
	하지 않은 듯 그릇들이 양동이에 담겨져 있었습니다.
	부엌 전등불을 끄고 김여인을 따라 방으로 들어가니 방에는 캐시밀론
	이불이 어지럽게 깔려 있었고, 김여인이 잠옷차림으로 허벅지를 내보이면서
	이불 위에 앉고 저를 연탄난로 옆에 앉게 했습니다.
	연탄난로는 피워져 이었는 듯 했으며 방문 앞 쪽은 보통 때와 같이
	석유곤로가 켜진 채 있었습니다. 그리고 다른 특이한 점은 없었습니다.
	(4) 피해상황
	범행현장은 계속 보존하고 있었으므로 실황조사시 상황과
	동일하였음(별지 사진 1~6호 참조).
	(5) 사체 상황
	사체는 ○○○ 시리병원 안치실에 옮긴 뒤 부검을 하였으므로
	검증 당시에는 사체상황을 확인할 수 없었음.
	(6) 참여인의 지시 설명

본직은 피의자에게 다시 형사소송법상의 진술거부권을 고지하고 범행 당시

상황에 대한 설명을 요구하였던 바, 사실대로 진술하겠다고 하며 다음과

같이 임의로 진술하다.

	① 제가 20○○년 10월 7일 22:50경에 김여인을 찾아갔을 때
	김여인은 잠옷차림으로 저를 맞이하면서 연탄난로 앞에 앉게 하고
	김여인은 허벅지를 내보이며 제 앞에 앉았습니다.

		제가 김여인에게 이제 헤어져야 되겠다고 했더니 김여인은
		저의 멱살을 잡으면 "이놈 잘 만났다. 혼자 사는 여자 신세 망쳐놓고
		성할 줄 알았더냐. 너 이놈 교도소에 보내 콩밥을 먹이겠다"고 길길이
		날뛰면서 저의 몸을 막 흔들었습니다.
		저는 이래서는 안되겠구나 생각하면서 잘못했다고 하니 김여인은
		멱살을 풀면서 태도가 바뀌어 "그럼 그렇지 동생(피의자를 뜻함)이
		나를 괄시하면 쓰겠어. 이제 5000만원짜리 적금만 타게 되면
		인삼찻집을 차려 우유배달도 그만두고 함께 살자"고 하면서
		옷장 앞에 있던 핸드백속에서 적금통장을 꺼내어 보여 주었습니다.
		② 저는 순간 김여인을 죽이고 적금통장을 차지해야겠다고 생각하면서
		김여인이 잠자리에 들자고 하여 바지와 상의를 벗어 옷장 앞에
		던지고 이불 속에 들어가 김여인 옆에 누웠습니다.
이때 본직은 김○○ 대역으로 사법경찰리 순경 강○○를 배○○ 옆에		
눕게 한 뒤 범행상황의 설명을 요구하였음.		
		③ 김여인이 저의 팬티 속으로 손을 넣어 저의 성기를 만지면서
		빨리 해달라고 하여 김여인의 몸 위로 올라가서 입을 빨고
		젖을 만져주었더니 김여인이 몸을 비틀면서 비명을 질렀습니다.
		김여인은 벌써 팬티를 벗고 저의 팬티를 벗기면서 빨리 하라고
		악을 쓰고 있었고 그래서 저의 성기를 김○○의 성기에 집어
		넣으면서 이때다 하고 두손으로 목을 감아 쥐고 눌렀습니다
		(별지 사진 7호 참조).
		김여인은 기를 쓰다가 2~3분 후에 숨이 끊기고 몸이 축
		늘어지더군요.
이때 본직이 피의자에게 사망을 확인하였느냐고 묻자 몸이 축 늘어지는 것을		
보고 죽은 줄 알았습니다. 라고 대답하다		
		④ 저는 산뜻한 기분을 느끼고 옷을 입은 뒤 김여인의 몸에 이불을
		뒤집어 씌우고 핸드백 속에서 적금통장과 인감도장을 챙겨
		주머니에 넣었습니다.
이때 이미 압수한 적금통장과 인감도장을 제시한 바 동일한 것이라고 하다		
		⑤ 경찰에 발각될 것을 생각하면서 김여인이 불에 타 죽은 것으로
		위장하기로 결심하였습니다.

이때 실황조사시 입수한 증 1호 플라스틱 석유통을 피의자에게 주다.	
	⑥ 저는 부엌에 있는 석유통을 평소에 봤기 때문에 바로 부엌으로
	가서 석유통을 들고 방으로 왔습니다.(별지 사진 8호 참조)
	⑦ 석유를 방바닥, 이불, 벽, 천장에 마구 뿌리고 성냥불을
	붙였습니다.(별지 사진 9호 참조)
	⑧ 저는 바로 출입문을 통하여 급히 도주하였습니다. 버스정류장에서
	불길이 솟는 것을 보고 ○○번 버스를 타고 ○○동 집으로
	갔던 것입니다.
위 진술내용을 진술자인 피의자 배○○에게 읽어준 바 진술한 대로	
이미 오기나 증감 변경할 것이 없다고 하므로 간인한 후 서명 무인하게 하다.	
	진술자 배 ○ ○ ㉑
	(7) 증거자료
	실황조사시 압수한 바와 같음
	(8) 도면 및 사진
	이 검증의 경위 및 결과를 명확하게 하기 위하여 도면 1, 2, 3호와
	사진 9매를 촬영, 이 조서 말미에 첨부하였음.
	(9) 기타
	이 검증을 함에 다음의 당서 사법경찰리 2명을 보조시켰음.
	도면작성　　　　　　사법경찰리 순경 박 ○ ○
	사진촬영　　　　　　사법경찰리 순경 도 ○ ○

이 검증은 20○○년 10월 11일 11:00에 시작하여 동일 13:30에 끝나다.
20○○년 10월 11일

○○○○경찰서
사법경찰관 경위 조 ○ ○ ㉑
사법경찰리 순경 박 ○ ○ ㉑

◘ 사례 ②

검 증 조 서

윤○○에 대한 강도살인 및 강도상해 등 피의사건에 관하여 20○○.○.○.
다음 현장에 임하여 사법경찰관 경위 박○○은 사법경찰리 경장 최○○ 동 순경 차○○을 참
여하게 하고 다음과 같이 검증하다.

1. 검증의 장소
   서울 ○○구 ○○동 523-29 신○○가(의 집)

2. 검증의 목적
   범행현장의 상황을 명백히 하여 범행의 수단과 방법을 밝히고 증거자료를 수집하고 보존
   함에 있음.

3. 검증의 참여인
   (1) 충남 ○○군 ○○면 ○○리 125
       피의자 윤○○(22세)
   (2) 피해자의 외사촌형 이○○

4. 검증의 경위 및 결과
   이 검증은 범행 후 범죄 현장에서 법원 판사의 압수 수색영장없이 집행하다.

   가. 검증의 조건
       이 검증은 당시는 일기가 맑고 범죄현장은 주거내이므로 검증하는데 아무런 지장이 없
       었음.

   나. 현장의 위치
       현장의 위치는 ○○경찰서에서 ○○2동 쪽으로 노폭 약 10미터의 도로를 따라 약 2킬
       로미터쯤 가면 실개천 입구와 ○○번 버스종점이 당도하고 그 지점 사거리에서 노폭
       약 8미터 도로를 약 200미터쯤 가면 북으로 뻗은 노폭 약 5미터 골목길이 있고, 그
       지점에서 약 30미터쯤 가면 범죄현장 입구인 구멍가게가 있으며, 그 구멍가게로부터
       노폭 2미터 골목길을 따라 21미터쯤 가면 범죄현장인 파란 철대문에 당도함.

   다. 현장 및 그 부근의 실황
       (1) 현장부근 일대는 ○○동 10통 주택가로서 북쪽 약 300미터 떨어진 지점에 해발
           약 200미터 가량의 야산이 있고, 우측으로 ○○일여고가 약 200미터 지점에 위치
           하고 좌측으로 약 150미터 떨어진 지점에 ○○여고가 있고 약 2미터 골목으로서
           평소 사람들이 많이 왕래하는 골목이 아님.

       (2) 대문 앞 도로는 낮에는 사람의 왕래가 있으나 밤에는 동네 사람외에는 통행인이
           거의 없는 한적한 곳으로 인정됨.

   라. 현장의 상황
       (1) 옥외상황
           현장 가옥의 대지는 길이 12미터, 폭 7미터, 정원과 마당 앞 그리고 방이 모두 블
           록담으로 되어 있음.
           건물은 돌로 구조된 양옥으로 건물 우측 2/3 지점에 실내 출입구가 있고 건물 남
           쪽으로 철망 유리창이 8개소임. 출입문 높이는 약 2미터이고, 건물 옥상에는 아무
           것도 없으며 마당부분을 제외한 건물 좌우 후방에는 담벽과 모두 연결된 곳임.
           대문의 초인종은 대문 우측 상단에 부착되어 있었음.

(2) 옥내 구조

　(가) 방실 등의 위치

　　내실 출입문을 통하여 임하면 현관과 현관정면에는 작은방이 있고 현관에는 내실로 가기 전 좌측에는 어린이 공부방이 있으며, 그 우측에는 변소와 욕실이 겸해 있고 다시 현관을 따라 내실쪽으로 가면 그 우측에 취사장 및 식당이 있으며, 식당 옆에는 범죄현장인 내실이 위치하고 있음.

　(나) 내실상황

　　현관을 따라 내실로 들어가면서 방문을 열면 방문 좌측에는 화장대와 서랍 등이 있고, 그 옆에는 피아노가 있으며 남쪽 창측으로는 ○○TV 19인치 1대가 있고 병풍과 장롱이 있으며 방바닥은 종이로 부착된 장판지이며 방 천장 중앙에는 유리로 된 형광등이 1개 있음.

5. 피해상황

　가. 사체의 모양

　　사체는 방바닥 중앙부분에서 머리를 출입구로부터 반대쪽으로 하고 우측 옆구리 부분을 방바닥에 대고 양 다리는 겹쳐 있는 상태로 가슴에는 피가 흐르고 죽어있었음.

　나. 상해상황

　　피해자는 우측 손등에 칼로 찔린 상처가 그대로 있고, 검증 당시는 ○○병원에 입원중에 있었음.

　다. 피해금품

　　탁상용 시계 및 라디오 1개 시가 3만원 상당

6. 증거자료

　증거물건으로서 식도, 피묻은 감색 잠바, 흑색 바지, 머리카락, 탁상용 시계 등을 압수목록과 같이 증거로 압수함.

7. 참여인 진술

　현장검증 당시 범인이 모두 현장검증 조사대로 사실이라고 진술함.

8. 도면 및 사진

　이 검증의 경위 및 결과를 명백히 하기 위하여 현장 위치도, 현장 약도와 검증시 증거로 촬영한 사진 13매를 조서말미에 첨부하였음.

9. 기타

　범인이 범죄를 하기 전 1·2피해장소를 물색하여 미수에 그친 후 범죄를 저지르고 범행에 사용한 식칼을 범죄장소 옆집 쓰레기통(길옆)에 버리고 도주하였음.

　이 검증은 20○○년 3월 31일 13:00에 시작하여 같은 날 14:00에 끝나다.

　　　　　20○○년 ○월 ○일

　　　　　○○경찰서

　　　　　사법경찰관 경위 박 ○ ○ ㊞

　　　　　사법경찰관 경위 최 ○ ○ ㊞

■ 시체 검증 등

제150조(시체 검증 등) 경찰관은 「형사소송법」 제219조에서 준용하는 같은 법 제141조제4항에 따라 시체의 해부, 분묘의 발굴 등을 하는 때에는 수사상 필요하다고 인정되는 시체의 착의, 부착물, 분묘 내의 매장물 등은 유족으로부터 임의제출을 받거나 압수 · 수색 또는 검증영장을 발부받아 압수하여 야 한다.

※ 경찰수사규칙
제29조(검시의 주의사항) 사법경찰관리는 검시할 때에는 다음 각 호의 사항에 주의해야 한다.
1. 검시에 착수하기 전에 변사자의 위치, 상태 등이 변하지 않도록 현장을 보존하고, 변사자 발견 당시 변사자의 주변 환경을 조사할 것
2. 변사자의 소지품이나 그 밖에 변사자가 남겨 놓은 물건이 수사에 필요하다고 인정되는 경우에는 이를 보존하는 데 유의할 것
3. 검시하는 경우에는 잠재지문 및 변사자의 지문 채취에 유의할 것
4. 자살자나 자살로 의심되는 사체를 검시하는 경우에는 교사자(敎唆者) 또는 방조자의 유무와 유서가 있는 경우 그 진위를 조사할 것
5. 등록된 지문이 확인되지 않거나 부패 등으로 신원확인이 곤란한 경우에는 디엔에이(DNA) 감정을 의뢰하고, 입양자로 확인된 경우에는 입양기관 탐문 등 신원확인을 위한 보강 조사를 할 것
6. 신속하게 절차를 진행하여 유족의 장례 절차에 불필요하게 지장을 초래하지 않도록 할 것

※ 형사소송법
제141조(신체검사에 관한 주의) ④ 시체의 해부 또는 분묘의 발굴을 하는 때에는 예(禮)에 어긋나지 아니하도록 주의하고 미리 유족에게 통지하여야 한다.

○ 사체의 검증 등에 관한 주의
   ❖ 유족(배우자, 직계의 친족 또는 형제자매)이 있을 때에는 이들에게 미리 통지하여야 한다.
   ❖ 사체의 해부·분묘의 발굴 등의 경우에는 사체의 착의 부착물 분묘 안의 매장물 등이 수사상 필요가 있다고 인정되는 물건일 때에는 유족으로부터 임의제출을 받거나 압수·수색·검증영장을 받아 압수하여야 한다.

▣ 신체검사 시 주의사항

제151조(신체검사 시 주의사항) ① 경찰관은 「형사소송법」 제219조에서 준용하는 같은 법 제141조제1
항에 따라 신체검사를 하는 경우 필요하다고 인정할 때에는 의사 그 밖의 전문적 지식을 가진 자의
조력을 얻어서 하여야 한다.
② 경찰관은 부상자의 부상부위를 신체검사 할 때에는 그 상황을 촬영 등의 방법에 의하여 명확히 기록
하고 되도록 단시간에 끝내도록 하여야 한다.

※ 형사소송법
제141조(신체검사에 관한 주의) ① 신체의 검사에 관하여는 검사를 받는 사람의 성별, 나이, 건강
상태, 그 밖의 사정을 고려하여 그 사람의 건강과 명예를 해하지 아니하도록 주의하여야 한다.
② 피고인 아닌 사람의 신체검사는 증거가 될 만한 흔적을 확인할 수 있는 현저한 사유가 있는
경우에만 할 수 있다.
③ 여자의 신체를 검사하는 경우에는 의사나 성년 여자를 참여하게 하여야 한다.

○ 신체검사에 관한 주의
  ❖ 신체검사를 할 때에는 검사를 받은 자의 성별·연령·건강상태·장소 기타 사정
    을 고려하여 건강과 명예를 해하지 않도록 하여야 한다.
    특히 정신적·육체적 장애에도 최소한도에 그치도록 하여야 한다.

○ 신체검사의 협조
  ❖ 형사소송법 제221조에서 "사법경찰관은 수사에 필요한 때에는 피의자가 아
    닌 자의 출석을 요구하여 진술을 들을 수 있고, 감정·통역·번역을 위촉할 수
    있다"고 규정하여 검증을 할 때 의사 기타의 전문적 지식을 가진자의 조력
    을 얻어서 할 수 있다.
  ❖ 검증의 신체검사는 경찰관이 주체가 되어서 하여야 하며 어디까지나 의사나
    기타 전문지식을 가진 자의 조력을 얻어 판단의 주체가 되어야 한다.
  ❖ 의사나 기타 전문지식을 가진 자에게 감정 위촉의 경우와 압수수색 영장에
    의하여 처분으로서 행하는 신체검사(감정)와는 구별되어야 한다.

○ 부상자에 대한 신체검사에 관한 주의
  ❖ 형사소송법 제141조의 신체검사에 관한 주의로서 "신체의 검사에 관하여는
    검사를 당하는 자의 성별·연령·건강상태 기타 사정을 고려하여 그 사람의 건
    강과 명예를 해하지 아니하도록 주의하여야 한다"고 규정하였다.
  ❖ 부상자의 신체검사에 시간을 요하는 것은 그 자에게 고통을 줄 뿐 아니라

생명의 위험을 초래할 우려가 있는 경우가 있어 신체검사는 될 수 있는 한 단시간 내에 종료하도록 하여야 한다.

○ 여자의 신체검사에 관한 주의
  ❖ 여자는 그 신체의 노출 검사로 인하여 받는 심적 고통이 크므로 형사소송법 등은 수사상 여자의 신체를 검사·수색할 때 주의 제한을 규정하고 있다.
  ❖ 형사소송법상의 주의규정
    • 여자의 신체를 검사하는 경우에는 의사나 성년의 여자를 참여하게 하여야 한다.
    • 여자의 신체를 수색할 때에는 성년의 여자를 참여하게 하여야 한다.

제3절 통신수사

▣ 통신비밀보호의 원칙

> **제152조(통신비밀보호의 원칙)** 경찰관은 통신수사를 할 때에는 통신 및 대화의 비밀을 침해하지 않도록 필요 최소한도로 실시하여야 한다.

※ 통신비밀보호법

제3조(통신 및 대화비밀의 보호) ① 누구든지 이 법과 형사소송법 또는 군사법원법의 규정에 의하지 아니하고는 우편물의 검열·전기통신의 감청 또는 통신사실확인자료의 제공을 하거나 공개되지 아니한 타인간의 대화를 녹음 또는 청취하지 못한다. 다만, 다음 각호의 경우에는 당해 법률이 정하는 바에 의한다.

1. 환부우편물등의 처리 : 우편법 제28조·제32조·제35조·제36조등의 규정에 의하여 폭발물 등 우편금제품이 들어 있다고 의심되는 소포우편물(이와 유사한 郵便物을 포함한다)을 개피하는 경우, 수취인에게 배달할 수 없거나 수취인이 수령을 거부한 우편물을 발송인에게 환부하는 경우, 발송인의 주소·성명이 누락된 우편물로서 수취인이 수취를 거부하여 환부하는 때에 그 주소·성명을 알기 위하여 개피하는 경우 또는 유가물이 든 환부불능우편물을 처리하는 경우

2. 수출입우편물에 대한 검사 : 관세법 제256조·제257조 등의 규정에 의한 신서외의 우편물에 대한 통관검사절차

3. 구속 또는 복역중인 사람에 대한 통신 : 형사소송법 제91조, 군사법원법 제131조, 「형의 집행 및 수용자의 처우에 관한 법률」 제41조·제43조·제44조 및 「군에서의 형의 집행 및 군 수용자의 처우에 관한 법률」 제42조·제44조 및 제45조에 따른 구속 또는 복역중인 사람에 대한 통신의 관리

4. 파산선고를 받은 자에 대한 통신 : 「채무자 회생 및 파산에 관한 법률」 제484조의 규정에 의하여 파산선고를 받은 자에게 보내온 통신을 파산관재인이 수령하는 경우

5. 혼신제거등을 위한 전파감시 : 전파법 제49조 내지 제51조의 규정에 의한 혼신제거등 전파질서유지를 위한 전파감시의 경우

② 우편물의 검열 또는 전기통신의 감청(이하 "통신제한조치"라 한다)은 범죄수사 또는 국가안전보장을 위하여 보충적인 수단으로 이용되어야 하며, 국민의 통신비밀에 대한 침해가 최소한에 그치도록 노력하여야 한다.

③ 누구든지 단말기기 고유번호를 제공하거나 제공받아서는 아니된다. 다만, 이동전화단말기 제조업체 또는 이동통신사업자가 단말기의 개통처리 및 수리 등 정당한 업무의 이행을 위하여 제공하거나 제공받는 경우에는 그러하지 아니하다.

○ 비밀 준수 의무

❖ 허가집행통보 및 각종 서류 작성 등에 관여한 공무원 또는 그 직에 있었던 자는 직무상 알게 된 사항을 외부에 공개 또는 누설하여서는 안 된다.

▣ 남용방지

제153조(남용방지) ① 경찰관은 통신제한조치 허가신청을 할 때에는 「통신비밀보호법」 제5조, 제6조에서 규정한 대상범죄, 신청방법, 관할법원, 허가요건 등을 충분히 검토하여 남용되지 않도록 하여야 한다.
② 경찰관은 통신사실 확인자료 제공요청 허가신청을 할 때에는 요청사유, 해당 가입자와의 연관성, 필요한 자료의 범위 등을 명확히 하여 남용되지 않도록 하여야 한다.

○ 통신제한조치 대상 범죄 (통신비밀보호법 제5조)
　1. 형법 제2편중 제1장 내란의 죄, 제2장 외환의 죄중 제92조 내지 제101조의 죄, 제4장 국교에 관한 죄중 제107조, 제108조, 제111조 내지 제113조의 죄, 제5장 공안을 해하는 죄중 제114조, 제115조의 죄, 제6장 폭발물에 관한 죄, 제7장 공무원의 직무에 관한 죄중 제127조, 제129조 내지 제133조의 죄, 제9장 도주와 범인은닉의 죄, 제13장 방화와 실화의 죄중 제164조 내지 제167조·제172조 내지 제173조·제174조 및 제175조의 죄, 제17장 아편에 관한 죄, 제18장 통화에 관한 죄, 제19장 유가증권, 우표와 인지에 관한 죄중 제214조 내지 제217조, 제223조(제214조 내지 제217조의 미수범에 한한다) 및 제224조(제214조 및 제215조의 예비·음모에 한한다), 제24장 살인의 죄, 제29장 체포와 감금의 죄, 제30장 협박의 죄중 제283조제1항, 제284조, 제285조(제283조제1항, 제284조의 상습범에 한한다), 제286조[제283조제1항, 제284조, 제285조(제283조제1항, 제284조의 상습범에 한한다)의 미수범에 한한다]의 죄, 제31장 약취와 유인의 죄, 제32장 강간과 추행의 죄중 제297조 내지 제301조의2, 제305조의 죄, 제34장 신용, 업무와 경매에 관한 죄중 제315조의 죄, 제37장 권리행사를 방해하는 죄중 제324조의2 내지 제324조의4·제324조의5(제324조의2 내지 제324조의4의 미수범에 한한다)의 죄, 제38장 절도와 강도의 죄중 제329조 내지 제331조, 제332조(제329조 내지 제331조의 상습범에 한한다), 제333조 내지 제341조, 제342조[제329조 내지 제331조, 제332조(제329조 내지 제331조의 상습범에 한한다), 제333조 내지 제341조의 미수범에 한한다]의 죄, 제39장 사기와 공갈의 죄중 제350조의 죄
　2. 군형법 제2편중 제1장 반란의 죄, 제2장 이적의 죄, 제3장 지휘권 남용의 죄, 제4장 지휘관의 강복과 도피의 죄, 제5장 수소이탈의 죄, 제7장 군무태만의 죄중 제42조의 죄, 제8장 항명의 죄, 제9장 폭행·협박·상해와 살인의 죄, 제11장 군용물에 관한 죄, 제12장 위령의 죄중 제78조·제80조·제81조의 죄

3. 국가보안법에 규정된 범죄

4. 군사기밀보호법에 규정된 범죄

5. 군사기지및군사시설보호법에 규정된 범죄

6. 마약류관리에관한법률에 규정된 범죄중 제58조 내지 제62조의 죄

7. 폭력행위등처벌에관한법률에 규정된 범죄중 제4조 및 제5조의 죄

8. 총포·도검·화약류등단속법에 규정된 범죄중 제70조 및 제71조제1호 내지 제3호의 죄

9. 특정범죄가중처벌등에관한법률에 규정된 범죄중 제2조 내지 제8조, 제10조 내지 제12조의 죄

10. 특정경제범죄가중처벌등에관한법률에 규정된 범죄중 제3조 내지 제9조의 죄

11. 제1호와 제2호의 죄에 대한 가중처벌을 규정하는 법률에 위반하는 범죄

12. 「국제상거래에 있어서 외국공무원에 대한 뇌물방지법」에 규정된 범죄 중 제3조 및 제4조의 죄

■ 범죄수사목적 통신제한조치 허가신청

제154조(범죄수사목적 통신제한조치 허가신청 등) ① 경찰관은 「통신비밀보호법」 제6조제2항 및 제4항에 따라 검사에게 통신제한조치 허가를 신청하는 경우에는 별지 제63호서식의 통신제한조치 허가신청서(사전)에 따른다.
② 경찰관이 「통신비밀보호법」 제6조제7항에 따라 검사에게 통신제한조치 기간연장을 신청하는 경우에는 별지 제65호서식의 통신제한조치 기간연장 신청서에 따른다.
③ 경찰관은 제1항에 따라 통신제한조치 허가를 신청한 경우에는 별지 제73호서식의 통신제한조치 허가신청부에 필요한 사항을 적어야 한다.

※ 통신비밀보호법
제6조(범죄수사를 위한 통신제한조치의 허가절차) ② 사법경찰관(軍司法警察官을 포함한다. 이하 같다)은 제5조제1항의 요건이 구비된 경우에는 검사에 대하여 각 피의자별 또는 각 피내사자별로 통신제한조치에 대한 허가를 신청하고, 검사는 법원에 대하여 그 허가를 청구할 수 있다.
④ 제1항 및 제2항의 통신제한조치청구는 필요한 통신제한조치의 종류·그 목적·대상·범위·기간·집행장소·방법 및 당해 통신제한조치가 제5조제1항의 허가요건을 충족하는 사유등의 청구이유를 기재한 서면(이하 "請求書"라 한다)으로 하여야 하며, 청구이유에 대한 소명자료를 첨부하여야 한다. 이 경우 동일한 범죄사실에 대하여 그 피의자 또는 피내사자에 대하여 통신제한조치의 허가를 청구하였거나 허가받은 사실이 있는 때에는 다시 통신제한조치를 청구하는 취지 및 이유를 기재하여야 한다.
⑦ 통신제한조치의 기간은 2개월을 초과하지 못하고, 그 기간 중 통신제한조치의 목적이 달성되었을 경우에는 즉시 종료하여야 한다. 다만, 제5조제1항의 허가요건이 존속하는 경우에는 소명자

료를 첨부하여 제1항 또는 제2항에 따라 2개월의 범위에서 통신제한조치기간의 연장을 청구할
수 있다.

○ 요 건
  ❖ 통신제한조치 대상범죄를 계획 또는 실행하고 있거나 실행하였다고 의심할
    만한 충분한 이유<범죄에 대한 소명>
  ❖ 다른 방법으로는 그 범죄의 실행을 저지하거나 범인의 체포 또는 증거의 수
    집이 어려운 경우<보충적 수단>

○ 허가기간
  ❖ 3월(개정 전) ⇒ 2월(개정 후)로 단축, 필요시 연장 가능
  ❖ 허가기간 중이라도 통신제한조치 목적 달성 시 즉시 종료하여야 함

○ 관할법원
  ❖ 통신제한조치를 받을 통신당사자의 쌍방 또는 일방의 주소지·소재지, 범죄지 또는
    통신당사자와 공범관계에 있는 자의 주소지·소재지를 관할하는 지방법원 또는 지원

○ 청구방법
  ❖ 피의자별 또는 피내사자별로 허가청구
  ❖ 종전에는 사건 단위로 1건의 청구로 여러명에 대해 동시에 청구 가능

○○경찰서

제 0000-00000 호   20○○. ○. ○.

수 신 : ○○지방검찰청장

제 목 : 통신제한조치 허가 신청(사전)

다음 피의자에 대한 ○○○ 피의사건에 관하여 아래와 같은 내용의 통신제한조치를
할 수 있는 허가의 청구를 신청합니다.

피의자	성 명		주민등록번호	
	직 업			
	주 거			
통신제한조치의 종류 및 방법				
통신제한조치의 대 상 과 범 위				
통신제한조치의 기간 및 집행장소	1. 기 간 : . . . ~ . . . 2. 집행장소 :			
혐의사실의 요지 및 신 청 이 유				
둘이상을신청하는경우 신 청 취 지 및 이유				
재신청의취지및이유				

○ ○ 경찰서

사법경찰관 경위 홍 길 동 (인)

○○경찰서

제 0000-00000 호   20○○. ○. ○.

수 신 : ○○지방검찰청장

제 목 : 통신제한조치 허가 신청(사후)

다음 피의자에 대한 ○○ 피의사건에 관하여 아래와 같이 긴급통신제한조치를 실시하였으므로 통신제한조치를 계속할 수 있는 허가의 청구를 신청합니다.

피의자	성 명		주민등록번호	
	직 업			
	주 거			

긴급통신제한조치의 사유와 내용		통신제한조치의 사유와 내용	
통신제한조치를 필요로 하는 사유와 허가를 받을 수 없었던 긴급한 사유	별지와 같은	통신제한조치를 계속 필요로 하는 사유	
긴 급 통 신 제 한 조 치 의 종 류 및 방 법		통 신 제 한 조 치 의 종 류 및 방 법	
긴 급 통 신 제 한 조 치 의 대 상 과 범 위		통 신 제 한 조 치 의 대 상 과 범 위	
긴 급 통 신 제 한 조 치 의 일 시 와 집 행 장 소		통 신 제 한 조 치 의 기 간	
긴 급 통 신 제 한 조 치 집 행 자 의 관 직 성 명		통 신 제 한 조 치 의 집 행 장 소	
둘 이 상 을 신 청 하 는 경 우 신 청 취 지 및 이 유			
재 신 청 의 취 지 및 이 유			

○ ○ 경찰서

사법경찰관   경위   홍 길 동 (인)

■ 긴급통신제한조치

제155조(긴급통신제한조치 등) ① 경찰관이 「통신비밀보호법」 제8조제1항에 따라 긴급통신제한조치를 하는 경우에는 별지 제67호서식의 긴급검열 · 감청서에 따른다.

② 경찰관이 「통신비밀보호법」 제8조제2항에 따라 긴급통신제한조치를 하고 검사에게 사후 통신제한조치 허가를 신청하는 경우에는 별지 제64호서식의 통신제한조치 허가신청서(사후)에 따른다.

③ 경찰관이 「통신비밀보호법」 제8조제3항에 따라 검사의 지휘를 받아야 할 때는 별지 제69호서식의 긴급통신제한조치 지휘요청서, 검사의 승인을 얻어야 할 때는 별지 제68호서식의 긴급통신제한조치 승인요청서에 따른다.

④ 경찰관은 제1항에 따른 긴급통신제한조치를 한 경우에는 별지 제70호서식의 긴급통신제한조치 대장에 소정의 사항을 적어야 한다.

⑤ 경찰관은 「통신비밀보호법」 제8조제5항에 따라 긴급통신제한조치가 단시간 내에 종료되어 법원의 허가를 받을 필요가 없는 경우에는 지체 없이 별지 제71호서식의 긴급통신제한조치 통보서를 작성하여 관할 지방검찰청 검사장에게 제출하여야 한다.

※ 통신비밀보호법

제8조(긴급통신제한조치) ①검사, 사법경찰관 또는 정보수사기관의 장은 국가안보를 위협하는 음모행위, 직접적인 사망이나 심각한 상해의 위험을 야기할 수 있는 범죄 또는 조직범죄등 중대한 범죄의 계획이나 실행 등 긴박한 상황에 있고 제5조제1항 또는 제7조제1항제1호의 규정에 의한 요건을 구비한 자에 대하여 제6조 또는 제7조제1항 및 제3항의 규정에 의한 절차를 거칠 수 없는 긴급한 사유가 있는 때에는 법원의 허가없이 통신제한조치를 할 수 있다.

② 검사, 사법경찰관 또는 정보수사기관의 장은 제1항의 규정에 의한 통신제한조치(이하 "긴급통신제한조치"라 한다)의 집행착수후 지체없이 제6조 및 제7조제3항의 규정에 의하여 법원에 허가청구를 하여야 하며, 그 긴급통신제한조치를 한 때부터 36시간 이내에 법원의 허가를 받지 못한 때에는 즉시 이를 중지하여야 한다.

⑤ 긴급통신제한조치가 단시간내에 종료되어 법원의 허가를 받을 필요가 없는 경우에는 그 종료 후 7일 이내에 관할 지방검찰청검사장(제1항의 규정에 의하여 정보수사기관의 장이 제7조제1항제1호의 규정에 의한 요건을 구비한 자에 대하여 긴급통신제한조치를 한 경우에는 관할 고등검찰청검사장)은 이에 대응하는 법원장에게 긴급통신제한조치를 한 검사, 사법경찰관 또는 정보수사기관의 장이 작성한 긴급통신제한조치통보서를 송부하여야 한다. 다만, 군검사 또는 군사법경찰관이 제5조제1항의 규정에 의한 요건을 구비한 자에 대하여 긴급통신제한조치를 한 경우에는 관할 보통검찰부장이 이에 대응하는 보통군사법원 군판사에게 긴급통신제한조치통보서를 송부하여야 한다.

○ 긴급통신제한조치의 요건
  ❖ 성립요건
    (가) 국가안보를 위협하는 음모행위, 직접적인 사망이나 심각한 상해의 위협을 야기할 수 있는 범죄 또는 조직범죄 등 중대한 범죄의 계획이나 실행 등 긴박한 상황이고

(나) 범죄수사와 국가안보를 위한 통신제한조치의 요건을 구비한 자에 대하여 보통 통신제한조치 절차를 거칠 수 없는 긴급한 사유가 있는 때에는

(다) 법원의 허가없이 통신제한조치를 실시 후 법원의 허가 받음

❖ 절 차
(가) 사법경찰관이 긴급통신제한조치를 하면 미리 검사의 지휘를 받아야 한다. 다만, 특히 급속을 요하여 미리 지휘를 받을 수 없는 사유가 있는 경우에는 긴급통신제한조치의 집행착수 후 지체없이 검사의 승인을 얻어야 한다.

(나) 긴급통신제한조치 후 지체없이 법원에 허가청구를 하여야 한다.

(다) 긴급 통신제한조치 후 36시간 내 허가를 받지 못한 경우 즉시 집행을 중지하여야 하며 체신관서로부터 인계받은 우편물이 있는 경우 즉시 반환하여야 한다.

(라) 긴급으로 통신사실확인자료를 받았으나 36시간 내 허가를 받지 못한 경우에는 제공받은 자료는 분쇄하고 파일은 삭제하는 방법으로 폐기하여야 하고 허가신청서 등 관련서류 및 폐기에 대한 수사보고서를 기록에 첨부하여야 한다.

(마) 긴급한 사건으로 발신기지국의 위치추적자료(실시간 위치추적)를 받았으나 허가를 받기 전 조기에 검거된 경우에는 그 즉시 자료제공의 중단을 전기통신사업자에게 전화 등으로 요청하고 반드시 36시간 이내에 법원의 허가를 받은 후 허가서 사본을 전기통신사업자에게 송부하여야 한다.

○ 긴급통신제한조치의 집행
❖ 반드시 긴급감청서(또는 긴급검열서)에 의하여 함
❖ 소속기관에 긴급통신제한조치대장을 비치하여야 함

❖ ┌ 표지사본 교부
  └ 표지사본 보존의무 집행사실 통지의무 위반 시 벌칙규정

○ 긴급통신제한조치 통보서 송부
❖ 요 건
  긴급통신제한조치가 단시간 내에 종료되어 법원의 허가를 받을 필요가 없는 경우
❖ 대상과 방법
(가) 긴급통신제한조치가 단시간 내에 종료되어 법원의 허가를 받을 필요가 없는 경우에는 지체없이 긴급통신제한조치통보서를 작성하여 관할 지방검찰청검사장 또는 지청장에게 송부하여야 한다

  ✽ 긴급통신제한조치통보서에는 긴급통신제한조치의 목적·대상·범위·집행장소·방법·기간·통신제한조치허가청구를 하지 못한 사유 등 기재

(나) 관할 지방검찰청검사장은 법원장에게 통보서를 송부

○○경 찰 서

제 0000-00000 호   20○○. ○. ○.

수 신 : ○○지방검찰청장 (검사 : ○○○)

제 목 : 긴급통신제한조치 승인 요청

다음 사람에 대한 ○○ 피의사건에 관하여 아래와 같은 긴급통신제한조치를 하였으니 승인 요청합니다.

인적 사항	성 명		주민등록번호	
	직 업			
	주 거			
긴 급 통 신 제 한 조 치 의 종 류 및 방 법				
긴 급 통 신 제 한 조 치 의 대 상 과 범 위				
긴 급 통 신 제 한 조 치 의 기 간 및 집 행 장 소	1. 기 간 : . . . ~ . . . 2. 집행장소 :			
긴급통신제한조치한 사유	1. 혐의사실의 요지 : 2. 소명자료 :			
사 전 지 휘 를 받 지 못 한 사 유				

○ ○ 경찰서

사법경찰관 경위 홍 길 동 (인)

○○경찰서

제 0000-00000 호   20○○. ○. ○.

수 신 : ○○지방검찰청장 (검사 : ○○○)

제 목 : **긴급통신제한조치 요청**

다음 사람에 대한 ○○○ 피의사건에 관하여 아래와 같이 긴급통신제한조치를 실시
를 요청합니다.

인적 사항	성 명		주민등록번호	
	직 업			
	주 거			
긴급통신제한조치의 종 류 및 방 법				
긴급통신제한조치의 대 상 과 범 위				
긴급통신제한조치의 기 간 및 집 행 장 소	1. 기 간 : . . . ~ . . . 2. 집행장소 :			
혐 의 사 실 의 요 지 및 신 청 이 유	1. 혐의사실의 요지 : 2. 소명자료 :			
긴급통신제한조치를 필 요 로 하 는 사 유				

○ ○ 경찰서

사법경찰관 경위   홍 길 동 (인)

▣ 통신제한조치의 집행

제156조(통신제한조치의 집행 등) ① 경찰관은 「통신비밀보호법」 제9조제1항에 따라 통신제한조치 집행위탁을 하는 경우에는 별지 제74호서식의 통신제한조치 집행위탁의뢰서에 따른다. 이 경우 통신제한조치 집행위탁의뢰서의 비고란에는 녹취교부까지 포함하는지 또는 청취만 위탁하는지 등 구체적인 업무위탁의 범위를 기재할 수 있다.
② 경찰관은 집행위탁한 통신제한조치의 통신제한조치 허가기간을 연장한 경우에는 별지 제66호서식의 통신제한조치 기간연장통지서로 수탁기관에 통지한다.
③ 경찰관은 「통신비밀보호법」 제9조제1항에 따라 통신제한조치를 집행하는 경우 또는 통신제한조치의 집행을 위탁하는 경우에는 별지 제84호서식의 통신제한조치 집행대장에 소정의 사항을 적어야 한다.
④ 통신제한조치를 집행한 경찰관은 별지 제75호서식의 통신제한조치 집행조서를 작성하여야 한다.
⑤ 경찰관은 통신제한조치의 집행이 불가능하거나 필요 없게 된 때에는 별지 제78호서식의 통신제한조치 허가서 반환서를 작성하여 검사에게 「통신비밀보호법」 제9조제2항의 통신제한조치 허가서를 반환하여야 한다.
⑥ 경찰관이 통신제한조치의 집행이 필요없게 되어 통신제한조치를 중지하고자 하는 경우에는 별지 제77호서식의 통신제한조치 집행중지 통지서를 수탁기관에 통지한다.

※ 통신비밀보호법
제9조(통신제한조치의 집행) ① 제6조 내지 제8조의 통신제한조치는 이를 청구 또는 신청한 검사·사법경찰관 또는 정보수사기관의 장이 집행한다. 이 경우 체신관서 기타 관련기관등(이하 "통신기관등"이라 한다)에 그 집행을 위탁하거나 집행에 관한 협조를 요청할 수 있다.
② 통신제한조치의 집행을 위탁하거나 집행에 관한 협조를 요청하는 자는 통신기관등에 통신제한조치허가서(제7조제1항제2호의 경우에는 대통령의 승인서를 말한다. 이하 이 조, 제16조제2항제1호 및 제17조제1항제1호·제3호에서 같다) 또는 긴급감청서등의 표지의 사본을 교부하여야 하며, 이를 위탁받거나 이에 관한 협조요청을 받은 자는 통신제한조치허가서 또는 긴급감청서등의 표지 사본을 대통령령이 정하는 기간동안 보존하여야 한다.

※ 통신비밀보호법 시행령
제17조(통신제한조치허가서 등의 표지 사본의 보존기간 등) ① 제12조·제13조 및 제16조에 따라 체신관서등에 제출하는 통신제한조치허가서 또는 긴급감청서등의 표지 사본에는 통신제한조치의 종류·대상·범위·기간·집행장소 및 방법 등을 표시하여야 한다.
② 통신제한조치허가서 또는 긴급감청서등의 표지 사본의 보존기간 및 법 제9조제3항에 따른 대장의 비치기간은 3년으로 한다. 다만, 「보안업무규정」에 따라 비밀로 분류된 경우에는 그 보존 또는 비치기간은 그 비밀의 보호기간으로 한다.
③ 제12조부터 제16조까지의 규정에 따라 통신제한조치의 집행을 위탁받거나 집행에 협조한 자는 통신제한조치허가서 또는 긴급감청서등의 표지 사본과 대장에 대한 비밀의 보호 및 훼손·조작의 방지를 위하여 열람제한 등의 적절한 보존조치를 하여야 한다.

○ 집행절차
  ❖ 통신제한조치의 집행을 위탁하거나 집행에 관한 협조를 요청하는 자는
    ◦ 통신제한조치허가서(대통령 승인을 받아서 하는 경우, 대통령 승인서) 표지
      의 사본 및 위탁의뢰서 교부
    ◦ 집행자의 신분을 표시할 수 있는 증표 제시
  ❖ 통신제한조치의 집행을 위탁받거나 이에 관한 협조요청을 받은 자는 통신제
    한조치허가서의 표지사본을 보존
    ✱ 표지의 사본에는 통신제한조치의 종류·대상·범위·기간 및 집행장소와 방법 등이 표시되어
      야 하며, 특히 수사기밀이 포함될 수 있는 범죄사실 등은 허가서 표지에 포함되지 않도
      록 주의

○ 집행의 협조 및 위탁
  ❖ 집행의 협조(시행령 제13조)

제13조(통신제한조치 집행의 협조) 검사·사법경찰관 또는 정보수사기관의 장(그 위임을 받은 소
속 공무원을 포함한다)이 체신관서 그 밖의 관련기관 등에 통신제한조치의 집행에 관한 협조를
요청하는 때에는 법 제9조제2항의 규정에 의한 통신제한 조치허가서(법 제7조제1항제2호의 경
우에는 대통령의 승인서를 말한다. 이하 제14조제2항, 제15조제1항·제2항 및 제15조의2제1항
내지 제3항에서 같다) 또는 긴급감청서등의 표지의 사본을 교부하고 자신의 신분을 표시할 수
있는 증표를 체신관서 그 밖의 관련기관의 장에게 제시하여야 한다.

  ❖ 집행의 위탁(시행령 제14조)

제14조(통신제한조치의 집행위탁) ① 검사·사법경찰관 또는 정보수사기관의 장은 법 제9조제1항
의 규정에 의하여 통신제한조치를 받을 당사자의 쌍방 또는 일방의 주소지·소재지, 범죄지 또는
통신당사자와 공범관계에 있는 자의 주소지·소재지를 관할하는 다음 각호의 기관에 대하여 통
신제한조치의 집행을 위탁할 수 있다.
1. 5급이상의 공무원을 장으로 하는 우체국
2. 「전기통신사업법」의 규정에 의한 전기통신사업자
② 검사·사법경찰관 또는 정보수사기관의 장(그 위임을 받은 공무원을 포함한다)이 제1항 각호에
규정된 기관(이하 "체신관서등"이라 한다)에 통신제한조치의 집행을 위탁하고자 하는 때에는
체신관서등에 대하여 소속기관의 장이 발행한 위탁의뢰서와 함께 통신제한조치허가서 또는 긴
급감청서등의 표지의 사본을 교부하고 자신의 신분을 표시할 수 있는 증표를 제시하여야 한다.
③ 제1항 및 제2항에 규정된 사항외에 수탁업무의 범위등 위탁에 필요한 사항에 대하여는 지식경
제부장관 또는 전기통신사업자의 장과 집행을 위탁한 기관의 장이 협의하여 정한다.

✻ 〈주의사항〉 벌칙조항 신설

① ┌ 표지사본 교부없이 위탁·협조요청한 자(수사기관 등)
  └ 표지사본 교부없이 집행·집행에 협조한 자(통신업체 등)
     ⇒ 10년이하의 징역
② 표지사본을 보존하지 아니한 자 ⇒ 5년이하의 징역 또는 3천만원이하의 벌금

○ 대장비치 의무
  ❖ 비치 의무자 : 집행자, 위탁받은자, 협조요청을 받은자
    ✻ 대장 기재사항
      1) 통신제한조치를 청구한 목적
      2) 집행 또는 협조일시 및 대상 등 기재

   – 비치의무 위반 시 5년이하의 징역, 또는 3천만원이하의 벌금

○○경찰서

제 0000-00000 호   20○○. ○. ○.

수 신 :

제 목 : 통신제한조치 집행위탁 의뢰

　　아래와 같이 통신제한조치의 집행을 위탁합니다.

인적사항	성 명	
	주민등록번호	－　　　(　세)
	주 거	
	직 업	
통신제한조치의 종류		
통신제한조치의 대상과 범위		
통신제한조치의 기간		
비 고		
붙 임 : 통신제한조치허가(승인)서 사본 1통		

○ ○ 경찰서

사법경찰관 경위 홍 길 동 (인)

○○경찰서

제 0000-00000 호   20○○. ○. ○.

수 신 : ○○지방검찰청장

제 목 : 통신제한조치 기간연장 신청

   아래와 같이 통신제한조치 기간연장 청구를 신청합니다.

성　　　　　명	
주 민 등 록 번 호	
주　　　　　거	
직　　　　　업	
사　건　번　호	
허 가 서 번 호	
통 신 제 한 허 가 기 간	. 　. .부터 　. 　. .까지 　 일
연　장　할　기　간	. 　. .부터 　. 　. .까지 　 일
기간연장이 필요한 이유 및 소명자료	

○ ○ **경찰서**

사법경찰관 경위 홍 길 동 (인)

▣ 통신제한조치의 집행에 관한 통지절차

제157조(통신제한조치의 집행에 관한 통지절차 등) ① 경찰관은 「통신비밀보호법」 제9조의2제2항 또는 제6항에 따라 우편물 검열의 대상자 또는 감청의 대상이 된 전기통신의 가입자에게 통신제한조치를 집행한 사실과 집행기관 및 그 기간 등을 통지하는 경우에는 별지 제79호서식의 통신제한조치 집행 사실 통지서에 따른다. 이 경우 경찰관은 별지 제80호서식의 통신제한조치 집행사실 통지부에 소정 의 사항을 적어야 한다.
② 경찰관은 「통신비밀보호법」 제9조의2제5항 및 같은 법 시행령 제19조제1항에 따라 통신제한조치 집행사실의 통지유예에 관한 관할 지방검찰청 검사장의 승인을 얻고자 하는 경우에는 별지 제81호서 식의 통신제한조치 집행사실 통지유예 승인신청서에 따른다.
③ 경찰관은 제2항에 따른 승인신청을 하거나 관할 지방검찰청 검사장의 승인을 얻은 때에는 별지 제82 호서식의 통신제한조치 집행사실 통지유예 승인신청부에 해당 사항을 적어야 한다.

※ 통신비밀보호법
제9조의2(통신제한조치의 집행에 관한 통지) ② 사법경찰관은 제6조제1항 및 제8조제1항에 따라 통신제한조치를 집행한 사건에 관하여 검사로부터 공소를 제기하거나 제기하지 아니하는 처분 (기소중지결정, 참고인중지결정을 제외한다)의 통보를 받거나 내사사건에 관하여 입건하지 아 니하는 처분을 한 때에는 그 날부터 30일 이내에 우편물 검열의 경우에는 그 대상자에게, 감청 의 경우에는 그 대상이 된 전기통신의 가입자에게 통신제한조치를 집행한 사실과 집행기관 및 그 기간 등을 서면으로 통지하여야 한다.
⑤ 검사 또는 사법경찰관은 제4항에 따라 통지를 유예하려는 경우에는 소명자료를 첨부하여 미리 관할지방검찰청검사장의 승인을 받아야 한다. 다만, 수사처검사가 제4항에 따라 통지를 유예하 려는 경우에는 소명자료를 첨부하여 미리 수사처장의 승인을 받아야 하고, 군검사 및 군사법경 찰관이 제4항에 따라 통지를 유예하려는 경우에는 소명자료를 첨부하여 미리 관할 보통검찰부 장의 승인을 받아야 한다.
⑥ 검사, 사법경찰관 또는 정보수사기관의 장은 제4항 각호의 사유가 해소된 때에는 그 사유가 해 소된 날부터 30일 이내에 제1항 내지 제3항의 규정에 의한 통지를 하여야 한다.

○ 통신제한조치 집행사실 통지
  ❖ 통지 기간
    사법경찰관은 제6조제1항 및 제8조제1항의 규정에 따른 통신제한조치를 집행
    한 사건에 관하여 검사로부터 공소를 제기하거나 제기하지 아니하는 처분(기
    소중지 결정을 제외한다)의 통보를 받거나 내사사건에 관하여 입건하지 아니
    하는 처분을 한때에는 그 날부터 30일 이내에 우편물 검열의 경우에는 그
    대상자에게, 감청의 경우에는 그 대상이 된 전기통신의 가입자에게 통신제한
    조치를 집행한 사실과 집행기관 및 그 기간 등을 서면으로 통지하여야 한다.
    ✱ 기소중지의 경우 기소중지 시에는 통지대상이 아니나, 이를 재기하여 종
      국 처분하면 통지대상이 됨(참고인 중지도 동일)

❖ 통지대상
  (가) 통신제한조치(사전허가)와 긴급통신제한조치 모두 해당함
  (나) 통지 대상자
    ① 우편물 : 대상자(발송인·수취인 관계없이 허가서에 기재된 사람)
    ② 감청 : 대상이 된 전기통신의 가입자(가입 명의자)
      ✽ 통지대상을 누구로 할 것인가에 대한 신중한 검토 필요
❖ 내 용
  (가) 통신제한조치를 집행한 사실
  (나) 집행기관 및 그 기간 등
❖ 방 법 : 서면 통지(구두 · 전화통지는 불가)
  ✽ 반드시 특별송달 또는 이에 준하는 방법(예를 들면, 대상자에게 직접 교부 후 수령증 징구 등)에 의하도록 하여야 함
❖ 송달불능된 통지의 처리
  (가) 보정이 가능한 사안은 보정 후 재통지
  (나) 보정이 불가능한 사안은 송달불능 보고서를 기록에 편철하고, 사본 1부를 전담직원에게 인계하여 통신제한조치 집행사실 통지부에 송달 불능사실을 기재하게 하고, 편철·보고토록 함
❖ 벌칙조항
  통지를 아니 한 경우 3년이하의 징역 또는 1천만원이하의 벌금

○ 통신제한조치 집행사실 통지유예
  ❖ 요 건
  (가) 국가의 인권보장, 공공의 안녕질서를 위태롭게 할 현저한 우려가 있는 때
  (나) 사람의 생명·신체에 중대한 위험을 초래할 염려가 현저한 때

  ❖ 기 한
  사유 해소 시까지
  ❖ 방 법
  (가) 소명자료를 첨부하여 관할지검 검사장에 서면으로 승인 신청
    ✽ 정보수사기관의 장의 경우 : 독자적인 판단에 따라 유예 가능
  (나) 서면기재사항 : 집행한 통신제한조치의 종류·대상·범위·기간·처리일자·처리결과 유예사유 등
    ✽ 검찰지청관할 경찰서의 경우 관할지청에 승인서를 제출하면 됨
  ❖ 유예사유가 해소된 경우 : 그 사유가 해소된 날로부터 30일 이내 통지

○○경찰서

제 0000-00000 호   20○○. ○. ○.

수 신 : ○○지방검찰청장 (검사 : ○○○)

제 목 : **통신제한조치 집행결과 통보**

아래 사람에 대한 ○○○ 피의사건에 관하여 아래와 같이 통신제한조치를 집행하고
그 수사/내사한 결과를 다음과 같이 통보합니다.

인적사항	성 명		주민등록번호	
	직 업			
	주 거			
통신제한조치의 종류				
통 신 제 한 조 치 의 대 상 과 범 위				
통신제한조치의 기간				
피 의 / 내 사 사 실				
< 처 리 내 용 >				

○ ○ **경찰서**

사법경찰관 경위 홍 길 동 (인)

○ ○ 경 찰 서

제 0000-00000 호   20○○. ○. ○.

수 신 : ○○○ 귀하

제 목 : **통신제한조치 집행사실 통지**

당서 사건번호 제 0000-000000 호 사건과 관련하여 아래와 같은 내용의 통신제한조
치를 집행하였으므로 「통신비밀보호법」 제9조의2제2항의 규정에 따라 이를 통지합
니다.

허 가 서 번 호	
통신제한조치 집행기관	○○경찰서
전 기 통 신 의 가 입 자 (우편물검열의 대상자)	김길동
통 신 제 한 조 치 의 대 상 과 범 위	
통 신 제 한 조 치 의 종 류 와 기 간	

○ ○ **경찰서**

사법경찰관   경위   홍 길 동 (인)

○○경 찰 서

제 0000-00000 호   20○○. ○. ○.

수 신 :

제 목 : 통신제한조치 기간연장 통지

아래와 같이 통신제한조치 기간을 연장하였음을 통지합니다.

인 적 사 항	성 명	
	주 민 등 록 번 호	
통신제한조치의 기간		. . .부터 . . .까지 일
연 장 한 기 간		. . .부터 . . .까지 일

붙 임 : 통신제한조치 연장 결정문 사본 1통

○ ○ 경찰서

사법경찰관 경위 홍 길 동 (인)

▣ 범죄수사목적 통신사실 확인자료 제공요청 허가신청

제158조(범죄수사목적 통신사실 확인자료 제공요청 허가신청) ① 경찰관은 「통신비밀보호법」 제13조제3항 및 같은 조 제9항에서 준용하는 같은 법 제6조제2항에 따라 검사에게 통신사실 확인자료 제공요청허가를 신청하는 경우에는 별지 제85호서식의 통신사실 확인자료 제공요청 허가신청서(사전)에 따른다.
② 경찰관은 제1항에 따라 허가를 신청한 경우에는 별지 제87호서식의 통신사실 확인자료 제공요청 허가신청부에 해당 사항을 적어야 한다.

※ 통신비밀보호법
제13조(범죄수사를 위한 통신사실 확인자료제공의 절차) ① 검사 또는 사법경찰관은 수사 또는 형의 집행을 위하여 필요한 경우 전기통신사업법에 의한 전기통신사업자(이하 "전기통신사업자"라 한다)에게 통신사실 확인자료의 열람이나 제출(이하 "통신사실 확인자료제공"이라 한다)을 요청할 수 있다.
② 검사 또는 사법경찰관은 제1항에도 불구하고 수사를 위하여 통신사실확인자료 중 다음 각 호의 어느 하나에 해당하는 자료가 필요한 경우에는 다른 방법으로는 범죄의 실행을 저지하기 어렵거나 범인의 발견·확보 또는 증거의 수집·보전이 어려운 경우에만 전기통신사업자에게 해당 자료의 열람이나 제출을 요청할 수 있다. 다만, 제5조제1항 각 호의 어느 하나에 해당하는 범죄 또는 전기통신을 수단으로 하는 범죄에 대한 통신사실확인자료가 필요한 경우에는 제1항에 따라 열람이나 제출을 요청할 수 있다.
1. 제2조제11호바목·사목 중 실시간 추적자료
2. 특정한 기지국에 대한 통신사실확인자료
③ 제1항 및 제2항에 따라 통신사실 확인자료제공을 요청하는 경우에는 요청사유, 해당 가입자와의 연관성 및 필요한 자료의 범위를 기록한 서면으로 관할 지방법원(보통군사법원을 포함한다. 이하 같다) 또는 지원의 허가를 받아야 한다. 다만, 관할 지방법원 또는 지원의 허가를 받을 수 없는 긴급한 사유가 있는 때에는 통신사실 확인자료제공을 요청한 후 지체 없이 그 허가를 받아 전기통신사업자에게 송부하여야 한다.
⑨ 이 조에서 규정된 사항 외에 범죄수사를 위한 통신사실 확인자료제공과 관련된 사항에 관하여는 제6조(제7항 및 제8항은 제외한다)를 준용한다.

○ 통신사실 확인자료의 개념
　❖ 근 거
　　통신비밀보호법(제2조 제11항)

　❖ 내 용
　　가. 가입자의 전기통신일시
　　나. 전기통신개시·종료시각
　　다. 발·착신 통신번호 등 상대방의 가입자번호

라. 사용도수

마. 컴퓨터통신 또는 인터넷의 사용자가 전기통신 역무를 이용한 사실에 관한 컴퓨터통신 또는 인터넷의 로그기록자료

바. 정보통신망에 접속된 정보통신기기의 위치를 확인할 수 있는 발신기지국의 위치추적자료

사. 컴퓨터통신 또는 인터넷의 사용자가 정보통신망에 접속하기 위하여 사용하는 정보통신기기의 위치를 확인할 수 있는 접속지의 추적자료

○ 검사장 승인에서 법원허가로 변경

○ 관할법원에 관한 규정
  ❖ 피의자 또는 피내사자의 주소지·소재지, 범죄지 또는 해당 가입자의 주소지·소재지를 관할하는 지방법원 또는 지원.
  ❖ 사건 단위 신청에서 피의자 또는 피내사자별 허가 청구로 변경 단, 피의자 또는 피내사자가 아닌 경우 1건의 허가서로 가능

○ 자료폐기 의무
  ❖ 긴급한 사유로 통신사실확인자료를 받았으나 지방법원 또는 지원의 허가를 받지 못한 경우에는 지체 없이 제공받은 통신사실확인자료를 폐기하여야 한다.

○ 통신자료확인자료 제공받은 후 통지
  ❖ 통신사실 확인자료제공을 받은 사건에 관하여 공소를 제기하거나, 공소의 제기 또는 입건을 하지 아니하는 처분(기소중지 결정을 제외한다)을 한때에는 그 처분을 한 날부터 30일 이내에 통신사실 확인자료제공을 받은 사실과 제공요청기관 및 그 기간 등을 서면으로 통지하여야 한다.

○ 통신사의 협조 의무(시행령 제421조)
  ❖ 전기통신사업자는 살인·인질강도 등 개인의 생명·신체에 급박한 위험이 현존하는 경우에는 통신제한조치 또는 통신사실 확인자료제공 요청이 지체없이 이루어질 수 있도록 협조하여야 한다.
  ❖ 통신사실확인자료 보관기간
    − 휴대전화, 국제전화 12개월
    − 시외전화, 시내전화 6개월
    − 인터넷 로그기록, 인터넷 접속지 추적자료 3개월

○○경찰서

제 0000-00000 호   20○○. ○. ○.

수 신 : ○○지방검찰청장

제 목 : **통신사실확인자료 제공요청 허가 신청(사전)**

○○ 피의사건 관련, 다음 사람에 대하여 아래와 같은 내용의 통신사실확인자료제공을 요청할 수 있는 허가서의 청구를 신청합니다.

인적 사항	성 명		주 민 등 록 번 호	
	직 업			
	주 거			
전 기 통 신 사 업 자				
요 청 사 유				
해 당 가 입 자 와 의 연 관 성				
필요한 자료의 범위				
재청구의 취지 및 이유				

○ ○ 경찰서

사법경찰관 경위 홍 길 동 (인)

○○경찰서

제 0000-00000 호   20○○. ○. ○.

수 신 : ○○지방검찰청장

제 목 : **통신사실확인자료 제공요청 허가 신청(사후)**

○○ 피의사건 관련, 다음 사람에 대하여 아래와 같은 내용의 긴급통신사실확인자료 제공을
요청하였으므로 이에 대한 허가서의 청구를 신청합니다.

인적 사항	성 명		주민등록번호	
	직 업			
	주 거			
전 기 통 신 사 업 자				
요 청 사 유				
해 당 가 입 자 와 의 연 관 성				
필 요 한 자 료 의 범 위				
미 리 허 가 를 받 지 못 한 사 유				
집 행 일 시·장 소 집 행 자 의 관 직·성 명				
재청구의 취지 및 이유				

○ ○ **경찰서**

사법경찰관 경위 홍 길 동 (인)

▣ 긴급 통신사실 확인자료 제공요청 허가신청

제159조(긴급 통신사실 확인자료 제공요청 허가신청 등) ① 경찰관은 「통신비밀보호법」 제13조제3항 단서 및 같은 조 제9항에서 준용하는 같은 법 제6조제2항에 따라 전기통신사업자에게 긴급 통신사실 확인자료 제공을 요청하는 경우에는 별지 제103호서식의 긴급 통신사실 확인자료 제공요청서에 따른다.
② 경찰관은 제1항에 따라 긴급 통신사실 확인자료 제공을 요청하고, 사후에 검사에게 통신사실 확인자료 제공요청 허가를 신청하는 경우에는 별지 제86호서식의 통신사실 확인자료 제공요청 허가신청서(사후)에 따른다.
③ 경찰관은 제1항에 따라 긴급 통신사실 확인자료 제공을 요청한 경우에는 별지 제88호서식의 통신사실 확인자료 제공요청 집행대장(사후허가용)에 해당 사항을 적어야 한다.

※ 통신비밀보호법
제6조(범죄수사를 위한 통신제한조치의 허가절차) ② 사법경찰관(軍司法警察官을 포함한다. 이하 같다)은 제5조제1항의 요건이 구비된 경우에는 검사에 대하여 각 피의자별 또는 각 피내사자별로 통신제한조치에 대한 허가를 신청하고, 검사는 법원에 대하여 그 허가를 청구할 수 있다.

○ 요 건
  ❖ 범죄를 계획 또는 실행하고 있거나 실행하였다고 의심할만한 충분한 이유가 있고 다른 방법으로는 그 범죄의 실행을 저지하거나 범인의 체포 또는 증거의 수집이 어려운 경우
  ❖ 긴급할 것

○ 방 법
  ❖ 피의자별 또는 각 피내사자별로 통신제한조치에 대한 허가 신청

○○경찰서

제 0000-00000 호   20○○. ○. ○.

수 신 : ○○지방검찰청장

제 목 : **통신사실확인자료 제공요청 허가 신청(사후)**

○○ 피의사건 관련, 다음 사람에 대하여 아래와 같은 내용의 긴급통신사실확인자료 제공을 요청하였으므로 이에 대한 허가서의 청구를 신청합니다.

인적 사항	성 명		주민등록번호	
	직 업			
	주 거			
전 기 통 신 사 업 자				
요 청 사 유				
해 당 가 입 자 와 의 연 관 성				
필요한 자료의 범위				
미 리 허 가 를 받 지 못 한 사 유				
집 행 일 시 장 소 집 행 자 의 관 직 성 명				
재청구의 취지 및 이유				

○ ○ **경찰서**

사법경찰관 경위 홍 길 동 (인)

○○경찰서

제 0000-00000 호   20○○. ○. ○.

수 신 :

제 목 : 긴급통신사실확인자료 제공요청

다음 사람에 대하여 「통신비밀보호법」 제13조 제2항 단서의 규정에 따라 아래와 같이 긴급으로 통신사실확인자료제공을 요청하니 협조하여 주시기 바랍니다.

성 명	
주 민 등 록 번 호	
주 거	
직 업	
요 청 사 유	
해 당 가 입 자 와 의 연 관 성	
필요한 자료의 범위	
미리 허가를 받지 못한 사 유	

○ ○ 경찰서

사법경찰관   경위   홍 길 동 (인)

▣ 통신사실 확인자료제공 요청

제160조(통신사실 확인자료제공 요청 등) ① 경찰관은「통신비밀보호법」제13조제1항에 따라 전기통신사업
자에게 통신사실 확인자료 제공을 요청하는 경우에는 별지 제90호서식의 통신사실 확인자료 제공요청서
에 따르고, 별지 제89호서식의 통신사실 확인자료 제공요청 집행대장(사전허가용)에 해당 사항을 적어야
한다.
② 통신사실 확인자료 제공을 요청한 경찰관은 별지 제91호서식의 통신사실 확인자료 제공요청 집행조
서를 작성하여야 한다.
③ 경찰관은 통신사실 확인자료 제공을 요청하는 것이 불가능하거나 필요없게 된 때에는 별지 제98호서
식의 통신사실 확인자료 제공요청 허가서 반환서를 작성하여 검사에게 통신사실 확인자료 제공요청
허가서를 반환하여야 한다.
④ 경찰관은 통신사실 확인자료 제공요청이 필요 없게 된 경우에는 별지 제93호서식의 통신사실 확인자
료 제공요청 중지 통지서를 해당 전기통신사업자에게 통지하여야 한다.
⑤ 경찰관은 제1항에 따라 전기통신사업자로부터 통신사실 확인자료를 제공받은 때에는 별지 제94호서
식의 통신사실 확인자료 회신대장에 해당 사항을 적어야 한다.

※ 통신비밀보호법
제13조(범죄수사를 위한 통신사실 확인자료제공의 절차) ① 검사 또는 사법경찰관은 수사 또는 형의
집행을 위하여 필요한 경우 전기통신사업법에 의한 전기통신사업자(이하 "전기통신사업자"라 한
다)에게 통신사실 확인자료의 열람이나 제출(이하 "통신사실 확인자료제공"이라 한다)을 요청할
수 있다.

○ 통신사실 확인자료 내 용
  ❖ 가입자의 전기통신일시와 전기통신개시·종료시간
  ❖ 발·착신 통신번호 등 상대방의 가입자번호
  ❖ 사용도수
  ❖ 컴퓨터통신 또는 인터넷의 사용자가 전기통신역무를 이용한 사실에 관한 컴
    퓨터통신 또는 인터넷의 로그기록자료
  ❖ 정보통신망에 접속된 정보통신기기의 위치를 확인할 수 있는 발신기지국의
    위치추적자료
  ❖ 컴퓨터통신 또는 인터넷의 사용자가 정보통신망에 접속하기 위하여 사용하는
    정보통신기기의 위치를 확인할 수 있는 접속지의 추적자료

○ 통신사실확인자료 제공절차
  ❖ 검사장 승인에서 법원허가로 변경
  ❖ 관할법원에 대한 규정(시행령 제21조)
    • 피의자 또는 피내사자의 주소지·소재지, 범죄지 또는 해당 가입자의 주소

지·소재지를 관할하는 지방법원 또는 지원.
- 사건단위 신청에서 피의자 또는 피내사자별 허가 청구로 변경 단, 피의자 또는 피내사자가 아닌 경우 1건의 허가서로 가능
❖ 자료폐기 의무
- 긴급한 사유로 통신사실확인자료를 제공받았으나 지방법원 또는 지원의 허가를 받지 못한 경우에는 지체 없이 제공받은 통신사실확인자료를 폐기하여야 한다.

통신사실확인자료 제공요청 집행조서

   피의자 ○○○에 대한 ○○○ 피의사건에 관하여 통신사실확인자료제공요청의
집행을 하고 이 조서를 작성함.

1. 허가서 번호

2. 집행기관

     ○○경찰서

3. 전기통신가입자

    홍 길 동 (590101-1234567)

4. 통신사실확인자료제공요청 대상과 종류

    인터넷 또는 PC통신(피의자 명의 가입 및 사중중인 아이디)

    20○○. ○. ○. 00:00 ~ 20○○. ○. ○. 00:00
    로그기록 및 IP 피의자 명의가입 사용 중인 아이디

5. 통신사실확인자료제공요청으로 취득한 결과의 요지

    자료 회신 받아 20○○. ○. ○. 12:00경 ○○에서 피의자 검거

              20○○. ○. ○.

              ○○경찰서

                   사법경찰관 ○○ ○○○ (인)

                   사법경찰리 ○○ ○○○ (인)

○○경 찰 서

제 0000-00000 호   20○○. ○. ○.

수 신 : ○○○ 귀하

제 목 : **통신사실확인자료 제공요청**

다음 사람에 대하여 아래와 같이 통신사실확인자료제공을 요청하니 협조하여 주시기 바랍니다.

성 명	
주 민 등 록 번 호	
주 거	
직 업	
요 청 사 유	
해 당 가입자와의 연 관 성	
필요한 자료의 범위	
붙임 : 허가서 1부	

○ ○ **경찰서**

사법경찰관 경위 홍 길 동 (인)

▣ 통신사실 확인자료 제공요청에 관한 통지절차

제161조(통신사실 확인자료 제공요청에 관한 통지절차 등) ① 경찰관은 「통신비밀보호법」 제13조의3제 1항에 따라 통신사실 확인자료 제공의 대상이 된 당사자에게 통신사실 확인자료를 제공받은 사실과 제공요청기관 및 그 기간 등을 통지하는 경우에는 별지 제99호서식의 통신사실 확인자료 제공요청 집행사실 통지서에 따른다. 이 경우 경찰관은 별지 제100호서식의 통신사실 확인자료 제공요청 집행 사실 통지부에 해당 사항을 적어야 한다.
② 경찰관은 「통신비밀보호법」 제13조의3제2항·제3항 및 「통신비밀보호법 시행령」 제37조제3항에서 준용하는 같은 법 시행령 제19조제1항에 따라 통신사실 확인자료 제공요청 집행사실의 통지유예에 관한 관할 지방검찰청 검사장의 승인을 얻고자 하는 경우에는 별지 제95호서식의 통신사실 확인자료 제공요청 집행사실 통지유예 승인신청서에 따른다.
③ 경찰관은 제2항에 따른 승인신청을 하거나 관할 지방검찰청 검사장의 승인을 얻은 때에는 별지 제96 호서식의 통신사실 확인자료 제공요청 집행사실 통지유예 승인신청부에 해당 사항을 적어야 한다.

※ 통신비밀보호법
제13조의3(범죄수사를 위한 통신사실 확인자료제공의 통지) ① 검사 또는 사법경찰관은 제13조에 따라 통신사실 확인자료제공을 받은 사건에 관하여 다음 각 호의 구분에 따라 정한 기간 내에 통신사실 확인자료제공을 받은 사실과 제공요청기관 및 그 기간 등을 통신사실 확인자료제공의 대상이 된 당사자에게 서면으로 통지하여야 한다.

1. 공소를 제기하거나, 공소의 제기 또는 입건을 하지 아니하는 처분(기소중지결정·참고인중지 결정은 제외한다)을 한 경우: 그 처분을 한 날부터 30일 이내. 다만, 수사처검사가 「고위공 직자범죄수사처 설치 및 운영에 관한 법률」 제26조제1항에 따라 서울중앙지방검찰청 소속 검사에게 관계 서류와 증거물을 송부한 사건에 관하여 이를 처리하는 검사로부터 공소를 제 기하거나 제기하지 아니하는 처분의 통보를 받은 경우 그 통보를 받은 날부터 30일 이내

2. 기소중지결정·참고인중지결정 처분을 한 경우: 그 처분을 한 날부터 1년(제6조제8항 각 호의 어느 하나에 해당하는 범죄인 경우에는 3년)이 경과한 때부터 30일 이내. 다만, 수사처검사가 「고위공직자범죄수사처 설치 및 운영에 관한 법률」 제26조제1항에 따라 서울중앙지방검찰 청 소속 검사에게 관계 서류와 증거물을 송부한 사건에 관하여 이를 처리하는 검사로부터 기 소중지결정, 참고인중지결정 처분의 통보를 받은 경우 그 통보를 받은 날로부터 1년(제6조제8 항 각 호의 어느 하나에 해당하는 범죄인 경우에는 3년)이 경과한 때부터 30일 이내

3. 수사가 진행 중인 경우: 통신사실 확인자료제공을 받은 날부터 1년(제6조제8항 각 호의 어느 하나에 해당하는 범죄인 경우에는 3년)이 경과한 때부터 30일 이내
② 제1항제2호 및 제3호에도 불구하고 다음 각 호의 어느 하나에 해당하는 사유가 있는 경우에는 그 사유가 해소될 때까지 같은 항에 따른 통지를 유예할 수 있다.
1. 국가의 안전보장, 공공의 안녕질서를 위태롭게 할 우려가 있는 경우
2. 피해자 또는 그 밖의 사건관계인의 생명이나 신체의 안전을 위협할 우려가 있는 경우
3. 증거인멸, 도주, 증인 위협 등 공정한 사법절차의 진행을 방해할 우려가 있는 경우
4. 피의자, 피해자 또는 그 밖의 사건관계인의 명예나 사생활을 침해할 우려가 있는 경우

③ 검사 또는 사법경찰관은 제2항에 따라 통지를 유예하려는 경우에는 소명자료를 첨부하여 미리 관할 지방검찰청 검사장의 승인을 받아야 한다. 다만, 수사처검사가 제2항에 따라 통지를 유예하려는 경우에는 소명자료를 첨부하여 미리 수사처장의 승인을 받아야 한다.

○ 통신자료확인자료 제공받은 후 통지
❖ 통신사실 확인자료제공을 받은 사건에 관하여 공소를 제기하거나, 공소의 제기 또는 입건을 하지 아니하는 처분(기소중지결정을 제외한다)을 한 때에는 그 처분을 한 날부터 30일 이내에 통신사실 확인자료제공을 받은 사실과 제공요청기관 및 그 기간 등을 서면으로 통지하여야 한다.

○ 통신사의 협조의무(시행령 제21조의4)
❖ 전기통신사업자는 살인·인질강도 등 개인의 생명·신체에 급박한 위험이 현존하는 경우에는 통신제한조치 또는 통신사실 확인자료제공 요청이 지체없이 이루어질 수 있도록 협조하여야 한다.
❖ 통신사실확인자료 보관기간
　－ 휴대전화, 국제전화 12개월
　－ 시외전화, 시내전화 6개월
　－ 인터넷 로그기록, 인터넷 접속지 추적자료 3개월

○○경 찰 서

제 0000-00000 호   20○○. ○. ○.

수 신 : ○○○ 귀하

제 목 : 통신사실 확인자료 제공요청 집행사실 통지

당서 제 0000-000000 호 사건과 관련하여 아래와 같이 통신사실확인자료제공요청을
집행하였으므로 「통신비밀보호법」 제13조의3제1항에 따라 이를 통지합니다.

허 가 서 번 호	
통신사실확인자료 제공요청집행기관	
전 기 통 신 가 입 자	
통신사실확인자료 제 공 요 청 의 대 상 과 종 류	
통신사실확인자료 제공요청의 범위	

○ ○ **경찰서**

사법경찰관   경위   홍 길 동 (인)

소 속 관 서

제 0000-000000 호   0000.00.00.

수 신 :

제 목 : **통신사실확인자료 제공요청 집행사실 통지유예 승인요청**

피의자   에 대한   피의사건 관련, 다음 사람에 대하여 통신사실확인자료제공요청의 집행사실에 관한 통지 유예에 대한 승인을 요청합니다.

인적 사항	성 명		주민등록번호	
	직 업			
	주 거			
사 건 번 호				
통신사실확인자료제공요청의 종 류 및 자료의 범위				
통신사실확인자료제공요청을 집행한 사건의 처리일자 및 결과				
처리결과를 통보받은 일자				
통지를 유예하고자 하 는 사 유				

소 속 관 서

사법경찰관 계급

■ 압수 · 수색 또는 검증의 집행에 관한 통지절차

제162조(압수 · 수색 또는 검증의 집행에 관한 통지절차 등) 경찰관은 「통신비밀보호법」 제9조의3제2항에 따라 수사대상이 된 가입자에게 송 · 수신이 완료된 전기통신에 대한 압수 · 수색 또는 검증의 집행 사실을 통지하는 경우에는 별지 제106호서식의 송 · 수신이 완료된 전기통신에 대한 압수 · 수색 · 검증 집행사실 통지서에 따른다. 이 경우 경찰관은 별지 제107호서식의 송 · 수신이 완료된 전기통신에 대한 압수 · 수색 · 검증 집행사실 통지부에 해당 사항을 적어야 한다.

※ 통신비밀보호법
제9조의3(압수 · 수색 · 검증의 집행에 관한 통지) ① 검사는 송 · 수신이 완료된 전기통신에 대하여 압수 · 수색 · 검증을 집행한 경우 그 사건에 관하여 공소를 제기하거나 공소의 제기 또는 입건을 하지 아니하는 처분(기소중지결정, 참고인중지결정을 제외한다)을 한 때에는 그 처분을 한 날부터 30일 이내에 수사대상이 된 가입자에게 압수 · 수색 · 검증을 집행한 사실을 서면으로 통지하여야 한다. 다만, 수사처검사는 「고위공직자범죄수사처 설치 및 운영에 관한 법률」 제26조제1항에 따라 서울중앙지방검찰청 소속 검사에게 관계 서류와 증거물을 송부한 사건에 관하여 이를 처리하는 검사로부터 공소를 제기하거나 제기하지 아니하는 처분(기소중지결정, 참고인중지결정은 제외한다)의 통보를 받은 경우에도 그 통보를 받은 날부터 30일 이내에 서면으로 통지하여야 한다.
② 사법경찰관은 송 · 수신이 완료된 전기통신에 대하여 압수 · 수색 · 검증을 집행한 경우 그 사건에 관하여 검사로부터 공소를 제기하거나 제기하지 아니하는 처분(기소중지결정, 참고인중지결정은 제외한다)의 통보를 받거나 내사사건에 관하여 입건하지 아니하는 처분을 한 때에는 그 날부터 30일 이내에 수사대상이 된 가입자에게 압수 · 수색 · 검증을 집행한 사실을 서면으로 통지하여야 한다.

○ 요 건
  ❖ 송 · 수신이 완료된 전기통신에 대하여 압수 · 수색 · 검증을 집행한 경우 그 사건에 관하여 검사로부터 공소를 제기하거나 제기하지 아니하는 처분(기소중지결정, 참고인중지결정은 제외한다)의 통보를 받거나 내사사건에 관하여 입건하지 아니하는 처분을 한 때

○ 절 차
  ❖ 통보를 받거나 내사사건에 관하여 입건하지 아니하는 처분을 한 날부터 30일 이내에 수사대상이 된 가입자에게 압수 · 수색 · 검증을 집행한 사실을 서면으로 통지

■ 통신자료 제공요청

> 제163조(통신자료 제공요청) ① 경찰관은 「전기통신사업법」 제83조제3항에 따라 전기통신사업자에게 통신자료 제공을 요청하는 경우에는 별지 제105호서식의 통신자료 제공요청서에 따른다.
> ② 제1항에 따른 통신자료 제공요청서에는 경찰서장 및 시·도경찰청·국가수사본부장 과장 이상 결재권자의 직책, 직급, 성명을 명기하여야 한다.

> ※ 전기통신사업법
> 제83조(통신비밀의 보호) ③ 전기통신사업자는 법원, 검사 또는 수사관서의 장(군 수사기관의 장, 국세청장 및 지방국세청장을 포함한다. 이하 같다), 정보수사기관의 장이 재판, 수사(「조세범처벌법」 제10조제1항·제3항·제4항의 범죄 중 전화, 인터넷 등을 이용한 범칙사건의 조사를 포함한다), 형의 집행 또는 국가안전보장에 대한 위해를 방지하기 위한 정보수집을 위하여 다음 각 호의 자료의 열람이나 제출(이하 "통신자료제공"이라 한다)을 요청하면 그 요청에 따를 수 있다.
> 1. 이용자의 성명
> 2. 이용자의 주민등록번호
> 3. 이용자의 주소
> 4. 이용자의 전화번호
> 5. 이용자의 아이디(컴퓨터시스템이나 통신망의 정당한 이용자임을 알아보기 위한 이용자 식별부호를 말한다)
> 6. 이용자의 가입일 또는 해지일

○ 통신자료의 범위
  ❖ 이용자의 성명
  ❖ 이용자의 주민등록번호
  ❖ 이용자의 주소
  ❖ 이용자의 전화번호
  ❖ 아이디(컴퓨터시스템이나 통신망의 정당한 이용자를 식별하기 위한 이용자 식별부호를 말한다)
  ❖ 이용자의 가입 또는 해지 일자 료에 해당

○ 제공절차
  ❖ 신분의 확인 – 신분을 표시할 수 있는 증표 제시
  ※ 모사전송으로 통신자료제공요청서를 접수한 경우에는 해당 수사기관에 조회하여 사실여부를 확인후 통신자료제공
  ❖ 관서장 명의의 통신자료제공요청서를 통신사업자에게 제출

〈통신사실확인자료와 통신자료의 구별〉

구 분	통 신 자 료	통 신 사 실 확 인 자 료
관계법령	전기통신사업법 제54조 제3항	◦ 통신비밀보호법 제2조 제11호, 제13조 ◦ 동법 시행령 제3조의2
내 용	이용자의 성명, 주민등록번호, 주소, 가입 또는 해지일자에 관한 자료, 전화번호, ID	◦ 가입자의 전기통신일시, 전기통신개시·종료시간, 발·착신 통신번호 등 상대방의 가입자번호, 사용도수 ◦ 컴퓨터통신 또는 인터넷의 사용자가 전기통신역무를 이용한 사실에 관한 컴퓨터통신 또는 인터넷의 로그기록자료 ◦ 정보통신망에 접속된 정보통신기기의 위치를 확인할 수 있는 발신기지국의 위치추적자료 ◦ 컴퓨터통신 또는 인터넷의 사용자가 정보통신망에 접속하기 위하여 사용하는 정보통신기기의 위치를 확인할 수 있는 접속지의 추적자료
절 차	관서장 명의로 요청	법원의 허가

✽ 인터넷 분야는 구별이 분명치 않는 경우가 있음에 유의할 것

○○경찰서

제 호   20○○.○.○.

수 신 :

제 목 : **통신자료제공요청**

　　　다음과 같이 통신자료 제공을 요청하니 협조하여 주시기 바랍니다.

접 수 번 호	
대　상　자	
요 청 사 유 및 가 입 자 와 의 연　관　성	
의 뢰 사 항 (필요한 자료의범위)	
의　뢰　자	
회 신 정 보	전화:　　　　　　　　　　　　　FAX: 기타 (e-mail):

○　　○　경　찰　서　장

우
전화　　　　　　　전송　　　　　　/ email :

○○경찰서

제 호	20○○.○.○.
수 신 :	
제 목 : **통신자료제공요청**	

다음과 같이 통신자료 제공을 요청하니 협조하여 주시기 바랍니다.

접 수 번 호	
대 상 자	
요청사유및 가입자와의 연 관 성	
의 뢰 사 항 (필요한 자료의범 위)	
의 뢰 자	
회 신 정 보	전 화: FAX:
	기타(e-mail):

○   ○   경   찰   서   장

우
전화   전송   / email :

◾ 집행결과보고

> 제164조(집행결과보고) 경찰관은 「통신비밀보호법 시행령」 제18조제2항 또는 제37조제3항에 따라 검사에게 보고할 때에는 별지 제76호서식의 통신제한조치 집행결과 보고 또는 별지 제92호서식의 통신사실 확인자료 제공요청 집행결과 보고에 따른다.

> ※ 통신비밀보호법 시행령
> 제18조(통신제한조치 집행 후의 조치) ② 사법경찰관은 통신제한조치를 집행하여 수사 또는 내사한 사건을 종결할 경우 그 결과를 검사에게 보고하여야 한다. 다만, 그 사건을 송치하는 경우에는 그러하지 아니하다.
> 제37조(통신사실 확인자료제공의 요청 등) 범죄수사 또는 내사를 위한 통신사실 확인자료제공 요청 및 그 통지 등에 관하여는 제11조부터 제13조까지, 제17조부터 제21조까지의 규정을 준용한다. 다만, 제17조제2항 본문의 규정은 그러하지 아니하다.

> 제165조(통신수사 종결 후 조치) 다른 관서에서 통신수사를 집행한 사건을 이송받아 내사한 후 내사종결한 경우는 내사종결한 관서에서 통신제한조치 또는 통신사실 확인자료 제공요청 허가서를 청구한 검찰청에 집행결과를 보고한 후 허가서를 신청한 관서로 사건처리결과를 통보하고, 통보를 받은 관서는 담당자를 지정하여 통지하도록 하여야 한다.

○ 집행결과 보고
  ❖ 통신제한조치를 집행하여 수사 또는 내사한 사건을 종결할 경우 그 결과를 검사에게 보고하여야 한다. 다만, 그 사건을 송치하는 경우에는 그러하지 아니하다.

○ 통신제한조치 집행사실 통지
  ❖ 통지기간
  사법경찰관은 제6조제1항 및 제8조제1항의 규정에 의한 통신제한조치를 집행한 사건에 관하여 검사로부터 공소를 제기하거나 제기하지 아니하는 처분(기소중지 결정을 제외한다)의 통보를 받거나 내사사건에 관하여 입건하지 아니하는 처분을 한 때에는 그 날부터 30일 이내에 우편물 검열의 경우에는 그 대상자에게, 감청의 경우에는 그 대상이 된 전기통신의 가입자에게 통신제한조치를 집행한 사실과 집행기관 및 그 기간 등을 서면으로 통지하여야 한다.
  ❖ 기소중지의 경우 기소중지시에는 통지대상이 아니나, 이를 재기하여 종국처분하면 통지대상이 됨(참고인 중지도 동일)

❖ 통지대상
- 통신제한조치(사전허가)와 긴급통신제한조치 모두 해당됨
- 통지 대상자
  ① 우편물 : 대상자(발송인·수취인 관계없이 허가서에 기재된 사람)
  ② 감청 : 대상이 된 전기통신의 가입자(가입 명의자)
     ✱ 통지대상을 누구로 할 것인가에 대한 신중한 검토 필요

❖ 내 용
- 통신제한조치를 집행한 사실
- 집행기관 및 그 기간 등

❖ 방 법 : 서면 통지(구두 · 전화통지는 불가)
- 반드시 특별송달 또는 이에 준하는 방법(예를 들면, 대상자에게 직접 교부 후 수령증 징구 등)에 의하도록 하여야 함

❖ 송달불능된 통지의 처리
- 보정이 가능한 사안은 보정 후 재통지
- 보정이 불가능한 사안은 송달불능 보고서를 기록에 편철하고, 사본 1부를 전담직원에게 인계하여 통신제한조치 집행사실 통지부에 송달 불능사실을 기재하게 하고, 편철·보고토록 함

❖ 벌칙 조항
- 3년이하의 징역 또는 1천만원이하의 벌금

소속관서

제 0000-000000 호   0000.00.00.

수 신 :

제 목 : 통신제한조치 집행결과 보고

아래 사람에 대한   피의사건에 관하여 아래와 같이 통신제한조치를 집행하고
그   한 결과를 다음과 같이 보고합니다.

인적사항	성 명		주 민 등 록 번 호	
	직 업			
	주 거			
통신제한조치의 종류				
통 신 제 한 조 치 의 대 상 과 범 위				
통신제한조치의 기간				
피 의 / 내 사 사 실				

〈 처 리 내 용 〉

소 속 관 서

사법경찰관 계급

제4절 증 거

▣ 현장조사

> 제166조(현장조사) 경찰관은 범죄현장을 직접 관찰(이하 "현장조사"라 한다)할 필요가 있는 범죄를 인지하였을 때에는 신속히 그 현장에 가서 필요한 수사를 하여야 한다.

○ 현장임검
- ❖ 경찰관은 수사나 감식에 전종(專從)하는 계원이 아니더라도, 사건이 발생하면 임검해야 할 경우가 많다. 따라서, 평소에 현장감식에 관하여 잘 연구해서 범죄수사의 기초로서의 감식의 지식, 현장감식용구의 사용법 등 요령을 체득해 두지 않으면 아니 된다.
- ❖ 제1선의 지구대·파출소 등에는 간단한 현장감식자료가 비치되어 있고, 그 취급에 능숙하여 간단한 사건현장에서는 손수 현장지문을 채취할 수 있을 뿐만 아니라, 나아가서는 족적까지도 채취할 수 있도록 되어 있지 않으면 아니 된다.

○ 현장보존
- ❖ 현장보존이라 함은 범죄현장의 발견 당시의 상태로 일정기간 보존하여 수사자료와 증거자료를 보존하는 동시에 현장에 있어서의 수사가 원활히 실시되도록 필요한 조치를 취하는 것이다.

○ 현장보존의 중요성
- ❖ 현장에 남겨져 있는 많은 수사자료 중에서 시간의 경과에 따라 변화하고 마모되는 것이 있을 뿐만 아니라, 제3자의 출입에 의하여 짓밟히거나, 파괴되어 중요한 부분에 변경이 가해진다.
- ❖ 따라서 맨처음 현장에 도착한 경찰관은 신속히 현장보존을 취하여 인위적·자연적으로도 수사자료가 산일·멸실 또는 파괴되지 않도록 최선을 다하여야 한다. 그 이유는 현장보존이 가장 중요한 초기의 수사활동이기 때문이다.

○ 위장 현장 간파를 위한 노력
- ❖ 현장보존이라 함은 범죄현장을 발견 당시의 상태로 일정기간 보존하여 수사자료와 증거자료를 보존하는 동시에 현장에 있어서의 수사가 원활히 실시되도록 필요한 조치를 취하는 것이다.
  - • 범행상황과 모순되는 흔적의 유무

현장에 남아있는 흔적 등이 범행시의 행동심리나 경험, 자연법칙에 비추어 모순되는 점이 없는가를 관찰·검토한다.

- 최초 발견자의 진술의 신뢰성
  범죄현장을 처음 발견했다고 자처하는 자나 피해자가 진범인 경우와 허위의 피해를 주장하는 경우가 있으므로 그런 경우에는 진술에 현장의 상황과 모순되는 점이 있기 마련이므로 반복하여 같은 질문을 하는 등 진술의 신빙성을 면밀하게 검토해야 한다.
- 부자연스러운 유류품의 여부
  현장의 상황과 유류품의 관계에 부자연스러운 점이 없는가를 검토해야 한다. 예를 들면, 현장에 장갑이 유류되어 있었으나 장갑을 사용한 흔적이 없다든지 또는 도품(盜品)으로 보이는 유류물이 누구에게나 눈에 잘띄는 곳에 놓여 있다면 일단 위장 현장으로 의심해야 한다.

▣ 부상자의 구호

제167조(부상자의 구호 등) ① 경찰관은 현장조사 시 부상자가 있을 때에는 지체 없이 구호조치를 하여야 한다.
② 경찰관은 제1항의 경우에 빈사상태의 중상자가 있을 때에는 응급 구호조치를 하는 동시에 가능한 경우에 한하여 그 사람으로부터 범인의 성명, 범행의 원인, 피해자의 주거, 성명, 연령, 목격자 등을 청취해 두어야 하고, 그 중상자가 사망하였을 때에는 그 시각을 기록해 두어야 한다.

○ 현장에서의 응급조치
  ❖ 구호활동
  - 부상정도에 적응한 구호활동
  - 구급차 또는 의사를 부르도록 할 것
  ❖ 빈사상태의 중상자는 응급구호를 하고, 가능한 한 다음사항을 청취하여 기록하여야 한다.
  - 범인은
  - 피해자의 주소, 성명, 연령, 친·인척관계 등
  - 원인은
  - 피해상황은
  - 부근에 있던 자는
  - 기타

❖ 응급조치
  • 빈사상태의 중상자가 사명하였을 때에는 그 시간을 기록한다.
  • 부상자의 구호는 가급적 현장을 파괴하지 않고 행하도록 한다.
  • 현장도착 시간을 메모하여 둔다.
  • 본서에의 연락을 취하여 필요사항의 원조를 받도록 한다.
  • 인근자의 협조를 구한다.
  • 현장에 있는 무전자동차의 연락 협조를 도모하여야 한다.
  • 범인은 아직 현장부근에 있는 것이 아닌가 살필 것이며
  • 목격자 현장 부근에 있던 자를 발견 확보하는데 노력하여야 한다.
❖ 중상자 사망시의 조치
  중상자가 사망하였을 때에는 그 시각을 기록해두어야 한다.

◪ 현장보존

제168조(현장보존) ① 경찰관은 범죄가 실행된 지점뿐만 아니라 현장보존의 범위를 충분히 정하여 수사자료를 발견하기 위해 노력하여야 한다.
② 경찰관은 보존하여야 할 현장의 범위를 정하였을 때에는 지체 없이 출입금지 표시 등 적절한 조치를 하여 함부로 출입하는 자가 없도록 하여야 한다. 이때 현장에 출입한 사람이 있을 경우 그들의 성명, 주거 등 인적사항을 기록하여야 하며, 현장 또는 그 근처에서 배회하는 등 수상한 사람이 있을 때에는 그들의 성명, 주거 등을 파악하여 기록하도록 노력한다.
③ 경찰관은 현장을 보존할 때에는 되도록 현장을 범행 당시의 상황 그대로 보존하여야 한다.
④ 경찰관은 부상자의 구호, 증거물의 변질·분산·분실 방지 등을 위해 특히 부득이한 사정이 있는 경우를 제외하고는 함부로 현장에 들어가서는 아니된다.
⑤ 경찰관은 현장에서 발견된 수사자료 중 햇빛, 열, 비, 바람 등에 의하여 변질, 변형 또는 멸실할 우려가 있는 것에 대하여는 덮개로 가리는 등 적당한 방법으로 그 원상을 보존하도록 노력하여야 한다.
⑥ 경찰관은 부상자의 구호 그 밖의 부득이한 이유로 현장을 변경할 필요가 있는 경우 등 수사자료를 원상태로 보존할 수 없을 때에는 사진, 도면, 기록 그 밖의 적당한 방법으로 그 원상을 보존하도록 노력하여야 한다.

○ 현장보존이란
  ❖ 현장보존이라 함은 범죄현장을 발견 당시의 상태로 일정기간 보존하여 수사자료와 증거자료를 보존함으로써 현장수사가 원활하게 실시되도록 필요한 조치를 하는 것을 말한다.

○ 현장보존 요령
  ❖ 현장 도착시각 등 기록
    현장 도착시각 및 현장 보존개시의 시각 등을 기록해 두어야 한다.
  ❖ 보존범위의 결정
    가능한 한 넓게 보존범위를 정하여 필요한 보존조치를 신속히 취해야 한다.
  ❖ 현장보존 표시 및 출입제한
    나일론 줄 등을 두르거나 표찰 등으로 표시하여 일반인의 출입을 금지해야 한다.
  ❖ 현장에 있었던 자 및 출입자의 조사
    보존조치를 취하기 전에 이미 현장 또는 그 부근에 있었던 자 및 출입자의
    주소, 성명, 출입사유, 피해자와의 관계 등을 조사·기록해 두어야 한다.
  ❖ 특별조치
    • 피해자 구호 :
      현장에 부상자가 있어 긴급구호를 요한다고 인정되는 경우에는 우선하여
      긴급구호조치를 강구하여야 한다.
    • 현장을 변경하는 경우의 조치 :
      부상자 구호 기타 부득이한 사유로 현장 변경의 필요가 있을 때에는 변경
      전에 사진촬영, 분필 등으로 표시, 수첩 등에 기록하여 변경 전의 현장을
      명백히 기록해 둔다.
    • 자료의 변질, 멸실 등 방지조치 :
      현장에 남아 있는 혈흔, 잔존지문, 족흔적 기타 법의학적, 이화학적 검사
      를 필요로 하는 자료들이 변질·변형·멸실되지 않도록 덮개로 가리는 등의
      보존조치를 강구해야 한다.
  ❖ 유의사항
    • 경찰관일지라도 함부로 현장에 출입하거나 현장을 변경해서는 안 되며,
      부주의로 변경한 경우에는 그 상황을 현장책임자에게 보고해야 한다.
    • 현장책임자의 허가없이 보도관계자 등을 현장에 출입시켜서는 안 된다.
    • 현장보존에 종사하는 자가 임무교대할 때는 현장보존 중 견문사항과 주의
      사항을 확실히 인계하여 현장보존에 철저를 기해야 한다.

○ 현장보존의 범위
  ❖ 현장에서의 증거의 수집은 단지 범죄가 행하여진 지점만에 한정되는 것은
    아니며, 범죄현장으로부터 상당한 거리에까지 족적이 유류품 기타 물적 증
    거가 발견되는 수가 많다.
  ❖ 현장 범위를 결정하는 데는 그 범위를 가급적 넓게 잡는 것이 좋다. 그 범

위가 너무 좁았기 때문에 수사자료를 수집하는데 실패한 경우 후회하는 일이 없도록 한다.

❖ 우선 되도록 광범위하게 출입금지구역을 정하고 외측으로부터 중심부로 향해서 순차로 유류품 등을 수색해 가면서 출입금지구역을 좁혀가는 방법을 취하는 것이다.

○ 현장보존을 위한 조치요령

❖ 경찰관은 범죄가 실행된 지점 뿐만 아니라, 널리 현장보존의 범위를 정하여 수사자료의 발견에 대처하도록 해야 한다.

❖ 현장보존의 표시 및 출입제한

보존해야 할 현장의 범위를 정하였을 때에는 즉시 새끼줄을 치거나, 푯말을 세우거나 기타 "출입금지" 표시 등 적절한 조치를 취하며, 함부로 출입하는 일이 절대 없도록 해야 한다.

❖ 현장에 있었던 자 및 출입자의 조사

사건과 관계없는 자는 출입을 금지하고 범죄현장 또는 그 부근에 있거나, 배회자가 있거나, 사건 전후 현장 출입자가 있을 때에는 그들의 성명·주거·출입시간·이유·피해자와의 관계 등을 명확히 알려두어야 한다.

○ 특별한 조치 사항

❖ 현장에 부상자가 있어 긴급 구호를 요한다고 인정되는 경우에는 구급차를 요청하는 등 필요한 조치를 행하여야 한다.

❖ 수사자료 또는 부득이한 이유로 현장을 변경할 필요가 있는 경우에는
• 변경 전에 참여인을 넣어서 사진촬영을 하고,
• 현장의 필요한 장소에 분필이나 기타로 표시를 해두며,
• 변경 전의 상태를 수첩 등에 메모를 하여 둔다.

❖ 현장에는 범인의 지문, 족흔 기타의 흔적 외에 법의학적·이화학적 검사를 필요로 하는 수많은 자료가 많다. 자료의 변질이나 멸실 등이 없도록 방지를 취해야 한다.

❖ 중요사건의 현장에서는 보도 관계자가 많기 때문에 현장 책임자의 허가없이 들어가게 해서는 안 되며, 사건에 대하여 조사한 사항도 절대로 누설해서는 안 된다.

❖ 현장보존에 종사한 자가 다음의 보존요원과 교체를 할때에는 현장보존 중에 견문한 사항과 주의해야 할 사항을 확실히 인계하여 현장 감시에 틈이 생기지 않도록 주의해야 한다.

○ 수사지휘

❖ 수사지휘란 수사관리와 병행하여 수사운영의 근간을 이루는 수사간부의 감독기술로서 특히 현장에 있어서의 수사의 지휘는 조직적으로 수사가 이루어지도록 하여야 한다.

❖ 현장에서 현장감식 기타의 수사를 할 때에는 수사주책임관이 이를 통제하지 않으면 아니 된다.
또한 통제함에 있어서는 수사주책임관은 수사전담자나 감식전담자의 업무상의 분담을 명백히 하여, 능률적·합리적으로 현장에 있어서의 수사가 행하여지도록 배려하여야 한다.

○ 수사종사원의 능률적 운용

❖ 수사지휘는 수사에 종사하는 자의 전결과 통제에 힘써 조직체로써 전기능을 발휘시켜 사건의 해결을 도모하지 않으면 안 된다.

❖ 그렇기 때문에 수사지휘의 본질로서 수사종사자의 능률적 운용을 빼놓을 수가 없다. 이를 위하여 수사간부는

• 첫째, 사건의 중요성을 전 수사요원을 주지시켜 수사의욕을 높여야 하며,

• 둘째, 수사요원의 성격·능률 등을 참작하여 수사상의 배치나 임무 등을 부여해야 하고,

• 셋째, 수사종사원의 근무 조건에 대한 배려로 수사에 전념할 수 있는 통제를 갖추어야 하며,

• 넷째, 수사 경과 등을 때때로 전 수사종사요원에게 알려줌으로써 개개의 수사활동이 사건 전반에 도움이 될 수 있도록 해야 한다.

○ 현장변경 또는 계속 보존할 수 없을 경우의 조치

❖ 본조는 부득이한 사유로 현장을 보존할 수 없는 경우에 취할 조치를 규정한 것이다. 이들의 조치는 신속하고 적절하게 행하여 조금이라도 피해자에 대한 조치가 지체되어 실기(失機)하거나, 기타 필요한 이상으로 장시간 걸려서 비난을 받는 일이 없도록 주의하지 않으면 안 된다.

❖ 사진을 촬영하는 경우에는 임장(臨場)했을 때 그대로의 상태가 명백히 나타나도록 촬영하지 않으면 아니되며, 또한 입증상 필요한 때에는 자료발견 연월일시와 장소를 기재하고, 아울러 참여인이 서명한 "지편" 등을 적당한 위치에 놓고 함께 촬영해 두어야 할 것이다.

■ 현장에서의 수사사항

제169조(현장에서의 수사사항) ① 경찰관은 현장에서 수사를 할 때는 현장 감식 그 밖의 과학적이고 합리적인 방법에 의하여 다음 각 호의 사항을 명백히 하도록 노력하여 범행의 과정을 전반적으로 파악하여야 한다.

1. 일시 관계
   가. 범행의 일시와 이를 추정할 수 있는 사항
   나. 발견의 일시와 상황
   다. 범행당시의 기상 상황
   라. 특수일 관계(시일, 명절, 축제일 등)
   마. 그 밖의 일시에 관하여 참고가 될 사항
2. 장소 관계
   가. 현장으로 통하는 도로와 상황
   나. 가옥 그 밖의 현장근처에 있는 물건과 그 상황
   다. 현장 방실의 위치와 그 상황
   라. 현장에 있는 기구 그 밖의 물품의 상황
   마. 지문, 족적, DNA시료 그 밖의 흔적, 유류품의 위치와 상황
   바. 그 밖의 장소에 관하여 참고가 될 사항
3. 피해자 관계
   가. 범인과의 응대 그 밖의 피해 전의 상황
   나. 피해 당시의 저항자세 등의 상황
   다. 상해의 부위와 정도, 피해 금품의 종류, 수량, 가액 등 피해의 정도
   라. 시체의 위치, 창상, 유혈 그 밖의 상황
   마. 그 밖의 피해자에 관하여 참고가 될 사항
4. 피의자 관계
   가. 현장 침입 및 도주 경로
   나. 피의자의 수와 성별
   다. 범죄의 수단, 방법 그 밖의 범죄 실행의 상황
   라. 피의자의 범행동기, 피해자와의 면식 여부, 현장에 대한 지식 유무를 추정할 수 있는 상황
   마. 피의자의 인상·풍채 등 신체적 특징, 말투·습벽 등 언어적 특징, 그 밖의 특이한 언동
   바. 흉기의 종류, 형상과 가해의 방법 그 밖의 가해의 상황
   사. 그 밖의 피의자에 관하여 참고가 될 사항
② 제1항의 현장감식을 하였을 경우에는 별지 제108호서식의 현장감식결과보고서를 작성하여야 한다.

○ 현장관찰이란
  ❖ 수사방침 수립 전의 단계에 있어서의 수사이며, 어디까지나 수사의 한단계에 불과하다. 단지, 수사방침 수립전에 단계에 있어서는 수사를 현장에 집중해야 하며, 또한 집중하지 않을 수 없듯이 중요한 것이다.

❖ 현장에 있어서의 수사이기 때문에 현장감식 기타의 과학적·합리적인 수사방법이 크게 활용되는 것이며, 또한 활용하지 않으면 안되는 것으로서, "현장에 있어서의 수사" 이외에 현장관찰 또는 현장감식이 별개로 존립할 수 있는 것이 아니다.

❖ 예컨대, 법의학·물리학·화학 등에 의한 과학적 관찰, 유류된 자료(지문·족흔·차륜흔·흉기·약물 등)의 합리적 채취(검출을 포함한다). 다시 그들 자료를 사건과 결부시켜서 합리적으로 분석·검토하는 것 등이다.

○ "현장감식"이란

❖ 범죄의 현장에서 현장의 상황, 유류된 자료 등을 합리적·과학적으로 검토하여 사건을 판단하는 행위이다.

❖ 범죄수사규칙에 있어서는 "현장관찰"이란 말은 일절 사용하지 않고, "현장감식" 기타의 과학적이고 합리적인 방법을 포함해서 통일적으로 행하는 "현장에 있어서의 수사"라는 관념에 통일하기로 한 것이다.

○ 본조의 열거사항중 현장감식상 특히 유의해야 할 것은 다음과 같다.

❖ 지문, 족흔, 차륜흔 기타의 흔적과 유류물건

❖ 피해시에 있어서의 저항·자태 등의 상황

• 상해의 부위와 정도
• 현장에 있어서의 침입과 도주의 경로
• 범죄의 수단, 방법 기타 범죄실행의 상황
• 피의자의 인상, 풍채, 특징, 습벽 기타 특이한 언동 등
• 흉기의 종류, 형상과 가해의 방법 기타 가해의 상황
• 기타 피해자에 관하여 참고가 될 사항

○ 현장관찰의 순서

❖ 범죄현장의 상태는 구체적 범죄에 따라 저마다 다르지만 일반적으로 다음 순서에 의한다.

• 전체에서 부분으로
  현장의 위치 및 부근상황 관찰, 가옥 주변의 관찰이다.
• 외주에서 내부로
  가옥의 외주를 관찰하고 나서 현장내부를 관찰한다.
• 좌(우)에서 우(좌)로, 위(아래)에서 아래(위)로 순차로 관찰한다.

○ 현장관찰 요령
  ❖ 일반적 유의사항
    • 현장은 증거의 보고라는 신념을 가지고 쓸데없는 공을 다투는 일없이 범
      죄의 규모·수법 기타 제반상황을 냉정하게 판단하여 착실하게 행한다.
    • 범죄현장은 백지의 입장에서 선입관을 버리고 객관적이며 합리적으로 관
      찰한다.
    • 될 수 있는대로 넓은 범위에 걸쳐 질서있고 치밀한 관찰을 반복적으로 실
      시한다.
    • 관찰수단을 모두 활용하여 수사지휘관의 통제하에 전주의력을 집중하여
      관찰한다.
    • 범행시와 동일한 조건 아래 모순과 불합리점의 발견에 노력하여 분석적인
      관찰을 한다.
  ❖ 현장관찰의 착안점 및 관찰요령
    • 범인에 관한 사항
      현장에 있는 자료는 '범인은 누구다'라고 알려주는 경우가 많으므로
      - 신체적·생리적 특징
      - 착의·소지품·휴대품
      - 지식과 기능
      - 범인의 수, 공범 유무
      - 직업·생활환경
      - 전과·상습성 유무를 알 수 있는 자료 등 범인을 특정 또는 추정에 도움
        이 되는 자료를 수집한다.
  ❖ 범행일시에 관한 사항
    시계의 정지상태, 일기·메모·금전출납부·가계부의 기재상황, 연탄·숯불의 상태,
    신문·우편물의 투입상황 등을 관찰하여 범행일시를 추정할 수 있고 피해자가
    취침 중이었는지 식사상태는 어떠했는지 등으로 침입 혹은 도주시간을 알
    수 있는 경우가 많으며, 물색수단 등에서 범행요소 시간을, 범행일이 특정지
    을 수 있는 경우에는 왜 그날을 범행일로 택했는지 하는 점을 알아 낼 수
    있다는 점 등을 착안하여 관찰한다.
    • 범행장소에 관한 사항
      범행장소를 관찰하면 도주하기가 편리하다거나, 부유하게 보인다거나, 피해
      자를 지목하게 된 이유를 추정할 수 있는 경우가 많고, 피해품이 있는 장
      소에 직행했다면 지리감이 있는 범인이라고 추정할 수 있는 경우가 많다.
    • 범행동기를 추정할 수 있는 사항

피해품, 신체적 피해상황으로 범행의 동기를 추정하고, 흉기의 준비 여부 등으로 우발적 혹은 계획적이었나 하는 점을 추정할 수 있다.

- 범행방법에 관한 사항
  침입구의 상황, 범행용구의 사용흔적 등으로 범인의 직업이 추정되거나 목적물의 선정한 점, 특수한 행동 흔적으로 상습자를 가릴 수 있는 경우도 있으므로 착안할만하다.

▣ 감식자료 송부

> 제170조(감식자료 송부) ① 경찰관은 감식을 하기 위하여 수사자료를 송부할 때에는 변형, 변질, 오손, 침습, 멸실, 산일, 혼합 등의 사례가 없도록 주의하여야 한다.
> ② 제1항의 경우에 우송을 할 때에는 그 포장, 용기 등에 세심한 주의를 기울여야 한다.
> ③ 중요하거나 긴급한 증거물 등은 경찰관이 직접 지참하여 송부하여야 한다.
> ④ 감식자료를 인수·인계할 때에는 그 연월일과 인수·인계인의 성명을 명확히 해두어야 한다.

○ 감식자료 송부시의 유의사항

❖ 가정을 위하여 수사자료를 송부할 때에는 물품내용을 또는 물건의 변형·변질·오손·멸실·혼합 등으로 인하여 원래의 내용물에서 변질, 변화되어 현장자료를 정확하게 감식하여 증거화하는 검사, 식별의 활동에 지장이 없도록 한다.

❖ 각 자료별로 관계 사건명·물품명·채취일시·장소·수량·채취자·참여자 등을 기입한다.

❖ 용기는 잘 건조된 유리벽이나 비닐제 용기 및 봉투를 사용하여 일점씩 따로 넣어서 송부한다.

❖ 검은 것은 백지에, 흰 것은 흑색지에 포장하고 변질, 휘발할 우려가 있는 때에는 신속히 차광성 용기에 넣어 밀봉하여 송부한다.

❖ 주요 강력사건 또는 중요한 급속사건에서는 담당수사관을 직접 지참하게 하여 감식담당자에게 인계시켜 감식을 하여 중요 사건 해결의 판단과 실마리가 되도록 한다.

❖ 주요한 감식자료의 인수인계시 연월일, 인수인계인의 성명을 명확히 해두어야 한다.

▣ 재감식을 위한 고려

> 제171조(재감식을 위한 고려) 경찰관은 혈액, 정액, 타액, 대소변, 장기, 모발, 약품, 음식물, 폭발물 그 밖에 분말, 액체 등을 감식할 때에는 되도록 필요 최소한의 양만을 사용하고 잔량을 보존하여 재감식에 대비하여야 한다.

○ 감정자료의 일부사용

❖ 감정은 1회성으로 만족한 결과를 기대한다기 보다는 시간을 두고서 같은 자료를 다른 감정인에게 위촉하여 진실을 발견하는데 노력하여야 한다.

❖ 감식자료는 그 일부만을 사용하고 잔량은 재감식을 위하여 증거가치를 잃지 않도록 주의하여 보존해 두어야 한다.

❖ 감정자료의 채취, 송부량이 너무 적어서 다각도의 시점, 실험불능 또는 시험(실험)에 지장을 초래하는 일이 없도록 한다.

○ 감정불능의 경우 유의사항

❖ 감정의뢰시 방부제 사용이 부족하다든지 방부제를 사용하지 아니하여 감정물이 부패된 경우와 감정의뢰시 증거물이 불충분 또는 부적당한 경우 감정불능 사례가 발생하게 된다.

❖ 생물체는 한 번 생명이 끊기면 그 시간부터 부패단계(腐敗段階)로 들어간다. 부패의 정도는 시간이 경과됨에 따라 더욱 가속되는데 특히 하절기, 외인적 사인으로 사망한 경우에는 사후 1~2일만 경과되어도 그 사인을 밝혀내기 어려울 만큼 부패된다.

❖ 일단 변사체가 발생하면 부검의 실시를 앞두고 다음과 같은 조치가 강구되어야 한다.

  • 변사 사건 접보(接報) 즉시 지휘 보고하여 신속히 부검이 실시되도록 조치하여야 한다.

  • 사건 내용으로 보아 부검 지휘가 될만한 사건은 변사체를 일단 냉동실에 있는 종합병원·시립병원 등의 시체안치소로 지체없이 옮겨야 한다.

  • 현장 사진 또는 지역 여건 등의 여의치 아니하여 변사체의 냉동안치가 어려울 때는 변사체를 안치할 실(방)내를 최대한 차갑게 만들어야 한다.

  • 사건 현장이 가정(家庭)일 경우에는 통상(通常) 염을 한 후 수의를 입히고 방에 불을 때는 일이 있으니 이 같은 일이 없도록 조치하여야 한다.

  • 냉동실이 없는 경우에는 가까운 야산 등에 우선 가매장을 하여야 하는데 이 때에는 변사체를 대기중에 방치한 것보다 부패도가 8분의 1로 떨어진다.

❖ 감정 업무를 수행하는데 있어서 그 감정 대상물이 주로 단일성분물질이 아니고 사체의 내장물과 같이 여러 가지 성분의 혼합물일 경우 또는 폭발 현장이나 화재 현장의 파편이나 인화잔유물들일 경우가 많이 있다.

❖ 소량의 부패된 사체 내장물 중에서 미량이 함유된 독물을 분리 추출하여 확인한다든가, 파편이나 인화 잔유물에 의하여 폭발물이나 인화 물질의 종류 또는 기타 증거물 등의 동일성 여부 및 진위 여부를 판정하려는 것은 그리 쉬운 일이 아니다. 그러나 감정용 증거물은 그 성질상 다시 청구할 수 없는 것이므로 감정의 실패란 용납될 수 없는 것이다.

❖ 감정용 증거물의 채취량은 가능한 한 충분한 양을 채취하여야 하며, 감정의뢰시 특히 다음 사항을 유의하여야 한다.

- 사건 개요, 중독 증상 및 부검 소견서 등을 누락시키는 일이 없도록 하여야 한다.
- 증거물에 대한 감정 의뢰 사항은 사건 내용에 비추어 정확하게 결정하여야 하며, 감정 의뢰 사항에 부합되는 증거물인지의 여부를 재확인한 다음 감정 의뢰하여야 한다.

이를 소홀히 하게 되면 감정 소요일자가 지연되며, 심할 경우 감정불능 사례가 발생하게 되는 것이다.

▣ 증거물의 보존

제172조(증거물의 보존) ① 경찰관은 지문, 족적, 혈흔 그 밖에 멸실할 염려가 있는 증거물은 특히 그 보존에 유의하고 검증조서 또는 다른 조서에 그 성질 형상을 상세히 적거나 사진을 촬영하여야 한다.
② 경찰관은 시체해부 또는 증거물의 파괴 그 밖의 원상의 변경을 요하는 검증을 하거나 감정을 위촉할 때에는 제1항에 준하여 변경 전의 형상을 알 수 있도록 유의하여야 한다.
③ 경찰관은 제1항 및 제2항의 경우 또는 유류물 그 밖의 자료를 발견하였을 때에는 증거물의 위치를 알 수 있도록 원근법으로 사진을 촬영하되 가까이 촬영할 때에는 되도록 증거물 옆에 자를 놓고 촬영하여야 한다.
④ 경찰관은 제3항의 경우 증명력의 보전을 위하여 필요하다고 인정되는 참여인을 함께 촬영하거나 자료 발견 연월일시와 장소를 기재한 서면에 참여인의 서명을 요구하여 이를 함께 촬영하고, 참여인이 없는 경우에는 비디오 촬영 등으로 현장상황과 자료수집과정을 녹화하여야 한다.

○ 증거물의 보존
❖ 지문·족적·혈흔 기타 멸실할 염려가 있는 증거물은 그 보존에 유의하여 검증 조서 등 조서에 그 성질·형상을 상세히 기재하거나 사진을 촬영하여 첨부한

다.

※ 현장사진작성및기록관리규칙 및 경찰업무편람 8-41. 현장사진작성및기록관리에 의하면 다음과 같다.

○ 현장사진의 정의
❖ "현장사진"이라 함은 범죄현장에서 범죄와 관련있는 사람·물건 기타 상황을 촬영한 사진을 말한다.
❖ "현장사진기록"이라 함은 현장 도면사진·부검사진·감정사진 등에 의하여 작성하는 기록을 말한다.

○ 현장사진의 작성
❖ 현장사진 기록의 작성은 다음 각호에 정한 서식에 의한다.
1. 현장사진 기록은 별지서식 제1호
2. 현장 도면사진은 별지서식 제2호
3. 현장사진, 부검사진, 감정사진 등은 별지서식 제3호
4. 보조용지는 별지서식 제4호
5. 현장사진 및 비디오 기록의 작성, 정리보관과 그 사본의 송부상황 관리를 위한 현장사진 기록 처리부(시도경찰청 및 경찰서)는 별지서식 제5호

○ 현장사진촬영상의 유의사항
현장사진은 증거와 수사자료에 공용할 수 있도록 다음 각호에 유의하여 촬영하여야 한다.
❖ 범죄현장을 촬영함에 있어서는 임장하였을 때의 원상태를 촬영하고 순서적으로 수사의 진행에 따라 행한다.
❖ 증거물을 촬영함에 있어서는 그 소재와 상태가 명백히 나타나도록 할 것이며, 필요에 따라 참관인이 서명한 용지 등을 넣어 촬영한다.
❖ 흉기, 창상, 흔적 등을 촬영함에 있어서는 그 길이(장), 폭 등을 명백히 하기 위하여 측정용 자(cm, 척), 줄자등을 사용하여 촬영한다.
❖ 사건상황을 추정할 수 있는 대상물의 형상은 반드시 촬영하여야 한다.
  • 혈흔이 부착하여 있는 사람, 물건, 장소
  • 사체의 사반, 색구, 일혈점
  • 해부 사체의 장기의 손상 및 일혈점 혈액의 변색 등
  • 사건과 연관성을 가진 피해품·유류물
❖ 상해 등의 사건과 피해자의 저항으로 입은 멍, 개갠상처, 피하밑 출혈 등 신

체에 나타나 있는 상흔

○ 현장사진 기록의 작성
  ❖ 시도경찰청 과학수사계 또는 경찰서 수사(형사)과에서 현장사진을 작성하였
    을 때에는 현장사진 기록을 작성하여야 한다. 다만, 사건의 성질에 따라 필
    요 없다고 인정할 때에는 이를 생략할 수 있다.
  ❖ 현장사진 기록의 작성은 다음 각호에 정한 서식에 의한다.
    • 현장사진 기록은 별지 제1호 서식
    • 현장 도면사진은 별지 제2호 서식
    • 현장사진, 부검사진, 감정사진 등은 별지 제3호 서식
    • 보조용지는 별지 제4호 서식

○ 현장사진기록의 정리보관
  ❖ 시도경찰청 과학수사계 또는 경찰서에서 현장사진 기록물과 비디오 영상물
    을 작성하였을 때에는 범죄발생 연월일 또는 범죄발견 연월일 순으로 정리
    보관하며, 디지털 저장 매체에 정리 보관할 수 있다.

○ 현장사진기록 사본의 송부
  ❖ 현장사진기록 및 비디오 촬영물 중 중요하고 특이한 사건으로 요구가 있을
    시 그 사본을 시도경찰청에서는 경찰청에, 경찰서에서는 시도경찰청에 각각
    신속히 송부하여야 하며, 시도경찰청은 연간 작성된 현장기록과 사건수사자
    료를 취합하여 디지털 저장 매체에 기록하여 경찰청에 송부한다.

○ 현장사진기록 처리부의 비치
  ❖ 현장사진 기록의 작성, 정리, 보관과 그 사본의 송부상황을 명백히 하기 위
    하여 시도경찰청 과학수사계와 경찰서에 별지 제5호 서식에 의한 현장사진
    기록처리부를 비치하여야 한다.

○ 현장사진의 부호
  ❖ 현장사진은 별지 제6호 서식에 의하여야 한다. 별지 제1호서식(사건 현장사
    진 기록) 별첨과 같이 한다.

○ 초상권 및 개인정보의 보호
  ❖ 사진작성기록 및 비디오 촬영물은 사건 피해자의 초상권 및 개인정보 보호
    를 위해 관련 수사기관 이외의 개인과 단체에게 유출을 금한다.

◎ 별지 제1호 서식

(○○년 제   호)

사 건 현 장 사 진 기 록		
일시	20○○년 ○월 ○일 ○○시 ○○분 발생	
	20○○년 ○월 ○일 ○○시 ○○분 건수	
장소	○○경찰서 관내	
피해자		
가해자		
○○년 ○월 ○일 ○○시 ○○분 임장		
임장자	경찰청 과학수사과	검 ○ ○ ○
	○○시도경찰청 과학수사계	검 ○ ○ ○
	○○경찰서	검 ○ ○ ○
	기타	

(제1호) 이 면

~~

현장사진부호

1. 축 적	R 0 3 6 9 12	11. 저 수 지 (웅 덩 이)	
2. 방 위		12. 콘크리트교	
3. 사진촬영의 방 향과 위치의 표시	↑ ↑ ↑ ㉮ ㉯ ㉰ (경 1cm)	13. 목 교	
4. 범인의 침입도 주 경로(족적)		14. 우 체 통	
5. 피해장소	✕	15. 전 주	
6. 도 로	←치0방향 치0방향→	16. 우 체 국	
7. 철 도		17. 사 찰	
8. 전차선로		18. 학 교	
9. 패 도		19. 경찰관서	警察署─□署 支 署─□支 派出所─㊀ 出張所─㊀
10. 하 천		20. 소방관서	消防署─□消 派出所─㊀ 出張所─㊀

21. 논		31. 임야(활엽수)	
22. 밭		32. 나무울타리	
23. 뽕 밭		33. 철조망	
24. 과 수 원		34. 철조망울타리	
25. 초 원		35. 벽돌담 (콘크리트)	
26. 고 지		36. 널판지울타리	
27. 입목(침엽수)		37. 인자	
28. 입목(활엽수)		38. 벽	
29. 죽림		39. 헛간 또는 콘크리트	
30. 임야(침엽수)		40. 복도(마루)	

41. 계 단(층계)		50. 창 문 (상하개폐)	
42. 계 단		51. 창 문 (두짝미닫이)	
43. 계 단		52. 창 문 (네짝미닫이)	
44. 화 장 실		53. 창 문 (두짝미닫이)	
45. 목 욕 탕		54. 창 문 (세짝미닫이)	
46. 우 물		55. 창 문 (한짝미닫이)	
47. 벽 장		56. 창 문 (양개여닫이)	
48. 수 도		57. 창 문 (한짝여닫이)	
49. 창 문 (두짝 미닫이)		58. 창 문 (전개여닫이)	

기타 1. 형상으로 표시하여 명칭을 붙인다.

　　2. △□○◎◉□ⓐⓑⓒ 가, 나, 다 또는 ①②③의 수지를 표시고
　　　이를 기호에 설명한다.

※ 경찰수사규칙

제71조(증거보전 신청) 사법경찰관은 미리 증거를 보전하지 않으면 그 증거를 사용하기 곤란한 경우에는 별지 제82호서식의 증거보전 신청서를 작성하여 검사에게 법 제184조제1항에 따른 증거보전의 청구를 신청할 수 있다.

※ 형사소송법

제184조(증거보전의 청구와 그 절차) ①검사, 피고인, 피의자 또는 변호인은 미리 증거를 보전하지 아니하면 그 증거를 사용하기 곤란한 사정이 있는 때에는 제1회 공판기일 전이라도 판사에게 압수, 수색, 검증, 증인신문 또는 감정을 청구할 수 있다.

○ 증거보전의 의의

❖ 증거보전이란 수사단계 또는 제1회 공판기일전(실질적으로 수소법원에서의 증거조사가 가능한 단계를 의미한다고 할 것이므로 피고인 신문이 개시되기 전이라고 해석함이 타당할 것이다)에 판사에 대하여 압수·수색·검증·증인신문 또는 감정을 청구하는 것이다.

❖ 수사단계에서 피의자가 특정되지 않은 경우에도 본 청구를 할 수 있다. 그러나 증인신문의 경우에 피의자 자신을 당해 피의자에 대한 증인으로 청구할 수 없다(형사소송법 제184조 제1항). 법원은 이 청구에 따라 증거를 조사함에 있어 강제력을 행사할 수 있으므로 법원에 대한 강제처분을 청구라고도 말할 수 있다.

○ 청구권자

❖ 청구권자는 검사와 피고인(공소제기후 제1회 공판기일전의 피고인), 피의자 또는 변호인이다.

❖ 사법경찰관은 미리 증거를 보전하지 아니하면 그 증거를 사용하기 곤란한 사정이 있을 때에는 그 사유를 소명하여 검사에게 증거보전 청구를 신청하여야 한다.

○ 신청사유

❖ 미리 증거를 보전하지 아니하면 그 증거를 사용하기 곤란한 사정이 있는 때이다. 예를 들면 특정 증거물 또는 장소가 변경될 가능성이 있거나, 특정한 증인이 생명 위독이나 장기여행 등으로 공판준비나 공판기일에 진술을 들을 수 없는 사정이 있는 때 등이 이에 해당한다.

○ 신청방법
  ❖ 서면으로 증거보전신청서를 법원에 제출하여야 하고, 그 사유를 소명하여야
    한다(서식 제45호).
  ❖ 신청서에는 사건의 개요, 증명할 사실, 증거 및 보전의 방법, 증거보전을 필
    요로 하는 사유 등을 기재하고 위 사유에 대하여는 소명하여야 한다.

○ 증거조사방법
  ❖ 청구를 받은 판사는 그 처분에 대하여 법원 또는 재판장과 동일한 권한이
    있다(형사소송법 제184조 제2항). 따라서 법원이 증인신문을 행하는 규정과
    압수·수색·검증 및 감정에 대한 규정이 전면적으로 준용되며, 공동피고인 또
    는 공범자를 증거보전절차에서 증인으로 신문하는 것은 허용된다(대법원
    1968. 12. 17. 선고 67도1607 판결).
  ❖ 증거보전 청구를 기각하는 결정에 대하여는 즉시항고는 물론, 항고나 준항
    고도 할 수 없다(대법원 1986. 7. 12. 86모25 결정).

○ 판사의 권한
  ❖ 증거보전청구를 받은 판사는 법원 또는 재판장과 동일한 권한이 있다(형사
    소송법 제184조 제2항).
  ❖ 판사는 증인신문의 전제가 되는 구인·소환을 할 수 있고, 법원 또는 재판장
    이 행하는 경우와 같이 압수·수색·검증·증인신문, 감정에 관한 규정을 준용한
    다.

○ 증거보전 후의 절차
  ❖ 증거보전에 의하여 압수한 물건 또는 작성된 조서는 증거보전을 한 판사가
    소속한 법원에서 보관한다.
  ❖ 검사·피고인·피의자 또는 변호인은 판사의 허가를 얻어 그 서류와 증거물을
    열람 또는 등사할 수 있다(형사소송법 제185조).
  ❖ 증거보전절차에서 작성된 조서는 법원 또는 법관의 조서로서 당연히 증거능
    력이 인정된다.
  ❖ 그러나 검사·피고인 또는 변호인이 이를 증거로 이용하기 위하여는 수소법원
    에 그 증거조사를 청구하여야 하며, 수소법원은 증거보전을 한 법원에서 기
    록을 송부받아 증거조사를 하여야 한다.

○ ○ 경 찰 서

제   호   년   월   일

수 신   ○○지방검찰청

제 목   **증거보전 신청서**

   다음 사건에 관하여 아래와 같이 증거보전의 청구를 신청합니다.

사 건 번 호			
죄 명			
피 의 자	성 명		주 민 등 록 번 호
	직 업		
	주 거		
범 죄 사 실			
증 명 할 사 실			
증 거 및 보 전 의 방 법			
증 거 보 전 을 필 요 로 하 는 사 유			

○ ○ 경찰서

사법경찰관 경위 홍 길 동 ㉑

▣ 감정의 취촉

제173조(감정의 위촉 등) ① 경찰관은 「형사소송법」 제221조제2항에 따라 수사에 필요하여 국립과학수
  사연구원 등에게 감정을 의뢰하는 경우에는 별지 제24호서식의 감정의뢰서에 따른다.
② 경찰관은 제1항 이외의 감정기관이나 적당한 학식·경험이 있는 사람에게 감정을 위촉하는 경우에는
  「경찰수사규칙」 제42조의 감정위촉서에 따르며, 이 경우 감정인에게 예단이나 편견을 생기게 할 만한
  사항을 적어서는 아니 된다.
③ 경찰관은 감정을 위촉하는 경우에는 감정인에게 감정의 일시, 장소, 경과와 결과를 관계자가 용이하
  게 이해할 수 있도록 간단명료하게 기재한 감정서를 제출하도록 요구하여야 한다.
④ 경찰관은 감정인이 여러 사람인 때에는 공동의 감정서를 제출하도록 요구할 수 있다.
⑤ 경찰관은 감정서의 내용이 불명확하거나 누락된 부분이 있을 때에는 이를 보충하는 서면의 제출을
  요구하여 감정서에 첨부하여야 한다.

※ 경찰수사규칙
제42조(감정의 위촉) 사법경찰관은 법 제221조제2항에 따라 감정을 위촉하는 경우에는 별지 제
  34호서식의 감정위촉서에 따른다. 법 제221조의4에 따라 감정에 필요한 허가장을 발부받아 위
  촉하는 경우에도 또한 같다.

※ 형사소송법
제221조(제3자의 출석요구 등) ② 검사 또는 사법경찰관은 수사에 필요한 때에는 감정·통역 또
  는 번역을 위촉할 수 있다.
제221조의4(감정에 필요한 처분, 허가장) ① 제221조의 규정에 의하여 감정의 위촉을 받은 자는
  판사의 허가를 얻어 제173조제1항에 규정된 처분을 할 수 있다.
② 제1항의 허가의 청구는 검사가 하여야 한다.
③ 판사는 제2항의 청구가 상당하다고 인정할 때에는 허가장을 발부하여야 한다.
④ 제173조제2항, 제3항 및 제5항의 규정은 제3항의 허가장에 준용한다.

○ 감정의뢰(위촉)서
  ❖ 사법경찰관이 수사에 필요한 때에 학식·경험이 있는 제3자에게 감정을 위촉
    하는 것이다.

○ 감정의뢰서 작성요령
  ❖ 과학수사연구소 등에 감정의뢰를 할 때에는 감정의뢰서에 의하여 행한다.
  ❖ 위의 감정기관이나 적당한 학식·경험있는 자에게 감정위촉을 하는 경우에는
    감정위촉서에 의한다.
  ❖ 사법경찰관이 감정을 의뢰하거나, 위촉하는 경우에 또는 유치처분이 필요한
    때에는 감정유치신청서를 검사에게 제출하여 검사의 청구로 판사의 감정유

치장을 받아야 한다.

❖ 감정위촉서의 기재사항은 당해 감정의 필요한 최소한도로 기재해야 하며 감정인에게 예단이나, 편견을 생기게 할만한 사항은 기재해서는 안 된다.

소 속 관 서

제 0000-00000 호   0000.00.00.

수 신 : 수신

제 목 : 감 정 위 촉 서

피의자 000외 0명에 대한 죄명 피의사건에 관하여 다음 사항의 감정을 위촉합니다.

사 건 번 호	
감 정 대 상 (종 류 품 명)	
위 촉 사 항	
비 고	※ 감정처분허가장이 첨부된 경우, 감정처분허가장은 감정서와 함께 반환 하시기 바랍니다.

소속관서

사법경찰관   계급

■ 감정유치 및 감정처분허가신청

> **제174조(감정유치 및 감정처분허가신청) 경찰관은 「경찰수사규칙」 제73조제2항의 신청에 따라 판사로부터 감정처분허가장을 발부받은 경우 감정인에게 이를 교부하여야 한다.**

※ 경찰수사규칙

제73조(감정유치 및 감정처분허가 신청) ① 사법경찰관은 법 제221조제2항의 감정을 위하여 법 제172조제3항에 따른 유치가 필요한 경우에는 별지 제84호서식의 감정유치장 신청서를 작성하여 검사에게 제출해야 한다.

② 사법경찰관은 법 제221조의4제1항에 따라 법 제173조제1항에 따른 처분을 위한 허가가 필요한 경우에는 별지 제85호서식의 감정처분허가장 신청서를 작성하여 검사에게 제출해야 한다.

※ 형사소송법

제172조(법원 외의 감정) ① 법원은 필요한 때에는 감정인으로 하여금 법원 외에서 감정하게 할 수 있다.

② 전항의 경우에는 감정을 요하는 물건을 감정인에게 교부할 수 있다.

③ 피고인의 정신 또는 신체에 관한 감정에 필요한 때에는 법원은 기간을 정하여 병원 기타 적당한 장소에 피고인을 유치하게 할 수 있고 감정이 완료되면 즉시 유치를 해제하여야 한다.

제221조의4(감정에 필요한 처분, 허가장) ①제221조의 규정에 의하여 감정의 위촉을 받은 자는 판사의 허가를 얻어 제173조제1항에 규정된 처분을 할 수 있다.

○ 감정유치신청서 작성요령

❖ 피의자의 정신 또는 신체에 관한 감정이 필요한 때에는 판사에게 일정한 기간 병원·기타 적당한 장소에 피의자를 유치할 것을 청구할 수 있다.

❖ 청구는 검사가 할 수 있다. 사법경찰관이 피의자에 대한 감정유치가 필요하다고 판단하면 검사에게 보고하여 필요한 조치를 취할 수 있도록 하여야 한다.

○ 감정유치신청서 작성사례

❖ 피의사실의 요지

피의자는 20○○. 7. 9. 09:00경 ○○에 있는 피해자 ○○○의 집 안방에 들어가 벽에 걸려 있는 그의 옷에서 현금 612,000원을 꺼내어 가 이를 절취하였다.

❖ 집행의 목적

피의자는 정신분열증 환자로 20○○. 12. 1. 치료감호판결을 선고받아 그 시경부터 20○○. 11. 24.까지 ○○병원에서 입원치료를 받은 사실이 있는 자로서, 이 건 범행당시 위 정신질환으로 인한 심신상실 또는 미약의 상태에 있었는지의 여부를 감정치 위함.

○○경찰서

제 호   20○○.○.○.

수 신 : 검찰청의 장

제 목 : **감정유치장 신청서**

 다음 사건에 관하여 아래와 같이 감정유치하려 하니 20○○.○.○.까지 유효한 감정
유치장의 청구를 신청합니다.

피 의 자	성 명	
	주 민 등 록 번 호	
	직 업	
	주 거	
변 호 인		
범 죄 사 실		
7 일 을 넘 는 유 효 기 간 을 필 요 로 하 는 취 지 와 사 유		
둘 이 상 의 유 치 장 을 신 청 하 는 취 지 와 사 유		
유 치 할 장 소		
유 치 기 간		
감 정 의 목 적 및 이 유		
감 정 인	성 명	
	직 업	
비 고		

○○경찰서

사법경찰관 경위   홍 길 동 (인)

○ ○ 경 찰 서

제 호   20○○.○.○.

수 신 : 검찰청의 장

제 목 : **감정처분허가장 신청서**

다음 사건에 관하여 아래와 같이 감정에 필요한 처분을 할 수 있도록 20○○.○.○.까지 유효한 감정처분허가장의 청구를 신청합니다.

피의자	성 명		주민등록번호	
	직 업			
	주 거			
감정인	성 명		주민등록번호	
	직 업			
감 정 위 촉 연 월 일				
감 정 위 촉 사 항				
감 정 장 소				
범 죄 사 실				
7일을 넘는 유효기간을 필요로 하는 취지와사유				
둘 이 상 의 허 가 장 을 신청하는취지와사유				
감 정 에 필 요 한 처 분 의 이 유				
변 호 인				
비 고				

○○경찰서

사법경찰관   경위   홍 길 동 (인)

감정물의 일반 준수 사항

○ 충분한 시료의 채취
  ❖ 모든 감정물은 현장의 사정이 허용하는 한 가급적 전량을 수집 또는 채취하는 것이 바람직하며, 감정물이 충분해야 이를 시료로 삼아 정확한 감정을 할 수 있으며 감정물(시료)의 필요한 절대량은 다음과 같다.
    • 혈액 : 최소 0.5mg 이상이어야 혈액형 감별 가능
    • 위 내용물, 뇨, 담즙 : 채취될 수 있는 양 전부
    • 뇌 : 500g 이상 혹은 반구(半球) 전체
    • 심 : 심장 전체
    • 간 : 500g 이상
    • 폐 : 좌·우측 폐장(肺臟) 각 50g 이상씩, 한쪽 폐장 전체
    • 신 : 좌·우측 신장 각 50g 이상씩, 근육·지방·200g 이상, 손톱 : 10g 이상 (비소·납·수은 등 중금속 중독사인 경우)
    • 정액 : 최소 3mg 이상(미달일 때 혈액형 감정 불능)
    • 모발 : 최소 길이 6cm 이상(미달일 때 혈액형 감정 불능)으로 3개 이상
    • 독극 감정 : 100g 이상
    • 문서 감정용 인영 : 20회 이상 날인

○ 증거물의 표기
  ❖ 수집·채취된 감정용 증거물은 증거물마다 다음 사항을 명기하여야 한다.
    • 감정물·종류 및 품명
    • 채취 연월일시 및 장소
    • 피의자의 성명·연령·직업
    • 채취 방법
    • 관련 사건명
    • 사건 개요(자세하고 정확하게 표기)
    • 감정물 구분 번호
    • 사건 취급자의 계급·성명 및 관서명

○ 변질의 방지
  ❖ 수집·채취한 감정용 증거물, 특히 혈액, 정액, 조직, 사체 내용물 등은 다음

사항에 세심한 유의를 하여 그 변질을 방지하여야 한다.

- 일광의 직사를 피하여야 한다.
- 습기가 차지 않도록 건조한 곳에서 다루어야 한다.
- 손을 대거나 더럽혀지지 않도록 하여야 한다.
- 계절에 따라 부패 또는 변질되기 쉬우므로 보관시에는 반드시 냉장 보관하여야 하며, 조직일 경우에는 10% 포르말린 용액 또는 알콜에 보관하여야 한다(특히 여름철에 주의)
- 독물 분석용 시료에는 방부제인 포르말린 용액을 첨가하여서는 절대 안 된다.

○ 증거물의 밀봉(密封)

❖ 감정용 증거물을 용기에 담았거나 넣었을 때에는 다음 요령에 따라 밀봉하여야 한다.

- 감정용 증거물은 한 가지마다 개별 포장을 하며 마손(磨損), 마멸(磨滅)을 방지하여야 한다.
- 개별 포장된 것을 종합하여 다시 포장할 경우 용기와 용기, 증거물과 증거물의 마찰을 피하고, 가급적 포장된 내부에서 증거물이 따로 놀지 않도록 틈마다 솜 또는 포편(佈片)을 끼워야 한다.
- 우송시에는 포장 후 책임자가 반드시 완전히 포장하였는지의 여부를 확인하여야 한다.

○ 증거물의 송부

❖ 수집, 채취된 증거물은 지체없이 최단시간내에 접수·감정 처리할 수 있도록 신속히 송부하여야 한다. 이렇게 함으로써 변질·파손·오손·마멸을 방지할 수 있다. 아울러 다음 사항도 유의하여야 한다.

- 부패·변질이 우려되는 감정물은 견고히 포장하여 특별히 급송한다.
- 특히 여름철에는 특별수단을 통하여 신속히 송부하여야 한다.
- 부득이 우송하게 된 경우에는 포장된 포피(包皮)에 '지급'이라고 주서(朱書)하고 그 포장을 철저히 기하여야 한다.

감정 참고사항

○ 감정물 처리기한

[법의학 분야]
- 신설혈액 ………………………………………………………… 3일 이내
- 허언탐지 ………………………………………………………… 5일 이내
- 정액·위 내용물·플랑크톤 ……………………………………… 7일 이내
- 타액·혈흔 ……………………………………………………… 8일 이내
- 모발·대변·부검(사인 확인) …………………………………10일 이내
- 세균……………………………………………………………22일 이내
- 병리조직………………………………………………………13일 이내
- 부검 (사인 불명) ……………………………………………… 15일 이내
- 성별·연령(두개골·치아) 슈퍼임포즈 ………………………… 20일 이내
- 치흔 …………………………………………………………25일 이내

[이화학 분야]
- 대마·혈중 Co·Hb 농도……………………………………………5일 이내
- 향정신성의약품·혈중알콜농도·총기류
  화학 및 폭약류 ……………………………………………… 6일 이내
- 마약 및 환외마약·청산염·살서제류·휘발성독물,공구흔·파열흔·
  전기누선·합선·토양·유류 기타 ………………………………7일 이내
- 유기인제·염소제류·카바메이트류·강산 및
  강알카리류, 고무·필적·인영·페인트류 ……………………… 8일 이내
- 인쇄류·문서류 ………………………………………………… 10일 이내
- 중금속류·화공약품류·환경폐기물·음료수 ………………… 21일 이내
- 식품류 규격시험 및 부정의약품류 …………………………… 22일 이내
- 음성·기계음·주변음………………………………………………15일 이내

■ 과학수사 연구소의 감정물 처리과정

(부검 처리과정)

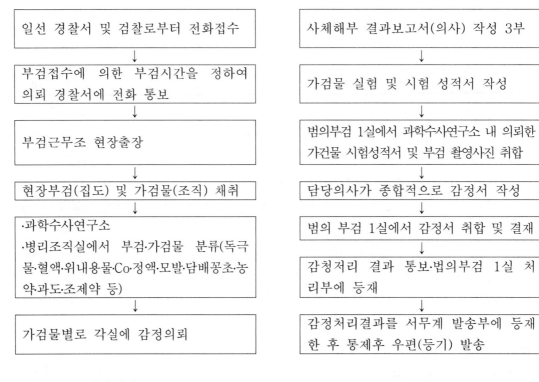

일선 경찰서 및 검찰로부터 전화접수

↓

부검접수에 의한 부검시간을 정하여 의뢰 경찰서에 전화 통보

부검근무조 현장출장

현장부검(집도) 및 가검물(조직) 채취

↓

·과학수사연구소
·병리조직실에서 부검·가검물 분류(독극물·혈액·위내용물·Co·정액·모발·담배꽁초·농약과도·조제약 등)

↓

가검물별로 각실에 감정의뢰

사체해부 결과보고서(의사) 작성 3부

↓

가검물 실험 및 시험 성적서 작성

↓

범의부검 1실에서 과학수사연구소 내 의뢰한 가건물 시험성적서 및 부검 촬영사진 취합

↓

담당의사가 종합적으로 감정서 작성

↓

범의 부검 1실에서 감정서 취합 및 결재

↓

감청저리 결과 통보·법의부검 1실 처리부에 등재

↓

감정처리결과를 서무계 발송부에 등재한 후 통제후 우편(등기) 발송

(일반감정물 처리과정)

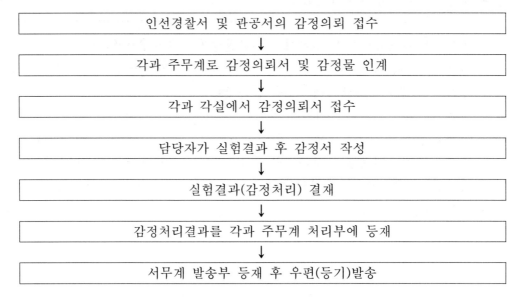

인선경찰서 및 관공서의 감정의뢰 접수

↓

각과 주무계로 감정의뢰서 및 감정물 인계

↓

각과 각실에서 감정의뢰서 접수

↓

담당자가 실험결과 후 감정서 작성

↓

실험결과(감정처리) 결재

↓

감정처리결과를 각과 주무계 처리부에 등재

↓

서무계 발송부 등재 후 우편(등기)발송

○ 감정서 제출요구
  ❖ 감정은 학식·경험 있는 자가 위촉받게 되는 것이므로 감정의 경과와 결과 등을 전문적 학술용어 등으로 표현하는 것이 일반적인데 이런 경우에 있어서도 위촉할 수사기관과 기타 관계자에게 용이하게 이해되도록 간결 평이하게 기술한 감정서를 제출하도록 미리 감정인이게 의뢰해 두어야 한다.
  ❖ 가능하면 알기 쉬운 도해 등을 첨부해 주도록 하여야 할 것이다.
  ❖ 감정의 경과와 결과가 간단한 경우에는 감정인에게 구술의 보고(설명)를 요구할 수 있으며 그 경우에는 그 진술을 기재한 진술조서(감정인)를 작성해 두어야 한다.

○ 감정의 경과
  ❖ "감정의 경과"란 최종적 결론(판단)에 도달한 이유이며, 결과만을 기재하여 판단의 이유를 기재하지 않은 감정서는 그 증명력이 현저하게 약하므로 반드시 그 경과를 기재하도록 의뢰하여야 할 것이다.

○ 감정인이 다수인 경우
  ❖ 감정인이 수인인 때에는 각각 또는 공동으로 감정서를 제출하도록 요구할 수 있다.
  ❖ 공동의 감정서를 제출하게 하는 경우에 있어서도 감정인은 각각 자기가 맡은 부분에 대한 책임이 명확히 하도록 해 두지 않으면 안 된다. 그것은 감정인이 공판기일에 증인으로서 신문을 받는 일이 있기 때문이다.

○ 감정서의 기재와 보충
  ❖ 감정서의 기재에 불명 또는 불비한 점이 있을 때에는 위촉자는 감정인에 대하여 다시 이를 보충하는 서면의 제출을 요구하여 감정서에 첨부하여 감정서의 일부로서 보충하도록 한다.

■ 증인신문

※ 경찰수사규칙
제72조(증인신문 신청) 사법경찰관은 범죄의 수사에 없어서는 안 되는 사실을 안다고 명백히 인정되는 사람이 출석 또는 진술을 거부하는 경우에는 별지 제83호서식의 증인신문 신청서를 작성하여 검사에게 법 제221조의2제1항에 따른 증인신문의 청구를 신청할 수 있다.

※ 형사소송법
제221조의2(증인신문의 청구) ①범죄의 수사에 없어서는 아니될 사실을 안다고 명백히 인정되는 자가 전조의 규정에 의한 출석 또는 진술을 거부한 경우에는 검사는 제1회 공판기일 전에 한하여 판사에게 그에 대한 증인신문을 청구할 수 있다.

○ 증인신문의 의의
  ❖ 수사기관은 참고인을 출석요구하여 진술을 들을 수 있는바, 참고인 조사는 임의수사이고, 참고인은 출석과 진술의 의무가 없다.
  ❖ 그렇다고 하여 참고인에 대한 출석과 진술을 강제하는 것은 바람직스럽지 못하다. 범죄의 수사는 공익을 위한 것이고, 범죄에 대하여 책임이 없는 제3자라 할지라도 국가형벌권의 신속 공정한 실현과 진실의 발견을 위해서 어느 정도까지의 희생을 하는 것이 바람직하다고 하지 않을 수 없다.
  ❖ 여기에 일정범위에서 참고인에 대하여 수사기관에 출석과 진술을 강제할 필요가 인정된다.
  ❖ 수사단계 또는 제1회 공판기일 전에 판사에 대하여 범죄의 수사에 없어서는 아니될 사실을 안다고 명백히 인정되는 자가 참고인으로 출석 또는 진술을 거부한 경우에 증인의 신문을 청구하는 제도가 증인신문의 청구이다.
  ❖ 또 검사 또는 사법경찰관에 대하여 임의의 진술을 한 자가 공판기일에 전의 진술과 다른 진술을 할 염려가 있고, 그의 진술이 범죄의 증명에 없어서는 아니 될 것으로 인정되는 때에는 신문을 청구할 수 있다.

○ 청구권자
  ❖ 청구권자는 검사이다. 따라서 사법경찰의 경우에 위에 해당되는 사유가 있으면 그 내용을 즉시 검사에게 보고(신문서류로 송부)하여 조치를 취할 수 있도록 하여야 한다.

○ 신청절차
  ❖ 증인신문을 신청함에 있어서는 서면으로 그 사유를 소명하여야 한다.

❖ 신청시에는 증인의 성명·생년월일·직업 및 주거, 피의자·피고인의 성명·죄명 및 피의사실, 신문사항, 증인신문청구의 요건이 되는 사실, 피의자 또는 피고인에게 변호인이 있을 때에는 그 성명을 기재하여야 한다.

○ 증인신문의 방법
❖ 증인신문을 신청함에 있어서는 서면으로 그 사유를 소명하여야 한다.
❖ 심사결과 요건을 구비하였다고 인정할 때에는 증인신문을 하지 않으면 안 된다. 이런 의미에서 증인신문은 의무적이라고 할 것이다.
❖ 청구권자가 부적법하거나, 요건이 구비되지 아니한 때에는 결정으로 청구를 기각하여야 한다. 청구를 기각하는 결정에 대하여는 불복할 수 없다.
❖ 증인신문의 청구를 받은 판사는 증인신문에 관하여 법원 또는 재판장과 동일한 권한이 있다. 따라서 증인신문에 관하여는 법원 또는 재판장이 하는 증인신문에 관한 규정이 준용된다.
❖ 증인신문에는 원칙적으로 피고인, 피의자 또는 변호인의 참여권이 인정되지 아니한다. 다만, 판사는 수사에 지장이 없다고 인정할 때 피고인, 피의자 또는 변호인을 증인신문에 참여하게 할 수 있다(형사소송법 제221조의2 제5항). 이때에는 신문기일과 장소 및 증인신문에 참여할 수 있다는 취지를 통지하여야 한다.
❖ 진술번복의 우려가 있는 자에 대한 증인심문청구는 1996.12.26 위헌결정(헌재94헌바1)으로 효력이 상실됨

○ 증인신문 후의 조치
❖ 증인신문을 한 때에는 판사는 지체없이 이에 관한 서류를 검사에게 송부하여야 한다(형사소송법 제21조의2 제6항). 증거보전의 경우와는 이 점에서 구분된다.
❖ 증인신문조서는 법관의 면전조서로서 당연히 증거능력이 인정된다. 다만, 이 경우에는 검사가 제출한 증거에 대한 증거조사가 필요함은 당연하다.

○ 증거보전과의 차이점
❖ 증거보전에서의 증인신문은 미리 증인신문을 하지 아니하면 증인의 생명위독이나 장기여행 등으로 공판준비 또는 공판기일에 진술을 들을 수 없을 때에 한정하고 있으므로, 수사단계에 있어서 중요참고인이 출석 또는 진술을 거부하거나, 수사기관에서의 진술이 신빙성이 없을 때, 수사에 애로가 있어 이에 대한 타개책으로 이 제도를 마련한 것으로 참고인에 대한 강제력 행사를 판사를 통하여 할 수 있는 것이다.

○○경찰서

제 0000-00000 호   20○○. ○. ○.

수 신 : ○○지방검찰청장

제 목 : 증인신문 신청서

다음 사건에 관하여 아래와 같이 증인신문의 청구를 신청합니다.

사 건 번 호				
죄 명				
피의자	성 명		주민등록번호	
	직 업			
	주 거			
증인	성 명		주민등록번호	
	직 업			
	주 거			
범 죄 사 실				
증 명 할 사 실				
신 문 사 항				
증인신문청구의 요건이되는사실				
변 호 인				

○○경찰서

사법경찰관   경위   홍 길 동 (인)

제5장 시정조치요구

■ 징계요구에 대한 처리

제175조(징계요구에 대한 처리) 경찰관서장은 「형사소송법」 제197조의3제7항 또는 같은 법 제197조의2제3항에 따라 검찰총장 또는 각급 검찰청 검사장으로부터 소속 경찰관에 대한 징계 요구를 통보받은 때에는 징계 요구 여부를 신중히 검토하여야 한다.

※ 경찰수사규칙
제76조(징계요구 처리 결과 등 통보) 소속경찰관서장은 수사준칙 제46조제2항에 따라 징계요구의 처리 결과와 그 이유를 통보하는 경우에는 별지 제88호서식의 징계요구 처리결과 통보서에 따른다.
제106조(직무배제 또는 징계 요구의 처리 등) ① 소속경찰관서장은 수사준칙 제61조제2항에 따라 직무배제를 하는 경우 지체 없이 사건 담당 사법경찰관리를 교체해야 한다.
② 소속경찰관서장은 수사준칙 제61조제3항에 따라 직무배제 또는 징계 요구의 처리 결과와 그 이유를 통보하는 경우에는 별지 제120호서식의 직무배제요구 처리결과 통보서 또는 별지 제88호서식의 징계요구 처리결과 통보서에 따른다.

※ 검사와 사법경찰관의 상호협력과 일반적 수사준칙에 관한 규정
제46조(징계요구의 방법 등) ① 검찰총장 또는 각급 검찰청 검사장은 법 제197조의3제7항에 따라 사법경찰관리의 징계를 요구할 때에는 서면에 그 사유를 구체적으로 적고 이를 증명할 수 있는 관계 자료를 첨부하여 해당 사법경찰관리가 소속된 경찰관서의 장(이하 "경찰관서장"이라 한다)에게 통보해야 한다.
② 경찰관서장은 제1항에 따른 징계요구에 대한 처리 결과와 그 이유를 징계를 요구한 검찰총장 또는 각급 검찰청 검사장에게 통보해야 한다.

※ 형사소송법
제197조의3(시정조치요구 등) ⑦ 검찰총장 또는 각급 검찰청 검사장은 사법경찰관리의 수사과정에서 법령위반, 인권침해 또는 현저한 수사권 남용이 있었던 때에는 권한 있는 사람에게 해당 사법경찰관리의 징계를 요구할 수 있고, 그 징계 절차는 「공무원 징계령」 또는 「경찰공무원 징계령」에 따른다.
제197조의2(보완수사요구) ③ 검찰총장 또는 각급 검찰청 검사장은 사법경찰관이 정당한 이유 없이 제1항의 요구에 따르지 아니하는 때에는 권한 있는 사람에게 해당 사법경찰관의 직무배제 또는 징계를 요구할 수 있고, 그 징계 절차는 「공무원 징계령」 또는 「경찰공무원 징계령」에 따른다.

소속관서

제 0000-00000 호   0000.00.00.

수 신 : 검찰총장 또는 검찰청의 장

제 목 : 징계요구 처리결과 통보서

「검사와 사법경찰관의 상호협력과 일반적 수사준칙에 관한 규정」 제46조제2항·
제61조제3항에 따라 아래와 같이 징계요구 처리결과와 그 이유를 통보합니다.

사건 번호			
대상자	소속	직위(직급)	성명
징계요구 요지			
처리 결과			
이유			

소속관서장

제6장 범죄피해자 보호

▣ 피해자 인적사항의 기재 생략

제176조(피해자 인적사항의 기재 생략) ① 경찰관은 조서나 그 밖의 서류(이하 "조서등"이라 한다)를 작성할 때 「경찰수사규칙」 제79조제1항의 피해자가 보복을 당할 우려가 있는 경우에는 별지 제22호서식의 진술조서(가명)에 그 취지를 조서등에 기재하고 피해자의 성명·연령·주소·직업 등 신원을 알 수 있는 사항(이하 "인적사항"이라 한다)을 기재하지 않을 수 있다. 이때 피해자로 하여금 조서등에 서명은 가명으로, 간인 및 날인은 무인으로 하게 하여야 한다.
② 제1항의 경우 경찰관은 별지 제111호서식의 범죄신고자등 인적사항 미기재사유 보고서를 작성하여 검사에게 통보하고, 조서등에 기재하지 아니한 인적 사항을 별지 제109호서식의 신원관리카드에 등재하여야 한다.
③ 피해자는 진술서 등을 작성할 때 경찰관의 승인을 받아 인적사항의 전부 또는 일부를 기재하지 아니할 수 있다. 이 경우 제1항 및 제2항을 준용한다.
④ 「특정범죄신고자 등 보호법」 등 법률에서 인적사항을 기재하지 아니할 수 있도록 규정한 경우에는 피해자나 그 법정대리인은 경찰관에게 제1항에 따른 조치를 하도록 신청할 수 있다. 이 경우 경찰관은 특별한 사유가 없으면 그 조치를 하여야 한다.
⑤ 경찰관은 제4항에 따른 피해자 등의 신청에도 불구하고 이를 불허한 경우에는 별지 제112호서식의 가명조서등 불작성사유 확인서를 작성하여 기록에 편철하여야 한다.

※ 경찰수사규칙
제79조(피해자 보호의 원칙) ① 사법경찰관리는 피해자[타인의 범죄행위로 피해를 당한 사람과 그 배우자(사실상의 혼인관계를 포함한다), 직계친족 및 형제자매를 말한다. 이하 이 장에서 같다]의 심정을 이해하고 그 인격을 존중하며 피해자가 범죄피해 상황에서 조속히 회복하여 인간의 존엄성을 보장받을 수 있도록 노력해야 한다.
② 사법경찰관리는 피해자의 명예와 사생활의 평온을 보호하고 해당 사건과 관련하여 각종 법적 절차에 참여할 권리를 보장해야 한다.

○ 인적사항 생략 대상범죄(특정범죄)
 ❖ 특정강력범죄의처벌에관한특례법 제2조의 범죄
 ❖ 마약류불법거래방지에관한특례법 제2조제2항의 범죄
 ❖ 폭력행위등처벌에관한법률 제4조 및 특정범죄가중처벌등에관한법률 제5조의8의 단체의 구성원의 동단체의 활동과 관련된 범죄
 ❖ 「국제형사재판소 관할 범죄의 처벌 등에 관한 법률」 제8조부터 제16조까지의 죄
 ❖ 「특정범죄가중처벌 등에 관한 법률」 제5조의9의 죄

※ 특정강력범죄의 처벌에 관한 특례법

제2조(적용범위) ① 이 법에서 "특정강력범죄"란 다음 각 호의 어느 하나에 해당하는 죄를 말한다.

1. 「형법」 제2편제24장 살인의 죄 중 제250조[살인·존속살해(尊屬殺害)], 제253조[위계(僞計) 등에 의한 촉탁살인(囑託殺人)등] 및 제254조(미수범. 다만, 제251조 및 제252조의 미수범은 제외한다)의 죄

2. 「형법」 제2편제31장 약취(略取)와 유인(誘引)의 죄 중 제287조(미성년자의 약취·유인), 제288조(영리등을 위한 약취·유인·매매등), 제289조(국외이송을 위한 약취·유인·매매), 제293조(상습범) 및 제294조(미수범.

3. 「형법」 제2편제32장 강간과 추행의 죄 중 흉기나 그 밖의 위험한 물건을 휴대하거나 2명 이상이 합동하여 범한 제297조(강간), 제298조(강제추행), 제299조(준강간·준강제추행), 제300조(미수범), 제305다만, 제291조 및 제292조의 미수범은 제외한다)의 죄조(미성년자에 대한 간음, 추행), 제301조(강간등 상해·치상) 및 제301조의2(강간등 살인·치사)의 죄

4. 성폭력범죄의 처벌 등에 관한 특례법 제3조부터 제10조까지 및 제14조(제13조의 미수범은 제외한다)의 죄

5. 「형법」 제2편제38장 절도와 강도의 죄 중 제333조(강도), 제334조(특수강도), 제335조(준강도), 제336조(인질강도), 제337조(강도상해·치상), 제338조(강도살인·치사), 제339조(강도강간), 제340조(해상강도), 제341조(상습범) 및 제342조(미수범. 다만, 제329조부터 제331조까지, 제331조의2 및 제332조의 미수범은 제외한다)의 죄

6. 「폭력행위 등 처벌에 관한 법률」 제4조(단체등의 구성·활동) 및 「특정범죄가중처벌 등에 관한 법률」 제5조의8(단체등의 조직)의 죄

② 제1항 각 호의 범죄로서 다른 법률에 따라 가중처벌하는 죄는 특정강력범죄로 본다.

❖ 공직선거법

제262조의2(선거범죄신고자 등의 보호) ①선거범죄[제16장 벌칙에 규정된 죄(제261조제6항의 과태료에 해당하는 위법행위를 포함한다)와 「국민투표법」 위반의 죄를 말한다. 이하 같다]에 관한 신고·진정·고소·고발 등 조사 또는 수사단서의 제공, 진술 또는 증언 그 밖의 자료제출행위 및 범인검거를 위한 제보 또는 검거활동을 한 자가 그와 관련하여 피해를 입거나 입을 우려가 있다고 인정할 만한 상당한 이유가 있는 경우 그 선거범죄에 관한 형사절차 및 선거관리위원회의 조사과정에서는 「특정범죄신고자 등 보호법」 제5조·제7조·제9조부터 제12조까지 및 제16조를 준용한다.

② 누구든지 제1항의 규정에 의하여 보호되고 있는 선거범죄신고자 등이라는 정을 알면서 그 인적사항 또는 선거범죄신고자등임을 알 수 있는 사실을 다른 사람에게 알려주거나 공개 또는 보도하여서는 아니 된다.

○ 인적사항 기재생략

❖ 사법경찰관은 범죄신고 등과 관련하여 조서 기타 서류(이하 "조서등"이라 한다)를 작성함에 있어서 범죄신고자 등이나 그 친족 등이 보복을 당할 우려가 있는 경우에는 그 취지를 조서 등에 기재하고 범죄신고자 등의 성명·연령·주소·직업등 신원을 알 수 있는 사항(이하 "인적 사항"이라 한다)의 전부 또는 일부를 기재하지 아니할 수 있다.

❖ 사법경찰관이 조서 등에 범죄신고자 등의 인적 사항의 전부 또는 일부를 기재하지 아니한 경우에는 즉시 검사에게 보고하여야 한다.

❖ 사법경찰관은 조서 등에 기재하지 아니한 인적 사항을 범죄신고자등신원관리카드(이하 "신원관리카드"라 한다)에 등재하여야 한다.

❖ 조서 등에 성명을 기재하지 아니하는 경우에는 범죄신고자 등으로 하여금 조서 등에 서명은 가명으로, 간인 및 날인은 무인으로 하게 하여야 한다. 이 경우 가명으로 된 서명은 본명의 서명과 동일한 효력이 있다.

❖ 범죄신고자 등은 진술서등을 작성함에 있어서 검사 또는 사법경찰관의 승인을 얻어 인적 사항의 전부 또는 일부를 기재하지 아니할 수 있다. 이 경우 제2항 내지 제4항의 규정을 준용한다.

❖ 범죄신고자 등이나 그 법정대리인은 검사 또는 사법경찰관에게 제1항의 규정에 의한 조치를 취하도록 신청할 수 있다. 이 경우 검사 또는 사법경찰관은 특별한 사유가 없는 한 이에 따라야 한다.

❖ 신원관리카드는 검사가 관리한다.

○ 신원관리카드의 열람

❖ 법원은 다른 사건의 재판상 필요한 경우에는 검사에게 신원관리카드의 열람을 요청할 수 있다. 이 경우 요청을 받은 검사는 범죄신고자 등이나 그 친족 등이 보복을 당할 우려가 있는 경우외에는 그 열람을 허용하여야 한다.

❖ 다음 각호의 1에 해당하는 경우에는 그 사유를 소명하고 검사의 허가를 받아 신원관리카드를 열람할 수 있다. 다만, 범죄신고자 등이나 그 친족 등이 보복을 당할 우려가 있는 경우에는 열람을 허가하여서는 아니 된다.

1. 검사나 사법경찰관이 다른 사건의 수사에 필요한 경우
2. 변호인이 피고인의 변호에 필요한 경우
3. 제14조의 규정에 의한 범죄신고자등구조금의 지급에 관한 심의등 공무상 필요가 있는 경우

❖ 피의자 또는 피고인이나 그 변호인 또는 법정대리인, 배우자, 직계친족과 형제자매가 피해자와의 합의를 위하여 필요한 경우에는 검사에게 범죄신고자 등과의 면담을 신청할 수 있다.

❖ 면담신청이 있는 경우 검사는 즉시 그 사실을 범죄신고자 등에게 통지하고, 범죄신고자 등이 이를 승낙한 경우에는 검사실 등 적당한 장소에서 범죄신고자 등이나 그 대리인과 면담을 할 수 있도록 조치할 수 있다.

❖ 신원관리카드의 열람을 신청한 변호인과 제3항의 규정에 의하여 면담신청을 한 자는 검사의 거부처분에 대하여 이의신청을 할 수 있다.

❖ 이의신청은 그 검사가 소속하는 지방검찰청검사장(지청의 경우에는 지청장)에게 서면으로 제출하여야 한다. 이의신청을 받은 검사장 또는 지청장은 이의신청이 이유가 있다고 인정하는 경우에는 신원관리카드의 열람을 허가하거나 범죄신고자 등이나 그 대리인과 면담할 수 있도록 조치하여야 한다.

○ 증인소환 및 신문의 특례 등
❖ 조서 등에 인적사항을 기재하지 아니한 범죄신고자 등을 증인으로 소환할 때에는 검사에게 소환장을 송달한다.
❖ 재판장 또는 판사는 소환된 증인 또는 그 친족등이 보복을 당할 우려가 있는 경우에는 참여한 법원서기관 또는 서기로 하여금 공판조서에 그 취지를 기재하고 당해 증인의 인적 사항의 전부 또는 일부를 기재하지 아니하게 할 수 있다. 이 경우 재판장 또는 판사는 검사에게 신원관리카드가 작성되지 아니한 증인에 대하여 신원관리카드의 작성 및 관리를 요청할 수 있다.
❖ 재판장 또는 판사는 증인의 인적 사항이 신원확인·증인선서·증언등 증인신문의 모든 과정에서 공개되지 아니하도록 하여야 한다. 이 경우 제1항에 의하여 소환된 증인의 신원확인은 검사가 제시하는 신원관리카드에 의한다.
❖ 공판조서에 인적 사항을 기재하지 아니하는 경우 재판장 또는 판사는 범죄신고자 등으로 하여금 선서서에 가명으로 서명·무인하게 하여야 한다. 이 경우 제7조제4항 후단의 규정을 준용한다.
❖ 증인으로 소환받은 범죄신고자 등이나 그 친족 등이 보복을 당할 우려가 있는 경우에는 검사·범죄신고자 등 또는 그 법정대리인은 법원에 피고인이나 방청인을 퇴정시키거나 공개법정외의 장소에서 증인신문을 할 것을 신청할 수 있다.
❖ 재판장 또는 판사는 직권 또는 제5항의 규정에 의한 신청이 상당한 이유가 있다고 인정되는 때에는 피고인이나 방청인을 퇴정시키거나 공개법정외의 장소에서 증인신문 등을 행할 수 있다. 이 경우 변호인이 없는 때에는 국선변호인을 선임하여야 한다.

○○ 경 찰 서

수 신 : ○○검찰청 검사장(지청장)
제 목 : **범죄신고자등 인적사항 미기재사유통보**

　　　특정범죄신고자등보호법 제7조제2항의 규정에 의하여 아래와 같이 범죄신고자
등의 인적사항의 전부 또는 일부를 조서 등에 기재하지 아니하였으므로 이를 통보합
니다.

사 건 번 호				
신 원 관 리 카 드 관 리 번 호				
대 　 상 　 자 인 적 사 항	성 명 (가 명)		신 　 　 　 분	
	신변안전조치해 당 　 여 　 부		피 의 자 와 의 관 　 　 계	
미 기 재 원 인	대상자 ○○○(법정대리인 ○○○)의 신청, 직권			
서 류 명 및 미 기 재 내 용				
미 기 재 사 유				

20○○. ○. ○.

소속　　　　　직위(직급)　　　　성명　　　　㊞

▣ 피해자의 비밀누설금지

> 제177조(피해자의 비밀누설금지) 경찰관은 성명, 연령, 주거지, 직업, 용모 등 피해자임을 미루어 알 수 있는 사실을 제3자에게 제공하거나 누설하여서는 아니된다. 다만, 피해자가 동의한 경우에는 그러하지 아니하다.

○ 비밀누설금지
  ❖ 모든 국민은 정보의 공개를 청구할 권리를 가지며 공공기관이 보유·관리하는 정보는 「공공기관의정보공개에관한법률」이 정하는 바에 따라 공개하여야 하지만
  ❖ 다른 법률 또는 법률에 의한 명령에 의하여 비밀로 유지되거나 비공개사항으로 규정된 사항, 공개될 경우 국민의 생명·신체 및 재산의 보호 기타 공공의 안전과 이익을 해할 우려가 있다고 인정되는 정보, 당해 정보에 포함되어 있는 이름·주민등록번호에 의하여 특정인을 식별할 수 있는 개인에 관한 정보 등에 대하여는 이를 공개하지 아니할 수 있다.
  ❖ 다만, 공공기관이 작성하거나 취득한 정보로서 공개하는 것이 공익 또는 개인의 권리구제를 위하여 필요하다고 인정되는 정보 등은 공개할 수 있으므로
  ❖ 가해자의 주소·이름·주민등록번호 등은 특정인을 식별할 수 있는 개인에 관한 정보이므로 비록 합의·공탁·소송을 위한 공개청구라 하더라도 원칙적으로 이를 타인에게 공개할 수 없음.
  ❖ 다만 상대방에게 이를 확인하여 상대방의 동의를 얻어 공개할 수는 있을 것이다.

○ 범죄피해자 또는 그 친족등의 인격을 존중한다.
  ❖ 조사는 안정된 분위기를 유지하고
  ❖ 불안 또는 괴로움이 없도록 하여야 한다.

○ 범죄신고자 및 참고인에 대하여도 위와 같이 보호하여야 한다.

▣ 피해자 동행 시 유의사항

제178조(피해자 동행 시 유의사항) 경찰관은 피해자를 경찰관서 등으로 동행할 때 가해자 또는 피의자 등과 분리하여 동행하여야 한다. 다만, 위해나 보복의 우려가 없을 것으로 판단되는 등 특별한 사정이 있는 경우에는 그러하지 아니하다.

※ 범죄피해자 보호법
제1조(목적) 이 법은 범죄피해자 보호·지원의 기본 정책 등을 정하고 타인의 범죄행위로 인하여 생명·신체에 피해를 받은 사람을 구조(救助)함으로써 범죄피해자의 복지 증진에 기여함을 목적으로 한다.

▣ 피해자 조사 시 주의사항

제179조(피해자 조사 시 주의사항) ① 경찰관은 피해자를 조사할 때에는 피해자의 상황을 고려하여 조사에 적합한 장소를 이용할 수 있다. 이 경우 조사 후 지체 없이 소속 수사부서장에게 보고하여야 한다.
② 경찰관은 살인·강도·강간 등 강력범죄 피해자가 신원 노출에 대한 우려 등의 사유로 경찰관서에 출석하여 조사받는 것이 어려운 경우에는 특별한 사정이 없는 한 피해자를 방문하여 조사하는 등 필요한 지원을 하여야 한다.
③ 경찰관은 강력범죄 피해자 등 정신적 충격이 심각할 것으로 추정되는 피해자에 대해서는 피해자의 심리상태를 확인한 후 경찰 피해자심리전문요원이나 외부 전문기관의 심리상담을 받도록 하여야 한다.

※ 피해자 보호 및 지원에 관한 규칙
제1조(목적) 이 규칙은 피해자 보호 및 지원을 위한 경찰의 기본정책 등을 명확히 하고, 피해자의 권익보호와 신속한 피해회복을 도모하기 위하여 경찰활동에 필요한 사항을 규정함을 목적으로 한다.

※ 범죄피해자 보호법
제8조의2(범죄피해자에 대한 정보 제공 등) ① 국가는 수사 및 재판 과정에서 다음 각 호의 정보를 범죄피해자에게 제공하여야 한다.
  1. 범죄피해자의 해당 재판절차 참여 진술권 등 형사절차상 범죄피해자의 권리에 관한 정보
  2. 범죄피해 구조금 지급 및 범죄피해자 보호·지원 단체 현황 등 범죄피해자의 지원에 관한 정보
  3. 그 밖에 범죄피해자의 권리보호 및 복지증진을 위하여 필요하다고 인정되는 정보
② 제1항에 따른 정보 제공의 구체적인 방법 및 절차 등에 필요한 사항은 대통령령으로 정한다.

❖ 경찰관은 피해자를 조사할 때에는 피해자의 상황을 고려하여 조사에 적합한 장소를 이용할 수 있다. 이 경우 조사 후 지체 없이 소속 수사부서장에게

보고하여야 한다.
- ❖ 경찰관은 살인·강도·강간 등 강력범죄 피해자가 신원 노출에 대한 우려 등의 사유로 경찰관서에 출석하여 조사받는 것이 어려운 경우에는 특별한 사정이 없는 한 피해자를 방문하여 조사하는 등 필요한 지원을 하여야 한다.
- ❖ 경찰관은 강력범죄 피해자 등 정신적 충격이 심각할 것으로 추정되는 피해자에 대해서는 피해자의 심리상태를 확인한 후 경찰 피해자심리전문요원이나 외부 전문기관의 심리상담을 받도록 하여야 한다.

○ 피해자 보호 관련 법령·규칙 개정사항 등 반영
- ❖ 피해자에게 제공하는 정보의 종류 및 제공절차에 대하여는「피해자 보호 및 지원에 관한 규칙」을 준용하고, 사건처리진행상황 통지서에 관련 정보를 기재하도록 한다.

○ 피해자 등과 자료제공자의 보호조치
- ❖ 피해자 등에게 후환이 미칠 우려있을 때 자료 제공금지.
  (수법, 동기, 피해자 등과의 관계, 언동, 피해자성명, 거주지 등)
- ❖ 피해자로부터 보호조치 요청 시 즉시 대책을 강구한다.

○ 범죄신고자에 대해 신변안전조치
- ❖ 범죄신고자가 피의자 기타의 사람으로부터 생명·신체에 해를 받거나 염려가 있다고 인정되는 때에는 직권 또는 범죄신고자의 신청에 의하여 범죄신고자의 신변안전에 필요한 조치를 취할 수 있다.
  (범죄신고자보호및보상에관한규칙 제3조).
- ❖ 범죄신고자에 대한 비밀누설 금지 등
  - 직무상 취득한 신고자에 대한 비밀누설을 금지한다(동 규칙 제4조 제1항)
  - 비공개의 방식 : 성명, 연령, 주소, 직업, 용모 등에 의하여 범죄신고자임을 미루어 알 수 있는 정도의 사실이나 사진을 제3자에게 제공하지 못한다.
  - 다만, 범죄신고자가 동의한 경우는 예외이다.

▣ 여성폭력 피해자의 2차 피해 방지

제180조 (여성폭력 피해자의 2차 피해 방지) 경찰관은 「여성폭력방지기본법」 제3조제3호에 따른 2차 피해 방지를 위하여 다음 각 호의 행위가 발생하지 않도록 유의하여야 한다.
1. 다른 경찰관서 관할이거나 피의자 특정 곤란, 증거 부족 등의 사유로 사건을 반려하는 행위
2. 피해자를 비난하거나 합리적인 이유 없이 피해 사실을 축소 또는 부정하는 행위
3. 가해자에 동조하거나 피해자에게 가해자와 합의할 것을 종용하는 행위
4. 가해자와 피해자를 분리하지 않아 서로 대면하게 하는 행위(다만, 대질조사를 하는 경우는 제외한다)
5. 그 밖의 위 각 호의 행위에 준하는 행위

※ 여성폭력방지기본법
제3조(정의) 이 법에서 사용하는 용어의 뜻은 다음과 같다.
3. "2차 피해"란 여성폭력 피해자(이하 "피해자"라 한다)가 다음 각 목의 어느 하나에 해당하는 피해를 입는 것을 말한다.
   가. 수사·재판·보호·진료·언론보도 등 여성폭력 사건처리 및 회복의 전 과정에서 입는 정신적·신체적·경제적 피해
   나. 집단 따돌림, 폭행 또는 폭언, 그 밖에 정신적·신체적 손상을 가져오는 행위로 인한 피해(정보통신망을 이용한 행위로 인한 피해를 포함한다)
   다. 사용자(사업주 또는 사업경영담당자, 그 밖에 사업주를 위하여 근로자에 관한 사항에 대한 업무를 수행하는 자를 말한다)로부터 폭력 피해 신고 등을 이유로 입은 다음 어느 하나에 해당하는 불이익조치
      1) 파면, 해임, 해고, 그 밖에 신분상실에 해당하는 신분상의 불이익조치
      2) 징계, 정직, 감봉, 강등, 승진 제한, 그 밖에 부당한 인사조치
      3) 전보, 전근, 직무 미부여, 직무 재배치, 그 밖에 본인의 의사에 반하는 인사조치
      4) 성과평가 또는 동료평가 등에서의 차별과 그에 따른 임금 또는 상여금 등의 차별 지급
      5) 교육 또는 훈련 등 자기계발 기회의 취소, 예산 또는 인력 등 가용자원의 제한 또는 제거, 보안정보 또는 비밀정보 사용의 정지 또는 취급 자격의 취소, 그 밖에 근무조건 등에 부정적 영향을 미치는 차별 또는 조치
      6) 주의 대상자 명단 작성 또는 그 명단의 공개, 집단 따돌림, 폭행 또는 폭언, 그 밖에 정신적·신체적 손상을 가져오는 행위
      7) 직무에 대한 부당한 감사 또는 조사나 그 결과의 공개
      8) 인허가 등의 취소, 그 밖에 행정적 불이익을 주는 행위
      9) 물품계약 또는 용역계약의 해지, 그 밖에 경제적 불이익을 주는 조치

제181조 〈삭제〉
제182조 〈삭제〉

제183조(준용규정) 「경찰수사규칙」 제80조, 제81조 및 이 규칙 제176조는 범죄신고자 및 참고인으로서 범죄수사와 관련하여 보복을 당할 우려가 있는 경우에도 준용한다.

※ 경찰수사규칙

제80조(신변보호) ① 수사준칙 제15조제2항에 따른 신변보호에 필요한 조치의 유형은 다음 각 호와 같다.
  1. 피해자 보호시설 등 특정시설에서의 보호
  2. 신변경호 및 수사기관 또는 법원 출석·귀가 시 동행
  3. 임시숙소 제공
  4. 주거지 순찰 강화, 폐쇄회로텔레비전의 설치 등 주거에 대한 보호
  5. 그 밖에 비상연락망 구축 등 신변안전에 필요하다고 인정되는 조치
② 범죄신고자 등 참고인으로서 범죄수사와 관련하여 보복을 당할 우려가 있는 경우에 관하여는 제1항을 준용한다.
제81조(피해자에 대한 정보 제공) 사법경찰관리는 피해자를 조사하는 경우 다음 각 호의 정보를 피해자에게 제공해야 한다. 다만, 피해자에 대한 조사를 하지 않는 경우에는 수사준칙 제51조제1항에 따른 결정(이송 결정은 제외한다)을 하기 전까지 정보를 제공해야 한다.
  1. 신변보호 신청권, 신뢰관계인 동석권 등 형사절차상 피해자의 권리
  2. 범죄피해자구조금, 심리상담·치료 지원 등 피해자 지원제도 및 지원단체에 관한 정보
  3. 그 밖에 피해자의 권리보호 및 복지증진을 위하여 필요하다고 인정되는 정보

※ 피해자 보호 및 지원에 관한 규칙

제17조(피해자에 대한 정보제공) 경찰관은 피해자를 조사할 때에 다음 각 호의 정보를 제공하여야 한다. 다만, 피해자에 대한 조사를 하지 아니하는 때에는 사건 송치 전까지 정보를 제공하여야 한다.
  1. 신변보호 요청, 신뢰관계자 동석권 등 형사절차상 피해자의 권리
  2. 범죄피해자구조금, 심리상담·치료 지원 등 피해자 지원제도 및 단체에 관한 정보
  3. 배상명령제도, 긴급복지지원 등 그 밖에 피해자의 권리보호 및 복지증진을 위하여 필요하다고 인정되는 정보
제18조(정보제공절차) ① 제17조의 정보제공은 별지 제1호 서식의 안내서를 출력하여 피해자에게 교부하는 것을 원칙으로 한다.
② 경찰관은 성폭력, 아동학대, 가정폭력 피해자에게 제1항의 방법으로 정보제공 시 별지 제2호서식부터 제4호서식까지의 서식 중 각 유형에 해당하는 안내서를 추가로 교부한다.
③ 경찰관은 피해자가 출석요구에 불응하는 등 서면을 교부하는 것이 곤란한 사유가 있는 경우에는 구두, 전화, 모사전송, 우편, 전자우편, 휴대전화 문자전송, 그 밖에 이에 준하는 방법으로 피해자에게 정보를 제공할 수 있다.
제19조(정보제공 시 유의사항) ① 경찰관은 피해자 보호 및 지원을 위한 제도 등 관련 정보를 숙지하여 피해자와의 상담에 성실하게 응해야 한다.
② 경찰관은 외국인 피해자가 언어적 어려움을 호소하는 경우 관할지역 내 통역요원 등을 활용하여 외국인 피해자에게 충실하게 정보를 제공할 수 있도록 노력해야 한다.

○ 중요 참고인에 대한 신변보호
  ❖ 범죄신고자 외에 수사과정상 범죄사실에 대한 진술을 행한 참고인 등 중요 사건관계자에 대하여도 개인의 인적사항이 노출되지 않도록 유의
  ❖ 진술에 대한 보복협박을 당하는 등의 사례가 발생하여 신변보호 요청을 하거나 보복범죄발생의 우려가 높다고 판단되는 경우 철저한 신변보호

범죄피해자 권리 및 지원제도 안내문

귀하의 담당수사관은　　　수사관입니다.

(전화 : 사무실전화번호, 팩스 : 사무실FAX번호)

1) 형사절차상 범죄피해자의 권리

① 조사받을 때 심각한 불안이나 긴장이 예상되면, 가족 등 신뢰관계에 있는 사람과 동석할 수 있습니다.

② 사건진행상황, 가해자의 구속·형집행상황 등 형사절차상 정보를 제공받을 수 있습니다.

③ 고소를 한 경우 검사의 불기소 처분에 대하여 항고 및 재정신청을 통해 불복할 수 있습니다.

④ 법원에 소송기록의 열람·등사를 신청하거나 재판에 출석하여 의견을 진술할 수 있습니다.

⑤ 법원에 증인으로 출석하여 진술하게 되는 경우 사생활·신변보호 필요성 등 정당한 사유가 있으면 비공개 심리를 신청할 수 있습니다.

2) 범죄피해자 지원 제도

① 특정범죄의 신고, 증언 등과 관련하여 보복을 당할 우려가 있다면 수사기관에 신변안전 조치를 요청하거나 조사 서류 등에 인적사항을 기재하지 않도록 요청할 수 있습니다.

② 범죄피해로 심리적 충격이 크다면 각 경찰서 피해자전담경찰관이나 지역별 전문기관을 통해 심리 상담·치료 지원을 받을 수 있습니다.

③ 대한법률구조공단(☎132)을 통해 법률상담이나 손해배상청구 등 소송 관련 도움을 받을 수 있습니다.

④ 범죄로 인해 사망, 장해, 중상해 피해를 입고 가해자로부터 배상을 받지 못한 경우 구조금을 신청할 수 있고, 소정의 심사를 거쳐 치료비 등 경제적 지원을 받을 수 있습니다.(☎1577-2584)

⑤ 뺑소니 또는 무보험 차량으로 인해 사고를 당한 경우 손해보험회사에 보상을 청구할 수 있고, 자동차 사고로 사망·중증후유장애를 입은 경우 경제적 지원을 받을 수 있습니다.(☎1544-0049)

3) 기타 권리보호 및 복지증진 관련 사항

① 가해자와 범죄피해 관련 민사상 다툼에 대해 합의한 경우, 형사재판 중인 법원에 합의내용을 공판조서에 기재해줄 것을 신청할 수 있습니다. 해당 공판조서는 민사판결문과 동일한 효력이 부여되므로 가해자가 합의내용을 이행하지 않는다면 이를 근거로 강제집행이 가능합니다.

② 법원에서 유죄판결을 선고하면서 가해자에게 피해자가 입은 물적 피해 및 치료비 등 손해를 배상하도록 명령해줄 것을 신청할 수 있습니다. 배상의 대상과 금액이 유죄판결문에 표시되며, 가해자가 배상명령을 이행하지 않는다면 이를 근거로 강제집행이 가능합니다.

③ 민사소송, 지급명령, 소액심판 등 법원의 민사절차를 통해 가해자로부터 손해배상을 받을 수 있습니다.

④ 갑작스러운 위기로 생계유지가 곤란한 경우 관할 시·군·구청을 통해 긴급복지지원을 받을 수 있습니다.

○ 자세한 내용은 사이버경찰청(www.police.go.kr) 또는 우측 QR코드를 통해 확인하시거나 경찰서 청문감사관실의 피해자전담경찰관에게 상담 받으실 수 있습니다.

○ 형사사법포털(www.kics.go.kr)에서 사건조회서비스 및 각종 지원정보를 제공합니다.

제7장 특 칙

제1절 성폭력사건에 관한 특칙

▣ 장애인에 대한 특칙

제184조(장애인에 대한 특칙) ① 경찰관은 성폭력 피해자가 신체적 또는 정신적 장애 등으로 사물을 변별하거나 의사를 결정할 능력이 미약한 때에는 본인이나 법정대리인 등에게 보조인을 선정하도록 권유하고, 선정된 보조인을 신뢰관계에 있는 사람으로 동석하게 할 수 있다.
② 경찰관은 성폭력 피해자가 언어장애인, 청각장애인 또는 시각장애인인 때에는 본인 또는 법정대리인 등의 의견을 참작하여 수화 또는 문자 통역 등의 방법을 활용하여 조사한다.
③ 경찰관은 성폭력 피해자가 정신지체인인 때에는 면담을 통하여 진술능력 등을 확인하고, 피해자가 자신의 의사를 제대로 전달하지 못하여 수사에 지장을 초래한다고 판단되는 경우에 한하여 제1항의 보조인 또는 신뢰관계에 있는 사람으로 하여금 피해자의 의사를 전달하도록 할 수 있다.

※ 경찰수사규칙
제90조(장애인에 대한 조사) 사법경찰관리는 청각장애인 및 언어장애인이나 그 밖에 의사소통이 어려운 장애인을 조사하는 경우에는 직권으로 또는 장애인 본인, 보호자, 법정대리인 등의 신청에 따라 수화·문자통역을 제공하거나 의사소통을 도울 수 있는 사람을 참여시켜야 한다.

제185조(증거보전의 특례) 성폭력 피해자나 그 법정대리인이 「성폭력처벌법」 제41조에 따라 증거보전의 청구를 요청한 경우 경찰관은 그 요청이 상당한 이유가 있다고 인정하는 때에는 관할 지방검찰청 또는 지청의 검사에게 증거보전 청구를 신청할 수 있다.

※ 성폭력범죄의 처벌 등에 관한 특례법
제41조(증거보전의 특례) ① 피해자나 그 법정대리인 또는 경찰은 피해자가 공판기일에 출석하여 증언하는 것에 현저히 곤란한 사정이 있을 때에는 그 사유를 소명하여 제30조에 따라 촬영된 영상물 또는 그 밖의 다른 증거에 대하여 해당 성폭력범죄를 수사하는 검사에게 「형사소송법」 제184조(증거보전의 청구와 그 절차)제1항에 따른 증거보전의 청구를 할 것을 요청할 수 있다. 이 경우 피해자가 16세 미만이거나 신체적인 또는 정신적인 장애로 사물을 변별하거나 의사를 결정할 능력이 미약한 경우에는 공판기일에 출석하여 증언하는 것에 현저히 곤란한 사정이 있는 것으로 본다.
② 제1항의 요청을 받은 검사는 그 요청이 타당하다고 인정할 때에는 증거보전의 청구를 할 수 있다.

※ 형사소송법

제184조(증거보전의 청구와 그 절차) ① 검사, 피고인, 피의자 또는 변호인은 미리 증거를 보전하
  지 아니하면 그 증거를 사용하기 곤란한 사정이 있는 때에는 제1회 공판기일 전이라도 판사에
  게 압수, 수색, 검증, 증인신문 또는 감정을 청구할 수 있다.
② 전항의 청구를 받은 판사는 그 처분에 관하여 법원 또는 재판장과 동일한 권한이 있다.
③ 제1항의 청구를 함에는 서면으로 그 사유를 소명하여야 한다.
④ 제1항의 청구를 기각하는 결정에 대하여는 3일 이내에 항고할 수 있다

○ 장애인 성폭력사건 수사시 유의사항
  ❖ 피해자의 진술이 일관성이 없는 경우에도 전문가의 감정·상담·치료기록 첨부
    및 상담원 조사 등 피해자가 신체·정신장애로 항거불능상태에 있었는지 여
    부를 적극 입증하여 만연히 증거불충분으로 무혐의처리하지 않도록 한다.
  ❖ 피해자 조사 전에 해당 장애에 대한 전문가의 조언을 구하여 장애의 특성을
    이해하고, 장애인 성폭력 상담원을 동반하여 조사하며, 수화통역자는 가능한
    동성으로 한다.

○ 장애인 특성에 맞는 조사방법을 활용
  ❖ 청각장애인의 경우, 피해자가 원하는 의사소통방법, 장애의 정도를 확인한다.
    ※ 수화, 입모양으로 읽는 것, 글로 쓰기 등
  ❖ 시각장애인의 경우, 피해자가 사물을 볼 수 있는 장애의 정도를 기록한다.
  ❖ 정신지체장애인의 경우, 아동성폭력 과정과 유사한 양상을 보이므로 해부학
    적 인형을 이용하여 진술녹화하고, 발음이 부정확하더라도 끝까지 들어주고,
    말하고자 하는 의사를 확인한다.
  ❖ 신체장애인 경우 시각·청각·언어·신체 장애의 정도를 조사한다.
  ❖ 언어장애인의 경우 듣는 것에는 문제가 없으므로, 거듭 반문해서 말하고자
    하는 의사를 확인한다.
  ❖ 뇌병변 장애인의 경우 신체장애가 있을 뿐 지적 능력과 감각은 비장애인과
    같으므로, 편안한 마음과 자세를 갖도록 한다.

○ 성폭력 사건의 특성
  ❖ 피해자 중심의 수사
    - 대부분 형사사건이 피의자 위주의 수사이나 성폭력사건은 피해자 중심 수사
  ❖ NGO 연계 수사
    - 일반 형사사건은 NGO와 관련이 적으나, 성폭력특별법은 피해자 보호활동

을 하는 NGO에 의해서 피해자보호를 위해 외국법제도 등을 참고해 만들어진 특별법이므로 피해자 조사시 NGO 동석 및 피해여성 상담·치료를 위한 관내 NGO 연계활동 필요

※ 성폭력피해자는 신고보다 NGO 상담을 우선하는 경향이 있어 NGO와 연계하여 범죄첩보를 입수하는 것도 고려

❖ 수사과정에서의 2차적 인권침해 방지를 위한 절차 준수

○ 전담 조사관 배치

❖ 가급적 여자 성폭력 범죄 전담 조사관이 조사토록 한다.

○ 성폭력 피해여성 인권보호를 위한 십계명

❖ 범죄발생시부터 「피해자서포터」 지정 (여경 위주), 피해자 보호활동 개시

❖ 병원진료시 가급적 여경이 동행하여 우선 치료와 증거수집 병행

❖ 피해자의 의사에 반하지 않는 한, 피해여성은 여경이 조사

❖ 16세미만 아동 및 장애인이 피해자인 경우 진술녹화토록 하고, 피해자 및 법정대리인의 증거보전신청을 적극 수용하여 진술횟수 최소화

❖ 피해자 또는 법정대리인의 신청이 있는 때에는 수사상 지장을 초래할 우려가 있는 등 부득이한 경우가 아닌 한 신뢰관계자 (가족, NGO 등) 동석토록 조치

❖ 피해자 조사는 공개된 장소가 아닌 진술녹화실 등 격리된 장소에서 조사

❖ 피해자 비난이나 책임추궁, 가해자 옹호, 반말, 위협적 태도 등 부적절한 용어 및 불친절 금지

❖ 피의자 확인시 범인식별실 사용 및 꼭 필요한 경우외에는 대질조사 지양

❖ 피해자 상담 및 치료를 위해 성폭력NGO 연계활동 실시

❖ 원칙적으로 비공개 수사, 부득이 보도자료 제공시 피해자 인적사항 및 사생활 비밀을 누설하거나 유추할 수 있는 구체적 자료 배포 금지.

○ 성폭력 증거물 채취 요령

❖ 성폭력 증거물 채취 요령

• 경찰관서 또는 성폭력 전담의료기관에 배부되어 있는 "성폭력 키트"를 이용 증거채취.

• 손괴된 물건, 깨진 병, 찢어진 의복 등 폭행 등을 입증할 수 있는 증거 수집

• 담배꽁초, 껌, 술병, 컵, 숟가락 등 타액 및 지문이 묻을 수 있는 증거물

• 명함, 라이터, 액세서리 등 가해자가 가지고 있던 물건

- 범행현장의 방바닥·이불·담요 등에 유루되어 있는 두모, 체모, 음모, 혈흔, 정액·타액이 묻은 화장지, 콘돔
  ※ 혈흔·정액·타액이 묻은 증거물은 원형 그대로 손상시키지 말고 채취하고 부득이 검체를 채취해야 하는 경우 반드시 생리식염수를 적신 거즈 및 면 봉을 사용하여 면봉 3개 정도의 양을 채취, 냉암소에서 건조
- 성폭력 피해시 입었던 속옷 등 의복
  ※ 성폭력 피해시 입었던 옷은 갈아입지 않도록 하고 갈아입은 경우 종이 봉 투 속에 보존
  ※ 옷을 갈아입은 장소에 남아있는 유류물(Debris) 확인·수거
- 일기장, 진단서 등 성폭력 피해사실에 대한 서류가 있는지 확인
  ※ 처녀막 파열은 사건 후 2~4일이 지나면 자연치유되어 상해의 증거로서 활 용이 불가능하며, 성교 18시간 이내에 질내의 정자 발견율은 100%이나 72시간 후에는 50%이하로 감소하므로 조속히 병원 검진 조치
- 용의자 및 배우자 등 성폭력 피해 전 성관계를 가졌던 참고인에게서 대조 증거물 채취
  - 대조 증거물은 반드시 감식전문가나 전문의료인이 채취
  - 용의자에게서 대조증거물 채취시에는 압수수색영장 발부 또는 임의제출 등 적법절차 준수
  - 혈액·타액·모근 중 하나를 채취하되 혈액은 EDTA 용기에 3ml, 타액은 면봉 3점, 모발은 모근이 부착된 두모 10수 정도 채취
  ※ 증거채취 전 피해자가 당황하지 않도록 증거채취의 필요성, 방법 등을 미 리 설명하고 양해를 구할 것

○ 성폭력 '신고접수' 경찰관 행동요령
  ❖ 범죄 발생장소 및 피해자의 현재 위치 확인한다.
    - 경찰관이 출동해 주길 원하는 장소 파악
  ❖ 피해자가 급박한 상황에 있는지 파악한다.
  ❖ 비노출 출동을 원하는지 여부를 확인한다.
    - 출동 경찰관은 사복 착용하고 일반 승용차량 이용하여 출동토록 조치
  ❖ 피해자 상해여부 파악, 119등 신속 출동조치하고 병원으로 후송지시한다.
  ❖ 흥분상태에 있는 피해자를 안심시키고 가해자 위치 및 인착을 파악 전파한다.
    - "곧 경찰관이 현장에 도착할테니 안심하세요."
    - "가해자는 현장에 같이 있나요? 언제 어디로 도망갔나요."
    - "가해자는 연령, 키, 옷색깔, 머리모양 등은 어떻게 되나요."

❖ 증거확보를 위한 유의사항을 고지한다.
- "속옷 등 옷을 갈아입지 말고 현장을 청소하지 마세요."
- "양치, 세수, 목욕 등 몸을 씻지 말고 가능하면 대·소변도 삼가세요."
- "옷을 갈아입었다면 빨리 말고 출동한 경찰관에게 주세요."
❖ 가정 내 아동·청소년 성폭력사건인 경우 즉시 피해자를 피신시킨다.
- "가해자와 함께 있으면 이웃집이나 가까운 가게로 피신하세요."
- "도와줄 사람은 누구세요? 연락해줄 테니까 연락처를 가르쳐 주세요."
- "아이와 함께 일단 피신하시면 그 쪽으로 경찰관을 보내드리겠습니다."
❖ 신고전화가 상담성인 경우 1366 또는 경찰서 여성상담실 전화번호 안내
❖ 피해자 및 가족의 방문신고시 즉시 여경 성폭력 전담조사관에게 인계 처리

○ 성폭력 '현장출동' 경찰관 행동요령
❖ 경찰장구(카메라, 성폭력응급키트)를 휴대하고 즉시 출동한다.
※ 119·비노출 출동 필요 여부 및 피해자 피신 여부 파악
❖ 경찰서 과학수사반 출동 요청한다.
❖ 현장도착시 피해자 구호하고 용의자 도주로, 인착 등을 전파한다.
❖ 현장을 보존하고 치료 및 증거채취 가급적 필요시 여경이 병원에 동행한다.

◎ <성폭력 피해자 의료비 무료지원>
- 성폭력 피해로 인한 진료, 성병예방검사, 임신반응검사 및 정신과 치료에 대한 비용을 300만원까지 지급, 300만원 초과시 심의를 거쳐 지급여부 결정 (여성가족부에서 비용 지원)
- 성폭력 상담원 대동시에는 상담원이 비용 지불 및 야간·공휴일 등으로 상담원을 대동치 못한 경우 우선 진료하고 영수증을 구청·성폭력상담센터에 제출, 비용을 청구하면 환급 가능함
❖ 지구대에서는 피해여성에 대한 피해조서를 작성치 않도록 하고, 격리된 장소에서 여경(여경이 없을시 팀장 또는 소장)이 성폭행 여부를 간략히 확인 후 본서에 인계하도록 한다.
❖ 피해여성 대기는 지구대내 격리된 장소에서 하고, 여타 민원인에게 비밀이 누설되지 않도록 한다.
❖ 전문상담 및 치료를 위해 성폭력 NGO 연락처 등을 고지하고 피해자 안내서를 배부한다.
❖ 상황을 판단하여 피해자를 지역별 여성·학교폭력 피해자 ONE-STOP 지원센터에 연계한다.

◎ <친족에 의한 아동 성폭력 사건 현장출동시 유의사항>
 - 피해아동의 상태 확인 후 의료기관 인도 등 필요한 응급조치 및 보호조치 한다.
 - 피해아동을 보호할 수 있는 가해자 이외의 성인이 있는지 확인 및 연락한다.
 - 가해자 체포시 피해아동이 죄책감을 느낄 수 있으므로 분리 조치 후 체포

○ 성폭력 '조사' 경찰관 행동요령
  ❖ 성폭력사건 공통사항
   • 성폭력 사건의 피해자 조사는 성폭력 전담조사관(가급적 여경)이 실시한다.
   • 성폭력 전담조사관은 성폭력범죄 수사관련 교육을 이수하여야 한다.
   • 조사전 피해자가 조사받기 원하는 특별한 장소와 시간이 있는지 확인한다.
   • 조사전 신뢰관계자 동석이 가능함을 설명하고, 조사시 동석토록 한다.
   • 피해자 심리상태를 고려, 피해자 조사는 진술녹화실 등 안정되고 조용한 사무실에서 조사한다.
   • 고소사건의 경우 담당조사관은 피해자에게 피해자안내서를 교부하고, 담당자의 성명·연락처를 알려준다.
   • 피해자가 자발적으로 사건 내용에 관해 진술할 수 있도록 분위기를 조성하고, 피해자 진술시 끼어들기를 자제하고 끝까지 경청한다.
   • 피해자를 탓하거나 모욕·굴욕감을 주는 용어는 사용하지 않으며, 사건과 무관한 질문이나 합의 종용 언행을 금한다.
   • 피의자 확인시, 범인식별실을 사용하고 피해자가 알지 못하고 인착이 비슷한 사람 3,4명을 용의자와 함께 세워 그 중에서 지목토록 한다.
   ※ 범인식별시 그 경과를 수사보고 작성토록 하고, 필요시 사진첨부
   • 피해자 등의 증거보전 신청을 적극 수용해서 진술횟수를 최소화한다.
   • 의사의 진단서 등을 적극 활용하고 의사조사시에는 가능한 방문조사한다.
   • 피해자가 상담치료를 받은 경우 성폭력 상담소 등의 상담기록은 반드시 확인하고 필요시 상담기록 첨부하고 상담원을 조사한다.
   • 대질조사는 최후의 수단으로 극히 예외적으로 한다.
   • 1차 피해조서, 2차 피신조서, 3차 피해조서 방식으로 대질조사에 갈음한다.
   • 부득이 대질조사시에는 진술녹화실 등 활용해서 직접 대면하지 않도록 한다.
   • 조사 전·후 시차별 귀가토록 하여 수사기관에서 대면하지 않도록 하고, 수사 진행 도중 또는 귀가시 가해자나 그 가족으로부터 협박당할 경우 관련사건으로 병합처리한다.
   • 피해자 신원·연락처 등이 가해자 및 언론에 노출되지 않도록 비밀을 유지한다.

※ 언론취재 요청시 보고후 지침에 따르되, 창구를 '과장'으로 단일화하고 익명 처리 및 신원을 유추가능한 구체적 자료 배포 금지.('검거보고'시에도 같음)
- 수사진행시 피해여성 상담 및 치료를 위해 관내 NGO와 연계토록 한다.
- 조서 작성 후 피해자가 조서 내용을 충분히 검토한 후 날인토록 안내한다.
- 피해자 조사 전·후 상황을 판단하여 ONE-STOP지원센터에 연계하여 상담, 의료, 법률 등의 지원활동을 하도록 한다.

❖ 16세 미만 아동 및 장애인 성폭력인 경우
- 성폭력 피해자 조사는 성폭력 전담조사관(가급적 여경)이 실시한다.
- 조사전, 신뢰관계자가 동석할 수 있음을 고지, 동석토록 한다.
- 조사전, 진술녹화제 취지를 설명하고 진술녹화에 관한 동의를 얻는다.
- 가족 또는 NGO 단체 등 신뢰관계자를 동석시키고 진술녹화를 시작한다.
  ※ 진술녹화 요령은 '진술녹화 매뉴얼' 참조
- 구속영장신청시, 진술녹화자료를 첨부하여 심증형성에 도움이 되도록 한다.
- 보호자와 아동을 비판하는 행위는 지양하고 부모의 입장을 이해한다.
  ※ 피해자의 부모도 '피해자를 잘 보호하지 못했다'는 죄책감을 가지고 상처를 입는 점에 유의
- 진술을 보조할 수 있는 해부학적 인형·종이·펜 등 그림을 그릴 수 있는 도구, 남녀 및 아동의 신체모습이 그려져 있는 그림을 준비한다.
- 피의자가 범행부인시, 아동이 피해사실을 이야기할 만한 사람들을 상대로 피해사실을 들은 적이 있는지 확인한다.
  ※ 피해아동의 유치원·학교 등에 비밀이 누설되지 않도록 특히 유의
- 목격자가 아동인 경우에는 보호자 동석 하에 조사한다.
- 아동과 장애인의 경우 「1391」 또는 「1366」 등 전문기관에 연계하여 도움을 주도록 한다.

○ 여성·학교폭력 피해자 ONE-STOP지원센터
  ❖ ONE-STOP 지원센터는 여성경찰관·상담사·간호사 등이 24시간 상주하면서 성폭력·학교폭력·가정폭력·성매매 피해자들에게 의료·상담·수사·법률 등의 통합서비스를 무료로 제공
  ❖ 지구대·수사·형사 등 사건담당자는 신고·고소장 접수 등 관련 사건 최초 인지시 여성·학교폭력 피해자에게 'ONE-STOP 지원센터 이용 안내문'을 교부.
  ❖ 피해자에게 ONE-STOP 지원센터 이용의사를 확인하여 피해자가 센터를 이용할 수 있도록 안내 및 연계 조치

제2절 가정폭력사건에 관한 특칙

■ 가정폭력범죄 수사 시 유의사항

제186조(가정폭력범죄 수사 시 유의사항) ① 경찰관은 가정폭력 범죄를 수사함에 있어서는 보호처분 또는 형사처분의 심리를 위한 특별자료를 제공할 것을 염두에 두어야 하며, 가정폭력 피해자와 가족 구성원의 인권보호를 우선하는 자세로 임하여야 한다.
② 경찰관은 가정폭력범죄 피해자 조사 시 피해자의 연령, 심리상태 또는 후유장애의 유무 등을 신중하게 고려하여 가급적 진술녹화실 등 별실에서 조사하여 심리적 안정을 취할 수 있는 분위기를 조성하고, 피해자의 조사과정에서 피해자의 인격이나 명예가 손상되거나 개인의 비밀이 침해되지 않도록 주의하여야 한다.
③ 가정폭력 피해자에 대한 조사는 수사상 필요한 최소한도로 실시하여야 한다.

○ 가정폭력사건 조사
- ❖ 담당경찰관은 파괴된 가정의 평화와 안정을 회복하고 건강한 가정의 육성을 도모하는 자세로 조사한다.
- ❖ 피해자는 피의자와 분리시켜 안전한 곳으로 인도 후 자유로운 분위기에서 피해자의 진술을 청취한다.
- ❖ 신고자가 제3자인 경우 신분이 노출되지 않도록 유의하고 필요시 인근 주민 상대로 폭력행위의 상습성 여부 등을 확인한다.
- ❖ 가정폭력 피해자는 장기간 폭력에 시달려 온 경우가 대부분이고 심리적으로도 위축되어 있는 경우가 많음을 감안, 피해자를 이해하는 조사자세가 필요하다.
- ❖ 가정폭력행위가 객관적으로 입증될 경우 피해자와의 대질신문은 가급적 지양하고, 대질신문을 하는 경우에도 피해자 안전에 대해 특별히 고려하여야 한다.
- ❖ 피해자에게 피해구제를 받을 수 있는 방법, 사건처리절차 등을 상세히 설명해주고 불구속 수사시 가해자가 곧 귀가할 수 있음을 알려 추가적인 폭력에 대비케 한다.
- ❖ 조사 후 귀가조치 시 가해자와 피해자는 시차를 두고 각각 귀가시키는 등으로 폭력행위 재발방지에 유의한다.
- ❖ 피해자를 관련 상담소 등에 인도한 경우 필요시 상담원을 상대로 조사한다.
- ❖ 가정폭력사건의 재발성을 감안, 적극적인 자세로 가정보호사건으로 처리하고 임시 조치를 활용하는 하는 등 적정하게 조치한다.
- ❖ 가정폭력사건 수사자료는 보호처분 등의 심리를 위한 특별자료가 됨을 인식, 가정환경·동기·원인·상습성·재발가능성 등이 수사기록에 표출이 되도록 조사한다.
- ❖ 피해자 또는 법정대리인에게 임시조치 내용을 설명하고 신청에 대한 의견을 반드시 확인하여 조서에 기재한다.

▣ 응급조치

제187조(응급조치) ① 경찰관은 가정폭력범죄 신고현장에서 「가정폭력범죄의 처벌 등에 관한 특례법」 (이하 "가정폭력처벌법"이라 한다) 제5조에 따른 응급조치를 취하되, 폭력행위 제지 시 가족 구성원과의 불필요한 마찰이나 오해의 소지가 없도록 유의한다.
② 제1항의 응급조치를 취한 경찰관은 가정폭력 행위자의 성명, 주소, 생년월일, 직업, 피해자와의 관계, 범죄사실의 요지, 가정상황, 피해자와 신고자의 성명, 응급조치의 내용 등을 상세히 적은 별지 제116호서식의 응급조치보고서를 작성하여 사건기록에 편철하여야 한다.

※ 가정폭력범죄의 처벌 등에 관한 특례법
제5조(가정폭력범죄에 대한 응급조치) 진행 중인 가정폭력범죄에 대하여 신고를 받은 사법경찰관리는 즉시 현장에 나가서 다음 각 호의 조치를 하여야 한다.
1. 폭력행위의 제지, 가정폭력행위자·피해자의 분리
1의2. 「형사소송법」제212조에 따른 현행범인의 체포 등 범죄수사
2. 피해자를 가정폭력 관련 상담소 또는 보호시설로 인도(피해자가 동의한 경우만 해당한다)
3. 긴급치료가 필요한 피해자를 의료기관으로 인도
4. 폭력행위 재발 시 제8조에 따라 임시조치를 신청할 수 있음을 통보
5. 제55조의2에 따른 피해자보호명령 또는 신변안전조치를 청구할 수 있음을 고지

○ 가정폭력범죄에 대한 응급조치
  ❖ 진행 중인 가정폭력범죄에 대하여 신고를 받은 사법경찰관리는 즉시 현장에 나가서 다음 각 호의 조치를 하여야 한다.
    가. 폭력행위의 제지, 가정폭력행위자·피해자의 분리 및 범죄수사
    나. 피해자를 가정폭력 관련 상담소 또는 보호시설로 인도(피해자가 동의한 경우만 해당한다)
    다. 긴급치료가 필요한 피해자를 의료기관으로 인도
    라. 폭력행위 재발 시 제8조에 따라 임시조치를 신청할 수 있음을 통보

  ❖ 응급조치 방법
    가. 경찰관은 진행 중인 가정폭력 범죄에 대하여 신고를 접수한 즉시 현장에 출동하여 「가정폭력방지 및 피해자보호 등에 관한 법률」 제9조의4 규정에 따라 신고된 현장에 출입하여 조사할 수 있다.
    나. 경찰관은 신고현장에서 「가정폭력 범죄의 처벌 등에 관한 특례법」 제5조의 규정에 따라 각 호의 응급조치를 취하되, 폭력행위 제지시 가족 구성원과의 불필요한 마찰이나 오해의 소지가 없도록 유의한다.
      ① 폭력행위의 제지, 가족폭력 행위자·피해자의 분리 및 범죄수사

② 피해자를 가정폭력 관련 상담소 또는 보호시설로 인도(피해자가 동의
   한 경우만 해당한다.)
③ 긴급치료가 필요한 피해자를 의료기관으로 인도
④ 폭력행위 재발 시 임시조치를 신청할 수 있음을 통보
다. 응급조치를 취한 경찰관은 가정폭력 행위자의 성명, 주소, 생년월일, 직
   업, 피해자와의 관계, 범죄사실의 요지, 가정상황, 피해자와 신고자의 성
   명, 응급조치의 내용 등을 상세히 기재한 응급조치보고서를 작성하여 사
   건기록에 편철하여야 한다.

○ ○ 경 찰 서

제 호
수 신 : ○○경찰서장   20○○. ○. ○.
참 조 : ○○여성청소년과장
제 목 : 응급조치보고

행 위 자	성 명	( )	
	주 민 등 록 번 호	(세)	
	직 업		
	주 거		
	피 해 자 와 의 관 계		
	가 정 상 황	성명 : 행위자와의 관계 : 주거 :	
죄 명			
범 죄 사 실 요 지	별지와 같음		
피 해 자			
신 고 자			

　　위 사람에 대한 ○○ 피의사건에 관하여 신고를 받고 즉시 현장에 임하여 다음과 같은 응급조치를 취하였음을 보고합니다.

☐ 폭력행위의 제지, 행위자·피해자의 분리 및 범죄수사
☐ 피해자를 가정폭력관련상담소 또는 보호시설에 인도(피해자가 동의함)
☐ 피해자를 의료기관에 인도하여 긴급치료를 받게 함
☐ 폭력행위의 재발시 사법경찰관이 검사에게 다음과 같은 임시조치를 신청할 수 있음을 행위자에게 통보
　·피해자 또는 가정구성원의 주거 또는 점유하는 방실로부터 퇴거 등 격리
　·피해자 또는 가정구성원의 주거, 직장 등에서 100미터 이내의 접근금지
　·제1호 또는 제2호의 임시조치 위반시 경찰관서 유치장 또는 구치소에의 유치

○○경찰서

사법경찰관(리)

▣ 환경조사서의 작성

제188조(환경조사서의 작성) 경찰관은 가정폭력범죄를 수사함에 있어서는 범죄의 원인 및 동기와 행위자의 성격·행상·경력·교육정도·가정상황 그 밖의 환경 등을 상세히 조사하여 별지 제117호 서식의 가정환경조사서를 작성하여야 한다.

가정환경조사서

제 호   20○○. ○. ○.

조사자	○○경찰서 여성청소년과	경감	황 춘 영

1. 인적사항

사 건 번 호		죄 명			
성 명		주민등록번호		직업	
주 소					
전 화 번 호	(자 택) (핸드폰)			학 력	

2. 가족상황

관계	성 명	연 령	성별	학 력	직 업	기 타

3. 혼인상황 및 생활환경

혼 인 상 황	
생계비조달방법	
주 거 환 경	

4. 가정폭력상황

최 초 갈 등 발 생 원 인		
본 건 범 행 전 가 정 불 화 및 폭 력 횟 수		
가 정 불 화 해 결 을 위 한 노 력 유 무		
본 건 범 죄 의 원 인 및 동 기		
행위자 심 신 상 태	음 주 상 황	
	약 물 복 용 여 부	
	성 격 문 제	
	정 신 장 애 유 무	
범 죄 후 정 황		

5. 재범의 위험성 및 가정유지 의사 유무

가 정 유 지 의 사 유 무	
임 시 조 치 결 정 시 기 거 할 장 소 유 무	
상 담 소 상 담 희 망 여 부	
기 타 참 고 사 항	
재 범 위 험 성	

6. 조사자 의견

▣ 임시조치와 긴급임시조치

제189조(임시조치) ① 경찰관은 「가정폭력처벌법」 제8조에 따라 가정폭력범죄가 재발할 우려가 있다고 인정하는 때에는 별지 제115호서식의 임시조치 신청서에 따라 관할 지방검찰청 또는 지청의 검사에게 같은 법 제29조제1항제1호부터 제3호까지의 임시조치를 법원에 청구할 것을 신청할 수 있다.
② 경찰관은 제1항의 신청에 의해 결정된 임시조치를 위반하여 가정폭력범죄가 재발될 우려가 있다고 인정하는 때에는 관할 지방검찰청 또는 지청의 검사에게 「가정폭력처벌법」 제29조제1항제5호의 경찰관서 유치장 또는 구치소에 유치하는 임시조치를 법원에 청구할 것을 신청할 수 있다.
③ 경찰관은 임시조치 신청을 한 때에는 별지 제121호서식의 임시조치신청부에 소정의 사항을 적어야 한다.
④ 경찰관은 「가정폭력처벌법」 제29조의2제1항에 따라 임시조치의 결정을 집행할 때에는 그 일시 및 방법을 별지 제122호서식의 임시조치통보서에 적어 사건기록에 편철하여야 한다.
⑤ 경찰관은 임시조치 결정에 대하여 항고가 제기되어 법원으로부터 수사기록등본의 제출을 요구받은 경우 항고심 재판에 필요한 범위 내의 수사기록등본을 관할 검찰청으로 송부하여야 한다.

※ 가정폭력처벌법
제8조(임시조치의 청구 등) ① 검사는 가정폭력범죄가 재발될 우려가 있다고 인정하는 경우에는 직권으로 또는 사법경찰관의 신청에 의하여 법원에 제29조제1항제1호·제2호 또는 제3호의 임시조치를 청구할 수 있다.
② 검사는 가정폭력행위자가 제1항의 청구에 의하여 결정된 임시조치를 위반하여 가정폭력범죄가 재발될 우려가 있다고 인정하는 경우에는 직권으로 또는 사법경찰관의 신청에 의하여 법원에 제29조제1항제5호의 임시조치를 청구할 수 있다.
③ 제1항 및 제2항의 경우 피해자 또는 그 법정대리인은 검사 또는 사법경찰관에게 제1항 및 제2항에 따른 임시조치의 청구 또는 그 신청을 요청하거나 이에 관하여 의견을 진술할 수 있다.
④ 제3항에 따른 요청을 받은 사법경찰관은 제1항 및 제2항에 따른 임시조치를 신청하지 아니하는 경우에는 검사에게 그 사유를 보고하여야 한다.
제29조(임시조치) ① 판사는 가정보호사건의 원활한 조사·심리 또는 피해자 보호를 위하여 필요하다고 인정하는 경우에는 결정으로 가정폭력행위자에게 다음 각 호의 어느 하나에 해당하는 임시조치를 할 수 있다.
 1. 피해자 또는 가정구성원의 주거 또는 점유하는 방실(房室)로부터의 퇴거 등 격리
 2. 피해자 또는 가정구성원이나 그 주거·직장 등에서 100미터 이내의 접근 금지
 3. 피해자 또는 가정구성원에 대한 「전기통신기본법」 제2조제1호의 전기통신을 이용한 접근 금지
 4. 의료기관이나 그 밖의 요양소에의 위탁
 5. 국가경찰관서의 유치장 또는 구치소에의 유치
 6. 상담소등에의 상담위탁

제190조(긴급임시조치) ① 경찰관은 「가정폭력처벌법」 제8조2제1항에 따른 긴급임시조치를 할 때 가정폭력 재범 위험성을 판단하는 경우 별지 제124호서식의 가정폭력 위험성 조사표를 활용하여야 한다.

② 경찰관은 「가정폭력처벌법」 제8조의2제2항의 경우 별지 제125호서식의 긴급임시조치결정서에 따른다.

③ 긴급임시조치한 경우에는 가정폭력 행위자에게 긴급임시조치의 내용 등을 알려주고, 별지 제127호서식의 긴급임시조치 확인 및 통보서 상단의 긴급임시조치 확인서를 받아야 한다. 다만, 행위자가 확인서에 기명날인 또는 서명하기를 거부하는 때에는 경찰관이 확인서 끝부분에 그 사유를 적고 기명날인 또는 서명하여야 한다.

④ 경찰관은 제3항에 따라 별지 제127호서식 상단의 긴급임시조치 확인서를 작성한 때에는 행위자에게 별지 제127호서식 하단의 긴급임시조치 통보서를 교부하여야 한다. 다만, 통보서를 교부하지 못하는 경우 구두 등 적절한 방법으로 통지하여야 한다.

※ 가정폭력처벌법

제8조의2(긴급임시조치) ① 사법경찰관은 제5조에 따른 응급조치에도 불구하고 가정폭력범죄가 재발될 우려가 있고, 긴급을 요하여 법원의 임시조치 결정을 받을 수 없을 때에는 직권 또는 피해자나 그 법정대리인의 신청에 의하여 제29조제1항제1호부터 제3호까지의 어느 하나에 해당하는 조치(이하 "긴급임시조치"라 한다)를 할 수 있다.

② 사법경찰관은 제1항에 따라 긴급임시조치를 한 경우에는 즉시 긴급임시조치결정서를 작성하여야 한다.

③ 제2항에 따른 긴급임시조치결정서에는 범죄사실의 요지, 긴급임시조치가 필요한 사유 등을 기재하여야 한다.

제191조(긴급임시조치와 임시조치) ① 경찰관이 「가정폭력처벌법」 제8조의3제1항에 따른 임시조치를 신청하는 경우에는 긴급임시조치결정서, 긴급임시조치확인서, 가정폭력 위험성 조사표를 임시조치신청서에 첨부하여야 한다.

② 경찰관이 「가정폭력처벌법」 제8조의3제2항에 따라 긴급임시조치를 취소한 경우 가정폭력 피해자 및 행위자에게 구두 등 적절한 방법으로 통지를 하여야 한다.

※ 가정폭력처벌법

제8조의3(긴급임시조치와 임시조치의 청구) ① 사법경찰관이 제8조의2제1항에 따라 긴급임시조치를 한 때에는 지체 없이 검사에게 제8조에 따른 임시조치를 신청하고, 신청받은 검사는 법원에 임시조치를 청구하여야 한다. 이 경우 임시조치의 청구는 긴급임시조치를 한 때부터 48시간 이내에 청구하여야 하며, 제8조의2제2항에 따른 긴급임시조치결정서를 첨부하여야 한다.

② 제1항에 따라 임시조치를 청구하지 아니하거나 법원이 임시조치의 결정을 하지 아니한 때에는 즉시 긴급임시조치를 취소하여야 한다.

○ 임시조치 신청
  ❖ 1차 임시조치신청
    1. 피해자 또는 가정구성원의 주거 또는 점유하는 방실(房室)로부터의 퇴거 등 격리
    2. 피해자 또는 가정구성원의 주거, 직장 등에서 100미터 이내의 접근 금지

3. 피해자 또는 가정구성원에 대한 「전기통신기본법」 제2조제1호의 전기통
신을 이용한 접근 금지

4. 의료기관이나 그 밖의 요양소에의 위탁

※ 단순히 임시조치규정을 위반한 것에 불과할 때는 이에 대한 처벌규정은
없고 제2차 임시조치를 신청할 수 있을 뿐이다.

❖ 2차 임시조치 신청

1. 1차 신청에도 불구하고 이를 위반하여 가정폭력범죄가 재발될 우려가 있
다고 인정하는 때

1. 국가경찰관서의 유치장 또는 구치소에의 유치

○ 긴급임시조치

❖ 사법경찰관은 응급조치에도 불구하고 가정폭력범죄가 재발될 우려가 있고,
긴급을 요하여 법원의 임시조치 결정을 받을 수 없을 때에는 직권 또는 피
해자나 그 법정대리인의 신청에 의하여 제29조제1항제1호부터 제3호까지의
어느 하나에 해당하는 조치를 할 수 있다.

❖ 사법경찰관이 긴급임시조치를 한 때에는 지체 없이 검사에게 제8조에 따른
임시조치를 신청하고, 신청받은 검사는 법원에 임시조치를 청구하여야 한다.
이 경우 임시조치의 청구는 긴급임시조치를 한 때부터 48시간 이내에 청구
하여야 하며, 제8조의2제2항에 따른 긴급임시조치결정서를 첨부하여야 한다.

○ 사법경찰관의 조치

❖ 사법경찰관이 임시조치를 신청하지 않는 경우에는 검사에게 그 사유를 통보
하여야 한다.

❖ 경찰관은 임시조치 신청을 한 때에는 임시조치신청부에 소정의 사항을 기재
하여야 한다.

❖ 경찰관은 임시조치의 결정을 집행할 때에는 행위자에게 임시조치의 내용,
불복방법 등을 고지하고, 집행일시 및 집행방법을 임시조치통보서에 기재하
여 사건기록에 편철하여야 한다.

❖ 임시조치 결정에 대하여 항고가 제기되어 법원으로부터 수사기록등본의 제
출을 요구받은 경우 경찰관은 항고심 재판에 필요한 범위 내의 수사기록등
본을 관할검찰청으로 송부하여야 한다.

○ 임시조치청구 기준

❖ 격리 및 접근금지 청구

가정폭력행위자가 상습적으로 또는 흉기나 위험한 물건을 휴대하여 피해자 또는 가정구성원에게 폭력을 행사하거나 피해자 또는 가정구성원이 가정폭력 행위자의 격리 및 접근금지를 원하는 경우

❖ 유치장 또는 구치소 유치 청구

가정폭력행위자가 임시조치 기간 중에 피해자 또는 가정구성원에 대해 가정 폭력범죄를 저지르거나 임시조치를 위반한 경우

○ 임시조치의 집행 등

❖ 임시조치 결정을 집행하는 사람은 가정폭력행위자에게 임시조치의 내용, 불 복방법 등을 고지하여야 한다.

❖ 피해자 또는 가정구성원은 제29조제1항제1호 및 제2호의 임시조치 후 주거나 직 장 등을 옮긴 경우에는 관할 법원에 임시조치 결정의 변경을 신청할 수 있다.

○○경찰서

제 0000-00000 호   20○○. ○. ○.

수 신 : ○○지방검찰청장

제 목 : 임시조치 신청서

다음 사람에 대한 ○○ 피의사건에 관하여 다음과 같은 임시조치의 청구를 신청합니다.

☐ 1. 피해자 또는 가정구성원의 주거 또는 점유하는 방실로부터 퇴거 등 격리
☐ 2. 피해자 또는 가정구성원의 주거, 직장 등에서 100미터 이내의 접근금지
☐ 3. 피해자 또는 가정구성원에 대한 「전기통신기본법」 제2조 제1호의 전기통신을 이용한 접근금지
☐ 4. 경찰관서 유치장 또는 구치소에의 유치

행위자	성 명	( )
	주 민 등 록 번 호	- (세)
	직 업	
	주 거	
변 호 인		
피 해 자	성 명	
	주 거	
	직 장	
범죄사실 및 임시 조 치 를 필요로 하는 사유		

○○경찰서

사법경찰관 경위 홍길동 (인)

▣ 가정폭력사건 송치

제192조(가정폭력사건 송치) ① 경찰관은 가정폭력범죄를 수사하여 사건을 검사에게 송치하여야 한다. 이 경우 「수사준칙」 제51조제1항제3호의 각 목에 해당하는 사건인 경우에는 「경찰수사규칙」 별지 제114호서식의 송치 결정서에 그 내용을 적어야 한다.
② 경찰관은 가정폭력사건 송치 시 사건송치서 죄명란에는 해당 죄명을 적고 비고란에 '가정폭력사건'이라고 표시한다.
③ 경찰관은 「가정폭력처벌법」 제7조 단서에 따라 의견을 제시할 때에는 사건의 성질·동기 및 결과, 행위자의 성행 등을 고려하여야 한다.

※ 가정폭력처벌법
제7조(사법경찰관의 사건 송치) 사법경찰관은 가정폭력범죄를 신속히 수사하여 사건을 검사에게 송치하여야 한다. 이 경우 사법경찰관은 해당 사건을 가정보호사건으로 처리하는 것이 적절한지에 관한 의견을 제시할 수 있다.

○ 절 차
  ❖ 사건접수 → 입건 →송치결정 →검찰 송치
  ❖ 범죄 혐의 유무와 상관없이 모두 송치결정서에 결정내용 기재 후 송치
     -가정폭력범죄의 처벌 등에 관한 특례법 제7조에 따라 송치한다.

○ 수사서류 편철
  ❖ 사건송치서 →기록목록(압수물총목록) →송치 결정서 → 그 밖의 서유

○ 통 지
  ❖ 송치한 날로부터 7일 이내 피의자, 고소인 등에게 통지

▣ 동행영장의 집행

제193조(동행영장의 집행) ① 경찰관은 「가정폭력처벌법」 제27조제1항에 따른 법원의 요청이 있는 경우 동행영장을 집행하여야 한다.
② 경찰관은 동행영장을 집행하는 때에는 피동행자에게 동행영장을 제시하고 신속히 지정된 장소로 동행하여야 한다.
③ 경찰관은 동행영장을 소지하지 않은 경우 급속을 요하는 때에는 피동행자에게 범죄사실과 동행영장이 발부되었음을 고지하고 집행할 수 있다. 이 경우에는 집행을 완료한 후 신속히 동행영장을 제시하여야 한다.
④ 경찰관은 동행영장을 집행한 때에는 동행영장에 집행일시와 장소를, 집행할 수 없는 때에는 그 사유를 각각 적고 기명날인 또는 서명하여야 한다.

※ 가정폭력처벌법
제27조(동행영장의 집행 등) ① 동행영장은 가정보호사건조사관이나 법원의 법원서기관·법원사
무관·법원주사·법원주사보(이하 "법원공무원"이라 한다) 또는 사법경찰관리로 하여금 집행
하게 할 수 있다.
② 법원은 가정폭력행위자의 소재가 분명하지 아니하여 1년 이상 동행영장을 집행하지 못한 경우
사건을 관할 법원에 대응하는 검찰청 검사에게 송치할 수 있다.
③ 법원은 동행영장을 집행한 경우에는 그 사실을 즉시 가정폭력행위자의 법정대리인 또는 보조
인에게 통지하여야 한다.

○ 소환 및 동행영장
  ❖ 판사는 조사·심리에 필요하다고 인정하는 경우에는 기일을 지정하여 가정
    폭력행위자, 피해자, 가정구성원, 그 밖의 참고인을 소환할 수 있다.
  ❖ 판사는 가정폭력행위자가 정당한 이유 없이 제1항에 따른 소환에 응하지 아
    니하는 경우에는 동행영장을 발부할 수 있다.

○ 긴급동행영장
  ❖ 판사는 가정폭력행위자가 소환에 응하지 아니할 우려가 있거나 피해자 보호
    를 위하여 긴급히 필요하다고 인정하는 경우에는 제24조제1항에 따른 소환
    없이 동행영장을 발부할 수 있다.

○ 동행영장의 방식
  ❖ 동행영장에는 가정폭력행위자의 성명, 생년월일, 주거, 행위의 개요, 인치(引
    致)하거나 수용할 장소, 유효기간 및 그 기간이 지난 후에는 집행에 착수하
    지 못하며 영장을 반환하여야 한다는 취지와 발부 연월일을 적고 판사가 서
    명·날인하여야 한다.

○ 행영장의 집행 등
  ❖ 동행영장은 가정보호사건조사관이나 법원의 법원서기관·법원사무관·법원
    주사·법원주사보 또는 사법경찰관리로 하여금 집행하게 할 수 있다.
  ❖ 법원은 가정폭력행위자의 소재가 분명하지 아니하여 1년 이상 동행영장을
    집행하지 못한 경우 사건을 관할 법원에 대응하는 검찰청 검사에게 송치할
    수 있다.
  ❖ 법원은 동행영장을 집행한 경우에는 그 사실을 즉시 가정폭력행위자의 법정
    대리인 또는 보조인에게 통지하여야 한다.

■ 보호처분결정의 집행

제194조(보호처분결정의 집행) 경찰관은「가정폭력처벌법」제43조제1항에 따른 법원의 요청이 있는 경우에는 보호처분의 결정을 집행하여야 한다.

※ 가정폭력처벌법
제43조(보호처분 결정의 집행) ① 법원은 가정보호사건조사관, 법원공무원, 사법경찰관리, 보호관찰관 또는 수탁기관 소속 직원으로 하여금 보호처분의 결정을 집행하게 할 수 있다.
② 보호처분의 집행에 관하여 이 법에서 정하지 아니한 사항에 대하여는 가정보호사건의 성질에 위배되지 아니하는 범위에서 「형사소송법」, 「보호관찰 등에 관한 법률」 및 「정신건강증진 및 정신질환자 복지서비스 지원에 관한 법률」을 준용한다.

○ 보호처분의 결정
판사는 심리의 결과 보호처분이 필요하다고 인정하는 경우에는 결정으로 다음 각 호의 어느 하나에 해당하는 처분을 할 수 있다.
❖ 가정폭력행위자가 피해자 또는 가정구성원에게 접근하는 행위의 제한
❖ 가정폭력행위자가 피해자 또는 가정구성원에게「전기통신기본법」제2조제1호의 전기통신을 이용하여 접근하는 행위의 제한
❖ 가정폭력행위자가 친권자인 경우 피해자에 대한 친권 행사의 제한
❖ 「보호관찰 등에 관한 법률」에 따른 사회봉사・수강명령
❖ 「보호관찰 등에 관한 법률」에 따른 보호관찰
❖ 「가정폭력방지 및 피해자보호 등에 관한 법률」에서 정하는 보호시설에의 감호위탁
❖ 의료기관에의 치료위탁
❖ 상담소등에의 상담위탁

○ 보호처분의 기간
❖ 보호처분의 기간은 6개월을 초과할 수 없다.
❖ 사회봉사・수강명령의 시간은 200시간을 각각 초과할 수 없다.

○ 보호처분 결정의 집행
❖ 법원은 가정보호사건조사관, 법원공무원, 사법경찰관리, 보호관찰관 또는 수탁기관 소속 직원으로 하여금 보호처분의 결정을 집행하게 할 수 있다.
❖ 보호처분의 집행에 관하여 이 법에서 정하지 아니한 사항에 대하여는 가정보호사건의 성질에 위배되지 아니하는 범위에서 「형사소송법」, 「보호관찰

등에 관한 법률」및「정신건강증진 및 정신질환자 복지서비스 지원에 관한 법률」을 준용한다.
❖ 판사는 보호처분을 하는 경우에 결정으로 가정폭력범죄에 제공하거나 제공하려고 한 물건으로서 가정폭력행위자 외의 자의 소유에 속하지 아니하는 물건을 몰수할 수 있다.

○ 보호처분의 변경
❖ 법원은 보호처분이 진행되는 동안 필요하다고 인정하는 경우에는 직권으로 또는 검사, 보호관찰관 또는 수탁기관의 장의 청구에 의하여 결정으로 한 차례만 보호처분의 종류와 기간을 변경할 수 있다.
❖ 종류와 기간을 변경하는 경우 종전의 처분기간을 합산하여 보호처분의 기간은 1년을, 사회봉사·수강명령의 시간은 400시간을 각각 초과할 수 없다.
❖ 처분변경 결정을 한 경우에는 지체 없이 그 사실을 검사, 가정폭력행위자, 법정대리인, 보조인, 피해자, 보호관찰관 및 수탁기관에 통지하여야 한다.

○ 보호처분의 취소
❖ 법원은 보호처분을 받은 가정폭력행위자가 보호처분 결정을 이행하지 아니하거나 그 집행에 따르지 아니하면 직권으로 또는 검사, 피해자, 보호관찰관 또는 수탁기관의 장의 청구에 의하여 결정으로 그 보호처분을 취소하고 다음 각 호의 구분에 따라 처리하여야 한다.
　가. 검사가 송치한 사건인 경우에는 관할 법원에 대응하는 검찰청의 검사에게 송치
　나. 법원이 송치한 사건인 경우에는 송치한 법원에 이송

○ 보호처분의 종료
❖ 법원은 가정폭력행위자의 성행이 교정되어 정상적인 가정생활이 유지될 수 있다고 판단되거나 그 밖에 보호처분을 계속할 필요가 없다고 인정하는 경우에는 직권으로 또는 검사, 피해자, 보호관찰관 또는 수탁기관의 장의 청구에 의하여 결정으로 보호처분의 전부 또는 일부를 종료할 수 있다.

제3절 아동보호사건에 관한 특칙

■ 피해아동 조사 시 유의사항

제195조(피해아동 조사 시 유의사항) ① 경찰관은 「아동학대범죄의 처벌 등에 관한 특례법」(이하 "아동학대처벌법"이라 한다) 제2조에 따른 아동학대범죄를 수사함에 있어 피해아동의 안전을 최우선으로 고려하고 조사과정에서 사생활의 비밀이 침해되거나 인격·명예가 손상되지 않도록 피해아동의 인권 보호에 최선을 다해야 한다.
② 경찰관은 피해아동의 연령·성별·심리상태에 맞는 조사방법을 사용하고 조사 일시·장소 및 동석자 필요성 여부를 결정하여야 한다.
③ 피해아동 조사는 수사상 필요한 최소한도로 실시하여야 한다.
④ 경찰관은 피해아동에 대한 조사와 학대행위자에 대한 신문을 반드시 분리하여 실시하고, 대질신문은 불가피한 경우 예외적으로만 실시하되 대질 방법 등에 대하여는 피해아동과 그 법정대리인 및 아동학대범죄 전문가의 의견을 최대한 존중하여야 한다.
⑤ 피해아동 조사 시에는 「성폭력범죄의 수사 및 피해자 보호에 관한 규칙」제21조, 제22조 및 제28조를 준용한다. 이 경우 "성폭력범죄의 피해자"는 "피해아동"으로 본다.

※ 아동학대범죄의 처벌 등에 관한 특례법
제2조(정의) 이 법에서 사용하는 용어의 뜻은 다음과 같다.
 4. "아동학대범죄"란 보호자에 의한 아동학대로서 다음 각 목의 어느 하나에 해당하는 죄를 말한다.
  가.「형법」제2편제25장 상해와 폭행의 죄 중 제257조(상해)제1항·제3항, 제258조의2(특수상해)제1항(제257조제1항의 죄에만 해당한다)·제3항(제1항 중 제257조제1항의 죄에만 해당한다), 제260조(폭행)제1항, 제261조(특수폭행) 및 제262조(폭행치사상)(상해에 이르게 한 때에만 해당한다)의 죄
  나.「형법」제2편제28장 유기와 학대의 죄 중 제271조(유기)제1항, 제272조(영아유기), 제273조(학대)제1항, 제274조(아동혹사) 및 제275조(유기등 치사상)(상해에 이르게 한 때에만 해당한다)의 죄
  다.「형법」제2편제29장 체포와 감금의 죄 중 제276조(체포, 감금)제1항, 제277조(중체포, 중감금)제1항, 제278조(특수체포, 특수감금), 제280조(미수범) 및 제281조(체포·감금등의 치사상)(상해에 이르게 한 때에만 해당한다)의 죄
  라.「형법」제2편제30장 협박의 죄 중 제283조(협박)제1항, 제284조(특수협박) 및 제286조(미수범)의 죄
  마.「형법」제2편제31장 약취, 유인 및 인신매매의 죄 중 제287조(미성년자 약취, 유인), 제288조(추행 등 목적 약취, 유인 등), 제289조(인신매매) 및 제290조(약취, 유인, 매매, 이송 등 상해·치상)의 죄

바. 「형법」 제2편제32장 강간과 추행의 죄 중 제297조(강간), 제297조의2(유사강간), 제298
　　조(강제추행), 제299조(준강간, 준강제추행), 제300조(미수범), 제301조(강간등 상해·치
　　상), 제301조의2(강간등 살인·치사), 제302조(미성년자등에 대한 간음), 제303조(업무상
　　위력 등에 의한 간음) 및 제305조(미성년자에 대한 간음, 추행)의 죄
사. 「형법」 제2편제33장 명예에 관한 죄 중 제307조(명예훼손), 제309조(출판물등에 의한 명
　　예훼손) 및 제311조(모욕)의 죄
아. 「형법」 제2편제36장 주거침입의 죄 중 제321조(주거·신체 수색)의 죄
자. 「형법」 제2편제37장 권리행사를 방해하는 죄 중 제324조(강요) 및 제324조의5(미수범)
　　(제324조의 죄에만 해당한다)의 죄
차. 「형법」 제2편제39장 사기와 공갈의 죄 중 제350조(공갈), 제350조의2(특수공갈) 및 제
　　352조(미수범)(제350조, 제350조의2의 죄에만 해당한다)의 죄
카. 「형법」 제2편제42장 손괴의 죄 중 제366조(재물손괴등)의 죄
타. 「아동복지법」 제71조제1항 각 호의 죄(제3호의 죄는 제외한다)
파. 가목부터 타목까지의 죄로서 다른 법률에 따라 가중처벌되는 죄
하. 제4조(아동학대치사), 제5조(아동학대중상해) 및 제6조(상습범)의 죄

○ 다른 법률과의 관계
　❖ 아동학대범죄에 대하여는 이 법을 우선 적용한다. 다만, 「성폭력범죄의 처벌
　　등에 관한 특례법」, 「아동·청소년의 성보호에 관한 법률」에서 가중처벌
　　되는 경우에는 그 법에서 정한 바에 따른다.

○ 고소에 대한 특례
　❖ 피해아동 또는 그 법정대리인은 아동학대행위자를 고소할 수 있다. 피해아
　　동의 법정대리인이 아동학대행위자인 경우 또는 아동학대행위자와 공동으로
　　아동학대범죄를 범한 경우에는 피해아동의 친족이 고소할 수 있다.
　❖ 피해아동은 「형사소송법」 제224조에도 불구하고 아동학대행위자가 자기 또
　　는 배우자의 직계존속인 경우에도 고소할 수 있다. 법정대리인이 고소하는
　　경우에도 또한 같다.
　❖ 피해아동에게 고소할 법정대리인이나 친족이 없는 경우에 이해관계인이 신
　　청하면 검사는 10일 이내에 고소할 수 있는 사람을 지정하여야 한다.

○ 공소시효의 정지와 효력 (제34조)
　❖ 아동학대범죄의 공소시효는 「형사소송법」 제252조에도 불구하고 해당 아동
　　학대범죄의 피해아동이 성년에 달한 날부터 진행한다.
　❖ 아동학대범죄에 대한 공소시효는 해당 아동보호사건이 법원에 송치된 때부
　　터 시효 진행이 정지된다. 다만, 다음 각 호의 어느 하나에 해당하는 경우에

는 그 때부터 진행된다.

1. 해당 아동보호사건에 대하여 제44조에 따라 준용되는「가정폭력범죄의
   처벌 등에 관한 특례법」제37조제1항제1호에 따른 처분을 하지 아니한다
   는 결정이 확정된 때
2. 해당 아동보호사건이 제41조 또는 제44조에 따라 준용되는「가정폭력범
   죄의 처벌 등에 관한 특례법」제27조제2항 및 제37조제2항에 따라 송치
   된 때

❖ 공범 중 1명에 대한 제2항의 시효정지는 다른 공범자에게도 효력을 미친다.

○ 비밀엄수 등의 의무 (제35조)

❖ 아동학대범죄의 수사 또는 아동보호사건의 조사·심리 및 그 집행을 담당하거나
이에 관여하는 공무원, 보조인, 진술조력인, 아동보호전문기관 직원과 그 기관장,
상담소 등에 근무하는 상담원과 그 기관장 및 제10조제2항((아동학대범죄 신고의
무자) 각 호에 규정된 사람(그 직에 있었던 사람을 포함)은 그 직무상 알게 된 비
밀을 누설하여서는 아니 된다.

❖ 신문의 편집인 · 발행인 또는 그 종사자, 방송사의 편집책임자, 그 기관장 또는 종
사자, 그 밖의 출판물의 저작자와 발행인은 아동보호사건에 관련된 아동학대행위
자, 피해아동, 고소인, 고발인 또는 신고인의 주소, 성명, 나이, 직업, 용모, 그 밖
에 이들을 특정하여 파악할 수 있는 인적 사항이나 사진 등을 신문 등 출판물에
싣거나 방송매체를 통하여 방송할 수 없다.

❖ 피해아동의 교육 또는 보육을 담당하는 학교의 교직원 또는 보육교직원은 정당한
사유가 없으면 해당 아동의 취학, 진학, 전학 또는 입소(그 변경을 포함)의 사실
을 아동학대행위자인 친권자를 포함하여 누구에게든지 누설하여서는 아니 된다.

▣ 현장출동

제196조(현장출동) ① 「아동학대처벌법」 제11조제1항 후단에 따른 동행 요청은 별지 제139호서식의 아동학대범죄현장 동행 요청서에 따른다. 다만, 긴급한 경우에는 구두로 요청할 수 있다.
② 제1항 단서에 따라 구두로 요청한 경우에는 지체 없이 별지 제139호서식의 아동학대범죄현장 동행 요청서를 송부해야 한다.

※ 아동학대범죄의 처벌 등에 관한 특례법
제11조(현장출동) ① 아동학대범죄 신고를 접수한 사법경찰관리나 「아동복지법」 제22조제4항에 따른 아동학대전담공무원(이하 "아동학대전담공무원"이라 한다)은 지체 없이 아동학대범죄의 현장에 출동하여야 한다. 이 경우 수사기관의 장이나 시·도지사 또는 시장·군수·구청장은 서로 동행하여 줄 것을 요청할 수 있으며, 그 요청을 받은 수사기관의 장이나 시·도지사 또는 시장·군수·구청장은 정당한 사유가 없으면 사법경찰관리나 아동학대전담공무원이 아동학대범죄 현장에 동행하도록 조치하여야 한다.
② 아동학대범죄 신고를 접수한 사법경찰관리나 아동학대전담공무원은 아동학대범죄가 행하여지고 있는 것으로 신고된 현장에 출입하여 아동 또는 아동학대행위자 등 관계인에 대하여 조사를 하거나 질문을 할 수 있다. 다만, 아동학대전담공무원은 다음 각 호를 위한 범위에서만 아동학대행위자 등 관계인에 대하여 조사 또는 질문을 할 수 있다.
1. 피해아동의 보호
2. 「아동복지법」 제22조의4의 사례관리계획에 따른 사례관리(이하 "사례관리"라 한다)

○ 현장출동

❖ 아동학대범죄 신고를 접수한 사법경찰관리나 아동보호전문기관의 직원은 지체 없이 아동학대범죄의 현장에 출동하여야 한다. 이 경우 수사기관의 장이나 아동보호전문기관의 장은 서로 동행하여 줄 것을 요청할 수 있으며, 그 요청을 받은 수사기관의 장이나 아동보호전문기관의 장은 정당한 사유가 없으면 사법경찰관리나 그 소속 직원이 아동학대범죄 현장에 동행하도록 조치하여야 한다.

❖ 아동학대범죄 신고를 접수한 사법경찰관리나 아동보호전문기관의 직원은 아동학대범죄가 행하여지고 있는 것으로 신고된 현장에 출입하여 아동 또는 아동학대행위자 등 관계인에 대하여 조사를 하거나 질문을 할 수 있다. 다만, 아동보호전문기관의 직원은 피해아동의 보호를 위한 범위에서만 아동학대행위자 등 관계인에 대하여 조사 또는 질문을 할 수 있다.

❖ 출입이나 조사를 하는 사법경찰관리나 아동보호전문기관의 직원은 그 권한을 표시하는 증표를 지니고 이를 관계인에게 내보여야 한다.

▣ 응급조치

제197조(응급조치) ① 경찰관은 아동학대범죄 신고를 접수한 즉시 현장에 출동하여 피해아동의 보호를 위하여 필요한 경우 「아동학대처벌법」 제12조제1항 각호의 응급조치를 하여야 한다.
② 경찰관이 「아동학대처벌법」 제12조제2항에 따라 피해아동등을 보호하고 있는 사실을 통보할 때에는 별지 제134호서식의 피해아동등 보호사실 통보서에 따른다.
③ 경찰관은 제1항에 따라 응급조치를 한 경우에는 즉시 별지 제129호서식의 응급조치결과보고서와 별지 제130호서식의 아동학대 현장조사 체크리스트를 작성하여 사건기록에 편철하여야 한다.

※ 아동학대범죄의 처벌 등에 관한 특례법
제12조(피해아동 등에 대한 응급조치) ① 제11조제1항에 따라 현장에 출동하거나 아동학대범죄 현장을 발견한 경우 또는 학대현장 이외의 장소에서 학대피해가 확인되고 재학대의 위험이 급박·현저한 경우, 사법경찰관리 또는 아동학대전담공무원은 피해아동, 피해아동의 형제자매인 아동 및 피해아동과 동거하는 아동(이하 "피해아동등"이라 한다)의 보호를 위하여 즉시 다음 각 호의 조치(이하 "응급조치"라 한다)를 하여야 한다. 이 경우 제3호의 조치를 하는 때에는 피해아동등의 이익을 최우선으로 고려하여야 하며, 피해아동등을 보호하여야 할 필요가 있는 등 특별한 사정이 있는 경우를 제외하고는 피해아동등의 의사를 존중하여야 한다.
1. 아동학대범죄 행위의 제지
2. 아동학대행위자를 피해아동등으로부터 격리
3. 피해아동등을 아동학대 관련 보호시설로 인도
4. 긴급치료가 필요한 피해아동을 의료기관으로 인도
② 사법경찰관리나 아동학대전담공무원은 제1항제3호 및 제4호 규정에 따라 피해아동등을 분리·인도하여 보호하는 경우 지체 없이 피해아동등을 인도받은 보호시설·의료시설을 관할하는 시·도지사 또는 시장·군수·구청장에게 그 사실을 통보하여야 한다.
③ 제1항제2호부터 제4호까지의 규정에 따른 응급조치는 72시간을 넘을 수 없다. 다만, 검사가 제15조제2항에 따라 임시조치를 법원에 청구한 경우에는 법원의 임시조치 결정 시까지 연장된다.
④ 사법경찰관리 또는 아동학대전담공무원이 제1항에 따라 응급조치를 한 경우에는 즉시 응급조치결과보고서를 작성하여야 한다. 이 경우 사법경찰관리가 응급조치를 한 경우에는 관할 경찰관서의 장이 시·도지사 또는 시장·군수·구청장에게, 아동학대전담공무원이 응급조치를 한 경우에는 소속 시·도지사 또는 시장·군수·구청장이 관할 경찰관서의 장에게 작성된 응급조치결과보고서를 지체 없이 송부하여야 한다.
⑤ 제4항에 따른 응급조치결과보고서에는 피해사실의 요지, 응급조치가 필요한 사유, 응급조치의 내용 등을 기재하여야 한다.
⑥ 누구든지 아동학대전담공무원이나 사법경찰관리가 제1항에 따른 업무를 수행할 때에 폭행·협박이나 응급조치를 저지하는 등 그 업무 수행을 방해하는 행위를 하여서는 아니 된다.

○ 피해아동에 대한 응급조치
  ❖ 현장에 출동하거나 아동학대범죄 현장을 발견한 사법경찰관리 또는 아동보호전문기관의 직원은 피해아동 보호를 위하여 즉시 다음 각 호의 조치(이하

"응급조치"라 한다)를 하여야 한다. 이 경우 제3호의 조치를 하는 때에는 피해아동의 의사를 존중하여야 한다(다만, 피해아동을 보호하여야 할 필요가 있는 등 특별한 사정이 있는 경우에는 그러하지 아니하다).

 1. 아동학대범죄 행위의 제지
 2. 아동학대행위자를 피해아동으로부터 격리
 3. 피해아동을 아동학대 관련 보호시설로 인도
 4. 긴급치료가 필요한 피해아동을 의료기관으로 인도

❖ 사법경찰관리나 아동보호전문기관의 직원은 위 제3호 및 제4호 규정에 따라 피해아동을 분리·인도하여 보호하는 경우 지체 없이 피해아동을 인도받은 보호시설·의료시설을 관할하는 특별시장·광역시장·특별자치시장·도지사·특별자치도지사 또는 시장·군수·구청장에게 그 사실을 통보하여야 한다.

❖ 위 제2호부터 제4호까지의 규정에 따른 응급조치는 72시간을 넘을 수 없다. 다만, 검사가 임시조치를 법원에 청구한 경우에는 법원의 임시조치 결정 시까지 연장된다.

❖ 사법경찰관리 또는 아동보호전문기관의 직원이 응급조치를 한 경우에는 즉시 응급조치결과보고서를 작성하여야 하며, 아동보호전문기관의 직원이 응급조치를 한 경우 아동보호전문기관의 장은 작성된 응급조치결과보고서를 지체 없이 관할 경찰서의 장에게 송부하여야 한다.

❖ 응급조치결과보고서에는 피해사실의 요지, 응급조치가 필요한 사유, 응급조치의 내용 등을 기재하여야 한다.

소 속 관 서

제 0000-000000 호   0000.00.00.

수 신 :

제 목 : 피해아동 보호사실 통보

「아동학대범죄의 처벌 등에 관한 특례법」 제12조제2항에 따라 아동학대행위자로부터 피해아동을 분리·인도하여 아래 시설에서 보호하고 있음을 통보합니다.

피해아동 1	성 명		생년월일(나이)	(세)
	전 화 번 호			
보호시설 또 는 의료시설	명 칭			
	주 소			
	담당직원(직급)		전 화 번 호	
피해아동 2	성 명		생년월일(나이)	
	전 화 번 호			
보호시설 또 는 의료시설	명 칭			
	주 소			
	담당직원(직급)		전 화 번 호	
피해아동 3	성 명		생년월일(나이)	
	전 화 번 호			
보호시설 또 는 의료시설	명 칭			
	주 소			
	담당직원(직급)		전 화 번 호	
통 보 인 인적사항	성 명		소 속	
	전 화 번 호		직 급	

소 속 관 서

사법경찰관   계급

▣ 긴급임시조치

제198조(긴급임시조치) ① 피해아동등, 그 법정대리인, 변호사, 시·도지사, 시장·군수·구청장 또는 아동보호전문기관의 장이 「아동학대처벌법」 제13조제1항에 따라 긴급임시조치를 신청할 때에는 별지 제135호서식의 긴급임시조치 신청서에 따른다.
② 경찰관은 「아동학대처벌법」 제13조제2항에 따른 긴급임시조치를 한 경우에는 별지 제126호서식의 긴급임시조치결정서를 작성하여야 한다.
③ 경찰관이 제2항의 긴급임시조치를 한 경우에는 아동학대 행위자에게 긴급임시조치의 내용 등을 알려 주고, 별지 제128호서식의 긴급임시조치통보서를 작성하여 교부하여야 한다. 다만, 아동학대행위자가 통보서 교부를 거부하는 때에는 경찰관이 통보일시 및 장소란에 그 사유를 적고 기명날인 또는 서명하여 편철하여야 한다.

※ 아동학대범죄의 처벌 등에 관한 특례법
제13조(아동학대행위자에 대한 긴급임시조치) ① 사법경찰관은 제12조제1항에 따른 응급조치에 도 불구하고 아동학대범죄가 재발될 우려가 있고, 긴급을 요하여 제19조제1항에 따른 법원의 임시조치 결정을 받을 수 없을 때에는 직권이나 피해아동등, 그 법정대리인(아동학대행위자를 제외한다. 이하 같다), 변호사(제16조에 따른 변호사를 말한다. 제48조 및 제49조를 제외하고는 이하 같다), 시·도지사, 시장·군수·구청장 또는 아동보호전문기관의 장의 신청에 따라 제19 조제1항제1호부터 제3호까지의 어느 하나에 해당하는 조치를 할 수 있다.
② 사법경찰관은 제1항에 따른 조치(이하 "긴급임시조치"라 한다)를 한 경우에는 즉시 긴급임시 조치결정서를 작성하여야 하고, 그 내용을 시·도지사 또는 시장·군수·구청장에게 지체 없이 통지하여야 한다.
③ 제2항에 따른 긴급임시조치결정서에는 범죄사실의 요지, 긴급임시조치가 필요한 사유, 긴급임 시조치의 내용 등을 기재하여야 한다.

○ 아동학대행위자에 대한 긴급임시조치
　❖ 사법경찰관은 응급조치에도 불구하고 아동학대범죄가 재발될 우려가 있고, 긴급을 요하여 법원의 임시조치 결정을 받을 수 없을 때에는 직권이나 피해아동, 그 법정대리인(아동학대행위자 제외), 변호사 또는 아동보호전문기관 의 장의 신청에 따라 아동학대범죄의 처벌 등에 관한 특례법 제19조제1항 제1호부터 제3호까지의 어느 하나에 해당하는 조치를 할 수 있다.
　❖ 사법경찰관은 긴급임시조치를 한 경우에는 즉시 긴급임시조치결정서를 작성 하여야 한다.
　❖ 긴급임시조치결정서에는 범죄사실의 요지, 긴급임시조치가 필요한 사유, 긴 급임시조치의 내용 등을 기재하여야 한다.

긴급임시조치 신청서

※ [ ]에는 해당되는 곳에 √표를 합니다.

접수번호		접수일자		처리기간	즉시

신청인	성 명
	자 격
	[ ]피해아동 [ ]피해아동의 법정대리인 [ ]변호사 [ ]아동보호전문기관장
	주 소
	전화번호 팩스번호

아동학대 행위자	성 명
	주민등록번호 (세)
	피해아동과의 관계 전화번호
	주 거

피해아동	성 명
	생년월일(나이) 전화번호
	법정대리인 또는 아동보호전문기관 담당 상담원

긴급임시조치 의 내용 (중복신청 가능)	[ ]	피해아동 또는 가정구성원의 주거로부터 퇴거 등 격리(법 제19조제1항제1호)
	[ ]	피해아동 또는 가정구성원의 주거, 학교 또는 보호시설 등에서 100미터 이내의 접근 금지(법 제19조제1항제2호) 기준지: [ ]주거 [ ]학교·학원 [ ]보호시설 [ ]병원 　　　　 [ ]그 밖의 장소( )
	[ ]	피해아동 또는 가정구성원에 대한 「전기통신기본법」 제2조제1호의 전기통신을 이용한 접근 금지(법 제19조제1항제3호)

범죄사실의 요지 및 긴급임시조치가 필요한 사유	별지와 같음

「아동학대범죄의 처벌 등에 관한 특례법」 제13조제1항에 따라 아동학대행위자에 대한 긴급임시조치를 신청합니다.

20○○.○.○.

신청인   (서명 또는 인)

○ ○ 경찰서장 귀하

■ 임지조치·긴급임시조치 후의 임시조치

제199조(응급조치·긴급임시조치 후 임시조치) ① 경찰관이 「아동학대처벌법」 제15조제1항에 따라 검사에게 임시조치를 신청할 때에는 별지 제120호서식의 임시조치 신청서(사후)에 따른다.

② 경찰관이 제1항에 따라 임시조치를 신청하였을 때에는 별지 제121호서식의 임시조치신청부에 소정의 사항을 적어야 한다.

③ 경찰관이 「아동학대처벌법」 제15조제3항에 따라 긴급임시조치를 취소한 때에는 별지 제136호서식의 긴급임시조치 취소결정서를 작성한 후 사건기록에 편철하여야 한다.

④ 경찰관이 「아동학대처벌법」 제13조제1항에 따라 긴급임시조치를 하거나 이 조 제3항에 따라 긴급임시조치를 취소한 때에는 긴급임시조치를 신청한 사람에게 그 처리 결과를 알려주어야 한다. 이 경우 처리 결과의 통보는 서면, 전화, 전자우편, 팩스, 휴대전화 문자전송, 그 밖에 적당한 방법으로 할 수 있다.

※ 아동학대범죄의 처벌 등에 관한 특례법

제15조(응급조치 · 긴급임시조치 후 임시조치의 청구) ① 사법경찰관이 제12조제1항제2호부터 제4호까지의 규정에 따른 응급조치 또는 제13조제1항에 따른 긴급임시조치를 하였거나 시 · 도지사 또는 시장 · 군수 · 구청장으로부터 제12조제1항제2호부터 제4호까지의 규정에 따른 응급조치가 행하여졌다는 통지를 받은 때에는 지체 없이 검사에게 제19조에 따른 임시조치의 청구를 신청하여야 한다.

② 제1항의 신청을 받은 검사는 임시조치를 청구하는 때에는 응급조치가 있었던 때부터 72시간 이내에, 긴급임시조치가 있었던 때부터 48시간 이내에 하여야 한다. 이 경우 제12조제4항에 따라 작성된 응급조치결과보고서 및 제13조제2항에 따라 작성된 긴급임시조치결정서를 첨부하여야 한다.

③ 사법경찰관은 검사가 제2항에 따라 임시조치를 청구하지 아니하거나 법원이 임시조치의 결정을 하지 아니한 때에는 즉시 그 긴급임시조치를 취소하여야 한다.

○ 응급조치 · 긴급임시조치 후 임시조치의 청구

❖ 사법경찰관이 응급조치 또는 긴급임시조치를 하였거나 아동보호전문기관의 장으로부터 응급조치가 행하여졌다는 통지를 받은 때에는 지체 없이 검사에게 임시조치의 청구를 신청하여야 한다.

❖ 신청을 받은 검사는 임시조치를 청구하는 때에는 응급조치가 있었던 때부터 72시간 이내에, 긴급임시조치가 있었던 때부터 48시간 이내에 하여야 한다. 이 경우 응급조치결과보고서 및 제13조제2항에 따라 작성된 긴급임시조치결정서를 첨부하여야 한다.

❖ 사법경찰관은 검사가 임시조치를 청구하지 아니하거나 법원이 임시조치의 결정을 하지 아니한 때에는 즉시 그 긴급임시조치를 취소하여야 한다.

○○경찰서

제 0000-00000 호   20○○.○.○.

수 신: ○○지방검찰청 검사장(지청장)

제 목: 임시조치 신청(사후)

　　　　　다음 사람에 대한 ○○피의사건에 관하여 응급조치(긴급임시조치) 후「아동학대범죄의 처벌 등에 관한 특례법」제15조제1항에 따른 임시조치의 청구를 신청하니 아래와 같은 임시조치를 조속히 청구하여 주시기 바랍니다.

아동학대 행위자	성　　명	（　　　　　　　）		
	주민등록번호	－	（　　　세）	
	직　　업		피해아동과의 관계	
	주　　거			
	보 조 인			
피해아동	성　　명			
	법정대리인 또는 아동보호전문기관 담당 상담원			
임시조치의 내용 (중복신청 가능)	[　　] 피해아동 또는 가정구성원의 주거로부터 퇴거 등 격리(법 제19조제1항제1호)			
	[　　] 피해아동 또는 가정구성원의 주거, 학교 또는 보호시설 등에서 100미터 이내의 접근 금지(법 제19조제1항제2호) 기준지: [　]주거 [　]학교·학원 [　]보호시설 [　]병원 　　　　[　]그 밖의 장소(　　　　　　　　　　　）			
	[　　] 피해아동 또는 가정구성원에 대한「전기통신기본법」제2조제1호의 전기통신을 이용한 접근 금지(법 제19조제1항제3호)			
	[　　] 친권 또는 후견인 권한 행사의 제한 또는 정지(법 제19조제1항제4호)			
	[　　] 아동보호전문기관 등에의 상담 및 교육 위탁(법 제19조제1항제5호)			
	[　　] 의료기관이나 그 밖의 요양시설에의 위탁(법 제19조제1항제6호)			
	[　　] 경찰관서의 유치장 또는 구치소에의 유치(법 제19조제1항제7호)			
응급조치· 긴급임시조치	일　　시	년　　월　　일　　시　　분		
	내　　용			
범죄사실의 요지 및 임시조치가 필요한 사유	별첨 응급조치결과보고서 (또는 긴급임시조치결정서) 기재내용과 같음			

○○경찰서

사법경찰관　　　　　　　　　　　　　　　（서명 또는 인）

▣ 임시조치

제200조(임시조치) ① 경찰관은 「아동학대처벌법」 제14조제1항에 따라 검사에게 임시조치를 신청할 때에는 별지 제119호서식의 임시조치 신청서(사전)에 따른다.

② 피해아동등, 그 법정대리인, 변호사, 시·도지사, 시장·군수·구청장 또는 아동보호전문기관의 장이 「아동학대처벌법」 제14조제2항에 따라 임시조치의 신청을 요청할 때에는 별지 제140호서식의 임시조치 신청 요청서에 따른다.

③ 경찰관은 제2항의 경우에 임시조치의 신청을 요청한 사람에게 별지 제137호서식의 임시조치 신청 요청 처리 결과 통보서에 따라 그 처리 결과를 알려주어야 한다. 이 경우 임시조치의 신청 요청을 받은 경찰관이 임시조치를 신청하지 않은 경우에는 검사와 임시조치의 신청을 요청한 사람에게 별지 제131호서식의 임시조치 미신청 사유 통지서에 따라 그 사유를 통지해야 한다.

④ 아동학대사건의 임시조치 신청에는 제189조제4항부터 제5항까지의 규정을 준용한다. 이때 임시조치통보서는 별지 제123호서식에 따른다.

⑤ 「아동학대처벌법」 제21조제2항에 따라 임시조치 집행을 담당하는 경찰관이 임시조치 이행상황을 통보할 때에는 별지 제132호서식의 임시조치 이행상황 통보서에 따른다.

※ 아동학대범죄의 처벌 등에 관한 특례법

제14조(임시조치의 청구) ① 검사는 아동학대범죄가 재발될 우려가 있다고 인정하는 경우에는 직권으로 또는 사법경찰관이나 보호관찰관의 신청에 따라 법원에 제19조제1항 각 호의 임시조치를 청구할 수 있다.

② 피해아동등, 그 법정대리인, 변호사, 시·도지사, 시장·군수·구청장 또는 아동보호전문기관의 장은 검사 또는 사법경찰관에게 제1항에 따른 임시조치의 청구 또는 그 신청을 요청하거나 이에 관하여 의견을 진술할 수 있다.

③ 제2항에 따른 요청을 받은 사법경찰관은 제1항에 따른 임시조치를 신청하지 아니하는 경우에는 검사 및 임시조치를 요청한 자에게 그 사유를 통지하여야 한다.

○ 아동학대행위자에 대한 임시조치

❖ 판사는 아동학대범죄의 원활한 조사·심리 또는 피해아동 보호를 위하여 필요하다고 인정하는 경우에는 결정으로 아동학대행위자에게 다음 각 호의 어느 하나에 해당하는 임시조치를 할 수 있다.

1. 피해아동 또는 가정구성원(「가정폭력범죄의 처벌 등에 관한 특례법」 제2조제2호에 따른 가정구성원)의 주거로부터 퇴거 등 격리

2. 피해아동 또는 가정구성원의 주거, 학교 또는 보호시설 등에서 100미터 이내의 접근 금지

3. 피해아동 또는 가정구성원에 대한 「전기통신기본법」 제2조제1호의 전기통신을 이용한 접근 금지

4. 친권 또는 후견인 권한 행사의 제한 또는 정지

5. 아동보호전문기관 등에의 상담 및 교육 위탁

　　6. 의료기관이나 그 밖의 요양시설에의 위탁

　　7. 경찰관서의 유치장 또는 구치소에의 유치

❖ 판사는 피해아동에 대하여 위 제2호부터 제4호까지의 규정에 따른 응급조치가 행하여진 경우에는 임시조치가 청구된 때로부터 24시간 이내에 임시조치 여부를 결정하여야 한다.

❖ 임시조치기간은 2개월을 초과할 수 없다. 다만, 피해아동의 보호를 위하여 그 기간을 연장할 필요가 있다고 인정하는 경우에는 결정으로 위 제1호부터 제3호까지의 규정에 따른 임시조치는 두 차례만, 제4호부터 제7호까지의 규정에 따른 임시조치는 한 차례만 각 기간의 범위에서 연장할 수 있다.

❖ 임시조치를 결정한 경우에는 검사 및 피해아동, 그 법정대리인, 변호사 또는 피해아동을 보호하고 있는 기관의 장에게 통지하여야 한다.

○ 임시조치의 변경

❖ 아동학대행위자, 그 법정대리인이나 보조인은 임시조치 결정의 취소 또는 그 종류의 변경을 관할 법원에 신청할 수 있다.

❖ 판사는 정당한 이유가 있다고 인정하는 경우에는 직권 또는 신청에 따라 결정으로 해당 임시조치를 취소하거나 그 종류를 변경할 수 있다.

○○경찰서

제 0000-00000 호   20○○.○.○.

수 신: ○○지방검찰청 검사장(지청장)

제 목: 임시조치 신청(사전)

　　　　다음 사람에 대한　○○ 피의사건에 관하여「아동학대범죄의 처벌 등에 관한 특례법」제14조제1항에 따라 임시조치의 청구를 신청하니 아래와 같은 임시조치를 청구하여 주시기 바랍니다.

아동학대 행위자	성　명	（　　　　　）	
	주민등록번호	－　　　　（　　세）	
	직　업	피해아동과의 관계	
	주　거		
	보 조 인		
피해아동	성　명		
	법정대리인 또는 아동보호전문기관 담당 상담원		
	변 호 사		
임시조치의 내용 (중복신청 가능)	[　　] 피해아동 또는 가정구성원의 주거로부터 퇴거 등 격리(법 제19조제1항제1호)		
	[　　] 피해아동 또는 가정구성원의 주거, 학교 또는 보호시설 등에서 100미터 이내의 접근 금지(법 제19조제1항제2호) 기준지: [　　]주거 [　　]학교·학원 [　　]보호시설 [　　]병원　　[　　]그 밖의 장소(　　　　　　　)		
	[　　] 피해아동 또는 가정구성원에 대한「전기통신기본법」제2조제1호의 전기통신을 이용한 접근 금지(법 제19조제1항제3호)		
	[　　] 친권 또는 후견인 권한 행사의 제한 또는 정지(법 제19조제1항제4호)		
	[　　] 아동보호전문기관 등에의 상담 및 교육 위탁(법 제19조제1항제5호)		
	[　　] 의료기관이나 그 밖의 요양시설에의 위탁(법 제19조제1항제6호)		
	[　　] 경찰관서의 유치장 또는 구치소에의 유치(법 제19조제1항제7호)		
범죄사실의 요지 및 임시조치가 필요한 사유	별지와 같음		
○○경찰서			
사법경찰관		(서명 또는 인)	

■ 아동학대행위자에 대한 조사

제201조(아동학대행위자에 대한 조사) 경찰관은 아동학대행위자를 신문하는 경우 「아동학대처벌법」에 따른 임시조치·보호처분·보호명령·임시보호명령 등의 처분을 받은 사실의 유무와, 그러한 처분을 받은 사실이 있다면 그 처분의 내용, 처분을 한 법원 및 처분일자를 확인하여야 한다.

■ 아동보호사건 송치

제202조(아동보호사건 송치) ① 경찰관은 아동학대범죄를 신속히 수사하여「아동학대처벌법」 제24조의 규정에 따라 사건을 검사에게 송치하여야 한다. 이때 「수사준칙」 제51조제1항제3호의 각목에 해당하는 사건인 경우에는 「경찰수사규칙」 별지 제114호서식의 송치 결정서에 그 내용을 적어야 한다.
② 아동보호사건 송치 시 사건송치서 죄명란에는 해당 죄명을 적고 비고란에 '아동보호사건'이라고 표시한다.
③ 경찰관은 아동학대사건 송치 시 사건의 성질·동기 및 결과, 아동학대행위자와 피해아동과의 관계, 아동학대행위자의 성행 및 개선 가능성 등을 고려하여 「아동학대처벌법」의 아동보호사건으로 처리함이 상당한지 여부에 관한 의견을 제시할 수 있다.

※ 아동학대범죄의 처벌 등에 관한 특례법
제24조(사법경찰관의 사건송치) 사법경찰관은 아동학대범죄를 신속히 수사하여 사건을 검사에게 송치하여야 한다. 이 경우 사법경찰관은 해당 사건을 아동보호사건으로 처리하는 것이 적절한지에 관한 의견을 제시할 수 있다.

○ 사법경찰관의 사건송치
  ❖ 사법경찰관은 아동학대범죄를 신속히 수사하여 사건을 검사에게 송치하여야 한다. 이 경우 사법경찰관은 해당 사건을 아동보호사건으로 처리하는 것이 적절한 지에 관한 의견을 제시할 수 있다.

○ 조건부 기소유예
  ❖ 검사는 아동학대범죄를 수사한 결과 다음 각 호의 사유를 고려하여 필요하다고 인정하는 경우에는 아동학대행위자에 대하여 상담, 치료 또는 교육 받는 것을 조건으로 기소유예를 할 수 있다.
    1. 사건의 성질·동기 및 결과
    2. 아동학대행위자와 피해아동과의 관계
    3. 아동학대행위자의 성행(性行) 및 개선 가능성
    4. 원가정보호의 필요성
    5. 피해아동 또는 그 법정대리인의 의사

○ 사건송치
  ❖ 검사의 송치
    • 검사는 아동보호사건으로 처리하는 경우에는 그 사건을 관할 법원에 송치
      하여야 한다.
    • 검사는 아동학대범죄와 그 외의 범죄가 경합(競合)하는 경우에는 아동학대
      범죄에 대한 사건만을 분리하여 관할 법원에 송치할 수 있다.
  ❖ 법원의 송치
    • 법원은 아동학대행위자에 대한 피고사건을 심리한 결과 보호처분을 하는 것
      이 적절하다고 인정하는 경우에는 결정으로 사건을 관할 법원에 송치할 수
      있다.
  ❖ 송치 시의 아동학대행위자 처리
    • 송치결정이 있는 경우 아동학대행위자를 구금하고 있는 시설의 장은 검사의
      이송지휘를 받은 때부터 관할 법원이 있는 시·군에서는 24시간 이내에, 그
      밖의 시·군에서는 48시간 이내에 아동학대행위자를 관할 법원에 인도하여야
      한다. 이 경우 법원은 아동학대행위자에 대하여 임시조치 여부를 결정하여야
      한다.
    • 아동학대행위자에 대한 구속영장의 효력은 임시조치 여부를 결정한 때에
      상실된 것으로 본다.
  ❖ 송치서
    • 사건을 아동보호사건으로 송치하는 경우에는 송치서를 보내야 한다.
    • 송치서에는 아동학대행위자의 성명, 주소, 생년월일, 직업, 피해아동과의 관계
      및 행위의 개요와 가정 상황을 적고 그 밖의 참고자료를 첨부하여야 한다.
  ❖ 이송
    • 아동보호사건을 송치 받은 법원은 사건이 그 관할에 속하지 아니하거나
      적정한 조사·심리를 위하여 필요하다고 인정하는 경우에는 결정으로 그
      사건을 즉시 다른 관할 법원에 이송하여야 한다.
    • 법원은 이송결정을 한 경우에는 지체 없이 그 사유를 첨부하여 아동학대
      행위자와 피해아동, 그 법정대리인, 변호사 및 검사에게 통지하여야 한다.
  ❖ 보호처분의 효력
    • 보호처분이 확정된 경우에는 그 아동학대행위자에 대하여 같은 범죄사실
      로 다시 공소를 제기할 수 없다.

○ 공소시효의 정지와 효력
  ❖ 아동학대범죄의 공소시효는 「형사소송법」 제252조에도 불구하고 해당 아

동학대범죄의 피해아동이 성년에 달한 날부터 진행한다.

❖ 아동학대범죄에 대한 공소시효는 해당 아동보호사건이 법원에 송치된 때부터 시효 진행이 정지된다. 다만, 다음 각 호의 어느 하나에 해당하는 경우에는 그 때부터 진행된다.

1. 해당 아동보호사건에 대하여 제44조에 따라 준용되는 「가정폭력범죄의 처벌 등에 관한 특례법」 제37조제1항제1호에 따른 처분을 하지 아니한다는 결정이 확정된 때

2. 해당 아동보호사건이 제41조 또는 제44조에 따라 준용되는 「가정폭력범죄의 처벌 등에 관한 특례법」 제27조제2항 및 제37조제2항에 따라 송치된 때

❖ 공범 중 1명에 대한 시효정지는 다른 공범자에게도 효력을 미친다.

▣ 보호처분결정의 집행

제203조(보호처분결정의 집행) ① 경찰관은 「아동학대처벌법」 제38조제1항에 따른 법원의 요청이 있는 경우에는 보호처분의 결정을 집행하여야 한다.
② 「아동학대처벌법」 제38조제2항에 따라 보호처분의 집행을 담당하는 경찰관이 시·도지사 등에게 보호처분 이행상황을 통보할 때에는 별지 제133호서식의 보호처분 이행상황 통보서에 따른다.

※ 아동학대범죄의 처벌 등에 관한 특례법
제38조(보호처분 결정의 집행) ① 법원은 가정보호사건조사관, 법원공무원, 사법경찰관리, 보호관찰관 또는 수탁기관 소속 직원으로 하여금 보호처분의 결정을 집행하게 할 수 있다.
② 제1항에 따른 집행담당자는 아동학대행위자의 보호처분 이행상황에 관하여 시·도지사 또는 시장·군수·구청장에게 통보하여야 한다.

▣ 증거보전의 특례

제204조(증거보전의 특례) 아동보호사건에서 증거보전의 특례에 관하여는 제185조를 준용한다. 이 경우 "성폭력 피해자"는 "피해아동등"으로 본다.

보호처분 이행상황 통보서

(00-0000-0000)

제 0000-000000 호　　　　　　　　　　　　　　　　　　　　　　　0000.00.00.

수 신 :

제 목 : 임시조치 이행상황 통보

다음 사람에 대하여 아래와 같이 「아동학대범죄의 처벌 등에 관한 특례법」 제38조 제2항에 따른 보호처분 이행상황을 통보합니다.

아동학대 행위자	성　　명		피해아동등과의 관계	
	주민등록번호		-　　　（　　　세）	
피해아동등	성　　명			
법원의 보호처분 결정 내용	사건번호			
	결정일자			
	보호처분의 종류			
	보호처분의 기간			
이행상황				

소 속 관 서

사법경찰관/리　　계급　　　（서명 또는 인）

◼ 의무위반사실의 통보

> 제205조(의무위반사실의 통보) 경찰관은 「아동학대처벌법」 제63조제1항제2호부터 제5호까지에 따른 의무위반사실을 알게 된 때에는 그 사실을 별지 제138호서식의 의무위반사실 통보서에 따라 관계 행정기관의 장에게 통보할 수 있다.

※ 아동학대범죄의 처벌 등에 관한 특례법

제63조(과태료) ① 다음 각 호의 어느 하나에 해당하는 사람에게는 500만원 이하의 과태료를 부과한다.

2. 정당한 사유 없이 제10조제2항에 따른 신고를 하지 아니한 사람

3. 정당한 사유 없이 제11조제5항을 위반하여 사법경찰관리, 아동학대전담공무원 또는 아동보호전문기관의 직원이 수행하는 현장조사를 거부한 사람

4. 정당한 사유 없이 제13조제1항에 따른 긴급임시조치를 이행하지 아니한 사람

5. 정당한 사유 없이 제36조제1항제4호부터 제8호까지의 보호처분이 확정된 후 이를 이행하지 아니하거나 집행에 따르지 아니한 사람

○○경찰서

제 0000-00000 호   20○○.○.○.

수 신:

제 목: 의무위반사실 통보

　　　다음 사람에 대하여 아래와 같이 「아동학대범죄의 처벌 등에 관한 특례법」제
63조제1항에 따른 의무위반사실을 통보하오니, 과태료를 부과하여 주시기 바랍니다.

의무위반자	성　　　명	
	주 민 등 록 번 호	－　　　（　　세）
	주　　　소	
의무위반사실	일　　　시	년　　월　　일　　시　　분
	장　　　소	
	내　　　용	

적용법조	[　]	정당한 사유 없이 법 제10조제2항에 따른 신고를 하지 아니한 사람 (법 제63조제1항제2호)
	[　]	정당한 사유 없이 법 제13조제1항에 따른 긴급임시조치를 이행하지 아니한 사람(법 제63조제1항제3호)
	[　]	정당한 사유 없이 법 제36조제1항제4호부터 제8호까지의 보호처분이 확정된 후 이를 이행하지 아니하거나 집행에 따르지 아니한 사람 (법 제63조제1항제4호) [　　]사회봉사·수강명령(법 제36조제1항제4호) [　　]보호관찰(법 제36조제1항제5호) [　　]감호위탁(법 제36조제1항제6호) [　　]치료위탁(법 제36조제1항제7호) [　　]상담위탁(법 제36조제1항제8호)

통보인 인적사항	성　　　명		소　　속	
	전화번호		직　　급	

○○경찰서

사법경찰관리

(서명 또는 인)

※ 경찰수사규칙
제89조(소년에 대한 조사) ① 사법경찰관리는 소년을 조사하는 경우에는 행위의 동기, 그 소년의 성품과 행실, 경력, 가정 상황, 교우관계, 그 밖의 환경 등을 상세히 조사하여 그 결과를 서면으로 적어야 한다.

② 사법경찰관리는 소년에 대한 출석요구나 조사를 하는 경우에는 지체 없이 그 소년의 보호자 또는 보호자를 대신하여 소년을 보호할 수 있는 사람에게 연락해야 한다. 다만, 연락하는 것이 그 소년의 복리상 부적당하다고 인정되는 경우에는 그렇지 않다.

③ 사법경찰관리는 소년인 피의자에 대해서는 가급적 구속을 피하고, 부득이하게 체포·구속 또는 임의동행하는 경우에는 그 시기와 방법에 특히 주의해야 한다.

④ 사법경찰관리는 소년인 피의자가 체포·구속된 경우에는 다른 사건보다 우선하여 그 사건을 조사하는 등 신속한 수사를 위해 노력해야 한다.

○ 소년사건 수사의 기본
  ❖ 수사단계에서부터 청소년을 과학적으로 인도하고 유해환경을 정화하며 비행을 방지하고 비행소년을 합리적으로 처우함으로써 청소년을 건전하기 지도 육성하는 정신을 가지고 수사에 임하여야 한다.

○ 소년 경찰의 기본정신
  소년업무규칙(2013.3.25. 경찰청예규 제475호) 제7호에서 "소년경찰의 기본정신"을 다음과 같이 규정하고 있다.
  ❖ 건전육성의 정신
    소년경찰활동은 소년을 건전하게 지도·육성·보호함을 근본으로 한다.
  ❖ 소년의 특성 이해
    소년의 심리·생리 기타의 특성을 깊이 이해하고 보도, 처우를 행한다.
  ❖ 처우의 개별화
    소년범죄 등 비행은 구성요건을 규명하기보다도 소년의 성행 및 환경 기타 비행의 원인을 정확히 규명하여 개별적으로 타당한 보도 및 처우를 행한다.
  ❖ 처우의 과학화
    소년의 보도와 처우는 과학적 지식과 방법으로 조사, 분석, 검토하여 결정한다.
  ❖ 비밀의 보장
    소년의 보도와 처우는 소년의 인격과 자주성을 존중하고 비밀을 보장하여 소년 및 관계자가 불안을 갖지 않도록 한다.
  ❖ 관계자의 존경과 신뢰의 획득
    인격의 향상과 식견의 함양에 힘써 소년 및 관계자로부터 존경과 신뢰를 얻는다.

○ 소년의 특성과 이해

❖ 청소년을 정신적 미성숙과 사회적·경제적 지위의 미확립 등의 특성을 지니며, 한번 죄를 범하더라도 조기에 적절한 지도를 하게 되면 그의 재비행을 방지하여 갱생의 가능성이 많다.

❖ 수사 활동의 과정에서 본인과 그 보호자 등에게도 심리적으로 큰 영향을 미친다. 따라서 소홀히 이를 그르쳐서 소년의 장래를 망치는 일이 없도록 온정과 이해로써 조사하도록 한다.

○ 소환시의 유의사항

❖ 부득이한 경우는 제외하고는 소년 또는 그 보호자를 경찰관서에 소환하지 않고 경찰관이 직접 가정·학교 또는 직장을 방문하여야 한다.

❖ 학교 또는 직장에서 소년을 공연하게 소환하는 일은 가급적 피하여야 한다.

❖ 소년 또는 보호자를 소환함에 있어서는 반드시 그 사유를 명시한 서면에 의할 것이며, 특히 보호자의 이해와 협조를 얻어야 하고, 필요한 때에는 보호자의 동조를 의뢰하여야 한다.

❖ 소환한 담당경찰관이 필요에 따라 현장조사를 할 경우에도 될 수 있는 한 사복을 착용하여 관계자로 하여금 불안을 갖지 않도록 하여야 한다.

○ 면접 시의 유의사항

❖ 면접시간은 최소한도로 하고 소년의 수업 중 또는 취업 중의 시간 및 야간을 피하여야 한다.

❖ 면접장소는 타인의 이목을 피하여 소년 또는 그 보호자가 긴장하지 않고 면접할 수 있도록 적당한 장소를 선택하여야 한다.

❖ 면접은 부득이한 경우를 제외하고는 그 소년의 보호자 또는 적당하다고 인정되는 자의 입회하에 실시하여야 한다.

❖ 면접 중에 행하는 대화의 기록은 신문 또는 진술조서를 작성하는 경우를 제외하고는 간단한 요지만을 기입할 것이며, 소년이나 그 보호자로 하여금 불안과 공포심을 갖지 않도록 하여야 한다.

❖ 면접 중에는 소년 또는 그 보호자가 허위진술 또는 반항을 한다고 하여 흥분하거나 멸시하여서는 아니되며, 부드럽고 조용한 분위기를 유지하여 스스로 자제와 반성을 하도록 하여야 한다.

❖ 면접이 끝났을 때에는 소년 또는 그 보호자가 불안감을 갖지 않고 경찰의 보도 및 처우에 신뢰를 갖도록 사후조치를 하여야 한다.

○ 연령의 확인
  ❖ 소년경찰은 비행소년이라고 인정되는 소년의 발견 또는 조사를 하는데 있어
    서는 소년법·아동복지법·미성년자보호법 기타 법률에 정한 비행소년의 연령
    에 적합한 처리를 하기 위하여 현재 및 시행 시에 있어서의 당해 소년의 정
    확한 연령을 확인하여야 한다.

○ 수사 또는 조사 시의 확인사항
  ❖ 소년경찰은 비행소년을 수사 또는 조사할 때에는 다음 각호의 사항을 명확
    히 하여야 한다.
    • 사실의 존부 및 내용
    • 비행동기 및 원인
    • 소년의 성격, 행상 및 경력
    • 소년의 가정·학교·직장 및 교우관계
    • 소년의 주거지의 환경
    • 소년의 비행방지에 협력할 수 있다고 인정되는 관계자의 유무

○ 수사 또는 조사 시의 유의사항
  ❖ 소년경찰은 비행소년을 수사 또는 조사할 때에는 다음 각호의 사항에 유의
    하여야 한다.
    • 관계기관의 송치 또는 통고여부 및 송치 또는 통고할 기관을 신중히 결정
      하여야 한다.
    • 소년의 보호자 기타 소년에 대하여 사정을 잘 알고 있는 자의 협력을 얻
      어야 한다.
    • 선입감과 속단을 피하고 정확한 자료를 수집하여야 한다.
    • 조사를 함에 있어서는 고문·폭행·협박·기망 기타 조사의 임의성에 관하여
      의심받을 만한 방법을 취해서는 아니 된다.
    • 진술의 대가로 이익을 제공할 것을 약속하는 등 진술의 진실성을 잃게 할
      염려있는 방법을 취해서는 아니 된다.
    • 조사는 단시간에 끝내도록 유의하고, 부득이한 사유가 있는 경우를 제외
      하고는 심야에 하는 것을 피하여야 한다.
    • 조사에 지장이 없는 한 보호자나 변호인의 입회를 허용하여야 한다.
    • 소년의 심신에 이상이 있다고 인정할 때에는 지체 없이 의사로 하여금 진
      단하게 하여야 한다.

○ 소년범죄에 대한 서류의 작성

  ❖ 소년사건을 형사사건으로 검찰청에 송치함에는 사건송치서에 "피의자 환경 조사서"를 반드시 첨송해야 하고 소년보호사건을 소년부에 송치함에는 소년 보호사건송치서에 참고자료로서 "소년신원조사서(소년카드)"를 반드시 첨송 해야 하므로 그 작성을 위하여 필요하다.

  ❖ 당해 소년의 범죄가 그 소년 이외의 자의 원인 공여에 의하여 야기되었을 때에는 그 현상을 배척·시정하기 위한 경찰의 활동이 기대되는 터이므로 원 인 공여의 사실의 유무에 대하여 조사가 필요하다.

  ❖ 경찰의 배치를 결정한 후에 있어서 필요한 경우, 이른바 사후 보도의 대상 이 되는 일이 있는데, 이 경우 그 처우방법을 결정하기 위하여 필요하다.

  ❖ 단순히 사건의 결말을 짓는다는 것이 아니고, 소년의 비행방지 목적을 달성 하기 위하여 소년피의자 기타 참고인의 조사를 함에 있어서 그 소년의 성 질·소행·환경과 범죄원인을 조사하여 그 소년을 전인격적으로 이해하는 것이 필요하기 때문이다.

○ 소년카드 작성

  ❖ 비행소년으로서 송치 또는 통고된 소년 기타 필요하다고 인정되는 소년에 대하여 별표 제3호 서식의 소년카드(소년 신상조사표)를 작성, 비치하여야 한다.

    • 수사과에서 범죄소년을 조사 처리 시는 신상조사표를 작성, 소년계(반)에 제출하여야 한다.

    • 소년의 주거지가 타 경찰서의 관할구역인 경우에는 소년카드의 원본을 당 해 경찰서장에게 송부하고, 필요하다고 인정되는 경우에 한하여 그 사본을 보관한다.

○ 보호사건 송치서

  ❖ 촉법소년 또는 우범소년을 가정법원 소년부에 송치할 경우에는 별표 제5호 소식의 보호사건송치서에 별표 제4호 서식의 소년신상 조사표 기타 참고자 료를 첨부송치하여야 한다. 다만, 우범소년인 경우에는 보호사건송치서만으 로 송치할 수도 있다.

색인					소년신상조사표 소년카드		결재	계장	과장	서장

번호	경찰서(과) 년 월 호	종별 범죄 촉법 우범

<table>
<tr>
<td rowspan="9">소년</td>
<td colspan="2">성명   남녀
년 월 일생(세)</td>
<td>이명</td>
<td>국적 한국 외국( )
한국인등록번호</td>
</tr>
<tr>
<td colspan="2">등록기준지</td>
<td colspan="2">출생지</td>
</tr>
<tr>
<td colspan="4">주거 : 자가, 연고가, 기숙사, 하숙, 자취, 보호시설, 합숙소, 주거부정( )</td>
</tr>
<tr>
<td colspan="2">건강상태
 강건강, 건강, 약간불건강, 불건강, 기주증유무, 음주경험유무, 정신장애유무, 흡연경험유무, 신체장애유무</td>
<td colspan="2">성질 : (과장적)(회사, 검소)(단기유장)(대담, 소심)(비관적, 낙관적)(음울, 명랑)(태정, 근면)(곧 싫어진다. 한기가 강하다)(냉담, 친절)(사고적, 고독)(주동적, 추수적)(피동적, 확신적)</td>
</tr>
<tr>
<td colspan="4">본건 비행의 개요 [비행의 주요행위( )] 단독범 공범 여죄</td>
</tr>
</table>

	년월일	비행명	보도경찰서	조치와 처분결과	보도력 회

<table>
<tr>
<td rowspan="4">가족관계</td>
<td>주요가족성명</td>
<td>관계
실부
실모</td>
<td>연령</td>
<td>직업</td>
<td>주거</td>
<td>비고</td>
</tr>
<tr>
<td colspan="2">가족 중 전과자 유 무
가정의 경제상태
 극부 상 중 하 극빈</td>
<td colspan="4">소년의 간호에 대한 보호자의 태도
 열심, 약간열심, 보통, 약간 무관심, 무관심(완화, 보통, 엄격) (자의보통, 확고) (방임, 보통, 애약)
가족간의 인간관계( )
기타 가정에 관한 특기사항</td>
</tr>
</table>

<table>
<tr>
<td rowspan="2">주거관계</td>
<td colspan="3">주거지의 일반적 환경
 형태 : 주택지대, 상업지대, 공업지대, 농업지대 기타( )
 생활정도 : 상층이 많다. 상층이 약간 많다. 보통, 하층이 약간 많다. 하층이 많다.</td>
<td>교통기관
(기차, 전차, 버스)도보역으로
부터 정류소   시   분</td>
</tr>
<tr>
<td>전주거   주거</td>
<td>전거년</td>
<td>전거이유</td>
<td></td>
</tr>
</table>

학교관계	재학자	학교명		소재지		
		초, 중, 고, 초급대, 대, 기타 (　　)년 재학				
	학력	학교	소재지	전학, 진학, 중태, 졸업연도	적학 또는 퇴학 이유	
		학업성적 특히우수, 우수, 보통, 약간 불량, 불량, 태학(없다, 이따금 많다)		학교 내에서의 태도 양, 보통, 약간 불량, 불량 학교 내에서의 문제		
직업관계		근무지		취업지		직종
		년　　월부터 통근 입주　　월수입　　원				
		근무성적 우수, 보통, 약간 불량, 불량 태업 없다, 이따금 많다		직장 내에서의 태도 양, 보통, 약간 불량, 불량 직장 내에서의 문제점		
	직력	근무지 및 직종	소재지	재직기간	전직 또는 퇴직이유	
교우관계		양　　보통　　불량		비행집단과 관련유무		
비행위험성		판정법의 실시 비행위험성이 낮다. 약간 높다. 높다. 아주 높다.				
처우의견		소년의 조치에 대한 의견 그러므로 심판 불개시, 불 처분, 보호자 또는 적당한 자에의 감호위탁, 소년보호단체, 사원 또는 교회의 감호위탁, 병원 기타 요양소위탁, 감화원 송치, 보호관찰, 형사처분조치가 적당하다고 인정됨				

결재	계장	과장	서장	작성자	년　　월　　일 작성 경찰서 계 계급 성명　　　(인)

감식자료	범죄수법원지 작성 불작성	지문원지 작성 불작성	사진기록 작성 불작성
소년에 대한 학교 교사	· 고용주 등의 의견 개요		

동행영장집행 : 착수   년   월   일   시·인도   년   월   일   시 일시보호 : 개시   년   월   일   시·인도   년   월   일   시 체포 : 통상·긴급·현행범으로   년   월   일   시

보호 등의 상황	송치 : 소년부, 검찰청 년 월 일 통고 : 아동상담소·아동복지시설·학교

조치	

처분결과 기타 참고사항

비 행 성 예 측 자 료 표

이름			성별		비행명 :				
			연령						

비행환경	조사항목	점수	조사항목	점수	비행환경평가	점수	비행위험 환경요인	체크란
	1. 생계담당자		5. 교우관계			0-11	낮다	
	2. 결손가정		6. 가출경험			12-20	약간 높다	
	3. 교육수준		7. 조발비행			21-29	높다	
	4. 무단결석		계			30이상	아주 높다	

인성검사	척도	ICN (비일관성)	INF (저빈도)	NIM (부정적인상)	PIM (긍정적인상)	SOM (신체적호소)	ANX (불안)	ARD (불안장애)	DEP (우울)	MAN (조증)	PAR (망상)	SCZ (정신분열병)
	점수											
	척도	BOR (경계선특징)	ANT (반사회적특징)	ALC (음주문제)	DRG (약물사용)	AGG (공격성)	SUI (자살관념)	STR (스트레스)	NON (비지지)	RXR (치료거부)	DOM (지배성)	WRM (온정성)
	점수											

인성검사소견	

종합소견	재비행 위험성 : ___① 낮다 ___② 약간 높다 ___③높다 ___④ 매우 높다

작성일자	20 . . .	범죄심리사	㉑
		범죄심리전문가	㉑

○ 관계기관과의 협조
  ❖ 소년사건의 수사에서는 검사 또는 다른 수사기관과 연락, 협조함은 물론이고, 소년의 교육·보호·교정을 행하는 관계기관과도 연락하여 그 행하는 조치가 경찰의 수사와 일관성을 가지도록 배려하여야 한다.
  ❖ 개개의 사건수사를 함에 있어서 관계기관과 연락하는 경우에는 독단 진행하는 일이 없도록 하고, 그 시기·방법 등에 대하여 책임자의 지휘를 받아서 하여야 한다.
  ❖ 소년경찰활동을 효과적으로 수행하기 위하여 지방 공공단체, 소년법원, 검찰청, 긴급 학교, 아동복지위원회, 아동상담소, 종교단체, 청소년단체 기타 사회단체 및 그 직원과 상호 긴밀한 협조를 하여야 한다.

○ 처우에 관한 의견 제출
  ❖ 비행소년을 관계기관에 송치 또는 통고할 때에는 의견을 제출할 때에는 다음 각호의 사항을 과학적인 방법으로 객관적으로 판단하여야 한다.
    • 사항의 내용
    • 비행의 동기 및 원인
    • 재비행의 위험성
    • 보호자의 실정 및 재비행방지에 대한 보호자의 방침 또는 희망, 기타 관계기관·단체·유지 등의 의견
  ❖ 타과의 직원이 담당하고 있는 비행소년의 처우에 관한 의견을 결정하고자 할 때에는 소년계의 의견을 들어야 한다.

○ 보호자와의 연락
  ❖ 소년이 경찰의 출석요구를 받거나 조사를 받는다는 것은 소년 뿐 아니라, 그 보호자에 대하여 불안감을 주고 그 소년의 장래에 나쁜 영향을 미치게 되는 경우가 있어 신중히 처리를 하여야 한다.
  ❖ 소년 피의자를 출석요구 또는 조사를 하는 경우 소년과 보호자의 실정을 고려해서 보호자나 관리책임자 등에게 출석요구와 취조의 목적, 당해 소년의 재범방지를 위하여 조사하는 취지를 이해와 협조를 얻어서 연락하도록 한다.
  ❖ 소년사건이라도 형사사건이므로 보호자 등에게 연락함으로써 도망·증거인멸 등 지장을 초래할 요인이 된다거나, 연락하는 것이 취업 처에서 해고당하거나 그 보도목적에 오히려 불리하고, 그 소년의 복리상 부적당하다고 인정되면 연락하지 아니할 수 있다.
  ❖ 소년사건의 조사에서 보호자를 참여시키는 것은 소년의 자유로운 진술이나

장래의 보도 효과를 위해서 적극적으로 보호자의 참여를 구하는 것이다.

○ 강제조치 등의 제한
  ❖ 범죄소년일지라도 부득이한 경우를 제외하고 체포·구금 기타 강제조치를 하여서는 아니 된다.
  ❖ 부득이한 체포·구금 기타 강제조치를 결정하려고 할 때 또는 강제조치를 집행하려고 할 때에는 시기와 방법에 관하여 특히 신중한 주의를 요한다.
  ❖ 범죄소년의 연령·성격·비행경력·범죄의 내용·구금 장소의 상황·구금시간 기타 강제조치로부터 당해 소년에게 미치는 정신적 영향 등을 신중히 고려하여야 한다.
  ❖ 구금할 때에는 원칙적으로 성인과 분리하여 수용하여야 한다.
  ❖ 강제조치를 하였을 때에는 지체 없이 그 보호자 또는 대리자에게 연락하여야 한다.
  ❖ 체포하는 경우에는 현행범 등 부득이한 경우를 제외하고는 학교의 수업시간 중 또는 취업 기타 여러 사람이 보는 장소를 피하여야 한다.
  ❖ 동행·호송하는 경우 폭행이나 도망할 염려가 있어서 부득이 수갑을 사용하는 경우에 있어서도 그것이 남의 눈에 띄지 않도록 유의하는 동시에 동행·호송되고 있는 것을 친구·동료 기타의 눈에 띄지 않도록 시간·통로·승용차 등에 유의하여야 한다.
  ❖ 유치함에 있어서는 되도록 보호실을 사용하고 부득이 유치장을 사용하는 경우에는 독방에 수용하고, 그렇지 못할 경우에는 원칙적으로 성인과 분리하여 수용하도록 배려하여야 한다.

○ 소년법상의 제한
  ❖ 소년법 제55조 "구속영장의 제한", 즉 소년에 대한 구속영장은 부득이한 경우가 아니면 발부하지 못한다(제55조 제1항).
  ❖ 소년을 구속하는 경우에 특별한 사정이 없으면 다른 피의자나 피고인과 분리하여 수용하여야 한다.

○ 보도의 금지
  ❖ 소년법에 의하여 조사 심리 중에 있는 형사사건에 대하여는 성명·연령·직업·용모 등에 의하여 그 자에 당해 본인으로 추지(推知)할 수 있는 정도의 사실이나 사진을 신문 기타 출판물에 게재 또는 방송할 수 없다.

○ 소년범의 정의
  ❖ 소년범이란 미성년자(199세 미만)의 범법행위를 성인범과 분리 취급하기 위하여 설정된 개념이다.
  ❖ 광의 : 비행소년(범죄소년·촉법소년·우범소년)
  ❖ 협의 : 범죄소년

○ 범죄소년, 촉법소년, 우범소년의 의미(소년법 제4조 제1항)
  ❖ 범죄소년 : 형벌법령에 저촉되는 행위를 한 14세 이상 19세 미만의 소년
  ❖ 촉법소년 : 형벌법령에 저촉되는 행위를 한 10세 이상 14세 미만의 소년
  ❖ 우범소년 : 다음에 해당하는 사유가 있고 그의 성격 또는 환경에 비추어 장래 형벌법령에 저촉되는 행위를 할 우려가 있는 10세 이상의 소년
    • 보호자의 정당한 감독에 복종하지 않는 성벽이 있는 것
    • 정당한 이유 없이 가출하는 것
    • 범죄성이 있는 자 또는 부도덕한 자와 교제하거나 자기 또는 타인의 덕성을 해롭게 하는 성벽이 있는 것

○ 우범소년과 불량행위 소년의 구별
  ❖ 불량행위 소년은 "비행소년은 아니나 음주·흡연·싸움 기타 자기 또는 타인의 덕성을 해하는 행위를 하는 소년"이라고 규정하고 있다.
  ❖ 우범소년은 "성벽"이라고 볼 수 있을 정도의 상습성·습관성을 가지고 있어야 하는데 비해, 불량행위 소년은 개개의 행위에 착안한 것이며, 경찰관은 불량소년을 발견하면 현장에서 주의·조언·제지 또는 필요에 따라 보호자에게 연락, 조언해야 하나 소년부(가정법원·지방법원)의 보호사건 대상은 아니다.

○ 경찰의 소년범 처리
  ❖ 경찰서장은 촉법소년과 우범소년에 대하여는 직접 관할법원(가정법원 또는 지방법원) 소년부에 송치하고(소년법 제4조 제2항) 범죄소년은 검찰에 송치하여야 한다.

○ 검찰의 소년범 처리
  ❖ 경찰에서 송치한 범죄소년에 대하여 수사한 후
  ❖ 법원에 기소
  ❖ 법원 소년부에 송치
    즉 피의자 수사결과 벌금 이하의 형에 해당하는 범죄이거나 보호처분에 해

당하는 사유가 있다고 인정한 때에는 사건을 소년부에 송치한다.
- ❖ 기소유예 처분은 선도조건부 기소유예, 즉 선도위원회 선도조건으로 기소유예 처분할 사안이 경매하고 기소할 가치가 없다고 사료될 때의 처분이다.

○ 법원 소년부의 처리
- ❖ 소년부 판사는 소년에 대해 조사·심리에 필요하다고 인정한 때에는 소년의 감소에 대해 결정으로써 다음 각호의 1에 해당하는 조치(임의조치)를 할 수 있다.(동행된 소년의 경우 24시간 이내 결정).
  - 보호자·소년을 보호할 수 있는 적당한 자 또는 시설에 위탁하는 것(1차 3개월, 1회 연장 가능)
  - 병원 기타 요양소에 위탁하는 것(위와 같음)
  - 소년분류심사원에 위탁하는 것(1차 1개월, 1회 연장가능)
- ❖ 법원 소년부는 송치받은 사건을 다시 조사하게 되는데, 소년부 판사는 송치서와 조사관의 조사보고에 의하여 사건의 심리를 개시할 수 없거나 개시할 필요가 없다고 인정한 때에는 심리를 개시하지 아니한다는 결정을 한다.
- ❖ 사건을 심리할 필요가 없다고 인정한 때(이 경우는 서류상으로만 판단하여도 그 소년의 비행이 경미하여 특별한 보호처분이 필요 없다고 심증이 충분히 갈 때임)→심리불개시 결정(귀가조치)한다.
- ❖ 심리 개시 결정을 하여 심리하더라도 소년부 판사가 심리결과 보호처분이 필요 없다고 인정한 때→불처분 결정(귀가조치)한다.
- ❖ 심리결과 보호처분의 필요가 있다고 인정한 때에는 결정으로써 1호 내지 7호 처분을 하고(소년법 제32조 제1항) 금고 이상의 형에 해당하는 범죄행위를 한 사실이 밝혀졌을 경우에는 소년부에서 검찰로 송치하여 형사사건으로서 절차를 밟게 된다.

※ 소년법
제32조 (보호처분의 결정) ① 소년부 판사는 심리 결과 보호처분을 할 필요가 있다고 인정하면 결정으로써 다음 각호의 어느 하나에 해당하는 처분을 하여야 한다.
1. 보호자 또는 보호자를 대신하여 소년을 보호할 수 있는 자에게 감호 위탁
2. 수강명령
3. 사회봉사명령
4. 보호관찰관의 단기 보호관찰
5. 보호관찰관의 장기 보호관찰
6. 「아동복지법」에 따른 아동복지시설이나 그 밖의 소년보호시설에 감호 위탁
7. 병원, 요양소 또는 「보호소년 등의 처우에 관한 법률」에 따른 소년의료보호시설에 위탁
8. 1개월 이내의 소년원 송치

9. 단기 소년원 송치
10. 장기 소년원 송치
② 다음 각 호 안의 처분 상호 간에는 그 전부 또는 일부를 병합할 수 있다.
　1. 제1항 제1호·제2호·제3호·제4호 처분
　2. 제1항 제1호·제2호·제3호·제5호 처분
　3. 제1항 제4호·제6호 처분
　4. 제1항 제5호·제6호 처분
　5. 제1항 제5호·제8호 처분
③ 제1항 제3호의 처분은 14세 이상의 소년에게만 할 수 있다.
④ 제1항 제2호 및 제10호의 처분은 12세 이상의 소년에게만 할 수 있다.
⑤ 제1항 각호의 어느 하나에 해당하는 처분을 한 경우 소년부는 소년을 인도하면서 소년의 교정에 필요한 참고자료를 위탁받는 자나 처분을 집행하는 자에게 넘겨야 한다.
⑥ 소년의 보호처분은 그 소년의 장래 신상에 어떠한 영향도 미치지 아니한다.

❖ 법원이 범죄소년에 대하여 선고유예·집행유예 또는 실형선고 시 범죄소년이 법정형이 장기 2년 이상의 유기형에 해당하는 죄를 범한 경우 그 형의 범위 안에서 장기와 단기를 정하여 장기 10년, 단기 5년을 초과하지 않는 범위 내에서 선고(소년법 제60조), 징역 또는 금고의 선고를 받은 소년은 소년교도소 또는 일반교도소 내에 특히 분계(分界)된 장소에서 그 형을 집행한다.

○ 경찰의 비행소년 처리요령
　❖ 비행소년은 조기 발견하여 선도하는 것이 가장 효과적이다. 따라서 비행소년은 최초 발견단계에서 그 소년과 보호자에 대하여 필요한 선도와 조언이 신속하고 적절하게 행하여지고 또 이에 의하여 비행성이 초기단계에 제거되도록 노력해야 한다.
　❖ 진성(眞性) 비행소년과 가성(假性)비행소년을 정확히 식별하여 가성비행소년은 현행법의 범위 내에서 과감히 훈계, 방면하여야 한다.
　❖ 가성비행소년이란 비행을 저지르긴 하였으나 그것이 한때의 실수에 불과하고 깊이 반성하고 있으므로 용서해주면 다시는 그러한 비행을 하지 않을 것으로 판단되는 소년이다.
　❖ 소년은 성장기에 있기 때문에 아직도 인간적으로 미성숙한 상태에 있으며, 따라서 누구나 한두 번은 실수를 하게 되는데 대부분의 소년은 이러한 실수를 뉘우치고 반복하지 않는다. 그러나 이러한 실수로 인해 경찰, 법원 등에 불려 다니는 경우에는 열등감과 자아의식이 생겨 진정한 범죄인으로 변신될 가능성이 많다.
　❖ 경찰조사가 끝나서 비행소년이 자기 잘못을 뉘우치고 있는 터에 검찰청에

불려가고 그것을 잊을만하면 소년부에 호출되는 현상은 반성은커녕 오히려 소년의 재범성을 촉진하게 된다.

❖ 일회성비행은 '비행심의위원회'에 회부하여 가급적 훈계, 방면하는 것이 형사정책으로 옳은 것이다.

❖ 현재 우리 법체계에는 전건송치주의를 채택하고 있기 때문에 인지단계에서 입건 여부를 신중히 하는 방법 밖에 없다는 점을 특히 유의하여야 한다.

❖ 소년수사를 함에 있어서는 보호처분 또는 형사처분에 대한 특별 심의 자료를 제공할 것을 염두에 두어 범죄의 원인 및 동기와 그 소년의 행상·경력·교육정도·가정상황·교우관계 기타 환경 등을 세밀히 조사한 '환경조사서'와 '소년신원조사표'를 작성하여야 한다

❖ 소년법 제5조 소년부에 소년보호사건을 송치하는 경우에는 송치서에 본인의 주거·성명·생년월일 및 행위와 가정상황을 기재하고 기타 참고자료를 첨송(添送)하여야 한다고 규정하고 있다.

❖ 소년에 대한 구속영장은 부득이한 경우가 아니면 발부하지 못하며 소년을 구속하는 경우에는 성인인 피의자가 피고인과 분리, 수용하여야 한다.

❖ 소년법 제58조 제1항은 소년에 대한 형사사건의 심리를 친절하고 온화하게 하도록 규정하고 있는데, 이 정신은 경찰서에서 소년을 조사할 경우에도 지켜야 할 것이다.

❖ 비행소년 문제는 사회가 애정으로 비행소년의 건전한 육성을 도모하는 것이 최상의 방법이며, 처벌만이 능사가 아니다.

❖ 청소년 선도단체(SBS연맹, 청소년지도육성회 등)와 적극적 협력 체제를 구축하여, 비행소년과의 1 : 1결연 등 효율적인 청소년 선도활동을 전개해 나가야 할 것이다.

○ 소년보호 사건의 송치

❖ 소년보호사건을 송치하는 경우에는 송치서에 본인의 주거·성명, 생년월일 및 행위의 개요와 가정상황을 기재하고 기타 참고자료를 첨부하여야 한다.

○ 소년부의 이송

❖ 보호사건의 송치를 받은 소년부는 보호의 적정을 기하기 위하여 필요하다고 인정한 때에는 결정으로써 사건을 다른 관할 소년부에 이송할 수 있다.

❖ 소년부는 사건이 그 관할에 속하지 아니한다고 인정한 때에는 결정으로써 그 사건을 관할 소년부에 이송하여야 한다.

○ 소년부의 송검
 ❖ 소년부는 조사 또는 심리의 결과 금고 이상의 형에 해당한 범죄사실이 발견
  된 경우에 그 동기와 죄질이 형사처분의 필요가 있다고 인정한 때에는 결정
  으로써 사건을 관할지방법원에 대응한 검찰청 검사에게 송치하여야 한다.
 ❖ 소년부는 보호처분의 계속 중 본인의 처분당시 20세 이상인 것이 판명된 때
  에는 결정으로써 사건을 관할지방법원에 대응하는 검찰청검사에게 송치하여
  야 한다.

○ 학생범죄의 특성
 ❖ 피의자가 학생인 경우에는 성년일지라도 학생이란 특성과 환경을 충분히 고
  려하여 소년사건과 준하여 소년사건에 관한 특칙을 준수하고 신중한 수사를
  하여야 한다.
 ❖ 소년사건을 수사함에 있어서는 소년의 특성에 비추어 되도록 다른 사람의
  이목을 끌지 아니하는 장소에서 온정과 이해를 가지고 부드러운 어조로 조
  사하여야 하며, 그 심성을 상하지 아니하도록 유의하여야 한다.
 ❖ 소년사건을 수사함에 있어서는 범죄의 원인 및 동기와 그 소년의 성격·행상·
  경력·교육정도·가정상황·교우관계 기타 환경 등을 상세히 조사하여 환경조사
  서를 작성하여야 한다.
 ❖ 소년에 대하여는 되도록 구속을 피하고 부득이 구속 또는 동행하는 경우에
  는 그 시기와 방법에 관하여 특히 주의하여야 한다.
 ❖ 소년범죄는 소년범의 취지에 따라 신속히 처리하고 소년의 주거·성명·연령·
  직업·용모 등에 의하여 그 자를 당해 본인으로 추지할 수 있는 정도의 사실
  이나 사진이 보도되지 아니하도록 특히 주의하여야 한다.

○ 여성범죄 조사와 소년범 처리의 준용
 ❖ 피의자가 여자인 경우에는 성년일지라도 여성의 특성과 환경을 충분히 고려
  하여 소년사건에 준해서 소년사건에 관한 특칙의 일부를 준수하여 신중한
  수사를 한다.
 ❖ 여성의 특성을 이해하여 다른 사람의 이목이 끌리지 않는 장소에서 온정과
  이해를 가지고 부드러운 어조로 조사하는 것이 좋다.
 ❖ 여성범죄는 되도록 구속을 피하고 부득이 구속 또는 동행하는 경우에는 그
  시기와 방법을 특히 주의하여 신중히 배려해 주는 것이 좋다.

제4절 외국인 등 관련범죄에 관한 특칙

■ 국제법의 준수

제206조(준거규정) 외국인관련범죄 또는 우리나라 국민의 국외범, 대·공사관에 관한 범죄 그 외 외국에 관한 범죄(이하 "외국인 등 관련범죄"라 한다)의 수사에 관하여 조약, 협정 그 밖의 특별한 규정이 있을 때에는 그에 따르고, 특별한 규정이 없을 때에는 본 절의 규정에 의하는 외에 일반적인 수사절차를 따른다.

제207조(국제법의 준수) 경찰관은 외국인 등 관련범죄의 수사를 함에 있어서는 국제법과 국제조약에 위배되는 일이 없도록 유의하여야 한다.

○ 국제범죄의 수사
  ❖ 국제범죄란 외국인이 피의자인 사건, 외국 또는 외국인에 관계되는 사건을 말하는데 외국인에 관해서는 국제관계를 고려하여 일반사건과 다른 취급상의 주의를 필요로 하는 것이 많다.
  ❖ 국제범죄 수사에서는 조약·협정 기타 특별한 규정이 있는 때에도 이 규정에 따라야 한다.
  ❖ 조약이란 국제법의 기본이 되는 법원(法源)으로 문서에 의한 국가간의 합의로써 당사국간의 법률상의 권리·의무를 발생케 하는 조약·협약·협정·의정서·헌장 등으로 명칭 되어 지는 것이다.
  ❖ 조약·협정 기타 특별한 규정이 있을 때에는 이 국제법칙에 의하고 특별한 규정이 없을 때에는 본 규칙과 일반사건의 예에 따라 처리하면 된다.

○ 행정협정
  ❖ 행정협정이란 행정부가 국회의 비준·동의 없이 타국 정부를 상대로 체결한 협정·조약을 말한다.
  ❖ 미국이 외국에 주둔하는 미국 군대의 지위를 규정하는 협정을 체결하여 주둔군 지위협정의 "행정협정"을 맺은 것이다.
    • 대한민국과 아메리카미합중국간의 상호방위조약 제1조에 의한 시설과 구역 및 대한민국에서의 합중국 군대지위에 관한 협정을 실시하기 위하여 관세법·임시수입부가세법·부가가치세법·「개별소비세법」·주세법 및 「교통·에너지·환경세법」(이하 "관세법등"이라 한다)의 특례를 규정함을 목적으로 한다.

▣ 외국인 등 관련범죄 수사의 착수

제208조(외국인 등 관련범죄 수사의 착수) 경찰관은 외국인 등 관련 범죄 중 중요한 범죄에 관하여는 미리 국가수사본부장에게 보고하여 그 지시를 받아 수사에 착수하여야 한다. 다만, 급속을 요하는 경우에는 필요한 처분을 한 후 신속히 국가수사본부장의 지시를 받아야 한다.

※ 경찰수사규칙

제91조(외국인에 대한 조사) ① 사법경찰관리는 외국인을 조사하는 경우에는 조사를 받는 외국인이 이해할 수 있는 언어로 통역해 주어야 한다.

② 사법경찰관리는 외국인을 체포·구속하는 경우 국내 법령을 위반하지 않는 범위에서 영사관원과 자유롭게 접견·교통할 수 있고, 체포·구속된 사실을 영사기관에 통보해 줄 것을 요청할 수 있다는 사실을 알려야 한다.

③ 사법경찰관리는 체포·구속된 외국인이 제2항에 따른 통보를 요청하는 경우에는 별지 제93호서식의 영사기관 체포·구속 통보서를 작성하여 지체 없이 해당 영사기관에 체포·구속 사실을 통보해야 한다.

④ 사법경찰관리는 외국인 변사사건이 발생한 경우에는 제94호서식의 영사기관 사망 통보서를 작성하여 지체 없이 해당 영사기관에 통보해야 한다.

○ 섭외사건과 국가수사본부장의 보고
  ❖ 외국 또는 외국인에 관계있는 섭외사건을 취급하면서 중요 범죄에 관해서는 국가수사본부장에게 미리 보고하여 국가수사본부장의 지시를 받아서 처리한다.
  ❖ 중요범죄란 죄종과 외국인의 지위·신분·적 및 이들의 사건과의 관련·참고인·피의자·피해자 등을 고려하여 판단하여야 한다.

소속관서
(OOOOO Police station)

전화(Telephone) : 전화번호

팩스(Fax) : 팩스번호

제 0000-00000 호   0000.00.00.

수 신(To) : 수신

제 목(Subject) : 영사기관 체포·구속 통보서 (Arrest(Detention) Notification)

---

1. 피의자(Personal details of the arrested)

성   명(Name) :

생년월일(Date of Birth) :

여권번호(Passport No.) :

국적(Nationality) :

2. 체포 일시 및 장소 (Date & Place of arrest)

체포 일시 :

체포 장소 :

3. 사건개요(Details of the case)

4. 경찰 조치(Actions taken by the police)

사법경찰관(Officer in charge)   계급

소 속 관 서

(OOOOO Police station)

전화(Telephone) : 전화번호

팩스(Fax) : 팩스번호

제 0000-00000 호   0000.00.00.

수 신(To) : 수신

제 목(Subject) : 영사기관 사망 통보서(Death Notification)

---

1. 변사자(Personal Details of the deceased)

성   명(Name) :

생년월일(Date of Birth) :

여권번호(Passport No.) :

국적(Nationality) :

2. 발생 일시 및 장소(Date & Place of occurrence)

발생 일시 :

발생 장소 :

3. 발생 개요(Details of the incident)

4. 경찰 조치(Actions taken by the police)

사법경찰관(Officer in charge)   계급

■ 대·공사 등에 관한 특칙

제209조(대·공사 등에 관한 특칙) ① 경찰관은 외국인 등 관련범죄를 수사함에 있어서는 다음 각 호의 어느 하나에 해당하는 사람의 외교 특권을 침해하는 일이 없도록 주의하여야 한다.
1. 외교관 또는 외교관의 가족
2. 그 밖의 외교의 특권을 가진 사람
② 경찰관은 제1항에 규정된 사람의 사용인을 체포하거나 조사할 필요가 있다고 인정될 때에는 현행범인의 체포 그 밖의 긴급 부득이한 경우를 제외하고는 미리 국가수사본부장에게 보고하여 그 지시를 받아야 한다.
③ 경찰관은 피의자가 외교 특권을 가진 사람인지 여부가 의심스러운 경우에는 신속히 국가수사본부장에게 보고하여 그 지시를 받아야 한다.

○ 외교특권과 섭외사건 수사
 ❖ 외교특권이란 외교사절이 접수국(주재국)에서 향유하는 특권이며 외교사절이란 외교교섭을 위하여 본국과 주재국과의 사이에 외교 사무에 종사하는 국가의 대표기관을 말한다.
 ❖ 외교특권에는 불가침권과 치외법권으로 크게 나눈다.
 ❖ 외교관과 그 가족 기타 외교특권을 가진 자의 사용인을 체포 기타 긴급 부득이한 경우를 제외하고는 미리 경찰청장에게 보고하여 그 지시를 받아 처리한다.
 ❖ 피의자가 외교특권을 가진 자인지 그 여부가 의심스러울 때에는 경찰청장에게 보고하여 그 지시를 받아 처리한다.

○ 외교사절의 특권
 ❖ 특권의 근거
  외교사절이 특권을 갖는 근거로는 국가대표로서의 명예와 위엄을 존중하고 직무의 능률적인 수행을 위해 국제관행상 인정되어 오다가 1961년 '외교관계에 관한 비엔나조약'에서 명문화된 것인데 불가침권과 치외법권 기타 등으로 나누어진다.
 ❖ 불가침권
  • 신체와 명예의 불가침권
   외교사절의 신체와 명예는 불가침이며 신체의 불가침에는 생명·신체의 안전뿐만 아니라 신체의 자유까지도 포함된다. 다만 불가침권도 그 행위의 정당성 여하에 따라 일정한 한계와 예외가 있다.
  • 공관의 불가침권
   외교사절의 공관 및 관사는 불가침이다. 접수국의 관청은 외교사절의 동의 없이는 출입할 수 없으며, 다만 화재나 전염병 발생 등 긴급을 요하는 경우, 동의 없이도 출입할 수 있으나, 공관의 범죄인 비호권은 인정되지 않는다.

- 문서의 불가침권
  외교사절의 문서(공문서 및 사문서)는 불가침이다. 즉 접수국의 관헌은 문서를 검열하거나 압수할 수 없다. 또한 외교사절은 통신의 자유를 가지며 이를 위한 외교행정과 그 체송·암호사용이 허용된다. 다만, 문서가 간첩행위의 서증인 경우에는 불가침권을 상실한다.

❖ 치외법권
  - 재판권의 면제
    – 형사재판권
      외교사절은 접수국의 형사재판권으로부터 면제된다. 다만, 외교사절이 범죄행위 등을 한 경우 퇴거를 요구할 수 있고, 긴급 시에는 일시적으로 신체를 구속하는 등의 제재조치를 취할 수 있다.
    – 민사재판권
      외교사절에 대하여는 원칙적으로 민사소송을 제기할 수 없으며, 접수국은 이를 수리할 수 없다. 다만, 자진 출소와 응소의 경우 또는 개인의 부동산 영업·손해배상 등에 관한 소송은 재판할 수 있다.
      ◦ 증언의무
      외교사절은 민·형사 간 증언의무를 지지 않는다. 다만, 자발적인 증언은 할 수 있다.
    – 경찰권의 면제
      외교사절에 대하여는 경찰벌을 과할 수 없다. 다만, 경찰법규위반 시 퇴거요구, 긴급시 일시적 구속은 가능하다.
    – 과세권의 면제
      외교사절은 원칙적으로 조세의 부과로부터 면제된다. 다만, 간접세, 사절의 사유부동산에 관한 조세·사용료 등에 관해서는 면제되지 않는다.

❖ 특권 향유의 범위
  외교사절 및 그 가족, 외교사절의 구성원인 사무·기술요원, 개인적 고용원 등도 그 신분에 맞는 정도로 외교특권을 누리게 된다.

❖ 기타
  국기·국자의 게양 권리 및 이동 등 여행의 자유가 인정된다.

■ 대·공사관 등에의 출입

제210조(대·공사관 등에의 출입) ① 경찰관은 대·공사관과 대·공사나 대·공사관원의 사택 별장 혹은 그 숙박하는 장소에 관하여는 해당 대·공사나 대·공사관원의 청구가 있을 경우 이외에는 출입해서는 아니 된다. 다만, 중대한 범죄를 범한 자를 추적 중 그 사람이 위 장소에 들어간 경우에 지체할 수 없을 때에는 대·공사, 대공사관원 또는 이를 대리할 권한을 가진 사람의 사전 동의를 얻어 수색하여야 한다.
② 경찰관이 제1항에 따라 수색을 행할 때에는 지체 없이 국가수사본부장에게 보고하여 그 지시를 받아야 한다.

○ 관사에의 불가침
  ❖ 관사는 대사관·공사관 등의 사무소와 주택을 포괄하며 대·공사관과 대·공사나 대·공사관의 사택, 별장 혹은 그 숙박하는 장소에 관하여는 대·공사나 대·공사 관원의 청구 또는 동의 없이는 출입할 수가 없다.
  ❖ 이 경우 수색을 행할 때에는 지체 없이 경찰청장에게 보고하여 그 지시를 받아야 한다.
  ❖ 공관관사는 소유권에 관계없이 본 건물을 비롯하여 공관의 목적으로 사용되는 부속 건물·정원·차량 또는 토지 등을 포함한다.
  ❖ 외교사절의 승용차·보트·비행기 등 교통수단도 불가침이다.

○ 대사·공사 등 외교사절의 특권
  ❖ 제234조에서 참조

■ 외국군함에의 출입

제211조(외국군함에의 출입) ① 경찰관은 외국군함에 관하여는 해당 군함의 함장의 청구가 있는 경우 외에는 이에 출입해서는 아니 된다.
② 경찰관은 중대한 범죄를 범한 사람이 도주하여 대한민국의 영해에 있는 외국군함으로 들어갔을 때에는 신속히 국가수사본부장에게 보고하여 그 지시를 받아야 한다. 다만, 급속을 요할 때에는 해당 군함의 함장에게 범죄자의 임의의 인도를 요구할 수 있다.

제212조(외국군함의 승무원에 대한 특칙) 경찰관은 외국군함에 속하는 군인이나 군속이 그 군함을 떠나 대한민국의 영해 또는 영토 내에서 죄를 범한 경우에는 신속히 국가수사본부장에게 보고하여 그 지시를 받아야 한다. 다만, 현행범 그 밖의 급속을 요하는 때에는 체포 그 밖의 수사상 필요한 조치를 한 후 신속히 국가수사본부장에게 보고하여 그 지시를 받아야 한다.

○ 외국군함에의 출입
  ❖ 군함은 연안국의 재판권과 경찰권에 복종하지 않을 치외법권을 가진다.
  ❖ 군함은 연안국이 영해 내의 질서유지를 위하여 제정한 항해·위생·경찰에 관한 규칙 법령에 복종하여야 하나 그 위반에 대해서는 복종하지 않으면 연안국은 퇴거를 요구할 수 있을 뿐이다.
  ❖ 일반적으로 중대한 범죄를 범한 자가 외국군함 안으로 도망하여 들어갔을 때에는 신속히 경찰청장에게 보고하여 그 지시에 따라 처리함이 원칙이다.
  ❖ 중대한 범죄를 범한 자가 영해에 있는 외국군함 안으로 도망했을 경우, 급속을 요할 때에는 당해 군함의 함장에 대하여 그 범인의 임의인도를 요구할 수 있다.
    일반적으로 중대한 범죄를 범한 자가 외국군함 안으로 도망하여 들어갔을 때에는 신속히 경찰청장에게 보고하여 그 지시에 따라 처리함이 원칙이다.
  ❖ 군함이외의 선박 중에 경비선·세관 감시선과 같은 공선, 군대나 군수품을 수송하기 위하여 국가가 용선한 선박, 일국의 원소와 그 수행원을 태운 선박은 외국 영해에 있는 경우 군함에 준하여 특권을 가진다.

○ 외국군함 승무원의 특권
  ❖ 외국군함의 승무원이 대한민국의 영토 또는 영해 안에서 죄를 범한 경우 그 취급에 관하여 신중한 배려와 적절한 조치를 위하여 신속히 경찰청장에게 보고하여 그 지시에 따라 처리한다.
  ❖ 현행범 기타 급속을 요하는 때에는 체포 기타 수사상 필요한 조치를 한 후 신속히 보고하여 지시를 받도록 한다.

▣ 영사 등에 관한 특칙

제213조(영사 등에 관한 특칙) ① 경찰관은 임명국의 국적을 가진 대한민국 주재의 총영사, 영사 또는 부영사에 대한 사건에 관하여 구속 또는 조사할 필요가 있다고 인정될 때에는 미리 국가수사본부장에게 보고하여 그 지시를 받아야 한다.
② 경찰관은 총영사, 영사 또는 부영사의 사무소는 해당 영사의 청구나 동의가 있는 경우 외에는 이에 출입해서는 아니 된다.
③ 경찰관은 총영사, 영사 또는 부영사의 사택이나 명예영사의 사무소 혹은 사택에서 수사할 필요가 있다고 인정될 때에는 미리 국가수사본부장에게 보고하여 그 지시를 받아야 한다.
④ 경찰관은 총영사, 영사 또는 부영사나 명예영사의 사무소 안에 있는 기록문서에 관하여는 이를 열람하거나 압수하여서는 아니 된다.

○ 영사제도
  ❖ 영사란 접수국의 관할구역 내에서 자국민에 대한 경제상의 이익의 보호, 즉 통상·항해의 보호와 촉진을 주된 직무로 하여 국가간에 파견하는 공식기관인데, 정치목적을 주로 하는 외교사절과는 차이가 있다.
  ❖ 영사의 종류에는 전무영사와 명예영사가 있다.
  ❖ 영사의 계급에 관하여는 국제법상의 규칙이 없고 각국이 국내법에 의하여 규정하거나 각 국가의 국내법도 대체로 일치하여 4계급을 규정하고 있다.
    • 총영사(Consul-general)
    • 영사(Consul)
    • 부영사(Vice-Consul)
    • 영사관보(Consular-Agents)

○ 영사 등에 관한 특권
  ❖ 자국민의 보호와 통상, 항해의 보호 및 촉진 등에 위해 파견하는 공식기관을 말하며 접수국에서 자국민의 이익을 보호하고 우호관계를 촉진하며 필요한 정보를 수집하고 여권과 사증을 발급하는 등의 직무를 행하면서 영사에게도 외교사절의 특권보다는 약하나 역시 특권이 인정된다.

○ 신체와 명예의 불가침권과 보고
  ❖ 영사에 대한 사건에 관하여 구속 또는 조사할 필요가 있다고 인정될 때에는 미리 경찰청장에게 보고하여 그 지시를 따라야 한다.
  ❖ 그러나 현행범 체포 기타 중대한 범죄로 긴급, 부득이한 경우에는 필요한 긴급조치를 한 후 보고하지 않을 수 없다.

○ 관사의 불가침과 보고
  ❖ 영사와 관사의 불가침권은 일반적으로는 인정되지 않으나 조약에서 이를 인정하는 경우가 많아서 이때에는 영사관의 불가침권만이 인정되고 영사의 주택의 불가침권은 인정되지 않는다.
  ❖ 영사관의 불가침으로 인하여 영사의 요구 또는 동의가 없이는 관내에 들어갈 수 없다.
  ❖ 영사관은 범죄인을 비호하는 것은 인정되지 않는다.
  ❖ 전무영사의 사택이나 명예영사의 사무소 혹은 사택에서 수사하는 경우에는 원칙적으로 미리 경찰청장에게 보고하여 그 지시를 받은 것으로 하여 취급의 신중을 기하고 있다.

○ 문서의 불가침과 보고
   ❖ 영사관에 있는 공문서의 불가침과 관련하여 '기록문서'란 공문서뿐만 아니라 기록적 성격을 가진 문서 일체를 포함한다.
   ❖ 영사관 안에 있는 기록문서에 관하여는 이를 열람하거나 압수하여서는 안 된다.

○ 영사의 처리요령
   ❖ 영사의 외교사절이 아니므로 외교사절과 같은 외교특권을 향유하지 못하며, 국제 예양이나 조약상의 권리에 불과하다.
   ❖ 그러나 대부분의 영사업무가 외교공관에 의하여 수행되고 있었으므로 영사의 범죄는 외교관에 준하여 처리한다.

▣ 외국 선박 내의 범죄

제214조(외국 선박 내의 범죄) 경찰관은 대한민국의 영해에 있는 외국 선박내에서 발생한 범죄로서 다음 각호의 어느 하나에 해당하는 경우에는 수사를 하여야 한다.
1. 대한민국 육상이나 항내의 안전을 해할 때
2. 승무원 이외의 사람이나 대한민국의 국민에 관계가 있을 때
3. 중대한 범죄가 행하여졌을 때

○ 외국선박 내의 범죄수사
   ❖ 영해 내에 정박하거나 기항하는 선박에 대하여 연안국이 가지는 재판권에 관하여는 선박 내부의 사항으로써 선박 위에 영향을 미치지 않는 것에 대하여 재판권을 제한하는 관행이 있다.
   ❖ 외국 선박 안에서 발생한 범죄에 관하여 수사할 경우 무해통항권(無害通航權)을 가진 경우는 제외하게 된다.
      • 대한민국 육상이나 항내의 안전을 해하는 경우
      • 대한민국의 국민에 관계가 있을 경우
      • 중대한 범죄가 행하여졌을 경우 등이 있다.

■ 외국인에 대한 조사

제215조(외국인에 대한 조사) ① 경찰관은 외국인의 조사와 체포·구속에 있어서는 언어, 풍속과 습관의 특성을 고려하여야 한다.
② 경찰관은 「경찰수사규칙」 제91조제2항에 따라 고지한 경우 피의자로부터 별지 제118호서식의 영사기관통보요청확인서를 작성하여야 한다.
③ 경찰관은 「경찰수사규칙」 제91조제3항에도 불구하고, 별도 외국과의 조약에 따라 피의자 의사와 관계없이 해당 영사기관에 통보하게 되어 있는 경우에는 반드시 이를 통보하여야 한다.
④ 「경찰수사규칙」 제91조제3항부터 제4항까지 및 이 조 제2항부터 제3항까지의 서류는 수사기록에 편철하여야 한다.

※ 경찰수사규칙
제91조(외국인에 대한 조사) ① 사법경찰관리는 외국인을 조사하는 경우에는 조사를 받는 외국인이 이해할 수 있는 언어로 통역해 주어야 한다.
② 사법경찰관리는 외국인을 체포·구속하는 경우 국내 법령을 위반하지 않는 범위에서 영사관원과 자유롭게 접견·교통할 수 있고, 체포·구속된 사실을 영사기관에 통보해 줄 것을 요청할 수 있다는 사실을 알려야 한다.
③ 사법경찰관리는 체포·구속된 외국인이 제2항에 따른 통보를 요청하는 경우에는 별지 제93호서식의 영사기관 체포·구속 통보서를 작성하여 지체 없이 해당 영사기관에 체포·구속 사실을 통보해야 한다.
④ 사법경찰관리는 외국인 변사사건이 발생한 경우에는 제94호서식의 영사기관 사망 통보서를 작성하여 지체 없이 해당 영사기관에 통보해야 한다.

○ 외국인 체포, 구속 시 관계 기관 통보
  ❖ 피의자 체포, 구속 때
    • 범죄수사규칙 제5장에서 정하는 고지사항을 준수한다.
    • 해당영사기관에 체포, 구속 사실의 통보를 한다.
    • 접견, 교통요청을 할 수 있음을 고지(단, 국내 법 범위 내에서 허용)한다.
    • 영사기관 통보요청 확인서 작성
    • 영사기관 체포, 구속 통보서 작성하여 해당 영사기관에 지체 없이 통보

○ 외국인 사망자 통보
  ❖ 외국인 변사서건 접수 시
    • 영사시관 사망통보서 작성 지체 없이 통보
    • 사건기록에 첨부

○ 외국인 범죄의 수사범위

❖ 범죄수사규칙상 외교사절 등의 면책특권에 관한 특칙을 적용한다(범죄수사 규칙 제209조 참조).

❖ 한·미 행정협정(SOFA)적용대상 외국인
- 미군 : 주한 미 육·해·공군에 소속된 자로 현역에 복무 중인 자
- 군속 : 미국 국적을 가진 민간인으로서 대한민국에 주둔하고 있는 미국 군대에 고용되거나 근무하고 있는 자
- 초정계약자 : 미국 법률에 따라 조직된 법인의 직원으로서 미국당국과 계약이행을 위해 대한민국에 체류하고 있는 자
- 가족 : 배우자 및 21세 이하의 자녀 또는 친족으로서 그 생계비의 반액 이상을 의존하는 자

❖ 일반 외국인
외교 사절과 한미행정협정 적용대상 외국인을 제외한 제반 국내법 위반 외국인을 말한다.

○ 외국인범죄 수사요령
❖ 신속한 수사착수 및 보고
외국인에 의한 범죄발생시 신속한 수사착수 및 보고를 한다. 특히 외교특권 소지자 및 중요사건은 경찰청에게 보고, 그 지시를 받아 처리한다.

❖ 전국적 공조수사 체제유지
범인의 국외 도주에 대비, 전국 경찰관서, 검문소, 공·항만 등지의 수배공조로 도주로를 신속 차단한다.

❖ 외국인 밀접지역에 대한 범죄첩보 수집활동
역·인력시장·유흥가 등 우범 외국인 밀집지역에 대한 검문, 잠복활동을 통한 범죄첩보 수집활동을 한다.

❖ 외사·형사 기능 합동수사 체제 운영
언어장애 등 외국인 범죄의 특성을 감안, 사건발생의 외사·형사 합동수사 체제 운영으로 수사력을 집중한다.

❖ 외국공관 및 유관기관과의 수사협조주한 외국공관 및 출입국 관리사무소, 세관 등 유관 부서와 긴밀히 협조하고, 범인 신원파악과 출입국 사항 등 수사 자료를 확보한다.

❖ 경찰 통역센터 적극 활용
피의자 조사, 범증 확보 등 외국인 범죄수사의 통역 센터의 통역 요원 지원 협조를 적극 활용한다.

※ 경찰 통역센터는 본청 및 각 지방청에 설치되어 24시간 운영하고 있다.

○ 외국인 피의자 조사
  ❖ 정확한 신원확인
    • 피의자의 면책특권 대상여부 및 소지여권(사증)의 위·변조여부, 출입국기록과 체류경력을 사전 확인한다.
    • 성(姓)과 이름을 정확히 구분하여 경찰청 및 출입국관리사무소에 조회한다.
  ❖ 인권침해 유의
    외국인의 조사, 구속 시는 언어·풍습·종교 등이 상이점을 고려, 인권침해 사례가 없도록 유의한다.
  ❖ 완벽한 증거확보
    피의자의 언어, 외국인으로서의 권리의식을 악용한 범행사실 부인에 대비, 유류품 및 피해자 대질 등의 충분한 증거확보를 한다.
  ❖ 진술조서의 작성
    • 외국인 피의자에 대한 진술조서는 통역인의 통역에 의해 국어로 작성하고, 필요한 부분에 대하여서는 외국어 자필 진술서를 제출받아야 한다.
    • 외국인에게 발부되는 각종 영장 또는 교부되는 압수품목 증명서는 되도록 영문을 첨부한다.
  ❖ 피의자의 자국 영사관원 접견보장 및 범죄사실 통보
    피의자가 자국영서관원과의 접견, 통신을 희망하면 해당국 영사관에 범죄사실을 고지하고 접견권리를 보장한다.

領事機關 通報要請確認書

Confirmation of Request for Notification to the Consulate

0000.00.00

被逮捕者 姓名 피의자 성명	擔當警察官 所屬, 階級, 姓名 소속관서 ○○과 ○○팀 계급 성명 印

당신은 귀국에서 파견된 영사관원에게 체포된 사실을 통보·요구할 권리 및 대한 민국의 법령 내에서 위 영사관원에 편지를 보낼 권리를 가지고 있습니다.
You have the rights to demand us to notify an official in the consulate dispatched by your government that you are arrested and to send a letter to the official pursuant to relevant laws of Republic of Korea.

당신이 원하는 항목의 ( )에 ∨표를 한 후, 끝으로 공란에 국명을 기입하고 서명해 주십시오.
Choose one between the following alternatives and mark it with ∨ in the parenthesis.
Finally write your nationality(country of origin) and sign underneath.

나는 자국 영사관원에 대한 통보를 요청합니다.
I request you to notify an official in the consulate of my country that I am arrested. (   )

나는 통보를 요청하지 않습니다.
I do not request you to notify. (   )

국 ( ) 명 Nationality(Country of Origin)	피체포자 ( ) 서명 Signature

※ 注意 : 국명확인은 여권 또는 외국인 등록 증명서에 의할 것

通 報 書

0000.00.00

본직은 다음과 같이 상기의 외국인을 체포한 것을 영사관에 통보하였음
(1) 통보일시 : 0000.00.00. 00:00
(2) 통보대상 영사기관 :

소속관서 ○○과 ○○팀 계급 성명

※ 송치서류에 복사본을 편철할 것

▣ 외국인 피의자에 대한 조사사항

제216조(외국인 피의자에 대한 조사사항) 경찰관은 피의자가 외국인인 경우에는 제71조에 열거한 사항 외에 다음 각 호의 사항에 유의하여 피의자신문조서를 작성하여야 한다.
1. 국적, 출생지와 본국에 있어서의 주거
2. 여권 또는 외국인등록 증명서 그 밖의 신분을 증명할 수 있는 증서의 유무
3. 외국에 있어서의 전과의 유무
4. 대한민국에 입국한 시기 체류기간 체류자격과 목적
5. 국내 입·출국 경력
6. 가족의 유무와 그 주거

○ 외국인 피의자에 대한 조사사항
  ❖ 국적, 출생지와 본국에 있어서의 주거
  ❖ 여권 또는 외국인등록 증명서 그 밖의 신분을 증명할 수 있는 증서의 유무
  ❖ 외국에 있어서의 전과의 유무
  ❖ 대한민국에 입국한 시기 체류기간 체류자격과 목적
  ❖ 국내 입·출국 경력
  ❖ 가족의 유무와 그 주거

▣ 통역인의 참여

제217조(통역인의 참여) ① 경찰관은 외국인인 피의자 및 그 밖의 관계자가 한국어에 능통하지 않는 경우에는 통역인으로 하여금 통역하게 하여 한국어로 피의자신문조서나 진술조서를 작성하여야 하며 특히 필요한 때에는 외국어의 진술서를 작성하게 하거나 외국어의 진술서를 제출하게 하여야 한다.
② 경찰관은 외국인이 구술로써 고소·고발이나 자수를 하려 하는 경우에 한국어에 능통하지 않을 때의 고소·고발 또는 자수인 진술조서는 제1항의 규정에 준하여 작성하여야 한다.

○ 통역인 선정, 사전 협의하여 수사준비 철저, 공정성 시비 차단
  ❖ 외사 기능 관리 중인 통역요원 D/B 활용, 그 외 언어소통 필요한 경우 BBB 통역서비스(1588-5644), 한국 외국인 근로자 지원센터(1644-0644) 활용
  ❖ 통역인에게 심문사항·준수사항 숙지시키는 등 사전 협의하고, 수사기밀 사항이나 개인적 의견을 표시해서는 안 되며, 통역의 공정성 확보를 위해 수사기관의 편에 있다는 인상을 줄 수 있는 사담이나 친밀감 표시도 금지
  ❖ 통역인의 기명날인은 강제사항 아니나, 진술의 정확성 담보를 위해 기재

■ 번역문의 첨부

> 제218조(번역문의 첨부) 경찰관은 다음 각 호의 경우 번역문을 첨부하여야 한다.
> 1. 외국인에 대하여 구속영장 그 밖의 영장을 집행하는 경우
> 2. 외국인으로부터 압수한 물건에 관하여 압수목록교부서를 교부하는 경우

○ 번역문의 첨부

　경찰관은 다음 각 호의 경우 번역문을 첨부하여야 한다.

❖ 외국인에 대하여 구속영장 그 밖의 영장을 집행하는 경우

❖ 외국인으로부터 압수한 물건에 관하여 압수목록교부서를 교부하는 경우

■ 한미행정협정사건 수사

> ※ 경찰수사규칙
> 제92조(한미행정협정사건의 통보) ① 사법경찰관은 주한 미합중국 군대의 구성원·외국인군무원 및 그 가족이나 초청계약자의 범죄 관련 사건을 인지하거나 고소·고발 등을 수리한 때에는 7일 이내에 별지 제95호서식의 한미행정협정사건 통보서를 검사에게 통보해야 한다.
> ② 사법경찰관은 주한 미합중국 군당국으로부터 공무증명서를 제출받은 경우 지체 없이 공무증명서의 사본을 검사에게 송부해야 한다.
> ③ 사법경찰관은 검사로부터 주한 미합중국 군당국의 재판권포기 요청 사실을 통보받은 날부터 14일 이내에 검사에게 사건을 송치 또는 송부해야 한다. 다만, 검사의 동의를 받아 그 기간을 연장할 수 있다.

○ 한·미 행정협정의 의의 및 적용범위

❖ 협정의 공식명칭

　대한민국과 아메리카합중국간의 상호방위조약 제4조에 의한 시설과 구역에 대한민국에서의 합중국 군대의 지위에 관한 협정이다.

❖ 체결이유

　대한민국의 영역 및 그 부근에 아메리카합중국의 군대를 배치하고 있음에 비추어 양국간의 긴밀한 상호 이익의 유대를 공고히 하기 위함이다.

❖ 인적 적용대상

• 합중국 군대의 구성원

　대한민국 영역 안에 있는 아메리카합중국의 육군, 해군 또는 공군에 속하는 인원으로서 현역에 복무하고 있는 자.(다만, 대사관에 부속된 군대의

인원 및 1950.1.26.자 군사고문단 협정에 그 신분이 규정된 인원은 제외)

- 군무원

  합중국의 국적을 가진 민간인으로서 대한민국에 있는 합중국 군대에 고용되어 있거나 한국에서 채용할 수 없는 사람으로 미군이나 한국요원의 특별강사와 고문인 자를 기술대표(Technical representative)라고 하고 주한미군이 군무원으로 취급한다.

- 가족
  - 배우자 및 21세 미만의 자녀
  - 부모 및 21세 이상의 자녀 또는 기타 친척으로서 그 생계비의 반액 이상을 합중국 군대의 구성원 또는 군대에 의존하는 자

- 초정계약자
  - 합중국의 법률에 따라 조직된 법인
  - 통상적으로 합중국에 주거하는 위 법인의 고용원
  - 위 법인 고용원의 가족을 포함하여 합중국 군대 또는 동군대로부터 군사지원을 받은 통합사령부 산하주한외국군대를 위한 합중국과의 계약이행만을 위하여 대한민국에 체류하고 합중국 정부가 지정한 자이다.

    ※ 초정계약자에 대하여 대한민국 방위에 있어서의 그 역할을 인정하여 한·미행정협정 제22조 제5항·제7항(나)·제9항 및 동 관계 합의의사록 등의 규정에 따라야 한다.

○ 형사재판권

❖ 재판관할권

- 양국간 재판권행사

  대한민국과 주한미국 당국의 군인, 군속 및 그들의 가족에 대한 재판권 행사의 일반적인 원칙을 규정하였다.

❖ 한·미 양국간의 전속적 재판권

군인, 군무원 및 그들의 가족이 범한 범죄로서 한·미 양국 중 어느 일방국의 법령에 의하여서만 처벌할 수 있으나, 타방국가 또는 법적 근거가 없이 때문에 처벌할 수 없을 때에는 처벌할 수 있는 국가만이 재판권을 배타적으로 행사할 수 있다.

- 미군 당국의 전속적 재판권

  미국의 안전에 대한 범죄와 미국의 법률에 의하여서는 처벌할 수 있으나 한국의 법률에 의하여서는 처벌할 수 없는 범죄에 대하여는 미국 당국이 전속적 재판권을 행사한다.

- 한국 당국의 전속적 재판권

  한국의 안전에 관한 범죄와 한국의 법률에 의하여서는 처벌할 수 있으나 미국은 법률이 없기 때문에 처리할 수 없는 범죄에 대하여는 한국 당국이 전속적 재판권을 행사한다.

  ※ 안전에 관한 죄
  - 당해국에 대한 반역
  - "사보타지"에 의한 방해행위, 간첩행위, 공무상 또는 국방상 비밀보호에 관한 법령위반
    - 한·미 양국의 전속적 재판권 행사에 대한 합의의사록 및 판례
  - 미군당국은 평화시에는 군무원 및 가족에 대하여 유효한 형사재판권을 가지지 아니한다.
  - "평화시에 합중국 군대의 구성원 이외의 민간인인 군문원이나 가족이 군법정에 복종하는 것이 위법이다"라는 1960.1.18.자 미합중국 배심원의 판결에 따라 미군의 군무원 및 가족에 대하여는 한국이 전속적 재판권을 행사하게 되어 있다.

○ 재판권의 경합과 제1차적 재판권의 행사
  ❖ 어떤 특정 범죄사건이 발생하였을 때 한국과 미군당국이 각기 자국의 법률에 의하여 다같이 범죄를 구성하는 사건에 대하여 서로 재판권을 행사할 수 있는 경우를 말한다.
  ❖ 미군당국의 제1차적 재판권 행사
    - 미군의 안전이나 재산에 관한 범죄, 군부 내부의 범죄
    - 공무집행 중 범죄
  ❖ 한국 당국의 제1차적 재판권 행사
    - 미군당국의 제1차적 재판권에 속하지 아니하는 기타 모든 범죄이다.

○ 재판권 포기
  ❖ 제1차적 권리를 가지는 국가의 당국은 지방 국가가 이러한 권리포기를 특히 중요하다고 인정하는 경우가 있어서, 그 지방 국가의 당국으로부터 그 권리포기의 요청이 있으면 그 요청에 대하여 호의적으로 고려를 하여야 한다.
  ❖ 재판권 포기절차
    - 미군 당국으로부터 재판관할권 포기요청서 접수(발생일로부터 21일 이내)
    - 재판권 불행사의 타당성 검토
    - 미군 당국에 재판권 불행사 통보

- 재판권 포기 요청서 접수일로부터 28일 이내 통보
- 그 기간 내에 통보할 수 없는 때에는 우선 그 사유를 미군 당국에 통보하고 사유통보일로부터 14일 이내에 불행사 통보
❖ 계엄령선포와 재판권(제22조 제1항 나에 대한 합의의사록)
한국이 계엄령을 선포한 경우 선포지역 내에서는 본형사재판권 제규정의 효력이 즉시 정지하고, 해제될 때까지 미군 당국에서 재판권을 행사한다.

○ 수사절차
❖ 피의자의 체포 통고
  • 한국당국은 미국 군인, 군무원 또는 그들의 가족을 체포하였을 시 지체 없이 미군 당국에 통고하여야 한다.
  • 미군 당국도 제1차적 재판권이 대한민국 당국에 귀속되어 있는 범죄의 범인인 SOFA 대상자를 체포하였을 때에는 체포사실을 즉시 대한민국 당국에 통고하여야 한다.
❖ 피의자의 구금인도
  • SOFA 대상 피의자의 구금은 그 피의자가 미군 당국의 수중에 있을 때에는 모든 재판절차가 종결되고 또한 한국 당국의 구금을 요청할 때까지는 미군 당국이 계속 이를 행한다.
  • 그 피의자가 한국 당국의 수중에 있을 경우, 그 피의자는 요청에 있으면 미군 당국에 인도되어야 하며 모든 재판절차가 종결되고 또한 한국 당국이 구금을 요청할 때까지 미군 당국이 계속 구금한다.
  • 미군 당국은 수사와 재판을 위하여 요청이 있으면 즉시 한국 당국에 이러한 피의자 또는 피고인에 대한 수사와 재판을 할 수 있게 하여야 하며, 특정 사건 피의자에 대하여 한국 당국으로부터 구금인도 요청이 있으면 호의적으로 고려하여야 한다.

○ 범죄발생 보고 통보
❖ 범죄의 인지 즉시 관할지방청 및 검사에게 보고, 수사지휘를 받는다.
  • 보고사유
  • 고소·고발 접수
  • 인지
  • 미군당국의 통보
❖ 보고 및 통보
  • 한·미 행정협정 사건 발생보고서에 의건

- 피의자인 미군인 등의 성명·소속은 반드시 영문으로 명시할 것
- 관할시도경찰청장에게 보고
- 관할지방검찰청 검사에게 지휘를 요청한다.

○ 범죄수사
  ❖ 피의자에 대한 예비수사
    - 한국 당국은 미국대표의 입회하에 미군, 군무원 또는 가족을 신문할 수 있으며, 체포 후 신병을 미군 당국에 인도하기 전에 사건에 대해 예비수사를 할 수 있다.
    ※ 예비수사의 범위 : 피의자의 신분확인 및 증거수사 등 공소제기에 필요한 초동 수사를 포함하여 수사상 일정한 제약이 없다.
    - 피의자를 체포하였을 때는 경찰관서로 연행 후 미군당국에 통보, 미국정부의 대표입회를 요청하여 먼저 신문조서를 작성하고 미군 측에 신병을 인도한다.
    - 미군당국(미헌병대)은 신병인수 시 구금인도 요청서 및 구금 인수증을 제시한다.
  ❖ 피의자의 소환
    수사담당관서는 48시간 전에(헌병대 내규) 피의자 출석요구를 관할 미헌병대로 발송하면 동 헌병대에서는 피의자 소속 부대장에 통보하고 부대장은 피의자 직급보다 상급자로 하여금 피의자를 인솔, 미군 법무감실을 경유(법무감실에서는 미국정부 대표자 임명장 교부) 정부대표자 인솔하에 출석케 한다(정부대표자 임명장은 수사관에 제시한다).
  ❖ 신문조서 작성
    일반 피의자 신문조서 작성과 같은 요령으로 한글로 작성하고 피의자는 조서 말미에 서명 날인치 않고, 미국정부 대표자는 신문에 입회, 조서 말미에 서명한다.
      ※ 정부대표자 입회를 결정하고 작성된 신문조서는 그 효력을 상실한다.
  ❖ 구속 및 압수수색
    - 구속대상 범죄
      - 대한민국의 안전에 관한 범죄
      - 살인(상해치사 폭행치사 등)
      - 강도·강간
      - 마약류의 밀·수출입
      - 중대한 관세법 위반
      - 위 범죄의 미수·공범
      - 죄질이 위 범죄에 상응한다고 인정되는 범죄 등
        위 범죄를 범하고 도주나 증거인멸 또는 재범의 우려가 있을 것

- 구속절차
  - 현행범 체포 즉시 검사에게 보고 후 구속영장을 신청하고 최단거리의 미합중국 군대의 헌병대장(또는 헌병사령관)에게 통고
- 현행범이 아닌 경우, 구속영장을 발부받아 피의자소속부대의 헌병대장에게 제시하고 신병인도 받음
  - 압수 및 수색
    한국법관이 발행한 압수수색영장으로서 미군 시설구역내 및 군인 등의 가택을 수색하거나 증거물을 압수할 때에는 그 지역 관할 미군헌병대장(또는 헌병사령관)에게 그 사실을 통지하고 협조를 얻을 것
- ❖ 사건 송치
  담당검사의 수사지휘에 의거, 발생일로부터 15일 이내로 수사종결, 송치하여야 한다(서류송치)
- ❖ 공소제기
  구속사건은 구속만기 3일 전에 불구속사건은 공소장제기일건 기록에 의하여 범죄사실 및 증거 등을 관할검사가 대검에 보고하여 승인을 받고 공소제기한다.

○ 재판권 행사절차
  - ❖ 사건발생 보고
  - ❖ 재판권 행사 품신
    - 지금·지청은 사건발생보고일로부터 18일 이내에 수사완료하여 수사결과 보고 및 재판권 행사 의견을 대검에 보고하여 재판권 행사 여부를 품신한다.
    - 대검은 사건발생보고일로부터 21일 이내에 법무부에 수사결과를 보고하여 재판권 행사를 신청하고, 그 기간 내에 수사결과를 보고할 수 없을 때에는 그 구체적 사유를 보고하고 보고일로부터 14일 이내에 재판권 행사를 품신한다.
  - ❖ 법무부의 재판권 행사 결정
    - 미군당국으로부터 재판관할권 포기요청서를 접수한다.
    - 수사결과보고에 의하여 재판권 행사의 타당성을 검토한다.
    - 미군 당국에 재판권 행사 통보
      - 재판관할권 포기요청서 접수잉ㄹ로부터 28일 이내에 통보한다.
      - 그 기간 내에 통보할 수 없을 때에는 우선 그 사유를 미군당국에 통보하고 그 사유통보일로부터 14일 이내에 행사 통보한다.
      - 범죄사실 요지 등이 포함된 국·영문의 형사 재판관할권 행사를 결정 통

고한다.

○ 형의 집행

❖ 재판이 확정될 때까지 미군 당국에 구금되어 있는 피고인에 대하여 형집행을 위한 구금인도를 요청한다.

❖ 구금인도요청 절차

• 판결이 선고·확정된 법원에 대응하는 검찰청은 대검에 재판확정 후 보고한다.

• 대검은 법무부에 형집행을 위한 미군인 구금인도를 요청한다.

• 법무부의 구금인도 요청을 결정한다.

    - 미군당국으로부터 미결구금일수 형기산입 요청서 접수
    - 구금인도요청서 작성
    - 미결구금일수 통산, 형집행종료예정일 등 기재

• 법무부의 구속인도 지시를 한다.

    - 구금인도일 7일전까지 미군당국에 직접 전달
    - 검찰청장에게 구금인도 요청에 대한 수형자 인도지시
    - 외교통상부장관에게 구금인도 요청 사실 통지

❖ 형의 집행

• 수형자 인도

    - 주한미사령관은 수형자 인도에 필요한 조치를 취하여 지정된 시간, 장소(천안 구치소)에 수송하여 대한민국 당국에 인도한다.
    - 대한민국 당국은 인수증 교부
    - 자유형 및 재산형의 집행절차는 내국인과 동일하다.

• 가석방

    - 가석방자의 성명, 계급, 소속, 가석방 장소 및 기간을 미군당국에 통보한다.
    - 가석방 기간 중 가석방자에 대한 감호는 미군당국이 담당한다.
    - 미군당국은 가석방자가 한국에 체류하는 동안 매월 말일 관할경찰서의 장에게 가석방자의 동태를 보고한다.
    - 미군당국은 가석방자를 대한민국으로부터 출국시키고자 할 때는 72시간 전에 출국예정일, 시간, 출국장소, 행선지를 법무부에 통고한다.
    - 가석방자가 출국 전에 대한민국 형법 제74조 또는 제75조에 의하여 그의 가석방이 실효되거나 취소된 때에는 미군당국은 가석방자를 대한민국 당국이 지정한 교도소에 인도하여야 한다.
    - 대한민국 관계기관은 수시로 미군당국을 통하여 가석방자의 행동을 조사할 수 있다.

❖ 수형자 석방 및 완결

- 수형자를 석방한다.(내국인과 同)
- 출입국관리국에 출국정지 해제의뢰
- 완결

○ 미군시설 및 구역 내의 경찰권
  ❖ 시설 및 구역 내부 경찰권
    - 미군당국은 그 시설 및 구역 내에서 범죄를 행한 모든 자를 체포할 수 있다. 그리고 미군당국이 동의한 경우와 중대한 죄를 범하고 도주하는 현행범인을 추적하는 때에는 대한민국 당국도 시설 및 구역내에서 범인을 체포할 수 있다.
    - 한편 한국당국이 체포하려는 자로서 미군, 군무원 또는 그 가족이 아닌 자가 이러한 시설 및 구역내에 있을 때에는 한국 당국이 요청하는 경우에는 미군당국은 그 자를 체포하여 즉시 한국당국에 인도하여야 한다.
  ❖ 시설 및 구역 주변 경찰권
    - 미국 군사경찰은 시설 및 구역주변에서 국적 여하를 불문하고 시설 및 구역의 안전에 대해 현행범을 체포 또는 유치할 수 있으며, 그러한 자가 미군, 군무원 또는 가족이 아닐 때에는 즉시 한국당국에 인도하여야 한다.
  ❖ 사람이나 재산에 관한 수색, 압수, 검증
    - 한국당국은 미군당국이 동의하는 경우가 아니면 시설 또는 구역내에서 사람이나 재산에 관하여 또는 시설 및 구역 이외를 불문하고 미국재산에 관하여 수색, 압수 또는 검증을 할 수 없다.
    - 그러나 이에 관한 한국당국의 요청이 있을 때에는 미군당국은 필요한 조치를 취하여야 한다.

○ SOFA 해당자 수사 및 처리요령
  ❖ 신병처리
    - 우리나라의 안전에 관한 죄를 범한 범인을 제외하고 미군당국의 신병 인도요청이 있으면 신속히 인도한다.
    - 최근거리 미군 헌병부대에 통보하고 검사의 지휘에 의하여 인도한다.
    - 인계서에 인수자의 서명을 받아 보관한다.
  ❖ 체포·구속
    - 우리나라 안전에 관한 범죄 및 중요사건의 현행범을 체포시는 즉시 보고하고 구속여부에 대하여 검찰에 통보한다.
    - 현행범이 아닌 경우 구속영장을 신청, 검사의 지휘를 받아 소속군대의 헌

병대장에게 제시하고 신병을 인도받아 수사한다.

❖ 보고
- 사건발생 또는 인지 후 즉보하고
- 24시간내 검찰통보
  - 보고시 유의사항
  - 소속·성명은 영문
- 범죄사실·입증자료·의견을 구체적으로 명시한다.

❖ 신문
- 미국정부 대표자 변호인이 선임되었을 시 변호인이나 소속군대의 고위관급 이상 장교 참여하게 신문을 실시한다.

❖ 압수·수색
- 지역관할 미군 헌병대장의 협조를 구하여 실시한다.
- 예비수사
  피의자 체포 후 사건에 대하여 피의자의 신분확인, 증거조사 등 예비수사를 실시한 후 신병을 미군당국에 인도한다.

■ 출입국범죄

○ 출입국 규제와 관련한 업무의 증가
❖ 출입국 규제는 개인의 인권에 대한 중대한 제한조치 업무로서 그 목적의 중요성과 적정한 절차를 철저히 숙지하려 원활한 업무처리가 되도록 하여야 한다.
❖ 국제회의 및 해외여행자율화, 청소년조기유학 등 도피성 범법자들이 늘어나고 있어 출입국 규제 업무가 증가되고 있다.

○ 업무처리 요령
❖ 출입국 규제사유 정밀분석으로 불필요한 규제금지와 규제사유가 소멸시는 검사지휘서를 덧붙임하여 신속히 해제 조치하여야 한다.
❖ 각종 신청서식은 규정된 양식으로 사용하여야 한다.
❖ 요청사유·사건번호·담당부서 등 정확한 내용을 기재한다.
- 요청사유란은 육하원칙에 의거 간단명료하게 기재한다.
- 사건번호는 『출·입국시 규제요청 대장』 일련번호를 기입한다.

- 출국금지·정지 이의에는 공문서 하단여백에 담당부서 등 인적사항을 기재한다.
❖ 출입국 규제요청시 사전에 외사전사실(경찰청 경비 2579)에 확인후 요청한다.
- 출국한 자를 출국금지 요청, 입국자를 입국시 통보요청하는 사례 없도록 확인한다.
❖ 시도경찰청에서 적정여부 재검토 및 관리유지를 위하여 필히 지방청을 경유하여 요청한다.
❖ 출입국 규제 연장기간 요청시 규제기간 만료전에 요청한다.
- 출국금지, 입국시 통보는 계속 기간연장이 가능하나, 출국정지는 1회에 한하므로 기간만료일 이전에 미리 검사와 협의하여 기간연장 요청을 한다.
❖ 업무의 신속성이 요구되므로 보고시간 내 팩스로 송부하되 수신여부를 반드시 확인한다.
※ 특히 검사지휘서의 복사본을 재송부함으로 내용을 식별할 수 없어 법무부로부터 재확인 사례가 빈발하므로 글자를 최대한 확대하여 송부한다.
❖ 출입국 규제양식 하단의 심사·결정란은 법무부 소관이므로 기재를 금지한다.
❖ 출입국 규제와 관련한 문서는 보존기간이 20년이므로 폐기하는 일이 없도록 취급부서에서 일괄 보존토록 조치한다.

○ 업무처리 중 문제점
❖ 출입국 규제 남용의 경우
- 민사사건이 확실하거나 혐의가 없음이 명백한 경우에는 출입국 규제를 신청하여 대상자로부터 이의신청을 받는 경우가 있다.
- 실제로 수사종결 등으로 규제사유가 소멸된 경우에는 즉시 해제신청을 하여야 함에도 해제신청 지연 및 누락하는 경우가 있다.
- 필수적으로 담당검사와 협의후 신청하여야 함에도 급하다는 이유로 검사 협의를 누락하는 경우가 있다.
❖ 잘못된 양식·양식의 변형 사용
출국금지 대상자를 출국정지 양식에 입국시 통보양식을 변경하여 출국정지 양식으로 사용하는 등 요청내용과 일치하지 않는 서식을 사용하거나 구 양식을 계속 사용하는 경우가 있다.
❖ 시도경찰청 경유 누락
급하다는 이유로 시도경찰청을 경유하지 않고 해당 경찰서에서 직접 경찰청으로 요청하는 경우가 있다.
❖ 규제기간 만료 후 연장기간 요청하는 경우

규제가 계속 필요한 경우에는 규제기간 만료시 자동해제됨을 감안하여 기간 만료일 이전에 검사와 협의하여 연장 요청하여야 함에도 기간만료 당일 연장협의하는 경우가 있다.

❖ 내용의 불실기재 등
- 요청사유 : 범죄사실을 간단명료하게 요약하여 기재하여야 함에도 붙임서류에 장황히 기재하는 경우
- 사건번호 : 『출·입국시 규제요청 대장』에 등재된 일련번호를 표기해야 함에도 범죄사건부 번호를 잘못 기재하는 경우
- 담당부서 : 취급부서(과, 계) 및 계급, 성명, 경비·일반전화 등 누락 기재하는 경우
- 주민등록번호 : 생년월일만 기재하거나 여권번호를 미기재 또는 상이한 여권번호를 기재하는 경우

❖ 출입국 사실여부 미확인
이미 출국한 자를 출국금지 요청하거나 기입국자를 입국시 통보요청하는 경우

❖ 보고시간 지연 등
법무부에서는 일과시간 이후에는 접수가 불가능함에도 요청기관에서 책임회피식으로 야간 당직을 통하여 송부하는 사례가 있다.
　　　　※ 처리절차
요청부서→시도경찰청→경찰청→법무부 요청→법무부 심사위원회 심사·결정→법무부 전산처리 조치

❖ 출입국 규제기간 등 이해부족
- 출국금지기간(내국인에 한함)
　　- 기준 : 1월(기소중지나 도주 등 특별한 사유가 있는 경우 3월)
　　- 연장가능
- 출국정지기간간(외국인에 한함)
　　- 기준 : 10일(도주 등 특별한 사유가 있는 경우 1월, 기소중지된 자 3월)
　　- 1회 연장가능
- 입국시 통보(내·외국인 모두 해당함)
　　-지명수배 및 통보자 : 입국시
　　-영장발부자 : 영장 만료일까지
　　-기타수사대상자 : 최대 3년까지
　　※ 출입국 규제요청시 검사지휘서 『요청기간』란에 막연히 "피의자 검거시까지" 또는 "요청기간 자체를 누락하는 경우"나 검사지휘를 받고도 바쁘다는 이유로 규제기간 경과 이후 뒤늦게 요청하는 경우가 있다.

○ ○ 경 찰 서

수   신 : ○○시도경찰청(수사1계장)   20○○. ○. ○

(경 유)

제   목 **출국금지 요청**

　　　출입국관리법 제4조제1항, 동법시행령 제2조제1항 및 출국금지업무처리규칙 제5조의 규정에 의하여 다음과 같이 출국금지를 요청합니다.

사건번호 등		담당부서	○○과
출국금지 대 상 자 인적사항	성 명	홍 길 동	성 별	남
	주민등록번호	700101-1234567	직 업	
	여 권 번 호		여권만료일	
	주 소	○○시 ○○동 ○○번지		
출 국 금 지 요 청 기 간		20○○. ○. ○.부터 20○○. ○. ○. 까지		
출 국 금 지 사 유 (구 체 적 으 로 기 재)		합계액 5천만원을 체납한 자로서 압류·공매 등으로 채권을 확보할 수 없고 재산의 해외도피 목적으로 국외도주할 우려가 있다고 인정되므로		
붙 임		소명자료(고소·고발장, 검사지휘서, 범죄사실)		
심 사·결 정 란				
접수일자		금지여부결정	가 · 부	
접수번호		출국금지기간		
		이 유 (미통지사유)		
담 당 자		심사·결정자	직책 : 성명 : (서명)	

○ ○ 경 찰 서 장

○ ○ 경 찰 서

수   신 : 법무부장관   20○○. ○. ○

(경 유)

제   목 : **출국정지해제요청**

　　　출입국관리법 제29조, 동법시행령 제36조 및 외국인출국정지업무처리규칙 제13조의 규정에 의하여 다음과 같이 출국정지해제를 요청합니다.

성 명	생년월일	정지요청일자	정지요청공문번호	해제요청사유	비고
홍길동	45. 1. 1	20○○. ○. ○.		형사사건 확정	
김말자	45. 4. 5	20○○. ○. ○.		형사사건 확정	

심 사·결 정 란			
접수일자		해제여부결정	가·부
접수번호			
		해 제 일 자	
		이 유	
담당자		심사 · 결정자	

※ 출국정지해제 요청기관은 심사 · 결정란에는 기재하지 마십시오.

○ ○ 경 찰 서

수　　신 : 법무부장관　　　　　　　　　　　　　20○○. ○. ○

(경　유)

제　　목 : **출국정지기간연장요청**

　　출입국관리법 제29조, 동법시행령 제36조 및 외국인출국정지업무처리규칙 제9조의
규정에 의하여 다음과 같이 출국정지기간의 연장을 요청합니다.

정지요청일자 및 공문번호			담당부서		
기간연장 대 상 자 인적사항	성		한글이름 (한자:　　)	성별	남
	명				여
	생년월일		국　　　적		
	직　　업		여 권 번 호		
	대한민국내 주소		(전화 :　　　　)		
연 장 요 청 기 간		20○○. ○. ○.부터 20○○. ○. ○. 까지			
연 장 요 청 사 유 (구체적으로 기재)		○○법 위반으로 기소중지(체포영장)된 자이나 그 소 재가 불명하므로 체포를 위해			
붙　　　　임		소　명　자　료			
심 사·결 정 란					
접수일자		연장여부결정	가·부		
접수번호					
		연 장 기 간			
		이　　　유 (미통지사유)			
담당자		심사 · 결정자			

※ 출국정지기간연장 요청기관은 심사 · 결정란에는 기재하지 마십시오.

○ ○ 경 찰 서

수　　신 : 법무부장관　　　　　　　　　　　　　20○○. ○. ○

(경　유)

제　　목 : **출국정지요청**

　　　출입국관리법 제29조, 동법시행령 제36조 및 외국인출국정지업무처리규칙 제4조의 규정에 의하여 다음과 같이 출국정지를 요청합니다.

사건번호 등			담당부서		
출국정지 대 상 자 인적사항	성		한글이름 (한자:　　)	성별	남
	명				여
	생년월일		국　　적		
	직　업		여 권 번 호		
	대한민국내 주소	○○시 ○○동 ○○번지 (전화 :　　　　　)			
출국정지요청기간		20○○. ○. ○.부터 20○○. ○. ○. 까지			
출 국 정 지 사 유 (구체적으로 기재)		○○법 위반으로 (장기 3년 이상의 징역 또는 금고에 해당하는 범죄혐의)로 입건되었으나 현재 그 소재를 알 수 없어서 기소중지결정이 된 자이므로			
붙　　　　　임		소　명　자　료			

심 사·결 정 란					
접수일자		출 국 정 지 여 부 결 정	가·부		
접수번호					
		출국정지기간			
		이　　유 (미통지사유)			
담당자		심사 · 결정자			

※ 출국정지 요청기관은 심사 · 결정란에는 기재하지 마십시오.

○ ○ 경 찰 서

수　　신 : 법무부장관　　　　　　　　　　　　　　　20○○. ○. ○

(경　유)

제　　목 : **출국정지기간연장요청**

　　　출입국관리법 제29조, 동법시행령 제36조 및 외국인출국정지업무처리규칙 제9조의
규정에 의하여 다음과 같이 출국정지기간의 연장을 요청합니다.

정지요청일자 및 공문번호			담당부서		
기간연장 대 상 자 인적사항	성		한글이름 (한자:　　)	성별	남
	명				여
	생년월일		국 　 적		
	직 　 업		여 권 번 호		
	대한민국내 주소		(전화 :　　　　)		
연 장 요 청 기 간		20○○. ○. ○.부터 20○○. ○. ○. 까지			
연 장 요 청 사 유 (구체적으로 기재)		○○법 위반으로 기소중지(체포영장)된 자이나 그 소재가 불명하므로 체포를 위해			
붙　　　　임		소 　 명 　 자 　 료			
심 사 · 결 정 란					
접수일자		연장여부결정	가·부		
접수번호					
		연 장 기 간			
		이 　 유 (미통지사유)			
담당자		심사 · 결정자			

※ 출국정지기간연장 요청기관은 심사 · 결정란에는 기재하지 마십시오.

제5절 마약류범죄에 관한 특례

◼ 마약류범죄수사 입국·상륙절차 특례 등의 신청

제219조(마약류범죄수사 입국·상륙절차 특례 등의 신청) ① 경찰관이 「마약류 불법거래 방지에 관한 특례법」 제3조제5항 또는 제4조제3항에 따라 검사에게 입국·상륙절차의 특례, 체류부적당 통보, 반출·반입 특례 등을 신청할 때에는 별지 제141호서식부터 별지 제143호서식까지의 입국·상륙절차 특례신청서, 체류부적당통보신청서, 세관절차특례신청서 등을 제출하여야 한다.
② 경찰관이 제1항에 따라 신청하였을 때에는 별지 제144호서식의 특례조치 등 신청부에 필요한 사항을 적어야 한다.

※ 마약류 불법거래 방지에 관한 특례법
제3조(입국 절차 및 상륙 절차의 특례) ① 출입국관리 공무원은 「출입국관리법」 제11조제1항제1호에 해당하는 사람으로 의심되는 외국인으로부터 입국허가 신청을 받은 경우, 마약류의 분산 및 그 외국인의 도주를 방지하기 위하여 충분한 감시체제가 확보되어 있는 마약류범죄의 수사에 관하여 그 외국인을 입국시킬 필요가 있다는 검사의 요청이 있을 때에는 법무부장관의 승인을 받아 「출입국관리법」 제11조제1항제1호에도 불구하고 그 외국인의 입국을 허가할 수 있다.
② 출입국관리 공무원은 「출입국관리법」 제11조제1항제1호에 해당하는 사람으로 의심되는 외국인으로부터 같은 법 제14조제1항에 따른 상륙허가 신청을 받은 경우, 마약류의 분산 및 그 외국인의 도주를 방지하기 위하여 충분한 감시체제가 확보되어 있는 마약류범죄의 수사에 관하여 그 외국인을 상륙시킬 필요가 있다는 검사의 요청이 있을 때에는 법무부장관의 승인을 받아 같은 법 제14조제1항 단서에도 불구하고 그 외국인의 상륙을 허가할 수 있다.
③ 출입국관리 공무원은 제1항에 따른 입국허가 또는 제2항에 따른 상륙허가를 받은 외국인에 대하여 검사로부터 계속 대한민국에 체류하도록 하는 것이 적당하지 아니하다는 통보를 받았을 때에는 즉시 그 외국인의 입국 또는 상륙 당시 그 외국인이 「출입국관리법」 제11조제1항제1호에 해당하였는지를 심사하여야 한다.
④ 출입국관리 공무원은 제3항에 따른 심사 결과 그 외국인이 「출입국관리법」 제11조제1항제1호에 해당한다고 인정할 때에는 법무부장관의 승인을 받아 그 외국인에 대한 입국허가 또는 상륙허가를 취소하여야 한다.
⑤ 사법경찰관은 제1항부터 제3항까지의 규정에 따라 요청 또는 통보를 할 것을 검사에게 신청할 수 있다. 이 경우 신청을 받은 검사가 제1항부터 제3항까지의 규정에 따른 요청 또는 통보를 한다.
제4조(세관 절차의 특례) 사법경찰관은 제1항 및 제2항에 따라 요청을 할 것을 검사에게 신청할 수 있다. 이 경우 검사가 제1항 및 제2항에 따른 요청을 한다.

○ 입국 절차 및 상륙 절차의 특례
 ❖ 출입국관리 공무원은 「출입국관리법」 제11조제1항제1호에 해당하는 사람으로 의심되는 외국인으로부터 입국허가 신청을 받은 경우, 마약류의 분산

및 그 외국인의 도주를 방지하기 위하여 충분한 감시체제가 확보되어 있는 마약류범죄의 수사에 관하여 그 외국인을 입국시킬 필요가 있다는 검사의 요청이 있을 때에는 법무부장관의 승인을 받아 「출입국관리법」 제11조제1항제1호에도 불구하고 그 외국인의 입국을 허가할 수 있다.

❖ 출입국관리 공무원은 「출입국관리법」 제11조제1항제1호에 해당하는 사람으로 의심되는 외국인으로부터 같은 법 제14조제1항에 따른 상륙허가 신청을 받은 경우, 마약류의 분산 및 그 외국인의 도주를 방지하기 위하여 충분한 감시체제가 확보되어 있는 마약류범죄의 수사에 관하여 그 외국인을 상륙시킬 필요가 있다는 검사의 요청이 있을 때에는 법무부장관의 승인을 받아 같은 법 제14조제1항 단서에도 불구하고 그 외국인의 상륙을 허가할 수 있다.

❖ 출입국관리 공무원은 입국허가 또는 상륙허가를 받은 외국인에 대하여 검사로부터 계속 대한민국에 체류하도록 하는 것이 적당하지 아니하다는 통보를 받았을 때에는 즉시 그 외국인의 입국 또는 상륙 당시 그 외국인이 「출입국관리법」 제11조제1항제1호에 해당하였는지를 심사하여야 한다.

❖ 사법경찰관은 입국·상륙, 체류부적당 통보, 반출·반입을 요청 또는 통보를 할 것을 검사에게 신청할 수 있다. 이 경우 신청을 받은 검사가 이를 요청 또는 통보를 한다.

○ 세관 절차의 특례

❖ 세관장은 「관세법」 제246조에 따라 화물을 검사할 때에 화물에 마약류가 감추어져 있다고 밝혀지거나 그러한 의심이 드는 경우, 그 마약류의 분산을 방지하기 위하여 충분한 감시체제가 확보되어 있는 마약류범죄의 수사에 관하여 그 마약류가 외국으로 반출되거나 대한민국으로 반입될 필요가 있다는 검사의 요청이 있을 때에는 다음 각 호의 조치를 할 수 있다. 다만, 그 조치를 하는 것이 관세 관계 법령의 입법 목적에 비추어 타당하지 아니하다고 인정할 때에는 요청한 검사와의 협의를 거쳐 그 조치를 하지 아니할 수 있다.

1. 해당 화물(그 화물에 감추어져 있는 마약류는 제외)에 대한 「관세법」 제241조에 따른 수출입 또는 반송의 면허
2. 그 밖에 검사의 요청에 따르기 위하여 필요한 조치

❖ 「관세법」 제257조에 따라 우편물을 검사할 때에 그 물건에 마약류가 감추어져 있는 것이 밝혀지거나 그러한 의심이 드는 경우에 준용한다. 이 경우 그 마약류에 대하여는 「관세법」 제240조를 적용하지 아니한다.

❖ 사법경찰관은 위 내용에 대해 요청을 할 것을 검사에게 신청할 수 있다. 이 경우 검사가 이에 따른 요청을 한다.

소 속 관 서

제 0000-000000 호   0000.00.00.
수 신 :
제 목 : 세관 절차 특례 신청

마약류범죄수사와 관련하여, 아래 마약류가 외국으로 반출될 / 우리나라로 반입
될 필요가 있으므로, 「마약류 불법거래 방지에 관한 특례법」 제4조에 따른 세관절차의
특례조치의 요청을 신청합니다.

마약류의 특정	
마약류의 분산 방지를 위한 감시체제의 상황	
비 고	

소 속 관 서

사법경찰관   계급

특례조치 등 신청부(0000-000000)

입국·상륙 등 요청·통보 관련					세 관 요 청 관 련		
대상자	성 명				마 약 류		
	생년월일	(. . 세)	성 별	남·여			
	국 적						
요청관련	사법경찰관 신 청	신 청 일	. . .		사법경찰관 신 청	신 청 일	. . .
		기 각 일	. . .			기 각 일	. . .
	사법경찰관 재 신 청	신 청 일	. . .		사법경찰관 재 신 청	신 청 일	. . .
		기 각 일	. . .			기 각 일	. . .
통보관련	사법경찰관 신 청	신 청 일	. . .		비 고		
		기 각 일	. . .				
	검사통보	통 보 일	. . .				
		처리결과	. . .				
비 고							

210㎜ × 297㎜(백상지 80g/㎡)

제6절 보전절차에 관한 특례

▣ 몰수·부대보전 신청

제220조(몰수·부대보전 신청) 경찰관이 「마약류 불법거래 방지에 관한 특례법」제34조제1항, 「공무원범죄에 관한 몰수 특례법」제24조제1항 또는 「불법정치자금 등의 몰수에 관한 특례법」 제23조제1항에 따라 몰수·부대보전을 신청하였을 때에는 별지 제145호서식에 따른 몰수·부대보전 신청부를 작성하고, 필요한 사항을 적어야 한다.

※ 마약류 불법거래 방지에 관한 특례법
제34조(기소 전 몰수보전명령) ① 검사는 제33조제1항 또는 제2항에 따른 이유와 필요가 있다고 인정하는 경우에는 공소가 제기되기 전이라도 지방법원판사에게 청구하여 같은 조 제1항 또는 제2항에 따른 처분을 받을 수 있으며, 사법경찰관은 검사에게 신청하여 검사의 청구로 처분을 받을 수 있다.
② 사법경찰관은 몰수보전명령 또는 부대보전명령이 내려진 경우에는 지체 없이 관계 서류를 검사에게 송부하여야 한다.

몰수·부대보전 신청부

진 행 번 호		제 호	제 호
성 명			
죄 명			
사 건 번 호		년 형 제 호	년 형 제 호
사 건 명			
검 사			
신 청 관 서			
처분을 금지하는 재산의 표리			
몰 수 보 전 사 건 의 표 시			
사법경찰관 신 청	신 청 일	. . .	. . .
	불 청 구 일	. . .	. . .
검 사 청 구	청 구 일	. . .	. . .
	결 정 일	. . .	. . .
	요 지		
사법경찰관 재 신 청	신 청 일	. . .	. . .
	불 청 구 일	. . .	. . .
검 사 재 청 구	청 구 일	. . .	. . .
	결 정 일	. . .	. . .
	요 지		
결 정 문 수 령 일		. . .	. . .
수 령 자 의 직 급 성 명 날 인			
항 고	제 기 일		
	결 정 일		
	요 지		
재 항 고	제 기 일		
	결 정 일		
	요 지		
종 국 연 월 일		. . .	. . .
몰 수 부 대 보 전 부 번 호		몰수 년 제 호 부대	몰수 년 제 호 부대
비 고			

210mm × 297mm(백상지 80g/㎡)

▣ 추징보전의 신청

제221조(추징보전의 신청 등) 경찰관이 「마약류 불법거래 방지에 관한 특례법」 제53조제1항 또는 같은 법 제53조제4항 및 제57조에 따라 추징보전 또는 추징보전명령의 취소를 신청하였을 때에는 별지 제146호서식의 추징보전 신청부를 작성하고, 필요한 사항을 적어야 한다.

※ 마약류 불법거래 방지에 관한 특례법

제53조(기소 전 추징보전명령) ① 검사는 제52조제1항에 따른 추징보전의 이유와 필요가 있다고 인정하는 경우에는 공소가 제기되기 전이라도 지방법원판사에게 청구하여 같은 항에 규정된 처분을 받을 수 있으며, 사법경찰관은 검사에게 신청하여 검사의 청구로 처분을 받을 수 있다.

② 사법경찰관은 추징보전명령이 내려진 경우에는 지체 없이 관계 서류를 검사에게 송부하여야 한다.

③ 검사는 사법경찰관에게 추징보전과 관련한 신청, 보완·수정, 취소 등의 요구를 할 수 있다.

④ 제3항의 요구가 있는 경우 사법경찰관은 지체 없이 검사의 요구에 따른 조치를 취하여야 한다.

추징보전 신청부

사 건 번 호			
송 치 번 호			
성 명			
죄 명			
신 청 관 서			
처 분 을 금 지 하 는 재 산			
추 징 보 전 액			
취 소 된 추 징 보 전 액			
잔 여 추 징 보 전 액			
추 징 보 전 사 건 의 표 시			
사법경찰관 신 청	신 청 일	. . .	. . .
	검 불 청 구 사 일	. . .	. . .
검 사 청 구	청 구 일	. . .	. . .
	법 원 결 정 일	. . .	. . .
	요 지		
사법경찰관 재 신 청	신 청 일	. . .	. . .
	검 불 청 구 사 일	. . .	. . .
검 사 재 청 구	청 구 일	. . .	. . .
	법 원 결 정 일	. . .	. . .
	요 지		
사법경찰관 (전부·일부취 소신청)	신 청 일	. . .	. . .
	검 불 청 구 사 일	. . .	. . .
검 사 (전부·일부취 소청구)	청 구 일	. . .	. . .
	법 원 결 정 일	. . .	. . .
	요 지		
결 정 문 수 령 일		. . .	. . .
수 령 자 의 직 급 성 명 날 인			
항 고	제 기 일		
	결 정 일		
	요 지		
재 항 고	제 기 일		
	결 정 일		
	요 지		
종 국 연 월 일		. . .	. . .
비 고			

210mm × 297mm(백상지 80g/㎡)

제7절 보석자 등의 관찰

■ 보석자 등의 관찰

제222조(보석자 등의 관찰) ① 경찰서장은 「형집행정지자관찰규정」 제2조제1항에 따라 검사로부터 그 관할구역 내에 거주하는 형집행정지자에 대한 관찰을 요청받은 경우에는 매월 1회 이상 형집행정지 사유 존속 여부를 관찰하여 통보하여야 한다.
② 경찰서장은 형사소송규칙 제55조의3에 따라 법원으로부터 「형사소송법」 제98조제3호의 보석조건으로 석방된 피고인의 주거 제한 준수 여부에 대한 조사를 요구받은 때에는 당해 사건을 수사한 경찰관 그 밖의 적당한 경찰관을 지정하여 주거지의 현주 여부 등을 관찰하여 회보하여야 한다.

※ 형집행정지자관찰규정
제2조(형집행정지자에 대한 관찰) ① 제1조의 규정에 의한 통지를 받은 경찰서장은 형집행정지자에 대하여 그 집행정지사유의 존속여부를 관찰하고 다음 각호의 1에 해당하는 사유가 생긴 때에는 지체없이 제1조의 규정에 의한 통지를 한 검사에게 그 뜻을 보고하여야 한다.
  1. 형의 집행정지사유가 없어진 때.
  2. 거주지를 이전한 때.
  3. 30일이상 거주지를 이탈하거나 소재가 불명한 때.
  4. 사망한 때.
② 경찰서장은 제1항각호에 정한 사유의 발생을 확인 또는 예방하기 위하여 필요한 조치를 취할 수 있다.
③ 경찰서장은 형집행정지자가 그의 관할구역 밖으로 거주를 이전한 때에는 제1조제1항각호의 사항을 신거주지를 관할하는 경찰서장에게 통지하여야 한다.

※ 형사소송법
제98조(보석의 조건) 법원은 보석을 허가하는 경우에는 필요하고 상당한 범위 안에서 다음 각 호의 조건 중 하나 이상의 조건을 정하여야 한다.
  3. 법원이 지정하는 장소로 주거를 제한하고 이를 변경할 필요가 있는 경우에는 법원의 허가를 받는 등 도주를 방지하기 위하여 행하는 조치를 수인할 것

○ 보석, 구속집행정지 제도의 의의와 구별
  ❖ "보석"은 일정한 보증을 조건으로 하여, 구속의 집행을 정지하고 구속 중인 피고인을 석방하는 제도이다.
  ❖ 보석은 구속의 집행을 정지한다는 점에서 구속의 집행정지와 같으나, 보석은 일정한 보증을 그 조건으로 함에 반하여, 구속의 집행정지는 그와 같은 조건이 없다는 점에 구별된다.
  ❖ "피고인도 유죄의 판결이 확정될 때까지 무죄의 추정을 받는다."는 사상에

유래하는 것이며, 장기구속의 폐해를 방지하기 위한 제도이다. 보석은 피고인에 한하며 피의자에 대하여는 허용되지 않는다.

❖ 보석에는 청구에 의한 보석과 직권에 의한 보석이 있으며, 청구에 의한 보석은 다시 필요적 보석과 임의적 보석으로 구분된다.

❖ "구속의 집행정지"는 상당한 이유가 있는 때에 구속된 피고인을 친족·보호단체 기타 적당한 자에게 부탁하거나, 피고인의 주거를 제한하여 구속의 집행을 정지하고 석방하는 제도이다.

❖ 구속의 집행정지는 일정한 보증금을 필요로 하지 않고 또한 법원의 직권에 속한다는 점에서 보석과 구별된다.

○ 보석자, 구속집행정지자의 관찰요령

❖ 경찰서장은 보석 또는 구속집행정지 결정에 의하여 피고인을 석방한 때에 검사의 통지에 의하여 구속정지(보석)자 시찰조회서에 의하여 피고인(주거, 성명), 죄명, 결정법원, 석방연월일, 석방교도소, 석방사유, 보호자, 참고사항 등을 접수하게 된다.

❖ 경찰서장은 구속정지(보석)자 시찰조서에 의하여 주거지에 현주여부, 현황, 취소의 가부, 참고사항 등을 면밀히 조사하여 회답하여야 한다.

❖ 피고인이 석방된 후 주거를 변경한 경우에는 전주소지를 관할하는 경찰서장에게 다시 통지하여야 한다.

❖ "구속정지(보석)자와 시찰조회서"를 받은 경찰서장은 "보석자 등 관찰부"에 등재하고, 당해 사건을 수사한 경찰관 기타 적당한 경찰관을 관찰담당자로 지정하여, 월 1회 이상 그 동정 등을 관찰하게 하는 한편, "구속정지(보석)자 시찰조서"에 의하여 조사결과를 당해 검사에게 보고하여야 한다.

❖ 법원으로부터 보석조건으로 석방된 피고인의 주거제한준수여부에 대한 조사를 요구받은 때에는 위 항의 규정을 준용한다.

■ 관찰상의 주의

제223조(관찰상의 주의) 경찰관은 보석 피고인, 구속집행정지자, 형집행정지자에 대한 관찰은 적절한 방법으로 행하여야 하며, 피관찰자 또는 그 가족의 명예나 신용을 부당하게 훼손하지 아니하도록 주의하여야 한다.

○ 관찰상의 주의
  ❖ 보석자, 구속집행정지자(형집행정지자 포함)에 대한 관찰은 온당, 적절한 방법으로 관찰하며, 피관찰자와 그 가족의 명예나 신용을 부당하게 훼손하여서는 아니 된다.
  ❖ 관찰담당자를 지정하여 구속정지, 보석자 관찰부에 그 동정을 관찰하고 관찰상황을 명백하게 기재하여 등재하여야 한다.

■ 관찰부

제224조(관찰부) 경찰관은 제222조 및 「경찰수사규칙」 제6조에 따라 관찰하였을 때에는 별지 제147호서식의 보석자·형집행정지자 관찰부에 그 관찰상황을 명백하게 적어두어야 한다.

※ 경찰수사규칙
제6조(시찰조회 요청에 관한 협력) ① 사법경찰관리는 사법경찰관리가 수사 중인 사건에 대하여 검사로부터 「검찰사건사무규칙」에 따른 시찰조회를 요청받은 경우에는 협력해야 한다.
② 사법경찰관리는 사법경찰관리가 수사 중인 사건이 아닌 사건에 대하여 검사로부터 시찰조회를 요청받은 경우에는 사건의 내용, 시찰조회 요청 사유 및 직무 수행 지장 여부 등을 종합적으로 검토하여 협력 여부를 결정할 수 있다.

보 석 자 형집행정지자 관찰부	
등 록 기 준 지	
주 거	
직 업	
성 명 · 연 령	
주 민 등 록 번 호	
죄 명 및 소 속 법 원	
출 소 한 교 도 소 또 는 대 용 감 방	
관찰이유 및 통지받은 일자	보석, 형집행정지, 20 년 월 일
법 원 에 서 부 가 한 제 한 및 조 건	

210mm × 297mm(백상지 80g/㎡)

관 찰 상 황

년 월 일	관 찰 상 황	관 찰 자	확 인 자

210mm × 297mm(백상지 80g/㎡)

제8절 즉결심판에 관한 특칙

▣ 정식재판의 청구

제225조(정식재판의 청구) ① 피고인이 「즉결심판에 관한 절차법」(이하 "즉결심판법"이라 한다) 제14조제1항에 따라 정식재판청구서를 경찰서장에게 제출하는 때에는 별지 제152호서식의 정식재판청구서에 따른다.
② 경찰서장이 「즉결심판법」 제14조제2항에 따라 검사의 승인을 얻을 때는 별지 제154호서식의 정식재판청구 승인 요청서에, 판사에게 정식재판청구서를 제출할 때는 별지 제153호서식의 정식재판청구서(경찰서장)에 따른다.
③ 경찰서장이 「즉결심판법」 제14조제3항에 따라 관할 지방검찰청 또는 지청의 장에게 사건기록과 증거물 등을 송부할 때는 별지 제155호서식의 즉결심판사건기록송부서에 따른다.

※ 즉결심판에 관한 절차법
제14조(정식재판의 청구) ①정식재판을 청구하고자 하는 피고인은 즉결심판의 선고·고지를 받은 날부터 7일 이내에 정식재판청구서를 경찰서장에게 제출하여야 한다. 정식재판청구서를 받은 경찰서장은 지체없이 판사에게 이를 송부하여야 한다.
②경찰서장은 제11조제5항의 경우에 그 선고·고지를 한 날부터 7일 이내에 정식재판을 청구할 수 있다. 이 경우 경찰서장은 관할지방검찰청 또는 지청의 검사(이하 "檢事"라 한다)의 승인을 얻어 정식재판청구서를 판사에게 제출하여야 한다.
③판사는 정식재판청구서를 받은 날부터 7일 이내에 경찰서장에게 정식재판청구서를 첨부한 사건기록과 증거물을 송부하고, 경찰서장은 지체없이 관할지방검찰청 또는 지청의 장에게 이를 송부하여야 하며, 그 검찰청 또는 지청의 장은 지체없이 관할법원에 이를 송부하여야 한다.

정 식 재 판 청 구

사 건 번 호				
피고인	성 명		주민등록번호	
	전 화 번 호			
	주 거			
죄 명				
선 고 년 월 일				
즉 결 심 판 주 문				
비 고				

위 피고사건의 즉결심판에 대하여 불복이므로 정식재판을 청구합니다.

0000.00.00

위 청구인   인

소속관서장 귀하

소 속 관 서

제 0000-000000 호   0000.00.00.

수 신 :
제 목 : 정식재판청구(경찰서장)

다음 피고사건의 즉결심판에 불복이므로 정식재판을 청구합니다.

사 건 번 호				
피고인	성 명		주민등록번호	
	주 거			
죄 명				
선고연월일				
즉결심판주문				
비 고				

소 속 관 서 장

소속관서

검 사 승 인		
가	부	비고

제 0000-000000 호 　　　　　　　　　　　　　　　　0000.00.00.

수 신 :

제 목 : 정식재판청구승인요청

다음 피고인에 대한 즉결심판에 불복하므로 정식재판청구를 하려 하니 이에 대한 승인을 요청합니다.

피고인	성　　　　명	
	주민등록번호	
	직　　　　업	
	주　　　　거	
죄　　　　　　명		
선 고 연 월 일		
즉 결 심 판 주 문		
정식재판청구사유	범 죄 사 실	
	증 거 자 료	
	불 복 이 유	

소 속 관 서

사법경찰관 계급

소속관서

제 0000-000000 호   0000.00.00.

수 신 :
제 목 : 즉결심판사건기록송부
___

다음 즉결심판 사건기록을 송부합니다.

피 고 인	성 명	주민등록번호	지문원지 작성번호
죄 명			
송 부 사 유			
기 록 권 수	권		
증 거 물			
비 고		수리전산입력	

소 속 관 서 장

제3편 수사종결 등에 관한 사항

제1장 통칙

▣ 수사자료표의 작성

제226조(수사자료표의 작성) ① 경찰관은 「형의 실효 등에 관한 법률」 제5조제1항에 따라 다음 각호를 제외한 피의자에 대한 수사자료표를 작성하여야 한다.
  1. 즉결심판 대상자
  2. 고소 또는 고발로 수리한 사건 중 「수사준칙」제51조제1항제3호의 각 목에 해당하는 사건의 피의자
② 제1항의 경우 전자수사자료표시스템을 이용하여 전자문서로 작성한다. 다만, 입원, 교도소 수감 등 불가피한 사유로 피의자가 경찰관서에 출석하여 조사받을 수 없는 경우에는 종이 수사자료표를 작성하여 입력한다.
③ 그 밖의 수사자료표 작성과 관련된 세부적인 사항은 「지문 및 수사자료표 등에 관한 규칙」에 따른다.

※ 형의 실효 등에 관한 법률
제5조(수사자료표) ① 사법경찰관은 피의자에 대한 수사자료표를 작성하여 경찰청에 송부하여야 한다. 다만, 다음 각 호의 자에 대하여는 그러하지 아니하다.
  1. 즉결심판(卽決審判) 대상자
  2. 사법경찰관이 수리(受理)한 고소 또는 고발 사건 중 불기소처분 사유에 해당하는 사건의 피의자
② 수사자료표를 작성할 사법경찰관의 범위는 대통령령으로 정한다.

※ 형의 실효 등에 관한 법률 시행령
제6조(수사자료표를 작성할 사법경찰관) 법 제5조제2항의 규정에 의하여 수사자료표를 작성할 사법경찰관은 형사소송법 제196조제1항의 사법경찰관, 군사법원법 제43조의 군사법경찰관 및 다른 법률의 규정에 의하여 사법경찰관의 직무를 행하는 자로 한다.

※ 지문 및 수사자료표 등에 관한 규칙
제1조(목적) 이 규칙은 수사자료표의 관리, 지문의 채취와 분류, 지문에 의한 신원확인 등을 체계적이고 효율적으로 하기 위하여 필요한 사항을 규정함을 목적으로 한다.

○ 수사자료표의 관리
  ❖ 경찰청 범죄분석담당관은 수사자료표를 범죄경력자료와 수사경력자료로 구분하여 보존·관리하여야 한다.
  ❖ 경찰청 범죄분석담당관은 정확한 수사자료표 관리를 위해 업무처리 중 발견되는 오류자료를 신속하게 정정하는 등 필요한 조치를 하여야 한다.

○ 수사자료표의 작성시 신원확인
  ❖ 수사자료표 작성자는 피의자의 지문으로 신원을 확인한다. 다만, 지문으로
    신원을 확인할 수 없는 경우 가족관계증명서, 주민등록증, 운전면허증, 여권
    등 신원확인에 필요한 제반자료로 확인하여야 한다.

○ 수사자료표의 작성방법
  ❖ 전자수사자료표시스템을 이용하여 전자문서로 작성한다. 다만, 입원, 교도소
    수감 등 불가피한 사유로 피의자가 경찰관서에 출석하여 조사받을 수 없는
    경우에는 종이 수사자료표를 작성하여 입력한다.
  ❖ 피의자의 신원이 확인된 경우에는 별지 제1호서식의 수사자료표를 작성한
    다. 다만, 다음 각 호의 어느 하나에 해당하는 경우에는 별지 제2호서식의
    수사자료표를 작성한다.
    1. 주민등록증 미발급자 등 지문자료가 없어 신원이 확인되지 않는 경우
    2. 전자수사자료표시스템으로 동일인 여부가 판명되지 않은 경우
    3. 주민조회시 별표1에 의한 지문분류번호가 없는 경우(00000-00000 포함)
    4. 손가락의 손상·절단 등으로 지문분류번호를 정정할 필요가 있는 경우
  ❖ 다음 각 호의 피의자에 대해서는 지문을 채취하지 않고 제4조의 단서에 의
    한 신원확인 후 수사자료표를 작성할 수 있다.
    1. 90일을 초과하여 외국에 체류하는 사람
    2. 강제출국된 외국인
    3. 기타 전염병 등의 사유로 인해 지문채취가 불가능하다고 인정되는 사람
  ❖ 주민등록번호(외국인등록번호)가 확인되지 않는 피의자의 수사자료표 주민
    등록번호(외국인등록번호) 항목은 다음 각 호에 따라 입력한다.
    1. 내국인 1900년대 출생자중 남자는 '생년월일-1000000', 여자는 '생년
      월일-2000000'
    2. 내국인 2000년대 출생자중 남자는 '생년월일-3000000', 여자는 '생년
      월일-4000000'
    3. 외국인 1900년대 출생자중 남자는 '생년월일-5000000', 여자는 '생년
      월일-6000000'
    4. 외국인 2000년대 출생자중 남자는 '생년월일-7000000', 여자는 '생년
      월일-8000000'
  ❖ 수사자료표 작성자는 작성 후 신속히 소속 팀(계)장의 승인을 받아야 한다.

○ 수사자료표의 확인 및 조치

　❖ 경찰청 범죄분석담당관은 신원이 확인되지 않은 상태로 전송된 수사자료표
　　에 대하여 신원을 확인하여 그 결과를 작성관서의 장에게 통보하여야 한다.

○ 정정할 사항의 조치

　❖ 통보를 받은 관서의 장은 다음 각 호에 따라 조치하여야 한다. 다만, 사건이
　　검찰청에 송치된 이후에 통보를 받은 경우에는 확인된 피의자 인적사항 정
　　정에 관한 사항을 검찰청에 추송하여야 한다.
　　　1. 피의자에 대한 출석요구 등을 통하여 본인 여부 재확인
　　　2. 타인의 인적사항으로 입력된 피의자 원표, 수사기록, 각종 대장 등 관련
　　　　서류의 정정
　　　3. 개별 법령에 의거하여 진행된 행정조치 또는 기관통보에 대한 정정 및 보완

○ 처분결과 등 정리

　❖ 경찰청 범죄분석담당관은 검찰청 등 수사기관의 장으로부터 송부받은 사건의 입
　　건현황과 처분 또는 선고현황 등을 범죄경력관리시스템에 자동 입력되도록 한
　　다. 다만, 다음 각 호에 해당하는 경우에는 필요한 사항을 확인하여 입력한다.
　　　1. 범죄경력관리시스템에 자동입력되지 않은 처분결과 등이 있는 경우
　　　2. 다른 수사기관의 장으로부터 처분결과 등을 서면으로 통보받은 경우
　　　3. 본인이 수사자료표 기록내용이 사실과 다르다고 이의제기를 한 경우
　　　4. 기타 수사자료표 처분사항에 관한 정리가 필요한 경우

▣ 장기사건 수사종결

제227조(장기사건 수사종결) 경찰관은 「경찰수사규칙」 제95조에 따라 장기사건을 연장하려는 때에는 별지 제157호서식의 수사기일 연장 건의서를 작성하여 상급 수사부서장에게 제출하여야 한다.

※ 경찰수사규칙

제95조(장기사건 수사종결) ① 사법경찰관리는 범죄 인지 후 1년이 지난 사건에 대해서는 수사준칙 제51조제1항에 따른 결정을 해야 한다. 다만, 다수의 사건관계인 조사, 관련 자료 추가확보·분석, 외부 전문기관 감정의 장기화, 범인 미검거 등으로 계속하여 수사가 필요한 경우에는 해당 사법경찰관리가 소속된 바로 위 상급경찰관서 수사 부서의 장의 승인을 받아 연장할 수 있다. ② 사법경찰관리는 제1항 단서에 따른 승인을 받으려면 수사기간 연장의 필요성을 소명해야 한다.

○ 대 상
  ❖ 상당기간 수사하였으나 피의자를 특정하지 못한 사건

○ 절 차
  ❖ 탐문 등으로 피의자가 특정되지 않고 기타 추적 단서가 없는 경우 수사보고 상세히 작성
  ❖ 사건접수 후 3개월 이상 수사하였으나 피의자가 특정되지 않은 경우 미제편철 검토(발생원표, 피해통보표 등 작성)

○ 수사 진행상황 통지
  ❖ 사건 접수 후 1개월경과 시 수사사항에 대해 피해자에게 고지

○ 검찰 송부 여부
  ❖ 미제편철은 수사중지에 해당되지 않으므로 송부 불필요

○ 사후 관리
  ❖ 사후 관리 수사기록 관리
    미제편찰 사건목록과 함께 경찰서 사건기록 보관실에 보관(보존기한 25년)
  ❖ 일몰제 적용 배제
    미제편철 사건은 수사대상자에 대한 인권침해, 불필요한 장기수사 등 권한남용의 가능성이 낮고 계속 수사가 필요한 때에 해당하지 않아 일몰제 적용 배제
  ❖ 사건 재기
    여죄수사, 증거물 재감정 등으로 피의자가 특정된 경우 수사진행 후 수사결과에 따라 사건 종결

소 속 관 서

제 0000-000000 호   0000.00.00.
수 신 :
참 조 :
제 목 : 수사기일연장건의서

피의자   에 대한   사건에 관하여 다음과 같이 **수사기일 연장을 건의합**
니다.

Ⅰ. 피의자 인적사항

Ⅱ. 범죄경력자료 및 수사경력자료

Ⅲ. 범죄사실

Ⅳ. 적용법조

Ⅴ. **수사기일 연장건의 사유**

Ⅵ. 향후수사계획

경 로	지휘 및 의견	구분	결 재	일시

▣ 수사서류의 사본

> 제228조(수사서류의 사본) 경찰관은 처리한 사건 중 중요도나 특이성 그 밖의 보존의 필요가 있다고 판단되는 사건에 대하여는 해당 사건의 수사서류의 사본을 작성하여 이를 보존할 수 있다. 다만, 사용 목적을 달성하였거나 그 목적 달성을 위한 기간 경과 시 즉시 이를 폐기해야 한다.

○ 보존기간

> ※ 공공기록물 관리에 관한 법률 시행령
> 제26조(보존기간) ① 기록물의 보존기간은 영구, 준영구, 30년, 10년, 5년, 3년, 1년으로 구분하며, 보존기간별 책정기준은 별표 1과 같다. 다만, 「대통령기록물 관리에 관한 법률」 제2조제1호에 따른 대통령기록물, 수사·재판·정보·보안 관련 기록물은 소관 중앙행정기관의 장이 중앙기록물관리기관의 장과 협의하여 보존기간의 구분 및 그 책정기준을 달리 정할 수 있다.
> ② 기록물의 보존기간은 단위과제별로 책정한다. 다만, 영구기록물관리기관의 장은 특별히 보존기간을 달리 정할 필요가 있다고 인정되는 단위과제에 대하여는 보존기간을 직접 정할 수 있다.
> ③ 보존기간의 기산일은 단위과제별로 기록물의 처리가 완결된 날이 속하는 다음 연도의 1월 1일로 한다. 다만, 여러 해에 걸쳐서 진행되는 단위과제의 경우에는 해당 과제가 종결된 날이 속하는 다음 연도의 1월 1일부터 보존기간을 기산한다.

공공기록물 관리에 관한 법률 시행령 [별표1] 〈개정 2020. 3. 31.〉
기록물의 보존기간별 책정 기준(제26조제1항 관련)

보존기간	대상기록물
준영구	4. 관계 법령에 따라 30년 이상의 기간 동안 민·형사상 책임 또는 시효가 지속되거나, 증명자료로서의 가치가 지속되는 사항에 관한 기록물
30년	3. 관계 법령에 따라 10년 이상 30년 미만의 기간 동안 민·형사상 또는 행정상의 책임 또는 시효가 지속되거나, 증명자료로서의 가치가 지속되는 사항에 관한 기록물
10년	3. 관계 법령에 따라 5년 이상 10년 미만의 기간동안 민·형사상 책임 또는 시효가 지속되거나, 증명자료로서의 가치가 지속되는 사항에 관한 기록물
5년	3. 관계 법령에 따라 3년 이상 5년 미만의 기간동안 민사상·형사상 책임 또는 시효가 지속되거나, 증명자료로서의 가치가 지속되는 사항에 관한 기록물
3년	3. 관계 법령에 따라 1년 이상 3년 미만의 기간동안 민·형사상의 책임 또는 시효가 지속되거나, 증명자료로서의 가치가 지속되는 사항에 관한 기록물

○ 보존절차 (**공공기록물 관리에 관한 법률 시행령**)

❖ 기록물의 이관

　법 제19조제2항에 따라 공공기관은 공공기관의 기록물을 처리과에서 보존기간의 기산일부터 2년의 범위 내에서 보관한 후 기록물철 단위로 관할 기록관 또는 특수기록관으로 이관하여야 한다. 다만, 업무관리시스템으로 생산된 기록물은 매 1년 단위로 전년도 생산기록물을 기록관 또는 특수기록관으로 이관한다.(제32조)

❖ 기록관 및 특수기록관의 소관 기록물 이관

　법 제19조에 따라 기록관 또는 특수기록관의 장은 보존기간 30년 이상의 기록물을 보존기간의 기산일부터 10년이 경과한 다음 연도 중에 관할 영구기록물관리기관이 제시한 일정에 따라 영구기록물관리기관으로 이관하여야 한다. 다만, 부득이한 사유로 일정기간 동안 이관을 연기하고자 하는 경우에는 이관예정일 1개월 전까지 관할 영구기록물관리기관의 장의 승인을 받아야 한다. (제40조)

❖ 기록관 및 특수기록관의 소관 기록물 평가 및 폐

　기록관 또는 특수기록관의 장은 보존중인 기록물 중 보존기간이 경과한 기록물에 대하여는 법 제27조제1항에 따라 생산부서 의견조회, 법 제41조제1항에 따른 기록물관리 전문요원(해당 기록관 또는 특수기록관 소속 기록물관리 전문요원을 말한다)의 심사 및 제5항에 따른 기록물평가심의회의 심의를 거쳐 보존기간 재책정, 폐기 또는 보류로 구분하여 처리하여야 한다.(제43조)

제2장 수사종결

◼ 송치 서류

제229조(송치 서류) ① 「경찰수사규칙」 제103조제2항제5호의 그 밖의 서류는 접수 또는 작성순서에 따라 편철하고 같은 조 같은 항 제4호와 제5호의 서류는 각 장마다 면수를 기입하고 같은 조 같은 항 제2호부터 제4호까지의 서류에는 송치명의인으로 간인하여야 한다.

② 「경찰수사규칙」 제103조제2항제4호의 서류에는 각 장마다 면수를 기입하되, 1장으로 이루어진 때에는 1로 표시하고, 2장 이상으로 이루어진 때에는 1-1, 1-2, 1-3의 방법으로 하여야 한다.

③ 경찰관은 「수사준칙」 제58조에 따라 사건을 송치할 때에는 소속 경찰관서장인 사법경찰관의 명의로 하여야 한다. 다만, 소속 경찰관서장이 사법경찰관이 아닌 경우에는 수사주무과장인 사법경찰관 명의로 하여야 한다.

④ 통신제한조치를 집행한 사건의 송치 시에는 사건송치서 증거품 란에 "통신제한조치"라고 표기하고 통신제한조치 집행으로 취득한 물건은 압수물에 준하여 송부하여야 한다.

⑤ 경찰관이 다음 각 호의 어느 하나에 해당하는 귀중품을 송치할 때에는 감정서 1부를 첨부하여야 한다.

1. 통화 · 외국환 및 유가증권에 준하는 증서
2. 귀금속류 및 귀금속제품
3. 문화재 및 고가예술품
4. 그 밖에 검사 또는 법원이 특수압수물로 분류지정하거나 고가품 또는 중요한 물건으로서 특수압수물로 인정하는 물건

⑥ 사건송치 전 수사진행 단계에서 구속영장, 압수 · 수색 · 검증영장, 통신제한조치 허가를 신청 등을 하는 경우 영장등 신청 서류 등에 관하여는 「경찰수사규칙」 제103조제2항 및 이 조 제1항부터 제3항까지를 준용한다.

※ 경찰수사규칙

제103조(송치 서류) ① 수사준칙 제58조제1항에 따른 송치 결정서는 별지 제114호서식에 따르고, 압수물 총목록은 별지 제115호서식에 따르며, 기록목록은 별지 제116호서식에 따른다.

② 송치 서류는 다음 순서에 따라 편철한다.

1. 별지 제117호서식의 사건송치서
2. 압수물 총목록
3. 법 제198조제3항에 따라 작성된 서류 또는 물건 전부를 적은 기록목록
4. 송치 결정서
5. 그 밖의 서류

③ 수사준칙 제58조에 따라 사건을 송치하는 경우에는 소속경찰관서장 또는 소속수사부서장의 명의로 한다.

④ 제1항의 송치 결정서는 사법경찰관이 작성해야 한다.

※ 검사와 사법경찰관의 상호협력과 일반적 수사준칙에 관한 규정

제58조(사법경찰관의 사건송치) ① 사법경찰관은 관계 법령에 따라 검사에게 사건을 송치할 때에는 송치의 이유와 범위를 적은 송치 결정서와 압수물 총목록, 기록목록, 범죄경력 조회 회보서, 수사경력 조회 회보서 등 관계 서류와 증거물을 함께 송부해야 한다.
② 사법경찰관은 피의자 또는 참고인에 대한 조사과정을 영상녹화한 경우에는 해당 영상녹화물을 봉인한 후 검사에게 사건을 송치할 때 봉인된 영상녹화물의 종류와 개수를 표시하여 사건기록과 함께 송부해야 한다.
③ 사법경찰관은 사건을 송치한 후에 새로운 증거물, 서류 및 그 밖의 자료를 추가로 송부할 때에는 이전에 송치한 사건명, 송치 연월일, 피의자의 성명과 추가로 송부하는 서류 및 증거물 등을 적은 추가송부서를 첨부해야 한다.

※ 형사소송법
제245조의5(사법경찰관의 사건송치 등) 사법경찰관은 고소·고발 사건을 포함하여 범죄를 수사한 때에는 다음 각 호의 구분에 따른다.
1. 범죄의 혐의가 있다고 인정되는 경우에는 지체 없이 검사에게 사건을 송치하고, 관계 서류와 증거물을 검사에게 송부하여야 한다.

○ 송치서류의 기록 목록 및 편철순서
  ❖ 사건을 송치할 때에는 수사서류에 사건송치서·압수물총목록·기록목록·의견서·피의자조사서·범죄경력조회통보서 등 필요한 서류를 첨부하여야 한다.
  ❖ 송치서류의 편철순서는
    • 사건송치서
    • 압수물 총목록
    • 기록 목록
    • 송치결정서
    • 범죄 인지보고(수사결과보고서/종합수사보고)
    • 기타 서류(각종 조서 등의 증거와 수사보고서 등)의 순으로 편철하여야 하고 기타 서류는 접수 또는 작성일자 순으로 편철하여야 한다(동조 제4항).

○ 일반적 검토사항
  ❖ 각종 조서와 수사보고서 등에 작성년월일이 정확히 표시되어 있는지 작성자와 진술자의 서명 날인의 누락은 없는지
  ❖ 기록 편철순서가 작성일자 순으로 되어 있는지, 같은 날짜에 작성한 조서들은 사실을 규명하고 순서에 맞게 되어 있는지
  ❖ 조서의 내용이 조서를 작성한 목적에 충실하게 작성되어 있는지 모순점은 없는지
  ❖ 작성된 조서가 편철하는 과정에서 누락된 것은 없는지

○ 개별적 검토사항
  ❖ 사건송치서 표지
    • 피의자 표시는 사람마다 아라비아 숫자로, 죄명표시는 가. 나. 다.로 한다.
  ❖ 형법죄명표시는 대검찰청의 지시에 의하여야 하고, 형사특별법 위반의 경우에는 정확한 법의 명칭을 기재하고 "……법 위반"으로 표시한다. 특별법 위반의 경우 미수범·방조범·교사범 등의 표시는 별도로 하지 아니한다.
    • 죄명은 의견서에 기재된 죄명과 일치하여야 한다.
    • 고발된 피의자를 누락하거나 잘못 지정하는 일이 없도록 하여야 한다. 실무상 범인을 고발한 사건에서 특히 잘못 지정하는 예가 많다. 법인이 피의자인 경우에는 괄호에 하고 대표이사 등 대표자의 이름을 표시하는 것이 좋다[예 : 갑을주식회사(대표이사 김을동)].
    • 사건을 송치할 때에는 소속 관서의 장인 사법경찰관의 명의로 하여야 한다. 다만, 소속 관서의 장이 사법경찰관이 아닐 때에는 수사 주무부서의 장인 사법경찰관의 명의로 하여야 한다.
  ❖ 압수물 총목록
    • 압수물의 품목·수량·기록 정수의 정확한 기재
    • 압수조서 내용과의 일치
    • 송치·환부 또는 가환부 표시
  ❖ 기록 목록
    • 정수 기재의 정확
    • 서류 제목의 적정
    • 목록의 누락은 없는지
  ❖ 범죄인지서
    • 인지경위를 정확하게 기재하였는지
  ❖ 압수조서
    • 압수물 총목록의 기재내용과 일치하는지
    • 압수경위가 자세히 기재되어 있는지
    • 압수목록 교부서가 편철되어 있는지
  ❖ 수사보고서
    • 어떠한 내용의 수사보고서인지, 그 취지가 명확히 기재되어 있는지
    • 수사보고서에 따른 서류를 첨부하여야 할 경우 그 서류가 첨부되어 있는지
  ❖ 보강증거
    • 피의자의 자백 외에 이를 뒷받침하는 적법한 증거가 수집되어 있는지
  ❖ 기타

- 신원보증서가 첨부되어 있는지
- 지문통보서가 첨부되어 있는지
- 소재불명자에 대한 지명수배가 되어 있는지
- 제출경위나 작성근거가 없는 서류가 붙어 있지 않는지 등이다.

❖ 송치의견은 사법경찰관의 수사결론이다. 따라서 의견서는 간결·명료하게 한다.
❖ 의견서는 원칙으로 그 사건의 주임 사법경찰관이 작성하여야 하나, 일선 실무에서는 사건 담당자가 하고 있다.

○ 송치의견의 기재사항
❖ ① 인적사항, ② 전과사실, ③ 범죄사실, ④ 적용법조, ⑤ 수사종합의견을 기재하여야 한다.
❖ 특히 수사종합의견을 기재하면서 막연히 "증거불충분함", "증거없음", "민사사안에 불과함" 등의 추상적 기재를 하여서는 아니 된다.
  - 기소결정일 경우에는 "피의자의 진술, 참고인 ○○○, ○○○의 진술, 압수된 ○○ 등에 의하면 증거불충분함"과 같이 구체적으로 기재한다.
  - 불기소결정일 경우에는 왜 그와 같은 결론에 도달하였는지를 증거품목과 그 요지를 단단하게 설명하는데 논리 전개를 하여야 한다.

○ 송치결정서
❖ 송치결정서는 그 사건에 대한 수사경찰의 정확한 사실의 확정 및 법률적용에 기초한 종국적 의견을 기재한 종합보고서로서 정확한 내용이 기재되어야 한다.
❖ 피의자 표시
  - 구속·불구속·미체포로 신병표시를 한다.
  - 피의자가 수명일 경우에는 "1, 2"로, 죄명이 수개일 경우에는 "가, 나"로 각 표시한다.
  - 단체의 경우 그 산하조직은 범죄주체가 될 수 없으므로 법인만을 피의자로 하고 법인명칭은 법인등기부상의 명칭을 그대로 표기하되 그 아래에 반드시 "대표이사 ○○○" 또는 "대표자 ○○○"으로 표시한다.
  - 연령은 송치일을 기준으로 하여 실제 나이를 기재하고, 주소는 통, 반까지 기재하여 형의 집행(특히 벌금형의 집행)에 실효를 거둘 수 있도록 한다.
❖ 전과사실
  - 형사처분을 받은 경우에는 누범가중·상습성 인정 기타 정상관계에 있음을 구체적으로 기재하고 특히 누범가중에 해당하는 경우에는 출소 연월일까지 기재하여야 한다.

- 지문조회결과 회보된 사항은 이를 확인하고 형의 종류에 따라 신빙성이 있는 기재를 한다.
❖ 범죄사실
- 범죄사실을 특정할 수 있도록 6하원칙 또는 8하원칙에 맞추어 간단명료하게 기재한다.
    - 누가 ……(범죄의 주체)
      단독 피의자의 경우 "피의자 홍길동은 ―"이라 함은 불필요하므로 "피의자는 ―"이라고 하고, 수명일 때 피의자 (1), 동(2), 동(3)이라 표시하면 혼동하기 쉬우므로 반드시 성명을 기재한다.
    - 누구와 같이 ……(공범)
      합동범, 공모공동정범을 구별 표시한다.
    - 언제 ……(범죄일시)
      음력은 양력으로 고쳐 쓰고 가능한한 일시를 구체적으로 특정한다.
    - 어디서 ……(범죄장소)
      "종로 3가 파출소 앞 노상" 등과 같이 개념적 특정으로도 족하나 구체적으로 특정하여야 한다.
    - 무엇에 대하여 ……(범죄의 실체)
    - 무슨 이유로 ……(범죄의 동기·원인)
      살인·강도 등 동기범의 경우, 정보사범, 사회의 이목을 끄는 중요사건은 좀 구체적으로 동기를 기재함이 옳다.
    - 어떤 방법으로 ……(범죄의 수단·방법)
    - 무엇을 했는가 ……(범죄의 행위와 결과)
❖ 범죄사실의 기재요령
- 구성요건의 분석을 충분히 할 것
  당해 사실이 무슨 죄에 해당하는가를 살피고 그 구성요건을 분석한 다음 구성요건 해당 사실을 전부 기재하여야 한다.

  [예를 들면]
  '피의자는 ……운전사 홍길동(30세)의 얼굴을 주먹으로 수회 구타하여 택시요금 1,800원의 지불요구를 단념시킨 것이다' 라고 기재하는 것은 강도인지 공갈인지 명확하지 않다.
  ㉮ 강도라면
  '피의자는 ……운전사 홍길동(30세)의 얼굴을 주먹으로 수회 구타하여 동인으로 하여금 항거불능케 하고 택시요금 1,800원의 지불을 면하여서 동액 상당의 재산상 이익을 취득하였다.

㉯ 공갈이라면

'피의자는 ……운전사 홍길동(30세)의 얼굴을 주먹으로 수회 구타하여 동인이 만약 택시 요금을 요구하면, 어떠한 위해를 더 가할지 모를 기세를 보여 동인으로 하여금 겁을 먹게 하고 택시요금 1,800원의 청구를 단념시켜 동액 상당의 재산상 이익을 취득하였다.

라고 기재하여야 한다.

• 구성요건 해당사실을 표현하는 상용어를 알아두고 활용한다.

구성요건 해당사실을 적용할 때 항상 사용하는 용어가 있으므로 이를 알아두고 활용하는 것이 편리하다.

[예를 들면]

㉮ 「강도」

'……대금을 지급할 마음(의사) 또는 능력이 없음에도 불구하고 이를 있는 것처럼 속여 그로 하여금 그 뜻을 믿게 하고 즉석에서 ……을 받아 이를 강취하였다.'

㉯ 「공갈」

'……이라는 등 말하며 ○○을 요구하고 만일 이에 응하지 않으면 그의 신체 등에 어떠한 위해를 입힐는지 알 수 없는 태도를 보여서 그에게 두려운 생각을 갖게 하여 ……'

㉰ 「횡령」

'……을 위하여 보관하고 있는 ○○을 제마음대로 자기의 생활비 등에 소비하여 이를 횡령하였다.'

㉱ 「살인」

'…… ○○를 죽일 것을 마음먹고(결심하고) ……', '○○○가 죽을지도 모른다는 것을 인식하면서도(알면서도)….'

㉲ 「위조」

'…… 통의 위조를 하여 ……' '……을 위조하고 ……'

• 간략하게 기재한다.

불필요한 부분을 장황하게 서술하기 보다는 간략하게 기재하여야 한다.

• 증거에 의해서 기재한다.

증거에 의해서 뒷받침되는 사실만 기재하고 추측으로 일시·장소· 수단·방법·시간 등을 함부로 기재하는 것은 금물이다.

• 범죄주체의 기재방법

범죄사실을 기재할 경우에는 그 주체를 주어로 써서 범죄가 누구의 행위

인지 또는 누가 처벌의 대상인지 명확히 밝힌다.

㉮ 피의자가 1인인 경우

피의자가 1인인 때는 성명을 기재할 필요가 없다.

즉 '피의자 홍길동은' 이라고 기재할 필요가 없고 '피의자는 …' 이라고 기재하면 된다.

㉯ 피의자가 다수인 경우

'피의자 김○○, 같은 이○○는 공모하여 …' 또는 공범관계이면 양인의 성명을 모두 기재할 필요 없이 '피의자 등은 공모하여 …'라고 기재해도 된다.

㉰ 공범자 중 1인만을 기소할 경우

'피의자는 소외 김○○와 공모하여' 라고 기재한다.

㉱ 소외 공범자가 다수인 경우

'피의자는 김○○외 3인과 공모하여' 또는 '피의자는 갑, 을, 병, 정과 공모하여' 또는 '피의자는 아직 체포하지 못한 박○○외 2명과 공모하여' 등으로 기재한다.

- 범죄의 동기·원인의 기재방법

범죄의 동기·원인은 구성요건이 아니므로 범죄사실 중에는 이를 기재하지 않는 것이 보통이다.

- 그러나 「동기 범죄」라고 부르는 폭행·상해·살인·방화·강도 살인 등은 동기와 원인을 써서 범의를 명확히 하는 것이 좋다.

- 범죄의 동기와 원인을 기재할 때에는 중대사건을 제외하고서는 가능한 한 간명하게 기재함이 좋다.

[예] 「얻어맞은 데에 격분하여」

「어깨를 마주쳤다고 화를 내어」

「보험금을 사취할 것을 마음먹고」와 같이 기재하면 된다.

- 범죄일시의 기재방법

문서위조나 횡령 등과 같은 범행 시간이 범정에 영향이 없는 범죄에 있어서는 시간까지 기재할 필요는 없으나 절도·강도·주거침입·살인·강간·공갈 등에 있어서는 시간까지 쓸 필요가 있다. 표현방법으로서는

㉮ 일시는 가급적 확정적으로 쓰되, 상세한 일시를 모르면 특정될 정도의 표시를 하여도 좋다.

[예를 들면]

'20○○년 5월 10일 상오 11시경' 이라고 쓰는 것이 원칙이나 상세히 일시를 모르면

- 20○○년 5월경, 20○○년 5월 상순경, 20○○년 봄쯤에 라고 기재하여도 좋다

㉯ 연, 월, 일, 시 등의 기재는 전체 문장과의 체제를 고려하여 한 문장 안에서는 통일된 방법으로 표현하여야 한다.

- 20○○. 5. 10 11 : 00경 또는
- 20○○년 5월 10일 상호 11시경

등 어느 방법으로 써도 된다.[예를 들면]

• 범죄의 장소 기재방법

㉮ 범죄의 장소도 일시의 경우와 마찬가지로 가급적 특정될 정도로 기재 하여야 하며 만약에 동명이나 번지 등을 모르면 다음 방법으로 특정하 여도 된다.

「서울특별시 중구 소재 타워호텔 정문으로부터 서쪽으로 약 100m 떨어진 대로변 중국음식점 아 서원에서」[예를 들면]

㉯ 일반적으로 알려진 장소는 번지까지 기재할 필요가 없고, 「서울역 새 마을호 대합실」, 「세종문화회관 계단」 등으로 기재하면 된다.

㉰ 장소표시에 있어서도 번지, 호(號일) 등의 문자를 덧붙일 때에는 전체 문장과의 체제를 고려하여 통일된 방법으로 표현해야 한다.

- 서울특별시 중구 회현동 2가 35번지의 2호
- 서울 중구 회현동 2가 35의 2
- 서울 중구 회현동 2가 35 - 2

등 어느 방법으로 기재해도 좋다.[예를 들면]

• 피해자의 기재방법

㉮ 피해자의 폭행·상해·강간·유기 등 범죄에 있어서와 같이 자신이 범죄의 실체인 경우와 강도 등에 있어서와 같이 범죄의 실체인 물건의 소유자· 관리자인 경우가 있다.

어느 경우에나 피해자는 성명으로서 표시해야 하나, 성명이 불상인 경 우에는 그 사람의 인상·추정연령 등의 특징으로써 특정하여 표시하면 족하고 「피해자 모」 라고 표시할 필요는 없다.

㉯ 피해자의 연령표시

· 미성년자 간음(형법 제305조), 준사기(형법 제348조)등과 같이 피해 자의 연령이 범죄의 구성요건인 경우에도 반드시 표시하여야 하고 폭행·살인·공갈 등과 같이 피해자의 연령과 범죄가 상호 깊은 관계가 있는 경우는 표시하는 것이 좋다.

· 절도·횡령·문서위조 등과 같이 범죄의 실체는 물건자체이며 피해자원

사람은 물건의 소유자·관리자에 불과한 경우는 연령을 표시할 필요는 없다.

㉰ 피해자의 주소와 직업은 특수한 경우 외에는 표시할 필요가 없다.

- 피해품의 기재방법

피해품은 범죄에 의해 피해를 입은 재물을 말하는 것으로써 대부분의 경우 재산범에 있어서 문제가 되나 재산범에 국한되지 않고, 방화·실화 등의 범죄에도 피해품이 존재한다.

㉮ 피해품의 소유자 또는 점유자를 표시한다.

「김길동 소유의 …」와 같이 표시하면 충분하나 기록상에는 소유 또는 점유(관리)관계가 상세히 나와 있어야 한다.[예를 들면]

㉯ 피해품이 다수인 경우에는 일괄적으로 기재하는 것이 좋다.

[예를 들면]

「신사복, 착외, 의료 8점(시가 180,000원 상당) …」이라고 기재하면 된다.

이 경우에도 기록상에는 피해품 전체의 명세가 나와 있어야 한다.

㉰ 시가를 표시한다.

시가는 원칙적으로 정당한 소매가격에 따라 표시한다.

[예를 들면]

「중고품 냉장고 1대, 시가 50,000원 상당」이라고 기재한다.

소매가격을 알 수 없는 경우는 일반적으로 피해자가 신고한 가격을 표시하면 좋으나 피해자 신고가격이 일반인의 관념에 비추어 현저히 높다든가 하여 부당한 결과가 생길 수도 있다고 보여지는 경우에는 「피해자 신고가격 50,000원 상당」이라고 기재하여 피해품의 가격은 피해자의 신고에 의한 것임을 명백히 해 두는 것도 한 방법일 것이다.

- 범죄수단의 기재방법

범죄의 수단 방법은 범죄 구성요건의 핵심을 이루는 것이므로 특히 유의하여 구체적이면서도 간결하게 기재하여야 한다.

그 표현방법은 범죄의 형태에 따라 다르기 때문에 각 조문을 대조하면서 표현방법을 연구하여야 한다. 가 범죄에 따른 상용의 표기 방법이 있으니 이를 활용하는 것이 중요하다.

- 범죄행위와 그 결과 기재방법
    - ㉮ 범죄행위
        범죄행위를 표시하는 데 있어서는 보통 범행의 상황을 구체적으로 기재한 다음 맨 끝에 가서 이를 법률용어로서 마무리하는 것이 보통이다.

[예를 들면]

ⓐ 공무집행방해의 경우

「… 등의 폭행을 가하여서 그 순경의 직무집행을 방해하고 …」

ⓑ 공문서 위조의 경우

「… 마치 그에 대한 … 증명서를 작성하여 공문서인 ○○장 명의의 증명서 1통을 위조하고 …」

ⓒ 사기의 경우

「… 라고 속여 그 뜻을 믿게 하고 즉시 그곳에서 그로부터 … 명목으로 현금 ○만원을 교부받았다.」

ⓓ 공갈의 경우

「… 만일 그 요구에 응하지 않으면 그의 몸에 어떠한 해를 입힐지도 모른다는 태도를 보임으로써 그에게 두려운 마음을 갖게 하여 즉시 그곳에서 그로부터 현금 ○만원을 교부받았다.」

- ㉯ 결과
    구성요건으로써 결과의 발생을 필요로 하는 것은 발생된 결과를 기재하여야 한다. 살인이라든가 상해치사와 같이 중대한 결과의 발생인 경우에는 그 사망일시·장소도 구체적으로 기재한다.

[예를 들면]

ⓐ 상해의 경우

「… 주먹으로 그의 얼굴을 두 차례나 세게 때려서 약 1주일간의 치료를 요하는 안면 타박상을 가하였다.」

ⓑ 살인의 경우

「… 식칼로 그의 배를 힘껏 찔러 그로 하여금 같은 날 17:30경 같은 시 ○○동 73에 있는 ○○외과의원에서 날창으로 인하여 간장동맥 절단에 의한 출혈로 사망에 이르게 하여 그를 살해하였다.」

ⓒ 상해치사의 경우

「… 그를 부근의 하수구 바닥에 내던져 그에게 두부 타박좌창의 상해를 입혀 같은 날 22:40경 같은 시 ○○동 35에 있는 ○○외과에서 위 상해로 인한 뇌출혈로 사망에 이르게 하였다.」

라고 기재한다.

- 미수의 기재방법

미수에는 자기의 의사로서 범행을 중지하는 중지미수와 다른 장애에 의해
서 목적을 이루지 못한 장애미수가 있어 적용하는 형량도 다르므로 중지미
수와 장애미수를 분명히 구분하여 기재하여야 한다.

[예를 들면]

ⓐ 중지미수의 경우

「… 할 목적으로 … 하였으나 양심의 가책으로 범행을 스스로 중지하여 그 목적을
이루지 못하고 미수에 그쳤다.」

ⓑ 장애미수의 경우

「… 할 목적으로 … 하였으나 불응하여 그 목적을 이루지 못하고 미수에 그쳤다.」

「… 할 목적으로 … 하였으나 고함을 치며 주위에 도움을 구하자 통행인들이
달려오는 바람에 그 목적을 이루지 못하여 미수에 그쳤다.」

ⓒ 예비의 경우

예비의 경우는 범죄 준비행위의 내용을 구체적으로 기재한다.

[예를 들면]

「… 김○○의 집을 불태워 버리기 위하여 …을 준비하고 …을 하여 방화를
예비하였다.」

• 교사와 방조의 기재방법

판례는 공범종속성설을 채택하고 있으므로 교사범과 본범과의 관계를 명기
해야 한다. 즉, 교사행위가 있고 그 교사에 기하여 본범이 범의를 야기해서
범행을 실행하게 되었다는 내용을 기재하여야 한다.

ⓐ 본범과 교사범을 동시에 기소하는 경우

「1. 피의자 박○○(교사범)는, …… 김○○(본범)에게 … 등을 말하여 그에게 …
(범죄)의 뜻을 갖게 하여 …의 …의 교사를 하고

2. 피의자 김○○(본범)는, 위 이○○의 교사에 의하여 …(범행)…을 하였다.」

ⓑ 교사범만을 기소하는 경우

「피의자 유○○는, … 조○○(피교사자)에게 … 라고 말하여 그로 하여금 ……(범죄)
…의 뜻을 일으키게 하여 …(범행)…을 함으로써 …의 교사하였다.」

ⓒ 방조범을 단독으로 기소할 경우

「피의자 김○○는, 강○○(본범)이 …(범행) … 함에 있어서 이를 도울 목적으로
…을 함으로써 위 강○○의 위 범행을 쉽도록 하여 이를 방조하였다.」

ⓓ 정범과 방조범을 동시에 기소하는 경우

1. 피의자 최○○(정범을 먼저 쓰고)는,

…(범죄내용) …을 하고,

2. 피의자 홍○○는, …(일시, 장소)…에서

위 최○○가 …하는 그 점을 알면서도 …을 함으로써 위 최○○의 위(범행)을

도와주어 …이를 방조하였다.

- 간접정범의 기재방법
  간접정범이란 사람을 도구로 이용한 경우이므로
  「… 그 정을 모르는 홍길동 (당 22세)으로 하여금 …을 하게 하여 이를
  절취한 것이다.」 또는
  「… 홍길동(당22세)으로 하여금 …을 시켜 이를 절취한 것이다.」

- 경합범의 기재방법
  경합범의 경우는 범행 하나하나를 따로 쓰는 표시방법과 일람표를 써서
  표시하는 방법이 있다.
  어떤 방법을 사용할 것인가 하는 것은 구체적 사건의 성질과 상황에 따라
  그때 그때 간결하고 편리한 방법을 택하면 된다.
  ⓐ 일람표를 써서 기재하는 경우

번호	일시	장소	피해자	피해품		
				품목	수량	시가

  ⓑ 일람표를 사용하지 않는 경우

- 단독범인 경우
피의자는
1. ……… 하였다.
2. ……… 하였다.
3. ……… 하였다.

- 공범자가 있는 경우
1. 피의자 김○○는 …하는 자이고, 같은 박○○는 …하는 자인 바
(… 동인으로서)
가.………하였다.
나.………하였다.
2. 피의자 김○○는,
가.………을 하였다.
나.………을 하였다.

- 상상적 경합범의 기재방법
  상상적 경합범은 1개의 행위가 수개의 죄에 해당하는 경우로써 한 개의 죄로

처벌(처단상 1회)하는 것이므로 범죄사실로서는 하나의 문장으로 묶어 쓴다.

「피의자는 … 자기 소유의 승용차로 김길동 운전의 서울 가6259호 그랜저 승용차 뒷 범퍼를 충돌케 하여 그 충격으로 인하여 그 차에 타고 있던 이○○에 대하여 약 xx주일간의 치료를 요하는 경추염좌창의 상해를 각 입게 하였다.[예를 들면]

❖ 적용법조
- 적용법조는 범죄사실·죄명과 일치하여야 한다.
- 죄명이나 범죄사실별로 구분할 것이 아니고, 피의자별로 해당조문을 모두 기재한다.
- 죄명은 대검찰청에서 작성, 시달한 죄명표에 따라 표시하되 특정범죄가중 처벌 등에 관한법률 위반죄의 경우에는 동 법률위반으로만 기재하지 말고 죄명 구분표시에 따라 기재한다.
- 기타 특별법은 "… 법 위반"으로 표시한다.
- 적용법조는 처벌법규를 먼저, 행위법규를 나중에 표시하되, 조, 항, 호를 명기한다. 특히 "호"를 "항"으로 표시하거나 개정 전의 법조항을 그대로 기재하는 사례가 없도록 한다.

❖ 의견
- 수인의 피의자 또는 수개의 범죄사실이 그 결론을 달리할 때에는 피의자의 순위 또는 범죄사실의 순위에 따라 판단한다.
- 의견을 개진함에 있어서는 "범증 충분하니 기소에" 또는 "범증 불충분하므로 불기소에"라고 막연한 표정으로 끝내지 말고 "피의자의 자백과 참고인 ○○○, ○○○ 등의 각 진술 및 ○○증거물에 의하여 …" 또는 "피의자 범의(또는 범행)을 부인하고 참고인의 진술도 이에 뒷받침하여…" 등 구체적이고 논리적인 결론을 개진하여야 한다.
- 수사에 대한 결론은 형법 및 관계법규를 충분히 체득하여 법리오해가 없도록 한다.
- 특히 불기소 의견(혐의 없음, 죄 안됨, 공소권 없음, 기소중지, 기소유예 등)으로 송치할 때에는 그 의견의 차이점을 명백히 달아서 혼동하여 기재하는 일이 없도록 한다.

○○ 경 찰 서

제   호   20○○. ○. ○.

수 신 : ○○지방검찰청장

제 목 : **사 건 송 치 서**

다음 사건을 송치합니다.

피 의 자	지문원지 작성번호	구속영장 청구번호	피 의 자 원표번호	통신사실 청구번호
불구속 홍 길 동 (洪 吉 童)				

죄 명	가. 사 기 나. 절 도
수사단서	고소(취소), 인지
사건번호	
체포구속	20○○ 년 ○ 월 ○ 일
석 방	20○○ 년 ○ 월 ○ 일
결 정 일	20○○ 년 ○ 월 ○ 일
결정근거	
증 거 품	없 음
비 고	

○○ 경 찰 서 장

대한민국 경찰
KOREAN NATIONAL POLICE

○○경찰서

20○○.○.○.

사건번호　　　호, 호

제　　목　　　**송치 결정서**

아래와 같이 송치 결정합니다.

I. 피의자 인적사항
　　홍 길 동 (洪 吉 童). 농업
　　주민등록번호 :
　　주　　　거 :
　　등록기준지 :

II. 범죄경력자료 및 수사경력자료

III. 범죄사실

IV. 적용법조

V. 증거관계

VI. 송치 결정 이유

○ ○ 경 찰 서

사법경찰관 경감 유 아 림

■ 추가송부

※ 경찰수사규칙
제104조(추가송부) 수사준칙 제58조제3항에 따른 추가송부서는 별지 제118호서식에 따른다.

※ 검사와 사법경찰관의 상호협력과 일반적 수사준칙에 관한 규정
제58조(사법경찰관의 사건송치) ③ 사법경찰관은 사건을 송치한 후에 새로운 증거물, 서류 및 그 밖의 자료를 추가로 송부할 때에는 이전에 송치한 사건명, 송치 연월일, 피의자의 성명과 추가로 송부하는 서류 및 증거물 등을 적은 추가송부서를 첨부해야 한다.

○ 송치 결정 이유
- ❖ 사건송치 후에 감정 결과회보서를 접수하였거나 조회 회답 또는 통보를 받았을 때, 고소취소장을 접수하였을 때 등 송치 후 검찰청으로 추가로 서류를 보낼 필요가 있을 때는 추가송부서를 작성하여 즉시 이를 관할검찰청에 보낸다.
- ❖ 추가송부서는 2부를 작성하여 1부는 검찰청으로 송치하고 나머지 1부는 결재를 득한 후 이미 송치한 송치서 부본에 편철하도록 한다. 이때 부본에 편철한 추송서 사본에도 검찰에 송치한 모든 내용의 사본을 같이 편철하여야 한다.

○ ○ 경 찰 서

제   호   20○○. ○. ○.

수 신 : ○○지방검찰청장(검사 : 홍길동)

제 목 : **추가송부서**

　　　다음과 같이 추송합니다.

피 의 자	불구속 홍 길 동 (洪吉童)
죄 명	사 기
송 치 (송 부) 일	20○○. ○. ○.
사 건 번 호	제○○○호
결 정 일	
추 가 송 부 서 류 및 증 거 품	감정결과회보서 (국과원) 1매
비 고	

○ ○ 경 찰 서 장

■ 불송치 서류 등

제230조(불송치 서류 등) ① 고소·고발 수리하여 수사한 사건이 다음 각 호의 어느 하나에 해당하는 경우에는 범죄·수사경력 회보서를 첨부하지 아니할 수 있다.
1. 혐의없음
2. 공소권없음
3. 죄가안됨
4. 각하
5. 수사중지(참고인중지)
②「경찰수사규칙」제109조제2항제5호의 그 밖의 서류는 접수 또는 작성순서에 따라 편철하고 같은 조 같은 항 제4호와 제5호의 서류는 각 장마다 면수를 기입하고 같은 조 같은 항 제2호부터 제4호까지의 서류에는 송부명의인으로 간인하여야 한다.
③「경찰수사규칙」제109조제2항제4호의 서류에는 각 장마다 면수를 기입하되, 1장으로 이루어진 때에는 1로 표시하고, 2장 이상으로 이루어진 때에는 1-1, 1-2, 1-3의 방법으로 하여야 한다.
④ 경찰관은 「경찰수사규칙」제108조에 따라 불송치 결정한 사건을 송부할 때에는 소속 경찰관서장인 사법경찰관의 명의로 하여야 한다. 다만, 소속 경찰관서장이 사법경찰관이 아닌 경우에는 수사주무과장인 사법경찰관 명의로 하여야 한다.
⑤ 통신제한조치를 집행한 사건의 송부 시에는 불송치 기록 송부서 증거품 란에 "통신제한조치"라고 표기하고 통신제한조치 집행으로 취득한 물건은 압수물에 준하여 송부하여야 한다.

※ 경찰수사규칙
제109조(불송치 서류) ① 수사준칙 제62조제1항에 따른 불송치 결정서는 별지 제122호서식에 따르고, 압수물 총목록은 별지 제115호서식에 따르며, 기록목록은 별지 제116호서식에 따른다.
② 불송치 서류는 다음 순서에 따라 편철한다.
1. 별지 제123호서식의 불송치 사건기록 송부서
2. 압수물 총목록
3. 법 제198조제3항에 따라 작성된 서류 또는 물건 전부를 적은 기록목록
4. 불송치 결정서
5. 그 밖의 서류
③ 불송치 사건기록 송부서 명의인 및 불송치 결정서 작성인에 관하여는 제103조제3항 및 제4항을 준용한다.

※ 경찰수사규칙
제108조(불송치 결정) ① 불송치 결정의 주문(主文)은 다음과 같이 한다.
1. 혐의없음
   가. 혐의없음(범죄인정안됨): 피의사실이 범죄를 구성하지 않거나 범죄가 인정되지 않는 경우
   나. 혐의없음(증거불충분): 피의사실을 인정할 만한 충분한 증거가 없는 경우
2. 죄가안됨: 피의사실이 범죄구성요건에 해당하나 법률상 범죄의 성립을 조각하는 사유가 있어 범죄를 구성하지 않는 경우(수사준칙 제51조제3항제1호는 제외한다)
3. 공소권없음

가. 형을 면제한다고 법률에서 규정한 경우

나. 판결이나 이에 준하는 법원의 재판·명령이 확정된 경우

다. 통고처분이 이행된 경우

라. 사면이 있는 경우

마. 공소시효가 완성된 경우

바. 범죄 후 법령의 개정·폐지로 형이 폐지된 경우

사. 「소년법」, 「가정폭력범죄의 처벌 등에 관한 특례법」, 「성매매알선 등 행위의 처벌에 관한 법률」 또는 「아동학대범죄의 처벌 등에 관한 특례법」에 따른 보호처분이 확정된 경우(보호처분이 취소되어 검찰에 송치된 경우는 제외한다)

아. 동일사건에 대하여 재판이 진행 중인 경우(수사준칙 제51조제3항제2호는 제외한다)

자. 피의자에 대하여 재판권이 없는 경우

차. 친고죄에서 고소가 없거나 고소가 무효 또는 취소된 경우

카. 공무원의 고발이 있어야 공소를 제기할 수 있는 죄에서 고발이 없거나 고발이 무효 또는 취소된 경우

타. 반의사불벌죄(피해자의 명시한 의사에 반하여 공소를 제기할 수 없는 범죄를 말한다)에서 처벌을 희망하지 않는 의사표시가 있거나 처벌을 희망하는 의사표시가 철회된 경우, 「부정수표 단속법」에 따른 수표회수, 「교통사고처리 특례법」에 따른 보험가입 등 법률에서 정한 처벌을 희망하지 않는 의사표시에 준하는 사실이 있는 경우

파. 동일사건에 대하여 공소가 취소되고 다른 중요한 증거가 발견되지 않은 경우

하. 피의자가 사망하거나 피의자인 법인이 존속하지 않게 된 경우

4. 각하: 고소·고발로 수리한 사건에서 다음 각 목의 어느 하나에 해당하는 사유가 있는 경우

가. 고소인 또는 고발인의 진술이나 고소장 또는 고발장에 따라 제1호부터 제3호까지의 규정에 따른 사유에 해당함이 명백하여 더 이상 수사를 진행할 필요가 없다고 판단되는 경우

나. 동일사건에 대하여 사법경찰관의 불송치 또는 검사의 불기소가 있었던 사실을 발견한 경우에 새로운 증거 등이 없어 다시 수사해도 동일하게 결정될 것이 명백하다고 판단되는 경우

다. 고소인·고발인이 출석요구에 응하지 않거나 소재불명이 되어 고소인·고발인에 대한 진술을 청취할 수 없고, 제출된 증거 및 관련자 등의 진술에 의해서도 수사를 진행할 필요성이 없다고 판단되는 경우

라. 고발이 진위 여부가 불분명한 언론 보도나 인터넷 등 정보통신망의 게시물, 익명의 제보, 고발 내용과 직접적인 관련이 없는 제3자로부터의 전문(傳聞)이나 풍문 또는 고발인의 추측만을 근거로 한 경우 등으로서 수사를 개시할 만한 구체적인 사유나 정황이 충분하지 않은 경우

② 사법경찰관은 압수물의 환부 또는 가환부를 받을 사람이 없는 등 특별한 사유가 있는 경우를 제외하고는 제1항에 따른 결정을 하기 전에 압수물 처분을 완료하도록 노력해야 한다. 수사준칙 제64조제1항제2호에 따라 재수사 결과를 처리하는 경우에도 또한 같다.

※ 검사와 사법경찰관의 상호협력과 일반적 수사준칙에 관한 규정

제62조(사법경찰관의 사건불송치) ① 사법경찰관은 법 제245조의5제2호 및 이 영 제51조제1항제3호에 따라 불송치 결정을 하는 경우 불송치의 이유를 적은 불송치 결정서와 함께 압수물 총목록, 기록목록 등 관계 서류와 증거물을 검사에게 송부해야 한다.

② 제1항의 경우 영상녹화물의 송부 및 새로운 증거물 등의 추가 송부에 관하여는 제58조제2항 및 제3항을 준용한다.

※ 형사소송법

제245조의5(사법경찰관의 사건송치 등) 사법경찰관은 고소·고발 사건을 포함하여 범죄를 수사한 때에는 다음 각 호의 구분에 따른다.

  2. 그 밖의 경우에는 그 이유를 명시한 서면과 함께 관계 서류와 증거물을 지체 없이 검사에게 송부하여야 한다. 이 경우 검사는 송부받은 날부터 90일 이내에 사법경찰관에게 반환하여야 한다.

※ 검찰사건사무규칙

제69조(불기소처분) ③ 불기소결정의 주문은 다음과 같이 한다.

  1. 기소유예 : 피의사실이 인정되나 「형법」 제51조 각호의 사항을 참작하여 소추를 필요로 하지 아니하는 경우

  2. 혐의없음

    가. 혐의없음(범죄인정안됨) : 피의사실이 범죄를 구성하지 아니하거나 인정되지 아니하는 경우

    나. 혐의없음(증거불충분) : 피의사실을 인정할 만한 충분한 증거가 없는 경우

  3. 죄가안됨 : 피의사실이 범죄구성요건에 해당하나 법률상 범죄의 성립을 조각하는 사유가 있어 범죄를 구성하지 아니하는 경우

  4. 공소권없음 : 확정판결이 있는 경우, 통고처분이 이행된 경우, 「소년법」·「가정폭력범죄의 처벌 등에 관한 특례법」·「성매매알선 등 행위의 처벌에 관한 법률」 또는 「아동학대범죄의 처벌 등에 관한 특례법」에 따른 보호처분이 확정된 경우(보호처분이 취소되어 검찰에 송치된 경우를 제외한다), 사면이 있는 경우, 공소의 시효가 완성된 경우, 범죄후 법령의 개폐로 형이 폐지된 경우, 법률의 규정에 의하여 형이 면제된 경우, 피의자에 관하여 재판권이 없는 경우, 동일사건에 관하여 이미 공소가 제기된 경우(공소를 취소한 경우를 포함한다. 다만, 다른 중요한 증거를 발견한 경우에는 그러하지 아니하다), 친고죄 및 공무원의 고발이 있어야 논하는 죄의 경우에 고소 또는 고발이 없거나 그 고소 또는 고발이 무효 또는 취소된 때, 반의사불벌죄의 경우 처벌을 희망하지 아니하는 의사표시가 있거나 처벌을 희망하는 의사표시가 철회된 경우, 피의자가 사망하거나 피의자인 법인이 존속하지 아니하게 된 경우

  5. 각하 : 고소 또는 고발이 있는 사건에 관하여 고소인 또는 고발인의 진술이나 고소장 또는 고발장에 의하여 제2호 내지 제4호의 사유에 해당함이 명백한 경우, 고소·고발이 「형사소송법」 제224조, 제232조제2항 또는 제235조에 위반한 경우, 동일사건에 관하여 검사의 불기소처분이 있는 경우(다만, 새로이 중요한 증거가 발견된 경우에 고소인 또는 고발인이 그 사유를 소명한 때에는 그러하지 아니하다), 「형사소송법」 제223조, 제225조 내지 제228조에 의한 고소권자가 아닌 자가 고소한 경우, 고소·고발장 제출후 고소인 또는 고발인이 출석요구에 불응하거나 소재불명되어 고소·고발사실에 대한 진술을 청취할 수 없는 경우, 고소·고발 사건에 대하여 사안의 경중 및 경위, 고소·고발인과 피고소·피고발인의 관계 등에 비추어 피고소·피고발인의 책임이 경미하고 수사와 소추할 공공의 이익이 없거나 극히 적어 수사의 필요성이 인정되지 아니하는 경우

○ 일반사항

❖ 불기소처분은 기판력이 발생하지 않으며 공소권이 소멸하는 것도 아니다.

❖ 불기소이유를 기재함에 있어서 특히 주의하여야 할 점은 통상의 법률가라면 알고 있는 법률상 또는 법리상의 설명문구는 필요하지 않는다는 것이다.

❖ 형식적인 이유로 불기소하면서 서두에 "피의사실은 인정되나"와 같은 실체적인 판단을 기재한다거나, 기소중지와 같이 중간처분을 하면서 "피의사실은 인정되나"와 같은 종국적 판단을 기재하는 것은 그러한 처분의 성질에 어긋난다.

❖ '혐의없음'이나 '기소유예'에 비하면 '죄가 안됨'이나 '공소권없음' 또는 '기소중지'의 이유는 간단한 것이 상례이며 각 이유의 요지만을 적시함으로써 충분하다.

○ 혐의없음

※ 경찰수사규칙
제111조(혐의없음 결정 시의 유의사항) 사법경찰관은 고소 또는 고발 사건에 관하여 제108조제1항제1호의 혐의없음 결정을 하는 경우에는 고소인 또는 고발인의 무고혐의의 유무를 판단해야 한다.

❖ 죄의 사실이 인정되지 아니하는 경우
  • 피의사실이 피의자의 행위가 아닌 명백한 것
  • 피의사실이 피의자의 행위인지 아닌지 명확하지 아니한 것
  • 충분한 의심은 가나 피의자의 행위임을 인정할 증거가 없거나 그 증거가 불충분한 것

❖ 범죄의 구성요건에 해당하지 아니하는 경우
  • 어떤 사실 자체가 존재하는 것은 인정되나 그 사실이 법률상 범죄의 구성요건을 충족하지 못하는 것
  • 고의가 없는 행위
  • 과실범에 있어서 과실이 인정되지 않는 행위
  • 행위와 결과간에 인과관계가 없는 경우
  • 소위 불가벌적 사후행위

○ 죄가안됨
  ❖ 위법성 조각사유가 있는 경우
  • 정당행위(형법 제20조)
  • 정당방위행위(형법 제21조 제1항)
  • 긴급피난행위(형법 제22조 제1항)
  • 자구행위(형법 제23조 제1항)

- 피해자의 승낙에 의한 행위(형법 제25조)
- ❖ 책임조각 사유가 있는 경우
  - 형사 미성년자의 행위(형법 제9조)
  - 심신상실자의 행위(형법 제10조 제1항)
  - 강요된 행위(형법 제2조)
- ❖ 형법 각 본조에 "처벌하지 아니한다"고 규정된 경우
  - 친족·호주 또는 동거가족의 범인 은닉(형법 제151조 제2항)
  - 친족·호주 또는 가족의 증거인멸행위(형법 제155조 제4항) 등
    - ※ 유의사항
  - ▪ 형사 미성년자임을 이유로 "죄 안됨" 의견으로 송치할 때에는 피의자가 형사 미성년자임을 입증할 수 있는 주민등록초본 등을 첨부하여야 하며 그것이 불가능한 때에는 의사의 연령 감정서를 첨부하여야 한다. 그리고 형사 미성년자인가 여부는 범죄 행위 사실을 기준으로 판단한다.
  - ▪ 피의자가 심신상실임을 이유로 "죄 안됨" 의견으로 송치할 때에는 정신과 의사 등 전문가의 의견을 들은 후에 신중히 판단하여야 하며 전문의사의 감정서를 첨부한다.
  - ▪ 심신미약자의 행위나 과잉방위행위·과잉피난행위 등은 모두 죄가 안 되는 사유가 되지 아니하고 다만 기소유예 사안이 될 수 있을 뿐이다.

- ○ 공소권 없음
  - ❖ 확정판결이 있을 때(형소 제326조 제1항)
    - 실체적 확정력이 있는 유죄·무죄·면소의 판결이 있는 경우를 말하며 관할 위반·공소기각의 판결·결정 등은 이에 해당하지 아니한다.
    - 양식명령의 확정(형소 제457조)
    - 즉결심판의 확정(즉결심판에 관한 절차법 제15조 제2항)
    - 소년법에 의한 보호처분의 확정(소년법 제47조)
    - 통고처분의 이행(조세범처벌절차법 제11조, 관세법 제233조) 등은 확정판결과 동일한 효력이 있으므로 공소권 없음의 사유가 된다.
  - ❖ 사면이 있을 때(형소 제326조 제2호)
  - ❖ 공소시효가 완성되었을 때(동조 제3호)
  - ❖ 범죄 후 법령개폐로 형이 폐지되었을 때(동조 제4호)
  - ❖ 외교관과 같이 피의자에 대하여 재판권이 없는 때(형소 제327조 제1호)
    - 피의자가 군인 또는 군속일 경우에는 군사법원에 이소의견으로 송치한다.
  - ❖ 동일 사실에 대하여 이미 공소제기가 있을 때(동조 제3호)

❖ 소추요건을 결한 때(동조 제5호)
  - 친고죄에 있어서 고소가 없거나 고소가 취소되었거나 고소인의 고소권이 소멸되었을 때
  - 반의사불벌죄에 있어서 피해자가 처벌을 원치 않거나, 처벌의사를 철회하였을 때
  - 고발을 요하는 사건에 있어서 고발이 없거나, 고발이 취소되었을 때
  - 피의자가 사망하거나 피의자인 법인이 존속하지 아니하게 되었을 때(형소 제328조 제1항 제2호)
❖ 법률에 의하여 형을 면제한 때(형법 제328조 제1항·제334조·제354조·제365조 제1항)
  - "그 형을 면제한다"고 규정되어 있는 필요적 면제인 때에만 공소권 없다. "형을 감경 또는 면제한다.", "형을 감경 또는 면제할 수 있다."라고 규정된 임의적 면제의 경우는 공소권이 없는 경우가 아니고 기소유예처분의 사유가 될 뿐이다.
❖ 국회의원이 국회에서의 직무상의 발언에 관하여 책임을 지지 아니하는 것과 같은 인적처벌조각 사유에 해당하는 때이다.

   ※ 유의사항
  ▪ 피의자의 사망 또는 법인의 무존속을 이유로 공소권 없음 의견으로 송치하는 때에는 이를 입증할 수 있는 사망진단서·사체검안서·호적등본·등기부등본을 첨부한다.
  ▪ 동일사실에 대하여 확정판결이 있거나 이미 기소되었음을 이유로 공소권 없음 의견으로 송치하는 때에는 동 판결문 등본과 재판확정 증명서 또는 공소장 등본을 첨부하여야 한다.
  ▪ 이미 송치한 것과 동일한 사안을 수사할 때에는 이미 송치한 사건의 처분결과를 반드시 확인하여 동사건이 검찰에서 수사 후 기소되었거나, 판결이 확정된 경우가 아니면 수사결과에 따라 의견을 달아야 한다.
  ▪ 영업범과 상습범 등에 있어서는 동종의 전과가 있는지 여부, 최종확정 판결선고 일자가 언제인지를 명백히 밝혀서 최종 확정판결의 1심 판결선고일이전의 행위에 대해서는 공소권이 없음을 명시하여야 한다.
  ▪ 오래된 사건이나 재기 수사사건을 담당할 때에는 공소시효의 완성여부를 면밀히 따져서 수사 중에 공소시효가 완성되는 일이 없도록 하여야 한다.
  ▪ 공소시효의 계산은 각 죄마다 상이하므로 법정형을 따져서 시효의 계산에 착오가 없도록 유의하여야하며 또 공소시효 공범자 중 1인의 재판이나 재정신청으로 정지하는 경우가 있음에 유의하여야 한다.

제3장 장부와 비치서류

■ 장부와 비치서류

제231조(장부와 비치서류) ① 경찰관서에는 다음의 장부와 서류를 갖추어 두어야 한다.
1. 범죄사건부
2. 압수부
3. 〈삭제〉
4. 체포영장신청부
5. 체포·구속영장집행부
6. 긴급체포원부
7. 현행범인체포원부
8. 구속영장 신청부
9. 압수·수색·검증영장 신청부
10. 체포·구속인 접견·수진·교통·물품차입부
11. 체포·구속인 명부
12. 보석(구속집행정지)자 관찰부
13. 송치사건철
14. 불송치사건 기록철
15. 수사중지사건 기록철
16. 내사사건 기록철
17. 수사미제사건 기록철
18. 통계철
19. 검시조서철
20. 통신제한조치 허가신청부
21. 통신제한조치집행대장
22. 긴급통신제한조치대장
23. 긴급통신제한조치통보서발송부
24. 통신제한조치 집행사실 통지부
25. 통신제한조치 집행사실 통지유예 승인신청부
26. 통신사실 확인자료제공 요청허가신청부
27. 긴급 통신사실 확인자료제공 집행대장(사후허가용)
28. 통신사실 확인자료제공 요청집행대장(사전허가용)
29. 통신사실 확인자료 회신대장
30. 통신사실 확인자료제공 요청 집행사실통지부
31. 통신사실 확인자료제공 요청 집행사실통지유예 승인신청부
32. 영상녹화물 관리대장
33. 〈삭제〉
34. 변사사건종결철
35. 긴급 통신사실 확인자료제공 요청대장

36. 특례조치등 신청부
37. 몰수·부대보전 신청부
38. 임시조치 신청부
② 제1항 각 호의 장부와 비치서류 중 형사사법정보시스템에 그 작성·저장·관리 기능이 구현되어 있는 것은 전자적으로 관리할 수 있다.
③ 제2항의 경우 전자장부와 전자비치서류는 종이 장부 및 서류의 개별 항목을 포함하여야 한다.

■ 범죄사건부

제232조(범죄 사건부) ① 경찰관은 범죄사건을 접수하거나 입건, 수사, 「수사준칙」제51조제1항의 결정을 할 때에는 범죄사건부에 접수일시, 접수구분, 수사담당자, 피의자, 조회상황, 죄명, 범죄일시, 장소, 피해정도, 피해자, 체포·구속내용, 석방연월일 및 사유, 결정일자, 결정종류, 압수번호, 수사미결사건철번호, 검사처분, 판결내용, 범죄원표번호, 그 밖의 필요한 사항을 기입하여야 한다.
② 경찰관은 압수물건이 있을 때에는 압수부에 압수연월일, 압수 물건의 품종, 수량, 소유자 및 피압수자의 주거, 성명 등을 기록하고 그 보관자, 취급자, 처분연월일과 요지 등을 기입하여야 한다.

○ 범죄사건부
  ❖ 형사사건관리의 통일과 송치업무 등 대검찰관계 일원화를 위하여 범죄사건부는 1개 경찰서에 1개 비치가 원칙이다.
  ❖ 수사과·교통과(경비과)·형사과에서 각기 사건처리시 범죄접수의 불편을 들어서 각과별로 범죄사건부를 관리하자는 개선안이 제기되었으나 위와 같은 사유로 계속 1개 비치를 원칙으로 하고 있다.

○ 기재요령
  ❖ 서식을 참조하여 해당사항 ○표 또는 해당일시를 기재하면 된다.
  ❖ 서식 참조

범죄사건부

사 건 번 호	년 범죄제 호	년 범죄제 호
수 리	. . . :	. . . :
구 분	고소·고발·자수·신고· 현행범·기타	고소·고발·자수·신고· 현행범·기타
수 사 담 당 자		
피 의 자 / 성 명 및 성 별 주 민 등 록 번 호 (또는생년월일) 직 업 주 거	(남·여)	(남·여)
조 회	컴퓨터·지문·사진·수법· 지명 기타	컴퓨터·지문·사진·수법· 지명 기타
죄명 / 수 리		
죄명 / 송 치		
범죄 / 일 시	. . . :	. . . :
범죄 / 장 소		
피 해 정 도		
피 해 자		
체포 · 구속 / 체 포 영 장		
체포 · 구속 / 긴 급 체 포		
체포 · 구속 / 현 행 범 인 체 포		
체포 · 구속 / 구 속 영 장		
체포 · 구속 / 인 치 구 금	경찰서 유치장	경찰서 유치장
석 방 일 시 및 사 유		
송치 / 년 월 일	. . .	. . .
송치 / 번 호	제 호	제 호
송치 / 의 견		
압 수 번 호	압 제 호	압 제 호
수 사 미 결 사 건 철 번 호	제 호	제 호
검사 처분 / 년 월 일	. . .	. . .
검사 처분 / 요 지		
판결 / 년 월 일	. . .	. . .
판결 / 요 지		
비 고		
범죄 원표 / 발 생 사 건 표	. . . 제 호	. . . 제 호
범죄 원표 / 검 거 사 건 표	. . . 제 호	. . . 제 호
범죄 원표 / 피 의 자 표	. . . 제 호	. . . 제 호

▣ 송치사건철과 불송치사건 기록철

> 제233조(송치사건철) 송치사건철에는 검사에게 송치한 사건송치서 기록목록, 의견서의 사본과 사건인계서 사본 등을 편철하여야 한다.

> 제234조(불송치사건 기록철) 불송치 사건 기록철에는 불송치 결정한 사건 기록을 편철하여야 한다.

○ 수사종결 사건철
  ❖ 수사종결 즉시 사법경찰관은 사건을 관할 검찰청에 사건을 송치하여야 하는데, 검사에게 송치한 사건송치서·기록목록·의견서·사본·사건인계서 사본 등을 편철한다.
  ❖ 수사한 결과 죄가 안되거나 또는 피의자의 사망, 공소시효 완성 기타 공소권이 없는 사건으로써 입건된 것은 검찰에 송치해야 한다.
  ❖ 입건하지 않고 또한 검사에게 송치할 필요가 없다고 인정되는 것은 "내사사건 기록철"에 편철한다.
  ❖ 한·미 행정협정 관련사건에서도 "재산권 포기", "재산권행사", "불기소" 등의 의견으로 송치한 사건도 사건송치서와 의견서 사본을 수사종결 사건철에 편철한다.

▣ 수사중지사건 기록철

> 제235조(수사중지사건 기록철) 수사중지사건 기록철에는 수사중지 결정한 사건 기록을 편철하여야 한다.

○ 수사중지사건 기록철
  ❖ 범죄를 수사한 결과 피의자 또는 중요참고인 등의 소재불명으로 더 이상 수사를 진행할 수 없을 때는 수사중지를 하여야 한다.
  ❖ 지금까지 완결된 사건은 수사중지사건 기록철에 편철하여 둔다.

■ 내사사건 기록철

제236조(내사사건 기록철) 내사사건 기록철에는 범죄를 내사한 결과 입건이 필요없다고 인정되어 완결된 기록을 편철하여야 한다.

○ 내사사건 기록철
  ❖ 범죄를 내사해 본 결과 입건할 필요가 없다고 인정되어 완결된 사건은 경찰서장의 내사종결로써 종결하고 내사사건 기록철에 편철하여 둔다.
  ❖ 진정사건을 접수하여 수사한 바 범죄혐의가 없어 종결하게 되면 내사사건 종결로써 처리하면 된다.
  ❖ 일선 실무에서 내사사건 기록철은 검사의 유치장 감찰로 내방하면서 내사사건 기록에 대해서는 감찰대상의 부책으로서 중요하게 인식하고 있어 내사종결시의 내사사건 기록철에는 범죄혐의 유무를 신중히 판단하여 물의가 없도록 하여야 한다.

■ 수사미제사건 기록철

제237조(수사미제사건 기록철) 수사미제사건 기록철에는 장차 검거의 가망이 없는 피해신고 사건 등의 기록을 편철하여야 한다.

○ 수사미제사건 기록철
  ❖ 수사한 결과 송치할 필요가 있는 것은 입건하여 송치하고 송치할 필요가 없는 계속 수사할 사건의 기록은 '수사미제사건 기록철'에 편철하여 관리한다.
  ❖ 발생이 빈번한 도난사건, 강력미제사건 등은 오랜 시간이 지나도 공소시효가 있는 한 여죄수사에서라도 검거, 해결될 가능성이 있으므로 피해신고사건의 기록, 수사 기록 등은 수사자료로 관리한다.

◨ 통계철

> 제238조(통계철) 통계철에는 수사경찰 업무에 관한 각종 통계서류를 편철하여야 한다.

○ 범죄통계의 정확한 자료관리
- ❖ 범죄분석예측시스템(컴스탯) 도입으로 202통계의 문제점 보완
  체감치안과 밀접한 7대 범죄(살인·강도·절도·폭력·방화·마약)에 대한 컴스탯을 활용한다.

○ 종합적인 범죄통계 관리체제 구축
- ❖ 범죄통계 작성 및 입력의 정확성 제고
  - 원표 작성, 입력의 정확성 유지 및 지도감독 강화로 오류입력을 예방한다.
  - 사회 이목이 집중되는 중요사건이 발생하더라도 방범활동 허점 등 중요한 귀책 사유가 없으면 문책을 지양한다.
  - 고의적인 입력누락 또는 지체입력 적발시 관련자를 엄중 문책함으로써 사건묵살 풍조를 과감히 개선한다.
- ❖ 통계 산출체제 개선
  본청은 경유하지 않고도 경찰서에서 자료 산출이 가능하도록 프로그램을 변경한다.

○ 범죄발생시 즉보, 전산입력체제 확립
- ❖ 각 경찰서별 범죄통계 전산입력 전담요원을 지정 운영한다.
  자체 실정에 맞게 전담요원 지정하여 책임감을 부여한다.
- ❖ 사건처리담당자는 범죄발생 즉시 사건개요를 확인, 전산입력, 직원에게 사건자료 송부, 즉시 입력체제를 구축한다.
- ❖ 킥스 담당자는 범죄분석예측시스템에 생성된 범죄 중 7대 범죄는 지도상에 사건 위치를 표시하여야 한다.
- ❖ 미검된 수법범죄(강도, 절도) 발생사건은 범죄분석예측시스템의 피해통보표에 자료를 입력하여야 한다.
- ❖ 주무과장은 사건수사시스템 사용지침서를 철저히 교양, 자료입력에 차질 없도록 하여야 한다.

■ 서류철의 색인목록

제239조(서류철의 색인목록) ① 서류철에는 색인목록을 붙여야 한다.
② 서류편철 후 그 일부를 빼낼 때에는 색인목록 비고란에 그 연월일과 사유를 적고 그 담당 경찰관이 날인하여야 한다.

○ 서류철의 색인목록
   ❖ 서류철에는 색인목록을 붙여야 한다.
   ❖ 서류편철 후 그 일부를 빼낼 때에는 색인목록 비고란에 그 연월일과 사유를 적고 그 담당 경찰관이 날인하여야 한다.

■ 임의의 장부

제240조(임의의 장부) 수사상 필요하다고 인정할 때에는 제202조 소정 장부서류 이외에 필요한 장부 또는 서류철을 비치할 수 있다.

○ 임의의 장부
   ❖ 수사상 필요하다고 인정할 때에는 제202조 소정 장부서류 이외에 필요한 장부 또는 서류철을 비치할 수 있다.

■ 장부 등의 갱신

제241조(장부 등의 갱신) ① 수사사무에 관한 장부와 서류철은 매년 이를 갱신하여야 한다. 다만, 필요에 따라서는 계속 사용할 수 있다.
② 제1항의 단서의 경우에는 그 연도를 구분하기 위하여 간지 등을 삽입하여 분명히 하여야 한다.

○ 장부 등의 갱신
   ❖ 수사사무에 관한 장부와 서류철은 매년 이를 갱신하여야 한다. 다만, 필요에 따라서는 계속 사용할 수 있다.
   ❖ 연도를 구분하기 위하여 간지 등을 삽입하여 분명히 하여야 한다.

▣ 장부 및 서류의 보존기간

제242조(장부 및 서류의 보존기간) 장부 및 서류는 다음의 기간 이를 보존하여야 한다.
 1. 범죄사건부 25년
 2. 압수부 25년
 3. 〈삭제〉
 4. 체포영장신청부 2년
 5. 체포·구속영장집행부 2년
 6. 긴급체포원부 2년
 7. 현행범인체포원부 2년
 8. 구속영장 신청부 2년
 9. 압수·수색·검증영장 신청부 2년
 10. 체포·구속인 접견·수진·교통·물품차입부 2년
 11. 체포·구속인 명부 25년
 12. 보석(구속집행정지)자 관찰부 2년
 13. 송치사건철 25년
 14. 불송치사건 기록철 25년
 15. 수사중지사건 기록철 25년
 16. 내사사건 기록철 25년
 17. 수사미제사건 기록철 25년
 18. 통계철 10년
 19. 검시조서철 2년
 20. 통신제한조치 허가신청부 3년
 21. 통신제한조치집행대장 3년
 22. 긴급통신제한조치대장 3년
 23. 긴급통신제한조치통보서발송부 3년
 24. 통신제한조치 집행사실통지부 3년
 25. 통신제한조치 집행사실통지 유예 승인신청부 3년
 26. 통신사실 확인자료제공 요청 허가신청부 3년
 27. 긴급 통신사실 확인자료제공 집행대장(사후허가용) 3년
 28. 통신사실 확인자료제공 요청집행대장(사전허가용) 3년
 29. 통신사실 확인자료 회신대장 3년
 30. 통신사실 확인자료제공 요청 집행사실통지부 3년
 31. 통신사실 확인자료제공 요청 집행사실통지유예 승인신청부 3년
 32. 영상녹화물관리대장 25년
 33. 〈삭제〉
 34. 변사사건종결철 25년
 35. 긴급 통신사실 확인자료제공 요청대장 3년
 36. 특례조치등 신청부 2년
 37. 몰수·부대보전신청부 10년
 38. 임시조치 신청부 2년

▣ 보존기간의 기산 등

> 제243조(보존기간의 기산 등) ① 보존기간은 사건처리를 완결하거나 최종절차를 마친 다음해 1월 1일부터 기산한다.
> ② 보존기간이 경과한 장부와 서류철은 보존문서 기록대장에 주서로 폐기일자를 기입한 후 폐기하여야 한다.

○ 보존기간의 기산 등
  - ❖ 보존기간은 사건처리를 완결하거나 최종절차를 마친 다음해 1월 1일부터 기산한다.
  - ❖ 보존기간이 경과한 장부와 서류철은 보존문서 기록대장에 주서로 폐기일자를 기입한 후 폐기하여야 한다.

▣ 유효기간

> 제244조(유효기간) 이 규칙은 「훈령·예규 등의 발령 및 관리에 관한 규정」에 따라 이 규칙을 발령한 후의 법령이나 현실 여건의 변화 등을 검토하여야 하는 2023년 12월 31일까지 효력을 가진다.

○ 유효기간
  - ❖ 이 규칙은 「훈령·예규 등의 발령 및 관리에 관한 규정」에 따라 이 규칙을 발령한 후의 법령이나 현실 여건의 변화 등을 검토하여야 하는 2023년 12월 31일까지 효력을 가진다.

◼ 부 칙

제1조(시행일) 이 규칙은 2021년 1월 1일부터 시행한다.

제2조(다른 규칙의 폐지) 다음 각 호의 규칙은 폐지한다.
1. 「변호인 접견·참여 등 규칙」
2. 「지명수배 등에 관한 규칙」
3. 「종합수사지휘본부 운영규칙」

제3조 (다른 규칙의 개정) ① 「경찰청 공무원 행동강령」 일부를 다음과 같이 개정한다.
제4조의2제1항 중 "제15조"를 "제30조"로 한다.
② 「피해자 보호 및 지원에 관한 규칙」 일부를 다음과 같이 개정한다.
　제20조제2항 중 "통지와"를 "피해자에 대한 수사 진행상황의 통지와"로, "「범죄수사규칙」 제204조"를 "「경찰수사규칙」 제11조 및 「범죄수사규칙」 제13조"로 하고, 제23조제2항 중 "「범죄수사규칙」 제62조제2항"을 "「경찰수사규칙」 제38조제1항부터 제4항까지"로 하며, 제24조제2항 중 "제206조의2"를 "제176조"로 한다.
③ 「성폭력범죄의 수사 및 피해자 보호에 관한 규칙」 일부를 다음과 같이 개정한다.
　제8조제2항 중 "송치"를 "수사종결"로 한다.
④ 「소년업무규칙」 일부를 다음과 같이 개정한다.
　제21조제1항 중 "수사를 종결하였을 때"를 "수사한 결과 혐의가 인정되는 경우"로 한다.
⑤ 「경찰 범죄통계 작성 및 관리에 관한 규칙」 일부를 다음과 같이 개정한다.
　제2조제1항 중 "송치"를 "송치 또는 불송치 결정"으로 하고, 제3조제2항을 삭제한다.
⑥ 「경찰 형사사법정보시스템 운영규칙」 일부를 다음과 같이 개정한다.
　제6조 중 "수사지휘건의서"를 삭제한다.
⑦ 「경찰수사정책위원회 운영규칙」 일부를 다음과 같이 개정한다.
　제3조제2호 중 "범죄수사규칙 제15조제8항 및 제11항, 제15조의2제4항"을 "「범죄수사규칙」 제30조제8항 및 제11항, 제31조제4항"으로 한다.
⑧ 「교통사고 민간심의위원회 운영규칙」 일부를 다음과 같이 개정한다.
　제3조 중 "이의조사한 사건"을 "재조사 사건"으로 하고, 제8조 중 "이의조사팀의 재조사 결과에 대하여 다시 이의가 제기된 사고"를 "재조사팀의 조사 결과에 대하여 다시 재조사가 신청된 사고"로 하고, 제9조제1항 중 "이의신청자에게 교통사고 이의재조사 결과"를 "재조사 신청자에게 교통사고 재조사 결과"로 하고, 제10조제1항 중 "이의신청자"를 "재조사 신청자"로 하고, 제11조 제목 중 "검찰송치"를 "송치 또는 불송치 결정의"로 하며, 제11조제1항 중 "송치를"을 "송치 결정 또는 불송치 결정을"으로 하고, 제11조제2항 중 "관할 검찰청과 협의하여 사건송치를 연기하는 등"을 "송치 결정 또는 불송치 결정을 연기하는 등"으로 하며, 제14조제1항 중 "이의사건 해당 경찰서 및 시도경찰청 이의조사반"을 "재조사사건 해당 경찰서 및 시도경찰청 재조사팀"으로 하고, 제17조제1항 중 "검찰에 송치"를 "검찰에 송치 또는 불송치 기록 송부"로 하고, 제17조제2항 중 "사건 송치 즉시 송치서 및 의견서 사본을"를 "검찰에 송치 즉시 사건송치서와 송치결정서 사본을, 불송치 기록 송부 즉시 불송치 사건기록 송부서와 불송치 결정서 사본을"로 한다.
⑨ 「사건의 관할 및 관할사건수사에 관한 규칙」 일부를 다음과 같이 개정한다.

제6조의2제4항 중 "제14조의3을"을 "제25조 및 제26조를"로 하고, 제16조 중 "송치"를 "송치 또는 송부"로 하며, 제18조 중 "범죄수사규칙 제190조"를 "「경찰수사규칙」 제96조"로 한다.

⑩ 「수사본부 설치 및 운영 규칙」 일부를 다음과 같이 개정한다.

제1조 중 "제16조"를 "제36조"로 하고, 제13조제4호를 삭제한다.

⑪ 「지능범죄수사대 운영규칙」 일부를 다음과 같이 개정한다.

제7조제2항 중 "범죄수사규칙 제14조의2"을 "「범죄수사규칙」제23조"로 하고, 제9조제1항 중 "종결 및 송치"를 "종결"로 한다.

⑫ 「피의자 유치 및 호송 규칙」 일부를 다음과 같이 개정한다.

제5조제1항 중 "별지 제69호서식의 체포·구속인접견부, 별지 제70호서식의 체포·구속인 교통부, 제71호서식의 물품차입부, 별지 제73호서식의 임치 및 급식상황표, 별지 제199호서식의 체포·구속인 명부 등"을 "별지 제51호서식의 체포·구속인 접견부, 별지 제52호서식의 체포·구속인 교통부, 제53호 서식의 물품차입부, 별지 제54호서식의 체포·구속인 수진부, 별지 제56호서식의 임치 및 급식상황 표, 별지 제149호서식의 체포·구속인명부, 별지 제55호서식의 임치증명서 등"으로 하고, 제9조제3항 중 "별지 제202호서식에 의한 임치증명서를 교부하고 같은 규칙 별지 제73호서식에 의한 임치및급 식상황표"를 "별지 제55호서식의 임치증명서를 교부하고 같은 규칙 별지 제56호서식의 임치 및 급식 상황표"로 한다.

⑬ 「디지털 증거의 처리 등에 관한 규칙」 일부를 다음과 같이 개정한다.

제14조제3항 중 "범죄수사규칙 제119조제1항 압수증명서"를 "「경찰수사규칙」 제64조제2항의 압수 목록교부서"로 하고, 제25조제1항 중 "「범죄수사규칙(경찰청훈령)」 제8조에 따른 제척사유가 있거나 제8조의2에 따른 기피 신청"을 "「범죄수사규칙」 제8조에 따른 제척사유가 있거나 제9조에 따른 기피 신청"으로 하며, 제25조제2항 중 "「범죄수사규칙(경찰청훈령)」 제8조의5 사유"을 "「검사와 사법경찰 관의 상호협력과 일반적 수사준칙에 관한 규정」 제11조의 사유"로 한다.

⑭ 「변사사건 처리규칙」 일부를 다음과 같이 개정한다.

제2조제5호 중 "「검사의 사법경찰관리에 대한 수사지휘 및 사법경찰관리의 수사준칙에 관한 규정」 제51조부터 제54조까지의 조치, 「범죄수사규칙」 제31조부터 제38조까지의 조치"를 "「검사와 사법경 찰관의 상호협력과 일반적 수사준칙에 관한 규정」 제17조의 조치, 「경찰수사규칙」 제26조부터 제31 조까지의 조치, 「범죄수사규칙」 제56조부터 제60조까지"로 하고, 제13조제1항 중 "제157조부터 제 161조까지의 규정"을 "제168조"로 하며, 제13조제3항 중 "「범죄수사규칙」 별지 제3호 서식의 사건 발생 보고서"를 "「범죄수사규칙」 별지 제8호서식의 사건발생·검거보고서"로 하고, 제16조제1항 중 "제32조 및 제162조"를 "「검사와 사법경찰관의 상호협력과 일반적 수사준칙에 관한 규정」 제17조제 3항, 「경찰수사규칙」 제27조, 「범죄수사규칙」 제57조 및 제169조"로 하며,

제19조제2항 중 "제9장(수배와 공조)"를 "제2편 제3장 제4절(수배)"로 한다.

⑮ 「과학수사 기본규칙」 일부를 다음과 같이 개정한다.

제6조 중 "「범죄수사규칙」 제8조 내지 제8조의5"까지를 "「범죄수사규칙」 제8조부터 제12조까지"로 하고, 제10조제1항제5호 중 "「범죄수사규칙」 별지 제204호서식의 현장감식결과보고서"를 "「범죄수 사규칙」 별지 제108호서식의 현장감식결과보고서"로 하며, 제15조 중 "「범죄수사규칙」 제162조제1 항 각 호의 사항"을 "「범죄수사규칙」 제169조제1항 각 호의 사항"으로 하고, 제19조제3항 중 "「범죄 수사규칙」 별지 제205호서식의 변사자조사결과보고서"를 "「범죄수사규칙」 별지 제15호서식의 변사 자조사결과보고서"로 한다.

⑯ 「마약류범죄정보 전산관리규칙」 일부를 다음과 같이 개정한다.

제3조제1항 중 "기소의견 송치사건"을 "송치결정 사건"으로 한다.

⑰「교통사고 조사규칙」 일부를 다음과 같이 개정한다.

제2조제1항제4호 중 "교통사고를 조사하여 검찰에 송치하는 등"을 삭제하고, 제20조제1항제1호 중 "기소의견으로 송치"를 "송치 결정"으로 하며, 제20조제1항제2호 중 "불기소 의견으로 송치"를 "불송치 결정"으로 하고, 제20조제1항제3호 중 "기소의견으로 송치"를 "송치 결정"으로 하며, 제20조제1항제4호 중"불기소 의견으로 송치"를 "불송치 결정"으로 하고, 제20조제2항제2호 중 "기소의견으로 송치"를 "송치 결정"으로 하고, 제20조제3항제1호 중 "기소의견으로 송치"를 "송치 결정"으로 하고, 제20조제3항제2호 가목 중 "기소의견으로 송치"를 "송치 결정"으로 하고, 제22조제2항 중 "사건송치서, 기록목록, 의견서 및 범죄경력조회서는 제외한다"를 "사건송치서, 불송치 사건기록 송부서, 기록목록, 송치 결정서, 불송치 결정서, 범죄경력조회서는 제외한다"로 하고, 제22조의2 제목 중 "이의 제기된"을 "재조사 신청된"으로 하고, 제22조의2제1항 중 "이의가 제기된 사고"를 "재조사가 신청된 사고"로 하고, 제22조의2제1항·제22조의2제2항·제22조의2제3항·제22조의2제4항·제22조의3 제목·제22조의3제3항 중 "이의사고"를 "재조사 사고"로 하고, 제22조의2제1항 중 "재조사"를 "다시 조사"로 하고, 제22조의2제1항·제22조의2제2항·제22조의2제3항·제22조의3제1항제1호·제22조의3제1항제2호·제22조의3제2항·제22조의3제3항 중 "이의조사팀"을 "재조사팀"으로 하고, 제22조의2제2항 중 "이의의 내용이 이의제기의 원인이 된 사고"를 "재조사 신청의 내용이 재조사의 원인이 된 사고"로 하고, 제22조의2제3항 중 "재조사 결과에 대하여 다시 이의가 제기된 사고"는 "조사 결과에 대하여 다시 재조사가 신청된 사고 "로 하고, 제22조의3제1항제1호·제22조의3제1항제2호 중 "이의내용"을 "재조사 신청 내용"으로 하고, 제22조의3제1항제1호 중 "본래사고 발생지를 관할하는 검찰청에 송치"를 "송치 결정 또는 불송치 결정하여 본래사고 발생지를 관할하는 검찰청에 송치 또는 불송치 기록 송부"로 하며, 제22조의3제1항제2호 중 "재조사하여 송치하거나"를 "재조사 후 송치 결정 또는 불송치 결정하여 송치 또는 불송치 기록 송부하거나"로 하고, 제22조의3제2항 중 "검찰에 송치되었으나 본래사고의 송치의견과"를 "검찰청에 송치 또는 불송치 기록 송부되었으나 본래사고의 결정 내용과"로 하고, "검찰과 협의하여 추송"을 "검사와 협의하여 추가 송부"로 하며, 제22조의3제3항 중 "검찰과 협의하여 추송"을 "검사와 협의하여 추가 송부"로 하며, 제40조제3항 중 "송치하거나"를 "검찰청에 송치 또는 불송치 기록송부하거나"로 하고, 제41조의2 제목 중 "전자적 송치"를 "전자적 사건처리"로 하고, 제41조의2제2항 중 "송치하는 방법으로 처리한다"를 "불송치 기록 송부하는 방법으로 처리한다"로 하고, 제41조의3제1항 중 "전자문서를 작성한 후 송치하고"를 "전자문서를 작성한 후 송치 또는 불송치 기록 송부하고"로 하고, 제41조의3제1항 중 "스캔 후 전자화문서로 변환하여 송치한다"를 "스캔 후 전자화문서로 변환하여 송치 또는 불송치 기록 송부한다"로 하고, 제41조의4제1항 중 "전자적으로 송치한 사건에 대하여"를 "전자적으로 송치 또는 불송치 기록 송부한 사건에 대하여"로 하고, 별표 2 중 공소권 있는 사고(19종)란에 "3. 의견서"를 "3. 송치 결정서"로 하고, 공소권 없는 사고(17종)란에 "1. 사건송치서"를 "불송치 사건기록 송부서"로, "3. 의견서"를 "3. 불송치 결정서"로 하며, 참고 2의 "수사지휘건의서, 수사지휘서"를 삭제하며, 별표 4 "18. 의견서(수사결과보고 겸용)"를 "18. 송치 결정서"로 하고, "21. 석방통보서. KICS 전자문서"를 신설하고, 별지 제5호2서식 "송치일시"를 "송치결정일시(불송치결정일시)"로 하며, 별지 제6호서식 '처리결과 1. 가해차량 운전자 처리 란'에"( ) ㅇㅇ지방검찰청ㅇㅇ지청 송치(송치의견을 기재)"를 "( ) ㅇㅇ지방검찰청ㅇㅇ지청 송치"로 하고, "( ) 불송치 (결정종류를 기재) - 이유는 별지2와 같음"를 신설하며, "( ) 수사중지(참고인중지)"를 신설하고, "( )이송"를 신설하고, '범죄피해자 권리 및 지원제도'란에 "범죄피해자 권리 및 지원제도"를 "권리보호를 위한 각종 제도"로 하고, "수사과정 및 결과에 다른 의견이 있는 경우, 관할 시·도 경찰청 경비교통과(교통과)에 재조사 신청", "수사중지 결정 이의제기 제도",

"수사중지 결정에 이의가 있는 경우, 해당 사법경찰관의 소속 상급 경찰관서의 장에게 이의제기", "수사중지 결정이 법령위반, 인권침해 또는 현저한 수사권 남용이라고 의심되는 경우, 관할 지방검찰청 검사에게 신고 가능"을 신설하며, "별지"를 "별지1"로 하고, 별지2를「별지1」과 같이 신설한다.

⑱「수사이의사건 처리규칙」일부를 다음과 같이 개정한다.

제명 "수사이의사건 처리규칙"을 "경찰 수사사건 심의에 관한 규칙"으로 하고, 제2조제1호 중 "수사이의"를 "수사심의신청"으로 하며, 제2조제2호 중 "수사이의사건"을 "수사심의신청사건"으로, "수사이의"를 "수사심의신청"으로 하고, 제2장 제목 중 "수사이의조사팀"을 "수사심의계"로 하며, 제3조제1항 중 "별표 1과 같이 수사이의조사팀(이하 '이의조사팀'이라 한다)"을 "수사심의계"로 하고, 제3조제2항 중 "이의조사팀장과 팀원"을 "수사심의계장과 계원"로 하며, 제4조의 각호를 제외한 부분 중 "이의조사팀"을 "수사심의계"로 하고, 제4조제1호 중 "이의사건"을 "수사심의신청사건"으로 하며, 제4조제2호 중 "이의사건"을 "수사심의신청사건"으로 하고, 제5조 중 "이의조사팀"을 "수사심의계"로 하고, "이의조사팀장"을 "수사심의계장"으로 하며, 제3장 제목 중 "이의사건"을 "수사심의신청사건"으로 하고, 제6조제1항 중 "이의사건"을 "수사심의신청사건"으로, "이의조사팀"을 "수사심의계"로 하며, 제6조제2항 중 "이의사건"을 "수사심의신청사건"으로, "수사이의"를 "수사심의신청"으로 하고, 제6조제3항 각호를 제외한 부분 중 "이의조사팀"을 "수사심의계"로, "수사이의사건처리지시"를 "수사심의신청사건처리지시"로 하며, "이의사건"을 "수사심의신청사건"으로 하며, 제6조제4항 중 "이의조사팀"을 "수사심의계"로, "이의사건"을 "수사심의신청사건"으로 하고, 제7조제1항 중 "이의사건"을 "수사심의신청사건"으로, "이의조사팀장"을 "수사심의계장"으로 하며, 제7조제2항 중 "이의조사팀"을 "수사심의계"로 하고, 제8조제1항 중 "이의사건"을 "수사심의신청사건"으로, "이의조사팀장"을 "수사심의계장"로 하며, 제8조제3항 중 "이의사건"을 "수사심의신청사건"으로, "이의조사팀"을 "수사심의계"로 하고, 제9조 제목 중"수사이의"를 "수사심의신청"으로 하며, 제9조제1항 중 "이의조사팀장"을 "수사심의계장"로 하며, "이의사건"을 "수사심의신청사건"으로 하고, 제9조제2항 중 "이의사건"을 "수사심의신청사건"으로 하며, 제4장 제목 중 "수사이의"를 "수사심의신청"으로 하고, 제10조제5항 중 "이의조사팀장"을 "수사심의계장"로 하며, 제11조제1항제1호 중 "이의사건"을 "수사심의신청사건"으로 하고, 제13조제1항 중 "이의조사팀장"을 "수사심의계장"로 하며, 제13조제2항 중 "이의조사팀장"을 "수사심의계장"로 하고, 제14조제1항 중 "이의조사팀"을 "수사심의계"로, "수사이의사건"을 "수사심의신청사건"으로 하며, 제14조제2항 중 "수사이의사건"을 "수사심의신청사건"으로 하고, 제16조 제목 중 "이의사건"을 "수사심의신청사건"으로 하며, 제16조 중 "이의사건"을 "수사심의신청사건"으로 하고, 별표 1 중 "수사이의조사팀"을 "수사심의계"로 하며, 별표 2 중 "수사이의사건"을 "수사심의신청사건"으로 하고, 별지 1 중 "수사이의사건"을 "수사심의신청사건"으로, "이의사건"을 "수사심의신청사건"으로 하며, 별지 1의2 중 "수사이의사건"을 "수사심의신청사건"으로 하고, 별지 3 중 "수사이의사건"을 "수사심의신청사건"으로 한다.

수사규칙양식

2부

제1장
범죄수사규칙 양식

서 식 목 록

서식 번호	서 식 명	범죄수사 규칙조항
1	기피신청서	10①
2	기피신청에 대한 의견서	11②
3	기피신청에 대한 결과통지서	11⑧
4	수사지휘서	25
5	수사지휘서(관서간)	25
6	수사지휘에 대한 이의제기서	30
7	수사지휘에 대한 이의제기서(상급관서용)	31
8	사건발생·검거보고서	23
9	내사착수보고서	44
10	내사지휘서	44
11	범죄신고 접수대장	47
12	공무원 등 범죄 수사개시 통보서	46
13	공무원 등 범죄 수사상황 통보서	46
14	피해신고서	47
15	변사자조사결과보고서	57①
16	검시필증	59①
17	사망통지서	60①
18	우편조서	62③
19	심야조사 요청서	
20	피의자신문조서(통역조서)	40
21	피의자신문조서(제 회 통역조서)	40
22	진술조서(가명)	176①
23	접견신청서	80②
24	감정의뢰서	173①
25	영상녹화물 관리대장	85④
26	촉탁서	87
27	회답서	87
28	지명수배자 체포영장철 목록	91

서식 번호	서 식 명	범죄수사 규칙조항
29	지명수배자 구속영장철 목록	91
30	지명수배자 체포영장 발부대장	91
31	지명수배자 구속영장 발부대장	91
32	지명수배·지명통보자 전산입력 요구서	92①
33	지명수배 및 통보대장	93①
34	지명수배·지명통보자 죄종별 현황	96①
35	지명수배자 검거보고서	98③
36	중요지명피의자 종합 공개수배 보고서	101①
37	중요지명피의자 종합 공개수배서	101②
38	지명통보사실 통지서	106①
39	지명통보자 소재발견 보고	106①
40	장물수배서원부	109④
41	장물수배서배부부	109④
42	지명수배지명통보자 발견 통보대장	111②
43	체포영장신청부	114①
44	체포.구속영장집행원부	114②
45	긴급체포원부	115②
46	현행범인체포원부	116②117②
47	피의자 체포보고서	118
48	구속영장신청부	119④
49	체포·구속영장등본교부대장	127
50	접견 등 금지결정처리부	131
51	체포·구속인접견부	131④
52	체포·구속인교통부	131④
53	물품차입부	131④
54	체포·구속인수진부	131④
55	임치증명서	132
56	임치 및 급식상황표	132
57	압수·수색·검증영장신청부	134

서식 번호	서 식 명	범죄수사 규칙조항
58	<삭 제>	
59	<삭 제>	
60	소유권포기서	139①142③
61	물건제출요청서	142①
62	임의제출서	142②
63	통신제한조치 허가신청서(사전)	154①
64	통신제한조치 허가신청서(사후)	155②
65	통신제한조치 기간연장 신청서	151②
66	통신제한조치 기간연장 통지	154②
67	긴급검열·감청서	156②
68	긴급통신제한조치 승인요청	155①
69	긴급통신제한조치 지휘요청	155③
70	긴급통신제한조치 대장	155④
71	긴급통신제한조치 통보서	155⑤
72	긴급통신제한조치 통보서 발송부	
73	통신제한조치 허가신청부	154③
74	통신제한조치 집행위탁의뢰서	156①
75	통신제한조치 집행조서	156④
76	통신제한조치 집행결과 보고	164
77	통신제한조치 집행중지 통지	156⑥
78	통신제한조치 허가서 반환서	156⑤
79	통신제한조치 집행사실 통지서	157①
80	통신제한조치 집행사실 통지부	157①
81	통신제한조치 집행사실 통지유예 승인 신청서	157②
82	통신제한조치 집행사실 통지유예승인 신청부	157③
83	통신제한조치 집행사실 통지보고	
84	통신제한조치 집행대장	156③
85	통신사실확인자료 제공요청 허가신청서(사전)	158①
86	통신사실확인자료 제공요청 허가신청서(사후)	159②

서식 번호	서 식 명	범죄수사 규칙조항
87	통신사실확인자료 제공요청 허가신청부	158②
88	통신사실확인자료 제공요청 집행대장(사후허가용)	159③
89	통신사실확인자료 제공요청 집행대장(사전허가용)	160①
90	통신사실확인자료 제공요청	160①
91	통신사실확인자료 제공요청 집행조서	160②
92	통신사실확인자료 제공요청 집행결과 보고	164
93	통신사실확인자료 제공요청 중지 통지	160④
94	통신사실확인자료 회신대장	160⑤
95	통신사실확인자료 제공요청 집행사실 통지유예 승인신청	161②
96	통신사실확인자료 제공요청 집행사실 통지유예 승인신청부	161③
97	통신사실확인자료 제공요청 기간연장 신청	
98	통신사실확인자료 제공요청 허가서 반환서	160③
99	통신사실확인자료 제공요청 집행사실 통지	161①
100	통신사실확인자료 제공요청 집행사실 통지부	161①
101	통신사실확인자료 제공요청 집행사실 통지보고	
102	통신사실확인자료 제공요청 집행사건 처리결과 통보부(내사 종결시)	
103	긴급통신사실확인자료 제공요청서	159①
104	<삭 제>	
105	통신자료제공요청	163
106	송·수신이 완료된 전기통신에 대한 압수·수색·검증 집행 사실 통지	162
107	송수신이 완료된 전기통신에 대한 압수수색검증 집행사실 통 지부	162
108	현장감식결과보고서	169②
109	범죄신고자 등 신원관리카드	176②
110	범죄신고자등신원관리카드 작성대장	176
111	범죄신고자등 인적사항 미기재 사유보고서	176②
112	가명조서등 불작성 사유 확인서	176⑤
113	참고인 권리 안내서	
114	수사관계서류 등 제출	126②

서식 번호	서 식 명	범죄수사 규칙조항
115	임시조치신청서(가정폭력)	189①
116	응급조치보고서(가정폭력)	187②
117	가정환경조사서	188
118	영사기관 통보요청확인서	215②
119	임시조치신청서(아동학대, 사전)	200①
120	임시조치신청서(아동학대, 사후)	199①
121	임시조치신청부	183③199②
122	임시조치통보서(가정폭력)	189④
123	임시조치통보서(아동학대)	200④
124	가정폭력 위험성 조사표	190①
125	긴급임시조치결정서(가정폭력)	190②
126	긴급임시조치결정서(아동학대)	198②
127	긴급임시조치 확인 및 통보서(가정폭력)	
128	긴급임시조치 통보서(아동학대)	198③
129	응급조치결과보고서(아동학대)	197③
130	아동학대 현장조사 체크리스트	197③
131	임시조치 미신청 사유통지(아동학대)	200③
132	임시조치 이행상황 통보(아동학대)	200⑤
133	보호처분 이행상황 통보(아동학대)	203②
134	피해아동보호사실통보(아동학대)	197②
135	긴급임시조치 신청서(아동학대)	198①
136	긴급임시조치 취소결정서(아동학대)	199③
137	임시조치신청요청처리결과통보(아동학대)	200③
138	의무위반사실 통보(아동학대)	205
139	아동학대범죄현장 동행 요청서	196
140	임시조치 신청 요청서(아동학대)	200②
141	입국·상륙절차 특례 신청서	219①
142	체류 부적당 통보 신청서	219①
143	세관절차 특례 신청서	219①

서식 번호	서 식 명	범죄수사 규칙조항
144	특례조치 등 신청부	219②
145	몰수·부대보전 신청부	200
146	추징보전 신청부	221
147	보석자·형집행정지자 관찰부	224
148	압수부	231
149	체포·구속인명부	231
150	범죄사건부	232
151	범법자 출입국 규제 검토의견 회신 요청	
152	정식재판청구서	225①
153	정식재판청구서(경찰서장)	225②
154	정식재판청구승인요청	225②
155	즉결심판사건기록송부	225③
156	수사결과보고	
157	수사기일 연장 건의서	227
158	피해자 등 통지관리표	
159	불송치 편철서	234
160	수사중지 편철서	
161	진술녹음 고지·동의 확인서(한국어)	
162	진술녹음 고지·동의 확인서(중국어)	
163	진술녹음 고지·동의 확인서(영어)	
164	진술녹음 고지·동의 확인서(러시아어)	
165	진술녹음 고지·동의 확인서(베트남어)	
166	진술녹음 고지·동의 확인서(태국어)	
167	구금장소변경통지	
168	심사의견서(종결시, 검사 요청 등 사건 발송 시)	
169	분석보고서(검사 요청 등 사건 접수 시)	
170	분석보고서(처분 불일치 사건)	
171	분석보고서(무죄사건)	
172	심사의견서(영장신청)	

서식 번호	서 식 명	범죄수사 규칙조항
173	분석보고서(불청구·기각)	
174	수사보고서	
175	피의자신문조서(간이교통)	
176	피의자신문조서(간이폭력)	
177	피의자신문조서(간이절도)	
178	피의자신문조서(간이예비군)	
179	피의자신문조서(간이도박)	
180	진술조서(간이교통)	
181	진술조서(간이폭력)	
182	진술조서(간이절도)	
183	진술서(간이공통)	
184	진술서(간이교통)	
185	진술서(간이폭력)	
186	진술서(간이절도)	
187	송치 결정서(간이)	

기 피 신 청

<table>
<tr><td rowspan="3">신
청
인</td><td>성   명</td><td></td><td>사건관련 신분</td><td></td></tr>
<tr><td>주민등록번호</td><td>-</td><td>전 화 번 호</td><td>-   -</td></tr>
<tr><td>주   소</td><td colspan="3"></td></tr>
</table>

아래 사건의 대상수사관에 대하여 신청인은 다음과 같은 사유로 기피신청하니, 필요한 조치를 취하여 주시기 바랍니다.

<table>
<tr><td>사 건 번 호</td><td colspan="3">-</td></tr>
<tr><td>대상수사관</td><td>소속</td><td>성명</td><td></td></tr>
</table>

기 피 신 청 이 유

◆ **아래의 사유 중 해당사항을 체크하여 주시기 바랍니다.**

  □ 수사관이 다음에 해당됨

  △ 사건의 피해자임 △ 피의자·피해자와 친족이거나 친족관계에 있었음

  △ 피의자·피해자의 법정대리인 또는 후견감독인임

  □ 청탁전화 수신, 피의자·피해자와 공무 외 접촉하여 공정성을 해하였음

  □ 모욕적 언행, 욕설, 가혹행위 등 인권을 침해함

  □ 조사과정 변호인 참여 등 신청인의 방어권을 보장받지 못함

  □ 사건접수 후 30일 이상 아무런 수사 진행사항이 없음

  □ 기타 불공평한 수사를 할 염려가 있다고 볼만한 객관적·구체적 사정이 있음

◆ **위에서 체크한 해당사항에 대한 구체적인 사유를 기재하여 주시기 바랍니다.**

  ※ 근거자료가 있는 경우에는 이 신청서와 함께 제출하여 주시기 바랍니다.

<table>
<tr><td>결과통지방법</td><td>□ 서면</td><td>□ 전화</td><td>□ 문자메시지</td><td>□ 기타
(전자우편, 팩스 등)</td></tr>
</table>

· · · ·

신청인   (서명)

소 속 관 서 장 귀 하

210mm × 297mm(백상지 80g/㎡)

기피신청에 대한 의견

담 당 수 사 관	소 속	계 급 성 명	사 건 번 호
			-
기 피 신 청 사 유			
수 사 관 의 견			
팀 장 검 토 결 과	<기피 신청 수용여부> □ 수 용　　　　　　　　　□ 불수용 ㄴ 재지정 수사관 ○○팀 경○　○ ○ ○ <판단근거> ※ 구체적으로 기재		
작 성 자 확 인			

210mm × 297mm(백상지 80g/㎡)

소속관서

제 0000-000000 호   0000.00.00.

수 신 :

제 목 : 기피 신청에 대한 결과 통지

귀하의 기피 신청에 대한 결과를 다음과 같이 알려드립니다.

신 청 인	성 명		주 민 등 록 번 호	
	주 소			
사 건 번 호				
결 정 내 용	1. 수　　용 (선택) : 교체 수사관 00팀 00 000 (☎:전화번호) 2. 불 수 용 (선택) :			
결 정 사 유				
참 고 사 항	○ 수사결과에 이의가 있는 경우, 「수사이의제도」 활용 가능 　- 접수방법 등은 00지방경찰청 '수사심의계'로 문의 　　(☎ 02-000-0000)			

소 속 관 서 장

210mm × 297mm(백상지 80g/㎡)

수 사 지 휘 서

제 0000-000000 호   20 .   .   .

접수번호		사건번호	
피 의 자			
사건담당자	소속 : 　　　계급 : 　　　성명 :		

< 지 휘 내 용 >

소 속 관 서

사법경찰관   계급

210mm × 297

수 사 지 휘 서

제 0000-000000 호   20 . . .

접수번호		사건번호	
피 의 자			
담당경찰관 서			

< 지 휘 내 용 >

상 급 경 찰 관 서 장 (직 인)

직위   계급   ○ ○ ○

210㎜ × 297

소 속 관 서

제 0000-000000 호   0000.00.00.

수 신 :

참 조 :

제 목 : 경찰관서내 수사지휘에 대한 이의제기

범죄수사규칙 제30조에 따라 다음과 같이 이의를 제기합니다.

접 수 일 자		접수번호	0000-000000	사건번호	0000-000000
피 의 자					
죄　　　명					
사 건 개 요					
이의제기할 수사지휘내용					
이의제기 내용 및 사유					
첨 부 사 항					

소 속 관 서

사법경찰관 계급

210mm × 297mm(백상지 80g/㎡)

소속관서

제 0000-000000 호   0000.00.00.

수 신 :

참 조 :

제 목 : 상급경찰관서장의 수사지휘에 대한 이의제기

범죄수사규칙 제31조에 따라 다음과 같이 이의를 제기합니다.

접 수 일 자		접수번호		사건번호	
피 의 자					
죄 명					
사 건 개 요					
이의제기할 수사지휘내용					
이 의 제 기 내 용 및 사 유					
첨 부 사 항					

소 속 관 서

사법경찰관 계급

210mm × 297mm(백상지 80g/㎡)

소속관서

제 0000-000000 호   0000.00.00.

수 신 :

제 목 : 사건발생·검거보고

다음과 같이 발생·검거하였기에 보고합니다.

1. 발생 일시·장소

2. 검거 일시·장소

3. 관련자 인적사항

          :

          :

          :

          :

4. 신고자 인적사항

          :

          :

          :

          :

5. 피해·회수 금품

6. 사건개요

7. 죄　명

8. 발생·검거 경위

9. 조　치

10. 담당·검거자 :

11. 기타 참고사항

210mm × 297mm(백상지 80g/㎡)

소속관서

제 0000-000000 호   0000.00.00.

수 신 :

제 목 : 내사 착수 보고
_____

다음 사람에 대하여 내사하고자 하니 지휘하여 주시기 바랍니다.

1. 내사대상자

           :

           :

           :

2. 내사할 사항

3. 내사가 필요한 이유

           보고자 :
···
< 지 휘 사 항 >

  지휘사항

                        0000.00.00.

           지휘자 :
_____

                                    210㎜ × 297㎜(백상지 80g/㎡)

소 속 관 서

제 0000-000000 호   0000.00.00.

수 신 :

제 목 : 내사지휘

다음과 같이 내사를 지휘합니다.

1. 내사대상자

            :

            :

            :

2. 내사할 사항

3. 내사가 필요한 이유

4. 내사 방식

5. 기타 주의사항 등

210mm × 297mm(백상지 80g/㎡)

범죄신고 접수대장

연번	접수일자	신고인 성명	신 고 내 용	신고인 연락처	신고 접수자	취급자

210mm × 297mm(백상지 80g/㎡)

소 속 관 서

제 0000-000000 호   0000.00.00.

수 신 :

제 목 : 공무원 등 범죄 수사개시 통보

아래 직원에 대하여 다음과 같이 수사를 개시하였으므로 국가공무원법 제83조
제3항(지방공무원법 제73조제3항, 사립학교법 제66조의3제1항, 공공기관의 운영
에 관한 법률 제53조의2)에 의거 통보합니다.

피의자	성 명	피의자		주민등록번호	주민등록번호
	주 거	주거			
	소 속 (직 위)	소속(직위)			
사 건 번 호		사건번호	수사개시일자	0000. 00. 00.	신 병	
죄 명		죄명				

< 피의사실요지 >

비 고	이 사건과 관련 행정조치를 취한 사실이 있으면 참고로 통보 하여 주시기 바랍니다.

소 속 관 서

사법경찰관 계급

210mm × 297mm(백상지 80g/㎡)

소 속 관 서

제 0000-000000 호   0000.00.00.

수 신 : 수신처

제 목 : 공무원 등 범죄 수사결과 통보

아래 사항에 대하여 다음과 같이 처리하였으므로 국가공무원법 제83조 제3항 (지방공무원법 제73조제3항, 사립학교법 제66조의3제1항, 공공기관의 운영에 관한 법률 제53조의2)에 의거 통보합니다.

사 건 번 호		
죄 명		
피의자	소속(직위)	
	주민등록번호	
	성 명	
처리상황	연 월 일	
	내 용	

< 피의사실요지 >

비 고	이 사건과 관련 행정조치를 취한 사실이 있으면 참고로 통보하여 주시기 바랍니다.

소 속 관 서

사법경찰관 계급

210㎜ × 297㎜(백상지 80g/㎡)

피 해 신 고 서

다음과 같이 범죄피해를 당하였으므로 신고합니다.

. . .

신고인 주거 :

피해자와의 관계 :　　　　　성명 :　　　　　　⑪

　　　　　　　　　　(전화 :　　-　　-　　　)

　　　　　　　　　　　　　소 속 관 서 장　귀 하

피 해 자 인 적 사 항	주 거 : 성 명 :　　　　　주민등록번호 :　　　　　(만　　세) 직 업 :　　　연락처 :　　　　(휴대폰)				
피 해 연 월 일 시	경부터　　　　　　경까지 사이				
피 해 장 소					
피 해 상 황 (범　　행)					
피해 금품	금 품	수 량	시 가	특 징	소 유 자
범인의 주거·성명 또는 인상·착의·특정 등					
참 고 사 항 (유 류 물 품 · 기 타)					
피해자 보호사항 통지	통지 방법	구두, 우편, 전화, FAX, e-mail, 기타			
원함 (　　)	원하지않음 (　　)		(해당 연락처 :　　　　　　)		

※ 원하는 통지방법중 하나를 선택 표시하고, 해당 연락처를 기재하세요.

210mm × 297mm(백상지 80g/㎡)

■ 범죄수사규칙 [별지 제15호서식]

변사자조사결과보고서

제 0000-0000 호

결	담 당	팀 장	과 장
재			

접수번호	0000-0000	관할경찰서			사건담당	
변사자	성 명			생년월일	0000.00.00(00세, 남/여)	
	직 업			국적		
	주소지					
발생일시	0000.00.00.00:00 ~ 0000.00.00.00:00					
발생장소						
조사일시	시 작	0000.00.00.00:00		종 료	0000.00.00.00:00	
조사장소						
사건개요						
조사내용						
현장상황						
의 견						

20 .   .   .

소 속 관 서

검시조사관 ○○○○○ ○ ○ ○   ㊞

210㎜ × 297㎜(백상지 80g/㎡)

624 • 제2부 수사규칙 양식

변사자손상도

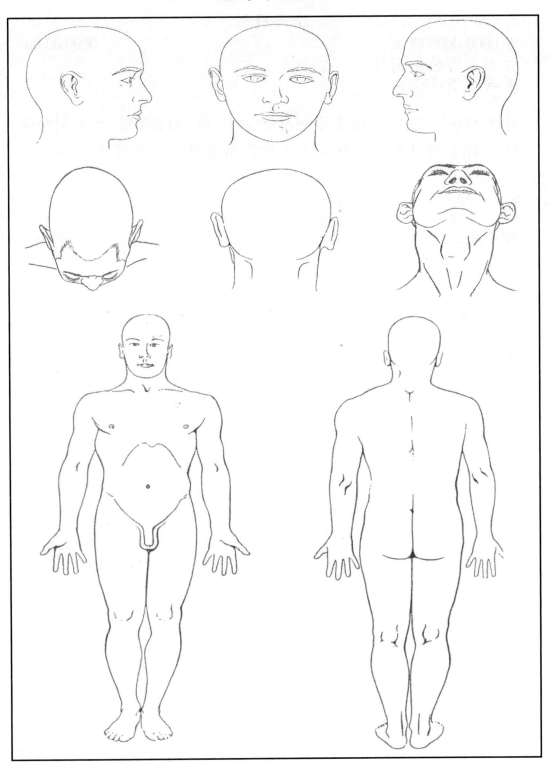

소속관서

제 0000-000000 호   0000.00.00.
수 신 : 수신자 귀하
제 목 : 검시필증

아래 사람은 당서 관내에서 변사한 자인 바, 검찰청명 검사 검사명
의 지휘로 검시를 마쳤으므로 사체를 유족에게 인도하여도 무방함

성 명	
주민등록번호	
직 업	
주 소	
비 고	

소 속 관 서

사법경찰관 계급

210mm × 297mm(백상지 80g/㎡)

소속관서

제 0000-000000 호   20 . . .

수 신 :

제 목 : 사망통지

사망자의 등록기준지가 분명하지 아니한(사망자를 인식할 수 없는) 시체를 검

시하였으므로 「가족관계의 등록 등에 관한 법률」 제90조 제1항의 규정에 의

하여 별지 검시조서를 첨부 통보합니다.

첨부 : 검시조서 ○○통

소 속 관 서

사법경찰관 계급

210㎜ × 297㎜(백상지 80g/㎡)

우 편 조 서

성 명 :　　　　　 (　　　　　)　주민등록번호 :　　　　 -

직 업 :　　　　　　　　　　　 직 장 :

전화번호 : 자택　　　　　 직장　　　　　　 휴대전화

주 거 :

등록기준지 :

피의자 피의자외 O명에 대한 죄명 사건에 관하여 귀하의 편의를 위하여 우편
으로 조사하고자 하오니 아래 "문"란의 내용을 잘 읽으시고 "답"란에 진실하게
사실대로 기입하여 주시기 바라며, 끝장에 서명 또는 기명날인(또는 무인)하신
다음 송부하여 주시기 바랍니다.

문 :

답 :

문 :

답 :

※ 진술하고자 하는 내용을 기재하기에 용지가 부족하면 A4용지(본 진술조서 용지
규격)에 추가로 기재한 후 간인하고 동봉하여 송부하여 주시기 바랍니다.

20　　. 　. 　.

위 진술인　　　　　　　　　 ㉙

210mm × 297mm(백상지 80g/㎡)

심야조사 요청

요 청 인	성 명	
	생 년 월 일	
	주 소	
요 청 일 시	년 월 일 :	
요 청 이 유		

요청인은 위와 같은 이유로 요청인 본인의 자유로운 의사에 의하여 심야조사를
실시할 것을 요청합니다.

0000.00.00.

요청인   (서명)

210mm × 297mm(백상지 80g/㎡)

피의자신문조서 (통역)

피 의 자 : 피의자성명

위의 사람에 대한 죄명 피의사건에 관하여 0000.00.00. 조사장소에서 사법경찰관/리 계급 성명은 사법경찰관/리 ○○ ○○○을 참여하게 하고, 아래와 같이 피의자임에 틀림없음을 확인한다.

문 : 피의자의 성명, 주민등록번호, 직업, 주거, 등록기준지 등을 말하십시오.

답 : 성명은 피의자성명(한자성명)

　　　외국인등록번호는 외국인등록번호

　　　직업은 직업

　　　주거는 주거

　　　등록기준지는 등록기준지

　　　직장주소는

　　　연락처는 자택전화 자택전화　휴대전화 휴대전화

　　　　　　직장전화 직장전화　전자우편(e-mail) 전자우편

　　　입니다.

사법경찰관은 피의사건의 요지를 설명하고 사법경찰관의 신문에 대하여 형사소송법 제244조의3의 규정에 의하여 진술을 거부할 수 있는 권리 및 변호인의 참여 등 조력을 받을 권리가 있음을 피의자에게 알려주고 이를 행사할 것인지 그 의사를 확인한다.

210㎜ × 297㎜(백상지 80g/㎡)

진술거부권 및 변호인 조력권 고지 등 확인

1. 귀하는 일체의 진술을 하지 아니하거나 개개의 질문에 대하여 진술을 하지 아니할 수 있습니다.

1. 귀하가 진술을 하지 아니하더라도 불이익을 받지 아니합니다.

1. 귀하가 진술을 거부할 권리를 포기하고 행한 진술은 법정에서 유죄의 증거로 사용될 수 있습니다.

1. 귀하가 신문을 받을 때에는 변호인을 참여하게 하는 등 변호인의 조력을 받을 수 있습니다.

문 : 피의자는 위와 같은 권리들이 있음을 고지받았는가요

답 :

문 : 피의자는 진술거부권을 행사할 것인가요

답 :

문 : 피의자는 변호인의 조력을 받을 권리를 행사할 것인가요

답 :

이에 사법경찰관은 피의사실에 관하여 다음과 같이 피의자를 신문하다.

210mm × 297mm(백상지 80g/㎡)

위의 조서를 통역인을 통하여 진술자에게 열람하게 하였던 바(읽어준 바)
진술한 대로 오기나 증감·변경할 것이 전혀 없다고 말하므로 통역인과 같이
간인한 후 서명(기명날인)하게 하다.

통 역 인   ㉔

진 술 자   ㉔

0000.00.00.

사법경찰관/리   직위   성명

㉔

사법경찰관/리   직위   성명

㉔

210mm × 297mm(백상지 80g/㎡)

수사 과정 확인서

구　분	내　용
1. 조사 장소 도착시각	
2. 조사 시작시각 및 종료시각	☐ 시작시각 : 0000.00.00. 00:00 ☐ 종료시각 :
3. 조서열람 시작시각 및 　　종료시각	☐ 시작시각 : ☐ 종료시각 :
4. 기타 조사과정 진행경과 확인에 　　필요한 사항	
5. 조사과정 기재사항에 대한 　　이의제기나 의견진술 여부 및 　　그 내용	

0000.00.00.

사법경찰관/리　직위 성명은 조사대상자성명을 조사한 후, 위와 같은 사항에

대해 조사대상자성명으로부터 확인받음

확　인　자 :　　　　㊞

사법경찰관/리 :　　　　㊞

210mm × 297mm(백상지 80g/㎡)

피 의 자 신 문 조 서 (제0회, 통역)

피 의 자 :

위의 사람에 대한 죄명 피의사건에 관하여 0000.00.00. 00:00 조사장소에서 사법경찰관/리 계급 성명은 사법경찰관/리 ○○ ○○○을 참여하게 한 후, 피의자에 대하여 다시 아래의 권리들이 있음을 알려주고 이를 행사할 것인지 그 의사를 확인하다.

---

1. 귀하는 일체의 진술을 하지 아니하거나 개개의 질문에 대하여 진술을 하지 아니할 수 있습니다.

1. 귀하가 진술을 하지 아니하더라도 불이익을 받지 아니합니다.

1. 귀하가 진술을 거부할 권리를 포기하고 행한 진술은 법정에서 유죄의 증거로 사용될 수 있습니다.

1. 귀하가 신문을 받을 때에는 변호인을 참여하게 하는 등 변호인의 조력을 받을 수 있습니다.

문 : 피의자는 위와 같은 권리들이 있음을 고지받았는가요

답 :

문 : 피의자는 진술거부권을 행사할 것인가요

답 :

문 : 피의자는 변호인의 조력을 받을 권리를 행사할 것인가요

답 :

이에 사법경찰관은 피의사실에 관하여 다음과 같이 피의자를 신문하다.

210㎜ × 297㎜(백상지 80g/㎡)

위의 조서를 통역인을 통하여 진술자에게 열람하게 하였던 바(읽어준 바)
진술한 대로 오기나 증감.변경할 것이 없다고 말하므로 통역인과 같이
간인한 후 서명(기명날인)하게 하다.

통 역 인   ㉞

진 술 자   ㉞

0000.00.00.

사법경찰관/리   직위   성명   ㉞

사법경찰관/리   직위   성명   ㉞

210㎜ × 297㎜(백상지 80g/㎡)

수사 과정 확인서

구 분	내 용
1. 조사 장소 도착시각	
2. 조사 시작시각 및 종료시각	☐ 시작시각 : 0000.00.00. 00:00 ☐ 종료시각 :
3. 조서열람 시작시각 및 종료시각	☐ 시작시각 : ☐ 종료시각 :
4. 기타 조사과정 진행경과 확인에 필요한 사항	
5. 조사과정 기재사항에 대한 이의제기나 의견진술 여부 및 그 내용	

0000.00.00.

사법경찰관/리 직위 성명은 조사대상자성명을 조사한 후, 위와 같은 사항에 대해 조사대상자성명으로부터 확인받음

확 인 자 : 조사대상자성명 ㊞

사법경찰관/리 : 직위 성명 ㊞

210mm × 297mm(백상지 80g/㎡)

진 술 조 서

성   명 : 대상자성명(한자성명)

주민등록번호 : 주민등록번호

직   업 : 직업(직장명)

주   거 : 주거

등록기준지 : 등록기준지

직 장 주 소 :

연 락 처 : 자택전화 자택전화   휴대전화 휴대전화
            직장전화 직장전화   전자우편(e-mail) 전자우편

위의 사람은 피(혐)의자성명에 대한 죄명 피의사건에 관하여   년   월   일
소속관서에 임의 출석하여 다음과 같이 진술하다.

1. 피의자와의 관계

    저는 피(혐)의자 피(혐)의자성명과(와) ○○○ 관계에 있습니다.(저는 피(혐)의자
    피(혐)의자성명과(와) 아무런 관계가 없습니다.)

1. 인적사항의 생략

    위 사람은 (00법 제00조의 규정에 따라 / 범죄신고 등과 관련하여 보복의 우려가
    있어) 인적사항의 전부 또는 일부를 기재하지 아니한다.

210㎜ × 297㎜(백상지 80g/㎡)

위의 조서를 진술자에게 열람하게 하였던 바 진술한 대로 오기나 증감·변경할 것이 없다고 말하므로 서명(기명날인)하게 하다.

진 술 자

0000.00.00.

사법경찰관/리   계급

210mm × 297mm(백상지 80g/㎡)

수사 과정 확인서

구 분	내 용
1. 조사 장소 도착시각	
2. 조사 시작시각 및 종료시각	☐ 시작시각 : 0000.00.00. 00:00 ☐ 종료시각 :
3. 조서열람 시작시각 및 종료시각	☐ 시작시각 : ☐ 종료시각 :
4. 기타 조사과정 진행경과 확인에 필요한 사항	

5. 조사과정 기재사항에 대한
   이의제기나 의견진술 여부 및 그
   내용	

0000.00.00.

사법경찰관/리 직위 성명은 조사대상자성명을 조사한 후, 위와 같은 사항에 대해 조사대상자성명으로부터 확인받음

확 인 자

사법경찰관/리

210㎜ × 297㎜(백상지 80g/㎡)

접 견 신 청 서

일시		20 년 월 일 :			
피의자(유치인)		성명		생년월일	
신청인	변호인 이외의 자	성명		주민번호	
		유치인과의 관계		직업	
		연령		전화번호	
		주소			
	변호인	성명		전화번호	
		변호사 등록번호		선임여부	☐ 선 임 ☐ 비선임
		소속 법률사무소			

※ 1. 변호인은 접견신청서와 함께 변호사 신분증을 제시해 주시기 바랍니다.
 2. 비선임 변호사인 경우에는 선임여부 항목에 비선임 체크(☑)를 하시기 바랍니다.

[접견(면회) 시 유의사항]

☐ 피의자를 접견(면회)할 때에는 다음과 같은 물품의 휴대 및 제공이 금지됩니다.

 ① 마약·총기·도검·폭발물·흉기·독극물, 그 밖에 범죄의 도구로 이용될 우려가 있는 물품

 ② 무인비행장치, 전자·통신기기, 그 밖에 도주나 다른 사람과의 연락에 이용될 우려가 있는 물품

 ③ 주류·담배·화기·현금·수표, 그 밖에 시설의 안전 또는 질서를 해칠 우려가 있는 물품

 ④ 음란물, 시행행위에 사용되는 물품, 그 밖에 유치인의 교화 또는 건전한 사회복귀를 해칠 우려가 있는 물품

☐ 유치인에게 전달할 목적으로 주류·담배·현금·수표를 허가 없이 유치장에 반입하거나 유치인과 수수 또는 교환하는 행위는 「형의 집행 및 수용자의 처우에 관한 법률」에 따라 처벌받을 수 있습니다.

☐ 휴대폰, 사진기 등을 몰래 반입하여 유치인 또는 유치장 시설을 촬영하거나 접견(면회) 내용을 녹음할 수 없습니다.

☐ 접견(면회) 중 질서유지 및 안전확보에 적극 협조해 주시기 바랍니다.

☐ 위 사항을 준수하지 않거나 유치장의 안전 또는 질서를 위태롭게 하는 때에는 접견(면회)이 중지될 수 있습니다.

☐ 접견(면회)인의 개인정보는 「형의 집행 및 수용자의 처우에 관한 법률 시행령」에 근거하여 유치행정 업무를 위해 수집·활용됩니다.

본인은 접견 시 유의사항 열람하였고 이를 위반할 경우 접견(면회)가 중지될 수 있음을 근무 경찰관에게 고지받았음을 확인합니다.

20 .   .   .   위 확인자   (인)

210㎜ × 297㎜(백상지 80g/㎡)

소속관서

제 0000-00000 호   0000.00.00.
수 신 :
제 목 : 감정의뢰

다음 사항을 의뢰하오니 조속히 감정하여 주시기 바랍니다.

사 건 번 호	
대 상 자	
죄 명	
감정대상(종류. 품명) 및 구 분 번 호	
감 정 의 뢰 사 항	
채 취 년 월 일	
채 취 장 소	
채 취 방 법	
관련사건개요	
관련 피의자 성명. 주소	
사건담당자 계급. 성명	

소 속 관 서

사법경찰관 계급

210mm × 297mm(백상지 80g/㎡)

영상녹화물 관리대장

순번	접수일자	사건번호	죄 명	영상녹화대상자			인수자	인계자	송치일자	비고
				피의자	참고인	피해자				

210mm × 297mm(백상지 80g/㎡)

소속관서

제 0000-000000 호   0000.00.00.

수 신 :

제 목 : 촉탁(대상자)

다음 사항을 촉탁하오니 조속히 조사하여 주시기 바랍니다.

사 건 번 호			접수번호	
죄　　　　명				
촉 탁 대 상 자	성 명		주민등록번호	
촉 탁 사 항				
촉 탁 내 용				
사 건 담 당 자				
비　　　　고				

소 속 관 서

사법경찰관 계급

210㎜ × 297㎜(백상지 80g/㎡)

소속관서

제 0000-000000 호   0000.00.00.
수 신 :
제 목 : 회답(대상자)

───

OO경찰서 제 0000-000000 호 (0000.00.00.)에 의한 촉탁에 대하여 다음과 같이
회답합니다.

회 답 내 용
소 속 관 서 사법경찰관 계급

210mm × 297mm(백상지 80g/㎡)

지명수배자 체포영장철 목록

진행번호	피의자	사건번호	담당사법경찰관리	죄명	영장발부일	영장유효기간	공소시효만료일자	영장신청부진행번호	기소중지명부진행번호	영장반환일자	비고

210mm × 297mm(백상지 80g/㎡)

지명수배자 구속영장철 목록

진행 번호	피의자	사건 번호	담당 사법 경찰 관리	죄명	영장 발부일	영장 유효 기간	공소 시효 만료 일자	영장 신청부 진행 번호	기소 중지 명부 진행 번호	영장 반환 일자	비고

210mm × 297mm(백상지 80g/㎡)

지명수배자 체포영장 발부대장

진행 번호	피의자	사건 번호	담당 사법 경찰 관리	죄명	영장 발부일	영장 유효 기간	공소 시효 만료 일자	영장 신청부 진행 번호	기소 중지 명부 진행 번호	영장 반환 일자	비고

210mm × 297mm(백상지 80g/㎡)

지명수배자 구속영장 발부대장

진행 번호	피의자	사건 번호	담당 사법 경찰 관리	죄명	영장 발부일	영장 유효 기간	공소 시효 만료 일자	영장 신청부 진행 번호	기소 중지 명부 진행 번호	영장 반환 일자	비고

210㎜ × 297㎜(백상지 80g/㎡)

	○ 내국인 수배 ○ 외국인· 　교포 수배	지 문 번 호			

일련번호 (제　　　호)

지명수배 ·
지명통보자
전산입력 요구서

수배관서 : 청　　서
수배번호 :　　년　　호
사건번호 :　　년　　호
즉심구분 :

주민 조회		전과 조회		수배 조회	
했 음	안 했 음	했음	안 했 음	했 음	안 했 음

성 명	주 민 번 호 (생년월 일)	성별	죄명	수배 년월 일	범죄 일자	공소 시효 만료 일	수배종별 (해당란 ○표)	인상·방언 신체특징	공 범	
									성 명	연 령
		남					A지명수배자, B지명수배자 C지명통보자			
		여								

영 문 성 명	First		여권 번호	연 령	피부 색	머리카 락	신장	체격	활동지	언어	국적
	Middle										
	Last										

영장구분 (해당란 ○표)	발부일자	유효기간	영장번호	공소시효정 지자	범행 장소		
				무적자			
1.구속 2.체포 3.긴급체포 4.형집행장. 5.구인장	년 월　　일	년 월　　일			피 해 자		피 해 정 도

개　　　　　　　　요	해　　제　　사　　유 　< 해당란 ○ 표 >						
	01	02	03	04	05	06	07
	검　　　　　거	자 수	공소 시효 만료	오류 입력	죄안 됨	공소 권무	혐의 무
	일자 | 관서 | 계급 | 성 명						
		08	09	10	11	12	
		기소 유예	구약 식	구공 판	수배 종별 변경	기타 (각하 등)	

210mm × 297mm(백상지 80g/㎡)

회차	영장 발부일자	유 효 기 간	영 장 번 호	영 장 종 류	사　　　진

※ 영장구분 중 4. 형집행장과 5. 구인장은 B지명수배자만 해당함	참고	구분 ＼ 담당	작 성 자 (사건담당자)	수배 담당자	책 임 자
		수배 일자	년 월 일	년 월 일	년 월 일
		수배 소속			
		수배 계급			
		수배 성명			
		해제 일자	년 월 일	년 월 일	년 월 일
		해제 소속			
		해제 계급			
		해제 성명			

210㎜ × 297㎜(백상지 80g/㎡)

지명수배 및 통보대장

사건송치			수 배 번 호				피 의 자				죄	공소	연고지 수사상황		수배해제		
청 자	일 자	번 호	일 자	번 호	공 조		성 명	연 령	성 별	주민 등록 번호	죄 명	공소 시효 만료 일자	등록기준 지 또는 주 소	회보 내용	사 유	일 자	번 호
					일 자	번 호											

210mm × 297mm(백상지 80g/㎡)

지명수배 · 지명통보자 죄종별 현황

경찰청
월분

죄종별 구분			계	살인	강도	강간	방화	절도	폭력	사기 횡령	기타 형법	부정 수표	향군 법	기 타 특별 법	마약 사범
발 생		월계													
		누계													
해 제	계	월계													
		누계													
	검 거	월계													
		누계													
	공소 시효 만료	월계													
		누계													
현 황															

210mm × 297mm(백상지 80g/㎡)

지명수배자 죄종별 현황

경찰청
월분

구 분		죄종별	계	살인	강도	강간	방화	절도	폭력	사기 횡령	기타 형법	부정 수표	향군 법	기타 특별법	마약 사범
발 생		월계													
		누계													
해 제	계	월계													
		누계													
	검거	월계													
		누계													
	공소 시효 만료	월계													
		누계													
현 황															

210㎜ × 297㎜(백상지 80g/㎡)

지명통보자 죄종별 현황

구 분 \ 죄종별		계	살인	강도	강간	방화	절도	폭력	사기 횡령	기타 형법	부정 수표	향군 법	기타 특별법	마약 사범
발 생	월계													
	누계													
해 제	계	월계													
		누계													
	검거	월계													
		누계													
	공소 시효 만료	월계													
		누계													
현 황														

210mm × 297mm(백상지 80g/㎡)

소속관서

제 0000-000000 호   0000.00.00.

수 신 :

참 조 :

제 목 : 지명수배자 검거 보고

아래와 같이 지명수배자를 검거하였기에 보고합니다.

1. 검거 일시·장소

2. 인적사항

　　성 명 :　　　　　　　주민등록번호 :

　　주 소 :

　　주 거 :

3. 수배내용

수배관서	수배일자	수배번호	사건번호	죄 명	종별 (ABC)

4. 검거경위

5. 검 거 자

중요지명피의자 종합 공개수배 보고서

사진	죄 명	
	발 생 일 시	
	발 생 장 소	
	등 록 기 준 지	
	주 소	

성 명		주민등록번호 (연령)	

| 인상특징 | 신장 :   체격 :   방언 :   기타 : | | |

범죄사실	

종합공개수배 대상자로 지명하게 된 사 유	

피의자로 판단한 인적 물적증거	

지명수배	경찰서		년월일		번호	
	영장구분	체포, 구속		영장유효기간		

210㎜ × 297㎜(백상지 80g/㎡)

중요지명피의자 종합 공개수배

죄　　　　　　　명
사 진
성명　　　　　　　년
등록지 주　소 인상특징

죄　　　　　　　명
사 진
성명　　　　　　　년
등록지 주　소 인상특징

죄　　　　　　　명
사 진
성명　　　　　　　년
등록지 주　소 인상특징

죄　　　　　　　명
사 진
성명　　　　　　　년
등록지 주소 인상특징

죄　　　　　　　명
사 진
성명　　　　　　　년
등록지 주소 인상특징

죄　　　　　　　명
사 진
성명　　　　　　　년
등록지 주소 인상특징

210mm × 297mm(백상지 80g/㎡)

지명통보사실 통지

귀하는 ○○○○경찰서에서 ○○○○ 사건으로 수사 중 소재불명 사유로 지명통보되어 있는 상태입니다. 이와 관련하여 다음과 같이 통지합니다.

1. 지명통보자

성 명 :

주 거 :

연 락 처 :

직 장 :

2. 지명통보 개요

죄 명 :

사건번호 :　　　　　수배일자 :

사건담당 :

3. 통지 개요

통지일시 :

통지장소 :

> 통지서를 받은 후 사건담당자에게 연락하여 1개월 안에 출석 가능한 날짜를 조정한 후 출석하시기 바랍니다. 사건담당자와 연락하시려면 경찰콜센터(국번 없이 182)로 전화하여 사건담당자와의 통화를 요청하시기 바랍니다.
>
> 위 주거지와 연락처 등이 허위로 밝혀지거나, 사건담당자와 연락을 회피할 경우, 고의로 출석하지 않는 것으로 간주될 수 있으며, 이로 인해 체포영장이 발부되어 체포되거나 지명수배될 수 있습니다.

4. 통지자

0000. 00. 00. 00:00

확인자 :　　　　　　　　　　　　　　(서명)

210㎜ × 297㎜(백상지 80g/㎡)

소속관서

제 0000-000000 호   0000.00.00.

수 신 :

제 목 : 지명통보자 소재발견 보고

귀청(서)에서 지명통보한 피의자 OOO를 다음과 같이 발견하였으므로 보고(통보)합니다.

피의자	성 명		주민등록번호	
	직 업		전 화	
	주 거			
죄 명				
사건번호	0000-000000		수배번호	
수배일자	0000. 00. 00.		수배관서	
발견일시. 장소. 경위				

소속관서

사법경찰관 계급

210mm × 297mm(백상지 80g/㎡)

장물수배서 원부

일련 번호	발부월일	품명	수 량	규격및 종 별	특 징 및 기타표시	도난분실 년 월 일	발부범위 및 매 수	발견신고 사 항

210㎜ × 297㎜(백상지 80g/㎡)

장물수배서 배부부

업종별	옥호 또는 성명	월일	제호	월일	제호	월일	제호	월일	제호	월일	제호
		수 령 인		수 령 인		수 령 인		수 령 인		수 령 인	

210㎜ × 297㎜(백상지 80g/㎡)

지명수배·지명통보자 발견 통보대장

동일 성명 발견자 명부부 일련 번호	조 회						대 조 결 과				회 보			수배·통보관서 통보 (수신자)		취급자	확인자	비고
	관서	년월일	번호	죄명	성명	생년월일	수배·통보관서	년월일	번호	죄명	년월일	번호	발송편	소속	계급 성명			

210mm × 297mm(백상지 80g/㎡)

체포영장신청부

진 행 번 호			
사 건 번 호	년 제 호		년 제 호
신 청 일 시	. . . 시 분		. . . 시 분
신청자 관직 및 성명			
피의자	성 명		
	주 민 등 록 번 호		
	직 업		
	주 거		
죄 명			
검 사 불 청 구	. . . 시 분		. . . 시 분
판 사 기 각	. . . 시 분		. . . 시 분
발 부	. . . 시 분		. . . 시 분
재신청	신 청	. . . 시 분	. . . 시 분
	검 사 불 청 구	. . . 시 분	. . . 시 분
	판 사 기 각	. . . 시 분	. . . 시 분
	발 부	. . . 시 분	. . . 시 분
유 효 기 간	. . .		. . .
집행	일 시	. . . 시 분	. . . 시 분
	장 소		
	처 리 결 과		
구속 영장 신청	신 청 부 번 호		
	발 부 연 월 일	. . .	. . .
석 방	연 월 일	. . .	. . .
	사 유		
반 환	. . .		. . .
비 고			

210mm × 297mm(백상지 80g/㎡)

년 제 호	년 제 호	년 제 호
. . . 시 분	. . . 시 분	. . . 시 분
. . . 시 분	. . . 시 분	. . . 시 분
. . . 시 분	. . . 시 분	. . . 시 분
. . . 시 분	. . . 시 분	. . . 시 분
. . . 시 분	. . . 시 분	. . . 시 분
. . . 시 분	. . . 시 분	. . . 시 분
. . . 시 분	. . . 시 분	. . . 시 분
. . . 시 분	. . . 시 분	. . . 시 분
. . .	. . .	. . .
. . . 시 분	. . . 시 분	. . . 시 분
. . . .	. . . .	. . . .
. . . .	. . . .	. . . .
. . . .	. . . .	. . . .

210mm × 297mm(백상지 80g/㎡)

체포·구속영장집행원부

진행 번호	영장 번호	구분	피의자	죄 명	집행지휘 또는 촉탁		영장 유효 기간	처 리			비고
					연 월 일	관 서		집 행	집행 불능	반환 일자	
					·· ·		·· ·	시 분		·· ·	

※ 구분란에는 "체포영장" 또는 "구속영장"임을 특정하여 기재함.

210㎜ × 297㎜(백상지 80g/㎡)

긴 급 체 포 원 부

진 행 번 호				
사 건 번 호			년제 호	년제 호
피의자	성 명			
	주 민 등 록 번 호			
	직 업			
	주 거			
죄 명				
긴 급 체 포 서 작 성 년 월 일			. . .	. . .
긴급체포	체 포 한 일 시		. . .시 분	. . .시 분
	체 포 한 장 소			
	체포자의 관직 및 성 명			
	인 치 한 일 시		. . .시 분	. . .시 분
	인 치 한 장 소			
	구 금 한 일 시		. . .시 분	. . .시 분
	구 금 한 장 소			
	검사 지휘	승 인	. . .시 분	. . .시 분
		불 승 인	. . .시 분	. . .시 분
석방	일 시		. . .	. . .
	사 유			
구속 영장 신청	신 청 부 번 호			
	발 부 연 월 일		. . .	. . .
비 고				

210mm × 297mm(백상지 80g/㎡)

년 제 호	년 제 호	년 제 호
. . .	. . .	. . .
. . . 시 분	. . . 시 분	. . . 시 분
. . . 시 분	. . . 시 분	. . . 시 분
. . . 시 분	. . . 시 분	. . . 시 분
. . . 시 분	. . . 시 분	. . . 시 분
. . . 시 분	. . . 시 분	. . . 시 분
. . .	. . .	. . .
. . .	. . .	. . .

210mm × 297mm(백상지 80g/㎡)

현행범인체포원부

진　행　번　호				
사　건　번　호		년　제　　호		년　제　　호
피의자	성　　　　명			
	주 민 등 록 번 호			
	직　　　　업			
	주　　　　거			
죄　　　　　명				
현행범인체포서 또는 현행범인 인　수　서　작　성　일		.　.　.		.　.　.
현행범인체포및인수	체 포 한 일 시		.　.　.시　분	.　.　.시　분
	체 포 한 장 소			
	체포자	성　　　명		
		주민등록번호		
		주거 또는 관직		
	인 수 한 일 시		.　.　.시　분	.　.　.시　분
	인 수 한 장 소			
	인수한자	관　　　직		
		성　　　명		
	인 치 한 일 시		.　.　.시　분	.　.　.시　분
	인 치 한 장 소			
	구 금 한 일 시		.　.　.시　분	.　.　.시　분
	구 금 한 장 소			
석방	일　　　　시		.　.　.시　분	.　.　.시　분
	사　　　　유			
구속영장신청	신 청 부 번 호			
	발 부 연 월 일		.　.　.	.　.　.
비　　　　　고				

210mm × 297mm(백상지 80g/㎡)

년 제 호	년 제 호	년 제 호
. . .	. . .	. . .
. . . 시 분	. . . 시 분	. . . 시 분
. . . 시 분	. . . 시 분	. . . 시 분
. . . 시 분	. . . 시 분	. . . 시 분
. . . 시 분	. . . 시 분	. . . 시 분
. . . 시 분	. . . 시 분	. . . 시 분
. . .	. . .	. . .

210㎜ × 297㎜(백상지 80g/㎡)

소속관서

제 0000-000000 호   0000.00.00.

수 신 :

참 조 :

제 목 : 피의자체포보고

피의자 OOO외 O명에 대한 죄명 사건에 관하여 다음과 같이 체포하였기에
보고합니다.

1. 체포일시 및 장소

　　일　시 :

　　장　소 :

2. 피의자 인적사항

　　　　　　：
　　　　　　：
　　　　　　：

3. 범죄사실

4. 체포경위

5. 증거자료의 유무

6. 조　　치

210mm × 297mm(백상지 80g/㎡)

구속영장신청부

진 행 번 호				
사 건 번 호		년 제 호		년 제 호
신 청 일 시		. . . 시 분		. . . 시 분
신청자 관직 및 성명				
피의자	성 명			
	주 민 등 록 번 호			
	직 업			
	주 거			
죄 명				
체 포 일 시 및 유 형		. . . 시 분 체포·긴급체포·현행범인체포 (진행번호)		. . . 시 분 체포·긴급체포·현행범 인체포(진행번호)
영장신청 및 발부	검 사 불 청 구		. . . 시 분	. . . 시 분
	판 사 기 각		. . . 시 분	. . . 시 분
	발 부		. . . 시 분	. . . 시 분
	재신청	신 청	. . . 시 분	. . . 시 분
		검 사 불 청 구	. . . 시 분	. . . 시 분
		판 사 기 각	. . . 시 분	. . . 시 분
		발 부	. . . 시 분	. . . 시 분
	피의자 심문	일 련 번 호		
		검사 또는 판사명		
		접 수 일 시	. . . 시 분	. . . 시 분
		접수자 관직 성명		
		구 인 일 시	. . . 시 분	. . . 시 분
유 효 기 간		. . .		. . .
석방	연 월 일	. . .		. . .
	사 유			
반 환		. . .		. . .
비 고				

210㎜ × 297㎜(백상지 80g/㎡)

년 제 호	년 제 호	년 제 호
. . . 시 분	. . . 시 분	. . . 시 분
. . . 시 분	. . . 시 분	. . . 시 분
체포·긴급체포·현행범인체포 (진행번호)	체포·긴급체포·현행범인체포 (진행번호)	체포·긴급체포·현행범인체포 (진행번호)
. . . 시 분	. . . 시 분	. . . 시 분
. . . 시 분	. . . 시 분	. . . 시 분
. . . 시 분	. . . 시 분	. . . 시 분
. . . 시 분	. . . 시 분	. . . 시 분
. . . 시 분	. . . 시 분	. . . 시 분
. . . 시 분	. . . 시 분	. . . 시 분
. . . 시 분	. . . 시 분	. . . 시 분
. . . 시 분	. . . 시 분	. . . 시 분
. . .	. . .	. . .
. . .	. . .	. . .
. . .	. . .	. . .

210mm × 297mm(백상지 80g/㎡)

체포·구속영장 등본 등 교부대장

진 행 번 호		
사 건 번 호	년 제 호	년 제 호
청구인	성 명		
	주 민 등 록 번 호		
	주 거		
	피의자와의 관계		
피 의 자		
죄 명		
체 포 · 구 속 일 자	. . .	. . .
접 수 연 월 일	. . .	. . .
교 부 허 가	. . .	. . .
교 부 불 허 가	. . .	. . .
수 령 연 월 일	. . .	. . .
청구인의 서명 또는 날인		
비 고		

210mm × 297mm(백상지 80g/㎡)

년 제 호	년 제 호	년 제 호
. . .	. . .	. . .
. . . .	. . . .	. . . .
. . .	. . .	. . .
. . .	. . .	. . .
. . .	. . .	. . .

210mm × 297mm(백상지 80g/㎡)

접견 등 금지결정처리부

진행 번호	결정 일자	사법 경찰관	죄 명	피의자	결정 이유	금지 내용	취소 일자	취소 사유	비 고
	. . .						. . .		
	. . .						. . .		
	. . .						. . .		
	. . .						. . .		
	. . .						. . .		
	. . .						. . .		
	. . .						. . .		
	. . .						. . .		
	. . .						. . .		
	. . .						. . .		
	. . .						. . .		
	. . .						. . .		
	. . .						. . .		
	. . .						. . .		

※ **사법경찰관란에는 접견 등 금지결정을 한 사법경찰관의 관직 및 성명을 기재함.**

※ **비고란에는 체포와 구속을 구분하여 체포영장 또는 구속영장의 청구번호를 기재함.**

210mm × 297mm(백상지 80g/㎡)

체포 · 구속인 접견부

유 치 인 성 명					
접견 신청자	주 거				
	성 명				
유치인과의 관계					
접 견 일 시		년 월 일	년 월 일	년 월 일	년 월 일
담 화 의 요 지					
비 고					
입 회 관					

210mm × 297mm(백상지 80g/㎡)

년 월 일	년 월 일	년 월 일	년 월 일	년 월 일

210㎜ × 297㎜(백상지 80g/㎡)

체포·구속인 교통부

유 치 인 성 명				
접견 신청자	주 거			
	성 명			
유치인과의 관계				
수 발 의 구 별				
교 통 일 시	년 월 일	년 월 일	년 월 일	년 월 일
서신내용의 요지				
비 고				
취 급 자				

210mm × 297mm(백상지 80g/㎡)

년 월 일	년 월 일	년 월 일	년 월 일	년 월 일

210㎜ × 297㎜(백상지 80g/㎡)

물 품 차 입 부

유 치 인 성 명					
차입자	주 거				
	성 명				
유치인과의 관계					
구 별					
연 월 일		년 월 일 시	년 월 일 시	년 월 일 시	년 월 일 시
물 품 및 수 량					
비 고					
취 급 자					

210mm × 297mm(백상지 80g/㎡)

체포・구속인 수진부

유 치 인 성 명				
진단의사의 성명				
수 진 의 원 인				
수 진 일 시	년 월 일	년 월 일	년 월 일	년 월 일
진 단 의 결 과				
비 고				
입 회 관				

210mm × 297mm(백상지 80g/㎡)

년　월　일	년　월　일	년　월　일	년　월　일	년　월　일

210㎜ × 297㎜(백상지 80g/㎡)

소속관서

제 0000-000000 호   0000.00.00.

수 신 :

제 목 : 임치증명

다음과 같이 임치하였음을 증명합니다.

연 번	물 건	수 량	비 고

소 속 관 서

사법경찰관 계급

210mm × 297mm(백상지 80g/㎡)

임치 및 급식 상황표

임　치　물						
임　치　물　품						
임 치 금 품 의 처 리 상 황						
급 식 상 황	일　자	1	2	3	4	5
	아　침					
	점　심					
	저　녁					
	일　자	6	7	8	9	10
	아　침					
	점　심					
	저　녁					
	일　자	11	12	13	14	15
	아　침					
	점　심					
	저　녁					
	일　자	16	17	18	19	20
	아　침					
	점　심					
	저　녁					
	일　자	21	22	23	24	25
	아　침					
	점　심					
	저　녁					
	일　자	26	27	28	29	30
	아　침					
	점　심					
	저　녁					
비 고						31

210㎜ × 297㎜(백상지 80g/㎡)

압수 · 수색 · 검증영장신청부

진 행 번 호		
사 건 번 호	년 제 호	년 제 호
신 청 연 월 일		
신청자 관직 및 성명		
피의자	성 명		
	주 민 등 록 번 호		
	직 업		
	주 거		
죄 명		
검 사 불 청 구	. . .	. . .
판 사 기 각	. . .	. . .
발 부	. . .	. . .
유 효 기 간	. . .	. . .
집행	일 시	. . .	. . .
	장 소		
	처 리 결 과		
비 고		

210mm × 297mm(백상지 80g/㎡)

년 제 호	년 제 호	년 제 호
· · ·	· · ·	· · ·
· · ·	· · ·	· · ·
· · ·	· · ·	· · ·
· · ·	· · ·	· · ·
· · ·	· · ·	· · ·

210㎜ × 297㎜(백상지 80g/㎡)

소유권 포기서

【 소유권 포기인 】

성 명		주민등록번호	
직 업		연 락 처	
주 거			

다음 물건에 대한 소유권을 포기합니다.

0000.00.00

포 기 인 :　　　　　　　　　㊞

피 의 자				
죄 명				
압수번호		접수번호		사건번호
연번	품　　　종	수 량	비　　고	

소 속 관 서 장 귀 하

210㎜ × 297㎜(백상지 80g/㎡)

■ 범죄수사규칙 [별지 제61호서식]

소속관서

제 0000-000000 호   0000.00.00.

수 신 :

제 목 : 물건제출요청

아래 물건은   에 대한   사건에 관하여 압수할 필요가 있으니 20   .
.   . 안으로 제출하여 주시기 바랍니다.

연번	품 종	수 량	비 고

소 속 관 서

사법경찰관 계급

210mm × 297mm(백상지 80g/㎡)

임 의 제 출

[제 출 자]

성 명		주민등록번호	
직 업		연 락 처	
주 거			

다음 물건을 임의로 제출합니다. 사건처리 후에는 처분의견란 기재와 같이 처분해 주시기 바랍니다.

0000.00.00

제 출 자 : 제 출 자 ㊞

[제출물건]

연번	품 종	수량	제출자의 처분의견 (반환의사 유무)	비 고

소 속 관 서 장 귀 하

210mm × 297mm(백상지 80g/㎡)

소속관서

제 0000-00000 호   0000.00.00.

수 신 :

제 목 : 통신제한조치 허가신청(사전)

다음 피의자에 대한   피의사건에 관하여 아래와 같은 내용의 통신제한
조치를 할 수 있는 허가서의 청구를 신청합니다.

피 의 자	성 명		주민등록번호	
	직 업			
	주 거			
통 신 제 한 조 치 의 종 류 및 방 법				
통 신 제 한 조 치 의 대 상 과 범 위				
통 신 제 한 조 치 의 기 간 및 집 행 장 소	1. 기간 : 2. 집행장소 :			
혐 의 사 실 의 요 지 및 신 청 이 유				
둘이상을신청하는경우 신 청 취 지 및 이 유				
재신청의취지및이유				
비 고				

소 속 관 서

사법경찰관 계급

210mm × 297mm(백상지 80g/㎡)

소속관서

제 0000-000000 호   0000.00.00.

수 신 :

제 목 : 통신제한조치 허가신청(사후)

다음 피의자에 대한   피의사건에 관하여 아래와 같이 긴급통신제한
조치를 실시하였으므로 통신제한조치를 계속할 수 있는 허가서의 청구를
신청합니다.

피의자	성 명		주 민 등 록 번 호	
	직 업			
	주 거			

긴급통신제한조치의 사유와 내용		통신제한조치의 사유와 내용	
통신제한조치를 필요로 하는 사유와 허가를 받을 수 없었던 긴급한 사유		통신제한조치를 계속 필요로 하는 사유	
긴급통신제한조치의 종 류 및 방 법		통 신 제 한 조 치 의 종 류 및 방 법	
긴급통신제한조치의 대 상 과 범 위		통 신 제 한 조 치 의 대 상 과 범 위	
긴급통신제한조치의 일 시 와 집 행 장 소		통 신 제 한 조 치 의 기 간	
긴 급 통 신 제 한 조 치 집행자의관직 · 성명		통 신 제 한 조 치 의 집 행 장 소	
둘이상을신청하는경우 신 청 취 지 및 이 유			
재신청의취지및이유			
비 고			

소 속 관 서

사 법 경 찰 관 계 급

210mm × 297mm(백상지 80g/㎡)

소속관서

제 0000-000000 호   0000.00.00.
수 신 :
제 목 : 통신제한조치 기간연장 신청

아래와 같이 통신제한조치 기간연장을 청구하여 주시기 바랍니다.

성 명	
주 민 등 록 번 호	
주 거	
직 업	
사 건 번 호	
허 가 서 번 호	
통신제한허가기간	부터 까지 일
연 장 할 기 간	부터 까지 일
기간연장이 필요한 이유 및 소명자료	

소 속 관 서

사법경찰관 계급

소속관서

제 0000-000000 호   0000.00.00.

수 신 :

제 목 : 통신제한조치 기간연장 통지

아래와 같이 통신제한조치 기간을 연장하였음을 통지합니다.

인 적 사 항	성 명	
	주민등록번호	
통신제한조치의 기간	부터 까지 일	
연 장 한 기 간	부터 까지 일	

붙 임 : 통신제한조치연장결정문 사본 1통

소 속 관 서

사법경찰관 계급

긴급검열 · 감청

제 0000-000000 호   0000.00.00.

인적 사항	성 명		주민등록번호	
	직 업			
	주 거			

위 사람에 대한   피의사건에 관하여 통신비밀보호법 제8조 제1항에 따라 아래와 같이 긴급통신제한조치를 실시함

긴급통신제한조치의 종 류 및 방 법	
긴급통신제한조치의 대 상 과 범 위	
긴급통신제한조치의 기 간 및 집행장소	1. 기간 : 2. 집행장소 :
범죄사실의요지및 긴급통신제한조치의 목 적	

소 속 관 서

사 법 경 찰 관 계 급

소속관서

제 0000-000000 호   0000.00.00.

수 신 :

제 목 : 긴급통신제한조치 승인요청

다음 사람에 대한   피의사건에 관하여 아래와 같은 긴급통신제한조치를 하였으므로 승인을 요청합니다.

인적 사항	성 명		주민등록번호	
	직 업			
	주 거			
긴급통신제한조치의 종 류 및 방 법				
긴급통신제한조치의 대 상 과 범 위				
긴급통신제한조치의 기 간 및 집 행 장 소	1. 기간 :			
	2. 집행장소 :			
긴급통신제한조치한 사 유	1. 혐의사실의 요지 :			
	2. 소명자료 :			
사전지휘를 받지 못한 사 유				

소 속 관 서

사법경찰관 계급

소속관서

제 0000-000000 호   0000.00.00.

수 신 :

제 목 : 긴급통신제한조치 지휘요청

다음 사람에 대한   피의사건에 관하여 아래와 같이 긴급통신제한조치를
실시하려 하니 지휘를 요청합니다.

인적 사항	성 명		주민등록번호	
	직 업			
	주 거			
긴급통신제한조치의 종 류 및 방 법				
긴급통신제한조치의 대 상 과 범 위				
긴급통신제한조치의 기 간 및 집 행 장 소	1. 기간 :			
	2. 집행장소 :			
혐의사실의 요지 및 신 청 이 유	1. 혐의사실의 요지 :			
	2. 소명자료 :			
긴급통신제한조치를 필요로 하는 사유				

소 속 관 서

사법경찰관 계급

210㎜ × 297㎜(백상지 80g/㎡)

긴급통신제한조치 대장

집행번호	사건번호	성명	긴급통신제한조치			집행위탁		집행일시	사후신청 또는 통보서 발송 여부
			대상	종류·방법	기간·장소	연월일	관서		

210mm × 297mm(백상지 80g/㎡)

소속관서

제 0000-000000 호   0000.00.00.
수 신 :
제 목 : 긴급통신제한조치 통보

___

아래 사람에 대한 제   호   피의사건에 관하여 긴급통신제한조치를
실시하였으나 단시간내에 종료되어 법원의 허가를 받을 필요가 없는 경우에
해당되므로 아래와 같이 통보합니다.

인적 사항	성 명		주민등록번호	
	직 업			
	주 거			
긴급통신제한조치의 종 류 및 방 법				
긴급통신제한조치의 대 상 과 범 위				
긴급통신제한조치의 기 간 및 집 행 장 소				
긴급통신제한조치 집행자의 관직 성명				
긴급통신제한조치의 목 적				
긴급통신제한조치후 법 원 허 가 서 를 신청하지 못한 사유				

소 속 관 서

사법경찰관 계급

긴급통신제한조치통보서 발송부

연번	사건번호	긴급통신제한조치		통보서 작성자		통 보 서 송부일자
		대상자	기 간	직급	성명	

210㎜ × 297㎜(백상지 80g/㎡)

통신제한조치허가신청부

진 행 번 호				
사 건 번 호				
성 명 주민등록번호 주 거 직 업				
죄 명				
종 류 · 방 법				
처 분 대 상 · 범 위				
긴 급 통 신 제 한 조 치 일 자				
허 가 기 간 · 집 행 장 소				
연 장 기 간	부터 까지		부터 까지	
허가신청및발부	구 분	허가신청	연장신청	허가신청	연장신청
	신 청				
	발 부				
	기 각				
	재 신 청				
	발 부				
	기 각				
	수 령 년 월 일				
	수 령 자 직 성 명 , 날 인				
검 찰 반 환 연 월 일				
비 고				

210mm × 297mm(백상지 80g/㎡)

부터 까지		부터 까지		부터 까지	
허가신청	연장신청	허가신청	연장신청	허가신청	연장신청

210mm × 297mm(백상지 80g/㎡)

소속관서

제 0000-000000 호　　　　　　　　　　　　　　　　　　　　　0000.00.00.
수 신 :
제 목 : 통신제한조치 집행위탁 의뢰

아래와 같이 통신제한조치의 집행을 위탁합니다.

인적사항	성 명	
	주민등록번호	
	직 업	
	주 거	
통신제한조치의 종 류		
통신제한조치의 대 상 과 범 위		
통신제한조치의 기 간		
비 고		

붙 임 : 통신제한조치허가(승인)서 사본 1통

소 속 관 서

사법경찰관 계급

통신제한조치 집행조서

피의자   에 대한   피의사건에 관하여 통신제한조치를 집행하고 이 조서를 작성함

1. 통신제한조치의 종류

2. 통신제한조치의 대상과 범위

3. 통신제한조치의 기간

4. 집행위탁 여부

5. 집행경위

6. 통신제한조치로 취득한 결과의 요지

0000.00.00

소 속 관 서

    사법경찰관   ㉑

    사법경찰관/리   ㉑

210mm × 297mm(백상지 80g/㎡)

소속관서

제 0000-000000 호   0000.00.00.

수 신 :

제 목 : 통신제한조치 집행결과 보고

아래 사람에 대한   피의사건에 관하여 아래와 같이 통신제한조치를 집행
하고 그   한 결과를 다음과 같이 보고합니다.

인적 사항	성 명		주민등록번호	
	직 업			
	주 거			
통신제한조치의 종류				
통신제한조치의 대 상 과 범 위				
통신제한조치의 기간				
피 의 / 내 사 사 실				

〈 처 리 내 용 〉

소 속 관 서

사법경찰관 계급

소속관서

제 0000-000000 호   0000.00.00.

수 신 :

제 목 : 통신제한조치 집행중지 통지

아래 사람에 대한 통신제한조치의 집행이 필요없게 되어 통지하니 집행을 중
지하여 주시기 바랍니다.

인적 사항	성 명	
	주민등록번호	
통신제한조치허가법원		
통신제한조치의 종류		
통신제한조치허가년월일		
통신제한조치허가서 번호		
비 고		

소 속 관 서

사법경찰관 계급

소 속 관 서

제 0000-000000 호   0000.00.00.

수 신 :

제 목 : 통신제한조치 허가서 반환

별지 허가서를 다음의 이유로 반환합니다.

허 가 서 종 별		
허 가 서 발 부 일		
허 가 서 번 호		
대상자	성 명	
	주민등록번호	
	주 거	
죄 명		
집행불능의 사유		

첨 부 : 허가서

소 속 관 서

사법경찰관 계급

소속관서

제 0000-000000 호   0000.00.00.

수 신 :

제 목 : 통신제한조치 집행사실 통지

당서 사건번호 제   호 사건과 관련하여 아래와 같은 내용의 통신제한조치를 집행하였으므로 통신비밀보호법 제9조의2 제2항에 따라 이를 통지합니다.

허 가 서 번 호	
통신제한조치 집행기관	
전 기 통 신 의 가 입 자 (우편물검열의 대상자)	
통 신 제 한 조 치 의 대 상 과 범 위	
통 신 제 한 조 치 의 종 류 와 기 간	

소 속 관 서

사법경찰관 계급

210㎜ × 297㎜(백상지 80g/㎡)

통신제한조치 집행사실 통지부

연번	통신제한조치		통신제한조치 집행사건				통지일자	비고
	허가서번호	통 지 대상자	집행자의 관 직·성 명	사건번호	처리일자 및 처리결과	처리결과를 통보받은 일자		

210㎜ × 297㎜(백상지 80g/㎡)

소 속 관 서

제 0000-000000 호   0000.00.00.

수 신 :

제 목 : 통신제한조치 집행사실 통지유예 승인요청

피의자   에 대한   사건에 관하여 아래와 같이 실시한 통신제한
조치 집행사실의 통지 유예에 대한 승인을 요청합니다.

인적사항	성 명		주민등록번호	
	직 업			
	주 거			
통신제한조치의 종류 및 방법				
통신제한조치의 대상과 범위				
통신제한조치의 기간및집행장소				
통신제한조치의 목 적				
통신제한조치를 집행한 사건의 처리일자 및 결과				
처리결과를 통보받은 일자				
통지를 유예하고자 하는 사 유				

소 속 관 서

사법경찰관 계급

210mm × 297mm(백상지 80g/㎡)

통신제한조치집행사실통지유예승인신청부

연번	신청 일자	신청자 관직· 성명	통신제한조치		통신제한조치 집행사건			승인 일자	유예 사유 해소 후 통지 일자
			허가서 번호	통지 대상자	사건 번호	처리 일자 및 처리 결과	통보 받은 일자		

210mm × 297mm(백상지 80g/㎡)

소속관서

제 0000-000000 호   0000.00.00.

수 신 :

제 목 : 통신제한조치 집행사실 통지보고

___

피의자   에 대한   사건에 관하여 통신제한조치 집행사실의
통지를 유예하였으나 그 사유가 해소되어 통신제한조치 집행사실을 통지하였
기에 보고합니다.

인적 사항	성 명		주민등록번호	
	직 업			
	주 거			
사 건 번 호				
통지유예 승인일자				
통 지 일 자				

붙임 : 통신제한조치 집행사실통지서 사본 1부.

소 속 관 서

사법경찰관 계급

210mm × 297mm(백상지 80g/㎡)

통신제한조치 집행대장

집행 번호	허가서 번 호	성명	통신제한조치				집행위탁		집행 일시	비고
			목적	대상	종류	기간	연월일	관서		

210㎜ × 297㎜(백상지 80g/㎡)

소속관서

제 0000-000000 호   0000.00.00.
수 신 :
제 목 : 통신사실확인자료 제공요청 허가신청(사전)

　　　　피의사건과 관련하여, 다음 사람에 대하여 아래와 같은 내용의 통신사
실확인자료 제공을 요청할 수 있는 허가서의 청구를 신청합니다.

인적사항	성　　　명		주민등록번호	
	직　　　업			
	주　　　거			
전기통신사업자				
요　청　사　유				
해당가입자와의 연　　관　　성				
필요한 자료의 범위				
재신청의 취지 및 이유				
비　　　　고				

소 속 관 서

사법경찰관 계급

210㎜ × 297㎜(백상지 80g/㎡)

소속관서

제 0000-000000 호   0000.00.00.
수 신 :
제 목 : 통신사실확인자료 제공요청 허가신청(사후)

피의사건과 관련하여, 다음 사람에 대하여 아래와 같은 내용의 긴급통신사
실확인자료 제공을 요청하였으므로 이에 대한 허가서의 청구를 신청합니다.

인적사항	성 명		주민등록번호	
	직 업			
	주 거			
전기통신사업자				
요 청 사 유				
해당가입자와의 연 관 성				
필요한 자료의 범위				
미 리 허 가 를 받지 못한 사유				
집 행 일 시 · 장소 집행자의관직 성명				
재신청의 취지 및 이유				
비 고				

소 속 관 서

사법경찰관 계급

210mm × 297mm(백상지 80g/㎡)

통신사실확인자료제공요청 허가신청부

		허 가	기간연장 (안보목적)	허 가	기간연장 (안보목적)	허 가	기간연장 (안보목적)
진 행 번 호							
사 건 번 호							
신 청 자 관 직 , 성 명							
대 상 자	성 명						
	주 민 등 록 번 호						
	주 거						
	직 업						
종 류							
죄 명							
대 상 및 범 위							
긴 급 으 로 자 료 를 제 공 받 은 일 시							
연 장 기 간		부터 까지		부터 까지		부터 까지	
	구 분	허 가	기간연장 (안보목적)	허 가	기간연장 (안보목적)	허 가	기간연장 (안보목적)
신 청 및 발 부 일 시	신 청						
	발 부						
	검 사 불 청 구						
	판 사 기 각						
	기 각						
	재 신 청						
	발 부						
	검 사 불 청 구						
	판 사 기 각						
	기 각						
수 령 및 반 환	수 령 연 월 일						
	수 령 자 의 관 직 성 명 · 날 인						
	검 찰 반 환 연 월 일						
통 지							
비 고							

210㎜ × 297㎜(백상지 80g/㎡)

긴급통신사실확인자료 제공요청대장

집행 번호	사건 번호	성 명	긴급통신사실확인 자료제공요청			집 행 일 시	사후청구 또는 통보서 발송여부
			대 상	종 류	범 위		

210mm × 297mm(백상지 80g/㎡)

통신사실확인자료 제공요청 집행대장(사전허가용)

집행 번호	허가서 번 호	성 명	통신사실확인자료제공요청집행			집행일시	비고
			대 상	종 류	범위		

210㎜ × 297㎜(백상지 80g/㎡)

소속관서

제 0000-000000 호   0000.00.00.

수 신 :

제 목 : 통신사실확인자료 제공요청

다음 사람에 대하여 아래와 같이 통신사실확인자료 제공을 요청하니 협조하여 주시기 바랍니다.

성 명	
주 민 등 록 번 호	
주 거	
직 업	
요 청 사 유	
해당 가입자와의 연 관 성	
필요한 자료의 범위	
회신받을 연락처	

붙임 : 허가서 1부

소 속 관 서

사법경찰관 계급

210mm × 297mm(백상지 80g/㎡)

통신사실확인자료 제공요청 집행조서

에 대한   피의사건에 관하여 통신사실확인자료 제공요청의 집행을
하고 이 조서를 작성함.

1. 허가서 번호

2. 집행기관

3. 전기통신가입자

4. 통신사실확인자료제공요청 대상과 종류

5. 통신사실확인자료제공요청으로 취득한 결과의 요지

0000.00.00

소 속 관 서

사 법 경 찰 관   ㉑
사법경찰관/리   ㉑

210mm × 297mm(백상지 80g/㎡)

소속관서

<table>
<tr><td>제 0000-000000 호</td><td>0000.00.00.</td></tr>
</table>

수 신 :

제 목 : 통신사실확인자료 제공요청 집행결과 보고

       피의사건 관련, 다음 사람에 대하여 아래와 같이 통신사실확인자료 제공요청을 집행하고 그   한 결과를 다음과 같이 보고합니다.

<table>
<tr>
<td rowspan="3">인
적
사
항</td>
<td>성   명</td>
<td></td>
<td>주민등록번호</td>
<td></td>
</tr>
<tr>
<td>직   업</td>
<td colspan="3"></td>
</tr>
<tr>
<td>주   거</td>
<td colspan="3"></td>
</tr>
<tr>
<td colspan="2">통신사실확인자료
제공요청의 종류</td>
<td colspan="2"></td>
</tr>
<tr>
<td colspan="2">통신사실확인자료
제공요청의대상과범위</td>
<td colspan="2"></td>
</tr>
<tr>
<td colspan="2">피의/내사 사실
요   지</td>
<td colspan="2"></td>
</tr>
</table>

< 처 리 내 용 >

소 속 관 서

사법경찰관 계급

210mm × 297mm(백상지 80g/㎡)

소속관서

제 0000-000000 호   0000.00.00.

수 신 :

제 목 : 통신사실확인자료 제공요청 중지통지

다음 사람에 대하여 아래에 같이 요청한 통신사실확인자료는 그 제공이 필요없게 되어 통지하니 조치하여 주시기 바랍니다.

인적 사항	성 명	
	주민등록번호	
통신사실확인자료 제공요청 허가법원		
통신사실확인자료 제공요청의 종류		
통신사실확인자료 제공요청 허가 연월일		
통신사실확인자료 제공요청 허가서 번호		

< 요청중지사유 >

소 속 관 서

사법경찰관 계급

210mm × 297mm(백상지 80g/㎡)

통신사실 확인자료 회신대장

연번	요청일자	요청자	대상자	제공받은 자료의 범위	회신일자	비 고 (자료폐기등)

210mm × 297mm(백상지 80g/㎡)

소속관서

제 0000-000000 호   0000.00.00.

수 신 :

제 목 : 통신사실확인자료 제공요청 집행사실 통지유예 승인요청

피의자   에 대한   피의사건 관련, 다음 사람에 대하여 통신사실 확인자료제공요청의 집행사실에 관한 통지 유예에 대한 승인을 요청합니다.

인적사항	성 명		주민등록번호	
	직 업			
	주 거			
사 건 번 호				
통신사실확인자료제공요청의 종류 및 자료의 범위				
통신사실확인자료제공요청을 집행한 사건의 처리일자 및 결과				
처리결과를 통보받은 일자				
통지를 유예하고자 하 는 사 유				

소 속 관 서

사법경찰관 계급

210㎜ × 297㎜(백상지 80g/㎡)

통신사실확인자료 제공요청 집행사실 통지유예 승인신청부

연번	신청 일자	신청자 관 직 · 성 명	통신 사실 확인 자료 제공 요청		통신사실 확인 자료 제공 요청 집행 사건			승인 일자	유 예 사 유 해 소 후 통 지 일 자
			허가서 번 호	통 지 대상자	사건 번호	처 리 일 자 및 처리결과	통보 받은 일 자		

210mm × 297mm(백상지 80g/㎡)

소속관서

제 0000-000000 호   0000.00.00.

수 신 :

제 목 : 통신사실확인자료 제공요청 기간연장 신청

아래와 같이 통신사실확인자료 제공요청에 대한 기간연장의 청구를 신청합니다

인 적 사 항	성 명	
	주민등록번호	
	주 거	
	직 업	
허 가 받 은 대 상 및 범 위		
연 장 할 기 간		
기간연장이 필요한 이유 및 소명자료		

소 속 관 서

사법경찰관 계급

210mm × 297mm(백상지 80g/㎡)

소속관서

제 0000-000000 호   0000.00.00.

수 신 :

제 목 : 통신사실확인자료제공 요청 허가서 반환

별지 허가서를 다음의 이유로 반환합니다.

허 가 서 종 별		
허 가 서 발 부 일		
허 가 서 번 호		
대상자	성 명	
	주민등록번호	
	주 거	
죄 명		
집행불능의 사유		

첨 부 : 허가서

소 속 관 서

사법경찰관 계급

210mm × 297mm(백상지 80g/㎡)

소속관서

제 0000-000000 호   0000.00.00.

수 신 :

제 목 : 통신사실확인자료 제공요청 집행사실 통지

당서 제   호 사건과 관련하여 아래와 같이 통신사실확인자료 제공요청
을 집행하였으므로「통신비밀보호법」제13조의3 제1항에 따라 이를 통지합니다.

허 가 서 번 호	
통신사실확인자료 제공요청집행기관	
전기통신가입자	
통신사실확인자료 제공요청의 대상과 종류	
통신사실확인자료 제공요청의 범위	
사 건 담 당 자	

소속관서

사법경찰관 계급

210mm × 297mm(백상지 80g/㎡)

통신사실확인자료 제공요청 집행사실 통지부

연번	통신사실확인자료 제공요청		통신사실확인자료제공요청 집행사건				통지일자	비고 (반송등)
	허가서 번 호	통 지 대상자	집행자의 관직·성명	사건 번호	처리일자 및 처리결과	처리결과를 통보받은 일자		

210mm × 297mm(백상지 80g/㎡)

소속관서

제 0000-000000 호   0000.00.00.

수 신 :

제 목 : 통신사실확인자료 제공요청 집행사실 통지 보고

피의자   에 대한   피의사건 관련, 다음 사람에 대하여 통신사실확
인자료 제공요청을 집행한 사실에 관한 통지를 유예하였으나 그 사유가 해소되
어 통신사실확인자료 제공요청 집행사실을 통지하였기에 보고합니다.

인적 사항	성 명		주민등록번호	
	직 업			
	주 거			
사 건 번 호				
통지유예 승인일자				
통 지 일 자				

붙임 : 통신사실확인자료제공요청 집행사실 통지서 사본 1부

소 속 관 서

사법경찰관 계급

210mm × 297mm(백상지 80g/㎡)

통신사실확인자료 제공요청 집행사건 처리결과
통보부(내사종결시)

연 번	통신사실확인 자료제공요청		통신사실확인자료제공요청집행사건					통 보 일 자
	허가서 번 호	통 지 대상자	사건번호	내사종결 일자	집행관서 (통보대상)			
					소 속	직 급	성 명	

210㎜ × 297㎜(백상지 80g/㎡)

소속관서

제 0000-000000 호   0000.00.00.
수 신 :
제 목 : 긴급통신사실확인자료 제공요청

다음 사람에 대하여 「통신비밀보호법」 제13조제2항 단서에 따라 아래와 같이 긴급으로 통신사실확인자료 제공을 요청하니 협조하여 주시기 바랍니다.

성 명	
주 민 등 록 번 호	
직 업	
주 거	
요 청 사 유	
해당 가입자와의 연 관 성	
필요한 자료의 범위	
미리 허가를 받지 못 한 사 유	
회신받을연락처	

소 속 관 서

사법경찰관 계급

소속관서

제 0000-000000 호 　　　　　　　　　　　　　　　　　　　　0000.00.00.
수 신 :
제 목 : 통신자료 제공요청

다음과 같이 통신자료제공을 요청하니 협조하여 주시기 바랍니다.

접 수 번 호	
대 　 상 　 자	
요 청 사 유	
가 입 자 와 의 연 　 관 　 성	
의 　 뢰 사 항 (필요한 자료의 범위)	
의 　 뢰 　 자	
회 신 정 보	전　　화 :　　　　　　　FAX :
	기타(e-mail) :

210mm × 297mm(백상지 80g/㎡)

소속관서

제 0000-000000 호   0000.00.00.

수 신 :

제 목 : 송·수신이 완료된 전기통신에 대한 압수·수색·검증 집행사실 통지

당서 제   호 사건과 관련하여 아래와 같이 송·수신이 완료된 전기
통신에 대하여 압수·수색·검증을 집행하였으므로 「통신비밀보호법」 제9조의3
제2항에 따라 이를 통지합니다.

압수·수색·검증영장번호	
압수·수색·검증집행기관	
전 기 통 신 가 입 자	
압수·수색·검증 집행의 대상과 종류	
압수·수색·검증 집 행 대 상 의 범 위	

소 속 관 서

사법경찰관 계급

210mm × 297mm(백상지 80g/㎡)

송·수신이 완료된 전기통신에 대한
압수·수색·검증 집행사실 통지부

연번	압수·수색·검증 영장 신청		압수·수색·검증영장 집행사건				통지일	비고 (반송등)
	영 장 번 호	통 지 대상자	집행자의 관직·성명	사건 번호	처리일자 및 처리결과	처리결과를 통보받은 날		

210mm × 297mm(백상지 80g/㎡)

현장감식결과보고서

제　호

결	담 당	팀 장	계 장
재			

범죄유형		KICS접수번호		사건담당	
발생일시	~				
발생장소					
감식일시	시작		종료		기상상태	

사건개요	
현장상황	
감식사항	

채증물 처리현황	지문	
	족적	
	DNA	
	미세증거	
	CCTV	
	기타	

참고사항	

감정결과	지문	
	족적	
	DNA	
	미세증거	
	CCTV	
	기타	

현장감식 실시자	소 속	직급	성명

0000.00.00

소속관서

사법경찰관   계급

사법경찰관/리   계급

210㎜ × 297㎜(백상지 80g/㎡)

채증물 현황

연번	채취일시	채증물	수량	기법·장비	장소·부위	보관장소
1	0000.00.00					
2						
3						
4						
5						
6						
7						

210㎜ × 297㎜(백상지 80g/㎡)

범죄신고자 등 신원관리카드

관 리 번 호	
사 건 번 호	
법 원 사 건 번 호	

피의자(피고인)성명				주임검사	

범죄신고자등 인 적 사 항	성 명		가 명	
	주민등록번호		직 업	
	등 록 기 준 지		전화번호	
	주 소			
	본 인 서 명	본 명		신 분
		가 명		

작 성 원 인			
최초작성일자		최 초 작 성 자	(서명 또는 날인)
신원관리카드 접 수 일 자		사 건 종 국 결 정 일 자	

보 좌 인	성 명	주소 (전화번호)	직업	피보좌 인과의 관 계	직권 신청	신 청 일 자	사법경찰관의 허가신청일자	지정 일자	지정자	비고
	주민등록 번 호					신청인	검 사 의 허 가 일 자			
1										
2										

변 호 인		선임기간			성 명	
		선임기간			성 명	

신변안전 조 치	피의자(피고인) 와 의 관 계	종류	신청(지시·요청)일자	조치기관	조치일자	조치사항
	신 청 인 과 의 관 계		신청(지시·요청)자			
1						
2						
3						

구 조 금 지 급	신청인	성 명(가 명)		범죄신고자등 과 의 관 계	
		주민등록번호		직 업	
		주 소		전 화 번 호	
	결정	결정위원회		결 정 일 자	
		결 정 내 용		결정통지일자	
	지급	청 구 일 자		청 구 금 액	
		지 급 일 자		지 급 금 액	

210㎜ × 297㎜(백상지 80g/㎡)

범죄신고자등신원관리카드 작성대장

(카드별 기재)

연번	사건번호	죄 명	범죄신고자 등 (가 명)	인계일자 (송치일)	인수자 (서명)

210㎜ × 297㎜(백상지 80g/㎡)

소속관서

제 0000-00000 호   0000.00.00.

수 신 :

제 목 : 범죄신고자등 인적사항 미기재사유보고서

특정범죄신고자등보호법 제7조제2항의 규정에 의하여 아래와 같이 범죄신고자등의 인적사항의 전부 또는 일부를 조서 등에 기재하지 아니하였으므로 이를 보고합니다.

사 건 번 호				
신원관리카드 관 리 번 호				
대 상 자 인 적 사 항	성 명(가명)		신 분	
	신변안전조치 해 당 여 부		피의자와의 관계	
미 기 재 원 인	대상자 ○ ○ ○(법정대리인 ○ ○ ○)의 신청, 직권			
서 류 명 및 미 기 재 내 용				
미 기 재 사 유				

0000.00.00

소 속 관 서

부서   계급   ㉑

210mm × 297mm(백상지 80g/㎡)

가명조서 등 불작성사유 확인서

　　　년　　월　　일 특정범죄신고자등보호법 제7조 제6항의 규정에 의한 가명조서 등 작성신청이 있었으나, 아래와 같은 사유로 작성하지 아니하였습니다.

사 건 번 호	
죄　　　　명	
가 명 조 서 등 작 성 신 청 자	
불 작 성 사 유	

0000.00.00

소 속 관 서

부서　계급　　　　㉑

210㎜ × 297㎜(백상지 80g/㎡)

참고인 권리 안내서

☐ 귀하의 **담당수사관**은 (소속1) (소속2) (계급) (성명) 수사관입니다.
  (전화 : (전화번호), 팩스 : (팩스번호))

☐ **권리보호를 위한 각종 제도**

◦ 참고인진술 시 변호인을 참여하게 할 수 있습니다.
  ※ 변호인 조력을 위한 기관 및 제도
   - 대한법률구조공단 : 국번없이 132, www.klac.or.kr

<메모장 제공>
수사관이 제공하는 메모장에 자신의 진술과 조사 주요내용 등을 메모할 수 있습니다.

<신변보호요청 등> 지구대(파출소), 수사부서로 신청
특정범죄의 신고, 증언 등과 관련하여 보복을 당할 우려가 있다면 특정범죄신고자 등 보호법에 따라 수사기관에 신변안전조치를 요청하거나 진술조서 등 서류에 인적사항을 기재하지 않도록 요청할 수 있습니다. 또한 보좌인을 지정받거나 구조금 등 보호를 요청할 수 있습니다.

<참고인여비 지급> 담당수사관에게 요청
수사기관으로부터 출석을 요구받고 출석한 참고인에게는 소정의 참고인여비를 지급 하고 있습니다.

<수사심의신청제도> 국번없이 182
수사에 이의 및 불만이 있는 경우, 지방청 민원실 방문·우편접수, 사이버경찰청 '수사심의신청' 코너를 이용하여 신청이 가능합니다.

<국가인권위원회> 국번없이 1331, www.humanrights.go.kr

<국민권익위원회> 국번없이 110, www.epeople.go.kr

210㎜ × 297㎜(백상지 80g/㎡)

소속관서

제 0000-00000 호   0000.00.00.

수 신 :

제 목 : 임시조치 신청

다음 사람에 대하여 아래와 같은 임시조치를 신청합니다.

☐ 1. 피해자 또는 가정구성원의 주거 또는 점유하는 방실로부터 퇴거 등 격리

☐ 2. 피해자 또는 가정구성원의 주거, 직장 등에서 100미터 이내의 접근금지

☐ 3. 피해자 또는 가정구성원에 대한 「전기통신기본법」 제2조 제1호의
　　　전기통신을 이용한 접근금지

☐ 4. 경찰관서 유치장 또는 구치소에의 유치

행위자	성 명	
	주민등록번호	
	직 업	
	주 거	
변 호 인		
피해자	성 명	
	주 거	
	직 업	
범죄사실 및 임시조치를 필요로 하는 사유		
비 고		

소 속 관 서

사법경찰관 계급

210mm × 297mm(백상지 80g/㎡)

소속관서

제 0000-00000 호   0000.00.00.

수 신 :

제 목 : 수사관계서류 등 제출

            으로부터 다음 사람에 대한 동원 제   호
사건의 심문기일 지정통지가 있으므로 동사건 심리에 필요한 수
사관계서류와 증거물을 제출합니다.

피체포·구속자	성 명	
	주민등록번호	
	직 업	
	주 거	
체포·구속 일자		
지정된 심문기일		

첨부   1. 사건기록 1권

         2. 증거물(있음/없음)

소 속 관 서

사법경찰관 계급

210mm × 297mm(백상지 80g/㎡)

소속관서

제 0000-00000 호   0000.00.00.

수 신 :

참 조 :

제 목 : 응급조치보고

행위자	성 명	( )	
	주민등록번호	(세)	
	직 업		
	주 거		
	피해자와의 관계		
	가정 상황	성명 : 행위자와의 관계 : 주거 :	
죄 명			
범죄사실요지	별지와 같음		
피 해 자			
신 고 자			

　　위 사람에 대한　　　피의사건에 관하여 신고를 받고 즉시 현장에 임하여 다음과 같은 응급조치를 취하였음을 보고합니다.

☐ 폭력행위의 제지, 행위자·피해자의 분리 및 범죄수사
☐ 피해자를 가정폭력관련상담소 또는 보호시설에 인도(피해자가 동의함)
☐ 피해자를 의료기관에 인도하여 긴급치료를 받게 함
☐ 폭력행위의 재발시 사법경찰관이 검사에게 다음과 같은 임시조치를 신청할 수
　　있음을 행위자에게 통보
　　• 피해자 또는 가정구성원의 주거 또는 점유하는 방실로부터 퇴거 등 격리
　　• 피해자의 주거, 직장 등에서 100미터 이내의 접근금지
　　• 제1호 또는 제2호의 임시조치 위반시 경찰관서 유치장 또는 구치소에의 유치

소 속 관 서

사법경찰관　계급

210mm × 297mm(백상지 80g/㎡)

가정환경조사서

제 0000-00000 호 0000.00.00.

조 사 자	

1. 인적사항

사건번호		죄 명			
성 명		주민등록번호	888888-8888888	직 업	
주 소					
전화번호	(자 택) (핸드폰)			학 력	

2. 가족상황

관계	성 명	연령	성별	학 력	직 업	기 타

3. 혼인상황 및 생활환경

혼 인 상 황	
생계비조달방법	
주 거 환 경	

4. 가정폭력상황

최 초 갈 등 발 생 원 인	
본건 범행 전 가정불 화 및 폭력 횟수	
가정불화 해결을 위한 노력 유무	
본 건 범 죄 의 원 인 및 동기	
행위자 심 신 상 태	음 주 상 황	
	약물복용여부	
	성 격 문 제	
	정신장애유무	
범 죄 후 정 황	

5. 재범의 위험성 및 가정유지 의사 유무

가 정 유 지 의 사 유 무	
임시조치 결정시 기거할 장소 유무	
상 담 소 상 담 희 망 여 부	
기 타 참 고 사 항	
재 범 위 험 성	

6. 조사자 의견

210mm × 297mm(백상지 80g/㎡)

領事機關 通報要請確認書

0000.00.00

Confirmation of Request for Notification to the Consulate

被逮捕者 姓名 피의자 성명	擔當警察官 所屬, 階級, 姓名 소속관서 ○○과 ○○팀 계급 성명 印

당신은 귀국에서 파견된 영사관원에게 체포된 사실을 통보·요구할 권리 및 대한민국의 법령 내에서 위 영사관원에 편지를 보낼 권리를 가지고 있습니다.
You have the rights to demand us to notify an official in the consulate dispatched by your government that you are arrested and to send a letter to the official pursuant to relevant laws of Republic of Korea.

당신이 원하는 항목의 (   )에 ∨표를 한 후, 끝으로 공란에 국명을 기입하고 서명해 주십시오.
Choose one between the following alternatives and mark it with ∨ in the parenthesis.
Finally write your nationality(country of origin) and sign underneath.

나는 자국 영사관원에 대한 통보를 요청합니다.
I request you to notify an official in the consulate of my country that I am arrested. (   )

나는 통보를 요청하지 않습니다.
I do not request you to notify. (   )

( ) 국 명 Nationality(Country of Origin)	( ) 피체포자 서명 Signature

※ 注意 : 국명확인은 여권 또는 외국인 등록 증명서에 의할 것

通 報 書

0000.00.00

본직은 다음과 같이 상기의 외국인을 체포한 것을 영사관에 통보하였음
(1) 통보일시 : 0000.00.00. 00:00
(2) 통보대상 영사기관 :

소속관서 ○○과 ○○팀 계급 성명

※ 송치서류에 복사본을 편철할 것

210mm × 297mm(백상지 80g/㎡)

소속관서

제 0000-000000 호   0000.00.00.

수 신 :

제 목 : 임시조치 신청(사전)

다음 사람에 대한   피의사건에 관하여 |아동학대범죄의 처벌 등에 관한 특례법」 제14조제1항에 따라 임시조치의 청구를 신청하니 아래와 같은 임시조치를 청구하여 주시기 바랍니다.

아 동 학 대 행 위 자	성 명			
	주민등록번호			
	직 업		피해아동등 과의 관계	
	주 거			
	보 조 인			
피해아동등	성 명			
	법정대리인 또는 담당 아동학대 전담공무원			
	변 호 사			
임시조치의 내 용 (중복신청 가 능)	[□]	피해아동등 또는 가정구성원의 주거로부터 퇴거 등 격리(제1호)		
	[□]	피해아동등 또는 가정구성원의 주거, 학교 또는 보호시설 등에서 100미터 이내의 접근 금지(제2호) 기준지: [ ]주거 [ ]학교·학원 [ ]보호시설 [ ] 병원 [ ]그 밖의 장소( )		
	[□]	피해아동등 또는 가정구성원에 대한 「전기통신기본법」 제2조제1호의 전기통신을 이용한 접근 금지(제3호)		
	[□]	친권 또는 후견인 권한 행사의 제한 또는 정지(제4호)		
	[□]	아동보호전문기관 등에의 상담 및 교육 위탁(제5호)		
	[□]	의료기관이나 그 밖의 요양시설에의 위탁(제6호)		
	[□]	경찰관서의 유치장 또는 구치소에의 유치(제7호)		
범 죄 사 실 의 요 지 및 임 시 조 치 가 필 요 한 사 유				

소속관서

사법경찰관(보호관찰관) 계급

210mm × 297mm(백상지 80g/㎡)

소속관서

제 0000-000000 호   0000.00.00.
수 신 :
제 목 : 임시조치 신청(사후)

다음 사람에 대한   피의사건에 관하여 응급조치(긴급임시조치) 후 「아동
학대범죄의 처벌 등에 관한 특례법」 제15조제1항에 따른 임시조치의 청구를
신청하니 아래와 같은 임시조치를 조속히 청구하여 주시기 바랍니다.

아 동 학 대 행 위 자	성 명	
	주민등록번호	
	직 업	피해아동등 과의 관계
	주 거	
	보 조 인	
피해아동등	성 명	
	법정대리인 또는 담당 아동학대 전담공무원	
임시조치의 내 용 (중복신청 가 능	[□]	피해아동등 또는 가정구성원의 주거로부터 퇴거 등 격리(제1호)
	[□]	피해아동등 또는 가정구성원의 주거, 학교 또는 보호시설 등에서 100미터 이내의 접근 금지(제2호) 기준지: [ ]주거 [ ]학교·학원 [ ]보호시설 [ ] 병원 [ ]그 밖의 장소( )
	[□]	피해아동등 또는 가정구성원에 대한 「전기통신기본법」 제2조제1호의 전기통신을 이용한 접근 금지(제3호)
	[□]	친권 또는 후견인 권한 행사의 제한 또는 정지(제4호)
	[□]	아동보호전문기관 등에의 상담 및 교육 위탁(제5호)
	[□]	의료기관이나 그 밖의 요양시설에의 위탁(제6호)
	[□]	경찰관서의 유치장 또는 구치소에의 유치(제7호)
응 급 조 치 긴급임시조치	일 시	
	내 용	
범 죄 사 실 의 요 지 및 임시조치가 필요한 사유		

소 속 관 서

사법경찰관   계급

210mm × 297mm(백상지 80g/㎡)

임시조치신청부

진 행 번 호			
사 건 번 호		년 제 호	년 제 호
신 청 일 시			
신청자 관직 및 성명			
행위자	성 명		
	주 민 등 록 번 호		
	직 업		
	주 거		
죄 명			
임시조치	검 사 불 청 구		
	판 사 기 각		
	발 부		
	재신청	신 청	
		검 사 불 청 구	
		판 사 기 각	
		발 부	
임 시 조 치			
항고	항 고 제 기 일		
	등 본 송 부 일		
	결 정 일		
	결 정 내 용		
재항고	재항고제기일		
	결 정 일		
	결 정 내 용		
비 고			

210㎜ × 297㎜(백상지 80g/㎡)

임시조치 통보서 (가정폭력)

0000. 00. 00.

1. 행 위 자
성 명 : 000 (00세, 성별)
주 거 :

2. 피 해 자
성 명 : 000 (세, 성별)
주 거 :
직 장 :

3. 임시조치 통보일시· 장소 및 방법
일시· 장소: 0000. 00. 00.(요일) 00:00, 장소
방 법 : 0000 (예시 : 대상자 대면하여 통보, 전화상 통보 등)

4. 임시조치 결정내용 및 기간 (0000. 00. 00 ~ 0000. 00. 00, 00법원)
[ ] 1호. 피해자 또는 가정구성원의 주거 또는 점유하는 방실로부터의 퇴거 등 격리
[ ] 2호. 피해자 또는 가정구성원의 주거, 직장 등에서 100미터 이내의 접근금지
[ ] 3호. 피해자 또는 가정구성원에 대한 「전기통신기본법」 제2조제1호의 전기통신을
　　　　 이용한 접근금지
　　※ 전기통신 : 유선·무선·광선 및 기타의 전자적 방식에 의하여 부호·문헌·음향 또
　　　　 는 영상 송수신
[ ] 4호. 의료기관이나 그 밖의 요양소에의 위탁
[ ] 5호. 국가경찰관서의 유치장 또는 구치소에의 유치

5. 담 당 자
소 속 : 00경찰서 00과 00계
성 명 : 계급 000

※ 정당한 사유 없이 임시조치를 이행하지 않거나 위반할 경우, 가정폭력특례법 제8조 제
　 2항에 의거하여 임시조치 5호(유치장·구치소 유치) 신청 또는 제65조 제4호에 의거하
　 여 500만원 이하의 과태료가 부과됨을 함께 통보
※ 적의한 방법으로 임시조치 대상자에게 통보하고, 통보서는 수사기록에 편철

210㎜ × 297㎜(백상지 80g/㎡)

임시조치통보서

대 상 자	성 명			
	주민등록번호			
	직 업		피해아동등과의 관계	
	주 거			
피해아동등	성 명			
	생 년 월 일			
	주 거			
조 치 내 용	[□]	피해아동등 또는 가정구성원의 주거로부터 퇴거 등 격리(1호)		
	[□]	피해아동등 또는 가정구성원의 주거, 학교 또는 보호시설 등에서 100미터 이내의 접근 금지(2호) 기준지: [ ]주거 [ ]학교·학원 [ ]보호시설 [ ] 병원 [ ]그 밖의 장소( )		
	[□]	피해아동등 또는 가정구성원에 대한 ｜전기통신기본법」 제2조제1호의 전기통신을 이용한 접근 금지(3호)		
	[□]	친권 또는 후견인 권한 행사의 제한 또는 정지(4호)		
	[□]	아동보호전문기관 등에의 상담 및 교육 위탁(5호)		
	[□]	의료기관이나 그 밖의 요양시설에의 위탁(6호)		
	[□]	경찰관서의 유치장 또는 구치소에의 유치(7호)		
통보일시 및 장 소	일 시			
	장 소			
통 보 방 법	[□]	대면통보		
	[□]	전화통보(전화번호 :)		

년   월   일

소 속 관 서

사법경찰관(리) 계급

210mm × 297mm(백상지 80g/㎡)

가정폭력 위험성 조사표

조사 전 유의사항

1. 가해자와 피해자를 **장소적으로 분리한 상태**에서 조사표를 작성해 주십시오.

2. 조사표 작성의 목적은 **"피해자의 안전과 보호"**라는 점을 설명하고, **주취 상태·진술거부 등으로 조사가 어려운 경우**는 확인 가능한 사안만 기록하여 주십시오

3. 조사표는 가·피해자의 진술과 현장상황을 토대로 작성해 주시고, 조사 결과가 사건 처리와 긴급임시조치의 근거가 될 수 있음을 안내해 주십시오.

4. 조사표의 각 문항은 피해자 진술, 육안 관찰, PDA 上 신고이력·재발우려가정 정보 등을 통해 확인 및 기록하여 주시고, 필요한 경우 문서·사진·동영상 등으로 증거를 확보 해 주시기 바랍니다.

5. 아동학대 정황*이 발견되는 경우 「아동학대 체크리스트」를 활용, 세심하게 점검해 주세요.

   *만 18세 미만 아동에 대한 폭행(눈에 띄는 상처·멍 등)·유기·방임 등

6. 경청하는 자세로, 개방형 질문을 활용하여 주세요.

   "신고한 내용에 대해 구체적으로 모두 진술해주세요. 어떤 피해를 입으셨나요?"

   ※ 관련근거: 「가정폭력방지법」 제9조의4 '현장출입조사',
   「가정폭력처벌법」 제5조 '응급조치'

I. 기본정보	신고일시 :		사건번호 :		쌍방 □
피해자	성명		성별:	연락처:	
	국적: 한국 □ 기타: (		)	생년월일:	
가해자	성명		성별:	연락처:	
	국적: 한국 □ 기타: (		)	생년월일:	
주소지: 신고지 동일 □ *직접입력(상세주소):				관계:	
				아동 유무: 있음□ 없음□	

II. 사건처리 참고기준

범죄 유형	해당함
1. **상해**(타박상, 골절, 혈흔, 응급실 내원 등)	☐
2. **특수폭행·협박**(흉기사용)	☐
3. **상습폭행·협박**(2회 이상 폭행·협박)	☐
4. **손괴**(물건 파손)	☐
5. **보호처분·피해자보호명령**(격리·접근금지) **위반** ※ 「가정폭력처벌법」 제63조 위반죄 해당	☐
6. **일반폭행·협박**(존속폭행·협박 포함)	☐
7. **긴급임시조치·임시조치**(격리·접근금지) **위반**	☐

※ 범죄 유형에 따른 조치 기준
△1~5번 → 체포·임의동행·발생보고 △6번 → 발생보고(형사처벌뿐 아니라 가해자 성행교정을 위한 보호처분[가정보호사건]이 가능함을 안내했음에도 명시적으로 사건접수를 원치 않는 경우에만 현장종결) △7번 → 퇴거 조치 후 위반자 통보서 작성하여 여청수사팀 송부

III. 긴급임시조치 결정문항   ※ 1개만 해당할 경우에도 긴급임시조치 적극 실시

조사 방법	조사 내용	해당함
경찰관 확인· 판단	1. 피해자에게 치료가 필요한 정도의 **뚜렷한 외상**(상해)이 확인되거나 가해자가 흉기 등 **위험한 물건을 소지**(특수폭행·협박)한 것이 확인됨	☐
	2. 가해자가 **출입문 개방에 협조하지 않고**, 피해자를 대면한 결과 가정폭력 **범죄 피해가 확인됨**	☐
	3. **파편, 집기류의 심각한 파손** 등 주변 잔여물을 볼 때 가정폭력 **범죄가 의심되고 위험성이 있다고 판단됨**	☐

구분	유형	조사 내용	예	아니오	확인 안됨
Ⅳ. 긴급임시조치 평가 기준		※ 총점 5점 이상인 경우 긴급임시조치 적극 실시			
경찰관 확인· 판단	경찰에 대한 저항	1. 가해자가 현장에 출동한 경찰관을 상대로 비협조적인 태도를 보임	☐	☐	☐
	정당성 주장	2. 가해자가 가정폭력 행위를 피해자의 탓으로 돌리며 어쩔 수 없는 행위였다고 주장함	☐	☐	☐
피해자 대상 질문	신고 전력	3. 이전에도 가정폭력으로 신고한 적이 있나요?	☐	☐	☐
	일반적 폭력성	4. 가해자가 가족구성원들을 포함한 다른 사람들과 자주 다투거나, 폭력적인 성향을 보이나요?	☐	☐	☐
	알코올 등 약물 사용	5. 가해자가 일주일에 술을 주 3회 이상 마시거나 기타 약물*을 과다하게 사용하나요? * 향정신성 의약품(마약, 수면제 등), 불법 약물(본드, 가스 등)	☐	☐	☐
	자살 암시	6. 가해자가 선생님 탓을 하며 죽겠다고 말하거나 죽으려고 시도한 적 있나요?	☐	☐	☐
	지배 성향	7. 가해자가 선생님께서 다른 사람을 만나지 못하도록 하거나 일거수 일투족을 보고하게 하나요?	☐	☐	☐
	가해자에 대한 공포	8. 가해자의 손에 죽을 수도 있겠다고 느낀 적이 있나요?	☐	☐	☐
	피해자 건강	9. 가해자와의 문제로 몸이나 마음에 불편한 곳이 있나요?	☐	☐	☐
총 점			(	)	점

※ 가정폭력 현장조사와 응급조치가 마무리되면 '가정폭력 피해자 권리 및 지원 안내서'를 피해자에게 문자로 전송하거나 직접 전달하고 그 내용을 안내해 주십시오.
※ 조사표상 제시된 사건처리·긴급임시조치 기준대로 처리하기 어려운 경우 그 사유를 종결 내용에 상세히 기록해 주십시오.(기록된 내용은 사후 콜백 시 참고자료로 활용됩니다)

조사자 성명·계급		소속	

210㎜ × 297㎜(백상지 80g/㎡)

긴급임시조치 결정

제 0000-000000 호   0000. 00. 00.

행위자	성 명		주민등록번호	
	직 업			
	주 거			
변 호 인				

위 사람에 대한 ○○○○ 피의사건에 관하여 「가정폭력범죄의 처벌 등에 관한 특례법」 제8조의2 제1항에 따라 다음과 같이 긴급임시조치를 결정함

[□] 피해자 또는 가정구성원의 주거 또는 점유하는 방실로부터의 퇴거 등 격리
[□] 피해자 또는 가정구성원의 주거, 직장 등에서 100미터 이내의 접근금지
[□] 피해자 또는 가정구성원에 대한 「전기통신기본법」 제2조제1호의 전기통신을 이용한 접근금지

피해자	성 명	
	주 거	
	직 장	
긴급임시조치 결정근거	□ 피해자 □ 피해자의 법정대리인 □ 사법경찰관 직권	
긴급임시조치 일시 및 장소	일시 :	
	장소 :	
범죄사실의 요지 및 긴급임시조치를 필요로 하는 사유		

소 속 관 서

사법경찰관   계급

210mm × 297mm(백상지 80g/㎡)

긴급임시조치결정서

제 0000-000000 호   0000.00.00.

다음 사람에 대한   피의사건에 관하여 「아동학대범죄의 처벌 등에 관한 특례법」 제13조제1항에 따라 아래와 같이 긴급임시조치를 결정합니다.

아 동 학 대 행 위 자	성 명			
	주민등록번호			
	직 업		피해아동등 과의 관계	
	주 거			
피해아동등	성 명			
	법정대리인 또는 담당 아동학대 전담공무원			
긴 급 임 시 조 치 내 용	[□]	피해아동등 또는 가정구성원의 주거로부터 퇴거 등 격리(제1호)		
	[□]	피해아동등 또는 가정구성원의 주거, 학교 또는 보호시설 등에서 100미터 이내의 접근 금지(제2호) 기준지: [ ]주거 [ ]학교·학원 [ ]보호시설 [ ]병원 [ ]그 밖의 장소( )		
	[□]	피해아동등 또는 가정구성원에 대한 「전기통신기본법」 제2조제1호의 전기통신을 이용한 접근 금지(제3호)		
긴 급 임 시 조 치 일시 및 장소	일 시			
	장 소			
범 죄 사 실 의 요 지 및 긴급임시조치가 필요한 사유				
긴 급 임 시 조 치 고 지	[□]	본인은 위 일시 및 장소에서 위와 같이 긴급임시조치 결정을 고지받았음을 확인합니다. (서명 또는 인)		
	[□]	긴급임시조치 결정을 고지하였으나 서명 또는 기명날인을 거부함 거부사유 :		

소 속 관 서

사법경찰관   계급

210mm × 297mm(백상지 80g/㎡)

긴급임시조치 확인서(가정폭력)

행 위 자	성 명		주민등록번호	
	주 거			

본인은 경 에서 아래 항목의
긴급임시조치 결정에 대해 고지받았음을 확인합니다.

[□] 피해자 또는 가정구성원의 주거 또는 점유하는 방실로부터의 퇴거 등 격리

[□] 피해자 또는 가정구성원의 주거, 직장 등에서 100미터 이내의 접근금지

[□] 피해자 또는 가정구성원에 대한 「전기통신기본법」 제2조제1호의 전기통신을 이용한 접근금지(전화, 이메일, SNS 등을 이용한 접근금지)

위 확인인 　(인)

위 대상자에 대해 긴급임시조치 결정을 하면서, 위 결정 내용을 고지하였음.
(고지한 내용을 확인하였으나 정당한 이유없이 서명 또는 기명날인을 거부함)
사법경찰관(리) 　　　　　(인)

※ 아래 긴급임시조치 통보서는 잘라서 대상자에게 교부하여 주시기 바랍니다.
-------------------------------------- (자르는 선)

긴급임시조치 통보서(가정폭력)

[□] 피해자 또는 가정구성원의 주거 또는 점유하는 방실로부터의 퇴거 등 격리

[□] 피해자 또는 가정구성원의 주거, 직장 등에서 100미터 이내의 접근금지

[□] 피해자 또는 가정구성원에 대한 「전기통신기본법」 제2조제1호의 전기통신을 이용한 접근금지(전화, 이메일, SNS 등을 이용한 접근금지)

※ 경찰의 긴급임시조치 결정사항 위반시 300만원 이하의 과태료가 부과될 수 있습니다. 긴급임시조치 결정시 지체없이 법원에 임시조치가 청구되며, 법원의 임시조치 결정사항 위반시 500만원 이하의 과태료가 부과되거나 경찰관서 유치장 또는 구치소에 유치될 수 있습니다.

사법경찰관(리) 　　　　　(인)

210mm × 297mm(백상지 80g/㎡)

긴급임시조치통보서

「아동학대범죄의 처벌 등에 관한 특례법」 제13조제1항에 따라 결정된 긴급임시조치를 다음과 같이 통보합니다.

긴급임시조치대상자	성　　명			
	주민등록번호			
	직　　업		피해아동등과의 관계	
	주　　거			
피해아동등	성　　명			
	생년월일			
	주　　거			
긴급임시조치내용	[□]	피해아동등 또는 가정구성원의 주거로부터 퇴거 등 격리 (제1호)		
	[□]	피해아동등 또는 가정구성원의 주거, 학교 또는 보호시설 등에서 100미터 이내의 접근 금지(제2호) 기준지: [　]주거 [　]학교·학원 [　]보호시설 [　]병원 　　　　[　]그 밖의 장소(　　　　　　　　　　　　)		
	[□]	피해아동등 또는 가정구성원에 대한 「전기통신기본법」 제2조제1호의 전기통신을 이용한 접근 금지(제3호)		
긴급임시조치통보일시및장소	일　　시			
	장　　소			
긴급임시조치고지	[□]	본인은 위 일시 및 장소에서 위와 같이 긴급임시조치 결정을 통보받았음을 확인합니다. 　　　　　　　　　　　　　　　　　　　(서명 또는 인)		
	[□]	긴급임시조치 결정을 통보하였으나 서명 또는 기명날인을 거부함 거부사유 :		

소속관서

사법경찰관　계급

210mm × 297mm(백상지 80g/㎡)

소속관서

<table>
<tr><td>제 0000-000000 호</td><td></td><td></td><td></td><td colspan="2">0000.00.00.</td></tr>
</table>

제 0000-000000 호 　　　　　　　　　　　　　　　　　　　　　　 0000.00.00.
수 신 :
제 목 : 응급조치 결과보고

「아동학대범죄의 처벌 등에 관한 특례법」 제12조제4항에 따라 신고를 받고 즉시 현장에 출동하여 아래와 같이 응급조치를 하였음을 보고합니다.

<table>
<tr><td rowspan="5">아 동 학 대
행 위 자</td><td>성 　 명</td><td colspan="3"></td></tr>
<tr><td>주민등록번호</td><td colspan="3"></td></tr>
<tr><td>직 　 업</td><td></td><td>피해아동과
의 관 계</td><td></td></tr>
<tr><td>주 　 거</td><td colspan="3"></td></tr>
<tr><td>다 른 가 정
구 성 원</td><td colspan="3">성명 : 　　　　　　 행위자와의 관계 :
주거 :</td></tr>
<tr><td rowspan="2">피 해 아 동</td><td>성 　 명</td><td colspan="3"></td></tr>
<tr><td>법정대리인 또는
아동보호전문기관
담 당 상 담 원</td><td colspan="3"></td></tr>
<tr><td rowspan="2">응 급 조 치
일시 및 장소</td><td>일 　 시</td><td colspan="3"></td></tr>
<tr><td>장 　 소</td><td colspan="3"></td></tr>
<tr><td rowspan="4">응 급 조 치 의
내 　 용</td><td>[□]</td><td colspan="3">아동학대범죄 행위의 제지(제1호)</td></tr>
<tr><td>[□]</td><td colspan="3">아동학대행위자를 피해아동으로부터 격리(제2호)</td></tr>
<tr><td>[□]</td><td colspan="3">피해아동을 아동학대 관련 보호시설로 인도(제3호)</td></tr>
<tr><td>[□]</td><td colspan="3">긴급치료가 필요한 피해아동을 의료기관으로 인도
(제4호)</td></tr>
<tr><td rowspan="2">응급조치자</td><td>성 　 　 명</td><td></td><td>소 　 속</td><td></td></tr>
<tr><td>전 화 번 호</td><td></td><td>직 　 급</td><td></td></tr>
<tr><td colspan="2">피 해 사 실 의 요 지 및
응급조치가 필요한 사유</td><td colspan="3"></td></tr>
</table>

소 속 관 서

사법경찰관 　계급

210mm × 297mm(백상지 80g/㎡)

아동학대 현장조사 체크리스트		팀장		대장	

피 해 아 동	이 름		주민등록번호				
	성 별	[ ]남　[ ]여	연 령		만　세(　개월)		
	거주지		교육기관명				
	외상유무	[ ]있음　[ ]없음		외상정도	[ ]중상　　[ ]경상		
	치료경력	[ ]있음　[ ]없음		치료내용			
	표정	[ ]어두움　　[ ]밝음　　[ ]무표정　　[ ]기타					
	의복	[ ]더러움　　[ ]평범함　　[ ]깨끗함　　[ ]미착용					
	행동	[ ]자연스러움　[ ]약간 자연스러움　[ ]부자연스러움　[ ]숨거나 회피함					
	장애여부	[ ]지적장애　　[ ]신체장애　　[ ]지적+신체장애　　[ ]기타					

학 대 의심자	이 름		주민등록번호		
	거주지		연락처		
	직 업	[ ]관리직 [ ]전문직 [ ]기술직 [ ]사무직 [ ]서비스직 [ ]노무직 [ ]공무원 [ ]무직			
	아동과의 관계	[ ]친부 [ ]친모 [ ]계부 [ ]계모 [ ]양부 [ ]양모 [ ]친인척 [ ]대리양육자 [ ]기타			

가 정 환 경	청소상태	[ ]깨끗함　　　　[ ]보통　　　　[ ]더러움			
	거주상태	[ ]자택　[ ]전세　[ ]보증금+월세　[ ]월세　[ ]영구임대　[ ]기타			
	가족유형	[ ]친부모 [ ]한부모 [ ]미혼부모 [ ]재혼가정 [ ]친인척 보호 [ ]사실혼 가정 [ ]위탁가정 [ ]입양가정 [ ]시설보호 [ ]소년소녀가장 [ ]기타 [ ]파악안됨			
	가족관계	이름 / 생년월일 / 직업(학교) / 동거여부 / 연락처			
				[ ]동거 [ ]비동거	
				[ ]동거 [ ]비동거	
				[ ]동거 [ ]비동거	

학 대 의 심 내 용	[ ]신체학대	[ ]세게 흔듬　[ ] 묶음　[ ]아동 던짐　[ ]조름·비틈　[ ]꼬집거나 뭄 [ ]벽에 부딪힘　[ ]물건던짐　[ ]흉기로 찌름　[ ]화상　[ ]기타			
	[ ]정서학대	[ ]소리 지름 [ ]무시나 모욕 [ ]무관심 [ ]언어폭력 [ ]가정폭력 노출 [ ]집밖으로 쫓음 [ ]비현실 강요 [ ]수면 금지 [ ]공포분위기 [ ]기타			
	[ ]성학대	[ ]신체관찰 [ ]성관계 노출 [ ]성기노출 [ ]자위노출 [ ]신체추행 [ ]구강추행 [ ]성기추행 [ ]구강성교 [ ]성기삽입 [ ]음란물노출 [ ]성매매 [ ]기타			
	[ ]방임(유기)	[ ]물리적방임 [ ]의료적방임 [ ]교육적방임 [ ]가출 후 찾지 않음 [ ]출생 신고안함 [ ]유기 [ ]기타			

조 치 결 과	현장종결 : [ ] 혐의없음　[ ] 오인신고　[ ] 중복신고　[ ] 재신고　[ ] 허위신고　[ ] 기타
	응급조치 : [ ] 범죄행위 제지　[ ] 학대행위자 격리　[ ] 보호시설 인도　[ ] 의료기관인도
	긴급임시조치 : [ ] 퇴거 등 격리　[ ] 100미터 이내 접근금지　[ ] 전기통신이용 접근금지
	아동보호전문기관 통보여부 : [ ] 통보　[ ] 미통보
	참고사항 :

신고접수번호 :　　　　　　　　　　　　　작 성 일 시 :　　　　　　　년

　　　　　　　월　　　　　일　　　　　　시　　　　　분

경찰서　　　　　지구대(파출소)　계급　　　성명　　　(인)

　　　　　　　　　　　　　　　　　계급　　　성명　　　(인)

210mm × 297mm(백상지 80g/㎡)

소속관서

제 0000-000000 호   0000.00.00.

수 신 :

제 목 : 임시조치 미신청 사유 통지

「아동학대범죄의 처벌 등에 관한 특례법」 제14조제3항에 따라 임시조치를 신청하지 아니하는 사유를 다음과 같이 통지합니다.

요 청 인	성 명	
	자 격	[ ]피해아동등 [ ]법정대리인 [ ] 변호사 [ ] 아동보호전문기관장 [ ]시·도지사, 시장·군수·구청장
아 동 학 대 행 위 자	성 명	피해아동과의관계
	주민등록번호	
피 해 아 동 등	성 명	
	법정대리인 또 는 담당 아동학 대 전담공무원	
신 청 요 청 내 용		
임 시 조 치 미 신 청 사 유		

소속관서

사법경찰관 계급

210㎜ × 297㎜(백상지 80g/㎡)

임시조치 이행상황 통보서

(00-0000-0000)

제 0000-000000 호   0000.00.00.

수 신 :

제 목 : 임시조치 이행상황 통보

다음 사람에 대하여 아래와 같이 「아동학대범죄의 처벌 등에 관한 특례법」 제21조제2항에 따른 임시조치 이행상황을 통보합니다.

아동학대 행위자	성 명		피해아동 등과의 관계	
	주민등록번호	- (세)		
피해아동등	성 명			
임시조치 사건번호 및 결정일자	사건번호			
	결정일자			
임시조치 결정 내용	[ ]	피해아동등 또는 가정구성원의 주거로부터 퇴거 등 격리(법 제19조제1항제1호)		
	[ ]	피해아동등 또는 가정구성원의 주거, 학교 또는 보호시설 등에서 100미터 이내의 접근 금지(법 제19조제1항제2호) 기준지: [ ]주거 [ ]학교·학원 [ ]보호시설 [ ]병원 [ ]그 밖의 장소( )		
	[ ]	피해아동등 또는 가정구성원에 대한 「전기통신기본법」 제2조제1호의 전기통신을 이용한 접근 금지(법 제19조제1항제3호)		
	[ ]	친권 또는 후견인 권한 행사의 제한 또는 정지(법 제19조제1항제4호)		
	[ ]	아동보호전문기관 등에의 상담 및 교육 위탁(법 제19조제1항제5호)		
	[ ]	의료기관이나 그 밖의 요양시설에의 위탁(법 제19조제1항제6호)		
	[ ]	경찰관서의 유치장 또는 구치소에의 유치(법 제19조제1항제7호)		
이행상황				

소 속 관 서

사법경찰관/리   계급   (서명 또는 인)

210mm×297mm(백상지 80g/㎡)

보호처분 이행상황 통보서

(00-0000-0000)

제 0000-000000 호   0000.00.00.

수 신 :

제 목 : 임시조치 이행상황 통보

다음 사람에 대하여 아래와 같이 「아동학대범죄의 처벌 등에 관한 특례법」 제38조제2항에 따른 보호처분 이행상황을 통보합니다.

아동학대 행위자	성 명		피해아동등과의 관계	
	주민등록번호		– (세)	
피해아동등	성 명			
법원의 보호처분 결정 내용	사건번호			
	결정일자			
	보호처분의 종류			
	보호처분의 기간			
이행상황				

소 속 관 서

사법경찰관/리   계급   (서명 또는 인)

210mm×297mm(백상지 80g/㎡)

소속관서

제 0000-000000 호   0000.00.00.

수 신 :

제 목 : 피해아동 보호사실 통보

「아동학대범죄의 처벌 등에 관한 특례법」 제12조제2항에 따라 아동학대행위
자로부터 피해아동을 분리 · 인도하여 아래 시설에서 보호하고 있음을 통보합
니다.

피해아동 1	성 명		생년월일(나이)	(세)
	전 화 번 호			
보호시설 또 는 의료시설	명 칭			
	주 소			
	담 당 직 원 (직 급)		전 화 번 호	
피해아동 2	성 명		생년월일(나이)	
	전 화 번 호			
보호시설 또 는 의료시설	명 칭			
	주 소			
	담당직원(직 급)		전 화 번 호	
피해아동 3	성 명		생년월일(나이)	
	전 화 번 호			
보호시설 또 는 의료시설	명 칭			
	주 소			
	담당직원(직 급)		전 화 번 호	
통 보 인 인적사항	성 명		소 속	
	전 화 번 호		직 급	

소 속 관 서

사법경찰관 계급

210mm × 297mm(백상지 80g/㎡)

긴급임시조치 신청서

※ [ ]에는 해당되는 곳에 √표를 합니다.

접수번호		접수일자		처리기간	즉시

신청인	성 명	
	자 격 [ ]피해아동등 [ ]피해아동의 법정대리인 [ ]변호사 [ ]시·도지사, 시장·군수·구청장 [ ]아동보호전문기관장	
	주 소	
	전화번호	팩스번호

아동학대 행위자	성 명	
	주민등록번호	(세)
	피해아동등과의 관계	전화번호
	주 거	

피해아동등	성 명	성 별
	생년월일(나이)	전화번호
	법정대리인 또는 담당 아동학대전담공무원	

긴급임시조치의 내용 (중복신청 가능)	[ ]	피해아동등 또는 가정구성원의 주거로부터 퇴거 등 격리(법 제19조제1항제1호)
	[ ]	피해아동등 또는 가정구성원의 주거, 학교 또는 보호시설 등에서 100미터 이내의 접근 금지(법 제19조제1항제2호) 기준지: [ ] 주거 [ ] 학교·학원 [ ] 보호시설 [ ] 병원 [ ] 그 밖의 장소( )
	[ ]	피해아동등 또는 가정구성원에 대한 「전기통신기본법」 제2조제1호의 전기통신을 이용한 접근 금지(법 제19조제1항제3호)

범죄사실의 요지 및 긴급임시조치가 필요한 사유	별지와 같음

「아동학대범죄의 처벌 등에 관한 특례법」 제13조제1항에 따라 아동학대행위자에 대한 긴급임시조치를 신청합니다.

년   월   일

신청인   (서명 또는 인)

○ ○ **경찰서장** 귀하

210mm×297mm[백상지 80g/㎡(재활용품)]

긴급임시조치 취소결정서

제 0000-000000 호   0000.00.00.

다음 사람에 대한   피의사건에 관하여 「아동학대범죄의 처벌 등에 관한 특례법」 제15조제3항에 따라 아래와 같이 긴급임시조치를 취소합니다.

아 동 학 대 행 위 자	성 명			
	주민등록번호		피해아동등 과 의 관계	
	직 업			
	주 거			
피 해 아 동 등	성 명			
	법정대리인 또는 담당 아동학대 전담공무원			
긴 급 임 시 조 치 내 용	[□]	피해아동등 또는 가정구성원의 주거로부터 퇴거 등 격리(제1호)		
	[□]	피해아동등 또는 가정구성원의 주거, 학교 또는 보호시설 등에서 100미터 이내의 접근 금지(제2호) 기준지: [　]주거 [　]학교·학원 [　]보호시설 [　]병원 　　　　[　]그 밖의 장소(　　　　　　　　　　)		
	[□]	피해아동등 또는 가정구성원에 대한 「전기통신기본법」 제2조제1호의 전기통신을 이용한 접근 금지(제3호)		
긴 급 임 시 조 치 취 소 일시 및 장소	일 시			
	장 소			
긴 급 임 시 조 치 고 지	[□]	검사가 임시조치를 청구하지 아니한 경우		
	[□]	법원이 임시조치의 결정을 하지 아니한 경우		
긴 급 임 시 조 치 취 소 고 지	[□]	본인은 위 일시 및 장소에서 위와 같이 긴급임시조치 취소 결정을 고지받았음을 확인합니다. 　　　　　　　　　　　　　　　　　(서명 또는 인)		
	[□]	긴급임시조치 취소 결정을 고지하였으나 서명 또는 기명날인을 거부함 거부사유 :		

소 속 관 서

사법경찰관 계급

210mm × 297mm(백상지 80g/㎡)

소속관서

우편번호/　　　　주소　　　　　/전화번호　　　　　/전송

제 0000-000000 호　　　　　　　　　　　　　　0000.00.00.

수 신 :

제 목 : 임시조치 신청 요청 처리 결과 통보

「아동학대범죄의 처벌 등에 관한 특례법」 제14조제2항에 따른 아동학대행위
자에 대한 임시조치 신청 요청의 처리 결과를 아래와 같이 통보합니다.

요 청 인	성 명	
	자 격	[　]피해아동등 [　]법정대리인 [　]변호사 [　]아동보호전문기관장 [　]시·도지사, 시장·군수·구청장
아 동 학 대 행 위 자	성 명	피해아동등 과의 관계
	주민등록번호	
피 해 아 동 등	성 명	
	법정대리인 또는 담당 아동학대 전담공무원	
요 청 내 용		
처 리 결 과	[□]　　　임시조치 신청	[□]　　　신청하지 않음
임시조치의 내 용 (중복신청 가능)	[□] 피해아동등 또는 가정구성원의 주거로부터 퇴거 등 격리(제1호)	
	[□] 피해아동등 또는 가정구성원의 주거, 학교 또는 보호시설 등에서 100미터 이내의 접근 금지(제2호) 기준지: [　]주거 [　]학교·학원 [　]보호시설 [　]병원 　　　　[　]그 밖의 장소(　　　　　　　　　　　　　)	
	[□] 피해아동등 또는 가정구성원에 대한 「전기통신기본법」 제2 조제1호의 전기통신을 이용한 접근 금지(제3호)	
	[□] 친권 또는 후견인 권한 행사의 제한 또는 정지(제4호)	
	[□] 아동보호전문기관 등에의 상담 및 교육 위탁(제5호)	
	[□] 의료기관이나 그 밖의 요양시설에의 위탁(제6호)	
	[□] 경찰관서의 유치장 또는 구치소에의 유치(제7호)	
신 청 하 지 않 은 이 유		

소 속 관 서

사법경찰관 계급

210mm × 297mm(백상지 80g/㎡)

소속관서

제 0000-000000 호   0000.00.00.

수 신 :

제 목 : 의무위반사실 통보

다음 사람에 대하여 아래와 같이 「아동학대범죄의 처벌 등에 관한 특례법」 제63조제1항에 따른 의무위반사실을 통보하니, 과태료를 부과하여 주시기 바랍니다.

의무위반자	성 명	
	주민등록번호	
	주 소	
의무위반사실	일 시	
	장 소	
	내 용	
적용법조	[□]	정당한 사유 없이 제10조제2항에 따른 신고를 하지 아니한 사람(제63조제1항제2호)
	[□]	정당한 사유 없이 제13조제1항에 따른 긴급임시조치를 이행하지 아니한 사람(제63조제1항제4호)
	[□]	정당한 사유 없이 법 제11조제5항을 위반하여 사법경찰관리, 아동학대전담공무원 또는 아동보호전문기관의 직원이 수행하는 현장조사를 거부한 사람(법 제63조제1항제3호)
	[□]	정당한 사유 없이 제36조제1항제4호부터 제8호까지의 보호처분이 확정된 후 이를 이행하지 아니하거나 집행에 따르지 아니한 사람(제63조제1항제5호) [ ]사회봉사·수강명령(제36조제1항제4호) [ ]보호관찰(제36조제1항제5호) [ ]감호위탁(제36조제1항제6호) [ ]치료위탁(제36조제1항제7호) [ ]상담위탁(제36조제1항제8호)
통 보 인 인 적 사 항	성 명		소 속	
	전 화 번 호		직 급	

소 속 관 서

사법경찰관 계급

210mm × 297mm(백상지 80g/㎡)

소속관서

제 0000-000000 호 0000.00.00.
수 신 :
제 목 : 아동학대범죄현장 동행 요청

|아동학대범죄의 처벌 등에 관한 특례법」 제11조제1항에 따라 아동학대범죄의 현장에 동행하여 줄 것을 요청합니다.

아동학대범죄 신 고 사 항	신 고 시 각	
	신 고 요 지	
	범 죄 발 생 지	

동행요청인	성 명		소 속	
	전 화 번 호		직 급	

특 이 사 항	

소 속 관 서

사법경찰관 계급

210mm × 297mm(백상지 80g/㎡)

임시조치 신청 요청서

※ [ ]에는 해당되는 곳에 √표를 합니다.

접수번호		접수일자		처리기간	즉시

요청인	성 명			
	자 격	[ ]피해아동등 [ ]법정대리인 [ ]변호사		
		[ ]시·도지사, 시장·군수·구청장 [ ]아동보호전문기관장		
	주 소			
	전화번호		팩스번호	

아동학대 행위자	성 명		
	주민등록번호		(세)
	피해아동등과의 관계	전화번호	
	주 거		

피해아동 등	성 명(성별)	생년월일(나이)
	법정대리인 또는 담당 아동학대전담공무원	전화번호

임시조치 의 내용 (중복요청 가능)	[ ] 피해아동등 또는 가정구성원의 주거로부터 퇴거 등 격리(법 제19조제1항제1호)
	[ ] 피해아동등 또는 가정구성원의 주거, 학교 또는 보호시설 등에서 100미터 이내의 접근 금지(법 제19조제1항제2호) 기준지: [ ]주거 [ ]학교·학원 [ ]보호시설 [ ]병원 [ ]그 밖의 장소( )
	[ ] 피해아동등 또는 가정구성원에 대한 「전기통신기본법」 제2조제1호의 전기통신을 이용한 접근 금지(법 제19조제1항제3호)
	[ ] 친권 또는 후견인 권한 행사의 제한 또는 정지(법 제19조제1항제4호)
	[ ] 아동보호전문기관 등에의 상담 및 교육 위탁(법 제19조제1항제5호)
	[ ] 의료기관이나 그 밖의 요양시설에의 위탁(법 제19조제1항제6호)
	[ ] 경찰관서의 유치장 또는 구치소에의 유치(법 제19조제1항제7호)

범죄사실의 요지 및 임시조치가 필요한 사유	별지와 같음

　　　「아동학대범죄의 처벌 등에 관한 특례법」 제14조제2항에 따라 아동학대행위자에 대한 [ ]임시조치의 신청(사법경찰관)을 요청합니다.

년 　　　 월 　　　 일

요청인 　　　　　　 (서명 또는 인)

○ ○ 경찰서장 귀하

210mm×297mm[백상지 80g/㎡(재활용품)]

소속관서

제 0000-000000 호   0000.00.00.
수 신 :
제 목 : 입국·상륙절차 특례신청

___

마약류범죄수사와 관련하여, 아래 외국인을 입국·상륙시킬 필요가 있으므로,
「마약류 불법거래 방지에 관한 특례법」 제3조 제5항 규정에 따라, 출입국관리
공무원에게 입국·상륙 절차 특례의 요청을 신청합니다.

대상자	성 명		성 별	
	생 년 월 일			
	국 적			
마약류의 분산 방지 및 도주 방지를 위한 감시체제의 상황				
비 고				

소 속 관 서

사법경찰관 계급

210㎜ × 297㎜(백상지 80g/㎡)

소속관서

제 0000-000000 호   0000.00.00.

수 신 :

제 목 : 체류 부적당통보신청

마약류범죄수사와 관련하여, 아래 외국인을 계속 대한민국에 체류하게하는 것이 적당하지 아니하므로, 「마약류 불법거래 방지에 관한 특례법」 제3조 제5항 규정에 따른 통보를 신청합니다.

대상자	성 명			
	생 년 월 일		성 별	
	국 적			
입국(상륙) 허가일자				
비 고				

소 속 관 서

사법경찰관 계급

210㎜ × 297㎜(백상지 80g/㎡)

소속관서

제 0000-000000 호   0000.00.00.
수 신 :
제 목 : 세관 절차 특례 신청

마약류범죄수사와 관련하여, 아래 마약류가 외국으로 반출될 / 우리나라로 반입될 필요가 있으므로, 「마약류 불법거래 방지에 관한 특례법」 제4조에 따른 세관절차의 특례조치의 요청을 신청합니다.

마 약 류 의 특 정	
마 약 류 의 분 산 방 지 를 위 한 감 시 체 제 의 상 황	
비 고	

소 속 관 서

사법경찰관 계급

210mm × 297mm(백상지 80g/㎡)

특례조치 등 신청부
(0000-000000)

입 국·상 륙 등 요 청·통 보 관 련						세 관 요 청 관 련		
대 상 자	성　　명					마　　약　　류		
	생년월일	(　　　세)		성 별	남·여			
	국　　적							
요 청 관 련	사법경찰관 신　　청	신 청 일	．　．　．			사법경찰관 신　　청	신 청 일	．　．　．
		기 각 일	．　．　．				기 각 일	．　．　．
	사법경찰관 재 신 청	신 청 일	．　．　．			사법경찰관 재 신 청	신 청 일	．　．　．
		기 각 일	．　．　．				기 각 일	．　．　．
통 보 관 련	사법경찰관 신　　청	신 청 일	．　．　．			비　　　　　　고		
		기 각 일	．　．　．					
	검사통보	통 보 일	．　．　．					
		처리결과	．　．　．					
비　　　　고								

210㎜ × 297㎜(백상지 80g/㎡)

몰수·부대보전 신청부

진 행 번 호		제 호	제 호
성 명			
죄 명			
사 건 번 호		년 형 제 호	년 형 제 호
사 건 명			
검 사			
신 청 관 서			
처분을 금지하는 재산 권리			
몰 수 보 전 사 건 의 표 시			
사 법 경 찰 관 신 청	신 청 일	. . .	. . .
	불 청 구 일	. . .	. . .
검사청구	청 구 일	. . .	. . .
	결 정 일	. . .	. . .
	요 지		
사 법 경 찰 관 재 신 청	신 청 일	. . .	. . .
	불 청 구 일	. . .	. . .
검 사 재 청 구	청 구 일	. . .	. . .
	결 정 일	. . .	. . .
	요 지		
결 정 문 수 령 일		. . .	. . .
수령자의직급·성명·날인			
항 고	제 기 일		
	결 정 일		
	요 지		
재 항 고	제 기 일		
	결 정 일		
	요 지		
종 국 연 월 일		. . .	. . .
몰수·부대 보전부 번호		몰수 년 제 호 부대	몰수 년 제 호 부대
비 고			

210mm × 297mm(백상지 80g/㎡)

추징보전 신청부

사 건 번 호			
송 치 번 호			
성 명			
죄 명			
신 청 관 서			
처분을 금지하는 재산			
추 징 보 전 액			
취 소 된 추 징 보 전 액			
잔 여 추 징 보 전 액			
추 징 보 전 사 건 의 표 시			
사 법 경 찰 관 신 청	신 청 일	. . .	. . .
	검 찰 사 불 청 구 일	. . .	. . .
검사청구	청 구 일	. . .	. . .
	법 원 결 정 일	. . .	. . .
	요 지		
사 법 경 찰 관 재 신 청	신 청 일	. . .	. . .
	검 찰 사 불 청 구 일	. . .	. . .
검 사 재 청 구	청 구 일	. . .	. . .
	법 원 결 정 일	. . .	. . .
	요 지		
사 법 경 찰 관 (전부·일부) 취 소 신 청	신 청 일	. . .	. . .
	검 찰 사 불 청 구 일	. . .	. . .
검 사 (전부·일부) 취소청구	청 구 일	. . .	. . .
	법 원 결 정 일	. . .	. . .
	요 지		
결 정 문 수 령 일		. . .	. . .
수령자의직급·성명·날인			
항 고	제 기 일		
	결 정 일		
	요 지		
재 항 고	제 기 일		
	결 정 일		
	요 지		
종 국 연 월 일		. . .	. . .
비 고			

210mm × 297mm(백상지 80g/㎡)

보 석 자 관 찰 부 형집행정지자	
등 록 기 준 지	
주 　 　 거	
직 　 　 업	
성 명 · 연 령	
주 민 등 록 번 호	
죄명 및 소속법원	
출소한 교도소 또는 대 용 감 방	
관찰이유 및 통지받은 일 　 　 자	보석, 형집행정지, 20 　 년 　 　 월 　 　 일
법원에서 부가한 제 한 및 조 건	

210mm × 297mm(백상지 80g/㎡)

관 찰 상 황

년월일	관 찰 상 황	관찰자	확인자

210mm × 297mm(백상지 80g/㎡)

압 수 부

번 호		범죄사건부 번 호	압 수 연월일	압수물건		소유자의 주거 성명	피압수자의 주거 성명	보관자 확 인	취급자 확 인	처 분		비고
압수부	압수물			품종	수량					연월일	요지	

210mm × 297mm(백상지 80g/㎡)

체포·구속인명부

제 호					
체포·구속	취급자	팀장		과장	서장
	연 월 일 및 유형	년 월 일 : 체포영장 년 월 일 : 긴급체포 년 월 일 : 현행범인체포(인수) 년 월 일 : 구속영장 년 월 일 : 즉결심판선고에 의함			
석방	취급자	팀장		과장	서장
	연월일시	년 월 일 시 분			
	사 유				
죄명 및 형명, 형기					

인상	키		몸 집		머리털		눈 썹	
	수 염		이 마		귀		눈	
	입		이		코		용 모	
	얼 굴		얼굴색					
	기타특징							

착 의		
체포구속된 자의 인적사항	성 명		주민등록번호	
	주 거			
	등록기준지			
범죄경력, 죄명, 범수		
공 범 관 계 자 성 명		
가 족 관 계		

210mm × 297mm(백상지 80g/㎡)

범 죄 사 건 부

사 건 번 호		년 범죄 제 호	년 범죄 제 호
수 리		. . . :	. . . :
구 분		고소·고발·자수·신고· 현행범·기타	고소·고발·자수·신고· 현행범·기타
수 사 담 당 자			
피 의 자	성명 및 성별	(남·여)	(남·여)
	주민등록번호 (또는생년월일)		
	직 업		
	주 거		
조 회		컴퓨터·지문·사진·수법· 지명 기타	컴퓨터·지문·사진·수법· 지명 기타
죄명	수 리		
	결 정		
범죄	일 시	. . . :	. . . :
	장 소		
피 해 정 도			
피 해 자			
체포 · 구속	체 포 영 장		
	긴 급 체 포		
	현행범인체포		
	구 속 영 장		
	인 치 구 금	경찰서 유치장	경찰서 유치장
석방일시 및 사유			
결정	년 월 일	. . .	. . .
	종 류		
압 수 번 호		압 제 호	압 제 호
수사미결사건철번호		제 호	제 호
검사 처분	년 월 일	. . .	. . .
	요 지		
판결	년 월 일	. . .	. . .
	요 지		
비 고			
범죄 원표	발생사건표	. . .제 호	. . .제 호
	검거사건표	. . .제 호	. . .제 호
	피 의 자 표	. . .제 호	. . .제 호

210mm × 297mm(백상지 80g/㎡)

년 범죄 제 호	년 범죄 제 호	년 범죄 제 호
. . . :	. . . :	. . . :
고소·고발·자수·신고· 현행범·기타	고소·고발·자수·신고· 현행범·기타	고소·고발·자수·신고· 현행범·기타
(남·여)	(남·여)	(남·여)
컴퓨타·지문·사잔·수법· 지명 기타	컴퓨타·지문·사잔·수법· 지명 기타	컴퓨타·지문·사잔·수법· 지명 기타
. . . :	. . . :	. . . :
경찰서 유치장	경찰서 유치장	경찰서 유치장
. . .	. . .	. . .
제 호	제 호	제 호
압 제 호	압 제 호	압 제 호
제 호	제 호	제 호
. . .	. . .	. . .
. . .	. . .	. . .
. . . 제 호	. . . 제 호	. . . 제 호
. . . 제 호	. . . 제 호	. . . 제 호
. . . 제 호	. . . 제 호	. . . 제 호

210mm × 297mm(백상지 80g/㎡)

■ 범죄수사규칙 [별지 제151호서식]

소속관서

제 0000-000000 호   0000.00.00.

수 신 :

제 목 : 범법자 출입국 규제 검토의견 회신 요청

다음 사람의 　　　　에 필요한 검토의견 회신을 요청합니다.

사 건 번 호		
인 적 사 항	성 명	
	주 거	
	등록기준지	
	직 업	성 별
	여권번호	주민등록번호
죄 명		
범 죄 사 실		
사 유		
기 간		
비 고		

소 속 관 서

사법경찰관 계급

210mm × 297mm(백상지 80g/㎡)

정식재판청구

사 건 번 호				
피고인	성 명		주민등록번호	
	전화번호			
	주 거			
죄 명				
선 고 년 월 일				
즉결심판주문				
비 고				

위 피고사건의 즉결심판에 대하여 불복이므로 정식재판을 청구합니다.

0000.00.00

위 청구인   ⑪

소속관서장 귀하

210mm × 297mm(백상지 80g/㎡)

소속관서

제 0000-000000 호   0000.00.00.

수 신 :

제 목 : 정식재판청구(경찰서장)

다음 피고사건의 즉결심판에 불복이므로 정식재판을 청구합니다.

사 건 번 호			
피고인	성 명		주민등록번호
	주 거		
죄 명			
선 고 연 월 일			
즉결심판주문			
비 고			

소 속 관 서

사법경찰관 계급

210mm × 297mm(백상지 80g/㎡)

소속관서

검사승인		
가	부	비고

제 0000-000000 호   0000.00.00.

수 신 :

제 목 : 정식재판청구승인요청

다음 피고인에 대한 즉결심판에 불복하므로 정식재판청구를 하려 하니 이에
대한 승인을 요청합니다.

피고인	성 명	
	주민등록번호	
	직 업	
	주 거	
죄 명		
선 고 연 월 일		
즉 결 심 판 주 문		
정식재판청구사유	범죄사실	
	증거자료	
	불복이유	

소 속 관 서

사법경찰관 계급

210mm × 297mm(백상지 80g/㎡)

소속관서

제 0000-000000 호 0000.00.00.
수 신 :
제 목 : 즉결심판사건기록송부

다음 즉결심판 사건기록을 송부합니다.

피 고 인	성 명	주민등록번호	지문원지 작성번호
죄 명			
송 부 사 유			
기 록 권 수	권		
증 거 물			
비 고		수리전산입력	

소 속 관 서

사법경찰관 계급

210mm × 297mm(백상지 80g/㎡)

기 록 목 록

서 류 명	진 술 자	작성년월일	면수

소속관서

제 0000-000000 호   0000.00.00.

수 신 :

참 조 :

제 목 : 수사결과보고

　　　피의사건에 관하여 다음과 같이 수사하였기에 결과 보고합니다.

Ⅰ. 피의자 인적사항

Ⅱ. 범죄경력자료 및 수사경력자료

Ⅲ. 범죄사실

Ⅳ. 적용법조

Ⅴ. 증거관계

Ⅵ. 수사결과 및 의견

Ⅶ. 수사참여경찰관

210mm × 297mm(백상지 80g/㎡)

소속관서

제 0000-000000 호   0000.00.00.

수 신 :

참 조 :

제 목 : 수사기일연장건의서

피의자   에 대한   사건에 관하여 다음과 같이 **수사기일 연장을**
건의합니다.

Ⅰ. 피의자 인적사항

Ⅱ. 범죄경력자료 및 수사경력자료

Ⅲ. 범죄사실

Ⅳ. 적용법조

Ⅴ. **수사기일 연장건의 사유**

Ⅵ. 향후수사계획

경 로	지휘 및 의견	구분	결 재	일시

210mm × 297mm(백상지 80g/㎡)

피해자 등 통지관리표

□ 사건정보

접수번호		사건번호	
피(혐)의자		피 해 자	
죄 명			

□ 통지대상 :

◎ 기본사항	
대상자와의 관계	
통지희망여부	원 함 ☑ 원하지 않음 □
통지 방법	구두☑ 우편□ 전화□ FAX□ E-mail□ SMS□ 기타□
수신처 또는 연락처	

◎ 통지현황

연번	일시	대상자	방법	주 요 내 용

□ 통지대상 :

◎ 기본사항	
대상자와의 관계	
통지희망여부	원 함 ☑ 원하지 않음 □
통지 방법	구두☑ 우편□ 전화□ FAX□ E-mail□ SMS□ 기타□
수신처 또는 연락처	

◎ 통지현황

연번	일시	구분	대상자	방법	주 요 내 용

210㎜ × 297㎜(백상지 80g/㎡)

소속관서

제 0000-000000 호   0000.00.00.

제 목 : 불송치 편철

사건번호						
		성 명	성별	연령	지문원지 작성번호	피의자 원표번호
피 의 자						
죄 명						
결정주문						
결정일시	0000. 00. 00.					
결 정 자						
팀 장						
정수사관						
공소시효	장기	0000. 00. 00.	기 록 보 존 기 한		0000. 00. 00.	
	단기	0000. 00. 00.				
비 고						

210mm × 297mm(백상지 80g/㎡)

소속관서

제 0000-000000 호   0000.00.00.
제 목 : 수사중지 편철

사건번호						
	성 명		성별	연령	지문원지 작성번호	피의자 원표번호
피 의 자						
죄 명						
결정주문						
결정일시	0000. 00. 00.					
결 정 자						
팀 장						
정수사관						

공소시효	장기	0000. 00. 00.	기 록 보 존 기 한	0000. 00. 00.
	단기	0000. 00. 00.		

비 고	

210mm × 297mm(백상지 80g/㎡)

진술녹음 고지 · 동의 확인서

KICS 접수번호			
성 명		생년월일	

〈 경찰은 조사과정을 객관적이고 투명하게 함으로써 사건관계인의 인권을 보호하기 위하여 진술녹음제도를 시행하고 있습니다. 아래 내용을 잘 읽어보시고 귀하가 동의하신 경우에만 진술녹음이 진행됩니다.〉

※ 다만, 진술녹음에 동의하더라도 진술녹음실 부족·장비 고장 등 부득이한 사유가 있는 경우, 진술녹음이 진행되지 않을 수 있습니다.

○ 동의 후 진술녹음을 하던 중 녹음 중단을 요청할 수 있고 동의하지 않아 진술녹음 없이 조사하던 중 진술녹음을 요청할 수도 있습니다.

○ 진술녹음은 조서작성 시작부터 사건관계인이 조서에 간인과 기명날인 또는 서명을 마쳐 조서를 완성할 때까지 진행합니다.

○ 진술녹음파일은 조사과정 중 인권침해 여부 확인, 본인이 진술한 대로 조서에 기재되었는지 여부 확인, 진술자의 기억을 환기하기 위한 용도로만 사용되며, 검찰에 송치되지 않습니다.

※ 다만, 법원·수사기관에서 다른 법률에 근거하여 진술녹음파일을 요청하는 경우 제공할 수 있음

○ 진술녹음파일의 청취는 조서를 열람하는 과정 또는 조서에 간인과 기명날인 또는 서명을 마쳐 조서를 완성한 직후에 가능하며, 이후에는 정보공개청구절차에 따라 녹음파일을 청취하시거나 녹취록 작성*을 통해 진술 내용을 확인하실 수 있습니다.

* 녹취 비용은 본인이 부담하며 진술녹음파일(복제본·사본 포함)은 제공하지 않음

※ 진술녹음파일의 청취·녹취와 별개로 정보공개청구절차를 통해 조서 사본 제공도 가능

○ 진술녹음파일은 사건관계인의 개인정보보호 등을 위해 녹음한 날로부터 3년간 보관 후 일괄 폐기합니다.

※ 다만, 3년 경과 이전에 진술녹음파일에 대한 정보공개청구·열람·복사·법원 또는 수사기관의 요청 등이 접수된 경우에는 당해 청구절차에 따른 조치가 완료된 이후 폐기합니다.

○ 모든 사건관계인은 진술녹음을 동의하지 않을 수 있습니다.

■ 본인의 자유로운 의사에 따라 진술녹음에 동의하십니까?

동의 (   )   부동의 (   )

20   .   .   .   성명   ㉑

210㎜ × 297㎜(백상지 80g/㎡)

陈述录音告知及同意确认书

KICS受理編号			
姓名		出生日期	

〈为使调查过程更具客观性和透明性，为保护被调查者的人权，警察实施陈述录音制度。请仔细阅读以下内容，陈述录音仅在您同意的情况下实施。〉

※ 不過，即使同意陳述录音也可能因陳述录音室不足或設備故障等的原因无法進行陳述录音。

○ 即使已同意，也可以在进行陈述录音的过程中请求中断录音。即使不同意，在无陈述录音的情况下进行调查时，也可以提出进行陈述录音的请求。

○ 陈述录音从拟写调查记录时开始，直到被调查者在调查记录上盖骑缝章、签字盖章或签名，完成调查记录拟写时为止。

○ 陈述录音文件仅用于确认调查过程中是否侵害人权、调查记录中所记载的内容是否和本人陈述的内容一致，以及唤起陈述者的记忆，不会移交至检察厅。

※ 但是，法院或偵查機關以其他法律爲依據，請求提供陳述录音文件時將予以提供

○ 听取陈述录音文件可在阅览调查记录的过程中或在调查记录上盖骑缝章、签字盖章或签名，完成调查记录拟写后进行。之后，可根据信息公开请求步骤，通过听取录音文件或制作录音记录*确认陈述内容。

* 制作录音記錄费用由本人承担(只能雇佣速記師制作)，不予以提供陳述录音文件(包括复制本和副本)

※ 除听取陳述录音文件、录音外，通過信息公开請求步驟，也可提供调查記錄副本

○ 为保护被调查者的个人信息，陈述录音文件之日起保管三年，之后将全部销毁。

※ 但是，在三年到期前，若收到關于陳述录音文件的信息公开請求、閱覽、复制、法院或偵查机關的請求時，可根据相應請求步驟采取措施，待執行完成后予以銷毁。

○ 所有被调查者都有权不同意进行陈述录音。

■ 根据本人的自由意愿，同意进行陈述录音吗？

同意 （　　　） 　　　　　不同意 （　　　）

20 ．　　　．　　　． 　　　　姓名 　　　　　（印）

210mm × 297mm(백상지 80g/㎡)

Statement Recording Notice and Consent Form

KICS Receipt No.			
Name		**Date of Birth**	

<The statement recording process is enacted by the police to protect the human rights of the subjects of investigation through objective and transparent investigation procedures. Carefully read the following information, and your statements will be recorded only if you agree to the contents of the form.>

※ However, the statement recording may not be conducted due to inevitable reasons such as the lack of room used for statement recording or the failure in equipment, even though the subject of the investigation has agreed to record one's statements.

○ Even though the recording has started by the consent of the subject of investigation, the subject may request the inspector to stop recording one's statements. Similarly, the subject may request to be recorded during an investigation, even though the subject has refused to do so in the beginning.

○ The recording of statement shall begin when the subject of the investigation starts filling out the report, and shall end when the report is completed by the subject's stamp or sign on the report with the date.

○ The recorded file shall solely be used for confirmation on matters related to the violation of human rights, matters related to the verification of the report in accordance with one's statement, and for recollection of the subject's memory on the topic of the investigation. The file will not be sent to the prosecution.

※ However, if the recorded file is requested by the court or investigation agency, the file may be transmitted.

○ The recorded file is accessible during the process of reviewing the report or immediately after completing the report by stamping or signing the report with the date. From that time on, the contents of the statement is accessible through transcribing or listening to the recorded files in compliance with the Information Disclosure Request Procedure.

∗ The costs for transcription will be paid for by the subject(s), and the file of statement recording (including duplicates and copies) will not be provided.

※ A copy of the report can be provided through the Information Disclosure Request Procedure apart from listening and/or recording the file of statement recording.

○ The recorded file will be discarded after three years since it was created, in order to protect personal information of the subjects of the investigation.

※ However, in case the file of the statement recording is requested by the court or investigation agency, or is requested for viewing or copying by the Information Disclosure Request before the three-year expiration, the file will be discarded after all the measures has been taken according to the request procedure.

○ All subjects of the investigation may refuse statement recording.

■ Do you agree to the statement recording out of your own volition?

I agree (   )   **I disagree (   )**

20   .   .   .   Name   (Signature)

210mm × 297mm(백상지 80g/㎡)

Уведомление и подтверждение согласия на звукозапись показаний

Номер приема по системе KICS			
ФИО		**Дата рождения**	

⟨*Полиция пользуется системой звукозаписи показаний для защиты прав человека у допрашиваемых, что делает процесс расследования объективным и прозрачным. Пожалуйста, внимательно прочитайте следующее. Звукозапись показаний будет производиться только после получения Вашего согласия.*⟩

※ *Однако несмотря на наличие разрешения на ведение звукозаписи (договорённость о ведении звукозаписи), звукозапись может не производится в случае нехватки подходящих для этого помещений или неисправностей звукозаписывающего оборудования.*

○ *Согласившись на запись допроса, Вы в любой момент можете инициировать её прекращение. В случае, если вы отказались от звукозаписи и расследование идет без звукозаписи показаний, вы также можете попросить сделать звукозапись.*

○ *Звукозапись показаний продолжается с начала подготовки протокола допроса и до его завершения с соответствующим печатью или подписью допрашиваемого.*

○ *Файл звукозаписи показаний используется только для того, чтобы проверить, были ли допущены нарушения прав человека в ходе расследования, верно ли все указано в протоколе, как было сказано допрашиваемым, и чтобы указать допрашиваемому на сказанное им ранее. При этом файл не отправляется в прокуратуру.*

※ *Однако файл может быть предоставлен в случае прямого запроса следственных органов или суда на соответствующем юридическом основании.*

○ *Прослушивание файла звукозаписи показаний возможно во время чтения готового протокола или после заверенного печатью или подписью допрашиваемого. Позже вы можете прослушать записанный файл согласно порядку раскрытия информации или можете проверить содержание показаний, сделав письменную расшифровку звукозаписи*.*

* *Письменная расшифровка звукозаписи производится на средства обратившейся стороны, а сам файл(как и его копии и дубликаты) не предоставляется.*

※ *Отдельно от прослушивания файла звукозаписи показаний и его расшифровки, копия протокола допроса может быть предоставлена в соответствии с порядком раскрытия информации.*

○ *Записанные файлы будут удалены через 3 года, начиная с даты записи, в целях защиты конфиденциальности допрашиваемых.*

※ *Однако, если в отношении записанного файла до истечения трехлетнего срока будет принят к рассмотрению запрос о раскрытии информации, прослушивании, копировании, или другой запрос из суда или следственных органов, то после завершения действий в соответствии с запросом файл будет подлежать уничтожению.*

○ *Любой допрашиваемый может выразить свое несогласие со звукозаписью своих показаний.*

Даете ли вы добровольное согласие на звукозапись ваших показаний?

Согласен (   )   **Не согласен (   )**

20   .   .   .   *ФИО*   *(Подпись)*

210mm × 297mm(백상지 80g/㎡)

THÔNG BÁO GHI ÂM VÀ XÁC NHẬN ĐỒNG Ý GHI ÂM LỜI KHAI

Số tiếp nhận của KICS		
Họ tên		Ngày tháng năm sinh

<Cơ quan cảnh sát đang thực hiện chế độ ghi âm lời khai để giúp quá trình điều tra trở nên khách quan và minh bạch, đồng thời giúp bảo vệ nhân quyền của đối tượng điều tra. Việc ghi âm lời khai chỉ được được thực hiện khi bạn đã đọc kỹ và đồng ý với những nội dung dưới đây.>

※ Tuy nhiên, ngay cả khi bạn đồng ý ghi âm lời khai nhưng có lý do bất khả kháng như thiếu phòng ghi âm lời khai, thiết bị ghi âm bị hỏng thì việc ghi âm lời khai có thể không tiến hành được.

○ Sau khi đồng ý, bạn vẫn có thể yêu cầu dừng việc ghi âm trong khi đang ghi âm lời khai hoặc sau khi không đồng ý, bạn vẫn có thể yêu cầu ghi âm lời khai trong khi đang điều tra mà không ghi âm.

○ Việc ghi âm lời khai được thực hiện kể từ khi bắt đầu viết biên bản điều tra cho đến khi đối tượng điều tra hoàn thành xong biên bản điều tra bằng cách đóng dấu giáp lai và ghi tên đóng dấu hoặc ký tên vào biên bản điều tra.

○ File ghi âm lời khai chỉ được sử dụng với mục đích kiểm tra xem có sự vi phạm nhân quyền trong quá trình điều tra hay không, kiểm tra xem lời khai của bản thân có được ghi đúng trong biên bản điều tra hay không, đồng thời để khơi gợi lại trí nhớ của người khai và file ghi âm lời khai sẽ không được gửi đến cơ quan kiểm sát.

※ Tuy nhiên, file ghi âm lời khai có thể được cung cấp trong trường hợp tòa án hoặc cơ quan điều tra yêu cầu dựa trên các quy định pháp luật khác.

○ Có thể nghe lại File ghi âm lời khai trong quá trình đọc biên bản điều tra, ngay sau khi đóng dấu giáp lai và ghi tên đóng dấu hoặc ký tên vào biên bản điều tra để hoàn thành biên bản điều tra, sau đó, bạn có thể nghe file ghi âm theo thủ tục yêu cầu công khai thông tin hoặc có thể kiểm tra lại nội dung đã khai thông qua việc lập* bản ghi chép nội dung ghi âm.

* Chi phí ghi âm sẽ do bản thân chi trả và không được cung cấp file ghi âm lời khai (bao gồm cả bản sao và bản phục chế)

※ Có thể cung cấp một bản sao của biên bản điều tra thông qua quy trình yêu cầu công khai thông tin, điều này tách biệt với việc nghe và ghi lại file ghi âm lời khai.

○ File ghi âm lời khai sẽ được lưu giữ trong 3 năm kể từ ngày ghi âm với mục đích bảo vệ quyền riêng tý của đối tượng điều tra, sau đó sẽ được hủy bỏ đồng loạt.

※ Tuy nhiên, trước khi hết thời hạn 3 năm, nếu có yêu cầu công khai thông tin, đọc, sao chép, yêu cầu của tòa án hoặc cơ quan điều tra về file ghi âm lời khai, thì sau khi hoàn thành các biện pháp xử lý theo thủ tục yêu cầu liên quan, file ghi âm lời khai mới được hủy bỏ.

○ Tất cả các đối tượng điều tra đều có quyền không đồng ý với việc ghi âm lời khai.

■ **Bạn có đồng ý ghi âm lại lời khai theo quyết định của bản thân hay không?**

Đồng ý ( )   Không đồng ý ( )

Ngày   tháng   năm   Họ tên: (Ký tên)

210㎜ × 297㎜(백상지 80g/㎡)

ประกาศการบันทึกคำให้การ หนังสือยินยอม

KICS เสร็จเสร็จ			
ที่		วันที่	

<จ้าหน้าที่ตรวจได้นำกระบวนการการบันทึกคำให้การมาใช้เพื่อปกป้องสิทธิมนุษยชนของผู้ถูกสอบสวนโดยผ่านกระบวนการการสอบสวนที่เป็นกลางและโปร่งใส โปรดอ่านข้อมูลต่อไปนี้อย่างรอบคอบ การบันทึกคำให้การจะดำเนินการต่อเมื่อคุณได้ยอมรับกับเงื่อนไขในหนังสือยินยอมแล้วเท่านี้ >

※ เว้นแต่ ในกรณีที่การบันทึกคำให้การไม่เพียงพอ อุปกรณ์บันทึกคำให้การต่างๆพังเสียหาย ซึ่งอาจจะทำให้ไม่สามารถบันทึกคำให้การได้ ถึงแม้ว่าผู้ถูกสอบสวนจะยินยอมให้บันทึกคำให้การแล้วก็ตาม

◯ หลังจากที่ผู้ถูกสอบสวนยินยอมแล้ว ในระหว่างที่กำลังบันทึกคำให้การอยู่ ผู้ถูกสอบสวนสามารถขอร้องให้หยุดบันทึก คำให้การได้ และถ้าไม่ยินยอมตั้งแต่แรกในระหว่างที่กำลังถูกสอบสวนอยู่โดนไม่มีการบันทึก ผู้ถูกสอบสวนสามารถขอร้องให้บันทึกคำให้การได้เช่นกัน

◯ การบันทึกคำให้การควรดำเนินการต่อในขณะที่เริ่มต้นเมื่อผู้ถูกสอบสวนกรอกรายงานจนถึงเวลาที่งานเสร็จตามด้วยการประทับตราหรือลงนามโดยผู้ถูกสอบสวนในรายงานพร้อมวันที่

◯ ไฟล์บันทึกคำให้การจะนำมาใช้เพื่อการยืนยันในเรื่องของการฝ่าฝืนสิทธิมนุษยชนและ ใช้ฟื้นฟูหรือพิสูจน์รายงานตามคำให้การของบุคคลและเพื่อการระลึกความจำของผู้ถูกสอบสวนที่เกี่ยวข้องกับเรื่องที่มีการสอบสวนเท่านั้น ไฟล์บันทึกคำให้การนี้ไม่ถูกส่งไปเพื่อร้อง

※ เว้นแต่ ในกรณีที่ศาลหรือหน่วยงานสอบสวนได้มีการร้องขอไฟล์บันทึกนี้ อาจได้รับการส่งต่อไปยังผู้ร้องขอได้

◯ ไฟล์บันทึกคำให้การต้องเปิดใช้การได้ในช่วงพี่ตอนของการเปิดรายงานหรือทันทีหลังจากได้มีการกรอกรายงานเสร็จสิ้นสมบูรณ์ โดยการลงตราประทับหรือลงนามพร้อมกับวันที่ และพี่เวลานี้เป็นต้นไป ไฟล์บันทึกที่นี้จะได้รับการรับฟังตามกระบวนการร้องขอการเปิดเผยข้อมูล และพี่นี่ของคำให้การอาจได้รับการยืนยันผ่านการร่างรายงานการบันทึก *

  * ค่าใช้จ่ายในการบันทึกจะได้รับการชำระโดยผู้ถูกสอบสวน ส่วนไฟล์บันทึกคำให้การนี้ (รวมถึงพี่และสำเนา) จะไม่สามารถมอบให้ได้

  ※ สำเนาของรายงานอาจจะได้รับการส่งมอบผ่านกระบวนการร้องขอการเปิดเผยข้อมูลโดยแยกเป็นอีกพี่ระบวนการพี่การฟังและ /หรือการบันทึกของไฟล์บันทึกคำให้การ

◯ ไฟล์คำให้การจะถูกเก็บไว้เป็นเวลา 3ปีและหลังจากนั้จะโดนทำลายพี่ใน 3ปีเพี่เป็นการปกป้องข้อมูลส่วนบุคคลของผู้ถูก สอบสวน

  ※ หากในกรณีพี่ร้องขอไฟล์บันทึกคำให้การได้รับการอนุมัติโดยผู้ร้องขอการเปิดเผยข้อมูลเพี่การอ่านหรือเพี่การทำสำเนาพี่ หรือได้รับการอนุมัติโดยศาลหรือหน่วยงานสอบสวนในช่วงเวลา 3ปีก่อนวันหมดอายุ ไฟล์นั้จะถูกทำลายพี่ไม่ปหลังเสร็จสิ้การดำเนินตการตามกระบวนการร้องขอ

◯ ผู้ถูกสอบสวนทุกคนอาจจะปฏิเสธพี่ทำการบันทึกคำให้การได้

  ■ คุณยอมรับในการบันทึกคำให้การตามความสมัครใจของคุณหรือไม่?

  ฉันยอมรับ ( )   ฉันไม่ยอมรับ ( )

  20 . . . ที่ (เซ็นชื่อ /ตรา)

210mm × 297mm(백상지 80g/㎡)

소속관서

제 0000-000000 호   0000.00.00.

수 신 :

제 목 : 구금 장소 변경 통지

1. 피의자

  성   명 :

  주민등록번호 :

  주   거 :

2. 위 사람은   피의사건으로 되어   에
      하였습니다.

3.   을 이유로
  아래와 같이 피의자에 대한 구금 장소를 변경하여 알려 드립니다.

    ▷ 구금 장소 변경 일시 :

    ▷ 변경 후 구금 장소 :

담 당 자		소속 및 연락처	

소 속 관 서

사법경찰관 계급

210mm × 297mm(백상지 80g/㎡)

심사 의견서 (사건 종결 시, 검사 요청 등 사건 발송 시)

사건정보	사건번호	사 건 담 당			
		담당부서		담당자	
	죄명				
	의견				

사건 개요	○ 　－ 　　※

점검·분석 결과	○ 　－ 　　※

의견	□ 의견대로 처리	□ 보완 후 처리	□ 보완 후 재심사
	수사심사관	경감　　　　(인)	

참고사항	

210㎜ × 297㎜(백상지 80g/㎡)

분석 보고서 (검사 요청 등 사건 접수 시)

사건정보	사건번호	죄 명	사건담당	
			팀 장	
			담당자	

사건개요	○ － ※

경찰의견	○ ○

검사 요구·요청 사항	○ － ※

점검· 분석 결과	○ － ※

	수사심사관	경감	(인)

210㎜ × 297㎜(백상지 80g/㎡)

분석 보고서 (처분 불일치 사건)				
사건정보	사건번호	죄 명	사건담당	
			팀 장	
			담당자	
사건개요				
경찰의견	○ ○			
검찰처분	○ ○			
수사팀 의견	○ **경찰 판단:** ○ **검찰 판단:** ○ **수사팀 의견:**			
점검· 분석 결과	○ - ※			
			수사팀장	경감 (인)

분석 보고서 (무죄 사건)

사건정보	사건번호	죄 명	사건담당	
			팀 장	
			담당자	

사건개요	

경찰의견	○
	○

법원판단	○
	○

판시사항	○ 경찰 판단: ○ 법원 판단: ○ 수사팀 의견:

점검·분석 결과	○
	
	    –
	
	   ※

	수사팀장	경감	(인)

210mm × 297mm(백상지 80g/㎡)

심사 의견서 (영장 신청)

사건정보	사건번호		사 건 담 당			
		담당부서		담당자		
	죄명					
	영장 종류	☐ 구속영장(사전·사후)　　☐ 체포영장　　☐ 압수수색영장				

사건 개요 및 신청사유	○ 　－ 　　※

검토 의견	○ 　－ 　　※ 〈별지 사용시 간인 하시기 바랍니다〉		
	의견	☐ 의견대로 신청	☐ 보완 후 신청
		☐ 보완 후 재심사	☐ 불신청
		영장심사관	경감　　　　(인)
참고사항			

210㎜ × 297㎜(백상지 80g/㎡)

분석 보고서 (불청구·기각)				
사건정보	사건번호	영장종류	영장심사관 검토의견	신청결과
	죄 명		피의자	피해자
사건개요 및 신청사유	○ 　－ 　　※			
불청구 또는 기각 사유 (요지)	○ 　－ 　　※			
분석 결과	○ 　－ 　　※			
			수사심사관	경감　　　(인)

소속관서

제 0000-000000 호   0000.00.00.

수 신 :

참 조 :

제 목 : 수사보고 (   )

피의자   에 대한   사건에 관하여 아래와 같이 수사하였기에 보고
합니다.

- 아   래 -

210mm × 297mm(백상지 80g/㎡)

피의자신문조서 (간이교통)

피 의 자 : 피의자성명

위의 사람에 대한 죄명 피의사건에 관하여 0000.00.00. 00:00 조사장소(소속관서+부서)에서 사법경찰관/리 계급 성명은 사법경찰관/리 ○○ ○○○을 참여하게 하고, 아래와 같이 피의자임에 틀림없음을 확인하다.

문 : 피의자의 성명, 주민등록번호, 직업, 주거, 등록기준지 등을 말하십시오.

답 : 성명은

　　　주민등록번호는

　　　직업은

　　　주거는

　　　등록기준지는

　　　직장주소는

　　　연락처는 자택전화　　　　　휴대전화

　　　　　　　직장전화　　　　　전자우편(e-mail)

　　　입니다.

사법경찰관은 피의사건의 요지를 설명하고 사법경찰관의 신문에 대하여 「형사소송법」 제244조의3에 따라 진술을 거부할 수 있는 권리 및 변호인의 참여 등 조력을 받을 권리가 있음을 피의자에게 알려주고 이를 행사할 것인지 그 의사를 확인하다.

210㎜ × 297㎜(백상지 80g/㎡)

진술거부권 및 변호인 조력권 고지 등 확인

1. 귀하는 일체의 진술을 하지 아니하거나 개개의 질문에 대하여 진술을 하지 아니할 수 있습니다.

1. 귀하가 진술을 하지 아니하더라도 불이익을 받지 아니합니다.

1. 귀하가 진술을 거부할 권리를 포기하고 행한 진술은 법정에서 유죄의 증거로 사용될 수 있습니다.

1. 귀하가 신문을 받을 때에는 변호인을 참여하게 하는 등 변호인의 조력을 받을 수 있습니다.

문 : 피의자는 위와 같은 권리들이 있음을 고지받았는가요

답 :

문 : 피의자는 진술거부권을 행사할 것인가요

답 :

문 : 피의자는 변호인의 조력을 받을 권리를 행사할 것인가요

답 :

이에 사법경찰관은 피의사실에 관하여 다음과 같이 피의자를 신문하다.

210mm × 297mm(백상지 80g/㎡)

사 고 차 량 소 유 자 (소속) 번호, 차종	
면허종류 및 취득시기	
사 고 일 시	
사 고 장 소	
사 고 차 량 의 상 태 (고 장 유 무)	
사 고 경 위	

210㎜ × 297㎜(백상지 80g/㎡)

피의자가 잘못했다고 생 각 하 는 점	
피해자 및 피해상황	
사 고 후 의 조 치 (구 호 , 신 고)	
검증조서 또는 실황 조사서에 대한 의견	
피 해 증 거(진 단 서, 견적서)에 대한 의견	
합 의 여 부	
가 입 보 험 종 류	
기 타 유 리 한 자 료	

210mm × 297mm(백상지 80g/㎡)

피의자신문조서 (간이폭력)

피 의 자 : 피의자성명

위의 사람에 대한 죄명 피의사건에 관하여 0000.00.00. 00:00 조사장소(소속관서+부서)에서 사법경찰관/리 계급 성명은 사법경찰관/리 ○○ ○○○을 참여하게 하고, 아래와 같이 피의자임에 틀림없음을 확인한다.

문 : 피의자의 성명, 주민등록번호, 직업, 주거, 등록기준지 등을 말하십시오.

답 : 성명은

　　　주민등록번호는

　　　직업은

　　　주거는

　　　등록기준지는

　　　직장주소는

　　　연락처는 자택전화　　　휴대전화

　　　　　　　직장전화　　　전자우편(e-mail)

　　　입니다.

사법경찰관은 피의사건의 요지를 설명하고 사법경찰관의 신문에 대하여 형사소송법 제244조의3의 규정에 의하여 진술을 거부할 수 있는 권리 및 변호인의 참여 등 조력을 받을 권리가 있음을 피의자에게 알려주고 이를 행사할 것인지 그 의사를 확인한다.

210mm × 297mm(백상지 80g/㎡)

진술거부권 및 변호인 조력권 고지 등 확인

1. 귀하는 일체의 진술을 하지 아니하거나 개개의 질문에 대하여 진술을 하지 아니할 수 있습니다.

1. 귀하가 진술을 하지 아니하더라도 불이익을 받지 아니합니다.

1. 귀하가 진술을 거부할 권리를 포기하고 행한 진술은 법정에서 유죄의 증거로 사용될 수 있습니다.

1. 귀하가 신문을 받을 때에는 변호인을 참여하게 하는 등 변호인의 조력을 받을 수 있습니다.

문 : 피의자는 위와 같은 권리들이 있음을 고지받았는가요

답 :

문 : 피의자는 진술거부권을 행사할 것인가요

답 :

문 : 피의자는 변호인의 조력을 받을 권리를 행사할 것인가요

답 :

이에 사법경찰관은 피의사실에 관하여 다음과 같이 피의자를 신문하다.

210mm × 297mm(백상지 80g/㎡)

범 행 일 시	
범 행 장 소	
공범및모의경위	
피 해 자	
범행동기, 경위 및 수단·방법	

210mm × 297mm(백상지 80g/㎡)

피해부위 및 정도	
진단서 등 증거에 대 한　　의 견	
범 행 후 의 조 치 (합 의 여 부 등)	
기타 유리한 자료	

문 :

답 :

문 :

답 :

210㎜ × 297㎜(백상지 80g/㎡)

피의자신문조서 (간이절도)

> 피 의 자 : 피의자성명
>
> 위의 사람에 대한 죄명 피의사건에 관하여 0000. 00. 00. 00:00 조사장소
> (소속관서+부서)에서 사법경찰관/리 계급 성명은 사법경찰관/리 ○○ ○
> ○○을 참여하게 하고, 아래와 같이 피의자임에 틀림없음을 확인하다.

문 : 피의자의 성명, 주민등록번호, 직업, 주거, 등록기준지 등을 말하십시오.

답 : 성명은

　　　주민등록번호는

　　　직업은

　　　주거는

　　　등록기준지는

　　　직장주소는

　　　연락처는 자택전화　　　　　휴대전화

　　　　　　　직장전화　　　　　전자우편(e-mail)

　　　입니다.

사법경찰관은 피의사건의 요지를 설명하고 사법경찰관의 신문에 대하여 「형사소송
법」 제244조의3의 규정에 의하여 진술을 거부할 수 있는 권리 및 변호인의 참여
등 조력을 받을 권리가 있음을 피의자에게 알려주고 이를 행사할 것인지 그 의사
를 확인하다.

진술거부권 및 변호인 조력권 고지 등 확인

1. 귀하는 일체의 진술을 하지 아니하거나 개개의 질문에 대하여 진술을 하지 아니할 수 있습니다.

1. 귀하가 진술을 하지 아니하더라도 불이익을 받지 아니합니다.

1. 귀하가 진술을 거부할 권리를 포기하고 행한 진술은 법정에서 유죄의 증거로 사용될 수 있습니다.

1. 귀하가 신문을 받을 때에는 변호인을 참여하게 하는 등 변호인의 조력을 받을 수 있습니다.

문 : 피의자는 위와 같은 권리들이 있음을 고지받았는가요

답 :

문 : 피의자는 진술거부권을 행사할 것인가요

답 :

문 : 피의자는 변호인의 조력을 받을 권리를 행사할 것인가요

답 :

이에 사법경찰관은 피의사실에 관하여 다음과 같이 피의자를 신문하다.

210mm × 297mm(백상지 80g/㎡)

범 행 일 시	
범 행 장 소	
공 범	
절 취 품	
피 해 자	
범 행 동 기 , 경 위 및 수 단 · 방 법	

장물소지보관여부	(압수절차)
장물처분경위 및 방법	
피 해 자 와 의 관 계	
검 거 된 경 위	
기 타 유 리 한 자 료	

문 :

답 :

문 :

답 :

210mm × 297mm(백상지 80g/㎡)

피의자신문조서 (간이예비군)

피 의 자 : 피의자성명

위의 사람에 대한 죄명 피의사건에 관하여 0000. 00. 00. 00:00 조사장소 (소속관서+부서)에서 사법경찰관/리 계급 성명은 사법경찰관/리 ○○ ○ ○○을 참여하게 하고, 아래와 같이 피의자임에 틀림없음을 확인하다.

문 : 피의자의 성명, 주민등록번호, 직업, 주거, 등록기준지 등을 말하십시오.

답 : 성명은

　　주민등록번호는

　　직업은

　　주거는

　　등록기준지는

　　직장주소는

　　연락처는 자택전화　　　휴대전화

　　　　　　직장전화　　　전자우편(e-mail)

　　입니다.

사법경찰관은 피의사건의 요지를 설명하고 사법경찰관의 신문에 대하여 「형사소송법」 제244조의3의 규정에 의하여 진술을 거부할 수 있는 권리 및 변호인의 참여 등 조력을 받을 권리가 있음을 피의자에게 알려주고 이를 행사할 것인지 그 의사를 확인하다.

210㎜ × 297㎜(백상지 80g/㎡)

진술거부권 및 변호인 조력권 고지 등 확인

1. 귀하는 일체의 진술을 하지 아니하거나 개개의 질문에 대하여 진술을 하지 아니할 수 있습니다.

1. 귀하가 진술을 하지 아니하더라도 불이익을 받지 아니합니다.

1. 귀하가 진술을 거부할 권리를 포기하고 행한 진술은 법정에서 유죄의 증거로 사용될 수 있습니다.

1. 귀하가 신문을 받을 때에는 변호인을 참여하게 하는 등 변호인의 조력을 받을 수 있습니다.

문 : 피의자는 위와 같은 권리들이 있음을 고지받았는가요

답 :

문 : 피의자는 진술거부권을 행사할 것인가요

답 :

문 : 피의자는 변호인의 조력을 받을 권리를 행사할 것인가요

답 :

이에 사법경찰관은 피의사실에 관하여 다음과 같이 피의자를 신문하다.

210mm × 297mm(백상지 80g/㎡)

소속예비군부대	
역종 · 계급 · 직책	
훈련불참 일 시	
훈련불참 장 소	
훈련불참 훈련종류	
소집통지서 피의자에게 전달된 과정	
소집통지서 발행부대장	
불 참 이 유	
증거(통지서수령증)에 대 한 의 견	
정당한 사유 유무 (보류, 연기원서 제 출 등)	
기 타 유 리 한 자 료	

문 :

답 :

문 :

답 :

피의자신문조서 (간이도박)

피 의 자 : 피의자성명

위의 사람에 대한 죄명 피의사건에 관하여 0000. 00. 00. 00:00 조사장소
(소속관서+부서)에서 사법경찰관/리 계급 성명은 사법경찰관/리 ○○ ○
○○을 참여하게 하고, 아래와 같이 피의자임에 틀림없음을 확인하다.

문 : 피의자의 성명, 주민등록번호, 직업, 주거, 등록기준지 등을 말하십시오.

답 : 성명은

　　　주민등록번호는

　　　직업은

　　　주거는

　　　등록기준지는

　　　직장주소는

　　　연락처는 자택전화　　휴대전화

　　　　　　　직장전화　　전자우편(e-mail)

　　　입니다.

사법경찰관은 피의사건의 요지를 설명하고 사법경찰관의 신문에 대하여 「형사소송
법」 제244조의3의 규정에 의하여 진술을 거부할 수 있는 권리 및 변호인의 참여
등 조력을 받을 권리가 있음을 피의자에게 알려주고 이를 행사할 것인지 그 의사
를 확인하다.

210㎜ × 297㎜(백상지 80g/㎡)

진술거부권 및 변호인 조력권 고지 등 확인

1. 귀하는 일체의 진술을 하지 아니하거나 개개의 질문에 대하여 진술을 하지 아니할 수 있습니다.

1. 귀하가 진술을 하지 아니하더라도 불이익을 받지 아니합니다.

1. 귀하가 진술을 거부할 권리를 포기하고 행한 진술은 법정에서 유죄의 증거로 사용될 수 있습니다.

1. 귀하가 신문을 받을 때에는 변호인을 참여하게 하는 등 변호인의 조력을 받을 수 있습니다.

문 : 피의자는 위와 같은 권리들이 있음을 고지받았는가요

답 :

문 : 피의자는 진술거부권을 행사할 것인가요

답 :

문 : 피의자는 변호인의 조력을 받을 권리를 행사할 것인가요

답 :

이에 사법경찰관은 피의사실에 관하여 다음과 같이 피의자를 신문하다.

210㎜ × 297㎜(백상지 80g/㎡)

범 행 일 시	
범 행 장 소	
공 범	
범 행 동 기, 경 위 및 수 단 · 방 법	

210㎜ × 297㎜(백상지 80g/㎡)

장 소 제 공 자 및 그 에 대 한 대 가	
승 패 역 수	
도박용으로 소지했던 금 품 및 물 건	(압수절차)
기 타 유 리 한 자 료	

문 :

답 :

문 :

답 :

210mm × 297mm(백상지 80g/㎡)

진 술 조 서 (간이교통)

성 명	대상자 (한자성명) 이명 :		성 별	남 · 여
연 령	연령세(0000.00.00.생)	주민등록번호	주민등록번호	
등록기준지	등록기준지			
주 거	주거			
자택전화		직장전화		
휴대전화		전 자 우 편 (e-mail)		
직 업		직 장		

위의 사람은 000외 0명에 대한 죄명 피의사건의 피해자로서 0000.00.00. 조사장소(소속관서+부서)에서 임의로 아래와 같이 진술함.

피해일시	
피해장소	
가해차량	(소유자) (차량번호) (차종)
피(혐)의 자	
피해경위	

210mm × 297mm(백상지 80g/㎡)

피 해 내 용	
제 출 할 증 거	
피(혐)의자의 과실에 대 한 의 견	
진 술 인 의 과 실	
사 고 후 피(혐)의자의 조치	
피(혐)의자와 합의 여부 (교 섭 상 황)	
피(혐)의자의 처벌에 대 한 의 견	

위의 진술내용을 더욱 명백히 하기 위하여 아래와 같이 문답함.

문 :

답 :

210㎜ × 297㎜(백상지 80g/㎡)

진 술 조 서 (간이폭력)

성 명	( ) 이명 :		성 별	
연 령	세(생)	주민등록번호		
등록기준지				
주 거				
자택전화		직장전화		
휴대전화		전 자 우 편 (e-mail)		
직 업		직 장		

위의 사람은 000외 0명에 대한 죄명 피의사건의 피해자로서 0000.00.00. 조사장소(소속관서+부서)에서 임의로 아래와 같이 진술함.

피해일시	
피해장소	
피(혐)의자	
피해경위	

210mm × 297mm(백상지 80g/㎡)

피해내용 및 정도	
피해 후의 조치	
제 출 할 증 거	
압수증거물확인	
피(혐) 의 자 와 의 관 계	
합의여부 또는 교섭 상황	
피(혐)의자의 처벌에 대 한 의 견	
위의 진술내용을 더욱 명백히 하기 위하여 아래와 같이 문답함.	

문 :

답 :

문 :

답 :

210mm × 297mm(백상지 80g/㎡)

진 술 조 서 (간이절도)

성 명	( ) 이명 :		성 별	
연 령	세(생)	주민등록번호		
등록기준지				
주 거				
자택전화		직장전화		
휴대전화		전자우편 (e-mail)		
직 업		직 장		

위의 사람은 000외 0명에 대한 죄명 피의사건의 피해자로서 0000.00.00. 조사장소(소속관서+부서)에서 임의로 아래와 같이 진술함.

도난일시	
도난장소	
피(혐)의자	
도난품의 소유자, 점유자 종류, 수량, 시가	
도난경위	

210mm × 297mm(백상지 80g/㎡)

도 난 후 의 조 치	
제 출 할 증 거	
압 수 증 거 물 확 인	
도난품의 회수, 가격변상 여부	
피(혐) 의 자 와 의 관 계	
피(혐)의자의 처벌에 대 한 의 견	
위의 진술내용을 더욱 명백히 하기 위하여 아래와 같이 문답함.	

문 :

답 :

문 :

답 :

210mm × 297mm(백상지 80g/㎡)

진 술 서 (간이공통)

성 명	( ) 이명 :		성 별	
연 령	만 세(생)	주민등록번호		
등록기준지				
주 거				
자택전화		직장전화		
휴대전화		전 자 우 편 (e-mail)		
직 업		직 장		

위의 사람은 죄명 사건의 (피의자, 피해자, 목격자, 참고인)으로서 다음과 같이 임의로 자필진술서를 작성 제출함.

20 . . .

작성자   ㉑

210mm × 297mm(백상지 80g/㎡)

진 술 서 (간이교통)

성 명	( ) 이명 :		성 별	
연 령	만 세(생)	주민등록번호		
등록기준지				
주 거				
자 택 전 화		직장전화		
휴 대 전 화		전자우편 (e-mail)		
직 업		직 장		

위의 사람은 아래와 같이 교통사고의 피해를 당한 사실이 있어 이에 관하여 임의로 자필진술서를 작성 제출함.

피 해 일 시	
피 해 장 소	
가 해 차 량	
피 의 자	(소유자) (차량번호) (차종)
피 해 경 위	

210mm × 297mm(백상지 80g/㎡)

피 해 내 용	
제 출 할 증 거	
피의자의 과실에 대 한 의 견	
진 술 인 의 과 실	
사고 후 피의자의 조 치	
합의 여부 또는 교 섭 상 황	
피의자의 처벌에 대 한 의 견	
기타 참고될 진술	

20 . . .

작성자 ㉑

210㎜ × 297㎜(백상지 80g/㎡)

진 술 서 (간이폭력)

성 명	( ) 이명 :		성 별	
연 령	만 세 (생)	주민등록번호		
등록기준지				
주 거				
자 택 전 화		직장전화		
휴 대 전 화		전자우편 (e-mail)		
직 업		직 장		

위의 사람은 아래와 같이 상해(폭행)을 당한 사실이 있어 이에 관하여 임의로 자 필진술서를 작성 제출함.

피 해 일 시	
피 해 장 소	
피 의 자	
피 해 경 위	

210mm × 297㎜(백상지 80g/㎡)

피 해 내 용	
피 해 후 의 조 치	
제 출 할 증 거 물 또 는 증 인	
압 수 증 거 물 확 인	
피 의 자 와 의 관 계	
합 의 여 부	
피 의 자 의 처 벌 에 대 한 의 견	
기 타 참 고 될 진 술	

20 .   .   .

작성자   ㉑

210mm × 297mm(백상지 80g/㎡)

진 술 서 (간이절도)

성 명	( ) 이명 :		성 별	
연 령	만 세(생)	주민등록번호		
등록기준지				
주 거				
자 택 전 화		직장전화		
휴 대 전 화		전자우편 (e-mail)		
직 업		직 장		

　위의 사람은 아래와 같이 도난당한 사실이 있어 이에 관하여 임의로 자필진술서를 작성 제출함.

도 난 일 시	
도 난 장 소	
피 의 자	
도난품의 소유자, 점유자, 종류, 수 량 , 시 가	
피 해 경 위	

210mm × 297mm(백상지 80g/㎡)

도 난 후 의 조 치	
제 출 할 증 거	
압수증거물 확인	
도 난 품 의 회 수, 가 격 변 상 여 부	
피 의 자 와 의 관 계	
피 의 자 의 처 벌 에 대 한 의 견	
기 타 참 고 될 진 술	

20 . . .

작성자   ㉑

210㎜ × 297㎜(백상지 80g/㎡)

소속관서

0000.00.00.

수 신 : *검찰청의 장*　　　　　발 신 : 소속관서

제 목 : 송치 결정서(간이)　　　　사법경찰관 계급

사 건 번 호	0000-00000호, 0000-00000호
피 의 자	： ： ： ：
죄　　명	
범 죄 사 실	
적 용 법 조	
범죄경력자료 및 수사경력자료	
송 치 결 정 이유	

210mm × 297mm(백상지 80g/㎡)

제2장

경찰수사규칙 양식

대한민국 경찰
KOREAN NATIONAL POLICE

서식 번호	서 식 명
1	의견요청서(중요사건)
2	의견서(중요사건 · 협의요청)
3	소재불명자 발견 통보서(피의자)
4	소재불명자 발견 통보서(참고인등)
5	소재수사 결과 통보서
6	협의요청서
7	협의요청서(관서장)
8	회피신청서
9	수사 진행상황 통지서
10	변호인 참여 신청서
11	범죄인지서
12	불입건결정 통지서(피혐의자)
13	불입건결정 통지서(진정인등)
14	변사사건 발생 통보서
15	교통사고 변사사건 발생 통보서
16	검시조서
17	검증조서
18	변사사건 처리 등에 관한 의견서
19	사치 및 소지품 인수서
20	고위공직자범죄등 인지통보서
21	출석요구서
22	출석요구서
23	임의동행 동의서
24	조사연장 요청서
25	동석신청서[피(혐)의자]
26	동석신청서(사건관계인)
27	피의자신문조서
28	피의자신문조서

서식 번호	서 식 명
29	진술조서
30	진술조서
31	수사 과정 확인서
32	수사 과정 확인서(조서미작성)
33	실황조사서
34	감정위촉서
35	영상녹화 동의서
36	권리 고지 확인서
37	체포영장 신청서
38	긴급체포서
39	긴급체포 승인요청서
40	석방 통보서(긴급체포불승인)
41	현행범인체포서
42	현행범인인수서
43	피의자 석방서(현행범인)
44	석방 통보서(현행범인)
45	구속영장 신청서(미체포)
46	구속영장 신청서(체포영장)
47	구속영장 신청서(현행범인)
48	구속영장 신청서(긴급체포)
49	체포·긴급체포·현행범인체포·구속 통지서
50	영장반환서
51	피의자 접견 등 금지 결정서
52	피의자 접견 등 금지 취소 결정서
53	피의자 석방서(체포영장)
54	피의자 석방서(긴급체포)
55	석방 통보서(체포영장)
56	석방 보고서(긴급체포)
57	구속취소 결정서

서식 번호	서 식 명
58	구속취소 동의 요청서
59	석방 통보서(구속취소)
60	구속집행정지 결정서
61	구속집행정지 통보서
62	구속집행정지 취소 결정서
63	압수·수색·검증영장 신청서(사전)
64	압수·수색·검증영장 신청서(금융계좌추적용)
65	압수·수색·검증영장 신청서(사후)
66	압수조서
67	압수목록
68	압수목록 교부서
69	전자정보 삭제·폐기·반환 확인서
70	수색조서
71	수색증명서
72	압수물 처분 지휘요청서(환부·가환부)
73	압수물 환부·가환부 청구서
74	압수물 환부·가환부 영수증
75	압수물 처분 지휘요청서(위탁보관)
76	압수물 보관 서약서
77	압수물 처분 지휘요청서(폐기)
78	압수물 폐기 조서
79	압수물 폐기 동의서
80	압수물 처분 지휘요청서(대가보관)
81	압수물 대가보관 조서
82	증거보전 신청서
83	증인신문 신청서
84	감정유치장 신청서
85	감정처분허가장 신청서
86	사건기록 등본 송부서

서식 번호	서 식 명
87	시정조치 결과 통보서
88	징계요구 처리결과 통보서
89	고지 확인서
90	사건기록 열람요청서
91	열람허가서
92	전자약식절차 동의서
93	영사기관 체포·구속 통보서 (Arrest(Detention) Notification)
94	영사기관 사망 통보서(Death Notification)
95	한미행정협정사건 통보서
96	몰수·부대보전 신청서
97	추징보전 신청서
98	추징보전명령 취소 신청서
99	사건이송서
100	수사결과 통지서(고소인등·송치 등)
101	수사결과 통지서(피의자·송치 등)
102	수사결과 통지서(피의자·불송치)
103	수사결과 통지서(고소인등·불송치)
104	불송치 통지요구서
105	불송치 결정 증명서(고소인·고발인)
106	불송치 결정 증명서(피의자)
107	수사중지 결정서
108	수사중지 사건기록 송부서
109	소재수사 보고서(소재확인종합)
110	수사중지 결정 이의제기서
111	수사중지사건 이의처리결과 통지서
112	수사중지사건 수사재개서
113	피의자 등 소재발견 통보서(수사중지 사건기록 반환 전)
114	송치 결정서
115	압수물 총목록

서식 번호	서 식 명
116	기록목록
117	사건송치서
118	추가송부서
119	보완수사 결과 통보서
120	직무배제요구 처리결과 통보서
121	소년 보호사건
122	불송치 결정서
123	불송치 사건기록 송부서
124	재수사 결과서
125	불송치 결정 이의신청서
126	이의신청에 따른 사건송치 통지서

소 속 관 서

제　호

수 신 :

제 목 : 의견요청서(중요사건)

「검사와 사법경찰관의 상호협력과 일반적 수사준칙에 관한 규정」 제7조에 따라 아래 사건에 대하여 의견을 제시·교환할 것을 요청합니다.

사 건 번 호				
피의자	성 명		주민등록번호	
	직 업			
	주 거			
죄　　　명				

내 용

비　　고	

소 속 관 서

사법경찰관　계급

소 속 관 서

제   호
수 신 :
제 목 : 의견서(중요사건)

「검사와 사법경찰관의 상호협력과 일반적 수사준칙에 관한 규정」 제7조에 따라 아래 사건에 관한 검사 의 의견요청에 대하여 다음과 같이 의견을 제시합니다.

사 건 번 호				
피의자	성 명		주민등록번호	
	직 업			
	주 거			
죄 명				
내 용				
비 고				

소 속 관 서

사법경찰관   계급

소 속 관 서

제 호

수 신 :

제 목 : 소재불명자 발견 통보서(피의자)

「검사와 사법경찰관의 상호협력과 일반적 수사준칙에 관한 규정」 제55조 제1항에 따라 귀청에서 기소중지한 아래 사람을 다음과 같이 발견하였으므로 통보합니다.

피의자	성 명	
	주민등록번호	
	직 업	
	주 거	
죄 명		
송 치 일 자		
송 치 번 호		
사 건 번 호		
발 견 경 위		
비 고		
첨 부		

소 속 관 서

사법경찰관 계급

소 속 관 서

제 호

수 신 :

제 목 : 소재불명자 발견 통보서(참고인등)

「검사와 사법경찰관의 상호협력과 일반적 수사준칙에 관한 규정」 제55조 제1항에 따라 귀청에서 참고인중지한 사건의 참고인등을 다음과 같이 발견하였으므로 통보합니다.

참고인등	성 명				
	주민등록번호				
	직 업				
	주 거				
	전 화	(자택)		(직장)	
대상사건	피 의 자				
	죄 명				
	송 치 일 자				
	송 치 번 호				
	사 건 번 호				
발견 경위					
비 고					
첨 부					

소 속 관 서

사법경찰관 계급

소속관서

제 호
수 신 :
제 목 : 소재수사 결과 통보서

「검사와 사법경찰관의 상호협력과 일반적 수사준칙에 관한 규정」 제55조 제2항에 따라 귀청에서 요청한 소재수사 결과를 다음과 같이 통보합니다.

소재수사 대상자	성 명		주민등록번호	
	신 분			
	직 업			
	주 거			
	전 화	(본인)		(직장)	
대상 사건	피 의 자			
	죄 명			
	송 치 일 자			
	송 치 번 호			
	사 건 번 호			
소재수사 결과				
비 고				
첨 부				

소 속 관 서

사법경찰관 계급

소 속 관 서

제 호

수 신 :

제 목 : 협의요청서

「검사와 사법경찰관의 상호협력과 일반적 수사준칙에 관한 규정」 제8조 제1항에 따라 아래 사건에 대하여 협의를 요청합니다.

사 건 번 호				
피의자	성 명		주민등록번호	
	직 업			
	주 거			
죄　　　명				
협 의 요 청 사 항 과 이 유				

소 속 관 서

사법경찰관　계급

소 속 관 서

제 호

수 신 :

제 목 : 협의요청서(관서장)

「검사와 사법경찰관의 상호협력과 일반적 수사준칙에 관한 규정」 제8조 제2항에 따라 아래 사건에 대하여 협의를 요청합니다.

사 건 번 호	

피의자	성 명		주민등록번호	
	직 업			
	주 거			

죄 명	

사건 담당자 협의 사항

관서장 협의 요청 사항

소 속 관 서

사법경찰관 계급

소속관서

제　호
수　신 :
참　조 :
제　목 : 회피신청서

다음 사건에 대해 회피를 신청합니다.

1. 대상 사건

2. 회피 사유

3. 증빙 서류

■ 경찰수사규칙 [별지 제9호서식]

소 속 관 서

제 호
수 신 :   귀하
제 목 : 수사진행상황 통지서

귀하와 관련된 사건의 수사진행상황을 다음과 같이 알려드립니다.

접 수 일 시		사 건 번 호	
주 요 진 행 상 황			
담 당 팀 장	○○과 ○○팀 경○ ○○○	☎	02-0000-0000

※ 범죄피해자 권리 보호를 위한 각종 제도

○ 범죄피해자 구조 신청제도(범죄피해자보호법)
  - 관할지방검찰청 범죄피해자지원센터에 신청
○ 의사상자예우 등에 관한 제도(의사상자예우에관한법률)
  - 보건복지부 및 관할 자치단체 사회복지과에 신청
○ 범죄행위의 피해에 대한 손해배상명령(소송촉진등에관한특례법)
  - 각급법원에 신청, 형사재판과정에서 민사손해배상까지 청구 가능
○ 가정폭력·성폭력 피해자 보호 및 구조
  - 여성 긴급전화(국번없이 1366), 아동보호 전문기관(1577-1391) 등
○ 무보험 차량 교통사고 뺑소니 피해자 구조제도(자동차손해배상보장법)
  - 동부화재, 삼성화재 등 자동차 보험회사에 청구
○ 국민건강보험제도를 이용한 피해자 구조제도
  - 국민건강보험공단 급여관리실, 지역별 공단지부에 문의
○ 법률구조공단의 법률구조제도(국번없이 132 또는 공단 지부출장소)
  - 범죄피해자에 대한 무료법률구조(손해배상청구, 배상명령신청 소송대리 등)
○ 국민권익위원회의 고충민원 접수제도
  - 국민신문고 www.epeople.go.kr, 정부민원안내콜센터 국번없이 110
○ 국가인권위원회의 진정 접수제도
  - www.humanrights.go.kr, 국번없이 1331
○ 범죄피해자지원센터(국번없이 1577-1295)
  - 피해자나 가족, 유족등에 대한 전화상담 및 면접상담 등
○ 수사 심의신청 제도(경찰민원콜센터 국번없이 182)
  - 수사과정 및 결과에 이의가 있는 경우, 관할 지방경찰청 「수사심의계」에 심의신청

  ※ 고소·고발인은 형사사법포털(www.kics.go.kr)을 통해 온라인으로 사건진행상황을 조회하실 수 있습니다.

장

변호인 참여 신청서

일 시	20 년 월 일 :			
대상자	구 분	☐ 피의자 ☐ 피혐의자 ☐ 피해자 ☐ 참고인		
	성 명		생년월일	
신청인	성 명		대상자와의 관 계	
	연 령		전화번호	
	주 소			
변호인	성 명		전화번호	

※ 변호인선임서를 제출하고 변호사 신분증을 제시해 주시기 바랍니다.

< 안 내 사 항 >

☐ 변호인의 참여로 인하여 신문이 방해되거나, 수사기밀이 누설되는 등 정당한 사유가 있는 경우에는 변호사 참여 신청이 제한될 수 있습니다.

☐ 변호인의 참여로 증거를 인멸·은닉·조작할 위험이 구체적으로 드러나거나, 신문 방해, 수사기밀 누설 등 수사에 현저한 지장을 초래하는 경우 신문·조사 중이라도 변호인 참여가 제한될 수 있습니다.

☐ 신문·조사에 참여한 변호인은 신문·조사 후 조서를 열람할 수 있고 의견을 진술할 수 있습니다. 다만 신문·조사 중이라도 부당한 신문·조사 방법에 대하여 이의를 제기할 수 있고, 경찰관의 승인을 얻어 의견을 진술할 수 있습니다.

☐ 피의자신문 시 변호인 참여 관련 내용은 피혐의자, 피해자, 참고인 조사 시에도 준용됩니다.

210mm × 297mm(백상지 80g/㎡)

소 속 관 서

제 호
수 신 :
참 조 :   접수번호 :
제 목 : 범죄인지서   사건번호 :

다음 사람에 대한 범죄사실을 인지합니다.

1. 피의자 인적사항

            :
            :
            :

2. 범죄경력자료

3. 범죄사실의 요지

4. 죄명 및 적용법조

5. 수사단서 및 범죄 인지경위

소 속 관 서

제 호
수 신 : 귀하
제 목 : 불입건결정 통지서(피혐의자)

귀하와 관련된 사건에 대하여 다음과 같이 결정하였음을 알려드립니다.

접 수 일 시		접 수 번 호	
죄 명			
결정종류			
주요내용			
담당팀장		☎ 02-0000-0000	

※ 권리 보호를 위한 각종 제도

○ 국민권익위원회의 고충민원 접수제도

- 국민신문고 www.epeople.go.kr, 정부민원안내콜센터 국번없이 110

○ 국민인권위원회의 진정 접수제도

- www.humanrights.go.kr, 국번없이 1331

○ 심의신청 제도(경찰민원콜센터 국번없이 182)

- 수사과정 및 결과에 이의가 있는 경우, 관할 지방경찰청 「수사심의계」에 심의신청

장

소 속 관 서

제 호

수 신 : 귀하

제 목 : 불입건결정 통지서(진정인등)

귀하와 관련된 사건에 대하여 다음과 같이 결정하였음을 알려드립니다.

접 수 일 시	. . .	접 수 번 호	0000-000000
죄 명			
결 정 종 류	1. 내사종결 ( ) 2. 내사중지 ( ) 3. 이 송 ( ) : (☎ :) 4. 공람종결 ( )		
주 요 내 용			
담 당 팀 장			☎ 02-0000-0000

※ 범죄피해자 권리 보호를 위한 각종 제도

- 범죄피해자 구조 신청제도(범죄피해자보호법)
  - 관할지방검찰청 범죄피해자지원센터에 신청
- 의사상자예우 등에 관한 제도(의사상자예우에관한법률)
  - 보건복지부 및 관할 자치단체 사회복지과에 신청
- 범죄행위의 피해에 대한 손해배상명령(소송촉진등에관한특례법)
  - 각급법원에 신청, 형사재판과정에서 민사손해배상까지 청구 가능
- 가정폭력·성폭력 피해자 보호 및 구조
  - 여성 긴급전화(국번없이 1366), 아동보호 전문기관(1577-1391) 등
- 무보험 차량 교통사고 뺑소니 피해자 구조제도(자동차손해배상보장법)
  - 동부화재, 삼성화재 등 자동차 보험회사에 청구
- 국민건강보험제도를 이용한 피해자 구조제도
  - 국민건강보험공단 급여관리실, 지역별 공단지부에 문의
- 법률구조공단의 법률구조제도(국번없이 132 또는 공단 지부출장소)
  - 범죄피해자에 대한 무료법률구조(손해배상청구, 배상명령신청 소송대리 등)
- 범죄피해자지원센터(국번없이 1577-1295)
  - 피해자나 가족, 유족등에 대한 전화상담 및 면접상담 등
- 국민권익위원회의 고충민원 접수제도
  - 국민신문고 www.epeople.go.kr, 정부민원안내콜센터 국번없이 110
- 국민인권위원회의 진정 접수제도
  - www.humanrights.go.kr, 국번없이 1331
- 심의신청 제도(경찰민원콜센터 국번없이 182)
  - 수사과정 및 결과에 이의가 있는 경우, 관할 지방경찰청 「수사심의계」에 심의신청

장

소 속 관 서

제 호

수 신 :

제 목 : 변사사건 발생 통보서

우리 서 관내에서 아래와 같은 변사사건이 발생하였기에 「검사와 사법경찰관의 상호협력과 일반적 수사준칙에 관한 규정」 제17조에 따라 통보합니다.

발 견 일 시		
발 견 장 소		
신 고 일 시		
변 사 종 별	원 인	
	방 법	
변 사 자 인 적 사 항	성 명 : 주민등록번호 : 직 업 : 주 거 :	
발 견 자 인 적 사 항	성 명 : 직 업 : 주 거 : 변사자와관계 :	
발 견 경 위		

피 의 자 (피내사자)	성 명 : 주민등록번호 : 직 업 : 주 거 :		
사 인 및 의 사 소 견	직접사인 : 중간선행사인 : 선행사인 :		
사망추정시각			
사 체 의 상 황 (위 치, 착 의, 외 상 유무등사체의상태를 구체적으로기재)			
증 거 품 (소지금품, 흉기등범행 공용물, 유서, 일지등 존 재 사 항) 및 참 고 사 항			
유족의진술	진술일시		변사자와 관계
	주 소		
	직 업		주민등록번호
	성 명		연 령

관계인진술	진술일시		변사자와 관계	
	주　소			
	직　업		주민등록번호	
	성　명		연　령	
사 건 개 요				
경 찰 조 치 및　의 견				
담당경찰관				

사법경찰관

소 속 관 서

제 호

수 신 :

제 목 : 교통사고 변사사건 발생 통보서

우리 서 관내에서 아래와 같은 교통사고 변사사건이 발생하였기에 「검사와 사법경찰관의 상호협력과 일반적 수사준칙에 관한 규정」 제17조에 따라 통보합니다.

사 망	일 시	
	장 소	
사 고 일 시		
발 생 장 소		
변 사 자 인 적 사 항	성 명 : 주민등록번호 : 직 업 : 주 거 :	

피 의 자 (피내사자)	성 명		주민등록번호		연령	
	직 업		변사자와관계		성별	
	주 거					
	집전화번호		회사전화번호			
	진술일시		휴대전화번호			
	진술내용					

의 사 소 견	
특 이 사 항	
경 찰 조 치 및 의 견	
담당경찰관	
소 속 관 서 사법경찰관 계급	

검 시 조 서

사법경찰관 은/는   을/를 참여하게 하고 다음의 변사자를 검시하다.

변사자	성 명		성 별		연 령	
	직 업		국 적			
	등록기준지					
	주 거					
변 사 장 소						
검 시 장 소						
사체의 모양 및 상황						
변 사 년 월 일						
사 인						
발 견 일 시						
발 견 자						
의사의 검안 및 관계자의 진술						
소지금품 및 유류품						
사체및휴대품의 처 리						
참 여 인						
의 견						

이 검사는 0000. 00. 00 00:00에 시작하여 0000. 00. 00 00:00에 끝나다.

사법경찰관   ㉑

㉑

검 증 조 서

사법경찰관　은　　　을 참여하게 하고 000외 0명에 대한 피의사건에 관하여 다음과 같이 검증하다.

1. 검증의 장소(대상)

2. 검증의 목적

3. 검증의 참여인

4. 검증의 경위 및 결과

　　이 검증은 0000. 00. 00. 00:00에 시작하여 0000. 00. 00. 00:00에 끝나다.

　　　　　　　　　　　　　　　　사법경찰관　　　　　㉔

　　　　　　　　　　　　　　　　　　　　　㉔

소 속 관 서

제 호
수 신 :
제 목 : 변사사건 처리등에 관한 의견서

제호(접수) 변사사건 처리에 관하여 「검사와 사법경찰관의 상호협력과 일반적 수사 준칙에 관한 규정」 제17조제4항에 따라 다음과 같이 의견을 제시합니다.

변 사 자 인 적 사 항	성 명 : 주민등록번호 : 직 업 : 주 거 :
사 인	직접사인 : 간접사인 :
처 리 결 과 및 의 견	
첨 부 서 류	

소 속 관 서

사법경찰관   계급

■ 경찰수사규칙 [별지 제19호서식]

사체 및 소지금품 인수서

☐ 인 수 자

성 명		주민등록번호	
직 업		연 락 처	
주 거			
사망자와의 관계			

☐ 사 체

성 명			주민등록번호	
성 별		연 령	국 적	
등록기준지				
주 소				

☐ 소지금품

품 명	수 량	비 고

☐ 인수경위

일시·장소	
인 계 자	소속 : 계급 : 성명 :

위와 같이 사체와 소지금품을 인수하였음을 확인합니다.

인 수 자 :   ㉙

장 귀하

소 속 관 서

제 호
수 신 :
제 목 : 고위공직자범죄등 인지통보서
아래 사람에 대하여 다음과 같이 고위공직자범죄등을 인지하였으므로 고위공직
자범죄수사처 설치 및 운영에 관한 법률 제24조 제2항에 따라 통보합니다.

피의자	성 명		주민등록번호	
	주 거			
	소 속			
	직위(직급)			
죄 명				

인지 경위

범죄 사실

비 고	

소 속 관 서

사법경찰관 계급

출석요구서

제 호

 귀하에 대한   사건 (접수번호 :)에 관하여 문의할 사항이 있으니   에 으로 출석하여 주시기 바랍니다.

< 사건의 요지 >

< 구비서류 등 >

 1.

 2.

 3.

   출석하실 때에는 이 출석요구서와 위 구비서류, 기타 귀하가 필요하다고 생각하는 자료를 가지고 나오시기 바라며, 이 사건과 관련하여 귀하가 전에 충분히 진술하지 못하였거나 새롭게 주장하고 싶은 사항, 조사가 필요하다고 생각하는 사항이 있으면 이러한 내용을 정리한 진술서를 제출하여 주시기 바랍니다.

   지정된 일시에 출석할 수 없는 부득이한 사정이 있거나 이 출석요구서와 관련하여 궁금한 점이 있으면, (☎)에 연락하여 출석일시를 조정하시거나 궁금한 사항을 문의하시기 바랍니다.

   정당한 이유없이 출석요구에 응하지 아니하면 「형사소송법」 제200조의2에 따라 체포될 수 있습니다.

사법경찰관

□ 경찰관서 안내

□ 수사과정에 도움이 되는 각종 제도

○ 변호인 참여제
수사에 중대한 지장을 주지 않는 범위 내에서 선임된 변호사의
참여하에 조사를 받으실 수 있습니다.

○ 무료 법률상담 서비스
대한법률구조공단(☎132)을 통해 무료 법률상담서비스를 받으실 수
있습니다.

○ 수사 심의신청 제도(경찰민원콜센터 국번없이 182)
수사과정 및 결과에 다른 의견이 있는 경우,
관할 지방경찰청 「수사심의계」에 심의를 신청하실 수 있으며,
심의위원회 심의를 거쳐 결과를 통보하여 드립니다.

○ 경찰수사관 기피 신청 제도(경찰민원콜센터 국번없이 182)
인권침해·편파수사 등의 사유로 담당수사관 변경을 희망할 경우,
해당 경찰서의 청문감사실을 통해 담당수사관 기피를 신청하실 수
있으며,
수사관 변경 사유 해당 여부 심의 후 결과를 통보하여 드립니다.

○ 국가인권위원회(국번없이 1331, http://www.humanrights.go.kr)
인권침해를 받은 경우 국가인권위원회에 진정을 접수할 수
있습니다.

○ 국민권익위원회(국번없이 110, http://www.epeople.go.kr)
사건과 관련하여 고충이 있는 경우 국민권익위원회에 민원을 접수할
수 있습니다.

출석요구서

제 호

 귀하에 대한 사건(접수번호:)의 (으)로 문의할 사항이 있으니 에 으로 출석
하여 주시기 바랍니다.

< 사건의 요지 >

< 구비서류 등 >
 1.
 2.
 3.

   출석할 수 없는 부득이한 사정이 있거나 사건내용에 관하여 문의할 사항이
있으면 (☎)로 연락하여 출석일시를 협의하거나 사건내용을 문의하시기 바랍니
다.

※ 질병 등으로 경찰관서 직접 출석이 곤란한 경우에는 우편·FAX·e-mail 등
   편리한 매체를 이용한 조사를 받을 수 있으며, 출장조사도 요청하실 수 있습
   니다.

사법경찰관

임의동행 동의서

동행을 요구한 일시 · 장소	일 시 : 장 소 :
동행할 장소	
동행의 이유 (사건 개요)	
동행대상자	성 명 :
담당경찰관	소 속 : 계 급 :　　　　성 명 :

본인은 위와 같은 내용으로 경찰관으로부터 동행을 요구받았고, 동행을 거부할 수 있는 권리와 언제든지 자유롭게 동행과정에서 이탈 또는 동행장소에서 퇴거할 수 있는 권리가 있음을 안내 받았습니다. 이에, 자발적인 의사로 동행한 것임을 확인합니다.

위　　본인

조사연장 요청서

요청인	성　　명	
	주민등록번호	
	주　　거	
비　　　고		※ 요청에 참고할 사항이 있으면 기재

요청인은 「검사와 사법경찰관의 상호협력과 일반적 수사준칙에 관한 규정」 제22조에 따라 조서의 열람을 위해 요청인 본인의 자유로운 의사에 의하여 조사시간 연장을 요청합니다.

요청인　　　　　　　　(서명)

동 석 신 청 서
(피 (혐) 의 자)

수 신 : 사법경찰관

귀서 접수번호 제 호 에 대한 사건에 관하여 을/를 조사함에 있어 아래와

같이 와 신뢰관계에 있는 자의 동석을 신청합니다.

신뢰 관계자	성 명	
	주민등록번호	
	직 업	
	주거(사무소)	
	전화번호	
	피(혐)의자와의 관계	
동석 필요 사유		

※ 소명자료 별첨

신청인   인

동 석 신 청 서
(사건관계인)

수　신 :　사법경찰관

귀서 접수번호 제 호 피의자 에 대한　사건에 관하여 사건관계인 을/를 조사함에 있어 아래와 같이 사건관계인과 신뢰관계에 있는 사람의 동석을 신청합니다.

사건관계인	성　　명	
	주민등록번호	
	직　　업	
	주　　거	
	전화번호	
신뢰 관계인	성　　명	
	주민등록번호	
	직　업	
	주거(사무소)	
	전화번호	
	사건관계인과의 관계	
동석 필요 사유		

※ 소명자료 별첨

신청인　　　　　　㊞

■ 경찰수사규칙 [별지 제27호서식]

피의자신문조서

피 의 자 :

위의 사람에 대한 피의사건에 관하여 에서 은 사법경찰리 ○○ ○○○을 참여하게 하고, 아래와 같이 피의자임에 틀림없음을 확인하다.

문 : 피의자의 성명, 주민등록번호, 직업, 주거, 등록기준지 등을 말하십시오.

답 : 성명은

주민등록번호는

직업은

주거는

등록기준지는

직장주소는

연락처는 자택전화   휴대전화

직장전화   전자우편(e-mail)

입니다.

사법경찰관은 피의사건의 요지를 설명하고 사법경찰관의 신문에 대하여 형사소송법 제244조의3의 규정에 의하여 진술을 거부할 수 있는 권리 및 변호인의 참여 등 조력을 받을 권리가 있음을 피의자에게 알려주고 이를 행사할 것인지 그 의사를 확인하다.

진술거부권 및 변호인 조력권 고지 등 확인

1. 귀하는 일체의 진술을 하지 아니하거나 개개의 질문에 대하여 진술을 하지 아니할 수 있습니다.

1. 귀하가 진술을 하지 아니하더라도 불이익을 받지 아니합니다.

1. 귀하가 진술을 거부할 권리를 포기하고 행한 진술은 법정에서 유죄의 증거로 사용될 수 있습니다.

1. 귀하가 신문을 받을 때에는 변호인을 참여하게 하는 등 변호인의 조력을 받을 수 있습니다.

문 : 피의자는 위와 같은 권리들이 있음을 고지받았는가요

답 :

문 : 피의자는 진술거부권을 행사할 것인가요

답 :

문 : 피의자는 변호인의 조력을 받을 권리를 행사할 것인가요

답 :

이에 사법경찰관은 피의사실에 관하여 다음과 같이 피의자를 신문하다.

문 : 피의자는 영상녹화를 희망하는가요

답 :

문 : 사건을 송치하기 전 추가적으로 서면 의견이나 자료를 제출할 것인가요

답 :

위의 조서를 진술자에게 열람하게 하였던 바(읽어준 바) 진술한 대로 오기나 증감·변경할 것이 없다고 말하므로 간인한 후 서명(기명날인)하게 하다.

진 술 자 ㉑

㉑

사법경찰리 ㉑

피의자신문조서 (제0회)

피 의 자 :

위의 사람에 대한 피의사건에 관하여 에서 은 사법경찰리 ○○ ○○○을 참여하게 한 후, 피의자에 대하여 다시 아래의 권리들이 있음을 알려주고 이를 행사할 것인지 그 의사를 확인하다.

---

1. 귀하는 일체의 진술을 하지 아니하거나 개개의 질문에 대하여 진술을 하지 아니할 수 있습니다.

1. 귀하가 진술을 하지 아니하더라도 불이익을 받지 아니합니다.

1. 귀하가 진술을 거부할 권리를 포기하고 행한 진술은 법정에서 유죄의 증거로 사용될 수 있습니다.

1. 귀하가 신문을 받을 때에는 변호인을 참여하게 하는 등 변호인의 조력을 받을 수 있습니다.

문 : 피의자는 위와 같은 권리들이 있음을 고지받았는가요

답 :

문 : 피의자는 진술거부권을 행사할 것인가요

답 :

문 : 피의자는 변호인의 조력을 받을 권리를 행사할 것인가요

답 :

이에 사법경찰관은 피의사실에 관하여 다음과 같이 피의자를 신문하다.

문 : 피의자는 영상녹화를 희망하는가요

답 :

문 :

답 :

문 : 사건을 송치하기 전 추가적으로 서면 의견이나 자료를 제출할 것인가요

답 :

위의 조서를 진술자에게 열람하게 하였던 바(읽어준 바) 진술한 대로 오기나
증감·변경할 것이 없다고 말하므로 간인한 후 서명(기명날인)하게 하다.

진 술 자   ⑩

                              ⑩

사법경찰리   ⑩

진 술 조 서

성   명 :

주민등록번호 :

직   업 :

주   거 :

등록기준지 :

직 장 주 소 :

연 락 처 : 자택전화   휴대전화

　　　　　　 직장전화   전자우편(e-mail)

위의 사람은 에 대한 피의사건에 관하여 에 임의 출석하여 다음과 같이 진술하다.

1. 피의자와의 관계
　　저는   와 ○○○ 관계에 있습니다.

1. 피의사실과의 관계
　　저는 피의사실과 관련하여 ○○○ 자격으로서 출석하였습니다.

이 때 진술의 취지를 더욱 명백히 하기 위하여 다음과 같이 임의로 문답하다.

문 : (피해자인 경우) 담당조사관으로부터 형사절차상 범죄피해자의 권리 및 지원 정
　　보에 대한 안내서를 교부받았나요

답 :

문 :

답 :

문 : 사건을 송치하기 전 추가적으로 서면 의견이나 자료를 제출할 것인가요

답 :

위의 조서를 진술자에게 열람하게 하였던 바 진술한 대로 오기나 증감·변경
할 것이 없다고 말하므로 서명(기명날인)하게 하다.

진 술 자

진 술 조 서 (제 0 회)

성   명 :

주민등록번호 :

위의 사람은 에 대한 피의사건에 관하여 에 임의 출석하였는 바, 사법경찰
관은 진술인 을 상대로 다음과 같이 전회에 이어 계속 문답을 하다.

문 :

답 :

문 : 사건을 송치하기 전 추가적으로 서면 의견이나 자료를 제출할 것인가요

답 :

위의 조서를 진술자에게 열람하게 하였던 바(읽어준 바) 진술한 대로 오기나
증감·변경할 것이 없다고 말하므로 간인한 후 서명(기명날인)하게 하다.

　　　　　　　진 술 자　　　　　　　　　　　㊞

　　　　　　　　　　　　　㊞

수사 과정 확인서

구 분	내 용
1. 조사 장소 도착시각	
2. 조사 시작시각 및 종료시각	☐ 시작시각 : ☐ 종료시각 :
3. 조서열람 시작시각 및 종료시각	☐ 시작시각 : ☐ 종료시각 :
4. 기타 조사과정 진행경과 확인에 필요한 사항	

5. 조사과정 기재사항에 대한
   이의제기나 의견진술 여부 및
   그 내용	

는 를 조사한 후, 위와 같은 사항에 대해 로부터 확인받음

확 인 자 :　　㊞

　　　　　　　: 　　㊞

수사 과정 확인서(조서미작성)

대상자	성 명		사건관련 신분	
	주민등록번호		전 화 번 호	
	주 소			

구 분	내 용
1. 조사 장소 도착시각	
2. 조사 장소를 떠난 시각	
3. 조서 미작성 이유	
4. 조사 외 실시한 활동	
5. 참여 변호인	
6. 조사과정 기재사항에 대한 이의제기나 의견진술 여부 및 그 내용	

　는 　를 조사한 후, 위와 같은 사항에 대해 　로부터 확인받음

확 인 자 :　　　　㊞

　　　　　　:　　　㊞

실 황 조 사 서

　은　에 대한　사건에 관하여 다음과 같이 실황을 조사하다.

실 황 조 사 일 시 · 장 소	
실 황 조 사 목　　적	
참　여　인	
실 황 조 사 경 위 및 결 과	

　이 실황조사는 2000. 00. 00. 00:00에 시작하여 2000. 00. 00. 00:00에 끝나다.

㊞

㊞

소 속 관 서

제 호
수 신 :
제 목 : 감정위촉서

피의자 에 대한 피의사건에 관하여 다음 사항의 감정을 위촉합니다.

사 건 번 호	
감 정 대 상 (종류 품명)	
위 촉 사 항	
비 고	※ 감정처분허가장이 첨부된 경우, 감정처분허가장은 감정서와 함께 반환하시기 바랍니다.

소 속 관 서

사법경찰관   계급

영상녹화 동의서

진술자	성 명		주민등록번호	
	주 거			

상기인은 피의사건에 관하여 피의자·참고인·피해자로서 진술함에 있어 진

술내용이 영상녹화됨을 고지받고 강제적인 압력이나 권유를 받음이 없이 영

상녹화하는 것에 동의합니다.

성 명 :   ㉑

장 귀하

권 리 고 지 확 인 서

성   명 :

주민등록번호 : (세)

주   거 :

본인은 경 에서 되면서 피의사실의 요지, 의 이유와 함께 변호인을 선임할 수 있고,
진술을 거부하거나, 변명을 할 수 있으며, 적부심을 청구할 수 있음을 고지받았음을
확인합니다.

위 확인인

　위 피의자를 하면서 위와 같이 고지하고 변명의 기회를 주었음(변명의 기회
를 주었으나 정당한 이유없이 기명날인 또는 서명을 거부함).

소 속 관 서

제 호
수 신 :
제 목 : 체포영장 신청서

다음 사람에 대한 피의사건에 관하여, 동인을 에 인치하고 에 구금하려 하니 까지 유효한 체포영장의 청구를 신청합니다.

피의자	성 명	
	주민등록번호	
	직 업	
	주 거	
변 호 인		
범죄사실 및 체포를 필요로 하는 이유		
7일을 넘는 유효기간을 필요로 하는 취지와 사유		
둘 이상의 영장을 신청하는 취 지 와 사 유		
재신청의 취지 및 이유		
현재 수사 중인 다른 범죄사실에 관하여 발부된 유효한 체포영장 존재시 그 취지 및 범죄사실		
비 고		

소 속 관 서

사법경찰관 계급

긴 급 체 포 서

제 호

피 체 포 자	성 명	
	주민등록번호	
	직 업	
	주 거	
변 호 인		

「형사소송법」 제200조의3 제1항에 따라, ○○○○ 피의사건과 관련된 위 피체포자를 아래와 같이 긴급체포함

사법경찰관

체 포 한 일 시	
체 포 한 장 소	
범 죄 사 실 및 체 포 의 사 유	
체포자의 관직 및 성명	
인 치 한 일 시	
인 치 한 장 소	
구 금 한 일 시	
구 금 한 장 소	
구금을 집행한 자의 관직 및 성명	

소 속 관 서

제 호
수 신 :
제 목 : 긴급체포 승인 요청서

다음 사람에 대한 00 피의사건에 관하여 동인을 아래와 같이 긴급체포하였기에
「검사와 사법경찰관의 상호협력과 일반적 수사준칙에 관한 규정」 제27조제2항
에 따라 승인을 요청합니다.

인적 사항	성 명		주민등록번호	
	직 업			
	주 거			
긴급체포한 일시				
긴급체포한 장소				
긴급체포한 자의 관직 및 성명				
인 치 한 일 시				
인 치 한 장 소				
구 금 한 일 시				
구 금 한 장 소				
범 죄 사 실				
소 명 자 료				
긴급체포한 사유				
체포를 계속하여야 할 사 유				

소 속 관 서

사법경찰관 계급

소 속 관 서

제 호
수 신 :
제 목 : 석방 통보서(긴급체포불승인)

다음 피체포자를 긴급체포 불승인을 이유로 아래와 같이 석방하였기에 「검사와 사법경찰관의 상호협력과 일반적 수사준칙에 관한 규정」 제27조제4항에 따라 통보합니다.

피체포자	성 명	
	주민등록번호	
	직 업	
	주 거	
죄 명		
긴급체포한 일시		
긴급체포한 장소		
긴급체포한 사유		
석 방 한 일 시		
석 방 한 장 소		
불 승 인 사 유		
석방한 자의 관직 및 성명		

소 속 관 서

사법경찰관 계급

현행범인체포서

제 호		

	성 명	
피 체 포 자	주민등록번호	
	직 업	
	주 거	

변 호 인	

「형사소송법」 제212조에 따라, ○○○○ 피의사건과 관련된 위 피체포자를 아래와 같이 현행범인으로 체포함

소속관서

사법경찰관/리

체 포 한 일 시	
체 포 한 장 소	
범 죄 사 실 및 체 포 의 사 유	
체포자의 관직 및 성명	
인 치 한 일 시	
인 치 한 장 소	
구 금 한 일 시	
구 금 한 장 소	

현행범인인수서

<u>제　호</u>

피 체 포 자	성　　　명	
	주민등록번호	
	직　　　업	
	주　　　거	
변　　호　　인		

「형사소송법」제213조 제1항에 따라, ○○○○ 피의사건과 관련된 위 피체포자를 아래와 같이 현행범인으로 인수함

체 포 한 일 시	
체 포 한 장 소	
체 포 자 성　　　명	
주민등록번호	
주　　　거	
범 죄 사 실 및 체 포 의 사 유	
인 수 한 일 시	
인 수 한 장 소	
인 치 한 일 시	
인 치 한 장 소	
구 금 한 일 시	
구 금 한 장 소	

피의자 석방서(현행범인)

제 호

다음 피체포자(현행범인)를 아래와 같이 석방합니다.

피체포자	성 명	
	주민등록번호	
	직 업	
	주 거	
죄 명		
체 포 한 일 시		
체 포 한 장 소		
체 포 의 사 유		
석 방 일 시		
석 방 장 소		
석 방 사 유		
석방자의 관직 및 성명		
비 고		

소 속 관 서

사법경찰관 계급

소 속 관 서

제　호

수　신 :

제　목 : 석방 통보서(현행범인)

다음 피체포자(현행범인)를 아래와 같이 석방하였기에 「검사와 사법경찰관의 상호협력과 일반적 수사준칙에 관한 규정」 제28조제2항에 따라 통보합니다.

피체포자	성　　명	
	주민등록번호	
	직　　업	
	주　　거	
죄　　　　명		
체 포 한 일 시		
체 포 한 장 소		
체 포 의　사 유		
석　방　일　시		
석　방　장　소		
석　방　사　유		
석방자의　관직 및　　　　성명		
비　　　　고		

사법경찰관

소 속 관 서

제 호

수 신 :

제 목 : 구속영장 신청서(미체포)

다음 사람에 대한 피의사건에 관하여 동인을 에 구속하려 하니 까지 유효한 구속영장의 청구를 신청합니다.

피 의 자	성 명	
	주민등록번 호	
	직 업	
	주 거	
변 호 인		
범 죄 사 실 및 구 속 을 필 요 로 하 는 이 유		
필요적 고려사항	☐ 범죄의 중대성 ☐ 재범의 위험성 ☐ 피해자 · 중요참고인 등에 대한 위해 우려 ☐ 기타 사유	
7일을 넘는 유효 기 간 을 필요로 하는 취지 와 사 유		
둘 이상의 영장을 신 청 하 는 취 지 와 사 유		
재신청의 취지 및 이 유		
비 고		

소 속 관 서

사법경찰관 계급

소 속 관 서

제 호
수 신 :
제 목 : 구속영장 신청서(체포영장)

다음 사람에 대한 피의사건에 관하여 동인을 아래와 같이 체포영장에 의해
체포하여 에 구속하려 하니 까지 유효한 구속영장의 청구를 신청합니다.

피 의 자	성 명	
	주민등록번호	
	직 업	
	주 거	
변 호 인		
체포한 일시·장소		
인치한 일시·장소		
구금한 일시·장소		
범죄사실 및 구속을 필요로 하는 이유		
필요적 고려사항	☐ 범죄의 중대성 ☐ 재범의 위험성 ☐ 피해자·중요참고인 등에 대한 위해 우려 ☐ 기타 사유	
피의자의 지정에 따라 체포이유등이 통지된 자의 성명 및 연락처		
재신청의 취지 및 이유		
비 고		

소 속 관 서

사법경찰관   계급

소 속 관 서

제 호
수 신 :
제 목 : 구속영장 신청서(현행범인)

다음 사람에 대한 피의사건에 관하여 동인을 아래와 같이 현행범인으로 체포하여 에 구속하려 하니 까지 유효한 구속영장의 청구를 신청합니다.

피의자	성 명	
	주민등록번호	
	직 업	
	주 거	
변 호 인		
체포한 일시·장소		
인치한 일시·장소		
구금한 일시·장소		
범죄사실 및 구속을 필요로 하는 이유		
필요적 고려사항	☐ 범죄의 중대성 ☐ 재범의 위험성 ☐ 피해자·중요참고인 등에 대한 위해 우려 ☐ 기타 사유	
피의자의 지정에 따라 체포이유등이 통지된 자의 성명 및 연락처		
재신청의 취지 및 이유		
비 고		

소 속 관 서

사법경찰관 계급

소 속 관 서

제 호

수 신 :

제 목 : 구속영장 신청서(긴급체포)

다음 사람에 대한 피의사건에 관하여 동인을 아래와 같이 긴급체포하여 에 구
속하려 하니 까지 유효한 구속영장의 청구를 신청합니다.

피의자	성 명	
	주민등록번호	
	직 업	
	주 거	
변 호 인		
체포한 일시·장소		
인치한 일시·장소		
구금한 일시·장소		
범죄사실 및 구속을 필요로 하는 이유		
필요적 고려사항	□ 범죄의 중대성 □ 재범의 위험성 □ 피해자·중요참고인 등에 대한 위해 우려 □ 기타 사유	
피의자의 지정에 따라 체포이유등이 통지된 자의 성명 및 연락처		
재신청의 취지 및 이유		
비 고		

소 속 관 서

사법경찰관 계급

소 속 관 서

제 호

수 신 : 귀하

제 목 : 체포·긴급체포·현행범인체포·구속통지서

1. 피 의 자

　　성　　명 :

　　주민등록번호 :

　　주　　거 :

2. 위 사람을　　피의사건으로 하여　에 하였으므로 통지합니다.

3. 　된 피의자의 법정대리인·배우자·직계친족·형제자매는 각각 변호인을 선임할
　　수 있습니다.

4. 　된 위 피의자 본인 또는 그 변호인·법정대리인·배우자·직계친족·형제자매나 가
　　족, 동거인 또는 고용주는 에 의 적부심사를 청구할 수 있습니다.

첨부 : 범죄사실의 요지 및 의 이유 1부

담당자		소속및연락처	

소 속 관 서

사법경찰관　계급

소 속 관 서

제 호

수 신 :

제 목 : 영장 반환서

「검사와 사법경찰관의 상호협력과 일반적 수사준칙에 관한 규정」 제35조에 따라 별지 영장을 다음과 같은 이유로 반환합니다.

영 장 종 별		
영 장 발 부 일		
영 장 번 호		
대 상 자	성 명	
	주민등록번호	
	주 거	
죄 명		
영 장 반 환 사 유		
첨 부 : 영 장		

소 속 관 서

사법경찰관 계급

소 속 관 서

제 호

제 목 : 피의자 접견 등 금지 결정서

「형사소송법」 제209조에서 준용하는 제91조 또는 형의 집행 및 수용자의 처우에 관한 법률 제87조에서 준용하는 제41조에 따라 다음 사건의 피의자에 대하여 아래와 같이 접견 등 금지를 결정합니다.

[대상사건]

사건번호 :

죄   명 :

[피의자 인적사항]

성   명 :   주민등록번호 :

주   거 :

직   업 :

체포·구속 일자 :

접견등금지기간 :   0000. 00. 00. ~ 0000. 00. 00. (일)

[접견 등 금지 결정 내용]

[결정 사유]

소속관서

제 호
제 목 : 피의자 접견 등 금지 취소 결정서

「형사소송법」제209조에서 준용하는 제91조 또는 형의 집행 및 수용자의 처우에 관한 법률 제87조에서 준용하는 제41조에 따라 결정한 다음 사건의 피의자에 대한 접견 등 금지 조치를 취소합니다.

[대상사건]

사건번호 :

죄   명 :

[피의자 인적사항]

성   명 :   주민등록번호 :

주   거 :

직   업 :

체포·구속 일자 :

접견등금지기간 :   0000. 00. 00. ~ 0000. 00. 00. (일)

[취소 대상 '접견 등 금지 조치' 내용]

[취 소 사 유]

피의자 석방서(체포영장)

제 호

다음 피체포자(체포영장)를 아래와 같이 석방합니다.

피체포자	성 명	
	주민등록번호	
	직 업	
	주 거	
죄 명		
체 포 한 일 시		
체 포 한 장 소		
체 포 의 사 유		
석 방 일 시		
석 방 장 소		
석 방 사 유		
석방자의 관직 및 성 명		
체 포 영 장 번 호	-	

사법경찰관

피의자 석방서(긴급체포)

제 호

다음 피체포자(긴급체포)를 아래와 같이 석방합니다.

피체포자	성 명	
	주민등록번호	
	직 업	
	주 거	
죄 명		
긴급체포한일시		
긴급체포한장소		
긴급체포의 사유		
석 방 일 시		
석 방 장 소		
석 방 사 유		
석방자의 관직 및 성 명		
비 고		

사법경찰관

소속관서

제 호
수 신 :
제 목 : 석방 통보서(체포영장)

다음 피의자(체포영장)를 아래와 같이 석방하였기에 「검사와 사법경찰관의 상호 협력과 일반적 수사준칙에 관한 규정」 제36조제2항제1호에 따라 통보합니다.

피체포자	성 명	
	주민등록번호	
	직 업	
	주 거	
죄 명		
체 포 한 일 시		
체 포 한 장 소		
체 포 의 사 유		
석 방 일 시		
석 방 장 소		
석 방 사 유		
석방자의 관직 및 성 명		
체 포 영 장 번 호	-	

소속관서

사법경찰관 계급

소속관서

제 호

수 신 :

제 목 : 석방 보고서(긴급체포)

다음 피체포자를 아래와 같이 석방하였기에 「검사와 사법경찰관의 상호협력과 일반적 수사준칙에 관한 규정」 제36조제2항제2호에 따라 보고합니다.

피체포자	성 명	
	주민등록번호	
	직 업	
	주 거	
죄 명		
긴급체포한일시		
긴급체포한장소		
긴급체포의 사유		
석 방 일 시		
석 방 장 소		
석 방 사 유		
석방자의 관직 및 성 명		

소 속 관 서

사법경찰관 계급

구속 취소결정서

제 호

다음 피의자에 대한 구속을 아래와 같이 취소합니다.

사 건 번 호		
피의자	성 명	
	주민등록번호	
	직 업	
	주 거	
죄 명		
구 속 일 시		
구 속 장 소		
구 속 의 사 유		
구 속 취 소 사 유		
석 방 일 시		
석 방 장 소		
석방자의 관직 및 성 명		
영 장 번 호		-
		사법경찰관

소속관서

제 호
수 신 :
제 목 : 구속취소 동의 요청서

다음 피의자에 대한 구속을 아래와 같이 취소하려 하니 구속취소 동의를 요청합니다.

사 건 번 호			영 장 번 호	-
피의자	성 명		주 민 등 록 번 호	
	직 업			
	주 거			
죄 명				
구 속 일 시				
구 속 장 소				
구 속 의 사 유				
구 속 취 소 사 유				
비 고				

소 속 관 서

사법경찰관 계급

소 속 관 서

제 호
수 신 :
제 목 : 석방 통보서(구속취소)

다음 피의자를 아래와 같이 석방하였기에 통보합니다.

사 건 번 호		
피 의 자	성 명	
	주민등록번호	
	직 업	
	주 거	
죄 명		
구 속 일 시		
구 속 장 소		
구 속 의 사 유		
석 방 일 시		
석 방 장 소		
구 속 취 소 사 유		
석방자의 관직 및 성 명		
영 장 번 호		

소 속 관 서

사법경찰관 계급

구속집행정지 결정서

제 호

다음 피의자에 대한 구속집행을 아래와 같이 정지합니다.

사 건 번 호		
피 의 자	성 명	
	주민등록번호	
	직 업	
	주 거	
죄 명		
구 속 일 시		
구 속 장 소		
구 속 사 유		
집 행 정 지 사 유		
석 방 일 시		
석 방 장 소		
제 한 주 거 등		
석방자의 관직 및 성 명		
영 장 번 호		

사법경찰관

소 속 관 서

제 호
수 신 :
제 목 : 구속집행정지 통보서

아래와 같이 다음 피의자에 대한 구속의 집행을 정지하였기에 통보합니다.

사 건 번 호		
피의자	성 명	
	주민등록번호	
	직 업	
	주 거	
죄 명		
구 속 일 시		
구 속 장 소		
구 속 사 유		
집행정지 사유		
석 방 일 시		
석 방 장 소		
석방자의 관직 및 성 명		
영 장 번 호		

소 속 관 서

사법경찰관 계급

구속집행정지 취소결정서

제 호

다음 피의자에 대한 구속집행정지를 아래와 같이 취소합니다.

사 건 번 호		
피의자	성 명	
	주민등록번호	
	직 업	
	주 거	
죄 명		
구 속 일 시		
구 속 장 소		
집행정지결정일		
취 소 사 유		
영 장 번 호		

사법경찰관

소 속 관 서

제 호
수 신 :
제 목 : 압수·수색·검증영장신청서(사전)

다음 사람에 대한 사건에 관하여 아래와 같이 압수·수색·검증하려 하니 까지 유효한 압수·수색·검증영장의 청구를 신청합니다.

피(혐)의자	성 명	
	주민등록번호	
	직 업	
	주 거	
변 호 인		
압 수 할 물 건		
수색·검증할 장소, 신체 또는 물건		
범죄사실 및 압수·수색·검증을 필요로 하는 사유		
7일을 넘는 유효기간을 필요로 하는 취지와 사유		
둘 이상의 영장을 신청하는 취지와 사유		
일출 전 또는 일몰 후 집행을 필요로 하는 취지와 사유		
신체검사를 받을 자의 성별·건강상태		
비 고		

소 속 관 서

사법경찰관   계급

소 속 관 서

제 호
수 신 :
제 목 : 압수·수색·검증영장신청서(금융계좌추적용)

다음 사람에 대한 사건에 관하여 아래와 같이 압수·수색·검증하려 하니 까지 유효한 압수·수색·검증영장의 청구를 신청합니다.

피(혐)의자	성 명	
	주민등록번호	
	직 업	
	주 거	
변 호 인		
대상계좌	계좌명의인	☐ 피(혐)의자 본인 ☐ 제3자(인적사항은 별지와 같음)
	개설은행·계좌번호	
	거 래 기 간	
	거래정보 등의 내용	
압 수 할 물 건		
수 색 · 검 증 할 장 소 또 는 물 건		
범죄사실 및 압수 수색· 검증을 필요로 하는 사유		
7일을 넘는 유효기간을 필요로 하는 취지와 사유		
둘 이상의 영장을 신청하는 취 지 와 사 유		
일출 전 또는 일몰 후 집행을 필요로 하는 취지와 사유		
비 고		

소 속 관 서

사법경찰관 계급

소속관서

제 호
수 신 :
제 목 : 압수·수색·검증영장 신청서(사후)

다음 사람에 대한 사건에 관하여 아래와 같이 긴급압수·수색·검증하여 압수·수색·검증영장의 청구를 신청합니다.

피(혐)의자	성 명	
	주민등록번호	
	직 업	
	주 거	
변 호 인		
긴급압수 수색·검증한 자의 관 직 · 성 명		
긴급압수 수색 검증한 일시		
긴급수색·검증한 장소·신체 또는 물건		
긴급압수한 물건		
범죄사실 및 긴급압수 수색·검증한 사유		
체포한 일시 및 장소 (「형사소송법」 제217조 제2항에 따른 경우)		
일출 전 또는 일몰 후 집행을 한 사유		
신체검사를 한 자의 성별·건강상태		
비 고		

소속관서

사법경찰관 계급

압 수 조 서

에 대한 피(혐)의사건에 관하여 0000. 00. 00. 00:00○에서 사법경찰관 은 을 참여하게 하고, 별지 목록의 물건을 다음과 같이 압수하다.

압 수 경 위

	성 명	주민등록번호	주 소	서명 또는 날인
참여인				

사법경찰관 ⑩

⑩

압 수 목 록

번호	품 종	수량	소지자 또는 제출자		소 유 자		경찰의견	비고
			성 명		성 명			
			주 소		주 소			
			주민등 록번호		주민등 록번호			
			전화번호		전화번호			
			성 명		성 명			
			주 소		주 소			
			주민등 록번호		주민등 록번호			
			전화번호		전화번호			
			성 명		성 명			
			주 소		주 소			
			주민등 록번호		주민등 록번호			
			전화번호		전화번호			
			성 명		성 명			
			주 소		주 소			
			주민등 록번호		주민등 록번호			
			전화번호		전화번호			
			성 명		성 명			
			주 소		주 소			
			주민등 록번호		주민등 록번호			
			전화번호		전화번호			
			성 명		성 명			
			주 소		주 소			
			주민등 록번호		주민등 록번호			
			전화번호		전화번호			

소속관서

제 호

수 신 :

제 목 : 압수목록 교부서

○○○에 대한 ○○○○ 피(혐)의사건에 관하여   ○○○로부터 다음 물건을 압수하였으므로 이에 압수목록을 교부합니다.

연번	품 종	수 량	비 고

소 속 관 서

사법경찰관 계급

소 속 관 서

제 호

수 신 :   귀하

제 목 : 전자정보 삭제·폐기·반환 확인서

피압수자 ○○○에 대한 ○○○○ 피(혐)의사건에 관하여 압수하지 아니한 전자
정보를 하였으므로 확인서를 교부합니다.

소 속 관 서

사법경찰관 계급

수 색 조 서

에 대한 피(혐)의사건에 관하여 사법경찰관 은 를 참여하게 하고 다음과 같이 수색하다.

수 색 장 소	
참 여 인	
수색한 신체 개소 · 물건	
수 색 결 과	
수 색 시 간	착수 : 0000. 00. 00. 00:00
	종료 : 0000. 00. 00. 00:00

사법경찰관 ㉑

㉑

수 색 증 명 서

제 호

수 신 :

에 대한 피의사건에 관하여 0000. 00. 00. OOOOO에서 OOOOO을 수색한

결과, 증거물 등이 없었음을 증명합니다.

소 속 관 서

사법경찰관 계급

소 속 관 서

제 호

수 신 :

제 목 : 압수물 처분 지휘 요청서(환부·가환부)

에 대한 피의사건의 압수물인 다음 물건에 대하여, 지휘를 요청합니다.

연번	품 종	수량	피압수자	환부·가환부 받을 사람	비 고

소 속 관 서

사법경찰관 계급

압수물 환부(가환부) 청구서

[청 구 인]

성 명		주민등록번호	
직 업		연 락 처	
주 거			

귀 관서에서 증거품으로 압수 중인 다음 압수물건을 청구인에게 환부(가환부)
하여 주시기 바랍니다.

청 구 인 :　　　　　　　　⑨

피 의 자					
죄 명					
압수번호		접수번호		사건번호	
연번	품　　　종		수 량	비　　고	

장 귀하

압수물 환부(가환부) 영수증

[영 수 인]

성 명		주민등록번호	
직 업		연 락 처	
주 거			

귀 관서에서 증거품으로 압수 중인 다음 압수물건을 환부(가환부) 받았습니다.

영 수 인 :   ㉑

피 의 자					
죄 명					
압수번호		접수번호		사건번호	
기록면수	연번	품 종		수 량	비 고

장 귀하

소속관서

제 호

수 신 :

제 목 : 압수물 처분 지휘 요청서(위탁보관)

 에 대한 피의사건의 압수물인 다음 물건의 운반 또는 보관이 불편하여 위탁 보관 지휘를 요청합니다.

연번	품 종	수 량	비 고

소속관서

사법경찰관 계급

압수물 보관 서약서

[서 약 인]

성 명		주민등록번호	
직 업		연 락 처	
주 거			

다음 압수물건에 대한 보관명령을 받았으므로 선량한 관리자로서의 주의를 다하
여 보관할 것은 물론 언제든지 지시가 있으면 제출하겠습니다.

서 약 인 :   ㊞

피 의 자			
죄 명			
압수번호		접수번호	사건번호

연번	품 종	수 량	보 관 장 소	비 고

장 귀 하

소 속 관 서

제 호

수 신 :

제 목 : 압수물 처분 지휘 요청서(폐기)

　에 대한　피의사건의 압수물에 위험발생의 염려가 있어 폐기 지휘를 요청합니다.

연번	품　　종	수　량	비　　고

소 속 관 서

사법경찰관　계급

압 수 물 폐 기 조 서

에 대한 피의사건에 관하여 는 OOO를 참여하게 하고 압수물을 다음과 같이 폐기한다.

번 호	품 종	수 량	이 유	비 고

㊞

㊞

압수물 폐기 동의서

[동 의 인]

성 명		주민등록번호	
직 업		연 락 처	
주 거			

다음 압수물건을 폐기함에 동의합니다.

.　.　.　.

동 의 인 ：　　　　　　　　　ⓘ

피 의 자			
죄 명			
압수번호		접수번호	사건번호
연번	품　　　종	수 량	비　　고

장 귀하

소 속 관 서

제 호

수 신 :

제 목 : 압수물 처분 지휘 요청서(대가보관)

에 대한 피의사건의 압수물에 부패(멸실 등)의 우려가 있어 대가보관 지휘를
요청합니다.

연번	품 종	수 량	비 고

소 속 관 서

사법경찰관 계급

압수물 대가보관조서

에 대한 피의사건에 관하여 사법경찰관 은 을 참여하게 하고 다음과 같이 대가보관하다.

대가보관금액			보 관 자		
번호	품　　종	수량	매각대금	이 유	매수자

사법경찰관　　　㉙

㉙

소 속 관 서

제 호
수 신 :
제 목 : 증거보전 신청서

다음 사건에 관하여 아래와 같이 증거보전의 청구를 신청합니다.

사 건 번 호				
죄 명				
피의자	성 명		주 민 등 록 번 호	
	직 업			
	주 거			
범 죄 사 실				
증 명 할 사 실				
증거 및 보전의 방법				
증 거 보 전 을 필요로 하는 사유				

소 속 관 서

사법경찰관 계급

소 속 관 서

제 호
수 신 :
제 목 : 증인신문 신청서

다음 사건에 관하여 아래와 같이 증인신문의 청구를 신청합니다.

사 건 번 호				
죄 명				
피의자	성 명		주민등록번호	
	직 업			
	주 거			
증인	성 명		주민등록번호	
	직 업			
	주 거			
범 죄 사 실				
증 명 할 사 실				
신 문 사 항				
증인신문청구의 요건이 되는 사실				
변 호 인				

소 속 관 서

사법경찰관 계급

소 속 관 서

제 호
수 신 :
제 목 : 감정유치장 신청서

다음 사건에 관하여 아래와 같이 감정유치하려 하니 까지 유효한 감정유치장
의 청구를 신청합니다

피의자	성 명	
	주민등록번호	
	직 업	
	주 거	
변 호 인		
범 죄 사 실		
7일을 넘는 유효기간을 필요로하는 취지와 사유		
둘 이상의 유치장을 신청하는 취지와 사유		
유 치 할 장 소		
유 치 기 간		
감정의 목적 및 이유		
감정인	성 명	
	직 업	
비 고		

소 속 관 서

사법경찰관 계급

소속관서

제 호
수 신 :
제 목 : 감정처분허가장 신청서

다음 사건에 관하여 아래와 같이 감정에 필요한 처분을 할 수 있도록 까지 유
효한 감정처분허가장의 청구를 신청합니다.

피의자	성 명		주민등록번호	
	직 업			
	주 거			
감정인	성 명		주민등록번호	
	직 업			
감정위촉연월일				
감 정 위 촉 사 항				
감 정 장 소				
범 죄 사 실				
7일을 넘는 유효기간을 필요로 하는 취지와사유				
둘이상의 허가장을 신청하는취지와사유				
감 정 에 필 요 한 처 분 의 이 유				
변 호 인				
비 고				

소속관서

사법경찰관 계급

소 속 관 서

제 호
수 신 :
제 목 : 사건기록등본 송부서

「형사소송법」 제197조의3제2항에 따라 아래와 같이 사건기록의 등본을 송부합니다.

사 건 번 호	
요 구 일 자	
요 구 번 호	
사건기록등본 송부 관련 의견	
붙 임	

소 속 관 서

사법경찰관 계급

소 속 관 서

제 호

수 신 :

제 목 : 시정조치 결과통보서

「형사소송법」 제197조의3제4항에 따라 아래와 같이 시정조치 이행 결과를 통보합니다.

사 건 번 호		요 구 일 자	
대상자	소속	직급(직위)	성명
시정조치요구 내용			
시정조치요구 이행여부	□ 이행		□ 불이행
이행 결과			

소 속 관 서

사법경찰관 계급

소 속 관 서

제 호
수 신 :
제 목 : 징계요구 처리결과 통보서

「검사와 사법경찰관의 상호협력과 일반적 수사준칙에 관한 규정」 제46조제2
항에 따라 아래와 같이 징계요구 처리결과와 그 이유를 통보합니다.

사건 번호			
대상자	소속	직위(직급)	성명
징계요구 요지			
처리 결과			
이유			

장

고지 확인서

성   명 :

주민등록번호 : (세)

주   거 :

본인은 경 에서 신문을 받기 전에 수사과정에서 법령위반, 인권침해 또는 현저한 수사권 남용이 있는 경우 검사에게 구제를 신청할 수 있음을 고지받았음을 확인합니다.

위 확인인

위 피의자를 신문하면서 위와 같이 고지하였음*(위 피의자를 신문하면서 위와 같이 고지하였으나 정당한 이유 없이 기명날인 또는 서명을 거부함).*

소 속 관 서

제　호

수 신 :

제 목 : 사건기록 열람요청서

「검사와 사법경찰관의 상호협력과 일반적 수사준칙에 관한 규정」 제48조제1항
에 따라 아래와 같이 사건기록의 열람을 요청합니다.

사 건 번 호				
피의자	성　명		주 민 등 록 번 호	
	직　업			
	주　거			
죄　명				
열람요청 기록	- - -			

소 속 관 서

사법경찰관　계급

열람허가서

제　호

「검사와 사법경찰관의 상호협력과 일반적 수사준칙에 관한 규정」 제48조제1항에 따라 검사 이 요청한 사건기록 열람에 관하여 아래와 같이 사건기록의 열람을 허가합니다.

사 건 번 호		
피 의 자	성　　　　　명	
	주민등록번호	
죄　　　　　명		
열 람 요 청 기 록	- - - -	
열 람 허 가 기 록	- - - -	
열 람 불 허 기 록 및 불 허 사 유	- - - -	
비　　　　　고	※첨부: 열람을 허용한 사건기록 등본	

사법경찰관

전자약식절차 동의서

성 명		주민등록번호	
주 소			
주 거			

진 행 사 항 통 지 방 법	형사사법정보시스템 등록 아이디 (id)		
	휴대폰		전자우편
	통 지 수 단	☐ 휴대폰문자서비스 ☐ 전자우편(e-mail)	

1. 동의를 하게 되면 「약식절차에서의 전자문서 이용 등에 관한 법률」(이하 법률) 제4조에 따라 사건을 전자적으로 처리하게 됩니다.

2. 통지방법에서 선택한 휴대폰문자서비스 또는 전자우편은 법률에 따라 약식명령이나 그 밖에 소송에 관한 서류가 형사사법포털(www.kics.go.kr)에 등재되었음을 알리는 수단으로 이용됩니다.

3. 통지를 받은 후 위에 기재된 아이디(id)로 로그인하여 조회를 할 수 있습니다. 초기비밀번호는 위에 등록된 휴대폰문자서비스 또는 전자우편으로 발송됩니다.

4. 약식명령을 형사사법포털에서 확인한 때 송달된 것으로 처리됩니다. 만일 이를 확인하지 아니하면 등재사실을 알린 날부터 2주가 지난 때에 송달이 이루어진 것으로 처리됩니다.

5. 법률 제4조에 따라 전자약식처리절차로 사건이 처리되는 것을 원하지 않는 경우 서면 또는 형사사법포털을 통해 법원에 약식명령이 청구되기 전까지 철회를 할 수 있습니다. 철회하는 경우 형사소송법의 적용을 받습니다.

6. 동의를 하였어도 사건을 처리하는 과정에서 법률 제3조 제3항에 해당되는 사건은 법률에 따라 처리되지 않고 형사소송법에 정해진 절차에 따라 처리됩니다.

「약식절차에서의 전자문서 이용 등에 관한 법률」 제4조에 따라 형사사법정보 시스템 사용자등록을 신청하며, 동 법률에 따라 약식명령 등 그 밖의 소송에 관한 서류를 형사사법포털을 통하여 받는 것을 원합니다.

0000. 00. 00.

신청인(피의자) :

작성자: 계급

소속관서
(OOOOO Police station)

전화(Telephone) :
팩스(Fax) :

제　호
수 신(To) :
제 목(Subject) : 영사기관 체포(구속) 통보서 (Arrest(Detention) Notification)

1. 피의자(Personal details of the arrested)

　성　　명(Name) :

　생년월일(Date of Birth) :

　여권번호(Passport No.) :

　국적(Nationality) :

2. 체포 일시 및 장소 (Date & Place of arrest)

　체포 일시 :

　체포 장소 :

3. 사건개요(Details of the case)

4. 경찰 조치(Actions taken by the police)

사법경찰관(Officer in charge)

소 속 관 서
(OOOOO Police station)

전화(Telephone) :
팩스(Fax) :

제　호

수 신(To) :

제 목(Subject) : 영사기관 사망 통보서(Death Notification)

1. 변사자(Personal Details of the deceased)

　성　명(Name) :

　생년월일(Date of Birth) :

　여권번호(Passport No.) :

　국적(Nationality) :

2. 발생 일시 및 장소(Date & Place of occurrence)

　발생 일시 :

　발생 장소 :

3. 발생 개요(Details of the incident)

4. 경찰 조치(Actions taken by the police)

사법경찰관 (Officer in charge)

소 속 관 서

제 호
수 신 : (행정협정 담당검사)
제 목 : 한미행정협정사건 통보서

아래와 같이   등의 범죄가 발생하였기에 통보합니다.

1. 관련자 인적사항

  성 명 :
  소 속 :
  군 번 :
  주민등록번호 :
  사회보장번호 :
  주 거 :
  국 적 :

2. 신고자 인적사항

  성 명 :
  주민등록번호 :
  주 거 :

3. 범죄사실

사법경찰관

소 속 관 서

제 호
수 신 :
제 목 : 몰수·부대보전 신청서

다음 피의자에 대한 피의사건에 관하여 몰수·부대보전명령에 의한 재산처분
금지의 청구를 신청합니다.

피의자	성 명	
	주민등록번호	
	직 업	
	주 거	
죄 명		
피 의 사 실 의 요 지		
몰수 부대보전의 근거법령 조항		
몰수 보전 관계	처분을 금지하는 재산 및 그 재산을 가진 자의 성명주소와 채권의 경우 채 무 자 의 성 명·주 소	
	몰수보전을 필요로 하는 사유	
부대 보전 관계	몰 수 보 전 사 건 의 표 시	
	처분을 금지하는 권리 및 그 권리를 가진 자의 성명·주소	
	부대보전을 필요로 하는 사유	

소 속 관 서

사법경찰관 계급

소 속 관 서

제 호
수 신 :
제 목 : 추징보전 신청서

다음 피의자에 대한 피의사건에 관하여 추징보전명령에 의한 재산처분 금지의 청구를 신청합니다.

피 의 자	성 명	
	주 민 등 록 번 호	
	직 업	
	주 거	
죄 명		
피의사실의 요지		
추징보전의 근거법령 조항		
추징보전액		
처분을 금지하는 재산		
추징보전을 필요로 하는 사유		

소 속 관 서

사법경찰관 계급

소속관서

제 호   20 . . .

수 신 :

제 목 : 추징보전명령 취소 신청서

다음 피의자에 대한 피의사건에 관하여 추징보전명령의 (전부·일부)취소의
청구를 신청합니다.

추징보전사건의 표시	년 월 일 지방법원의 추징보전명령(년 제 호)		
피 의 자	성 명		
	주민등록번호		
	직 업		
	주 거		
취소 대상	[ ] 전부취소 [ ] 일부취소		
일부취소 시 범위	(기존 추징보전액: 원) 취소신청 추정보전액: 원 잔여 추징보전액: 원		
추징보전명령 취소를 필요로 하는 사유			

소속관서

사법경찰관 계급

소 속 관 서

제 호

수 신 : 수신관서장

제 목 : 사건이송서

다음 사건을 이송합니다.

접 수 번 호		사 건 번 호	
죄 명			
피 (혐) 의 자			
사 건 개 요			

송부내역	서 류		
	증 거 품	품 명	수 량

이 송 사 유	
기타참고사항	

범죄통계원표	발 생	검 거	피 의 자

소 속 관 서

사법경찰관 계급

소속관서

제 호
수 신 : 귀하
제 목 : 수사결과 통지서(고소인등·송치 등)

귀하와 관련된 사건에 대하여 다음과 같이 결정하였음을 알려드립니다.

접수일시	. . .	사 건 번 호	0000-000000
죄　　명			
결 정 일			
결정종류	1. 송　　치 ( ) : (☎:) 2. 이　　송 ( ) : (☎:) 3. 수사중지 ( )		
주요내용			
담당팀장	○○과 ○○팀　경○　○○○		☎ 02-0000-0000

※ 범죄피해자 권리 보호를 위한 각종 제도

- 범죄피해자 구조 신청제도(범죄피해자보호법)
  - 관할지방검찰청 범죄피해자지원센터에 신청
- 의사상자예우 등에 관한 제도(의사상자예우에관한법률)
  - 보건복지부 및 관할 자치단체 사회복지과에 신청
- 범죄행위의 피해에 대한 손해배상명령(소송촉진등에관한특례법)
  - 각급법원에 신청, 형사재판과정에서 민사손해배상까지 청구 가능
- 가정폭력·성폭력 피해자 보호 및 구조
  - 여성 긴급전화(국번없이 1366), 아동보호 전문기관(1577-1391) 등
- 무보험 차량 교통사고 뺑소니 피해자 구조제도(자동차손해배상보장법)
  - 동부화재, 삼성화재 등 자동차 보험회사에 청구
- 국민건강보험제도를 이용한 피해자 구조제도
  - 국민건강보험공단 급여관리실, 지역별 공단지부에 문의
- 법률구조공단의 법률구조제도(국번없이 132 또는 공단 지부출장소)
  - 범죄피해자에 대한 무료법률구조(손해배상청구, 배상명령신청 소송대리 등)
- 범죄피해자지원센터(국번없이 1577-1295)
  - 피해자나 가족, 유족등에 대한 전화상담 및 면접상담 등
- 국민권익위원회의 고충민원 접수제도
  - 국민신문고 www.epeople.go.kr, 정부민원안내콜센터 국번없이 110
- 국민인권위원회의 진정 접수제도
  - www.humanrights.go.kr, 국번없이 1331
- 수사 심의신청 제도(경찰민원콜센터 국번없이 182)
  - 수사과정 및 결과에 이의가 있는 경우, 관할 지방경찰청 「수사심의계」에 심의신청
- 수사중지 결정 이의제기 제도
  - 수사중지 결정에 이의가 있는 경우, 해당 사법경찰관의 소속 상급 경찰관서의 장에게 이의제기
  - 법령위반, 인권침해 또는 현저한 수사권 남용이라고 의심되는 경우, 관할 지방검찰청 검사에게 신고 가능

장

소 속 관 서

제 호
수 신 : 귀하
제 목 : 수사결과 통지서(피의자·송치 등)

귀하와 관련된 사건에 대하여 다음과 같이 결정하였음을 알려드립니다.

접 수 일 시	. . .	사 건 번 호	0000-000000
죄 명			
결 정 일			
결 정 종 류	1. 송 치 ( ) : (☎ :) 2. 이 송 ( ) : (☎ :) 3. 수사중지 (참고인중지) ( )		
주 요 내 용			
담당팀장	○○과 ○○팀 경○ ○○○		☎ 02-0000-0000

※ 권리 보호를 위한 각종 제도

- 국민권익위원회의 고충민원 접수제도
  - 국민신문고 www.epeople.go.kr, 정부민원안내콜센터 국번없이 110
- 국민인권위원회의 진정 접수제도
  - www.humanrights.go.kr, 국번없이 1331
- 수사 심의신청 제도(경찰민원콜센터 국번없이 182)
  - 수사과정 및 결과에 이의가 있는 경우, 관할 지방경찰청 「수사심의계」에 심의신청
- 수사중지 결정 이의제기 제도
  - 수사중지 결정에 이의가 있는 경우, 해당 사법경찰관의 소속 상급 경찰관서의 장에게 이의제기
  - 법령위반, 인권침해 또는 현저한 수사권 남용이라고 의심되는 경우, 관할 지방검찰청 검사에게 신고 가능

장

소 속 관 서

제 호   0000.00.00.

수 신 : 귀하

제 목 : 수사결과 통지서(피의자·불송치)

귀하와 관련된 사건에 대하여 다음과 같이 결정하였음을 알려드립니다.

접 수 일 시	. . .	사 건 번 호	0000-000000
죄 명			
결 정 일			
결 정 종 류	불송치 (		)
주 요 내 용			
담 당 팀 장	○○과 ○○팀 경○ ○○○	☎	02-0000-0000

※ 결정 종류 안내 및 권리 보호를 위한 각종 제도

<결정 종류 안내>

∘ 혐의없음 결정은 증거 부족 또는 법률상 범죄가 성립되지 않아 처벌할 수 없다는 결정입니다.

∘ 죄가안됨 결정은 피의자가 14세 미만이거나 심신상실자의 범행 또는 정당방위 등에 해당되어 처벌할 수 없는 경우에 하는 결정입니다.

∘ 공소권없음 결정은 처벌할 수 있는 시효가 경과되었거나 친고죄에 있어서 고소를 취소한 경우 등 법률에 정한 처벌요건을 갖추지 못하여 처벌할 수 없다는 결정입니다.

∘ 각하 결정은 위 세 결정의 사유에 해당함이 명백하거나, 고소인 또는 고발인으로부터 고소·고발 사실에 대한 진술을 청취할 수 없는 경우 등에 하는 결정입니다.

<권리 보호를 위한 제도>

∘ 국민권익위원회의 고충민원 접수제도
  - 국민신문고 www.epeople.go.kr, 정부민원안내콜센터 국번없이 110

∘ 국민인권위원회의 진정 접수제도
  - www.humanrights.go.kr, 국번없이 1331

∘ 수사 심의신청 제도(경찰민원콜센터 국번없이 182)
  - 수사과정 및 결과에 이의가 있는 경우, 관할 지방경찰청 「수사심의계」에 심의신청

장

소 속 관 서

제 호

수 신 : 귀하

제 목 : 수사결과 통지서(고소인등·불송치)

귀하와 관련된 사건에 대하여 다음과 같이 결정하였음을 알려드립니다.

접수일시	. . .	사 건 번 호	0000-000000
죄 명			
결 정 일			
결정종류	불송치 ( )		
이 유	별지와 같음		
담당팀장	○○과 ○○팀 경○ ○○○		☎ 02-0000-0000

※ 범죄피해자 권리 보호를 위한 각종 제도

- 범죄피해자 구조 신청제도(범죄피해자보호법)
  - 관할지방검찰청 범죄피해자지원센터에 신청
- 의사상자예우 등에 관한 제도(의사상자예우에관한법률)
  - 보건복지부 및 관할 자치단체 사회복지과에 신청
- 범죄행위의 피해에 대한 손해배상명령(소송촉진등에관한특례법)
  - 각급법원에 신청, 형사재판과정에서 민사손해배상까지 청구 가능
- 가정폭력·성폭력 피해자 보호 및 구조
  - 여성 긴급전화(국번없이 1366), 아동보호 전문기관(1577-1391) 등
- 무보험 차량 교통사고 뺑소니 피해자 구조제도(자동차손해배상보장법)
  - 동부화재, 삼성화재 등 자동차 보험회사에 청구
- 국민건강보험제도를 이용한 피해자 구조제도
  - 국민건강보험공단 급여관리실, 지역별 공단지부에 문의
- 법률구조공단의 법률구조제도(국번없이 132 또는 공단 지부출장소)
  - 범죄피해자에 대한 무료법률구조(손해배상청구, 배상명령신청 소송대리 등)
- 범죄피해자지원센터(국번없이 1577-1295)
  - 피해자나 가족, 유족등에 대한 전화상담 및 면접상담 등
- 국민권익위원회의 고충민원 접수제도
  - 국민신문고 www.epeople.go.kr, 정부민원안내콜센터 국번없이 110
- 국민인권위원회의 진정 접수제도
  - www.humanrights.go.kr, 국번없이 1331

장

[별지]

[결정종류]

[피의사실의 요지와 불송치 이유]

※ 결정 종류 안내 및 이의·심의신청 방법

<결정 종류 안내>

◦ 혐의없음 결정은 증거 부족 또는 법률상 범죄가 성립되지 않아 처벌할 수
  없다는 결정입니다.

◦ 죄가안됨 결정은 피의자가 14세 미만이거나 심신상실자의 범행 또는
  정당방위 등에 해당되어 처벌할 수 없는 경우에 하는 결정입니다.

◦ 공소권없음 결정은 처벌할 수 있는 시효가 경과되었거나 친고죄에 있어서
  고소를 취소한 경우 등 법률에 정한 처벌요건을 갖추지 못하여 처벌할 수
  없다는 결정입니다.

◦ 각하 결정은 위 세 결정의 사유에 해당함이 명백하거나, 고소인 또는
  고발인으로부터 고소·고발 사실에 대한 진술을 청취할 수 없는 경우 등에
  하는 결정입니다.

<이의·심의신청 방법>

◦ 위 결정에 대하여 통지를 받은 자는 형사소송법 제245조의7 제1항에 의해
  해당 사법경찰관의 소속 관서의 장에게 이의를 신청할 수 있습니다. 신청이
  있는 때 해당 사법경찰관은 형사소송법 제245조의7 제2항에 따라 사건을
  검사에게 송치하게 됩니다.

◦ 수사 심의신청 제도(경찰민원콜센터 국번없이 182)

  - 수사과정 및 결과에 이의가 있는 경우, 관할 지방경찰청 「수사심의계」에
    심의신청

불송치 통지요구서

신청인	성명		사건관련 신분	
	주민등록번호		전화번호	
	주소			

요구 사유	
비고	

「검사와 사법경찰관의 상호협력과 일반적 수사준칙에 관한 규정」 제53조 제2항에 따라 위와 같이 불송치 통지하여 줄 것을 요구합니다.

년   월   일

	신청인	
		(서명 또는 인)
	장	귀하

발행번호 제 호

불송치 결정 증명서(고소인·고발인)

사 건 번 호	
신 청 인	
피 의 자	
죄 명	
결정	년 월 일	
	내 용	
수 사 관 서	
용 도	

위와 같이 결정되었음을 증명합니다.

장

발행번호 제 호

불송치 결정 증명서(피의자)

사 건 번 호		
피의자	성 명	
	주민등록번호	
	주 소	
죄 명		
결정	년 월 일	
	내 용	
수 사 관 서		
용 도		

위와 같이 결정되었음을 증명합니다.

장

소 속 관 서

사건번호   호, 호

제   목   수사중지 결정서

아래와 같이 수사중지 결정합니다.

Ⅰ. 피의자

Ⅱ. 죄명

Ⅲ. 주문

Ⅳ. 피의사실과 수사중지 이유

사 법 경 찰 관

소 속 관 서

수 신 : 검찰청의 장

제 목 : 수사중지 사건기록 송부서

다음 수사중지 사건기록을 송부합니다.

사 건 번 호			결 정 일	
피 의 자		죄 명	주 문	

송 부 내 역	서 류	
	증 거 품	

공 소 시 효	장 기	
	단 기	

반 환 기 한	

참 고 사 항

소 속 관 서

사법경찰관 계급

소 속 관 서

제 호
수 신 :
참 조 :
제 목 : 소재수사 보고서(소재확인종합)

피의자 에 대한 사건에 관하여 아래와 같이 소재수사를 실시하였기에 보고합니다.

< 소재 확인 대상자 >
　　성 명 :　　주민등록번호 :
　　최종주거지 :
　　주　소 : 주소
　　등록기준지 : 등록기준지
　　배회처 : 1.
　　배회처 : 2.

1. 연고지 거주 여부(소재수사결과)

　　1) 최종주거지 :

　　2) 주　소 :

　　3) 등록기준지 :

　　4) 배회처 :

2. 가족, 형제자매, 동거인과의 연락 여부

3. 국외 출국 여부

4. 교도소 등 교정기관 수감 여부

5. 경찰관서 유치장 수감 여부

6. 기타 참고사항(고의적인 출석불응 여부 등)

수사중지 결정 이의제기서

□ 신청인

성 명		사건관련 신분	
주민등록 번 호		전 화 번 호	
주 소			

□ 경찰 결정 내용

사 건 번 호	
죄 명	
결 정 내 용	수사중지 ( )

□ 이의제기 이유

． ． ．

신청인   (서명)

장 귀하

소 속 관 서

제　호 　　　　　　　　　　　　　　　　　　　　　　　　　0000.00.00.

수 신 :　귀하

제 목 :　수사중지사건 이의처리결과 통지서

귀하의 이의제기와 관련하여 「경찰수사규칙」 제105조 제5항에 따라 처리결과를 통지합니다.

사 건 번 호	
처 리 결 과	
이　　　유	

소 속 상 급 경 찰 관 서 **장**

소 속 관 서

제 호
수 신 :
참 조 :
제 목 : 수사중지사건 수사재개서

「검사와 사법경찰관의 상호협력과 일반적 수사준칙에 관한 규정」 제55조 제3항에
따라 다음 사건의 수사를 재개합니다.

1. 사건번호

2. 피의자 인적사항

3. 죄명

4. 수사중지 유형

5. 수사중지 해소의 구체적 사유

소 속 관 서

제 호
수 신 : 검찰청의 장
제 목 : 피의자 등 소재발견 통보서(수사중지 사건기록 반환 전)

「검사와 사법경찰관의 상호협력과 일반적 수사준칙에 관한 규정」 제51조제5항
에 따라 피의자 등의 소재발견 및 수사재개 사실을 통보합니다.

소재발견대상자	성 명	
	사건관련신분	
	주민등록번호	
	주 거	
	전 화	
대상사건	사 건 번 호	
	송 부 일 자	
발 견 경 위		
비 고		

소 속 관 서

사법경찰관 계급

사건번호   호, 호

제   목   송치 결정서

아래와 같이 송치 결정합니다.

Ⅰ. 피의자 인적사항

```
                    :
                    :
                    :
                    :
```

Ⅱ. 범죄경력자료 및 수사경력자료

Ⅲ. 범죄사실

Ⅳ. 적용법조

Ⅴ. 증거관계

Ⅵ. 송치 결정 이유

사법경찰관

압 수 물 총 목 록				
연번	품 명	수 량	기록정수	비 고

기 록 목 록			
서 류 명	작성자(진술자)	작성년월일	면수

소속관서

제 호
수 신 :
제 목 : 사건송치서
다음 사건을 송치합니다.

피 의 자	지문원지 작성번호	구속영장 청구번호	피의자 원표번호	통신사실 청구번호

죄 명	
수사단서	
사건번호	
체포구속	
석 방	
결 정 일	
결정근거	
증 거 품	
비 고	

소 속 관 서

제 0000-000000 호

수 신 : 검찰청의 장

제 목 : 추가 송부서

다음과 같이 추가 송부합니다.

피 의 자	
죄 명	
송 치(송 부) 일	
사 건 번 호	
결 정 일	
추가송부서류 및 증거품	
비 고	

소 속 관 서

제 0000-000000 호

수 신 : 검찰청의 장

제 목 : 보완수사 결과 통보서

「형사소송법」 제197조의2제2항에 따라 아래와 같이 보완수사결과를 통보합니다.

사 건 번 호		
피 의 자	성 명	
	주민등록번호	
죄 명		
보완수사요구 내용		
보완수사요구 이행여부	□ 이행	□ 불이행
이행 결과 (불이행시 사유 기재)		

소 속 관 서

사법경찰관 계급

소속관서

제 호
수 신 :
제 목 : 직무배제요구 처리결과 통보서

「검사와 사법경찰관의 상호협력과 일반적 수사준칙에 관한 규정」 제61조제3항에 따라 아래와 같이 직무배제요구 처리결과와 그 이유를 통보합니다.

사 건 번 호			
대상자	소속	직위(직급)	성명
직무배제요구 요지			
처 리 결 과			
이 유			

장

소속관서

제　호
수 신 :
제 목 : 소년 보호사건 송치서
다음과 같이 송치합니다.

비행소년	성　　　명		이명(별명)	
	생 년 월 일		직업	
	등 록 기 준 지			
	주　　　거			
	학　　　교		담 임	
	보호자	성　　명		관 계	
		주민등록번호		연 령	
		주　　거			
		전　　화		핸드폰	
비 행 사 건 명				
발 각 원 인				
동 행 여 부				
증 거 품				
비　　　　고				

소속관서

사법경찰관　계급

비 행 사 실 (일시. 장소. 동기. 방법. 피해액)	
결 정 일	
결 정 주 문	
	직위(계·팀장)

소속관서

사건번호　호, 호

제　　목　불송치 결정서

아래와 같이 불송치 결정합니다.

Ⅰ. 피의자

Ⅱ. 죄명

Ⅲ. 주문

Ⅳ. 피의사실과 불송치 이유

사법경찰관

소 속 관 서

수 신 : 검찰청의 장

제 목 : 불송치 사건기록 송부서

다음 불송치 사건기록을 송부합니다.

사 건 번 호		결 정 일	
피 의 자	죄 명	주 문	

송 부 내 역	서 류	
	증 거 품	

공 소 시 효	장 기	
	단 기	

반 환 기 한	

참 고 사 항

소 속 관 서

제 호
수 신 : 검찰청의 장
제 목 : 재수사 결과서

「형사소송법」 제245조의8제1항에 따른 재수사결과를 아래와 같이 통보합니다.

사 건 번 호				
피 의 자	성 명		주민등록번호	
	직 업			
	주 거			
죄 명				
재수사 요청 내용				
재수사 결과				

소 속 관 서

사법경찰관 계급

불송치 결정 이의신청서

☐ 신청인

성 명		사건관련 신분	
주민등록번호		전 화 번 호	
주 소			

☐ 경찰 결정 내용

사 건 번 호	-
죄 명	
결 정 내 용	

☐ 이의신청 이유

．．．．

신청인   (서명)

장 귀하

소 속 관 서

제 호

수 신 : 귀하

제 목 : 이의신청에 따른 사건송치 통지서

귀하의 이의신청과 관련하여 형사소송법 제245조의7 제2항에 따라 다음과 같이 사건을 송치하였음을 알려드립니다.

송치일시	. . .	송치번호	-	사건번호	-
조치사항					
담당팀장				☎ 02-0000-0000	

장

경찰관련법령

수사관련 법령집

법령 차례

검사와 사법경찰관의 상호협력과 일반적 수사준칙에 관한 규정

[시행 2021.1.1] [대통령령 제31089호, 2020.10.7, 제정]

제1장 총 칙

제1조(목적)

이 영은 「형사소송법」 제195조에 따라 검사와 사법경찰관의 상호협력과 일반적 수사준칙에 관한 사항을 규정함으로써 수사과정에서 국민의 인권을 보호하고, 수사절차의 투명성과 수사의 효율성을 보장함을 목적으로 한다.

제2조(적용 범위)

검사와 사법경찰관의 협력관계, 일반적인 수사의 절차와 방법에 관하여 다른 법령에 특별한 규정이 있는 경우를 제외하고는 이 영이 정하는 바에 따른다.

제3조(수사의 기본원칙)

① 검사와 사법경찰관은 모든 수사과정에서 헌법과 법률에 따라 보장되는 피의자와 그 밖의 피해자·참고인 등(이하 "사건관계인"이라 한다)의 권리를 보호하고, 적법한 절차에 따라야 한다.

② 검사와 사법경찰관은 예단(豫斷)이나 편견 없이 신속하게 수사해야 하고, 주어진 권한을 자의적으로 행사하거나 남용해서는 안 된다.

③ 검사와 사법경찰관은 수사를 할 때 다음 각 호의 사항에 유의하여 실체적 진실을 발견해야 한다.

1. 물적 증거를 기본으로 하여 객관적이고 신빙성 있는 증거를 발견하고 수집하기 위해 노력할 것
2. 과학수사 기법과 관련 지식·기술 및 자료를 충분히 활용하여 합리적으로 수사할 것
3. 수사과정에서 선입견을 갖지 말고, 근거 없는 추측을 배제하며, 사건관계인의 진술을 과신하지 않도록 주의할 것

④ 검사와 사법경찰관은 다른 사건의 수사를 통해 확보된 증거 또는 자료를 내세워 관련이 없는 사건에 대한 자백이나 진술을 강요해서는 안 된다.

제4조(불이익 금지)

검사와 사법경찰관은 피의자나 사건관계인이 인권침해 신고나 그 밖에 인권 구
제를 위한 신고, 진정, 고소, 고발 등의 행위를 하였다는 이유로 부당한 대우를
하거나 불이익을 주어서는 안 된다.

제5조(형사사건의 공개금지 등)

① 검사와 사법경찰관은 공소제기 전의 형사사건에 관한 내용을 공개해서는 안
된다.

② 검사와 사법경찰관은 수사의 전(全) 과정에서 피의자와 사건관계인의 사생활
의 비밀을 보호하고 그들의 명예나 신용이 훼손되지 않도록 노력해야 한다.

③ 제1항에도 불구하고 법무부장관, 경찰청장 또는 해양경찰청장은 무죄추정의
원칙과 국민의 알권리 등을 종합적으로 고려하여 형사사건 공개에 관한 준칙
을 정할 수 있다.

제2장 협 력

제6조(상호협력의 원칙)

① 검사와 사법경찰관은 상호 존중해야 하며, 수사, 공소제기 및 공소유지와 관련
하여 협력해야 한다.

② 검사와 사법경찰관은 수사와 공소제기 및 공소유지를 위해 필요한 경우 수사
·기소·재판 관련 자료를 서로 요청할 수 있다.

③ 검사와 사법경찰관의 협의는 신속히 이루어져야 하며, 협의의 지연 등으로 수
사 또는 관련 절차가 지연되어서는 안 된다.

제7조(중요사건 협력절차)

검사와 사법경찰관은 공소시효가 임박한 사건이나 내란, 외환, 선거, 테러, 대형참
사, 연쇄살인 관련 사건, 주한 미합중국 군대의 구성원·외국인군무원 및 그 가족
이나 초청계약자의 범죄 관련 사건 등 많은 피해자가 발생하거나 국가적·사회적
피해가 큰 중요한 사건(이하 "중요사건"이라 한다)의 경우에는 송치 전에 수사할
사항, 증거수집의 대상, 법령의 적용 등에 관하여 상호 의견을 제시·교환할 것을
요청할 수 있다.

제8조(검사와 사법경찰관의 협의)

① 검사와 사법경찰관은 수사와 사건의 송치, 송부 등에 관한 이견의 조정이나 협력 등이 필요한 경우 서로 협의를 요청할 수 있다. 다만, 다음 각 호의 어느 하나에 해당하는 경우에는 상대방의 협의 요청에 응해야 한다.

  1. 중요사건에 관하여 상호 의견을 제시·교환하는 것에 대해 이견이 있거나, 제시·교환한 의견의 내용에 대해 이견이 있는 경우

  2. 「형사소송법」(이하 "법"이라 한다) 제197조의2제2항 및 제3항에 따른 정당한 이유의 유무에 대해 이견이 있는 경우

  3. 법 제197조의3제4항 및 제5항에 따른 정당한 이유의 유무에 대해 이견이 있는 경우

  4. 법 제197조의4제2항 단서에 따라 사법경찰관이 계속 수사할 수 있는지 여부나 사법경찰관이 계속 수사할 수 있는 경우 수사를 계속할 주체 또는 사건의 이송 여부 등에 대해 이견이 있는 경우

  5. 법 제222조에 따라 변사자 검시를 하는 경우에 수사의 착수 여부나 수사할 사항 등에 대해 이견의 조정이나 협의가 필요한 경우

  6. 법 제245조의8제2항에 따른 재수사의 결과에 대해 이견이 있는 경우

  7. 법 제316조제1항에 따라 사법경찰관이 조사자로서 공판준비 또는 공판기일에서 진술하게 된 경우

② 제1항제1호, 제2호, 제4호 또는 제6호의 경우 해당 검사와 사법경찰관의 협의에도 불구하고 이견이 해소되지 않는 경우에는 해당 검사가 소속된 검찰청의 장과 해당 사법경찰관이 소속된 경찰관서(지방해양경찰관서를 포함한다. 이하 같다)의 장의 협의에 따른다.

제9조(수사기관협의회)

① 대검찰청, 경찰청 및 해양경찰청 간에 수사에 관한 제도 개선 방안 등을 논의하고, 수사기관 간 협조가 필요한 사항에 대해 서로 의견을 협의·조정하기 위해 수사기관협의회를 둔다.

② 수사기관협의회는 다음 각 호의 사항에 대해 협의·조정한다.

  1. 국민의 인권보호, 수사의 신속성·효율성 등을 위한 제도 개선 및 정책 제안

  2. 국가적 재난 상황 등 관련 기관 간 긴밀한 협조가 필요한 업무를 공동으로 수행하기 위해 필요한 사항

3. 그 밖에 제1항의 어느 한 기관이 수사기관협의회의 협의 또는 조정이 필요
하다고 요구한 사항

③ 수사기관협의회는 반기마다 정기적으로 개최하되, 제1항의 어느 한 기관이 요
청하면 수시로 개최할 수 있다.

④ 제1항의 각 기관은 수사기관협의회에서 협의·조정된 사항의 세부 추진계획
을 수립·시행해야 한다.

⑤ 제1항부터 제4항까지의 규정에서 정한 사항 외에 수사기관협의회의 운영 등
에 필요한 사항은 수사기관협의회에서 정한다.

제3장 수 사

제1절 통칙

제10조(임의수사 우선의 원칙과 강제수사 시 유의사항)

① 검사와 사법경찰관은 수사를 할 때 수사 대상자의 자유로운 의사에 따른 임
의수사를 원칙으로 해야 하고, 강제수사는 법률에서 정한 바에 따라 필요한
경우에만 최소한의 범위에서 하되, 수사 대상자의 권익 침해의 정도가 더 적
은 절차와 방법을 선택해야 한다.

② 검사와 사법경찰관은 피의자를 체포·구속하는 과정에서 피의자 및 현장에
있는 가족 등 지인들의 인격과 명예를 침해하지 않도록 유의해야 한다.

③ 검사와 사법경찰관은 압수·수색 과정에서 사생활의 비밀, 주거의 평온을 최
대한 보장하고, 피의자 및 현장에 있는 가족 등 지인들의 인격과 명예를 침해
하지 않도록 유의해야 한다.

제11조(회피)

검사 또는 사법경찰관리는 피의자나 사건관계인과 친족관계 또는 이에 준하는
관계가 있거나 그 밖에 수사의 공정성을 의심 받을 염려가 있는 사건에 대해서는
소속 기관의 장의 허가를 받아 그 수사를 회피해야 한다.

제12조(수사 진행상황의 통지)

① 검사 또는 사법경찰관은 수사에 대한 진행상황을 사건관계인에게 적절히 통
지하도록 노력해야 한다.

② 제1항에 따른 통지의 구체적인 방법·절차 등은 법무부장관, 경찰청장 또는

해양경찰청장이 정한다.

제13조(변호인의 피의자신문 참여·조력)

① 검사 또는 사법경찰관은 피의자신문에 참여한 변호인이 피의자의 옆자리 등 실질적인 조력을 할 수 있는 위치에 앉도록 해야 하고, 정당한 사유가 없으면 피의자에 대한 법적인 조언·상담을 보장해야 하며, 법적인 조언·상담을 위한 변호인의 메모를 허용해야 한다.

② 검사 또는 사법경찰관은 피의자에 대한 신문이 아닌 단순 면담 등이라는 이유로 변호인의 참여·조력을 제한해서는 안 된다.

③ 제1항 및 제2항은 검사 또는 사법경찰관의 사건관계인에 대한 조사·면담 등의 경우에도 적용한다.

제14조(변호인의 의견진술)

① 피의자신문에 참여한 변호인은 검사 또는 사법경찰관의 신문 후 조서를 열람하고 의견을 진술할 수 있다. 이 경우 변호인은 별도의 서면으로 의견을 제출할 수 있으며, 검사 또는 사법경찰관은 해당 서면을 사건기록에 편철한다.

② 피의자신문에 참여한 변호인은 신문 중이라도 검사 또는 사법경찰관의 승인을 받아 의견을 진술할 수 있다. 이 경우 검사 또는 사법경찰관은 정당한 사유가 있는 경우를 제외하고는 변호인의 의견진술 요청을 승인해야 한다.

③ 피의자신문에 참여한 변호인은 제2항에도 불구하고 부당한 신문방법에 대해서는 검사 또는 사법경찰관의 승인 없이 이의를 제기할 수 있다.

④ 검사 또는 사법경찰관은 제1항부터 제3항까지의 규정에 따른 의견진술 또는 이의제기가 있는 경우 해당 내용을 조서에 적어야 한다.

제15조(피해자 보호)

① 검사 또는 사법경찰관은 피해자의 명예와 사생활의 평온을 보호하기 위해 「범죄피해자 보호법」 등 피해자 보호 관련 법령의 규정을 준수해야 한다.

② 검사 또는 사법경찰관은 피의자의 범죄수법, 범행 동기, 피해자와의 관계, 언동 및 그 밖의 상황으로 보아 피해자가 피의자 또는 그 밖의 사람으로부터 생명·신체에 위해를 입거나 입을 염려가 있다고 인정되는 경우에는 직권 또는 피해자의 신청에 따라 신변보호에 필요한 조치를 강구해야 한다.

제2절 수사의 개시

제16조(수사의 개시)

① 검사 또는 사법경찰관이 다음 각 호의 어느 하나에 해당하는 행위에 착수한 때에는 수사를 개시한 것으로 본다. 이 경우 검사 또는 사법경찰관은 해당 사건을 즉시 입건해야 한다.

1. 피혐의자의 수사기관 출석조사
2. 피의자신문조서의 작성
3. 긴급체포
4. 체포·구속영장의 청구 또는 신청
5. 사람의 신체, 주거, 관리하는 건조물, 자동차, 선박, 항공기 또는 점유하는 방실에 대한 압수·수색 또는 검증영장(부검을 위한 검증영장은 제외한다)의 청구 또는 신청

② 검사 또는 사법경찰관은 수사 중인 사건의 범죄 혐의를 밝히기 위한 목적으로 관련 없는 사건의 수사를 개시하거나 수사기간을 부당하게 연장해서는 안 된다.

③ 검사 또는 사법경찰관은 입건 전에 범죄를 의심할 만한 정황이 있어 수사 개시 여부를 결정하기 위한 사실관계의 확인 등 필요한 조사를 할 때에는 적법 절차를 준수하고 사건관계인의 인권을 존중하며, 조사가 부당하게 장기화되지 않도록 신속하게 진행해야 한다.

④ 검사 또는 사법경찰관은 제3항에 따른 조사 결과 입건하지 않는 결정을 한 때에는 피해자에 대한 보복범죄나 2차 피해가 우려되는 경우 등을 제외하고는 피혐의자 및 사건관계인에게 통지해야 한다.

⑤ 제4항에 따른 통지의 구체적인 방법 및 절차 등은 법무부장관, 경찰청장 또는 해양경찰청장이 정한다.

⑥ 제3항에 따른 조사와 관련한 서류 등의 열람 및 복사에 관하여는 제69조제1항, 제3항, 제5항(같은 조 제1항 및 제3항을 준용하는 부분으로 한정한다. 이하 이 항에서 같다) 및 제6항(같은 조 제1항, 제3항 및 제5항에 따른 신청을 받은 경우로 한정한다)을 준용한다.

제17조(변사자의 검시 등)

① 사법경찰관은 변사자 또는 변사한 것으로 의심되는 사체가 있으면 변사사건

발생사실을 검사에게 통보해야 한다.

② 검사는 법 제222조제1항에 따라 검시를 했을 경우에는 검시조서를, 검증영장이나 같은 조 제2항에 따라 검증을 했을 경우에는 검증조서를 각각 작성하여 사법경찰관에게 송부해야 한다.

③ 사법경찰관은 법 제222조제1항 및 제3항에 따라 검시를 했을 경우에는 검시조서를, 검증영장이나 같은 조 제2항 및 제3항에 따라 검증을 했을 경우에는 검증조서를 각각 작성하여 검사에게 송부해야 한다.

④ 검사와 사법경찰관은 법 제222조에 따라 변사자의 검시를 한 사건에 대해 사건 종결 전에 수사할 사항 등에 관하여 상호 의견을 제시·교환해야 한다.

제18조(검사의 사건 이송 등)

① 검사는 다음 각 호의 어느 하나에 해당하는 때에는 사건을 검찰청 외의 수사기관에 이송해야 한다.

1. 「검찰청법」 제4조제1항제1호 각 목에 해당되지 않는 범죄에 대한 고소·고발·진정 등이 접수된 때

2. 「검사의 수사개시 범죄 범위에 관한 규정」 제2조 각 호의 범죄에 해당하는 사건 수사 중 범죄 혐의 사실이 「검찰청법」 제4조제1항제1호 각 목의 범죄에 해당되지 않는다고 판단되는 때. 다만 구속영장이나 사람의 신체, 주거, 관리하는 건조물, 자동차, 선박, 항공기 또는 점유하는 방실에 대하여 압수·수색 또는 검증영장이 발부된 경우는 제외한다.

② 검사는 다음 각 호의 어느 하나에 해당하는 때에는 사건을 검찰청 외의 수사기관에 이송할 수 있다.

1. 법 제197조의4제2항 단서에 따라 사법경찰관이 범죄사실을 계속 수사할 수 있게 된 때

2. 그 밖에 다른 수사기관에서 수사하는 것이 적절하다고 판단되는 때

③ 검사는 제1항 또는 제2항에 따라 사건을 이송하는 경우에는 관계 서류와 증거물을 해당 수사기관에 함께 송부해야 한다.

제3절 임의수사

제19조(출석요구)

① 검사 또는 사법경찰관은 피의자에게 출석요구를 할 때에는 다음 각 호의 사항을 유의해야 한다.

1. 출석요구를 하기 전에 우편·전자우편·전화를 통한 진술 등 출석을 대체할 수 있는 방법의 선택 가능성을 고려할 것
2. 출석요구의 방법, 출석의 일시·장소 등을 정할 때에는 피의자의 명예 또는 사생활의 비밀이 침해되지 않도록 주의할 것
3. 출석요구를 할 때에는 피의자의 생업에 지장을 주지 않도록 충분한 시간적 여유를 두도록 하고, 피의자가 출석 일시의 연기를 요청하는 경우 특별한 사정이 없으면 출석 일시를 조정할 것
4. 불필요하게 여러 차례 출석요구를 하지 않을 것

② 검사 또는 사법경찰관은 피의자에게 출석요구를 하려는 경우 피의자와 조사의 일시·장소에 관하여 협의해야 한다. 이 경우 변호인이 있는 경우에는 변호인과도 협의해야 한다.

③ 검사 또는 사법경찰관은 피의자에게 출석요구를 하려는 경우 피의사실의 요지 등 출석요구의 취지를 구체적으로 적은 출석요구서를 발송해야 한다. 다만, 신속한 출석요구가 필요한 경우 등 부득이한 사정이 있는 경우에는 전화, 문자메시지, 그 밖의 상당한 방법으로 출석요구를 할 수 있다.

④ 검사 또는 사법경찰관은 제3항 본문에 따른 방법으로 출석요구를 했을 때에는 출석요구서의 사본을, 같은 항 단서에 따른 방법으로 출석요구를 했을 때에는 그 취지를 적은 수사보고서를 각각 사건기록에 편철한다.

⑤ 검사 또는 사법경찰관은 피의자가 치료 등 수사관서에 출석하여 조사를 받는 것이 현저히 곤란한 사정이 있는 경우에는 수사관서 외의 장소에서 조사할 수 있다.

⑥ 제1항부터 제5항까지의 규정은 피의자 외의 사람에 대한 출석요구의 경우에도 적용한다.

제20조(수사상 임의동행 시의 고지)

검사 또는 사법경찰관은 임의동행을 요구하는 경우 상대방에게 동행을 거부할 수 있다는 것과 동행하는 경우에도 언제든지 자유롭게 동행 과정에서 이탈하거나 동행 장소에서 퇴거할 수 있다는 것을 알려야 한다.

제21조(심야조사 제한)

① 검사 또는 사법경찰관은 조사, 신문, 면담 등 그 명칭을 불문하고 피의자나 사건관계인에 대해 오후 9시부터 오전 6시까지 사이에 조사(이하 "심야조사"라 한다)를 해서는 안 된다. 다만, 이미 작성된 조서의 열람을 위한 절차는 자정

이전까지 진행할 수 있다.

② 제1항에도 불구하고 다음 각 호의 어느 하나에 해당하는 경우에는 심야조사를 할 수 있다. 이 경우 심야조사의 사유를 조서에 명확하게 적어야 한다.

  1. 피의자를 체포한 후 48시간 이내에 구속영장의 청구 또는 신청 여부를 판단하기 위해 불가피한 경우

  2. 공소시효가 임박한 경우

  3. 피의자나 사건관계인이 출국, 입원, 원거리 거주, 직업상 사유 등 재출석이 곤란한 구체적인 사유를 들어 심야조사를 요청한 경우(변호인이 심야조사에 동의하지 않는다는 의사를 명시한 경우는 제외한다)로서 해당 요청에 상당한 이유가 있다고 인정되는 경우

  4. 그 밖에 사건의 성질 등을 고려할 때 심야조사가 불가피하다고 판단되는 경우 등 법무부장관, 경찰청장 또는 해양경찰청장이 정하는 경우로서 검사 또는 사법경찰관의 소속 기관의 장이 지정하는 인권보호 책임자의 허가 등을 받은 경우

제22조(장시간 조사 제한)

① 검사 또는 사법경찰관은 조사, 신문, 면담 등 그 명칭을 불문하고 피의자나 사건관계인을 조사하는 경우에는 대기시간, 휴식시간, 식사시간 등 모든 시간을 합산한 조사시간(이하 "총조사시간"이라 한다)이 12시간을 초과하지 않도록 해야 한다. 다만, 다음 각 호의 어느 하나에 해당하는 경우에는 예외로 한다.

  1. 피의자나 사건관계인의 서면 요청에 따라 조서를 열람하는 경우

  2. 제21조제2항 각 호의 어느 하나에 해당하는 경우

② 검사 또는 사법경찰관은 특별한 사정이 없으면 총조사시간 중 식사시간, 휴식시간 및 조서의 열람시간 등을 제외한 실제 조사시간이 8시간을 초과하지 않도록 해야 한다.

③ 검사 또는 사법경찰관은 피의자나 사건관계인에 대한 조사를 마친 때부터 8시간이 지나기 전에는 다시 조사할 수 없다. 다만, 제1항제2호에 해당하는 경우에는 예외로 한다.

제23조(휴식시간 부여)

① 검사 또는 사법경찰관은 조사에 상당한 시간이 소요되는 경우에는 특별한 사정이 없으면 피의자 또는 사건관계인에게 조사 도중에 최소한 2시간마다 10분 이상의 휴식시간을 주어야 한다.

② 검사 또는 사법경찰관은 조사 도중 피의자, 사건관계인 또는 그 변호인으로부터 휴식시간의 부여를 요청받았을 때에는 그때까지 조사에 소요된 시간, 피의자 또는 사건관계인의 건강상태 등을 고려해 적정하다고 판단될 경우 휴식시간을 주어야 한다.

③ 검사 또는 사법경찰관은 조사 중인 피의자 또는 사건관계인의 건강상태에 이상 징후가 발견되면 의사의 진료를 받게 하거나 휴식하게 하는 등 필요한 조치를 해야 한다.

제24조(신뢰관계인의 동석)

① 법 제244조의5에 따라 피의자와 동석할 수 있는 신뢰관계에 있는 사람과 법 제221조제3항에서 준용하는 법 제163조의2에 따라 피해자와 동석할 수 있는 신뢰관계에 있는 사람은 피의자 또는 피해자의 직계친족, 형제자매, 배우자, 가족, 동거인, 보호·교육시설의 보호·교육담당자 등 피의자 또는 피해자의 심리적 안정과 원활한 의사소통에 도움을 줄 수 있는 사람으로 한다.

② 피의자, 피해자 또는 그 법정대리인이 제1항에 따른 신뢰관계에 있는 사람의 동석을 신청한 경우 검사 또는 사법경찰관은 그 관계를 적은 동석신청서를 제출받거나 조서 또는 수사보고서에 그 관계를 적어야 한다.

제25조(자료·의견의 제출기회 보장)

① 검사 또는 사법경찰관은 조사과정에서 피의자, 사건관계인 또는 그 변호인이 사실관계 등의 확인을 위해 자료를 제출하는 경우 그 자료를 수사기록에 편철한다.

② 검사 또는 사법경찰관은 조사를 종결하기 전에 피의자, 사건관계인 또는 그 변호인에게 자료 또는 의견을 제출할 의사가 있는지를 확인하고, 자료 또는 의견을 제출받은 경우에는 해당 자료 및 의견을 수사기록에 편철한다.

제26조(수사과정의 기록)

① 검사 또는 사법경찰관은 법 제244조의4에 따라 조사(신문, 면담 등 명칭을 불문한다. 이하 이 조에서 같다) 과정의 진행경과를 다음 각 호의 구분에 따른 방법으로 기록해야 한다.

1. 조서를 작성하는 경우: 조서에 기록(별도의 서면에 기록한 후 조서의 끝부분에 편철하는 것을 포함한다)

2. 조서를 작성하지 않는 경우: 별도의 서면에 기록한 후 수사기록에 편철

② 제1항에 따라 조사과정의 진행경과를 기록할 때에는 다음 각 호의 구분에 따

른 사항을 구체적으로 적어야 한다.

1. 조서를 작성하는 경우에는 다음 각 목의 사항
   가. 조사 대상자가 조사장소에 도착한 시각
   나. 조사의 시작 및 종료 시각
   다. 조사 대상자가 조사장소에 도착한 시각과 조사를 시작한 시각에 상당한
      시간적 차이가 있는 경우에는 그 이유
   라. 조사가 중단되었다가 재개된 경우에는 그 이유와 중단 시각 및 재개 시각

2. 조서를 작성하지 않는 경우에는 다음 각 목의 사항
   가. 조사 대상자가 조사장소에 도착한 시각
   나. 조사 대상자가 조사장소를 떠난 시각
   다. 조서를 작성하지 않는 이유
   라. 조사 외에 실시한 활동
   마. 변호인 참여 여부

제4절 강제수사

제27조(긴급체포)

① 사법경찰관은 법 제200조의3제2항에 따라 긴급체포 후 12시간 내에 검사에게 긴급체포의 승인을 요청해야 한다. 다만, 제51조제1항제4호가목 또는 제52조 제1항제3호에 따라 수사중지 결정 또는 기소중지 결정이 된 피의자를 소속 경찰관서가 위치하는 특별시·광역시·특별자치시·도 또는 특별자치도 외의 지역이나 「연안관리법」 제2조제2호나목의 바다에서 긴급체포한 경우에는 긴급체포 후 24시간 이내에 긴급체포의 승인을 요청해야 한다.

② 제1항에 따라 긴급체포의 승인을 요청할 때에는 범죄사실의 요지, 긴급체포의 일시·장소, 긴급체포의 사유, 체포를 계속해야 하는 사유 등을 적은 긴급체포 승인요청서로 요청해야 한다. 다만, 긴급한 경우에는 「형사사법절차 전자화 촉진법」 제2조제4호에 따른 형사사법정보시스템(이하 "형사사법정보시스템"이라 한다) 또는 팩스를 이용하여 긴급체포의 승인을 요청할 수 있다.

③ 검사는 사법경찰관의 긴급체포 승인 요청이 이유 있다고 인정하는 경우에는 지체 없이 긴급체포 승인서를 사법경찰관에게 송부해야 한다.

④ 검사는 사법경찰관의 긴급체포 승인 요청이 이유 없다고 인정하는 경우에는 지체 없이 사법경찰관에게 불승인 통보를 해야 한다. 이 경우 사법경찰관은

긴급체포된 피의자를 즉시 석방하고 그 석방 일시와 사유 등을 검사에게 통보해야 한다.

제28조(현행범인 조사 및 석방)

① 검사 또는 사법경찰관은 법 제212조 또는 제213조에 따라 현행범인을 체포하거나 체포된 현행범인을 인수했을 때에는 조사가 현저히 곤란하다고 인정되는 경우가 아니면 지체 없이 조사해야 하며, 조사 결과 계속 구금할 필요가 없다고 인정할 때에는 현행범인을 즉시 석방해야 한다.

② 검사 또는 사법경찰관은 제1항에 따라 현행범인을 석방했을 때에는 석방 일시와 사유 등을 적은 피의자 석방서를 작성해 사건기록에 편철한다. 이 경우 사법경찰관은 석방 후 지체 없이 검사에게 석방 사실을 통보해야 한다.

제29조(구속영장의 청구·신청)

① 검사 또는 사법경찰관은 구속영장을 청구하거나 신청하는 경우 법 제209조에서 준용하는 법 제70조제2항의 필요적 고려사항이 있을 때에는 구속영장 청구서 또는 신청서에 그 내용을 적어야 한다.

② 검사 또는 사법경찰관은 체포한 피의자에 대해 구속영장을 청구하거나 신청할 때에는 구속영장 청구서 또는 신청서에 체포영장, 긴급체포서, 현행범인 체포서 또는 현행범인 인수서를 첨부해야 한다.

제30조(구속 전 피의자 심문)

사법경찰관은 법 제201조의2제3항 및 같은 조 제10항에서 준용하는 법 제81조제1항에 따라 판사가 통지한 피의자 심문 기일과 장소에 체포된 피의자를 출석시켜야 한다.

제31조(체포·구속영장의 재청구·재신청)

검사 또는 사법경찰관은 동일한 범죄사실로 다시 체포·구속영장을 청구하거나 신청하는 경우(체포·구속영장의 청구 또는 신청이 기각된 후 다시 체포·구속영장을 청구하거나 신청하는 경우와 이미 발부받은 체포·구속영장과 동일한 범죄사실로 다시 체포·구속영장을 청구하거나 신청하는 경우를 말한다)에는 그 취지를 체포·구속영장 청구서 또는 신청서에 적어야 한다.

제32조(체포·구속영장 집행 시의 권리 고지)

① 검사 또는 사법경찰관은 피의자를 체포하거나 구속할 때에는 법 제200조의5(법 제209조에서 준용하는 경우를 포함한다)에 따라 피의자에게 피의사실의

요지, 체포·구속의 이유와 변호인을 선임할 수 있음을 말하고, 변명할 기회를 주어야 하며, 진술거부권을 알려주어야 한다.

② 제1항에 따라 피의자에게 알려주어야 하는 진술거부권의 내용은 법 제244조의3제1항제1호부터 제3호까지의 사항으로 한다.

③ 검사와 사법경찰관이 제1항에 따라 피의자에게 그 권리를 알려준 경우에는 피의자로부터 권리 고지 확인서를 받아 사건기록에 편철한다.

제33조(체포·구속 등의 통지)

① 검사 또는 사법경찰관은 피의자를 체포하거나 구속하였을 때에는 법 제200조의6 또는 제209조에서 준용하는 법 제87조에 따라 변호인이 있으면 변호인에게, 변호인이 없으면 법 제30조제2항에 따른 사람 중 피의자가 지정한 사람에게 24시간 이내에 서면으로 사건명, 체포·구속의 일시·장소, 범죄사실의 요지, 체포·구속의 이유와 변호인을 선임할 수 있음을 통지해야 한다.

② 검사 또는 사법경찰관은 제1항에 따른 통지를 하였을 때에는 그 통지서 사본을 사건기록에 편철한다. 다만, 변호인 및 법 제30조제2항에 따른 사람이 없어서 체포·구속의 통지를 할 수 없을 때에는 그 취지를 수사보고서에 적어 사건기록에 편철한다.

③ 제1항 및 제2항은 법 제214조의2제2항에 따라 검사 또는 사법경찰관이 같은 조 제1항에 따른 자 중에서 피의자가 지정한 자에게 체포 또는 구속의 적부심사를 청구할 수 있음을 통지하는 경우에도 준용한다.

제34조(체포·구속영장 등본의 교부)

검사 또는 사법경찰관은 법 제214조의2제1항에 따른 자가 체포·구속영장 등본의 교부를 청구하면 그 등본을 교부해야 한다.

제35조(체포·구속영장의 반환)

① 검사 또는 사법경찰관은 체포·구속영장의 유효기간 내에 영장의 집행에 착수하지 못했거나, 그 밖의 사유로 영장의 집행이 불가능하거나 불필요하게 되었을 때에는 즉시 해당 영장을 법원에 반환해야 한다. 이 경우 체포·구속영장이 여러 통 발부된 경우에는 모두 반환해야 한다.

② 검사 또는 사법경찰관은 제1항에 따라 체포·구속영장을 반환하는 경우에는 반환사유 등을 적은 영장반환서에 해당 영장을 첨부하여 반환하고, 그 사본을 사건기록에 편철한다.

③ 제1항에 따라 사법경찰관이 체포·구속영장을 반환하는 경우에는 그 영장을

청구한 검사에게 반환하고, 검사는 사법경찰관이 반환한 영장을 법원에 반환한다.

제36조(피의자의 석방)

① 검사 또는 사법경찰관은 법 제200조의2제5항 또는 제200조의4제2항에 따라 구속영장을 청구하거나 신청하지 않고 체포 또는 긴급체포한 피의자를 석방하려는 때에는 다음 각 호의 구분에 따른 사항을 적은 피의자 석방서를 작성해야 한다.

1. 체포한 피의자를 석방하려는 때: 체포 일시·장소, 체포 사유, 석방 일시·장소, 석방 사유 등

2. 긴급체포한 피의자를 석방하려는 때: 법 제200조의4제4항 각 호의 사항

② 사법경찰관은 제1항에 따라 피의자를 석방한 경우 다음 각 호의 구분에 따라 처리한다.

1. 체포한 피의자를 석방한 때: 지체 없이 검사에게 석방사실을 통보하고, 그 통보서 사본을 사건기록에 편철한다.

2. 긴급체포한 피의자를 석방한 때: 법 제200조의4제6항에 따라 즉시 검사에게 석방 사실을 보고하고, 그 보고서 사본을 사건기록에 편철한다.

제37조(압수·수색 또는 검증영장의 청구·신청)

검사 또는 사법경찰관은 압수·수색 또는 검증영장을 청구하거나 신청할 때에는 압수·수색 또는 검증의 범위를 범죄 혐의의 소명에 필요한 최소한으로 정해야 하고, 수색 또는 검증할 장소·신체·물건 및 압수할 물건 등을 구체적으로 특정해야 한다.

제38조(압수·수색 또는 검증영장의 제시)

① 검사 또는 사법경찰관은 법 제219조에서 준용하는 법 제118조에 따라 영장을 제시할 때에는 피압수자에게 법관이 발부한 영장에 따른 압수·수색 또는 검증이라는 사실과 영장에 기재된 범죄사실 및 수색 또는 검증할 장소·신체·물건, 압수할 물건 등을 명확히 알리고, 피압수자가 해당 영장을 열람할 수 있도록 해야 한다.

② 압수·수색 또는 검증의 처분을 받는 자가 여럿인 경우에는 모두에게 개별적으로 영장을 제시해야 한다.

제39조(압수·수색 또는 검증영장의 재청구·재신청 등)

압수·수색 또는 검증영장의 재청구·재신청(압수·수색 또는 검증영장의 청구

또는 신청이 기각된 후 다시 압수·수색 또는 검증영장을 청구하거나 신청하는 경우와 이미 발부받은 압수·수색 또는 검증영장과 동일한 범죄사실로 다시 압수·수색 또는 검증영장을 청구하거나 신청하는 경우를 말한다)과 반환에 관해서는 제31조 및 제35조를 준용한다.

제40조(압수조서와 압수목록)

검사 또는 사법경찰관은 증거물 또는 몰수할 물건을 압수했을 때에는 압수의 일시·장소, 압수 경위 등을 적은 압수조서와 압수물건의 품종·수량 등을 적은 압수목록을 작성해야 한다. 다만, 피의자신문조서, 진술조서, 검증조서에 압수의 취지를 적은 경우에는 그렇지 않다.

제41조(전자정보의 압수·수색 또는 검증 방법)

① 검사 또는 사법경찰관은 법 제219조에서 준용하는 법 제106조제3항에 따라 컴퓨터용디스크 및 그 밖에 이와 비슷한 정보저장매체(이하 이 항에서 "정보저장매체등"이라 한다)에 기억된 정보(이하 "전자정보"라 한다)를 압수하는 경우에는 해당 정보저장매체등의 소재지에서 수색 또는 검증한 후 범죄사실과 관련된 전자정보의 범위를 정하여 출력하거나 복제하는 방법으로 한다.

② 제1항에도 불구하고 제1항에 따른 압수 방법의 실행이 불가능하거나 그 방법으로는 압수의 목적을 달성하는 것이 현저히 곤란한 경우에는 압수·수색 또는 검증 현장에서 정보저장매체등에 들어 있는 전자정보 전부를 복제하여 그 복제본을 정보저장매체등의 소재지 외의 장소로 반출할 수 있다.

③ 제1항 및 제2항에도 불구하고 제1항 및 제2항에 따른 압수 방법의 실행이 불가능하거나 그 방법으로는 압수의 목적을 달성하는 것이 현저히 곤란한 경우에는 피압수자 또는 법 제123조에 따라 압수·수색영장을 집행할 때 참여하게 해야 하는 사람(이하 "피압수자등"이라 한다)이 참여한 상태에서 정보저장매체등의 원본을 봉인(封印)하여 정보저장매체등의 소재지 외의 장소로 반출할 수 있다.

제42조(전자정보의 압수·수색 또는 검증 시 유의사항)

① 검사 또는 사법경찰관은 전자정보의 탐색·복제·출력을 완료한 경우에는 지체 없이 피압수자등에게 압수한 전자정보의 목록을 교부해야 한다.

② 검사 또는 사법경찰관은 제1항의 목록에 포함되지 않은 전자정보가 있는 경우에는 해당 전자정보를 지체 없이 삭제 또는 폐기하거나 반환해야 한다. 이 경우 삭제·폐기 또는 반환확인서를 작성하여 피압수자등에게 교부해야 한다.

③ 검사 또는 사법경찰관은 전자정보의 복제본을 취득하거나 전자정보를 복제할 때에는 해시값(파일의 고유값으로서 일종의 전자지문을 말한다)을 확인하거나 압수·수색 또는 검증의 과정을 촬영하는 등 전자적 증거의 동일성과 무결성(無缺性)을 보장할 수 있는 적절한 방법과 조치를 취해야 한다.

④ 검사 또는 사법경찰관은 압수·수색 또는 검증의 전 과정에 걸쳐 피압수자등이나 변호인의 참여권을 보장해야 하며, 피압수자등과 변호인이 참여를 거부하는 경우에는 신뢰성과 전문성을 담보할 수 있는 상당한 방법으로 압수·수색 또는 검증을 해야 한다.

⑤ 검사 또는 사법경찰관은 제4항에 따라 참여한 피압수자등이나 변호인이 압수 대상 전자정보와 사건의 관련성에 관하여 의견을 제시한 때에는 이를 조서에 적어야 한다.

제43조(검증조서)

검사 또는 사법경찰관은 검증을 한 경우에는 검증의 일시·장소, 검증 경위 등을 적은 검증조서를 작성해야 한다.

제44조(영장심의위원회)

법 제221조의5에 따른 영장심의위원회의 위원은 해당 업무에 전문성을 가진 중립적 외부 인사 중에서 위촉해야 하며, 영장심의위원회의 운영은 독립성·객관성·공정성이 보장되어야 한다.

제5절 시정조치요구

제45조(시정조치 요구의 방법 및 절차 등)

① 검사는 법 제197조의3제1항에 따라 사법경찰관에게 사건기록 등본의 송부를 요구할 때에는 그 내용과 이유를 구체적으로 적은 서면으로 해야 한다.

② 사법경찰관은 제1항에 따른 요구를 받은 날부터 7일 이내에 사건기록 등본을 검사에게 송부해야 한다.

③ 검사는 제2항에 따라 사건기록 등본을 송부받은 날부터 30일(사안의 경중 등을 고려하여 10일의 범위에서 한 차례 연장할 수 있다) 이내에 법 제197조의3제3항에 따른 시정조치 요구 여부를 결정하여 사법경찰관에게 통보해야 한다. 이 경우 시정조치 요구의 통보는 그 내용과 이유를 구체적으로 적은 서면으로 해야 한다.

④ 사법경찰관은 제3항에 따라 시정조치 요구를 통보받은 경우 정당한 이유가

있는 경우를 제외하고는 지체 없이 시정조치를 이행하고, 그 이행 결과를 서면에 구체적으로 적어 검사에게 통보해야 한다.

⑤ 검사는 법 제197조의3제5항에 따라 사법경찰관에게 사건송치를 요구하는 경우에는 그 내용과 이유를 구체적으로 적은 서면으로 해야 한다.

⑥ 사법경찰관은 제5항에 따라 서면으로 사건송치를 요구받은 날부터 7일 이내에 사건을 검사에게 송치해야 한다. 이 경우 관계 서류와 증거물을 함께 송부해야 한다.

⑦ 제5항 및 제6항에도 불구하고 검사는 공소시효 만료일의 임박 등 특별한 사유가 있을 때에는 제5항에 따른 서면에 그 사유를 명시하고 별도의 송치기한을 정하여 사법경찰관에게 통지할 수 있다. 이 경우 사법경찰관은 정당한 이유가 있는 경우를 제외하고는 통지받은 송치기한까지 사건을 검사에게 송치해야 한다.

제46조(징계요구의 방법 등)

① 검찰총장 또는 각급 검찰청 검사장은 법 제197조의3제7항에 따라 사법경찰관리의 징계를 요구할 때에는 서면에 그 사유를 구체적으로 적고 이를 증명할 수 있는 관계 자료를 첨부하여 해당 사법경찰관리가 소속된 경찰관서의 장(이하 "경찰관서장"이라 한다)에게 통보해야 한다.

② 경찰관서장은 제1항에 따른 징계요구에 대한 처리 결과와 그 이유를 징계를 요구한 검찰총장 또는 각급 검찰청 검사장에게 통보해야 한다.

제47조(구제신청 고지의 확인)

사법경찰관은 법 제197조의3제8항에 따라 검사에게 구제를 신청할 수 있음을 피의자에게 알려준 경우에는 피의자로부터 고지 확인서를 받아 사건기록에 편철한다. 다만, 피의자가 고지 확인서에 기명날인 또는 서명하는 것을 거부하는 경우에는 사법경찰관이 고지 확인서 끝부분에 그 사유를 적고 기명날인 또는 서명해야 한다.

제6절 수사의 경합

제48조(동일한 범죄사실 여부의 판단 등)

① 검사와 사법경찰관은 법 제197조의4에 따른 수사의 경합과 관련하여 동일한 범죄사실 여부나 영장(「통신비밀보호법」 제6조 및 제8조에 따른 통신제한조

치허가서 및 같은 법 제13조에 따른 통신사실 확인자료제공 요청 허가서를 포함한다. 이하 이 조에서 같다) 청구·신청의 시간적 선후관계 등을 판단하기 위해 필요한 경우에는 그 필요한 범위에서 사건기록의 상호 열람을 요청할 수 있다.

② 제1항에 따른 영장 청구·신청의 시간적 선후관계는 검사의 영장청구서와 사법경찰관의 영장신청서가 각각 법원과 검찰청에 접수된 시점을 기준으로 판단한다.

③ 검사는 제2항에 따른 사법경찰관의 영장신청서의 접수를 거부하거나 지연해서는 안 된다.

제49조(수사경합에 따른 사건송치)

① 검사는 법 제197조의4제1항에 따라 사법경찰관에게 사건송치를 요구할 때에는 그 내용과 이유를 구체적으로 적은 서면으로 해야 한다.

② 사법경찰관은 제1항에 따른 요구를 받은 날부터 7일 이내에 사건을 검사에게 송치해야 한다. 이 경우 관계 서류와 증거물을 함께 송부해야 한다.

제50조(중복수사의 방지)

검사는 법 제197조의4제2항 단서에 따라 사법경찰관이 범죄사실을 계속 수사할 수 있게 된 경우에는 정당한 사유가 있는 경우를 제외하고는 그와 동일한 범죄사실에 대한 사건을 이송하는 등 중복수사를 피하기 위해 노력해야 한다.

제4장 사건송치와 수사종결

제1절 통칙

제51조(사법경찰관의 결정)

① 사법경찰관은 사건을 수사한 경우에는 다음 각 호의 구분에 따라 결정해야 한다.
  1. 법원송치
  2. 검찰송치
  3. 불송치
     가. 혐의없음
        1) 범죄인정안됨
        2) 증거불충분

        나. 죄가안됨

        다. 공소권없음

        라. 각하

    4. 수사중지

        가. 피의자중지

        나. 참고인중지

    5. 이송

② 사법경찰관은 하나의 사건 중 피의자가 여러 사람이거나 피의사실이 여러 개
    인 경우로서 분리하여 결정할 필요가 있는 경우 그중 일부에 대해 제1항 각
    호의 결정을 할 수 있다.

③ 사법경찰관은 제1항제3호나목 또는 다목에 해당하는 사건이 다음 각 호의 어
    느 하나에 해당하는 경우에는 해당 사건을 검사에게 이송한다.

    1. 「형법」 제10조제1항에 따라 벌할 수 없는 경우

    2. 기소되어 사실심 계속 중인 사건과 포괄일죄를 구성하는 관계에 있는 경우

④ 사법경찰관은 제1항제4호에 따른 수사중지 결정을 한 경우 7일 이내에 사건
    기록을 검사에게 송부해야 한다. 이 경우 검사는 사건기록을 송부받은 날부터
    30일 이내에 반환해야 하며, 그 기간 내에 법 제197조의3에 따라 시정조치요
    구를 할 수 있다.

⑤ 사법경찰관은 제4항 전단에 따라 검사에게 사건기록을 송부한 후 피의자 등
    의 소재를 발견한 경우에는 소재 발견 및 수사 재개 사실을 검사에게 통보해
    야 한다. 이 경우 통보를 받은 검사는 지체 없이 사법경찰관에게 사건기록을
    반환해야 한다.

제52조(검사의 결정)

① 검사는 사법경찰관으로부터 사건을 송치받거나 직접 수사한 경우에는 다음
    각 호의 구분에 따라 결정해야 한다.

    1. 공소제기

    2. 불기소

        가. 기소유예

        나. 혐의없음

            1) 범죄인정안됨

            2) 증거불충분

다. 죄가안됨

라. 공소권없음

마. 각하

3. 기소중지

4. 참고인중지

5. 보완수사요구

6. 공소보류

7. 이송

8. 소년보호사건 송치

9. 가정보호사건 송치

10. 성매매보호사건 송치

11. 아동보호사건 송치

② 검사는 하나의 사건 중 피의자가 여러 사람이거나 피의사실이 여러 개인 경우로서 분리하여 결정할 필요가 있는 경우 그중 일부에 대해 제1항 각 호의 결정을 할 수 있다.

제53조(수사 결과의 통지)

① 검사 또는 사법경찰관은 제51조 또는 제52조에 따른 결정을 한 경우에는 그 내용을 고소인·고발인·피해자 또는 그 법정대리인(피해자가 사망한 경우에는 그 배우자·직계친족·형제자매를 포함한다. 이하 "고소인등"이라 한다)과 피의자에게 통지해야 한다. 다만, 제51조제1항제4호가목에 따른 피의자중지 결정 또는 제52조제1항제3호에 따른 기소중지 결정을 한 경우에는 고소인등에게만 통지한다.

② 고소인등은 법 제245조의6에 따른 통지를 받지 못한 경우 사법경찰관에게 불송치 통지서로 통지해 줄 것을 요구할 수 있다.

③ 제1항에 따른 통지의 구체적인 방법·절차 등은 법무부장관, 경찰청장 또는 해양경찰청장이 정한다.

제54조(수사중지 결정에 대한 이의제기 등)

① 제53조에 따라 사법경찰관으로부터 제51조제1항제4호에 따른 수사중지 결정의 통지를 받은 사람은 해당 사법경찰관이 소속된 바로 위 상급경찰관서의 장에게 이의를 제기할 수 있다.

② 제1항에 따른 이의제기의 절차·방법 및 처리 등에 관하여 필요한 사항은 경

찰청장 또는 해양경찰청장이 정한다.

③ 제1항에 따른 통지를 받은 사람은 해당 수사중지 결정이 법령위반, 인권침해 또는 현저한 수사권 남용이라고 의심되는 경우 검사에게 법 제197조의3제1항에 따른 신고를 할 수 있다.

④ 사법경찰관은 제53조에 따라 고소인등에게 제51조제1항제4호에 따른 수사중지 결정의 통지를 할 때에는 제3항에 따라 신고할 수 있다는 사실을 함께 고지해야 한다.

제55조(소재수사에 관한 협력 등)

① 검사와 사법경찰관은 소재불명(所在不明)인 피의자나 참고인을 발견한 때에는 해당 사실을 통보하는 등 서로 협력해야 한다.

② 검사는 법 제245조의5제1호 또는 법 제245조의7제2항에 따라 송치된 사건의 피의자나 참고인의 소재 확인이 필요하다고 판단하는 경우 피의자나 참고인의 주소지 또는 거소지 등을 관할하는 경찰관서의 사법경찰관에게 소재수사를 요청할 수 있다. 이 경우 요청을 받은 사법경찰관은 이에 협력해야 한다.

③ 검사 또는 사법경찰관은 제51조제1항제4호 또는 제52조제1항제3호·제4호에 따라 수사중지 또는 기소중지·참고인중지된 사건의 피의자 또는 참고인을 발견하는 등 수사중지 결정 또는 기소중지·참고인중지 결정의 사유가 해소된 경우에는 즉시 수사를 진행해야 한다.

제56조(사건기록의 등본)

① 검사 또는 사법경찰관은 사건 관계 서류와 증거물을 분리하여 송부하거나 반환할 필요가 있으나 해당 서류와 증거물의 분리가 불가능하거나 현저히 곤란한 경우에는 그 서류와 증거물을 등사하여 송부하거나 반환할 수 있다.

② 검사 또는 사법경찰관은 제45조제1항, 이 조 제1항 등에 따라 사건기록 등본을 송부받은 경우 이를 다른 목적으로 사용할 수 없으며, 다른 법령에 특별한 규정이 있는 경우를 제외하고는 그 사용 목적을 위한 기간이 경과한 때에 즉시 이를 반환하거나 폐기해야 한다.

제57조(송치사건 관련 자료 제공)

검사는 사법경찰관이 송치한 사건에 대해 검사의 공소장, 불기소결정서, 송치결정서 및 법원의 판결문을 제공할 것을 요청하는 경우 이를 사법경찰관에게 지체 없이 제공해야 한다.

제2절 사건송치와 보완수사요구

제58조(사법경찰관의 사건송치)

① 사법경찰관은 관계 법령에 따라 검사에게 사건을 송치할 때에는 송치의 이유와 범위를 적은 송치 결정서와 압수물 총목록, 기록목록, 범죄경력 조회 회보서, 수사경력 조회 회보서 등 관계 서류와 증거물을 함께 송부해야 한다.

② 사법경찰관은 피의자 또는 참고인에 대한 조사과정을 영상녹화한 경우에는 해당 영상녹화물을 봉인한 후 검사에게 사건을 송치할 때 봉인된 영상녹화물의 종류와 개수를 표시하여 사건기록과 함께 송부해야 한다.

③ 사법경찰관은 사건을 송치한 후에 새로운 증거물, 서류 및 그 밖의 자료를 추가로 송부할 때에는 이전에 송치한 사건명, 송치 연월일, 피의자의 성명과 추가로 송부하는 서류 및 증거물 등을 적은 추가송부서를 첨부해야 한다.

제59조(보완수사요구의 대상과 범위)

① 검사는 법 제245조의5제1호에 따라 사법경찰관으로부터 송치받은 사건에 대해 보완수사가 필요하다고 인정하는 경우에는 특별히 직접 보완수사를 할 필요가 있다고 인정되는 경우를 제외하고는 사법경찰관에게 보완수사를 요구하는 것을 원칙으로 한다.

② 검사는 법 제197조의2제1항제1호에 따라 사법경찰관에게 송치사건 및 관련사건(법 제11조에 따른 관련사건 및 법 제208조제2항에 따라 간주되는 동일한 범죄사실에 관한 사건을 말한다. 다만, 법 제11조제1호의 경우에는 수사기록에 명백히 현출(現出)되어 있는 사건으로 한정한다)에 대해 다음 각 호의 사항에 관한 보완수사를 요구할 수 있다.

1. 범인에 관한 사항
2. 증거 또는 범죄사실 증명에 관한 사항
3. 소송조건 또는 처벌조건에 관한 사항
4. 양형 자료에 관한 사항
5. 죄명 및 범죄사실의 구성에 관한 사항
6. 그 밖에 송치받은 사건의 공소제기 여부를 결정하는 데 필요하거나 공소유지와 관련해 필요한 사항

③ 검사는 사법경찰관이 신청한 영장(「통신비밀보호법」 제6조 및 제8조에 따른 통신제한조치허가서 및 같은 법 제13조에 따른 통신사실 확인자료 제공 요청 허가서를 포함한다. 이하 이 항에서 같다)의 청구 여부를 결정하기 위해 필요

한 경우 법 제197조의2제1항제2호에 따라 사법경찰관에게 보완수사를 요구할 수 있다. 이 경우 보완수사를 요구할 수 있는 범위는 다음 각 호와 같다.

1. 범인에 관한 사항
2. 증거 또는 범죄사실 소명에 관한 사항
3. 소송조건 또는 처벌조건에 관한 사항
4. 해당 영장이 필요한 사유에 관한 사항
5. 죄명 및 범죄사실의 구성에 관한 사항
6. 법 제11조(법 제11조제1호의 경우는 수사기록에 명백히 현출되어 있는 사건으로 한정한다)와 관련된 사항
7. 그 밖에 사법경찰관이 신청한 영장의 청구 여부를 결정하기 위해 필요한 사항

제60조(보완수사요구의 방법과 절차)

① 검사는 법 제197조의2제1항에 따라 보완수사를 요구할 때에는 그 이유와 내용 등을 구체적으로 적은 서면과 관계 서류 및 증거물을 사법경찰관에게 함께 송부해야 한다. 다만, 보완수사 대상의 성질, 사안의 긴급성 등을 고려하여 관계 서류와 증거물을 송부할 필요가 없거나 송부하는 것이 적절하지 않다고 판단하는 경우에는 해당 관계 서류와 증거물을 송부하지 않을 수 있다.

② 보완수사를 요구받은 사법경찰관은 제1항 단서에 따라 송부받지 못한 관계 서류와 증거물이 보완수사를 위해 필요하다고 판단하면 해당 서류와 증거물을 대출하거나 그 전부 또는 일부를 등사할 수 있다.

③ 사법경찰관은 법 제197조의2제2항에 따라 보완수사를 이행한 경우에는 그 이행 결과를 검사에게 서면으로 통보해야 하며, 제1항 본문에 따라 관계 서류와 증거물을 송부받은 경우에는 그 서류와 증거물을 함께 반환해야 한다. 다만, 관계 서류와 증거물을 반환할 필요가 없는 경우에는 보완수사의 이행 결과만을 검사에게 통보할 수 있다.

④ 사법경찰관은 법 제197조의2제1항제1호에 따라 보완수사를 이행한 결과 법 제245조의5제1호에 해당하지 않는다고 판단한 경우에는 제51조제1항제3호에 따라 사건을 불송치하거나 같은 항 제4호에 따라 수사중지할 수 있다.

제61조(직무배제 또는 징계 요구의 방법과 절차)

① 검찰총장 또는 각급 검찰청 검사장은 법 제197조의2제3항에 따라 사법경찰관의 직무배제 또는 징계를 요구할 때에는 그 이유를 구체적으로 적은 서면에 이를 증명할 수 있는 관계 자료를 첨부하여 해당 사법경찰관이 소속된 경찰관

서장에게 통보해야 한다.

② 제1항의 직무배제 요구를 통보받은 경찰관서장은 정당한 이유가 있는 경우를 제외하고는 그 요구를 받은 날부터 20일 이내에 해당 사법경찰관을 직무에서 배제해야 한다.

③ 경찰관서장은 제1항에 따른 요구의 처리 결과와 그 이유를 직무배제 또는 징계를 요구한 검찰총장 또는 각급 검찰청 검사장에게 통보해야 한다.

제3절 사건불송치와 재수사요청

제62조(사법경찰관의 사건불송치)

① 사법경찰관은 법 제245조의5제2호 및 이 영 제51조제1항제3호에 따라 불송치 결정을 하는 경우 불송치의 이유를 적은 불송치 결정서와 함께 압수물 총목록, 기록목록 등 관계 서류와 증거물을 검사에게 송부해야 한다.

② 제1항의 경우 영상녹화물의 송부 및 새로운 증거물 등의 추가 송부에 관하여는 제58조제2항 및 제3항을 준용한다.

제63조(재수사요청의 절차 등)

① 검사는 법 제245조의8에 따라 사법경찰관에게 재수사를 요청하려는 경우에는 법 제245조의5제2호에 따라 관계 서류와 증거물을 송부받은 날부터 90일 이내에 해야 한다. 다만, 다음 각 호의 어느 하나에 해당하는 경우에는 관계 서류와 증거물을 송부받은 날부터 90일이 지난 후에도 재수사를 요청할 수 있다.

 1. 불송치 결정에 영향을 줄 수 있는 명백히 새로운 증거 또는 사실이 발견된 경우

 2. 증거 등의 허위, 위조 또는 변조를 인정할 만한 상당한 정황이 있는 경우

② 검사는 제1항에 따라 재수사를 요청할 때에는 그 내용과 이유를 구체적으로 적은 서면으로 해야 한다. 이 경우 법 제245조의5제2호에 따라 송부받은 관계 서류와 증거물을 사법경찰관에게 반환해야 한다.

③ 검사는 법 제245조의8에 따라 재수사를 요청한 경우 그 사실을 고소인등에게 통지해야 한다.

제64조(재수사 결과의 처리)

① 사법경찰관은 법 제245조의8제2항에 따라 재수사를 한 경우 다음 각 호의 구

분에 따라 처리한다.

1. 범죄의 혐의가 있다고 인정되는 경우: 법 제245조의5제1호에 따라 검사에게 사건을 송치하고 관계 서류와 증거물을 송부

2. 기존의 불송치 결정을 유지하는 경우: 재수사 결과서에 그 내용과 이유를 구체적으로 적어 검사에게 통보

② 검사는 사법경찰관이 제1항제2호에 따라 재수사 결과를 통보한 사건에 대해서 다시 재수사를 요청을 하거나 송치 요구를 할 수 없다. 다만, 사법경찰관의 재수사에도 불구하고 관련 법리에 위반되거나 송부받은 관계 서류 및 증거물과 재수사결과만으로도 공소제기를 할 수 있을 정도로 명백히 채증법칙에 위반되거나 공소시효 또는 형사소추의 요건을 판단하는 데 오류가 있어 사건을 송치하지 않은 위법 또는 부당이 시정되지 않은 경우에는 재수사 결과를 통보받은 날부터 30일 이내에 법 제197조의3에 따라 사건송치를 요구할 수 있다.

제65조(재수사 중의 이의신청)

사법경찰관은 법 제245조의8제2항에 따라 재수사 중인 사건에 대해 법 제245조의7제1항에 따른 이의신청이 있는 경우에는 재수사를 중단해야 하며, 같은 조 제2항에 따라 해당 사건을 지체 없이 검사에게 송치하고 관계 서류와 증거물을 송부해야 한다.

제5장 보칙

제66조(재정신청 접수에 따른 절차)

① 사법경찰관이 수사 중인 사건이 법 제260조제2항제3호에 해당하여 같은 조 제3항에 따라 지방검찰청 검사장 또는 지청장에게 재정신청서가 제출된 경우 해당 지방검찰청 또는 지청 소속 검사는 즉시 사법경찰관에게 그 사실을 통보해야 한다.

② 사법경찰관은 제1항의 통보를 받으면 즉시 검사에게 해당 사건을 송치하고 관계 서류와 증거물을 송부해야 한다.

③ 검사는 제1항에 따른 재정신청에 대해 법원이 법 제262조제2항제1호에 따라 기각하는 결정을 한 경우에는 해당 결정서를 사법경찰관에게 송부해야 한다. 이 경우 제2항에 따라 송치받은 사건을 사법경찰관에게 이송해야 한다.

제67조(형사사법정보시스템의 이용)

검사 또는 사법경찰관은 「형사사법절차 전자화 촉진법」 제2조제1호에 따른 형사사법업무와 관련된 문서를 작성할 때에는 형사사법정보시스템을 이용해야 하며, 그에 따라 작성한 문서는 형사사법정보시스템에 저장·보관해야 한다. 다만, 다음 각 호의 어느 하나에 해당하는 문서로서 형사사법정보시스템을 이용하는 것이 곤란한 경우는 그렇지 않다.

  1. 피의자나 사건관계인이 직접 작성한 문서
  2. 형사사법정보시스템에 작성 기능이 구현되어 있지 않은 문서
  3. 형사사법정보시스템을 이용할 수 없는 시간 또는 장소에서 불가피하게 작성해야 하거나 형사사법정보시스템의 장애 또는 전산망 오류 등으로 형사사법정보시스템을 이용할 수 없는 상황에서 불가피하게 작성해야 하는 문서

제68조(사건 통지 시 주의사항 등)

검사 또는 사법경찰관은 제12조에 따라 수사 진행상황을 통지하거나 제53조에 따라 수사 결과를 통지할 때에는 해당 사건의 피의자 또는 사건관계인의 명예나 권리 등이 부당하게 침해되지 않도록 주의해야 한다.

제69조(수사서류 등의 열람·복사)

① 피의자, 사건관계인 또는 그 변호인은 검사 또는 사법경찰관이 수사 중인 사건에 관한 본인의 진술이 기재된 부분 및 본인이 제출한 서류의 전부 또는 일부에 대해 열람·복사를 신청할 수 있다.

② 피의자, 사건관계인 또는 그 변호인은 검사가 불기소 결정을 하거나 사법경찰관이 불송치 결정을 한 사건에 관한 기록의 전부 또는 일부에 대해 열람·복사를 신청할 수 있다.

③ 피의자 또는 그 변호인은 필요한 사유를 소명하고 고소장, 고발장, 이의신청서, 항고장, 재항고장(이하 "고소장등"이라 한다)의 열람·복사를 신청할 수 있다. 이 경우 열람·복사의 범위는 피의자에 대한 혐의사실 부분으로 한정하고, 그 밖에 사건관계인에 관한 사실이나 개인정보, 증거방법 또는 고소장등에 첨부된 서류 등은 제외한다.

④ 체포·구속된 피의자 또는 그 변호인은 현행범인체포서, 긴급체포서, 체포영장, 구속영장의 열람·복사를 신청할 수 있다.

⑤ 피의자 또는 사건관계인의 법정대리인, 배우자, 직계친족, 형제자매로서 피의자 또는 사건관계인의 위임장 및 신분관계를 증명하는 문서를 제출한 사람도

제1항부터 제4항까지의 규정에 따라 열람·복사를 신청할 수 있다.

⑥ 검사 또는 사법경찰관은 제1항부터 제5항까지의 규정에 따른 신청을 받은 경우에는 해당 서류의 공개로 사건관계인의 개인정보나 영업비밀이 침해될 우려가 있거나 범인의 증거인멸·도주를 용이하게 할 우려가 있는 경우 등 정당한 사유가 있는 경우를 제외하고는 열람·복사를 허용해야 한다.

제70조(영의 해석 및 개정)

① 이 영을 해석하거나 개정하는 경우에는 법무부장관은 행정안전부장관과 협의하여 결정해야 한다.

② 제1항에 따른 해석 및 개정에 관한 법무부장관의 자문에 응하기 위해 법무부에 외부전문가로 구성된 자문위원회를 둔다.

제71조(민감정보 및 고유식별정보 등의 처리)

검사 또는 사법경찰관리는 범죄 수사 업무를 수행하기 위해 불가피한 경우 「개인정보 보호법」 제23조에 따른 민감정보, 같은 법 시행령 제19조에 따른 주민등록번호, 여권번호, 운전면허의 면허번호 또는 외국인등록번호나 그 밖의 개인정보가 포함된 자료를 처리할 수 있다.

부 칙

<제31089호, 2020.10.7.>

제1조(시행일)

이 영은 2021년 1월 1일부터 시행한다.

제2조(다른 법령의 폐지)

「검사의 사법경찰관리에 대한 수사지휘 및 사법경찰관리의 수사준칙에 관한 규정」은 폐지한다.

제3조(일반적 적용례)

이 영은 이 영 시행 당시 수사 중이거나 법원에 계속 중인 사건에 대해서도 적용한다. 다만, 이 영 시행 전에 부칙 제2조에 따라 폐지되는 「검사의 사법경찰관리에 대한 수사지휘 및 사법경찰관리의 수사준칙에 관한 규정」에 따라 한 행위의 효력에는 영향을 미치지 않는다.

경찰관 직무집행법

[시행 2021.3.23] [법률 제17688호, 2020.12.22, 일부개정]

제1조(목적)

① 이 법은 국민의 자유와 권리 및 모든 개인이 가지는 불가침의 기본적 인권을 보호하고 사회공공의 질서를 유지하기 위한 경찰관(경찰공무원만 해당한다. 이하 같다)의 직무 수행에 필요한 사항을 규정함을 목적으로 한다. <개정 2020.12.22.>

② 이 법에 규정된 경찰관의 직권은 그 직무 수행에 필요한 최소한도에서 행사되어야 하며 남용되어서는 아니 된다.

제2조(직무의 범위)

경찰관은 다음 각 호의 직무를 수행한다. <개정 2020.12.22.>

1. 국민의 생명·신체 및 재산의 보호
2. 범죄의 예방·진압 및 수사
2의2. 범죄피해자 보호
3. 경비, 주요 인사(人士) 경호 및 대간첩·대테러 작전 수행
4. 공공안녕에 대한 위험의 예방과 대응을 위한 정보의 수집·작성 및 배포
5. 교통 단속과 교통 위해(危害)의 방지
6. 외국 정부기관 및 국제기구와의 국제협력
7. 그 밖에 공공의 안녕과 질서 유지

제3조(불심검문)

① 경찰관은 다음 각 호의 어느 하나에 해당하는 사람을 정지시켜 질문할 수 있다.

1. 수상한 행동이나 그 밖의 주위 사정을 합리적으로 판단하여 볼 때 어떠한 죄를 범하였거나 범하려 하고 있다고 의심할 만한 상당한 이유가 있는 사람
2. 이미 행하여진 범죄나 행하여지려고 하는 범죄행위에 관한 사실을 안다고 인정되는 사람

② 경찰관은 제1항에 따라 같은 항 각 호의 사람을 정지시킨 장소에서 질문을 하는 것이 그 사람에게 불리하거나 교통에 방해가 된다고 인정될 때에는 질문을 하기 위하여 가까운 경찰서·지구대·파출소 또는 출장소(지방해양경찰관서를 포함하며, 이하 "경찰관서"라 한다)로 동행할 것을 요구할 수 있다. 이 경

우 동행을 요구받은 사람은 그 요구를 거절할 수 있다.

③ 경찰관은 제1항 각 호의 어느 하나에 해당하는 사람에게 질문을 할 때에 그 사람이 흉기를 가지고 있는지를 조사할 수 있다.

④ 경찰관은 제1항이나 제2항에 따라 질문을 하거나 동행을 요구할 경우 자신의 신분을 표시하는 증표를 제시하면서 소속과 성명을 밝히고 질문이나 동행의 목적과 이유를 설명하여야 하며, 동행을 요구하는 경우에는 동행 장소를 밝혀야 한다.

⑤ 경찰관은 제2항에 따라 동행한 사람의 가족이나 친지 등에게 동행한 경찰관의 신분, 동행 장소, 동행 목적과 이유를 알리거나 본인으로 하여금 즉시 연락할 수 있는 기회를 주어야 하며, 변호인의 도움을 받을 권리가 있음을 알려야 한다.

⑥ 경찰관은 제2항에 따라 동행한 사람을 6시간을 초과하여 경찰관서에 머물게 할 수 없다.

⑦ 제1항부터 제3항까지의 규정에 따라 질문을 받거나 동행을 요구받은 사람은 형사소송에 관한 법률에 따르지 아니하고는 신체를 구속당하지 아니하며, 그 의사에 반하여 답변을 강요당하지 아니한다.

제4조(보호조치 등)

① 경찰관은 수상한 행동이나 그 밖의 주위 사정을 합리적으로 판단해 볼 때 다음 각 호의 어느 하나에 해당하는 것이 명백하고 응급구호가 필요하다고 믿을 만한 상당한 이유가 있는 사람(이하 "구호대상자"라 한다)을 발견하였을 때에는 보건의료기관이나 공공구호기관에 긴급구호를 요청하거나 경찰관서에 보호하는 등 적절한 조치를 할 수 있다.

 1. 정신착란을 일으키거나 술에 취하여 자신 또는 다른 사람의 생명·신체·재산에 위해를 끼칠 우려가 있는 사람

 2. 자살을 시도하는 사람

 3. 미아, 병자, 부상자 등으로서 적당한 보호자가 없으며 응급구호가 필요하다고 인정되는 사람. 다만, 본인이 구호를 거절하는 경우는 제외한다.

② 제1항에 따라 긴급구호를 요청받은 보건의료기관이나 공공구호기관은 정당한 이유 없이 긴급구호를 거절할 수 없다.

③ 경찰관은 제1항의 조치를 하는 경우에 구호대상자가 휴대하고 있는 무기·흉기 등 위험을 일으킬 수 있는 것으로 인정되는 물건을 경찰관서에 임시로 영

치(領置)하여 놓을 수 있다.

④ 경찰관은 제1항의 조치를 하였을 때에는 지체 없이 구호대상자의 가족, 친지 또는 그 밖의 연고자에게 그 사실을 알려야 하며, 연고자가 발견되지 아니할 때에는 구호대상자를 적당한 공공보건의료기관이나 공공구호기관에 즉시 인계하여야 한다.

⑤ 경찰관은 제4항에 따라 구호대상자를 공공보건의료기관이나 공공구호기관에 인계하였을 때에는 즉시 그 사실을 소속 경찰서장이나 해양경찰서장에게 보고하여야 한다.

⑥ 제5항에 따라 보고를 받은 소속 경찰서장이나 해양경찰서장은 대통령령으로 정하는 바에 따라 구호대상자를 인계한 사실을 지체 없이 해당 공공보건의료기관 또는 공공구호기관의 장 및 그 감독행정청에 통보하여야 한다.

⑦ 제1항에 따라 구호대상자를 경찰관서에서 보호하는 기간은 24시간을 초과할 수 없고, 제3항에 따라 물건을 경찰관서에 임시로 영치하는 기간은 10일을 초과할 수 없다.

제5조(위험 발생의 방지 등)

① 경찰관은 사람의 생명 또는 신체에 위해를 끼치거나 재산에 중대한 손해를 끼칠 우려가 있는 천재(天災), 사변(事變), 인공구조물의 파손이나 붕괴, 교통사고, 위험물의 폭발, 위험한 동물 등의 출현, 극도의 혼잡, 그 밖의 위험한 사태가 있을 때에는 다음 각 호의 조치를 할 수 있다.

1. 그 장소에 모인 사람, 사물(事物)의 관리자, 그 밖의 관계인에게 필요한 경고를 하는 것

2. 매우 긴급한 경우에는 위해를 입을 우려가 있는 사람을 필요한 한도에서 억류하거나 피난시키는 것

3. 그 장소에 있는 사람, 사물의 관리자, 그 밖의 관계인에게 위해를 방지하기 위하여 필요하다고 인정되는 조치를 하게 하거나 직접 그 조치를 하는 것

② 경찰관서의 장은 대간첩 작전의 수행이나 소요(騷擾) 사태의 진압을 위하여 필요하다고 인정되는 상당한 이유가 있을 때에는 대간첩 작전지역이나 경찰관서·무기고 등 국가중요시설에 대한 접근 또는 통행을 제한하거나 금지할 수 있다.

③ 경찰관은 제1항의 조치를 하였을 때에는 지체 없이 그 사실을 소속 경찰관서의 장에게 보고하여야 한다.

④ 제2항의 조치를 하거나 제3항의 보고를 받은 경찰관서의 장은 관계 기관의 협조를 구하는 등 적절한 조치를 하여야 한다.

제6조(범죄의 예방과 제지)

경찰관은 범죄행위가 목전(目前)에 행하여지려고 하고 있다고 인정될 때에는 이를 예방하기 위하여 관계인에게 필요한 경고를 하고, 그 행위로 인하여 사람의 생명·신체에 위해를 끼치거나 재산에 중대한 손해를 끼칠 우려가 있는 긴급한 경우에는 그 행위를 제지할 수 있다.

제7조(위험 방지를 위한 출입)

① 경찰관은 제5조제1항·제2항 및 제6조에 따른 위험한 사태가 발생하여 사람의 생명·신체 또는 재산에 대한 위해가 임박한 때에 그 위해를 방지하거나 피해자를 구조하기 위하여 부득이하다고 인정하면 합리적으로 판단하여 필요한 한도에서 다른 사람의 토지·건물·배 또는 차에 출입할 수 있다.

② 흥행장(興行場), 여관, 음식점, 역, 그 밖에 많은 사람이 출입하는 장소의 관리자나 그에 준하는 관계인은 경찰관이 범죄나 사람의 생명·신체·재산에 대한 위해를 예방하기 위하여 해당 장소의 영업시간이나 해당 장소가 일반인에게 공개된 시간에 그 장소에 출입하겠다고 요구하면 정당한 이유 없이 그 요구를 거절할 수 없다.

③ 경찰관은 대간첩 작전 수행에 필요할 때에는 작전지역에서 제2항에 따른 장소를 검색할 수 있다.

④ 경찰관은 제1항부터 제3항까지의 규정에 따라 필요한 장소에 출입할 때에는 그 신분을 표시하는 증표를 제시하여야 하며, 함부로 관계인이 하는 정당한 업무를 방해해서는 아니 된다.

제8조(사실의 확인 등)

① 경찰관서의 장은 직무 수행에 필요하다고 인정되는 상당한 이유가 있을 때에는 국가기관이나 공사(公私) 단체 등에 직무 수행에 관련된 사실을 조회할 수 있다. 다만, 긴급한 경우에는 소속 경찰관으로 하여금 현장에 나가 해당 기관 또는 단체의 장의 협조를 받아 그 사실을 확인하게 할 수 있다.

② 경찰관은 다음 각 호의 직무를 수행하기 위하여 필요하면 관계인에게 출석하여야 하는 사유·일시 및 장소를 명확히 적은 출석 요구서를 보내 경찰관서에 출석할 것을 요구할 수 있다.

1. 미아를 인수할 보호자 확인

2. 유실물을 인수할 권리자 확인

3. 사고로 인한 사상자(死傷者) 확인

4. 행정처분을 위한 교통사고 조사에 필요한 사실 확인

제8조의2(정보의 수집 등)

① 경찰관은 범죄·재난·공공갈등 등 공공안녕에 대한 위험의 예방과 대응을 위한 정보의 수집·작성·배포와 이에 수반되는 사실의 확인을 할 수 있다.

② 제1항에 따른 정보의 구체적인 범위와 처리 기준, 정보의 수집·작성·배포에 수반되는 사실의 확인 절차와 한계는 대통령령으로 정한다.

[본조신설 2020.12.22.][종전 제8조의2는 제8조의3으로 이동 <개정 2020.1222.>]

제8조의3(국제협력)

경찰청장 또는 해양경찰청장은 이 법에 따른 경찰관의 직무수행을 위하여 외국 정부기관, 국제기구 등과 자료 교환, 국제협력 활동 등을 할 수 있다.

[제8조의2에서 이동 <개정 2020.12.22.>]

제9조(유치장)

법률에서 정한 절차에 따라 체포·구속된 사람 또는 신체의 자유를 제한하는 판결이나 처분을 받은 사람을 수용하기 위하여 경찰서와 해양경찰서에 유치장을 둔다.

제10조(경찰장비의 사용 등)

① 경찰관은 직무수행 중 경찰장비를 사용할 수 있다. 다만, 사람의 생명이나 신체에 위해를 끼칠 수 있는 경찰장비(이하 이 조에서 "위해성 경찰장비"라 한다)를 사용할 때에는 필요한 안전교육과 안전검사를 받은 후 사용하여야 한다.

② 제1항 본문에서 "경찰장비"란 무기, 경찰장구(警察裝具), 최루제(催淚劑)와 그 발사장치, 살수차, 감식기구(鑑識機具), 해안 감시기구, 통신기기, 차량·선박·항공기 등 경찰이 직무를 수행할 때 필요한 장치와 기구를 말한다.

③ 경찰관은 경찰장비를 함부로 개조하거나 경찰장비에 임의의 장비를 부착하여 일반적인 사용법과 달리 사용함으로써 다른 사람의 생명·신체에 위해를 끼쳐서는 아니 된다.

④ 위해성 경찰장비는 필요한 최소한도에서 사용하여야 한다.

⑤ 경찰청장은 위해성 경찰장비를 새로 도입하려는 경우에는 대통령령으로 정하는 바에 따라 안전성 검사를 실시하여 그 안전성 검사의 결과보고서를 국회 소관 상임위원회에 제출하여야 한다. 이 경우 안전성 검사에는 외부 전문가를 참여시켜야 한다.

⑥ 위해성 경찰장비의 종류 및 그 사용기준, 안전교육·안전검사의 기준 등은 대통령령으로 정한다.

제10조의2(경찰장구의 사용)

① 경찰관은 다음 각 호의 직무를 수행하기 위하여 필요하다고 인정되는 상당한 이유가 있을 때에는 그 사태를 합리적으로 판단하여 필요한 한도에서 경찰장구를 사용할 수 있다.

　1. 현행범이나 사형·무기 또는 장기 3년 이상의 징역이나 금고에 해당하는 죄를 범한 범인의 체포 또는 도주 방지

　2. 자신이나 다른 사람의 생명·신체의 방어 및 보호

　3. 공무집행에 대한 항거(抗拒) 제지

② 제1항에서 "경찰장구"란 경찰관이 휴대하여 범인 검거와 범죄 진압 등의 직무수행에 사용하는 수갑, 포승(捕繩), 경찰봉, 방패 등을 말한다.

제10조의3(분사기 등의 사용)

경찰관은 다음 각 호의 직무를 수행하기 위하여 부득이한 경우에는 현장책임자가 판단하여 필요한 최소한의 범위에서 분사기(「총포·도검·화약류 등의 안전관리에 관한 법률」에 따른 분사기를 말하며, 그에 사용하는 최루 등의 작용제를 포함한다. 이하 같다) 또는 최루탄을 사용할 수 있다.

　1. 범인의 체포 또는 범인의 도주 방지

　2. 불법집회·시위로 인한 자신이나 다른 사람의 생명·신체와 재산 및 공공시설 안전에 대한 현저한 위해의 발생 억제

제10조의4(무기의 사용)

① 경찰관은 범인의 체포, 범인의 도주 방지, 자신이나 다른 사람의 생명·신체의 방어 및 보호, 공무집행에 대한 항거의 제지를 위하여 필요하다고 인정되는 상당한 이유가 있을 때에는 그 사태를 합리적으로 판단하여 필요한 한도에서 무기를 사용할 수 있다. 다만, 다음 각 호의 어느 하나에 해당할 때를 제외하고는 사람에게 위해를 끼쳐서는 아니 된다.

　1. 「형법」에 규정된 정당방위와 긴급피난에 해당할 때

　2. 다음 각 목의 어느 하나에 해당하는 때에 그 행위를 방지하거나 그 행위자를 체포하기 위하여 무기를 사용하지 아니하고는 다른 수단이 없다고 인정되는 상당한 이유가 있을 때

　　가. 사형·무기 또는 장기 3년 이상의 징역이나 금고에 해당하는 죄를 범하

거나 범하였다고 의심할 만한 충분한 이유가 있는 사람이 경찰관의 직무
집행에 항거하거나 도주하려고 할 때

　　나. 체포·구속영장과 압수·수색영장을 집행하는 과정에서 경찰관의 직무집
행에 항거하거나 도주하려고 할 때

　　다. 제3자가 가목 또는 나목에 해당하는 사람을 도주시키려고 경찰관에게 항
거할 때

　　라. 범인이나 소요를 일으킨 사람이 무기·흉기 등 위험한 물건을 지니고 경
찰관으로부터 3회 이상 물건을 버리라는 명령이나 항복하라는 명령을 받
고도 따르지 아니하면서 계속 항거할 때

　3. 대간첩 작전 수행 과정에서 무장간첩이 항복하라는 경찰관의 명령을 받고도
따르지 아니할 때

② 제1항에서 "무기"란 사람의 생명이나 신체에 위해를 끼칠 수 있도록 제작된
권총·소총·도검 등을 말한다.

③ 대간첩·대테러 작전 등 국가안전에 관련되는 작전을 수행할 때에는 개인화
기(個人火器) 외에 공용화기(共用火器)를 사용할 수 있다.

제11조(사용기록의 보관)

제10조제2항에 따른 살수차, 제10조의3에 따른 분사기, 최루탄 또는 제10조의4에
따른 무기를 사용하는 경우 그 책임자는 사용 일시·장소·대상, 현장책임자, 종
류, 수량 등을 기록하여 보관하여야 한다.

제11조의2(손실보상)

① 국가는 경찰관의 적법한 직무집행으로 인하여 다음 각 호의 어느 하나에 해
당하는 손실을 입은 자에 대하여 정당한 보상을 하여야 한다.

　1. 손실발생의 원인에 대하여 책임이 없는 자가 생명·신체 또는 재산상의 손
실을 입은 경우(손실발생의 원인에 대하여 책임이 없는 자가 경찰관의 직무
집행에 자발적으로 협조하거나 물건을 제공하여 생명·신체 또는 재산상의
손실을 입은 경우를 포함한다)

　2. 손실발생의 원인에 대하여 책임이 있는 자가 자신의 책임에 상응하는 정도
를 초과하는 생명·신체 또는 재산상의 손실을 입은 경우

② 제1항에 따른 보상을 청구할 수 있는 권리는 손실이 있음을 안 날부터 3년,
손실이 발생한 날부터 5년간 행사하지 아니하면 시효의 완성으로 소멸한다.

③ 제1항에 따른 손실보상신청 사건을 심의하기 위하여 손실보상심의위원회를

둔다.

④ 경찰청장 또는 시·도경찰청장은 제3항의 손실보상심의위원회의 심의·의결에 따라 보상금을 지급하고, 거짓 또는 부정한 방법으로 보상금을 받은 사람에 대하여는 해당 보상금을 환수하여야 한다. <개정 2020.12.22.>

⑤ 보상금이 지급된 경우 손실보상심의위원회는 대통령령으로 정하는 바에 따라 국가경찰위원회에 심사자료와 결과를 보고하여야 한다. 이 경우 국가경찰위원회는 손실보상의 적법성 및 적정성 확인을 위하여 필요한 자료의 제출을 요구할 수 있다. <개정 2020.12.22.>

⑥ 경찰청장 또는 시·도경찰청장은 제4항에 따라 보상금을 반환하여야 할 사람이 대통령령으로 정한 기한까지 그 금액을 납부하지 아니한 때에는 국세 체납처분의 예에 따라 징수할 수 있다. <개정 2020.12 22.>

⑦ 제1항에 따른 손실보상의 기준, 보상금액, 지급 절차 및 방법, 제3항에 따른 손실보상심의위원회의 구성 및 운영, 제4항 및 제6항에 따른 환수절차, 그 밖에 손실보상에 관하여 필요한 사항은 대통령령으로 정한다.

제11조의3(범인검거 등 공로자 보상)

① 경찰청장, 시·도경찰청장 또는 경찰서장은 다음 각 호의 어느 하나에 해당하는 사람에게 보상금을 지급할 수 있다. <개정 2020.12.22.>

1. 범인 또는 범인의 소재를 신고하여 검거하게 한 사람
2. 범인을 검거하여 경찰공무원에게 인도한 사람
3. 테러범죄의 예방활동에 현저한 공로가 있는 사람
4. 그 밖에 제1호부터 제3호까지의 규정에 준하는 사람으로서 대통령령으로 정하는 사람

② 경찰청장, 시·도경찰청장 및 경찰서장은 제1항에 따른 보상금 지급의 심사를 위하여 대통령령으로 정하는 바에 따라 각각 보상금심사위원회를 설치·운영하여야 한다. <개정 2020.12.22.>

③ 제2항에 따른 보상금심사위원회는 위원장 1명을 포함한 5명 이내의 위원으로 구성한다.

④ 제2항에 따른 보상금심사위원회의 위원은 소속 경찰공무원 중에서 경찰청장, 시·도경찰청장 또는 경찰서장이 임명한다. <개정 2020.12.22.>

⑤ 경찰청장, 시·도경찰청장 또는 경찰서장은 제2항에 따른 보상금심사위원회의 심사·의결에 따라 보상금을 지급하고, 거짓 또는 부정한 방법으로 보상금을

받은 사람에 대하여는 해당 보상금을 환수한다. <개정 2020.12.22.>

⑥ 경찰청장, 시·도경찰청장 또는 경찰서장은 제5항에 따라 보상금을 반환하여야 할 사람이 대통령령으로 정한 기한까지 그 금액을 납부하지 아니한 때에는 국세 체납처분의 예에 따라 징수할 수 있다. <개정 2020.12.22.>

⑦ 제1항에 따른 보상 대상, 보상금의 지급 기준 및 절차, 제2항 및 제3항에 따른 보상금심사위원회의 구성 및 심사사항, 제5항 및 제6항에 따른 환수절차, 그 밖에 보상금 지급에 관하여 필요한 사항은 대통령령으로 정한다.

제12조(벌칙)

이 법에 규정된 경찰관의 의무를 위반하거나 직권을 남용하여 다른 사람에게 해를 끼친 사람은 1년 이하의 징역이나 금고에 처한다.

부 칙

<제17689호, 2020.12.22.>

제1조(시행일)

이 법은 2021년 1월 1일부터 시행한다.

제2조부터 제6조까지 생략

제7조(다른 법률의 개정)

①부터 ④까지 생략

⑤ 경찰관 직무집행법 일부를 다음과 같이 개정한다.

제1조제1항 중 "경찰관(국가경찰공무원만 해당한다. 이하 같다)"을 "경찰관(경찰공무원만 해당한다. 이하 같다)"으로 한다.

제11조의2제4항 및 제6항, 제11조의3제1항 각 호 외의 부분, 같은 조 제2항 및 제4항부터 제6항까지 중 "지방경찰청장"을 각각 "시·도경찰청장"으로 한다.

제11조의2제5항 전단 및 후단 중 "경찰위원회"를 각각 "국가경찰위원회"로 한다.

⑥부터 <53>까지 생략

제8조 생략

경찰수사규칙

[시행 2021.1.1] [행정안전부령 제233호, 2020.12.31, 제정]

제1편 총칙

제1조(목적)

이 규칙은 경찰공무원(해양경찰청 소속 경찰공무원은 제외한다)인 사법경찰관리가 「형사소송법」 및 「검사와 사법경찰관의 상호협력과 일반적 수사준칙에 관한 규정」 등 수사 관계 법령에 따라 수사를 하는 데 필요한 사항을 규정함을 목적으로 한다.

제2조(인권 보호 및 적법절차의 준수)

① 사법경찰관리는 수사를 할 때에는 합리적 이유 없이 피의자와 그 밖의 피해자·참고인 등(이하 "사건관계인"이라 한다)의 성별, 종교, 나이, 장애, 사회적 신분, 출신지역, 인종, 국적, 외모 등 신체조건, 병력(病歷), 혼인 여부, 정치적 의견 및 성적(性的) 지향 등을 이유로 차별해서는 안 된다.

② 사법경찰관리는 「형사소송법」(이하 "법"이라 한다) 및 「검사와 사법경찰관의 상호협력과 일반적 수사준칙에 관한 규정」(이하 "수사준칙"이라 한다) 등 관계 법령을 준수하고 적법한 절차와 방식에 따라 수사해야 한다.

제2편 협력

제3조(협력의 방식 등)

① 사법경찰관리는 수사준칙 제6조에 따라 검사가 수사, 공소제기 및 공소유지와 관련하여 협력의 요청·요구·신청 등(이하 "협력요청등"이라 한다)을 하는 경우에는 상호 존중을 바탕으로 적극 협조해야 한다.

② 사법경찰관리는 검사에게 협력요청등을 하는 경우에는 「형사사법절차 전자화 촉진법」 제2조제4호에 따른 형사사법정보시스템(이하 "형사사법정보시스템"이라 한다) 또는 서면으로 해야 한다.

③ 천재지변 또는 긴급한 상황이 발생하거나 수사 현장에서 협력요청등을 하는

경우 등 제2항의 방식으로 협력요청등을 하는 것이 불가능하거나 현저히 곤란한 경우에는 구두(口頭)나 전화 등 간편한 방식으로 협력요청등을 할 수 있다.

④ 사법경찰관리는 신속한 수사가 필요한 경우에는 적정한 기간을 정하여 검사에게 협력요청등을 할 수 있다.

⑤ 사법경찰관리는 검사로부터 기간이 정해진 협력요청등을 받은 경우에는 그 기간 내에 이행하도록 노력해야 한다. 다만, 그 기간 내에 이행하기 곤란하거나 이행하지 못하는 경우에는 추가로 필요한 기간을 검사와 협의할 수 있다.

제4조(중요사건 협력절차)

① 사법경찰관리는 수사준칙 제7조에 따라 검사에게 중요사건에 대한 의견의 제시·교환을 요청하는 경우에는 별지 제1호서식의 의견요청서에 따른다.

② 사법경찰관리는 수사준칙 제7조에 따라 검사로부터 중요사건에 대한 의견 제시·교환 요청을 받아 의견을 제시·교환하는 경우에는 별지 제2호서식의 의견서에 따른다.

제5조(소재수사에 관한 협력)

① 사법경찰관리는 수사준칙 제55조제1항에 따라 소재불명(所在不明)인 피의자나 참고인을 발견하여 통보하는 경우에는 별지 제3호서식 또는 별지 제4호서식의 소재불명자 발견 통보서에 따른다.

② 사법경찰관리는 수사준칙 제55조제2항에 따른 검사의 소재수사 요청에 협력하여 소재 확인을 한 경우에는 별지 제5호서식의 소재수사 결과 통보서를 작성하여 검사에게 통보해야 한다.

제6조(시찰조회 요청에 관한 협력)

① 사법경찰관리는 사법경찰관리가 수사 중인 사건에 대하여 검사로부터 「검찰사건사무규칙」에 따른 시찰조회를 요청받은 경우에는 협력해야 한다.

② 사법경찰관리는 사법경찰관리가 수사 중인 사건이 아닌 사건에 대하여 검사로부터 시찰조회를 요청받은 경우에는 사건의 내용, 시찰조회 요청 사유 및 직무 수행 지장 여부 등을 종합적으로 검토하여 협력 여부를 결정할 수 있다.

제7조(검사와의 협의 등)

① 사법경찰관리는 수사준칙 제8조제1항에 따라 검사와의 협의를 요청하려는 경우에는 별지 제6호서식의 협의요청서에 요청 사항과 그 사유를 적어 검사에게 통보해야 한다.

② 사법경찰관리는 수사준칙 제8조제1항제1호, 제2호, 제4호 또는 제6호의 경우

제1항에 따른 해당 검사와의 협의에도 불구하고 이견이 해소되지 않으면 이를 즉시 소속된 경찰관서의 장(이하 "소속경찰관서장"이라 한다)에게 보고해야 한다.

③ 제2항의 보고를 받은 소속경찰관서장은 수사준칙 제8조제2항에 따른 협의가 필요하다고 판단하면 별지 제7호서식의 협의요청서에 요청 사항과 그 사유를 적어 제2항에 따른 해당 검사가 소속된 검찰청의 장에게 통보해야 한다.

④ 사법경찰관리 또는 소속경찰관서장은 제1항 또는 제3항에 따라 검사 또는 검찰청의 장과 협의한 사항이 있으면 그 협의사항을 성실하게 이행하도록 노력해야 한다.

제8조(사법경찰관리의 상호협력)

① 사법경찰관리는 수사에 필요한 경우에는 다른 사법경찰관리에게 피의자의 체포·출석요구·조사·호송, 압수·수색·검증, 참고인의 출석요구·조사 등 그 밖에 필요한 조치에 대한 협력을 요청할 수 있다. 이 경우 요청을 받은 사법경찰관리는 정당한 이유가 없으면 이에 적극 협조해야 한다.

② 사법경찰관리는 수사에 필요한 경우에는 법 제245조의10에 따른 특별사법경찰관리와 긴밀히 협력해야 한다. 이 경우 협력의 구체적인 내용·범위 및 방법 등은 상호 협의하여 정한다.

제3편 수사
제1장 통칙

제9조(접수 전 점검 및 조치)

① 사건기록담당직원은 법 및 관련 법령에 따라 검사로부터 요구·요청 등을 받거나 사건 기록과 증거물을 반환받은 때에는 관계 서류 등이 법령에 따라 작성·편철됐는지 및 검사가 법령에 따라 필요한 행위를 했는지를 점검해야 한다.

② 사건기록담당직원은 제1항에 따른 점검 결과 관계 서류 등이 법 및 관련 법령에 따라 작성·편철되지 않거나, 검사가 법 및 관련 법령에 따라 필요한 행위를 하지 않은 경우에는 검사에게 그 보완을 요구하는 등 필요한 조치를 할 수 있다.

③ 사건기록담당직원은 제1항에 따라 요구·요청 등을 받거나 사건 기록과 증거

물을 반환받아 이를 접수한 경우에는 접수대장에 접수일시, 검사 또는 검찰청 직원의 성명 등을 기재하고, 검사 또는 검찰청 직원이 제시하는 접수기록부 등에 접수일시와 접수자의 직급 및 서명을 기재한다.

제10조(회피)

사법경찰관리는 수사준칙 제11조에 따라 수사를 회피하려는 경우에는 별지 제8호서식의 회피신청서를 소속경찰관서장에게 제출해야 한다.

제11조(수사 진행상황의 통지)

① 사법경찰관은 다음 각 호의 어느 하나에 해당하는 날부터 7일 이내에 고소인·고발인·피해자 또는 그 법정대리인(피해자가 사망한 경우에는 그 배우자·직계친족·형제자매를 포함한다. 이하 "고소인등"이라 한다)에게 수사 진행상황을 통지해야 한다. 다만, 고소인등의 연락처를 모르거나 소재가 확인되지 않으면 연락처나 소재를 알게 된 날부터 7일 이내에 수사 진행상황을 통지해야 한다.

1. 신고·고소·고발·진정·탄원에 따라 수사를 개시한 날
2. 제1호에 따른 수사를 개시한 날부터 매 1개월이 지난 날

② 제1항에 따른 통지는 서면, 전화, 팩스, 전자우편, 문자메시지 등 고소인등이 요청한 방법으로 할 수 있으며, 고소인등이 별도로 요청한 방법이 없는 경우에는 서면 또는 문자메시지로 통지한다. 이 경우 서면으로 하는 통지는 별지 제9호서식의 수사 진행상황 통지서에 따른다.

③ 사법경찰관은 수사 진행상황을 서면으로 통지한 경우에는 그 사본을, 그 밖의 방법으로 통지한 경우에는 그 취지를 적은 서면을 사건기록에 편철해야 한다.

④ 사법경찰관은 제1항에도 불구하고 다음 각 호의 어느 하나에 해당하는 경우에는 수사 진행상황을 통지하지 않을 수 있다. 이 경우 그 사실을 수사보고서로 작성하여 사건기록에 편철해야 한다.

1. 고소인등이 통지를 원하지 않는 경우
2. 고소인등에게 통지해야 하는 수사 진행상황을 사전에 고지한 경우
3. 사건관계인의 명예나 권리를 부당하게 침해하는 경우
4. 사건관계인에 대한 보복범죄나 2차 피해가 우려되는 경우

제12조(변호인의 피의자신문 참여)

① 사법경찰관리는 법 제243조의2제1항에 따라 피의자 또는 그 변호인·법정대리인·배우자·직계친족·형제자매의 신청이 있는 경우 변호인의 참여로 인하

여 신문이 방해되거나, 수사기밀이 누설되는 등 정당한 사유가 있는 경우를 제외하고는 피의자에 대한 신문에 변호인을 참여하게 해야 한다.

② 제1항의 변호인의 피의자신문 참여 신청을 받은 사법경찰관리는 신청인으로부터 변호인의 피의자신문 참여 전에 다음 각 호의 서면을 제출받아야 한다.

　1. 변호인 선임서

　2. 별지 제10호서식의 변호인 참여 신청서

제13조(신문 중 변호인 참여 제한)

① 사법경찰관리는 변호인의 참여로 증거를 인멸·은닉·조작할 위험이 구체적으로 드러나거나, 신문 방해, 수사기밀 누설 등 수사에 현저한 지장을 초래하는 경우에는 피의자신문 중이라도 변호인의 참여를 제한할 수 있다. 이 경우 피의자와 변호인에게 변호인의 참여를 제한하는 처분에 대해 법 제417조에 따른 준항고를 제기할 수 있다는 사실을 고지해야 한다.

② 제1항에 따라 변호인 참여를 제한하는 경우 사법경찰관리는 피의자 또는 변호인에게 그 사유를 설명하고 의견을 진술할 기회와 다른 변호인을 참여시킬 기회를 주어야 한다.

③ 제1항에 따라 변호인의 참여를 제한한 후 그 사유가 해소된 때에는 변호인을 신문에 참여하게 해야 한다.

제14조(사건관계인에 대한 적용)

사건관계인에 대한 조사·면담 시 변호인의 참여에 관하여는 제12조 및 제13조를 준용한다.

제15조(직무 관할)

사법경찰관리는 소속된 경찰관서의 관할구역에서 직무를 수행한다. 다만, 다음 각 호의 어느 하나에 해당하는 경우에는 관할구역이 아닌 곳에서도 그 직무를 수행할 수 있다.

　1. 관할구역의 사건과 관련성이 있는 사실을 발견하기 위한 경우

　2. 관할구역이 불분명한 경우

　3. 긴급을 요하는 등 수사에 필요한 경우

제16조(사건의 단위)

법 제11조에 따른 관련사건은 1건으로 처리한다. 다만, 분리수사를 하는 경우에는 그렇지 않다.

제17조(심사관)

① 경찰청장은 수사의 책임성과 완결성 확보를 위하여 경찰관서에 경찰청장이 정하는 자격을 갖춘 심사관을 둘 수 있다.

② 제1항에 따른 심사관은 강제수사의 적법성·타당성 심사, 불송치 사건 및 수사 전반에 대한 점검 등의 업무를 수행한다.

제2장 수사의 개시

제18조(수사의 개시)

① 사법경찰관은 법 제197조제1항에 따라 구체적인 사실에 근거를 둔 범죄의 혐의를 인식한 때에는 수사를 개시한다.

② 사법경찰관은 제1항에 따라 수사를 개시할 때에는 지체 없이 별지 제11호서식의 범죄인지서를 작성하여 사건기록에 편철해야 한다.

제19조(입건 전 조사)

① 사법경찰관은 수사준칙 제16조제3항에 따른 입건 전에 범죄를 의심할 만한 정황이 있어 수사 개시 여부를 결정하기 위한 사실관계의 확인 등 필요한 조사(이하 "내사"라고 한다)에 착수하기 위해서는 해당 사법경찰관이 소속된 경찰관서의 수사 부서의 장(이하 "소속수사부서장"이라 한다)의 지휘를 받아야 한다.

② 사법경찰관은 내사한 사건을 다음 각 호의 구분에 따라 처리해야 한다.

  1. 입건: 범죄의 혐의가 있어 수사를 개시하는 경우
  2. 내사종결: 제108조제1항제1호부터 제3호까지의 규정에 따른 사유가 있는 경우
  3. 내사중지: 피혐의자 또는 참고인 등의 소재불명으로 내사를 계속할 수 없는 경우
  4. 이송: 관할이 없거나 범죄특성 및 병합처리 등을 고려하여 다른 경찰관서 또는 기관(해당 기관과 협의된 경우로 한정한다)에서 내사할 필요가 있는 경우
  5. 공람종결: 진정·탄원·투서 등 서면으로 접수된 신고가 다음 각 목의 어느 하나에 해당하는 경우
    가. 같은 내용으로 3회 이상 반복하여 접수되고 2회 이상 그 처리 결과를 통지한 신고와 같은 내용인 경우
    나. 무기명 또는 가명으로 접수된 경우

다. 단순한 풍문이나 인신공격적인 내용인 경우

라. 완결된 사건 또는 재판에 불복하는 내용인 경우

마. 민사소송 또는 행정소송에 관한 사항인 경우

제20조(불입건 결정 통지)

① 사법경찰관은 수사준칙 제16조제4항에 따라 피혐의자(제19조제2항제2호에 따라 내사종결한 경우만 해당한다)와 진정인·탄원인·피해자 또는 그 법정대리인(피해자가 사망한 경우에는 그 배우자·직계친족·형제자매를 포함한다. 이하 "진정인등"이라 한다)에게 입건하지 않는 결정을 통지하는 경우에는 그 결정을 한 날부터 7일 이내에 통지해야 한다. 다만, 피혐의자나 진정인등의 연락처를 모르거나 소재가 확인되지 않으면 연락처나 소재를 알게 된 날부터 7일 이내에 통지해야 한다.

② 제1항에 따른 통지는 서면, 전화, 팩스, 전자우편, 문자메시지 등 피혐의자 또는 진정인등이 요청한 방법으로 할 수 있으며, 별도로 요청한 방법이 없는 경우에는 서면 또는 문자메시지로 한다. 이 경우 서면으로 하는 통지는 별지 제12호서식 또는 별지 제13호서식의 불입건 결정 통지서에 따른다.

③ 사법경찰관은 서면으로 통지한 경우에는 그 사본을, 그 밖의 방법으로 통지한 경우에는 그 취지를 적은 서면을 사건기록에 편철해야 한다.

④ 사법경찰관은 제1항에도 불구하고 통지로 인해 보복범죄 또는 2차 피해 등이 우려되는 다음 각 호의 경우에는 불입건 결정을 통지하지 않을 수 있다. 이 경우 그 사실을 내사보고서로 작성하여 사건기록에 편철해야 한다.

1. 혐의 내용 및 동기, 진정인 또는 피해자와의 관계 등에 비추어 통지로 인해 진정인 또는 피해자의 생명·신체·명예 등에 위해(危害) 또는 불이익이 우려되는 경우

2. 사안의 경중 및 경위, 진정인 또는 피해자의 의사, 피진정인·피혐의자와의 관계, 분쟁의 종국적 해결에 미치는 영향 등을 고려하여 통지하지 않는 것이 타당하다고 인정되는 경우

제21조(고소·고발의 수리)

① 사법경찰관리는 진정인·탄원인 등 민원인이 제출하는 서류가 고소·고발의 요건을 갖추었다고 판단하는 경우 이를 고소·고발로 수리한다.

② 사법경찰관리는 고소장 또는 고발장의 명칭으로 제출된 서류가 다음 각 호의 어느 하나에 해당하는 경우에는 이를 진정(陳情)으로 처리할 수 있다.

1. 고소인 또는 고발인의 진술이나 고소장 또는 고발장에 따른 내용이 불분명
   하거나 구체적 사실이 적시되어 있지 않은 경우
2. 피고소인 또는 피고발인에 대한 처벌을 희망하는 의사표시가 없거나 처벌을
   희망하는 의사표시가 취소된 경우

제22조(고소인·고발인 진술조서 등)

① 사법경찰관리는 구술로 제출된 고소·고발을 수리한 경우에는 진술조서를 작
   성해야 한다.
② 사법경찰관리는 서면으로 제출된 고소·고발을 수리했으나 추가 진술이 필요
   하다고 판단하는 경우 고소인·고발인으로부터 보충 서면을 제출받거나 추가
   로 진술을 들어야 한다.
③ 자수하는 경우 진술조서의 작성 및 추가 진술에 관하여는 제1항 및 제2항을
   준용한다.

제23조(고소의 대리 등)

① 사법경찰관리는 법 제236조에 따라 대리인으로부터 고소를 수리하는 경우에
   는 고소인 본인의 위임장을 제출받아야 한다.
② 사법경찰관리는 법 제225조부터 제228조까지의 규정에 따른 고소권자로부터
   고소를 수리하는 경우에는 그 자격을 증명하는 서면을 제출받아야 한다.
③ 사법경찰관리는 제2항에 따른 고소권자의 대리인으로부터 고소를 수리하는
   경우에는 제1항 및 제2항에 따른 위임장 및 자격을 증명하는 서면을 함께 제
   출받아야 한다.
④ 고소의 취소에 관하여는 제1항부터 제3항까지의 규정을 준용한다.

제24조(고소·고발사건의 수사기간)

① 사법경찰관리는 고소·고발을 수리한 날부터 3개월 이내에 수사를 마쳐야 한다.
② 사법경찰관리는 제1항의 기간 내에 수사를 완료하지 못한 경우에는 그 이유
   를 소속수사부서장에게 보고하고 수사기간 연장을 승인받아야 한다.

제25조(고소·고발 취소 등에 따른 조치)

① 사법경찰관리는 고소·고발의 취소가 있을 때에는 그 취지를 명확하게 확인
   해야 한다.
② 피해자의 명시한 의사에 반하여 공소를 제기할 수 없는 범죄에 대해 처벌을
   희망하는 의사표시의 철회가 있을 때에도 제1항과 같다.

제26조(변사사건 발생사실 통보)

① 사법경찰관은 수사준칙 제17조제1항에 따라 변사사건 발생사실을 검사에게 통보하는 경우에는 별지 제14호서식의 변사사건 발생 통보서 또는 별지 제15호서식의 교통사고 변사사건 발생 통보서에 따른다.

② 사법경찰관은 긴급한 상황 등 제1항의 방식으로 통보하는 것이 불가능하거나 현저히 곤란한 경우에는 구두·전화·팩스·전자우편 등 간편한 방식으로 통보할 수 있다. 이 경우 사후에 지체 없이 서면으로 변사사건 발생사실을 통보해야 한다.

제27조(변사자의 검시·검증)

① 사법경찰관은 법 제222조제1항 및 제3항에 따라 검시를 하는 경우에는 의사를 참여시켜야 하며, 그 의사로 하여금 검안서를 작성하게 해야 한다. 이 경우 사법경찰관은 검시 조사관을 참여시킬 수 있다.

② 사법경찰관은 법 제222조에 따른 검시 또는 검증 결과 사망의 원인이 범죄로 인한 것으로 판단하는 경우에는 신속하게 수사를 개시해야 한다.

제28조(검시·검증조서 등)

① 수사준칙 제17조제3항에 따른 검시조서는 별지 제16호서식에 따르고, 검증조서는 별지 제17호서식에 따른다.

② 사법경찰관은 수사준칙 제17조제3항에 따라 검사에게 제1항의 검시조서 또는 검증조서를 송부하는 경우에는 의사의 검안서, 감정서 및 촬영한 사진 등 관련 자료를 첨부해야 한다.

③ 사법경찰관은 수사준칙 제17조제4항에 따라 검시를 한 사건에 대해 검사와 의견을 제시·교환하는 경우에는 별지 제18호서식의 변사사건 처리 등에 관한 의견서에 따른다.

제29조(검시의 주의사항)

사법경찰관리는 검시할 때에는 다음 각 호의 사항에 주의해야 한다.

1. 검시에 착수하기 전에 변사자의 위치, 상태 등이 변하지 않도록 현장을 보존하고, 변사자 발견 당시 변사자의 주변 환경을 조사할 것

2. 변사자의 소지품이나 그 밖에 변사자가 남겨 놓은 물건이 수사에 필요하다고 인정되는 경우에는 이를 보존하는 데 유의할 것

3. 검시하는 경우에는 잠재지문 및 변사자의 지문 채취에 유의할 것

4. 자살자나 자살로 의심되는 사체를 검시하는 경우에는 교사자(敎唆者) 또는

방조자의 유무와 유서가 있는 경우 그 진위를 조사할 것

5. 등록된 지문이 확인되지 않거나 부패 등으로 신원확인이 곤란한 경우에는 디엔에이(DNA) 감정을 의뢰하고, 입양자로 확인된 경우에는 입양기관 탐문 등 신원확인을 위한 보강 조사를 할 것

6. 신속하게 절차를 진행하여 유족의 장례 절차에 불필요하게 지장을 초래하지 않도록 할 것

제30조(검시와 참여자)

사법경찰관리는 검시에 특별한 지장이 없다고 인정하면 변사자의 가족·친족, 이웃사람·친구, 시·군·구·읍·면·동의 공무원이나 그 밖에 필요하다고 인정하는 사람을 검시에 참여시켜야 한다.

제31조(사체의 인도)

① 사법경찰관은 변사자에 대한 검시 또는 검증이 종료된 때에는 사체를 소지품 등과 함께 신속히 유족 등에게 인도한다. 다만, 사체를 인수할 사람이 없거나 변사자의 신원이 판명되지 않은 경우에는 사체가 현존하는 지역의 특별자치시장·특별자치도지사·시장·군수 또는 자치구의 구청장에게 인도해야 한다.

② 제1항 본문에서 검시 또는 검증이 종료된 때는 다음 각 호의 구분에 따른 때를 말한다.

1. 검시가 종료된 때: 다음 각 목의 어느 하나에 해당하는 때

가. 수사준칙 제17조제2항에 따라 검사가 사법경찰관에게 검시조서를 송부한 때

나. 수사준칙 제17조제3항에 따라 사법경찰관이 검사에게 검시조서를 송부한 이후 검사가 의견을 제시한 때

2. 검증이 종료된 때: 부검이 종료된 때

③ 사법경찰관은 제1항에 따라 사체를 인도한 경우에는 인수자로부터 별지 제19호서식의 사체 및 소지품 인수서를 받아야 한다.

제32조(검사 이송 사건의 처리)

사법경찰관은 수사준칙 제18조에 따라 검사로부터 사건을 이송받은 경우에는 지체 없이 접수하여 처리한다.

제33조(고위공직자범죄등 인지 통보)

사법경찰관은 「고위공직자범죄수사처 설치 및 운영에 관한 법률」 제24조제2항에 따라 고위공직자범죄등 인지 사실을 통보하는 경우에는 별지 제20호서식의 고위공직자범죄등 인지통보서에 따른다.

제3장 임의수사
제1절 출석요구와 조사 등

제34조(출석요구)

수사준칙 제19조제3항 본문 또는 같은 조 제6항에 따라 피의자 또는 피의자 외의 사람에게 출석요구를 하려는 경우에는 별지 제21호서식 또는 별지 제22호서식의 출석요구서에 따른다.

제35조(수사상 임의동행)

사법경찰관리는 수사준칙 제20조에 따른 임의동행 고지를 하고 임의동행한 경우에는 별지 제23호서식의 임의동행 동의서를 작성하여 사건기록에 편철하거나 별도로 보관해야 한다.

제36조(심야조사 제한)

① 사법경찰관은 수사준칙 제21조제2항제4호에 따라 심야조사를 하려는 경우에는 심야조사의 내용 및 심야조사가 필요한 사유를 소속 경찰관서에서 인권보호 업무를 담당하는 부서의 장에게 보고하고 허가를 받아야 한다.

② 사법경찰관은 제1항에 따라 허가를 받은 경우 수사보고서를 작성하여 사건기록에 편철해야 한다.

제37조(장시간 조사 제한)

사법경찰관리는 피의자나 사건관계인으로부터 수사준칙 제22조제1항제1호에 따라 조서 열람을 위한 조사 연장을 요청받은 경우에는 별지 제24호서식의 조사연장 요청서를 제출받아야 한다.

제38조(신뢰관계인 동석)

① 수사준칙 제24조제2항에 따른 동석신청서는 별지 제25호서식 또는 별지 제26호서식에 따른다.

② 사법경찰관은 피의자, 피해자 또는 그 법정대리인이 제1항의 동석신청서를 작성할 시간적 여유가 없는 경우 등에는 이를 제출받지 않고 조서 또는 수사보고서에 그 취지를 기재하는 것으로 동석신청서 작성을 갈음할 수 있으며, 조사의 긴급성 또는 동석의 필요성 등이 현저한 경우에는 예외적으로 동석 조사 이후에 신뢰관계인과 피의자와의 관계를 소명할 자료를 제출받아 기록에 편철할 수 있다.

③ 사법경찰관은 동석 신청이 없더라도 동석이 필요하다고 인정되면 피의자 또는 피해자와의 신뢰관계 유무를 확인한 후 직권으로 신뢰관계에 있는 사람을 동석하게 할 수 있다. 이 경우 그 관계 및 취지를 조서나 수사보고서에 적어야 한다.

④ 사법경찰관은 신뢰관계인의 동석으로 인하여 신문이 방해되거나, 수사기밀이 누설되는 등 정당한 사유가 있는 경우에는 동석을 거부할 수 있으며, 신뢰관계인이 피의자신문 또는 피해자 조사를 방해하거나 그 진술의 내용에 부당한 영향을 미칠 수 있는 행위를 하는 등 수사에 현저한 지장을 초래하는 경우에는 피의자신문 또는 피해자 조사 중에도 동석을 제한할 수 있다.

⑤ 피해자 이외의 사건관계인 조사에 관하여는 제1항부터 제4항까지의 규정을 준용한다.

제39조(조서와 진술서)

① 사법경찰관리가 법 제244조제1항에 따라 피의자의 진술을 조서에 적는 경우에는 별지 제27호서식 또는 별지 제28호서식의 피의자신문조서에 따른다.

② 사법경찰관리가 피의자가 아닌 사람의 진술을 조서에 적는 경우에는 별지 제29호서식 또는 별지 제30호서식의 진술조서에 따른다.

③ 사법경찰관리는 피의자 또는 피의자가 아닌 사람의 진술을 듣는 경우 진술사항이 복잡하거나 진술인이 서면진술을 원하면 진술서를 작성하여 제출하게 할 수 있다.

④ 피의자신문조서와 진술조서에는 진술자로 하여금 간인(間印)한 후 기명날인 또는 서명하게 한다.

제40조(수사과정의 기록)

사법경찰관리는 수사준칙 제26조제1항에 따라 조사 과정의 진행경과를 별도의 서면에 기록하는 경우에는 별지 제31호서식 또는 별지 제32호서식의 수사 과정 확인서에 따른다.

제41조(실황조사)

① 사법경찰관리는 범죄의 현장 또는 그 밖의 장소에서 피의사실을 확인하거나 증거물의 증명력을 확보하기 위해 필요한 경우 실황조사를 할 수 있다.

② 사법경찰관리는 실황조사를 하는 경우에는 거주자, 관리자 그 밖의 관계자 등을 참여하게 할 수 있다.

③ 사법경찰관리는 실황조사를 한 경우에는 별지 제33호서식의 실황조사서에 조

사 내용을 상세하게 적고, 현장도면이나 사진이 있으면 이를 실황조사서에 첨부해야 한다.

제42조(감정의 위촉)

사법경찰관은 법 제221조제2항에 따라 감정을 위촉하는 경우에는 별지 제34호서식의 감정위촉서에 따른다. 법 제221조의4에 따라 감정에 필요한 허가장을 발부받아 위촉하는 경우에도 또한 같다.

제2절 영상녹화

제43조(영상녹화)

① 사법경찰관리는 법 제221조제1항 또는 제244조의2제1항에 따라 피의자 또는 피의자가 아닌 사람을 영상녹화하는 경우 그 조사의 시작부터 조서에 기명날인 또는 서명을 마치는 시점까지의 모든 과정을 영상녹화해야 한다. 다만, 조사 도중 영상녹화의 필요성이 발생한 때에는 그 시점에서 진행 중인 조사를 중단하고, 중단한 조사를 다시 시작하는 때부터 조서에 기명날인 또는 서명을 마치는 시점까지의 모든 과정을 영상녹화해야 한다.

② 사법경찰관리는 제1항에도 불구하고 조사를 마친 후 조서 정리에 오랜 시간이 필요한 경우에는 조서 정리과정을 영상녹화하지 않고, 조서 열람 시부터 영상녹화를 다시 시작할 수 있다.

③ 제1항 및 제2항에 따른 영상녹화는 조사실 전체를 확인할 수 있고 조사받는 사람의 얼굴과 음성을 식별할 수 있도록 해야 한다.

④ 사법경찰관리는 피의자에 대한 조사 과정을 영상녹화하는 경우 다음 각 호의 사항을 고지해야 한다.

 1. 조사자 및 법 제243조에 따른 참여자의 성명과 직책
 2. 영상녹화 사실 및 장소, 시작 및 종료 시각
 3. 법 제244조의3에 따른 진술거부권 등
 4. 조사를 중단·재개하는 경우 중단 이유와 중단 시각, 중단 후 재개하는 시각

⑤ 사법경찰관리는 피의자가 아닌 사람의 조사 과정을 영상녹화하는 경우에는 별지 제35호서식의 영상녹화 동의서로 영상녹화 동의 여부를 확인하고, 제4항제1호, 제2호 및 제4호의 사항을 고지해야 한다. 다만, 피혐의자에 대해서는 제4항제1호부터 제4호까지의 규정에 따른 사항을 고지해야 한다.

제44조(영상녹화물의 제작 및 보관)

① 사법경찰관리는 조사 시 영상녹화를 한 경우에는 영상녹화용 컴퓨터에 저장된 영상녹화 파일을 이용하여 영상녹화물(CD, DVD 등을 말한다. 이하 같다) 2개를 제작한 후, 피조사자 또는 변호인 앞에서 지체 없이 제작된 영상녹화물을 봉인하고 피조사자로 하여금 기명날인 또는 서명하게 해야 한다.

② 사법경찰관리는 제1항에 따라 영상녹화물을 제작한 후 영상녹화용 컴퓨터에 저장되어 있는 영상녹화 파일을 데이터베이스 서버에 전송하여 보관할 수 있다.

③ 사법경찰관리는 손상 또는 분실 등으로 제1항의 영상녹화물을 사용할 수 없는 경우에는 데이터베이스 서버에 보관되어 있는 영상녹화 파일을 이용하여 다시 영상녹화물을 제작할 수 있다.

제3절 수배

제45조(지명수배)

① 사법경찰관리는 다음 각 호의 어느 하나에 해당하는 사람의 소재를 알 수 없을 때에는 지명수배를 할 수 있다.

1. 법정형이 사형, 무기 또는 장기 3년 이상의 징역이나 금고에 해당하는 죄를 범했다고 의심할 만한 상당한 이유가 있어 체포영장 또는 구속영장이 발부된 사람

2. 제47조에 따른 지명통보의 대상인 사람 중 지명수배를 할 필요가 있어 체포영장 또는 구속영장이 발부된 사람

② 제1항에도 불구하고 법 제200조의3제1항에 따른 긴급체포를 하지 않으면 수사에 현저한 지장을 초래하는 경우에는 영장을 발부받지 않고 지명수배할 수 있다. 이 경우 지명수배 후 신속히 체포영장을 발부받아야 하며, 체포영장을 발부받지 못한 때에는 즉시 지명수배를 해제해야 한다.

제46조(지명수배자 발견 시 조치)

① 사법경찰관리는 제45조제1항에 따라 지명수배된 사람(이하 "지명수배자"라 한다)을 발견한 때에는 체포영장 또는 구속영장을 제시하고, 수사준칙 제32조제1항에 따라 권리 등을 고지한 후 체포 또는 구속하며 별지 제36호서식의 권리 고지 확인서를 받아야 한다. 다만, 체포영장 또는 구속영장을 소지하지 않은 경우 긴급하게 필요하면 지명수배자에게 영장이 발부되었음을 고지한 후 체포 또는 구속할 수 있으며 사후에 지체 없이 그 영장을 제시해야 한다.

② 사법경찰관은 제45조제2항에 따라 영장을 발부받지 않고 지명수배한 경우에
는 지명수배자에게 긴급체포한다는 사실과 수사준칙 제32조제1항에 따른 권
리 등을 고지한 후 긴급체포해야 한다. 이 경우 지명수배자로부터 별지 제36
호서식의 권리 고지 확인서를 받고 제51조제1항에 따른 긴급체포서를 작성해
야 한다.

제47조(지명통보)

사법경찰관리는 다음 각 호의 어느 하나에 해당하는 사람의 소재를 알 수 없을
때에는 지명통보를 할 수 있다.

1. 법정형이 장기 3년 미만의 징역 또는 금고, 벌금에 해당하는 죄를 범했다고
   의심할 만한 상당한 이유가 있고, 출석요구에 응하지 않은 사람
2. 법정형이 장기 3년 이상의 징역이나 금고에 해당하는 죄를 범했다고 의심되
   더라도 사안이 경미하고, 출석요구에 응하지 않은 사람

제48조(지명통보자 발견 시 조치)

사법경찰관리는 제47조에 따라 지명통보된 사람(이하 "지명통보자"라 한다)을 발
견한 때에는 지명통보자에게 지명통보된 사실, 범죄사실의 요지 및 지명통보한
경찰관서(이하 이 조 및 제49조에서 "통보관서"라 한다)를 고지하고, 발견된 날부
터 1개월 이내에 통보관서에 출석해야 한다는 내용과 정당한 사유 없이 출석하지
않을 경우 지명수배되어 체포될 수 있다는 내용을 통지해야 한다.

제49조(지명수배·지명통보 해제)

사법경찰관리는 다음 각 호의 어느 하나에 해당하는 경우에는 즉시 지명수배 또
는 지명통보를 해제해야 한다.

1. 지명수배자를 검거한 경우
2. 지명통보자가 통보관서에 출석하여 조사에 응한 경우
3. 공소시효의 완성, 친고죄에서 고소의 취소, 피의자의 사망 등 공소권이 소멸
   된 경우
4. 지명수배됐으나 체포영장 또는 구속영장의 유효기간이 지난 후 체포영장 또
   는 구속영장이 재발부되지 않은 경우
5. 그 밖에 지명수배 또는 지명통보의 필요성이 없어진 경우

제4장 강제수사

제1절 체포 · 구속

제50조(체포영장의 신청)

사법경찰관은 법 제200조의2제1항에 따라 체포영장을 신청하는 경우에는 별지 제37호서식의 체포영장 신청서에 따른다. 이 경우 현재 수사 중인 다른 범죄사실에 관하여 그 피의자에 대해 발부된 유효한 체포영장이 있는지를 확인해야 하며 해당사항이 있는 경우에는 그 사실을 체포영장 신청서에 적어야 한다.

제51조(긴급체포)

① 법 제200조의3제3항에 따른 긴급체포서는 별지 제38호서식에 따른다.

② 수사준칙 제27조제2항 본문에 따른 긴급체포 승인요청서는 별지 제39호서식에 따른다.

③ 사법경찰관은 수사준칙 제27조제4항 후단에 따라 긴급체포된 피의자의 석방 일시와 사유 등을 검사에게 통보하는 경우에는 별지 제40호서식의 석방 통보서에 따른다.

제52조(현행범인 체포 및 인수)

① 사법경찰관리는 법 제212조에 따라 현행범인을 체포할 때에는 현행범인에게 도망 또는 증거인멸의 우려가 있는 등 당장에 체포하지 않으면 안 될 정도의 급박한 사정이 있는지 또는 체포 외에는 현행범인의 위법행위를 제지할 다른 방법이 없는지 등을 고려해야 한다.

② 사법경찰관리는 법 제212조에 따라 현행범인을 체포한 때에는 별지 제41호서식의 현행범인체포서를 작성하고, 법 제213조에 따라 현행범인을 인도받은 때에는 별지 제42호서식의 현행범인인수서를 작성해야 한다.

③ 사법경찰관리는 제2항의 현행범인체포서 또는 현행범인인수서를 작성하는 경우 현행범인에 대해서는 범죄와의 시간적 접착성과 범죄의 명백성이 인정되는 상황을, 준현행범인에 대해서는 범죄와의 관련성이 인정되는 상황을 구체적으로 적어야 한다.

제53조(현행범인 석방)

① 수사준칙 제28조제2항 전단에 따른 피의자 석방서는 별지 제43호서식에 따른다.

② 사법경찰관은 수사준칙 제28조제2항 후단에 따라 검사에게 현행범인의 석방

사실을 통보하는 경우에는 별지 제44호서식의 석방 통보서에 따른다.

제54조(구속영장의 신청)

수사준칙 제29조에 따른 구속영장 신청서는 별지 제45호서식부터 별지 제48호서식까지에 따른다.

제55조(체포·구속영장의 집행)

① 사법경찰관리는 체포영장 또는 구속영장을 집행할 때에는 신속하고 정확하게 해야 한다.

② 체포영장 또는 구속영장의 집행은 검사가 서명 또는 날인하여 교부한 영장이나 검사가 영장의 집행에 관한 사항을 적어 교부한 서면에 따른다.

③ 수사준칙 제32조제3항에 따른 권리 고지 확인서는 별지 제36호서식에 따른다. 다만, 피의자가 권리 고지 확인서에 기명날인 또는 서명하기를 거부하는 경우에는 피의자를 체포·구속하는 사법경찰관리가 확인서 끝부분에 그 사유를 적고 기명날인 또는 서명해야 한다.

제56조(호송)

① 사법경찰관리는 체포·구속한 피의자를 호송할 때에는 피의자의 도망·자살·신변안전·증거인멸 등에 주의해야 한다.

② 사법경찰관리는 체포·구속한 피의자를 호송할 때 필요한 경우에는 가장 근접한 경찰관서에 피의자를 임시로 유치할 수 있다.

제57조(체포·구속 통지 등)

사법경찰관은 수사준칙 제33조제1항(같은 조 제3항에서 준용되는 경우를 포함한다)에 따라 체포·구속의 통지를 하는 경우에는 별지 제49호서식의 체포·긴급체포·현행범인체포·구속 통지서에 따른다.

제58조(체포·구속영장의 반환)

수사준칙 제35조제2항에 따른 영장반환서는 별지 제50호서식에 따른다.

제59조(피의자 접견 등 금지)

① 사법경찰관은 법 제200조의6 및 제209조에서 준용하는 법 제91조 또는 「형의 집행 및 수용자의 처우에 관한 법률」 제87조에서 준용하는 같은 법 제41조에 따라 체포 또는 구속된 피의자와 법 제34조에서 규정한 사람이 아닌 사람과의 접견 등을 금지하려는 경우에는 별지 제51호서식의 피의자 접견 등 금지 결정서에 따른다.

② 사법경찰관은 제1항의 결정을 취소하는 것이 타당하다고 인정되어 피의자 접견 등의 금지를 취소하는 경우에는 별지 제52호서식의 피의자 접견 등 금지 취소 결정서에 따른다.

③ 제1항의 피의자 접견 등 금지 결정은 사법경찰관의 사건 송치와 동시에 그 효력을 상실한다.

제60조(피의자 석방 및 통보)

① 수사준칙 제36조제1항에 따른 피의자 석방서는 별지 제53호서식 또는 별지 제54호서식에 따른다.

② 사법경찰관은 검사에게 수사준칙 제36조제2항제1호에 따라 석방사실을 통보하는 경우에는 별지 제55호서식의 석방 통보서에 따르고, 같은 항 제2호에 따라 석방사실을 보고하는 경우에는 별지 제56호서식의 석방 보고서에 따른다.

제61조(구속의 취소)

① 사법경찰관은 법 제209조에서 준용하는 법 제93조에 따라 구속을 취소하여 피의자를 석방하는 경우에는 별지 제57호서식의 구속취소 결정서에 따른다. 다만, 법 제245조의5제1호에 따라 검사에게 송치해야 하는 사건인 경우에는 사전에 별지 제58호서식의 구속취소 동의 요청서에 따라 검사의 동의를 받아야 한다.

② 제1항에 따라 구속을 취소한 사법경찰관은 지체 없이 별지 제59호서식의 석방 통보서를 작성하여 검사에게 석방사실을 통보하고, 그 통보서 사본을 사건기록에 편철해야 한다.

제62조(구속의 집행정지)

① 사법경찰관은 법 제209조에서 준용하는 법 제101조제1항에 따라 구속의 집행을 정지하는 경우에는 별지 제60호서식의 구속집행정지 결정서에 따른다.

② 제1항에 따라 구속의 집행을 정지한 사법경찰관은 지체 없이 별지 제61호서식의 구속집행정지 통보서를 작성하여 검사에게 그 사실을 통보하고, 그 통보서 사본을 사건기록에 편철해야 한다.

③ 사법경찰관은 법 제209조에서 준용하는 법 제102조제2항에 따라 구속집행정지 결정을 취소하는 경우에는 별지 제62호서식의 구속집행정지 취소 결정서에 따른다.

제2절 압수 · 수색 · 검증

제63조(압수·수색 또는 검증영장의 신청 등)

① 사법경찰관은 수사준칙 제37조에 따라 압수·수색 또는 검증영장을 신청하는 경우에는 별지 제63호서식부터 별지 제65호서식까지의 압수·수색·검증영장 신청서에 따른다. 이 경우 압수·수색 또는 검증의 필요성 및 해당 사건과의 관련성을 인정할 수 있는 자료를 신청서에 첨부해야 한다.

② 압수·수색 또는 검증영장의 집행 및 반환에 관하여는 제55조제1항·제2항 및 제58조를 준용한다.

제64조(압수조서 등)

① 수사준칙 제40조 본문에 따른 압수조서는 별지 제66호서식에 따르고, 압수목록은 별지 제67호서식에 따른다.

② 법 제219조에서 준용하는 법 제129조에 따라 압수목록을 교부하는 경우에는 별지 제68호서식의 압수목록 교부서에 따른다. 이 경우 수사준칙 제41조제1항에 따른 전자정보에 대한 압수목록 교부서는 전자파일의 형태로 복사해 주거나 전자우편으로 전송하는 등의 방식으로 교부할 수 있다.

③ 수사준칙 제42조제2항 후단에 따른 삭제·폐기·반환 확인서는 별지 제69호서식에 따른다. 다만, 제2항에 따른 압수목록 교부서에 삭제·폐기 또는 반환했다는 내용을 포함시켜 교부하는 경우에는 삭제·폐기·반환 확인서를 교부하지 않을 수 있다.

제65조(수색조서 및 수색증명서)

① 사법경찰관은 법 제215조에 따라 수색을 한 경우에는 수색의 상황과 결과를 명백히 한 별지 제70호서식의 수색조서를 작성해야 한다.

② 법 제219조에서 준용하는 법 제128조에 따라 증거물 또는 몰수할 물건이 없다는 취지의 증명서를 교부하는 경우에는 별지 제71호서식의 수색증명서에 따른다.

제66조(압수물의 환부 및 가환부)

① 사법경찰관은 법 제218조의2제1항 및 제4항에 따라 압수물에 대해 그 소유자, 소지자, 보관자 또는 제출인(이하 이 조에서 "소유자등"이라 한다)으로부터 환부 또는 가환부의 청구를 받거나 법 제219조에서 준용하는 법 제134조에 따라 압수장물을 피해자에게 환부하려는 경우에는 별지 제72호서식의 압수물

처분 지휘요청서를 작성하여 검사에게 제출해야 한다.

② 사법경찰관은 제1항에 따른 압수물의 환부 또는 가환부의 청구를 받은 경우 소유자등으로부터 별지 제73호서식의 압수물 환부·가환부 청구서를 제출받아 별지 제72호서식의 압수물 처분 지휘요청서에 첨부한다.

③ 사법경찰관은 압수물을 환부 또는 가환부한 경우에는 피해자 및 소유자등으로부터 별지 제74호서식의 압수물 환부·가환부 영수증을 받아야 한다.

제67조(압수물 보관)

① 사법경찰관은 압수물에 사건명, 피의자의 성명, 제64조제1항의 압수목록에 적힌 순위·번호를 기입한 표찰을 붙여야 한다.

② 사법경찰관은 법 제219조에서 준용하는 법 제130조제1항에 따라 압수물을 다른 사람에게 보관하게 하려는 경우에는 별지 제75호서식의 압수물 처분 지휘요청서를 작성하여 검사에게 제출해야 한다.

③ 사법경찰관은 제2항에 따라 압수물을 다른 사람에게 보관하게 하는 경우 적절한 보관인을 선정하여 성실하게 보관하게 하고 보관인으로부터 별지 제76호서식의 압수물 보관 서약서를 받아야 한다.

제68조(압수물 폐기)

① 사법경찰관은 법 제219조에서 준용하는 법 제130조제2항 및 제3항에 따라 압수물을 폐기하려는 경우에는 별지 제77호서식의 압수물 처분 지휘요청서를 작성하여 검사에게 제출해야 한다.

② 사법경찰관은 제1항에 따라 압수물을 폐기하는 경우에는 별지 제78호서식의 압수물 폐기 조서를 작성하고 사진을 촬영하여 사건기록에 편철해야 한다.

③ 사법경찰관은 법 제219조에서 준용하는 법 제130조제3항에 따라 압수물을 폐기하는 경우에는 소유자 등 권한 있는 사람으로부터 별지 제79호서식의 압수물 폐기 동의서를 제출받거나 진술조서 등에 그 취지를 적어야 한다.

제69조(압수물 대가보관)

① 사법경찰관은 법 제219조에서 준용하는 법 제132조에 따라 압수물을 매각하여 대가를 보관하려는 경우에는 별지 제80호서식의 압수물 처분 지휘요청서를 작성하여 검사에게 제출해야 한다.

② 사법경찰관은 제1항에 따라 대가보관의 처분을 했을 때에는 별지 제81호서식의 압수물 대가보관 조서를 작성한다.

제70조(검증조서)

수사준칙 제43조에 따른 검증조서는 별지 제17호서식에 따른다.

제3절 그 밖의 강제수사 등

제71조(증거보전 신청)

사법경찰관은 미리 증거를 보전하지 않으면 그 증거를 사용하기 곤란한 경우에는 별지 제82호서식의 증거보전 신청서를 작성하여 검사에게 법 제184조제1항에 따른 증거보전의 청구를 신청할 수 있다.

제72조(증인신문 신청)

사법경찰관은 범죄의 수사에 없어서는 안 되는 사실을 안다고 명백히 인정되는 사람이 출석 또는 진술을 거부하는 경우에는 별지 제83호서식의 증인신문 신청서를 작성하여 검사에게 법 제221조의2제1항에 따른 증인신문의 청구를 신청할 수 있다.

제73조(감정유치 및 감정처분허가 신청)

① 사법경찰관은 법 제221조제2항의 감정을 위하여 법 제172조제3항에 따른 유치가 필요한 경우에는 별지 제84호서식의 감정유치장 신청서를 작성하여 검사에게 제출해야 한다.

② 사법경찰관은 법 제221조의4제1항에 따라 법 제173조제1항에 따른 처분을 위한 허가가 필요한 경우에는 별지 제85호서식의 감정처분허가장 신청서를 작성하여 검사에게 제출해야 한다.

제74조(영장심의위원회)

사법경찰관은 법 제221조의5제1항에 따라 영장 청구 여부에 대한 심의를 신청하는 경우에는 「영장심의위원회 규칙」 제13조에 따라 관할 고등검찰청에 심의신청을 해야 한다.

제5장 시정조치요구

제75조(시정조치요구의 이행)

① 사법경찰관은 수사준칙 제45조제2항에 따라 사건기록 등본을 검사에게 송부하는 경우에는 별지 제86호서식의 사건기록 등본 송부서를 작성하여 사건기

록 등본에 편철해야 한다.

② 사법경찰관은 제1항에 따라 사건기록 등본을 송부하는 경우에는 해당 사건기록 전체의 등본을 송부한다. 다만, 등본송부 요구의 사유가 사건기록의 일부와 관련된 경우에는 사전에 검사와 합의하고 해당 부분에 대해서만 등본을 송부할 수 있다.

③ 사법경찰관은 필요하다고 인정하는 경우 제1항에 따라 사건기록 등본을 송부하면서 의견을 함께 제출할 수 있다.

④ 사법경찰관은 수사준칙 제45조제4항에 따라 검사에게 시정조치 이행 결과를 통보하는 경우 별지 제87호서식의 시정조치 결과 통보서에 따른다. 다만, 법률상·사실상 시정이 불가능한 경우 등 정당한 이유가 있어 시정조치요구를 이행하지 않은 경우에는 그 내용과 사유를 시정조치 결과 통보서에 구체적으로 적어 통보해야 한다.

제76조(징계요구 처리 결과 등 통보)

소속경찰관서장은 수사준칙 제46조제2항에 따라 징계요구의 처리 결과와 그 이유를 통보하는 경우에는 별지 제88호서식의 징계요구 처리결과 통보서에 따른다.

제77조(구제신청 고지의 확인)

수사준칙 제47조에 따른 고지 확인서는 별지 제89호서식에 따른다.

제6장 수사의 경합

제78조(수사의 경합 시 기록 열람)

① 사법경찰관은 수사준칙 제48조제1항에 따라 검사에게 사건기록의 열람을 요청하는 경우에는 별지 제90호서식의 사건기록 열람요청서에 따른다.

② 사법경찰관은 검사로부터 수사준칙 제48조제1항에 따른 사건기록의 열람을 요청하는 서면을 받은 경우에는 그 요청 서면을 검토하여 열람 허용 여부 및 범위를 신속하게 결정한다.

③ 사법경찰관이 검사에게 열람을 허용할 수 있는 사건기록의 범위는 다음 각 호와 같다. 다만, 예외적으로 그 외 사건기록의 열람을 허용할 필요가 있는 경우에는 달리 정할 수 있다.

1. 범죄인지서
2. 영장신청서

3. 고소장, 고발장

④ 사법경찰관은 별지 제91호서식의 열람허가서에 열람을 허용하는 사건기록의 범위를 기재하여 제2항의 사건기록 중 열람을 허용한 사건기록 등본과 함께 사건기록담당직원에게 인계한다.

⑤ 사건기록담당직원은 검사에게 기록을 열람하게 하고, 관리대장에 열람 일시, 열람 검사의 성명 등을 기재한다.

제7장 피해자 보호

제79조(피해자 보호의 원칙)

① 사법경찰관리는 피해자[타인의 범죄행위로 피해를 당한 사람과 그 배우자(사실상의 혼인관계를 포함한다), 직계친족 및 형제자매를 말한다. 이하 이 장에서 같다]의 심정을 이해하고 그 인격을 존중하며 피해자가 범죄피해 상황에서 조속히 회복하여 인간의 존엄성을 보장받을 수 있도록 노력해야 한다.

② 사법경찰관리는 피해자의 명예와 사생활의 평온을 보호하고 해당 사건과 관련하여 각종 법적 절차에 참여할 권리를 보장해야 한다.

제80조(신변보호)

① 수사준칙 제15조제2항에 따른 신변보호에 필요한 조치의 유형은 다음 각 호와 같다.

1. 피해자 보호시설 등 특정시설에서의 보호

2. 신변경호 및 수사기관 또는 법원 출석·귀가 시 동행

3. 임시숙소 제공

4. 주거지 순찰 강화, 폐쇄회로텔레비전의 설치 등 주거에 대한 보호

5. 그 밖에 비상연락망 구축 등 신변안전에 필요하다고 인정되는 조치

② 범죄신고자 등 참고인으로서 범죄수사와 관련하여 보복을 당할 우려가 있는 경우에 관하여는 제1항을 준용한다.

제81조(피해자에 대한 정보 제공)

사법경찰관리는 피해자를 조사하는 경우 다음 각 호의 정보를 피해자에게 제공해야 한다. 다만, 피해자에 대한 조사를 하지 않는 경우에는 수사준칙 제51조제1항에 따른 결정(이송 결정은 제외한다)을 하기 전까지 정보를 제공해야 한다.

1. 신변보호 신청권, 신뢰관계인 동석권 등 형사절차상 피해자의 권리

2. 범죄피해자구조금, 심리상담·치료 지원 등 피해자 지원제도 및 지원단체에 관한 정보

3. 그 밖에 피해자의 권리보호 및 복지증진을 위하여 필요하다고 인정되는 정보

제82조(회복적 대화)

① 사법경찰관리는 피해자가 입은 피해의 실질적인 회복 등을 위하여 필요하다고 인정하면 피해자 또는 가해자의 신청과 그 상대방의 동의에 따라 서로 대화할 수 있는 기회를 제공할 수 있다.

② 제1항에 따라 대화 기회를 제공하는 경우 사법경찰관리는 피해자와 가해자 간 대화가 원활하게 진행될 수 있도록 전문가에게 회복적 대화 진행을 의뢰할 수 있다.

제83조(범죄피해의 평가)

사법경찰관리는 피해자의 피해정도를 파악하고 보호·지원의 필요성을 판단하기 위해 범죄피해평가를 실시할 수 있으며, 일정한 자격을 갖춘 단체 또는 개인에게 이를 의뢰할 수 있다.

제8장 수사서류 및 형사사법정보시스템

제84조(문서의 서식)

이 규칙에서 정한 서식 외에 단순하고 정형적인 사건의 수사 등에 사용하는 서식은 경찰청장이 정한다.

제85조(장부와 비치서류)

① 사법경찰관은 수사에 필요한 장부와 서류철을 갖추어 두고 보존기간을 정하여 관리해야 한다.

② 제1항의 장부와 서류철은 형사사법정보시스템을 통해 전자적으로 작성·저장·관리·보존할 수 있다. 이 경우 전자 장부와 서류철은 종이 장부와 서류철의 개별 항목을 포함해야 한다.

제86조(범죄통계원표)

사법경찰관리는 범죄를 수사한 경우에는 형사사법정보시스템을 이용하여 사건마다 범죄통계원표를 작성한다.

제87조(수사서류 열람·복사)

① 수사준칙 제69조(같은 영 제16조제6항에서 준용하는 경우를 포함한다)에 따른 수사서류 열람·복사 신청은 해당 수사서류를 보유·관리하는 경찰관서의 장에게 해야 한다.

② 제1항의 신청을 받은 경찰관서의 장은 신청을 받은 날부터 10일 이내에 다음 각 호의 어느 하나에 해당하는 결정을 해야 한다.

1. 공개 결정: 신청한 서류 내용 전부의 열람·복사를 허용
2. 부분공개 결정: 신청한 서류 내용 중 일부의 열람·복사를 허용
3. 비공개 결정: 신청한 서류 내용의 열람·복사를 불허용

③ 경찰관서의 장은 제2항에도 불구하고 피의자 및 사건관계인, 그 변호인이 조사 당일 본인의 진술이 기재된 조서에 대해 열람·복사를 신청하는 경우에는 공개 여부에 대해 지체 없이 검토한 후 제공 여부를 결정해야 한다.

④ 경찰관서의 장은 해당 관서에서 보유·관리하지 않는 수사서류에 대해 열람·복사 신청을 접수한 경우에는 그 신청을 해당 수사서류를 보유·관리하는 기관으로 이송하거나 신청인에게 부존재 통지를 해야 한다.

⑤ 경찰관서의 장은 제2항제1호 또는 제2호에 따라 수사서류를 제공하는 경우에는 사건관계인의 개인정보가 공개되지 않도록 비실명처리 등 보호조치를 해야 한다.

⑥ 제1항부터 제5항까지에서 규정한 사항 외에 수사서류 열람·복사에 필요한 세부 사항은 경찰청장이 따로 정한다.

제9장 특칙

제1절 전자약식사건

제88조(전자약식절차)

① 사법경찰관리는 「약식절차 등에서의 전자문서 이용 등에 관한 법률」(이하 "약식전자문서법"이라 한다) 제3조에따른 같은 법의 적용 대상 사건을 수사하는 경우에는 피의자를 신문하기 전에 전자문서 등을 이용하여 처리되는 약식절차(이하 이 조에서 "전자약식절차"라 한다)에 관하여 안내하고 동의 여부를 확인해야 한다. 이 경우 피의자가 동의하면 별지 제92호서식의 전자약식절차 동의서를 형사사법정보시스템을 통해 전자문서로 작성해야 한다.

② 사법경찰관리는 제1항에도 불구하고 약식전자문서법 제3조제3항제2호에 해당하여 전자약식절차에 따르는 것이 적절하지 않은 경우에는 그 취지를 적은 수사보고서를 작성하여 사건기록에 편철해야 한다.

제2절 소년·장애인·외국인 등 사건

제89조(소년에 대한 조사)

① 사법경찰관리는 소년을 조사하는 경우에는 행위의 동기, 그 소년의 성품과 행실, 경력, 가정 상황, 교우관계, 그 밖의 환경 등을 상세히 조사하여 그 결과를 서면으로 적어야 한다.

② 사법경찰관리는 소년에 대한 출석요구나 조사를 하는 경우에는 지체 없이 그 소년의 보호자 또는 보호자를 대신하여 소년을 보호할 수 있는 사람에게 연락해야 한다. 다만, 연락하는 것이 그 소년의 복리상 부적당하다고 인정되는 경우에는 그렇지 않다.

③ 사법경찰관리는 소년인 피의자에 대해서는 가급적 구속을 피하고, 부득이하게 체포·구속 또는 임의동행하는 경우에는 그 시기와 방법에 특히 주의해야 한다.

④ 사법경찰관리는 소년인 피의자가 체포·구속된 경우에는 다른 사건보다 우선하여 그 사건을 조사하는 등 신속한 수사를 위해 노력해야 한다.

제90조(장애인에 대한 조사)

사법경찰관리는 청각장애인 및 언어장애인이나 그 밖에 의사소통이 어려운 장애인을 조사하는 경우에는 직권으로 또는 장애인 본인, 보호자, 법정대리인 등의 신청에 따라 수화·문자통역을 제공하거나 의사소통을 도울 수 있는 사람을 참여시켜야 한다.

제91조(외국인에 대한 조사)

① 사법경찰관리는 외국인을 조사하는 경우에는 조사를 받는 외국인이 이해할 수 있는 언어로 통역해 주어야 한다.

② 사법경찰관리는 외국인을 체포·구속하는 경우 국내 법령을 위반하지 않는 범위에서 영사관원과 자유롭게 접견·교통할 수 있고, 체포·구속된 사실을 영사기관에 통보해 줄 것을 요청할 수 있다는 사실을 알려야 한다.

③ 사법경찰관리는 체포·구속된 외국인이 제2항에 따른 통보를 요청하는 경우에는 별지 제93호서식의 영사기관 체포·구속 통보서를 작성하여 지체 없이 해당 영사기관에 체포·구속 사실을 통보해야 한다.

④ 사법경찰관리는 외국인 변사사건이 발생한 경우에는 제94호서식의 영사기관 사망 통보서를 작성하여 지체 없이 해당 영사기관에 통보해야 한다.

제92조(한미행정협정사건의 통보)

① 사법경찰관은 주한 미합중국 군대의 구성원·외국인군무원 및 그 가족이나 초청계약자의 범죄 관련 사건을 인지하거나 고소·고발 등을 수리한 때에는 7일 이내에 별지 제95호서식의 한미행정협정사건 통보서를 검사에게 통보해야 한다.

② 사법경찰관은 주한 미합중국 군당국으로부터 공무증명서를 제출받은 경우 지체 없이 공무증명서의 사본을 검사에게 송부해야 한다.

③ 사법경찰관은 검사로부터 주한 미합중국 군당국의 재판권포기 요청 사실을 통보받은 날부터 14일 이내에 검사에게 사건을 송치 또는 송부해야 한다. 다만, 검사의 동의를 받아 그 기간을 연장할 수 있다.

제3절 보전절차

제93조(몰수·부대보전 신청)

사법경찰관은 관계 법령에 따라 검사에게 몰수·부대보전을 신청하는 경우에는 별지 제96호서식의 몰수·부대보전 신청서에 따른다.

제94조(추징보전의 신청)

① 사법경찰관은 관계 법령에 따라 검사에게 추징보전을 신청하는 경우에는 별지 제97호서식의 추징보전 신청서에 따른다.

② 사법경찰관은 검사에게 추징보전명령의 취소를 신청하는 경우에는 별지 제98호서식의 추징보전명령 취소 신청서에 따른다.

제4편 수사종결 등
제1장 통칙

제95조(장기사건 수사종결)

① 사법경찰관리는 범죄 인지 후 1년이 지난 사건에 대해서는 수사준칙 제51조 제1항에 따른 결정을 해야 한다. 다만, 다수의 사건관계인 조사, 관련 자료 추

가확보·분석, 외부 전문기관 감정의 장기화, 범인 미검거 등으로 계속하여 수사가 필요한 경우에는 해당 사법경찰관리가 소속된 바로 위 상급경찰관서 수사 부서의 장의 승인을 받아 연장할 수 있다.

② 사법경찰관리는 제1항 단서에 따른 승인을 받으려면 수사기간 연장의 필요성을 소명해야 한다.

제96조(사건 이송)

① 사법경찰관은 사건이 다음 각 호의 어느 하나에 해당하는 경우에는 해당 사건을 다른 경찰관서 또는 기관에 이송해야 한다.

1. 사건의 관할이 없거나 다른 기관의 소관 사항에 관한 것인 경우
2. 법령에서 다른 기관으로 사건을 이송하도록 의무를 부여한 경우

② 사법경찰관은 사건이 다음 각 호의 어느 하나에 해당하는 경우에는 해당 사건을 다른 경찰관서 또는 기관(해당 기관과 협의된 경우로 한정한다)에 이송할 수 있다.

1. 다른 사건과 병합하여 처리할 필요가 있는 등 다른 경찰관서 또는 기관에서 수사하는 것이 적절하다고 판단하는 경우
2. 해당 경찰관서에서 수사하는 것이 부적당한 경우

③ 사법경찰관은 제1항 또는 제2항에 따라 사건을 이송하는 경우에는 별지 제99호서식의 사건이송서를 사건기록에 편철하고 관계 서류와 증거물을 다른 경찰관서 또는 기관에 송부해야 한다.

제97조(수사 결과의 통지)

① 사법경찰관은 수사준칙 제53조에 따라 피의자와 고소인등에게 수사 결과를 통지하는 경우에는 사건을 송치하거나 사건기록을 송부한 날부터 7일 이내에 해야 한다. 다만, 피의자나 고소인등의 연락처를 모르거나 소재가 확인되지 않는 경우에는 연락처나 소재를 안 날부터 7일 이내에 통지를 해야 한다.

② 제1항의 통지(법 제245조의6에 따른 고소인등에 대한 불송치 통지는 제외한다)는 서면, 전화, 팩스, 전자우편, 문자메시지 등 피의자나 고소인등이 요청한 방법으로 할 수 있으며, 별도로 요청한 방법이 없는 경우에는 서면으로 한다. 이 경우 서면으로 하는 통지는 별지 제100호서식부터 별지 제102호서식까지의 수사결과 통지서에 따른다.

③ 법 제245조의6에 따른 고소인등에 대한 불송치 통지는 별지 제103호서식의 수사결과 통지서에 따른다.

④ 사법경찰관은 서면으로 통지한 경우에는 그 사본을, 그 외의 방법으로 통지한 경우에는 그 취지를 적은 서면을 사건기록에 편철해야 한다.

⑤ 수사준칙 제53조제2항에 따른 고소인등의 통지 요구는 별지 제104호서식의 불송치 통지요구서에 따른다.

⑥ 사법경찰관은 고소인, 고발인 또는 피의자가 불송치 결정에 관한 사실증명을 청구한 경우에는 지체 없이 별지 제105호서식 또는 별지 제106호서식의 불송치 결정 증명서를 발급해야 한다.

⑦ 사법경찰관은 고소인등에게 수사중지 결정의 통지를 하는 경우에는 수사준칙 제54조제3항에 따라 검사에게 신고할 수 있다는 내용을 통지서에 기재해야 한다.

제2장 수사중지

제98조(수사중지 결정)

① 사법경찰관은 다음 각 호의 구분에 해당하는 경우에는 그 사유가 해소될 때까지 수사준칙 제51조제1항제4호에 따른 수사중지 결정을 할 수 있다.

1. 피의자중지: 다음 각 목의 어느 하나에 해당하는 경우

   가. 피의자가 소재불명인 경우

   나. 2개월 이상 해외체류, 중병 등의 사유로 상당한 기간 동안 피의자나 참고인에 대한 조사가 불가능하여 수사를 종결할 수 없는 경우

   다. 의료사고·교통사고·특허침해 등 사건의 수사 종결을 위해 전문가의 감정이 필요하나 그 감정에 상당한 시일이 소요되는 경우

   라. 다른 기관의 결정이나 법원의 재판 결과가 수사의 종결을 위해 필요하나 그 결정이나 재판에 상당한 시일이 소요되는 경우

   마. 수사의 종결을 위해 필요한 중요 증거자료가 외국에 소재하고 있어 이를 확보하는 데 상당한 시일이 소요되는 경우

2. 참고인중지: 참고인·고소인·고발인·피해자 또는 같은 사건 피의자의 소재불명으로 수사를 종결할 수 없는 경우

② 사법경찰관은 제1항에 따라 수사중지의 결정을 하는 경우에는 별지 제107호서식의 수사중지 결정서를 작성하여 사건기록에 편철해야 한다.

③ 사법경찰관은 수사준칙 제51조제4항에 따라 검사에게 사건기록을 송부하는

경우에는 별지 제108호서식의 수사중지 사건기록 송부서를 사건기록에 편철해야 한다.

④ 사법경찰관리는 제1항제1호나목 또는 다목의 사유로 수사중지 결정을 한 경우에는 매월 1회 이상 해당 수사중지 사유가 해소되었는지를 확인해야 한다.

제99조(소재수사 등)

① 사법경찰관은 소재불명의 사유로 수사중지를 하려는 경우에는 별지 제109호서식의 소재수사 보고서를 작성하여 사건기록에 편철해야 한다.

② 사법경찰관리는 소재불명의 사유로 수사중지된 사건의 경우 매 분기 1회 이상 소재수사를 하는 등 수사중지 사유 해소를 위해 노력해야 한다.

제100조(수사중지 시 지명수배·지명통보)

사법경찰관은 피의자의 소재불명을 이유로 수사중지 결정을 하려는 경우에는 지명수배 또는 지명통보를 해야 한다.

제101조(수사중지 결정에 대한 이의제기 절차)

① 수사준칙 제54조제1항에 따라 이의제기를 하려는 사람은 수사중지 결정을 통지받은 날부터 30일 이내에 해당 사법경찰관이 소속된 바로 위 상급경찰관서의 장(이하 "소속상급경찰관서장"이라 한다)에게 별지 제110호서식의 수사중지 결정 이의제기서를 제출해야 한다.

② 제1항에 따른 이의제기서는 해당 사법경찰관이 소속된 경찰관서에 제출할 수 있다. 이 경우 이의제기서를 제출받은 경찰관서의 장은 이를 지체 없이 소속상급경찰관서장에게 송부해야 한다.

③ 소속상급경찰관서장은 제1항 또는 제2항에 따라 이의제기서를 제출받거나 송부받은 날부터 30일 이내에 다음 각 호의 구분에 따른 결정을 하고 해당 사법경찰관의 소속수사부서장에게 이를 통보해야 한다.

　1. 이의제기가 이유 있는 경우: 수용

　　가. 사건 재개 지시. 이 경우 담당 사법경찰관리의 교체를 함께 지시할 수 있다.

　　나. 상급경찰관서 이송 지시

　2. 이의제기가 이유 없는 경우: 불수용

④ 제3항제1호에 따른 결정을 통보받은 소속수사부서장은 지체 없이 이를 이행하고 소속상급경찰관서장에게 이행 결과를 보고해야 한다.

⑤ 소속상급경찰관서장은 제3항의 결정을 한 날부터 7일 이내에 별지 제111호서식의 수사중지사건 이의처리결과 통지서에 처리 결과와 그 이유를 적어 이의

를 제기한 사람에게 통지해야 한다.

⑥ 사법경찰관은 제1항부터 제4항까지의 규정에 따른 절차의 진행 중에 수사준칙 제51조제4항 후단에 따라 검사의 시정조치요구를 받은 경우에는 지체 없이 소속상급경찰관서장에게 보고해야 한다.

제102조(수사중지사건 수사재개)

① 사법경찰관은 수사중지된 사건의 피의자를 발견하는 등 수사중지 사유가 해소된 때에는 별지 제112호서식의 수사중지사건 수사재개서를 작성하여 사건기록에 편철하고 즉시 수사를 진행해야 한다.

② 사법경찰관은 수사준칙 제51조제5항 전단에 따라 피의자 등의 소재 발견 및 수사 재개 사실을 검사에게 통보하는 경우에는 별지 제113호서식의 피의자 등 소재발견 통보서에 따른다.

제3장 사건송치와 보완수사

제103조(송치 서류)

① 수사준칙 제58조제1항에 따른 송치 결정서는 별지 제114호서식에 따르고, 압수물 총목록은 별지 제115호서식에 따르며, 기록목록은 별지 제116호서식에 따른다.

② 송치 서류는 다음 순서에 따라 편철한다.
  1. 별지 제117호서식의 사건송치서
  2. 압수물 총목록
  3. 법 제198조제3항에 따라 작성된 서류 또는 물건 전부를 적은 기록목록
  4. 송치 결정서
  5. 그 밖의 서류

③ 수사준칙 제58조에 따라 사건을 송치하는 경우에는 소속경찰관서장 또는 소속수사부서장의 명의로 한다.

④ 제1항의 송치 결정서는 사법경찰관이 작성해야 한다.

제104조(추가송부)

수사준칙 제58조제3항에 따른 추가송부서는 별지 제118호 서식에 따른다.

제105조(보완수사요구의 결과 통보 등)

① 사법경찰관은 법 제197조의2제2항에 따라 보완수사 이행 결과를 통보하는 경우에는 별지 제119호서식의 보완수사 결과 통보서에 따른다. 다만, 수사준칙 제59조에 따른 보완수사요구의 대상이 아니거나 그 범위를 벗어난 경우 등 정당한 이유가 있어 보완수사를 이행하지 않은 경우에는 그 내용과 사유를 보완수사 결과 통보서에 적어 검사에게 통보해야 한다.

② 사법경찰관은 법 제197조의2제1항제1호에 따른 보완수사요구 결과를 통보하면서 새로운 증거물, 서류 및 그 밖의 자료를 검사에게 송부하는 경우에는 수사준칙 제58조제3항에 따른다.

③ 사법경찰관은 법 제197조의2제1항제2호에 따른 보완수사요구를 이행한 경우에는 다음 각 호의 구분에 따라 처리한다.

  1. 기존의 영장 신청을 유지하는 경우: 제1항의 보완수사 결과 통보서를 작성하여 관계 서류와 증거물과 함께 검사에게 송부

  2. 기존의 영장 신청을 철회하는 경우: 제1항의 보완수사 결과 통보서에 그 내용과 이유를 적어 검사에게 통보

④ 사법경찰관은 수사준칙 제60조제4항에 따라 사건을 불송치하거나 수사중지하는 경우에는 기존 송치 결정을 취소해야 한다.

제106조(직무배제 또는 징계 요구의 처리 등)

① 소속경찰관서장은 수사준칙 제61조제2항에 따라 직무배제를 하는 경우 지체 없이 사건 담당 사법경찰관리를 교체해야 한다.

② 소속경찰관서장은 수사준칙 제61조제3항에 따라 직무배제 또는 징계 요구의 처리 결과와 그 이유를 통보하는 경우에는 별지 제120호서식의 직무배제요구 처리결과 통보서 또는 별지 제88호서식의 징계요구 처리결과 통보서에 따른다.

제107조(법원송치)

① 경찰서장은 「소년법」 제4조제2항에 따라 소년 보호사건을 법원에 송치하는 경우에는 별지 제121호서식의 소년 보호사건 송치서를 작성하여 사건기록에 편철하고 관계 서류와 증거물을 관할 가정법원 소년부 또는 지방법원 소년부에 송부해야 한다.

② 제1항의 송치 서류에 관하여는 제103조를 준용한다.

제4장 사건 불송치와 재수사

제108조(불송치 결정)

① 불송치 결정의 주문(主文)은 다음과 같이 한다.

1. 혐의없음

   가. 혐의없음(범죄인정안됨): 피의사실이 범죄를 구성하지 않거나 범죄가 인정되지 않는 경우

   나. 혐의없음(증거불충분): 피의사실을 인정할 만한 충분한 증거가 없는 경우

2. 죄가안됨: 피의사실이 범죄구성요건에 해당하나 법률상 범죄의 성립을 조각하는 사유가 있어 범죄를 구성하지 않는 경우(수사준칙 제51조제3항제1호는 제외한다)

3. 공소권없음

   가. 형을 면제한다고 법률에서 규정한 경우

   나. 판결이나 이에 준하는 법원의 재판·명령이 확정된 경우

   다. 통고처분이 이행된 경우

   라. 사면이 있는 경우

   마. 공소시효가 완성된 경우

   바. 범죄 후 법령의 개정·폐지로 형이 폐지된 경우

   사. 「소년법」, 「가정폭력범죄의 처벌 등에 관한 특례법」, 「성매매알선 등 행위의 처벌에 관한 법률」 또는 「아동학대범죄의 처벌 등에 관한 특례법」에 따른 보호처분이 확정된 경우(보호처분이 취소되어 검찰에 송치된 경우는 제외한다)

   아. 동일사건에 대하여 재판이 진행 중인 경우(수사준칙 제51조제3항제2호는 제외한다)

   자. 피의자에 대하여 재판권이 없는 경우

   차. 친고죄에서 고소가 없거나 고소가 무효 또는 취소된 경우

   카. 공무원의 고발이 있어야 공소를 제기할 수 있는 죄에서 고발이 없거나 고발이 무효 또는 취소된 경우

   타. 반의사불벌죄(피해자의 명시한 의사에 반하여 공소를 제기할 수 없는 범죄를 말한다)에서 처벌을 희망하지 않는 의사표시가 있거나 처벌을 희망하는 의사표시가 철회된 경우, 「부정수표 단속법」에 따른 수표회수, 「교

통사고처리 특례법」에 따른 보험가입 등 법률에서 정한 처벌을 희망하지 않는 의사표시에 준하는 사실이 있는 경우

파. 동일사건에 대하여 공소가 취소되고 다른 중요한 증거가 발견되지 않은 경우

하. 피의자가 사망하거나 피의자인 법인이 존속하지 않게 된 경우

4. 각하: 고소·고발로 수리한 사건에서 다음 각 목의 어느 하나에 해당하는 사유가 있는 경우

가. 고소인 또는 고발인의 진술이나 고소장 또는 고발장에 따라 제1호부터 제3호까지의 규정에 따른 사유에 해당함이 명백하여 더 이상 수사를 진행할 필요가 없다고 판단되는 경우

나. 동일사건에 대하여 사법경찰관의 불송치 또는 검사의 불기소가 있었던 사실을 발견한 경우에 새로운 증거 등이 없어 다시 수사해도 동일하게 결정될 것이 명백하다고 판단되는 경우

다. 고소인·고발인이 출석요구에 응하지 않거나 소재불명이 되어 고소인·고발인에 대한 진술을 청취할 수 없고, 제출된 증거 및 관련자 등의 진술에 의해서도 수사를 진행할 필요성이 없다고 판단되는 경우

라. 고발이 진위 여부가 불분명한 언론 보도나 인터넷 등 정보통신망의 게시물, 익명의 제보, 고발 내용과 직접적인 관련이 없는 제3자로부터의 전문(傳聞)이나 풍문 또는 고발인의 추측만을 근거로 한 경우 등으로서 수사를 개시할 만한 구체적인 사유나 정황이 충분하지 않은 경우

② 사법경찰관은 압수물의 환부 또는 가환부를 받을 사람이 없는 등 특별한 사유가 있는 경우를 제외하고는 제1항에 따른 결정을 하기 전에 압수물 처분을 완료하도록 노력해야 한다. 수사준칙 제64조제1항제2호에 따라 재수사 결과를 처리하는 경우에도 또한 같다.

제109조(불송치 서류)

① 수사준칙 제62조제1항에 따른 불송치 결정서는 별지 제122호서식에 따르고, 압수물 총목록은 별지 제115호서식에 따르며, 기록목록은 별지 제116호서식에 따른다.

② 불송치 서류는 다음 순서에 따라 편철한다.

1. 별지 제123호서식의 불송치 사건기록 송부서

2. 압수물 총목록

3. 법 제198조제3항에 따라 작성된 서류 또는 물건 전부를 적은 기록목록
4. 불송치 결정서
5. 그 밖의 서류

③ 불송치 사건기록 송부서 명의인 및 불송치 결정서 작성인에 관하여는 제103조제3항 및 제4항을 준용한다.

제110조(일부 결정 시 조치 등)

① 하나의 사건에 수사준칙 제51조제1항제2호부터 제4호까지의 규정에 따른 검찰송치, 불송치 및 수사중지 결정이 병존하는 병존사건의 경우 사법경찰관은 기록을 분리하여 송치 및 송부하도록 노력해야 한다.

② 제1항에도 불구하고 기록을 분리할 수 없는 경우에 사법경찰관은 관계 서류와 증거물을 원본과 다름이 없음을 인증하여 등사 보관하고 송치 결정서, 불송치 결정서 및 수사중지 결정서를 작성하여 그 결정서별로 압수물 총목록과 기록목록 등을 첨부한 후 각 별책으로 편철하여 관계 서류와 증거물 원본과 함께 검사에게 송치 및 송부한다.

③ 검사가 제2항에 따라 송치 및 송부된 사건을 공소제기(수사준칙 제52조제1항제7호에 따른 이송 중 타 기관 이송 및 같은 항 제8호부터 제11호까지의 규정에 따른 사건송치 결정을 포함한다)한 이후, 사법경찰관이 고소인등의 이의신청에 따라 사건을 송치하거나 수사중지 사건을 재개수사하여 송치 또는 송부할 때에는 추가된 새로운 증거물, 관계 서류와 함께 제2항의 관계 서류와 증거물 등본 중 관련 부분을 검사에게 송부해야 한다. 다만, 고소인등의 이의신청이나 수사중지 사건의 재개에 따라 불송치하거나 수사중지 결정한 부분을 모두 송치 또는 송부하는 경우에는 등본 전체를 검사에게 송부해야 한다.

제111조(혐의없음 결정 시의 유의사항)

사법경찰관은 고소 또는 고발 사건에 관하여 제108조제1항제1호의 혐의없음 결정을 하는 경우에는 고소인 또는 고발인의 무고혐의의 유무를 판단해야 한다.

제112조(재수사 결과의 처리)

① 사법경찰관은 수사준칙 제64조제1항제1호에 따라 사건을 송치하는 경우에는 기존 불송치 결정을 취소해야 한다.

② 사법경찰관은 수사준칙 제64조제2항 단서에 따라 사건을 송치하는 경우에는 기존 불송치 결정을 변경해야 한다.

③ 수사준칙 제64조제1항제2호에 따른 재수사 결과서는 별지 제124호서식에 따른다.

제113조(고소인등의 이의신청)

① 법 제245조의7제1항에 따른 이의신청은 별지 제125호서식의 불송치 결정 이의신청서에 따른다.

② 사법경찰관은 제1항의 이의신청이 있는 경우 지체 없이 수사준칙 제58조제1항에 따라 사건을 송치한다. 이 경우 관계 서류와 증거물을 검사가 보관하는 경우(제110조제3항을 적용받는 경우는 제외한다)에는 관계 서류 및 증거물을 송부하지 않고 사건송치서 및 송치 결정서만으로 사건을 송치한다.

③ 사법경찰관은 법 제245조의7제2항에 따라 신청인에게 통지하는 경우에는 서면, 전화, 팩스, 전자우편, 문자메시지 등 신청인이 요청한 방법으로 통지할 수 있으며, 별도로 요청한 방법이 없는 경우에는 서면 또는 문자메시지로 한다. 이 경우 서면으로 하는 통지는 별지 제126호서식의 이의신청에 따른 사건송치 통지서에 따른다.

④ 사법경찰관은 법 제245조의7제2항에 따라 사건을 송치하는 경우에는 기존 불송치 결정을 변경해야 한다.

부 칙

<제233호, 2020.12.31.>

제1조(시행일)

이 규칙은 2021년 1월 1일부터 시행한다.

제2조(일반적 적용례)

이 규칙은 이 규칙 시행 당시 수사 중이거나 법원에 계속 중인 사건에도 적용한다.

경찰컴퓨터온라인운영규칙

[2000.8.8 전개 경찰청예규 제261호]

제1조(목적)

이 규칙은 경찰컴퓨터온라인 운영에 관하여 필요한 사항을 규정함으로써 전산화를 통한 경찰행정 및 정보자료의 신속·정확한 처리와 범죄수사의 과학화에 기여함을 목적으로 한다.

제2조(범위)

경찰관서에 설치된 전산실 운영에 관하여는 다른 법령 또는 특별한 규정이 있는 경우를 제외하고는 이 규칙이 정하는 바에 따른다.

제3조(정의)

이 규칙에 사용하는 용어의 정의는 다음과 같다.

1. "온라인"이라 함은 유선 또는 무선통신에 의해 컴퓨터기기 상호간에 자료를 즉시 주고받을 수 있는 방식을 말한다.
2. "단말기"라 함은 온라인에 의해 주전산기에 자료를 입력하거나 저장된 자료를 조회 또는 출력하기 위하여 사용되는 기기를 말한다.
3. "전산실"이라 함은 각 경찰관서에 온라인으로 연결된 주(부) 전산기, 모뎀 및 다중화장비 등 모든 전산장비 및 전산자료가 통합설치·보관된 장소를 말한다.
4. "단말기 설치부서"라 함은 온라인으로 연결되어 단말기가 설치된 모든 부서를 말한다.
5. "기능별 부서"라 함은 단말기 설치부서 중 파출소·분소 및 검문소(경찰초소를 포함한다. 이하 같다)를 제외한 모든 부서를 말한다.
6. "종합조회처리실"이라 함은 단말기가 미설치된 부서에서 의뢰한조회 및 입력자료를 종합처리하는 부서(전 기능에 단말기 설치시까지는 수사·형사부서)를 말한다.
7. "전산요원"이라 함은 경찰관서의 전산실에 근무하는 자로써 온라인에 연결된 각종 전산장비 및 전산자료를 관리하고, 운용프로그램 등 기술적인 제반 업무를 담당하는 자를 말한다.
8. "단말기 사용자"(이하 "사용자"라 한다)라 함은 경무·방범·수사 등 각 기능별로 설치된 단말기와 파출소·분소 및 검문소 등에 설치된 모든 단말기의 조작

자를 말한다.

9. "전산자료"라 함은 디스크·TAPE 및 디스켓 등에 수록되어 컴퓨터에 의하여 처리되는 자료를 말한다.

제4조(전산요원 및 사용자)

① 전산요원 및 사용자는 경찰공무원, 일반직·기능직공무원 및 의무경찰·전투경찰순경(이하 "전의경"이라 한다)등 소속관서장(부서장을 포함한다)의 승인을 받은 자를 배치한다. 다만, 경찰공무원 또는 일반직공무원 이외의 자를 배치한 경우에는 전담경찰관을 지정하여 지도·감독하도록 한다.

② 사용자중 전·의경이 근무하는 부서는 별표 1의 전의경단말기사용자근무지침에 의하여 관리한다.

제5조(전산요원 등의 임무)

① 전산요원은 다음과 각 호의 임무를 수행한다.

1. 전산실 각종기기 유지관리
2. 회선 및 기기점검
3. 운영 프로그램 개발·유지 및 전산자료관리
4. 단말기 운영 지도·점검
5. 전산운영교육
6. 사용자번호 및 비밀번호 관리
7. 단말기 유지보수 및 단말기 미사용관서 장애관리
8. 기타 전산관련업무

② 사용자는 다음과 각 호의 임무를 수행한다.

1. 기능별 전산 자료입력·조회접수·처리·회보 및 기록유지
2. 단말기 장애시 자체진단·고장신고 및 장애기록 유지
3. 단말기 및 관련 기기 운영·관리

제6조(조회의 범위)

온라인 조회는 경찰 업무수행에 필요한 경우에 한 한다. 다만, 다른 법률에서 조회할 수 있도록 규정되어 있거나 공공목적을 위하여 행정기관의 장이 요청한 조회는 소속관서장의 사전승인을 받아 제한적으로 조회할 수 있다.

제7조(기록관리)

① 전산실에 비치·운영할 부책은 다음과 같다.

1. 전산실 근무일지

2. 다날기사용자 등록관리자 등재대장
   3. 전산망 단말기사용자 등재대장
   4. 통제(제한)구역 출입대장
   5. 기기장애 관리일지
② 종합조회처리실에 비치·운영할 부책은 다음과 같다.
   1. 종합조회처리실 근무일지
   2. 일일조회처리부
   3. 컴퓨터 조회 의뢰서
   4. 비밀(대외비)자료 컴퓨터 조회의뢰서
   5. 비밀(대외비)자료열람 및 출력대장
   6. 개인정보 타기관제공 관리대장
   7. 통제(제한)구역 출입대장
   8. 기기장애 관리일지
③ 기능별 부서에서는 일일조회처리부만 비치·운영한다. 다만, 필요한 경우 기능별 부서의 고유한 전산업무처리를 위한 특정서식을 함께 비치·운영할 수 있다.
④ 기능별 부서에서는 전산조회시 의뢰자 등 조회내용을 일일조회처리부에 정확히 기재하여야 한다. 일일조회처리부를 비치하지 않는 부서는 전산입력으로 이를 대신한다. 다만, 공문이나 조회의뢰서에 의하여 조회한 경우에는 의뢰한 문서로 대신할 수 있다.
⑤ 타기관에 대한 개인정보 제공은 지방경찰청 및 경찰서에서 하는 것을 원칙으로 하되, 특수한 사정이 있는 경우에는 그러하지 아니하다. 이 경우 개인정보 타기관제공관리대장에 정확히 기재하여야 하며, 정보제공을 요청한 공문으로 이를 대신할 수 있다.
⑥ 동일장소에 여러대의 단말기를 설치 운영하는 경우 일일조회처리부 및 개인정보 타기관제공관리대장 등을 각각 한권씩으로 구성, 통합하여 기록할 수 있다.
⑦ 전산요원은 관할 관서에 설치된 단말기와 부속장비 고장 및 회선장애 상황을 기기장애 관리일지에 기록·관리하고, 단말기 설치부서에서는 기기장애 발생시 전산실에 고장신고를 하여야 한다. 다만, 필요한 경우 단말기 설치부서에 별도 기기장애 관리일지를 비치·운영할 수 있다.
⑧ 단말기 설치부서에서 조회한 조회(입력)기록은 3년간 보존한다.
⑨ 경찰청에서는 전국 온라인 조회사항을 매일 총괄하여 전산테이프에 수록, 이를 5년간 보관한다.

제8조(보안)

① 전산요원 또는 사용자는 업무상 알게된 전산처리 자료의 내용을 임의로 외부에 누설하거나 제공하여서는 안된다.

② 전산요원 또는 사용자는 Ⅲ급 비밀취급인가를 받아야 한다. 다만, 보안장비 취급자는 Ⅱ급 비밀취급인가를 받아야 한다.

③ 기기고장 수리 등을 위하여 전산실 및 종합조회처리실을 출입하는 자는 사전에 신분을 확인하고 근무자가 안내하여야 한다. 다만, 통제구역으로 설정된 경우는 소속기관장의 사전승인 후 출입하여야 한다.

④ 종합조회처리실에 근무하는 사용자는 소속 경찰관서의 모든 경찰관에 대한 주민등록번호·계급·성명이 기재된 명부를 비치하여 조회의뢰시 본인 여부를 대조 확인한 후 조회·회보하도록 한다.

⑤ 단말기는 반드시 전산등록된 사용자만이 사용해야 되며 조작요원 개인의 비밀번호는 타인이 알 수 없도록 사용하고 타인이 알게된 경우에는 즉시 이를 변경하여야 한다.

⑥ 대외비 이상의 전산자료를 조회의뢰할 때에는 주무부서의 사전통제를 받은 별지 제4호 서식의 의한 비밀(대외비)자료 컴퓨터조회의뢰서로 신청하여야 하며, 단말기 설치부서에서 조회내용을 회보할 때에는 별지 제5호 서식의 의한 비밀(대외비)자료열람 및 출력대장에 기록하여야 하고, 전화로 회보할 때에는 음어 또는 비화기를 사용하여야 한다.

⑦ 대외비 이상의 인쇄된 전산자료를 수령한 자는 이를 소속과의 비밀관리 기록부에 즉시 등재·관리토록 하며, 사용목적 달성 후 파기한다.

⑧ 대외비 이상의 전산자료 이외의 전산자료도 인쇄를 요하는 조회는 사전 소속과장(야간은 당직관)의 통제를 받아 별지 제3호 서식에 의한 컴퓨터 조회의뢰서로 요청하여야 한다.

제9조(전산실 시설요건)

전산실은 다음 각 호의 기준에 적합토록 시설 요건을 구비하여야 한다. 다만, 시설요건이 부적합한 곳에서는 실정에 맞도록 설치하고 기기의 안정과 보호에 유의하여야 한다.

1. 전산장비 및 비품을 설치할 수 있는 최소의 장소
2. 실내 적정 온습도 : 온도 16℃ ~ 28℃, 습도 30% ~ 75%
3. 자동전압조절기(AVR) 설치

4. 온도계 및 습도계 비치
  5. 각종 기기의 접지시설

제10조(통제구역 및 제한구역)
① 경찰관서장은 전산실과 종합조회처리실을 제한구역으로 설정하여 출입자를 통제한다. 다만, 보안장비가 설치된 장소는 통제구역으로 한다.
② 출입상황은 별지 제9호 서식에 의한 통제(제한)구역 출입대장에 기록한다.

제11조(운영)
① 전산실의 운영은 24시간 지속한다.
② 전산실은 전산장비의 관리를 위하여 전산장비 관리책임자와 담당자를 지정·운영한다.
③ 단말기 설치부서는 단말기, 입·출력자료 및 부책기록 등의 관리를 위하여 단말기 관리책임자와 담당자를 지정한다. 다만, 파출소·검문소 등 교대근무관서는 근무조별 담당자를 지정하여야 한다.
④ 전산요원은 매일 관서별 단말기 미사용관서현황을 파악하여 고장유무를 확인한 후 장애가 발견된 경우 필요한 복구조치를 취한다.

제12조(운영지도)
지방경찰청장은 정보통신과장(제주지방경찰청장은 경무과장)으로 하여금, 경찰서장은 경무과장(종합조회처리실은 설치된 소속의 과장)으로 하여금 각각 전산실의 총괄적인 운영지도를 담당하도록 한다.

제13조(자료정정 요청)
① 온라인조회 내용 중 추가·삭제 및 정정을 요하는 사항은 관계서류를 첨부하여 경찰청에 정정요청하고 자체 정정할 사항은 소속관서장의 승인을 받아 정정한다.
② 제1항에 의한 자료정정을 요청하는 경우에는 관계 주무부서를 경유하여야 한다. 다만, 자료별 별도지침이 있는 경우는 그 지침에 의하여 처리한다.

제14조(확인감독)
① 경찰청장은 컴퓨터온라인 운영사항을 연 1회 이상 확인·감독하여야 한다.
② 지방경찰청장과 경찰서장은 소속관서의 컴퓨터온라인 운영사항에 대하여 연 2회 이상 확인·감독하여야 한다.
③ 단말기 관리책임자는 컴퓨터온라인 운영사항에 대하여 수시로 확인·감독하여야 한다.

제15조(세부사항)
　지방경찰청장은 전산실 운영에 관하여 이 규칙에 규정되지 아니한 세부사항을 정할 수 있다.

부 칙

이 규칙은 발령한 날부터 시행한다.

공소장 및 불기소장에 기재할 죄명에 관한 예규

[시행 2020.6.25.] [대검찰청예규 제1109호, 2020.6.25., 일부개정.]

2020.5.19. 공포된 형법, 성폭력범죄의처벌등에관한특례법, 아동·청소년의성보호에관한법률, 2020.6.2. 공포된 아동·청소년의성보호에관한법률상 신설된 처벌 규정 관련 죄명을 신설하고, 성매매알선등행위의처벌에관한법률 제21조 관련 오류를 시정하는 등 대검예규 제1,072호를 개정하여 2020.6.25.부터 시행함.

1. 형법 죄명표시
   가. 각칙관련 죄명표시
      형법죄명표(별표 1)에 의한다.
   나. 총칙관련 죄명표시
     (1) 미수.예비.음모의 경우에는 위 형법죄명표에 의한다.
     (2) 공동정범.간접정범의 경우에는 정범의 죄명과 동일한 형법각칙 표시 각 본조 해당죄명으로 한다.
     (3) 공범(교사 또는 방조)의 경우에는 형법각칙 표시 각 본조 해당죄명 다음에 교사 또는 방조를 추가하여 표시한다.

2. 군형법 죄명표시
   가. 각칙관련 죄명표시
      군형법 죄명표(별표 2)에 의한다.
   나. 총칙관련 죄명표시
     (1) 미수.예비.음모의 경우에는 위 군형법 죄명표에 의한다.
     (2) 공동정범.간접정범의 경우에는 정범의 죄명과 동일한 군형법 각칙표시 각 본 조 해당 죄명으로 한다.
     (3) 공범(교사 또는 방조)의 경우에는 군형법 각칙표시 각본조 해당 죄명 다음에 교사 또는 방조를 추가로 표시한다.

3. 특정범죄가중처벌등에관한법률위반사건 죄명표시
   가. 정범.기수.미수.예비.음모의 경우에는 특정범죄가중처벌등에관한법률위반사건 죄명표(별표 3)에 의한다.

나. 공범(교사 또는 방조)의 경우에는「위 법률위반(구분 표시죄명)교사 또 위 법률위반(구분 표시죄명)방조」로 표시한다.

4. 특정경제범죄가중처벌등에관한법률위반사건 죄명표시
   가. 정범.기수.미수의 경우에는 특정경제범죄가중처벌등에관한법률위반사건 죄명표(별표 4)에 의한다.
   나. 공범(교사 또는 방조)의 경우에는「위 법률위반(구분 표시죄명)교사 또는 위 법률위반(구분 표시죄명)방조」로 표시한다.

5. 공연법, 국가보안법, 보건범죄단속에관한특별조치법, 성폭력범죄의처벌등에관한특례법, 성폭력방지및피해자보호등에관한법률, 수산업법, 화학물질관리법, 도로교통법, 마약류관리에관한법률, 폭력행위등처벌에관한법률, 성매매알선등행위의처벌에관한법률, 아동.청소년의성보호에관한법률, 정보통신망이용촉진및보호등에관한법률, 부정경쟁방지및영업비밀보호에관한법률, 국민체육진흥법, 한국마사회법, 아동학대범죄의처벌등에관한특례법, 아동복지법, 교통사고처리특례법 각 위반사건 죄명표시
   가. 정범.기수.미수.예비.음모의 경우에는 별표5에 의한다.
   나. 공범(교사 또는 방조)의 경우에는「위 법률위반(구분 표시죄명)교사 또는 법률위반(구분 표시죄명)방조」로 표시한다.

6. 기타 특별법위반사건 죄명표시
   가. 원칙
      「...법위반」으로 표시한다.
   나. 공범.미수
      (1) 공범에 관한 특별규정이 있을 경우에는「...법위반」으로 표시하고, 특별규정이 없을 경우에는「...법위반 교사 또는 ...법위반 방조」로 표시한다.
      (2) 미수에 관하여는「...법위반」으로 표시한다.

<별표 1> 형법 죄명표

제1장 내란의 죄
제87조 1.내란수괴

2.내란(모의참여, 중요임무종사, 실행)

3.내란부화수행

제88조 내란목적살인

제89조 (제87조, 제88조 각 죄명)미수

제90조 (내란, 내란목적살인)(예비, 음모, 선동, 선전)

제2장 외환의 죄
제92조 외환(유치, 항적)

제93조 여적

제94조 ①모병이적

②응병이적

제95조 ①군용시설제공이적

②군용물건제공이적

제96조 군용시설파괴이적

제97조 물건제공이적

제98조 ①간첩, 간첩방조

②군사상기밀누설

제99조 일반이적

제100조 (제92조 내지 제99조 각 죄명)미수

제101조 (제92조 내지 제99조 각 죄명)(예비, 음모, 선동, 선전)

제103조 ①(전시, 비상시)군수계약불이행

②(전시, 비상시)군수계약이행방해

제3장 국기에 관한 죄
제105조 (국기, 국장)모독

제106조 (국기, 국장)비방

제4장 국교에 관한 죄
제107조 ①외국원수(폭행, 협박)

②외국원수(모욕, 명예훼손)

제108조 ①외국사절(폭행, 협박)

　　　　②외국사절(모욕, 명예훼손)

제109조 외국(국기, 국장)모독

제111조 ①외국에대한사전

　　　　②(제1항 죄명)미수

　　　　③(제1항 죄명)예비, 음모

제112조 중립명령위반

제113조 ①외교상기밀누설

　　　　②외교상기밀(탐지, 수집)

제5장 공안을 해하는 죄

제114조 범죄단체(조직, 가입, 활동)

제115조 소요

제116조 다중불해산

제117조 ①(전시, 비상시)공수계약불이행

　　　　②(전시, 비상시)공수계약이행방해

제118조 공무원자격사칭

제6장 폭발물에 관한 죄

제119조 ①폭발물사용

　　　　②(전시, 비상시)폭발물사용

　　　　③(제1항, 제2항 각 죄명)미수

제120조 (제119조 제1항, 제2항 각 죄명)(예비, 음모, 선동)

제121조 (전시, 비상시)폭발물(제조, 수입, 수출, 수수, 소지)

제7장 공무원의 직무에 관한 죄

제122조 직무유기

제123조 직권남용권리행사방해

제124조 ①직권남용(체포, 감금)

　　　　②(제1항 각 죄명)미수

제125조 독직(폭행, 가혹행위)

제126조 피의사실공표

제127조 공무상비밀누설

제128조 선거방해

제129조 ①뇌물(수수, 요구, 약속)

②사전뇌물(수수, 요구, 약속)

제130조 제3자뇌물(수수, 요구, 약속)

제131조 ①수뢰후부정처사

②, ③부정처사후수뢰

제132조 알선뇌물(수수, 요구, 약속)

제133조 ①뇌물(공여, 공여약속, 공여의사표시)

②제3자뇌물(교부, 취득)

제8장 공무방해에 관한 죄

제136조 공무집행방해

제137조 위계공무집행방해

제138조 (법정, 국회회의장)(모욕, 소동)

제139조 인권옹호직무(방해, 명령불준수)

제140조 ①공무상(봉인, 표시)(손상, 은닉, 무효)

②공무상비밀(봉함, 문서, 도화)개봉

③공무상비밀(문서, 도화, 전자기록등)내용탐지

제140조의2 부동산강제집행효용침해

제141조 ①공용(서류, 물건, 전자기록등)(손상, 은닉, 무효)

②공용(건조물, 선박, 기차, 항공기)파괴

제142조 공무상(보관물, 간수물)(손상, 은닉, 무효)

제143조 (제140조 내지 제142조 각 죄명)미수

제144조 ①특수(제136조, 제138조, 제140조 내지 제143조 각 죄명)

②(제1항 각 죄명, 다만 제143조 미수의 죄명은 제외한다)(치상, 치사)

제9장 도주와 범인은닉의 죄

제145조 ①도주

②집합명령위반

제146조 특수도주

제147조 피구금자(탈취, 도주원조)

제148조 간수자도주원조

제149조 (제145조 내지 제148조 각 죄명)미수

제150조 (제147조, 제148조 각 죄명)(예비, 음모)
제151조 범인(은닉, 도피)

제10장 위증과 증거인멸의 죄
제152조 ①위증
　　　　②모해위증
제154조 (허위, 모해허위)(감정, 통역, 번역)
제155조 ①증거(인멸, 은닉, 위조, 변조), (위조, 변조)증거사용
　　　　②증인(은닉, 도피)
　　　　③모해(제1항, 제2항 각 죄명)

제11장 무고의 죄
제156조 무고

제12장 신앙에 관한 죄
제158조 (장례식, 제사, 예배, 설교)방해
제159조 (사체, 유골, 유발)오욕
제160조 분묘발굴
제161조 ①(사체, 유골, 유발, 관내장치물)(손괴, 유기, 은닉, 영득)
　　　　②분묘발굴(제1항 각 죄명)
제162조 (제160조, 제161조 각 죄명)미수
제163조 변사체검시방해

제13장 방화와 실화의 죄
제164조 ①(현주, 현존)(건조물, 기차, 전차, 자동차, 선박, 항공기, 광갱)방화
　　　　②(제1항 각 죄명)(치상, 치사)
제165조 (공용, 공익)(건조물, 기차, 전차, 자동차, 선박, 항공기, 광갱)방화
제166조 ①일반(건조물, 기차, 전차, 자동차, 선박, 항공기, 광갱)방화
　　　　②자기소유(건조물, 기차, 전차, 자동차, 선박, 항공기, 광갱)방화
제167조 ①일반물건방화
　　　　②자기소유일반물건방화
제168조 방화연소
제169조 진화방해
제170조 실화

제171조 (업무상, 중)실화

제172조 ①폭발성물건파열

②폭발성물건파열(치상, 치사)

제172조의2 ①(가스, 전기, 증기, 방사선, 방사성물질)(방출, 유출, 살포)

②(제1항 각 죄명)(치상, 치사)

제173조 ①(가스, 전기, 증기)(공급, 사용)방해

②공공용(제1항 각 죄명)

③(제1항, 제2항 각 죄명)(치상, 치사)

제173조의2 ①과실(제172조제1항, 제172조의2제1항, 제173조제1항, 제2항 각 죄명)

②(업무상, 중)과실(제1항 각 죄명)

제174조 (제164조제1항, 제165조, 제166조제1항, 제172조제1항, 제172조의2제1항, 제173조제1항, 제2항 각 죄명)미수

제175조 (제164조제1항, 제165조, 제166조제1항, 제172조제1항, 제172조의2제1항, 제173조제1항, 제2항 각 죄명)(예비, 음모)

제14장 일수와 수리에 관한 죄

제177조 ①(현주, 현존)(건조물, 기차, 전차, 자동차, 선박, 항공기, 광갱)일수

②(제1항 각 죄명)(치상, 치사)

제178조 (공용, 공익)(건조물, 기차, 전차, 자동차, 선박, 항공기, 광갱)일수

제179조 ①일반(건조물, 기차, 전차, 자동차, 선박, 항공기, 광갱)일수

②자기소유(건조물, 기차, 전차, 자동차, 선박, 항공기, 광갱)일수

제180조 방수방해

제181조 과실일수

제182조 (제177조, 제178조, 제179조제1항 각 죄명)미수

제183조 (제177조, 제178조, 제179조제1항 각 죄명)(예비, 음모)

제184조 수리방해

제15장 교통방해의 죄

제185조 일반교통방해

제186조 (기차, 전차, 자동차, 선박, 항공기)교통방해

제187조 (기차, 전차, 자동차, 선박, 항공기)(전복, 매몰, 추락, 파괴)

제188조 (제185조 내지 제187조 각 죄명)(치상, 치사)

제189조 ①과실(제185조 내지 제187조 각 죄명)

②(업무상, 중)과실(제185조 내지 제187조 각 죄명)

제190조 (제185조 내지 제187조 각 죄명)미수

제191조 (제186조, 제187조 각 죄명)(예비, 음모)

제16장 음용수에 관한 죄

제192조 ①음용수사용방해

②음용수(독물, 유해물)혼입

제193조 ①수도음용수사용방해

②수도음용수(독물, 유해물)혼입

제194조 (제192조제2항, 제193조제2항 각 죄명)(치상, 치사)

제195조 수도불통

제196조 (제192조제2항, 제193조제2항, 제195조 각 죄명)미수

제197조 (제192조제2항, 제193조제2항, 제195조 각 죄명)(예비, 음모)

제17장 아편에 관한 죄

제198조 (아편, 몰핀)(제조, 수입, 판매, 소지)

제199조 아편흡식기(제조, 수입, 판매, 소지)

제200조 세관공무원(아편, 몰핀, 아편흡식기)(수입, 수입허용)

제201조 ①아편흡식, 몰핀주사

②(아편흡식, 몰핀주사)장소제공

제202조 (제198조 내지 제201조 각 죄명)미수

제203조 상습(제198조 내지 제202조 각 죄명)

제205조 단순(아편, 몰핀, 아편흡식기)소지

제18장 통화에 관한 죄

제207조 ①통화(위조, 변조)

②, ③외국통화(위조, 변조)

④(위조, 변조)(통화, 외국통화)(행사, 수입, 수출)

제208조 (위조, 변조)(통화, 외국통화)취득

제210조 (위조, 변조)(통화, 외국통화)지정행사

제211조 ①통화유사물(제조, 수입, 수출)

②통화유사물판매

제212조 (제207조, 제208조, 제211조 각 죄명)미수

제213조 (제207조제1항 내지 제3항 각 죄명)(예비, 음모)

제19장 유가증권, 우표와 인지에 관한 죄

제214조 유가증권(위조, 변조)

제215조 자격모용유가증권(작성, 기재)

제216조 허위유가증권작성, 유가증권허위기재

제217조 (위조유가증권, 변조유가증권, 자격모용작성유가증권, 자격모용기재유가증
　　　　권, 허위작성유가증권, 허위기재유가증권)(행사, 수입, 수출)

제218조 ①(인지, 우표, 우편요금증표)(위조, 변조)
　　　　②(위조, 변조)(인지, 우표, 우편요금증표)(행사, 수입, 수출)

제219조 (위조, 변조)(인지, 우표, 우편요금증표)취득

제221조 (인지, 우표, 우편요금증표)소인말소

제222조 ①(공채증서, 인지, 우표, 우편요금증표)유사물(제조, 수입, 수출)
　　　　②(공채증서, 인지, 우표, 우편요금증표)유사물판매

제223조 (제214조 내지 제219조, 제222조 각 죄명)미수

제224조 (제214조, 제215조, 제218조제1항 각 죄명)(예비, 음모)

제20장 문서에 관한 죄

제225조 (공문서, 공도화)(위조, 변조)

제226조 자격모용(공문서, 공도화)작성

제227조 허위(공문서, 공도화)(작성, 변개)

제227조의2 공전자기록등(위작, 변작)

제228조 ①(공정증서원본, 공전자기록등)불실기재
　　　　②(면허증, 허가증, 등록증, 여권)불실기재

제229조 (위조, 변조)(공문서, 공도화)행사, 자격모용작성(공문서, 공도화)행사, 허위
　　　　(작성, 변개)(공문서, 공도화)행사, (위작, 변작)공전자기록등행사, 불실기재
　　　　(공정증서원본, 공전자기록등, 면허증, 허가증, 등록증, 여권)행사

제230조 (공문서, 공도화)부정행사

제231조 (사문서, 사도화)(위조, 변조)

제232조 자격모용(사문서, 사도화)작성

제232조의2 사전자기록등(위작, 변작)

제233조 허위(진단서, 검안서, 증명서)작성

제234조 (위조, 변조)(사문서, 사도화)행사, 자격모용작성(사문서, 사도화)행사, (위작,

변작)사전자기록등행사, 허위작성(진단서, 검안서, 증명서)행사

제235조 (제225조 내지 제234조 각 죄명)미수

제236조 (사문서, 사도화)부정행사

제21장 인장에 관한 죄

제238조 ①(공인, 공서명, 공기명, 공기호)(위조, 부정사용)

　　　　②(위조, 부정사용)(공인, 공서명, 공기명, 공기호)행사

제239조 ①(사인, 사서명, 사기명, 사기호)(위조, 부정사용)

　　　　②(위조, 부정사용)(사인, 사서명, 사기명, 사기호)행사

제240조 (제238조, 제239조 각 죄명)미수

제22장 성풍속에 관한 죄

제241조 <삭제>

제242조 음행매개

제243조 (음화, 음란문서, 음란필름, 음란물건)(반포, 판매, 임대, 전시, 상영)

제244조 (음화, 음란문서, 음란필름, 음란물건)(제조, 소지, 수입, 수출)

제245조 공연음란

제23장 도박과 복표에 관한 죄

제246조 ①도박

　　　　②상습도박

제247조 (도박장소, 도박공간)개설

제248조 ①복표발매

　　　　②복표발매중개

　　　　③복표취득

제24장 살인의 죄

제250조 ①살인

　　　　②존속살해

제251조 영아살해

제252조 ①(촉탁, 승낙)살인

　　　　②자살(교사, 방조)

제253조 (위계, 위력)(촉탁, 승낙)살인, (위계, 위력)자살결의

제254조 (제250조 내지 제253조 각 죄명)미수

제255조 (제250조, 제253조 각 죄명)(예비, 음모)

제25장 상해와 폭행의 죄
제257조 ①상해
②존속상해
③(제1항, 제2항 각 죄명)미수
제258조 ①, ②중상해
③중존속상해
제258조2 ①특수(제257조 제1항, 제2항 각 죄명)
②특수(제258조 각 죄명)
③(제258조의2 제1항 죄명)미수
제259조 ①상해치사
②존속상해치사
제260조 ①폭행
②존속폭행
제261조 특수(제260조 각 죄명)
제262조 (제260조, 제261조 각 죄명)(치사, 치상)
제264조 상습(제257조, 제258조, 제258조의2, 제260조, 제261조 각 죄명)

제26장 과실치사상의 죄
제266조 과실치상
제267조 과실치사
제268조 (업무상, 중)과실(치사, 치상)

제27장 낙태의 죄
제269조 ①낙태
②(촉탁, 승낙)낙태
③(제2항 각 죄명)(치상, 치사)
제270조 ①업무상(촉탁, 승낙)낙태
②부동의낙태
③(1항, 제2항 각 죄명)(치상, 치사)

제28장 유기와 학대의 죄
제271조 ①유기

②존속유기

③중유기

④중존속유기

제272조 영아유기

제273조 ①학대

②존속학대

제274조 아동혹사

제275조 ①(제271조제1항, 제3항, 제272조, 제273조제1항 각 죄명)(치상, 치사)

②(제271조제2항, 제4항, 제273조제2항 각 죄명)(치상, 치사)

제29장 체포와 감금의 죄

제276조 ①체포, 감금

②존속(체포, 감금)

제277조 ①중체포, 중감금

②중존속(체포, 감금)

제278조 특수(제276조, 제277조 각 죄명)

제279조 상습(제276조, 제277조 각 죄명)

제280조 (제276조 내지 제279조 각 죄명)미수

제281조 ①(제276조제1항, 제277조제1항 각 죄명)(치상, 치사), (특수, 상습)(제276조
제1항, 제277조제1항 각 죄명)(치상, 치사)

②(제276조제2항, 제277조제2항 각 죄명)(치상, 치사), (특수, 상습)(제276조
제2항, 제277조제2항 각 죄명)(치상, 치사)

제30장 협박의 죄

제283조 ①협박

②존속협박

제284조 특수(제283조 각 죄명)

제285조 상습(제283조, 제284조 각 죄명)

제286조 (제283조 내지 285조 각 죄명)미수

제31장 약취와 유인의 죄

제287조 미성년자(약취, 유인)

제288조 ①(추행, 간음, 결혼, 영리)(약취, 유인)

②(노동력착취, 성매매, 성적착취, 장기적출)(약취, 유인)

③국외이송(약취, 유인), (피약취자, 피유인자)국외이송

제289조 ①인신매매

②(추행, 간음, 결혼, 영리)인신매매

③(노동력착취, 성매매, 성적착취, 장기적출)인신매매

④국외이송인신매매, 피매매자국외이송

제290조 ①(피약취자, 피유인자, 피매매자, 피국외이송자)상해

②(피약취자, 피유인자, 피매매자, 피국외이송자)치상

제291조 ①(피약취자, 피유인자, 피매매자, 피국외이송자)살해

②(피약취자, 피유인자, 피매매자, 피국외이송자)치사

제292조 ①(피약취자, 피유인자, 피매매자, 피국외이송자)(수수, 은닉)

②(제287조 내지 제289조 각 죄명)(모집, 운송, 전달)

제293조 <삭제>

제294조 (제287조 내지 제289조, 제290조제1항, 제291조제1항, 제292조제1항 각 죄명)미수

제296조 (제287조 내지 제289조, 제290조제1항, 제291조제1항, 제292조제1항 각 죄명)(예비, 음모)

제32장 강간과 추행의 죄

제297조 강간

제297조의2 유사강간

제298조 강제추행

제299조 준강간, 준유사강간, 준강제추행

제300조 (제297조, 제297조의2, 제298조, 제299조 각 죄명)미수

제301조 (제297조, 제297조의2, 제298조, 제299조 각 죄명)(상해, 치상)

제301조의2 (제297조, 제297조의2, 제298조, 제299조 각 죄명)(살인, 치사)

제302조 (미성년자, 심신미약자)(간음,추행)

제303조 ①(피보호자, 피감독자)간음

②피감호자간음

제304조 <삭제>

제305조 미성년자의제(강간, 유사강간, 강제추행, 강간상해, 강간치상, 강간살인, 강간치사, 강제추행상해, 강제추행치상, 강제추행살인, 강제추행치사)

제305조의2 상습(제297조, 제297조의2, 제298조 내지 제300조, 제302조, 제303조,
　　　　　 제305조 각 죄명)
제305조의3 [제297조, 제297조의2, 제305조 각 죄명, 준강간, (제297조, 제297조의
　　　　　 2, 제298조, 제299조 각 죄명)상해](예비, 음모)

제33장 명예에 관한 죄
제307조 명예훼손
제308조 사자명예훼손
제309조 (출판물, 라디오)에의한명예훼손
제311조 모욕

제34장 신용, 업무와 경매에 관한 죄
제313조 신용훼손
제314조 ①업무방해
　　　　　②(컴퓨터등손괴, 전자기록등손괴, 컴퓨터등장애)업무방해
제315조 (경매, 입찰)방해

제35장 비밀침해의 죄
제316조 ①(편지, 문서, 도화)개봉
　　　　　②(편지, 문서, 도화, 전자기록등)내용탐지
제317조 업무상비밀누설

제36장 주거침입의 죄
제319조 ①(주거, 건조물, 선박, 항공기, 방실)침입
　　　　　②퇴거불응
제320조 특수(제319조 각 죄명)
제321조 (신체, 주거, 건조물, 자동차, 선박, 항공기, 방실)수색
제322조 (제319조 내지 321조 각 죄명)미수

제37장 권리행사를 방해하는 죄
제323조 권리행사방해
제324조 ①강요
　　　　　②특수강요
제324조의2 인질강요

제324조의3 인질(상해, 치상)

제324조의4 인질(살해, 치사)

제324조의5 (제324조, 제324조의2, 제324조의3, 제324조의4 각 죄명) 미수

제325조 ①점유강취

②준점유강취

③(제1항, 제2항 각 죄명)미수

제326조 중권리행사방해

제327조 강제집행면탈

제38장 절도와 강도의 죄

제329조 절도

제330조 야간(주거, 저택, 건조물, 선박, 방실)침입절도

제331조 특수절도

제331조의2 (자동차, 선박, 항공기, 원동기장치자전거) 불법사용

제332조 상습(제329조 내지 331조의2 각 죄명)

제333조 강도

제334조 특수강도

제335조 준강도, 준특수강도

제336조 인질강도

제337조 강도(상해, 치상)

제338조 강도(살인, 치사)

제339조 강도강간

제340조 ①해상강도

②해상강도(상해, 치상)

③해상강도(살인, 치사, 강간)

제341조 상습(제333조, 제334조, 제336조, 제340조제1항 각 죄명)

제342조 (제329조 내지 제341조 각 죄명)미수

제343조 강도(예비, 음모)

제39장 사기와 공갈의 죄

제347조 사기

제347조의2 컴퓨터등사용사기

제348조 준사기

제348조2 편의시설 부정이용

제349조 부당이득

제350조 공갈

제350조의2 특수공갈

제351조 상습(제347조 내지 제350조의2 각 죄명)

제352조 (제347조, 내지 제348조의2, 제350조, 제350조의2, 제351조 각 죄명)미수

제40장 횡령과 배임의 죄

제355조 ①횡령

②배임

제356조 업무상(횡령, 배임)

제357조 ①배임수재

②배임증재

제359조 (제355조 내지 제357조 각 죄명)미수

제360조 ①점유이탈물횡령

②매장물횡령

제41장 장물에 관한 죄

제362조 ①장물(취득, 양도, 운반, 보관)

②장물알선

제363조 상습(제362조 각 죄명)

제364조 (업무상, 중)과실장물(취득, 양도, 운반, 보관, 알선)

제42장 손괴의 죄

제366조 (재물, 문서, 전자기록등)(손괴, 은닉)

제367조 공익건조물파괴

제368조 ①중손괴

②(제366조, 제367조 각 죄명)(치상, 치사)

제369조 ①특수(재물, 문서, 전자기록등)(손괴, 은닉)

②특수공익건조물파괴

제370조 경계침범

제371조 (제366조, 제367조, 제369조 각 죄명)미수

※ 본 죄명표는 아래와 같은 원칙에 의하여 적용한다.

가. 괄호안에 들어가지 않은 단어는 괄호안에 들어가 있는 각 단어와 각 결합 하여 각 죄명을 이룬다.

【예시1】

○ 외국원수(폭행, 협박) : 외국원수폭행, 외국원수 협박

○ (전시, 비상시)공수계약불이행 : 전시공수계약불이행, 비상시공수계약불이행

○ 일반(건조물, 기차, 전차, 자동차, 선박항공기, 광갱)일수 : 일반건조물일수, 일반기차일수, 일반전차일수, 일반자동차일수, 일반선박일수, 일반항공기일수, 일반광갱일수

나. 괄호안에 들어가 있는 각 단어는 다른 괄호안에 들어가 있는 각 단어와 각 결합하여 각 죄명을 이룬다.

【예시 2】

○ (허위, 모해허위)(감정, 통역, 번역) : 허위감정, 모해허위감정, 허위통역, 모해허위통역, 허위번역, 모해허위번역

○ 허위(공문서, 공도화)(작성, 변개) : 허위공문서작성, 허위공문서변개, 허위공도화작성, 허위공도화변개)

○ (공채증서, 인지, 우표, 우편요금증표)유사물(제조, 수입, 수출) : 공채증서유사물제조, 공채증서유사물수입, 공채증서유사물수출, 인지유사물제조, 인지유사물수입, 인지유사물수출, 우표유사물제조, 우표유사물수입, 우표유사물수출, 우편요금증표유사물제조, 우편요금증표유사물수입, 우편요금증표유사물수출

다. 괄호안에 제○○조의 각 죄명 또는 제○○조 내지 제○○조의 각 죄명으로 표시되어 있는 경우에는 각조에 기재된 각 죄명이 괄호안에 들어가 있는 것을 의미한다.

【예시 3】

○ (제87조, 제88조 각 죄명)미수 : (내란수괴, 내란모의참여, 내란중요임무종사, 내란실행, 내란부화수행, 내란목적살인)미수

【별표 3】특정범죄가중처벌등에관한법률위반사건 죄명표

해 당 조 문	죄 명 표 시
제2조	특정범죄가중처벌등에관한법률위반(뇌물)
제3조	〃 (알선수재)
제4조의2 중 체포, 감금의 경우	〃 (체포,감금)
제4조의2 중 독직폭행, 가혹행위	〃 (독직폭행,가혹행위)
제4조의3 중 공무상비밀누설	〃 (공무상비밀누설)
제5조	〃 (국고등손실)
제5조의2	〃 (13세미만 약취,유인 영리약취,유인등)
제5조의3 제1항 제1호	〃 (도주치사)
제5조의3 제1항 제2호	〃 (도주치상)
제5조의3 제2항 제1호	〃 (유기도주치사)
제5조의3 제2항 제2호	〃 (유기도주치상)
제5조의4 중 절도의 경우	〃 (절도)
제5조의4 중 강도의 경우	〃 (강도)
제5조의4 중 장물에 관한 죄	〃 (장물)
제5조의5	〃 (강도상해등재범)
제5조의8	〃 (범죄단체조직)
제5조의9 중 살인의 경우	〃 (보복살인등)
제5조의9 중 상해의 경우	〃 (보복상해등)
제5조의9 중 폭행의 경우	〃 (보복폭행등)
제5조의9 중 체포, 감금의 경우	〃 〔보복(체포등,감금등)〕
제5조의9 중 협박의 경우	〃 (보복협박등)
제5조의9 제4항	〃 (면담강요등)
제5조의10	〃 (운전자폭행등)
제5조의11 중 치사의 경우	〃 (위험운전치사)
제5조의11 중 치상의 경우	〃 (위험운전치상)
제5조의12	〃 (선박교통사고도주)
제5조의13 중 치사의 경우	〃 **(어린이보호구역치사)**
제5조의13 중 치상의 경우	〃 **(어린이보호구역치상)**
제6조	〃 (관세)
제8조	〃 (조세)
제8조의2	〃 (허위 세금계산서교부 등)
제9조	〃 (산림)
제10조	<삭제>
제11조(마약류관리에관한법률 제2조 제2호의 '마약' 관련)	〃 (마약)
제11조(마약류관리에관한법률 제2조 제3호의 '향정신성의약품' 관련)	〃 (향정)
제12조	〃 (외국인을위한재산취득)
제14조	〃 (무고)
제15조	〃 (특수직무유기)

【별표 4】특정경제범죄가중처벌등에관한법률위반사건 죄명표

특정경제범죄가중처벌등에관한 법률 해당조문	죄 명 표 시
제3조중 사기의 경우	특정경제범죄가중처벌등에관한법률위반(사기)
제3조중 공갈의 경우	〃 　　　　　　　　　　(공갈)
제3조중 횡령의 경우	〃 　　　　　　　　　　(횡령)
제3조중 배임의 경우	〃 　　　　　　　　　　(배임)
제4조	〃 　　　　　　　　(재산국외도피)
제5조	〃 　　　　　　　　　　(수재등)
제6조	〃 　　　　　　　　　　(증재등)
제7조	〃 　　　　　　　　　(알선수재)
제8조	〃 　　　　　　　　(사금융알선등)
제9조	〃 　　　　　　　(저축관련부당행위)
제11조	〃 　　　　　　　(무인가단기금융업)
제12조	〃 　　　　　　　　　(보고의무)
제14조	〃 　　　　　　　　(취업제한등)

【별표 5】공연법위반사건 죄명표 외

1. 공연법위반사건 죄명표

공연법 해당조문	죄 명 표 시
제5조 제2항 그외	공연법위반(선전물) 공연법위반

※제5조 제2항위반의 경우에만 "(선전물)"표시

2. 국가보안법위반사건 죄명표

국가보안법 해당조문	죄 명 표 시
제3조	국가보안법위반(반국가단체의구성등)
제4조(제1항제2호 간첩 제외)	〃 (목적수행)
제4조 제1항 제2호	〃 (간첩)
제5조	〃 (자진지원·금품수수)
제6조 제1항	〃 (잠입·탈출)
제6조 제2항	〃 (특수잠입·탈출)
제7조(제3항 제외)	〃 (찬양·고무등)
제7조 제3항	〃 (이적단체의구성등)
제8조	〃 (회합·통신등)
제9조	〃 (편의제공)
제10조	〃 (불고지)
제11조	〃 (특수직무유기)
제12조	〃 (무고·날조)

3. 보건범죄단속에 관한 특별조치법위반사건 죄명표

보건범죄단속에관한 특별조치법해당조문	죄 명 표 시
제2조	보건범죄단속에관한특별조치법위반(부정식품제조등)
제3조	〃 (부정의약품제조등)
제4조	〃 (부정유독물제조등)
제5조	〃 (부정의료업자)
제9조 제2항	〃 (허위정보제공)

4. 성폭력범죄의 처벌 등에 관한 특례법위반사건 죄명표

해당조문	죄 명 표 시
제3조 제1항	성폭력범죄의처벌등에관한특례법위반 [(주거침입, 절도)강간등]
제3조 제2항	〃 특수강도(강간 유사강간 강제추행준강간 준유사강간 준강제추행)
제4조 제1항	〃 (특수강간)
제4조 제2항	〃 (특수강제추행)
제4조 제3항	〃 [특수(준강간,준강제추행)]
제5조 제1항	〃 (친족관계에의한강간)
제5조 제2항	〃 (친족관계에의한강제추행)
제5조 제3항	〃 [친족관계에의한(준강간,준강제추행)]
제6조 제1항	성폭력범죄의처벌등에관한특례법위반 (장애인강간)
제2항	〃 (장애인유사성행위)
제3항	〃 (장애인강제추행)
제4항	〃 (장애인준강간등)
제5항	〃 (장애인위계등간음)
제6항	〃 (장애인위계등추행)
제7항	〃 (장애인피보호자간음)
제7조 제1항	성폭력범죄의처벌등에관한특례법위반 (13세미만미성년자강간)
제2항	〃 (13세미만미성년자유사성행위)
제3항	〃 (13세미만미성년자강제추행)
제4항	〃 (13세미만미성년자준강간등)
제5항	〃 [13세미만미성년자위계등(간음,추행)]
제8조	성폭력범죄의처벌등에관한특례법위반 [강간등(상해,치상)]
제9조	〃 [강간등(살인,치사)]
제10조	〃 (업무상위력등에의한추행)
제11조	〃 (공중밀집장소에서의추행)
제12조	〃 (성적목적공공장소침입)
제13조	〃 (통신매체이용음란)
제14조제1,2,3항	〃 (카메라등이용촬영·반포등)
제14조제4항	〃 (카메라등이용촬영물소지등)
제14조제5항	〃 (상습카메라등이용촬영·반포등)
제14조의2제1,2,3항	〃 (허위영상물편집·반포등)
제14조의2제4항	〃 (상습허위영상물편집·반포등)
제14조의3제1항	〃 (촬영물등이용협박)
제14조의3제2항	〃 (촬영물등이용강요)
제14조의3제3항	〃 [상습(촬영물등이용협박, 촬영물등이용강요)]
제15조의2	성폭력범죄의처벌등에관한특례법위반 [(제3조 내지 제7조 각 죄명)(예비,음모)]
제50조	성폭력범죄의처벌등에관한특례법위반 (비밀준수등)

5. 성폭력방지및피해자보호등에관한법률위반사건 죄명표

성폭력방지 및 피해자보호 등에 관한 법률 해당조문	죄 명 표 시
제36조 제1항	성폭력방지및피해자보호등에관한법률위반(피해자해고등)
제36조 제2항 제1호	〃 　　　　　　　(상담소등설치)
제36조 제2항 제2호	〃 　　　　　　　(폐지명령등)
제36조 제2항 제3호	〃 　　　　　　　(영리목적운영금지)
제36조 제2항 제4호	〃 　　　　　　　(비밀엄수)

6. 수산업법위반사건 죄명표

수산업법 해당조문	죄 명 표 시
제36조 제1항 제2호,제3호 그외	수산업법위반(월선조업) 수산업법위반

※ 제36조 제1항 제2호, 제3호위반의 경우에만 "(월선조업)" 표시

7. 화학물질관리법위반사건 죄명표

화학물질관리법 해당조문	죄 명 표 시
제22조 제1항 그외	화학물질관리법위반(환각물질흡입) 화학물질관리법위반

※제22조 제1항 위반의 경우에만 "(환각물질흡입)" 표시

8. 음반.비디오물및게임물에관한법률위반사건 죄명표 (삭제)

음반.비디오물 및 게임물에 관한 법률 해당조문	죄 명 표 시
제42조 제3항 제2호, 제21조 제1항 그외	삭제 삭제

※ **2006.4.28. 법률 제7943호에 의하여 「음반.비디오물및게임물에관한법률」폐지**

※**「영화 및 비디오물의 진흥에 관한 법률」「음악산업진흥에 관한 법률」「게임산업진흥에 관한 법률」사건의 경우에는 죄명을 세분화하지 아니함**

9. 도로교통법위반사건 죄명표

도로교통법 해당조문	죄 명 표 시
제43조	도로교통법위반(무면허운전)
제44조 제1항	〃 (음주운전)
제44조 제2항	〃 (음주측정거부)
제46조	〃 (공동위험행위)
제54조 제1항	〃 (사고후미조치)
그외	도로교통법위반

10. 마약류관리에관한법률위반사건 죄명표

마약류관리에관한법률 해당조문	죄 명 표 시
제2조 제2호의 '마약' 관련	마약류관리에관한법률위반(마약)
제2조 제4호의 '향정신성의약품' 관련	〃 (향정)
제2조 제5호의 '대마' 관련	〃 (대마)

11. 폭력행위등처벌에관한법률위반사건 죄명표

해당조문	죄 명 표 시
제2조 제1항	삭 제
제2조 제2항	폭력행위등 처벌에 관한 법률위반〔공동(폭행, 협박, 주거침입, 퇴거불응, 재물손괴등, 존속폭행, 체포, 감금, 존속협박, 강요, 상해, 존속상해, 존속체포, 존속감금, 공갈)〕
	폭력행위등처벌에관한법률위반〔상습(폭행,협박,주거침입,퇴거불응,재물손괴등,존속폭행,체포,감금,존속협박,강요,상해,존속상해,존속체포,존속감금,공갈)〕
제2조 제2항	삭 제
제3조 제1항	삭 제
제3조 제2항	삭 제
제3조 제3항	폭력행위등처벌에관한법률위반〔상습특수(폭행, 협박, 주거침입, 퇴거불응, 재물손괴등, 존속폭행, 체포, 감금, 존속협박, 강요, 상해, 존속상해, 존속체포, 존속감금, 공갈)
제3조 제4항	폭력행위등 처벌에 관한 법률위반(단체등의구성·활동)
제4조 제1항	폭력행위등 처벌에 관한 법률위반【단체등의(공무집행방해, 공용(서류, 물건, 전자기록
제4조 제2항제1호	등)(손상, 은닉, 무효), 공용(건조물, 선박, 기차, 항공기) 파괴, 살인, (촉탁, 승낙)살인, (위계, 위력)(촉탁, 승낙)살인, (위계, 위력)자살결의, (살인, 위계촉탁살인, 위계승낙살인, 위력촉탁살인, 위력승낙살인, 위계자살결의, 위력자살결의)(예비, 음모), 업무방해, (컴퓨터등손괴, 전자기록등손괴, 컴퓨터등장애)업무방해, (경매, 입찰)방해, 강도, 특수강도, 준강도, 준특수강도, 인질강도, 강도(상해, 치상), 강도강간, 해상강도, 해상강도(상해, 치상), 상습(강도, 특수강도, 인질강도, 해상강도), 강도(예비, 음모)】
제4조 제2항제2호	폭력행위등 처벌에 관한 법률위반【단체등의(상습, 공동, 집단·흉기등, 상습집단·흉기등)(폭행, 협박, 주거침입, 퇴거불응, 재물손괴등, 존속폭행, 체포, 감금, 존속협박, 강요, 상해, 존속상해, 존속체포, 존속감금, 공갈)】
제5조	폭력행위등 처벌에 관한 법률위반(단체등의이용·지원)
제7조	폭력행위등 처벌에 관한 법률위반(우범자)
제9조	폭력행위등 처벌에 관한 법률위반(직무유기)

※ 폭력행위등처벌에관한법률 제6조 : 해당 기수죄명 다음에 '미수' 표시하지 아니함

12. 성매매알선 등 행위의 처벌에 관한 법률위반사건 죄명표

해당조문	죄 명 표 시
제18조	성매매알선등행위의처벌에관한법률위반(성매매강요등)
제19조	성매매알선등행위의처벌에관한법률위반(성매매알선등)
제20조	성매매알선등행위의처벌에관한법률위반(성매매광고)
제21조 제1항중 아동.청소년의성보호에관한법률 제26조 제1항이 적용되는 경우	성매매알선등행위의처벌에관한법률위반(아동.청소년)
그 외의 제21조 제1항	성매매알선등행위의처벌에관한법률위반(성매매)

※ 그 외에는 성매매알선 등 행위의처벌에 관한 법률위반으로 표시

13. 아동 . 청소년의성보호에 관한 법률위반사건 죄명표

해당조문	죄 명 표 시
제7조 제1항	아동.청소년의성보호에관한법률위반(강간)
제2항	아동.청소년의성보호에관한법률위반(유사성행위)
제3항	아동.청소년의성보호에관한법률위반(강제추행)
제4항	아동.청소년의성보호에관한법률위반(준강간,준유사성행위,준강제추행)
제5항	아동.청소년의성보호에관한법률위반【위계등(간음, 추행)】
제7조의2	아동.청소년의성보호에관한법률위반[(제7조 각항의 각 죄명)(예비, 음모)]
제8조 제1항	아동.청소년의성보호에관한법률위반(장애인간음)
제8조 제2항	아동.청소년의성보호에관한법률위반(장애인추행)
제9조	아동.청소년의성보호에관한법률위반【강간등(상해, 치상)】
제10조	아동.청소년의성보호에관한법률위반【강간등(살인, 치사)】
제11조 제5항	아동.청소년의성보호에관한법률위반(성착취물소지)
제11조 제7항	아동.청소년의성보호에관한법률위반(상습성착취물제작·배포등)
그 외의 11조	아동.청소년의성보호에관한법률위반(성착취물제작배포등)
제12조	아동.청소년의성보호에관한법률위반(매매)
제13조	아동.청소년의성보호에관한법률위반(성매수등)
제14조	아동.청소년의성보호에관한법률위반(강요행위등)
제15조	아동.청소년의성보호에관한법률위반(알선영업행위등)
제16조	아동.청소년의성보호에관한법률위반(합의강요)
제17조 제1항	아동.청소년의성보호에관한법률위반(음란물온라인서비스제공)
제31조	아동.청소년의성보호에관한법률위반(비밀누설)
그 외	아동.청소년의성보호에관한법률위반

14. 정보통신망이용촉진및정보보호등에관한법률위반사건 죄명표

해당조문	죄 명 표 시
제70조 제1항, 제2항	정보통신망이용촉진및정보보호등에관한법률위반(명예훼손)
제71조 제1,3호	〃　　　　　　　　　　　　(개인정보누설등)
제71조 제4,5,6호, 제72조 제1항 제1호	〃　　　　　　　　　　　　(정보통신망침해등)
제74조 제1항 제2호	〃　　　　　　　　　　　　(음란물유포)
그 외	정보통신망이용촉진및정보보호등에관한법률위반

15. 부정경쟁방지및영업비밀보호에관한법률위반사건 죄명표

해당조문	죄 명 표 시
제18조 제1항	부정경쟁방지및영업비밀보호에관한법률위반(영업비밀국외누설등)
제18조 제2항	부정경쟁방지및영업비밀보호에관한법률위반 (영업비밀누설등)
제18조 제3항	부정경쟁방지및영업비밀보호에관한법률위반

16. 국민체육진흥법위반사건 죄명표

국민체육진흥법 해당조문	죄 명 표 시
제47조 제2호	국민체육진흥법위반(도박개장등)
제48조 제3호	국민체육진흥법위반(도박등)
제48조 제4호	국민체육진흥법위반(도박개장등)
그 외	국민체육진흥법위반

17. 한국마사회법위반사건 죄명표

한국마사회법 해당조문	죄 명 표 시
제50조 제1항 제1호, 제51조 제9호, 제53조 제1호	한국마사회법위반(도박개장등)
제50조 제1항 제2호, 제51조 제8호	〃 (도박등)
그 외	한국마사회법위반

18. 아동학대범죄의처벌등에관한특례법위반사건 죄명표

아동학대범죄의 처벌등에 관한 특례법 해당조문	죄 명 표 시
제4조	아동학대범죄의처벌등에관한특례법위반(아동학대치사)
제5조	〃 (아동학대중상해)
제6조	〃 〔상습(제2조 제4호 가목 내지 카목의 각 죄명)〕
제7조	〃 (아동복지시설 종사자 등의 아동학대 가중처벌)
제59조 제1항, 제2항	〃 (보호처분 등의 불이행)
제59조 제3항	〃 (이수명령 불이행)
제60조	〃 (피해자 등에 대한 강요행위)
제61조 제1항	〃 〔(폭행, 협박)업무수행 등 방해〕
제2항	〃 (단체.다중의 위력, 위험한 물건 휴대)업무수행 등 방해〕
제3항	〃 〔업무수행 등 방해(치상, 치사)〕
제62조 제1항	〃 (비밀엄수의무위반)
제2항	〃 (아동학대신고인의 인적사항 공개 및 보도행위)
제3항	〃 (보도금지의무위반)
그외	아동학대범죄의처벌등에관한특례법위반

19. 아동복지법위반사건 죄명표

아동복지법 해당조문	죄 명 표 시
제71조 제1항 제1호	아동복지법위반(아동매매)
제1의2호	" (아동에 대한 음행강요.매개.성희롱 등)
제2호	" (아동학대, 아동유기.방임, 장애아동관람, 구걸강요.이용행위)
제3호	" (양육알선금품취득, 아동금품유용)
제4호	" (곡예강요행위, 제3자인도행위)
제71조 제2항 제3호	" (무신고 아동복지시설 설치)
제4호	" (허위서류작성 아동복지시설 종사자 자격취득)
제5호	" (시설폐쇄명령위반)
제6호	" (아동복지업무종사자 비밀누설)
제7호	" (조사거부.방해 등)
제72조	" 〔상습(제71조 제1항 각호 각 죄명)〕
그외	아동복지법위반

※ 아동복지법 제73조: 해당 기수 죄명 다음에 '미수' 표시하지 아니함

20. 발달장애인권리보장및지원에관한법률위반사건 죄명표

해당조문	죄 명 표 시
제42조	발달장애인권리보장및지원에관한법률위반

21. 교통사고처리특례법위반사건 죄명표

교통사고처리 특례법 해당조문	죄 명 표 시
제3조 중 치사의 경우	교통사고처리특례법위반(치사)
제3조 중 치상의 경우	" (치상)
그 외	교통사고처리특례법위반

범죄수법공조자료관리규칙

제1조(목적)

이 규칙은 범죄수법과 피의자의 사진 등 각종 인적, 물적 특징에 관한 자료의 수집, 관리방법과 그 조직적인 운영절차를 규정함으로써 과학적인 범죄수사에 기여함을 목적으로 한다.

제2조(정의)

이 규칙에서 사용하는 용어의 정의는 다음과 같다.

1. "범죄수법"이라 함은 반복적인 범인의 범행수단·방법 및 습벽에 의하여 범인을 식별하려는 인적특징의 유형기준을 말한다.
2. "수법범죄"라 함은 범죄수법자료를 활용하여 범죄수사를 실행할 수 있는 범죄를 말한다.
3. "수법·수배·피해통보 전산자료 입력코드번호부"라 함은 수법원지, 피해통보표 입력사항과 지명수배통보자의 죄명에 전산입력번호를 부여한 부책을 말한다.
4. "수법원지"라 함은 수법범인의 인적사항, 인상특징, 수법내용, 범죄사실, 직업, 사진 등을 전산입력한 것을 말한다.
5. "피해통보표"라 함은 피해사건이 발생하여 그 범인이 누구인지 판명되지 아니하였을 때에 해당사건의 피해자, 범인의 인상·신체·기타특징, 범행수법, 피해사실, 용의자 인적사항, 피해품, 유류품 등 수사자료가 될 수 있는 내용을 전산입력한 것을 말한다.
6. "공조제보"라 함은 경찰관서 상호간에 있어서 범인, 여죄, 장물을 발견하고 범인을 검거하기 위하여 필요한 수사자료를 서면, 전신, 영상 또는 전산자료로 행하는 수배, 통보, 조회 등을 말한다.
7. "지문자동검색시스템(AFIS)"이란 개인의 인적사항 및 십지지문 등이 채취되어 있는 주민등록발급신청서를 고속의 대용량 컴퓨터에 이미지 형태로 입력, 필요시 단말기에 현출시켜 지문을 확인하거나 변사자 인적사항 및 현장유류 지문 등을 자동으로 검색하여 동일인 여부를 확인하는 체계로서 범죄분석담당관에서 구축·운영중인 것을 말한다.
8. "경찰 형사사법정보시스템(이하 '경찰시스템'이라 한다.)"이란 경찰 형사사법정보시스템 운영규칙 제2조제1호에서 규정한 시스템을 말한다.

제3조(수법원지의 전산입력)

① 경찰서장(경찰청, 지방경찰청에서 처리한 사건에 대하여는 '경찰청장, 지방경찰청장'을 포함한다. 이하 같다.)은 다음 각 호에 해당하는 피의자를 검거하였거나 인도받아 조사하여 구속 송치할 때에는 제2조제3호의 "수법·수배·피해통보 전산자료 입력코드번호부"에 규정된 내용에 따라 경찰시스템을 활용하여 수법원지를 전산입력하여 경찰청장에게 전산송부하여야 한다. 다만 불구속 피의자도 재범의 우려가 있다고 인정되는 자에 대하여는 전산입력 할 수 있다.

1. 강도
2. 절도
3. 사기
4. 위조·변조(통화, 유가증권, 우편, 인지, 문서, 인장)
5. 약취·유인
6. 공갈
7. 방화
8. 강간
9. 제1호 내지 제8호중 특별법에 위반하는 죄
10. 장물

② 제1항의 피의자가 여죄가 있고 그것이 범죄수법 소분류가 각각 상이한 유형의 수법일 때에는 그 수법마다 수법원지를 전산입력하여야 한다.

③ 수법원지는 해당 범인을 수사하거나 조사 송치하는 경찰공무원이 직접 전산입력하여야 한다.

④ 사건 담당과장은 사건송치기록 검토 후 수법원지 입력누락 여부 및 입력된 수법원지 내용의 오류나 입력사항 누락 여부를 검토하여 수정하고 경찰시스템에서 승인하여야 한다.

제4조(수법원지 전산입력방법)

수법원지 각 항의 전산입력은 다음 각 호에 의하여야 한다.

1. 해당죄명 입력
2. 작성관서·일자순으로 수법원지 작성번호 부여 및 사건연도·번호 입력
3. 피의자의 성별 입력
4. 피의자의 성명과 주민등록번호는 타인의 인적사항을 도용하는 일이 없도록 지문자료 대조확인 등 정확히 파악 입력

5. 피의자의 공범 등에게 확인, 이명·별명·아명·속명 등 최대한 입력
6. 직업은 단순히 "무직", "없음" 등으로 기재하기 보다는 과거의 직업 등도 파악하여 주된 것을 입력
7. 수법 소분류는 "수법·수배·피해통보 전산자료 입력코드번호부"에 따라 피의자의 주된 범행수법을 정확히 분류 입력
8. 수법내용은 해당 코드번호와 그 내용을 동시 입력
9. 출생지, 등록기준지, 주소는 수법원지 입력 당해 피의자 1명에 한하여 입력
10. 공범은 당해 피의자의 공범 모두(미검거 공범포함)의 성명과 생년월일을 입력하고, 그 수가 많을 경우에는 각 공범이 수법원지상 상호 연계될 수 있도록 입력
11. 인상 및 신체적 특징은 수사자료로 활용할 수 있도록 특징종별 부위, 형태 또는 크기 등을 상세하게 파악 입력
12. 혈액형은 "A, 에이" "B, 비" "AB, 에이비" "O, 오"로 입력하되, 혈액형을 모르거나 불확실한 경우에 한하여 "X, 모름"으로 입력
13. 지문번호는 반드시 피의자의 신원확인조회 또는 범죄경력조회를 실시하여 전산상의 지문분류 번호를 입력한다. 다만 전산상 신원확인자료·범죄경력이 없는 피의자의 경우에는 지문번호를 직접 분류하여 입력한다.
14. 범행(수법)개요는 피의자의 주된 범행수단과 방법이 부각되도록 상세히 입력

제5조(피의자 사진촬영)
검거피의자 사진은 다음 각 호의 규정에 따라 촬영하여야 한다.
1. 명함판(5cm×8cm) 크기로 전신상과 상반신 정면, 측면 상을 촬영할 것
2. 측면상은 원칙적으로 좌우면상을 촬영하되 좌우면에 신체적 특징이 있을 때에는 좌측면상을 촬영할 것
3. 사진은 인상 및 신체적 특징부위가 크게 부각되도록 촬영할 것
4. 정면상 촬영시는 촬영관서, 년, 월, 일, 성명을 기재한 가로 24cm, 세로 8cm의 표식판을 앞가슴에 부착하고 얼굴이 크게 나타나도록 할 것
5. 사진의 배경이 단색(회색)이 되고 전신상에 있어서는 신장을 나타내는 눈금이 선명하게 표시되도록 촬영할 것

제6조(수리한 수법원지의 처리 및 보관)
경찰청장은 수법원지의 전산송부를 받았을 때에는 다음 각 호와 같이 처리하여야 한다.

1. 범죄수법 분류 및 수법내용 입력 사항을 검토, "수법·수배·피해통보 전산자료 입력코드번호부"에 따라 재분류 및 보완 수정한 후 전산입력하여야 한다.
2. 범죄수법 소분류가 동일한 동일 피의자의 수법원지가 중복 입력된 때에는 그 중 가장 최근자료를 보관하되 다른 원지의 입력 사항 중필요한 사항을 전산입력하여야 한다.
3. 수법원지는 성별, 수법 소분류별, 생년월일 순으로 보관하여야 한다.

제7조(피해통보표의 전산입력)

① 경찰서장은 제3조제1항 각 호에 해당하는 범죄의 신고를 받았거나 또는 인지하였을 때에는 지체없이 제2조제3호의 "수법·수배·피해통보 전산자료 입력코드번호부"에 수록된 내용에 따라 경찰시스템을 활용하여 피해통보표를 전산입력하여 경찰청장에게 전산송부하여야 한다. 다만 당해 범죄의 피의자가 즉시 검거되었거나 피의자의 성명·생년월일·소재 등 정확한 신원이 판명된 경우에는 그러하지 아니한다.

② 피해통보표는 반드시 당해 사건을 담당하는 수사경찰관이 전산입력하여야 한다.

③ 사건 담당과장은 사건발생보고서 검토시 경찰청 및 지방경찰청에 보고되는 속보 사건을 포함한 해당 범죄의 피해통보표의 입력여부 및 입력된 피해통보표 내용의 오류나 입력사항 누락여부를 검토, 수정하여야 한다.

제8조(피해통보표의 관리 및 활용)

① 피해통보표를 입력한 담당경찰관은 입력누락 여부를 수시로 확인하고, 입력된 전산자료를 관리하여야 한다.

② 범행수법이 동일한 피해통보표를 2건 이상 입력하였을 때에는 동일범에 의한 범죄여부, 재범 우려 등을 종합분석하여 수사자료로 활용한다.

③ 피해통보표는 동일한 수법범죄의 발생여부, 검거피의자의 여죄와 중요장물의 수배, 통보, 조회 등 수사자료로 활용한다.

제9조(공조제보의 실시)

① 지방경찰청장 및 경찰서장은 발생사건의 범인검거 또는 검거피의자의 여죄 및 장물 등의 발견을 위하여 다른 경찰관서에 수배·통보·조회를 할 때에는 서면, 전신, 전산기 등으로 신속히 공조제보를 하여야 한다.

② 제1항의 공조제보가 긴급을 요할 때에는 경찰전화로 할 수 있다.

제10조(피해통보표의 장물 수배)

① 재산범죄 사건의 피해품은 경찰시스템 피해통보표의 피해품 란에 각각 전산

입력하여 장물조회 등의 수사자료로 활용한다.

② 피해통보표에 전산입력한 피해품은 장물수배로 본다.

제11조(수법, 여죄 및 장물조회)

① 경찰공무원은 수법범죄사건 현장을 임장하였거나 수법범인을 검거한 경우 또는 수사활동 과정에 있어서 필요한 사안에 관하여는 다음 각 호의 구분에 따라 해당사항을 적극적으로 조회·관리하여야 한다.

1. 수법범죄가 발생하였으나 즉시 범인을 검거하지 못하고 수사중인 사건에 대하여는 유형의 유류물 외에도 무형의 유류물인 범행수법 등을 수집·분석한 후 경찰 시스템 등을 이용 동일수법 조회를 실시, 수사에 활용하여야 한다.

2. 동일수법 조회는 수법코드·신체특징·성명(이명)별로 각각 또는 종합적으로 하는 것을 원칙으로 하여 신상·사진·범행사실을 검색하고 검색된 자료는 교통면허사진, 지문자동검색시스템(AFIS) 지문, 수용자, 수배자, 주민자료 등을 연계 검색하여 수사자료의 효용성을 높인다.

3. 수사경찰관은 필요한 때에는 수법원지를 직접 열람하거나 범인을 목격한 목격자에게 수법원지에 첨부된 피의자의 사진을 경찰시스템을 이용하여 열람하게 할 수 있다. 다만 열람에 의하여 알게 된 피의자 및 경찰시스템 관련사항을 누설하여서는 아니된다.

4. 동일수법 조회결과 검색한 용의자에 대하여는 행적수사 등을 철저히 하고 그 결과를 명확히 기록 관리하여야 하며, 검색자료의 편철 및 폐기 등은 보안에 유의, 합리적인 방법으로 관리한다.

② 현재 검거 조사중인 피의자의 여죄 및 발생사건들의 범죄수법의 동일성 또는 불심대상자 등이 소지한 수상한 물건, 중고품 상가나 사회에서 거래·유통되고 있는 수상한 물건, 출처 불명품 등에 대한 장물여부는 다음 각 호의 구분에 따라 적극적으로 조회하여야 한다.

1. 검거한 피의자의 여죄 및 발생사건의 동일성 조회는 경찰시스템을 활용, 동일수법 분류·내용·특성·발생지(관서)·발생기간 등을 다각적으로 대조·검색하고 지명수배·통보 중인 여죄는 인적사항 등에 의한 수배조회의 실시로 파악하여야 한다.

2. 장물조회는 경찰시스템을 활용, 전산 입력되어있는 피해통보표의 피해품과 물품 고유번호, 품명, 재료, 중량 등 특징을 대조·검색하여야 한다.

3. 발견한 여죄 및 장물은 각 피해통보표 입력 경찰관서 및 지명수배·통보관서

와 공조수사하여야 한다.

제12조(수법원지 및 피해통보표의 삭제)

① 수법원지가 다음 각 호에 해당할 때에는 전산자료를 삭제하여야 한다.

  1. 피작성자가 사망하였을 때

  2. 피작성자가 80세 이상이 되었을 때

  3. 작성자의 수법분류번호가 동일한 원지가 2건 이상 중복될 때 1건을 제외한 자료

② 피해통보표가 다음 각 호에 해당할 때에는 전산자료를 삭제하여야 한다.

  1. 피의자가 검거되었을 때

  2. 피의자가 사망하였을 때

  3. 피해통보표 전산입력 후 10년이 경과하였을 때

제13조(통계보고)

경찰서장은 경찰시스템을 이용하여 수법, 여죄 및 장물조회를 통해 범인, 용의자, 기타 수사에 필요한 자료를 발견·활용하였을 때에는 그 실적을 집계하여 경찰청장에게 매월 보고하여야 한다.

제14조(준용)

각 수사기관(해양경찰청, 철도청)에서 경찰에 의뢰하는 수법원지, 피해통보표 등 자료의 처리, 공조제보는 이 규칙을 준용한다.

부 칙

<제901호, 2018.11.22.>

이 규칙은 발령한 날부터 시행한다.

변호인 접견·참여 등 규칙

[제정 2013.4.19. 경찰청훈령 제702호]

제1장 총 칙

제1조(목적)

이 규칙은 변호인 또는 변호인이 되려는 자의 체포.구속된 피의자에 대한 접견과 변호인의 피의자에 대한 신문과정 참여 및 변호사의 피혐의자.피해자.참고인에 대한 조사과정 참여에 관한 원칙을 정하고 그 절차 및 방법을 규정함으로써 경찰 수사과정의 신뢰를 제고하고 인권보호에 기여함을 목적으로 한다.

제2장 변호인 접견

제2조(피의자와의 접견, 교통, 수진)

경찰관은 변호인 또는 변호인이 되려는 자(이하 '변호인 등'이라고 한다.)가 체포·구속된 피의자와의 접견, 서류·물건의 접수 또는 의사의 진료를 요청할 때는 친절하게 응해야 한다.

제3조(접견신청절차)

① 유치장 입감 피의자(이때 유치장 입감 피의자는 조사 등의 이유로 일시 출감 중인 경우를 포함한다. 이하 같다.)에 대한 변호인 등의 접견신청은 유치장관리부서에서 처리한다.

② 제1항의 신청을 받은 유치장관리부서의 경찰관은 다음 각 호의 사항을 확인하고, 즉시 「피의자 유치 및 호송규칙」제4조제2항의 유치인보호주무자에게 보고하여야 한다.

  1. 변호사 신분증
  2. 별지 제1호 서식의 접견신청서

③ 경찰관은 변호인 등이 변호사 신분증을 소지하지 아니한 경우 지방변호사협회 회원명부와 주민등록증을 대조하는 등 기타 방법으로 변호사 신분을 확인할 수 있고, 신분을 확인할 수 없는 경우에는 일반 접견절차에 따라 접견하도록 안내하여야 한다.

④ 유치인보호주무자는 변호인 접견신청 보고를 받은 경우 즉시 접견장소와 담당경찰관을 지정하는 등 필요한 조치를 하여야 한다.

제4조(접견 장소 및 관찰)

① 변호인 등의 접견은 경찰관서(이 때 경찰관서는 경찰서, 지방경찰청, 경찰청을 의미한다. 이하 같다.) 내 지정된 장소에서 이루어져야 한다.

② 별도의 지정된 접견실이 설치되어 있지 않은 경우에는 경찰관서 내 조사실 등 적정한 공간을 이용할 수 있다.

③ 체포·구속된 피의자와 변호인 등과의 접견에는 경찰관이 참여하지 못하며 그 내용을 청취 또는 녹취하지 못한다. 다만 보이는 거리에서 체포·구속된 피의자를 관찰할 수 있다.

④ 경찰관은 「형의 집행 및 수용자의 처우에 관한 법률」 제92조의 금지물품이 수수되지 않도록 관찰하며 이러한 물품의 수수행위를 발견한 때에는 이를 제지하고 유치인보호주무자에게 보고하여야 한다.

제5조(피의자 신병이 경찰관서 내에 있는 경우의 접견)

① 체포.구속된 피의자 중 유치장에 입감되지 않은 상태로 신병이 경찰관서에 있는 피의자에 대한 변호인 등의 접견 신청은 피의자 수사를 담당하는 수사팀에서 접수하여 조치하여야 한다.

② 제1항에 따른 접견 신청의 접수처리는 제3조와 제4조를 준용한다.

제6조(피의자 신병이 경찰관서 내에 있지 않은 경우의 접견)

① 현행범인 체포 등 체포·구속된 피의자의 신병이 경찰관서 내에 있지 않은 경우 변호인 등의 접견 신청에 대하여는 신청 당시 현장에서 피의자신병을 관리하는 부서(이하 '현장담당부서'라고 한다.)에서 담당하여 안내하여야 한다.

② 접견신청을 받은 현장담당부서 경찰관은 피의자와 변호인 등의 접견이 이루어질 경찰관서와 예상접견시각을 고지하고 접견이 이루어질 경찰관서의 담당수사팀 또는 유치장관리부서에 통보하여야 한다. 이때 접견은 신속하게 이루어져야 하며, 제1항의 접견신청을 받은 때로부터 6시간을 초과해서는 아니 된다.

③ 현장담당부서의 경찰관으로부터 피의자신병 인수와 함께 변호인 등의 접견신청사실을 통보받은 유치장관리부서 또는 담당수사팀의 경찰관은 제3조부터 제5조까지의 규정에 따라 접수하여 조치하여야 한다.

제7조(접견 시간 및 횟수)

① 유치장 입감 피의자와 변호인 등 간의 접견 시간 및 횟수에 관하여는 「피의

자 유치 및 호송규칙」제37조제1항 및 제2항을 준용한다.

② 유치장에 입감되지 않은 체포·구속 피의자에 대해서는 제1항의 시간외에도 접견을 실시할 수 있다.

제3장 변호인 참여

제8조(변호인 참여와 제한)

① 경찰관은 피의자 또는 그 변호인·법정대리인·배우자·직계친족·형제자매의 신청을 받았을 때에는 변호인의 참여로 인하여 신문 방해, 수사기밀 누설 등 수사에 현저한 지장을 줄 우려가 있다고 인정되는 사유가 없으면 변호인을 피의자 신문에 참여하게 하여야 한다.

② 경찰관은 변호인의 참여로 인하여 다음 각 호의 어느 하나에 해당하는 사유가 발생하여 신문 방해, 수사기밀누설 등 수사에 현저한 지장이 있을 때에는 피의자신문중이라도 변호인의 참여를 제한할 수 있다.

1. 경찰관의 승인 없이 부당하게 신문에 개입하거나 모욕적인 말과 행동을 하는 경우

2. 피의자를 대신하여 답변하거나 특정한 답변 또는 진술번복을 유도하는 경우

3. 「형사소송법」 제243조의2제3항 단서에 반하여 부당하게 이의를 제기하는 경우

4. 피의자신문 내용을 촬영·녹음·기록하는 경우, 다만, 기록의 경우 피의자에 대한 법적 조언을 위하여 변호인이 기억을 되살리기 위해 하는 간단한 메모는 제외한다.

③ 경찰관은 변호인의 참여 및 그 제한에 관한 사항을 피의자신문조서에 기재하여야 한다.

제9조(변호인 참여 신청절차)

① 제8조의 변호인 참여 신청을 받은 때에는 경찰관은 제3조제2항제1호 및 제3항에 따라 변호사 신분을 확인하고 신청인으로 하여금 변호인 참여 전에 다음 각 호의 서면을 제출하도록 하여야 한다.

1. 변호인 선임서

2. 별지 제2호 서식의 변호인 참여 신청서

② 신문에 참여하고자 하는 변호인이 2인 이상일 때에는 피의자가 신문에 참여

할 변호인 1인을 지정한다. 지정이 없는 경우에는 경찰관이 이를 지정할 수 있다.

③ 제8조제1항의 변호인 참여 신청을 받았을 때에도 변호인이 상당한 시간 내에 출석하지 아니하거나 출석 할 수 없으면 변호인 참여 없이 피의자를 신문 할 수 있다.

제10조(변호인의 의견진술)

① 신문에 참여한 변호인은 신문 후 조서를 열람하고 의견을 진술할 수 있다. 다만 신문 중이라도 부당한 신문 방법에 대하여 이의를 제기할 수 있고, 경찰관의 승인을 얻어 의견을 진술할 수 있다.

② 제1항에 따른 변호인의 의견이 기재된 조서는 변호인에게 열람하게 한 후 변호인으로 하여금 그 조서에 기명날인 또는 서명하게 하여야 한다.

제11조(피혐의자, 피해자, 참고인에 대한 준용)

피혐의자 · 피해자 · 참고인에 대한 조사에 있어서 당해 피혐의자 · 피해자 · 참고인의 법률적 조력을 위한 변호사의 참여에 관하여는 제8조부터 제10조까지의 규정을 준용한다. 이 경우 "피의자"는 각각 "피혐의자", "피해자", "참고인"으로, "신문"은 "조사"로, "변호인"은 "변호사"로 본다.

제4장 보칙

제12조(접견 및 참여로 인한 이익·불이익 금지)

① 경찰관은 변호인 등이 체포·구속된 피의자와 접견하였거나 변호인이 피의자의 신문에 참여하였다는 이유로 당해 피의자에게 수사과정에 이익 또는 불이익을 주어서는 아니 된다.

② 경찰관은 변호사가 피혐의자 · 피해자 · 참고인의 조사에 참여하였다는 이유로 수사과정에 당해 피혐의자 · 피해자 · 참고인에게 이익 또는 불이익을 주어서는 아니 된다.

제13조(현황관리)

경찰관서의 장은 변호인 등의 접견과 변호인의 신문참여 및 변호사의 조사참여에 관한 현황을 파악하여 통계로 작성하고 관리하여야 한다.

제14조(운영세칙)

이 규칙에서 규정한 것 외에 필요한 사항은 경찰청장이 정한다.

부 칙

<2013.4.19.>

이 규칙은 발령한 날부터 시행한다.

접견 신청서

일시	20 년 월 일 :			
피의자	성명		생년월일	
변호인	성명		연락처	
	변호사 등록번호		선임여부	☐ 선 임 ☐ 비선임
	소속 법률사무소			

※ 1. 접견신청서와 함께 변호사 신분증을 제시해 주시기 바랍니다.
　 2. 비선임 변호사인 경우에는 선임여부 항목에 비선임 체크(☑)를 하시기 바랍니다.

< 유의사항 >

☐ 피의자를 면회(접견)할 때에는 다음과 같은 물품의 **소지 및 제공이 금지**됩니다.

① 마약, 총기, 도검, 폭발물, 흉기, 독극물 등 그 밖에 범죄의 도구로 이용될 우려가 있는 물품

② 주류, 담배, 화기 등 그 밖에 시설의 안전 또는 질서를 해칠 우려가 있는 물품

③ 휴대전화, 음란물, 사행행위에 사용되는 물품 등

☐ 아울러 접견에 있어서 필요한 질서유지 및 안전확보에 적극 협조해 주시기 바랍니다.

변호인(변호사) 참여 신청서

일시		20 년 월 일 :		
대상자	구분	☐ 피의자 ☐ 피혐의자 ☐ 피해자 ☐ 참고인		
	성명		생년월일	
신청인	성명		대상자와의 관 계	
	연령		전화번호	
	주소			
변호인	성명		전화번호	

※ 변호인선임서를 제출하고 변호사 신분증을 제시해 주시기 바랍니다.

< 안내사항 >

☐ 변호사의 참여로 인해 신문방해, 수사기밀 누설 등 수사에 현저한 지장을 줄 우려가 있다고 인정되는 경우 변호사 참여신청이 제한될 수 있습니다.

☐ 다음의 사유가 발생하여 신문방해, 수사기밀 누설 등 수사에 현저한 지장이 있을 경우 신문 중이라도 변호인참여가 제한될 수 있습니다.

1. 경찰관의 승인 없이 부당하게 신문에 개입하거나 모욕적인 말과 행동을 하는 경우

2. 피의자를 대신하여 답변하거나 특정한 답변 또는 진술 번복을 유도하는 경우

3. 형사소송법 제243조의2 제3항 단서에 반하여 부당하게 이의를 제기하는 경우

4. 피의자신문 내용을 촬영·녹음·기록하는 경우. 다만 기록의 경우 피의자에 대한 법적 조언을 위하여 변호인의 기억을 되살리기 위해 하는 간단한 메모는 제외

※ 검사의사법경찰관리에대한수사지휘및사법경찰관리의수사준칙에관한규정 제21조

☐ 신문에 참여한 변호인은 신문 후 조서를 열람할 수 있고 의견을 진술할 수 있습니다. 다만 신문 중이라도 부당한 신문 방법에 대하여 이의를 제기할 수 있고, 경찰관의 승인을 얻어 의견을 진술할 수 있습니다.

☐ 피의자신문시 변호인참여관련 내용은 피혐의자, 피해자, 참고인 조사시에도 준용됩니다.

사건의 관할 및 관할사건수사에 관한 규칙

제1편 총칙

제1조(목적)

이 규칙은 경찰관이 범죄수사를 함에 있어서 사건의 관할 및 관할사건수사에 관한 기준 및 절차를 규정함으로써 신속하고 공정한 사건처리를 목적으로 한다.

제2조(적용범위)

이 규칙은 경찰에 접수된 모든 사건에 적용된다.

제3조(정의)

이 규칙에서 사용하는 용어의 정의는 다음 각 호와 같다.

1. "범죄지"란 범죄사실에 해당하는 사실의 전부 또는 일부가 발생한 장소를 말하며 범죄실행장소, 결과발생장소 및 결과발생의 중간지를 포함한다.
2. "이송"이란 한 경찰관서에서 수사 중인 사건을 다른 경찰관서로 옮기는 수사주체의 변경을 말한다.
3. "경찰관서"란 경찰청, 지방경찰청, 경찰서를 말한다.

제4조(다른 규칙과의 관계)

사건의 관할과 관할사건수사에 있어서 이 규칙이 다른 규칙보다 우선하여 적용된다. 다만, 법령 또는 다른 규칙에서 명시적으로 이 규칙의 적용을 배제하는 경우에는 그러하지 아니한다.

제2장 사건의 관할

제5조(사건의 관할)

① 사건의 관할은 범죄지, 피의자의 주소·거소 또는 현재지를 관할하는 경찰서를 기준으로 한다.
② 사건관할을 달리하는 수개의 사건이 관련된 때에는 1개의 사건에 관하여 관할이 있는 경찰관서는 다른 사건까지 병합하여 수사 할 수 있다.

제6조(사건관할이 불분명한 경우의 관할지정)

① 다음 각 호의 사건 중 범죄지와 피의자가 모두 불명확한 경우에는 특별한 사정이 없는 한 사건을 최초로 접수한 관서를 사건의 관할관서로 한다.
   1. 전화, 인터넷 등 정보통신매체를 이용한 범죄
   2. 지하철, 버스 등 대중교통수단 이동 중에 발생한 범죄
   3. 그 밖에 경찰청장이 정하는 범죄

② 외국에서 발생한 범죄의 경우에도 사건을 최초로 접수한 관서를 사건의 관할관서로 한다. 다만, 사건접수 단계부터 피의자가 내국인으로 특정된 경우에는 피의자의 주소·거소 또는 현재지를 관할하는 경찰서를 관할관서로 한다.

③ 국내 또는 국외에 있는 대한민국 및 외국국적 항공기 내에서 발생한 범죄에 관하여는 출발지 또는 범죄 후의 도착지를 관할하는 경찰서를 관할관서로 한다.

④ 제1항부터 제3항까지의 규정에도 불구하고 해양경찰청, 군수사기관, 철도특별사법경찰대 등 다른 국가기관과 협의하여 정한 협정 등이 있으면 이를 이 규칙보다 우선하여 적용한다.

제6조의2(경찰관서 소속 공무원 관련 사건의 관할 지정)

① 경찰관 등 경찰관서에서 근무하는 공무원이 피의자, 피혐의자, 피고소인, 피진정인 또는 피해자, 고소인, 고발인, 진정인, 탄원인인 모든 사건은 해당 공무원의 소속 경찰관서가 아닌 동일 법원관할 내 인접 경찰관서 중 상급 경찰관서장의 지휘를 받아 지정된 관서를 사건의 관할관서로 한다.

② 긴급·현행범체포 등 즉시 현장조치가 필요한 경우, 제5조에 따른 관할관서 또는 최초 신고접수서에서 우선 피의자 검거 및 초동조치를 취한 후 즉시 상급 관서의 지휘를 받아 동일 법원관할 내 인접 경찰관서 중 지정된 경찰관서로 이송하여야 한다.

③ 제1항과 제2항에도 불구하고 인접 경찰관서에서 수사하는 것이 수사의 신속성·효율성을 현저히 저해하거나, 해당 공무원의 소속 경찰관서에서 수사하더라도 수사공정성에 지장이 없음이 명백한 경우에는 상급 경찰관서장의 승인을 받아 계속 수사할 수 있다.

④ 제1항부터 제3항까지의 수사지휘와 수사지휘건의는 「범죄수사규칙」 제25조 및 제26조를 따른다.

제7조(사건관할의 유무에 따른 조치)

① 경찰관은 사건의 관할 여부를 불문하고 이를 접수하여야 한다.

② 경찰관은 제5조, 제6조, 제6조의2에 따라 사건의 관할이 인정되면 다른 경찰관서에 이송하지 않고 수사하여야 한다.

③ 사건을 접수한 관서는 일체의 관할이 없다고 판단되는 경우에는 사건의 관할이 있는 관서에 이송하여야 한다.

④ 제3항에 따른 사건의 이송은 원칙적으로 범죄지를 관할하는 관서에 우선적으로 하여야 한다. 다만, 범죄지가 분명하지 않거나 사건의 특성상 범죄지에 대한 수사가 실익이 없어 범죄지를 관할하는 관서에 이송하는 것이 불합리한 경우에는 피의자의 주소·거소 또는 현재지를 관할하는 관서로 이송할 수 있다.

⑤ 제2항부터 제4항까지의 규정에도 불구하고 경찰청장은 개별사건의 특수성을 고려하여 사건관할 및 그에 따른 조치에 대해 별도 지침을 마련하여 따로 정할 수 있다.

제8조(동일 법원관할 내의 사건관할)

이송대상 경찰관서가 동일한 법원의 관할에 속하는 경우에는 사건을 이송하지 아니하고 수사할 수 있다.

제3장 사건의 관할 지휘조정

제9조(사건의 관할에 대한 지휘건의)

① 지방경찰청장 및 경찰서장은 사건의 관할이 분명하지 아니하여 관할에 의문이 있는 경우에는 각각 바로 위 상급경찰관서의 장에게 서면으로 별지 제1호서식의 수사지휘건의서를 작성하여 사건의 관할에 관한 지휘건의를 할 수 있다.

② 제1항의 지휘건의를 받은 상급경찰관서의 장은 신속하게 사건의 관할에 대하여 별지 제2호서식의 수사지휘서를 작성하여 지휘하여야 한다. 이 지휘에 관한 업무는 해당사건의 수사지휘를 담당하는 상급부서에서 수행한다.

③ 지휘건의를 받은 사건이 상급경찰관서 내 다수 부서에 관련되어 있고 각 부서 간 의견이 다른 경우에는 해당 상급경찰관서의 장이 이를 조정한다.

제10조(병합수사 지휘건의)

① 두 개 이상의 경찰관서에 접수된 사건에 대하여 병합수사의 필요성이 있는 경우에는 사건의 중요도, 수사의 효율성 등을 고려하여 해당 경찰관서장 상호 간에 협의하여 관할관서를 정할 수 있다.

② 제1항에 의한 협의가 이루어지지 아니한 경우에는 경찰관서장은 바로 위 상

급경찰관서장에게 별지 제1호서식의 수사지휘건의를 작성하여 병합수사를 지휘건의할 수 있다.

③ 제2항에 의한 병합수사 지휘건의를 받은 상급경찰관서장은 수사의 효율성 등을 고려하여 별지 제2호서식의 수사지휘서를 작성하여 지휘한다. 이 지휘에 관한 업무는 해당사건의 수사지휘를 담당하는 상급부서에서 수행한다.

④ 경찰청장 및 지방경찰청장은 병합수사가 필요한 사건에 대하여는 제2항에 의한 지휘건의가 없는 경우에도 직권으로 병합수사를 지휘할 수 있다.

제4장 수사촉탁

제11조(수사촉탁)

① 수사 중 다른 경찰관서에 소재하는 수사대상에 대하여 수사를 촉탁할 수 있다. 다만, 피의자 조사는 현장진출이 곤란한 경우에 한한다.

② 동일 지방경찰청 내 또는 별표 제1호에 규정된 경찰관서에서는 구치소, 교도소, 대용감방에 수용된 자에 대한 조사를 위하여 수사촉탁할 수 없다. 다만 울릉경찰서는 예외로 한다.

제12조(수사촉탁 절차)

① 수사촉탁은 촉탁사항을 구체적으로 기재한 별지 제3호서식의 촉탁서에 의해야 하고 수사진행사항을 알 수 있는 수사기록 원본 또는 사본의 전부 또는 일부를 첨부하여 발송하여야 한다. 다만, 사건처리가 용이한 단순고발사건 등의 경우에는 경찰 형사사법정보시스템을 열람하는 방법으로 갈음할 수 있다.

② 수사촉탁 사건은 수사지원팀에서 접수하여 촉탁관서 수사팀에 대응하는 수사팀에 배당하여야 한다.

③ 수사를 촉탁한 수사관은 수사촉탁을 이유로 사건을 방치하여서는 아니 되며 수사진행사항을 파악하여 수사보고하여야 한다.

④ 수사를 촉탁한 수사관은 촉탁을 받은 수사관에게 전화 등을 이용해 촉탁내용을 설명하여야 한다.

⑤ 수탁관서는 촉탁사항에 대한 수사를 완료한 후 별지 제4호서식의 회답서 및 관련서류 일체를 신속히 등기송달, 직접전달 등의 방법으로 촉탁관서에 송부하여야 한다.

제13조(수사촉탁 처리기한 등)

　① 수사촉탁의 처리기한은 다음 각 호와 같다.

　　1. 피의자 조사 20일

　　2. 고소인, 고발인, 참고인 등 조사 15일

　　3. 소재수사, 사건기록 사본 송부 10일

　② 제1항의 처리기한 내에 촉탁사항에 대한 수사를 완료하지 못하는 경우에는 촉탁한 수사관과 협의하여 처리기한을 연장하고 수사보고하여야 한다.

　③ 경찰관서 수사부서의 장은 매월 1회 촉탁받은 사건의 성실한 처리여부를 점검하여야 한다.

제5장 경찰청과 지방경찰청의 수사대상

제14조(경찰청의 수사대상)

　다음 각 호에 해당하는 사건은 경찰청에서 직접 수사할 수 있다.

　　1. 수사관할이 수개의 지방경찰청에 속하는 사건

　　2. 고위공직자 또는 경찰관이 연루된 비위 사건으로 해당관서에서 수사하게 되면 수사의 공정성이 의심받을 우려가 있는 경우

　　3. 경찰청장이 수사본부 또는 특별수사본부를 설치하여 지정하는 사건

　　4. 그 밖에 사회적 이목이 집중되거나 파장이 큰 사건으로 경찰청장이 특별히 지정하는 사건

제15조(지방경찰청의 수사대상)

　지방경찰청장은 소속경찰서 관할사건 중 다음 각 호의 범죄는 지방경찰청 수사부서에서 수사하게 할 수 있다.

　　1. 사이버사건

　　2. 대출사기, 보이스 피싱 등 관할이 불명확하거나, 다수의 경찰서 관할지역에서 발생한 사건

　　3. 해당 경찰서에서 수사하기가 부적합한 경찰관 비위 사건

　　4. 그 밖에 지방경찰청장이 지정하는 사건

제16조(경찰청 또는 지방경찰청의 수사상 관할)

　경찰청 또는 지방경찰청의 수사부서에서 수사하는 사건의 영장을 신청하거나 기

록을 송치 또는 송부하는 경우에는 당해사건에 대한 관할이 있는 법원 및 검찰청에 하여야 한다.

제17조(경찰청 또는 지방경찰청의 수사방식)

경찰청 또는 지방경찰청의 수사부서에서 수사하는 경우에는 당해 사건에 대한 법원 및 검찰청의 관할 내에 있는 경찰관서의 인적·물적 자원을 이용할 수 있다. 이 경우에 해당 경찰관서의 장은 수사에 적극적으로 협조 및 지원을 하여야 한다.

제6장 보칙

제18조(사건이송의 절차)

경찰관은 사건을 이송하는 경우 경찰수사규칙 제96조에 따라 이송한다.

제19조(자의적인 사건이송 금지)

경찰관은 제6조에 의하여 관할이 지정되는 사건을 수사함에 있어서 명확하지 아니한 사실에 근거하여 자의적으로 관할을 지정해 해당사건을 다른 경찰관서로 이송하여서는 아니 된다.

제20조(부당한 사건이송 등에 대한 조치)

상급경찰관서의 장은 산하 경찰관서 소속 경찰관이 제5조부터 제13조까지의 규정을 위반하여 부당하게 사건을 이송하거나 수사촉탁 업무를 처리한 사례를 발견한 경우에는 해당경찰관과 그 지휘를 한 수사간부에 대하여 그 책임을 묻고 관할관서로의 재이송, 적정한 수사촉탁 업무처리 등 필요한 조치를 명할 수 있다.

부 칙

<제996호, 2020.12.31.>

이 규칙은 2021년 1월 1일부터 시행한다.

[별표 제1호]

구치소, 교도소, 대용감방에 수용된 자에 대한 조사를 위한 수사촉탁 금지관서

수용시설	수사촉탁 금지경찰관서
서울구치소 안양교도소 수원구치소 화성직업훈련 교도소 여주교도소 소망교도소	서울지방경찰청, 인천지방경찰청 산하 경찰관서
성동구치소 서울남부구치소 서울남부교도소	경기북부지방경찰청, 경기남부지방경찰청, 인천지방경찰청 산하 경찰관서
인천구치소	서울지방경찰청, 경기북부지방경찰청(의정부경찰서, 양주경찰서, 남양주경찰서, 구리경찰서, 포천경찰서, 연천경찰서, 가평경찰서 제외), 경기남부지방경찰청(광주경찰서, 이천경찰서, 여주경찰서, 양평경찰서 제외) 산하 경찰관서
의정부교도소	서울지방경찰청 산하 경찰관서
평택지소	충남지방경찰청 중 천안서북경찰서, 천안동남경찰서, 아산경찰서, 당진경찰서, 예산경찰서, 충북지방경찰청 중 진천경찰서
춘천교도소	경기북부지방경찰청 중 남양주경찰서, 구리경찰서, 포천경찰서, 가평경찰서, 경기남부지방경찰청 중 여주경찰서, 양평경찰서
원주교도소	경기남부지방경찰청 중 이천경찰서, 여주경찰서, 양평경찰서, 충북지방경찰청 중 제천경찰서, 충주경찰서, 단양경찰서, 음성경찰서
강릉교도소	
영월교도소	충북지방경찰청 중 제천경찰서, 단양경찰서, 경북지방경찰청 중 봉화경찰서, 영주경찰서
대구교도소	경북지방경찰청(영덕경찰서, 울진경찰서, 봉화경찰서, 울릉경찰서 제외) 산하 경

(구치소)	찰관서, 경남지방경찰청 중 밀양경찰서, 거창경찰서, 합천경찰서, 창녕경찰서
부산교도소 (구치소)	울산지방경찰청 산하 경찰관서, 경남지방경찰청 중 지방경찰청 소속 부서, 창원중부경찰서, 창원서부경찰서, 마산중부경찰서, 마산동부경찰서, 김해중부경찰서, 김해서부경찰서, 진해경찰서, 양산경찰서, 밀양경찰서
청송교도소 (직업훈련교도소, 제2교도소, 제3교도소) 안동교도소	대구지방경찰청 산하 경찰관서
김천교도소	대구지방경찰청 산하 경찰관서, 충남지방경찰청 중 지방경찰청 소속부서,대전지방경찰청 산하 경찰관서, 충북지방경찰청 중 영동경찰서, 옥천경찰서

수용시설	수사촉탁 금지경찰관서
경주교도소 포항교도소	대구지방경찰청, 울산지방경찰청 산하 경찰관서
울산구치소	부산지방경찰청 산하 경찰관서, 경북지방경찰청 중 경주경찰서, 청도 경찰서, 경남지방경찰청 중 김해중부경찰서, 김해서부경찰서, 양산경찰 서, 밀양경찰서
창원교도소 진주교도소 통영구치소 밀양구치소	부산지방경찰청 산하 경찰관서
대전교도소	충남지방경찰청 산하 경찰관서, 충북지방경찰청 중 지방경찰청 소 속 부서, 청주청원경찰서, 청주흥덕경찰서, 영동경찰서, 옥천경찰서, 전북지방경찰청 중 무주경찰서
천안개방교도소 천안교도소	대전지방경찰청 산하 경찰관서, 경기남부지방경찰청 중 평택경찰서, 안성 경찰서, 충북지방경찰청 중 지방경찰청 소속 부서, 청주청원경찰서, 청주흥덕경찰서, 진천경찰서
청주교도소 (여자교도소)	충남지방경찰청, 대전지방경찰청 산하 경찰서
공주교도소 홍성교도소 서산지소 논산지소	대전지방경찰청 산하 경찰서
충주구치소	경기남부지방경찰청 중 여주경찰서, 경북지방경찰청 중 문경경찰서
광주교도소	전북지방경찰청 중 정읍경찰서, 고창경찰서, 순창경찰서
전주교도소	
순천교도소	경남지방경찰청 중 하동경찰서
목포교도소	

군산교도소	충남지방경찰청 중 서천경찰서
제주교도소	
장흥교도소	
속초대용감방	
영동대용감방	충남지방경찰청 중 지방경찰청 소속 부서, 대전지방경찰청 산하 경찰관서, 경북지방경찰청 중 김천경찰서, 전북지방경찰청 중 무주경찰서
남원대용감방	전남지방경찰청 중 곡성경찰서, 구례경찰서, 경남지방경찰청 중 하동경찰서, 함양경찰서
상주대용감방	충북지방경찰청 중 보은경찰서
거창대용감방	대구지방경찰청 산하 경찰관서, 경북지방경찰청 중 고령경찰서, 전북지방경찰청 중 무주경찰서, 장수경찰서

○ ○ ○ ○ 경 찰 서

제 0000-00000 호   . . .

수 신 :

제 목 : 수사지휘건의

       사건의 관할 및 관할사건수사에 관한 규칙 제00조제00항에 따라 다음과 같이 수사지휘를 건의합니다.

접 수 일 자		사건번호	
죄 명			

피 의 자	성 명		주민등록번호	
	주 거			

건 의 내 용

○ ○ ○ ○ 경찰서

사법경찰관   ○ ○   （인）

수 사 지 휘 서

제 호   20 . . .

접수번호		사건번호	
피 의 자			
담당경찰관서			

< 지 휘 내 용 >

상급경찰관서장(직인)
(전결시 : 전결자)   직위   계급   ㅇ ㅇ ㅇ

소 속 관 서

제 호

수 신 :

제 목 : 촉탁

         다음 사항을 촉탁하오니 조속히 조사하여 주시기 바랍니다.

사 건 번 호		접수번호	
대 상 자			
죄 명			
촉 탁 사 항			
촉 탁 내 용			
비 고			

사 법 경 찰 관

소속관서

제 호

수 신 :

제 목 : 회답

제 호()에 의한 촉탁에 대하여 다음과 같이 회답합니다.

회 답 내 용

사법경찰관

수사긴급배치규칙

1993.6.30 전개

경찰청훈령 제112호

제1조(목적)

이 규칙은 각급 경찰관서에서 실시하는 수사긴급배치(이하 "긴급배치"라 한다)에 관하여 필요한 사항을 정함을 목적으로 한다.

제2조(정의)

긴급배치라 함은 중요사건이 발생하였을 때 적시성이 있다고 판단되는 경우 신속한 경찰력 배치, 범인의 도주로 차단, 검문검색을 통하여 범인을 체포하고 현장을 보존하는 등의 초동조치로 범죄수사자료를 수집하는 수사활동을 말한다.

제3조(긴급배치의 종별 및 사건범위)

긴급배치는 사건의 긴급성 및 중요도에 따라 갑호, 을호로 구분, 운용하며, 긴급배치 종별, 사건범위는 별표 1과 같다.

제4조(발령권자)

① 긴급배치의 발령권자는 다음과 같다.

  1. 긴급배치를 사건발생지 관할경찰서 또는 인접경찰서에 시행할 경우는 발생지 관할 경찰서장이 발령한다. 인접 경찰서가 타시.도지방경찰청 관할인 경우도 같다.

  2. 긴급배치를 사건발생지 지방경찰청의 전경찰관서 또는 인접지방경찰청에 시행할 경우는 발생지 지방경찰청장이 발령한다.

  3. 전국적인 긴급배치는 경찰청장이 발령한다.

② 발령권자는 긴급배치를 함에 있어, 사건의 종류, 규모, 태양, 범인 도주로 및 차량 이용등을 감안하여 별지 제1호 서식 긴급배치 수배서에 의해 신속히 긴급배치 수배를 하여야 한다.

③ 제1항의 경우 2개 이상의 경찰서 또는 지방경찰청에 긴급배치를 발령할 경우, 발령권자는 긴급배치 수배사항을 관련 경찰관서에 통보를 하여야 하며, 통보를 받은 해당 경찰관서장은 지체없이 긴급배치를 하여야 한다.

제5조(보고 및 조정)

① 발령권자는 긴급배치 발령시에는 지체없이 별지 제2호 서식 긴급배치실시부

에 의거, 차상급 기관의 장에게 보고하여야 하며, 비상해제시는 6시간 이내에 같은 서식에 의해 해제일시 및 사유, 단속실적등을 보고하여야 한다.

② 발령권자의 상급 기관의 장은 긴급배치에 불합리한 점이 발견되면 이를 조정해야 한다.

제6조(긴급배치의 생략)

발령권자는 다음 각호에 해당되는 경우에는 긴급배치를 생략할 수 있다.

1. 사건발생후 상당기간이 경과하여 범인을 체포할 수 없다고 인정될 때
2. 범인의 인상착의가 확인되지 아니하거나 사건내용이 애매하여 긴급배치에 필요한 자료를 얻지 못할 때
3. 범인의 성명, 주거, 연고선등이 판명되어 조속히 체포할 수 있다고 판단된 때
4. 기타 사건의 성질상 긴급배치가 필요하지 않다고 인정될 때

제7조(경력동원기준)

① 긴급배치 종별에 따른 경력동원 기준은 다음과 같다.

1. 갑호배치 : 형사(수사)요원, 지구대, 파출소, 검문소 요원은 가동경력 100%
2. 을호배치 : 형사(수사)요원은 가동경력 100%, 지구대, 파출소, 검문소 요원은 가동경력 50%

② 발령권자는 긴급배치 실시상 필요하다고 인정할 때는 전항의 규정에 불구하고 추가로 경력을 동원, 배치할 수 있다.

제8조(지휘부의 구성)

긴급배치 발령시에는 별표 2에 의하여 지휘부를 구성, 운영하여야 한다.

제9조(긴급배치의 실시)

① 긴급배치의 실시는 범행현장 및 부근의 교통요소, 범인의 도주로, 잠복, 배회처등 예상되는 지점 또는 지역에 경찰력을 배치하고, 탐문수사 및 검문검색을 실시한다. 다만, 사건의 상황에 따라 그 일부만 실시할 수 있다.

② 관외 중요사건 발생을 관할서장보다 먼저 인지한 서장은 신속히 지방경찰청장에게 보고하는 동시에 관할을 불문, 초동조치를 취하고 즉시 관할서장에게 사건을 인계하여야 하며, 필요한 경우 공조수사를 하여야 한다.

③ 사건발생지 관할서장은 당해 사건에 대하여 타서장으로부터 사건을 인수하였을 때에는 전항에 준하여 조치하여야 한다.

제10조(서장의 기초계획)

① 서장은 다음 각호의 사항에 대하여 지역실정에 적합한 자체계획에 의한 지침을 수립, 지침서를 비치하여 긴급배치시 활용토록 하여야 한다.

1. 중요사건 신고에 대한 수리요령
2. 신속한 초동수사태세의 확립에 필요한 보고전파 및 수배요령
3. 감독자 및 기능별 배치 근무자의 임무분담
4. 배치개소, 배치인원, 휴대장비 및 검문검색 실시 요령
5. 긴급배치 발령시의 외근 근무자에 대한 연락 또는 배치근무자에 대한 추가 수배, 해제의 전달 방법
6. 현장에 있어서의 본서 및 지방경찰청과 연락 협조방법
7. 통신 및 차량의 효율적 운영방법
8. 관내 금융기관 약도, 연결도로망, 기타 취약개소 지역등에 대한 현장약도 및 예상도주로
9. 인접서, 인접 지방경찰청과의 상호협조 방법

제11조(긴급배치 일람표 및 긴급배치 지휘도)

서장은 긴급배치를 함에 있어 배치개소, 시간 등을 표시한 별지 제3호 서식의 긴급배치 일람표와 다음 각호에 기재된 사항에 대한 긴급배치 지휘도를 작성.비치하여야 한다.

1. 경찰서, 지구대, 파출소 및 출장소등의 소재지
2. 배치개소
3. 인접서와 경계지점과 취약지점
4. 역, 터미널, 버스정류장, 공항 등
5. 제1호 내지 제4호 외에 범인의 도주로, 잠복이 예상되는 장소

제12조(긴급배치의 해체)

다음 각호에 해당할 때에는 긴급배치를 해제하여야 한다.

① 범인을 체포하였을 때
② 허위신고 또는 중요사건에 해당되지 않음이 판단되었을 때
③ 긴급배치를 계속한다 하더라도 효과가 없다고 인정될 때

제13조(긴급배치 해제의 특례)

경찰청장 또는 지방경찰청장은 긴급배치의 장기화로 인하여 당면 타업무 추진에 지장을 가져온다고 인정될 때에는 긴급배치를 해제하고 필요한 최소한도의 경찰

력만으로 경계 및 수사를 명할 수 있다.

제14조(교양 훈련실시)

① 경찰청장, 지방경찰청장, 경찰서장은 범인필검태세 확립 및 범죄현장 적응능력 배양을 위하여 긴급배치 훈련을 실시해야 하며, 그 기준은 다음과 같다.

1. 경 찰 청 : 지방경찰청.서 대상 연 1회 이상

2. 지방경찰청 : 관할경찰서 대상 반기 1회 이상

3. 경 찰 서 : 자체계획에 의거 분기 1회 이상

② 서장은 제10조에 정한 기초계획에 의한 긴급배치활동을 신속.정확하게 실시하기 위하여 경찰서 직원에 대하여 수시로 긴급배치에 필요한 실무교양 및 훈련을 실시하여야 한다.

부 칙

<2007.10.30.>

이 규칙은 발령한 날부터 시행한다.(업무처리기준명확화를위한정비규칙 제42조)

긴급배치종별 사건범위

갑 호	을 호
1. 살인사건 　강도.강간.약취.유인.방화살인 　2명이상 집단살인 및 연쇄살인 2. 강도사건 　인질강도 및 해상강도 　금융기관 및 5,000만원이상 다액강도 　총기, 폭발물 소지강도 　연쇄강도 및 해상강도 3. 방화사건 　관공서, 산업시설, 시장 등의 방화 　열차, 항공기, 대형선박 등의 방화 　연쇄방화, 중요한 범죄은익목적 방화 　보험금 취득목적 방화 　기타 계획적인 방화 4. 기타 중요사건 　총기, 대량의 탄약 및 　폭발물 절도 조직 　폭력사건 　약취유인 또는 인질강도 　구인 또는 구속피의자 도주	1. 다음 사건중 갑호이외의 사건 　살인 　강도 　방화 　중요 상해치사 　1억원이상 다액절도 　관공서 및 국가중요시설 절도 　국보급 문화재 절도 2. 기타 경찰관서장이 중요하다고 판단 　하여 긴급배치가 필요하다고 인정하 　는 사건

[별표 2]

긴급배치종별 사건범위

구 분	지휘부 형태	지 휘 부 요 원	
		갑 호	을 호
경 찰 서 단 위	발 령 경 찰 서	서 장	형사(수사)과장
	인 접 경 찰 서	형사(수사)과장	〃
지방경찰청단위	발 생 경 찰 서	서 장	〃
	기 타 경 찰 서	형사(수사)과장	〃
	지 방 경 찰 청	형사(수사)과장	해 당 계 장
전 국 단 위	경 찰 서	서 장	형사(수사)과장
	지 방 경 찰 청	형사(수사)과장	해 당 계 장
	경 찰 청	수 사 국 장	해 당 과 장

긴 급 배 치 수 배 서

발 령 자		수 명 자	
발 령 시 각	년 월 일 시 분	수 명 시 각	년 월 일 시 분
사 건 명			
긴급배치 종별			

1	발 생 일 시	월 일 시 분경
2	발 생 장 소	

3	피 해 자 주 소						
	성 명		생년월일	년 월 일	직 업	

4	범 인 인 상 착 의 특 징 등	범 인 수 : 명, 신장 : cm가량, 연령 : 세가량, 　　　두 발 :　　　　　　　　　얼 굴 형 : 　　　착 의 :　　　　　　　　　언 어 : 　　　　　　　체 격 : 　　　　　　　특 징 : 　　　기타 참고사항 :
	차 량 이 용 범 죄	차 종 :　　　　　　　　차량번호 : 차 색 :　　　　　　　　기 타 : 　　도주로 또는 도주방향 :

5	범 행 의 방 법	

6	피 해 상 황	인적피해 : 물적피해 :

7	긴급배치시 각	년 월 일 시 분

8	배치개소인 원	배치개소 : 개소, 인 원 : 명

긴 급 배 치 실 시 부

지방 경찰청장 (서 장)	국 (부) 장	과 장 (계 장)	년 월 일 시 분		상 황 실 장

사 건 명		발 령 자	
신고 일시장소		신 고 방 법	

신 고 자	주거 :	성명 :	연령 :

신고 수리시각	년 월 일 시 분	신 고 수 리 자	

발 생 일 시	년 월 일 시 분경
발 생 장 소	

피 해 자	주 거				
	성 명		생년월일	직 업	

범 인 인 상 착 의 특 징	범 인 수 : 명, 신장 : cm가량, 연령 : 세가량, 　　두　발 :　　　　　　　　 얼굴형 : 　　착　　의 :　　　　　　　 언　어 : 　　　　　　　체　格 : 　　　　　　　특　징 : 　　기타 참고사항 :

범 행 차 량	차　종 :　　　　　 차량번호 :　　　 차　색 : 도주로 또는 도주방향 :

사 건 개 요	
범 행 방 법	

피 해 상 황	인적피해 : 물적피해 :

발 령 시 각	년 월 일 시 분	해 제 시 각	년 월 일 시 분

갑 □, 을 □, 전국 □, 지방 □, 자서 □

긴급배치상황	지방경찰청 보고	시 분	관 하 파출소 수배	시 분	인접청.서 수배	시 분	
	배 치 시 각	시 분	배 치 종료시각	시 분			
	주 요 배 치 장 소 및 인 원(총 개소 명)						
	상설 검문소	"목" 검문소	역.터미널 (항만,공항 등)	숙박업소 등 임검	은신 용의지역 수색 및 잠복	기타 취 약 지 역	

	개소	인원	개소	인원	개소	인원	개소	인원	개소	인원	개소	인원

동 원 인 원				
구 분 \ 기능별	계	경 찰	전 . 의 경	기 타
자 서				
지 원 경 력				

긴급배치해제상황	해 제 일 시	년 월 일	해 제 사 유	
	부 수 범 죄 검 거 실 적			

구 분	계	살 인	강 도	강 간	절 도	폭 력	기소중지자	기타
건 수								
인 원								

※ 사후 수사등 검토사항

긴 급 배 치 일 람 표

경찰서

연번	배 치 장 소	근 무 자				감 독 자	
		계급	성 명	계급	성 명	계급	성 명

수사본부 설치 및 운영 규칙

제1조(목적)

이 규칙은 살인 등 중요사건이 발생한 경우에 경찰 수사기능을 집중적으로 운용함으로써 종합수사의 효율성을 제고하기 위하여 「범죄수사규칙」제36조에 따라 설치하는 수사본부의 구성 및 운용에 관하여 필요한 사항을 규정함을 목적으로 한다.

제2조(수사본부 설치대상 중요사건)

수사본부 설치대상이 되는 중요사건(이하 "중요사건"이라 한다)의 범위는 다음 각 호와 같다.

1. 살인, 강도, 강간, 약취유인, 방화 사건
2. 피해자가 많은 업무상 과실치사상 사건
3. 조직폭력, 실종사건 중 중요하다고 인정되는 사건
4. 국가중요시설물 파괴 및 인명피해가 발생한 테러사건 또는 그러한 테러가 예상되는 사건
5. 기타 사회적 이목을 집중시키거나 중대한 영향을 미칠 우려가 있다고 인정되는 사건

제3조(수사본부의 설치)

① 경찰청장은 중요사건이 발생하여 특별하게 수사하여야 할 필요가 있다고 판단되는 경우에는 지방경찰청장에게 수사본부의 설치를 명할 수 있고, 이 경우 지방경찰청장은 수사본부를 설치하여야 한다.

② 지방경찰청장은 관할 지역내에서 제2조의 중요사건이 발생하여 필요하다고 인정할 때에는 수사본부를 설치하거나 관할경찰서장에게 수사본부의 설치를 명할 수 있다.

제4조(합동수사본부의 설치)

① 지방경찰청장은 국가기관간 공조수사가 필요한 경우에는 관계기관과 합동수사본부(이하 "합동수사본부"라 한다)를 설치.운용할 수 있다. 이 경우 수사본부의 조직, 설치장소, 인원구성, 수사분담 등에 관하여 상호 협의하여 운용한다.

② 제1항의 "국가기관간 공조수사가 필요한 경우"란 다음 각호의 사건이 발생한 경우를 말한다.

1. 군탈영병, 교도소.구치소.법정 탈주범 추적수사 등 수개의 국가기관이 관련된 사건
2. 마약.총기.위폐.테러수사 등 관계기관간 정보교류.수사공조가 특히 필요한 사건
3. 기타 경찰청장이 필요하다고 인정한 사건

제5조(수사전담반의 설치)

지방경찰청장은 중요사건이 발생한 경우 필요하다고 인정하는 경우에는 해당사건에 대한 특별수사를 전담하는 수사전담반을 설치.운용할 수 있다.

제6조(수사본부의 설치장소)

수사본부는 사건 발생지를 관할하는 경찰서 또는 지구대.파출소 등 지역경찰관서에 설치하는 것을 원칙으로 한다. 다만, 지방경찰청장은 관계기관과의 협조 등을 위해 필요하거나 사건의 내용 및 성격을 고려하여 다른 곳에 설치하는 것이 적당하다고 인정될 때에는 다른 장소에 설치할 수 있다.

제7조(수사본부의 설치지시)

지방경찰청장이 경찰서장에게 수사본부의 설치를 명할 때에는 다음 각호의 사항을 지시하여야 한다.
1. 설치장소
2. 사건의 개요
3. 수사요강
4. 기타 수사에 필요한 사항

제8조(수사본부의 구성)

① 수사본부에는 수사본부장(이하 "본부장"이라 한다), 수사부본부장(이하 "부본부장"이라 한다), 수사전임관, 홍보관, 분석연구관, 지도관, 수색담당관과 관리반, 수사반 및 제보분석반을 둘 수 있다.
② 본부장과 부본부장은 지방경찰청장이 지명하며, 수사전임관, 홍보관, 분석연구관, 지도관, 수색담당관, 관리반원, 수사반원 및 제보분석반원은 본부장이 지명한다.
<2010.6.7 전부개정>

제9조(수사본부장)

① 본부장은 다음 각호의 어느 하나에 해당하는 자 중에서 지방경찰청장이 지명하는 자가 된다.

1. 서울지방경찰청 수사부장, 경기지방경찰청 수사업무 담당 부장, 기타 지방경찰청의 차장
2. 지방청 형사.수사과장 또는 사건관계 과장
3. 사건관할지 경찰서장
4. 합동수사본부의 경우에는 관계기관과 협의한 기관별 대표자

② 본부장은 수사본부 수사요원을 지휘.감독하며, 수사본부를 운영 관리한다.

제10조(수사부본부장)

① 부본부장은 다음 각호의 어느 하나에 해당하는 자가 된다.

1. 본부장이 제9조제1항제1호에 해당하는 자인 경우

   가. 지방경찰청 주무과장

   나. 수사본부가 설치된 관할지 경찰서장

2. 본부장이 제9조제1항제2호 또는 제3호에 해당하는 경우

   가. 지방경찰청 주무계장

   나. 관할지 경찰서 형사.수사과장

② 부본부장은 본부장을 보좌하여 수사본부가 원활하게 운영되도록 하며, 인접 지방경찰청.경찰서간의 공조수사지휘를 담당한다.

제11조(수사전임관)

① 수사전임관은 지방경찰청.경찰서 사건 주무과의 경정 또는 경감급 중에서 본부장이 지명하는 자가 된다.

② 수사전임관은 수사본부의 중추로써 수사본부 요원의 수사를 지도.관리하거나 직접 수사를 실시한다.

제12조(홍보관)

① 홍보관은 총경, 경정, 경감급으로 본부장이 지명하는 자가 되며, 사건 내용 및 수사진행상황과 협조가 필요한 사항 등의 대외적 전파 등의 홍보업무를 담당한다.

② 홍보관 산하에 홍보관을 팀장으로 언론지원팀을 둘 수 있고, 언론지원팀은 보도분석 및 체계적 언론 지원 등의 활동을 수행한다.

제13조(분석연구관)

분석연구관은 수사경력이 많은 경정, 경감, 경위급으로 본부장이 지명하는 자가 되며, 다음 각호의 임무를 수행한다.

1. 사건의 분석, 연구, 검토
2. 합리적인 수사계획의 수립
3. 수사미진사항 검토를 통한 수사상 문제점 도출, 보완

제14조(지도관)

① 지도관은 경정, 경감, 경위급으로 본부장이 지명하는 자가 되며, 분석연구관의 사건분석 결과를 토대로 수사를 효율적으로 추진하여 사건을 조기에 해결할 수 있도록 수사반원에 대한 지도, 수사방향 제시, 공조수사 조정 등의 임무를 수행한다.

② 본부장은 경찰청 소속 직원을 지도관으로 지원받을 수 있으며, 이 경우에는 그들의 수사지도를 반영하여 사건해결에 노력하여야 한다.

제14조의2(수색담당관)

수색담당관은 경정, 경감, 경위급으로 본부장이 지명하는 자가 되며, 피해자 또는 피의자 및 증거물에 대한 수색 등의 활동을 수행한다. <2010.6.7 신설>

제15조(관리반)

관리반의 반장은 경정, 경감, 경위급으로 본부장이 지명하는 자가 되며, 관리반은 다음 각호의 임무를 수행한다.

1. 사건기록 및 부책관리
2. 압수물, 증거물 등 보관관리
3. 공조수사와 수사상황 보고, 시달 등 관리업무

제16조(수사반)

수사반의 반장은 경감, 경위급으로 본부장이 지명하는 자가 되고, 수사반은 여러 개의 반으로 편성할 수 있으며, 수사계획에 따라 분담하여 증거수집 및 범인검거 등의 활동을 수행한다.

제16조의2(제보분석반)

제보분석반의 반장은 경감, 경위급으로 본부장이 지명하는 자가 되며, 제보분석반은 제보 접수 및 분석 후 수사반 등 필요 부서에 전파하는 등의 활동을 수행한다. <2010.6.7 신설>

제17조(수사본부요원의 파견요청 등)

① 수사본부장은 수사본부요원 등을 편성하며 필요한 경우에는 지방경찰청장 또는 인접 경찰서장 등에게 수사요원의 파견을 명하거나 요구할 수 있다.

② 수사본부장은 특수업무의 효율적 수행 등을 위하여 다른 국가기관원이나 국가기관외의 기관.단체의 임.직원을 파견받을 필요가 있을 경우에 관계기관 등의 장에게 파견을 요청할 수 있다.. 이 경우 파견된 자의 복무에 관한 제반사항은「국가공무원법」을 적용한다.

③ 지방경찰청장은 합동수사본부가 설치된 경우 또는 제2항에 따라 수사업무의 수행에 필요한 자를 파견받은 경우로서 필요하다고 인정될 때에는 다른 국가기관.단체의 임.직원 등에게 예산의 범위안에서 수사에 필요한 실비를 지원할 수 있다.

④ 수사본무에 파견된 요원은 본부장의 지시명령에 따라야 하며, 타 기관 및 타 시도 본부장으로부터의 제보사항은 성실하고 신속.정확하게 처리하여야 한다.

⑤ 본부장은 수색, 유관기관 협조, 홍보, 현장주변 목검문 등의 조치를 위하여 필요한 경우 지방경찰청장 또는 경찰서장에게 해당 경찰관서 소속 전 기능 경찰공무원의 동원 요청 또는 동원 지시를 하거나 직접 동원할 수 있다.

제18조(관할경찰서의 임무)

① 수사본부가 설치된 관할경찰서(이하 "관할경찰서라" 한다) 소속 경찰공무원은 대상사건에 대하여 본부장이 지시한 수배, 조사, 기타 필요한 수사업무를 빠르고 정확하게 처리하여야 한다.

② 관할경찰서장 및 수사관련 부서의 장은 수사본부에 관련된 정보, 기타 수사자료를 얻었을 때에는 지체없이 필요한 조치를 하고 즉시 본부장에게 보고하여 그 지시를 받아야 한다.

제19조(초동수사반의 협력)

초동수사반은 이미 출동한 사건에 대하여 수사본부가 설치되었을 경우에는 수사결과를 즉시 수사본부에 보고하고, 인계하는 동시에 그 후의 수사에 협력하여야 한다.

제20조(인접경찰서의 협력)

수사본부사건 발생지의 인접경찰서에서는 수사본부사건의 발생을 알았을 때에는 본부장의 특별한 지시가 없더라도 빨리 범죄현장에 임하여 수사에 협력하여야 한다.

제21조(수사회의)

본부장은 수사상 필요할 때에는 수사본부요원과 관계 소속직원을 소집하여 회의를 열 수 있다.

제22조(비치서류)

① 수사본부에는 다음 각호의 서류를 갖추고 수사진행상황을 기록하여야 한다.
1. 사건수사지휘 및 진행부
2. 수사일지 및 수사요원 배치표
3. 수사보고서철
4. 용의자 명부
5. 참고인 명부

② 지방경찰청 또는 경찰서 해당과장은 제1항의 서류와 사건기록의 사본을 작성하여 한꺼번에 철하여 두고, 연구하는 동시에 앞으로의 수사 및 교양자료로 한다.

③ 제1항의 서류와 사건기록 사본의 보존기간은, 범인을 검거하였을 경우에는 3년, 검거하지 못한 사건인 경우에는 공소시효 완성 후 1년으로 한다.

제23조(수사본부의 해산)

① 지방경찰청장은 다음 각호의 어느 하나에 해당한 경우에는 수사본부를 해산할 수 있다.
1. 범인을 검거한 경우
2. 오랜기간 수사하였으나 사건해결의 전망이 없는 경우
3. 기타 특별수사를 계속할 필요가 없다고 판단되는 경우

② 지방경찰청장은 수사본부를 해산하였을 때에는 각 경찰서장, 기타 소속 관계기관 및 부서의 장에게 해산사실 및 그 사유를 알려야 한다.

제24조(수사본부 해산에 따른 조치)

① 본부장은 수사본부가 해산하게 된 때에는 특별한 경우를 제외하고 해산 전에 수사본부 관계자를 소집하여, 수사검토회의를 열고 수사실행의 경과를 반성, 검토하여 수사업무의 향상을 도모하여야 한다.

② 본부장은 사건을 해결하지 못하고 수사본부를 해산할 경우에는 그 사건수사를 계속 담당하여야 할 해당 과장, 경찰서장에게 관계서류, 증거물 등을 인계하고 수사 중에 유의하여야 할 사항을 밝혀 주어야 한다.

③ 제2항의 사건을 인계받은 해당 과장 또는 경찰서장은 수사전담반으로 전환, 편성운영하고, 필요성 감소시 연 4회 이상 수사담당자를 지명하여 특별수사를 하여야 한다. 다만, 수사한 결과 범인을 검거할 가망이 전혀 없는 사건은 지방경찰청장의 승인을 얻어 수사전담반 또는 수사담당자에 의한 특별수사를

생략할 수 있다.

제25조(국립과학수사연구원장의 감정회보)

본부장은 국립과학수사연구원장에게 범죄와 관련, 증거의 수집, 발견을 위하여 수사자료의 감정과 분석을 의뢰할 수 있고, 국립과학수사연구원장은 성실히 과학적 수사에 대응한 감정과 분석을 실시하고, 그 결과를 빠른 시일내에 의뢰관서에 회보하여야 한다.

제26조(보고)

지방경찰청장은 수사본부를 설치 운영하는 경우에는 경찰청장에게 설치사실과 수사상황을 수시로 보고하여야 하며, 수사본부를 해산하는 경우에도 그 사실과 해산사유 등을 보고하여야 한다.

제27조(특별수사본부의 설치 및 운영)

① 경찰청장은 제3조제1항에도 불구하고 중요사건 중 경찰고위직의 내부비리사건, 사회적 관심이 집중되고 공정성이 특별하게 중시되는 사건에 대하여는 직접 특별수사본부를 설치하여 운영할 수 있다.

② 특별수사본부장은 경찰청장이 경무관급 경찰관 중에서 지명한다.

③ 경찰청장은 제2항의 특별수사본부장을 지명하는 경우 「경찰수사정책위원회 운영규칙」에서 규정하는 경찰수사정책위원회에 3배수 이내 후보자에 대한 심사를 요청하고, 심사결과에 따라 추천된 자를 특별수사본부장으로 지명하여야 한다.

④ 특별수사본부장은 그 직무에 관하여 경찰청장 등 상급자의 지휘·감독을 받지 않고 수사결과만을 경찰청장에게 보고한다.

⑤ 경찰청장은 특별수사본부장의 조치가 현저히 부당하거나 직무의 범위를 벗어난 때에는 그 직무수행을 중단시킬 수 있으며, 교체가 필요한 경우에는 다시 제2항과 제3항에 따라서 교체할 수 있다.

⑥ 특별수사본부의 설치 및 운영에 관하여 필요한 사항은 제6조, 제8조, 제10조제1항제1호, 제11조부터 제25조까지의 규정을 준용한다.

부 칙

<2020.12.31.>

이 규칙은 2021년 1월 1일부터 시행한다.

종합수사지휘본부 운영규칙

제1조(목적)

이 규칙은「범죄수사규칙」제13조제3항에 따라 각 지방경찰청의 수사본부의 수사 활동을 지휘, 통제, 조정 및 감독하기 위하여 설치하는 종합수사지휘본부의 설치 대상, 구성 및 운영 등에 관하여 필요한 사항을 규정함을 목적으로 한다.

제2조(설치 대상)

경찰청장은 전국 또는 2개 이상 시.도에 걸친 범죄의 광역수사에 있어서 필요하다고 인정하는 때에는 경찰청에 종합수사지휘본부(이하 "지휘본부"라 한다)를 설치.운영할 수 있다.

제3조(기능)

지휘본부는 다음 각호의 사항을 관장한다.

1. 수사본부의 지휘, 통제, 조정 및 감독
2. 종합적인 수사계획의 수립
3. 수사본부의 수사상황 등에 대한 종합적 분석
4. 해당사건에 대한 각 지방경찰청의 공조 제보

제4조(구성)

① 지휘본부에는 지휘본부장 1명, 부본부장 1명, 전임관 1명과 수사지도, 연락 요원 및 기타 필요한 임무를 수행하는 요원을 둔다.

② 지휘본부장은 수사국장 또는 기획수사심의관이 되고, 지휘본부의 업무를 총괄한다.

③ 부본부장은 지휘본부장이 수사국장인 경우에는 기획수사심의관, 지휘본부장이 기획수사심의관인 경우에는 주무과장이 되며, 지휘본부장의 보좌 및 지휘본부장의 유고시에는 그 업무를 대행한다.

④ 전임관은 주무과장 또는 주무계장이 되며, 수사본부요원의 수사를 감독한다.

⑤ 수사지도와 연락업무요원은 주무과의 담당직원으로 한다.

제5조(수사본부와의 관계)

① 수사본부장은 지휘본부장의 지시에 따라 신속 정확하게 수사를 하고 그 결과를 보고하여야 한다.

② 수사본부장은 수사에 관한 정보, 증거의 수집 기타 수사자료를 얻었을 때에는

필요한 긴급조치를 하는 동시에 지체없이 지휘본부장에게 보고하고 지휘를 받아야 한다.

③ 수사본부장은 정례 또는 수시로 수사상황을 지휘본부장에게 보고하여야 한다.

제6조(수사회의)

지휘본부장은 수사에 필요하다고 판단한 때에는 수사본부의 구성원 및 경찰청 해당기능의 담당자 등을 소집하여 회의를 개최할 수 있다.

제7조(비치서류)

지휘본부에는 다음 각호의 서류를 비치하여야 한다.

1. 수사지휘의 진행부
2. 수사보고서철
3. 기타 필요한 부책

제8조(해산)

① 경찰청장은 다음 각호의 어느 하나에 해당하는 경우에는 지휘본부를 해산할 수 있다.

1. 범인을 검거한 경우
2. 사건 해결의 전망이 없다고 판단되는 경우
3. 기타 계속 수사를 진행하는 것이 불필요하게 되었거나 불필요하다고 판단되는 경우

② 경찰청장은 지휘본부를 해산할 때에는 수사본부장에게 그 취지를 시달하고, 계속 수사시 유의하여야 할 사항과 관계서류 및 기타 증거물을 해당 지방경찰청장에게 인계하도록 한다.

부 칙

<2009.7.31.>

제1조(시행일)

이 규칙은 발령한 날부터 시행한다.

제2조(다른 규칙의 폐지)

종전의「종합수사지휘본부운영규칙」(경찰청훈령 제269호)은 이를 폐지한다.

즉결심판에 관한 절차법 (약칭: 즉결심판법)

[시행 2017.7.26] [법률 제14839호, 2017.7.26, 타법개정]

제1조(목적)

이 법은 범증이 명백하고 죄질이 경미한 범죄사건을 신속·적정한 절차로 심판하기 위하여 즉결심판에 관한 절차를 정함을 목적으로 한다.

제2조(즉결심판의 대상)

지방법원, 지원 또는 시·군법원의 판사(이하 "判事"라 한다)는 즉결심판절차에 의하여 피고인에게 20만원 이하의 벌금, 구류 또는 과료에 처할 수 있다.

제3조(즉결심판청구)

① 즉결심판은 관할경찰서장 또는 관할해양경찰서장(이하 "경찰서장"이라 한다)이 관할법원에 이를 청구한다.

② 즉결심판을 청구함에는 즉결심판청구서를 제출하여야 하며, 즉결심판청구서에는 피고인의 성명 기타 피고인을 특정할 수 있는 사항, 죄명, 범죄사실과 적용법조를 기재하여야 한다.

③ 즉결심판을 청구할 때에는 사전에 피고인에게 즉결심판의 절차를 이해하는데 필요한 사항을 서면 또는 구두로 알려주어야 한다.

제3조의2(관할에 대한 특례)

지방법원 또는 그 지원의 판사는 소속 지방법원장의 명령을 받아 소속 법원의 관할사무와 관계없이 즉결심판청구사건을 심판할 수 있다.

제4조(서류·증거물의 제출)

경찰서장은 즉결심판의 청구와 동시에 즉결심판을 함에 필요한 서류 또는 증거물을 판사에게 제출하여야 한다.

제5조(청구의 기각등)

① 판사는 사건이 즉결심판을 할 수 없거나 즉결심판절차에 의하여 심판함이 적당하지 아니하다고 인정할 때에는 결정으로 즉결심판의 청구를 기각하여야 한다.

② 제1항의 결정이 있는 때에는 경찰서장은 지체없이 사건을 관할지방검찰청 또는 는 지청의 장에게 송치하여야 한다.

제6조(심판)

즉결심판의 청구가 있는 때에는 판사는 제5조제1항의 경우를 제외하고 즉시 심판을 하여야 한다.

제7조(개정)

① 즉결심판절차에 의한 심리와 재판의 선고는 공개된 법정에서 행하되, 그 법정은 경찰관서(해양경찰관서를 포함한다)외의 장소에 설치되어야 한다.

② 법정은 판사와 법원서기관, 법원사무관, 법원주사 또는 법원주사보(이하 "法院事務官등"이라 한다)가 열석하여 개정한다.

③ 제1항 및 제2항의 규정에 불구하고 판사는 상당한 이유가 있는 경우에는 개정없이 피고인의 진술서와 제4조의 서류 또는 증거물에 의하여 심판할 수 있다. 다만, 구류에 처하는 경우에는 그러하지 아니하다.

제8조(피고인의 출석)

피고인이 기일에 출석하지 아니한 때에는 이 법 또는 다른 법률에 특별한 규정이 있는 경우를 제외하고는 개정할 수 없다.

제8조의2(불출석심판)

① 벌금 또는 과료를 선고하는 경우에는 피고인이 출석하지 아니하더라도 심판할 수 있다.

② 피고인 또는 즉결심판출석통지서를 받은 자(이하 "被告人등"이라 한다)는 법원에 불출석심판을 청구할 수 있고, 법원이 이를 허가한 때에는 피고인이 출석하지 아니하더라도 심판할 수 있다.

③ 제2항의 규정에 의한 불출석심판의 청구와 그 허가절차에 관하여 필요한 사항은 대법원규칙으로 정한다.

제9조(기일의 심리)

① 판사는 피고인에게 피고사건의 내용과 「형사소송법」 제283조의2에 규정된 진술거부권이 있음을 알리고 변명할 기회를 주어야 한다. <개정 2007.12.21.>

② 판사는 필요하다고 인정할 때에는 적당한 방법에 의하여 재정하는 증거에 한하여 조사할 수 있다.

③ 변호인은 기일에 출석하여 제2항의 증거조사에 참여할 수 있으며 의견을 진술할 수 있다.

제10조(증거능력)

즉결심판절차에 있어서는 형사소송법 제310조, 제312조제3항 및 제313조의 규정은 적용하지 아니한다.

제11조(즉결심판의 선고)

① 즉결심판으로 유죄를 선고할 때에는 형, 범죄사실과 적용법조를 명시하고 피고인은 7일 이내에 정식재판을 청구할 수 있다는 것을 고지하여야 한다.

② 참여한 법원사무관등은 제1항의 선고의 내용을 기록하여야 한다.

③ 피고인이 판사에게 정식재판청구의 의사를 표시하였을 때에는 이를 제2항의 기록에 명시하여야 한다.

④ 제7조제3항 또는 제8조의2의 경우에는 법원사무관등은 7일 이내에 정식재판을 청구할 수 있음을 부기한 즉결심판서의 등본을 피고인에게 송달하여 고지한다. 다만, 제8조의2제2항의 경우에 피고인등이 미리 즉결심판서의 등본송달을 요하지 아니한다는 뜻을 표시한 때에는 그러하지 아니하다.

⑤ 판사는 사건이 무죄·면소 또는 공소기각을 함이 명백하다고 인정할 때에는 이를 선고·고지할 수 있다.

제12조(즉결심판서)

① 유죄의 즉결심판서에는 피고인의 성명 기타 피고인을 특정할 수 있는 사항, 주문, 범죄사실과 적용법조를 명시하고 판사가 서명·날인하여야 한다.

② 피고인이 범죄사실을 자백하고 정식재판의 청구를 포기한 경우에는 제11조의 기록작성을 생략하고 즉결심판서에 선고한 주문과 적용법조를 명시하고 판사가 기명·날인한다.

제13조(즉결심판서등의 보존)

즉결심판의 판결이 확정된 때에는 즉결심판서 및 관계서류와 증거는 관할경찰서 또는 지방해양경찰관서가 이를 보존한다.

제14조(정식재판의 청구)

① 정식재판을 청구하고자 하는 피고인은 즉결심판의 선고·고지를 받은 날부터 7일 이내에 정식재판청구서를 경찰서장에게 제출하여야 한다. 정식재판청구서를 받은 경찰서장은 지체없이 판사에게 이를 송부하여야 한다. <개정 1991.11.22>

② 경찰서장은 제11조제5항의 경우에 그 선고·고지를 한 날부터 7일 이내에 정식재판을 청구할 수 있다. 이 경우 경찰서장은 관할지방검찰청 또는 지청의 검

사(이하 "檢事"라 한다)의 승인을 얻어 정식재판청구서를 판사에게 제출하여야 한다.

③ 판사는 정식재판청구서를 받은 날부터 7일 이내에 경찰서장에게 정식재판청구서를 첨부한 사건기록과 증거물을 송부하고, 경찰서장은 지체없이 관할지방검찰청 또는 지청의 장에게 이를 송부하여야 하며, 그 검찰청 또는 지청의 장은 지체없이 관할법원에 이를 송부하여야 한다.

④ 형사소송법 제340조 내지 제342조, 제344조 내지 제352조, 제354조, 제454조, 제455조의 규정은 정식재판의 청구 또는 그 포기·취하에 이를 준용한다.

제15조(즉결심판의 실효)

즉결심판은 정식재판의 청구에 의한 판결이 있는 때에는 그 효력을 잃는다.

제16조(즉결심판의 효력)

즉결심판은 정식재판의 청구기간의 경과, 정식재판청구권의 포기 또는 그 청구의 취하에 의하여 확정판결과 동일한 효력이 생긴다. 정식재판청구를 기각하는 재판이 확정된 때에도 같다.

제17조(유치명령등)

① 판사는 구류의 선고를 받은 피고인이 일정한 주소가 없거나 또는 도망할 염려가 있을 때에는 5일을 초과하지 아니하는 기간 경찰서유치장(지방해양경찰관서의 유치장을 포함한다. 이하 같다)에 유치할 것을 명령할 수 있다. 다만, 이 기간은 선고기간을 초과할 수 없다.

② 집행된 유치기간은 본형의 집행에 산입한다.

③ 형사소송법 제334조의 규정은 판사가 벌금 또는 과료를 선고하였을 때에 이를 준용한다.

제18조(형의 집행)

① 형의 집행은 경찰서장이 하고 그 집행결과를 지체없이 검사에게 보고하여야 한다.

② 구류는 경찰서유치장·구치소 또는 교도소에서 집행하며 구치소 또는 교도소에서 집행할 때에는 검사가 이를 지휘한다.

③ 벌금, 과료, 몰수는 그 집행을 종료하면 지체없이 검사에게 이를 인계하여야 한다. 다만, 즉결심판 확정후 상당기간내에 집행할 수 없을 때에는 검사에게 통지하여야 한다. 통지를 받은 검사는 형사소송법 제477조에 의하여 집행할 수 있다.

④ 형의 집행정지는 사전에 검사의 허가를 얻어야 한다.

제19조(형사소송법의 준용)

즉결심판절차에 있어서 이 법에 특별한 규정이 없는 한 그 성질에 반하지 아니한 것은 형사소송법의 규정을 준용한다.

부 칙

<제14839호, 2017.7.26.>

제1조(시행일)

① 이 법은 공포한 날부터 시행한다. 다만, 부칙 제5조에 따라 개정되는 법률 중 이 법 시행 전에 공포되었으나 시행일이 도래하지 아니한 법률을 개정한 부분은 각각 해당 법률의 시행일부터 시행한다.

제2조부터 제4조까지 생략

제5조(다른 법률의 개정)

①부터 ㊲까지 생략

㊳ 즉결심판에 관한 절차법 일부를 다음과 같이 개정한다.

제3조제1항 중 "관할해양경비안전서장"을 "관할해양경찰서장"으로 한다.

제7조제1항 중 "경찰관서(해양경비안전관서를 포함한다)"를 "경찰관서(해양경찰관서를 포함한다)"로 한다.

제13조 중 "지방해양경비안전관서"를 "지방해양경찰관서"로 한다.

제17조제1항 본문 중 "경찰서유치장(지방해양경비안전관서의 유치장을 포함한다. 이하 같다)"을 "경찰서유치장(지방해양경찰관서의 유치장을 포함한다. 이하 같다)"으로 한다.

㊴부터 <382>까지 생략

제6조 생략

지명수배 등에 관한 규칙

[경찰청훈령 제873호, 2018.5.23. 일부개정]

제1조(목적)

이 규칙은 「범죄수사규칙」제186조에 따라 같은 규칙 제173조, 제178조, 제179조의 지명수배·지명통보 및 공개수배의 절차와 방법을 구체적으로 규정함으로써 업무의 합리적 운영을 도모함을 목적으로 한다.

제2조(지명수배·지명통보 관리 및 감독 부서)

① 경찰청은 수사국 수사기획과로 한다.

② 지방경찰청 및 경찰서는 수사과로 한다.

③ 지방경찰청 및 경찰서 수사과장은 수배관리자를 지정하고 관리·감독한다.

제3조(수배관리자의 임무)

수배관리자의 임무는 다음 각 호와 같다.

1. 사건담당자로부터 의뢰가 있는 자에 대한 지명수배 또는 지명통보의 실시
2. 지명수배·지명통보자에 대한 전산 입력 및 지명수배자료 관리

제4조(지명수배·지명통보 대상)

다음 각 호의 어느 하나에 해당하는 사람으로서 수사결과 소재불명으로 검거하지 못하였거나, 소재불명을 이유로 기소중지 의견으로 송치할 때에는 당해 피의자의 성명과 생년월일 또는 주소(또는 등록기준지)를 파악하여 지명수배 또는 지명통보를 하여야 한다.

1. 지명수배 대상

    가. 법정형이 사형, 무기 또는 장기 3년 이상의 징역이나 금고에 해당하는 죄를 범하였다고 의심할 만한 상당한 이유가 있어 체포영장 또는 구속영장이 발부된 자 (다만, 수사상 필요한 경우에는 체포영장 또는 구속영장을 발부받지아니한 자를 포함한다)

    나. 지명통보의 대상인 자로서 지명수배의 필요가 있어 체포영장 또는 구속영장이 발부된 자

    다. 긴급사건 수배에 있어 범죄혐의와 성명 등을 명백히 하여 그 체포를 의뢰하는 피의자

2. 지명통보 대상

가. 법정형이 장기 3년 미만의 징역 또는 금고, 벌금에 해당하는 죄를 범하였다고 의심할 만한 상당한 이유가 있고, 수사기관의 출석요구에 응하지 아니하며 소재수사 결과 소재불명된 자

나. 법정형이 장기 3년 이상의 징역이나 금고에 해당하는 죄를 범하였다고 의심되더라도 사안이 경미하거나 기록상 혐의를 인정키 어려운 자로서 출석요구에 불응하고 소재가 불명인 자

다. 제4조 제1호 가목의 규정에도 불구하고 사기, 횡령, 배임죄 및 부정수표단속법 제2조에 정한 죄의 혐의를 받는 자로서 초범이고 그 피해액이 500만원 이하에 해당하는 자

라. 구속영장을 청구하지 아니하거나 발부받지 못하여 긴급체포 되었다가 석방된 지명수배자

제5조(사건담당자의 지명수배·지명통보 의뢰)

① 사건담당자는 제4조 각 호의 어느 하나에 해당하는 피의자의 검거를 다른 경찰관서에 의뢰하고자 할 때에는 별지 제1호 서식에 의한 지명수배·지명통보자 전산입력 요구서를 작성 또는 전산입력 하여 수배관리자에게 지명수배 또는 지명통보를 의뢰하여야 한다.

② 지명수배·지명통보를 의뢰할 때에는 다음 각 호의 사항을 정확히 파악 기재하여야 한다.

1. 성명, 주민등록번호(생년월일), 성별과 주소
2. 인상, 신체특징 및 피의자의 사진, 방언, 공범
3. 범죄일자, 죄명, 죄명코드, 공소시효 만료일
4. 수배관서, 수배번호, 사건번호, 수배일자, 수배종별 구분
5. 수배종별이 지명수배자인 경우 영장명칭, 영장발부일자, 영장유효기간, 영장번호 또는 긴급체포 대상 유무
6. 범행 장소, 피해자, 피해정도, 범죄사실 개요
7. 주민조회, 전과조회, 수배조회 결과
8. 작성자(사건담당자) 계급, 성명, 작성일시

③ 외국인을 지명수배 또는 지명통보 의뢰할 때에는 영문 성명, 여권번호, 연령, 피부색, 머리카락, 신장, 체격, 활동지, 언어, 국적 등을 추가로 파악 기재하여야 한다.

④ 사건담당자는 지명수배·지명통보를 최소화하고 사유를 명확히 하기 위해 지명

수배·지명통보 의뢰 전 다음 각 호의 사항을 수사한 후, 수사보고서로 작성하여 수사기록에 편철하여야 한다.

1. 연고지 거주 여부
2. 가족, 형제자매, 동거인과의 연락 여부
3. 국외 출국 여부
4. 교도소 등 교정기관 수감 여부
5. 경찰관서 유치장 수감 여부

⑤ 제4항 제1호의 "연고지"란 다음 각 호와 같다.

1. 최종 거주지
2. 주소지
3. 등록기준지
4. 사건 관계자 진술 등 수사 과정에서 파악된 배회처

제6조(지명수배·지명통보 실시)

① 수배관리자는 제5조에 따라 의뢰받은 지명수배·지명통보자를 「범죄수사규칙」 별지 제160호 서식(지명수배 및 통보대장)에 등재하고, 전산 입력하여 전국 수배를 해야 한다.

② 지명수배·지명통보자 전산입력요구서는 작성관서에서 작성 내용과 입력사항 및 관련 영장 등을 확인 검토한 후 연도별, 번호순으로 보관하여야 한다.

제7조(지명수배·지명통보자 발견 시 조치)

지명수배 또는 지명통보자의 소재를 발견하였을 때에는 「범죄수사규칙」 제174조에서 제176조까지와 제180조, 제181조에 따라 처리한다.

제8조(지명수배·지명통보 변경)

① 수배 또는 통보 경찰관서에서는 지명수배·지명통보자의 인적사항 등에 대한 변경 사항을 확인하였을 경우에는 기존 작성된 지명수배·지명통보자 전산입력요구서에 변경사항을 수록하고 변경된 내용으로 지명수배·지명통보를 하여야 한다.

② 수배관리자는 영장 유효기간이 경과된 지명수배자에 대해서는 영장이 재발부될 때까지 지명통보자로 변경한다.

제9조(중요지명피의자 종합 공개수배)

① 지방경찰청장은 지명수배·지명통보를 한 후, 6월이 경과하여도 검거하지 못한 자들 중 다음 각 호에 해당하는 중요지명피의자를 매년 5월과 11월 연 2회

선정하여 경찰청장에게 중요지명피의자 종합 공개수배 대상자를 별지 제2호 서식에 따라 보고하여야 한다.

1. 강력범(살인, 강도, 성폭력, 마약, 방화, 폭력, 절도범을 말한다)
2. 다액·다수피해 경제사범, 부정부패 사범
3. 기타 신속한 검거를 위해 전국적 공개수배가 필요하다고 판단되는 자

② 경찰청장은 공개수배 위원회를 개최하여 대상자를 선정하고 매년 6월과 12월 중요지명피의자 종합 공개수배 전단을 별지 제3호 서식에 따라 작성하여 전국에 공개수배 한다.

③ 중요지명피의자 종합 공개수배 전단은 언론매체·정보통신망 등에 게시할 수 있다.

④ 경찰서장은 제2항의 중요지명피의자 종합 공개수배 전단을 다음 각 호에 따라 게시·관리하여야 한다.

1. 관할 내 다중의 눈에 잘 띄는 장소, 수배자가 은신 또는 이용·출현 예상 장소 등을 선별하여 게시한다.
2. 관할 내 교도소·구치소 등 교정시설, 읍·면사무소·주민센터 등 관공서, 병무관서, 군 부대 등에 게시한다.
3. 검거 등 사유로 종합 공개수배를 해제 한 경우 즉시 검거표시 한다.
4. 신규 종합 공개수배 전단을 게시할 때에는 전회 게시 전단을 회수하여 폐기한다.

제10조(긴급 공개수배)

① 경찰관서의 장은 법정형이 사형·무기 또는 장기 3년 이상 징역이나 금고에 해당하는 죄를 범하였다고 의심할 만한 상당한 이유가 있고, 범죄의 상습성, 사회적 관심, 공익에 대한 위험 등을 고려할 때 신속한 검거가 필요한 자에 대해 긴급 공개수배 할 수 있다.

② 긴급 공개수배는 사진·현상·전단 등의 방법으로 할 수 있으며, 언론매체·정보통신망 등을 이용할 수 있다.

③ 검거 등 긴급 공개수배의 필요성이 소멸한 때에는 긴급 공개수배 해제의 사유를 고지하고 관련 게시물·방영물을 회수, 삭제하여야 한다.

제11조(언론매체·정보통신망 등을 이용한 공개수배)

① 언론매체·정보통신망 등을 이용한 공개수배는 제12조에 따른 공개수배 위원회의 심의를 거쳐야 한다. 단, 공개수배 위원회를 개최할 시간적 여유가 없는

긴급한 경우에는 사후 심의할 수 있으며, 이 경우 지체 없이 위원회를 개최하여야 한다.

② 언론매체·정보통신망 등을 이용한 공개수배는 퍼 나르기, 무단 복제 등 방지를 위한 기술적·제도적 보안 조치된 수단을 이용하여야 하며, 방영물·게시물의 삭제 등 관리 감독이 가능한 장치를 마련해야 한다.

③ 검거, 공소시효 만료 등 공개수배의 필요성이 소멸한 때에는 공개수배 해제의 사유를 고지하고 관련 게시물·방영물 등을 회수, 삭제하여야 한다.

제12조(공개수배 위원회)

① 경찰청 공개수배 위원회는 중요지명피의자 종합 공개수배, 긴급 공개수배 등 공개수배에 관한 사항을 심의·의결한다.

② 경찰청 공개수배 위원회는 외부전문가를 포함하여 7인 이상 11인 이하로 구성한다.

③ 경찰청 공개수배 위원회 정기회의는 매년 5월, 11월 연 2회 개최하며 제10조 제1항 단서에 해당하는 등 필요한 경우 임시회의를 개최할 수 있다.

④ 경찰청 공개수배 위원회 회의는 위원 5인 이상의 출석과 출석위원 과반수 찬성으로 의결한다.

⑤ 각급 경찰관서의 장은 관할 내 공개수배에 관한 사항의 심의를 위해 필요한 경우 경찰청 공개수배 위원회 관련 규정을 준용하여 공개수배 위원회를 운영할 수 있다.

⑥「공직선거법」에 따라 실시하는 선거에 후보자(예비후보자 포함)로 등록한 사람, 「공직선거법」에 따른 선거사무관계자 및 선거에 의하여 취임한 공무원, 「정당법」에 따른 정당의 당원은 위원이 될 수 없다.

⑦ 위원이 제6항에 해당하게 된 때에는 당연 해촉된다.

제12조의2(공개수배시 유의사항)

① 공개수배를 할 때에는 그 죄증이 명백하고 공익상의 필요성이 현저한 경우에만 실시하여야 한다.

② 제1항의 공개수배를 하는 경우 제9조부터 제12조까지에서 정한 요건과 절차를 준수하여야 하며, 객관적이고 정확한 자료를 바탕으로 필요 최소한의 사항만 공개하여야 한다.

③ 공개수배의 필요성이 소멸된 경우에는 즉시 공개수배를 해제하여야 한다.

제13조(지명수배·지명통보 해제)

① 사건담당자는 지명수배 또는 지명통보한 피의자에게 다음 각 호의 어느 하나에 해당하는 사유가 발생하였을 때에는 지체 없이 수배·통보 당시 작성한 지명수배·지명통보자 전산입력 요구서의 해제란을 기재하여 수배관리자에게 수배 또는 통보 해제를 의뢰하여야 한다.

　1. 지명수배자를 검거한 경우

　2. 지명수배자에 대한 구속영장, 체포영장이 실효되었거나 기타 구속·체포할 필요가 없어진 경우. 다만, 이 경우에는 지명통보로 한다.

　3. 지명통보자가 통보관서에 출석하거나 이송신청에 따른 이송관서에 출석하여 조사에 응한 경우

　4. 지명수배자 또는 지명통보자의 사망 등 공소권이 소멸된 경우

　5. 사건이 해결된 경우

② 지명수배·지명통보 해제 사유가 검거일 경우에는 반드시 실제 검거한 검거자의 계급·성명 및 검거일자, 검거관서를 입력하여야 한다.

③ 수배관리자는 지명수배·지명통보대장을 정리하고 해당 전산자료를 해제한다.

제14조(지명수배·지명통보 여부 조회)

① 피의자를 검거하거나 거동이 수상한 자에 대하여는 범죄수사자료 조회규칙에 따라 반드시 지명수배·지명통보자 여부를 조회하여야 한다.

② 신병이 확보되지 않은 자를 수배 조회하여 지명수배·지명통보자를 발견하였을 경우 직접 검거하기 곤란한 때는 거주지 관할서 또는 수배관서에 즉시 발견통보를 하고 별지 제5호 서식의 지명수배·지명통보자 발견 통보대장에 기재하여야 한다.

③ 피의자를 입건하거나 사건을 송치하기 전에는 반드시 지명수배·지명통보자 여부를 조회해야 한다.

제15조(통계)

경찰청장은 지명수배·지명통보의 발생, 검거 현황을 별지 제4호 서식에 따라 전산 집계한다.

제16조(지명수배·지명통보의 책임)

지명수배와 지명통보의 신속, 정확으로 인권침해 등을 방지하고, 수사의 적정성을 기하기 위하여 다음 각 호와 같이 한다.

　1. 지명수배·지명통보자 전산입력 요구서 작성, 지명수배·지명통보의 실시 및 해

제서 작성과 의뢰에 대한 책임은 담당 수사팀장으로 한다.

2. 지명수배·지명통보의 실시 및 해제 사항 또는 수배사건 담당자 변경, 전산입력 등 관리 책임은 수배관리자로 한다.

3. 위 각 호의 최종 승인은 수배관리자가 처리한다.

제17조(장비와 비치서류의 전자화)

① 다음 각 호의 장부와 비치서류 중 형사사법정보시스템에 그 작성·저장·관리 기능이 구현되어 있는 것은 전자적으로 관리할 수 있다.

1. 지명수배·지명통보자 전산입력요구서

2. 지명수배·지명통보자 죄종별 현황

3. 지명수배·지명통보자 발견 통보대장

② 제1항 각 호의 전자 장부와 전자 비치서류는 종이 장부와 서류의 개별 항목을 포함하여야 한다.

제18조(유효기간)

이 규칙은 「훈령·예규 등의 발령 및 관리에 관한 규정」(대통령훈령 제334호)에 따라 이 규칙을 발령한 후의 법령이나 현실 여건의 변화 등을 검토해야 하는 2021년 4월 30일까지 효력을 가진다.

부 칙

제1조(시행일)

이 규칙은 발령한 날부터 시행한다.

제2조(다른 규칙의 개정)

의무경찰 관리규칙 일부를 다음과 같이 개정한다.

제130조

제4항 중 "지명수배규칙"을 "지명수배 등에 관한 규칙"으로 한다.

부 칙

<2018.5.23.>

이 규칙은 발령한 날부터 시행한다.

[별지 제1호 서식]

일련번호 (제   호)

<table>
<tr><td>○내국인 수배
○외국인.
교포 수배</td><td>지문
번호</td><td></td><td></td><td></td><td></td></tr>
</table>

<table>
<tr>
<td colspan="6" rowspan="3">
지명수배 .
지명통보자
전산입력 요구서
</td>
<td colspan="2">수배관서 :   청   서</td>
</tr>
<tr>
<td colspan="2">수배번호 :   년   호</td>
</tr>
<tr>
<td colspan="2">사건번호 :   년   호</td>
</tr>
<tr>
<td colspan="2">주민조회</td>
<td>전과조회</td>
<td colspan="2">수배조회</td>
<td colspan="3">즉심구분 :</td>
</tr>
<tr>
<td>했음</td>
<td>안했음</td>
<td>했음</td>
<td>안했음</td>
<td>했음</td>
<td>안했음</td>
<td colspan="3"></td>
</tr>
</table>

<table>
<tr>
<td rowspan="3">성명</td>
<td rowspan="3"></td>
<td rowspan="3">주민번호
(생년월일)</td>
<td>성별</td>
<td rowspan="3">죄   명</td>
<td rowspan="3">수배
년월일</td>
<td rowspan="3">범죄일자</td>
<td rowspan="3">공소
시효
만료일</td>
<td rowspan="3">수배종별
(해당란 ○표)</td>
<td rowspan="3">인상.방언
신체특징</td>
<td>공</td>
<td>범</td>
</tr>
<tr>
<td>남</td>
<td>성 명</td>
<td>연령</td>
</tr>
<tr>
<td>여</td>
<td colspan="2" rowspan="1">A지명수배자,
B지명수배자
C지명통보자</td>
</tr>
</table>

<table>
<tr>
<td rowspan="3">영
문
성
명</td>
<td>First</td>
<td rowspan="3"></td>
<td rowspan="3">여권
번호</td>
<td rowspan="3">연령</td>
<td rowspan="3">피부색</td>
<td rowspan="3">머리
카락</td>
<td rowspan="3">신 장</td>
<td rowspan="3">체 격</td>
<td rowspan="3">활동지</td>
<td rowspan="3">언 어</td>
<td rowspan="3">국 적</td>
</tr>
<tr><td>Middle</td></tr>
<tr><td>Last</td></tr>
</table>

<table>
<tr>
<td>영장구분
(해당란
○표)</td>
<td>발부일자</td>
<td>유효기간</td>
<td>영장번호</td>
<td>공소시효
정지자</td>
<td>범행
장소</td>
<td></td>
</tr>
<tr>
<td rowspan="2"></td>
<td rowspan="2"></td>
<td rowspan="2"></td>
<td rowspan="2"></td>
<td>무 적 자</td>
<td></td>
<td></td>
</tr>
<tr>
<td rowspan="1"></td>
<td rowspan="1"></td>
<td rowspan="1"></td>
</tr>
<tr>
<td>1. 구속
2. 체포
3. 긴급체포
4. 형집행장
5. 구인장</td>
<td>년 월 일</td>
<td>년 월 일</td>
<td></td>
<td>피해자</td>
<td colspan="2">피해
정도</td>
</tr>
</table>

<table>
<tr>
<td colspan="2">개   요</td>
<td colspan="8">해 제 사 유   < 해당란 ○ 표 ></td>
</tr>
<tr>
<td colspan="2" rowspan="6"></td>
<td colspan="4">01</td>
<td>02</td>
<td>03</td>
<td>04</td>
<td>05</td>
<td>06</td>
<td>07</td>
</tr>
<tr>
<td colspan="4">검   거</td>
<td>자수</td>
<td>공소
시효
만료</td>
<td>오류
입력</td>
<td>죄안
됨</td>
<td>공소
권무</td>
<td>혐의
무</td>
</tr>
<tr>
<td>일
자</td>
<td>관
서</td>
<td>계
급</td>
<td>성 명</td>
<td colspan="6" rowspan="2"></td>
</tr>
<tr>
<td rowspan="3"></td>
<td rowspan="3"></td>
<td rowspan="3"></td>
<td rowspan="3"></td>
</tr>
<tr>
<td>08</td>
<td>09</td>
<td>10</td>
<td>11</td>
<td>12</td>
<td></td>
</tr>
<tr>
<td>기소
유예</td>
<td>구약
식</td>
<td>구공
판</td>
<td>수배
종별
변경</td>
<td>기타
(각하
등)</td>
<td></td>
</tr>
</table>

회차	영장 발부일자	유 효 기 간	영 장 번 호	영 장 종 류	사 진

※ **영장구분 중** 4. 형집행장과 5. 구인장은 B지명수배자만 해당함	※ **참 고**	구분 \ 담당		작 성 자 (사건담당자)	수배 담당자	책 임 자
		수 배	일자	년 월 일	년 월 일	년 월 일
			소속			
			계급			
			성명			
		해 제	일자	년 월 일	년 월 일	년 월 일
			소속			
			계급			
			성명			

중요지명피의자 종합 공개수배 보고서

사진	죄 명	
	발 생 일 시	
	발 생 장 소	
	등 록 기 준 지	
	주 소	

| 성   명 | | 주민등록번호
(연령) | |

| 인상특징 | 신장 :   체격 :   방언 :   기타 : |

| 범죄사실 | |

| 피의자로
지명하게
된 사 유 | |

| 피의자로
판단한
인적
물적증거 | |

| 지명수배 | 경찰서 | | 년월일 | | 번호 | |
| | 영장구분 | 체포, 구속 | | 영장유효기간 | | |

210mm×297mm(일반용지 60g/㎡(재활용품)

중 요 지 명 피 의 자 종 합 공 개 수 배

죄 명		죄 명		죄 명	
사 진		사 진		사 진	
성명	년	성명	년	성명	년
등록지		등록지		등록지	
주 소		주 소		주 소	
인상특징		인상특징		인상특징	

죄 명		죄 명		죄 명	
사 진		사 진		사 진	
성명	년	성명	년	성명	년
등록지		등록지		등록지	
주소		주소		주소	
인상특징		인상특징		인상특징	

210mm×297mm(일반용지 60g/㎡(재활용품)

지명수배.지명통보자 죄종별 현황

경찰청

월분

죄종별 구분		계	살인	강도	강간	방화	절도	폭력	사기 횡령	기타 형법	부정 수표	향군 법	기타 특별 법	마약 사범
발 생	월계													
	누계													
해 제	계	월계													
		누계													
	검거	월계													
		누계													
	공소 시효 만료	월계													
		누계													
현 황														

지 명 수 배 자 죄 종 별 현 황

경찰청

월분

죄종별 구 분			계	살인	강도	강간	방화	절도	폭력	사기 횡령	기타 형법	부정 수표	향군 법	기타 특별 법	마약 사범
발 생		월계													
		누계													
해 제	계	월계													
		누계													
	검거	월계													
		누계													
	공소 시효 만료	월계													
		누계													
현 황															

지 명 통 보 자 죄 종 별 현 황

경찰청

월분

구 분＼죄종별			계	살인	강도	강간	방화	절도	폭력	사기 횡령	기타 형법	부정 수표	향군 법	기타 특별 법	마약 사범
발 생		월계													
		누계													
해 제	계	월계													
		누계													
	검거	월계													
		누계													
	공소 시효 만료	월계													
		누계													
현 황															

지 명 수 배 . 지 명 통 보 자 발 견 통 보 대 장

동일성명발견자명부일련번호	조회						대조결과				회보			수배·통보관서통보(수신자)		취급자	확인자	비고
	관서	년월일	번호	죄명	성명	생년월일	수배·통보관서	년월일	번호	죄명	년월일	번호	발송편	소속	계급성명			

지문 및 수사자료표 등에 관한 규칙

제 1 장 총 칙

제1조(목적)

 이 규칙은 수사자료표의 관리, 지문의 채취와 분류, 지문에 의한 신원확인 등을 체계적이고 효율적으로 하기 위하여 필요한 사항을 규정함을 목적으로 한다.

제2조(정의)

 이 규칙에서 사용하는 용어의 정의는 다음 각 호와 같다.
 1. "지문"이라 함은 손가락 끝마디의 안쪽에 피부가 융기(隆起)한 선 또는 점(이하 "융선"이라 한다)으로 형성된 무늬를 말한다.
 2. "지문자동검색시스템(Automated Fingerprint Identification System ; AFIS)"이라 함은 주민등록증발급신청서, 외국인지문원지 및 수사자료표에 첨부된 지문을 이미지 형태로 전산입력하여 필요시 지문을 열람·대조 확인할 수 있는 시스템을 말한다.
 3. "전자수사자료표시스템(Electronic Criminal Record Identification System ; E-CRIS)" 이라 함은 피의자의 신원을 확인하고 필요사항을 전산입력하는 등 수사자료표를 전자문서로 작성 및 관리하는 시스템을 말한다.
 4. "범죄경력관리시스템(Criminal Records Information Management System ; CRIMS)"은 범죄·수사경력 자료를 조회· 회보 및 관리하는 시스템을 말한다.
 5. "현장지문"이라 함은 범죄현장에서 채취한 지문을 말한다.
 6. "준현장지문"이라 함은 범죄현장 이외의 장소에서 채취된 지문을 말한다.

제2장 수사자료표의 작성 · 관리

제3조(수사자료표의 관리)

 ① 경찰청 범죄분석담당관은 수사자료표를 범죄경력자료와 수사경력자료로 구분하여 보존·관리하여야 한다.
 ② 경찰청 범죄분석담당관은 정확한 수사자료표 관리를 위해 업무처리 중 발견되는 오류자료를 신속하게 정정하는 등 필요한 조치를 하여야 한다.

제4조(수사자료표의 작성시 신원확인)

수사자료표 작성자는 피의자의 지문으로 신원을 확인한다. 다만, 지문으로 신원을 확인할 수 없는 경우 가족관계증명서, 주민등록증, 운전면허증, 여권 등 신원확인에 필요한 제반자료로 확인하여야 한다.

제5조(수사자료표의 작성방법)

① 수사자료표는 전자수사자료표시스템을 이용하여 전자문서로 작성한다. 다만, 입원, 교도소 수감 등 불가피한 사유로 피의자가 경찰관서에 출석하여 조사받을 수 없는 경우에는 종이 수사자료표를 작성하여 입력한다.

② 피의자의 신원이 확인된 경우에는 별지 제1호서식의 수사자료표를 작성한다. 다만, 다음 각 호의 어느 하나에 해당하는 경우에는 별지 제2호서식의 수사자료표를 작성한다.

1. 주민등록증 미발급자 등 지문자료가 없어 신원이 확인되지 않는 경우
2. 전자수사자료표시스템으로 동일인 여부가 판명되지 않은 경우
3. 주민조회시 별표1에 의한 지문분류번호가 없는 경우(00000-00000 포함)
4. 손가락의 손상·절단 등으로 지문분류번호를 정정할 필요가 있는 경우

③ 제1항 및 제2항의 규정에도 불구하고 다음 각 호의 피의자에 대해서는 지문을 채취하지 않고 제4조의 단서에 의한 신원확인 후 수사자료표를 작성할 수 있다.

1. 90일을 초과하여 외국에 체류하는 사람
2. 강제출국된 외국인
3. 기타 전염병 등의 사유로 인해 지문채취가 불가능하다고 인정되는 사람

④ 주민등록번호(외국인등록번호)가 확인되지 않는 피의자의 수사자료표 주민등록번호(외국인등록번호) 항목은 다음 각 호에 따라 입력한다.

1. 내국인 1900년대 출생자중 남자는 '생년월일-1000000', 여자는 '생년월일-2000000'
2. 내국인 2000년대 출생자중 남자는 '생년월일-3000000', 여자는 '생년월일-4000000'
3. 외국인 1900년대 출생자중 남자는 '생년월일-5000000', 여자는 '생년월일-6000000'
4. 외국인 2000년대 출생자중 남자는 '생년월일-7000000', 여자는 '생년월일-8000000'

⑤ 수사자료표 작성자는 작성 후 신속히 소속 팀(계)장의 승인을 받아야 한다.

제6조(수사자료표의 확인 및 조치)

경찰청 범죄분석담당관은 신원이 확인되지 않은 상태로 전송된 수사자료표에 대하여 신원을 확인하여 그 결과를 작성관서의 장에게 통보하여야 한다.

제7조(정정할 사항의 조치)

제6조의 통보를 받은 관서의 장은 다음 각 호에 따라 조치하여야 한다. 다만, 사건이 검찰청에 송치된 이후에 통보를 받은 경우에는 확인된 피의자 인적사항 정정에 관한 사항을 검찰청에 추송하여야 한다.

1. 피의자에 대한 출석요구 등을 통하여 본인 여부 재확인
2. 타인의 인적사항으로 입력된 피의자 원표, 수사기록, 각종 대장 등 관련 서류의 정정
3. 개별 법령에 의거하여 진행된 행정조치 또는 기관통보에 대한 정정 및 보완

제8조(처분결과 등 정리)

경찰청 범죄분석담당관은 검찰청 등 수사기관의 장으로부터 송부받은 사건의 입건현황과 처분 또는 선고현황 등을 범죄경력관리시스템에 자동 입력되도록 한다. 다만, 다음 각 호에 해당하는 경우에는 필요한 사항을 확인하여 입력한다.

1. 범죄경력관리시스템에 자동입력되지 않은 처분 결과 등이 있는 경우
2. 다른 수사기관의 장으로부터 처분결과 등을 서면으로 통보받은 경우
3. 본인이 수사자료표 기록내용이 사실과 다르다고 이의제기를 한 경우
4. 기타 수사자료표 처분사항에 관한 정리가 필요한 경우

제3장 수사자료표의 조회 및 회보 등

제9조(관리책임자의 지정 등)

① 범죄경력관리시스템 및 전자수사자료표시스템의 관리책임자는 시스템이 설치된 부서의 장으로 한다.
② 제1항의 관리책임자는 수사자료표 내용이 불법 유출되거나 법령에 정하여진 목적 외의 용도로 활용되지 않도록 수시로 관리 및 점검을 하여야 한다.

제10조(범죄경력·수사경력조회에 대한 승인)

① 「형사사법절차 전자화 촉진법」에 따른 형사사법정보시스템을 이용하는 사건 담당자가 형사사법정보시스템을 이용하여 범죄·수사경력 자료를 조회하는 경우에는 소속 계(팀)장의 승인을 받아야 한다.

② 종합조회처리실 등에 범죄·수사경력 자료의 조회를 의뢰할 필요가 있는 경우 의뢰자는 소속 부서의 장(일과 후 상황실장)의 승인을 받아 조회의뢰서를 제출하여야 한다. 다만, 범죄수사 등 목적으로 긴급을 요하여 조회 의뢰에 대한 사전 승인을 받을 수 없을 때에는 조회의뢰서에 그 사유를 기재한 후 의뢰하고, 사후에 소속부서의 장의 승인을 받아야 한다.

③ 제2항에 따른 조회 의뢰를 받은 종합조회처리실 등의 근무자는 소속 부서의 장의 승인을 받아 조회·회보하여야 한다.

제11조(범죄경력·수사경력조회의 의뢰 및 회보방법)

① 경찰관서의 장은 범죄·수사경력 자료에 대하여 대상자 본인으로부터 조회 신청을 받거나 법령에 따라 조회 요청을 받은 경우 다음 각 호에 따라 회보하여야 한다.

　1. 「형의 실효 등에 관한 법률」(이하 "법"이라 한다) 제6조제1항제1호부터 제3호에 따라 조회를 요청하는 경우 별지 제3호서식의 범죄·수사경력 조회 요청서로 요청하고, 경찰관서의 장은 조회단말기에서 출력한 범죄경력조회서로 회보한다.

　2. 법 제6조제1항제4호에 따라 대상자 본인이 신청하는 경우 별지 제4호서식의 범죄·수사경력 조회 신청서로 신청하고, 경찰관서의 장은 조회를 신청한 사람으로부터 신분증을 교부받아 사본하여 신원을 확인한 후 별지 제5호서식의 범죄·수사경력 회보서로 회보하거나 이를 열람하게 한다.

　3. 법 제6조제1항제5호부터 제10호에 따라 조회를 요청하는 경우 별지 제3호서식의 범죄·수사경력 조회 요청서로 요청하고, 경찰관서의 장은 별지 제5호서식의 범죄·수사경력 회보서로 회보한다.

　4. 「공직선거법」제49조제10항 및 제60조의2제8항의 규정에 따라 후보자가 되고자 하는 사람 또는 정당은 별지 제6호서식의 공직후보자 범죄경력 신청서로 신청하고, 경찰관서의 장은 별지 제7호서식의 공직후보자 범죄경력 회보서로 회보한다.

② 제1항제2호의 경우 신청인이 질병, 입원, 해외체류 등의 부득이한 사정으로

본인이 직접 신청할 수 없을 경우에는 신청서 외에 별지 제8호서식의 위임장을 작성하여 본인 및 대리인의 신분증, 대리 관계를 입증할 수 있는 서류, 부득이한 사정을 증명할 수 있는 서류(진단서, 입원확인서, 출입국에 관한 사실 증명서, 수용증명서 등을 말한다) 등을 첨부하여 대리인이 신청 할 수 있다.

③ 제1항에도 불구하고 개별 법령에서 범죄·수사경력 조회의 의뢰 및 그 회보방법을 규정한 경우에는 그에 따른다.

④ 경찰관서의 장은 제1항에 따라 수사경력을 조회할 때 처분결과가 확인되지 않는(수사중, 재판중 포함) 경우에는 경찰청 범죄분석담당관에게 처분결과의 확인을 요청하고, 범죄분석담당관은 이를 확인하여 범죄경력관리시스템에 입력하고, 경찰관서의 장은 수정된 사항을 출력하여 회보한다.

제12조(특이사항 작성 및 활용)

① 수사자료표를 작성하는 경찰관은 체포·구속중인 피의자가 도주 시도, 자해 기도, 흉기 사용 등의 특이한 행위를 할 경우에는 수사자료표 특이사항에 해당 내용을 기재한다.

② 체포·구속된 피의자를 수사·관리하는 경찰관은 제1항의 특이사항이 확인되는 경우 이를 피의자 신병관리에 활용할 수 있다.

제13조(수사자료표의 보관 등)

① 경찰청 범죄분석담당관은 수사자료표를 접수된 날짜순으로 보관한다.

② 경찰청 범죄분석담당관은 수사자료표가 다음 각 호의 어느 하나에 해당하는 경우에는 정정 등 필요한 조치를 하여야 한다.

  1. 중복 작성된 경우
  2. 경찰관이 기소의견으로 송치한 고소·고발 사건에 대하여 불기소처분결과와 함께 삭제하도록 통보받은 경우

③ 경찰청 범죄분석담당관은 법 제8조의2에 따라 수사경력자료를 삭제하는 경우 삭제한 사람의 소속·성명, 삭제일시 등 삭제에 관한 사항을 삭제한 날부터 5년간 전산으로 보관하여야 한다.

제4장 지문의 채취 · 분류 등

제14조(지문 채취방법)

① 수사자료표, 별지 제9호서식의 지문 신원확인조회서를 작성함에 있어 지문채취는 지문의 융선과 삼각도가 완전히 현출되도록 채취하여야 한다.

② 별지 제1호서식의 수사자료표 지문란에는 오른손 첫째 손가락의 지문을 채취하되 손가락의 절단·손상 등의 사유로 지문을 채취할 수 없는 경우에는 다음 각 호에 정한 순서에 의하여 지문을 채취한다.

　1. 왼손 첫째 손가락

　2. 오른손 둘째·셋째·넷째·다섯째 손가락

　3. 왼손 둘째·셋째·넷째·다섯째 손가락

제15조(자료전산화)

경찰청 범죄분석담당관은 수사자료표의 지문자료는 전자수사자료표시스템에, 주민등록증발급신청서 등의 지문자료는 지문자동검색시스템에 입력하여 디지털 이미지로 관리한다.

제16조(지문의 분류)

지문분류에 사용되는 용어, 융선, 문형 및 분류방법은 별표1과 같다.

제5장 지문의 감정 의뢰 및 회보

제17조(현장지문 등의 감정 의뢰 및 회보)

① 경찰관서의 장은 채취한 현장지문 또는 준현장지문 등에 대한 감정이 필요한 경우 감정물을 첨부하여 경찰청장 또는 지방경찰청장에게 별지 제10호서식의 감정의뢰서에 따라 감정을 의뢰할 수 있다.

② 경찰청장과 지방경찰청장은 제1항에 따라 의뢰받은 지문을 주민등록증발급신청서, 지문자동검색시스템, 전자수사자료표시스템 등에 입력된 지문자료와 대조하여 그 결과를 별지 제11호서식의 감정서에 따라 회보한다.

제18조(신원확인 조회 의뢰 및 회보)

① 경찰관서의 장은 신원확인이 필요하다고 인정되는 경우 별지 제9호서식의 지문 신원확인조회서를 작성하여 경찰청장 또는 지방경찰청장에게 조회를 의뢰

할 수 있다. 다만, 신원확인이 필요한 대상자가 피의자인 경우에는 별지 제9
호서식을 수사자료표로 대신할 수 있다.

② 신원확인을 의뢰받은 경찰청장 또는 지방경찰청장은 주민등록증발급신청서,
지문자동검색시스템, 전자수사자료표시스템 등의 지문자료와 의뢰받은 대상자
의 지문을 대조하여 그 결과를 회보한다.

제19조(유효기간)

이 훈령은 「훈령·예규 등의 발령 및 관리에 관한 규정」에 따라 이 훈령을 발령한
후의 법령이나 현실 여건의 변화 등을 검토하여야 하는 2021년 6월 30일까지 효
력을 가진다.

부 칙

<제878호, 2018.7.27.>

제1조

이 규칙은 발령한 날부터 시행한다.

제2조

주민등록증발급신청서등의 관리에 관한 규칙 제3조 제1항 중 "제20조"를 "제16
조"로 한다.

제3조

주민등록증발급신청서등의 관리에 관한 규칙 제5조 제2항 중 "제24조"를 "제18
조"로 한다.

【별표1】 지문의 분류

1. 지문의 종류

지문의 종류	설　　명	형　태
(1) 궁상문 (弓狀紋)	가. 궁상문의 정의 　활(弓)모양의 궁상선으로 형성된 지문을 말한다.	궁 상 선
	나. 궁상문의 종류	
	① 보통궁상문 　평탄하게 흐른 활모양의 궁상선으로 형성된 지문을 말한다.	보통궁상문
	② 돌기궁상문 　돌기한 활모양의 궁상선으로 형성된 지문을 말한다.	돌기궁상문
(2) 제상문 (蹄狀紋)	가. 제상문의 정의 　말(馬) 발굽(蹄) 모양의 제상선으로 형성되고 융선이 흐르는 반대측에 삼각도가 1개 있는 지문을 말한다.	제상선
	나. 제상문의 종류	
	① 갑종제상문 　좌수의 지문을 찍었을 때 삼각도가 좌측에 형성되어 있거나 우수의 지문을 찍었을 때 삼각도가 우측에 형성되어 있는 지문을 말한다.	갑종제상문 좌수　　우수
	② 을종제상문 　좌수의 지문을 찍었을 때 삼각도가 우측에 형성되어 있거나 우수의 지문을 찍었을 때 삼각도가 좌측에 형성되어 있는 지문을 말한다.	을종제상문 좌수　　우수

지문의 종류	설 명	형 태
(3) 와상문 (渦狀紋)	가. 와상문의 정의 　와상선, 환상선, 이중제상선, 제상선 기타 융선이 독립 또는 혼재되어 있는 2개 이상의 삼각도가 있는 지문을 말한다. 단, 유태제형(有胎蹄形) 와상문은 삼각도가 1개이다.	와상선 환상선 이중 제상선 제상선
	나. 와상문의 종류	
	① 순와상문 　와상문의 중심부 융선이 와상선으로 형성된 지문을 말한다.	순와상문
	② 환상문 　와상문의 중심 부융선이 환상선으로 형성된 지문을 말한다.	환상문
	③ 이중제형 와상문 　와상문의 중심부를 형성한 1개 또는 2개의 융선이 이중으로 제상선을 형성한 지문을 말한다.	이중제형와상문
	④ 유태제형(有胎蹄形) 와상문 　제상문 중심부에 거꾸로 형성된 제상선이 있거나 거꾸로 형성된 호상선이 2개이상 있는 지문을 말한다.	유태제형와상문
	⑤ 혼합문 　2개이상의 문형이 혼합하여 1개의 문형을 형성한 지문을 말한다.	혼합문

지문의 종류	설 명	형 태
(4) 변태문 (變態紋)	변태문이란 궁상문, 제상문, 와상문에 속하지 않아 정상적으로 분류번호를 부여할 수 없는 지문을 말한다.	변태문

2. 지문융선의 종류

융선의 종류	설　　　명	형　태
(1)궁상선 (弓狀線)	활(弓)모양의 곡선으로 이뤄진 지문을 말하며 삼각도는 형성되지 않는다. 완만한 경사를 이루며 흐르는 선을 보통궁상선이라 하고 급격한 경사를 이루며 흐르는 선을 돌기궁상선이라 한다.	보통궁상선 돌기궁상선
(2)제상선 (蹄狀線)	좌측 또는 우측으로부터 흐르기 시작하여 말발굽형태를 이루면서 시작한 방향으로 되돌아가는 융선을 말한다.	좌측 우측
(3)중핵 제상선 (中核蹄狀線)	여러 개의 제상선중에서 가장 중심부에 있는 제상선을 말하며 제상선의 가상반원에 다른 융선이 교차하거나 외측으로부터 접촉되어 있을 때는 그 다음 제상선이 중핵제상선이 된다.	중핵제상선
	중핵제상선의 가상 반원내에 2개 이상의 융선이 동일한 모양으로 같이 있을 때에는 내단 지정의 예에 따른다.	중핵제상선

융선의 종류	설 명	형 태
(4) 가상반원 (假想半圓)과 가상반원선 (假想半圓線)	제상선의 상부에 가상원을 그린 후 그 원을 2등분하는 직선을 그었을 때 상부를 가상반원이라 하고 그 선을 가상반원선이라 한다. 단 가상반원선에 이르지 못한 제상선은 제상선으로 볼 수 없다.	 가상반원 가상반원선
(5)가상정점 (假想頂點)	삼각도 또는 기준각을 형성한 2개의 융선이 접합할 때는 접합점, 병행할 때는 가상의 삼각도 꼭지점을 말한다.	 가상정점
(6)가상직선과 가상수직선	제상문의 내단과 외단간의 융선수 또는 와상문의 추적선 종점과 우측표준점간의 융선수를 계산하기 위하여 임시로 그은 선을 말한다.	 가상직선 가상수직선
(7)와상선 (渦狀線)	와상문의 중심부 융선이 좌측 또는 우측으로 흐르기 시작하여 1회이상 회전, 원 또는 타원형을 이루는 선을 말한다.	와상선 좌우측 방향
(8)환상선 (環狀線)	와상문의 중심부 융선이 원 또는 타원형을 이룬 선을 말한다.	환상선 원 또는 타원형

융선의 종류	설　　　명	형　태
(9)이중제상선 (二重蹄狀線)	와상문 중심부의 융선 1개 또는 2개가 이중으로 제상선을 형성하고 융선이 흐르기 시작한 원기점 방향으로 되돌아가거나 반대 방향으로 흐르는 융선을 말한다.	 원기점방향 반대방향
(10)삼각도 (三角島)	2개의 융선이 외측에서 접합하거나 병행하면서 형성된 삼각형 모양을 말한다. ○ 제상문은 융선이 흐르는 반대측(좌측 또는 우측)에 1개 형성된다. ○ 와상문은 중심부 좌우측에 2개이상 형성되어 있다. 단, 유태제형와상문은 1개이다.	 삼각도
(11)접합선 (接合線)	2개 이상의 융선이 어느 1점에서 만나 1개의 선으로 된 것을 말한다.	 접합점 접합선
(12)병행선(竝行線)과 개재선(介在線)	다른 2개의 융선이 삼각형 모양을 형성하면서 접합하지 않고 병행되는 선을 병행선이라 하고 가상정점 부근의 병행선 사이에 있는 융선을 개재선이라 한다.	 병행선 개재선

융선의 종류	설 명	형 태
⑴분기선 (分岐線)	1개의 융선이 2개이상의 융선으로 분기된 선을 말한다.	 분기점　　분기선
⑷간선 (幹線)과지선 (支線)	분기선중 굵은 선을 간선이라 하고 가는 선을 지선이라 하며 와상문을 분류할 때 추적선의 종점을 지정하게 되는 선이다.	 간선　　　지선
⑸추적선 (追跡線)	좌측기준각 하변을 형성한 융선이 우측기준각의 내측 또는 외측에 이르기까지 추적되는 선을 말한다. ○ 추적선이 중단되었을 때는 아래 융선을 추적한다. ○ 추적선이 분기되었을 때는 간선을 추적하고 간선과 지선이 불분명할 때는 아래 융선을 추적한다. ○ 추적선의 융선 굵기만큼 단절된 것은 그대로 추적한다.	 내측　　　외측 중단　　　분기 불분명　　　단절
⑹기준각 (基準角)	2개 이상의 삼각도를 가진 와상문에서 중앙으로부터 가장 먼 곳에 있는 좌우측의 삼각도를 말한다.	 중앙에서 먼 좌우측 삼각도
⑺봉상선 (棒狀線)	봉(棒)의 모양으로 형성된 융선을 말하며 일반적으로 중핵제상선의 가상반원선내에 형성된 경우를 지칭한다.	 봉상선
⑻도형선 (島形線)	1개의 융선이 분기되었다가 다시 접합되어 원 또는 타원형의 섬 모양을 이룬 융선을 말한다.	 타원형　　　원

⒆점(點)과 단선(短線)	폭과 길이가 동일한 융선을 점이라 하며 일반적으로 길이가 2㎜정도의 짧은 융선을 단선이라 한다.	점 단선
⒇호상선 (弧狀線)과 조상선 (釣狀線)	반원에 미치지 못하는 짧은 곡선을 이룬 융선을 호상선이라 하고 봉상선의 끝이 낚시 모양의 융선을 조상선이라 한다. 일반적으로 중핵제상선의 가상반원선내에 형성된 경우를 말한다.	호상선 (弧) 조상선 (釣)

3. 제상문 분류법상의 기준점

제상문을 분류할 때, 융선수를 계산하기 위한 기준점으로 내단과 외단을 정한다.

(1) 내단(內端)

종 류	설 명	형 태
정 의	중핵제상선의 가상반원선내에 있는 융선을 말하며 을종제상문 분류상 필요한 기준점을 말한다.	
	○ 내단 지정의 "예" - 내단이 되는 점, 단선, 호상선, 조상선, 봉상선등의 융선이 중핵제상선의 가상반원선에 도달하거나 가상반원선 안에 2개 이상 있을 때에는 가장 높은 것으로 하고	 가장높은것
	- 높이가 같은 융선이 2개일 때에는 외단에서 먼 것으로 하며	 외단에서 먼것
	- 3개 이상일 때에는 홀수인 경우는 중앙의 것으로, 짝수인 경우는 중앙의 2개중 외단에서 먼 것을 내단으로 정한다.	 중앙의 것 중앙의것중 외단에서 먼것
	○ 내단이 되는 융선의 모양이 각기 다르거나 같은 모양의 융선들이 혼재되어 있는 경우에도 위의 예에 준한다.	
가.제상 내단	중핵제상선의 가상반원내에 내단이 되는 다른 융선이 없을 때에는 외단에서 먼 가상반원선의 교차점을 내단으로 정한다.	 제상내단

종 류	설 명	형 태
나.봉상내단	중핵제상선의 가상반원선 내에 도달한 봉상선이 있는 경우, 그 봉상선의 끝부분을 내단으로 정한다.	 봉상내단
다. 점내단	중핵제상선의 가상반원선내에 점이 있는 경우, 그 점을 내단으로 정한다.	 점내단
라. 단선내단	중핵제상선의 가상반원선내에 단선이 있는 경우, 그 단선의 외단에서 먼 쪽이나 높은 쪽의 끝부분을 내단으로 정한다.	 단선내단
마. 호상내단	중핵제상선의 가상반원선 내에 호상선이 있는 경우, 외단에서 먼 쪽의 끝부분을 내단으로 정한다.	호상내단
바. 조상 내단	중핵제상선의 가상반원선 내에 조상선이 있는 경우, 그 조상선의 끝부분을 내단으로 정한다.	조상내단
사. 교차 내단	중핵제상선의 가상반원선내에서 2개 이상의 제상선이 교차하였을 때 교차점을 내단으로 하고 수개의 교차점이 존재할 경우에는 봉상내단의 예에 따른다.	 교차내단

종 류	설 명	형 태
아.복합내단	중핵제상선의 가상반원선내에 모양이 같거나 다른 2개이상의 내단이 될 수 있는 융선이 있을 경우에는 내단 지정의 "예"에 따른다.	 내단 복합내단

(2) 외단(外端)

종 류	설 명	형 태
정 의	제상선이 흐르는 반대측에 형성된 삼각도의 모양에 따라 을종제상문의 분류상 필요한 기준점을 말한다.	
가.접합외단	삼각도의 외측을 흐르는 2개의 융선이 접합하였을 때 그 접합점을 외단으로 한다.	 접합외단
나.병행외단	삼각도의 외측을 흐르는 2개의 융선이 병행선을 이룬 경우 가상정점으로부터 내단을 향하여 가상직선을 그어 처음 만나는 교차점을 외단으로 한다.	 가상정점 병행외단
다.개재외단	병행외단의 병행선사이에 개재선이 있을 때에는 가상 정점으로부터 병행선과 가상직선을 그었을 경우 개재선과의 교차점을 외단으로 한다.	 개재외단 개재외단

4. 와상문 분류법상의 기준점

(1) 추적선의 종점(終點)

종 류	설 명	형 태
정 의	○ 추적선의 기점 좌측기준각(삼각도)에서 추적선이 시작되는 점을 기점이라 한다. 좌측기준각이 접합시는 접합점을 기점으로 하고 병행할 때는 병행되기 시작한 하변의 1점을 추적선의 기점으로 한다. ○ 추적선의 종점 우측기준각(삼각도)에서 추적선을 향하여 가상의 직선 또는 수직선을 그었을 때 그 선과 추적선이 교차되는 점을 추적선의 종점이라고 한다.	 추적선의 기점
가. 추적선이 우측기준각에 닿았을 경우	추적선이 우측기준각(삼각도)에 닿았을 때는 그 기준점을 종점으로 정한다.	 추적선의 종점
나. 추적선이 우측기준각의 내측으로 흐른 경우	추적선이 우측기준각의 내측으로 흐를 때에는 우측기준각을 2등분하는 가상의 직선을 그어 추적선과 교차되는 점을 종점으로 정한다.	 추적선의 종점 (내측)
다. 추적선이 우측기준각의 외측으로 흐른 경우	추적선이 우측기준각의 외측으로 흐를 때에는 우측 기준각의 접합점 또는 가상의 정점으로부터 추적선을 향하여 수직선을 그어 추적선과 교차되는 점을 종점으로 정한다.	 추적선의 종점 (외측)

(2) 기준점

종 류	설 명	형 태
정 의	와상문의 분류상 필요한 기준이 되는 점을 말하며 우측기준각(삼각도)에서 기준점을 정한다.	
가.접합기준점	우측삼각도를 형성하는 2개의 융선이 접합하였을 때는 그 접합점을 접합기준점으로 한다.	접합기준점
나.병행기준점	우측삼각도를 형성하는 2개의 융선이 병행할 때에는 가상정점에서 추적선을 향하여 우측기준각을 2등분한 가상의 직선 또는 수직선을 그어 최초로 교차되는 점을 병행기준점으로 한다.	병형기준점
다.개재기준점	병행선사이에 개재선이 있을 때에는 가상정점에서 추적선을 향하여 가상의 직선 또는 수직선을 그어 개재선과 교차되는 점을 기준점으로 정한다. ○ 홀수일 때에는 중앙의 개재선으로, 짝수일 때는 중앙 2개의 개재선 사이에 가상의 직선 또는 수직선을 그어 최초로 교차되는 점을 기준점으로 한다.	개재기준점

5. 지문의 분류번호 및 융선수 계산방법

지문의 종류	설 명	분류방법
(1)궁상문	보통궁상문과 돌기궁상분의 분류번호는 "1"로 부여한다.	"1" (문형의 모양만으로 분류)
(2)제상문	가. 갑종제상문의 분류 　갑종제상문은 삼각도가 좌수는 좌측에, 우수는 우측에 형성되어 있는 지문을 말하며 분류번호는 "2"로 부여한다. 나. 을종제상문의 분류 　을종제상문은 갑종제상문의 반대측에 삼각도가 형성된 지문을 말하며 내단과 외단 사이의 가상직선에 닿는 융선수를 계산하여 분류한다. ○ 내단과 외단은 융선수 계산에서 제외하고 내단과 외단사이의 융선수가 　- 7개이하 ·················"3" 　- 8～11개 ·················"4" 　- 12～14개·················"5" 　- 15개이상 ················· "6" 　으로 분류번호를 부여한다.	"2" 좌수　　　우수 (좌·우수의 삼각도 위치만으로 분류) "3" 내단　　외단 "4" 내단　　외단 "5" 외단 내단 "6" 내단　　　외단

지문의 종류	설　　　　명	분류방법
(3) 와상문	와상문은 우측기준점과 추적선의 종점 간의 가상의 직선 또는 수직선에 닿는 융선수를 계산하여 분류하되 우측기준점과 추적선의 종점은 융선수에서 제외한다. ○ 추적선의 종점과 기준점사이의 융선수가 -추적선이 우측기준각의 내측으로 흐르고 4개이상 .... "7" -추적선이 우측기준각의 내측 또는 외측으로 흐르고 3개이하 ..."8" -추적선이 우측기준각의 외측으로 흐르고 4개이상 .... "9"	
(4) 변태문	어느 문형에도 속하지 않아 정상적으로 분류할 수 없는 지문으로서 분류번호는 9에다 .을 찍어 "**9**"로 부여한다. 단, 전산상에는 9로 표기할 수 있다	
(5) 기　타	가. 손가락 끝마디 절단시 분류 　손가락 끝마디가 절단되어 지문을 채취할 수 없는 경우를 말하며 분류번호는 "0"으로 부여한다.	
	나. 손상지문의 분류 　지문이 손상되어 궁상문, 제상문, 와상문으로 분류를 할 수 없을 때는 0에다 .을 찍어 "θ"로 부여한다. 단, 전산상에는 0으로 표기할 수 있다	
	다. 육손가락인 경우의 분류 　간지(幹指)로 분류하고 간지로 분류할 수 없을 때에는 지지(支指)로 분류하되 지지도 분류할 수 없을 때는 변태문으로 분류한다.	

지문의 종류	설 명	분류방법
	라. 제상문의 외단 또는 와상문의 기준각이 불분명할 때는 추정하여 분류번호를 부여한다. 마. 분류가 어려운 평면날인된 외국인 지문자료는 0번으로 분류할 수 있다.	분류번호 추정

6. 지문의 문형 및 기준점, 내·외단 지정예시

(1) 궁상문 지정의 예

(2) 제상문 지정의 예

(3) 와상문 지정의 예

(4) 변태문 지정의 예

(5) 내단(제상문 분류기준점)
　가. 제상(蹄狀) 내단

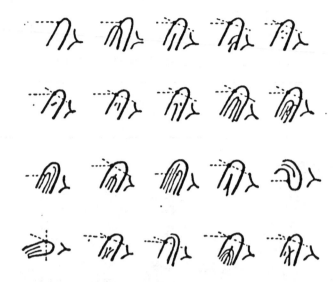

　나. 점 내단

　다. 단선(短線) 내단

　라. 호상(弧狀) 내단

마. 조상(釣狀) 내단

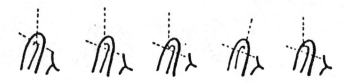

바. 봉상(棒狀) 내단

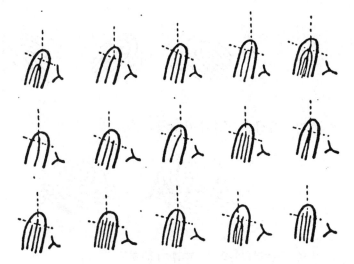

사. 교차(交叉) 내단

(6) 외단 (제상문 분류기준점)

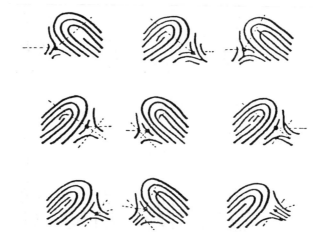

(7) 종점 (와상문 분류기준점)

(8) 우측기준점(와상문 분류기준점)

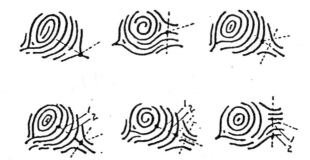

【별지 제1호서식】 수사자료표

① 국적		수 사 자 료 표				
② 성명		③성별	남, 여	④주민등록번호		-
⑤ 주　　소						
⑥ 등록기준지						
⑦ 작성사항	관 서 명	년 월 일		번 호	죄 명	⑬ 오른손 첫째 손가락
⑧ 사건번호	년 -	소속:				과
⑨범죄·수사 경력	건	⑪작성자	계			
			계급(직급):		성명:	
			(인)			
⑩ 비　　고		⑫확인관	계급(직급):		성명:	
			(인)			

187mm × 83mm(보존용지 120g/㎡)

작성시 유의사항 및 예시

⑦ 작성관서 : 서울중부서, 부산해운대서 등으로 기재

　 작성번호 : 년도별 일련번호 기재

⑧ 사건번호 : 년도별 범죄접수번호를 기재

⑩ 비　　고 : 특이사항이 있을 경우, 전면 비고란에 "자해", "도주", "흉기저항" 등으로 기재한 후, 아래 특이사항란에 개요를 육하원칙에 의거 간략하게 기재할 것

⑫ 확인관 : 수사자료표 작성자 직속상관(팀장 또는 과장)

※ 주민등록증 미발급자.미소지자, 외국인 등 신원이 확인되지 않았거나 주민조회시 지문가 치번호가 없는 경우(00000-00000 포함)에는 별지 제2호 서식으로 작성할 것

특이사항 (육하원칙에 의거 작성)	

※ 작성근거 : 「형의 실효 등에 관한 법률」 제5조

【별지 제2호서식】 수사자료표

(앞면)

① 국적		**수 사 자 료 표**													
② 성 명	한글		③ 성별 남, 여	④주민등록번호							-					
	영문															
⑤ 주소															
⑥ 등록기준지															

⑦외국인신분		⑧여권번 호		⑨외국인 등록번호	

⑩ 작성사항	관서명	년 월 일	번 호	죄 명	⑯ 오른손 첫째 손가락

⑪ 사건번호	년 -	⑭작성자	소속: 과 계 계급(직급): 성명: (인)	
⑫범죄·수사경력	건			
⑬ 비 고		⑮확인관	계급(직급): 성명: (인)	

왼 손				
둘째 손가락	셋째 손가락	넷째 손가락	다섯째 손가락	첫째 손가락

오 른 손				
둘째 손가락	셋째 손가락	넷째 손가락	다섯째 손가락	첫째 손가락

왼손가락 평면지문	오른손가락 평면지문

187mm×265mm(보존용지 120g/㎡)

작성시 유의사항 및 예시

② 외국인의 경우 : 영문 성명, 국적, 여권번호, 외국인등록번호 반드시 기재

⑦ 외국인 신분 : 외교관, SOFA(미국인, 미국인 가족, 미 군속, 초청계약자), 일반외국인, 불법체류, 기타 등 신분확인 기재

⑩ 관 서 명 : 서울중부서, 부산해운대서 등으로 기재

　 작성번호 : 년도별 일련번호 기재

⑪ 사건번호 : 년도별 범죄접수번호를 기재

⑬ 비　　고 : 특이사항이 있을 경우, 전면 비고란에 "자해", "도주", "흉기저항" 등으로 기재한 후, 아래 특이사항란에 개요를 육하원칙에 의거 간략하게 기재할 것

⑮ 확 인 관 : 수사자료표 작성자 직속상관(팀장 또는 과장)

※ 주민등록증 미발급자.미소지자, 외국인 등 신원이 확인되지 않았거나 주민조회시 지문가치번호가 없는 경우(00000-00000 포함)에는 별지 제2호 서식으로 작성할 것

특이사항 (육하원칙에 의거 작성)	

【별지 제3호서식】 범죄·수사경력 조회 요청서

범죄·수사경력 조회 요청서

접수번호		접수일		처리일		처리기간	즉시

요청인	성명			직위			
	기관명						
	주소				(전화번호:　　　　　)		

대상자	성명	한글		자국어			
		한자		영문			
	주민등록번호		-	외국인인 경우: 국적과 여권번호 또는 외국인등록번호			
	주소						

　　　　○○ 법률 제 ○○조에 의거에 따라 범죄·수사경력 조회를 요청하오니 그 결과를 회신해 주시기 바랍니다.

년　　　　월　　　　일

요청인　　　　(서명 또는 인)

_____경찰청(서)장 귀하

요청인 제출 서류	1. 범죄·수사경력 조회를 요청할 수 있는 시설임을 입증할 만한 서류 1부 　(각종 인·허가증 등) 2. 조회의뢰자 신분증(주민등록증, 운전면허증, 여권) 사본 1부 　※ 조회의뢰자가 법인인 경우 법인등기부 등본을 의미	수수료 없음

유의사항

1. 대상자가 외국인인 경우 한글과 자국어·영문의 성명, 국적과 함께 여권번호 또는 외국인등록번호를 적습니다.

2. 대상자가 2명 이상일 경우에는 뒤쪽에 일괄하여 작성할 수 있습니다.

처리절차

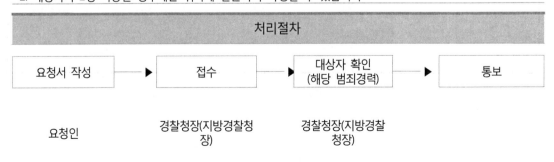

요청서 작성		접수		대상자 확인 (해당 범죄경력)		통보
요청인		경찰청장(지방경찰청장)		경찰청장(지방경찰청장)		

연번	성명 (외국인인 경우 영문으로 작성)	주민등록번호 (외국인인 경우 생년월일)	외국인등록번호/국적 (외국인인 경우만 작 성)	취업자(취업예정 자)의 직종(예정직 종)

【별지 제4호서식】 범죄·수사경력 조회 신청서

범죄 · 수사경력 조회 신청서
Application For Criminal Records

접수번호 Application Number	접수일 Date of Acceptance	처리기간 Processing Wait times	즉시 Inst Pro

신청인 Applicant	성 명(한글) Name(English) ※ 여권과 동일하게 기재	주민등록번호 Date of Birth (**Foreigners**)
	여권번호(외국인만 해당) Passport Number (**Foreigners**)	
	주 소 Address　　　　　　　(전화번호 Phone Number :	

조회목적 Scope of Reference	[ ]	외국 입국·체류 허가용 For permission of foreign country immigration and stay		
	[ ]	수사자료표 내용 확인용 For confirmation of investigation card materials	[ ]	실효된 형 등 포함 Including lapsed of criminal sentences
회보방법 Method	[ ] 열람 Read Only	[ ] 한글 회보서 Korean Check Reply	[ ] 영문 회보서 English　　Check Reply

「형의 실효 등에 관한 법률」 제6조 제1항 제4호의 규정에 따라 범죄경력 . 수사경력 조회를 위와 같이 신청합니다.
I apply for a criminal record information check as above in accordance with the No. 4 of the first clause of Article 6 in "Act on the Lapse of Criminal Sentences."

	년	월	일
	Year	Month	day

신청인　　　　　　　　　　　　(서명 또는 인)
Applicant　　　　　　　　　　　(Signature)

○ ○ **경찰서장** 귀하

첨부서류 Attached Documents	본인임을 증명할 수 있는 신분증 사본 1부. The Applicant must present his/her own ID to prevent unlawful disclosure of information.

【별지 제5호서식】 범죄·수사경력 회보서

발급번호 : 2015-00000000
Issue No

범죄·수사경력 회보서
Criminal(Investigation) Records Check Reply

대상자 The Subject

성명 Name		성별 Sex		주민등록번호 Resident Registration Number	
주소 Address					
조회목적 Purpose of Reference					

조회결과 The Result

연번 No	작성일자 Filing Date* (MM/DD/YYYY) 작성관서 Filing Office	죄명 Criminal Charges	처분일자 Disposition Date (MM/DD/YYYY) 처분관서 Disposition Office	처분결과 Disposition**
		- 해당자료없음- - No Record -		

* Filing date is the date when the relevant authority filed the personal data such as a fingerprint into the Criminal Justice Information System.

* Disposition includes sentence, acquittal, non-indictment, etc.

이 회보서는　　　　　　용도로만 사용 할 수 있으며, 그 외의 용도로 사용하였을 경우에는 취득한 사람과 사용한 사람은 「형의 실효 등에 관한 법률」 제10조제2항, 제3항에 따라 2년 이하의 징역 또는 2천 만원 이하의 벌금으로 처벌 됩니다.

This reply can be used for　　　　　　purpose only. Person who use the reply for the other purposes will be sentenced to imprisonment for not more than 2 years or a fine not exceeding 20 million won, in accordance with the second and the third clause of Article 10 in "ACT ON THE LAPSE OF CRIMINAL SENTENCES".

20 　 년(year) 　 월(month) 　 일(day)

경 찰 청 장
Commissioner General, Korean National Police Agency

1/1

출력일시(Print Date) : 　　　　　　확인(Issue) : 　　　　　　출력자(Print Name) :

【별지 제6호서식】 공직후보자 범죄경력 신청서

공직후보자 범죄경력 신청서

접수번호	접수일	처리기간

신청인	성 명(정당의 명칭과 대표자)	주민등록번호
	주 소	(전화번호 :)

조회 대상자	성 명(한자)	주민등록번호
	주 소	

　　　　년　　월　　일 실시하는　　　　　　　　선거의 후보자(예비후보자) 등록을 위하여 「공직선거법」 제49조 제10항·제60조의2 제8항 규정에 따라 형의 실효에 불구하고 조회대상자의 벌금 100만원 이상의 형의 범죄경력(실효된 형, 사면·복권된 형을 포함)에 관한 기록을 회보하여 주시기 바랍니다.

　　　　　　　　　　　　　　　　　　　　　　　년　　　　　월　　　　　일

　　　　　　　　　　　　신청인　　　　　　　　　　(서명 또는 인)
　　　　　　　　　　ㅇㅇ당 대표자　　　　　　　　(서명 또는 인)
　　　　　　　후보자가 되고자 하는 자　　　　　　(서명 또는 인)

○　○ 경찰서장 귀하

첨부 서류	1. 정당이 여러 명의 범죄경력을 함께 조회하는 경우에는 조회대상자 "성명"란에 "별지참조"라 기재하여 첨부합니다. 2. 국내거소신고를 한 재외국민은 "주민등록번호"란에 국내거소신고번호를 적고, "주소"란에 국내거소신고지를 적습니다.	수수료 없음

【별지 제7호서식】 공직후보자 범죄경력 회보서

발급번호 : 2015-00000000

공직후보자 범죄경력 회보서

※「공직선거법」제49조 제10항 및 제60조의 2제 8항 규정에 따라 벌금 100만원 이상의 형의 범죄경력 (실효된 형, 사면·복권 된 형 포함)
　을 아래와 같이 회보합니다.
※ 이 회신서를 다른 용도로 사용하였을 경우에는 취득한 사람과 사용한 사람은 '형의 실효 등에 관한 법률' 제10조 제2항, 제3항에 따라　2년 이하의 징역 또는 2천 만원 이하의 벌금으로 처벌 됩니다.

조회 대상자

성　명(한자)	（　　　　　　）	성　별
주민등록번호		
주　　소		

조회 사항

전산망별＼유형별	범죄경력 유무 (벌금 100만원 이상)	처분결과 일치여부	불일치시 조치사항	실효·사면·복권된 형 포함여부 검토
경찰전산망	□있음,　□없음	□ 일치		□ 검토
검찰사건처분결과	□있음,　□없음	□ 불일치		□ 미검토

범죄경력자료

연번	작성일자 작성관서	죄명	처분일자 처분관서	처분결과

20 년 월 일

경 찰 청 장

출력일시 :　　　　　　　확인 :　　　　　출력자

위 임 장

대리인	성 명		주민등록번호	
	전화번호		본인과의 관계	
	주 소			

위 임 사 유	

본인의 범죄경력.수사경력 자료에 관한 조회를 위 사람에게 위임합니다.

위임자	성 명	(서명 또는 인)
	주민등록번호	
	주 소	
	전화번호	

년   월   일

○ ○ 경찰서장 귀하

첨부 서류	위임자의 주민등록증 및 대리인의 신분증, 부득이한 사정을 증명할 수 있는 서류(진단서, 입원확인서, 출입국에관한사실증명서, 수용증명서 등)을 반드시 제시하여 주시기 바랍니다.	수수료 없음

【별지 제9호서식】 지문 신원확인조회서

지문 신원확인조회서   20 . . .

성 명		성별	남.여	주민등록번호	-	지문채취자	
						소속	
등록기준지				생년월일		직업	계급	
주 소				의뢰사유			성명	

왼손회전지문	둘째 손가락(시지)	셋째 손가락(중지)	넷째 손가락(환지)	다섯째 손가락(소지)	첫째 손가락(무지)

오른손회전지문	둘째 손가락(시지)	셋째 손가락(중지)	넷째 손가락(환지)	다섯째 손가락(소지)	첫째 손가락(무지)

평면압날	왼손가락 평면지문	왼손 첫째손가락	오른손 첫째손가락	오른손가락 평면지문

297mm×210mm(보존용지 120g/㎡)

감 정 의 뢰 서

수신자 :
제 목 :

사 건 명		KICS 접수(사건)번호	
법적근거			
사건발생 (발견)	일 시		
	장 소		
피해자			
관계자			
용의자			

감정물 내 역	감정물 종류 및 수량	채취일시	채취방법	채취장소 및 위치	채취자

사 건 개 요	
참고사항	

담 당 자		휴대전화	
첨부파일			

ㅇㅇ 경 찰 청(서) 장

210mm×297mm[일반용지(재활용품) 60g/㎡]

【별지 제11호서식】감정서

감 정 서

ㅇㅇ경 찰 청(서)	감정서번호 :	

ㅇ 제 목 :

ㅇ 의뢰관서(부서) :   의뢰 문서번호(또는 사건번호)

   1. 감 정 물 :

   2. 대조 대상자 :

   3. 감정대상지문 :

   4. 감정방법 :

   5. 감정(검색)결과

구분	문형	채취장소(위치)	감정결과	이름	주민번호	손가락

발 급 일 자 (감정기간)

감 정 인(관) :

ㅇㅇ경 찰 청(서) 장

※ 감정물 처리방법, 비고, 감정인 의견 등 관련항목 추가 및 KOLAS 감정서 양식을 적용할 수 있음.

210mm×297mm[일반용지(재활용품) 60g/㎡]

통신비밀보호법

[시행 2021.1.5] [법률 제17831호, 2021.1.5, 일부개정]

제1조(목적)

이 법은 통신 및 대화의 비밀과 자유에 대한 제한은 그 대상을 한정하고 엄격한 법적 절차를 거치도록 함으로써 통신비밀을 보호하고 통신의 자유를 신장함을 목적으로 한다.

제2조(정의)

이 법에서 사용하는 용어의 정의는 다음과 같다.

1. "통신"이라 함은 우편물 및 전기통신을 말한다.
2. "우편물"이라 함은 우편법에 의한 통상우편물과 소포우편물을 말한다.
3. "전기통신"이라 함은 전화·전자우편·회원제정보서비스·모사전송·무선호출 등과 같이 유선·무선·광선 및 기타의 전자적 방식에 의하여 모든 종류의 음향·문언·부호 또는 영상을 송신하거나 수신하는 것을 말한다.
4. "당사자"라 함은 우편물의 발송인과 수취인, 전기통신의 송신인과 수신인을 말한다.
5. "내국인"이라 함은 대한민국의 통치권이 사실상 행사되고 있는 지역에 주소 또는 거소를 두고 있는 대한민국 국민을 말한다.
6. "검열"이라 함은 우편물에 대하여 당사자의 동의없이 이를 개봉하거나 기타의 방법으로 그 내용을 지득 또는 채록하거나 유치하는 것을 말한다.
7. "감청"이라 함은 전기통신에 대하여 당사자의 동의없이 전자장치·기계장치 등을 사용하여 통신의 음향·문언·부호·영상을 청취·공독하여 그 내용을 지득 또는 채록하거나 전기통신의 송·수신을 방해하는 것을 말한다.
8. "감청설비"라 함은 대화 또는 전기통신의 감청에 사용될 수 있는 전자장치·기계장치 기타 설비를 말한다. 다만, 전기통신 기기·기구 또는 그 부품으로서 일반적으로 사용되는 것 및 청각교정을 위한 보청기 또는 이와 유사한 용도로 일반적으로 사용되는 것중에서, 대통령령이 정하는 것은 제외한다.

8의2. "불법감청설비탐지"라 함은 이 법의 규정에 의하지 아니하고 행하는 감청 또는 대화의 청취에 사용되는 설비를 탐지하는 것을 말한다.

9. "전자우편"이라 함은 컴퓨터 통신망을 통해서 메시지를 전송하는 것 또는 전송된 메시지를 말한다.

10. "회원제정보서비스"라 함은 특정의 회원이나 계약자에게 제공하는 정보서비스 또는 그와 같은 네트워크의 방식을 말한다.

11. "통신사실확인자료"라 함은 다음 각목의 어느 하나에 해당하는 전기통신사실에 관한 자료를 말한다.

　　가. 가입자의 전기통신일시

　　나. 전기통신개시・종료시간

　　다. 발・착신 통신번호 등 상대방의 가입자번호

　　라. 사용도수

　　마. 컴퓨터통신 또는 인터넷의 사용자가 전기통신역무를 이용한 사실에 관한 컴퓨터통신 또는 인터넷의 로그기록자료

　　바. 정보통신망에 접속된 정보통신기기의 위치를 확인할 수 있는 발신기지국의 위치추적자료

　　사. 컴퓨터통신 또는 인터넷의 사용자가 정보통신망에 접속하기 위하여 사용하는 정보통신기기의 위치를 확인할 수 있는 접속지의 추적자료

12. "단말기기 고유번호"라 함은 이동통신사업자와 이용계약이 체결된 개인의 이동전화 단말기기에 부여된 전자적 고유번호를 말한다.

제3조(통신 및 대화비밀의 보호)

① 누구든지 이 법과 형사소송법 또는 군사법원법의 규정에 의하지 아니하고는 우편물의 검열・전기통신의 감청 또는 통신사실확인자료의 제공을 하거나 공개되지 아니한 타인간의 대화를 녹음 또는 청취하지 못한다. 다만, 다음 각호의 경우에는 당해 법률이 정하는 바에 의한다.

1. 환부우편물등의 처리 : 우편법 제28조・제32조・제35조・제36조등의 규정에 의하여 폭발물등 우편금제품이 들어 있다고 의심되는 소포우편물(이와 유사한 郵便物을 포함한다) 을 개피하는 경우, 수취인에게 배달할 수 없거나 수취인이 수령을 거부한 우편물을 발송인에게 환부하는 경우, 발송인의 주소・성명이 누락된 우편물로서 수취인이 수취를 거부하여 환부하는 때에 그 주소・성명을 알기 위하여 개피하는 경우 또는 유가물이 든 환부불능우편물을 처리하는 경우

2. 수출입우편물에 대한 검사 : 관세법 제256조・제257조 등의 규정에 의한 신서외의 우편물에 대한 통관검사절차

3. 구속 또는 복역중인 사람에 대한 통신 : 형사소송법 제91조, 군사법원법 제

131조, 「형의 집행 및 수용자의 처우에 관한 법률」 제41조·제43조·제44조 및 「군에서의 형의 집행 및 군수용자의 처우에 관한 법률」 제42조·제44조 및 제45조에 따른 구속 또는 복역중인 사람에 대한 통신의 관리

4. 파산선고를 받은 자에 대한 통신 : 「채무자 회생 및 파산에 관한 법률」 제484조의 규정에 의하여 파산선고를 받은 자에게 보내온 통신을 파산관재인이 수령하는 경우

5. 혼신제거등을 위한 전파감시 : 전파법 제49조 내지 제51조의 규정에 의한 혼신제거등 전파질서유지를 위한 전파감시의 경우

② 우편물의 검열 또는 전기통신의 감청(이하 "통신제한조치"라 한다)은 범죄수사 또는 국가안전보장을 위하여 보충적인 수단으로 이용되어야 하며, 국민의 통신비밀에 대한 침해가 최소한에 그치도록 노력하여야 한다.

③ 누구든지 단말기기 고유번호를 제공하거나 제공받아서는 아니된다. 다만, 이동전화단말기 제조업체 또는 이동통신사업자가 단말기의 개통처리 및 수리 등 정당한 업무의 이행을 위하여 제공하거나 제공받는 경우에는 그러하지 아니하다.

제4조(불법검열에 의한 우편물의 내용과 불법감청에 의한 전기통신내용의 증거사용 금지)

제3조의 규정에 위반하여, 불법검열에 의하여 취득한 우편물이나 그 내용 및 불법감청에 의하여 지득 또는 채록된 전기통신의 내용은 재판 또는 징계절차에서 증거로 사용할 수 없다.

제5조(범죄수사를 위한 통신제한조치의 허가요건)

① 통신제한조치는 다음 각호의 범죄를 계획 또는 실행하고 있거나 실행하였다고 의심할만한 충분한 이유가 있고 다른 방법으로는 그 범죄의 실행을 저지하거나 범인의 체포 또는 증거의 수집이 어려운 경우에 한하여 허가할 수 있다. <개정 2019.12.31.>

1. 형법 제2편중 제1장 내란의 죄, 제2장 외환의 죄중 제92조 내지 제101조의 죄, 제4장 국교에 관한 죄중 제107조, 제108조, 제111조 내지 제113조의 죄, 제5장 공안을 해하는 죄중 제114조, 제115조의 죄, 제6장 폭발물에 관한 죄, 제7장 공무원의 직무에 관한 죄중 제127조, 제129조 내지 제133조의 죄, 제9장 도주와 범인은닉의 죄, 제13장 방화와 실화의 죄중 제164조 내지 제167조·제172조 내지 제173조·제174조 및 제175조의 죄, 제17장 아편에

관한 죄, 제18장 통화에 관한 죄, 제19장 유가증권, 우표와 인지에 관한 죄 중 제214조 내지 제217조, 제223조(제214조 내지 제217조의 미수범에 한한다) 및 제224조(제214조 및 제215조의 예비·음모에 한한다), 제24장 살인의 죄, 제29장 체포와 감금의 죄, 제30장 협박의 죄중 제283조제1항, 제284조, 제285조(제283조제1항, 제284조의 상습범에 한한다), 제286조[제283조제1항, 제284조, 제285조(제283조제1항, 제284조의 상습범에 한한다)의 미수범에 한한다]의 죄, 제31장 약취(略取), 유인(誘引) 및 인신매매의 죄, 제32장 강간과 추행의 죄중 제297조 내지 제301조의2, 제305조의 죄, 제34장 신용, 업무와 경매에 관한 죄중 제315조의 죄, 제37장 권리행사를 방해하는 죄중 제324조의2 내지 제324조의4·제324조의5(제324조의2 내지 제324조의4의 미수범에 한한다)의 죄, 제38장 절도와 강도의 죄중 제329조 내지 제331조, 제332조(제329조 내지 제331조의 상습범에 한한다), 제333조 내지 제341조, 제342조[제329조 내지 제331조, 제332조(제329조 내지 제331조의 상습범에 한한다), 제333조 내지 제341조의 미수범에 한한다]의 죄, 제39장 사기와 공갈의 죄 중 제350조, 제350조의2, 제351조(제350조, 제350조의2의 상습범에 한정한다), 제352조(제350조, 제350조의2의 미수범에 한정한다)의 죄, 제41장 장물에 관한 죄 중 제363조의 죄

2. 군형법 제2편중 제1장 반란의 죄, 제2장 이적의 죄, 제3장 지휘권 남용의 죄, 제4장 지휘관의 항복과 도피의 죄, 제5장 수소이탈의 죄, 제7장 군무태만의 죄중 제42조의 죄, 제8장 항명의 죄, 제9장 폭행·협박·상해와 살인의 죄, 제11장 군용물에 관한 죄, 제12장 위령의 죄중 제78조·제80조·제81조의 죄

3. 국가보안법에 규정된 범죄

4. 군사기밀보호법에 규정된 범죄

5. 「군사기지 및 군사시설 보호법」에 규정된 범죄

6. 마약류관리에관한법률에 규정된 범죄중 제58조 내지 제62조의 죄

7. 폭력행위등처벌에관한법률에 규정된 범죄중 제4조 및 제5조의 죄

8. 「총포·도검·화약류 등의 안전관리에 관한 법률」에 규정된 범죄중 제70조 및 제71조제1호 내지 제3호의 죄

9. 「특정범죄 가중처벌 등에 관한 법률」에 규정된 범죄중 제2조 내지 제8조, 제11조, 제12조의 죄

10. 특정경제범죄가중처벌등에관한법률에 규정된 범죄중 제3조 내지 제9조의 죄

11. 제1호와 제2호의 죄에 대한 가중처벌을 규정하는 법률에 위반하는 범죄

12. 「국제상거래에 있어서 외국공무원에 대한 뇌물방지법」에 규정된 범죄 중 제3조 및 제4조의 죄

② 통신제한조치는 제1항의 요건에 해당하는 자가 발송·수취하거나 송·수신하는 특정한 우편물이나 전기통신 또는 그 해당자가 일정한 기간에 걸쳐 발송·수취하거나 송·수신하는 우편물이나 전기통신을 대상으로 허가될 수 있다. [헌법불합치, 2016헌마263, 2018.8.30. 통신비밀보호법(1993.12.27. 법률 제4650호로 제정된 것) 제5조 제2항 중 '인터넷회선을 통하여 송·수신하는 전기통신'에 관한 부분은 헌법에 합치되지 아니한다. 위 법률조항은 2020.3.31. 을 시한으로 개정될 때까지 계속 적용한다.]

제6조(범죄수사를 위한 통신제한조치의 허가절차)

① 검사(군검사를 포함한다. 이하 같다) 는 제5조제1항의 요건이 구비된 경우에는 법원(軍事法院을 포함한다. 이하 같다)에 대하여 각 피의자별 또는 각 피내사자별로 통신제한조치를 허가하여 줄 것을 청구할 수 있다. <개정 2016.1.6.>

② 사법경찰관(軍司法警察官을 포함한다. 이하 같다)은 제5조제1항의 요건이 구비된 경우에는 검사에 대하여 각 피의자별 또는 각 피내사자별로 통신제한조치에 대한 허가를 신청하고, 검사는 법원에 대하여 그 허가를 청구할 수 있다. <개정 2001.12.29.>

③ 제1항 및 제2항의 통신제한조치 청구사건의 관할법원은 그 통신제한조치를 받을 통신당사자의 쌍방 또는 일방의 주소지·소재지, 범죄지 또는 통신당사자와 공범관계에 있는 자의 주소지·소재지를 관할하는 지방법원 또는 지원(보통군사법원을 포함한다)으로 한다. <개정 2001.12.29.>

④ 제1항 및 제2항의 통신제한조치청구는 필요한 통신제한조치의 종류·그 목적·대상·범위·기간·집행장소·방법 및 당해 통신제한조치가 제5조제1항의 허가요건을 충족하는 사유등의 청구이유를 기재한 서면(이하 "請求書"라 한다)으로 하여야 하며, 청구이유에 대한 소명자료를 첨부하여야 한다. 이 경우 동일한 범죄사실에 대하여 그 피의자 또는 피내사자에 대하여 통신제한조치의 허가를 청구하였거나 허가받은 사실이 있는 때에는 다시 통신제한조치를 청구하는 취지 및 이유를 기재하여야 한다. <개정 2001.12.29.>

⑤ 법원은 청구가 이유 있다고 인정하는 경우에는 각 피의자별 또는 각 피내사자별로 통신제한조치를 허가하고, 이를 증명하는 서류(이하 "허가서"라 한다)

를 청구인에게 발부한다.

⑥ 제5항의 허가서에는 통신제한조치의 종류·그 목적·대상·범위·기간 및 집행장소와 방법을 특정하여 기재하여야 한다.

⑦ 통신제한조치의 기간은 2개월을 초과하지 못하고, 그 기간 중 통신제한조치의 목적이 달성되었을 경우에는 즉시 종료하여야 한다. 다만, 제5조제1항의 허가요건이 존속하는 경우에는 소명자료를 첨부하여 제1항 또는 제2항에 따라 2개월의 범위에서 통신제한조치기간의 연장을 청구할 수 있다. <개정 2019.12.31.>

⑧ 검사 또는 사법경찰관이 제7항 단서에 따라 통신제한조치의 연장을 청구하는 경우에 통신제한조치의 총 연장기간은 1년을 초과할 수 없다. 다만, 다음 각호의 어느 하나에 해당하는 범죄의 경우에는 통신제한조치의 총 연장기간이 3년을 초과할 수 없다. <신설 2019.12.31.>

  1. 「형법」 제2편 중 제1장 내란의 죄, 제2장 외환의 죄 중 제92조부터 제101조까지의 죄, 제4장 국교에 관한 죄 중 제107조, 제108조, 제111조부터 제113조까지의 죄, 제5장 공안을 해하는 죄 중 제114조, 제115조의 죄 및 제6장 폭발물에 관한 죄

  2. 「군형법」 제2편 중 제1장 반란의 죄, 제2장 이적의 죄, 제11장 군용물에 관한 죄 및 제12장 위령의 죄 중 제78조·제80조·제81조의 죄

  3. 「국가보안법」에 규정된 죄

  4. 「군사기밀보호법」에 규정된 죄

  5. 「군사기지 및 군사시설보호법」에 규정된 죄

⑨ 법원은 제1항·제2항 및 제7항 단서에 따른 청구가 이유 없다고 인정하는 경우에는 청구를 기각하고 이를 청구인에게 통지한다. <개정 2019.12.31.>

[제목개정 2019.12.31.]

[2019.12.31. 법률 제16849호에 의하여 2010.12.28. 헌법재판소에서 헌법불합치 결정된 이 조 제7항을 개정함.]

제7조(국가안보를 위한 통신제한조치)

① 대통령령이 정하는 정보수사기관의 장(이하 "情報搜査機關의 長"이라 한다)은 국가안전보장에 상당한 위험이 예상되는 경우 또는 「국민보호와 공공안전을 위한 테러방지법」 제2조제6호의 대테러활동에 필요한 경우에 한하여 그 위해를 방지하기 위하여 이에 관한 정보수집이 특히 필요한 때에는 다음 각호의 구분에 따라 통신제한조치를 할 수 있다. <개정 2001.12.29., 2016.3.3.>

1. 통신의 일방 또는 쌍방당사자가 내국인인 때에는 고등법원 수석부장판사의 허가를 받아야 한다. 다만, 군용전기통신법 제2조의 규정에 의한 군용전기통신(작전수행을 위한 전기통신에 한한다)에 대하여는 그러하지 아니하다.

2. 대한민국에 적대하는 국가, 반국가활동의 혐의가 있는 외국의 기관·단체와 외국인, 대한민국의 통치권이 사실상 미치지 아니하는 한반도내의 집단이나 외국에 소재하는 그 산하단체의 구성원의 통신인 때 및 제1항제1호 단서의 경우에는 서면으로 대통령의 승인을 얻어야 한다.

② 제1항의 규정에 의한 통신제한조치의 기간은 4월을 초과하지 못하고, 그 기간 중 통신제한조치의 목적이 달성되었을 경우에는 즉시 종료하여야 하되, 제1항의 요건이 존속하는 경우에는 소명자료를 첨부하여 고등법원 수석부장판사의 허가 또는 대통령의 승인을 얻어 4월의 범위 이내에서 통신제한조치의 기간을 연장할 수 있다. 다만, 제1항제1호 단서의 규정에 의한 통신제한조치는 전시·사변 또는 이에 준하는 국가비상사태에 있어서 적과 교전상태에 있는 때에는 작전이 종료될 때까지 대통령의 승인을 얻지 아니하고 기간을 연장할 수 있다.

③ 제1항제1호에 따른 허가에 관하여는 제6조제2항, 제4항부터 제6항까지 및 제9항을 준용한다. 이 경우 "사법경찰관(군사법경찰관을 포함한다. 이하 같다)"은 "정보수사기관의 장"으로, "법원"은 "고등법원 수석부장판사"로, "제5조제1항"은 "제7조제1항제1호 본문"으로, 제6조제2항 및 제5항 중 "각 피의자별 또는 각 피내사자별로 통신제한조치"는 각각 "통신제한조치"로 본다. <개정 2019.12.31.>

④ 제1항제2호의 규정에 의한 대통령의 승인에 관한 절차등 필요한 사항은 대통령령으로 정한다.

[제목개정 2019.12.31.]

제7조(국가안보를 위한 통신제한조치)

① 대통령령이 정하는 정보수사기관의 장(이하 "情報搜查機關의 長"이라 한다)은 국가안전보장에 상당한 위험이 예상되는 경우 또는 「국민보호와 공공안전을 위한 테러방지법」 제2조제6호의 대테러활동에 필요한 경우에 한하여 그 위해를 방지하기 위하여 이에 관한 정보수집이 특히 필요한 때에는 다음 각호의 구분에 따라 통신제한조치를 할 수 있다. <개정 2020.3.24.>

1. 통신의 일방 또는 쌍방당사자가 내국인인 때에는 고등법원 수석판사의 허가를 받아야 한다. 다만, 군용전기통신법 제2조의 규정에 의한 군용전기통신

(작전수행을 위한 전기통신에 한한다)에 대하여는 그러하지 아니하다.

2. 대한민국에 적대하는 국가, 반국가활동의 혐의가 있는 외국의 기관·단체와 외국인, 대한민국의 통치권이 사실상 미치지 아니하는 한반도내의 집단이나 외국에 소재하는 그 산하단체의 구성원의 통신인 때 및 제1항제1호 단서의 경우에는 서면으로 대통령의 승인을 얻어야 한다.

② 제1항의 규정에 의한 통신제한조치의 기간은 4월을 초과하지 못하고, 그 기간 중 통신제한조치의 목적이 달성되었을 경우에는 즉시 종료하여야 하되, 제1항의 요건이 존속하는 경우에는 소명자료를 첨부하여 고등법원 수석판사의 허가 또는 대통령의 승인을 얻어 4월의 범위 이내에서 통신제한조치의 기간을 연장할 수 있다. 다만, 제1항제1호 단서의 규정에 의한 통신제한조치는 전시·사변 또는 이에 준하는 국가비상사태에 있어서 적과 교전상태에 있는 때에는 작전이 종료될 때까지 대통령의 승인을 얻지 아니하고 기간을 연장할 수 있다. <개정 2020.3.24.>

③ 제1항제1호에 따른 허가에 관하여는 제6조제2항, 제4항부터 제6항까지 및 제9항을 준용한다. 이 경우 "사법경찰관(군사법경찰관을 포함한다. 이하 같다)"은 "정보수사기관의 장"으로, "법원"은 "고등법원 수석판사"로, "제5조제1항"은 "제7조제1항제1호 본문"으로, 제6조제2항 및 제5항 중 "각 피의자별 또는 각 피내사자별로 통신제한조치"는 각각 "통신제한조치"로 본다. <개정 2019.12.31., 2020.3.24.>

④ 제1항제2호의 규정에 의한 대통령의 승인에 관한 절차등 필요한 사항은 대통령령으로 정한다.

[제목개정 2019.12.31.]

[시행일 : 2021.2.9.] 제7조

제8조(긴급통신제한조치)

① 검사, 사법경찰관 또는 정보수사기관의 장은 국가안보를 위협하는 음모행위, 직접적인 사망이나 심각한 상해의 위험을 야기할 수 있는 범죄 또는 조직범죄등 중대한 범죄의 계획이나 실행 등 긴박한 상황에 있고 제5조제1항 또는 제7조제1항제1호의 규정에 의한 요건을 구비한 자에 대하여 제6조 또는 제7조제1항 및 제3항의 규정에 의한 절차를 거칠 수 없는 긴급한 사유가 있는 때에는 법원의 허가없이 통신제한조치를 할 수 있다.

② 검사, 사법경찰관 또는 정보수사기관의 장은 제1항의 규정에 의한 통신제한조

치(이하 "긴급통신제한조치"라 한다)의 집행착수후 지체없이 제6조 및 제7조 제3항의 규정에 의하여 법원에 허가청구를 하여야 하며, 그 긴급통신제한조치를 한 때부터 36시간 이내에 법원의 허가를 받지 못한 때에는 즉시 이를 중지하여야 한다.

③ 사법경찰관이 긴급통신제한조치를 할 경우에는 미리 검사의 지휘를 받아야 한다. 다만, 특히 급속을 요하여 미리 지휘를 받을 수 없는 사유가 있는 경우에는 긴급통신제한조치의 집행착수후 지체없이 검사의 승인을 얻어야 한다.

④ 검사, 사법경찰관 또는 정보수사기관의 장이 긴급통신제한조치를 하고자 하는 경우에는 반드시 긴급검열서 또는 긴급감청서(이하 "긴급감청서등"이라 한다)에 의하여야 하며 소속기관에 긴급통신제한조치대장을 비치하여야 한다.

⑤ 긴급통신제한조치가 단시간내에 종료되어 법원의 허가를 받을 필요가 없는 경우에는 그 종료후 7일 이내에 관할 지방검찰청검사장(제1항의 규정에 의하여 정보수사기관의 장이 제7조제1항제1호의 규정에 의한 요건을 구비한 자에 대하여 긴급통신제한조치를 한 경우에는 관할 고등검찰청검사장)은 이에 대응하는 법원장에게 긴급통신제한조치를 한 검사, 사법경찰관 또는 정보수사기관의 장이 작성한 긴급통신제한조치통보서를 송부하여야 한다. 다만, 군검사 또는 군사법경찰관이 제5조제1항의 규정에 의한 요건을 구비한 자에 대하여 긴급통신제한조치를 한 경우에는 관할 보통검찰부장이 이에 대응하는 보통군사법원 군판사에게 긴급통신제한조치통보서를 송부하여야 한다.

⑥ 제5항의 규정에 의한 통보서에는 긴급통신제한조치의 목적·대상·범위·기간·집행장소·방법 및 통신제한조치허가청구를 하지 못한 사유 등을 기재하여야 한다.

⑦ 제5항의 규정에 의하여 긴급통신제한조치통보서를 송부받은 법원 또는 보통군사법원 군판사는 긴급통신제한조치통보대장을 비치하여야 한다.

⑧ 정보수사기관의 장은 국가안보를 위협하는 음모행위, 직접적인 사망이나 심각한 상해의 위험을 야기할 수 있는 범죄 또는 조직범죄등 중대한 범죄의 계획이나 실행 등 긴박한 상황에 있고 제7조제1항제2호에 해당하는 자에 대하여 대통령의 승인을 얻을 시간적 여유가 없거나 통신제한조치를 긴급히 실시하지 아니하면 국가안전보장에 대한 위해를 초래할 수 있다고 판단되는 때에는 소속 장관(국가정보원장을 포함한다)의 승인을 얻어 통신제한조치를 할 수 있다.

⑨ 제8항의 규정에 의하여 긴급통신제한조치를 한 때에는 지체없이 제7조의 규정에 의하여 대통령의 승인을 얻어야 하며, 36시간 이내에 대통령의 승인을

얻지 못한 때에는 즉시 그 긴급통신제한조치를 중지하여야 한다.

제9조(통신제한조치의 집행)

① 제6조 내지 제8조의 통신제한조치는 이를 청구 또는 신청한 검사·사법경찰관 또는 정보수사기관의 장이 집행한다. 이 경우 체신관서 기타 관련기관등 (이하 "통신기관등"이라 한다)에 그 집행을 위탁하거나 집행에 관한 협조를 요청할 수 있다.

② 통신제한조치의 집행을 위탁하거나 집행에 관한 협조를 요청하는 자는 통신기관등에 통신제한조치허가서(제7조제1항제2호의 경우에는 대통령의 승인서를 말한다. 이하 이 조, 제16조제2항제1호 및 제17조제1항제1호·제3호에서 같다) 또는 긴급감청서등의 표지의 사본을 교부하여야 하며, 이를 위탁받거나 이에 관한 협조요청을 받은 자는 통신제한조치허가서 또는 긴급감청서등의 표지 사본을 대통령령이 정하는 기간동안 보존하여야 한다.

③ 통신제한조치를 집행하는 자와 이를 위탁받거나 이에 관한 협조요청을 받은 자는 당해 통신제한조치를 청구한 목적과 그 집행 또는 협조일시 및 대상을 기재한 대장을 대통령령이 정하는 기간동안 비치하여야 한다.

④ 통신기관등은 통신제한조치허가서 또는 긴급감청서등에 기재된 통신제한조치 대상자의 전화번호 등이 사실과 일치하지 않을 경우에는 그 집행을 거부할 수 있으며, 어떠한 경우에도 전기통신에 사용되는 비밀번호를 누설할 수 없다.

제9조의2(통신제한조치의 집행에 관한 통지)

① 검사는 제6조제1항 및 제8조제1항에 따라 통신제한조치를 집행한 사건에 관하여 공소를 제기하거나, 공소의 제기 또는 입건을 하지 아니하는 처분(기소중지결정, 참고인중지결정을 제외한다)을 한 때에는 그 처분을 한 날부터 30일 이내에 우편물 검열의 경우에는 그 대상자에게, 감청의 경우에는 그 대상이 된 전기통신의 가입자에게 통신제한조치를 집행한 사실과 집행기관 및 그 기간 등을 서면으로 통지하여야 한다. 다만, 고위공직자범죄수사처(이하 "수사처"라 한다)검사는 「고위공직자범죄수사처 설치 및 운영에 관한 법률」 제26조제1항에 따라 서울중앙지방검찰청 소속 검사에게 관계 서류와 증거물을 송부한 사건에 관하여 이를 처리하는 검사로부터 공소를 제기하거나 제기하지 아니하는 처분(기소중지결정, 참고인중지결정은 제외한다)의 통보를 받은 경우에도 그 통보를 받은 날부터 30일 이내에 서면으로 통지하여야 한다. <개정 2021.1.5.>

② 사법경찰관은 제6조제1항 및 제8조제1항에 따라 통신제한조치를 집행한 사건에 관하여 검사로부터 공소를 제기하거나 제기하지 아니하는 처분(기소중지결정, 참고인중지결정을 제외한다)의 통보를 받거나 내사사건에 관하여 입건하지 아니하는 처분을 한 때에는 그 날부터 30일 이내에 우편물 검열의 경우에는 그 대상자에게, 감청의 경우에는 그 대상이 된 전기통신의 가입자에게 통신제한조치를 집행한 사실과 집행기관 및 그 기간 등을 서면으로 통지하여야 한다.

③ 정보수사기관의 장은 제7조제1항제1호 본문 및 제8조제1항의 규정에 의한 통신제한조치를 종료한 날부터 30일 이내에 우편물 검열의 경우에는 그 대상자에게, 감청의 경우에는 그 대상이 된 전기통신의 가입자에게 통신제한조치를 집행한 사실과 집행기관 및 그 기간 등을 서면으로 통지하여야 한다.

④ 제1항 내지 제3항의 규정에 불구하고 다음 각호의 1에 해당하는 사유가 있는 때에는 그 사유가 해소될 때까지 통지를 유예할 수 있다.

  1. 통신제한조치를 통지할 경우 국가의 안전보장·공공의 안녕질서를 위태롭게 할 현저한 우려가 있는 때

  2. 통신제한조치를 통지할 경우 사람의 생명·신체에 중대한 위험을 초래할 염려가 현저한 때

⑤ 검사 또는 사법경찰관은 제4항에 따라 통지를 유예하려는 경우에는 소명자료를 첨부하여 미리 관할지방검찰청검사장의 승인을 받아야 한다. 다만, 수사처검사가 제4항에 따라 통지를 유예하려는 경우에는 소명자료를 첨부하여 미리 수사처장의 승인을 받아야 하고, 군검사 및 군사법경찰관이 제4항에 따라 통지를 유예하려는 경우에는 소명자료를 첨부하여 미리 관할 보통검찰부장의 승인을 받아야 한다.

⑥ 검사, 사법경찰관 또는 정보수사기관의 장은 제4항 각호의 사유가 해소된 때에는 그 사유가 해소된 날부터 30일 이내에 제1항 내지 제3항의 규정에 의한 통지를 하여야 한다.

제9조의3(압수·수색·검증의 집행에 관한 통지)

① 검사는 송·수신이 완료된 전기통신에 대하여 압수·수색·검증을 집행한 경우 그 사건에 관하여 공소를 제기하거나 공소의 제기 또는 입건을 하지 아니하는 처분(기소중지결정, 참고인중지결정을 제외한다)을 한 때에는 그 처분을 한 날부터 30일 이내에 수사대상이 된 가입자에게 압수·수색·검증을 집행한 사실을 서면으로 통지하여야 한다. 다만, 수사처검사는 「고위공직자범죄수사처 설치 및 운영에 관한 법률」 제26조제1항에 따라 서울중앙지방검찰청 소속 검사에게 관계 서류와 증거물을 송부한 사건에 관하여 이를 처리하는 검사로부터 공소를 제기하거나 제기하지 아니하는 처분(기소중지결정, 참고인중지결정은 제외한다)의 통보를 받은 경우에도 그 통보를 받은 날부터 30일 이내에 서면으로 통지하여야 한다. <개정 2021.1.5.>

② 사법경찰관은 송·수신이 완료된 전기통신에 대하여 압수·수색·검증을 집행한 경우 그 사건에 관하여 검사로부터 공소를 제기하거나 제기하지 아니하는 처분(기소중지결정, 참고인중지결정은 제외한다)의 통보를 받거나 내사사건에 관하여 입건하지 아니하는 처분을 한 때에는 그 날부터 30일 이내에 수사대상이 된 가입자에게 압수·수색·검증을 집행한 사실을 서면으로 통지하여야 한다. <개정 2021.1.5.>

제10조(감청설비에 대한 인가기관과 인가절차)

① 감청설비를 제조·수입·판매·배포·소지·사용하거나 이를 위한 광고를 하고자 하는 자는 과학기술정보통신부장관의 인가를 받아야 한다. 다만, 국가기관의 경우에는 그러하지 아니하다.

② 삭제

③ 과학기술정보통신부장관은 제1항의 인가를 하는 경우에는 인가신청자, 인가연월일, 인가된 감청설비의 종류와 수량등 필요한 사항을 대장에 기재하여 비치하여야 한다.

④ 제1항의 인가를 받아 감청설비를 제조·수입·판매·배포·소지 또는 사용하는 자는 인가연월일, 인가된 감청설비의 종류와 수량, 비치장소등 필요한 사항을 대장에 기재하여 비치하여야 한다. 다만, 지방자치단체의 비품으로서 그 직무수행에 제공되는 감청설비는 해당 기관의 비품대장에 기재한다.

⑤ 제1항의 인가에 관하여 기타 필요한 사항은 대통령령으로 정한다.

제10조의2(국가기관 감청설비의 신고)

① 국가기관(정보수사기관은 제외한다)이 감청설비를 도입하는 때에는 매 반기별로 그 제원 및 성능 등 대통령령으로 정하는 사항을 과학기술정보통신부장관에게 신고하여야 한다. <개정 2020.6.9.>

② 정보수사기관이 감청설비를 도입하는 때에는 매 반기별로 그 제원 및 성능 등 대통령령으로 정하는 사항을 국회 정보위원회에 통보하여야 한다. <개정 2020.6.9.>

제10조의3(불법감청설비탐지업의 등록 등)

① 영리를 목적으로 불법감청설비탐지업을 하고자 하는 자는 대통령령으로 정하는 바에 의하여 과학기술정보통신부장관에게 등록을 하여야 한다. <개정 2020.6.9.>

② 제1항에 따른 등록은 법인만이 할 수 있다. <개정 2020.6.9.>

③ 제1항에 따른 등록을 하고자 하는 자는 대통령령으로 정하는 이용자보호계획·사업계획·기술·재정능력·탐지장비 그 밖에 필요한 사항을 갖추어야 한다. <개정 2020.6.9.>

④ 제1항에 따른 등록의 변경요건 및 절차, 등록한 사업의 양도·양수·승계·휴업·폐업 및 그 신고, 등록업무의 위임 등에 관하여 필요한 사항은 대통령령으로 정한다. <개정 2020.6.9.>

제10조의4(불법감청설비탐지업자의 결격사유)

법인의 대표자가 다음 각 호의 어느 하나에 해당하는 경우에는 제10조의3에 따른 등록을 할 수 없다. <개정 2020.6.9.>

1. 피성년후견인 또는 피한정후견인
2. 파산선고를 받은 자로서 복권되지 아니한 자
3. 금고 이상의 실형을 선고받고 그 집행이 종료(집행이 종료된 것으로 보는 경우를 포함한다)되거나 집행이 면제된 날부터 2년이 지나지 아니한 자
4. 금고 이상의 형의 집행유예를 선고받고 그 유예기간중에 있는 자
5. 법원의 판결 또는 다른 법률에 의하여 자격이 상실 또는 정지된 자
6. 제10조의5에 따라 등록이 취소(제10조의4제1호 또는 제2호에 해당하여 등록이 취소된 경우는 제외한다)된 법인의 취소 당시 대표자로서 그 등록이 취소된 날부터 2년이 지나지 아니한 자

제10조의5(등록의 취소)

과학기술정보통신부장관은 불법감청설비탐지업을 등록한 자가 다음 각 호의 어느 하나에 해당하는 경우에는 그 등록을 취소하거나 6개월 이내의 기간을 정하여 그 영업의 정지를 명할 수 있다. 다만, 제1호 또는 제2호에 해당하는 경우에는 그 등록을 취소하여야 한다. <개정 2020.6.9.>

1. 거짓이나 그 밖의 부정한 방법으로 등록 또는 변경등록을 한 경우
2. 제10조의4에 따른 결격사유에 해당하게 된 경우
3. 영업행위와 관련하여 알게된 비밀을 다른 사람에게 누설한 경우
4. 불법감청설비탐지업 등록증을 다른 사람에게 대여한 경우
5. 영업행위와 관련하여 고의 또는 중대한 과실로 다른 사람에게 중대한 손해를 입힌 경우
6. 다른 법률의 규정에 의하여 국가 또는 지방자치단체로부터 등록취소의 요구가 있는 경우

제11조(비밀준수의 의무)

① 통신제한조치의 허가·집행·통보 및 각종 서류작성 등에 관여한 공무원 또는 그 직에 있었던 자는 직무상 알게 된 통신제한조치에 관한 사항을 외부에 공개하거나 누설하여서는 아니된다.

② 통신제한조치에 관여한 통신기관의 직원 또는 그 직에 있었던 자는 통신제한조치에 관한 사항을 외부에 공개하거나 누설하여서는 아니된다.

③ 제1항 및 제2항에 규정된 자 외에 누구든지 이 법에 따른 통신제한조치로 알게 된 내용을 이 법에 따라 사용하는 경우 외에는 이를 외부에 공개하거나 누설하여서는 아니 된다.

④ 법원에서의 통신제한조치의 허가절차·허가여부·허가내용 등의 비밀유지에 관하여 필요한 사항은 대법원규칙으로 정한다.

제12조(통신제한조치로 취득한 자료의 사용제한)

제9조의 규정에 의한 통신제한조치의 집행으로 인하여 취득된 우편물 또는 그 내용과 전기통신의 내용은 다음 각호의 경우외에는 사용할 수 없다.

1. 통신제한조치의 목적이 된 제5조제1항에 규정된 범죄나 이와 관련되는 범죄를 수사·소추하거나 그 범죄를 예방하기 위하여 사용하는 경우
2. 제1호의 범죄로 인한 징계절차에 사용하는 경우
3. 통신의 당사자가 제기하는 손해배상소송에서 사용하는 경우

4. 기타 다른 법률의 규정에 의하여 사용하는 경우

제12조의2(범죄수사를 위하여 인터넷 회선에 대한 통신제한조치로 취득한 자료의 관리)

① 검사는 인터넷 회선을 통하여 송신·수신하는 전기통신을 대상으로 제6조 또는 제8조(제5조제1항의 요건에 해당하는 사람에 대한 긴급통신제한조치에 한정한다)에 따른 통신제한조치를 집행한 경우 그 전기통신을 제12조제1호에 따라 사용하거나 사용을 위하여 보관(이하 이 조에서 "보관등"이라 한다)하고자 하는 때에는 집행종료일부터 14일 이내에 보관등이 필요한 전기통신을 선별하여 통신제한조치를 허가한 법원에 보관등의 승인을 청구하여야 한다.

② 사법경찰관은 인터넷 회선을 통하여 송신·수신하는 전기통신을 대상으로 제6조 또는 제8조(제5조제1항의 요건에 해당하는 사람에 대한 긴급통신제한조치에 한정한다)에 따른 통신제한조치를 집행한 경우 그 전기통신의 보관등을 하고자 하는 때에는 집행종료일부터 14일 이내에 보관등이 필요한 전기통신을 선별하여 검사에게 보관등의 승인을 신청하고, 검사는 신청일부터 7일 이내에 통신제한조치를 허가한 법원에 그 승인을 청구할 수 있다.

③ 제1항 및 제2항에 따른 승인청구는 통신제한조치의 집행 경위, 취득한 결과의 요지, 보관등이 필요한 이유를 기재한 서면으로 하여야 하며, 다음 각 호의 서류를 첨부하여야 한다.

1. 청구이유에 대한 소명자료
2. 보관등이 필요한 전기통신의 목록
3. 보관등이 필요한 전기통신. 다만, 일정 용량의 파일 단위로 분할하는 등 적절한 방법으로 정보저장매체에 저장·봉인하여 제출하여야 한다.

④ 법원은 청구가 이유 있다고 인정하는 경우에는 보관등을 승인하고 이를 증명하는 서류(이하 이 조에서 "승인서"라 한다)를 발부하며, 청구가 이유 없다고 인정하는 경우에는 청구를 기각하고 이를 청구인에게 통지한다.

⑤ 검사 또는 사법경찰관은 제1항에 따른 청구나 제2항에 따른 신청을 하지 아니하는 경우에는 집행종료일부터 14일(검사가 사법경찰관의 신청을 기각한 경우에는 그 날부터 7일) 이내에 통신제한조치로 취득한 전기통신을 폐기하여야 하고, 법원에 승인청구를 한 경우(취득한 전기통신의 일부에 대해서만 청구한 경우를 포함한다)에는 제4항에 따라 법원으로부터 승인서를 발부받거나 청구기각의 통지를 받은 날부터 7일 이내에 승인을 받지 못한 전기통신을 폐

기하여야 한다.

⑥ 검사 또는 사법경찰관은 제5항에 따라 통신제한조치로 취득한 전기통신을 폐기한 때에는 폐기의 이유와 범위 및 일시 등을 기재한 폐기결과보고서를 작성하여 피의자의 수사기록 또는 피내사자의 내사사건기록에 첨부하고, 폐기일부터 7일 이내에 통신제한조치를 허가한 법원에 송부하여야 한다.

[본조신설 2020.3.24.]

제13조(범죄수사를 위한 통신사실 확인자료제공의 절차)

① 검사 또는 사법경찰관은 수사 또는 형의 집행을 위하여 필요한 경우 전기통신사업법에 의한 전기통신사업자(이하 "전기통신사업자"라 한다)에게 통신사실 확인자료의 열람이나 제출(이하 "통신사실 확인자료제공"이라 한다)을 요청할 수 있다.

② 검사 또는 사법경찰관은 제1항에도 불구하고 수사를 위하여 통신사실확인자료 중 다음 각 호의 어느 하나에 해당하는 자료가 필요한 경우에는 다른 방법으로는 범죄의 실행을 저지하기 어렵거나 범인의 발견·확보 또는 증거의 수집·보전이 어려운 경우에만 전기통신사업자에게 해당 자료의 열람이나 제출을 요청할 수 있다. 다만, 제5조제1항 각 호의 어느 하나에 해당하는 범죄 또는 전기통신을 수단으로 하는 범죄에 대한 통신사실확인자료가 필요한 경우에는 제1항에 따라 열람이나 제출을 요청할 수 있다. <신설 2019.12.31.>

1. 제2조제11호바목·사목 중 실시간 추적자료

2. 특정한 기지국에 대한 통신사실확인자료

③ 제1항 및 제2항에 따라 통신사실 확인자료제공을 요청하는 경우에는 요청사유, 해당 가입자와의 연관성 및 필요한 자료의 범위를 기록한 서면으로 관할 지방법원(보통군사법원을 포함한다. 이하 같다) 또는 지원의 허가를 받아야 한다. 다만, 관할 지방법원 또는 지원의 허가를 받을 수 없는 긴급한 사유가 있는 때에는 통신사실 확인자료제공을 요청한 후 지체 없이 그 허가를 받아 전기통신사업자에게 송부하여야 한다. <개정 2019.12.31.>

④ 제3항 단서에 따라 긴급한 사유로 통신사실확인자료를 제공받았으나 지방법원 또는 지원의 허가를 받지 못한 경우에는 지체 없이 제공받은 통신사실확인자료를 폐기하여야 한다. <개정 2019.12.31.>

⑤ 검사 또는 사법경찰관은 제3항에 따라 통신사실 확인자료제공을 받은 때에는 해당 통신사실 확인자료제공요청사실 등 필요한 사항을 기재한 대장과 통신

사실 확인자료제공요청서 등 관련자료를 소속기관에 비치하여야 한다. <개정 2019.12.31.>

⑥ 지방법원 또는 지원은 제3항에 따라 통신사실 확인자료제공 요청허가청구를 받은 현황, 이를 허가한 현황 및 관련된 자료를 보존하여야 한다. <개정 2019.12.31.>

⑦ 전기통신사업자는 검사, 사법경찰관 또는 정보수사기관의 장에게 통신사실 확인자료를 제공한 때에는 자료제공현황 등을 연 2회 과학기술정보통신부장관에게 보고하고, 해당 통신사실 확인자료 제공사실등 필요한 사항을 기재한 대장과 통신사실 확인자료제공요청서등 관련자료를 통신사실확인자료를 제공한 날부터 7년간 비치하여야 한다. <개정 2008.2.29., 2013.3.23., 2017.7.26., 2019.12.31.>

⑧ 과학기술정보통신부장관은 전기통신사업자가 제7항에 따라 보고한 내용의 사실여부 및 비치하여야 하는 대장등 관련자료의 관리실태를 점검할 수 있다. <개정 2019.12.31.>

⑨ 이 조에서 규정된 사항 외에 범죄수사를 위한 통신사실 확인자료제공과 관련된 사항에 관하여는 제6조(제7항 및 제8항은 제외한다)를 준용한다. <개정 2019.12.31.>

[2019.12.31. 법률 제16849호에 의하여 2018.6.28. 헌법재판소에서 헌법불합치 결정된 이 조를 개정함.]

제13조의2(법원에의 통신사실확인자료제공)

법원은 재판상 필요한 경우에는 민사소송법 제294조 또는 형사소송법 제272조의 규정에 의하여 전기통신사업자에게 통신사실확인자료제공을 요청할 수 있다.

제13조의3(범죄수사를 위한 통신사실 확인자료제공의 통지)

① 검사 또는 사법경찰관은 제13조에 따라 통신사실 확인자료제공을 받은 사건에 관하여 다음 각 호의 구분에 따라 정한 기간 내에 통신사실 확인자료제공을 받은 사실과 제공요청기관 및 그 기간 등을 통신사실 확인자료제공의 대상이 된 당사자에게 서면으로 통지하여야 한다. <개정 2019.12.31., 2021.1.5.>

1. 공소를 제기하거나, 공소의 제기 또는 입건을 하지 아니하는 처분(기소중지결정·참고인중지결정은 제외한다)을 한 경우: 그 처분을 한 날부터 30일 이내. 다만, 수사처검사가 「고위공직자범죄수사처 설치 및 운영에 관한 법률」 제26조제1항에 따라 서울중앙지방검찰청 소속 검사에게 관계 서류와 증거물을 송부한 사건에 관하여 이를 처리하는 검사로부터 공소를 제기하거

나 제기하지 아니하는 처분의 통보를 받은 경우 그 통보를 받은 날부터 30일 이내

2. 기소중지결정·참고인중지결정 처분을 한 경우: 그 처분을 한 날부터 1년(제6조제8항 각 호의 어느 하나에 해당하는 범죄인 경우에는 3년)이 경과한 때부터 30일 이내. 다만, 수사처검사가 「고위공직자범죄수사처 설치 및 운영에 관한 법률」 제26조제1항에 따라 서울중앙지방검찰청 소속 검사에게 관계 서류와 증거물을 송부한 사건에 관하여 이를 처리하는 검사로부터 기소중지결정, 참고인중지결정 처분의 통보를 받은 경우 그 통보를 받은 날로부터 1년(제6조제8항 각 호의 어느 하나에 해당하는 범죄인 경우에는 3년)이 경과한 때부터 30일 이내

3. 수사가 진행 중인 경우: 통신사실 확인자료제공을 받은 날부터 1년(제6조제8항 각 호의 어느 하나에 해당하는 범죄인 경우에는 3년)이 경과한 때부터 30일 이내

② 제1항제2호 및 제3호에도 불구하고 다음 각 호의 어느 하나에 해당하는 사유가 있는 경우에는 그 사유가 해소될 때까지 같은 항에 따른 통지를 유예할 수 있다. <신설 2019.12.31.>

1. 국가의 안전보장, 공공의 안녕질서를 위태롭게 할 우려가 있는 경우

2. 피해자 또는 그 밖의 사건관계인의 생명이나 신체의 안전을 위협할 우려가 있는 경우

3. 증거인멸, 도주, 증인 위협 등 공정한 사법절차의 진행을 방해할 우려가 있는 경우

4. 피의자, 피해자 또는 그 밖의 사건관계인의 명예나 사생활을 침해할 우려가 있는 경우

③ 검사 또는 사법경찰관은 제2항에 따라 통지를 유예하려는 경우에는 소명자료를 첨부하여 미리 관할 지방검찰청 검사장의 승인을 받아야 한다. 다만, 수사처검사가 제2항에 따라 통지를 유예하려는 경우에는 소명자료를 첨부하여 미리 수사처장의 승인을 받아야 한다. <신설 2019.12.31., 2021.1.5.>

④ 검사 또는 사법경찰관은 제2항 각 호의 사유가 해소된 때에는 그 날부터 30일 이내에 제1항에 따른 통지를 하여야 한다. <신설 2019.12.31.>

⑤ 제1항 또는 제4항에 따라 검사 또는 사법경찰관으로부터 통신사실 확인자료제공을 받은 사실 등을 통지받은 당사자는 해당 통신사실 확인자료제공을 요청한 사유를 알려주도록 서면으로 신청할 수 있다. <신설 2019.12.31.>

⑥ 제5항에 따른 신청을 받은 검사 또는 사법경찰관은 제2항 각 호의 어느 하나에 해당하는 경우를 제외하고는 그 신청을 받은 날부터 30일 이내에 해당 통신사실 확인자료제공 요청의 사유를 서면으로 통지하여야 한다. <신설 2019.12.31.>

⑦ 제1항부터 제5항까지에서 규정한 사항 외에 통신사실 확인자료제공을 받은 사실 등에 관하여는 제9조의2(제3항은 제외한다)를 준용한다. <개정 2019.12.31.>

[2019.12.31. 법률 제16849호에 의하여 2018.6.28. 헌법재판소에서 헌법불합치 결정된 이 조를 개정함.]

제13조의4(국가안보를 위한 통신사실 확인자료제공의 절차 등)

① 정보수사기관의 장은 국가안전보장에 대한 위해를 방지하기 위하여 정보수집이 필요한 경우 전기통신사업자에게 통신사실 확인자료제공을 요청할 수 있다.

② 제7조 내지 제9조 및 제9조의2제3항·제4항·제6항의 규정은 제1항의 규정에 의한 통신사실 확인자료제공의 절차 등에 관하여 이를 준용한다. 이 경우 "통신제한조치"는 "통신사실 확인자료제공 요청"으로 본다.

③ 통신사실확인자료의 폐기 및 관련 자료의 비치에 관하여는 제13조제4항 및 제5항을 준용한다. <개정 2019.12.31.>

제13조의5(비밀준수의무 및 자료의 사용 제한)

제11조 및 제12조의 규정은 제13조의 규정에 의한 통신사실 확인자료제공 및 제13조의4의 규정에 의한 통신사실 확인자료제공에 따른 비밀준수의무 및 통신사실확인자료의 사용제한에 관하여 이를 각각 준용한다.

제14조(타인의 대화비밀 침해금지)

① 누구든지 공개되지 아니한 타인간의 대화를 녹음하거나 전자장치 또는 기계적 수단을 이용하여 청취할 수 없다.

② 제4조 내지 제8조, 제9조제1항 전단 및 제3항, 제9조의2, 제11조제1항·제3항·제4항 및 제12조의 규정은 제1항의 규정에 의한 녹음 또는 청취에 관하여 이를 적용한다.

제15조(국회의 통제)

① 국회의 상임위원회와 국정감사 및 조사를 위한 위원회는 필요한 경우 특정한 통신제한조치 등에 대하여는 법원행정처장, 통신제한조치를 청구하거나 신청한 기관의 장 또는 이를 집행한 기관의 장에 대하여, 감청설비에 대한 인가 또는 신고내역에 관하여는 과학기술정보통신부장관에게 보고를 요구할 수 있다.

② 국회의 상임위원회와 국정감사 및 조사를 위한 위원회는 그 의결로 수사관서의 감청장비보유현황, 감청집행기관 또는 감청협조기관의 교환실 등 필요한 장소에 대하여 현장검증이나 조사를 실시할 수 있다. 이 경우 현장검증이나 조사에 참여한 자는 그로 인하여 알게 된 비밀을 정당한 사유없이 누설하여서는 아니된다.

③ 제2항의 규정에 의한 현장검증이나 조사는 개인의 사생활을 침해하거나 계속중인 재판 또는 수사중인 사건의 소추에 관여할 목적으로 행사되어서는 아니된다.

④ 통신제한조치를 집행하거나 위탁받은 기관 또는 이에 협조한 기관의 중앙행정기관의 장은 국회의 상임위원회와 국정감사 및 조사를 위한 위원회의 요구가 있는 경우 대통령령이 정하는 바에 따라 제5조 내지 제10조와 관련한 통신제한조치보고서를 국회에 제출하여야 한다. 다만, 정보수사기관의 장은 국회정보위원회에 제출하여야 한다.

제15조의2(전기통신사업자의 협조의무)

① 전기통신사업자는 검사·사법경찰관 또는 정보수사기관의 장이 이 법에 따라 집행하는 통신제한조치 및 통신사실 확인자료제공의 요청에 협조하여야 한다.

② 제1항의 규정에 따라 통신제한조치의 집행을 위하여 전기통신사업자가 협조할 사항, 통신사실확인자료의 보관기간 그 밖에 전기통신사업자의 협조에 관하여 필요한 사항은 대통령령으로 정한다.

제16조(벌칙)

① 다음 각 호의 어느 하나에 해당하는 자는 1년 이상 10년 이하의 징역과 5년 이하의 자격정지에 처한다.

1. 제3조의 규정에 위반하여 우편물의 검열 또는 전기통신의 감청을 하거나 공개되지 아니한 타인간의 대화를 녹음 또는 청취한 자

2. 제1호에 따라 알게 된 통신 또는 대화의 내용을 공개하거나 누설한 자

② 다음 각호의 1에 해당하는 자는 10년 이하의 징역에 처한다.

1. 제9조제2항의 규정에 위반하여 통신제한조치허가서 또는 긴급감청서등의 표지의 사본을 교부하지 아니하고 통신제한조치의 집행을 위탁하거나 집행에 관한 협조를 요청한 자 또는 통신제한조치허가서 또는 긴급감청서등의 표지의 사본을 교부받지 아니하고 위탁받은 통신제한조치를 집행하거나 통신제한조치의 집행에 관하여 협조한 자

2. 제11조제1항(제14조제2항의 규정에 의하여 적용하는 경우 및 제13조의5의 규정에 의하여 준용되는 경우를 포함한다)의 규정에 위반한 자

③ 제11조제2항(제13조의5의 규정에 의하여 준용되는 경우를 포함한다)의 규정에 위반한 자는 7년 이하의 징역에 처한다.

④ 제11조제3항(제14조제2항의 규정에 의하여 적용하는 경우 및 제13조의5의 규정에 의하여 준용되는 경우를 포함한다)의 규정에 위반한 자는 5년 이하의 징역에 처한다.

제17조(벌칙)

① 다음 각 호의 어느 하나에 해당하는 자는 5년 이하의 징역 또는 3천만원 이하의 벌금에 처한다.

1. 제9조제2항의 규정에 위반하여 통신제한조치허가서 또는 긴급감청서등의 표지의 사본을 보존하지 아니한 자

2. 제9조제3항(제14조제2항의 규정에 의하여 적용하는 경우를 포함한다)의 규정에 위반하여 대장을 비치하지 아니한 자

3. 제9조제4항의 규정에 위반하여 통신제한조치허가서 또는 긴급감청서등에 기재된 통신제한조치 대상자의 전화번호 등을 확인하지 아니하거나 전기통신에 사용되는 비밀번호를 누설한 자

4. 제10조제1항의 규정에 위반하여 인가를 받지 아니하고 감청설비를 제조·수입·판매·배포·소지·사용하거나 이를 위한 광고를 한 자

5. 제10조제3항 또는 제4항의 규정에 위반하여 감청설비의 인가대장을 작성 또는 비치하지 아니한 자

5의2. 제10조의3제1항의 규정에 의한 등록을 하지 아니하거나 거짓으로 등록하여 불법감청설비탐지업을 한 자

6. 삭제

② 다음 각 호의 어느 하나에 해당하는 자는 3년 이하의 징역 또는 1천만원 이하의 벌금에 처한다.
   <개정 2019.12.31.>

1. 제3조제3항의 규정을 위반하여 단말기기 고유번호를 제공하거나 제공받은 자

2. 제8조제2항 후단 또는 제9항 후단의 규정에 위반하여 긴급통신제한조치를 즉시 중지하지 아니한 자

3. 제9조의2(제14조제2항의 규정에 의하여 적용하는 경우를 포함한다)의 규정

에 위반하여 통신제한조치의 집행에 관한 통지를 하지 아니한 자

4. 제13조제7항을 위반하여 통신사실확인자료제공 현황등을 과학기술정보통신부장관에게 보고하지 아니하였거나 관련자료를 비치하지 아니한 자

제18조(미수범)

제16조 및 제17조에 규정된 죄의 미수범은 처벌한다.

부 칙

<제17831호, 2021.1.5.>

이 법은 공포한 날부터 시행한다.

피의자 유치 및 호송 규칙
제1장 총칙

제1조(목적)

이 규칙은 피의자(피고인, 구류 처분을 받은 자 및 의뢰입감자를 포함한다. 이하 같다)의 유치 및 호송에 필요한 사항을 규정함을 목적으로 한다.

제2조(인권의 존중)

경찰관은 유치중인 피의자(이하 "유치인"이라 한다)의 인권을 존중하고 보호하여야 한다.

제3조(구조설비)

① 유치장의 설치 및 유지관리에 관한 사항 중 이 규칙에서 정한 것 외에는「유치장설계표준규칙」을 따른다.

② 경찰관은 유치장을 관리하면서 유치인의 도주.자살.통모.죄증인멸.도주원조 등을 방지하고 유치인의 건강과 유치장의 질서 유지에 주의를 기울여야 한다.

③ 유치장에는 경보종, 소화기, 비상구 등을 설치하여 유치인 도주방지 또는 비상재해에 대비하여야 한다.

제4조(관리책임)

① 경찰서장은 피의자의 유치 및 유치장의 관리에 전반적인 지휘.감독을 하여야 하며 그 책임을 져야 한다.

② 경찰서 주무과장(이하 "유치인보호 주무자"라 한다)은 경찰서장을 보좌하여 유치인 보호 및 유치장 관리를 담당하는 경찰관(이하 "유치인보호관"이라 한다)을 지휘.감독하고 피의자의 유치 및 유치장의 관리에 관한 책임을 진다.

③ 경찰서장이 지정하는 자는 유치인보호 주무자를 보조하여 피의자의 유치에 관한 사무를 수행하고 유치장을 적절히 관리하여야 한다.

④ 야간 또는 공휴일에는 상황실장 또는 경찰서장이 지정하는 자가 유치인보호 주무자의 직무를 대리하여 그 책임을 진다.

제5조(관계부책의 비치와 기재요령)

① 유치장에는 별지 제1호 서식의 유치인보호관 근무일지 외에 「범죄수사규칙」 별지 제51호서식의 체포·구속인 접견부, 별지 제52호서식의 체포·구속인 교통

부, 제53호서식의 물품차입부, 별지 제54호서식의 체포·구속인 수진부, 별지 제56호서식의 임치 및 급식상황표, 별지 제149호서식의 체포·구속인명부, 별지 제55호서식의 임치증명서 등을 비치하여야 하며 정해진 내용을 기재하여야 한다.

② 유치인보호관 근무일지에는 유치인보호관의 근무상황, 감독순시 상황, 정기점검결과, 수감자 현황, 위생상황 및 유치인의 의뢰사항과 조치결과 등을 기재하여야 한다.

③ 체포.구속인 접견부에는 유치인의 성명, 접견신청자의 인적사항, 유치인과의 관계, 접견일시, 대화요지, 입회자 등 필요사항을 기재하여야 한다.

④ 체포.구속인 교통부에는 유치인의 성명, 접견신청자의 인적사항, 유치인과의 관계, 수발의 구별, 교통일시, 서신내용의 요지, 취급자 등 필요사항을 기재하여야 한다.

⑤ 물품차입부에는 유치인의 성명, 차입자의 인적사항, 물품 및 수량 등을 정확히 기재하여야 한다.

⑥ 임치 및 급식상황표에는 임치금품의 수량과 임치금품의 처리현황 등을 일자별로 정확히 기재하고 급식상황을 관.사식을 구분 표시하여야 하며 비고란에는 입감시부터 출감시까지 수감했던 유치실을 일자별로 구분하여 기재하여야 한다.

⑦ 체포.구속인명부에는 체포.구속 및 석방 사항, 죄명, 인상 착의, 체포.구속된 자의 인적사항, 범죄경력 및 가족관계 등을 기록하되 주민등록번호를 대조하는 등 본인 여부를 반드시 확인하고 기록하여야 한다.

제2장 유치

제6조(유치장소)

피의자를 유치할 때에는 유치장을 사용하여야 한다. 다만 질병 또는 그 밖에 특별한 사유가 있어 경찰서장이 필요하다고 인정할 때에는 의료기관등 적절한 장소에 유치할 수 있다.

제7조(피의자의 유치 등)

① 피의자를 유치장에 입감시키거나 출감시킬 때에는 유치인보호 주무자가 발부하는 피의자입(출)감지휘서(별지 제2호 서식)에 의하여야 하며 동시에 3명 이

상의 피의자를 입감시킬 때에는 경위 이상 경찰관이 입회하여 순차적으로 입감시켜야 한다.

② 형사범과 구류 처분을 받은 자, 19세 이상의 사람과 19세 미만의 사람, 신체장애인 및 사건관련의 공범자 등은 유치실이 허용하는 범위 내에서 분리하여 유치하여야 하며, 신체장애인에 대하여는 신체장애를 고려한 처우를 하여야 한다.

③ 사건을 담당하는 등 피의자의 입감을 의뢰하는 자(이하 '입감의뢰자'라 한다)는 범죄사실의 요지, 구속사유, 성격적 특징, 사고우려와 질병유무 등 유치인 보호에 필요하다고 인정되는 사항을 피의자입(출)감지휘서에 기재하여 유치인 보호주무자에게 알려야 하며, 유치인보호주무자는 제1항의 입감지휘서 등을 통하여 이를 유치인보호관에게 알려야 한다.

④ 유치인보호관은 새로 입감한 유치인에 대하여는 유치장내에서의 일과표, 접견, 연락절차, 유치인에 대한 인권보장(별표3) 등에 대하여 설명하고, 인권침해를 당했을 때에는 「국가인권위원회법 시행령」 제6조에 따라 진정할 수 있음을 알리고, 그 방법을 안내하여야 한다.

⑤ 경찰서장과 유치인보호 주무자는 외국인이 제4항의 내용을 이해할 수 있게 다양한 방법을 마련해야 하고, 청각.언어장애인 등의 요청이 있을 때에는 수화 통역사를 연계하는 등 원활한 의사소통을 위한 조치를 취하여야 한다.

제8조(신체 등의 검사)

① 유치인보호관은 피의자를 유치하는 과정에서 유치인의 생명 신체에 대한 위해를 방지하고, 유치장내의 안전과 질서를 유지하기 위하여 필요하다고 인정될 때에는 유치인의 신체, 의류, 휴대품 및 유치실을 검사할 수 있다.

② 신체, 의류, 휴대품(이하 '신체 등'이라 한다)의 검사는 동성의 유치인보호관이 실시하여야 한다. 다만, 여성유치인보호관이 없을 경우에는 미리 지정하여 신체 등의 검사방법을 교양 받은 여성경찰관으로 하여금 대신하게 할 수 있다.

③ 유치인보호관은 신체 등의 검사를 하기 전에 유치인에게 신체 등의 검사 목적과 절차를 설명하고, 제9조의 위험물 등을 제출할 것을 고지하여야 한다.

④ 신체 등의 검사는 유치인보호주무자가 제7조제1항의 피의자입(출)감지휘서에 지정하는 방법으로 유치장내 신체검사실에서 하여야 하며, 그 종류와 기준 및 방법은 다음 각 호와 같다.

1. 외표검사 : 죄질이 경미하고 동작과 언행에 특이사항이 없으며 위험물 등을

은닉하고 있지 않다고 판단되는 유치인에 대하여는 신체 등의 외부를 눈으로 확인하고 손으로 가볍게 두드려 만져 검사한다.

2. 간이검사 : 일반적으로 유치인에 대하여는 탈의막 안에서 속옷은 벗지 않고 신체검사의를 착용(유치인의 의사에 따른다)하도록 한 상태에서 위험물 등의 은닉여부를 검사한다.

3. 정밀검사 : 살인, 강도, 절도, 강간, 방화, 마약류, 조직폭력 등 죄질이 중하거나 근무자 및 다른 유치인에 대한 위해 또는 자해할 우려가 있다고 판단되는 유치인에 대하여는 탈의막 안에서 속옷을 벗고 신체검사의로 갈아입도록 한 후 정밀하게 위험물 등의 은닉여부를 검사하여야 한다.

⑤ 제4항제1호와 제2호의 신체 등의 검사를 통하여 위험물 등을 은닉하고 있을 상당한 개연성이 있다고 판단되는 유치인에 대하여는 유치인보호주무자에게 보고하고 제4항제3호의 정밀검사를 하여야 한다. 다만, 위험물 등의 제거가 즉시 필요한 경우에는 정밀검사 후 유치인보호주무자에게 신속히 보고하여야 한다.

⑥ 제4항과 제5항에 의한 신체 등의 검사를 하는 경우에는 부당하게 이를 지연하거나 신체에 대한 굴욕감을 주는 언행 등으로 유치인의 고통이나 수치심을 유발하는 일이 없도록 주의하여야 하며, 그 결과를 근무일지에 기재하고 특이사항에 대하여는 경찰서장과 유치인보호주무자에게 즉시 보고하여야 한다.

⑦ 유치인보호 주무자는 제1항에 따라 검사한 결과 제9조의 위험물 등이 발견되면 제9조제1항에 따른 조치를 취하여야 한다.

제9조(위험물 등의 취급)

① 유치인보호 주무자는 피의자를 유치하는 과정에 그 피의자가 수사상 또는 유치장의 보안상 지장이 있다고 인정되는 다음 각 호의 어느 하나에 해당하는 물건(이하"위험물 등"이라 한다)을 소지하고 있을 때에는 그 물건을 유치기간 중 보관하여야 한다. 다만 보관하는 것이 부적당한 물건은 유치인에게 알린 후 폐기하거나 유치인으로 하여금 자신이 지정하는 사람에게 보내게 할 수 있다.

1. 혁대, 넥타이, 구두끈, 안경, 금속물 그 밖의 자살에 사용될 우려가 있는 물건. 다만, 구두끈, 안경의 경우 자해할 현저한 위험이 없다고 판단되는 경우 소지를 허용할 수 있다.

2. 성냥, 라이터, 담배, 주류 그 밖의 유치장의 안전 및 질서를 해칠 우려가 있

는 물건

3. 죄증인멸 등 수사에 지장이 있다고 우려되는 물건 또는 범죄의 도구로 이용될 우려가 있는 물건

4. 미확인 의약품, 독극물 및 다량 또는 장기 복용함으로써 현저하게 건강을 해칠 우려가 있는 약품

② 피의자 유치 시 피의자가 소지하고 있는 현금, 유가증권 및 휴대품(이하"휴대금품"이라 한다)은 출감시까지 보관하여야 한다. 다만 다음 각 호의 어느 하나에 해당하는 물건은 유치인으로 하여금 자신이 지정하는 사람에게 보내게 하거나 그 밖의 적당한 방법으로 처분하게 할 수 있다.

1. 부패하거나 없어질 우려가 있는 물건

2. 물품의 종류 크기 등을 고려할 때 보관하기 어려운 것

3. 유치인으로부터 신청이 있는 금품 및 귀중품

4. 그 밖에 보관할 가치가 없는 물건

③ 제1항 및 제2항에 따라 위험물 또는 휴대금품을 보관할 때에는 「범죄수사규칙」 별지 제55호서식의 임치증명서를 교부하고 같은 규칙 별지 제56호서식의 임치 및 급식상황표에 명확히 기재하여야 하며, 금품과 귀중품은 유치장 내 금고에 보관하여야 한다.

제10조(재입감시의 준용)

제8조 및 제9조의 규정은 조사, 접견 기타의 사유로 출감하였던 피의자가 다시 입감할 때에 이를 준용한다.

제11조(가족에의 통지)

① 사법경찰관은 피의자를 구속한 때에는 형사소송법 제87조의 규정에 의한 구속통지를 피의자를 구속한 날로부터 지체 없이 서면으로 피의자의 가족이나 지정하는 자에게 하여야 한다.

② 경찰서장은 유치인으로부터 신청이 있을 때에는 가족 또는 대리인에게 수사상 지장이 없는 범위에서 유치인의 신상에 관한 통지를 할 수 있다.

제12조(피의자 유치 시 유의사항)

① 피의자 유치 시 남성과 여성은 분리하여 유치하여야 한다.

② 경찰서장은 유치인이 친권이 있는 18개월 이내의 유아의 대동(對同)을 신청한 때에는 다음 각 호의 어느 하나에 해당하는 사유가 없다고 인정되는 경우 이를 허가하여야 한다. 이 경우 유아의 양육에 필요한 설비와 물품의 제공, 그

밖에 양육을 위하여 필요한 조치를 하여야 한다.

1. 유아가 질병.부상, 그 밖의 사유로 유치장에서 생활하는 것이 적당하지 않은 경우
2. 유치인이 질병.부상, 그 밖의 사유로 유아를 양육하는 것이 적당하지 않은 경우
3. 유치장에 감염병이 유행하거나 그 밖의 사정으로 유아의 대동이 적당하지 않은 경우

③ 제2항에 따라 유아의 대동 허가를 받으려는 자는 경찰서장에게 별지 제3호서식의 유아대동신청서를 제출하여야 하며, 경찰서장이 이를 허가할 때에는 해당 신청서를 입감지휘서에 첨부하여야 한다.

④ 경찰서장은 유아의 대동을 허가하지 않은 경우에는 「형의 집행 및 수용자의 처우에 관한 법률 시행령」 제80조의 규정에 따라 해당 유치인의 의사를 고려하여 유아보호에 적당하다고 인정하는 개인 또는 법인에게 그 유아를 보낼 수 있다. 다만, 적당한 개인 또는 법인이 없는 경우에는 경찰서 소재지 관할 시장.군수 또는 구청장에게 보내서 보호하게 하여야 한다.

⑤ 유치장에서 출생한 유아에게도 제2항에서 제4항까지의 규정을 준용한다.

제13조(통모방지)

① 공범자 또는 그 밖에 사건과 관련된 피의자들을 유치할 때에는 유치실 시설의 허용범위에서 분리하여 유치하는 등 서로 통모하지 않도록 유의하여야 한다.

② 유치인보호 주무자는 공범자 등을 입감시킬 때 지휘서의 비고란에 공범자의 성명을 기입하여 분리 유치되도록 하여야 한다.

③ 유치인의 유치실을 옮길 때에는 옮기는 유치실안의 공범자의 유무를 확인하여 분리 유치되도록 하여야 한다.

제14조 <삭 제>

제15조(유치인 일과표)

유치인보호 주무자는 유치장내에 유치인일과표(별표 1)를 작성, 게시하고 유치인에게 이를 열람하도록 하여야 한다.

제3장 관 리

제16조(유치인보호관의 배치)

① 경찰서장은 유치인수와 그 성질 등을 고려하여 유치인보호에 필요한 인원의

유치인보호관을 유치장에 배치하여야 한다.

② 제1항에 따라 유치인보호관을 배치할 경우 유치인보호 주무자의 의견을 물어 유치인보호관으로서 적임자를 선발, 배치하여야 하며 초임자, 사고징계자, 근무능률저하자 기타 책임감이 부족한 자를 배치하여서는 아니된다.

③ 이 경우 경찰서장은 유치인보호관이 배치 즉시 근무에 지장이 없도록 미리 관계규정을 숙지하게 하여야 한다.

제17조(유치인보호관에 대한 감독)

① 제4조에 규정된 관리책임자는 감독순시기준표(별표 2)에 의거 지도.감독하여야 한다.

② 유치장의 열쇠는 유치인보호관에게 임의로 맡겨서는 아니되며 유치인보호 주무자가 보관.관리하여야 한다.

제18조(유치인보호관의 교대)

유치인보호관이 근무교대를 할 때에는 이상 유무, 유치인의 이동상황 기타 유치인보호상 필요한 일체의 사항을 인계하여야 하며 당번자 전원이 집합하여 유치인보호 주무자 또는 유치관리계장(팀장)이나 제4조제3항에 따라 경찰서장이 지정한 자 입회하에 근무교대를 하여야 한다.

제19조(유치인보호관의 근무요령)

① 유치인보호관이 근무에 임할 때에는 반드시 제복을 착용하고 용모 복장을 단정히 하여야 되며 언어, 태도 등을 바르게 하여 품위와 인격을 갖춘 자세로 근무에 임하여야 한다.

② 유치인보호관은 근무 중 계속하여 유치장 내부를 순회하여 유치인의 동태를 살피되 특히 다음 각 호의 행위가 발생하지 않게 유의하여 사고방지에 노력하여야 하며 특이사항을 발견하였을 때에는 응급조치를 하고, 즉시 유치인보호 주무자에게 보고하여 필요한 조치를 취하도록 하여야 한다.

1. 자살, 자해 또는 도주 기도행위
2. 음주, 흡연, 도박 및 낙서행위
3. 중범죄나 먼저 입감된 사실 또는 범죄경력 등을 내세워 같은 유치인을 괴롭히는 행위
4. 언쟁, 소란 등 타인의 평온을 해하는 행위
5. 건물, 유치실 시설 내 비품, 대여품 등을 파손하는 행위
6. 식사를 기피하거나 식사 중 혼잡을 고의로 야기하거나 식사한 후 식기, 수

저 등을 은닉하는 행위

7. 질병의 발생

8. 지나치게 불안에 떨거나 비관 고민하는 자

9. 유심히 유치인보호관의 동태나 거동만을 살피는 행위

10. 유치장 내외에서 이상한 소리가 들리거나 물건이 유치장 내로 투입되는 행위

11. 장애인, 외국인, 성적 소수자 등을 괴롭히거나 차별하는 행위

③ 자살 또는 도주우려 등 사고 우려자는 유치인보호관이 근무일지의 인계사항에 적색으로 기재하고 특별히 관찰하여야 한다.

④ 유치인보호관은 유치인에 대하여 차별대우를 하거나 오해받을 행위를 하여서는 아니 된다.

⑤ 유치장에는 관계직원이라 하더라도 필요 없이 출입하여서는 아니 되며 유치인보호관은 경찰서장 또는 유치인보호 주무자의 허가 없이 필요 없는 자의 출입을 시켜서는 아니 된다.

⑥ 유치실의 열쇠는 응급조치 등에 대비하여 근무 중인 유치인보호관 중 선임 유치인 보호관이 보관 관리하여야 한다.

제20조(수사자료 등의 발견)

유치인보호관이 유치인으로부터 수사자료 기타 참고사항을 발견하였을 때에는 지체 없이 유치인보호 주무자 및 수사과장에게 보고하여야 한다.

제21조(유치인의 의뢰에 대한 조치)

① 유치인보호관은 유치인으로부터 다음 사항의 요청이나 의뢰가 있을 때에는 지체 없이 유치인보호 주무자에게 보고하여야 하며 그 결과를 당해 유치인에게 알려 주어야 한다.

1. 변호인의 선임 등에 관한 요청

2. 처우에 관한 요청

3. 환형 유치된 자의 가족 등에의 통지 요청

4. 질병 치료 요청

5. 그 밖에 합리적이고 타당한 요구 등

② 유치인보호관은 제1항의 의뢰 및 조치사항을 빠짐없이 근무일지에 기재하여야 한다.

제4장 보 안

제22조(수갑등의 사용)

① 경찰관은 다음 각 호의 어느 하나에 해당하는 경우 유치인 보호주무자의 허가를 받아 유치인에 대하여 수갑과 포승(이하 '수갑 등'이라 한다)을 사용할 수 있다. 다만, 허가를 받을 시간적 여유가 없는 때에는 사용 후 지체 없이 보고하여 사후승인을 얻어야 한다.

1. 송치, 출정 및 병원진료 등으로 유치장 외의 장소로 유치인을 호송하는 때와 조사 등으로 출감할 때
2. 도주하거나 도주하려고 하는 때
3. 자살 또는 자해하거나 하려고 하는 때
4. 다른 사람에게 위해를 가하거나 하려고 하는 때
5. 유치장 등의 시설 또는 물건을 손괴하거나 하려고 하는 때

② 경찰관이 제1항제1호의 사유로 수갑 등을 사용하는 경우 구류선고 및 감치명령을 받은 자와 고령자, 장애인, 임산부 및 환자 중 주거와 신분이 확실하고 도주의 우려가 없는 자에 대해서는 수갑 등을 채우지 아니한다.

③ 경찰관이 제1항제2호부터 제5호까지의 사유로 수갑 등을 사용하는 때에는 그 사유와 시간을 근무일지에 기재하여야 하며, 사전에 해당 유치인에게 수갑 등의 사용사유를 고지하여야 한다.

④ 수갑 등은 그 사용목적의 달성을 위한 필요최소한의 범위에서 사용하여야 하고, 징벌이나 고통을 가할 목적으로 사용하여서는 아니 된다.

⑤ 수갑 등의 사용사유가 소멸한 때에는 지체 없이 해제하여야 한다.

제22조의2(보호유치실에의 수용)

① 유치인보호관은 제19조제2항제1호, 제3호부터 제5호까지, 제7호에 해당하는 행위를 하는 유치인에 대하여 유치인보호 주무자의 허가를 받아 근무일지에 그 사유와 시간을 기재한 후 유치장 내 보호유치실에 수용할 수 있다. 다만, 이 경우에도 6시간 이상 수용하여서는 아니 된다.

② 유치인을 보호유치실에 수용한 경우 그 수용사유가 소멸된 때에는 지체 없이 일반 유치실에 수용하여야 하며, 해당 유치인이 제1항의 금지행위를 반복하였을 경우 보호유치실에 재수용할 수 있다.

제23조(정기검사)

① 경찰서장은 유치인보호 주무자로 하여금 주 1회 이상 정기적으로 유치장내외에 대한 면밀한 검사를 실시하게 하여야 한다.

② 유치인보호 주무자가 제1항의 정기검사를 실시하는 경우 유치실별로 책임간부를 지정하여 분담시킬 수 있으며 검사결과 시설보안이 필요한 사항이 발견되었을 때에는 즉시 적절한 조치를 취하여야 한다.

③ 정기검사를 실시할 때 다음 사항에 유의하여 실시하여야 한다.

1. 제9조에 규정된 위험물 등의 신체내 은닉 여부
2. 제9조에 규정된 위험물 등의 유치실내 은닉 여부
3. 통모하기 위한 서신 등의 은닉 소지 여부
4. 유치실의 천정, 벽, 바닥 등 모든 부분에 대한 안정성 여부
5. 화장실, 창문, 환기통 등에 설치된 철망, 철책의 견고성 여부
6. 유치실 출입문이나 유치장 출입문을 젓가락, 성냥개비, 철사 등으로 쉽게 열 수 있는지의 여부
7. 유치실 밖에서 창문으로 쇠톱 등 위험물을 던져 넣을 수 있는지의 여부
8. 2층으로 된 유치장의 경우 위층에서 뛰어내려 자해할 수 있는지의 여부
9. 폐쇄회로 텔레비전 및 녹화장치의 정상적인 작동 여부
10. 유치인보호관이 유치인보호 근무요령을 숙지하고 있는지의 여부
11. 그 밖에 유치인 및 유치장 관리에 필요한 사항

제24조(사고발생에 대한 조치)

① 유치인보호관은 유치인 또는 유치장에서 사고가 발생하였을 때에는 응급조치를 강구하는 동시에 지체 없이 유치인보호 주무자를 경유하여 경찰서장에게 보고하여야 한다.

② 경찰서장은 유치장 사고 중 유치인의 자살, 질병으로 인한 사망, 도주, 기타 중요한 사고에 대하여는 지체 없이 지방경찰청장 및 지방검찰청검사장(지청 관할인 경우에는 "지청장", 이하 같다)에게 보고하여야 한다.

③ 제2항의 보고를 받은 지방경찰청장은 필요한 조치를 취함과 동시에 이를 지체 없이 경찰청장에게 보고하여야 한다.

④ 제2항의 경우 유치인이 자살하였거나 질병에 의하여 사망하였을 때에는 지체 없이 가족 등에게 통지하는 동시에 의사의 검안을 요청하는 등 적절한 조치를 취하여야 하며 사망의 원인 그 밖에 필요한 사항을 명백히 하여야 한다.

제25조(피난 및 일시 석방)

① 경찰서장은 풍수해, 화재 기타 비상재해를 당하여 유치장내에서 피난시킬 다른 방도가 없다고 인정될 때에는 지방검찰청 검사장의 지휘를 받아 다른 장소에 호송하여 피난시키거나 또는 일시 석방할 수 있다.

② 제1항의 경우에 지방검찰청 검사장의 지휘를 받을 시간적 여유가 없을 때에는 사후에 지체 없이 이를 보고하여야 한다.

③ 경찰서장이 제1항의 규정에 의하여 유치인을 일시 석방할 때에는 출석일시 및 장소를 지정하는 이외에 이유 없이 출석하지 않을 경우에는 「형법」 제145조제2항의 규정에 의하여 가중 처벌된다는 뜻을 경고하여야 한다.

제26조(비상계획)

경찰서장은 유치인의 도주, 재해, 기타의 비상시에 대비하기 위한 비상계획을 미리 수립하여야 하며 이에 의한 필요한 훈련을 수시 실시하여야 한다.

제5장 급식 및 위생

제27조(급식 등)

① 유치인보호 주무자는 유치인에 대한 식사 지급에 있어 영양 및 위생에 관한 검사를 하여야 한다.

② 질병자 또는 기타 특별한 사유가 있는 유치인에 대하여는 죽이나 기타 그 자에게 적당한 식사를 지급하여야 한다.

③ 제12조제2항에 따라 유아를 대동한 자에 대한 급식은 유아 몫까지 배려하여야 한다.

④ 유치인에게는 베개, 모포 등 침구류와 화장지, 칫솔, 치약, 비누 등 그 밖에 생활필수용품을 지급하여야 한다. 이 경우 생리중인 여성유치인에 대하여는 위생에 필요한 물품을 지급하여야 한다.

제28조(음주등의 금지)

유치인에게는 음주 또는 흡연을 허가하지 못한다.

제29조(자비식사)

유치인은 자비로 취식할 수 있으며 자비식사의 종류 및 분량은 해당 경찰서장이 정한다.

제30조(보건위생)

① 유치인보호 주무자는 유치인의 건강유지를 위하여 보건위생에 유의하고 다음과 같이 실시하여야 한다.

  1. 유치인에게는 수사 및 유치인보호에 지장이 없는 범위 안에서 적당한 시간을 택하여 간단한 운동을 시켜야 한다.

  2. 유치인이 목욕을 원할 때에는 유치장의 질서를 해하지 아니하는 범위 내에서 실시하도록 하여야 하며, 대용감방의 미결수용자에 대하여는 주기적으로 이발을 실시하도록 하여야 한다. 다만, 목욕시간은 경찰서장이 제한할 수 있다.

  3. 유치장 내외의 청소를 매일 1회 이상 실시하여 항상 청결을 유지하도록 하여야 한다.

  4. 유치장 내외에 대한 약품소독을 매주 1회 이상 실시하여야 한다.

  5. 계절적으로 전염병 발생기에 있어서는 보건기관과 협조하여 유치인(유치하고자 하는 자를 포함한다)에게 예방주사를 실시하여야 한다.

  6. 청명한 날씨에는 침구 등의 일광소독을 실시하여 기생충이 생기거나 악취가 나지 않도록 하여야 한다.

  7. 유치장 내에는 응급조치에 필요한 약품을 상비하고 유치인보호 주무자가 수시 점검하여 변질 여부를 검토하여야 한다.

② 제1항제7호의 상비약품을 의사의 지시 없이 통상적으로 상용할 수 있는 소화제, 외용연고, 소독제, 지사제, 위생대 등으로서 사전에 의사 또는 약사의 자문을 받아 부작용이 없는 약품으로 비치하여야 하며 약품을 사용할 때에는 의약품 수불대장(별지 제5호 서식)을 정리하여야 한다.

제31조(질병 등에 대한 조치)

① 유치인보호 주무자는 유치인이 병에 걸린 경우 경찰서장에게 보고하여 필요한 조치를 받게 하고 그 사항에 따라 다른 유치실에 따로 수용하여 안전하게 하거나 또는 의료시설이 있는 장소에 수용하는 등 적당한 조치를 하여야 한다.

② 유치인보호 주무자는 유치인, 유치인의 가족 또는 변호인이 외부 의료시설에서 진료 받기를 요청하는 때에는 허용 여부를 신속히 결정하여야 한다.

③ 모자보건법상 제2조 제1호에 따른 임산부 및 70세 이상의 고령자는 제1항에 준하여 조치하여야 한다.

④ 경찰서장은 유치인의 질병이 위독하거나 조속히 치료될 가능성이 없어 그의

가족(가족이 없는 경우에는 유치인이 지정하는 사람) 또는 변호인에게 연락이 필요한 때에는 그 사유를 통지하여야 한다.

제32조(감염병환자에 대한 조치)

① 유치인보호 주무자는 유치인이 「감염병의 예방 및 관리에 관한 법률」 제2조에 규정된 감염병에 걸렸거나 또는 걸릴 염려가 있다고 인정할 때에는 지체없이 당해 유치인을 격리하는 동시에 유치장 내외의 소독 기타 필요한 조치를 하여야 한다.

② 제1항의 감염병 이외에 감염성 또는 다른 유치인에게 극히 불쾌감을 주는 질병에 걸린 유치인이 있을 때에는 가능한 다른 유치실에 따로 수용하는 등 제1항에 준하는 필요한 조치를 취하여야 한다.

제6장 접견 또는 서류 기타 물건의 접수

제33조(변호인과의 접견, 접수)

① 유치인에 대하여 변호인(선임권이 있는 자의 의뢰에 의하여 변호인이 되려는 자를 포함한다)으로부터 유치인과의 접견 또는 서류 기타 물건의 접수신청이 있을 때에는 유치인보호주무자는 친절하게 응하여야 한다. 이 경우에는 그 변호인이 형사소송법 제30조의 규정에 의하여 선임된 자 또는 변호인이 되려고 하는 자에 대하여는 그 신분을 확인하여야 한다.

② 유치인보호 주무자는 제1항에 의한 접견 또는 기타 서류의 접수에 있어 변호인 접견실 기타 접견에 적당한 장소를 제공하여야 한다.

제34조(변호인과의 접견에 관한 주의)

① 변호인과 유치인의 접견 또는 서류 그 밖에 물건의 접수에 있어서 유치인보호 주무자는 육안으로 관찰이 가능한 거리에서 관찰할 경찰관을 지정하여야 하며 서류 기타 물건의 접수를 방해하여서는 아니 된다. 다만, 수사 또는 유치장의 보안상 지장이 있다고 인정되는 물건 등이 수수되지 않도록 관찰하여야 한다.

② 제1항의 경우 유치인보호관은 수사 또는 유치장의 보안상 지장이 있다고 인정되는 물건의 수수를 발견한 때에 유치인보호 주무자에게 보고하여 이의 수수를 금지하여야 한다.

제35조(변호인 이외의 자와의 접견·접수)

① 변호인 이외의 자로부터 유치인과의 접견 또는 서류 기타 물건의 접수신청이 있을 때에는 수사상의 보안 또는 유치장의 안전·질서유지에 지장이 없는 한 이를 적극 보장하여야 한다.

② 제1항의 규정에 의하여 식량과 의류품을 수수하는 때에는 제9조 제1항에 규정된 위험물 등의 은닉여부를 검사하여야 한다.

③ 제34조의 규정은 제1항의 규정에 의한 접견 또는 서류 기타 물건의 접수에 준용한다.

제35조의2 (변호인 이외의 자와의 접견 등 금지)

① 사법경찰관은 「형사소송법」 제200조의6 및 제209조에 따라 준용되는 같은 법 제91조에 의해 피의자와 변호인 이외의 자와의 접견 등을 금지하려는 경우 별지 제6호 서식의 피의자 접견 등 금지요청서를 작성하여 유치인보호 주무자에게 금지를 요청한다.

② 제1항의 요청을 받은 유치인보호 주무자는 피의자와 변호인 이외의 자와의 접견 등을 금지할 수 있다. 단 접견 등을 금지하려는 경우 별지 제8호 서식의 접견 등 금지결정처리부에 금지 사유 등의 사항을 기재하여야한다.

③ 사법경찰관은 제2항에 따라 피의자 접견 등 금지 결정을 한 즉시 금지 사유, 접견 금지 기간을 유치인 및 유치인이 지정하는 가족(가족이 없는 경우에는 유치인이 지정하는 사람)에게 알려주어야 한다. 이 경우 유치인이 지정하는 가족 등에게의 통지는 전화 또는 휴대전화 문자전송 등의 방법으로 한다.

④ 사법경찰관은 제2항의 피의자 접견 등 금지 결정을 취소할 때에는 별지 제7호 서식의 피의자 접견 등 금지 취소 요청서를 작성하여 유치인보호 주무자에게 취소를 요청한다.

⑤ 유치인보호 주무자는 제4항의 접견 등 금지 취소 요청이 있는 경우 제2항의 조치를 취소하여야 한다.

⑥ 피의자의 접견 등 금지 결정은 필요최소한의 범위에서 이루어져야 하며 그 사유가 소멸하였을 때는 지체 없이 접견 등의 금지 결정을 취소하여야 한다.

제36조(접견의 장소 등)

① 접견은 접견실 등 유치장 이외의 지정된 장소에서 실시하여야 한다.

② 비변호인이 접견할 경우에는 유치인보호주무자가 지정한 경찰관이 입회하되, 도주 및 증거인멸의 우려가 없다고 인정되는 때에는 경찰관이 입회하지 않을

수 있다. 다만, 해당 사건의 변호인 또는 변호인이 되려는 자가 접견하는 경우에는 경찰관이 입회하여서는 아니 된다.

③ 경찰관이 입회하지 않는 경우라도 도주, 자해, 공모 등의 방지를 위해 육안으로 보이는 거리에서 관찰할 수 있다.

제37조(접견시간 및 요령)

①유치인의 접견은 다음의 구분에 따라 실시한다.

　1. 평일에는 09:00 ~ 21:00까지로 한다. 다만, 원거리에서 온 접견 희망자 등 특별한 경우에는 경찰서장의 허가를 받아 22:00까지 연장할 수 있다.

　2. 토요일 및 일요일과 공휴일은 09:00 ~ 20:00까지로 한다.

　3. 대용감방의 경우에는 구치소 미결수에 준하여 유치인 접견시간을 조정할 수 있다.

② 제1항에도 불구하고 변호인의 접견 신청이 있는 때에는 접견을 제한하지 아니한다. 다만, 유치인의 안전 또는 유치장 내 질서유지 등 관리에 지장이 있는 경우에는 그러하지 아니하다.

③ 유치인의 접견 시간은 1회에 30분이내로, 접견횟수는 1일 3회 이내로 하여 접수순서에 따라 접견자의 수를 고려 균등하게 시간을 배분하여야 한다. 다만, 변호인과의 접견은 예외로 한다.

④ 제33조부터 제36조까지의 규정에 의한 접견시에는 접견을 신청한 자의 성명, 직업, 주소, 연령 및 유치인과의 관계를 기록하여야 한다. 다만, 경찰관이 입회한 경우에는 면담의 중요한 내용을 기록하여야 한다.

⑤ 경찰관이 접견에 입회한 경우 대화 내용이 죄증인멸의 우려가 있거나 도주의 기도 등 유치장의 안전과 질서를 위태롭게 하는 때에는 입회한 유치인보호관 등이 접견을 중지시키고 유치인보호 주무자에게 보고하여야 하며 접견도중 검사한 음식물을 제외한 물품의 수수를 금하고 암호 등으로 상호의사를 주고받지 않도록 엄중히 관찰하여야 한다.

제37조의 2(국가인권위원회 위원 등과의 면담)

①「국가인권위원회법」 제24조제4항에 따라 유치장에 대한 방문조사를 하는 위원, 소속직원 또는 전문가(이하 "위원 등"이라 한다)가 유치인과 면담하는 경우 경찰서장 또는 유치인보호주무자는 「국가인권위원회법 시행령」 제4조 및 제5조에 따라 자유로운 분위기에서 면담이 이루어질 수 있는 장소를 제공하고, 시설수용자의 진술을 방해하지 않도록 하여야 한다.

② 제1항의 위원 등과의 면담절차 및 방법 등은 제33조, 제34조, 제36조 및 제37조의 변호인과의 접견, 접수에 준하도록 하되, 유치인보호관은 대화내용을 녹음하거나 녹취하지 못한다.

제7장 유치인의 교화선도와 인권보호

제38조(기본방향)
경찰서장과 유치인보호주무자, 유치인보호관 그 밖에 유치인보호업무를 담당하는 자는 유치인의 인권보호에 최선을 다하여야 하며, 유치장의 환경을 인권친화적으로 조성하기 위해 노력하여야 한다.

제39조(환경 및 시설개선)
유치실 내부는 밝은 색으로 도색하고, 환기통, 화장실 등의 시설을 수시로 점검 보완하여 깨끗하고 위생적인 환경이 유지되도록 하여야 한다.

제40조(인권침해진정권의 보장)
① 경찰서장과 유치인보호주무자, 유치인보호관 그 밖에 유치인보호업무를 담당하는 자는 유치인의 인권침해 진정권을 보장하기 위하여 「국가인권위원회법」 제31조와 같은 법 시행령 제6조부터 제9조까지 규정에 따라 진정서의 자유로운 작성과 제출에 필요한 시간과 장소 및 편의를 제공하여야 하며, 유치인이 진정서 작성의사표시를 한 경우에는 이를 금지 및 방해하거나 작성된 진정서를 열람, 압수, 폐기해서는 아니 된다.

② 제1항에서 규정하는 진정권 보장을 위하여 유치장내에는 인권침해에 관하여 국가인권위원회에 진정할 수 있다는 뜻과 그 방법을 기재한 안내문을 유치인이 언제든지 열람할 수 있는 곳에 비치하고, 적절한 장소에 진정함을 설치하고, 용지, 필기도구 및 봉함용 봉투를 비치하여야 하며(용지와 봉함용 봉투의 규격은 국가인권위원회에서 정하는 바에 의한다.) 진정권의 행사와 위원 등과의 면담을 이유로 한 불이익이 없도록 지속적인 인권보호조치를 하여야 한다.

③ 유치인이 작성한 진정서는 유치인이 직접 봉함하여 진정함에 넣도록 한다.

④ 경찰서 청문감사관은 매일 일과시작 후 신속히 유치장내에 진정함을 확인하여 진정서가 있을 경우 지체 없이 이를 국가인권위원회에 등기우편으로 송부하여야 한다.

제41조 <삭 제>

제8장 석 방

제42조(유치기간에 대한 주의)

유치인보호 주무자와 유치인보호관은 항상 유치인의 유치기간에 유의하여야 하며 유치인보호관은 유치기간이 만료되는 자에 대하여는 유치기간 만료 1일전에 유치인보호 주무자에게 보고하여 그 주의를 환기시켜 위법유치를 하는 일이 없도록 하여야 한다.

제43조(석방상의 주의)

① 유치인보호 주무자가 유치인을 석방함에 있어서는 본인 여부를 반드시 확인하여야 하며 제9조에 따라 보관중인 위험물 및 휴대금품 등을 정확히 반환하고 석방일시, 석방후의 거주지 그 밖에 필요한 사항들을 명확히 기록하여 두어야 한다.

② 유치인보호관은 석방되는 자가 유치중인 자의 죄증인멸 등을 위한 비밀서신, 암호문 등을 지참 연락하지 못하도록 검사를 하여야 한다.

③ <삭 제>

제44조 <삭 제>

제9장 호 송

제45조(적용)

피호송자의 호송에 관하여 따로 규정한 것을 제외하고는 이 규정에 의한다.

제46조(정의)

이 장에서 상용하는 용어의 정의는 다음과 같다.

1. "호송관"이라 함은 피호송자의 호송을 담당하는 경찰관을 말한다.
2. "호송관서"라 함은 피호송자를 호송하고자 하는 경찰관서를 말한다.
3. "인수관서"라 함은 호송된 피호송자를 인수하는 관서를 말한다.
4. "이감호송"이라 함은 피호송자의 수용장소를 다른 곳으로 이동하거나 특정 관서에 인계하기 위한 호송을 말한다.
5. "왕복호송"이라 함은 피호송자를 특정장소에 호송하여 필요한 용무를 마치고 다시 발송관서 또는 호송관서로 호송하는 것을 말한다.

6. "집단호송"이라 함은 한번에 다수의 피호송자를 호송하는 것을 말한다.

7. "비상호송"이라 함은 전시, 사변 또는 이에 준하는 국가비상 사태나 천재, 지변에 있어서 피호송자를 다른 곳에 수용하기 위한 호송을 말한다.

8. "호송수단"이라 함은 호송에 필요한 수송수단을 말한다.

제47조(호송관리 책임)

① 호송관서의 장(지방경찰청에 있어서는 형사, 수사과장을 말한다. 이하 같다)은 피호송자의 호송업무에 관하여 전반적인 관리 및 지휘.감독을 하여야 한다.

② 지방경찰청의 수사과장 또는 형사과장 및 경찰서의 수사(형사)과장은 피호송자의 호송업무에 관하여 호송주무관으로서 직접 지휘.감독하여야 하며 호송의 안전과 적정 여부를 확인하여야 한다.

③ 경찰서장은 호송주무관으로 하여금 호송 출발 직전에 호송경찰관에게 호송임무 수행에 필요한 전반적인 교양을 반드시 실시토록 하여야 한다.

④ 제3항의 규정에 의하여 교양을 실시함에 있어서는 심적대비, 포승 및 시정방법, 승차방법, 도로변 또는 교량 등 통행방법, 중간연락 및 보고방법, 사고발생시의 조치방법, 숙식, 물품구매 교부방법, 용변 및 식사시의 주의사항을 치밀하게 실시하여야 한다.

⑤ 호송관서의 장은 호송관의 지정 및 운영에 관한 호송계획을 수립하여 시행하여야 한다.

제48조(호송관의 결격사유 및 수)

① 호송관서의 장은 다음 각 호의 어느 하나에 해당하는 자를 호송관으로 지명할 수 없다.

1. 피호송자와 친족 또는 가족 등의 특수한 신분관계가 있거나 있었던 자

2. 신체 및 건강상태가 호송업무를 감당하기 곤란하다고 인정되는 자

3. 기타 호송근무에 부적합하다고 인정되는 자

② 호송관서의 장은 호송수단과 호송하고자 하는 피호송자의 죄질, 형량, 범죄경력, 성격, 체력, 사회적 지위, 인원, 호송거리, 도로사정, 기상 등을 고려하여 호송관 수를 결정하여야 한다. 다만, 호송인원은 어떠한 경우라도 2명 이상 지정하여야 하며, 조건부순경 또는 의무경찰만으로 지명할 수 없다.

③ 호송관서의 장은 호송관이 5인 이상이 되는 호송일 때에는 다음 각 호의 지휘감독관을 지정하여야 한다.

1. 호송관 5인 이상 10인 이내일 때에는 경사 1인

2. 호송관이 11인 이상일 때에는 경위 1인

제49조(피호송자의 신체검사)

① 호송관은 반드시 호송주무관의 지휘에 따라 포박하기 전에 피호송자에 대하여 안전호송에 필요한 신체검색을 실시하여야 한다.

② 여자인 피호송자의 신체검색은 여자경찰관이 행하거나 성년의 여자를 참여시켜야 한다.

제50조(피호송자의 포박)

① 호송관은 호송관서를 출발하기 전에 반드시 피호송자에게 수갑을 채우고 포승으로 포박하여야 한다. 다만, 구류선고 및 감치명령을 받은 자와 고령자, 장애인, 임산부 및 환자 중 주거와 신분이 확실하고 도주의 우려가 없는 자에 대하여는 수갑 등을 채우지 아니한다.

② 호송관은 피호송자가 2인 이상일 때에는 제1항에 의하여 피호송자마다 포박한 후 호송수단에 따라 2인내지 5인을 1조로 하여 상호 연결시켜 포승하여야 한다.

③ 호송주무관은 제1항 및 제2항에 의하여 호송관이 한 포박의 적정여부를 확인하여야 한다.

제51조(호송의 방법)

① 호송은 피호송자를 인수관서 또는 출석시켜야 할 장소와 유치시킬 장소에 직접 호송한다.

② 중요범인에 대하여는 특별한 안전조치를 강구하여야 한다.

제52조(인수관서 통지 및 인계)

① 호송관서는 미리 인수관서에 피호송자의 성명, 호송일시 및 호송방법을 통지하여야 한다. 다만, 다른 수사기관에서 인수관서에 통지하거나 비상호송 기타 특별한 사유가 있는 때에는 예외로 한다.

② 호송경찰관이 피호송자를 인수하여야 할 관서에 인계할 때에는 인수권자에게 관계기록등과 함께 정확히 인계하여 책임 한계를 명백히 하여야 하며, 귀서하여 소속경찰관서장에게 호송완료 보고를 하여야 한다.

제53조(영치금품의 처리)

피호송자의 영치금품은 다음 각 호의 구분에 따라 처리한다.

1. 금전, 유가증권은 호송관서에서 인수관서에 직접 송부한다. 다만 소액의 금전,

유가증권 또는 당일로 호송을 마칠 수 있을 때에는 호송관에게 탁송할 수 있다.

2. 피호송자가 호송도중에 필요한 식량, 의류, 침구의 구입비용을 자비로 부담할 수 있는 때에는 그 청구가 있으며 필요한 금액을 호송관에게 탁송하여야 한다.

3. 물품은 호송관에게 탁송한다. 다만, 위험한 물품 또는 호송관이 휴대하기에 부적당한 발송관서에서 인수관서에 직접 송부할 수 있다.

4. 송치하는 금품을 호송관에게 탁송할 때에는 호송관서에 보관책임이 있고, 그렇지 아니한 때에는 송부한 관서에 그 책임이 있다.

제54조(호송시간)

호송은 일출전 또는 일몰후에 할 수 없다. 다만, 기차, 선박 및 차량을 이용하는 때 또는 특별한 사유가 있는 때에는 그러하지 아니한다.

제55조(호송수단)

① 호송수단은 경찰호송차 기타 경찰이 보유하고 있는 차량(이하 "경찰차량"이라 한다)에 의함을 원칙으로 하여야 한다. 다만, 경찰차량을 사용할 수 없거나 기타 특별한 사유가 있는 때에는 도보나 경비정, 경찰항공기 또는 일반 교통수단을 이용할 수 있다.

② 호송관서의 장은 호송사정을 참작하여 호송수단을 결정하여야 한다.

③ 집단호송은 가능한 경찰차량을 사용하여야 한다.

④ 호송에 사용되는 경찰차량에는 커튼 등을 설치하여 피호송자의 신분이 외부에 노출되지 않도록 하여야 한다.

제56조(도보호송)

피호송자를 도보로 호송할 때에는 다음 각 호에 의하여야 한다.

1. 피호송자 1인을 호송할 때에는 피호송자의 1보뒤, 좌 또는 우측 1보의 위치에서 손으로 포승을 잡고 인수관서 또는 특정지까지 호송하여야 한다.

2. 피호송자 2인 이상 5인까지를 호송할 때에는 포박한 피호송자를 1보 거리로 세로줄을 지어 연결 포승하고 그 뒤에서 호송관 1인은 제1호의 방법에 의하고 다른 호송관은 피호송자열 좌우에 위치하여 피호송자열과 1보 내지 2보 거리를 항상 유지하면서 호송하여야 한다.

3. 피호송자가 6인 이상일 때에는 도로의 사정에 따라 2열 내지 3열 종대로 하여 제1호 및 제2호의 방법에 의하여야 한다.

제57조(차량호송)

피호송자를 경찰차량 또는 일반차량 등에 의하여 호송할 때에는 다음 각 호에 의하여야 한다.

1. 피호송자는 운전자 바로 옆, 뒷자리나 출입문의 앞, 뒤, 옆자리가 아닌 곳에 승차시켜야 한다. 다만, 소형 차량이거나 특별한 사유가 있을 때에는 그러하지 아니할 수 있다.

2. 호송관은 제1호 단서에 의하여 피호송자를 승차시켰을 때에는 도주 및 기타 사고의 방지를 위한 조치를 하여야 한다.

3. 호송관은 차량의 구조에 따라 감시에 적당한 장소에 위치하여 항시 피호송자를 감시하여야 한다.

4. 화물자동차등 복개가 없는 차량에 의하여 호송할 때에는 호송관은 적재함 가장자리에 위치하며, 피호송자의 도주 기타의 사고를 방지하여야 한다.

제58조(열차호송)

피호송자를 열차에 의하여 호송할 때에는 다음 각 호에 의하여야 한다.

1. 피호송자를 열차의 객실 또는 화물차안에 승차시켜야 하며, 열차의 승강구, 연결장소, 출입문, 세면장소 및 화장실 등에 승차시켜서는 아니 된다.

2. 호송관은 열차의 구조, 일반승객 기타 주위의 사정을 고려하여 감시에 적당한 장소에 위치하여 항상 감시하여야 한다.

3. 피호송자가 좌석에 앉아 있을 때에는 창문을 열지 못하게 하여야 한다. 다만, 각별한 안전조치가 강구된 경우에는 예외로 한다.

4. 피호송자를 승.하차시킬 때에는 일반 승객들이 승.하차한 뒤에 하여야 한다. 이 경우에는 사전에 교통부 소속공무원의 협조를 구할 수 있다.

제59조(선박호송)

피호송자를 선박의 객실 또는 화물실에 승선시켜야 하며, 그 이외의 장소에 승선시켜서는 아니 된다. 다만, 소형선박이거나 기타 특별한 사유가 있을 때에는 그러하지 아니할 수 있다.

제60조(항공기호송)

피호송자를 항공기의 조종석 바로 뒤 또는 출입문 바로 앞, 뒤, 옆 이외의 장소에 탑승시켜야 한다. 다만, 소형 항공기거나 기타 특별한 사유가 있을 때에는 그러하지 아니할 수 있다.

제61조(선박 및 항공기 호송시의 감시, 조치 등)

선박 또는 항공기에 의하여 피호송자를 호송할 때에는 제57조 제2호 및 제58조 제2호 내지 제5호의 규정에 준하여 호송관은 감시, 조치, 기타 관계자의 협조를 구하여야 한다.

제62조(호송 중 유의사항)

호송관은 호송중 다음의 사항을 준수하여야 한다.

1. 피호송자의 가족이나 기타 관계인을 동반하거나 면접, 물건 수수행위 등을 하게 하여서는 아니 된다.
2. 피호송자는 흡연행위를 하게 하여서는 아니 된다.
3. 도심지, 번화가 기타 복잡한 곳을 가능한 한 피하여야 한다.
4. 호송관은 피호송자가 용변을 보고자 할 때에는 화장실에 같이 들어가거나 화장실문을 열고 감시를 철저히 하여야 한다.
5. 피호송자를 포박한 수갑 또는 포승은 질병의 치료, 용변 및 식사할 때에 한쪽 수갑만을 필요한 시간동안 풀어주는 것을 제외하고는 호송이 끝날 때까지 변경하거나 풀어 주어서는 아니 된다.
6. 항시 피호송자의 기습으로부터 방어할 수 있는 자세와 감시가 용이한 위치를 유지하여야 한다.
7. 호송중 피호송자에게 식사를 하게 할 때에는 가까운 경찰관서에서 하여야 한다. 다만, 열차, 선박, 항공기에 의한 호송일 때에는 그러하지 아니할 수 있다.
8. 호송시에는 호송하는 모습이 가급적 타인에게 노출되지 않도록 유의하여야 한다.

제63조(호송관의 임무)

호송관은 호송 근무 중 다음의 사항을 충실히 수행하여야 한다.

1. 호송관서의 장 또는 호송주무관의 지휘.명령
2. 피호송자의 도주 및 증거인멸, 자상, 자살행위 등의 방지
3. 피호송자의 건강과 신변 안전조치

제64조(호송관의 책임한계)

호송관은 호송하기 위하여 피호송자를 인수한 때로부터 호송을 끝마치고 인수관서에 인계할 때까지 제63조의 규정에 관하여 책임을 진다.

제65조(사고발생시의 조치)

호송관은 호송중 피호송자가 도주, 자살, 기타의 사고가 발생하였을 때에는 다음의 조치를 신속하게 취하여야 한다.

1. 피호송자가 도망하였을 때

가. 즉시 사고발생지 관할 경찰서에 신고하고 도주 피의자 수배 및 수사에 필요한 사항을 알려주어야 하며, 소속장에게 전화, 전보 기타 신속한 방법으로 보고하여 그 지휘를 받아야 한다. 이 경우에 즉시 보고할 수 없는 때에는 신고 관서에 보고를 의뢰할 수 있다.

나. 호송관서의 장은 보고받은 즉시 상급감독관서 및 관할검찰청에 즉보하는 동시에 인수관서에 통지하고 도주 피의자의 수사에 착수하여야 하며, 사고발생지 관할 경찰서장에게 수사를 의뢰하여야 한다.

다. 도주한 자에 관한 호송관계서류 및 금품은 호송관서에 보관하여야 한다.

2. 피호송자가 사망하였을 때

가. 즉시 사망시 관할 경찰관서에 신고하고 시체와 서류 및 영치금품은 신고 관서에 인도하여야 한다. 다만, 부득이한 경우에는 다른 도착지의 관할 경찰관서에 인도할 수 있다.

나. 인도를 받은 경찰관서는 즉시 호송관서와 인수관서에 사망일시, 원인 등을 통지하고, 서류와 금품은 호송관서에 송부한다.

다. 호송관서의 장은 통지받은 즉시 상급 감독관서 및 관할 검찰청에 보고하는 동시에 사망자의 유족 또는 연고자에게 이를 통지하여야 한다.

라. 통지 받을 가족이 없거나, 통지를 받은 가족이 통지를 받은 날부터 3일 내에 그 시신을 인수하지 않으면 구, 시, 읍, 면장에게 가매장을 하도록 의뢰하여야 한다.

3. 피호송자가 발병하였을 때

가. 경증으로서 호송에 큰 지장이 없고 당일로 호송을 마칠 수 있을 때에는 호송관이 적절한 응급조치를 취하고 호송을 계속하여야 한다.

나. 중증으로써 호송을 계속하거나 곤란하다고 인정될 때에 피호송자 및 그 서류와 금품을 발병지에서 가까운 경찰관서에 인도하여야 한다.

다. 전 "나"호에 의하여 인수한 경찰관서는 즉시 질병을 치료하여야 하며, 질병의 상태를 호송관서 및 인수관서에 통지하고 질병이 치유된 때에는 호송관서에 통지함과 동시에 치료한 경찰관서에서 지체 없이 호송하여야 한다. 다만, 진찰한 결과 24시간 이내에 치유될 수 있다고 진단되었을 때에는 치료후 호송관서의 호송관이 호송을 계속하게 하여야 한다.

라. <삭 제>

제66조(피호송자의 숙박)

① 호송관은 피호송자를 숙박시켜야 할 사유가 발생하였을 때에는 체류지 관할 경찰서 유치장 또는 교도소를 이용하여야 한다.

② 제1항에 의하여 숙박시킬 수 없는 지역에서는 호송관은 가장 가까운 경찰관서에 숙박에 관하여 협조를 의뢰하여야 한다.

제67조(식량 등의 자비부담)

① 피호송자가 식량, 의류, 침구 등을 자신의 비용으로 구입할 수 있을 때에는 호송관은 물품의 구매를 허가할 수 있다.

② 제1항의 구입비용을 제53조 제2호의 금전 등에서 지급한 때에는 호송관은 본인의 확인서를 받아야 한다.

제68조(호송비용 부담)

① 호송관 및 피호송자의 여비, 식비, 기타 호송에 필요한 비용은 호송관서에서 이를 부담하여야 한다.

② 제65조 제2호, 제3호에 의한 비용은 각각 그 교부를 받은 관서가 부담하여야 한다.

제69조(호송비용 산정)

피호송자를 교도소 또는 경찰서 유치장이 아닌 장소에서 식사를 하게 한 때의 비용은 「공무원 여비 규정」 제30조 및 별표 9 제5호를 준용한다.

제70조(분사기 등의 휴대)

① 호송관은 호송근무를 할 때에는 분사기를 휴대하여야 한다.

② 호송관서의 장은 특별한 사유가 있는 경우 호송관이 총기를 휴대하도록 할 수 있다.

제71조(업무협조)

경찰관서의 장은 호송관서의 장 또는 호송관으로 부터 다음 각 호에 관하여 업무의 협조의뢰를 받았을 때에는 최대한으로 협조하여야 한다.

1. 관내에서 피호송자가 도주한 사실을 인지하였거나 호송관으로부터 도주 신고를 받았을 때 또는 도주 피의자의 수배 의뢰가 있을 때
2. 피호송자의 숙박을 위한 입감의뢰가 있을 때
3. 호송관으로부터 피호송자의 사망, 부상, 질병의 신고가 있을 때
4. 기타의 사고 신고 또는 호송관으로부터 호송에 관한 업무 협조의뢰가 있을 때

제72조(대용감방에의 준용)

① 피의자 또는 피고인을 대용감방으로서의 유치장(이하 "대용감방"이라 한다)에 수용할 때에는 따로 특별한 규정이 있는 것을 제외하고는 이 규정을 준용한다.

② 제1항의 경우 경찰서장은 제24조의 규정에 의한 사고발생 보고를 받고 조치를 취하였을 때에는 지체 없이 당해 유치인의 신병의 구속에 대하여 책임을 지고 있는 기관에 통보하여야 한다.

③ 대용감방에 수용된 피의자 또는 피고인의 제34조의 규정에 의한 변호인 이외의 자와의 접견 또는 서류 등의 접수는 당해 유치인이 신병의 구속에 대한 책임을 지고 있는 기관에서 접견 또는 서류 등의 접수의 승인을 받은 자에 한하여 허용한다.

제73조(정기교양)

경찰서장은 유치인보호관에 대하여 의하여 피의자의 유치에 관한 관계법령 및 규정 등을 매월 1회 이상 정기적으로 교양하고 유치인보호관은 이를 숙지하여야 한다.

제73조의2(비치서류의 전자화)

① 이 규칙에 규정된 장부와 비치서류 중 형사사법정보시스템에 그 작성·저장·관리 기능이 구현되어 있는 것은 전자적으로 관리할 수 있다.

② 제1항 각호의 전자 장부와 전자 비치서류는 종이 장부와 서류의 개별 항목을 포함하여야 한다.

제74조(유효기간)

이 훈령은 「훈령·예규 등의 발령 및 관리에 관한 규정」에 따라 이 훈령을 발령한 후의 법령이나 현실 여건의 변화 등을 검토하여야 하는 2021년 8월 31일까지 효력을 가진다.

부 칙

<2020.12.31.>

이 훈령은 2021년 1월 1일부터 시행한다.

[별표 1]

유 치 인 표 준 일 과 표

시 간	일 과 내 용	비 고
07:00 ~ 07:30	기상, 세면 및 청소	
08:00 ~ 09:00	조식	
12:00 ~ 13:00	중식	인원 및 환자발생여부 점검
18:00 ~ 19:00	석식	
21:30	취침	

o 유치장 질서유지 및 보안에 지장이 없는 범위에서 TV시청, 라디오
청취, 독서 등 자유롭게 행동할 수 있습니다.

o 타인의 생활에 방해가 되지 않도록 정숙해 주십시오.

※ 기상.취침.식사 시간은 계절 및 경찰서 실정에 따라 변경가능

※ 인권침해의 우려가 없는 범위에서 경찰서 실정에 따라 인권친화적인 일과프로그
램 운영 가능

감 독 순 시 기 준 표

구분	책 임 자	순 시 회 수
일과중	1. 경찰서장	필요시
	2. 주무과장	매일1회 이상
	3. 유치관리팀(계)장 또는 제4조 제3항에 따라 경찰서장이 지정한자	매일2회 이상
일과후	상황실장 또는 부실장	주간 : 매일 2회 이상 야간 : 3시간마다 1회 이상

유 치 인 에 대 한 인 권 보 장

1. 변호인의 선임을 요청할 수 있습니다.

2. 변호인 이외의 사람과도 접견(면회)이 가능하고 서류 기타 물건의 접수도 가능합니다. (단, 수사 또는 유치장의 보안상 지장이 있다고 인정되는 물건은 금지되고, 식량 및 의류품의 경우 규칙에 따라 위험물 등의 은닉여부를 검사합니다.)

3. 접견 및 면회 시간은 평일 09:00~21:00, 일요일 및 공휴일 09:00~20:00 이며 1일 3회, 1회 30분 이내로 할 수 있습니다. (단, 변호인의 접견은 제한 없음)

4. 편지를 쓰거나 받을 수 있습니다. 이 경우 변호인과의 서신을 제외한 나머지 서신은 형의 집행 및 수용자의 처우에 관한 법률에 따라 발송 및 수령이 제한될 수 있습니다.

5. 가족 및 친지에게 특별히 연락을 취하고자 할 경우 유치인보호관에게 요청할 수 있습니다.

6. 유치장 내에서 발병한 질병에 대한 치료를 요청할 수 있습니다.

7. 영치금의 한도 내에서 사식을 취식할 수 있습니다.

8. 유치인은 생후 18개월 이내의 유아에 대하여 대동을 신청할 수 있습니다.

9. 불편하거나 어려운 일이 있을 때에는 언제든지 구두 또는 서면으로 유치인 보호관이나 감독자에게 도움을 청할 수 있습니다.

10. 인권침해를 당했을 경우 경찰서 인권보호관(청문감사관) 및 경찰청 인권보호담당관(02-3150-2439)에 상담을 요청하거나 국가인권위원회에 진정할 수 있습니다.

11. 구속피의자, 피고인 등은 일정한 요건에 해당하는 경우 대한법률구조공단의 무료형사변호를 받을 수 있습니다.(상담전화 : 국번없이 132/ ○○지부·출장소 ○○○ ○○○○)

12. 기타 필요한 사안은 유치인보호관에게 말씀하십시오.

유치인보호관 근무일지

유치 관리팀 (계)장		유치인 보 호 주 무 자		서 장		유치인 보호관 계급 성명	

20   년   월   일   요일   천

지시 주의사항	

근무자

감독 순시	

시 간	9	10	11	12	13	14	15	16	17	18	19	20	21	22	23	24	1	2	3	4	5	6	7	8
유치인 보호관																								
휴계자																								

수감인원

유치 종별	유 치 장				대 용 감 방						총 계			죄 명 별 내 역												
	경찰 유지		기 타		검찰 유지		피고 인		수형 자																	
	남	여	남	여	남	여	남	여	남	여	남	여	계	남	여	남	여	남	여	남	여	남	여	남	여	계
전일현 재																										
입 감																										
출 감																										
인계인 원																										

〔별지 서식 제1호(을)〕

	운동	청소	소독	입욕		질병		기타
				남	여	수진	상비약복용	
	분	회	회	명	명	명	명	
특 기 사 항								
인계사항								

〔별지 서식 제1호(병)〕

시 간	항 목	내　　　용	비 고

담 당	유치인보호 주무자

피의자 입감.출감 지휘서

입·출감 일시	20 년 월 일 시 분		
피 의 자	성 명		(연령 : 세)
	주 소 연 락 처	보호자 : (☎ : -)	
	직 업		(☎ : -)
죄 명			
입 감 근 거	1. 구속영장 2. 체포영장 3. 긴급체포 4. 현행범체포 5. 기타( ) ※ 입감시 기재 및 근거서류 반드시 첨부		
입·출감 사유	※ 경찰서를 벗어나는 경우 그 사유와 장소를 반드시 기재		
주 의 사 항 (사고위험성, 질병유무 등)	1. 과거경력(자살시도 있음, 정신질환, 내성적, 기타 :) 2. 전력관계(초범, 과실범, 상습범, 전과 :) 3. 가족관계(부모사망, 한부모, 고아, 혼자거주, 주거불명, 기타 :) 4. 자녀관계(미혼, 기혼, 자녀무, 자녀유 : 명) 5. 사고위험(유, 무) 질병 : , 약물복용 : 6. 입감의뢰자 의견 : 중점보호, 보통, 기타( ) ※ 입감의뢰자가 유치보호 주무자(상황실장)이 판단할 수 있도록 구체적으로 기재		
입감의뢰자	사건담당 : 주무과장 :		
신체검사 방법	1. 간이 2. 정밀 3. 외표 ※ 주무과장/상황실장이 해당하는 곳에 O 표		
신체검사 결과	※ 유치인보호관이 신체검사 실시하고 결과 기재		
상 담	유치관리계장 의견 : 중점보호, 보통, 기타( ) ※ 유치관리계장이 계별 처우를 합리적으로 하기 위해 상담 실시, 중점보호 대상자 선정		

유 아 대 동 신 청 서

년 월 일

수 신 : ○○○경찰서장

아래와 같이 유아대동을 신청하오니 허가하여 주시기 바랍니다.

입 감 자	죄 (형) 명	
	입 감 년 월 일	
	성 명	(성별)
	생 년 월 일	
대 동 할 유 아	성 명	(성별)
	입감자와의관계)	
	생 년 월 일	
대동하여 야할이유		

신 청 자 ㉑

위 사항을 허가함

년 월 일

○ ○ 경 찰 서 장

190mm×268mm 신문용지 54g/㎡

[별지 제4호 서식] <삭 제>

[별지 제5호 서식]

의 약 품 수 불 대 장

비 치			지 급						
년월일	약품명 (규격)	수량	일시	약품명 (규격)	수량	사용자	사유	확인	

190mm×268mm
신문용지 54g/㎡

○ ○ ○ 경 찰 서

20 . . .

수신 경찰서장(○○과장)

제목 피의자(유치인)접견 등 금지 요청

　　　아래 피의자(유치인)에 대하여 형사소송법 제34조(변호인 또는 변호인이 되려는 자)에 규정된 사람 이외의 타인과의 접견(또는 서류, 기타 물건의 수수)을 금지하여 주기 바랍니다.

① 사 건 번 호		
② 죄　　　　명		
피의자 (유치인)	③ 성　　　명	
	④ 주민등록번호	
	⑤ 직　　　업	
	⑥ 주　　　거	
⑦ 금 지 사 유		
⑧ 접견금지 등의 내용		
⑨ 접 견 금 지 기 간		．　．　．　：　부터　　．　．　．　：　까지
⑩ 요　청　자		담당자 :　　　　　주무과장 :
⑪ 비　　　고		

※ 접견금지사유는 도망, 죄증인멸 사유 구체적 기재

○ ○ ○ 경 찰 서

20 . .   .

수신 경찰서장(00과장)

제목 피의자(유치인)접견 등 금지 취소 요청

　　　아래 피의자(유치인)에 대한 접견등금지결정은 그 사유가 없어졌으므로 취소를 요청합니다.

① 사　건　번　호		
② 죄　　　　　명		
피의자 (유치인)	③성　　　명	
	④주민등록번호	
	⑤직　　　업	
	⑥주　　　거	
⑦ 접견 등 금지 결정일		
⑧ 결 정 취 소 사 유		
⑨ 요　　청　　자	담당자 :　　　　　주무과장 :	
⑩ 비　　　　　고		

접 견 등 금 지 결 정 처 리 부

진행번호	결정일	사법경찰관	죄　명	피의자	결정이유	금지내용	취소일	취소사유	비고
	.　.　.						.　.　.		
	.　.　.						.　.　.		
	.　.　.						.　.　.		
	.　.　.						.　.　.		
	.　.　.						.　.　.		
	.　.　.						.　.　.		
	.　.　.						.　.　.		
	.　.　.						.　.　.		
	.　.　.						.　.　.		
	.　.　.						.　.　.		

※ 사법경찰관란에는 접견 등 금지결정을 한 사법경찰관의 관직 및 성명을 기재함
※ 비고란에는 체포와 구속을 구분하여 체포영장 또는 구속영장의 청구번호를 기재함

피해자 보호 및 지원에 관한 규칙

제1장 총칙

제1조(목적)

이 규칙은 피해자 보호 및 지원을 위한 경찰의 기본정책 등을 명확히 하고, 피해자의 권익보호와 신속한 피해회복을 도모하기 위하여 경찰활동에 필요한 사항을 규정함을 목적으로 한다.

제2조(정의)

이 규칙에서 사용하는 용어의 정의는 다음과 같다.

1. "피해자"란 「범죄피해자 보호법」제3조제1항제1호의 범죄피해자를 말한다.
2. "피해자 보호 및 지원"이란 피해자의 형사절차의 참여 및 안전 보장, 2차 피해방지 및 피해회복을 지원하기 위한 종합적 활동을 말한다.
3. "경찰관서"라 함은 경찰청, 지방경찰청 및 경찰서를 말한다.

제3조(기본원칙)

① 경찰관은 직무수행 시 모든 피해자의 존엄과 인격을 존중하고 권리를 보호하여야 한다.

② 경찰관은 범죄 발생 시 신속하게 피해자 보호 및 지원활동을 실시하고, 피해자가 다시 평온한 생활을 영위할 때까지 지속적으로 지원할 수 있도록 노력한다.

③ 경찰관은 피해자와의 조사·면담을 통해 알게 된 피해자의 사생활에 관한 비밀을 누설하거나 피해자 보호 및 지원 외의 목적에 사용하지 아니한다.

제2장 피해자보호추진위원회 및 전담체계

제1절 피해자보호추진위원회

제4조(설치)

피해자 보호 및 지원정책을 체계적으로 추진하기 위하여 경찰청에 피해자보호추진위원회(이하 "위원회"라 한다)를 둔다.

제5조(구성 및 운영)

① 위원회는 위원장 1명을 포함하여 15명 이내의 위원으로 성별을 고려하여 구성한다.

② 위원회의 위원장은 경찰청 차장으로 하며, 위원장은 위원회 소집과 회의주재 등 위원회 총괄 및 위원회 결정사항의 시행여부를 확인한다.

③ 위원회의 위원은 기획조정관, 생활안전국장, 수사국장, 외사국장, 감사관, 사이버안전국장, 교통국장 및 그 밖에 위원장이 필요하다고 인정하는 자로 하고, 위원회 소집 건의 및 소관 업무의 피해자 보호 및 지원사항에 대해 제안하고 결정사항을 시행한다.

④ 위원회에 위원회와 관련된 사무를 처리하기 위해 피해자보호담당관을 간사로 둔다.

⑤ 위원장은 제1항의 위원회를 구성할 때 관련 분야의 전문성 있는 민간위원을 위촉할 수 있다.

⑥ 위원장이 부득이한 사유로 직무를 수행할 수 없는 때에는 위원장이 미리 지명한 위원이 그 직무를 대행한다.

⑦ 위원회의 회의는 재적위원 과반수의 출석으로 개의하고, 출석위원 과반수의 찬성으로 의결한다.

제6조(임무)

위원회의 임무는 다음 각 호와 같다.

1. 피해자 보호 및 지원 관련 중요정책의 심의
2. 피해자 보호 및 지원업무에 관한 관련 기능 및 지방청간 조정
3. 피해자 보호 및 지원업무의 분석·평가 및 발전방향 협의
4. 그 밖에 피해자 보호 및 지원을 위하여 필요한 사항의 처리

제7조(실무위원회)

① 위원회에 상정할 사안을 논의하거나 위원회의 심의사항을 실행하고, 위원회로부터 위임받은 사항을 처리하기 위하여 피해자보호실무위원회(이하 "실무위원회"라 한다)를 둔다.

② 실무위원회 위원장은 경찰청 감사관으로 하고, 위원은 혁신기획조정담당관, 범죄예방정책과장, 여성청소년과장, 성폭력대책과장, 수사기획과장, 형사과장, 외사수사과장, 피해자보호담당관, 사이버수사과장, 교통안전과장, 그 밖에 실무위원회 위원장이 필요하다고 인정하는 자로 한다.

제8조(지방경찰청 피해자보호추진위원회)

지방경찰청장은 지역의 여건과 실정에 맞는 피해자 보호 및 지원 정책을 추진하기 위하여 경찰청 피해자보호추진위원회에 준하여 지방경찰청에 피해자보호추진위원회를 둘 수 있다.

제2절 피해자보호 전담체계

제9조(피해자보호 전담부서의 운영)

피해자 보호 및 지원정책을 통일적, 체계적으로 추진하기 위해 경찰청 감사관 소속으로 피해자보호담당관을, 지방경찰청 청문감사담당관 소속으로 피해자보호계(팀)를 운영한다.

제10조(피해자대책관)

각 지방경찰청 및 경찰서에 피해자 보호 및 지원업무를 총괄하기 위해 청문감사담당관 또는 청문감사관을 피해자대책관으로 둔다.

제11조(피해자대책관의 임무)

피해자대책관은 해당 경찰관서의 피해자 보호·지원시책 총괄과 그 활동에 대한 모니터링, 유관기관·단체 등과의 협조체계 구축, 대내 교육과 대국민 홍보 계획수립, 시행 등을 임무로 한다.

제12조(피해자전담경찰관)

① 각 경찰서장은 범죄 등으로 인해 피해가 심각한 피해자를 전담하여 보호 및 지원할 수 있는 피해자전담경찰관을 청문감사관 소속으로 배치한다.

② 경찰청장은 범죄피해 직후 충격 상태의 피해자에 대한 심리적 응급처치 등 피해자 보호 및 지원 업무 수행의 전문성을 확보하기 위해 다음 각 호의 어느 하나에 해당하는 요건을 갖춘 자를 피해자전담경찰관으로 채용할 수 있다.

   1. 심리학 전공 석사 학위 이상 소지자
   2. 심리학 학사 학위 소지자로서 '심리·상담' 분야에서 근무 또는 연구 경력이 2년 이상인 사람

제13조(피해자전담경찰관의 임무)

피해자전담경찰관은 다음 각 호의 임무를 수행한다.

   1. 피해 직후 피해자의 심리적 안정 유도
   2. 피해 정도와 영향에 대한 초기 상담 및 지원방향 설계

3. 피해자 형사절차 참여 시 지원과 조력활동
4. 피해자 신변보호를 위한 기능 간 협의 등 관련활동
5. 피해자 지원 전문기관·단체 및 지역사회 지원체계로의 연계
6. 지역 내 유관기관·단체와의 연락 및 협조체계 구축
7. 피해자 보호·지원 관련 직원 교육 및 외부 홍보
8. 피해자 보호·지원 관련 통계의 작성 및 관리
9. 그 밖에 피해자의 피해회복 및 일상생활 복귀를 도모하기 위한 업무

제14조 <삭제>

제15조 <삭제>

제16조(피해자보호관)

지방경찰청장 및 경찰서장은 해당 경찰관서 소속 수사부서에 팀(계)장급 이상 경찰관을 피해자보호관으로 지정하여 피해유형별 특성에 맞는 상담 및 보호업무를 수행하게 할 수 있다.

제3장 피해자 보호 및 지원

제1절 형사절차 참여보장

제17조(피해자에 대한 정보제공)

경찰관은 피해자를 조사할 때에 다음 각 호의 정보를 제공하여야 한다. 다만, 피해자에 대한 조사를 하지 아니하는 때에는 사건 송치 전까지 정보를 제공하여야 한다.
1. 신변보호 요청, 신뢰관계자 동석권 등 형사절차상 피해자의 권리
2. 범죄피해자구조금, 심리상담·치료 지원 등 피해자 지원제도 및 단체에 관한 정보
3. 배상명령제도, 긴급복지지원 등 그 밖에 피해자의 권리보호 및 복지증진을 위하여 필요하다고 인정되는 정보

제18조(정보제공절차)

① 제17조의 정보제공은 별지 제1호 서식의 안내서를 출력하여 피해자에게 교부하는 것을 원칙으로 한다.
② 경찰관은 성폭력, 아동학대, 가정폭력 피해자에게 제1항의 방법으로 정보제공

시 별지 제2호서식부터 제4호서식까지의 서식 중 각 유형에 해당하는 안내서를 추가로 교부한다.

③ 경찰관은 피해자가 출석요구에 불응하는 등 서면을 교부하는 것이 곤란한 사유가 있는 경우에는 구두, 전화, 모사전송, 우편, 전자우편, 휴대전화 문자전송, 그 밖에 이에 준하는 방법으로 피해자에게 정보를 제공할 수 있다.

제19조(정보제공 시 유의사항)

① 경찰관은 피해자 보호 및 지원을 위한 제도 등 관련 정보를 숙지하여 피해자와의 상담에 성실하게 응해야 한다.

② 경찰관은 외국인 피해자가 언어적 어려움을 호소하는 경우 관할지역 내 통역요원 등을 활용하여 외국인 피해자에게 충실하게 정보를 제공할 수 있도록 노력해야 한다.

제20조(사건처리 진행상황에 대한 통지)

① 피해자보호관 또는 사건 담당자는 피해자가 수사 진행상황에 대해 문의하는 경우 수사에 차질을 주지 않는 범위 내에서 피해자가 이해하기 쉽도록 설명하여야 한다.

② 그 밖에 피해자에 대한 수사 진행상황의 통지와 관련된 사항은 「경찰수사규칙」 제11조 및 「범죄수사규칙」 제13조를 준용한다.

제2절 형사절차에서의 2차 피해 방지

제21조(피해의 접수 등)

① 경찰관은 고소·고발, 피해신고 등을 접수할 때 피해자의 이야기를 청취하면서 필요한 조치가 있는지를 파악한다.

② 성폭력, 아동학대, 가정폭력 피해자 등 피해자에 대한 특별한 배려가 필요한 사건을 접수한 경찰관은 담당 부서의 피해자보호관 등에게 인계하여 상담을 받을 수 있도록 조치한다.

③ 경찰관은 피해사실의 접수 여부와 관계없이, 피해자가 원하는 경우 피해자지원제도 및 유관 기관·단체에 대한 정보를 제공하고 인계하도록 노력한다.

제22조(피해자 동행 시 유의사항)

① 경찰관은 피해자를 경찰관서나 성폭력피해자통합지원센터 등으로 동행할 때 피해자의 의사를 확인하여야 한다.

② 경찰관은 피해자를 경찰관서로 동행하는 경우 피의자와 분리하여 피해자에 대한 위해나 보복을 방지한다. 다만, 위해나 보복의 우려가 없을 것으로 판단되는 등 정당한 사정이 있는 경우 그러하지 아니하다.

③ 경찰관은 피해자에게 치료가 필요하다고 판단되면 즉시 피해자를 가까운 병원으로 후송하고, 「국민건강보험 요양급여의 기준에 관한 규칙」제4조에 의해 우선 보험급여를 받을 수 있음을 안내한다.

제23조(피해자 조사 시 유의사항)

① 경찰관은 조사 시작 전 피해자에게 가족 등 피해자와 신뢰관계에 있는 자를 참여시킬 수 있음을 고지하여야 한다.

② 그 밖에 신뢰관계에 있는 자의 동석에 관하여는 「경찰수사규칙」 제38조제5항의 규정을 준용한다.

③ 경찰관은 사건을 처리하는 과정에서 권위적 태도, 불필요한 질문 등으로 피해자에게 2차 피해를 주지 않도록 하여야 한다.

④ 경찰관은 피해자가 심리적으로 심각한 불안감을 느끼는 등 피의자와의 대질조사를 하기 어렵다고 인정되는 경우에는 피해자를 피의자와 분리하여 조사하는 등 2차 피해 방지를 위한 조치를 취하여야 한다.

⑤ 경찰관은 피해자가 불필요하게 수회 출석하여 조사를 받거나 장시간 대기하는 일이 없도록 유의하고 살인·강도·성폭력 등 강력범죄 피해자와 같이 신원 비노출을 요하는 피해자에 대해서는 신변안전과 심리적 안정감을 느낄 수 있는 장소에서 조사할 수 있도록 노력한다.

⑥ 경찰관은 피해자의 심리적 충격 등이 심각하여 조사과정에서 2차 피해의 우려가 큰 경우 피해자전담경찰관과 협의하여 피해자와의 접촉을 자제하고 피해자전담경찰관으로 하여금 피해자에 대한 심리평가 및 상담을 실시하도록 노력한다.

제24조(인적사항 기재 생략)

① 경찰관은 피해자의 신상정보 노출로 인한 보복범죄를 예방하고, 피해자의 심리적 안정을 통한 적극적인 수사협조를 위해 「특정범죄신고자 등 보호법」등 법률에서 명시적으로 진술자의 인적 사항을 기재하지 아니하도록 규정한 경우 이외에도 진술자와 피의자와의 관계, 범죄의 종류, 보호의 필요성 등을 고려하여 조서나 그 밖의 서류(이하 "조서등"이라 한다)를 작성할 때 그 취지를 조서등에 기재하고 피해자의 성명, 연령, 주소, 직업 등 신원을 알 수 있는 인

적사항을 기재하지 않을 수 있다.

② 전항의 조치와 관련된 사항은 「범죄수사규칙」제176조를 준용한다.

제25조(피해자 출석지원)

신체적·정신적 피해가 중하여 특별한 배려가 필요한 피해자를 야간에 조사하는 등 필요한 경우, 피해자의 출석 및 귀가 시 이용되는 교통비 등 실제 소요경비를 지원할 수 있다.

제26조(시설 개선)

경찰관서의 장은 피해자의 프라이버시를 존중하여 피해자가 공개된 장소에서 조사를 받지 않도록 해당 경찰관서 내 피해자의 대기나 조사에 적합한 공간을 마련하는 등 시설개선을 위해 노력해야 한다.

제27조(피해자 사생활의 보호)

① 경찰관은 언론기관에 의한 취재 및 보도 등으로 인해 피해자의 명예 또는 사생활의 평온을 해치지 않도록 노력하여야 한다.

② 피해자전담경찰관은 피해자의 정신적·심리적 상태 등을 고려하여 언론기관과의 접촉에 대해 피해자에게 조언할 수 있고, 이 경우 피해자의 의사를 존중하여야 한다.

제28조(사회적 약자에 대한 배려)

경찰관은 장애인, 19세 미만의 자, 여성, 노약자, 외국인, 기타 신체적·경제적·정신적·문화적인 차별 등으로 어려움을 겪고 있어 사회적 보호가 필요한 피해자에 대해 이들이 수사과정에서 겪는 특별한 상황과 사정을 이해하고 이들을 배려할 수 있도록 노력한다.

제3절 피해자의 안전보장

제29조(신변보호의 대상)

경찰관서의 장은 피해자가 피의자 또는 그 밖의 사람으로부터 생명 또는 신체에 대한 해를 당하거나 당할 우려가 있다고 인정되는 때에는 직권 또는 피해자의 신청에 의하여 신변보호에 필요한 조치를 취하여야 한다.

제30조(조치유형)

신변보호에 필요한 조치의 유형은 다음 각 호와 같다.

1. 피해자 보호시설 등 특정시설에서의 보호
2. 외출·귀가 시 동행, 수사기관 출석 시 동행 및 신변경호
3. 임시숙소 제공
4. 주거지 순찰강화, 폐쇄회로 텔레비전의 설치 등 주거에 대한 보호
5. 비상연락망 구축
6. 그 밖에 신변보호에 필요하다고 인정되는 조치

제31조(신변보호심사위원회 구성)

① 신변보호 결정 등에 대한 심의를 위하여 각 지방경찰청과 경찰서에 신변보호 심사위원회(이하 "심사위원회"라 한다)를 둔다.
② 심사위원회는 위원장 1명을 포함하여 8명 내외의 위원으로 성별을 고려하여 구성한다.
③ 위원회의 위원장은 지방경찰청의 경우 차장 또는 2부장, 경찰서의 경우 경찰 서장으로 하며, 위원장은 심사위원회 소집 등 심사위원회의 업무를 총괄한다.
④ 위원회의 위원은 생활안전과장, 여성청소년과장, 수사과장, 형사과장, 청문감사 관, 그 밖에 위원장이 필요하다고 인정하는 해당 경찰관서 소속 과장으로 한다.
⑤ 위원회는 위원회와 관련된 사무를 처리하기 위해 지방경찰청의 경우 피해자 보호(감찰)계장, 경찰서의 경우 부청문관을 간사로 둔다.

제32조(심사위원회 심사대상)

심사위원회의 심사대상은 다음 각 호와 같다.
1. 신변보호 소관 기능 판단에 다툼이 있는 경우
2. 담당 기능의 신변보호 이행에 타 기능 협조가 이루어지지 않는 경우
3. 담당 기능의 신변보호 결정에 보완이 필요한 경우

제33조(심사위원회 운영)

① 심사위원회 회의는 제32조에 해당하는 경우로서 신변보호 신청을 접수한 기 능의 과장이 심사를 요청하고 그 요청이 이유 있는 때 또는 위원장이 필요하 다고 인정하는 때에 개최한다.
② 심사위원회는 재적위원 과반수의 출석으로 개의하고 출석위원 과반수의 찬성 으로 다음 각 호의 사항을 의결한다.
1. 신청자에 대한 신변보호 결정 및 보호조치의 종류, 이행방법, 기간
2. 신변보호조치 이행에 관련된 기능 간 업무의 조정
③ 위원장은 필요한 경우 제1항의 회의에 관련 분야 전문가를 참여시킬 수 있다.

제34조(임시숙소 지원)

① 경찰관은 범죄 발생 후 주거지 노출로 추가 피해가 우려되거나 야간에 범죄 등 피해를 입고 조사 후 의탁장소가 없는 경우 등 임시숙소가 긴급히 필요하다고 판단되는 피해자에 대해 긴급보호센터 등 일정 장소를 제공하거나 단기간 숙박비용을 지원할 수 있다.

② 경찰서장은 안전성, 건전성 등 주변 환경을 고려하여 관할 지역 내 임시숙소를 선정하고, 가해자에게 숙소가 노출되지 않도록 보안에 유의한다.

제4절 피해회복의 지원

제35조(피해자전담경찰관 등 인계)

① 사건담당자는 강력범죄, 교통사망사고 등 중한 범죄 등으로 인해 정신적·신체적·재산적 피해가 심각한 피해자에 대하여는 피해자 전담경찰관에게 인계하여 연속성 있는 지원이 이루어지도록 해야 한다.

② 사건담당자는 경미한 범죄라도 장애인·기초수급자·이주여성 등 피해자의 사정으로 지원이 필요하거나 기타 사회 이목을 집중시키는 사건 등에 대해 피해자전담경찰관의 지원을 요청할 수 있다.

제36조(심리적 지원 및 연계)

① 경찰관서의 장은 범죄피해의 경중, 피해자의 상태 등으로 보아 심리평가나 상담의 필요성이 있다고 인정되는 사건 및 기타 사회적 이목이 집중되는 사건의 피해자에 대해 정신적 피해의 회복·경감을 위해 피해자전담경찰관을 통해 심리적 지원을 할 수 있다.

② 경찰관은 제1항의 피해자에게 지역 내 심리상담·치료를 제공하는 기관 및 단체에 관한 정보를 적극적으로 제공하고 피해자가 원하는 경우 해당 기관 및 단체로 연계할 수 있다.

제37조(경제적 지원 및 연계)

경찰관은 피해자가 피해정도, 보호 및 지원의 필요에 따라 구조금 지급, 치료비 또는 긴급생계비 지원, 주거지원 등 다양한 피해자지원제도의 혜택을 누릴 수 있도록 직접 지원하거나 유관기관 및 단체로 연계할 수 있다.

제38조(유관기관 및 단체 등과의 협력)

① 경찰관서의 장은 사건발생 시 신속한 피해자 보호 및 지원을 위하여 관할 지

역 내 유관기관 및 단체와의 유기적인 협조체제를 구축하여야 한다.

② 제1항의 경우에 경찰관서의 장은 관계전문가 등으로 구성된 위원회를 설치할 수 있다.

③ 경찰관서의 장은 관할 지역 내 피해자 자조모임(피해자가 유사한 경험을 한 사람들을 통해 정서적 지지를 받음으로써 심리적 충격이나 불안 등을 극복하고 안정을 되찾을 수 있도록 하는 모임을 말한다)을 육성·지원하거나 그와 상호 협력할 수 있다.

제39조(실종자 가족 등에 대한 보호 및 지원)

실종자 가족, 자살기도자 등 범죄에 준하는 심신에 유해한 영향을 미치는 행위로 인해 피해를 입은 자에 대하여 필요한 경우 제21조부터 제38조까지를 준용할 수 있다.

제4장 교육 및 홍보

제40조(교육)

① 경찰관서의 장은 피해자를 접하는 경찰관을 대상으로 피해자 보호·지원에 관한 교육을 연 2회 이상 실시해야 한다.

② 제1항의 교육은 피해자를 접하는 모든 경찰관이 피해자의 심리적 특성에 대한 이해를 바탕으로 피해자를 배려할 수 있도록 의식을 형성하고, 피해자 보호 및 지원제도와 관련 법률 등을 숙지하여 실무 적용 능력을 배양하는 것을 목적으로 한다.

③ 전2항의 교육은 다음 각 호의 내용을 포함하여야 한다.

1. 경찰의 피해자 보호 및 지원의 의의, 관련 정책과 법령에 관한 사항
2. 피해자의 심리 및 피해자가 직면하는 문제에 관한 사항
3. 피해자의 2차 피해를 방지하기 위해 배려해야 할 사항
4. 피해자 보호 및 지원제도의 개요
5. 유관기관 및 단체와의 연계 방안

제41조(전문교육)

① 경찰관서의 장은 피해자 보호 및 지원 업무를 전담하는 소속 경찰관 등에 대해 전문기관 위탁교육 등 전문성 강화를 위한 교육을 실시할 수 있다.

② 제1항의 교육은 피해자 보호 및 지원 업무를 전담하는 경찰관 등이 업무적인

특성으로 인해 받는 스트레스 해소방안 및 심리상담 등을 포함한다.

제42조(국민의 이해 증진을 위한 홍보)

① 경찰관서의 장은 피해자 보호 및 지원의 중요성과 각종 피해자 지원제도, 유관기관 및 단체에 대한 홍보 등 피해자 보호 및 지원에 관한 국민의 이해 증진을 위해 노력한다.

② 제1항의 홍보활동을 함에 있어 인터넷과 인터넷 외의 매체를 다양하게 활용하여 정보 격차가 생기지 않도록 배려한다.

제43조(세부지침)

이 규칙에 규정된 사항 이외에 피해자 보호 및 지원을 위하여 필요한 세부사항은 별도 지침으로 정할 수 있다.

제44조(유효기간)

이 규칙은 「훈령·예규 등의 발령 및 관리에 관한 규정」(대통령훈령 제334호)에 따라 이 규칙을 발령한 후의 법령이나 현실 여건의 변화 등을 검토하여야 하는 2021년 5월 18일까지 효력을 가진다.

부 칙

<제996호, 2020.12.31.>

이 규칙은 2021년 1월 1일부터 시행한다.

현장사진작성 및 기록관리 규칙

[1991.7.31 경찰청훈령 제65호]

개정 1996.8.30 훈령 제187호
1999.1.20 훈령 제253호
1999.6.9 훈령 제269호
2000.3.10 훈령 제300호
2003.7.24 훈령 제407호

제1조(목적)

이 규칙은 범죄 현장에서의 사진 및 비디오 촬영과 자료 관리(개정:03.7.24)에 필요한 사항을 정함을 목적으로 한다.

제2조(정의)

이 규칙에 사용하는 용어의 정의는 다음과 같다.

1. "현장사진"이라 함은 범죄현장에서 범죄와 관련있는 사람, 물건, 기타 상황을 촬영한 사진을 말한다.
2. "현장사진기록"이라 함은 현장 도면사진, 부검사진, 감정사진 등에 의하여 작성되는 기록을 말한다.
3. 비디오 촬영은 범죄 현장 또는 수사과정에서 촬영한 영상물을 말한다.

제3조(현장사진 및 비디오촬영)

① 지방경찰청장 수사(형사)과 과학수사계 또는 경찰서 수사(형사)과 직원이 범죄현장에 임장하였을 때에는 현장사진 및 비디오촬영을 작성하여야 한다. 다만, 사건의 성질에 따라 필요 없다고 인정될 때에는 그 작성을 생략할 수 있다.

제4조(촬영시 유의사항)

현장사진 촬영자와 비디오 촬영자는 최우선 임장하여 증거와 수사자료에 공용할 수 있도록 다음 각호에 유의하여 촬영하여야 한다.

1. 범죄현장을 촬영함에 있어서는 임장하였을 때의 원상태를 촬영하고 순서적으로 수사의 진행에 따라 행한다.
2. 증거물을 촬영함에 있어서는 그 소재와 상태가 명백히 나타나도록 할 것이며 필요에 따라 참관인이 서명한 용지 등을 넣어 촬영한다.

3. 흉기, 창상, 흔적 등을 촬영함에 있어서는 그 길이(장), 폭 등을 명백히 하기 위하여 측정용자(㎝, 척), 줄자 등을 사용하여 촬영한다.

4. 사건상황을 추정할 수 있는 대상물의 형상은 반드시 촬영하여야 한다.(개정:03.7.24)

　가. 혈흔이 부착하여 있는 사람, 물건, 장소

　나. 시체의 얼룩, 색구, 점출혈

　다. 해부 시체의 장기의 상처 및 점출혈 혈액의 변색 등

　라. 사건과 연관성을 가진 피해품, 유류품

5. 상해 등의 사건과 피해자의 저항으로 입은 멍, 개갠상처, 피하밑 출혈 등 신체에 나타나 있는 상흔

제5조(현장사진 기록의 작성)

① 현장사진 기록의 작성은 다음 각호에 정한 서식에 의한다.

1. 현장사진 기록은 별지 제1호 서식

2. 현장 도면사진은 별지 제2호 서식

3. 현장사진, 부검사진, 감정사진 등은 별지 제3호 서식

4. 보조용지는 별지 제4호 서식

5. 현장사진 및 비디오 기록의 작성, 정리보관과 그 사본의 송부상황 관리를 위한 현장사진 기록 처리부(지방경찰청 및 경찰서)는 별지 서식 제5호(개정:03.7.24)

제6조(기록의 정리.보관)

지방경찰청 과학수사계 또는 경찰서에서 현장사진 기록물과 비디오 영상물을 작성하였을 때에는 범죄발생 연월일 또는 범죄발견 연월일 순으로 정리보관하며, 디지털 저장 매체에 정리 보관할 수 있다.

제7조(기록 사본의 송부)

현장사진기록 및 비디오 촬영물 중 중요하고 특이한 사건으로 요구가 있을 시 그 사본을 지방경찰청에서는 경찰청에, 경찰서에서는 지방경찰청에 각각 신속히 송부하여야 하며, 지방경찰청은 연간 작성된 현장기록과 사건수사자료를 취합하여 디지털 저장 매체에 기록하여 경찰청에 송부한다.

제8조(현장사진의 부호)

현장사진은 별지 제6호 서식에 의하여야 한다. 별지 제1호 서식(사건 현장사진 기록) 별첨과 같이 한다.

제9조(초상권 및 개인정보보호)

사진작성기록 및 비디오 촬영물은 사건 피해자의 초상권 및 개인정보보호를 위해 관련 수사기관 이외의 개인과 단체에게 유출을 금한다.

부 칙
<2003.7.24>

제1조(시행일)

이 규칙은 발령한 날부터 시행한다.

제2조(관련규칙의 폐지)

'중요사건비디오촬영및보존에관한규칙'은 폐지한다.

형사소송규칙

[시행 2021.1.1] [대법원규칙 제2939호, 2020.12.28, 일부개정]

제1편 총칙

제1조(목적)

이 규칙은 「형사소송법」(다음부터 "법"이라 한다)이 대법원규칙에 위임한 사항, 그 밖에 형사소송절차에 관하여 필요한 사항을 규정함을 목적으로 한다.

제1장 법원의 관할

제2조(토지관할의 병합심리 신청 등)

① 법 제6조의 규정에 의한 신청을 함에는 그 사유를 기재한 신청서를 공통되는 직근 상급법원에 제출하여야 한다.

② 검사의 신청서에는 피고인의 수에 상응한 부본을, 피고인의 신청서에는 부본 1통을 각 첨부하여야 한다.

③ 법 제6조의 신청을 받은 법원은 지체없이 각 사건계속법원에 그 취지를 통지하고 제2항의 신청서 부본을 신청인의 상대방에게 송달하여야 한다.

④ 사건계속법원과 신청인의 상대방은 제3항의 송달을 받은 날로부터 3일 이내에 의견서를 제1항의 법원에 제출할 수 있다.

제3조(토지관할의 병합심리절차)

① 법 제6조의 신청을 받은 법원이 신청을 이유있다고 인정한 때에는 관련사건을 병합심리할 법원을 지정하여 그 법원으로 하여금 병합심리하게 하는 취지의 결정을, 이유없다고 인정한 때에는 신청을 기각하는 취지의 결정을 각하고, 그 결정등본을 신청인과 그 상대방에게 송달하고 사건계속법원에 송부하여야 한다.

② 제1항의 결정에 의하여 병합심리하게 된 법원 이외의 법원은 그 결정등본을 송부받은 날로부터 7일 이내에 소송기록과 증거물을 병합심리하게 된 법원에 송부하여야 한다.

제4조(사물관할의 병합심리)

① 법 제10조의 규정은 법원합의부와 단독판사에 계속된 각 사건이 토지관할을 달리하는 경우에도 이를 적용한다.

② 단독판사는 그가 심리 중인 사건과 관련된 사건이 합의부에 계속된 사실을 알게 된 때에는 즉시 합의부의 재판장에게 그 사실을 통지하여야 한다.

③ 합의부가 법 제10조의 규정에 의한 병합심리 결정을 한 때에는 즉시 그 결정등본을 단독판사에게 송부하여야 하고, 단독판사는 그 결정등본을 송부받은 날로부터 5일 이내에 소송기록과 증거물을 합의부에 송부하여야 한다.

제4조의2(항소사건의 병합심리)

① 사물관할을 달리하는 수개의 관련항소사건이 각각 고등법원과 지방법원본원합의부에 계속된 때에는 고등법원은 결정으로 지방법원본원합의부에 계속한 사건을 병합하여 심리할 수 있다. 수개의 관련항소사건이 토지관할을 달리하는 경우에도 같다.

② 지방법원본원합의부의 재판장은 그 부에서 심리 중인 항소사건과 관련된 사건이 고등법원에 계속된 사실을 알게 된 때에는 즉시 고등법원의 재판장에게 그 사실을 통지하여야 한다.

③ 고등법원이 제1항의 규정에 의한 병합심리결정을 한 때에는 즉시 그 결정등본을 지방법원본원합의부에 송부하여야 하고, 지방법원본원합의부는 그 결정등본을 송부받은 날로부터 5일 이내에 소송기록과 증거물을 고등법원에 송부하여야 한다.

제5조(관할지정 또는 관할이전의 신청 등)

① 법 제16조제1항의 규정에 의하여, 검사가 관할지정 또는 관할이전의 신청서를 제출할 때에는 피고인 또는 피의자의 수에 상응한 부본을, 피고인이 관할이전의 신청서를 제출할 때에는 부본 1통을 각 첨부하여야 한다.

② 제1항의 신청서를 제출받은 법원은 지체없이 검사의 신청서 부본을 피고인 또는 피의자에게 송달하여야 하고, 피고인의 신청서 부본을 검사에게 송달함과 함께 공소를 접수한 법원에 그 취지를 통지하여야 한다.

③ 검사, 피고인 또는 피의자는 제2항의 신청서 부본을 송부받은 날로부터 3일 이내에 의견서를 제2항의 법원에 제출할 수 있다.

제6조(관할지정 또는 관할이전의 결정에 의한 처리절차)

① 공소 제기전의 사건에 관하여 관할지정 또는 관할이전의 결정을 한 경우 결정을 한 법원은 결정등본을 검사와 피의자에게 각 송부하여야 하며, 검사가 그 사건에 관하여 공소를 제기할 때에는 공소장에 그 결정등본을 첨부하여야 한다.

② 공소가 제기된 사건에 관하여 관할지정 또는 관할이전의 결정을 한 경우 결정을 한 법원은 결정등본을 검사와 피고인 및 사건계속법원에 각 송부하여야 한다.

③ 제2항의 경우 사건계속법원은 지체없이 소송기록과 증거물을 제2항의 결정등본과 함께 그 지정 또는 이전된 법원에 송부하여야 한다. 다만, 사건계속법원이 관할법원으로 지정된 경우에는 그러하지 아니하다.

제7조(소송절차의 정지)

법원은 그 계속 중인 사건에 관하여 토지관할의 병합심리신청, 관할지정신청 또는 관할이전신청이 제기된 경우에는 그 신청에 대한 결정이 있기까지 소송절차를 정지하여야 한다. 다만, 급속을 요하는 경우에는 그러하지 아니하다.

제8조(소송기록 등의 송부방법 등)

① 제3조제2항, 제4조제3항, 제4조의2제3항 또는 제6조제3항의 각 규정에 의하여 또는 법 제8조의 규정에 의한 이송결정에 의하여 소송기록과 증거물을 다른 법원으로 송부할 때에는 이를 송부받을 법원으로 직접 송부한다.

② 제1항의 송부를 한 법원 및 송부를 받은 법원은 각각 그 법원에 대응하는 검찰청검사에게 그 사실을 통지하여야 한다.

제2장 법원직원의 기피

제9조(기피신청의 방식 등)

① 법 제18조의 규정에 의한 기피신청을 함에 있어서는 기피의 원인되는 사실을 구체적으로 명시하여야 한다.

② 제1항에 위배된 기피신청의 처리는 법 제20조제1항의 규정에 의한다.

제3장 소송행위의 대리와 보조

제10조(피의자의 특별대리인 선임청구사건의 관할)

법 제28조제1항 후단의 규정에 의한 피의자의 특별대리인 선임청구는 그 피의사건을 수사 중인 검사 또는 사법경찰관이 소속된 관서의 소재지를 관할하는 지방법원에 이를 하여야 한다.

제11조(보조인의 신고)

① 법 제29조제2항에 따른 보조인의 신고는 보조인이 되고자 하는 자와 피고인 또는 피의자 사이의 신분관계를 소명하는 서면을 첨부하여 이를 하여야 한다.
② 공소제기전의 보조인 신고는 제1심에도 그 효력이 있다.

제4장 변호

제12조(법정대리인 등의 변호인 선임)

법 제30조제2항에 규정한 자가 변호인을 선임하는 때에는 그 자와 피고인 또는 피의자와의 신분관계를 소명하는 서면을 법 제32조제1항의 서면에 첨부하여 제출하여야 한다.

제13조(사건이 병합되었을 경우의 변호인 선임의 효력)

하나의 사건에 관하여 한 변호인 선임은 동일법원의 동일피고인에 대하여 병합된 다른 사건에 관하여도 그 효력이 있다. 다만, 피고인 또는 변호인이 이와 다른 의사표시를 한 때에는 그러하지 아니하다.

제13조의2(대표변호인 지정등의 신청)

대표변호인의 지정, 지정의 철회 또는 변경의 신청은 그 사유를 기재한 서면으로 한다. 다만, 공판기일에서는 구술로 할 수 있다.
[전문개정 1996.12.3.]

제13조의3(대표변호인의 지정등의 통지)

대표변호인의 지정, 지정의 철회 또는 변경은 피고인 또는 피의자의 신청에 의한 때에는 검사 및 대표변호인에게, 변호인의 신청에 의하거나 직권에 의한 때에는 피고인 또는 피의자 및 검사에게 이를 통지하여야 한다.

제13조의4(기소전 대표변호인 지정의 효력)

법 제32조의2제5항에 의한 대표변호인의 지정은 기소후에도 그 효력이 있다.

제13조의5(준용규정)

제13조의 규정은 대표변호인의 경우에 이를 준용한다.

제14조(국선변호인의 자격)

① 국선변호인은 법원의 관할구역안에 사무소를 둔 변호사, 그 관할구역안에서 근무하는 공익법무관에관한법률에 의한 공익법무관(법무부와 그 소속기관 및 각급검찰청에서 근무하는 공익법무관을 제외한다. 이하 "공익법무관"이라 한다) 또는 그 관할구역안에서 수습 중인 사법연수생 중에서 이를 선정한다.

② 제1항의 변호사, 공익법무관 또는 사법연수생이 없거나 기타 부득이한 때에는 인접한 법원의 관할구역안에 사무소를 둔 변호사, 그 관할구역안에서 근무하는 공익법무관 또는 그 관할구역안에서 수습 중인 사법연수생 중에서 이를 선정할 수 있다.

③ 제1항 및 제2항의 변호사, 공익법무관 또는 사법연수생이 없거나 기타 부득이한 때에는 법원의 관할 구역안에서 거주하는 변호사 아닌 자 중에서 이를 선정할 수 있다.

제15조(변호인의 수)

① 국선변호인은 피고인 또는 피의자마다 1인을 선정한다. 다만, 사건의 특수성에 비추어 필요하다고 인정할 때에는 1인의 피고인 또는 피의자에게 수인의 국선변호인을 선정할 수 있다.

② 피고인 또는 피의자 수인간에 이해가 상반되지 아니할 때에는 그 수인의 피고인 또는 피의자를 위하여 동일한 국선변호인을 선정할 수 있다.

제15조의2(국선전담변호사)

법원은 기간을 정하여 법원의 관할구역 안에 사무소를 둔 변호사(그 관할구역 안에 사무소를 둘 예정인 변호사를 포함한다) 중에서 국선변호를 전담하는 변호사를 지정할 수 있다.

제16조(공소가 제기되기 전의 국선변호인 선정)

① 법 제201조의2에 따라 심문할 피의자에게 변호인이 없거나 법 제214조의2에 따라 체포 또는 구속의 적부심사가 청구된 피의자에게 변호인이 없는 때에는 법원 또는 지방법원 판사는 지체 없이 국선변호인을 선정하고, 피의자와 변호

인에게 그 뜻을 고지하여야 한다.

② 제1항의 경우 국선변호인에게 피의사실의 요지 및 피의자의 연락처 등을 함께 고지할 수 있다.

③ 제1항의 고지는 서면 이외에 구술·전화·모사전송·전자우편·휴대전화 문자전송 그 밖에 적당한 방법으로 할 수 있다.

④ 구속영장이 청구된 후 또는 체포·구속의 적부심사를 청구한 후에 변호인이 없게 된 때에도 제1항 및 제2항의 규정을 준용한다.

제16조의2(국선변호인 예정자명부의 작성)

① 지방법원 또는 지원은 국선변호를 담당할 것으로 예정한 변호사, 공익법무관, 사법연수생 등을 일괄 등재한 국선변호인 예정자명부(이하 '명부'라고 한다)를 작성할 수 있다. 이 경우 국선변호 업무의 내용 및 국선변호 예정일자를 미리 지정할 수 있다.

② 지방법원 또는 지원의 장은 제1항의 명부 작성에 관하여 관할구역 또는 인접한 법원의 관할구역 안에 있는 지방변호사회장에게 협조를 요청할 수 있다.

③ 지방법원 또는 지원은 제1항의 명부를 작성한 후 지체없이 국선변호인 예정자에게 명부의 내용을 고지하여야 한다. 이 경우 제16조제3항의 규정을 적용한다.

④ 제1항의 명부에 기재된 국선변호인 예정자는 제3항의 고지를 받은 후 3일 이내에 명부의 변경을 요청할 수 있다.

⑤ 제1항의 명부가 작성된 경우 법원 또는 지방법원 판사는 특별한 사정이 없는 한 명부의 기재에 따라 국선변호인을 선정하여야 한다.

제17조(공소제기의 경우 국선변호인의 선정등)

① 재판장은 공소제기가 있는 때에는 변호인 없는 피고인에게 다음 각호의 취지를 고지한다.

 1. 법 제33조제1항제1호 내지 제6호의 어느 하나에 해당하는 때에는 변호인 없이 개정할 수 없는 취지와 피고인 스스로 변호인을 선임하지 아니할 경우에는 법원이 국선변호인을 선정하게 된다는 취지

 2. 법 제33조제2항에 해당하는 때에는 법원에 대하여 국선변호인의 선정을 청구할 수 있다는 취지

 3. 법 제33조제3항에 해당하는 때에는 법원에 대하여 국선변호인의 선정을 희망하지 아니한다는 의사를 표시할 수 있다는 취지

② 제1항의 고지는 서면으로 하여야 한다.

③ 법원은 제1항의 고지를 받은 피고인이 변호인을 선임하지 아니한 때 및 법 제33조제2항의 규정에 의하여 국선변호인 선정청구가 있거나 같은 조 제3항에 의하여 국선변호인을 선정하여야 할 때에는 지체없이 국선변호인을 선정하고, 피고인 및 변호인에게 그 뜻을 고지하여야 한다.

④ 공소제기가 있은 후 변호인이 없게 된 때에도 제1항 내지 제3항의 규정을 준용한다.

제17조의2(국선변호인 선정청구 사유의 소명)

법 제33조제2항에 의하여 국선변호인 선정을 청구하는 경우 피고인은 소명자료를 제출하여야 한다. 다만, 기록에 의하여 그 사유가 소명되었다고 인정될 때에는 그러하지 아니하다.

제18조(선정취소)

① 법원 또는 지방법원 판사는 다음 각호의 어느 하나에 해당하는 때에는 국선변호인의 선정을 취소하여야 한다.

1. 피고인 또는 피의자에게 변호인이 선임된 때
2. 국선변호인이 제14조제1항 및 제2항에 규정한 자격을 상실한 때
3. 법원 또는 지방법원 판사가 제20조의 규정에 의하여 국선변호인의 사임을 허가한 때

② 법원 또는 지방법원 판사는 다음 각호의 어느 하나에 해당하는 때에는 국선변호인의 선정을 취소할 수 있다.

1. 국선변호인이 그 직무를 성실하게 수행하지 아니하는 때
2. 피고인 또는 피의자의 국선변호인 변경 신청이 상당하다고 인정하는 때
3. 그 밖에 국선변호인의 선정결정을 취소할 상당한 이유가 있는 때

③ 법원이 국선변호인의 선정을 취소한 때에는 지체없이 그 뜻을 해당되는 국선변호인과 피고인 또는 피의자에게 통지하여야 한다.

제19조(법정에서의 선정등)

① 제16조제1항 또는 법 제283조의 규정에 의하여 국선변호인을 선정할 경우에 이미 선임된 변호인 또는 선정된 국선변호인이 출석하지 아니하거나 퇴정한 경우에 부득이한 때에는 피고인 또는 피의자의 의견을 들어 재정 중인 변호사 등 제14조에 규정된 사람을 국선변호인으로 선정할 수 있다.

② 제1항의 경우에는 이미 선정되었던 국선변호인에 대하여 그 선정을 취소할 수 있다.

③ 국선변호인이 공판기일 또는 피의자 심문기일에 출석할 수 없는 사유가 발생한 때에는 지체없이 법원 또는 지방법원 판사에게 그 사유를 소명하여 통지하여야 한다.

제20조(사임)

국선변호인은 다음 각호의 어느 하나에 해당하는 경우에는 법원 또는 지방법원 판사의 허가를 얻어 사임할 수 있다.
1. 질병 또는 장기여행으로 인하여 국선변호인의 직무를 수행하기 곤란할 때
2. 피고인 또는 피의자로부터 폭행, 협박 또는 모욕을 당하여 신뢰관계를 지속할 수 없을 때
3. 피고인 또는 피의자로부터 부정한 행위를 할 것을 종용받았을 때
4. 그 밖에 국선변호인으로서의 직무를 수행하는 것이 어렵다고 인정할 만한 상당한 사유가 있을 때

제21조(감독)

법원은 국선변호인이 그 임무를 해태하여 국선변호인으로서의 불성실한 사적이 현저하다고 인정할 때에는 그 사유를 대한변호사협회장 또는 소속지방변호사회장에게 통고할 수 있다.

제22조 삭제
제23조 삭제

제5장 재판

제24조(결정, 명령을 위한 사실조사)

① 결정 또는 명령을 함에 있어 법 제37조제3항의 규정에 의하여 사실을 조사하는 때 필요한 경우에는 법 및 이 규칙의 정하는 바에 따라 증인을 신문하거나 감정을 명할 수 있다.
② 제1항의 경우에는 검사, 피고인, 피의자 또는 변호인을 참여하게 할 수 있다.

제25조(재판서의 경정)

① 재판서에 잘못된 계산이나 기재, 그 밖에 이와 비슷한 잘못이 있음이 분명한 때에는 법원은 직권으로 또는 당사자의 신청에 따라 경정결정(更正決定)을 할 수 있다.

② 경정결정은 재판서의 원본과 등본에 덧붙여 적어야 한다. 다만, 등본에 덧붙여 적을 수 없을 때에는 경정결정의 등본을 작성하여 재판서의 등본을 송달받은 자에게 송달하여야 한다.

③ 경정결정에 대하여는 즉시 항고를 할 수 있다. 다만, 재판에 대하여 적법한 상소가 있는 때에는 그러하지 아니하다.

제25조의2(기명날인할 수 없는 재판서)

법 제41조제3항에 따라 서명날인에 갈음하여 기명날인할 수 없는 재판서는 판결과 각종 영장(감정유치장 및 감정처분허가장을 포함한다)을 말한다.

[본조신설 2007.10.29.]

제26조(재판서의 등, 초본 청구권자의 범위)

① 법 제45조에 규정한 기타의 소송관계인이라 함은 검사, 변호인, 보조인, 법인인 피고인의 대표자, 법 제28조의 규정에 의한 특별대리인, 법 제340조 및 제341조제1항의 규정에 의한 상소권자를 말한다.

② 고소인, 고발인 또는 피해자는 비용을 납입하고 재판서 또는 재판을 기재한 조서의 등본 또는 초본의 교부를 청구할 수 있다. 다만, 그 청구하는 사유를 소명하여야 한다.

제27조(소송에 관한 사항의 증명서의 청구)

피고인과 제26조제1항에 규정한 소송관계인 및 고소인, 고발인 또는 피해자는 소송에 관한 사항의 증명서의 교부를 청구할 수 있다. 다만, 고소인, 고발인 또는 피해자의 청구에 관하여는 제26조제2항 단서의 규정을 준용한다.

제28조(등, 초본 등의 작성방법)

법 제45조에 규정한 등본, 초본(제26조제2항에 규정한 등본, 초본을 포함한다) 또는 제27조에 규정한 증명서를 작성함에 있어서는 담당 법원서기관, 법원사무관, 법원주사, 법원주사보(이하 "법원사무관등"이라 한다)가 등본, 초본 또는 소송에 관한 사항의 증명서라는 취지를 기재하고 기명날인하여야 한다.

제6장 서류

제29조(조서에의 인용)
① 조서에는 서면, 사진, 속기록, 녹음물, 영상녹화물, 녹취서 등 법원이 적당하다고 인정한 것을 인용하고 소송기록에 첨부하거나 전자적 형태로 보관하여 조서의 일부로 할 수 있다. <개정 2014.12.30.>

② 제1항에 따라 속기록, 녹음물, 영상녹화물, 녹취서를 조서의 일부로 한 경우라도 재판장은 법원사무관 등으로 하여금 피고인, 증인, 그 밖의 소송관계인의 진술 중 중요한 사항을 요약하여 조서의 일부로 기재하게 할 수 있다.

제29조의2(변경청구나 이의제기가 있는 경우의 처리)
공판조서의 기재에 대하여 법 제54조제3항에 따른 변경청구나 이의제기가 있는 경우, 법원사무관 등은 신청의 연월일 및 그 요지와 그에 대한 재판장의 의견을 기재하여 조서를 작성한 후 당해 공판조서 뒤에 이를 첨부하여야 한다.

제30조(공판조서의 낭독 등)
법 제55조제2항에 따른 피고인의 낭독청구가 있는 때에는 재판장의 명에 의하여 법원사무관 등이 낭독하거나 녹음물 또는 영상녹화물을 재생한다.

제30조의2(속기 등의 신청)
① 속기, 녹음 또는 영상녹화(녹음이 포함된 것을 말한다. 다음부터 같다)의 신청은 공판기일·공판준비기일을 열기 전까지 하여야 한다. <개정 2014.12.30.>

② 피고인, 변호인 또는 검사의 신청이 있음에도 불구하고 특별한 사정이 있는 때에는 속기, 녹음 또는 영상녹화를 하지 아니하거나 신청하는 것과 다른 방법으로 속기, 녹음 또는 영상녹화를 할 수 있다. 다만, 이 경우 재판장은 공판기일에 그 취지를 고지하여야 한다.

제31조 삭제
제32조 삭제

제33조(속기록에 대한 조치)
속기를 하게 한 경우에 재판장은 법원사무관 등으로 하여금 속기록의 전부 또는 일부를 조서에 인용하고 소송기록에 첨부하여 조서의 일부로 하게 할 수 있다.

제34조(진술자에 대한 확인 등)
속기를 하게 한 경우 법 제48조제3항 또는 법 제52조 단서에 따른 절차의 이행은 법원사무관 등 또는 법원에 소속되어 있거나 법원이 선정한 속기능력소지자 (다음부터 "속기사 등"이라고 한다)로 하여금 속기록의 내용을 읽어주게 하거나 진술자에게 속기록을 열람하도록 하는 방법에 의한다.

제35조 삭제

제36조 삭제

제37조 삭제

제38조(녹취서의 작성등)

① 재판장은 필요하다고 인정하는 때에는 법원사무관 등 또는 속기사 등에게 녹음 또는 영상녹화된 내용의 전부 또는 일부를 녹취할 것을 명할 수 있다.

② 재판장은 법원사무관 등으로 하여금 제1항에 따라 작성된 녹취서의 전부 또는 일부를 조서에 인용하고 소송기록에 첨부하여 조서의 일부로 하게 할 수 있다.

제38조의2(속기록, 녹음물 또는 영상녹화물의 사본 교부)

① 재판장은 법 제56조의2제3항에도 불구하고 피해자 또는 그 밖의 소송관계인의 사생활에 관한 비밀 보호 또는 신변에 대한 위해 방지 등을 위하여 특히 필요하다고 인정하는 경우에는 속기록, 녹음물 또는 영상녹화물의 사본의 교부를 불허하거나 그 범위를 제한할 수 있다. <개정 2014.12.30.>

② 법 제56조의2제3항에 따라 속기록, 녹음물 또는 영상녹화물의 사본을 교부받은 사람은 그 사본을 당해 사건 또는 관련 소송의 수행과 관계 없는 용도로 사용하여서는 아니 된다.

제39조(속기록 등의 보관과 폐기)

속기록, 녹음물, 영상녹화물 또는 녹취서는 전자적 형태로 이를 보관할 수 있으며, 재판이 확정되면 폐기한다. 다만, 속기록, 녹음물, 영상녹화물 또는 녹취서가 조서의 일부가 된 경우에는 그러하지 아니하다.

제40조 삭제

제40조의2

[종전 제40조의2는 제40조로 이동<1996.12.3.>]

제41조(서명의 특칙)

공무원이 아닌 자가 서명날인을 하여야 할 경우에 서명을 할 수 없으면 타인이 대서한다. 이 경우에는 대서한 자가 그 사유를 기재하고 기명날인 또는 서명하여야 한다.

제7장 송달

제42조(법 제60조에 의한 법원소재지의 범위)

법 제60조제1항에 규정한 법원소재지는 당해 법원이 위치한 특별시, 광역시, 시 또는 군(다만, 廣域市내의 郡은 除外)으로 한다. <개정 1996.12.3.>

제43조(공시송달을 명하는 재판)

법원은 공시송달의 사유가 있다고 인정한 때에는 직권으로 결정에 의하여 공시 송달을 명한다.

제8장 기간

제44조(법정기간의 연장)

① 소송행위를 할 자가 국내에 있는 경우 주거 또는 사무소의 소재지와 법원 또는 검찰청 소재지와의 거리에 따라 해로는 100킬로미터, 육로는 200킬로미터마다 각 1일을 부가한다. 그 거리의 전부 또는 잔여가 기준에 미달할지라도 50킬로미터이상이면 1일을 부가한다. 다만, 법원은 홍수, 천재지변등 불가피한 사정이 있거나 교통통신의 불편정도를 고려하여 법정기간을 연장함이 상당하다고 인정하는 때에는 이를 연장할 수 있다.

② 소송행위를 할 자가 외국에 있는 경우의 법정기간에는 그 거주국의 위치에 따라 다음 각호의 기간을 부가한다.
1. 아시아주 및 오세아니아주:15일
2. 북아메리카주 및 유럽주:20일
3. 중남아메리카주 및 아프리카주:30일

제9장 피고인의 소환, 구속

제45조(소환의 유예기간)

피고인에 대한 소환장은 법 제269조의 경우를 제외하고는 늦어도 출석할 일시 12시간 이전에 송달하여야 한다. 다만, 피고인이 이의를 하지 아니하는 때에는 그러하지 아니하다.

제46조(구속영장의 기재사항)

구속영장에는 법 제75조에 규정한 사항외에 피고인의 주민등록번호(외국인인 경우에는 외국인등록번호, 위 번호들이 없거나 이를 알 수 없는 경우에는 생년월일 및 성별, 다음부터 '주민등록번호 등'이라 한다)·직업 및 법 제70조제1항 각호에 규정한 구속의 사유를 기재하여야 한다.

제47조(수탁판사 또는 재판장 등의 구속영장 등의 기재요건)

수탁판사가 법 제77조제3항의 규정에 의하여 구속영장을 발부하는 때나 재판장 또는 합의부원이 법 제80조의 규정에 의하여 소환장 또는 구속영장을 발부하는 때에는 그 취지를 소환장 또는 구속영장에 기재하여야 한다.

제48조(검사에 대한 구속영장의 송부)

검사의 지휘에 의하여 구속영장을 집행하는 경우에는 구속영장을 발부한 법원이 그 원본을 검사에게 송부하여야 한다.

제49조(구속영장집행후의 조치)

① 구속영장집행사무를 담당한 자가 구속영장을 집행한 때에는 구속영장에 집행일시와 장소를, 집행할 수 없었을 때에는 그 사유를 각 기재하고 기명날인하여야 한다.

② 구속영장의 집행에 관한 서류는 집행을 지휘한 검사 또는 수탁판사를 경유하여 구속영장을 발부한 법원에 이를 제출하여야 한다.

③ 삭제

제49조의2(구인을 위한 구속영장 집행후의 조치)

구인을 위한 구속영장의 집행에 관한 서류를 제출받은 법원의 재판장은 법원사무관 등에게 피고인이 인치된 일시를 구속영장에 기재하게 하여야 하고, 법 제71조의2에 따라 피고인을 유치할 경우에는 유치할 장소를 구속영장에 기재하고 서명날인하여야 한다.

제50조(구속영장등본의 교부청구)

① 피고인, 변호인, 피고인의 법정대리인, 법 제28조에 따른 피고인의 특별대리인, 배우자, 직계친족과 형제자매는 구속영장을 발부한 법원에 구속영장의 등본의 교부를 청구할 수 있다.

② 제1항의 경우에 고소인, 고발인 또는 피해자에 대하여는 제26조제2항의 규정을 준용한다.

제51조(구속의 통지)

① 피고인을 구속한 때에 그 변호인이나 법 제30조제2항에 규정한 자가 없는 경우에는 피고인이 지정하는 자 1인에게 법 제87조제1항에 규정한 사항을 통지하여야 한다.

② 구속의 통지는 구속을 한 때로부터 늦어도 24시간이내에 서면으로 하여야 한다. 제1항에 규정한 자가 없어 통지를 하지 못한 경우에는 그 취지를 기재한 서면을 기록에 철하여야 한다.

③ 급속을 요하는 경우에는 구속되었다는 취지 및 구속의 일시·장소를 전화 또는 모사전송기 기타 상당한 방법에 의하여 통지할 수 있다. 다만, 이 경우에도 구속통지는 다시 서면으로 하여야 한다.

제52조(구속과 범죄사실등의 고지)

법원 또는 법관은 법 제72조 및 법 제88조의 규정에 의한 고지를 할 때에는 법원사무관등을 참여시켜 조서를 작성하게 하거나 피고인 또는 피의자로 하여금 확인서 기타 서면을 작성하게 하여야 한다.

제53조(보석 등의 청구)

① 보석청구서 또는 구속취소청구서에는 다음 사항을 기재하여야 한다.
  1. 사건번호
  2. 구속된 피고인의 성명, 주민등록번호 등, 주거
  3. 청구의 취지 및 청구의 이유
  4. 청구인의 성명 및 구속된 피고인과의 관계

② 보석의 청구를 하거나 검사 아닌 자가 구속취소의 청구를 할 때에는 그 청구서의 부본을 첨부하여야 한다.

③ 법원은 제1항의 보석 또는 구속취소에 관하여 검사의 의견을 물을 때에는 제

2항의 부본을 첨부하여야 한다.

제53조의2(진술서 등의 제출)

① 보석의 청구인은 적합한 보석조건에 관한 의견을 밝히고 이에 관한 소명자료를 낼 수 있다.

② 보석의 청구인은 보석조건을 결정함에 있어 법 제99조제2항에 따른 이행가능한 조건인지 여부를 판단하기 위하여 필요한 범위 내에서 피고인(피고인이 미성년자인 경우에는 그 법정대리인 등)의 자력 또는 자산 정도에 관한 서면을 제출하여야 한다.

제54조(기록 등의 제출)

① 검사는 법원으로부터 보석, 구속취소 또는 구속집행정지에 관한 의견요청이 있을 때에는 의견서와 소송서류 및 증거물을 지체 없이 법원에 제출하여야 한다. 이 경우 특별한 사정이 없는 한 의견요청을 받은 날의 다음날까지 제출하여야 한다.

② 보석에 대한 의견요청을 받은 검사는 보석허가가 상당하지 아니하다는 의견일 때에는 그 사유를 명시하여야 한다.

③ 제2항의 경우 보석허가가 상당하다는 의견일 때에는 보석조건에 대하여 의견을 나타낼 수 있다.

제54조의2(보석의 심리)

① 보석의 청구를 받은 법원은 지체없이 심문기일을 정하여 구속된 피고인을 심문하여야 한다. 다만, 다음 각호의 어느 하나에 해당하는 때에는 그러하지 아니하다.

　1. 법 제94조에 규정된 청구권자 이외의 사람이 보석을 청구한 때

　2. 동일한 피고인에 대하여 중복하여 보석을 청구하거나 재청구한 때

　3. 공판준비 또는 공판기일에 피고인에게 그 이익되는 사실을 진술할 기회를 준 때

　4. 이미 제출한 자료만으로 보석을 허가하거나 불허가할 것이 명백한 때

② 제1항의 규정에 의하여 심문기일을 정한 법원은 즉시 검사, 변호인, 보석청구인 및 피고인을 구금하고 있는 관서의 장에게 심문기일과 장소를 통지하여야 하고, 피고인을 구금하고 있는 관서의 장은 위 심문기일에 피고인을 출석시켜야 한다.

③ 제2항의 통지는 서면외에 전화·모사전송·전자우편·휴대전화 문자전송 그 밖에 적당한 방법으로 할 수 있다. 이 경우 통지의 증명은 그 취지를 심문조

서에 기재함으로써 할 수 있다. <신설 1996.12.3., 2007.10.29.>

④ 피고인, 변호인, 보석청구인은 피고인에게 유리한 자료를 낼 수 있다. <개정 2007.10.29.>

⑤ 검사, 변호인, 보석청구인은 제1항의 심문기일에 출석하여 의견을 진술할 수 있다.

⑥ 법원은 피고인, 변호인 또는 보석청구인에게 보석조건을 결정함에 있어 필요한 자료의 제출을 요구할 수 있다.

⑦ 법원은 피고인의 심문을 합의부원에게 명할 수 있다.

제55조(보석 등의 결정기한)

법원은 특별한 사정이 없는 한 보석 또는 구속취소의 청구를 받은 날부터 7일 이내에 그에 관한 결정을 하여야 한다.

제55조의2(불허가 결정의 이유)

보석을 허가하지 아니하는 결정을 하는 때에는 결정이유에 법 제95조 각호중 어느 사유에 해당하는지를 명시하여야 한다.

제55조의3(보석석방 후의 조치)

① 법원은 법 제98조제3호의 보석조건으로 석방된 피고인이 보석조건을 이행함에 있어 피고인의 주거지를 관할하는 경찰서장에게 피고인이 주거제한을 준수하고 있는지 여부 등에 관하여 조사할 것을 요구하는 등 보석조건의 준수를 위하여 적절한 조치를 취할 것을 요구할 수 있다.

② 법원은 법 제98조제6호의 보석조건을 정한 경우 출입국사무를 관리하는 관서의 장에게 피고인에 대한 출국을 금지하는 조치를 취할 것을 요구할 수 있다.

③ 법 제100조제5항에 따라 보석조건 준수에 필요한 조치를 요구받은 관공서 그밖의 공사단체의 장은 그 조치의 내용과 경과 등을 법원에 통지하여야 한다.

제55조의4(보석조건 변경의 통지)

법원은 보석을 허가한 후에 보석의 조건을 변경하거나 보석조건의 이행을 유예하는 결정을 한 경우에는 그 취지를 검사에게 지체없이 통지하여야 한다.

제55조의5(보석조건의 위반과 피고인에 대한 과태료 등)

① 법 제102조제3항·제4항에 따른 과태료 재판의 절차에 관하여는 비송사건절차법 제248조, 제250조(다만, 검사에 관한 부분을 제외한다)를 준용한다.

② 법 제102조제3항에 따른 감치재판절차는 법원의 감치재판개시결정에 따라 개

시된다. 이 경우 감치사유가 있은 날부터 20일이 지난 때에는 감치재판개시결정을 할 수 없다.

③ 법원은 감치재판절차를 개시한 이후에도 감치에 처함이 상당하지 아니하다고 인정되는 때에는 불처벌의 결정을 할 수 있다.

④ 제2항의 감치재판개시결정과 제3항의 불처벌결정에 대하여는 불복할 수 없다.

⑤ 제2항부터 제4항까지 및 법 제102조제3항·제4항에 따른 감치절차에 관하여는 「법정 등의 질서유지를 위한 재판에 관한 규칙」 제3조, 제6조, 제7조의2, 제8조, 제10조, 제11조, 제13조, 제15조, 제16조, 제18조, 제19조, 제21조부터 제23조, 제25조제1항을 준용한다.

제56조(보석 등의 취소에 의한 재구금절차)

① 법 제102조제2항에 따른 보석취소 또는 구속집행정지취소의 결정이 있는 때 또는 기간을 정한 구속집행정지결정의 기간이 만료된 때에는 검사는 그 취소결정의 등본 또는 기간을 정한 구속집행정지결정의 등본에 의하여 피고인을 재구금하여야 한다. 다만, 급속을 요하는 경우에는 재판장, 수명법관 또는 수탁판사가 재구금을 지휘할 수 있다.

② 제1항 단서의 경우에는 법원사무관등에게 그 집행을 명할 수 있다. 이 경우에 법원사무관등은 그 집행에 관하여 필요한 때에는 사법경찰관리 또는 교도관에게 보조를 요구할 수 있으며 관할구역외에서도 집행할 수 있다.

제57조(상소 등과 구속에 관한 결정)

① 상소기간중 또는 상소 중의 사건에 관한 피고인의 구속, 구속기간갱신, 구속취소, 보석, 보석의 취소, 구속집행정지와 그 정지의 취소의 결정은 소송기록이 상소법원에 도달하기까지는 원심법원이 이를 하여야 한다. <개정 1997.12.31.>

② 이송, 파기환송 또는 파기이송 중의 사건에 관한 제1항의 결정은 소송기록이 이송 또는 환송법원에 도달하기까지는 이송 또는 환송한 법원이 이를 하여야 한다.

제10장 압수와 수색

제58조(압수수색영장의 기재사항)

압수수색영장에는 압수수색의 사유를 기재하여야 한다.

제59조(준용규정)

제48조의 규정은 압수수색영장에 이를 준용한다.

제60조(압수와 수색의 참여)

① 법원이 압수수색을 할 때에는 법원사무관등을 참여하게 하여야 한다.

② 법원사무관등 또는 사법경찰관리가 압수수색영장에 의하여 압수수색을 할 때에는 다른 법원사무관등 또는 사법경찰관리를 참여하게 하여야 한다.

제61조(수색증명서, 압수품목록의 작성등)

법 제128조에 규정된 증명서 또는 법 제129조에 규정된 목록은 제60조제1항의 규정에 의한 압수수색을 한 때에는 참여한 법원사무관등이 제60조제2항의 규정에 의한 압수수색을 한 때에는 그 집행을 한 자가 각 작성 교부한다.

제62조(압수수색조서의 기재)

압수수색에 있어서 제61조의 규정에 의한 증명서 또는 목록을 교부하거나 법 제130조의 규정에 의한 처분을 한 경우에는 압수수색의 조서에 그 취지를 기재하여야 한다.

제63조(압수수색영장 집행후의 조치)

압수수색영장의 집행에 관한 서류와 압수한 물건은 압수수색영장을 발부한 법원에 이를 제출하여야 한다. 다만, 검사의 지휘에 의하여 집행된 경우에는 검사를 경유하여야 한다.

제11장 검증

제64조(피고인의 신체검사 소환장의 기재사항)

피고인에 대한 신체검사를 하기 위한 소환장에는 신체검사를 하기 위하여 소환한다는 취지를 기재하여야 한다.

제65조(피고인 아닌 자의 신체검사의 소환장의 기재사항)

피고인이 아닌 자에 대한 신체검사를 하기 위한 소환장에는 그 성명 및 주거, 피고인의 성명, 죄명, 출석일시 및 장소와 신체검사를 하기 위하여 소환한다는 취지를 기재하고 재판장 또는 수명법관이 기명날인하여야 한다. <개정 1996.12.3.>

제12장 증인신문

제66조(신문사항 등)
재판장은 피해자·증인의 인적사항의 공개 또는 누설을 방지하거나 그 밖에 피해자·증인의 안전을 위하여 필요하다고 인정할 때에는 증인의 신문을 청구한 자에 대하여 사전에 신문사항을 기재한 서면의 제출을 명할 수 있다.

제67조(결정의 취소)
법원은 제66조의 명을 받은 자가 신속히 그 서면을 제출하지 아니한 경우에는 증거결정을 취소할 수 있다.

제67조의2(증인의 소환방법)
① 법 제150조의2제1항에 따른 증인의 소환은 소환장의 송달, 전화, 전자우편, 모사전송, 휴대전화 문자전송 그 밖에 적당한 방법으로 할 수 있다.
② 증인을 신청하는 자는 증인의 소재, 연락처와 출석 가능성 및 출석 가능 일시 그 밖에 증인의 소환에 필요한 사항을 미리 확인하는 등 증인 출석을 위한 합리적인 노력을 다하여야 한다.

제68조(소환장·구속영장의 기재사항)
① 증인에 대한 소환장에는 그 성명, 피고인의 성명, 죄명, 출석일시 및 장소, 정당한 이유없이 출석하지 아니할 경우에는 과태료에 처하거나 출석하지 아니함으로써 생긴 비용의 배상을 명할 수 있고 또 구인할 수 있음을 기재하고 재판장이 기명날인하여야 한다.
② 증인에 대한 구속영장에는 그 성명, 주민등록번호(住民登錄番號가 없거나 이를 알 수 없는 경우에는 生年月日), 직업 및 주거, 피고인의 성명, 죄명, 인치할 일시 및 장소, 발부 연월일 및 유효기간과 그 기간이 경과한 후에는 집행에 착수하지 못하고 구속영장을 반환하여야 한다는 취지를 기재하고 재판장이 서명날인하여야 한다.

제68조의2(불출석의 신고)

증인이 출석요구를 받고 기일에 출석할 수 없을 경우에는 법원에 바로 그 사유를 밝혀 신고하여야 한다.

제68조의3(증인에 대한 과태료 등)

법 제151조제1항에 따른 과태료와 소송비용 부담의 재판절차에 관하여는 비송사건절차법 제248조, 제250조(다만, 제248조제3항 후문과 검사에 관한 부분을 제외한다)를 준용한다.

제68조의4(증인에 대한 감치)

① 법 제151조제2항부터 제8항까지의 감치재판절차는 법원의 감치재판개시결정에 따라 개시된다. 이 경우 감치사유가 발생한 날부터 20일이 지난 때에는 감치재판개시결정을 할 수 없다.

② 감치재판절차를 개시한 후 감치결정 전에 그 증인이 증언을 하거나 그 밖에 감치에 처하는 것이 상당하지 아니하다고 인정되는 때에는 법원은 불처벌결정을 하여야 한다.

③ 제1항의 감치재판개시결정과 제2항의 불처벌결정에 대하여는 불복할 수 없다.

④ 법 제151조제7항의 규정에 따라 증인을 석방한 때에는 재판장은 바로 감치시설의 장에게 그 취지를 서면으로 통보하여야 한다.

⑤ 제1항부터 제4항 및 법 제151조제2항부터 제8항까지에 따른 감치절차에 관하여는 「법정 등의 질서유지를 위한 재판에 관한 규칙」 제3조, 제6조부터 제8조까지, 제10조, 제11조, 제13조, 제15조부터 제19조까지, 제21조부터 제23조까지 및 제25조제1항(다만, 제23조제8항 중 "감치의 집행을 한 날"은 "법 제151조제5항의 규정에 따른 통보를 받은 날"로 고쳐 적용한다)을 준용한다.

제69조(준용규정)

제48조, 제49조, 제49조의2 전단의 규정은 증인의 구인에 이를 준용한다.

제70조(소환의 유예기간)

증인에 대한 소환장은 늦어도 출석할 일시 24시간 이전에 송달하여야 한다. 다만, 급속을 요하는 경우에는 그러하지 아니하다.

제70조의2(소환장이 송달불능된 때의 조치)

제68조에 따른 증인에 대한 소환장이 송달불능된 경우 증인을 신청한 자는 재판장의 명에 의하여 증인의 주소를 서면으로 보정하여야 하고, 이 때 증인의 소재,

연락처와 출석가능성 등을 충분히 조사하여 성실하게 기재하여야 한다.

제71조(증인의 동일성 확인)

재판장은 증인으로부터 주민등록증 등 신분증을 제시받거나 그 밖의 적당한 방법으로 증인임이 틀림없음을 확인하여야 한다.

제72조(선서취지의 설명)

증인이 선서의 취지를 이해할 수 있는가에 대하여 의문이 있는 때에는 선서전에 그 점에 대하여 신문하고, 필요하다고 인정할 때에는 선서의 취지를 설명하여야 한다.

제73조(서면에 의한 신문)

증인이 들을 수 없는 때에는 서면으로 묻고 말할 수 없는 때에는 서면으로 답하게 할 수 있다.

제74조(증인신문의 방법)

① 재판장은 증인신문을 행함에 있어서 증명할 사항에 관하여 가능한 한 증인으로 하여금 개별적이고 구체적인 내용을 진술하게 하여야 한다. <개정 1996.12.3.>

② 다음 각호의 1에 규정한 신문을 하여서는 아니된다. 다만, 제2호 내지 제4호의 신문에 관하여 정당한 이유가 있는 경우에는 그러하지 아니하다.

1. 위협적이거나 모욕적인 신문
2. 전의 신문과 중복되는 신문
3. 의견을 묻거나 의논에 해당하는 신문
4. 증인이 직접 경험하지 아니한 사항에 해당하는 신문

제75조(주신문)

① 법 제161조의2제1항 전단의 규정에 의한 신문(이하 "주신문"이라 한다)은 증명할 사항과 이에 관련된 사항에 관하여 한다.

② 주신문에 있어서는 유도신문을 하여서는 아니된다. 다만, 다음 각호의 1의 경우에는 그러하지 아니하다.

1. 증인과 피고인과의 관계, 증인의 경력, 교우관계등 실질적인 신문에 앞서 미리 밝혀둘 필요가 있는 준비적인 사항에 관한 신문의 경우
2. 검사, 피고인 및 변호인 사이에 다툼이 없는 명백한 사항에 관한 신문의 경우
3. 증인이 주신문을 하는 자에 대하여 적의 또는 반감을 보일 경우
4. 증인이 종전의 진술과 상반되는 진술을 하는 때에 그 종전진술에 관한 신문의 경우

5. 기타 유도신문을 필요로 하는 특별한 사정이 있는 경우

　③ 재판장은 제2항 단서의 각호에 해당하지 아니하는 경우의 유도신문은 이를 제지하여야 하고, 유도신문의 방법이 상당하지 아니하다고 인정할 때에는 이를 제한할 수 있다.

제76조(반대신문)

　① 법 제161조의2제1항 후단의 규정에 의한 신문(이하 "반대신문"이라 한다)은 주신문에 나타난 사항과 이에 관련된 사항에 관하여 한다.

　② 반대신문에 있어서 필요할 때에는 유도신문을 할 수 있다.

　③ 재판장은 유도신문의 방법이 상당하지 아니하다고 인정할 때에는 이를 제한할 수 있다.

　④ 반대신문의 기회에 주신문에 나타나지 아니한 새로운 사항에 관하여 신문하고자 할 때에는 재판장의 허가를 받아야 한다.

　⑤ 제4항의 신문은 그 사항에 관하여는 주신문으로 본다.

제77조(증언의 증명력을 다투기 위하여 필요한 사항의 신문)

　① 주신문 또는 반대신문의 경우에는 증언의 증명력을 다투기 위하여 필요한 사항에 관한 신문을 할 수 있다.

　② 제1항에 규정한 신문은 증인의 경험, 기억 또는 표현의 정확성등 증언의 신빙성에 관한 사항 및 증인의 이해관계, 편견 또는 예단 등 증인의 신용성에 관한 사항에 관하여 한다. 다만, 증인의 명예를 해치는 내용의 신문을 하여서는 아니된다.

제78조(재 주신문)

　① 주신문을 한 검사, 피고인 또는 변호인은 반대신문이 끝난 후 반대신문에 나타난 사항과 이와 관련된 사항에 관하여 다시 신문(이하 "재 주신문"이라 한다)을 할 수 있다.

　② 재 주신문은 주신문의 예에 의한다.

　③ 제76조제4항, 제5항의 규정은 재 주신문의 경우에 이를 준용한다.

제79조(재판장의 허가에 의한 재신문)

　검사, 피고인 또는 변호인은 주신문, 반대신문 및 재 주신문이 끝난 후에도 재판장의 허가를 얻어 다시 신문을 할 수 있다.

제80조(재판장에 의한 신문순서 변경의 경우)

① 재판장이 법 제161조의2제3항 전단의 규정에 의하여 검사, 피고인 및 변호인에 앞서 신문을 한 경우에 있어서 그 후에 하는 검사, 피고인 및 변호인의 신문에 관하여는 이를 신청한 자와 상대방의 구별에 따라 제75조 내지 제79조의 규정을 각 준용한다.

② 재판장이 법 제161조의2제3항 후단의 규정에 의하여 신문순서를 변경한 경우의 신문방법은 재판장이 정하는 바에 의한다.

제81조(직권에 의한 증인의 신문)

법 제161조의2제4항에 규정한 증인에 대하여 재판장이 신문한 후 검사, 피고인 또는 변호인이 신문하는 때에는 반대신문의 예에 의한다.

제82조(서류 또는 물건에 관한 신문)

① 증인에 대하여 서류 또는 물건의 성립, 동일성 기타 이에 준하는 사항에 관한 신문을 할 때에는 그 서류 또는 물건을 제시할 수 있다.

② 제1항의 서류 또는 물건이 증거조사를 마치지 않은 것일 때에는 먼저 상대방에게 이를 열람할 기회를 주어야 한다. 다만, 상대방이 이의하지 아니할 때에는 그러하지 아니한다.

제83조(기억의 환기가 필요한 경우)

① 증인의 기억이 명백치 아니한 사항에 관하여 기억을 환기시켜야 할 필요가 있을 때에는 재판장의 허가를 얻어 서류 또는 물건을 제시하면서 신문할 수 있다.

② 제1항의 경우에는 제시하는 서류의 내용이 증인의 진술에 부당한 영향을 미치지 아니하도록 하여야 한다.

③ 제82조제2항의 규정은 제1항의 경우에 이를 준용한다.

제84조(증언을 명확히 할 필요가 있는 경우)

① 증인의 진술을 명확히 할 필요가 있을 때에는 도면, 사진, 모형, 장치등을 이용하여 신문할 수 있다.

② 제83조제2항의 규정은 제1항의 경우에 이를 준용한다.

제84조의2(증인의 증인신문조서 열람 등)

증인은 자신에 대한 증인신문조서 및 그 일부로 인용된 속기록, 녹음물, 영상녹화물 또는 녹취서의 열람, 등사 또는 사본을 청구할 수 있다.

제84조의3(신뢰관계에 있는 사람의 동석)

① 법 제163조의2에 따라 피해자와 동석할 수 있는 신뢰관계에 있는 사람은 피해자의 배우자, 직계친족, 형제자매, 가족, 동거인, 고용주, 변호사, 그 밖에 피해자의 심리적 안정과 원활한 의사소통에 도움을 줄 수 있는 사람을 말한다.

② 법 제163조의2제1항에 따른 동석 신청에는 동석하고자 하는 자와 피해자 사이의 관계, 동석이 필요한 사유 등을 명시하여야 한다.

③ 재판장은 법 제163조의2제1항 또는 제2항에 따라 동석한 자가 부당하게 재판의 진행을 방해하는 때에는 동석을 중지시킬 수 있다.

제84조의4(비디오 등 중계장치 등에 의한 신문 여부의 결정)

① 법원은 신문할 증인이 법 제165조의2제1호부터 제3호까지에서 정한 자에 해당한다고 인정될 경우, 증인으로 신문하는 결정을 할 때 비디오 등 중계장치에 의한 중계시설 또는 차폐시설을 통한 신문 여부를 함께 결정하여야 한다. 이 때 증인의 연령, 증언할 당시의 정신적·심리적 상태, 범행의 수단과 결과 및 범행 후의 피고인이나 사건관계인의 태도 등을 고려하여 판단하여야 한다.

② 법원은 증인신문 전 또는 증인신문 중에도 비디오 등 중계장치에 의한 중계시설 또는 차폐시설을 통하여 신문할 것을 결정할 수 있다.

제84조의5(중계방법 및 증언실의 위치)

① 법원은 제84조의4에 따라 비디오 등 중계장치에 의한 중계시설을 통하여 증인신문을 할 때 증인을 법정 외의 장소로서 비디오 등 중계장치가 설치된 증언실에 출석하게 하고, 영상과 음향의 송수신에 의하여 법정의 재판장, 검사, 피고인, 변호인과 증언실의 증인이 상대방을 인식할 수 있는 방법으로 증인신문을 한다. 다만, 중계장치를 통하여 증인이 피고인을 대면하거나 피고인이 증인을 대면하는 것이 증인의 보호를 위하여 상당하지 않다고 인정되는 경우 재판장은 검사, 변호인의 의견을 들어 증인 또는 피고인이 상대방을 영상으로 인식할 수 있는 장치의 작동을 중지시킬 수 있다.

② 제1항의 증언실은 법원 내에 설치하고, 필요한 경우 법원 외의 적당한 장소에 설치할 수 있다.

제84조의6(심리의 비공개)

① 법원은 비디오 등 중계장치에 의한 중계시설 또는 차폐시설을 통하여 증인을 신문하는 경우, 증인의 보호를 위하여 필요하다고 인정하는 경우에는 결정으로 이를 공개하지 아니할 수 있다.

② 증인으로 소환받은 증인과 그 가족은 증인보호 등의 사유로 증인신문의 비공개를 신청할 수 있다.

③ 재판장은 제2항의 신청이 있는 때에는 그 허가 여부 및 공개, 법정외의 장소에서의 신문 등 증인의 신문방식 및 장소에 관하여 결정하여야 한다.

④ 제1항의 결정을 한 경우에도 재판장은 적당하다고 인정되는 자의 재정을 허가할 수 있다.

제84조의7(증언실의 동석 등)

① 법원은 비디오 등 중계장치에 의한 중계시설을 통하여 증인신문을 하는 경우, 법 제163조의2의 규정에 의하여 신뢰관계에 있는 자를 동석하게 할 때에는 제84조의5에 정한 증언실에 동석하게 한다.

② 법원은 법원 직원으로 하여금 증언실에서 중계장치의 조작과 증인신문 절차를 보조하게 하여야 한다.

제84조의8(증인을 위한 배려)

① 법 제165조의2에 따라 증인신문을 하는 경우, 증인은 증언을 보조할 수 있는 인형, 그림 그 밖에 적절한 도구를 사용할 수 있다.

② 제1항의 증인은 증언을 하는 동안 담요, 장난감, 인형 등 증인이 선택하는 물품을 소지할 수 있다.

제84조의9(차폐시설)

법원은 법 제165조의2에 따라 차폐시설을 설치함에 있어 피고인과 증인이 서로의 모습을 볼 수 없도록 필요한 조치를 취하여야 한다.

제84조의10(증인지원시설의 설치 및 운영)

① 법원은 특별한 사정이 없는 한 예산의 범위 안에서 증인의 보호 및 지원에 필요한 시설을 설치한다.

② 법원은 제1항의 시설을 설치한 경우, 예산의 범위 안에서 그 시설을 관리·운영하고 증인의 보호 및 지원을 담당하는 직원을 둔다.

제13장 감정

제85조(감정유치장의 기재사항 등)
① 감정유치장에는 피고인의 성명, 주민등록번호 등, 직업, 주거, 죄명, 범죄사실의 요지, 유치할 장소, 유치기간, 감정의 목적 및 유효기간과 그 기간 경과후에는 집행에 착수하지 못하고 영장을 반환하여야 한다는 취지를 기재하고 재판장 또는 수명법관이 서명날인하여야 한다.

② 감정유치기간의 연장이나 단축 또는 유치할 장소의 변경 등은 결정으로 한다.

제86조(간수의 신청방법)
법 제172조제5항의 규정에 의한 신청은 피고인의 간수를 필요로 하는 사유를 명시하여 서면으로 하여야 한다.

제87조(비용의 지급)
① 법원은 감정하기 위하여 피고인을 병원 기타 장소에 유치한 때에는 그 관리자의 청구에 의하여 입원료 기타 수용에 필요한 비용을 지급하여야 한다.

② 제1항의 비용은 법원이 결정으로 정한다.

제88조(준용규정)
구속에 관한 규정은 이 규칙에 특별한 규정이 없는 경우에는 감정하기 위한 피고인의 유치에 이를 준용한다. 다만, 보석에 관한 규정은 그러하지 아니하다.

제89조(감정허가장의 기재사항)
① 감정에 필요한 처분의 허가장에는 법 제173조제2항에 규정한 사항외에 감정인의 직업, 유효기간을 경과하면 허가된 처분에 착수하지 못하며 허가장을 반환하여야 한다는 취지 및 발부연월일을 기재하고 재판장 또는 수명법관이 서명날인하여야 한다.

② 법원이 감정에 필요한 처분의 허가에 관하여 조건을 붙인 경우에는 제1항의 허가장에 이를 기재하여야 한다.

제89조의2(감정자료의 제공)
재판장은 필요하다고 인정하는 때에는 감정인에게 소송기록에 있는 감정에 참고가 될 자료를 제공할 수 있다.

제89조의3(감정서의 설명)
① 법 제179조의2제2항의 규정에 의하여 감정서의 설명을 하게 할 때에는 검사,

피고인 또는 변호인을 참여하게 하여야 한다.

② 제1항의 설명의 요지는 조서에 기재하여야 한다.

제90조(준용규정)

제12장의 규정은 구인에 관한 규정을 제외하고는 감정에 이를 준용한다.

제14장 증거보전

제91조(증거보전처분을 하여야 할 법관)

① 증거보전의 청구는 다음 지역을 관할하는 지방법원판사에게 하여야 한다.

1. 압수에 관하여는 압수할 물건의 소재지
2. 수색 또는 검증에 관하여는 수색 또는 검증할 장소, 신체 또는 물건의 소재지
3. 증인신문에 관하여는 증인의 주거지 또는 현재지
4. 감정에 관하여는 감정대상의 소재지 또는 현재지

② 감정의 청구는 제1항제4호의 규정에 불구하고 감정함에 편리한 지방법원판사에게 할 수 있다.

제92조(청구의 방식)

① 증거보전청구서에는 다음 사항을 기재하여야 한다.

1. 사건의 개요
2. 증명할 사실
3. 증거 및 보전의 방법
4. 증거보전을 필요로 하는 사유

② 삭제

제15장 소송비용
<신설 2020.6.26.>

제92조의2(듣거나 말하는 데 장애가 있는 사람을 위한 비용 등)

듣거나 말하는 데 장애가 있는 사람을 위한 통역·속기·녹음·녹화 등에 드는 비용은 국고에서 부담하고, 형사소송법 제186조부터 제194조까지에 따라 피고인

등에게 부담하게 할 소송비용에 산입하지 아니한다.

[본조신설 2020.6.26.]

제2편 제1심
제1장 수사

제93조(영장청구의 방식)

① 영장의 청구는 서면으로 하여야 한다.

② 체포영장 및 구속영장의 청구서에는 범죄사실의 요지를 따로 기재한 서면 1통(수통의 영장을 청구하는 때에는 그에 상응하는 통수)을 첨부하여야 한다.

③ 압수·수색·검증영장의 청구서에는 범죄사실의 요지, 압수·수색·검증의 장소 및 대상을 따로 기재한 서면 1통(수통의 영장을 청구하는 때에는 그에 상응하는 통수)을 첨부하여야 한다.

제94조(영장의 방식)

검사의 청구에 의하여 발부하는 영장에는 그 영장을 청구한 검사의 성명과 그 검사의 청구에 의하여 발부한다는 취지를 기재하여야 한다.

제95조(체포영장청구서의 기재사항)

체포영장의 청구서에는 다음 각 호의 사항을 기재하여야 한다.

1. 피의자의 성명(분명하지 아니한 때에는 인상, 체격, 그 밖에 피의자를 특정할 수 있는 사항), 주민등록번호 등, 직업, 주거
2. 피의자에게 변호인이 있는 때에는 그 성명
3. 죄명 및 범죄사실의 요지
4. 7일을 넘는 유효기간을 필요로 하는 때에는 그 취지 및 사유
5. 여러 통의 영장을 청구하는 때에는 그 취지 및 사유
6. 인치구금할 장소
7. 법 제200조의2제1항에 규정한 체포의 사유
8. 동일한 범죄사실에 관하여 그 피의자에 대하여 전에 체포영장을 청구하였거나 발부받은 사실이 있는 때에는 다시 체포영장을 청구하는 취지 및 이유
9. 현재 수사 중인 다른 범죄사실에 관하여 그 피의자에 대하여 발부된 유효한 체포영장이 있는 경우에는 그 취지 및 그 범죄사실

제95조의2(구속영장청구서의 기재사항)

구속영장의 청구서에는 다음 각 호의 사항을 기재하여야 한다.

1. 제95조제1호부터 제6호까지 규정한 사항
2. 법 제70조제1항 각 호에 규정한 구속의 사유
3. 피의자의 체포여부 및 체포된 경우에는 그 형식
4. 법 제200조의6, 법 제87조에 의하여 피의자가 지정한 사람에게 체포이유 등을 알린 경우에는 그 사람의 성명과 연락처

제96조(자료의 제출등)

① 체포영장의 청구에는 체포의 사유 및 필요를 인정할 수 있는 자료를 제출하여야 한다.

② 체포영장에 의하여 체포된 자 또는 현행범인으로 체포된 자에 대하여 구속영장을 청구하는 경우에는 법 제201조제2항에 규정한 자료외에 다음 각호의 자료를 제출하여야 한다.

1. 피의자가 체포영장에 의하여 체포된 자인 때에는 체포영장
2. 피의자가 현행범인으로 체포된 자인 때에는 그 취지와 체포의 일시 및 장소가 기재된 서류

③ 법 제214조의2제1항에 규정한 자는 체포영장 또는 구속영장의 청구를 받은 판사에게 유리한 자료를 제출할 수 있다.

④ 판사는 영장 청구서의 기재사항에 흠결이 있는 경우에는 전화 기타 신속한 방법으로 영장을 청구한 검사에게 그 보정을 요구할 수 있다.

제96조의2(체포의 필요)

체포영장의 청구를 받은 판사는 체포의 사유가 있다고 인정 되는 경우에도 피의자의 연령과 경력, 가족관계나 교우관계, 범죄의 경중 및 태양 기타 제반 사정에 비추어 피의자가 도망할 염려가 없고 증거를 인멸할 염려가 없는 등 명백히 체포의 필요가 없다고 인정되는 때에는 체포영장의 청구를 기각하여야 한다.

제96조의3(인치·구금할 장소의 변경)

검사는 체포영장을 발부받은 후 피의자를 체포하기 이전에 체포영장을 첨부하여 판사에게 인치·구금할 장소의 변경을 청구할 수 있다.

제96조의4(체포영장의 갱신)

검사는 체포영장의 유효기간을 연장할 필요가 있다고 인정하는 때에는 그 사유

를 소명하여 다시 체포영장을 청구하여야 한다.

[전문개정 1997.12.31.]

제96조의5(영장전담법관의 지정)

지방법원 또는 지원의 장은 구속영장청구에 대한 심사를 위한 전담법관을 지정할 수 있다.

제96조의6 삭제

제96조의7 삭제

제96조의8 삭제

제96조의9 삭제

제96조의10 삭제

제96조의11(구인 피의자의 유치등)

① 구인을 위한 구속영장의 집행을 받아 인치된 피의자를 법원에 유치한 경우에 법원사무관등은 피의자의 도망을 방지하기 위한 적절한 조치를 취하여야 한다.

② 제1항의 피의자를 법원외의 장소에 유치하는 경우에 판사는 구인을 위한 구속영장에 유치할 장소를 기재하고 서명날인하여 이를 교부하여야 한다.

제96조의12(심문기일의 지정, 통지)

① 삭제

② 체포된 피의자외의 피의자에 대한 심문기일은 관계인에 대한 심문기일의 통지 및 그 출석에 소요되는 시간 등을 고려하여 피의자가 법원에 인치된 때로부터 가능한 한 빠른 일시로 지정하여야 한다.

③ 심문기일의 통지는 서면 이외에 구술·전화·모사전송·전자우편·휴대전화 문자전송 그 밖에 적당한 방법으로 신속하게 하여야 한다. 이 경우 통지의 증명은 그 취지를 심문조서에 기재함으로써 할 수 있다.

제96조의13(피의자의 심문절차)

① 판사는 피의자가 심문기일에의 출석을 거부하거나 질병 그 밖의 사유로 출석이 현저하게 곤란하고, 피의자를 심문 법정에 인치할 수 없다고 인정되는 때에는 피의자의 출석 없이 심문절차를 진행할 수 있다.

② 검사는 피의자가 심문기일에의 출석을 거부하는 때에는 판사에게 그 취지 및 사유를 기재한 서면을 작성 제출하여야 한다.

③ 제1항의 규정에 의하여 심문절차를 진행할 경우에는 출석한 검사 및 변호인

의 의견을 듣고, 수사기록 그 밖에 적당하다고 인정하는 방법으로 구속사유의 유무를 조사할 수 있다.

제96조의14(심문의 비공개)

피의자에 대한 심문절차는 공개하지 아니한다. 다만, 판사는 상당하다고 인정하는 경우에는 피의자의 친족, 피해자 등 이해관계인의 방청을 허가할 수 있다.

제96조의15(심문장소)

피의자의 심문은 법원청사내에서 하여야 한다. 다만, 피의자가 출석을 거부하거나 질병 기타 부득이한 사유로 법원에 출석할 수 없는 때에는 경찰서, 구치소 기타 적당한 장소에서 심문할 수 있다.

제96조의16(심문기일의 절차)

① 판사는 피의자에게 구속영장청구서에 기재된 범죄사실의 요지를 고지하고, 피의자에게 일체의 진술을 하지 아니하거나 개개의 질문에 대하여 진술을 거부할 수 있으며, 이익 되는 사실을 진술할 수 있음을 알려주어야 한다.

② 판사는 구속 여부를 판단하기 위하여 필요한 사항에 관하여 신속하고 간결하게 심문하여야 한다. 증거인멸 또는 도망의 염려를 판단하기 위하여 필요한 때에는 피의자의 경력, 가족관계나 교우관계 등 개인적인 사항에 관하여 심문할 수 있다.

③ 검사와 변호인은 판사의 심문이 끝난 후에 의견을 진술할 수 있다. 다만, 필요한 경우에는 심문 도중에도 판사의 허가를 얻어 의견을 진술할 수 있다.

④ 피의자는 판사의 심문 도중에도 변호인에게 조력을 구할 수 있다.

⑤ 판사는 구속 여부의 판단을 위하여 필요하다고 인정하는 때에는 심문장소에 출석한 피해자 그 밖의 제3자를 심문할 수 있다.

⑥ 구속영장이 청구된 피의자의 법정대리인, 배우자, 직계친족, 형제자매나 가족, 동거인 또는 고용주는 판사의 허가를 얻어 사건에 관한 의견을 진술할 수 있다.

⑦ 판사는 심문을 위하여 필요하다고 인정하는 경우에는 호송경찰관 기타의 자를 퇴실하게 하고 심문을 진행할 수 있다.

제96조의17 삭제

제96조의18(처리시각의 기재)

구속영장을 청구받은 판사가 피의자심문을 한 경우 법원사무관등은 구속영장에 구속영장청구서·수사관계서류 및 증거물을 접수한 시각과 이를 반환한 시각을 기재하여야 한다. 다만, 체포된 피의자 외의 피의자에 대하여는 그 반환 시각을 기재한다.

제96조의19(영장발부와 통지)

① 법 제204조의 규정에 의한 통지는 다음 각호의 1에 해당하는 사유가 발생한 경우에 이를 하여야 한다.

  1. 피의자를 체포 또는 구속하지 아니하거나 못한 경우

  2. 체포후 구속영장 청구기간이 만료하거나 구속후 구속기간이 만료하여 피의자를 석방한 경우

  3. 체포 또는 구속의 취소로 피의자를 석방한 경우

  4. 체포된 국회의원에 대하여 헌법 제44조의 규정에 의한 석방요구가 있어 체포영장의 집행이 정지된 경우

  5. 구속집행정지의 경우

② 제1항의 통지서에는 다음 각호의 사항을 기재하여야 한다.

  1. 피의자의 성명

  2. 제1항 각호의 사유 및 제1항제2호 내지 제5호에 해당하는 경우에는 그 사유발생일

  3. 영장 발부 연월일 및 영장번호

③ 제1항제1호에 해당하는 경우에는 체포영장 또는 구속영장의 원본을 첨부하여야 한다.

제96조의20(변호인의 접견 등)

① 변호인은 구속영장이 청구된 피의자에 대한 심문 시작 전에 피의자와 접견할 수 있다.

② 지방법원 판사는 심문할 피의자의 수, 사건의 성격 등을 고려하여 변호인과 피의자의 접견 시간을 정할 수 있다.

③ 지방법원 판사는 검사 또는 사법경찰관에게 제1항의 접견에 필요한 조치를 요구할 수 있다.

제96조의21(구속영장청구서 및 소명자료의 열람)

① 피의자 심문에 참여할 변호인은 지방법원 판사에게 제출된 구속영장청구서 및 그에 첨부된 고소·고발장, 피의자의 진술을 기재한 서류와 피의자가 제출한 서류를 열람할 수 있다.

② 검사는 증거인멸 또는 피의자나 공범 관계에 있는 자가 도망할 염려가 있는

등 수사에 방해가 될 염려가 있는 때에는 지방법원 판사에게 제1항에 규정된 서류(구속영장청구서는 제외한다)의 열람 제한에 관한 의견을 제출할 수 있고, 지방법원 판사는 검사의 의견이 상당하다고 인정하는 때에는 그 전부 또는 일부의 열람을 제한할 수 있다.

③ 지방법원 판사는 제1항의 열람에 관하여 그 일시, 장소를 지정할 수 있다.

제96조의22(심문기일의 변경)

판사는 지정된 심문기일에 피의자를 심문할 수 없는 특별한 사정이 있는 경우에는 그 심문기일을 변경할 수 있다.

제97조(구속기간연장의 신청)

① 구속기간연장의 신청은 서면으로 하여야 한다.

② 제1항의 서면에는 수사를 계속하여야 할 상당한 이유와 연장을 구하는 기간을 기재하여야 한다.

제98조(구속기간연장기간의 계산)

구속기간연장허가결정이 있은 경우에 그 연장기간은 법 제203조의 규정에 의한 구속기간만료 다음날로부터 기산한다.

제99조(재체포·재구속영장의 청구)

① 재체포영장의 청구서에는 재체포영장의 청구라는 취지와 법 제200조의2제4항에 규정한 재체포의 이유 또는 법 제214조의3에 규정한 재체포의 사유를 기재하여야 한다.

② 재구속영장의 청구서에는 재구속영장의 청구라는 취지와 법 제208조제1항 또는 법 제214조의3에 규정한 재구속의 사유를 기재하여야 한다.

③ 제95조, 제95조의2, 제96조, 제96조의2 및 제96조의4의 규정은 재체포 또는 재구속의 영장의 청구 및 그 심사에 이를 준용한다.

제100조(준용규정)

① 제46조, 제49조제1항 및 제51조의 규정은 검사 또는 사법경찰관의 피의자 체포 또는 구속에 이를 준용한다. 다만, 체포영장에는 법 제200조의2제1항에서 규정한 체포의 사유를 기재하여야 한다.

② 체포영장에 의하여 체포되었거나 현행범으로 체포된 피의자에 대하여 구속영장청구가 기각된 경우에는 법 제200조의4제2항의 규정을 준용한다.

③ 제96조의3의 규정은 구속영장의 인치·구금할 장소의 변경 청구에 준용한다.

<신설 2020.12.28.>

제101조(체포·구속적부심청구권자의 체포·구속영장등본 교부청구등)

구속영장이 청구되거나 체포 또는 구속된 피의자, 그 변호인, 법정대리인, 배우자, 직계친족, 형제자매나 동거인 또는 고용주는 긴급체포서, 현행범인체포서, 체포영장, 구속영장 또는 그 청구서를 보관하고 있는 검사, 사법경찰관 또는 법원사무관 등에게 그 등본의 교부를 청구할 수 있다.

제102조(체포·구속적부심사청구서의 기재사항)

체포 또는 구속의 적부심사청구서에는 다음 사항을 기재하여야 한다.

1. 체포 또는 구속된 피의자의 성명, 주민등록번호 등, 주거
2. 체포 또는 구속된 일자
3. 청구의 취지 및 청구의 이유
4. 청구인의 성명 및 체포 또는 구속된 피의자와의 관계

제103조 삭제

제104조(심문기일의 통지 및 수사관계서류 등의 제출)

① 체포 또는 구속의 적부심사의 청구를 받은 법원은 지체 없이 청구인, 변호인, 검사 및 피의자를 구금하고 있는 관서(경찰서, 교도소 또는 구치소 등)의 장에게 심문기일과 장소를 통지하여야 한다. <개정 2007.10.29.>

② 사건을 수사 중인 검사 또는 사법경찰관은 제1항의 심문기일까지 수사관계서류와 증거물을 법원에 제출하여야 하고, 피의자를 구금하고 있는 관서의 장은 위 심문기일에 피의자를 출석시켜야 한다. 법원사무관 등은 체포적부심사청구 사건의 기록표지에 수사관계서류와 증거물의 접수 및 반환의 시각을 기재하여야 한다.

③ 제54조의2제3항의 규정은 제1항에 따른 통지에 이를 준용한다.

제104조의2(준용규정)

제96조의21의 규정은 체포·구속의 적부심사를 청구한 피의자의 변호인에게 이를 준용한다.

제105조(심문기일의 절차)

① 법 제214조의2제9항에 따라 심문기일에 출석한 검사·변호인·청구인은 법원의 심문이 끝난 후 의견을 진술할 수 있다. 다만, 필요한 경우에는 심문 도중에도 판사의 허가를 얻어 의견을 진술할 수 있다.

② 피의자는 판사의 심문 도중에도 변호인에게 조력을 구할 수 있다.

③ 체포 또는 구속된 피의자, 변호인, 청구인은 피의자에게 유리한 자료를 낼 수 있다.

④ 법원은 피의자의 심문을 합의부원에게 명할 수 있다.

제106조(결정의 기한)

체포 또는 구속의 적부심사청구에 대한 결정은 체포 또는 구속된 피의자에 대한 심문이 종료된 때로부터 24시간 이내에 이를 하여야 한다. <개정 1996.12.3.>

제107조(압수, 수색, 검증 영장청구서의 기재사항)

① 압수, 수색 또는 검증을 위한 영장의 청구서에는 다음 각호의 사항을 기재하여야 한다.

1. 제95조제1호부터 제5호까지에 규정한 사항
2. 압수할 물건, 수색 또는 검증할 장소, 신체나 물건
3. 압수, 수색 또는 검증의 사유
4. 일출전 또는 일몰후에 압수, 수색 또는 검증을 할 필요가 있는 때에는 그 취지 및 사유
5. 법 제216조제3항에 따라 청구하는 경우에는 영장 없이 압수, 수색 또는 검증을 한 일시 및 장소
6. 법 제217조제2항에 따라 청구하는 경우에는 체포한 일시 및 장소와 영장 없이 압수, 수색 또는 검증을 한 일시 및 장소
7. 「통신비밀보호법」제2조제3호에 따른 전기통신을 압수·수색하고자 할 경우 그 작성기간

② 신체검사를 내용으로 하는 검증을 위한 영장의 청구서에는 제1항 각호의 사항외에 신체검사를 필요로 하는 이유와 신체검사를 받을 자의 성별, 건강상태를 기재하여야 한다.

제108조(자료의 제출)

① 법 제215조의 규정에 의한 청구를 할 때에는 피의자에게 범죄의 혐의가 있다고 인정되는 자료와 압수, 수색 또는 검증의 필요 및 해당 사건과의 관련성을 인정할 수 있는 자료를 제출하여야 한다.

② 피의자 아닌 자의 신체, 물건, 주거 기타 장소의 수색을 위한 영장의 청구를 할 때에는 압수하여야 할 물건이 있다고 인정될 만한 자료를 제출하여야 한다.

제109조(준용규정)

제58조, 제62조의 규정은 검사 또는 사법경찰관의 압수, 수색에 제64조, 제65조의 규정은 검사 또는 사법경찰관의 검증에 각 이를 준용한다.

제110조(압수, 수색, 검증의 참여)

검사 또는 사법경찰관이 압수, 수색, 검증을 함에는 법 제243조에 규정한 자를 각 참여하게 하여야 한다.

제111조(제1회 공판기일 전 증인신문청구서의 기재사항)

법 제221조의2에 따른 증인신문 청구서에는 다음 각 호의 사항을 기재하여야 한다.

1. 증인의 성명, 직업 및 주거
2. 피의자 또는 피고인의 성명
3. 죄명 및 범죄사실의 요지
4. 증명할 사실
5. 신문사항
6. 증인신문청구의 요건이 되는 사실
7. 피의자 또는 피고인에게 변호인이 있는 때에는 그 성명

제112조(증인신문등의 통지)

판사가 법 제221조의2에 따른 증인신문을 실시할 경우에는 피고인, 피의자 또는 변호인에게 신문기일과 장소 및 증인신문에 참여할 수 있다는 취지를 통지하여야 한다.

제113조(감정유치청구서의 기재사항)

법 제221조의3에 따른 감정유치청구서에는 다음 각호의 사항을 기재하여야 한다.

1. 제95조제1호부터 제5호까지에 규정한 사항
2. 유치할 장소 및 유치기간
3. 감정의 목적 및 이유
4. 감정인의 성명, 직업

제114조(감정에 필요한 처분허가청구서의 기재사항)

법 제221조의4의 규정에 의한 처분허가청구서에는 다음 각호의 사항을 기재하여야 한다.

1. 법 제173조제2항에 규정한 사항. 다만, 피의자의 성명이 분명하지 아니한 때에는 인상, 체격 기타 피의자를 특정할 수 있는 사항을 기재하여야 한다.
2. 제95조제2호 내지 제5호에 규정한 사항
3. 감정에 필요한 처분의 이유

제115조(준용규정)

제85조, 제86조 및 제88조의 규정은 법 제221조의3에 규정한 유치처분에, 제89조의 규정은 법 제221조의4에 규정한 허가장에 각 이를 준용한다.

제116조(고소인의 신분관계 자료제출)

① 법 제225조 내지 제227조의 규정에 의하여 고소할 때에는 고소인과 피해자와의 신분관계를 소명하는 서면을, 법 제229조에 의하여 고소할 때에는 혼인의 해소 또는 이혼소송의 제기사실을 소명하는 서면을 각 제출하여야 한다.
② 법 제228조의 규정에 의하여 검사의 지정을 받은 고소인이 고소할 때에는 그 지정받은 사실을 소명하는 서면을 제출하여야 한다.

제2장 공소

제117조(공소장의 기재요건)

① 공소장에는 법 제254조제3항에 규정한 사항외에 다음 각호의 사항을 기재하여야 한다.
  1. 피고인의 주민등록번호 등, 직업, 주거 및 등록기준지. 다만, 피고인이 법인인 때에는 사무소 및 대표자의 성명과 주소
  2. 피고인이 구속되어 있는지 여부
② 제1항제1호에 규정한 사항이 명백하지 아니할 때에는 그 취지를 기재하여야 한다.

제118조(공소장의 첨부서류)

① 공소장에는, 공소제기전에 변호인이 선임되거나 보조인의 신고가 있는 경우 그 변호인선임서 또는 보조인신고서를, 공소제기전에 특별대리인의 선임이 있는 경우 그 특별대리인 선임결정등본을, 공소제기당시 피고인이 구속되어 있거나, 체포 또는 구속된 후 석방된 경우 체포영장, 긴급체포서, 구속영장 기타 구속에 관한 서류를 각 첨부하여야 한다.

② 공소장에는 제1항에 규정한 서류외에 사건에 관하여 법원에 예단이 생기게 할 수 있는 서류 기타 물건을 첨부하거나 그 내용을 인용하여서는 아니된다.

제119조 삭제

제120조(재정신청인에 대한 통지)

법원은 재정신청서를 송부받은 때에는 송부받은 날로부터 10일 이내에 피의자 이외에 재정신청인에게도 그 사유를 통지하여야 한다.

제121조(재정신청의 취소방식 및 취소의 통지)

① 법 제264조제2항에 규정된 취소는 관할고등법원에 서면으로 하여야 한다. 다만, 기록이 관할고등법원에 송부되기 전에는 그 기록이 있는 검찰청 검사장 또는 지청장에게 하여야 한다.

② 제1항의 취소서를 제출받은 고등법원의 법원사무관등은 즉시 관할 고등검찰청 검사장 및 피의자에게 그 사유를 통지하여야 한다.

제122조(재정신청에 대한 결정과 이유의 기재)

법 제262조제2항제2호에 따라 공소제기를 결정하는 때에는 죄명과 공소사실이 특정될 수 있도록 이유를 명시하여야 한다.

제122조의2(국가에 대한 비용부담의 범위)

법 제262조의3제1항에 따른 비용은 다음 각 호에 해당하는 것으로 한다. <개정 2020.6.26.>

1. 증인·감정인·통역인(듣거나 말하는 데 장애가 있는 사람을 위한 통역인을 제외한다)·번역인에게 지급되는 일당·여비·숙박료·감정료·통역료·번역료
2. 현장검증 등을 위한 법관, 법원사무관 등의 출장경비
3. 그 밖에 재정신청 사건의 심리를 위하여 법원이 지출한 송달료 등 절차진행에 필요한 비용

제122조의3(국가에 대한 비용부담의 절차)

① 법 제262조의3제1항에 따른 재판의 집행에 관하여는 법 제477조의 규정을 준용한다.

② 제1항의 비용의 부담을 명하는 재판에 그 금액을 표시하지 아니한 때에는 집행을 지휘하는 검사가 산정한다.

제122조의4(피의자에 대한 비용지급의 범위)

① 법 제262조의3제2항과 관련한 비용은 다음 각 호에 해당하는 것으로 한다.

1. 피의자 또는 변호인이 출석함에 필요한 일당·여비·숙박료
2. 피의자가 변호인에게 부담하였거나 부담하여야 할 선임료
3. 기타 재정신청 사건의 절차에서 피의자가 지출한 비용으로 법원이 피의자의 방어권행사에 필요하다고 인정한 비용
② 제1항제2호의 비용을 계산함에 있어 선임료를 부담하였거나 부담할 변호인이 여러 명이 있은 경우에는 그 중 가장 고액의 선임료를 상한으로 한다.
③ 제1항제2호의 변호사 선임료는 사안의 성격·난이도, 조사에 소요된 기간 그 밖에 변호인의 변론활동에 소요된 노력의 정도 등을 종합적으로 고려하여 상당하다고 인정되는 금액으로 정한다.

제122조의5(피의자에 대한 비용지급의 절차)

① 피의자가 법 제262조의3제2항에 따른 신청을 할 때에는 다음 각 호의 사항을 기재한 서면을 재정신청사건의 관할 법원에 제출하여야 한다.
1. 재정신청 사건번호
2. 피의자 및 재정신청인
3. 피의자가 재정신청절차에서 실제 지출하였거나 지출하여야 할 금액 및 그 용도
4. 재정신청인에게 지급을 구하는 금액 및 그 이유
② 피의자는 제1항의 서면을 제출함에 있어 비용명세서 그 밖에 비용액을 소명하는 데 필요한 서면과 고소인 수에 상응하는 부본을 함께 제출하여야 한다.
③ 법원은 제1항 및 제2항의 서면의 부본을 재정신청인에게 송달하여야 하고, 재정신청인은 위 서면을 송달받은 날로부터 10일 이내에 이에 대한 의견을 서면으로 법원에 낼 수 있다.
④ 법원은 필요하다고 인정하는 경우에는 피의자 또는 변호인에게 비용액의 심리를 위하여 필요한 자료의 제출 등을 요구할 수 있고, 재정신청인, 피의자 또는 변호인을 심문할 수 있다.
⑤ 비용지급명령에는 피의자 및 재정신청인, 지급을 명하는 금액을 표시하여야 한다. 비용지급명령의 이유는 특히 필요하다고 인정되는 경우가 아니면 이를 기재하지 아니한다.
⑥ 비용지급명령은 피의자 및 재정신청인에게 송달하여야 하고, 법 제262조의3제3항에 따른 즉시항고기간은 피의자 또는 재정신청인이 비용지급명령서를 송달받은 날부터 진행한다.

⑦ 확정된 비용지급명령정본은 「민사집행법」에 따른 강제집행에 관하여는 민사 절차에서의 집행력 있는 판결정본과 동일한 효력이 있다.

제3장 공판

제1절 공판준비와 공판절차

제123조(제1회공판기일소환장의 송달시기)

피고인에 대한 제1회 공판기일소환장은 법 제266조의 규정에 의한 공소장부본의 송달전에는 이를 송달하여서는 아니 된다.

제123조의2(공소제기 후 검사가 보관하는 서류 등의 열람·등사 신청)

법 제266조의3제1항의 신청은 다음 사항을 기재한 서면으로 하여야 한다.

1. 사건번호, 사건명, 피고인
2. 신청인 및 피고인과의 관계
3. 열람 또는 등사할 대상

[본조신설 2007.10.29.]

제123조의3(영상녹화물과 열람·등사)

법 제221조·법 제244조의2에 따라 작성된 영상녹화물에 대한 법 제266조의3의 열람·등사는 원본과 함께 작성된 부본에 의하여 이를 행할 수 있다.

제123조의4(법원에 대한 열람·등사 신청)

① 법 제266조의4제1항의 신청은 다음 사항을 기재한 서면으로 하여야 한다.

1. 열람 또는 등사를 구하는 서류 등의 표목
2. 열람 또는 등사를 필요로 하는 사유

② 제1항의 신청서에는 다음 각 호의 서류를 첨부하여야 한다.

1. 제123조의2의 신청서 사본
2. 검사의 열람·등사 불허 또는 범위 제한 통지서. 다만 검사가 서면으로 통지하지 않은 경우에는 그 사유를 기재한 서면
3. 신청서 부본 1부

③ 법원은 제1항의 신청이 있는 경우, 즉시 신청서 부본을 검사에게 송부하여야 하고, 검사는 이에 대한 의견을 제시할 수 있다.

④ 제1항, 제2항제1호·제3호의 규정은 법 제266조의11제3항에 따른 검사의 신

청에 이를 준용한다. 법원은 검사의 신청이 있는 경우 즉시 신청서 부본을 피고인 또는 변호인에게 송부하여야 하고, 피고인 또는 변호인은 이에 대한 의견을 제시할 수 있다.

제123조의5(공판준비기일 또는 공판기일에서의 열람·등사)

① 검사, 피고인 또는 변호인은 공판준비 또는 공판기일에서 법원의 허가를 얻어 구두로 상대방에게 법 제266조의3·제266조의11에 따른 서류 등의 열람 또는 등사를 신청할 수 있다.

② 상대방이 공판준비 또는 공판기일에서 서류 등의 열람 또는 등사를 거부하거나 그 범위를 제한한 때에는 법원은 법 제266조의4제2항의 결정을 할 수 있다.

③ 제1항, 제2항에 따른 신청과 결정은 공판준비 또는 공판기일의 조서에 기재하여야 한다.

제123조의6(재판의 고지 등에 관한 특례)

법원은 서면 이외에 전화·모사전송·전자우편·휴대전화 문자전송 그 밖에 적당한 방법으로 검사·피고인 또는 변호인에게 공판준비와 관련된 의견을 요청하거나 결정을 고지할 수 있다.

제123조의7(쟁점의 정리)

① 사건이 공판준비절차에 부쳐진 때에는 검사는 증명하려는 사실을 밝히고 이를 증명하는 데 사용할 증거를 신청하여야 한다.

② 피고인 또는 변호인은 검사의 증명사실과 증거신청에 대한 의견을 밝히고, 공소사실에 관한 사실상·법률상 주장과 그에 대한 증거를 신청하여야 한다.

③ 검사·피고인 또는 변호인은 필요한 경우 상대방의 주장 및 증거신청에 대하여 필요한 의견을 밝히고, 그에 관한 증거를 신청할 수 있다.

제123조의8(심리계획의 수립)

① 법원은 사건을 공판준비절차에 부친 때에는 집중심리를 하는 데 필요한 심리계획을 수립하여야 한다.

② 검사·피고인 또는 변호인은 특별한 사정이 없는 한 필요한 증거를 공판준비절차에서 일괄하여 신청하여야 한다.

③ 법원은 증인을 신청한 자에게 증인의 소재, 연락처, 출석 가능성 및 출석이 가능한 일시 등 증인의 신문에 필요한 사항의 준비를 명할 수 있다.

제123조의9(기일외 공판준비)

① 재판장은 검사·피고인 또는 변호인에게 기한을 정하여 공판준비 절차의 진행에 필요한 사항을 미리 준비하게 하거나 그 밖에 공판준비에 필요한 명령을 할 수 있다.

② 재판장은 기한을 정하여 법 제266조의6제2항에 규정된 서면의 제출을 명할 수 있다.

③ 제2항에 따른 서면에는 필요한 사항을 구체적이고 간결하게 기재하여야 하고, 증거로 할 수 없거나 증거로 신청할 의사가 없는 자료에 기초하여 법원에 사건에 대한 예단 또는 편견을 발생하게 할 염려가 있는 사항을 기재하여서는 아니 된다.

④ 피고인이 제2항에 따른 서면을 낼 때에는 1통의 부본을, 검사가 제2항에 따른 서면을 낼 때에는 피고인의 수에 1을 더한 수에 해당하는 부본을 함께 제출하여야 한다. 다만, 여러 명의 피고인에 대하여 동일한 변호인이 선임된 경우에는 검사는 변호인의 수에 1을 더한 수에 해당하는 부본만을 낼 수 있다.

제123조의10(공판준비기일의 변경)

검사·피고인 또는 변호인은 부득이한 사유로 공판준비기일을 변경할 필요가 있는 때에는 그 사유와 기간 등을 구체적으로 명시하여 공판준비기일의 변경을 신청할 수 있다.

제123조의11(공판준비기일이 지정된 사건의 국선변호인 선정)

① 법 제266조의7에 따라 공판준비 기일이 지정된 사건에 관하여 피고인에게 변호인이 없는 때에는 법원은 지체 없이 국선변호인을 선정하고, 피고인 및 변호인에게 그 뜻을 고지하여야 한다.

② 공판준비기일이 지정된 후에 변호인이 없게 된 때에도 제1항을 준용한다.

제123조의12(공판준비기일조서)

① 법원이 공판준비기일을 진행한 경우에는 참여한 법원사무관 등이 조서를 작성하여야 한다.

② 제1항의 조서에는 피고인, 증인, 감정인, 통역인 또는 번역인의 진술의 요지와 쟁점 및 증거에 관한 정리결과와 그 밖에 필요한 사항을 기재하여야 한다.

③ 제1항, 제2항의 조서에는 재판장 또는 법관과 참여한 법원사무관 등이 기명날인 또는 서명하여야 한다.

제124조(공판개정시간의 구분 지정)

재판장은 가능한 한 각 사건에 대한 공판개정시간을 구분하여 지정하여야 한다.

제124조의2(일괄 기일 지정과 당사자의 의견 청취)

재판장은 법 제267조의2제3항의 규정에 의하여 여러 공판기일을 일괄하여 지정할 경우에는 검사, 피고인 또는 변호인의 의견을 들어야 한다.

제125조(공판기일 변경신청)

법 제270조제1항에 규정한 공판기일 변경신청에는 공판기일의 변경을 필요로 하는 사유와 그 사유가 계속되리라고 예상되는 기간을 명시하여야 하며 진단서 기타의 자료로써 이를 소명하여야 한다.

제125조의2(변론의 방식)

공판정에서의 변론은 구체적이고 명료하게 하여야 한다.

제126조(피고인의 대리인의 대리권)

피고인이 법 제276조 단서 또는 법 제277조에 따라 공판기일에 대리인을 출석하게 할 때에는 그 대리인에게 대리권을 수여한 사실을 증명하는 서면을 법원에 제출하여야 한다.

제126조의2(신뢰관계 있는 자의 동석)

① 법 제276조의2제1항에 따라 피고인과 동석할 수 있는 신뢰관계에 있는 자는 피고인의 배우자, 직계친족, 형제자매, 가족, 동거인, 고용주 그 밖에 피고인의 심리적 안정과 원활한 의사소통에 도움을 줄 수 있는 자를 말한다.

② 법 제276조의2제1항에 따른 동석 신청에는 동석하고자 하는 자와 피고인 사이의 관계, 동석이 필요한 사유 등을 밝혀야 한다.

③ 피고인과 동석한 신뢰관계에 있는 자는 재판의 진행을 방해하여서는 아니 되며, 재판장은 동석한 신뢰관계 있는 자가 부당하게 재판의 진행을 방해하는 때에는 동석을 중지시킬 수 있다.

제126조의3(불출석의 허가와 취소)

① 법 제277조 제3호에 규정한 불출석허가신청은 공판기일에 출석하여 구술로 하거나 공판기일 외에서 서면으로 할 수 있다.

② 법원은 피고인의 불출석허가신청에 대한 허가 여부를 결정하여야 한다.

③ 법원은 피고인의 불출석을 허가한 경우에도 피고인의 권리보호 등을 위하여 그 출석이 필요하다고 인정되는 때에는 불출석 허가를 취소할 수 있다.

제126조의4(출석거부의 통지)

법 제277조의2의 사유가 발생하는 경우에는 교도소장은 즉시 그 취지를 법원에 통지하여야 한다.

제126조의5(출석거부에 관한 조사)

① 법원이 법 제277조의2에 따라 피고인의 출석 없이 공판절차를 진행하고자 하는 경우에는 미리 그 사유가 존재하는가의 여부를 조사하여야 한다.

② 법원이 제1항의 조사를 함에 있어서 필요하다고 인정하는 경우에는 교도관리 기타 관계자의 출석을 명하여 진술을 듣거나 그들로 하여금 보고서를 제출하도록 명할 수 있다.

③법원은 합의부원으로 하여금 제1항의 조사를 하게 할 수 있다.

제126조의6(피고인 또는 검사의 출석없이 공판절차를 진행한다는 취지의 고지)

법 제277조의2의 규정에 의하여 피고인의 출석없이 공판절차를 진행하는 경우 또는 법 제278조의 규정에 의하여 검사의 2회 이상 불출석으로 공판절차를 진행하는 경우에는 재판장은 공판정에서 소송관계인에게 그 취지를 고지하여야 한다.

제126조의7(전문심리위원의 지정)

법원은 전문심리위원규칙에 따라 정해진 전문심리위원 후보자 중에서 전문심리위원을 지정하여야 한다.

제126조의8(기일 외의 전문심리위원에 대한 설명 등의 요구와 통지)

재판장이 기일 외에서 전문심리위원에 대하여 설명 또는 의견을 요구한 사항이 소송관계를 분명하게 하는 데 중요한 사항일 때에는 법원사무관 등은 검사, 피고인 또는 변호인에게 그 사항을 통지하여야 한다.

제126조의9(서면의 사본 송부)

전문심리위원이 설명이나 의견을 기재 한 서면을 제출한 경우에는 법원사무관등은 검사, 피고인 또는 변호인에게 그 사본을 보내야 한다.

제126조의10(전문심리위원에 대한 준비지시)

① 재판장은 전문심리위원을 소송절차에 참여시키기 위하여 필요하다고 인정한 때에는 쟁점의 확인 등 적절한 준비를 지시할 수 있다.

② 재판장이 제1항의 준비를 지시한 때에는 법원사무관등은 검사, 피고인 또는 변호인에게 그 취지를 통지하여야 한다.

제126조의11(증인신문기일에서의 재판장의 조치)

재판장은 전문심리위원의 말이 증인의 증언에 영향을 미치지 않게 하기 위하여 필요하다고 인정할 때에는 직권 또는 검사, 피고인 또는 변호인의 신청에 따라 증인의 퇴정 등 적절한 조치를 취할 수 있다.

제126조의12(조서의 기재)

① 전문심리위원이 공판준비기일 또는 공판기일에 참여한 때에는 조서에 그 성명을 기재하여야 한다.

② 전문심리위원이 재판장, 수명법관 또는 수탁판사의 허가를 받아 소송관계인에게 질문을 한 때에는 조서에 그 취지를 기재하여야 한다.

제126조의13(전문심리위원 참여 결정의 취소 신청방식 등)

① 법 제279조의2 제1항에 따른 결정의 취소 신청은 기일에서 하는 경우를 제외하고는 서면으로 하여야 한다.

② 제1항의 신청을 할 때에는 신청 이유를 밝혀야 한다. 다만, 검사와 피고인 또는 변호인이 동시에 신청할 때에는 그러하지 아니하다.

제126조의14(수명법관 등의 권한)

수명법관 또는 수탁판사가 소송절차를 진행하는 경우에는 제126조의10부터 제126조의12까지의 규정에 따른 재판장의 직무는 그 수명법관이나 수탁판사가 행한다.

제127조(피고인에 대한 진술거부권 등의 고지)

재판장은 법 제284조에 따른 인정신문을 하기 전에 피고인에게 진술을 하지 아니하거나 개개의 질문에 대하여 진술을 거부할 수 있고, 이익 되는 사실을 진술할 수 있음을 알려 주어야 한다.

제127조의2(피고인의 모두진술)

① 재판장은 법 제285조에 따른 검사의 모두진술 절차를 마친 뒤에 피고인에게 공소사실을 인정하는지 여부에 관하여 물어야 한다.

② 피고인 및 변호인은 공소에 관한 의견 그 밖에 이익이 되는 사실 등을 진술할 수 있다.

제128조 삭제

제129조 삭제

제130조 삭제

제131조(간이공판절차의 결정전의 조치)

법원이 법 제286조의2의 규정에 의한 결정을 하고자 할 때에는 재판장은 이미 피고인에게 간이공판절차의 취지를 설명하여야 한다.

제132조(증거의 신청)

검사·피고인 또는 변호인은 특별한 사정이 없는 한 필요한 증거를 일괄하여 신청하여야 한다.

제132조의2(증거신청의 방식)

① 검사, 피고인 또는 변호인이 증거신청을 함에 있어서는 그 증거와 증명하고자 하는 사실과의 관계를 구체적으로 명시하여야 한다.

② 피고인의 자백을 보강하는 증거나 정상에 관한 증거는 보강증거 또는 정상에 관한 증거라는 취지를 특히 명시하여 그 조사를 신청하여야 한다.

③ 서류나 물건의 일부에 대한 증거신청을 함에 있어서는 증거로 할 부분을 특정하여 명시하여야 한다.

④ 법원은 필요하다고 인정할 때에는 증거신청을 한 자에게, 신문할 증인, 감정인, 통역인 또는 번역인의 성명, 주소, 서류나 물건의 표목 및 제1항 내지 제3항에 규정된 사항을 기재한 서면의 제출을 명할 수 있다.

⑤ 제1항 내지 제4항의 규정에 위반한 증거신청은 이를 기각할 수 있다.

제132조의3(수사기록의 일부에 대한 증거신청방식)

① 법 제311조부터 법 제315조까지 또는 법 제318조에 따라 증거로 할 수 있는 서류나 물건이 수사기록의 일부인 때에는 검사는 이를 특정하여 개별적으로 제출함으로써 그 조사를 신청하여야 한다. 수사기록의 일부인 서류나 물건을 자백에 대한 보강증거나 피고인의 정상에 관한 증거로 낼 경우 또는 법 제274조에 따라 공판기일전에 서류나 물건을 낼 경우에도 이와 같다.

② 제1항의 규정에 위반한 증거신청은 이를 기각할 수 있다.

제132조의4(보관서류에 대한 송부요구)

① 법 제272조에 따른 보관서류의 송부요구신청은 법원, 검찰청, 기타의 공무소 또는 공사단체(이하 "法院등"이라고 한다)가 보관하고 있는 서류의 일부에 대하여도 할 수 있다.

② 제1항의 신청을 받은 법원이 송부요구신청을 채택하는 경우에는 서류를 보관

하고 있는 법원등에 대하여 그 서류 중 신청인 또는 변호인이 지정하는 부분의 인증등본을 송부하여 줄 것을 요구할 수 있다.

③ 제2항의 규정에 의한 요구를 받은 법원등은 당해서류를 보관하고 있지 아니하거나 기타 송부요구에 응할 수 없는 사정이 있는 경우를 제외하고는 신청인 또는 변호인에게 당해서류를 열람하게 하여 필요한 부분을 지정할 수 있도록 하여야 하며 정당한 이유없이 이에 대한 협력을 거절하지 못한다.

④ 서류의 송부요구를 받은 법원등이 당해서류를 보관하고 있지 아니하거나 기타 송부요구에 응할 수 없는 사정이 있는 때에는 그 사유를 요구법원에 통지하여야 한다.

제132조의5(민감정보 등의 처리)

① 법원은 재판업무 및 그에 부수하는 업무의 수행을 위하여 필요한 경우 「개인정보 보호법」제23조의 민감정보, 제24조의 고유식별정보, 제24조의2의 주민등록번호 및 그 밖의 개인정보를 처리할 수 있다. <개정 2014.8.6.>

② 법원은 필요하다고 인정하는 경우 법 제272조에 따라 법원등에 대하여 제1항의 민감정보, 고유식별정보, 주민등록번호 및 그 밖의 개인정보가 포함된 자료의 송부를 요구할 수 있다.

③ 제2항에 따른 송부에 관하여는 제132조의4제2항부터 제4항까지의 규정을 준용한다.

제133조(증거신청의 순서)

증거신청은 검사가 먼저 이를 한 후 다음에 피고인 또는 변호인이 이를 한다.

제134조(증거결정의 절차)

① 법원은 증거결정을 함에 있어서 필요하다고 인정할 때에는 그 증거에 대한 검사, 피고인 또는 변호인의 의견을 들을 수 있다.

② 법원은 서류 또는 물건이 증거로 제출된 경우에 이에 관한 증거결정을 함에 있어서는 제출한 자로 하여금 그 서류 또는 물건을 상대방에게 제시하게 하여 상대방으로 하여금 그 서류 또는 물건의 증거능력 유무에 관한 의견을 진술하게 하여야 한다. 다만, 법 제318조의3의 규정에 의하여 동의가 있는 것으로 간주되는 경우에는 그러하지 아니하다.

③ 피고인 또는 변호인이 검사 작성의 피고인에 대한 피의자신문조서에 기재된 내용이 피고인이 진술한 내용과 다르다고 진술할 경우, 피고인 또는 변호인은 당해 조서 중 피고인이 진술한 부분과 같게 기재되어 있는 부분과 다르게 기

재되어 있는 부분을 구체적으로 특정하여야 한다.

④ 법원은 증거신청을 기각·각하하거나, 증거신청에 대한 결정을 보류하는 경우, 증거신청인으로부터 당해 증거서류 또는 증거물을 제출받아서는 아니 된다.

제134조의2(영상녹화물의 조사 신청)

① 검사는 피고인이 아닌 피의자의 진술을 영상녹화한 사건에서 피고인이 아닌 피의자가 그 조서에 기재된 내용이 자신이 진술한 내용과 동일하게 기재되어 있음을 인정하지 아니하는 경우 그 부분의 성립의 진정을 증명하기 위하여 영상녹화물의 조사를 신청할 수 있다. <개정 2020.12.28.>

② 삭제 <2020.12.28.>

③ 제1항의 영상녹화물은 조사가 개시된 시점부터 조사가 종료되어 피의자가 조서에 기명날인 또는 서명을 마치는 시점까지 전과정이 영상녹화된 것으로, 다음 각 호의 내용을 포함하는 것이어야 한다.

  1. 피의자의 신문이 영상녹화되고 있다는 취지의 고지
  2. 영상녹화를 시작하고 마친 시각 및 장소의 고지
  3. 신문하는 검사와 참여한 자의 성명과 직급의 고지
  4. 진술거부권·변호인의 참여를 요청할 수 있다는 점 등의 고지
  5. 조사를 중단·재개하는 경우 중단 이유와 중단 시각, 중단 후 재개하는 시각
  6. 조사를 종료하는 시각

④ 제1항의 영상녹화물은 조사가 행해지는 동안 조사실 전체를 확인할 수 있도록 녹화된 것으로 진술자의 얼굴을 식별할 수 있는 것이어야 한다.

⑤ 제1항의 영상녹화물의 재생 화면에는 녹화 당시의 날짜와 시간이 실시간으로 표시되어야 한다.

⑥ 삭제 <2020.12.28.>

제134조의3(제3자의 진술과 영상녹화물)

① 검사는 피의자가 아닌 자가 공판준비 또는 공판기일에서 조서가 자신이 검사 또는 사법경찰관 앞에서 진술한 내용과 동일하게 기재되어 있음을 인정하지 아니하는 경우 그 부분의 성립의 진정을 증명하기 위하여 영상녹화물의 조사를 신청할 수 있다.

② 검사는 제1항에 따라 영상녹화물의 조사를 신청하는 때에는 피의자가 아닌 자가 영상녹화에 동의하였다는 취지로 기재하고 기명날인 또는 서명한 서면을 첨부하여야 한다.

③ 제134조의2제3항제1호부터 제3호, 제5호, 제6호, 제4항, 제5항은 검사가 피의자가 아닌 자에 대한 영상녹화물의 조사를 신청하는 경우에 준용한다.

제134조의4(영상녹화물의 조사)

① 법원은 검사가 영상녹화물의 조사를 신청한 경우 이에 관한 결정을 함에 있어 원진술자와 함께 피고인 또는 변호인으로 하여금 그 영상녹화물이 적법한 절차와 방식에 따라 작성되어 봉인된 것인지 여부에 관한 의견을 진술하게 하여야 한다. <개정 2020.12.28.>

② 삭제 <2020.12.28.>

③ 법원은 공판준비 또는 공판기일에서 봉인을 해체하고 영상녹화물의 전부 또는 일부를 재생하는 방법으로 조사하여야 한다. 이 때 영상녹화물은 그 재생과 조사에 필요한 전자적 설비를 갖춘 법정 외의 장소에서 이를 재생할 수 있다.

④ 재판장은 조사를 마친 후 지체 없이 법원사무관 등으로 하여금 다시 원본을 봉인하도록 하고, 원진술자와 함께 피고인 또는 변호인에게 기명날인 또는 서명하도록 하여 검사에게 반환한다. 다만, 피고인의 출석 없이 개정하는 사건에서 변호인이 없는 때에는 피고인 또는 변호인의 기명날인 또는 서명을 요하지 아니한다.

제134조의5(기억 환기를 위한 영상녹화물의 조사)

① 법 제318조의2제2항에 따른 영상녹화물의 재생은 검사의 신청이 있는 경우에 한하고, 기억의 환기가 필요한 피고인 또는 피고인 아닌 자에게만 이를 재생하여 시청하게 하여야 한다.

② 제134조의2제3항부터 제5항까지와 제134조의4는 검사가 법 제318조의2제2항에 의하여 영상녹화물의 재생을 신청하는 경우에 준용한다.

제134조의6(증거서류에 대한 조사방법)

① 법 제292조제3항에 따른 증거서류 내용의 고지는 그 요지를 고지하는 방법으로 한다.

② 재판장은 필요하다고 인정하는 때에는 법 제292조제1항·제2항·제4항의 낭독에 갈음하여 그 요지를 진술하게 할 수 있다.

제134조의7(컴퓨터용디스크 등에 기억된 문자정보 등에 대한 증거조사)

① 컴퓨터용디스크 그 밖에 이와 비슷한 정보저장매체(다음부터 이 조문 안에서 이 모두를 "컴퓨터디스크 등"이라 한다)에 기억된 문자정보를 증거자료로 하는 경우에는 읽을 수 있도록 출력하여 인증한 등본을 낼 수 있다.

② 컴퓨터디스크 등에 기억된 문자정보를 증거로 하는 경우에 증거조사를 신청한 당사자는 법원이 명하거나 상대방이 요구한 때에는 컴퓨터디스크 등에 입력한 사람과 입력한 일시, 출력한 사람과 출력한 일시를 밝혀야 한다.

③ 컴퓨터디스크 등에 기억된 정보가 도면·사진 등에 관한 것인 때에는 제1항과 제2항의 규정을 준용한다.

제134조의8(음성·영상자료 등에 대한 증거조사)

① 녹음·녹화테이프, 컴퓨터용디스크, 그 밖에 이와 비슷한 방법으로 음성이나 영상을 녹음 또는 녹화(다음부터 이 조문 안에서 "녹음·녹화 등"이라 한다)하여 재생할 수 있는 매체(다음부터 이 조문 안에서 "녹음·녹화매체 등"이라 한다)에 대한 증거조사를 신청하는 때에는 음성이나 영상이 녹음·녹화 등이 된 사람, 녹음·녹화 등을 한 사람 및 녹음·녹화 등을 한 일시 · 장소를 밝혀야 한다.

② 녹음·녹화매체 등에 대한 증거조사를 신청한 당사자는 법원이 명하거나 상대방이 요구한 때에는 녹음·녹음매체 등의 녹취서, 그 밖에 그 내용을 설명하는 서면을 제출하여야 한다.

③ 녹음·녹화매체 등에 대한 증거조사는 녹음·녹화매체 등을 재생하여 청취 또는 시청하는 방법으로 한다.

제134조의9(준용규정)

도면·사진 그 밖에 정보를 담기 위하여 만들어진 물건으로서 문서가 아닌 증거의 조사에 관하여는 특별한 규정이 없으면 법 제292조, 법 제292조의2의 규정을 준용한다.

제134조의10(피해자등의 의견진술)

① 법원은 필요하다고 인정하는 경우에는 직권으로 또는 법 제294조의2제1항에 정한 피해자등(이하 이 조 및 제134조의11에서 '피해자등'이라 한다)의 신청에 따라 피해자등을 공판기일에 출석하게 하여 법 제294조의2제2항에 정한 사항으로서 범죄사실의 인정에 해당하지 않는 사항에 관하여 증인신문에 의하지 아니하고 의견을 진술하게 할 수 있다.

② 재판장은 재판의 진행상황 등을 고려하여 피해자등의 의견진술에 관한 사항과 그 시간을 미리 정할 수 있다.

③ 재판장은 피해자등의 의견진술에 대하여 그 취지를 명확하게 하기 위하여 피해자등에게 질문할 수 있고, 설명을 촉구할 수 있다.

④ 합의부원은 재판장에게 알리고 제3항의 행위를 할 수 있다.

⑤ 검사, 피고인 또는 변호인은 피해자등이 의견을 진술한 후 그 취지를 명확하게 하기 위하여 재판장의 허가를 받아 피해자등에게 질문할 수 있다.

⑥ 재판장은 다음 각 호의 어느 하나에 해당하는 경우에는 피해자등의 의견진술이나 검사, 피고인 또는 변호인의 피해자등에 대한 질문을 제한할 수 있다.

  1. 피해자등이나 피해자 변호사가 이미 해당 사건에 관하여 충분히 진술하여 다시 진술할 필요가 없다고 인정되는 경우

  2. 의견진술 또는 질문으로 인하여 공판절차가 현저하게 지연될 우려가 있다고 인정되는 경우

  3. 의견진술과 질문이 해당 사건과 관계없는 사항에 해당된다고 인정되는 경우

  4. 범죄사실의 인정에 관한 것이거나, 그 밖의 사유로 피해자등의 의견진술로서 상당하지 아니하다고 인정되는 경우

⑦ 제1항의 경우 법 제163조의2제1항, 제3항 및 제84조의3을 준용한다.

제134조의11(의견진술에 갈음한 서면의 제출)

① 재판장은 재판의 진행상황, 그 밖의 사정을 고려하여 피해자등에게 제134조의10제1항의 의견진술에 갈음하여 의견을 기재한 서면을 제출하게 할 수 있다.

② 피해자등의 의견진술에 갈음하는 서면이 법원에 제출된 때에는 검사 및 피고인 또는 변호인에게 그 취지를 통지하여야 한다.

③ 제1항에 따라 서면이 제출된 경우 재판장은 공판기일에서 의견진술에 갈음하는 서면의 취지를 명확하게 하여야 한다. 이 경우 재판장은 상당하다고 인정하는 때에는 그 서면을 낭독하거나 요지를 고지할 수 있다.

④ 제2항의 통지는 서면, 전화, 전자우편, 모사전송, 휴대전화 문자전송 그 밖에 적당한 방법으로 할 수 있다.

제134조의12(의견진술・의견진술에 갈음한 서면)

제134조의10제1항에 따른 진술과 제134조의11제1항에 따른 서면은 범죄사실의 인정을 위한 증거로 할 수 없다.

제135조(자백의 조사 시기)

법 제312조 및 법 제313조에 따라 증거로 할 수 있는 피고인 또는 피고인 아닌 자의 진술을 기재한 조서 또는 서류가 피고인의 자백 진술을 내용으로 하는 경우에는 범죄사실에 관한 다른 증거를 조사한 후에 이를 조사하여야 한다.

제135조의2(증거조사에 관한 이의신청의 사유)

법 제296조제1항의 규정에 의한 이의신청은 법령의 위반이 있거나 상당하지 아

니함을 이유로 하여 이를 할 수 있다. 다만, 법 제295조의 규정에 의한 결정에 대한 이의신청은 법령의 위반이 있음을 이유로 하여서만 이를 할 수 있다.

제136조(재판장의 처분에 대한 이의신청의 사유)
법 제304조제1항의 규정에 의한 이의신청은 법령의 위반이 있음을 이유로 하여서만 이를 할 수 있다.

제137조(이의신청의 방식과 시기)
제135조 및 제136조에 규정한 이의신청(이하 이 절에서는 "이의신청"이라 한다)은 개개의 행위, 처분 또는 결정시마다 그 이유를 간결하게 명시하여 즉시 이를 하여야 한다.

제138조(이의신청에 대한 결정의 시기)
이의신청에 대한 법 제296조제2항 또는 법 제304조제2항의 결정은 이의신청이 있은 후 즉시 이를 하여야 한다.

제139조(이의신청에 대한 결정의 방식)
① 시기에 늦은 이의신청, 소송지연만을 목적으로 하는 것임이 명백한 이의신청은 결정으로 이를 기각하여야 한다. 다만, 시기에 늦은 이의신청이 중요한 사항을 대상으로 하고 있는 경우에는 시기에 늦은 것만을 이유로 하여 기각하여서는 아니된다.
② 이의신청이 이유없다고 인정되는 경우에는 결정으로 이를 기각하여야 한다.
③ 이의신청이 이유있다고 인정되는 경우에는 결정으로 이의신청의 대상이 된 행위, 처분 또는 결정을 중지, 철회, 취소, 변경하는 등 그 이의신청에 상응하는 조치를 취하여야 한다.
④ 증거조사를 마친 증거가 증거능력이 없음을 이유로 한 이의신청을 이유있다고 인정할 경우에는 그 증거의 전부 또는 일부를 배제한다는 취지의 결정을 하여야 한다.

제140조(중복된 이의신청의 금지)
이의신청에 대한 결정에 의하여 판단이 된 사항에 대하여는 다시 이의신청을 할 수 없다.

제140조의2(피고인신문의 방법)
피고인을 신문함에 있어서 그 진술을 강요하거나 답변을 유도하거나 그 밖에 위압적·모욕적 신문을 하여서는 아니 된다.

제140조의3(재정인의 퇴정)

　재판장은 피고인이 어떤 재정인의 앞에서 충분한 진술을 할 수 없다고 인정한 때에는 그 재정인을 퇴정하게 하고 진술하게 할 수 있다.

　[본조신설 2007.10.29.]

제141조(석명권등)

① 재판장은 소송관계를 명료하게 하기 위하여 검사, 피고인 또는 변호인에게 사실상과 법률상의 사항에 관하여 석명을 구하거나 입증을 촉구할 수 있다.

② 합의부원은 재판장에게 고하고 제1항의 조치를 할 수 있다.

③ 검사, 피고인 또는 변호인은 재판장에 대하여 제1항의 석명을 위한 발문을 요구할 수 있다.

제142조(공소장의 변경)

① 검사가 법 제298조제1항에 따라 공소장에 기재한 공소사실 또는 적용법조의 추가, 철회 또는 변경(이하 "공소장의 변경"이라 한다)을 하고자 하는 때에는 그 취지를 기재한 공소장변경허가신청서를 법원에 제출하여야 한다. <개정 2007.10.29.>

② 제1항의 공소장변경허가신청서에는 피고인의 수에 상응한 부본을 첨부하여야 한다.

③ 법원은 제2항의 부본을 피고인 또는 변호인에게 즉시 송달하여야 한다.

④ 공소장의 변경이 허가된 때에는 검사는 공판기일에 제1항의 공소장변경허가신청서에 의하여 변경된 공소사실·죄명 및 적용법조를 낭독하여야 한다. 다만, 재판장은 필요하다고 인정하는 때에는 공소장변경의 요지를 진술하게 할 수 있다. <개정 2007.10.29.>

⑤ 법원은 제1항의 규정에도 불구하고 피고인이 재정하는 공판정에서는 피고인에게 이익이 되거나 피고인이 동의하는 경우 구술에 의한 공소장변경을 허가할 수 있다. <신설 1996.12.3.>

제143조(공판절차정지후의 공판절차의 갱신)

　공판개정후 법 제306조제1항의 규정에 의하여 공판절차가 정지된 경우에는 그 정지사유가 소멸한 후의 공판기일에 공판절차를 갱신하여야 한다.

제144조(공판절차의 갱신절차)

① 법 제301조, 법 제301조의2 또는 제143조에 따른 공판절차의 갱신은 다음 각

호의 규정에 의한다.

1. 재판장은 제127조의 규정에 따라 피고인에게 진술거부권 등을 고지한 후 법 제284조에 따른 인정신문을 하여 피고인임에 틀림없음을 확인하여야 한다.
2. 재판장은 검사로 하여금 공소장 또는 공소장변경허가신청서에 의하여 공소사실, 죄명 및 적용법조를 낭독하게 하거나 그 요지를 진술하게 하여야 한다.
3. 재판장은 피고인에게 공소사실의 인정 여부 및 정상에 관하여 진술할 기회를 주어야 한다.
4. 재판장은 갱신전의 공판기일에서의 피고인이나 피고인이 아닌 자의 진술 또는 법원의 검증결과를 기재한 조서에 관하여 증거조사를 하여야 한다.
5. 재판장은 갱신전의 공판기일에서 증거조사된 서류 또는 물건에 관하여 다시 증거조사를 하여야 한다. 다만, 증거능력 없다고 인정되는 서류 또는 물건과 증거로 함이 상당하지 아니하다고 인정되고 검사, 피고인 및 변호인이 이의를 하지 아니하는 서류 또는 물건에 대하여는 그러하지 아니하다.

② 재판장은 제1항제4호 및 제5호에 규정한 서류 또는 물건에 관하여 증거조사를 함에 있어서 검사, 피고인 및 변호인의 동의가 있는 때에는 그 전부 또는 일부에 관하여 법 제292조·제292조의2·제292조의3에 규정한 방법에 갈음하여 상당하다고 인정하는 방법으로 이를 할 수 있다.

제145조(변론시간의 제한)

재판장은 필요하다고 인정하는 경우 검사, 피고인 또는 변호인의 본질적인 권리를 해치지 아니하는 범위내에서 법 제302조 및 법 제303조의 규정에 의한 의견진술의 시간을 제한할 수 있다.

제2절 공판의 재판

제146조(판결서의 작성)

변론을 종결한 기일에 판결을 선고하는 경우에는 선고 후 5일 내에 판결서를 작성하여야 한다.

제147조(판결의 선고)

① 재판장은 판결을 선고할 때 피고인에게 이유의 요지를 말이나 판결서 등본 또는 판결서 초본의 교부 등 적절한 방법으로 설명한다.
② 재판장은 판결을 선고하면서 피고인에게 적절한 훈계를 할 수 있다.

제147조의2(보호관찰의 취지등의 고지, 보호처분의 기간)

① 재판장은 판결을 선고함에 있어서 피고인에게 형법 제59조의2, 형법 제62조의2의 규정에 의하여 보호관찰, 사회봉사 또는 수강(이하 "保護觀察등"이라고 한다)을 명하는 경우에는 그 취지 및 필요하다고 인정하는 사항이 적힌 서면을 교부하여야 한다. <개정 2016.2.19.>

② 법원은 판결을 선고함에 있어 형법 제62조의2의 규정에 의하여 사회봉사 또는 수강을 명하는 경우에는 피고인이 이행하여야 할 총 사회봉사시간 또는 수강시간을 정하여야 한다. 이 경우 필요하다고 인정하는 때에는 사회봉사 또는 수강할 강의의 종류나 방법 및 그 시설 등을 지정할 수 있다.

③ 형법 제62조의2제2항의 사회봉사명령은 500시간, 수강명령은 200시간을 각 초과할 수 없으며, 보호관찰관이 그 명령을 집행함에는 본인의 정상적인 생활을 방해하지 아니하도록 한다.

④ 형법 제62조의2제1항의 보호관찰·사회봉사·수강명령은 둘 이상 병과할 수 있다.

⑤ 사회봉사·수강명령이 보호관찰과 병과하여 부과된 때에는 보호관찰기간내에 이를 집행하여야 한다.

제147조의3(보호관찰의 판결등의 통지)

① 보호관찰등을 조건으로 한 판결이 확정된 때에 당해 사건이 확정된 법원의 법원사무관등은 3일 이내에 판결문등본을 대상자의 주거지를 관할하는 보호관찰소의 장에게 송부하여야 한다. <개정 1998.6.20.>

② 제1항의 서면에는 법원의 의견 기타 보호관찰등의 자료가 될 만한 사항을 기재한 서면을 첨부할 수 있다.

제147조의4(보호관찰등의 성적보고)

보호관찰등을 명한 판결을 선고한 법원은 보호관찰등의 기간 중 보호관찰소장에게 보호관찰 등을 받고 있는 자의 성적에 관하여 보고를 하게 할 수 있다.

제148조(피고인에 대한 판결서 등본 등의 송달)

① 법원은 피고인에 대하여 판결을 선고한 때에는 선고일부터 7일 이내에 피고인에게 그 판결서 등본을 송달하여야 한다. 다만, 피고인이 동의하는 경우에는 그 판결서 초본을 송달할 수 있다.

② 제1항에 불구하고 불구속 피고인과 법 제331조의 규정에 의하여 구속영장의 효력이 상실된 구속 피고인에 대하여는 피고인이 송달을 신청하는 경우에 한

하여 판결서 등본 또는 판결서 초본을 송달한다.

제149조(집행유예취소청구의 방식)

법 제335조제1항의 규정한 형의 집행유예취소청구는 취소의 사유를 구체적으로 기재한 서면으로 하여야 한다.

제149조의2(자료의 제출)

형의 집행유예취소청구를 한 때에는 취소의 사유가 있다는 것을 인정할 수 있는 자료를 제출하여야 한다.

제149조의3(청구서부본의 제출과 송달)

① 형법 제64조제2항의 규정에 의한 집행유예취소청구를 한 때에는 검사는 청구와 동시에 청구서의 부본을 법원에 제출하여야 한다.

② 법원은 제1항의 부본을 받은 때에는 지체없이 집행유예의 선고를 받은 자에게 송달하여야 한다.

제150조(출석명령)

형의 집행유예취소청구를 받은 법원은 법 제335조제2항의 규정에 의한 의견을 묻기 위하여 필요하다고 인정할 경우에는 집행유예의 선고를 받은 자 또는 그 대리인의 출석을 명할 수 있다.

제150조의2(준용규정)

제149조 내지 제150조의 규정은 형법 제61조제2항의 규정에 의하여 유예한 형을 선고하는 경우에 준용한다.

제151조(경합범중 다시 형을 정하는 절차 등에의 준용)

제149조, 제149조의2 및 제150조의 규정은 법 제336조에 규정한 절차에 이를 준용한다.

제3편 상소
제1장 통칙

제152조(재소자의 상소장등의 처리)
① 교도소장, 구치소장 또는 그 직무를 대리하는 자가 법 제344조제1항의 규정에 의하여 상소장을 제출받은 때에는 그 제출받은 연월일을 상소장에 부기하여 즉시 이를 원심법원에 송부하여야 한다.
② 제1항의 규정은 교도소장, 구치소장 또는 그 직무를 대리하는 자가 법 제355조에 따라 정식재판청구나 상소권회복청구 또는 상소의 포기나 취하의 서면 및 상소이유서를 제출받은 때 및 법 제487조부터 법 제489조까지의 신청과 그 취하에 이를 준용한다. <개정 2007.10.29.>

제153조(상소의 포기 또는 취하에 관한 동의서의 제출)
① 법 제350조에 규정한 피고인이 상소의 포기 또는 취하를 할 때에는 법정대리인이 이에 동의하는 취지의 서면을 제출하여야 한다.
② 피고인의 법정대리인 또는 법 제341조에 규정한 자가 상소의 취하를 할 때에는 피고인이 이에 동의하는 취지의 서면을 제출하여야 한다.

제154조(상소의 포기 또는 취하의 효력을 다투는 절차)
① 상소의 포기 또는 취하가 부존재 또는 무효임을 주장하는 자는 그 포기 또는 취하당시 소송기록이 있었던 법원에 절차속행의 신청을 할 수 있다.
② 제1항의 신청을 받은 법원은 신청이 이유있다고 인정하는 때에는 신청을 인용하는 결정을 하고 절차를 속행하여야 하며, 신청이 이유없다고 인정하는 때에는 결정으로 신청을 기각하여야 한다.
③ 제2항 후단의 신청기각결정에 대하여는 즉시 항고할 수 있다.

제2장 항소

제155조(항소이유서, 답변서의 기재)
항소이유서 또는 답변서에는 항소이유 또는 답변내용을 구체적으로 간결하게 명시하여야 한다.

제156조(항소이유서, 답변서의 부본제출)

항소이유서 또는 답변서에는 상대방의 수에 2를 더한 수의 부본을 첨부하여야 한다.

제156조의2(국선변호인의 선정 및 소송기록접수통지)

① 기록의 송부를 받은 항소법원은 법 제33조제1항제1호부터 제6호까지의 필요적 변호사건에 있어서 변호인이 없는 경우에는 지체없이 변호인을 선정한 후 그 변호인에게 소송기록접수통지를 하여야 한다. 법 제33조제3항에 의하여 국선변호인을 선정한 경우에도 그러하다. <개정 2006.3.23., 2006.8.17., 2016.6.27.>

② 항소법원은 항소이유서 제출기간이 도과하기 전에 피고인으로부터 법 제33조제2항의 규정에 따른 국선변호인 선정청구가 있는 경우에는 지체없이 그에 관한 결정을 하여야 하고, 이 때 변호인을 선정한 경우에는 그 변호인에게 소송기록접수통지를 하여야 한다. <신설 2006.3.23., 2006.8.17.>

③ 제1항, 제2항의 규정에 따라 국선변호인 선정결정을 한 후 항소이유서 제출기간 내에 피고인이 책임질 수 없는 사유로 그 선정결정을 취소하고 새로운 국선변호인을 선정한 경우에도 그 변호인에게 소송기록접수통지를 하여야 한다. <신설 2006.3.23.>

④ 항소법원이 제2항의 국선변호인 선정청구를 기각한 경우에는 피고인이 국선변호인 선정청구를 한 날로부터 선정청구기각결정등본을 송달받은 날까지의 기간을 법 제361조의3제1항이 정한 항소이유서 제출기간에 산입하지 아니한다. 다만, 피고인이 최초의 국선변호인 선정청구기각결정을 받은 이후 같은 법원에 다시 선정청구를 한 경우에는 그 국선변호인 선정청구일로부터 선정청구기각결정등본 송달일까지의 기간에 대해서는 그러하지 아니하다.

제156조의3(항소이유 및 답변의 진술)

① 항소인은 그 항소이유를 구체적으로 진술하여야 한다.

② 상대방은 항소인의 항소이유 진술이 끝난 뒤에 항소이유에 대한 답변을 구체적으로 진술하여야 한다.

③ 피고인 및 변호인은 이익이 되는 사실 등을 진술할 수 있다.

제156조의4(쟁점의 정리)

법원은 항소이유와 답변에 터잡아 해당 사건의 사실상·법률상 쟁점을 정리하여 밝히고 그 증명되어야 하는 사실을 명확히 하여야 한다.

제156조의5(항소심과 증거조사)

　① 재판장은 증거조사절차에 들어가기에 앞서 제1심의 증거관계와 증거조사결과의 요지를 고지하여야 한다.

　② 항소심 법원은 다음 각호의 어느 하나에 해당하는 경우에 한하여 증인을 신문할 수 있다.

　　1. 제1심에서 조사되지 아니한 데에 대하여 고의나 중대한 과실이 없고, 그 신청으로 인하여 소송을 현저하게 지연시키지 아니하는 경우

　　2. 제1심에서 증인으로 신문하였으나 새로운 중요한 증거의 발견 등으로 항소심에서 다시 신문하는 것이 부득이하다고 인정되는 경우

　　3. 그 밖에 항소의 당부에 관한 판단을 위하여 반드시 필요하다고 인정되는 경우

제156조의6(항소심에서의 피고인 신문)

　① 검사 또는 변호인은 항소심의 증거조사가 종료한 후 항소이유의 당부를 판단함에 필요한 사항에 한하여 피고인을 신문할 수 있다.

　② 재판장은 제1항에 따라 피고인 신문을 실시하는 경우에도 제1심의 피고인 신문과 중복되거나 항소이유의 당부를 판단하는 데 필요 없다고 인정하는 때에는 그 신문의 전부 또는 일부를 제한할 수 있다.

　③ 재판장은 필요하다고 인정하는 때에는 피고인을 신문할 수 있다.

제156조의7(항소심에서의 의견진술)

　① 항소심의 증거조사와 피고인 신문절차가 종료한 때에는 검사는 원심 판결의 당부와 항소이유에 대한 의견을 구체적으로 진술하여야 한다.

　② 재판장은 검사의 의견을 들은 후 피고인과 변호인에게도 제1항의 의견을 진술할 기회를 주어야 한다.

제157조(환송 또는 이송판결이 확정된 경우 소송기록 등의 송부)

　법 제366조 또는 법 제367조 본문의 규정에 의한 환송 또는 이송판결이 확정된 경우에는 다음 각 호의 규정에 의하여 처리하여야 한다. <개정 1996. 12. 3.>

　　1. 항소법원은 판결확정일로부터 7일 이내에 소송기록과 증거물을 환송 또는 이송받을 법원에 송부하고, 항소법원에 대응하는 검찰청 검사에게 그 사실을 통지하여야 한다.

　　2. 제1호의 송부를 받은 법원은 지체없이 그 법원에 대응한 검찰청 검사에게 그 사실을 통지하여야 한다.

　　3. 피고인이 교도소 또는 구치소에 있는 경우에는 항소법원에 대응한 검찰청

검사는 제1호의 통지를 받은 날로부터 10일 이내에 피고인을 환송 또는 이송받을 법원소재지의 교도소나 구치소에 이감한다.

제158조(변호인 선임의 효력)

원심법원에서의 변호인 선임은 법 제366조 또는 법 제367조의 규정에 의한 환송 또는 이송이 있은 후에도 효력이 있다.

제159조(준용규정)

제2편중 공판에 관한 규정은 항소법원의 공판절차에 이를 준용한다.

제3장 상고

제160조(상고이유서, 답변서의 부본 제출)

상고이유서 또는 답변서에는 상대방의 수에 4를 더한 수의 부본을 첨부하여야 한다.

제161조(피고인에 대한 공판기일의 통지등)

① 법원사무관 등은 피고인에게 공판기일통지서를 송달하여야 한다.

② 상고심에서는 공판기일을 지정하는 경우에도 피고인의 이감을 요하지 아니한다.

③ 상고한 피고인에 대하여 이감이 있는 경우에는 검사는 지체없이 이를 대법원에 통지하여야 한다.

제161조의2(참고인 의견서 제출)

① 국가기관과 지방자치단체는 공익과 관련된 사항에 관하여 대법원에 재판에 관한 의견서를 제출할 수 있고, 대법원은 이들에게 의견서를 제출하게 할 수 있다.

② 대법원은 소송관계를 분명하게 하기 위하여 공공단체 등 그 밖의 참고인에게 의견서를 제출하게 할 수 있다.

제162조(대법관전원합의체사건에 관하여 부에서 할 수 있는 재판)

대법관전원합의체에서 본안재판을 하는 사건에 관하여 구속, 구속기간의 갱신, 구속의 취소, 보석, 보석의 취소, 구속의 집행정지, 구속의 집행정지의 취소를 함에는 대법관 3인 이상으로써 구성된 부에서 재판할 수 있다.

제163조(판결정정신청의 통지)

법 제400조제1항에 규정한 판결정정의 신청이 있는 때에는 즉시 그 취지를 상대방에게 통지하여야 한다.

제164조(준용규정)

제155조, 제156조의2, 제157조제1호, 제2호의 규정은 상고심의 절차에 이를 준용한다.

제4장 항고

제165조(항고법원의 결정등본의 송부)

항고법원이 법 제413조 또는 법 제414조에 규정한 결정을 한 때에는 즉시 그 결정의 등본을 원심법원에 송부하여야 한다.

제4편 특별소송절차
제1장 재심

제166조(재심청구의 방식)
재심의 청구를 함에는 재심청구의 취지 및 재심청구의 이유를 구체적으로 기재한 재심청구서에 원판결의 등본 및 증거자료를 첨부하여 관할법원에 제출하여야 한다.

제167조(재심청구 취하의 방식)
① 재심청구의 취하는 서면으로 하여야 한다. 다만, 공판정에서는 구술로 할 수 있다.
② 구술로 재심청구의 취하를 한 경우에는 그 사유를 조서에 기재하여야 한다.

제168조(준용규정)
제152조의 규정은 재심의 청구와 그 취하에 이를 준용한다.

제169조(청구의 경합과 공판절차의 정지)
① 항소기각의 확정판결과 그 판결에 의하여 확정된 제1심판결에 대하여 각각 재심의 청구가 있는 경우에 항소법원은 결정으로 제1심법원의 소송절차가 종료할 때까지 소송절차를 정지하여야 한다.
② 상고기각의 판결과 그 판결에 의하여 확정된 제1심 또는 제2심의 판결에 대하여 각각 재심의 청구가 있는 경우에 상고법원은 결정으로 제1심법원 또는 항소법원의 소송절차가 종료할 때까지 소송절차를 정지하여야 한다.

제2장 약식절차

제170조(서류 등의 제출)
검사는 약식명령의 청구와 동시에 약식명령을 하는데 필요한 증거서류 및 증거물을 법원에 제출하여야 한다.

제171조(약식명령의 시기)
약식명령은 그 청구가 있은 날로부터 14일내에 이를 하여야 한다.

제172조(보통의 심판)
① 법원사무관등은 약식명령의 청구가 있는 사건을 법 제450조의 규정에 따라

공판절차에 의하여 심판하기로 한 때에는 즉시 그 취지를 검사에게 통지하여야 한다.

② 제1항의 통지를 받은 검사는 5일이내에 피고인수에 상응한 공소장 부본을 법원에 제출하여야 한다.

③ 법원은 제2항의 공소장 부본에 관하여 법 제266조에 규정한 조치를 취하여야 한다.

제173조(준용규정)

제153조의 규정은 정식재판청구의 취하에 이를 준용한다.

제5편 재판의 집행

제174조(소송비용의 집행면제 등의 신청 등)

① 법 제487조 내지 법 제489조의 규정에 의한 신청 및 그 취하는 서면으로 하여야 한다.

② 제152조의 규정은 제1항의 신청과 그 취하에 이를 준용한다.

제175조(소송비용의 집행면제 등의 신청 등의 통지)

법원은 제174조제1항에 규정한 신청 또는 그 취하의 서면을 제출받은 경우에는 즉시 그 취지를 검사에게 통지하여야 한다.

제6편 보칙

제176조(신청 기타 진술의 방식)

① 법원 또는 판사에 대한 신청 기타 진술은 법 및 이 규칙에 다른 규정이 없으면 서면 또는 구술로 할 수 있다.

② 구술에 의하여 신청 기타의 진술을 할 때에는 법원사무관등의 면전에서 하여야 한다.

③ 제2항의 경우에 법원사무관등은 조서를 작성하고 기명날인하여야 한다.

제177조(재소자의 신청 기타 진술)

교도소장, 구치소장 또는 그 직무를 대리하는 자는 교도소 또는 구치소에 있는 피고인이나 피의자가 법원 또는 판사에 대한 신청 기타 진술에 관한 서면을 작성하고자 할 때에는 그 편의를 도모하여야 하고, 특히 피고인이나 피의자가 그 서면을 작성할 수 없을 때에는 법 제344조제2항의 규정에 준하는 조치를 취하여야 한다.

제177조의2(기일 외 주장 등의 금지)

① 소송관계인은 기일 외에서 구술, 전화, 휴대전화 문자전송, 그 밖에 이와 유사한 방법으로 신체구속, 공소사실 또는 양형에 관하여 법률상·사실상 주장을 하는 등 법령이나 재판장의 지휘에 어긋나는 절차와 방식으로 소송행위를 하여서는 아니 된다.

② 재판장은 제1항을 어긴 소송관계인에게 주의를 촉구하고 기일에서 그 위반사실을 알릴 수 있다.

제178조(영장의 유효기간)

영장의 유효기간은 7일로 한다. 다만, 법원 또는 법관이 상당하다고 인정하는 때에는 7일을 넘는 기간을 정할 수 있다.

제179조 삭제

부 칙

<제2939호, 2020.12.28.>

제1조(시행일)

이 규칙은 2021년 1월 1일부터 시행한다.

제2조(경과조치)

이 규칙은 이 규칙 시행 당시에 법원에 계속 중인 사건에도 적용한다. 다만, 이 규칙 시행 전에 종전의 규정에 따라 행한 행위의 효력에는 영향을 미치지 아니한다.

형의 실효 등에 관한 법률 (약칭: 형실효법)

[시행 2021.1.1] [법률 제17646호, 2020.12.15, 타법개정]

제1조(목적)

이 법은 전과기록(前科記錄) 및 수사경력자료의 관리와 형의 실효(失效)에 관한 기준을 정함으로써 전과자의 정상적인 사회복귀를 보장함을 목적으로 한다.

제2조(정의)

이 법에서 사용하는 용어의 뜻은 다음과 같다.

1. "수형인"이란 「형법」 제41조에 규정된 형을 받은 자를 말한다.

2. "수형인명부"란 자격정지 이상의 형을 받은 수형인을 기재한 명부로서 검찰청 및 군검찰부에서 관리하는 것을 말한다.

3. "수형인명표"란 자격정지 이상의 형을 받은 수형인을 기재한 명표로서 수형인의 등록기준지 시·구·읍·면 사무소에서 관리하는 것을 말한다.

4. "수사자료표"란 수사기관이 피의자의 지문을 채취하고 피의자의 인적사항과 죄명 등을 기재한 표(전산입력되어 관리되거나 자기테이프, 마이크로필름, 그 밖에 이와 유사한 매체에 기록·저장된 표를 포함한다)로서 경찰청에서 관리하는 것을 말한다.

5. "범죄경력자료"란 수사자료표 중 다음 각 목에 해당하는 사항에 관한 자료를 말한다.

   가. 벌금 이상의 형의 선고, 면제 및 선고유예

   나. 보호감호, 치료감호, 보호관찰

   다. 선고유예의 실효

   라. 집행유예의 취소

   마. 벌금 이상의 형과 함께 부과된 몰수, 추징(追徵), 사회봉사명령, 수강명령(受講命令) 등의 선고 또는 처분

6. "수사경력자료"란 수사자료표 중 벌금 미만의 형의 선고 및 검사의 불기소처분에 관한 자료 등 범죄경력자료를 제외한 나머지 자료를 말한다.

7. "전과기록"이란 수형인명부, 수형인명표 및 범죄경력자료를 말한다.

8. "범죄경력조회"란 수형인명부 또는 전산입력된 범죄경력자료를 열람·대조확인(정보통신망에 의한 열람·대조확인을 포함한다)하는 방법으로 신원 및 범죄경력에 관하여 조회하는 것을 말한다.

9. "수사경력조회"란 전산입력된 수사경력자료를 열람·대조확인(정보통신망에 의한 열람·대조확인을 포함한다)하는 방법으로 신원 및 수사경력에 관하여 조회하는 것을 말한다.

제3조(수형인명부)
지방검찰청 및 그 지청과 보통검찰부에서는 자격정지 이상의 형을 선고한 재판이 확정되면 지체 없이 그 형을 선고받은 수형인을 수형인명부에 기재하여야 한다.

제4조(수형인명표)
① 지방검찰청 및 그 지청과 보통검찰부에서는 자격정지 이상의 형을 선고받은 수형인에 대한 수형인명표를 작성하여 수형인의 등록기준지 시·구·읍·면 사무소에 송부하여야 한다.

② 지방검찰청 및 그 지청과 보통검찰부에서는 다음 각 호의 어느 하나에 해당할 때에는 수형인명표를 송부한 관서에 그 사실을 통지하여야 한다.
  1. 형의 집행유예가 실효되거나 취소되었을 때
  2. 형의 집행유예기간이 경과한 때
  3. 제7조 또는 「형법」 제81조에 따라 형이 실효되었을 때
  4. 사면(赦免), 감형(減刑), 복권(復權)이 있을 때
  5. 재심 개시의 결정에 따라 다시 재판하였을 때

제5조(수사자료표)
① 사법경찰관은 피의자에 대한 수사자료표를 작성하여 경찰청에 송부하여야 한다. 다만, 다음 각 호의 자에 대하여는 그러하지 아니하다.
  1. 즉결심판(卽決審判) 대상자
  2. 사법경찰관이 수리(受理)한 고소 또는 고발 사건 중 불기소처분 사유에 해당하는 사건의 피의자
② 수사자료표를 작성할 사법경찰관의 범위는 대통령령으로 정한다.

제5조의2(수사자료표의 관리 등)
① 경찰청장은 수사자료표의 보존·관리를 위하여 책임자를 지정하여야 한다.
② 경찰청장은 수사자료표를 범죄경력자료와 수사경력자료로 구분하여 전산입력한 후 관리하여야 한다.
③ 범죄경력조회 또는 수사경력조회에 대하여 회보할 때에는 그 용도, 작성자·조회자의 성명 및 작성일시, 그 밖에 필요한 사항을 구체적으로 밝혀야 한다.

제6조(범죄경력조회·수사경력조회 및 회보의 제한 등)

① 수사자료표에 의한 범죄경력조회 및 수사경력조회와 그에 대한 회보는 다음 각 호의 어느 하나에 해당하는 경우에 그 전부 또는 일부에 대하여 조회 목적에 필요한 최소한의 범위에서 할 수 있다.
<개정 2020.12.15.>

1. 범죄 수사 또는 재판을 위하여 필요한 경우

2. 형의 집행 또는 사회봉사명령, 수강명령의 집행을 위하여 필요한 경우

3. 보호감호, 치료감호, 보호관찰 등 보호처분 또는 보안관찰업무의 수행을 위하여 필요한 경우

4. 수사자료표의 내용을 확인하기 위하여 본인이 신청하거나 외국 입국·체류 허가에 필요하여 본인이 신청하는 경우

5. 「국가정보원법」 제4조제3항에 따른 보안업무에 관한 대통령령에 근거하여 신원조사를 하는 경우

6. 외국인의 귀화·국적회복·체류 허가에 필요한 경우

7. 각군 사관생도의 입학 및 장교·준사관·부사관·군무원의 임용과 그 후보자의 선발에 필요한 경우

8. 병역의무 부과와 관련하여 현역병 및 사회복무요원의 입영(入營)에 필요한 경우

9. 다른 법령에서 규정하고 있는 공무원 임용, 인가·허가, 서훈(敍勳), 대통령 표창, 국무총리 표창 등의 결격사유, 징계절차가 개시된 공무원의 구체적인 징계 사유(범죄경력조회와 그에 대한 회보에 한정한다) 또는 공무원연금 지급 제한 사유 등을 확인하기 위하여 필요한 경우

10. 그 밖에 다른 법률에서 범죄경력조회 및 수사경력조회와 그에 대한 회보를 하도록 규정되어 있는 경우

② 수사자료표를 관리하는 사람이나 직무상 수사자료표에 의한 범죄경력조회 또는 수사경력조회를 하는 사람은 그 수사자료표의 내용을 누설하여서는 아니 된다.

③ 누구든지 제1항에서 정하는 경우 외의 용도에 사용할 목적으로 범죄경력자료 또는 수사경력자료를 취득하여서는 아니 된다.

④ 제1항에 따라 범죄경력자료 또는 수사경력자료를 회보받거나 취득한 자는 법령에 규정된 용도 외에는 이를 사용하여서는 아니 된다.

⑤ 제1항 각 호에 따라 범죄경력조회 및 수사경력조회와 그에 대한 회보를 할

수 있는 구체적인 범위는 대통령령으로 정한다.

제7조(형의 실효)

① 수형인이 자격정지 이상의 형을 받지 아니하고 형의 집행을 종료하거나 그 집행이 면제된 날부터 다음 각 호의 구분에 따른 기간이 경과한 때에 그 형은 실효된다. 다만, 구류(拘留)와 과료(科料)는 형의 집행을 종료하거나 그 집행이 면제된 때에 그 형이 실효된다.

1. 3년을 초과하는 징역·금고: 10년
2. 3년 이하의 징역·금고: 5년
3. 벌금: 2년

② 하나의 판결로 여러 개의 형이 선고된 경우에는 각 형의 집행을 종료하거나 그 집행이 면제된 날부터 가장 무거운 형에 대한 제1항의 기간이 경과한 때에 형의 선고는 효력을 잃는다. 다만, 제1항제1호 및 제2호를 적용할 때 징역과 금고는 같은 종류의 형으로 보고 각 형기(刑期)를 합산한다.

제8조(수형인명부 및 수형인명표의 정리)

① 다음 각 호의 어느 하나에 해당하는 경우에는 수형인명부의 해당란을 삭제하고 수형인명표를 폐기한다.

1. 제7조 또는 「형법」 제81조에 따라 형이 실효되었을 때
2. 형의 집행유예기간이 경과한 때
3. 자격정지기간이 경과한 때
4. 일반사면이나 형의 선고의 효력을 상실하게 하는 특별사면 또는 복권이 있을 때

② 제1항에 따라 수형인명부의 해당란을 삭제하는 방법 등은 대통령령으로 정한다.

제8조의2(수사경력자료의 정리)

① 다음 각 호의 어느 하나에 해당하는 경우에는 제2항 및 제3항 각 호의 구분에 따른 보존기간이 지나면 전산입력된 수사경력자료의 해당 사항을 삭제한다.

1. 검사의 혐의없음, 공소권없음, 죄가안됨 또는 기소유예의 불기소처분이 있는 경우
2. 법원의 무죄, 면소(免訴) 또는 공소기각의 판결이 확정된 경우
3. 법원의 공소기각 결정이 확정된 경우

② 제1항 각 호의 경우에 대한 수사경력자료의 보존기간은 다음 각 호의 구분에 따른다. 이 경우 그 기간은 해당 처분이 있거나 결정 또는 판결이 확정된 날부터 기산(起算)한다.

1. 법정형(法定刑)이 사형, 무기징역, 무기금고, 장기(長期) 10년 이상의 징역·금고에 해당하는 죄: 10년
2. 법정형이 장기 2년 이상의 징역·금고에 해당하는 죄: 5년
3. 법정형이 장기 2년 미만의 징역·금고, 자격상실, 자격정지, 벌금, 구류 또는 과료에 해당하는 죄: 즉시 삭제. 다만, 제1항제1호의 기소유예 처분이나 제1항제2호·제3호의 판결 또는 결정이 있는 경우는 5년간 보존한다.

③ 제2항에도 불구하고 제1항 각 호의 처분 당시 또는 판결·결정의 확정 당시 「소년법」 제2조에 따른 소년에 대한 수사경력자료의 보존기간은 다음 각 호의 구분에 따른다.
1. 제1항제1호의 기소유예의 불기소처분: 그 처분일부터 3년
2. 제1항제1호의 혐의없음, 공소권없음, 죄가안됨의 불기소처분: 그 처분 시까지
3. 제1항제2호의 판결 또는 같은 항 제3호의 결정: 그 판결 또는 결정의 확정 시까지

④ 제1항에 따라 수사경력자료의 해당 사항을 삭제하는 방법은 대통령령으로 정한다.

제8조의3(자료제출 및 시정 요구)
① 법무부장관은 전과기록이나 수사경력자료의 보관·관리 또는 조회와 관련된 업무의 개선이나 위법·부당한 사항의 시정 등을 위하여 필요하다고 인정하면 전과기록이나 수사경력자료의 보관·관리 또는 조회 업무를 담당하는 기관의 장에게 조회·회보 대장 등 관련 자료의 제출을 요청할 수 있다. 이 경우 자료의 제출을 요청받은 기관의 장은 특별한 사유가 없으면 요청에 따라야 한다.
② 법무부장관은 제1항에 따라 제출받은 자료를 검토한 결과 개선이나 시정이 필요한 사항이 발견되었을 때에는 해당 기관의 장에게 시정 등 필요한 조치를 할 것을 요구할 수 있다.

제9조(벌칙)
① 전과기록이나 수사경력자료를 관리하는 사람이 부정한 청탁을 받고 다음 각 호의 어느 하나에 해당하는 행위를 하였을 때에는 1년 이상의 유기징역에 처한다.
1. 전과기록 또는 수사경력자료를 손상시키거나 은닉(隱匿)하거나 그 밖의 방법으로 그 효용을 해친 행위

2. 전과기록 또는 수사경력자료의 내용을 거짓으로 기재하거나 정당한 사유 없이 그 내용을 변경한 행위
3. 전과기록 또는 수사경력자료에 의한 증명사항의 내용을 거짓으로 기재한 행위
② 전과기록 또는 수사경력자료의 작성에 필요한 서류에 대하여 다음 각 호의 어느 하나에 해당하는 행위를 한 사람도 제1항과 같은 형에 처한다.
1. 손상, 은닉 또는 그 밖의 방법으로 그 효용을 해친 행위
2. 그 내용을 거짓으로 기재하거나 변작(變作)한 행위

제10조(벌칙)

① 제6조제1항 또는 제2항을 위반하여 수사자료표의 내용을 회보하거나 누설한 사람은 5년 이하의 징역 또는 5천만원 이하의 벌금에 처한다.
② 제6조제3항을 위반하여 범죄경력자료 또는 수사경력자료를 취득한 사람은 2년 이하의 징역 또는 2천만원 이하의 벌금에 처한다.
③ 제6조제4항을 위반하여 범죄경력자료 및 수사경력자료를 사용한 사람도 제2항과 같은 형에 처한다.

제11조 삭제

부 칙

<제17646호, 2020.12.15.>

제1조(시행일)

이 법은 2021년 1월 1일부터 시행한다. <단서 생략>

제2조부터 제4조까지 생략

제5조(다른 법률의 개정)

①부터 ⑨까지 생략
⑩ 형의 실효 등에 관한 법률 일부를 다음과 같이 개정한다.
제6조제1항제5호 중 "「국가정보원법」 제3조제2항"을 "「국가정보원법」 제4조제3항"으로 한다.

제6조 생략

부 록

제1편 마약류범죄수사

목 차

제1장 마약류 범죄의 이해

제1절 마약류의 정의 및 특성

1. 마약(양귀비)의 정의

1)마약(narcotics)이란 용어는 무감각을 의미하는 그리스어'narkotikos'에서 유래된 것으로 수면 및 혼미를 야기해 동통을 완화시키는 물질을 말하며, 그동안'마약'이라는 용어가 좁은 의미의 마약·향정신성의약품·대마를 총괄하는 의미로 혼용되어 왔으나 최근에는 이들을 총칭하는 표현으로'마약류'라는 용어를 국내에서만 사용하고 있다.

- 마약류를 규제하는 국내 법률로는 마약류관리에 관한 법률2000.1.12 통합(이전 마약법·대마관리법·향정신성의약품관리법을 하나로 통합한 법률) 및 마약류 불법거래 방지에 관한 특례법, 특정범죄가중처벌 등에 관한 법률, 형법 등이 있다.

2) 마약류의 특성

마약류는 세계보건기구(WHO)의 보고(1957년 발표)

① 약물사용에 대한 욕구가 강제적일 정도로 강하고(의존성),

② 사용약물의 양이 증가하는 경향이 있으며(내성),

③ 사용을 중지하면 온몸에 견디기 힘든 증상이 나타나며(금단증상),

④ 개인에 한정되지 아니하고 사회에도 해를 끼치는 약물로 정의되어 있다 이외 중독성 약· 마약류 등 과다사용으로 무제한 남용자와 과거 상습사용자로 중단 후에 발현되는 재발현상을 말한다.

2. 마약류의 종류 (마약, 향정, 대마, 총 318종, 대통령령제2조)

○ 마약

1) 천연마약 : 양귀비(앵속) →아편→모르핀 –코데인 –헤로인

2) 코카엽 : 코카인, 크랙

3) 한외마약 : 코데솔, 코데날, 코데잘, 유코데 등

4) 합성마약 : ①페치딘계, ②메사돈계, ③모르피난계 등

5) 반합성마약 : 헤로인, 히드로폰, 옥시포돈 등

○ 향정신성의약품

1) 각성제 : 메스암페타민(필로폰), MDMA(엑스터시) 등

2) 환각제 : L.S.D 등

3) 억제제(안정제) : 바르비탈염제류 등

○ 대마

1) 대마초(마리화나), 2) 대마수지(해쉬쉬, 해쉬쉬오일)

3. 일반적 마약류 분류

○ 마약, (Opium, 112종, 법 규정)천연마약

1) 양귀비(앵속, 28종, 250종류)

앵속 ,아편꽃등 으로 불리는 일명 양귀비는 그 꽃이 당나라 현종의 황후이며 최고의 미인이었던 양귀비에 비길만큼 아름다웠다 해서 지어진 이름으로 온대및 아열대 기후에서 자라는 양귀비속 1년생 식물로 기원전 300년경 부터 지중해 연안지역에서 재배되기 시작하여 오늘날에는 미안마, 라오스,태국의 접경지역인 소위 황금의 삼각지대와 아프카니스탄, 파키스탄,이란의 접경지역인 황금의 초생달지역에서 대량 재배되는 등 거의 전세계에서 재배되고 있으며 그 종류는28종에 250가지 종류가 세계적으로 분포자생하고 있으며 국내에서 꽃양귀비(계양귀비)재배하고 있으며 마약류관리에 관한 법률 처벌할 수 있는 식물은 파파베르 솜니페룸 L종과, 세티게름 DC종 2종이 국내에서 불법재배하고 있다.

2) 아편(알칼로이드AKALOID)

앵속에서 생아편 추출한 아편은 산지에 따라 다르나 보통 10%의 모르핀, 약0.5%의 코데인,약1.0%의 파파베린 등 30여종의 마약성 또는 비마약성 알카로이드를 포함하고 있어 의약품 등의 원료로 활용되고 있으며 이러한 아편은 성장하는 설익은 앵속(양귀비)의 열매(미숙과실)에 상처를 내어 여기서 흘러내리는 우유빛 추출액을 60도 이하에서 건조시킨 암갈색 덩어리로서 가공하지 않은것을 생아편 이라고 하고 이 생아편을 가루로 하여 모르핀 함유량을 10%로 조절한 것을 아편말 이라 하는 갈색의 가루로 특이한 냄새가 나고 맛은 매우 쓴데 의약용 아편으로 사용되고 있으나 중독성

이 강한 아편의 남용이 계속되면 얼굴이 창백해지고, 매우 신경질적으로 변하며 식욕과 성욕을 상실되고 메스꺼움, 구토,변비,홍조,동공축소,호흡장애 등의 부작용이 유발하게 되는데, 통상적으로 아편의 약효가 사라진 후 72시간이 가장 고통을 느끼는 약리작용 하고 있다.

3) 모르핀

모르핀은 그리스 신화에 나오는 모르퓨스(morpheus, 꿈의여신)의 이름에서 모르핀(morphine)으로 명명 된 것으로 양질의 아편은 9-14%의 모르핀 무수물을 함유하는데 1805년 독일의 약제사 F.W.A 제르튀르너가 아편에서 추출하는데 성공한 것으로 백색 침상 또는 결정성 분말이며 광선을 받으면 황색으로 변하기 때문에 밀폐용기에 보존하고 냄새는 없으나 맛은 씀.

모르핀은 주로 의료용으로 사용하나 계속 사용시 정신적 신체적 의존성을 쉽게 유발하여 사용중단 시 심한 금단 증상을 일으키며 또한 모르핀은 헤로인(heroine)의 주원료로서 만약 모르핀에 중독된다면 보통 하루 3회 정도 투약하는데 1회 10-20mg 정도이나 중독상태에 따라 하루에 120mg을 투약하며, 한번에 200mg 이상을 투약 한다면 호흡장애를 일으켜 사망할 수 있다.

4) 코테인

코데인은 천연상태의 아편에 점유한 농촌물인 아편 알칼로이드에서 분리하여 완성된 모르핀을 주원료이다. 1881년 프랑스 약제사 ·포비케· 의해서 코데인을 최초로 분리하였다. 코데인이란 어원은 양귀비 꼬투리(미숙과)를 의미하는 그리스어에서 유래되었다. 특징으로는 무색,백색 결정성 분말로 쓴맛이 나며 보통 인산코데인으로 제조되어 정제, 캡슐, 앰플로 불법판매 되고 있다. 코데인 상습 남용시 나타나는 증상으로 정신적, 물리적 의존성, 금단증상,환각 증세 가 발현되고 있어 마약 대용으로 외국에서 투약 사용 사례가 발생되고 있다.

5) 코카인 및 크랙

코카인은 코카나무 잎에 함유되어 있는 알칼로이드 중 가장 중요한 성분으로 1860년 알베르트 니만이 최초로 분리하였다, 또한 고대 잉카제국에서 제사장들은 종교의식 중 최면효과를 내기 위해서, 서민들은 일상의 배고픔과 피로감을 잊기 위하여 사용하고 1532년경 스페인의 잉카제국 침공시 유럽에 전해져 1800년대 말에 의료용 진통제로 처음 사용된 것으로 중남미 즉 페루, 볼리비아, 콜롬비아 등지의 안데스 산맥 고지대에서 자생 및 재배되는 코카나무 잎에서 추출한 알카로이드로서 평균 0.5-1.0%의 코카알카로이드가 포함되어 있어 세계적으로 가장 문제가 되는 마약이며 흰색가루 형태로 제조, 주사기 및 코로 흡입하여 사용되며, 약효가 빠르게 나타나고 강력한 도취감을 일으키는 중추신경홍분제로서 벌레가 피부에 기어다니는 느낌의 환각이 일어나며 과도한 양을 흡입하면 맥박이 빨라지고 호흡이 불규칙하며 발열 경련이 일어나며 심하면 호흡곤란으로 사망하기도 한다.

,크랙(crack)은 탄산나트륨, 베이킹 파우더 첨가 ,코카인을 화학적으로 처리한 백색 결정체로서 코카인보다 약효가 강하고 중독성이 높으며 유리관에 넣어 가열 기체화 하여 흡입하는 것으로 투약 후 15분내 환각상태 소멸로 심한 우울증 발현되기도 한다 이러한 크랙은 가격이 저렴하여 미국 뿐 아니라 캐나다, 유럽에 확산되고 있으며 우리나라에서는 외국인 강사 , 유학생, 미군 등이 불법 투약사용 되고 있으며, 이태원, 신촌, 강남 지역에서 미군 ,외국인상대로 거래되고 있다.

6) 헤로인 (합성마약)

우리나라 파키스탄 무역 거래자 상대로 원료 물질 무수초산 싼 가격으로 구입 밀 수출 사례가 발생하는 헤로인은 용감한, 강력한 의미인 독일어 헤로이쉬(heroisch)에서 유래되었으며 1898년에는 진통제로 사용되었으나 심각한 중독성으로 인해 의료용으로는 사용되지 않으나 세계적으로 가장 남용되고 있는 마약류 중 하나로 특히 중국내 마약류 사범의 80%이상이 헤로인 관련 사범으로 보고되고 있으며 헤로인은 디아세칠모르핀(diacetylmorphine)으로서 생아편에서 추출한 모르핀에 무수초산, 활성탄, 염산,에테르 등을 사용하여 모르핀의 구조를 변화시킨 반합성 천연마약 임. 이러한 헤로인은 긴장,분노, 공포를 억제하여 행복감과 도취감을 주는 중추신경 억제제로서 모르핀과 유사하나 그 중독성은 모르핀의 10배에 달하며 백색 분말로 물이나 알코올에 잘 녹고 맛이 쓴것이 특징이다

○ 향정신성의약품(205종) 및 신종마약류

1) 메스암페타민(히로뽕, 필로폰, philophone)각성제

메스암페타민은 중추신경을 자극하는 각성제로 냄새가 없는 무색 결정 또는 백색 결정성 분말로 1888년 일본 도쿄대학 의학부 나가이 나가요시 교수가 천연한의 약제 마황(麻黃)으로부터 에페드린을 추출하는 과정에서 처음 발견 하였고 1941년 일본국내 대일본제약주식회사가 메스암페타민을 Philopon(히로뽕) 이라는 상품명으로 공급되었다.

처음에는 졸음을 쫓고 피로감을 없애주는 단순 각성제로 신문광고까지 하였고 일본에서 제2차 세계대전 중 에는 군수용품으로 대량 생산 하고 종업원으로 근무하고 있는 남성 부녀자들의 잠을 쫓는데 사용사례 있어 던 후 중독자가 속출하는 등 심각한 사회문제로 대두 되었으며 우리나라 약물남용에 대한 문제에서도 가장 심각하게 등장되고 있는데 이러한 메스암페타

민은 주로 정맥이나 피하주사로 투여 되지만 간혹 경구, 흡연으로 사용되기도 하고 남용자들은 이약물의 염산염 형태를 10-30mg 정도를 물에 용해시켜 정맥 주사를 하는데 심한 경우는 2-3시간 마다 500-1000mg을 주사 하기도 함

메스암페타민은 24시간 이내에 복용량의 44%가 변화되지 않고 배설되고, 생체내 대사과정을 거쳐 대사체로서 암페타민이 6-20%, 수산화메스암페타민이 10%가 배설된다고 연구보고 되어 있고 복용량, 복용방법, 남용정도, 소변의 액성 및 개인의 체질 등에 따라 차이가 있을 수 있지만, 일반적으로 투여후 약 20분 후부터 소변으로 배설되기 시작하여 24시간 이내에 복용량의 37% 그리고 3-4일만에 약 70-90%가 배설된다고 연구 보고되고 있다. 그리고 사람에 따라 차이가 있지만 3-4일이 경과되면 소변에서 메스암페타민이 검출되기는 어렵다고 볼 수 있으나 상습 남용자의 경우 10일 후에도 소변 및 모발에서 발견되고 있다.

2) LSD 환각제

1938년 스위스 화학자인 알버트호프만 박사에 의해 밀이나 다른 곡식에서 자라는 균에서 추출한 성분으로 반합성된 약물로서 무미, 무취, 무색으로 주로 각설탕, 껌, 과자, 압지, 우표 뒷면에 LSD용액을 흡착시켜 사용하기도 하고 정제,캡슐,액체 등 다양한 방법으로 유통되기도 하는데 극소량인 25mg(먼지 1입자 크기)만 투약해도 4-12시간 동안 환각증상을 보이며 염색체 이상까지 초래할수 있는 치명적인 약물로 종이에 흡착하여 사용하는 등 사용방법이 간편하고 1조각에 2만원 정도로 상대적으로 가격이 저렴하여 신세대 사이에 급속하게 확산될 우려가 있는 약품

3) MDMA(Methylendioxy Methamphetamine)도리도리(신종)

엑스터시 MDMA는 1914년 독일에서 식욕감퇴제로 최초 개발된 이래 강력한 환각성분으로 인한 뇌손상 유발등 심각한 부작용으로 유통이 금지되었으나 1980년 이후 정제 형태로 유통되고 있으며 복용시 자기몰두, 평안감 등을 갖게되고 환각을 일으키며 신체접촉욕구가 강하게 일어나 10대 청소년들 사이에 "포옹마약" 이라고 불리워 지고 있고, 외국의 경우 댄스파티, 사교클럽등에서 많이 사용된다고 하여 "클럽마약" 이라고도 불리우고 있고 약리작용으로는 복용후 20-60분 정도 지나면 입이 마르고 동공이 확대되는 등 극적인 흥분감을 경험하며 약효는 3-4시간 지속하고 과다복용시 불안, 초조, 환각, 환청, 구토, 혈압상승 등 부작용이 심각하고 심할경우 심장마비로 사망하는 경우도 있는 것으로, 일명 엑스터시, XTC, 아담, 도리도리 등으로 불리우기도 하고 형태는 여러 가지 임

4) YABA(정제형 필로폰)(신종)

야바는 주로 태국 등지에서 생산되어 유통되는 메스암페타민 제제를 일컬으며 정제형태로 백색,오렌지색,황색,보라색,갈색,검은색,녹색 등 다양한 색상과 로고가 표시되어 있다.

대부분의 야바제제는 메스암페타민과 카페인을 포함하고 있으나 어떤 제제에는 데오필린, 코데인, 헤로인 등을 함유하고 있는것도 알려져 있고 복용시 힘이 솟고 발기에 좋은 마약으로 알려져 있으며, 우리나라 평택, 오산·화성지역 태국근로자들이 확산하고 있다.

5) GHB(Gamma-hydroxybutyrate)(신종마약류)

- 신종 마약류로서 2001. 3. 20일 개최된 제44차 유엔 마약위원회(CND)에서 향정마약으로 규정된 물질로 우리나라는 2001. 12. 19. 마약류관리에 관한법률시행령에 포함시키면서 마약류로 규정

- 무색무취로 소다수 등 음료에 타서 복용하여'물같은 히로뽕'이라는 뜻으로 일명 '물뽕'으로 호칭

- 미국, 캐나다, 유럽 등지에서 성범죄용으로 악용되어 데이트강간약물(Date Rape Drug)로도 불림

- 짠맛이 나는 액체, 근육강화 호르몬 분비효과(초기 : 건강보조식품), 외부 저항능력 상실, 기억소실, 강력한 흥분작용, 성폭력 유발

- 1회 20㎖ 음료, 술에 혼합사용, 사용 후 15분 후에 효과 발현, 3시간 지속, 미군부대 주변 나이트클럽에서 유통

- 정제형, 분말형태의 일반적으로 알려진 마약류와 달리 음료나 술에 섞어 무색 투명한 형태로 남용되고 있어 일반인들에게는 마약류로 식별되기 어려울 뿐아니라 물질 속성상 24시간 이내에 인체에서 빠져 나가기 때문에 사후 추적도 불가능

- 최근 인터넷보급 확산과 택배망 발전에 편승하여 국제 마약조직들이 합법 상품으로 위장, 국제우편 등을 이용하여 초국가적으로 밀거래하고 있고 일부 네티즌 가운데 인터넷을 통해 제조공법까지 익히고 있으며 청계천 화학약품 판매처에서 불법 거래되고 있다.

6) 디아제팜(Diazepam)·로라제팜(Lorazepam)(중국교포 등 수면제로 판매, 신종)

- 바리움(디아제팜), 아티반(로라제팜) 등으로 알려진 신경안정제, 수면제, 근육이완제로 치료용량에서도 장기간 복용하면 중독증상이 나타나고 다량으로 복용시 졸림, 무기력, 혼수상태가 되며 약효가 태반을 통과하기 때문에 태아에 치명상을 줄수 있고 복용을 중단하면 불안, 불면, 동요,두통,오심,구토 등의 금

단증상이 나타남.

7) 러미나(감기약), S정(신종)

 · 일반적인 약물로 남용되기 용이한 감기약인 진해거담제 덱스트로메토르판(러미
라), 근육이완제인 카리소프로돌(S-정)등은 오남용 우려의약품으로 분류하여 법
적으로 판매에 제한을 두고 있었으나 오남용이 심각하여 2003. 10월1일부터 향
정신성의약품으로 엄격히 규제하고 있음.

 · 이들 약품들은 의사의 처방전이 있으면 약국에서 쉽게 구입할수 있고 약한 중
추신경 억제작용이 있고 약리작용은 코데인과 유사하며 도취감 혹은 환각작
용을 맛보기 위하여 사용량의 수십배에 해당하는 20-100정을 흔히 남용 하
는데 과량 복용시 횡설수설 하고 정신장애 호흡억제 및 혼수에 이르러 사망하
기도 하는데도 러미나의 경우 최근 청소년들이 소주에 타서 마시면서 일명 "
정글쥬스"라고 대학가 클럽에서 부르기도 한다.

8) 펜플루라민 향정

중국, 태국 등지에서 중국교포 보따리 장수, 관광객, 중국에 본사를 둔 인
터넷 사이트 등을 통해 밀반입 되고 있는 약물로 중국산의 경우'분불납명
편·분미림편·섬수·상주청·철심감 미교환·패씨감비환·건미소감비요환'등의 제
품명으로 일반인에게는 살 빼는 약으로 알려져 유통되고 있으며 흥분제 일
종으로 비반, 우울증, 자폐증의 치료제로 우리나라에서는 살빼는 약으로
알려져있다.

9) 신종 마약

합성대마(Synthetic Cannabinoids)

대마의 주성분인 THC와 구조가 유사하거나 또는 칸나비노이드 수용체에
결합함으로써 대마와 유사한 효과를 내는 합성물질(synthetic compound)
마약류관리에 관한 법률에서 마약류로 지정한 합성대마는 크게
JWH-018(JWH-122 등)과 HU-210, CP-47497 세 가지 종류로 신경계에
서 작용하는 진통제 역할을 하는 물질임

10) 프로포폴(Propofol)현 신종마약류

영국 ICI(Imperial Chemical Industries)社에서 처음 개발하여 1977년 임
상시험을 거친 후 발매되었고, 국내에는 1992년부터 사용·허가됨.
페놀계 화합물로 흔히 수면마취제라고 불리는 정맥마취제로서 수술시 전
신마취의 유도(induction), 유지l(maintenance) 또는 인공호흡 중인 중환
자의 진정을 위해 쓰이고, 수면내시경 등을 할 때에도 사용됨프로포폴은
신경전달물질에 관련하여 작용하는 GABAA 수용체에 영향을 주어 중추신
경을빠르게 억제함으로써 통증을 없애며, 부작용은 무호흡과 혈압저하 현

상을 비롯하여 두통·어지러움·경련·구토·흥분·착란 증상 등을 일으킬 수 있음. 불면증, 피로감, 불안감을 해소하고 기분이 좋아지는 환각을 일으키는 효과가 있어 국내에서는 유흥주점 종사자들을 중심으로 마약대용품으로 오남용되어 사회적으로 문제가 됨에 따라, 2011. 2. 1.자로 마약류(마약류관리에 관한 법률 제2조 제4호 라목)로 지정

11) 4-메칠에스케치논(4-MEC)

메스케치논유사체4)로'4-MEC','4-MEC crystal'등의품명으로거래됨

효과는 메스케치논과 유사한 효과가 있을 것으로 추정되며, 우리나라에서는 2011. 2. 1. 마약류로 지 한 신종마약류이다. 메스케치논. 1928년에 처음 합성, 1930~40년대에 소련에서 항우울제로 사용되다가 1960년대부터 오락용 약물로 사용.효과는 메스암페타민과 유사하고 종종 코카인과도 비교되며, 정신적 의존성이 상당히 강해 의학용으로는 전혀 사용되지 않음

12) 크라톰(Kratom)

태국, 말레이시아 등 동남아시아 지역에 자생하는 열대성 나무로, 말레이시아에서는 ◆'Biak-Biak '이라 부르며, 다 자라면 높이가 약 15미터에 자라고 대마 잎과 유사할 수 있다.

태국이나 동남아시아 지역의 사람들이 수십 년 전부터 복용해 온 것으로, 원주민들이 힘든 일을 견뎌내기 위한 각성제로 주로 사용해 왔는데 그 잎을 씹거나, 차로 마시기도 하며 그 분말을 타서 마시기도 한다

2006. 12. 4. 마약류로 지정되었고, 그 폐해는 각성과 진정의 효과를 모두 가지고 있으며, 소량을 복용하면 정신이 또렷해지며, 힘이 솟고, 말이 많아지며, 사교적인 행동을 보이는 등 각성 효과를 나타내며, 한꺼번에 다량을 복용하면 진정과 도취, 최음의 효과가 발생되고 있다.

13) 케타민

청소년들이 클럽, 카페 등에서 사용되고 있어 정부 당국은 오용 또는 남용할 경우 심한 신체적 또는 정신적 의존성을 일으키는 향정신성의약품의 종류에 케타민 등 5종의 물질을 추가로 지정, 이에 관한 마약류관리에 관한 법률 시행령이 2006. 2. 16.부터 시행

인체용 또는 동물용 마취제인'케타민'은 비교적 안전한 약물이지만 오용 또는 남용할 경우

신체적 또는 정신적 의존성 및 금단증상이 있으며, 특히 동물용 의약품으로 유통될 때 유통질서가 문란해져서 그 남용가능성이 높음, 유흥업소 및 클럽에서'date rape drug'으로 불리며, 정맥이나 근육에 주사하거나 흡연

또 는 흡입할 경우 자신의 신체에서 벗어나는 듯한 강력한 환각효과가 나타나고, 남용방식에 따라 1~6시간 정도 환각효과가 지속되며, 맥박 및 혈압상승, 호흡장애, 심장마비의 위험성이 발생되고 있다.

– 이외에 중추신경계에 작용하는 '아민엡틴','살비아디비노럼',' 살비노린 A'및불면증치료제인'쿠아제팜'도 그 남용 폐해의 심각성을 고려, 향정신성 의약품으로 지정, 관리되고 있다.

○ 대마(4종)

1) 대마초(마리화나)

· 대마(大麻), 마(麻)라고도 불리는 삼은 칸나비스속 1년생 식물로 중앙아시아 파미르 고원이 원산지이며 중국, 북아프리카, 중남미 등 광범위한 지역에서 재배되어 왔으며 대마 줄기의 섬유는 삼베나 그물을 짜는 원료로 쓰이고 열매는 한방약재나 채유용으로 그리고 잎과 꽃은 흡연용 즉 대마초(마리아나) 등 로 흡연, 흡입 투약 사용 하고 있다.

· 대마초의 성분중 주로 도취, 환각 작용을 나타내는 유효성분은 THC로 불리는 테트라하이드로칸나비롤(THC)이며 대마엽중 THC의 함량은 5%까지도 이르나 보통은 2-3% 범위이고, 남용하면 공중에 뜨는 느낌과 빠른 감정의 변화 및 집중력의 상실, 자아상실, 환각, 환청 등을 나타내는 대마가 위험 한 것은 환각 상태에서 범죄를 저지르거나 보다 강력한 약효의 다른 마약류로의 사용을 전이할 가능성이 있으며 청소년들의 사용으로 성인마약류인 필로폰으로 심화되는 경우가 발생되고 있다.

2) 대마수지(해쉬쉬· 해쉬쉬오일)

· 대마초로부터 추출된 대마수지를 건조시키고 압착시켜 여러가지 형태로 제조한 것으로 갈색, 연갈색, 암갈색, 흑색 등의 덩어리 이며 10%의 THC를 함유하여 대마초 보다 8-10배 가량 작용이 강한 것임. 약 1kg의 해쉬쉬를 제조하기 위해서는 약 30kg의 대마초를 처리해야 하며 해쉬쉬 오일은 대마를 증류공정 등 반복적인 과정을 거쳐 고도로 농축되어 추출되기 때문에 THC 함량이 20%에 이르는 물질입니다.

3) 대마종자 종피

국내에서 대마 전과자 등이 대마초 구입에 어려운 현실에서 중국산 대마 종자 껍질 사용 흡연사례가 검거고 되고 있다 지금까지 연구결과는 없으나 국과원에서는THC 성분 발견되며, 흡연 상대자로 조사한바 껍질은 대마초 보다 환각 상태가 높다고 말하며 흡연하기가 용이하다고 하며 , 특히 개량 대마종자 에서도 마약성분이 검출되고 있다 (청삼대마)

제2장 마약류 법적용 및 판례

1. 법규 주요내용
- 필로폰, MDMA 매매, 수수, 투약사용 등 행위-
- 마약류관리에관한법률 제60조 제1항 제3호, 제4조 제1항
  ※ 법 개정으로 2015. 5. 18이후 **제60조 제1항 제2호, 제4조 제1항**
- 특정범죄가중처벌등에관한법률 제11조 제2항(마약류사범 등의 가중처벌)
  1) 제1호 : 소지·소유·재배·사용·수출입·제조 등 마약·향정 가액 5천만원 이상
     ⇒ 무기 또는 10년이상 징역
  2) 제2호 : 소지·소유 등 마약·향정 가액 500만원 이상 5천만원 미만
     ⇒ 무기 또는 10년이상 징역

마약류관리에관한법률 제60조 【벌칙】
① 다음 각호의 1에 해당하는 자는 10년 이하의 징역 또는 1억원 이하의 벌금에 처한다.
  3. 제4조제1항을 위반하여 제2조제3호나목 및 다목에 해당하는 향정신성의약품 또는 그 물질을 함유하는 향정신성의약품을 매매, 매매의 알선, 수수, 소지, 소유, 사용, 관리, 조제, 투약, 제공한 자 또는 향정신성의약품을 기재한 처방전을 발급한 자
② 상습으로 제1항의 죄를 범한 자는 그 죄에 정하는 형의 2분의1까지 가중한다.
③ 제1항 및 제2항에 규정된 죄의 미수범은 처벌한다..

마약류관리에관한법률 제4조,시행규칙 제5조,7조 【마약류취급자가 아닌 자의 마약류취급의 금지】

① 마약류취급자가 아니면 마약 또는 향정신성의약품을 소지·소유·사용·운반·관리·수입·수출(향정신성의약품에 한한다)·제조·조제·투약·매매·매매의 알선·수수 또는 교부하거나, 대마를 재배·소지·소유·수수·운반·보관·사용하거나, 마약 또는 향정신성의약품을 기재한 처방전을 발부하거나, 한외마약을 제조하여서는 아니된다.

마약류관리에관한법률 제2조 【정의】

3. "향정신성의약품"이란 인간의 중추신경계에 작용하는 것으로서 이를 오용하거나 남용할 경우 인체에 심각한 위해가 있다고 인정되는 다음 각 목의 어느 하나에 해당하는 것으로서 대통령령으로 정하는 것을 말한다.
   나. 오용하거나 남용할 우려가 심하고 매우 제한된 의료용으로만 쓰이는 것으로서 이를 오용하거나 남용할 경우 심한 신체적 또는 정신적 의존

성을 일으키는 약물 또는 이를 함유하는 물질

- 필로폰 등 밀수 행위-
  ○ 마약류관리에관한법률 제58조 제1항 제6호, 제4조 제1항
    ※ 법 개정 후 2015. 5. 18 이후 적용법조 동일
  ○ 특정범죄가중처벌등에관한법률 제11조 제1항(마약사범 등의 가중처벌)
    ⇒ 무기 또는 10년이상 징역
- 대마 흡연 등 행위-
  ○ 마약류관리에관한법률 제61조 제1항 제8호, 제3조 제11호
    ※ 법 개정으로 2015. 5. 18 이후 제61조 제1항 제8호, 제3조 제10호

마약류관리에관한법률 제61조【벌칙】
① 다음 각호의 1에 해당하는 자는 5년 이하의 징역 또는 5천만원 이하의 벌금에 처한다.
 8. 제3조제11호의 규정에 위반하여 대마·대마초종자의 껍질을 흡연 또는 섭취하거나 대마· 대마초종자의 껍질을 흡연 또는 섭취할 목적으로 대마·대마초종자 또는 대마초종자의 껍질을 소지한 자 또는 그 정을 알면서 대마초종자·대마초종자의 껍질을 매매 또는 매매의 알선을 한 자
② 상습으로 제1항의 죄를 범한 자는 그 죄에 정하는 형의 2분의1까지 가중한다.
③ 제1항 제3호 내지 제8호 및 제2항(제1항 제1호·제2호에 위반한 경우를 제외한다)에 규정된 죄의 미수범은 처벌한다.

마약류관리에관한법률 제3조 【일반행위의 금지】
누구든지 다음 각호의 1에 해당하는 행위를 하여서는 아니 된다.
 11. 대마·대마초종자의 껍질을 흡연 또는 섭취하는 행위나 대마·대마초종자의 껍질을 흡연 또는 섭취의 목적으로 대마·대마초종자 또는 대마초종자의 껍질을 소지하는 행위 또는 그 정을 알면서 대마초종자·대마초종자의 껍질을 매매 또는 매매의 알선을 하는 행위

마약류관리에관한법률 제2조 【정의】
 5. "대마"라 함은 대마초(칸나비스사티바엘)와 그 수지 및 대마초 또는 그 수지를 원료로 하여 제조된 일체의 제품을 말한다. 다만, 대마초의 종자·뿌리 및 성숙한 대마초의 줄기와 그 제품을 제외한다.

- 양귀비 재배 행위-
  ○ 마약류관리에관한법률 제61조 제1항 제1호, 동법 제3조 제3호
    ※ 법 개정으로 2015. 5. 18 이후 **제61조 제1항 제2호, 제3조 제2호**

마약류관리에관한법률 제61조 제1항 제2호
 ① 다음 각호 1호에 해당하는 자는 5년 이하의 징역 또는 5천만원 이하의 벌금에 처한다.

2. 제3조 제2호의 규정에 위반하여 마약의 원료가 되는 식물을 재배하거나 그 성분을 함유하는 원료·종자·종묘를 소지·소유한자

마약류관리에관한법률 제3조 제3호【일반행위의 금지】
　누구든지 다음 각호의 1에 해당하는 행위를 하여서는 아니 된다.
　3. 헤로인, 그 염류(鹽類) 또는 이를 함유하는 것을 소지, 소유, 관리, 수입, 제조, 매매, 매매의 알선, 수수, 운반, 사용, 투약하거나 투약하기 위하여 제공하는 행위. 다만, 대통령령으로 정하는 바에 따라 식품의약품안전처장의 승인을 받은 경우는 제외한다.

2. 주요 마약류범죄 관련 판례

1) 마약류 밀수입의 기수문제: 향정신성의약품 수입의 의미 및 그 기수시기, 향정신성의약품의 수입에 해당 여부 및 공모공동정범의 공모지도 범죄지에 해당하는지 여부(大判 98도2734)
- 향정신성의약품관리법에 정한 향정신성의약품의 수입이라 함은 그 목적이나 의도에 관계 없이 향정신성의약품을 국외로부터 우리 나라의 영토 내로 양륙하는 등으로 반입하는 행위를 뜻하는 것이고,
- 한편 향정신성의약품관리법은 향정신성의약품의 오용 또는 남용으로 인한 보건위생상의 위해를 방지하기 위하여 필요한 규제를 행함을 목적으로 하는 것으로,
- 이러한 위해발생의 위험성은 향정신성의약품의 양륙 또는 지상반입에 의하여 이미 발생하고, 위와 같은 의약품을 선박이나 항공기로부터 양륙 또는 지상에 반입함으로써 기수에 달하는 것이다.
- [2] 국외에서 국외로 운반중인 히로뽕이 경유지인 국내 공항에서 환적을 위하여 항공사측에 의하여 일시적으로 지상반출된 경우,
- 히로뽕의 오용 또는 남용으로 인한 보건위생상의 위해발생의 위험성이 이미 발생하였다는 이유로 향정신성의약품의 수입에 해당한다.
- 형법 제2조를 적용함에 있어서 공모공동정범의 경우 공모지도 범죄지로 보아야 한다.

2) 1차소지 투약 후 2차소지행위 관련 판례
피고인이 '자신의 집에 메스암페타민을 숨겨두어 소지한 행위'와 그 후 '투약하고 남은 것을 일반 투숙객들의 사용에 제공되는 모텔 화장실 천장에 숨겨두어 소지한 행위'를 별개의 독립한 범죄로 보고 마약류관리에 관한 법률 위반(향정)의 공소사실을 유죄로 인정한 원심판단을 정당하다고 한

사례

판결요지

피고인이 자신의 집에 메스암페타민 0.8g을 숨겨두어 소지하다가(이하 '1차 소지행위'라 한다), 그 후 수차에 걸쳐 투약하고 남은 0.38g을 평소 자신의 지배·관리 아래에 있지 않을 뿐 아니라 일반 투숙객들의 사용에 제공되는 모텔 화장실 천장에 숨겨두어 소지한(이하 '2차 소지행위'라 한다) 사안에서, 1차 소지행위와 2차 소지행위는 소지의 장소와 태양 등에 현저한 차이와 변화가 존재하고, 2차 소지행위는 1차 소지행위보다 수사기관의 압수·수색 등에 의하여 발각될 위험성이 훨씬 낮은 것이어서, 그만큼 메스암페타민의 오·남용으로 인한 보건상의 위해로 이어질 가능성이 상대적으로 높아 이들 소지행위는 그 소지죄의 보호법익과 관련하여서도 법익침해의 동일성을 달리할 정도의 차이를 보이고 있으므로, 비록 1차 소지행위와 2차 소지행위가 시간적으로 하나의 계속성을 가지는 소지행위에 포섭되는 것이긴 하지만, 피고인은 2차 소지행위를 통하여 1차 소지행위와는 별개의 실력적 지배관계를 객관적으로 드러냈다고 평가하기에 충분하다는 이유로, 2차 소지행위를 1차 소지행위와 별개의 독립한 범죄로 보고 마약류관리에 관한 법률 위반(향정)의 공소사실을 유죄로 인정한 원심판단을 정당하다고 한 사례

2011. 2. 10. 선고 2010도16742판결〔마약류관리에관한법률위반(향정)·사행행위등규제및처벌특례법위반〕

3) 매매와 소지행위의 불가분성여부

　-매입한 필로폰을 처분함이 없이 계속 소지한 경우에 있어서 그 소지행위가 매매행위와 불가분의 관계에 있는 것이라거나, 매매행위에 수반되는 필요적 결과로서 일시적으로 행하여진것에 지나지 않는다고 평가되지 않는 한 그 소지행위는 매매행위에 포함 흡수되지 아니하고 필로폰의 매매죄와는 별도로 필로폰 소지행위가 성립한다고 보아야 할 것이다(대법원 95.7.28 선고)

4) 소량이라도 메스암페타민을 함유하는 향정신성의약품은 함유량에 관계없이 향정신성의약품에 해당하고, 수입한 향정의약품을 계속 소지하는 경우 수입죄와 별도로 소지죄가 성립(大判 2010도1071)

- [1] 필로폰의 메스암페타민 함유율에 관하여

▶ 마약류관리에 관한 법률(이하 '법률'이라 한다) 제2조 제4호 (나)목은 '오용 또는 남용의 우려가 심하고 매우 제한된 의료용으로만 쓰이는 것으로서 이

를 오용 또는 남용할 경우 심한 신체적 또는 정신적 의존성을 일으키는 약물이나 이를 함유하는 물질'을 향정신성의약품의 하나로 규정하고 있고, 법률 제4조 제1항은 마약류취급자가 아닌 자에 대하여 향정신성의약품의 취급을 금지하고 있으며, 법률 제58조 제1항 제6호에서는 ' 제4조 제1항의 규정에 위반하여 제2조 제4호 (나)목에 해당하는 향정신성의약품 또는 그 물질을 함유하는 향정신성의약품을 제조 또는 수출입하거나 제조 또는 수출입할 목적으로 소지·소유한 자'를 처벌하도록 규정하고 있고, 법률 시행령 제2조 제3항 [별표 4] 번호 4는 메스암페타민을 법률 제2조 제4호 (나)목 소정의 향정신성의약품으로 규정하고 있으며, 그 함유량 및 함유율에 대하여는 따로 이를 제한하는 규정은 없다. 이러한 관련 규정의 내용과 더불어, 향정신성의약품 및 원료물질의 취급·관리를 적정히 함으로써 그 오용 또는 남용으로 인한 보건상의 위해를 방지하여 국민보건 향상에 이바지함을 목적으로 하는 법률의 정신에 비추어 보면, <u>소량이라도 메스암페타민을 함유하는 향정신성의약품은 그 함유량 및 함유율의 정도에 관계없이 법률 제2조 제4호 (나)목 소정의 향정신성의약품에 해당한다고 보아야 한다</u>(대법원 1998. 4. 10. 선고 98도306 판결 참조)

- [2] 필로폰 수입행위와 소지행위의 별도 기소에 관하여

▶ <u>수입한 향정신성의약품을 처분함이 없이 계속 소지하고 있는 경우, 그 소지행위가 수입행위와 불가분의 관계에 있는 것이라거나 수입행위에 수반되는 필연적 결과로서 일시적으로 행하여진 것에 지나지 않는다고 평가되지 않는 한 그 소지행위는 수입행위에 포괄 흡수되지 아니하고 향정신성의약품의 수입죄와 별도로 향정신성의약품의 소지죄가 성립한다</u>(대법원 1995. 7. 28. 선고 95도869 판결 등 참조).

▶ 원심판결의 이유와 기록에 의하면, 피고인 3, 4는 공모하여 ① 2008. 4. 6. 인천국제공항을 통하여 필로폰 101.2g을 수입한 다음 2008. 4. 11. 타인 간에 필로폰 거래가 있는 것처럼 가장하고 그 가장된 정보를 수사기관에 제공할 목적으로 위 수입한 필로폰 중 91.2g을 원심 판시 커피숍에 맡겨두기 위하여 소지하고, ② 2008. 4. 20. 인천국제공항을 통하여 필로폰 108.3g을 수입한 다음 2008. 4. 24. 위와 같은 목적으로 위 수입한 필로폰 중 105.8g을 원심 판시 식당에 맡겨두기 위하여 소지한 사실을 알 수 있는바, 위와 같은 필로폰 소지행위는 그 목적과 경위 및 방법에 비추어 그 필로폰 수입행위와 불가분의 관계에 있다거나 그에 필연적으로 수반되는 결과로 평가될 수 없고, 오히려 사회통념상 필로폰 수입행위와는 독립한 별개의 소지행위를 구성한다고 보아야 한다. 따라서 원심이 피고인 3에

대하여 별도로 기소된 위 필로폰 소지행위와 필로폰 수입행위를 모두 유죄
로 인정하고 실체적 경합범으로 의율한 것은 정당하고, 상고이유의 주장과
같이 관련 법리를 오해한 위법이 없다.

5) 마약류취급자가 아니면서도 마약류를 투약하였음을 내용으로 하는 마약류
   관리에 관한 법률 위반죄의 공소사실의 특정방법(大判 2005도7422)
- 1. 형사소송법 제254조 제4항이 "공소사실의 기재는 범죄의 시일, 장소와
  방법을 명시하여 사실을 특정할 수 있도록 하여야 한다."라고 규정한 취지
  는,
  ▶ 심판의 대상을 한정함으로써 심판의 능률과 신속을 꾀함과 동시에 방어의
    범위를 특정하여 피고인의 방어권 행사를 쉽게 해주기 위한 것이므로,
- 검사로서는 위 세 가지 특정요소를 종합하여 다른 사실과의 식별이 가능하
  도록 범죄 구성요건에 해당하는 구체적 사실을 기재하여야 하는바 (大判
  2000. 10. 27. 선고 2000도3082 판결, 2005. 12. 9. 선고 2005도7465
  판결 등 참조),
  ▶ 이는 마약류취급자가 아니면서도 마약류를 투약하였음을 내용으로 하는 마
    약류관리에 관한 법률 위반죄의 공소사실에 관한 기재에 있어서도 마찬가
    지이다.
- 2. 원심판결 중 마약류관리에 관한 법률 위반(향정)의 점에 관한 공소사실
  은 "피고인은 마약류 취급자가 아님에도 2004. 9.경에서 10.경 사이 대구
  달성군 등지에서, 메스암페타민 약 0.03g을 1회용 주사기에 넣고 물과 희
  석한 다음 피고인의 팔에 주사하는 방법으로 이를 투약하였다"는 것인바,
  ▶ 메스암페타민 투약시기에 관한 위와 같은 기재만으로는 피고인의 방어권
    행사에 지장을 초래할 위험성이 크고, 단기간 내에 반복되는 공소 범죄사
    실의 특성에 비추어 볼 때 위 투약시기로 기재된 위 기간 내에 복수의 투
    약 가능성이 농후하여 심판대상이 한정되었다고 보기도 어렵다고 할 것이
    니,
  ▶ 이러한 공소사실의 기재는 특정한 구체적 사실의 기재에 해당한다고 볼 수
    없어 형사소송법 제254조 제4항에 정해진 요건을 갖추지 못한 것이므로,
    이 부분 공소는 공소제기의 절차가 법률의 규정에 위반하여 무효라고 할
    것이다.

6) 공소사실에 기재된 메스암페타민의 투약시기, 투약한 메스암페타민의 양과 투약 방
   법 등의 심판대상이 특정되지 아니하여 공소사실이 특정되었다고 볼 수 없다고 한
   사례(大判 2006도7342)

- 이 사건 공소사실 중 "피고인 1이 마약류 취급자가 아님에도 2005. 8. 하순경부터 2005. 11. 20.경 사이에 부산 연제구 이하 불상지에서 필로폰(메스암페타민) 불상량을 맥주에 타서 마시거나 1회용 주사기에 넣어 희석한 다음 자신의 팔 혈관에 주사하는 방법으로 이를 투약하였다."는 부분은,
- 메스암페타민의 투약시기, 투약한 메스암페타민의 양과 투약 방법 등의 심판대상이 특정되지 아니하여 피고인의 방어권 행사에 지장을 초래할 위험성이 크다고 할 것이다. 따라서 위와 같은 공소사실의 기재는 특정한 구체적 사실의 기재에 해당한다고 볼 수 없어
- 형사소송법 제254조 제4항에 정해진 요건을 갖추지 못한 것이므로, 이 부분 공소는 공소제기의 절차가 법률의 규정에 위반하여 무효라고 할 것이다.
- 그러므로 형사소송법 제327조 제2호에 의하여 위 부분 공소에 대하여 공소를 기각하여야 할 것인바,
  ► 이와 같은 취지의 원심의 판단은 정당하고, 거기에 상고이유에서 주장하는 바와 같은 공소사실의 특정에 관한 법리 등을 오해한 위법이 없다.
《공소사실 불특정 관련 최근 유사판례》
  ► 2008. 8. 3부터 2008. 10. 2. 사이에 천안시 서북구(상세 주소 생략) 피고인의 주거지 등지에서 필로폰 약 0.03g을 음료수로 희석하여 마시거나 주사기로 혈관에 주사하는 방법 등으로 이를 투약하였다 ⇒ 공소사실 불특정 무효(2009도9717)
  ► 2008년 1월경부터 같은 해 2월 일자불상 15:00경까지 사이에 인천 남구 용현동 물텀벙사거리에 있는 상호불상의 오락실 앞 노상에서 공소외인으로부터 1회용 주사기에 담긴 메스암페타민 약 0.7g을 교부받아 이를 매수한 외에, 그때부터 2009년 2월 내지 3월 일자불상 07:00경까지 총 21회에 걸쳐 필로폰을 매수·투약하였다 ⇒ 무효(2010도9835)
※ 공소사실 특정 인정한 판례(대법원 2010. 8. 26. 선고 2010도4671 판결)
【판시사항】
  [1] 공소사실의 특정 정도
  [2] 메스암페타민의 양성반응이 나온 소변감정결과에 의하여 그 투약시기를 소변채취검사일로부터 투약가능기간을 역으로 추산하여 '2009. 8. 10.부터 2009. 8. 19.까지 사이'로, 투약장소를 '서울 또는 부산 이하 불상'으로 공소장에 기재하였으며 투약방법에 대하여 소송절차에서 다투어진 경우 공소사실이 특정되었다고 한 사례
  - 검사의 상고이유에 대한 판단

공소사실의 기재는 범죄의 시일, 장소와 방법을 명시하여 사실을 특정할 수 있도록 하여야 하는데(형사소송법 제254조 제4항), 이처럼 공소사실의 특정을 요구하는 법의 취지는 피고인의 방어권 행사를 쉽게 해 주기 위한 데에 있으므로, 공소사실은 이러한 요소를 종합하여 구성요건 해당사실을 다른 사실과 식별할 수 있는 정도로 기재하면 족하고, 공소장에 범죄의 일시, 장소, 방법 등이 구체적으로 적시되지 않았더라도 공소사실을 특정하도록 한 법의 취지에 반하지 아니하고, 공소범죄의 성격에 비추어 그 개괄적 표시가 부득이하며 그에 대한 피고인의 방어권 행사에 지장이 없다면 그 공소내용이 특정되지 않았다고 볼 수 없다(대법원 2007. 6. 14. 선고 2007도2694 판결, 대법원 2008. 7. 24. 선고 2008도4854 판결 등 참조)

원심은, 투약시기가 피고인의 소변감정결과만에 기초하여 소변에서 필로폰이 검출되자 소변채취일로부터 그 투약 가능한 기간을 역으로 추산한 것이고, 투약장소도 범위가 광범위하여 구체적이라고 보기 어려우며, 투약량이나 투약방법도 불상으로 기재하고 횟수도 기재하지 않아서 그 정도의 기재만으로는 심판대상이 한정되었다고 보기 어려워, 피고인의 방어권 행사에 지장을 초래할 위험이 크다고 할 것이므로 공소사실이 특정되었다고 할 수 없다는 이유로 이 부분 공소를 기각하였다.

그러나 기록에 의하면, 검사는 향정신성의약품인 메스암페타민의 양성반응이 나온 소변의 채취일시, 메스암페타민의 투약 후 소변으로 배출되는 기간에 관한 자료와 피고인이 체포될 당시까지 거주 또는 왕래한 장소에 대한 피고인의 진술 등 기소 당시의 증거들에 의하여 범죄일시를 '2009. 8. 10.부터 2009. 8. 19.까지 사이'로 열흘의 기간 내로 표시하고, 장소를 '서울 또는 부산 이하 불상'으로 표시하여 가능한 한 이를 구체적으로 특정하였으며, 나아가 피고인이 자신의 체내에 메스암페타민이 투약된 사실을 인정하면서도 위 투약은 공소외인이 위 범죄일시로 기재된 기간에 해당하는 2009. 8. 19. 피고인 몰래 피고인의 음료에 메스암페타민을 넣어서 생긴 것이므로 위 투약에 관한 정을 몰랐다는 취지로 변소하자 이에 대응하여 위 공소외인에 대한 수사기관의 수사와 제1심의 증거조사까지 이루어졌음을 알 수 있다. 위와 같은 이 부분 공소사실 기재의 경위 및 피고인의 변소와 그에 대한 증거조사 내용에다가 앞서 본 향정신성의약품투약 범죄의 특성 등에 비추어 볼 때 이 부분 공소사실은 피고인의 방어권을 침해하지 않는 범위 내에서 범죄의 특성을 고려하여 합리적인 정도로 특정된 것으로 볼 수 있다.

이와 달리 이 부분 공소사실이 특정되었다고 볼 수 없다고 판단하여 이 부분 공소를 기각한 원심에는 향정신성의약품 관련 공소사실의 특정에 관한 법리를 오해하여 판결 결과에 영향을 미친 위법이 있다

7) 대마소지 부분은 위법수집증거의 배제에 의하여 무죄, 향정신성의약품 투여 부분은 공소사실 불특정으로 공소기각, 음란물 유포 부분은 유죄 인정 사례(大判 2008도10914)★

[1] 헌법과 형사소송법이 정한 절차를 위반하여 수집한 압수물과 이를 기초로 획득한 2차적 증거의 증거능력 및 그 판단 기준

[2] 음란물 유포의 범죄혐의를 이유로 압수수색영장을 발부받은 사법경찰관이 피고인의 주거지를 수색하는 과정에서 대마를 발견하자, 피고인을 마약류관리에 관한 법률 위반죄의 현행범으로 체포하면서 대마를 압수하였으나 그 다음날 피고인을 석방하고도 사후 압수수색영장을 발부받지 않은 사안에서, 위 압수물과 압수조서는 형사소송법상 영장주의를 위반하여 수집한 증거로서 증거능력이 부정된다고 한 사례

[3] 인터넷사이트에 집단 성행위 목적의 카페를 운영하는 자가 남녀 회원을 모집한 후 특별모임을 빙자하여 집단으로 성행위를 하고 그 촬영물이나 사진 등을 카페에 게시한 사안에서, 위 카페의 회원수에 비추어 위 게시행위가 음란물을 공연히 전시한 것에 해당한다고 한 사례

▶ 1. 검사의 상고이유에 대하여
기본적 인권 보장을 위하여 압수·수색에 관한 적법절차와 영장주의의 근간을 선언한 헌법과 이를 이어받아 실체적 진실 규명과 개인의 권리 보호 이념을 조화롭게 실현할 수 있도록 압수·수색절차에 관한 구체적 기준을 마련하고 있는 형사소송법의 규범력은 확고히 유지되어야 하므로 헌법과 형사소송법이 정한 절차에 따르지 아니하고 수집한 증거는 물론 이를 기초로 하여 획득한 2차적 증거 역시 기본적 인권 보장을 위해 마련된 적법한 절차에 따르지 않은 것으로서 원칙적으로 유죄 인정의 증거로 삼을 수 없고, 다만 위법하게 수집한 압수물의 증거능력 인정 여부를 최종적으로 판단함에 있어서는, 수사기관의 증거 수집 과정에서 이루어진 절차 위반행위와 관련된 모든 사정, 즉 절차 조항의 취지와 그 위반의 내용 및 정도, 구체적인 위반 경위와 회피가능성, 절차 조항이 보호하고자 하는 권리 또는 법익의 성질과 침해 정도 및 피고인과의 관련성, 절차 위반행위와 증거수집 사이의 인과관계 등 관련성의 정도, 수사기관의 인식과 의도 등을 전체적·종합적으로 살펴 볼 때, 수사기관의 절차 위반행위가 적법절차의 실질적인 내용을 침해하는 경우

에 해당하지 아니하고, 오히려 그 증거의 증거능력을 배제하는 것이 헌법과 형사소송법이 형사소송에 관한 절차 조항을 마련하여 적법절차의 원칙과 실체적 진실 규명의 조화를 도모하고 이를 통하여 형사 사법 정의를 실현하려고 한 취지에 반하는 결과를 초래하는 것으로 평가되는 예외적인 경우에 한해 그 증거를 유죄 인정의 증거로 사용할 수 있을 뿐이다(대법원 2007. 11. 15. 선고 2007도3061 전원합의체 판결 참조).

원심은, 사법경찰리가 2007. 10. 23. 이 사건 구 정보통신망 이용촉진 및 정보보호 등에 관한 법률 위반(음란물유포)의 범죄혐의를 이유로 발부받은 압수·수색영장{수색·검증할 장소, 신체 또는 물건 : (주거지 주소 생략)(주거지), (사업장 소재지 생략)(사업장), 압수할 물건 : 범죄행위에 제공되었거나 범죄행위에 관련된 컴퓨터 및 주변기기, 하드디스크, USB 메모리, 플로피 디스크, 시디, 장부, 서류, 수첩, 메모지}에 기하여 피고인의 주거지를 수색하는 과정에서 대마가 발견되자 이에 피고인을 마약류관리에 관한 법률 위반(대마)죄의 현행범으로 체포하면서 위 대마를 압수하였으나, 현행범으로 체포된 피고인이 구속영장에 의하여 구속되지 않고 다음날인 2007. 10. 24. 석방되었음에도 사후 압수·수색영장을 받지 아니한 사실이 인정되므로 위 압수한 대마 및 그 압수조서 중 "위 대마를 피고인에게서 압수하였다"는 취지의 기재 등은 형사소송법상 영장주의를 위반하여 수집한 증거로, 그 절차위반의 정도가 적법절차의 실질적인 내용을 침해하는 것이어서 그 증거능력을 배제하는 것이 형사사법 정의실현의 취지에 합치된다 할 것이고, 따라서 위 각 증거는 증거능력이 없어 위 대마소지의 점에 관한 공소사실의 증거로 사용할 수 없다고 판단하였다.

구 형사소송법(2007. 6. 1. 공포되고 2008. 1. 1.부터 시행된 법률 제8496호 이전의 것) 제216조 제1항 제2호, 제217조 제2항에 의하면 피의자를 체포하는 경우에 필요한 때에는 영장 없이 체포현장에서 압수·수색을 할 수 있고 이때 구속영장의 발부를 받지 못한 때에는 이를 즉시 환부하여야 하지만, 압수한 물건을 계속 압수할 필요가 있는 경우에는 사후에 압수·수색영장을 받아야 한다고 규정하고, 같은 법 제216조 제3항에 의하면 범행 중 또는 범행 직후의 범죄 장소에서 긴급을 요하여 법원판사의 영장을 받을 수 없는 때에는 영장 없이 압수·수색을 하되, 사후에 영장을 받도록 규정하고 있는바, 이러한 형사소송법의 규정과 앞서 본 법리에 비추어 보면, 이 사건 압수물과 압수조서의 기재는 형사소송법상 영장주의 원칙에 위배하여 수집하거나 그에 기초한 증거로서 그 절차위반행위가 적법절차의 실질적인 내용을 침해하는 정도에 해당한다 할 것이니, 원심이 위 각 증거의 증거능력을 부정하고 이 사건 대마소지의 점에 관한 공소사실에 대하여 범죄의 증명이 없다는 이유로 무죄를 선고한 것은 정당하다.

▶ 2. 피고인의 상고이유에 대하여

가. 음란물 유포의 점에 대하여

구 정보통신망 이용촉진 및 정보보호 등에 관한 법률(2007. 1. 26. 법률 제8289호로 개정되기 전의 것) 제65조 제1항 제2호(이하 '이 사건 법률 규정'이라 한다)는 정보통신망을 통하여 음란한 부호·문언·음향·화상 또는 영상을 배포·판매·임대하거나 공연히 전시한 자를 처벌하도록 규정하고 있는바, 이 사건 법률 규정은 초고속 정보통신망의 광범위한 구축과 그 이용촉진 등에 따른 음란물의 폐해를 막기 위하여 마련된 것이고, 여기서 '공연히 전시'한다고 함은 불특정 또는 다수인이 실제로 음란한 부호·문언·음향 또는 영상을 인식할 수 있는 상태에 두는 것을 의미한다 (대법원 2003. 7. 8. 선고 2001도1335 판결, 대법원 2008. 2. 14. 선고 2007도8155 판결 등 참조).

원심은, 피고인이 그 판시 인터넷사이트에서 집단 성행위(일명 '스와핑') 목적의 카페를 개설, 운영하면서 남녀 회원을 모집한 후 특별모임을 빙자하여 집단으로 성행위를 하고 그 촬영물이나 사진 등을 카페에 게시함으로써 정보통신망을 통하여 음란한 화상 등을 공연히 전시하였다고 하는 이 사건 공소사실에 대하여, 피고인의 주장처럼 위 카페가 회원제로 운영되는 등 제한적이고 회원들 상호간에 위 음란물을 게시, 공유하여 온 사정이 있다 하여도 위 카페의 회원수 등에 비추어 피고인은 정보통신망을 이용하여 음란물을 다수인이 인식할 수 있는 상태로 전시한 사실이 인정된다고 판단하였다.

앞서 본 법리와 원심의 인정 사실에 의하면 위와 같은 피고인의 행위는 정보통신망을 이용하여 음란물을 다수인이 인식할 수 있는 상태로 전시함으로써 이 사건 법률규정을 위반한 경우에 해당한다 할 것이니, 같은 취지의 원심 판단은 정당하다.

나. 향정신성의약품 투약의 점에 대하여

형사소송법 제254조 제4항이 "공소사실의 기재는 범죄의 시일, 장소와 방법을 명시하여 사실을 특정할 수 있도록 하여야 한다."라고 규정한 취지는, 심판의 대상을 한정함으로써 심판의 능률과 신속을 꾀함과 동시에 방어의 범위를 특정하여 피고인의 방어권 행사를 쉽게 해 주기 위한 것이므로, 검사로서는 위 세 가지 특정요소를 종합하여 다른 사실과의 식별이 가능하도록 범죄 구성요건에 해당하는 구체적 사실을 기재하여야 하는바, 이는 마약류 취급자가 아니면서도 마약류를 투약하였음을 내용으로 하는 마약류관리에 관한 법률 위반죄의 공소사실에 관한 기재에 있어서도 마찬가지이다(대법원 2005. 12. 9. 선고 2005도7465 판결, 대법원 2007. 1. 25. 선고 2006도7342 판결 등 참조).

피고인에 대한 <u>이 부분 공소사실은 "피고인은 마약류 취급자가 아님에도 불구하고, 2007. 4.경 내지 6.경 사이에 알 수 없는 곳에서, 향정신성의약품인 엠디엠에이(MDMA, 일명 '엑스타시')를 알 수 없는 방법으로 투약하였다."</u>는 것인바, 엠디엠에이의 투약시기, 투약장소, 투약방법에 관한 위와 같은 기재만으로는 피고인의 방어권의 행사에 지장을 초래할 위험성이 크고, 위 투약시기로 기재된 위 기간 내에 복수의 투약 가능성도 충분히 있으므로 투약횟수의 기재조차 없는 위 공소사실에 대하여는 그 심판대상이 한정되었다고도 보기도 어렵다.

따라서 위와 같은 공소사실의 기재는 특정한 구체적 사실의 기재에 해당한다고 볼 수 없어 형사소송법 제254조 제4항에 정해진 요건을 갖추지 못하였으므로, 이 부분 공소는 공소제기의 절차가 법률의 규정에 위반하여 무효라 할 것이다.

8) 필로폰을 투여하였거나 소지하였다는 점을 인정할 증거가 없다고 본 사례 (大判 2000도102)

- 원심판결 이유에 의하면, 이 부분 공소사실은, 피고인 2와 4가 1998. 12. 17.부터 같은 달 23일까지 사이에 불상의 장소에서 불상의 방법으로 소지하게 된 메스암페타인 각 0.03g을 불상의 방법으로 투약하였다는 것인바,
- 원심은 이에 대하여, 제1심에서 증거로 채택한 보건환경연구원의 소변 이화학검사결과는 양성으로 나왔으나
▶ 그 전에 피고인들이 동의하여 채취한 소변에 대한 간이시약검사결과는 음성으로 나온 사실, 위 소변채취 당시 피고인들의 동의를 받아 모발도 채취하였음이 분명함에도 불구하고,
- 그 모발검사결과가 제출되지 않은 사실, 피고인들의 요청으로 1999. 3. 6. 제1심에서 검찰청 마약수사서기보로 하여금 채취하게 한 피고인들의 각 모발 100수에 대한 국립과학수사연구소의 감정결과가 음성으로 나온 사실, 국립과학수사연구소장 작성의 사실조회회보서의 기재에 의하면,

- 복용한 메스암페타민의 일부는 모근과 연결된 혈액 등을 통하여 약 2~5일 후부터 모발에 침투되어 배설되지 않고 잔존하므로 모발을 자르지 않는 한 침투에 소요되는 기간이 지난 후에는 모발에서 메스암페타민이 검출되고,
- 통상 모발은 1개월에 0.8~1.3cm씩 성장하므로 국립과학수사연구소에서 감정한 피고인들의 모발 중 긴 것은 8~9cm로 그 성장에 소요된 기간은 6개월 가량 소요되어, 피고인들이 메스암페타민을 복용하였더라면
▶ 국립과학수사연구소에서 감정한 모발에서는 분명히 메스암페타민이 검출되었을 것인 사실 등을 인정한 다음,
- 이러한 사정을 종합하면, 위 보건환경연구원의 시험성적서의 기재만으로 피고인들이 공소사실 기재 무렵에 메스암페타민을 복용하였다는 점을 인정하기 부족하고, 달리 이를 인정할 만한 증거가 없다는 이유로 무죄를 선고하였다.
- 기록에 비추어 살펴보면 원심의 위와 같은 증거취사와 사실인정은 정당하고, 거기에 논하는 바와 같은 채증법칙 위반으로 인한 사실오인의 위법이 있다고 할 수 없다. 논지는 이유가 없다.

9) 필로폰 매수 대금을 송금한 사실에 대한 증거가 필로폰 매수죄와 실체적 경합범 관계에 있는 필로폰 투약행위에 대한 보강증거가 될 수 없다고 한 사례 및 피고인의 모발에서 메스암페타민 성분이 검출되었는지 여부에 관한 국립과학수사연구소장의 감정의뢰회보의 증명력(大判 2007도10937)

<가. 자백에 대한 보강증거에 관하여>
-원심이 유지한 제1심판결 이유에 의하면, "피고인이 2007. 6. 중순 일자불상 22:00경 대구 신천 4동 소재 동대구 고속버스터미널 부근 상호불상 모텔 5층 방실에서 1회용 주사기에 담긴 필로폰 약 0.03그램을 생수로 희석하여 자신의 팔에 주사하는 방법으로 필로폰을 투약하였다."는
▶ 이 사건 공소사실을 유죄로 인정하는 증거로서 ① 피고인의 제1심법정에서의 진술 및 피고인에 대한 검찰 피의자신문조서의 진술기재와 ② 공소외 1에 대한 검찰 진술조서의 진술기재, ③ 필로폰 시가보고를 들고 있다.
▶ 기록에 비추어 살펴 보면, ① 피고인의 법정에서의 진술과 피고인에 대한 검찰 피의자신문조서의 진술기재들은 피고인의 법정 및 검찰에서의 자백으로서 형사소송법 제310조에서 규정하는 자백의 개념에 포함되어 그 자백만으로는 유죄의 증거로 삼을 수 없고,
-② 공소외 1에 대한 검찰 진술조서의 진술기재는 피고인이 이 사건 범행을 자인하는 것을 들었다는 진술로서 전문증거이기는 하나

▶ 간이공판절차에 의하여 심판할 것을 결정한 이 사건에 있어서는 같은 법 제318조의3의 규정에 의하여 피고인의 동의가 있는 것으로 간주되어 증거능력이 인정되고,

▶ 또한 이러한 진술조서는 자백자 본인의 진술 자체를 기재한 것은 아니므로 같은 법 제310조의 자백에는 포함되지 않는다 할 것이지만, 피고인의 자백을 내용으로 하고 있는 이와 같은 진술기재 내용을 피고인의 자백의 보강증거로 삼는다면

▶ 결국 피고인의 자백을 피고인의 자백으로서 보강하는 결과가 되어 아무런 보강도 하는 바 없는 것이니 보강증거가 되지 못하고,

▶ 오히려 보강증거를 필요로 하는 피고인의 자백과 동일하게 보아야 할 성질의 것이라고 할 것이므로 피고인의 자백의 보강증거로 될 수 없으며(大判 1981. 7. 7. 선고 81도1314 판결 참조),

-③ 필로폰 시가보고는 몰수 및 추징 구형시 참고자료로 삼기 위해 필로폰의 도·소매가격을 파악한 것에 불과하여 피고인의 자백에 대한 보강증거로 삼을 수 없다.

▶ 한편, 실체적 경합범은 실질적으로 수죄이므로 각 범죄사실에 관하여 자백에 대한 보강증거가 있어야 하는바(大判 1959. 6. 30. 선고 4292형상122 판결 참조),

▶ 제1심이 유죄의 증거로 삼지 않은 증거 중 '피고인이 공소외 2로부터 필로폰을 매수하면서

▶ 그 대금을 공소외 2가 지정하는 은행계좌로 송금한 사실'에 대한 압수수색검증영장 집행보고(수사기록 103면)는 필로폰 매수행위에 대한 보강증거는 될 수 있어도

▶ 그와 실체적 경합범 관계에 있는 필로폰 투약행위에 대한 보강증거는 될 수 없다.

▶ 그렇다면 아무런 보강증거 없이 피고인의 자백만으로 이 사건 범죄사실을 인정하여 유죄의 선고를 한 제1심판결을 유지한 원심의 조치에는 자백의 보강증거에 관한 증거판단을 그르쳐 판결에 영향을 미친 위법이 있고, 이를 지적하는 취지의 상고이유의 주장은 이유 있다.

<나. 모발 및 소변검사에 관하여>

- 피고인 모발에서 메스암페타민 성분이 검출되었다는 국립과학수사연구소장의 감정의뢰회보가 있는 경우, 그 회보의 기초가 된 감정에 있어서 실험물인 모발이 바뀌었다거나 착오나 오류가 있었다는 등의 구체적인 사정이 없는 한,

- ▶ 피고인으로부터 채취한 모발에서 메스암페타민 성분이 검출되었다고 인정하여야 하고,
- ▶ 따라서 논리와 경험의 법칙상 피고인은 감정의 대상이 된 모발을 채취하기 이전 언젠가에 메스암페타민을 투약한 사실이 있다고 인정하여야 할 것이다 (大判 1994. 12. 9. 선고 94도1680 판결 참조).
- ▶ 그런데 기록에 의하면, 검찰은 피고인의 필로폰 투약 여부를 확인하기 위하여 이 사건 범행일시로부터 약 1개월 이내인 2007. 7. 6.에 채취한 피고인의 소변 및 모발에 대하여 국립과학수사연구소에 마약반응검사를 의뢰하였는데,
- ▶국립과학수사연구소장은 피고인의 소변에 대한 감정결과 메스암페타민 성분이 검출되지 않았을 뿐 아니라,
- ▶모발감정의 경우 길이 5~9㎝ 가량의 피고인 모발 120여 수를 모근에서부터 3㎝까지와 3㎝에서부터 끝부분까지로 각 절단하여 분할시험을 하였으나
- ▶모두 메스암페타민 성분이 검출되지 않았다는 내용의 감정의뢰회보를 검찰에 보낸 사실을 알 수 있는바,
- ▶개인의 연령, 성별, 인종, 영양상태, 개체차 등에 따라 차이가 있으나 모발이 평균적으로 한 달에 1㎝ 정도 자란다고 볼 때 감정의뢰된 모발의 길이에 따라 필로폰 투약시기를 대략적으로 추정할 수 있으므로,
- ▶모근에서부터 길이 5~9㎝ 가량의 모발검사결과 메스암페타민 성분이 전혀 검출되지 않았다는 이 사건 피고인 모발에 대한 감정의뢰회보는 적어도
- ▶피고인은 모발채취일로부터 5~9개월 이내인 이 사건 판시 범행일자에는 필로폰을 투약하지 않았다는 즉, 피고인의 무죄를 입증할 유력한 증거에 해당한다고 볼 것이다.
- 따라서 원심으로서는 위의 각 검사를 시행함에 있어 감정인이 충분한 자격을 갖추지 못하였다거나,
- ▶ 감정자료의 관리·보존상태 또는 검사방법이 적절하지 못하다거나, 그 결론 도출과정이 합리적이지 못하다거나 혹은 감정 결과 자체에 모순점이 있다는 등으로
- 그 감정 결과의 신뢰성을 의심할 만한 다른 사정이 있는지에 관하여 심리하여 본 다음 피고인의 범행 여부를 판단하였어야 할 것임에도(大判 2007. 5. 10. 선고 2007도1950 판결 참조),
- ▶ 이에 관하여 아무런 심리 및 판단을 하지 아니하였다는 점을 지적해 둔다.

10) 대법원 2009. 3. 12. 선고 2008도8486 판결

【판시사항】
 [1] 과학적 증거방법의 증명력 및 과학적 증거방법이 당해 범죄에 관한 적극
    적 사실과 이에 반하는 소극적 사실 모두에 존재하는 경우 증거판단 방법
 [2] 유전자검사 결과 주사기에서 마약성분과 함께 피고인의 혈흔이 확인됨으
    로써 피고인이 필로폰을 투약한 사정이 적극적으로 증명되는 경우, 반증
    의 여지가 있는 소변 및 모발검사에서 마약성분이 검출되지 않았다는 소
    극적 사정에 관한 증거만으로 이를 쉽사리 뒤집을 수 없다고 한 사례
【본 문】
 ▶ 형사재판에 있어 심증형성은 반드시 직접증거에 의하여 형성되어야만 하
   는 것은 아니고 간접증거에 의할 수도 있는 것이며, 간접증거는 이를 개
   별적·고립적으로 평가하여서는 아니 되고 모든 관점에서 빠짐없이 상호
   관련시켜 종합적으로 평가하고, 치밀하고 모순 없는 논증을 거쳐야 한다.
   그리고 증거의 증명력은 법관의 자유판단에 맡겨져 있으나 그 판단은 논
   리와 경험칙에 합치하여야 하고, 형사재판에 있어서 유죄로 인정하기 위
   한 심증형성의 정도는 합리적인 의심을 할 여지가 없을 정도여야 하나,
   이는 모든 가능한 의심을 배제할 정도에 이를 것까지 요구하는 것은 아
   니며, 증명력이 있는 것으로 인정되는 증거를 합리적인 근거가 없는 의심
   을 일으켜 이를 배척하는 것은 자유심증주의의 한계를 벗어나는 것으로
   허용될 수 없다 할 것인바, 여기에서 말하는 합리적 의심이라 함은 모든
   의문, 불신을 포함하는 것이 아니라 논리와 경험칙에 기하여 요증사실과
   양립할 수 없는 사실의 개연성에 대한 합리성 있는 의문을 의미하는 것
   으로서, 피고인에게 유리한 정황을 사실인정과 관련하여 파악한 이성적
   추론에 그 근거를 두어야 하는 것이므로 단순히 관념적인 의심이나 추상
   적인 가능성에 기초한 의심은 합리적 의심에 포함된다고 할 수 없다(대
   법원 2004. 6. 25. 선고 2004도2221 판결 등 참조).
   특히, 유전자검사나 혈액형검사 등 과학적 증거방법은 그 전제로 하는 사
   실이 모두 진실임이 입증되고 그 추론의 방법이 과학적으로 정당하여 오
   류의 가능성이 전무하거나 무시할 정도로 극소한 것으로 인정되는 경우에
   는 법관이 사실인정을 함에 있어 상당한 정도로 구속력을 가지므로, 비록
   사실의 인정이 사실심의 전권이라 하더라도 아무런 합리적 근거 없이 함
   부로 이를 배척하는 것은 자유심증주의의 한계를 벗어나는 것으로서 허용
   될 수 없는바(대법원 2007. 5. 10. 선고 2007도1950 판결 참조), 과학
   적 증거방법이 당해 범죄에 관한 적극적 사실과 이에 반하는 소극적 사실
   모두에 존재하는 경우에는 각 증거방법에 의한 분석 결과에 발생할 수 있

는 오류가능성 및 그 정도, 그 증거방법에 의하여 증명되는 사실의 내용 등을 종합적으로 고려하여 범죄의 유무 등을 판단하여야 하고, 여러 가지 변수로 인하여 반증의 여지가 있는 소극적 사실에 관한 증거로써 과학적 증거방법에 의하여 증명되는 적극적 사실을 쉽사리 뒤집어서는 안 될 것이다.

이 사건 공소사실의 요지는, 피고인이 2007. 8. 29. 22:00경 서울 서초구 방배3동 (이하 생략) 공소외 1의 집에서 향정신성의약품인 메스암페타민 불상량을 주사기에 넣고 물로 희석하여 몸에 주사하였다는 것이다.

이에 대하여 원심은 이 사건 공소사실에 부합하는 취지의 공소외 2의 제1심법정 진술은 공소외 2가 공소외 1로부터, 피고인이 공소외 1에게 이 사건 주사기를 건네주었다는 말을 들었다는 내용이고, 경찰 압수조서 및 목록의 기재는 공소외 1의 집에서 이 사건 주사기가 발견되었다는 것으로서, 모두 피고인이 메스암페타민을 투약하였다는 점에 관한 직접적인 증거들이라고 보기 어렵고, 결국 이 사건 공소사실에 대한 직접적인 증거로는 공소외 1의 수사기관 및 제1심법정에서의 진술, 국립과학수사연구소장의 감정의뢰회보(유전자분석 감정서) 등이 있을 뿐이라고 전제한 다음, 먼저 공소외 1의 수사기관 및 제1심법정에서의 진술에 대해서는, 이 사건 주사기 8개가 공소외 1의 집에서 발견되자, 공소외 1은 수사기관 및 제1심법정에서 일관되게, 피고인이 이 사건 주사기를 버려달라고 하며 공소외 1에게 건네주었고, 피고인이 이 사건 주사기를 이용하여 필로폰을 투약하는 것을 목격하지는 못했지만 그런 것으로 추측한다고 진술하였는데, 공소외 1은 피고인이 이 사건 주사기를 건네주었다는 일시에 관하여 처음에는 2007. 9. 18.경이라고 진술하였다가 2007. 9. 20.로, 다시 2007. 8. 29.로 변경하였는바, 최초의 조사는 사건이 있은 때로부터 불과 2개월여만에 이루어져, 오래전 일이라 기억이 생생하지 못하였기 때문이었다는 진술 번복 경위에 상당성이 없는 점, 공소외 1의 진술에 의하면, 동종범행으로 집행유예 기간 중에 있던 피고인이 당시 매우 오랜만에 만난 전 연인 사이인 공소외 1에게 필로폰을 투약한 주사기를 버려달라고 맡기고, 또 필로폰을 투약한 경험이 있는 공소외 1이 '피고인과 다시는 안볼 생각으로' 피고인이 투약한 증거인 주사기를 자신의 부엌 찬장에 2개월여 동안 보관하고 있었다는 것인데 이는 상식에 반하는 점 등에 비추어 보면, 공소외 1의 진술은 그 신빙성을 인정할 수 없고, 또 국립과학수사연구소장의 감정의뢰회보(유전자분석 감정서) 등에 의하면, 이 사건 주사기 8개 중 5개에서 마약성분이 검출되었고, 마약성분이 검출된 주사기 중 1개의 주사기에서 피고인의 유전자와 일치하는 혈흔이 발견되었다는 것인바, 이는 피고인이 마약을 하기 위해 공소외 1의 집에 8개의 주사기를 가지고 가, 그 중 한 개의 주사기로 마약을 하고, 다른 4개의 주사기에는 마약을 담아놓은 채 투약은 하지 않았으며, 아직 새것인 3개의 주사기도 모두 버렸다는 것이어서 상식적으로 납득하기 어려우며, 피고인에 대한 소변 및 모발검사에서 마약성분이 검출되지 않았는바, 피고인이 필로폰을 투약하였다는 이 사건 공소사실 기재 일시는 2007. 8. 29.이고, 모발검사 시기는 같은 해 10. 22.로서 모발의 투약 여부 감정가능기간(투약 후 약 20일부터 1년 이내)에 비추어 볼 때, 피고인이 공소사실과 같이 필로폰을 투약하였다면 극소량을 투약한 것이 아닌 이상 모발검사에서 마약성분이 검출되었어야 함에도 그렇지 못한 점 등에 비추어, 위 증거들만으로는 이 사건 공소사실이 합리적 의심을 배제할 정도로 증명되었다고 보기 어렵다는 이유로 이 사건 공소사실을 유죄로 인정한 제1심판결을 파기하고 피고인에게 무죄를 선고하였다.

▶ 그러나 원심의 위와 같은 판단은 앞서 본 법리와 다음과 같은 이유로 수긍하기 어렵다.

먼저, 공소외 1의 수사기관 및 제1심법정에서의 진술은 '피고인이 공소외 1의 집 컴퓨터 방에서 야한 동영상을 보며 한참 동안 있다가 나와 이 사건 주사기를 주면서 버려달라고 하였는데, 당시 피고인이 마약을 투약하는 것을 직접 보지는 못했지만 그날 마약과 관련된 이야기를 했고, 피고인이 말도 별로 안 하고 주변을 계속 두리번거리면서 불안해하는 등 마약을 한 것처럼 보였다'는 취지로 일관되어 있고, 이와 같은 공소외 1의 진술은 ' 공소외 1로부터 피고인이 공소외 1에게 이 사건 주사기를 건네주었다는 말을 들었다'는 취지의 공소외 2의 수사기관 및 제1심법정에서의 진술과 공소외 1의 집에서 이 사건 주사기가 발견되었다는 경찰 압수조서 및 목록의 기재에 의하여 뒷받침되며, 피고인도 이 사건 공소사실의 범행일시인 2007. 8. 29. 공소외 1의 집에 갔던 사실을 인정하고 있다. 특히, 마약성분이 검출된 주사기 5개 중 1개의 주사기에서 피고인의 유전자와 일치하는 혈흔이 함께 발견된 것은 유전자검사라는 과학적 증거방법에 의하여 확인된 사실로서 피고인이 그 주사기로 마약을 투약한 경우를 제외하고는 다른 경우를 합리적으로 상정하기 어렵다.

반면, 원심이 지적한 바와 같은 피고인의 범행일시에 관한 공소외 1 진술의 모순에 관하여 보건대, 앞서 본 증거들에 의하면, 공소외 1은 피고인으로부터 이 사건 주사기를 받은 날에 대하여, 처음 경찰에서는 피고인으로부터 마지막 문자메시지를 받은 2007. 10. 3.을 기준으로 그로부터 15일 정도 전이었던 것 같다고 하였다가, 그 다음에는 2007. 9. 20.에 피고인으로부터 '집으로 간다'는 내용의 문자메시지를 받은 사실을 확인하고 2007. 9. 20.이라고 진술하였는데, 그 후 공소외 1의 주거지 아파트 폐쇄회로 카메라에 그 날 피고인의 모습이 촬영되어 있지 않은 사실이 확인되자, 피고인이 공소외 1에게 이 사건 주사기를 줬던 날 피고인이 누군가와 전화통화를 한 후 피고인의 동생 한재민이 구속되었다는 말을 하였던 점을 기억해 내어, 이에 경찰에서 한재민이 2007. 8. 29. 구속된 사실과 같은 날 피고인이 공소외 1 주거지 아파트의 폐쇄회로 카메라에 촬영된 사실을 확인하였음을 알 수 있는바, 공소외 1은 처음부터 날짜를 확정적으로 특정하고 이후 이를 번복하여 그와 모순되는 진술을 하였다기보다는 그 무렵 일어났던 일들을 기초로 기억을 되살리는 과정에서 피고인의 범행일시를 바로잡아 온 것으로 보이므로, 피고인의 범행일시에 관한 공소외 1의 진술에 원심이 지적한 바와 같은 차이들이 있다 하여 그 진술의 신빙성을 배척할 수는 없다고 할 것이다.

그리고 피고인의 진술에 의하면, 피고인은 공소외 1과 1993년부터 1996년까지 일본에서 동거하였고, 1997년 여름경 다시 만나 수차례 성관계를 가졌으며, 공소외 1도 일본에 있을 때 자주 필로폰을 투약해 온 것으로 알고 있다는 것인바, 이와 같은 피고인의 진술에 의한 피고인과 공소외 1의 관계에 비추어 보더라도 피고인이 공소외 1에게 이 사건 주사기를 맡기고 이를 공소외 1이 보관한 것이 반드시 상식에 반하는 것이라고 할 수는 없다.

또한, 이 사건 주사기 8개 중 5개에서 마약성분이 검출되고 그 중 1개에서만 피고인의 혈흔이 발견되었다 하여, 원심이 인정한 바와 같이 반드시 피고인이 마약성분이 검출된 5개 중 4개의 주사기에는 마약을 담아놓기만 하고 이를 투약하지 않았다거나 마약성분이 검출되지 않은 3개의 주사기는 새것인 채로 버렸다고 단정할 것은 아니므로, 이 부분 원심의 판시도 적절하다 할 수 없다.

한편, 필로폰을 투약한 경우 항상 투약 후 20일부터 1년 이내에 모발에서 메스암페타민 성분이 검출된다는 점이 전제되지 않는 한 피고인의 모발에서 메스암페타민 성분이 검출되지 않았다고 하여 피고인이 메스암페타민을 투약하지 않았다고 단정할 수는 없는데, 모발이 염색약 등의 화학약품, 열, 빛 등에 의하여 손상되었거나, 투약량이 많지 않아 모발에 축적된 메스암페타민 성분이 극미량일 가능성, 또 개인의 연령, 성별, 영양상태, 개체 등에 따른 모발의 성장속도의 차이 때문에 검사 대상 모발에서 메스암페타민을 검출하지 못할 가능성도 이를 완전히 배제할 수는 없다. 더구나 이 사건에서와 같이 유전자검사라는 과학적인 증거방법에 의하여 주사기에서 마약성분과 함께 피고인의 혈흔이 확인됨으로써 피고인이 주사기로 마약을 투약한 사정이 적극적으로 증명되는 경우에는 이와 같이 여러 가지 변수로 인하여 반증의 여지가 있는 소극적 사정에 관한 증거로써 이를 쉽사리 뒤집을 수는 없다 할 것이다.

따라서 피고인에 대한 이 사건 공소사실은 입증되었다고 봄이 상당함에도, 원심은 이 사건 공소사실에 대한 범죄의 증명이 없다고 하여 무죄를 선고하였으니 원심판결에는 증거의 증명력을 판단함에 있어 경험칙과 논리법칙에 어긋나는 판단을 함으로써 간접증거의 증명력 평가에 관한 법리를 오해하였거나, 채증법칙 위배 또는 심리미진으로 인하여 사실을 오인함으로써 판결에 영향을 미친 위법을 저지른 것이라 아니할 수 없다

11) 대법원 2010. 8. 26. 선고 2010도7251 판결
【판시사항】
[1] 마약류관리에 관한 법률 제67조에 의한 몰수·추징의 법적 성질 및 추징의 범위
[2] 향정신성의약품의 매도의 대가로 받은 대금 등이 마약류관리에 관한 법률 제67조에 의한 필요적 몰수·추징의 대상인지 여부(적극)
[3] 메스암페타민을 2회에 걸쳐 타인에게 매도한 행위를 유죄로 인정하고 그로 인한 수익금 전액의 추징을 명한 원심판단을 수긍한 사례

【본 문】
마약류관리에 관한 법률 제67조에 의한 몰수나 추징은 범죄행위로 인한 이득의 박탈을 목적으로 하는 것이 아니라 징벌적 성질의 처분이므로, 그 범행으로 인하여 이득을 취득한 바 없다 하더라도 법원은 그 가액의 추징을 명하여야 하고, 그 추징의 범위에 관하여는 죄를 범한 자가 여러 사람일 때에는 각자에 대하여 그가 취급한 범위 내에서 의약품 가액 전액의 추징을 명하여야 하며, 또한 향정신성의약품을 타인에게 매도한 경우에 있어 매도의 대가로 받은 대금 등은 같은 법 제67조에 규정된 범죄행위로 인한 수익금으로서 필요적으로 몰수하여야 하고 몰수가 불가능할 때에는 그 가액을 추징하여야 한다(대법원 2001. 12. 28. 선고 2001도5158 판결 등 참조).

원심은, 피고인이 메스암페타민을 2회에 걸쳐 타인에게 매도한 행위를 유죄로 인정하고 피고인에 대하여 그로 인한 수익금 전액인 3,600,000원의 추징을 명한 제1심판결을 유지하였는바, 원심의 위와 같은 판단은 앞서 본 법리

및 기록에 비추어 정당하고, 거기에 상고이유 주장과 같은 추징의 법리를 오해한 위법이 없다.

제3장 마약류 감정 수사

1. 압수품 감정요령

○ 압수품의 종류
- 불법적 행위자의 소지, 사용, 보관한 의심의 물질에 대하여 감정의뢰하고 특히 불상의 분말, 주사기, 정제 등 약제학적 제형, 액상 및 고형물질 등 에 대하여 임의제출 및 압수영장에 의하여 압수 감정의뢰 하여야 한다.

○ 압수품 채취요령 및 주의사항
- 분말은 깨끗한 비닐에 봉인하는데 테이프를 너무 많이 붙이지 않는다.
- 시중 저울과 연구소의 저울 차이 등으로 포장요기 제외한 순수한 물질만 잰다.
- 성분 실험시 메스암페타민은 대략 0.05g, 다른 마약류는 마약성분 검출 위해 최소 0.1g, 미지시료는 1g 이상 의뢰한다.
- 불상의 물질이나 독극물에 대해 함부로 맛을 보거나 냄새를 맡지 않아야 함
- 정제나 캅셀 등 의뢰시 3~5정 정도가 적당
- 빈 주사기라도 혈흔, 액체, 분말이 있는 경우 약물시험 가능
- 주사기 수거시 전염성 있는 질환에 감염주의
- 대마초는 건조되면 무게가 줄어들기 때문에 의뢰할 때까지 시간의 최소한으로 줄여야한다.

※ 마약류 성분 검출을 위한 생체시료의 비교

구분 / 생체시료	장 점	단 점
소변	1. 많은 양의 시료채취가능 2. 약물이 다량 함유되어 있고 수용성 상태로 존재하여 감정이 용이함	1. 소변중 약물농도와 약리작용이 일치하지 않음 2. 일정시간 경과후에는 약물이 검출되지 않음 3. 고의적 희석 또는 오염의 가능성이 높음
혈액	1. 약물이 혈액 중으로 신속히 이동 2. 약물 투여량과 혈액중 농도가 추정가능 3. 전문가에 의한 채취, 시료가 바뀔 가능성 없음	1. 감정법이 복잡하고 시간이 필요 2. 많은 시료량의 확보가 어렵다 3. 혈액 중 약물농도가 낮다
타액, 땀	1. 약물 검출이 가능 2. 시료 채취가 간편	1. 시험에 필요량의 채취가 곤란 2. 정량적 감정이 어렵다
모발	1. 시료 채취 용이 2. 투약 후 장기간 경과 후에도 약물감정 가능 3. 약물의 투약시기 추정가능	1. 시험방법이 복잡, 장시간 요함 2. 투약후 일정시간(2일) 경과 후 감정가능

2. 소변 감정

- 마약류 투약에서 배설 경로 --소변, 모발 ,땀, 호기, 담즙, 손톱 발톱, 대변, 태반
- ○ 소변 채취요령
  - 채취과정에서 시료가 변조되지 않도록 준비된 장소에서 수행
  - 소변 채취전 피채취자 동의서 서명, 날인 (영장과 임의 동의 확인)
  - 채취일시, 장소, 피채취자, 채취자 등을 라벨에 기록후 날인
  - 소변을 받은 채취컵의 뚜껑을 닫은 후 라벨 부착
  - 약 30㎖채취, 냉장 4oC 보관(국과수원 즉시의뢰 원칙)
- ○ 간이시험키트(아큐사인 7종) 종류
  - · MET : 메스암페타민, AMP : 암페타민
  - · Ecstasy : MDMA   케타민: KETA
  - · THC : 대마성분
  - · COC : 코카인,
  - · OPI : 모르핀, 헤로인
- ○ 아큐사인 시험방법
  - 플라스틱 피펫으로 3~4방울의 뇨를 샘플 윈도우에 적가, 3~10분 후에 결과 판독
  - 비교띠(C)와 시험띠(T)에 모두 붉은 띠가 나타나면 음성, 비교띠에만 붉은띠가 나타나면 양성 판독

  ※ **아래 그림 참조 MET, THC, 기타 시약 모두 동일**

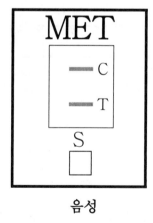

음성

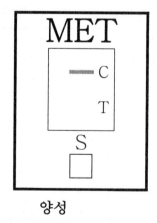

양성

- ○ 아큐사인 검사시 주의사항
  - 검사하고자 하는 약물을 해당 키트에 정확히 사용
  - 가장 먼저 채취한 소변으로 검사

- 결과는 3~10분후에 확인하며 C칸에는 반드시 줄이 있어야 함
- 장시간 경과 후 결과가 달라질 수 있음
- 유효기간 엄수, 구조가 유사한 약물에 의해 위양성이 나타날 수 있으므로 정확한 시험이 아닌 예비시험임

○ 소변감정시 유의사항
- 요
- 용의자의 소변 진실 여부 확인 과 소변 채취 전 커피, 음료수, 이온음료 지급 금지
- 보통 필로폰을 투약하면 대사시간 투여 20분후부터 뇨로 배설되기 시작하여 24시간 내에 복용량의 25%가, 48시간 내에 75~90%가 배설되며 상습 투약의 경우 7일정도 지난 경우에도 뇨 중에 검출되는 경우가 있으며 필로폰의 경우 초심자(통상 1~3회 투약한 경우)는 투약 후 2~3일이내에, 중독자는 5~7일 이내에 소변 채취
- 코카인, 헤로인의 경우에는 필로폰과 유사하며 대마의 경우 10일 이내로 다소 기간이 경과해도 가능하며 뇨중 배설은 복용량, 복용 후 뇨 채취시기, 남용정도, 뇨의 액성 및 개체차이 등에 따라 차이가 있으며 뇨중 마약류 검출만으로 약물의 투약시기 추정은 불가능
- 검사시약은 투약 혐의자의 소변을 현장에서 검사하여 95% 이상의 투약자를 판별하는 장점이 있으나 일반 감기약이 포함된 암페타민 성분에 의해 양성반응을 나타내는 경우도 있으므로 동 시약은 투약 혐의자의 소변 감정 의뢰에 앞서 1차적 판단을 위해 사용
- 소변감정 의뢰시 오염되지 않은 소변을 약 30㎖ 가량 채취해야 하며 채취된 소변담는 용기는 경찰청에서 지급된 소변채취컵을 사용하고 소변 채취 전 맥주, 콜라, 커피같은 이뇨작용이 있는 음료수 등의 복용 차단

 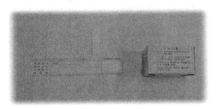

3. 모발 감정
○ 메스암페타민과 엑스터시, 대마, 프로포폴(과학수사본원)의 경우만 모발감정 하고 있으며 모발감전에 해당 없을 때도 모발 감정 할 필요 가 있다.

○ 인간의 모발은 약 10만개 이싱머리카락 난다. 모발의 성장 시기는 약 3-6년, 퇴행기 1-1,5개월, 휴지기 약 4-5개월이다. 모발은 하루에 0.3-0.4mm 정도, 1개월에 0.8~1.3㎝(평균 1㎝) 성장, 1년 성장은 15cm 정도 성장한다.

○ 채취요령 및 유의사항
  - 감정의뢰시 50~80수 이상의 모발 채취하며 특히 프로포폴 감정시 타 마약류와 구분하여 의뢰 하여야 한다.
  - 두발의 채취부위 후두정부(정수리에서부터 뒤통수부분) 적합, 정수리를 중심으로 여러 부위에서 채취 무방하나 마약류 투양시 작용이 후두정부에서 이루러지고 있기 때문이다.
  - 채취한 모발은 경찰청에서 지급된 증거물 채집용봉투에 부착방법에 따라 부착후 기록사항 기재 후 봉인
  - 모발감정은 모발의 길이에 따라 수개월전 복용한 마약류 투약 여부를 확인할 수 있고 면전에서 시료채취가 용이하여 시료가 바뀔 염려가 없고 보존, 취급이 용이한 반면 감정기간이 소변감정보다 장시간 필요

 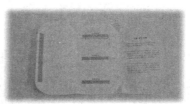

(수사연수원 자료 참조)

제4장 마약류 범죄수사 (일반적요령)

1. 상선추적수사
○ 상선(上線)의 정의
- 마약류범죄는 범죄양상이 은밀하게 이루어지고 있고 마약류를 수요자에게 공급하는 루트가 점조직화되어 있어 수사에 어려움이 있다. 일반적으로 필로폰의 경우 중국, 필리핀 등지에서 국제소화물 속에 은닉되어 반입되는데 유통경로를 보면 ①밀반입자→②운반자 →③도매자(판매책)→④소매자(알선책)→⑤투약자 등 크게 5가지 분류로 구분
- 이러한 밀매 유통경로 중에서 투약자를 제외한 유통선상에 있는 자들을 상선이라고 한다.
- 결국, 상선이란 마약류를 사용·투약하도록 제공한 자, 판매한 자(도매자, 소매자 등), 운반자, 밀반입한 자 등이 모두 포함되는 개념으로 마약류사범 검거시 단일사건으로 수사 종결 하는 것이 아니라 피의자에 대해 회유·설득 등 합법적인 수단으로 수사 정보를 획득하여 위장거래 등을 통하여 관련사범을 일망타진하는 것을 말함
○ 상선추적 수사의 필요성
- 그동안 우리의 마약류수사 현실을 보면 일제 단속기간 등에서 실적경쟁으로 단속건수나 검거인원으로 늘리기 위한 양적 수사를 한 것이 사실이었음
- 미국 등 일부유럽 국가에서는 투약자는 피해자로 간주하여 처벌보다는 치료 중심 쪽으로 유도하고 제조, 공급사범에 대한 처벌을 강화하고 있는 추세임
- 우리경찰에서도 마약류범죄 확산을 방지하기 위하여 공급사범 위주로 수사하고 일선수사에서 미검된 밀반입사범, 제조사범 등 공급사범에 대하여서는 끝까지 **상선추적수사**로 뿌리 뽑아야 함
○ 상선추적수사 기법
가. 치밀한 기초수사 및 수사계획 수립
- 수용사실 조회 및 면회기록 확인수사
· 마약사범은 전과자일 가능성이 높은 만큼 과거 교도소에 수감되었을 당시 수감동료로부터 새로운 범죄기법 등을 배우고 또한 출소 후 상호간에 범죄와 연관되어 있을 경우가 많으므로 대상자와 당시 같이 수감된 자에 대한 자료를 미리 받아 둘 필요가 있고, 필요시에는 대상자의 면회기록을

복사하여 관련 인적자료를 확보하여 추적을 실시

- 출입국 기록 확인 등
· 내국인 또는 국내 체류 외국인이 중국 및 필리핀 등 동남아 지역 마약조직과 연계하여 국내에 마약을 밀반입하여 공급하는 경우가 많으므로 관련기능과 협조하여 대상자의 출입국 현황을 분석하고 필요한 경우에는 인근 좌석 동승자에 대한 인적사항도 확인

- 마약류사범은 경찰의 추적에 대비하여 극히 신중하고 신분위장을 통해 범행하므로 중간단계에서의 섣부른 범인체포 시도는 오히려 수사노출로 이어져 상선이 증거를 은폐하고 잠적해버려 수사가 실패하는 경우가 많다.

따라서 마약류사범 수사는 장시간 소요되는 특징이 있으므로 수사관의 끈질긴 인내심과 마약류범죄 영상시스템 등 각종 조회시스템을 활용한 기초정보를 바탕으로 치밀한 추적검거 계획을 수립해야 함

나. 투약 피의자 수사

검거된 피의자를 통하여 상선에 관한 정보를 얻어 검거하는 것이 시간과 인력이 적게 소요되는 가장 효율적인 검거 방법임. 피의자의 자백, 증거물(거래통장, 전화통화내역 등), 피의자의 가족, 친구의 진술 등을 참고하여 수사관이 종합적으로 판단하여야 한다.

▶ 피의자의 자백
· 수사관은 피의자를 설득하고 회유하여 자백을 받아 낼 수 있는 직원이 조사를 담당하여야 하며, 피의자의 자백을 통해 조사 상선추적을 할 수 있는 기술과 역량을 갖추어야함.

· 따라서 논리적으로 설득하여 공범이나 상선을 검거했을 경우에 피의자에게 주어지는 혜택과 마약의 폐해를 납득시켜 마약으로부터 벗어나야 되는 이유에 대하여 설명해야 함.

· 만약, 피의자가 자백을 한다면 자백한 사실은 비밀로 하여 공범이나 상선에게 누설되지 않도록 배려하여야 함.

· 마약류사범을 검거하였을 경우 마약전과가 있는 피의자의 경우라면 가장 먼저 하는 제안이"몇 명을 검거토록 수사협조하면 자신을 풀어 주겠느냐"임. 이때 조심해야 할 것은 피의자가 주변 공범들이나 상선을 검거하도록 도와주었더라도 피의자의 양형에 대해서 섣부른 약속을 하거나, 피의자의 범행을 묵인해서는 안되며 다만 피의자의 범죄협조 공적을 대한 수사보고 형식으로 대처하여 재판단계에서 정상참작 되도록 유도하는 지혜가 필요

- 피의자의 자백을 받기 위해서는 조용한 조사공간이 반드시 필요함. 자백은 피의자의 마음을 읽고 그 마음을 움직여야만 가능하므로 어수선한 공간에서 이 사람, 저 사람이 한마디씩 던진다면 절대로 자백을 받을 수 없음. 만약 소지·판매정보 등 중대한 마약관련 정보를 알고 있는 피의자의 자백을 받지 못했을 경우 그로 인해서 그 정보가 검찰로 넘어가 수사 미진이라는 결과를 가져오게 됨.

▶ 가족 등의 협조

- 대부분의 피의자 가족들은 협조적임. 체포된 사실을 알린 후 공범을 검거하는데 협조하는 것이 형량에 절대적인 영향을 준다는 점과 마약의 폐혜성을 설명하고 협조를 받는 것이 효과적임.
- 가족은 피의자가 평소 누구와 가깝게 지내고 있었으며, 주거지내의 어느 곳에 무엇을 감추어 두고 있는지에 대하여 알고 있는 경우가 많으므로 이런 점을 최대한 활용

다. 압수물 등 수사

- 통장 입·출금 수사
- 거래계좌 분석수사는 상당한 시간이 소요되고, 피의자들이 주로 차명계좌를 이용하기 때문에 실제 사용자를 파악하기가 어렵지만 현재 마약류 거래의 추세를 보면 무통장입금 등 계좌를 통한 거래가 활발히 이루어지고 있어 이에 대한 수사가 필요함
- 피계좌추적은 마약구입 금액의 확인과 관련자금의 흐름 추적 및 범죄사실 구증에 중요한 단서가 되고, 마약류 불법수익금 환수에 있어서 반드시 파악되어야 할 요소임
- 그러나, 최근에는 거래대금을 은행계좌를 통해 송금하기보다는 현금자체를 우편물 또는 고속버스를 이용하여 보내는 경우가 많으므로 그에 대한 대비가 필요하고, 계좌추적에서 거래내역이 없다는 이유로 수사선상에서 배제시켜서는 안됨
- 핸드폰 추적수사
- 마약류피의자 검거시 현장에서 취해야 할 조치로서 첫째 피의자의 핸드폰에서 공범 간 비상 연락망 차단과 전화번호 수첩 등을 확보하는 것이 마약류
- 핸드폰 수사는 통신수사의 핵심을 차지하고 있으며, 피의자가 최소 약 3개월 간 사용한 전화 사용 내역서를 통신회사에 의뢰하여 확보하고, 핸드폰 전화기에 입력되어있는 수신번호, 발신번호를 확인한 후 의심이 가는 전화번호에 대하여 그 가입자 성명, 주소 등 인적사항을 발췌, 전과

조회 결과 등을 보고 공범여부를 판단. 그들의 사용내역을 분석해 서로 통신한 중요 자료가 망라되어 있으면 그 자료를 검거수사에 활용하는 것임

- 인터넷 추적수사
· 인터넷은 각종 사이트 로그기록, 이메일 압수수색 등 피의자가 인터넷을 이용하여 마약을 거래했을 가능성 대해 ID 확인 하여 역 추적 발송으로 공범관련 확인 인적 사항 발취 분석 시간 때 사용자에 대한 수사 할 수 있다.
- 우편·차량택배·오토바이택배 수사
· 국제우편, 특별우편으로 국내에 밀반입, 국내에서는 마약류를 운반·이동하는 수단으로 우편이나 택배를 대 다수이용하고 있으나, 지역간 유통에서는 기차· 고속버스 화물이용 함으로 심야 중심으로 운행하는 버스기사 등 파악 소량의 화물에 대해 탐문 후 , 피의자의 전화번호 통화내역을 분석하여 그 중에서 택배회사와 화물 취급소, 운전기사 확인 발견되면 그 번호를 역 발신 추적하여 피의자가 택배회사에 전화를 걸어 주문을 한 시간과 일치되는 번호를 추적 검거한다.

라. 상선 검거유형
- 검거된 하선 투약사용자·판매자 피의자로 하여금 상선에 대한 인적사항 수사검거
· 마약류를 소지한 상선이 정보원·수사차량에 탑승하는 경우(정보원에게투약시킬가능)
· 상선이 정보원을 거래 현장으로 유인하는 경우(약 2-3회 이상 접선현장 변경)
- 상선 용의자 차량 추적 주행 중 교통사고 야기 및 현장검거

※ 일반적인 마약류범죄의 유통 구조 형태
- 제 조 책 : 국내·외 마약류를 불법으로 제조하는 자(현 중국 제조, 국내 및 외국진출)
- 공 급 책 : 제조책·밀반입책·판매총책·지역판매책·중간판매책·알선책 등을 포함하는 개념
- 밀수출·입책 : 해외로부터 마약류를 불법으로 밀수출·입하는 자
- 판 매 총 책 : 생산 가격으로 마약류를 불법으로 구입하여 지역판매책· 중간 판매책 등 판매책에게 배분하는 등 마약류 밀매에 있어 핵심적인 역할을 하는 자
- 지역판매책 : 시(광역시 이상)·도 또는 시·군·구 등 일정지역을 거점으로

도매가격으로 마약류를 불법으로 밀판매하는 자
- 중간판매책 : 마약류를 불법적으로 투약하는 자에게 소매가격으로 구입 직접 밀매·알선·교부 등의 행위를 하는 자
- 투약사용자 : 상선으로부터 일반 소매가격 0.03그램 약 10만원 구입 투약 사용하는 자

《 계보도 예시 》

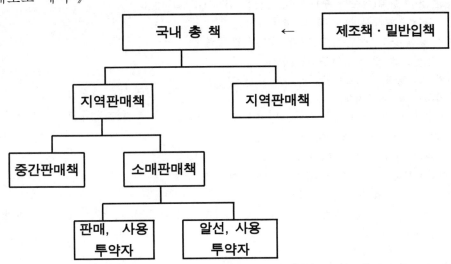

※ 80년도 국내 마약 조직계보도 (수사 중 변경할 수 있음)

마약범죄수사 필수사항

-위장전입 대비, 주민등록.초본, 호적.제적등본, 전입 세대주 열람(관할동사무소)

-화상자료(관할구청자치행정과),등기부등본(www.iros.go.kr) 열람하여야 한다.

☐ 직업 - 노동사무소, 국민연금관리공단(자격부과팀)

☐ 종교 - 생활기록부, 이력서열람(종교의 자유침해 주의)

☐ 군대 - 병무청, 헌병대, 기무사

☐ 재산 - 국세청, 세무서-금융기관

☐ 애인, 친구, 지인관계-통화내역 및 탐문

☐ 주민, 수사, 범죄, 출입국 조회(경찰청, 출입국, 공항·항   만 관세청 마약수사 담당서

☐ 지명수배 여부 결정, 인접서 공조 여부 결정

☐ 차량 소유 관계(차주가 수배되면, 차량은 검색대상임)

☐ 출국금지 / 입국시 통보(피의자출국시)

☐ 연계 통합 조회, 주민폭 조회(각 지방청 강.폭력계)

전산조회 및 지병여부 관련수사

☐ 신원조회(경찰청 정보1과)

☐ 여죄추적 및 전자지도

☐ 수사종합시스템(수법, 마약, 변사자, 조폭영상, 수용자)

☐ 우범자, 보안관찰자, 행불자 및 182 확인

☐ 대상자가 전과자라면, CIMS 입력자료 출력(관할서 공조)

　　: 피의자신문조서, 진술녹화CD 등 개인정보확보

☐ 외국인(한미행협 등) - 관할 영사관 통보

☐ 교도소 면회자 명단 열람(교도소,구치소 담당자 보안유지 철저, 예 : 교도관과 마약범죄 수감자와 내용하고 있음

국민건강보험공단(보험급여팀) 및 통신수사

　　가. 보험 수급자 확인, 건강보험 급여내역, 진료기록 확인

　　나. 해당 병원 상대 진료기록부, 환자보험카드 확인

☐ 국세청(현금영수증) - 병원, 약국 기록

☐ 일반전화 및 인터넷 가입 여부

　　가. KT, LGT, SKT, 하나로 텔레콤, 온세 텔레콤

　　나. 대상자를 최대한 넓게 설정, 통신자료제공 요청

　　다. 인터넷 통신회사는 지역별로 무분별하게 많음

　일반팩스

　　가. 가입 여부(통신자료제공요청)

　　나. 팩스내역(통신사실확인자료제공요청)

☐ 인터넷 팩스 가입 여부

　　가. 가입 여부(통신자료제공요청)

　　나. 팩스내역(압수수색영장)

□ 휴대폰

　　가. SKT, LGT, KTF, KT-PCS(Let's010)

　　나. 무전TRS: KT파워텔(0130)-택시회사 공조체제 여부

　　나. 통신자료제공요청(가입자 및 통신번호 특정 가능)

　　다. 통신사실확인자료제공요청(통화내역 및 위치 추적)

　※ 자료보존기간

　　전화통화내역(1년), KT파워텔(3개월), IP로그 기록(3개월)

□ 아마추어햄: 자동차동호회, 택시 등
□ 대포폰 여부 확인

　　가. 타인명의개설휴대전화

　　나. 휴대폰가입자 조회, 개설대리점 확인

　　다. 용의자는 대포폰을 인터넷 혹은 택배, 길거리에서 1:1 접촉으로 현금으로 구입하므로
세밀한 수사필요

　　라. 인터넷포털사이트에 대포폰 구입 글 올린 용의자 IP추적 및 이메일주소추적

　　　　※컨펌메일발송(http://postel.co.kr)

　　　　이메일압수수색영장신청 후 메일헤더 분석
□ 선불폰(인천공항·항만입구에서 대포 폰 거래)

　　가. SKT, LGT, KTF, 하나로통신

　　나. 특정된 선불폰 번호로 통신자료제공요청(가입자특정)

　　다. 통신사실확인자료제공요청(통화내역 및 실시간위치추적)

　　　※ 통화내역 발췌시 기지국은 표시되지 않음.

□ 인터넷폰(Volp:voice over Internet Protocol)

　　가. MyLG070, KT, 삼성wyz, Skype, 네이트온, 하나로, LG데이콤, 드림라인, SKT, SK네트웍
　　　스, EPN, 애니유저넷, 새롬리더스, 삼성네트워크

　　나. 각 업체별로 국번지정(070, 050등)이 다름: 보통 18자리

　　다. 특정번호로 통신자료제공요청(가입자특정 및 IP조회)

　　라. 통신사실확인자료제공요청(통화내역 및 IP추적)

□ 공중전화카드(KT통신회사)

　　가. 선불식 공중전화카드(무기명카드, 080으로 시작)

　　　① 카드번호 특정되었다면, 통화내역확인가능

　　나. 후불식 공중전화카드(일명 KT카드로 통화기록존재)

　　　① 통신자료제공요청(KT에 가입여부확인)

　　　② 통신사실확인제공요청(통화내역확인)

□ 긴급통신사실확인자료제공요청

　　가. 부득이한 경우 ※36시간 이내 검사에게 요청

□ 통신자료제공요청

　　가. 가입자주소확인, 탐문수사

　　나. 요금결재방식(통장번호, 신용카드번호) 확인

□ PN값 추적수사

　　가. 각 통신사별로 다른 형식으로 기지국위치 통보

　　　　※ KT파워텔은 실시간위치추적시스템 없음

　　　　※ 동일 기지국내 2G, 3G(화상) 기종은 PN값 다름

　　나. 대상자와 동일기종 휴대폰은 PN값 열고 수색

　　　　※ 평소 자신 휴대폰 PN값 열람법 숙지

　　다. PN값 특정시, 정북(N)을 기준으로 시계방향으로

　　　　α, β, γ (최대값 α=175, β=343, γ=511) 확인한 후,

　　　　각도반경 산출 및 수색

　　　　※ 도심의 경우 고층건물의 전파반사로 인한 오차가능성

　　다. 기지국에 공문협조: 삼각법 활용 휴대폰 위치 파악

　　라. 추적시간 : 5, 15, 30분 단위(통신사 당직시 수정가능)

□ 기지국 수사

　　가. 중첩 기지국 수사(네이버리스트, PN-offset 측정)

　　나. 통화내역서상의 발신 기지국 외 상대방 번호의 기지국

　　　　혹은 교환국 특정-압수수색영장(자료보전기간1년)

□ 통화내역분석

　　가. IDEA 프로그램 사용하여 분석

　　나. 엑셀 수작업으로 다수통화자, 인적사항, 번호 분류

　　다. 부재중 전화기록은 LGT(발·수신), KTF(수신)만 확인

　　라. LGT, KTF는 SKT에 비해 자료 적으므로 통신자료제공요청 등 보강작업 필요

□ IP추적

　　가. http://whois.nida.or.kr, iana.org, postel.co.kr 이용

　　　　IP주소 및 ISP(Internet Server Provider)통신회사 확인

　　나. ISP통신회사에 통신자료제공요청(할당IP 가입자 정보)

　　　　※ Kornet, 하나로통신, 두루넷, 데이콤, 드림라인, 신비로, 온세통신

□ 지도상 동선표기(통신 및 IP추적결과 표기)

□ SMS 단문메세지 발송자 추적

　　가. 휴대폰 대 휴대폰 : 이동통신사 확인

　　나. 인터넷 대 휴대폰 : ASP업체(송신휴대폰)에 확인

☐ 음성메세지

　　가. 압수수색영장(비밀번호)

　　나. 통신제한조치(음성청취)

☐ 문자메세지

　　가. LGT, KTF는 불가능, SKT는 가능

　　나. SKT는 10일간 저장되는 소리샘 부가서비스 요청시

　　　압수수색영장을 통해 앞자리 및 글자만 확인 가능

☐ 휴대전화기기 압수영장으로 압수

　삭제된 문자메세지, 통화내역, 그림파일 등

　관련 소스 복원(디지털분석과)

☐ 우편물의 검열 : 통신제한조치

☐ 감청(통신제한조치)

☐ 긴급감청

*컴퓨터디지털감식및PC방내

☐ 압수(임의제출, 압수영장 등)

☐ 경찰청 사이버테러대응센터 디지털증거분석실 의뢰

☐ 포도미CD이용(인터넷접속기록확인)

☐ 휴지통, 쿠키파일, 히스토리, 템포러리 인터넷 파일 복원

☐ IEHistory 전용프로그램으로 열람(익스플러러운영체계)

☐ NAT(주소변환장치)-압수수색영장으로 기록확인

☐ 대상자 이용 PC의 시스템시간확인

　　※윈도우 우측하단 시각표시 더블 클릭

☐ 포도미CD 실행시켜 컴퓨터 로그기록 등 발췌

☐ 통신자료제공요청(관련자 색출)

☐ PC가 Ghost로 초기화되었다면 포털 및 게임사이트 수색

☐ 웹문서검색 : (www.google.co.kr) 구글 검색

　　가. 단어조합 등으로 모든 정보색출

　　나. Pagerank 방식으로 웹문서 최고검색엔진

　　다. 구글어쓰, 구글데스크탑, 도메인내 검색

☐ 컨펌수사(http://postel.co.kr)

　　가. 가입사이트 내역 및 개인 ID 확인

　　나. 통신사실확인자료제공요청(사이트 접속 IP추적)

　　다. 통신자료제공요청(수신처:ISP-IP할당가입자)

　　라. 이메일추적수사(컨펌메일발송)

　　　: 접속시간 및 접속IP 수사관 휴대폰에 송부

　　　☞위장메일의 제목과 글 작성 유의

인터넷사용자 추적식별수사

☐ Mac address
　　가. 무선랜카드와 같은 물리적 통신장비에 부여된 고유번호
　　나. 단일 네트워크상에서 상대방 식별 가능
　　다. 인터넷상에서는 식별자료로서 가치 없음

☐ IP address
　　가. Internet Protocol에 의해 규정된 주소체계
　　나. 인터넷과 같은 복수의 네트워크에서 상대방 식별
　　다. ISP에 할당된 일정한 범위에서 사용자가 선택가능

☐ 도메인 주소
　　가. 인터넷 주소의 가독성을 높이기 위한 주소체계
　　나. IP주소와 결합하여 인터넷 주소에 의미 부여
　　다. 도메인 등록에 의해서 사용되는 것으로 가변적임

☐ UUID(Universally Unique Identifier)
　　가. 컴퓨터 메인보드 내 칩셋에 입력된 물리적 ID
　　나. 아직까지는 변조된 바 없어 사용자 인증에 사용

☐ P2P파일이용 상대방IP추적
　　MSN메신저 이용, 윈도우즈 실행창에 cmd 입력,
　　netstat-an/find EST 입력

☐ 네트워크 감식: IDC접촉, 이더리얼 활용, 패킷검색 IP검출
☐ 비공개사이트열람
　　가. 압수수색영장
　　　　비공개 싸이트 게재글에 대한 모든 자료 복사
　　나. 통신제한조치(검열)
　　　　마스터키를 이용, 향후 사이트 게재물에 대한 검열
☐ 가입사이트검색
　　가. 컨펌 수사결과, 가입 사이트 확인
　　나. 싸이월드 미니홈피 방명록, 게시판, 파도타기 검색
　　　　용의자 주민번호로 가입여부 확인, 생년월일로 홈피 확인
☐ 이메일수사(압수수색영장)
　　<압수수색영장상의 "압수할 물건" 기재방법>
　　가. 대상자 ID 특정되면, "해당 ID에 대해"
　　나. 대상자 ID 불특정되면, "피의자 OOO(주민번호) 명의로 각 인터넷 사이트에 개설된 계정에 대해"
　　　　① 계정내 이메일함에 보관중인 송.수신 완료된 이메일
　　　　② 계정내 주소록, 수신확인 목록

☐ 이메일헤더분석: 송신IP확인, 송신자 이름 및 이메일주소 ☐ 이메일내용 분석

*재산·금융수사

- 유료 결제내역 등 사이트 이용정보 확인
    - ☞ 프리미엄 메일, 캐쉬충전 등 유료결재내역 및 발송내역 확인하여 수신자 검거
- 국세청(관할세무서 지원운영과)
    - 가. 대상자 관할 국세청 확인
    - 가. 종합토지세 등 납부내역 및 세금체납 확인
    - 나. 현금영수증 발행 및 내역확인 (주유소 확인시 동선 파악)
- 각종 공과금 청구지 및 체납여부(수도세, 전기세, 가스세)
- 신용정보조회
    - 가. 전국은행연합회(압수수색영장)
        - ① 신용카드 발급여부(카드사, 카드번호)
        - ② 주거래 통장 개설여부
        - ③ 채권, 채무관계(대출 및 근저당권설정관계)
    - 나. 재정경제부 금융분석원(공문)
        - ① 특정범죄에 한하여 자료제공
- 신용카드회사
    - 가. 압수수색영장(계좌추적용)
        CIF(customer's information file: 카드번호, 이체계좌, 연체내역, 대출관계 등), 카드사용내역
          확인
    - 나. 통신사실확인자료제공요청
        카드사용시 수사관에게 문자메세지발송키 위해서는 통신사실확인자료제공요청 허가서에 의
          함(관할지검마다 상이)
    - 나. 신용카드에 교통카드칩이 내장되었으면, 교통내역확인
    - 다. 주유소 주유시 동선 확보

☐ 부정계좌등록   카드의 ATM기기의 입·출금
확인키 위해서는 경찰청에서 해당 카드사로 공문 발송해야 확인가능

☐ 부정사용 신용카드추적시스템   도난,분실,강·절취된
신용카드에 한해 경찰청 전산망 이용

☐ 신용카드 발급정보 실시간 조회시스템

☐ ARS1369 전자금융결제원 이용내역조회
    - 가. 공문집행(금융결제원 인터넷운영1팀)
    - 나. 대상자가 자신의 도난수표, 도난카드조회를 하기 위해   사용한 위 ARS 응답상에
대상자의 주민등록번호, 신용   카드번호, 계좌번호기록 남을 수 있음

☐ 계좌추적
    - 가. CIF, 입출금 거래내역 확인
    - 나. ATM현금인출기, 폰뱅킹, 인터넷뱅킹 내역확인
    - 다. 수표발행 및 당좌계좌인 경우 수표·어음발행확인
        주유 보너스 카드, 엔크린 카드, TTL 카드 내역수사

□ 계좌추적영장 작성 주의사항(포괄계좌/연결계좌)
  가. 압수수색 대상자만 특정된 포괄계좌영장은 허용됨
  나. 피의자 이외의 제3자의 포괄계좌영장은 신중
  다. 대상장소는 "모든 금융기관"이 아닌 개별적 특정 필요
  라. 연결계좌는 관련성에 대한 충분한 소명 필요

□ 각종 마일리지 카드수사

이 동 및 경 로 관련수사
- 자가용(타인명의활용)
  가. 자동차등록원부-저당관계 확인
  나. 주정차위반 내역(자치단체, 시청공문발송)
  다. 속도위반, 안전띠미착용, 갓길, 전용도로위반(경찰청)
  라. 톨게이트(24시간내 동선상 고속도로공사 공문발송)
  마. 차량판독기(경찰청 강력계 공문발송)
  바. 이동식 차량 판독기 활용하여 검문검색(경찰청 보급)
- 렌트 카(공문협조요청)
  가. 관련회사이용확인 후 동 회사에 임장 유동현황 현지
        시행 여부 수사관에 즉 연락 구축
  나. GPS 장착여부확인(고급외제차량, 도주예방관련부착)
  다.위조 인적사항 제시 계약서(사용자, 기간 등) 및 유류물 확인 하고 위조인적사항 친구
,애인 등으로 확인됨
□ 택시
  가. 택시번호, 콜센터번호 확인
  나. 타코메타 기록 확인(생산업체, 주정차, 문여닫이 사실)□ 지하철
  가. 신용카드, 현금카드 중 교통카드칩 내역확인
  나. 스마트카드(T-Money, 유선상 가입여부 확인 가능)
      ① 가입자 특정되면, 사용내역 확인
      ② 사용시간대 중첩하여 교차카드 특정 후 가입자 추적□ 철도
  가. Korail 카드로 새마을, 무궁화호, KTX 탑승내역 확인 가능
      ※통일호는 확인 불가능
  나. 결제수단확인가능: 신용카드번호 특정가능
□ 항공기
  가. 여행 대행사 및 인터넷 예약으로 탑승 확인 가능
  나. 대한항공, 아시아나항공 탑승기록 확인(공문)
  다. 항공노선 타임테이블 확보 후 수시로 예약 확인
□ 선박
  가. 신속성이 떨어서 도피수단으로 활용가치 적음
  나. 밀출국할 가능성 대비, 해경 및 세관협조

□ 동선지도 만들기

　가. 휴대폰 발신기지국, 현금영수증 내역상의 주유소내역,

　　출금지점, 신용카드 사용내역, 철도의 발·착 지점 확인

　나. 대상자의 연고선 중심으로 동선 및 개인 성향 파악

　라. 휴대폰 실시간 기지국 추적시 시간대별 기지국 위치 확인하여 이동수단 추정 가능
□ Tele-Marketing 운영회사

　가. 보험회사, 증권회사, 금융기관, 여행대행사

　나. 공문발송 : 녹음된 통화음성 확인하여 결재계좌 확인

□ 114종합검색 이용

　상호명으로 위치, 전화번호 파악
□ 용의자 소지물건 수사

　가. 애완동물관리, 아기용품, 리스차량 확인

□ 통신회사 시스템이용

　가. 한국통신 및 이동통신회사에 미리 가입자가 신청(무료)

　나. 급박한 상황(통화하지 못할 경우, 번호만 입력)

　　"#+33+연락받을 번호" 입력 후 5초 경과 후 종료

　다. 가입자가 해당 조치를 취할 경우, 수사관이나 제3자에게 구호요청할 수 있음

□ 공중전화 자동추적검거 시스템

　가. PPTAS(public phone tracking arrest system)

　나. 인질범 수사시 활용되는 공중전화 시스템 활용

　다. 핸드폰, 일반전화로 수신되는 공중전화번호를 자동으로 공중전화번호로 추적하는 시
스템

　라. PPTAS는 수신된 공중전화번호를 TTTT 명령어와 함께 경찰청 주전산기로 송출하여
경찰청과 공중전화 관할지방청, 경찰서, 지구대에 위 출동화면을 현출

- 성인인증센터 확인

　가. 060업체: KT, 데이콤, 하나로통신 회선이용

　나. 위 통신회사 상대로 060성인번호 모두 발췌

　다. 각 성인회사 상대 공문발송(용의자 주민번호)

　라. 용의자의 이용내역, 연락처, 주소, 접속시간

　마. 용의자가 주민번호 도용하는 경우 있음.

- 스카이라이프 위성방송 설치여부(공문)

   용의자의 주민번호로 스카이라이프 홈페이지 가입 후

   위성방송 시청여부 및 설치장소 등에 상세정보 열람
- 정수기 설치 및 A/S 주소지 검색(공문)

   가. 웅진코웨이, 청호나이스, 아쿠아스

   나. 배송내역 확인 및 방문관리사로 위장하여 검거
- 인터넷 쇼핑물품 배송정보

   가. http://postel.co.kr 인터넷쇼핑몰(옥션 등) 가입여부 확인

   나. 가입쇼핑몰업체 구매물품배송내역 확인

   다. 배송내역 IP추적: 통신자료제공요청
- 부재중 전화수사기법

   가. 피해자의 휴대폰이 꺼진 경우, 절대 손대지 말 것

       ① 꺼진 상태의 마지막 발신기지국 확인

       ② 그 기지국에 대한 시간대 수사(압수수색)

   나. 피해자 휴대폰의 이동통신사 지점 내방

       휴대폰에 저장된 모든 기록 다운(부재중전화까지)

   다. 통신사별 부재중전화 자료제공 현황

통신사	발신	착신
SKT	통화내역-불가	역발신-불가
KT	상 동	역발신-확인 (기지국 확인안됨)
LGT	통화내역-확인 (기지국 포함)	상 동

- 통화내역 중 대리운전 이용자료 활용기법

   가. 통화내역 중 대리운전회사 번호 특정시

   나. 용의자 전화번호에 대한 출발지, 도착지, 대리운전자

   다. 도착지 주변 수배차량, 도난차량, 대포차량 등 수색

   라. 대포차량인 경우, 차량 유리창에 기재된 전화번호

       통신자료제공요청으로 가입자 인적사항 확인

   마. 가입자 사진 발췌 및 용의자 사용하는 위 휴대폰에

       대해 교통사고 가장 후 나타난 용의자 검거
- 문자발송서비스 수사

   KJ-SMS서비스(http://comdic.com)업체에 대한 수사

- IDEA 프로그램사용방법

　　가 . 경찰청 인증번호 필요

　　나. 통신내역, 차량추적, 신용카드내역, 자금추적 분석

- 금융정보분석원 보유정보

　　가. 외국환거래망(한국은행): 외화출금, 수입LC개설 등

　　나. 지급수단수출입(관세청)

　　다. 신용정보내역(전국은행연합회)

　　라. 개인신용불량정보(한국신용정보)

　　마. 기업정보내역(신용보증기금)

- postel.co.kr을 이용한 추적

　　가. 사이트가입여부 추적

　　나. 게임/메신저 접속 추적

　　다. 추적 메일 보내기 및 수신확인

　　라. IP정보조사

- whois.co.kr : 라우터 위치까지 확인

-자신의 휴대폰 이용: 내친구찾기 위치검색

보도예상시 행정 및 주의사항

- 지휘관 보고 지시에 의거 마약류 범죄 예방에 기여도, 조직발전 기여도에 따라 언론 보도 하여야 한다.
- 언론보도 하기위해 기자와 언론사 협조 최대한 보도 될 수 있도록 성실히 준비하야 한다 (압수품 ,검거 영상촬영등)
- 엠버고 판단시 지휘관보고와 기자와의 합의 상급관청 홍보담당자에게 보고하여야 한다.
- 엠바고 확정 후 철저한 보안유지와 피해자와 피의자 인권보호에 철저 대비하여야 한다.

(수사연수원, 2012년 자료참조)

2. 공작수사

(1) 내사실시

첩보수집과 첩보 분석 과정을 거치면 피내사자를 상대로 한 내사를 실시하게 되는데, 수사관의 직접적인 활동보다는 대부분 정보원을 활용하여 피내사자에게 접근하여 우선, 통화분석, 접선 용의자와 상하선 공범자 확인하고, 거래유통 방법, 규모 및 투약의 방법, 구속된 전력의 여부, 거래 장소 주변 시설 및 관련자확인 , 과거 범행 수법·영상시스템 활용 공범의 사진 입수 등 대상자에 대한 광범위한 내사 실시하여야 한다.

(2) 보안유지

마약 범죄수사의 최고의 핵은 정보와 보안 유지다고 생각된다. 우선 대상자와 관련하여 공범자를 가려내고 계보도를 작성하여 계보도에 나타난 자들에 대한 최근 동향을 파악하고 접선하는 일시와 장소를 확인하여 형사들이 불의의 부상을 입지 않고 효율적으로 범인을 검거하기 위해 철저한 보안 유지 하에 공작수사 실시하여야 한다.

(3) 현장답사(현장주변 상황파악)

마약사범이 접선하는 장소는 은밀한 장소나 복잡한 장소 혹은 오락실, 여관, 안마시시술소, 차량 내, 고속도로 휴게소 , 기차화물취급소, 택배회사, 공원, 사방을 다 볼 수 있는 국도장소 등을 선택할 수 있으나 주로 접선 장소로 흔히 많이 이용하고 있는 방법은 공원, 차량 내에서 거래하는 행위 등이 있으므로 사전 2시간 전 현장 답사 도주 및 은신 예상지역 확인하여야 한다.

(4) 공작수사 장비(경찰규정장비사용: 인권에 지적사항)

- 기본장비 : 삼단봉, 권총, 가스총, 테이저건, 수갑, 경적, 포승 등
- 통신장비 : 휴대폰, 무전기 등
- 채증장비 : 망원경(적외선 포함), 카메라, 비디오카메라 등
- 차   량 : 수사팀에 2대 이상 필요
  ※ 승합차 또는 지프차, 중형승용차
- 기   타 : 타이어 펑크기구, 차량유리 파손기구 장비를 반드시 준비하여야 하며 만약의 돌발상황에 대처하기 위해 변장할 수 있는 옷을 사전 준비하여야 한다

(5) 현장출동 및 범인검거

  #### 1) 현장접근 수사

  - 현장에 인원을 배치할 때는 부부으로 위장 혹은 2명씩 통행인을 가장하여 자연스럽게 배치될 장소에 접근하여야 하고 마약류사범의 검거현장에서는 예상치 못한 돌발상황이 언제든지 벌어질 수가 있기 때문에 현장에

서 범인들과 가장 근접하여 먼저 범인을 검거하려는 동료수사관에게서 단
1초라도 눈을 떼서는 안된다
- 현장에 신속하게 대처로 너무 긴장하여 주위 환경과 어울리지 않는 부자연
스러운 행동을 삼가고 가방 등소지 자연스럽게 행동하여야 한다
2) 차량추적 요령
- 미국 DEA 수사에 있어 많이 이용하고 있으나 우리나라 도로 여건상 차
량 추적에 어려운 있으며 차량 추적으로 인하여 사고 발생 할 수 있음으
로 지휘보고 후 철저한 준비와 대하여 임하여야 한다 수사팀 중 한명이
범인들과 차량에 탑승하여 갈 수도 있기 때문에 노련한 운전 기술을 가진
수사관들로 차량 추적조를 만들어 범인 도주시 대비하여야 하며 필요시
영업용 택시, 오토바이, 위장 차량으로 추적해야 한다
- 현장 주변에서 수사팀끼리 약속한 상황과 현장 상황이 다를 때는 범인과
가장 가까운 위치에 있는 직원의 신호에 의하여 현장상황에 따라 적절한
대응을 하면서 범인을 검거하여햐 한다
(6) 통제 배달(Controlled Deliveries)
1) 개요
- 통제배달은 불법물품이 한 국가 내 또는 여러 국가에 걸쳐서 우편배달이
나 사람에 의해 운반되는 것을 묵인하고 수사기관이 이를 감시함으로써
불법물품을 수령하는 마약거래자들이나 범죄조직을 파악 할 수 있는 수사
기법으로 유엔에서 규정하고 있다.
나. 통제배달의 유형
① 위장수사와 통제배달수사기법 유형
· 어느 지역 또는 외국으로 불법물품의 배달이 용이하도록 은밀하게 조종
하거나 혹은 수사관이 직접 배달하는 유형
② 불법물품의 반입이나 반출을 허용하는 유형
· 불법물품이 어느 한 국가에서 다른 국가로 운반되는 것을 수사기관이 인지
하고서도 이를 허용하는 유형
③ 마약이 국내에 유입되고 다시 외국으로 반출되는 것을 허용하는 유형
· 마약운송의 경유지로 이용되는 경우 공조수사의 필요에 의해 불법물품이
통과되도록 허용하는 경우
다. 통제배달의 장단점
① 장점
· 접선자, 조직망 및 자금원 및 기타 관련자를 확보할 수 있으며, 마약 등
의 밀매경로에 관한 정보를 확보할 수 있다는 장점이다

- 이를 통하여 범죄조직의 자산까지도 몰수할 수 있는 기회가 생겨 증거의 양적, 질적 확보가 가능해진다는 점에서 중요한 수사기법임
- 또한 국제 공조수사인 경우 2개국 이상이 참가하여 서로 협력해야 하기 때문에 새로운 정보와 지식의 상호교환이 가능하고 관련 직원간의 인간관계를 지속적으로 유지하게 하여 협조의 지속성이 유지될 수 있다는 장점이 있다

② 단점
- 수사과정에서 물품을 잃어버리거나 수사관이 피해를 입을 가능성이 있으며, 마약운반책에게 의심을 받지 않도록 짧은 시간안에 마약의 대부분을 압수하고 대체물품을 은닉해야 하나 정교하게 은닉되어 있으면 사실상 불가능하므로 분실시 대안이 없음
- 넓은 감시활동에 따라 많은 인원이 필요하며 예산의 소요가 많다는 점
- 마약밀매조직의 간부급은 하역이나 유통 현장에 나타나지 않는 경우가 많아 현장에서 검거할 수 있는 자는 말단 조직원뿐이고 밀매조직의 상층부 검거라는 효과는 반감되므로 꼭 필요한 경우에만 통제배달 실시하며, 현장에서 마약류 소지자 확인 후 검거에 어려운 있는 단점이다.

라. 참고사항
- 우선 목적지가 통제배달을 직접 수행하는 수사관이 쉽게 접근할 수 있는 장소인가를 파악
- 시간적으로 통제배달을 시행할 충분한 시간이 있어야 하는바, 공항·항만 마약수사관과 철저한 공조하여 변경된 시간외 예정된 시간 내 통제배달 실행이 곤란한 경우가 발생되고 있다.
- 통제배달시에는 반드시 우체국·여행사택배, 수송회사의 차량, 제복, 기타 사용 장비 등을 이용하여야 하므로 수송회사와 사전 협조하여 진행 하여야 한다.
- 관계기관간 공조하였을 경우에는 실시 배경, 예측 결과 등을 상세히 알려주어 자발적인 협조가 이루어지도록 할 것

마. 필수요소
- 가능한 공작담당 형사가 직접하고 운송회사 직원에게 위탁해서는 안되나 탁송회사가 물품 수송을 담당할 경우, 손실발생에 대한 책임한계를 상호 결정
- 물품수령인의 신원사항·주소·전과·주소지·시설 등을 사전 확인
- 배달 집행요원과 차량은 배달 종료 후 즉시 현장을 이탈, 검거시에는 현장에 없어야 함

– 집행 및 수색과정에서 통제배달과 연계된 정보(배달 전후)를 주의 깊게 조사하여 입수된 정보는 최초 담당 수사요원에게 통보, 추가 조사 실시

3. 함정수사
 ○ 의의
  – 함정수사란 약물범죄나 조직범죄와 같이 은밀히 이루어지는 범죄를 수사하기 위해 수사기관이나 그 의뢰를 받은 자가 신분을 숨긴 채로 범인에게 범죄를 권유하고 실행을 기다려 범인을 체포하고 필요한 증거를 수집하는 것을 말한다.
  – 형사소송법 제199조 : 수사에 관하여는 그 목적을 달성하기 위하여 필요한 조사를 할 수 있다.
   ※ 수사의 합목적성이라는 관점에서 다양한 수사방법을 허용

 ○ 함정수사의 개념범위
  – 학설과 판례는 수사기관이 타인에게 범죄를 실행하게 한 경우를 모두 함정수사로 보지 않고, 타인의 범의를 유발한 경우만 함정수사로 본다.
  – 소위 함정수사라 함은 본래 범의를 가지지 아니한 자에 대하여 수사기관이 사술이나 계략 등을 써서 범죄를 유발케 하여 범죄인을 검거하는 수사방법을 말하는 것이므로, 범의를 가진자에 대하여 범행의 기회를 주거나 범행을 용이하게 한 것에 불과한 경우에는 함정수사라고 말할 수 없다(判)
  – 함정수사의 개념요소
   ① 범인들이 아직 범의를 가지지 아니할 것
   ② 수사기관이 사술이나 계략 등으로 범죄를 유발케 하여 범인을 검거할 것
  ※ 이미 범죄의사를 가진 자에게 범행기회만을 제공하는 경우는 함정수사가 아니고 따라서 항상 적법한 것으로 보게 되는 문제가 있음
   이런 취지에서 함정수사를 함정교사와 함정방조로 구분하여 양자를 모두 포함하는 것으로 보는 학자도 있음(윤용규)
 ○ 함정수사의 적법성
  – 학설대립
  ① 주관적 기준설(Sherman-Sorrels Doctrine,미국)
   피의자가 사전에 범의를 가지고 있었는가, ㉠ 범죄가 수사기관에 의하여 유인되었는지, ㉡ 피의자가 같은 종류의 범죄를 범할 성향이 사전에 있었는지 여부 심사
  ② 객관적 기준설

일반인이라도 피의자와 같은 입장에 처했더라면 범죄를 저지를만한 정도의 실질적 위험(substantial risk)을 야기하는 유인수단을 수사기관이 사용하여 범죄를 유인하거나 조장한 경우에는 위법

③ 절충설(통합설)

범죄인의 측면과 수사기관의 측면을 함께 고려

- 판례

· 대법원은 1960년대 초부터 함정수사의 문제를 본격적으로 다룸

· 범의를 유발하였는가 여부는 함정수사의 적법성을 판단하는 일차적 기준으로서 지금까지도 판례에 의해 계속 유지

· 주관설→절충설(통합설) "구체적인 사건에 있어서 위법한 함정수사에 해당하는지 여부는 해당 범죄의 종류와 성질, 유인자의 지위와 역할, 유인의 경위와 방법, 유인에 따른 피유인자의 반응, 피유인자의 처벌 전력 및 유인행위 자체의 위법성 등을 종합하여 판단하여야 한다."

○ **결론**

① 범죄혐의 존재(구체적 사실에 근거로 둔 수사기관의 주관적 혐의없이 범죄예방 내지 위험방지라는 차원에서 범행의 기회를 제공하거나 범의를 유발하는 수사방법은 허용되지 않음)

② 수사비례원칙 부합

구체적인 사건을 해명하는데 적합한 것으로서(적합성) 그 목적을 달성하는 데 필요한 최소한의 방법으로 이루어져야 하며(최소침해성) 수사의 목적달성으로 얻는 이익과 이를 통해 침해되는 이익이 균형을 잃지 않도록 해야함(균형성)

③ 위 요건 충족한 경우에도 함정수사의 기법으로 사용되는 구체적인 방법이 상대방의 자유의사를 중대하게 침해하지 않아야 함(단순히 범행의 기회를 제공하기 위한 목적이라 하더라도 상대방을 곤궁이나 궁박상태에 빠뜨리거나 일반인이라도 전혀 예상할 수 없는 방법으로 기망을 하는 등의 방법은 허용안)

※ 함정수사 관련 중요판례

1) 대법원 2007.7.12. 선고 2006도2339 판결

【판시사항】

[1] 함정수사의 위법성에 대한 판단 기준

[2] 함정수사에서 유인자와 수사기관의 직접적 관련성과 피유인자의 범의유발에 개입한 정도에 따라 함정수사의 위법성을 판단하는 방법

【판결요지】

[1] 본래 범의를 가지지 아니한 자에 대하여 수사기관이 사술이나 계략 등을 써서 범의를 유발케 하여 범죄인을 검거하는 함정수사는 위법하다 할 것인바, 구체적인 사건에 있어서 위법한 함정수사에 해당하는지 여부는 해당 범죄의 종류와 성질, 유인자의 지위와 역할, 유인의 경위와 방법, 유인에 따른 피유인자의 반응, 피유인자의 처벌 전력 및 유인행위 자체의 위법성 등을 종합하여 판단하여야 한다.

[2] 수사기관과 직접 관련이 있는 유인자가 피유인자와의 개인적인 친밀관계를 이용하여 피유인자의 동정심이나 감정에 호소하거나, 금전적·심리적 압박이나 위협 등을 가하거나, 거절하기 힘든 유혹을 하거나, 또는 범행방법을 구체적으로 제시하고 범행에 사용할 금전까지 제공하는 등으로 과도하게 개입함으로써 피유인자로 하여금 범의를 일으키게 하는 것은 위법한 함정수사에 해당하여 허용되지 아니하지만, 유인자가 수사기관과 직접적인 관련을 맺지 아니한 상태에서 피유인자를 상대로 단순히 수차례 반복적으로 범행을 부탁하였을 뿐 수사기관이 사술이나 계략 등을 사용하였다고 볼 수 없는 경우는, 설령 그로 인하여 피유인자의 범의가 유발되었다 하더라도 위법한 함정수사에 해당하지 아니한다.

【이 유】

상고이유를 판단한다.

1. 본래 범의를 가지지 아니한 자에 대하여 수사기관이 사술이나 계략 등을 써서 범의를 유발케 하여 범죄인을 검거하는 함정수사는 위법하다 할 것인바(대법원 2005. 10. 28. 선고 2005도1247 판결 등 참조), 구체적인 사건에 있어서 위법한 함정수사에 해당하는지 여부는 해당 범죄의 종류와 성질, 유인자의 지위와 역할, 유인의 경위와 방법, 유인에 따른 피유인자의 반응, 피유인자의 처벌 전력 및 유인행위 자체의 위법성 등을 종합하여 판단하여야 한다.

따라서 수사기관과 직접 관련이 있는 유인자가 피유인자와의 개인적인 친밀관계를 이용하여 피유인자의 동정심이나 감정에 호소하거나, 금전적·심리적 압박이나 위협 등을 가하거나, 거절하기 힘든 유혹을 하거나, 또는 범행방법을 구체적으로 제시하고 범행에 사용될 금전까지 제공하는 등으로 과도하게 개입함으로써 피유인자로 하여금 범의를 일으키게 하는 것은 위법한 함정수사에 해당하여 허용되지 아니한다 할 것이지만, 유인자가 수사기관과 직접적인 관련을 맺지 아니한 상태에서 피유인자를 상대로 단순히 수차례 반복적으로 범행을 부탁하였을 뿐, 수사기관이 사술이나 계략 등을 사용하였다고 볼 수 없는 경우는, 설령 그로 인하여 피유인자의 범의가 유발되었다 하더라도 위법한 함정수사에 해당하지 아니한다.

2. 원심은 그 설시 증거들을 종합하여, 공소외 1은 청송보호감호소에서 출소한 후 공소외 2와 함께 거주하여 왔는데, 공소외 2는 서울중앙지방검찰청의 정보원으로 활동하여 오면서 5차례 가량 마약수사에 협조하여 마약사범을 검거한 대가로 포상금을 수령하였던 사실, 청송교도소에서 복역할 당시 피고인을 알게 된 공소외 1은 2005. 2. 초순경부터 10여 차례에 걸쳐 피고인에게 "아는 여자가 메스암페타민(이하 '필로폰'이라 한다)을 구입하려고 하니 구해 달라"고 부탁한 사실, 피고인은 공소외 1의 부탁을 거절하여 오다가 2005. 2. 22. 청송보호감호소에서 만나 알고 지내던 공소외 3에게 필로폰을 매수할 수 있는지 여부를 문의하여 공소외 3으로부터 "필로폰 20g을 6~700만 원에 판매하겠다는 사람이 있다"는 연락을 받고 공소외 1에게 그 사실을 알려 준 사실, 공소외 2는 공소외 1로부터 그 사실을 전해 듣고 서울중앙지방검찰청 마약수사관에게 전달하였는데, 당시 마약수사관이 필로폰을 위장매수할 자금을 마련하지 못하였다고 하자 공소외 1을 시켜 필로폰 거래를 연기하게 한 사실, 그 후 필로폰을 위장매수할 자금이 마련되자, 공소외 1은 2005. 2. 23. 피고인과 다음날 만나 필로폰 거래를 하기로 약속한 다음 공소외 2에게 그 사실을 알려주었고, 공소외 2는 마약수사관에게 이를 제보한 사실, 이에 마약수사관이 위장매수자금을 소지하고 동행자로 위장한 가운데 피고인과 공소외 2가 공소외 3을 만나게 된 사실, 공소외 3은 피고인이 먼저 돌아간 상태에서 2005. 2. 24. 18:00경 공소외 4로 하여금 공소외 2에게 필로폰을 판매하도록 하던 중 현장에 잠복 중인 마약수사관에게 검거된 사실, 공소외 1은 공소외 2를 도와 필로폰 매매에 관한 정보를 제공하였다는 이유로 입건되지 아니하였고, 공소외 2는 위 필로폰 매매에 관한 정보를 제공하여 마약사범을 검거한 대가로 포상금 100만 원을 지급받은 사실 등 판시사실을 인정한 다음, 그에 따르면 공소외 1은 수사기관의 정보원으로서 또는 적어도 수사기관의 정보원인 공소외 2와의 의사연락하에 포상금을 지급받는 등의 목적으로 의도적으로 피고인에게 접근하여 필로폰 매매의 알선을 부탁한 것으로 볼 여지가 충분하고, 피고인은 이 사건 범행 당시 이미 그 범행에 대한 범의를 가지고 있었던 것이 아니라, 수사기관 또는 수사기관의 정보원의 사주에 의하여 비로소 마약 범행에 대한 범의가 유발된 것으로 보인다고 판단하여, 피고인에게 유죄

를 선고한 제1심판결을 파기하고, 공소기각의 판결을 선고하였다.

3. 그러나 원심의 이러한 판단은 위의 법리와 기록에 비추어 수긍하기 어렵다.

즉, 원심이 인정한 사실관계에 의하더라도 수사기관은 피고인이 공소외 1의 부탁을 받고 범행을 승낙한 이후에야 비로소 공소외 2를 통하여 그 사실을 알게 되었다는 것이고, 공소외 1이 피고인에게 필로폰을 구해달라는 부탁을 할 당시에는 아직 그 사실을 알지 못하였던 것으로 보이는바, 이러한 사정에 비추어 이 사건은 수사기관이 공소외 2 또는 공소외 1로 하여금 피고인을 유인하도록 한 것이라기보다는 공소외 2 또는 공소외 1이 포상금 획득 등 사적인 동기에 기하여 수사기관과 관련 없이 독자적으로 피고인을 유인한 것이라고 보아야 할 것이다. 또한, 공소외 1은 피고인에게 단순히 10여 차례에 걸쳐 "아는 여자가 필로폰을 구입하려고 하니 구해 달라"는 부탁을 하였을 뿐 그 과정에서 피고인과의 개인적인 친밀관계를 이용하여 피고인의 동정심이나 감정에 호소하거나, 금전적·심리적 압박이나 위협 등을 가하거나, 거절하기 힘든 유혹을 하거나, 또는 범행방법을 구체적으로 제시하고 범행에 사용될 금전을 제공하는 등의 방법을 사용하지 아니하였는바, 사정이 이러하다면 이 사건은 수사기관이 사술이나 계략 등을 사용한 경우에 해당한다고 볼 수도 없다. 따라서 설령 피고인이 공소외 1의 부탁을 받고 비로소 범의가 유발된 것이라 하더라도, 이를 위법한 함정수사라고 보기는 어렵다. 그리고 이러한 판단은 공소외 2 또는 공소외 1이 피고인을 유인한 목적이 수사기관으로부터 포상금을 지급받으려는 데에 있었다거나 피고인이 공소외 1의 부탁을 받고 몇 차례 거절한 사실이 있었다고 하여 달라지는 것은 아니다.

그럼에도 불구하고, 원심은 판시와 같은 이유만으로 이 사건 범행이 위법한 함정수사로 인한 것이라고 속단하고 말았으니, 이러한 원심의 판단에는 함정수사에 관한 법리를 오해하여 판결 결과에 영향을 미친 위법이 있다.

2) 대법원 2007.11.29. 선고 2007도7680 판결

【판시사항】

[1] 함정수사의 위법성에 대한 판단 기준

[2] 갑이 수사기관에 체포된 동거남의 석방을 위한 공적을 쌓기 위하여 을에게 필로폰 밀수입에 관한 정보제공을 부탁하면서 대가의 지급을 약속하

고, 이에 을이 병에게, 병은 정에게 순차 필로폰 밀수입을 권유하여, 이를 승낙하고 필로폰을 받으러 나온 정을 체포한 사안에서, 을, 병 등이 각자의 사적인 동기에 기하여 수사기관과 직접적인 관련이 없이 독자적으로 정을 유인한 것으로서 위법한 함정수사에 해당하지 않는다고 한 사례

【이 유】

상고이유를 본다.

본래 범의를 가지지 아니한 자에 대하여 수사기관이 사술이나 계략 등을 써서 범의를 유발하게 하여 범죄인을 검거하는 함정수사는 위법한바, 구체적인 사건에 있어서 위법한 함정수사에 해당하는지 여부는 해당 범죄의 종류와 성질, 유인자의 지위와 역할, 유인의 경위와 방법, 유인에 따른 피유인자의 반응, 피유인자의 처벌 전력 및 유인행위 자체의 위법성 등을 종합하여 판단하여야 한다. 수사기관과 직접 관련이 있는 유인자가 피유인자와의 개인적인 친밀관계를 이용하여 피유인자의 동정심이나 감정에 호소하거나, 금전적·심리적 압박이나 위협 등을 가하거나, 거절하기 힘든 유혹을 하거나, 또는 범행방법을 구체적으로 제시하고 범행에 사용될 금전까지 제공하는 등으로 과도하게 개입함으로써 피유인자로 하여금 범의를 일으키게 하는 것은 위법한 함정수사에 해당하여 허용되지 않지만, 유인자가 수사기관과 직접적인 관련을 맺지 아니한 상태에서 피유인자를 상대로 단순히 수차례 반복적으로 범행을 부탁하였을 뿐 수사기관이 사술이나 계략 등을 사용하였다고 볼 수 없는 경우는, 설령 그로 인하여 피유인자의 범의가 유발되었다 하더라도 위법한 함정수사에 해당하지 아니한다(대법원 2007. 7. 12. 선고 2006도2339 판결 참조).

원심은, 판시 사실들에 비추어 피고인의 2006. 5. 26.자 필로폰 밀수입 범행의 범의가 공소외 4 등을 통한 수사기관의 함정수사에 의하여 비로소 유발되었다고 보기 어렵고, 설령 피고인의 주장과 같이 공소외 1의 끈질긴 권유나 협박에 의하여 위 범행에 대한 피고인의 범의가 유발되었다고 하더라도, 그 채용 증거들에 의하여 인정되는, 공소외 2가 2006. 5. 2. 경기지방경찰청 평택경찰서에 체포되자, 그 동거녀인 공소외 3이 이른바 '공적'을 쌓아 주어 공소외 2를 석방되게 하기 위하여 공소외 4와 공소외 5에게 수사기관과의 절충역할 및 필로폰 밀수입에 관한 정보의 제공을 부탁하면서 이에 대한 대가의 지급을 약속한 사실, 이에 공소외 4, 공소외 5가 위 경찰서 경찰관 및 수원지방검찰청 평택지청 수사관과 약 50g씩 2건의 필로폰 밀수입에 관한 정보를 제공하면 공소외 2를 석방하여 주기로

협의한 사실, 공소외 4는 공소외 6에게, 공소외 6은 공소외 1에게 순차로 필로폰 밀수입에 관한 정보의 제공을 부탁하였고, 이에 공소외 1은 피고인에게 필로폰 밀수입을 권유하여 피고인이 이를 승낙한 사실, 그 후 공소외 6이 공소외 1로부터 연락을 받아 공소외 4에게 이를 전하고, 공소외 4는 직접 또는 공소외 5를 통하여 위 검찰수사관에게 제보를 하여, 위 검찰수사관이 필로폰을 받으러 나온 피고인을 체포한 사실, 위 경찰관과 검찰수사관은 공소외 1이 필로폰 밀수입 의사가 없는 자를 상대로 하여 심리적 압박이나 위협을 가하는 등의 방법으로 그 밀수입 의사를 유발하는지의 여부를 알지 못한 사실 등을 종합하여 보면, 이 사건은 수사기관이 위 공소외 4 등으로 하여금 피고인을 유인하도록 한 것이라기보다는 공소외 4 등이 각자의 사적인 동기에 기하여 수사기관과 직접적인 관련이 없이 독자적으로 피고인을 유인한 것으로서, 수사기관이 사술이나 계략 등을 사용한 경우에 해당한다고 볼 수도 없다는 이유로, 이 부분 공소사실을 유죄로 인정하였는바, 위 법리 및 기록에 의하여 살펴보면, 원심의 위 인정 및 판단은 정당하고, 상고이유의 주장과 같이 채증법칙을 위반하거나, 함정수사에 관한 법리를 오해한 위법 등이 없다.

제5장 공항·항만 밀수·출 수사

1. 우범성 선별기법

> 모든 여행자와 화물에 대한 무작위적 검사(mass screening) 방식에서 우범성 대상
> 에 대한 선별적 검사(investigative method or selective inspection) 방식으로 전환

– 공항·항만 상대로 밀 반 입출에 대하여 수사전 관세청 공항마약 수사담당
 관 공조하에 입국 시간 1시간 전 입국장에서 체포영장 ,압수수색검증 영장
 소지 입국장 수사관실로 동행 영장제시와 신체수색을 실시하여야 하며 항
 문, 음부, 위장에 대해 인근 병원, 경찰병원 등 의사와 함께 검증영장 제시
 하여 수색 할 수 있다.

가. 마약운반자의 특징

마약운반자는 여러 측면에서 그 특징을 보이고 있다. 그러나 이중 어느
하나만으로 특정인을 마약 운반자로 단정할 수 있는 것은 없다.
여러 가지의 요소가 한꺼번에 나타날 때 비로소 합리적으로 의심할 근
거가 되는 것이다. 또한 이들 특징은 해당자의 출신지역과 문화적 배경
을 함께 고려해야 한다.
(1) 통상의 여행자들이 보이는 정도를 넘어서는 불안감을 표출하는 경우
 – 땀을 흘린다(몸을 스트레칭하는 것과 결합하는 경우가 많음)
 – 손을 떤다
 – 심장박동이 빨라진다(목동맥 등의 움직임으로 판단한다)
 – 호흡이 빨라지며 얼굴 표면에 상기된 현상 발견
 – 앞뒤로 왔다 갔다 하거나 발을 끌면서 움직인다.
 – 얼굴을 만지거나 가린다
 – 정상적인 대화곤란
 – 오줌을 싼다
 – 기절한다
 – 상기된 얼굴로 두리번두리번 행동하는 표현
 – 연달아 담배를 피운다
(2) 항공권관련 특징
 항공사 컴퓨터상 PNR(Passenger Name Record)를 이용하여 아래 특징
 을 적발한다.

- 마약우범자가 많이 이용하는 여행사를 통해 구입된 경우
- 통상적이 아닌 시간에 예약을 한 경우
- 출발 30분전쯤 check-in 한 경우
- 현금으로 항공권을 구입한 경우
- 항공료와 정확히 일치하는 돈을 가지고 항공권을 구입하러 온 경우
- 편도 항공권구입
- 주소와 합치되지 않는 왕복항공권 구입
- 출발직전 check-in 카운터에 와서 예약 없이 항공권 구입
- 엉터리 연락 전화번호를 남긴 경우
- 마약집산지로 혹은 그 곳으로부터 여행하는 경우
- 곧바로 돌아오는 예정인 경우
- 항공권이 여러 매로 되어있는 경우
- 항공권을 버리는 경우(흔적을 없애기 위해)
- 빈번 여행

(3) 가방
- 새 가방(여러번 쓰는 경우 탐지기에 의해 적발될 수 있으므로)
- 여행자의 행색과 걸맞지 않은 가방 혹은 가방이 없는 경우
- 가방에 이름이 없거나 부적절한 내용이 기재된 경우
- 가방에 대해 밝히지 않으려는 태도
- 콘베이너 벨트부근에서 가방을 찾지 않고 시간을 끌고 있는 경우
- 가방을 회수하지 않는 경우
- 가방을 회수 할때 반드시 이름 등을 주의 깊게 확인하는 경우
- 가방회수증거표를 감추는 경우
- 가방회수증거표를 없애는 경우
- 가방으로부터 이상한 냄새가 나는 경우
- 가방이 빈 경우 혹은 베개나 담요 등이 들어있는 경우
- 보관함의 부적절한 사용

(4) 기타특징들
- 늦게 도착 하면서 주변 배회
- 터미널에서 목적없이 배회
- 주의를 계속적으로 감시
- 화장실에 들락날락함 (매입자 접선 시도)
- 혼자 여행
- 동행자가 있는데 혼자 여행하는 것으로 가장

(목적지동일, 예약시간 및 check-in 시간근접, 좌석은 떨어져있음)
- 새 운동화
- 의복에 불룩한 부분이 있는 경우
- 걸음이 부자연스러운 경우
- 항공기에서 맨 뒤에 나오는 사람
- 전화를 비정상적으로 거는 경우
- 가짜 신분증 사용
- 별명 등으로 여행
- 질문에 거짓으로 응답
  ※ 의복, 보석류, 신발, 가방 및 외적모습이 조화를 이루지 못한 경우
(5) 신체내에 은닉한 경우
- 고무장갑
- 콘돔이용 항문, 위장, 음부, 귀속 은닉
- 설사제(쉽게 방출하도록 하기 위함)
- 지사약(쉽게 방출되지 않도록 하기 위함)
- 치약이 여러개 있는 경우(토한 경우 등 방출된 경우 다시 삼키고
  냄새를 없애기 위해 흔히 치약을 다량 먹는다)
- 숯가루
- 먹지
- 절연테이프(나이지리아 인이 주로이용)
- 빈 가방 - 베개나 담요
- 치아 소제용줄
- 윤활류 오일(베이비오일)
- 고무냄새
- 음식물을 버리거나 거절하는 경우
- 허리를 굽히지 못함
- 왁스
- 메니큐어를 칠 한 경우(거칠은 손톱을 위장하기 위해)

나. 우범소화물(Package)의 특징

사람의 경우와 마찬가지로 어느 하나의 요소에 특정화물을 우범화물로
단정해서는 안되며, 여러 가지 요소가 한꺼번에 나타날 때 비로소 우범
성이 있는 것으로 판단할 수 있는 근거로 볼 수 있으며, 이 경우에도
절대적인 것은 아니다.

- 운송료를 현금으로 지급
- 테이프로 지나치게 여러번 돌려 포장
 (주로 틈을 없애 탐지견이 탐지를 할 수 없도록 하기 위하여)
- 의류 유연제, 커피, 세척제 등 위장용의 강한 냄새가 나는 경우
- 손으로 기재된 서식
 ° 반송용 주소를 읽을 수 없는 경우
 ° 두가지 이상의 필체로 기재된 경우
 ° 스펠링이 잘못된 이름, 주소의 경우
 ° "Fragile"혹은"Happy Birthday" 등 불필요한 기재내용이 있는 경우
- 발송인 주소가 허위인 경우
- 개인이 개인에게 송부하는 경우
- 당일 배달(Overnight)혹은 익일 배달(Second day)
- 송부된 장소와 반송지가 다른 경우
- 회사로 송부되었으나 물품의 가격보다 비싼 경우
- 영업시간 마감직전 송부하는 경우
- 운송료가 운송되는 물품의 가격보다 비싼 경우
- 아주 무거운 경우(보통 중앙이 무겁다)
- 송하인의 서명을 받고 물건 내주라는 조건을 포기한 경우
- 서명란에 일반 사업자명(특정되지 않은)을 기재하거나 주소가 고무도장으로 찍힌 경우

2. 마약류 종류별 밀수루트

종 류	밀수루트	운반수단
아 편	중국 → 한국 이란, 파키스탄 → 한국 → 일본	선박, 여행자
헤로인	태국, 파키스탄 → 한국 → 미국, 유럽, 대만 ※ 중국, 싱가폴, 필리핀 등을 경유하여 한국에 밀수입 가능	여행자, 국제우편물, 정상수입화물
메스암페타민(히로뽕)	중국, 홍콩, 대만, 필리핀 → 한국 → 일본	여행자, 선박, 정상수입화물, 국제우편물품
코카인	남미제국 → 미국경유 → 한국 → 일본	선박, 여행자, 국제우편물품
대마	미국, 태국, 아프리카제국, 필리핀 → 한국 → 일본	무환특급화물, 국제우편소포, 여행자

제6장 마약류범죄 수사시 유의사항

1. 제보자
○ 마약류 범죄관련 수사 가치가 있는 정보를 수사기관에 제공하는 모든 사람들로
일반시민, 타 수사기관 동료, 심신상실 및 정신장애자, 마약피의자 동료 등이다

2. 정보원
○ 정보원 활용에 따른 예상 문제점
  - 합법과 불법을 왕래하면서 일을 한다
  - 검찰 등 각 수사기관에 공통적으로 정보제공 행위를 하는 자들로서 자칫 형사 개인의 실수가 타 기관에 여과 없이 전달됨(타 수사기관과 이중 정보활동으로 주요 정보가 유출될 우려)
  - 변호사법위반 등 입건 개입 유의하며 마약류 사범 변호사도 참고하여 면접하여야한다
  · 투약자를 수사기관에 제보하고 투약자 가족에게 접근 선처 명목 금품수수
  - 공작원으로 활동 중 필로폰 대량판매, 알선 및 투약 행위
  - 공작시 투약자에게 필로폰 제공행위
  - 전문판매자를 협박 금품 갈취 행위
○ 정보원 관리 및 수사요령
 1) 준수사항
  - 정보원의 종류에 따라 접근에 심사숙고 확인 후 대화 진행 할 것
  - 정보원의 신뢰를 위해 법에 허용하는 한도네 , 식사 , 차등 대접할 수 있으며 사용한 금액에 대하여 영수증 보관하여야 한다.
  - 정보원이 할 수 있는 것과 할 수 없는 것에 대한 확실한 지침을 준다
  - 항상 수사관1명 합동하여 함께 정보원을 만나고 정보원을 만났을 때 항상 수사지휘관에게 정보내용 보고하여야 한다.
  - 만날 시간·장소는 정보원이 아니라 수사관이 용이하고 CCTV 설치장소에서 면접 장소 지정 결정해 주어야 한다.
  - 정보원과 만난 구체적인 기록은 항상 유지하고 수집된 정보를 검증
  - 현재 활용가치가 없다고 하도라도 그 외 연락관계를 유지하고 항상 통제

하여야 하며 정보원의 비밀성을 보장
  2) 정보원(야당)접근시 주의
   - 검거된 피의자와 거래 ,정보교환 하지 말 것
   - 정보원이 수사관과 집에서 접촉하지 말도록 할 것
   - 정보원에게 약속하지 말 것
   - 정보수집을 위해 정보원에게 범죄를 허용하지 말 것
   - 수사기법이나 수사사항을 토의하지 말 것
   - 정보원과 대화 중 수사내용 말하지 말 것
   - 정보원으로부터 일체의 음식 , 사무실 방문 접대와 호의를 받지 말 것
   - 첩보 및 중요보고서에 정보원의 실명을 사용하지 말 것

3. 수사관 관리 (미국 DEA 에서는 수사관 약물검사함)
  ○ 자기관리 철저
   - 마약사범의 특수성인 금품제공, 향응과 히로뽕, 금전차용 등 각종 유혹에
     빠지지 않도록 가정생활, 주변관리, 경제생활 등 자기관리 철저
   - 검거시 자해 행위 대비 : 우발적 폭력행사에 대비 충분한 인원 동원 및
     심적 대비
   - 적법절차 준수
    · 체포 시한은 사실상의 자유를 속박한 시점을 기준으로 계산
    · 객관적 혐의사실이 공개적으로 확인되었을 경우 법에 규정된 절차에 따
      라 신병처리
    · 소변 및 모발 감정결과 등 명확한 물증 없이 당사자 일방의 진술에 의해
      투약 및 밀매사범을 구속한 결과 검찰조사 및 공판과정에서 관련 참고인
      들의 진술 번복, 진술의 신빙성 문제 등으로 인해 무혐의 석방하거나, 공
      소유지 과정에서 문제되는 사례 증가
  ○ 정보원 관리 철저
   · 객관적 혐의가 확인된 자를 타인의 투약사실을 제공한다고 해서 입건조
     차 하지 않고 풀어주는 사례가 없도록 유의
   · 정보원의 마약류 거래를 근본적으로 차단
   - 수사의 공정성과 적법성을 훼손할 우려가 있는 무리한 수사를 지양할 것
   - 감정의뢰, 결과 등 각종 부책 현황 및 기록관리 철저
   - 함정수사의 한계 에 대하여 철저히 생각하면서 마약수사에 임하여야 한
     다. 검거의 실적에 현혹 될 수 있으며,마약 전과자, 야당(정보원)유혹에
     주의하여야 한다.

4. 일반적 유의사항

- **현장수사시 유의할 점, 흉포성 고려하여 대처하며 잠복시 위장 필요성 과 신속성(현장에서 검거시 잘 설득하여 상선수사)하고 다수인 검거시 증거물을 피의자별로 분리하여야 한다.**
- 검거 율 높이기 위해 던지기 수법에 말려들지 않도록 유의
  · 던지기 수법 : 상선인 마약류 혐의자 검거시 자신은 단순투약자로 속이고 경찰에게 하부선 투약자 첩보 제공 검거토록 한 공로로 풀려나가는 행위
- 공인으로 영장주의 원칙에 의거 확실한 증거제시 하면서 연예인 및 유명인사 마약투약사범 검거시는 함께 투약한 공범이나 필로폰 제공자의 진술 등 증거 확보 후 검거하고 풍문, 소문 등 신빙성 없는 제보에 의한 검거 시도하면 인권관계로 불이익처분 받는다.
- 마약류 사범은 상선으로 올라갈수록 용의주도 면밀한 행동을 하며 그 중에는 수사기관의 정보원(일명 야당)으로 활동하면서 수사기관에 근무하는 사람들과의 친분을 과시하며 교묘히 법망을 빠져나가기 위해 온갖 수단과 방법을 동원하므로 유의해야 함
- 마약사범은 궁지에 몰렸을 때 자신이 살아남기 위해 무엇이든 물고 늘어지며, 마약사용으로 인해 뼈의 칼슘성분이 빠져나가 골격이 아주 약하므로 검거시 유의
- 상대가 경찰관임을 알면서도 약점을 잡기 위해 몰래 커피나 음료수 등에 필로폰을 넣어 음용케 할 수 있음을 유의
- 공범에 대하여 철저히 분리수사하고 환각상태에 있을시 어느 정도 진정시킨 후 조사하며, 특히 마약에 취해 있을 경우 폭력성이 증가하여 돌발적으로 자해하거나 흉기를 사용하며 아파트 등지에서 검거시 고층에서 뛰어 내릴수 있다.
- 검거과정에서 불가피하게 격투가 벌어져 투약자가 상해를 입었을 경우 근거서류나 증거를 명백히 하여 추후 수사상 가혹행위가 있었다는 누명을 쓰지 않도록 유의
- 마약사범은 통상 백화점식 범죄경력이 있으므로 다른 범죄와 연계, 연관성 수사에 중점
- 중독성, 습관성으로 인해 다른 범죄에 비해 재범자가 30%해당 함으로 주의하고
- 마약자금 관련 과거 수시기법에서는 현금 박치기 관계로 현금에 대한 출처 확인 하여야 하며 특히 정보제공자가 제공사례주의

- 피의자 조사시 과거 떠오르는 인물이 있으며 영상정보시스템활용 그 대 상자 인물 사진 출력하여 확인

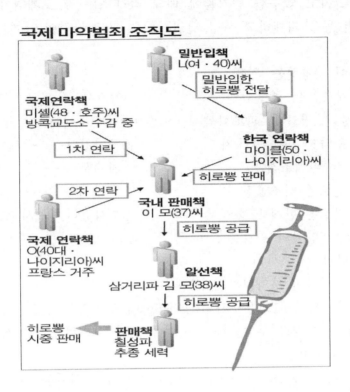

5. 압수물 보관 관리 주의

1) 필로폰 및 가루형태, 정제 등 압수물 보관시 분량이 자연 감소되지 않도록 밀봉 철저히 하여야 하며 팀장 및 간부가 확인하여 야 한다. 그리고 압수된 마약류는 무게를 확인, 봉투에 기록하여 이중시정 장치가 되어있는 금고나 캐비넷 등 지정된 압수물 보관장소에 보관하여야 하며, 압수된 모발에 대하여 염색된 모발은 감정의뢰시 참고사항에 염색된 모발에 대한 설명기록하고 감정의뢰 하여야 한다.

2) 대마초는 대검찰청 감식과와 국립과학수사연수원에서 모발, 소변으로성분 검출이 가능하며 모든 마약류 중에 지용성작용으로 인체 잠복기간이 10-15일 까지 가능함으로 모발과 소변을 의뢰하여야 한다. 마약류 전과자, 상습투약자들은 수사관의 눈을 피해 화장실, 소지한 타인의의 소변을 제출할 수 있음으로 항상 압수물에 대하여 주의 깊은 관심이 필요하다.

3) 감기약 다이어트 약, 외국인자국의약미제소다 복용으로 소변이 산성→알카리로 일시적으로 전환되어 간이시약에서 음성 및 양성으로 판별되는 경우가 종 종 있음으로 철저한 관찰과 처방전, 선임수사관 상대로 견문을 통

해 확인 국과원 의뢰하여야 한다.

  4) 대머리, 삭발자는 음모, 액모, 눈섭 턱수염 체모, 항문모 다리모 감정 할
     수 있다. 그리고 압수한 증거물에 대해 각각 일시장소 채취자 및 피의자
     성명, 성별 등을 기재하고 서명 날인 할 수 있도록 하여야 한다.

6. 마약류 사범들이 사용하는 은어

  o 원단 ......제조공장, 주원료인   o약장사---필로폰 장사
  ○ 뽕, 술, 물건, 영양제, 피로회복제 ⇒ 필로폰   0바이어 ---구매자
  ○ 환자 ⇒ 투약자 또는 중독자   0꼭지갔다----상습투약자
  ○ 라인, 선 ⇒ 판매조직   0지게꾼-----운반책, 배달자
  ○ 공장 ⇒ 필로폰 제조공장   오다-------주문
  ○ 물뽕 ⇒ 필로폰 반제품 용액   0고사났다.---사고났다
  ○ 크리스탈 ⇒ 양질의 필로폰
  ○ 작대기, 연필 ⇒ 주사기
  ○ 한잔하자 ⇒ 한번 투약하자는 표현
  ○ 한사끼, 한마끼 ⇒ 1회용주사기(0.7~8g)에 들어있는 필로폰
  ○ 고사바리 ⇒ 1~2회 투약분을 주사기에 담아 판매하는 소매상
  ○ 떡, 고기 ⇒ 대마초
  ○ 몰뽕 ⇒ 음료수에 또는 맥주에 상대방 모르게 마약류를 집어넣어 마시게
     하는 것
  ○ 똥술, 멍텅구리, 반짝이 ⇒ 가짜 필로폰

사고마약류 발생 보고

①허가(지정) 번호		②허가(지정)종별	
③업 소 명		④생년월일	
⑤소 재 지			
⑥대 표 자			

⑦사고 마약류	□ 마약　　□대마　　□향정신성의약품					
	품명		수량		제조·수입자명	

⑧사고 발생일	
⑨처 리 현 황	
⑩사고발생 사유	

「마약류관리에 관한 법률 시행규칙」 제23조제1항에 따라 위와 같이 사고마약류의 발생을 보고합니다.

년　　월　　일

보고자:　　　　　　(서명 또는 인)
담당자 성명:
담당자 전화번호:

지방식품의약품안전청장
시·도지사　　　　　　　　　　귀하
시장·군수·구청장

※ 구비서류: 사고 마약류임을 증명하는 서류(관할 시·도지사 또는 수사기관에서 발급한 서류에 한정됩니다.)

지·파출소 마약류사범 신고 접수시 수사요령

1. 현행범인 (초동수사)

- 지방청 마약수사대, 관할 형사과 마약수사팀 (형사과마약담당) 통보, 채증장비, 간이시약,(카메라 압수물봉투)소지출동
- 신고자 확보 진술청취, 진술분석 및 상황판단
- 환각으로 인한 흉기소지 난동, 인질, 자해 대비 등 CCTV , 채증
- 마약류 상습투약자 뼈가 약하므로 최대한 주의하여 검거
- 소지한 마약, 증거물 등 확보 후 마약수사관, 형사과 인계

2. 단순 마약류 사범 경우

- 팔, 사구니, 발목 등 주사바늘 자국 확인 및 채증
- 외부증상, 충혈 된 눈·콧물흘림·액취·동공확대·체중감소
- 용의자의 동의 받아 현장에서 소변 채취, 간이시약 검사
- 소지마약류, 모발 (후두부40수)동의받아 확보 후 수사담당 인계
    * 주거지 수색 및 모발, 소변 채취 거부하는 경우
- 담당수사관에게 인계, 압수수색영장으로 집행
- 가족, 보호자, 의사, 학교신고, 투약자 본인 신고시 자수에 준하여 처리

3. 마약류 간이시약 검사 및 판별요령

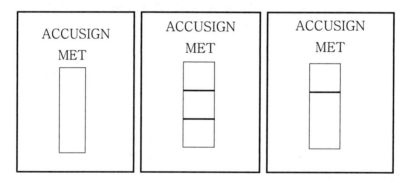

- 샘플창S에 소변3방울을 넣고 약5분 경과 후 C와T두줄은 음성,C한줄은양성
- 시약종류:MET 필로폰, THC 대마, COC 코카인, OPI 모르핀·헤로인
    KETA TEST케타민, Ecstasy 엑스터시, AMP암페타민

제2편 한국조직폭력의 실체
및 효과적 대처방안
(조직폭력검거를 위한 수사관의 기본 지침서)

목 차

제1장. 조직폭력이란

제1절 폭력조직의 개념

조직폭력배란 법적으로 규정된 개념은 아니다. 다만 형법제114조(범죄단체의 조직) 와 <폭력행위등처벌에관법률>제2조에 규정된 범죄를 목적으로 구성된 단체나 집단의 구성원이라고 규정할 수 있을 것이다.

그러나 위 규정에도 그 개념 자체를 정확히 해석을 하여야 하는 문제가 있으며 통상 "범죄단체 중" 폭력을 유지 수단으로 삼는 것은 중심 축을 구성한다고 할 것이지만 그 구체적인 행위태양은 시대에 따라 달라지고 그 개념이 확대되고 있는 편이다.

죄형법정주의원칙 상 형법제114조 가 규정한 "범죄를 목적으로 하는 단체" 라는 개념과 그 특별규정인 <폭력행위등 처벌에관한 법률>제4조1항이 규정한 범죄를 목적으로 한 단체 또는 조직과 의 관련성에서 검토되어야 할 것이다.

1991. 5. 28 대법원판결 선고91도 739호의 판결을 참조하고 발표된 논문에 통해 정리하여 본다.

1. 첫째: 폭력조직은 최소한 통솔체재를 갖추어야한다.

즉 폭력조직은 집단적 범죄나 집합적 범죄와는 달리 조직 상호간에 일정한 계층과 계층간의 엄격한 규율이 존재하는 통솔체제가 단순히 여러 사람들과 상호 의사연락이나 행위가 공동으로 행하여지는 것과는 다르다. 조직폭력배들은 학교 선후배나 동네 선후배 관계를 통하여 최고 선배가 두목 내지는 고문 그 밑이 부두목으로 한 위계질서를 세우고 후배는 선배의 말에 절대 복종 하는 식으로 행동강령을 정하여 선배를 보면 90도 각도의 극진히 절을 하고 3-4년 선배만 되어도 얼굴을 제대로 인식 못할 정도의 엄격성을 유지하고 있고 유사시 연락망인 핸드폰 등을 통하여 30분 이내에 조직원을 소집 할 수 있을 정도의 체계를 갖추고 있어야 한다.

2. 둘째: 폭력조직은 폭력을 그 존립의 최후의 수단으로 삼고 있다.

조직폭력배들이 그들의 조직을 유지하고 확장하며 또한 경제적 이익을 얻기 위해 자기들에게 필요한 자들에게는 이른 바 의리와 인정이 있는 사나이로 변장한다. 그러나 그들은 합법적으로 가장하다가도 부득이한 경우 폭력이란 마수를 쉽게 문제해결의 도구로 삼는다. 특히 그들은 교양이나 지식이 부족하여 다른 문제해결의 수단을 찾기보다는 손쉽게 주변에 살아있는 흉기인 조직 폭력배를 이용한다.

3. 셋째: 폭력 조직은 경제적 이익의 추구를 목표로 하고 있다.

폭력배들이 세를 모으고 과시하는 것은 자신들의 일정한 권역 안에서 독점적으로 경제적인 이익을 얻으려 하는데 있다. 이 점이 단순히 중 고등학교에서 감정상 타인 보다 우세한 자신을 보여주기 위해 만드는 불량써클 회원이나 정치적 목적을 위한 결사인 테러집단 과는 구별된다. 특히 최근에는 조직 간부의 경제적 능력의 유무에 따라 조직폭력배들이 이합집산을 거듭하고있어 조직의 간부는 경제적인 이익추구에 수단과 방법을 가리지 않는 모습을 보인다. 특히 조직폭력배들을 수사 하다보면 그들은 경제적 이익을 추구하는데 급급하여 다른 법률적인 문제가 제기되어 자신들이 더 불리한 처우에 처해질 것이 명백함에도 자신이 내놓아야할 경제적인 이익에 집착하여 한마디로 한번 자신들에게 들어온 것은 절대로 내놓지 않으려는 태를 보인다.

위와 같은 개념을 綜合하여 **조직폭력배란 "폭력을 그 존립 및 해결수단으로 삼고 경제적 이익을 추구하는 최소한의 통솔체계를 갖춘 계속적 다수인의 모임"** 이라고 **정의**할 수 있을 것이다.

제2절 소년폭력조직의 개념

소년이란 `아직 성숙하지 아니한 사내 아이` 라고 사전에는 규정하고 있다. 그러나 우리나라의 각 법전에는 소년에 대한 한계를 다르게 규정하고있으며, 소년비행에 대한 기본법인 소년법은 제2조에 소년이란 `20세 미만의자` 라고 규정하고 있다.

각 특별법에서는 연령에 따라 소년의 명칭이 달라지고 있으며, 우리법령에 규정된 소년비행과 관련된 명칭과 한계를 보면 다음과 같다.

범법소년의 예를 보면 소년법 제4조에서 촉법소년(12-13세), 범죄소년(14-19세), 우범소년(12-19세)으로 규정하고 있다. 소년법원은 연소소년(12-15세), 연장소년(16-19세)으로, 행형법은 20세 미만자를 소년 수형자로 보고있으며, 미성년자의 예로서 공연법은 18세 미만자를 관람금지 대상으로, 청소년보호법은 19세 미만 자를 유해업소출입 및 유해 매체 물 등을 금지 대상으로 규정하고 있다.

소년비행은 어떤 것을 비행으로 볼 것인가에 대해 의견이 분분할 수 있으나, 소년법에 근거를 두고 보면 12세 이상 20세 미만의 소년에 의한 범죄행위, 촉법행위, 우범행위를 비행으로 보는 것이다.

즉 범죄행위란 14세 이상 20세 미만인 소년의 형법 법령에 저촉되는 행위를 말하며, 촉법행위는 형벌 법규를 위반하였거나 14세 미만의 형사미성년자의 행위로 형사책임을 묻지 않는 행위를 말하며, 우범행위는 보호자의 정당한 감독에 복종하지 않는 성벽을 지녔거나 정당한 이유 없이 가정에서 이탈하고, 범죄성을 지닌 사람 또는 부도덕한 사람과 교제하거나 타인의 덕성을 해롭게 하는 성벽이 있어 그 자체는 범죄가 아니지만 범죄를 저지를 우려가 있다고 인정되는 행위를 말한다.

소년 조직폭력배는 그 개념 규정에 따르면 적어도 우범행위 이상을 하고 있다고 보이는 소년을 말 할 수 있으며, 특히 형법 및 「폭력행위 등 처벌에 관한 법률」과 관련된 것으로서 학력이 중, 고등학생 인 소년 및 연령이 20세 미만인 소년들을 주로 그 대상으로 삼고자 하는 것이다. 청소년은 인격형성 과정에 있으므로 정신적으로 성숙되지 못하였을 뿐만 아니라, 순화 가능성 및 선도가능성이 있으며, 성인과는 달이 쉽게 자신의 잘못을 인정하며 여러 가지 말로 자신의 비행을 변명하지 않는 자를 전제로 한다. 그러므로 소년범죄 행위자는 응보형론에 의한 처벌보다는 교육형론에 의한 방법론으로 다스려야 할 것이다.

제2장. 조직폭력의 변천사

제1절. 조직폭력의 역사

1. 우리나라 폭력조직의 역사를 문헌을 통하여 살펴보면 고려시대 경대승이 정중부의 학정에 의거하여 정권을 잡은 후 자신의 신변보호를 위하여 사병집단으로 힘께나 쓰는 건달패 위주로 도방을 설치 도방정치 하였는데 이를 가리켜 폭력집단을 정권유지 차원에서 이용하였다는 견해도 있다.

2. 조선시대에도 계유정난 당시 수양대군이 정권찬탈에 소요되는 병력을 모집할 수 없어 수양대군의 策士인 한명회와 숙의 한양 건달패 우두머리 격인 홍윤성을 앞세워 한양의 힘께나 쓰는 건달패를 모집 계유정난에 참여시켰다.

3. 조선 영조이후 일부 전과자들은 서울 가산(지금의 을지로6가 동대문 운동장 부근)에 모여 살며 거지 집단지가 형성되었으며 이 집단의 두목을 "꼭지단"이라 하고 이들은 종종 세도가와 야합 정적을 염탐하는 첩보원 구실을 하고 조선말 개화기에는 독립협회 가두연설을 보수파에서 동원 연설을 방해 하곤 하였다.

4. 조선말기 대원군이 야인으로 있을 당시 자신의 신분을 숨기고 정치적 목적을 달성하기 위하여 한양의 시정 잡배인 천희연, 하정일, 장순규, 안필주 등과 어울렸으며 대원군이 정권을 잡은 후에도 이들과 어울려 이들을 정치적으로 이용하였다.

5. 조선시대에는 꼭지딴, 불한당, 보부상 등을 정권 유지 차원에서 이용하기도 하여 독립협회 요원들에 대한 테러 및 만민공동회 집회 등을 무산시키는 일에 이들 조직을 이용하기도 하였다.

6. 1895.8.20日 일본 浪人(야쿠자)들에 의한 민비 시해 사건이후 일본 야구자들이 한양에 입성하며 1910年 한일합방 이후 조선 초대 총독 데라우찌 의 무단정치로 일본경찰 및 헌병을 등에 업은 일본 폭력조직들이 대거 한양에 상륙 조선상인들을 괴롭히기 시작하며 이에 대항하는 조선인 폭력조직이 경

성의 종로를 중심으로 자연스럽게 형성이 되었다.

7. 조선의 대표적인 폭력조직으로는 구마적(고희경) 신마적(엄동욱) 종로우미관 패(김두환) 서대문패(김기환) 이들을 가리켜 일본 야쿠자 조직에 대항하는 반일주먹이라 하였다.

8. 일제시대에 형성된 폭력조직은 해방을 맞으며 청계천을 중심으로 동대문사 단(이정재) 명동파(이화룡) 종로파(김두환)등으로 나뉘어 폭력조직의 파벌을 조성하고 서울 중심가 장악을 위한 주도권 싸움(전쟁)을 계속 하였다.

9. 제1공화국시대에는 폭력조직을 집권연장의 도구로 활용하며"백골단" "땃벌 레" "민중자결단" "대한민주청연단"등이 김두환, 이정재, 임화수, 유지광 등 을 중심으로 하여 정치폭력을 일삼아 공산주의자인 남로당 당수 박헌영의 추종자들이 주도하는 대정부 파업 현장 등에 투입되며 폭력조직들이 반공주 먹으로 일대변신을 꾀하였다.

10. 우리나라의 폭력배는 건달(돈없이 난봉을 부리고 다니는 사람) 어깨, 한량 등으로 불리었으나 6.25사변이후인 1953년경 동두천일대 미군부대 주변의 구두닦이 소년들이 영어의 "GANG"을 우리말 발음인 "깡" 에다 패거리의 "패" 자를 합하여 "깡패" 라는 새로운 용어의 탄생으로 폭력배들 "깡패"라 고 부르기도 하였다.

11. 1953연대 이후 동대문사단의 이정재, 김두환등이 정치에 관여하기 시작하 며 1960年 3월 자유당의 부정선거에 항의 궐기하는 고려대생을 종로4가 천일 백화점 앞에서 기습 하는 등 정치 깡패로 변신 활발한 활동을 하였다.

12. 5.16 이후 이정재 임화수 등이 처형되므로 한동안 폭력조직은 소멸 되었으 나 1970年代에 접어들며 경제는 고도의 성장 가도를 달리기 시작하였고 이때 폭력조직은 경제 부흥에 편승 명동을 중심으로 하는 폭력조직 "신상 사 파"가 등장하여 서울 중부 일원을 장악 그 위세가 대단하였다.

13. 1970연대에 들어서며 전남 광주 등지에서 상경한 호남 폭력배들은 오종철 과 조양은이 中心이 되어 "호남 파" 폭력조직을 결성하고 목포출신 박종 석은 오기준, 김태촌 등을 중심으로 "번개 파" 폭력조직을 결성하였다.

14. 호남출신 폭력조직은 서울 무교동을 중심으로 세력확장을 시도 명동과 무교동의 유흥업소 이권개입 및 주유 판매 등의 이권을 놓고 명동을 중심으로 하는 서울 최대의 폭력조직 "신상사 파"와 마찰을 빚어 오던 중.

15. 1975.1.2日 조양은을 중심으로 하는 호남 특공대 4명이 "신상사 파"의 본거지인 사보이 호텔 커피숖을 기습 "신상사 파" 조직원 김수일 에게 중상을 입히는 사건으로 "신상사 파"는 와해 몰락한다.

16. 이후 서울 중부 지역은 호남 3대 훼미리라 부르는 폭력조직에 의해 점영당하며 재차 호남 폭력 조직간에 서울 중부지역, 강남일원의 유흥가 장악 및 이권다툼 싸움(전쟁)으로 사회를 어지럽게 하던 중 1976.3月 무교동 엠파이어(관광업소)후문 주차장에서 김태촌이 호남파 두목 오종철을 사시미칼로 기습 란자하여 오종철은 불구가 되며 김태촌이 폭력세계의 새로운 강자로 부상 김태촌은 "서방 파"를 결성 하였다.

17. 1980년대에 들어서며 서울 강남일원의 유흥가 장악을 위하여 전국의 중요 폭력조직의 서울 진출이 활발히 진행되어 서울 강남 유흥가 장악을 목적으로 폭력 조직간의 싸움(전쟁)이 1980년대 말까지 계속되었다.

18. 1986,8,14日 서울 강남구 역삼동 소재 서진회관 에서 발생한 "장진석 파"의 서진 룸살롱 살인사건은 폭력조직에 의한 폐해의 심각성을 일깨워주었던 대표적인 사건이었다.

19. 1988.11월 부산 "칠성파" 두목 이강한이 "수원파" 代父 최창식 및 "신우회" 회장 박종석등 22名과 일본국 오오사까 시(市)로 건너가 일본 야쿠자 가네야마 고자브로(금산경삼랑) "사카스끼 배 (盃)" 의형제 결연식"을 맺는 등 일본 야쿠자 조직의 한국진출과 사업자금을 가장한 부동산 매입사건 등으로 폭력조직의 국제화 추세도 상당히 심각한 수준에 이르게 되었다.

20. 정부는 폭력조직에 대한 폐해를 통감하고 수사기관에 의한 폭력조직의 척결을 본격적으로 추진하는 계기를 만들게 되었다.

21. 1990.10.13일 정부에서는 "범죄와 폭력에 대한 특별선언"인 "범죄와의 전쟁"을 선포 폭력조직 수괴급 20여명을 검거 구속 하는 등 폭력조직에 대

한 대대적인 소탕 작전으로 폭력조직은 대부분 몰락을 하였다.

22. 1993.3월 문민 정부 출범이후 경찰에서는 범죄소탕작전을 4차례 실시 전
국의 폭력조직 대부분을 검거하였으며 검찰에서는 폭력조직과 연계된 검
은 자금인 호텔 카지노 및 빠찡코 성인 오락실에 대대적인 단속을 실시
검은 자금과 연결된 정부의 고급관료들을 대거 구속 하는 등 폭력조직과
의 연결 고리를 차단하여 해방이후 폭력조직의 검은 자금원 이던 커넥션
(connection)을 완전히 차단하여 폭력조직의 재 발호를 방지하였다.

23. 1998年 국민정부 출범이후 폭력조직에 대한 소탕 작전을 전개 하여 폭력
조직이 거의 와해되어 가고 있으나 폭력 조직員들은 법망을 피하고 기본
적인 생계수단을 찾아 새로운 형태의 기생방법으로 재력이 있는 유흥업,
건설, 도박, 사채업자등 기타 위장사업가의 수하에 소규모(SLIM형 7-8名)
형태로 들어가 기생하며 필요에 따라 통신수단을 이용 집결 전쟁을 하는
등 상호공존 하는 새로운 형태의 폭력조직으로 변모하고 있다.

24. 1999年 ~ 2003년 까지는 전국적으로 대형 폭력조직 간부 및 조직員들의
출소로 지방 폭력조직의 재 결집 및 조직 재건에 힘을 기울이고 있는 실정으
로 폭력조직의 재건 및 세력의 확장 시도를 기업의 대형화, 합법화를 가장
하는 양상으로 바뀌어 가고 있다. 특히 조직간의 전쟁이나 조직간의 이권
다툼보다는 규모가 큰 자금을 마련하기 위하여 대형아파트 재 건축, 상가
분양, 골프 도박 및 사설 카지노, 에 눈을 돌리고 있으며 기업을 위장하기 위
한 방법 및 대규모 자금을 손쉬운 방법으로 조달하기 위하여 벤처 회사의
인수, 파니낸스등 금융업을 가장한 사기, M&A 기업의 합병을 조작, 작전
세력들과 연계 주식의 조작, 정치人 및 수사기관과의 밀착 등을 시도하며
폭력조직을 합법화된 기업으로 위장세력을 확장하고 있는 실정이다. 특히 최
근에는 전국 구 폭력조직의 보스등이 합법을 가장한 기업의 사장, 회장으
로 위장 폭력조직의 대형화는 물론, Glocalize(사업을 한 地域에 배려하면
서 세계적 규모로 조직한다) 방식인 기업 경영방식을 도입 조직의 활성화
를 모색하며 외국 폭력조직과 연계 세계화하려는 경향으로 변모하여 가고
있다.

제2절. 폭력조직의 시대별 이권개입 유형

1. 1930연대부터 1945연까지는 우리나라가 일제 식민지하에 있었던 시절로 우리나라의 폭력조직은 폭력조직을 운영하고 조직원의 생계 수단으로 현재와 같이 이권사업과 같은 독자적 사업 등은 엄두도 내지 못하고 시장이나 유흥가 장사꾼들이 모이는 나루터 등에서 사업가나 장사꾼들로부터 공갈과 협박으로 금품을 갈취하여 조직을 관리하여 나가고 이를 생계 수단으로 활용하였다.

2. 1945연부터 1950년까지는 해방 이후 좌익과 우익의 대결 속에서 반공을 표방하던 김두환을 중심으로 하는 이른바 반공주먹들이 종로의 관철동을 중심으로 시장이나 유흥가등을 중심으로 공갈 및 협박으로 금품을 갈취하고 또한 미군 원조물자 공급 노선 및 미군 PX의 공급 루트를 장악 밀수등에 손을 대기 시작하여 이를 이용하여 조직을 관리하는 등 조직 자금원의 다변화를 꾀하기 시작하였다.

3. 1950연부터 1960연까지는 6. 25 사변 이후 혼탁한 사회와 더불어 폭력조직도 변모하여 동대문 사단의 이정재 등은 조직원들을 활용 동대문 시장을 직접 관리하고 운영하며 정치에도 관여하여 이기붕씨를 부통령에 당선시킬 목적으로 "고대생" 피습사건 등에 참여하는 등 폭력조직의 괄목할 만한 성장을 보인다.

4. 1960연대부터 1970연대까지는 제3공화국의 조직폭력 일제 소탕 등으로 폭력조직의 소강상태로 폭력조직이 잠적한 것으로 보였으나 군소 조직들이 지역사회에서 서민들의 장사 터전이나 유흥가등에 기생 서서히 성장하고 있었다.

5. 1970연대부터 1980연대까지 폭력조직이 조금씩 그 윤곽을 드러내더니 유흥업소등에 영업부장, 지배인 등으로 취업 유흥업소 보호비 명목으로 금품을 갈취하는 등 건설업, 주류 유통업, 도박등에 관여하는 등 사회 각 분야에서 폭력조직의 이권개입이 다양하게 그 모습을 들어낸다.

6. 1980연부터 1985연도까지는 폭력배 일제 소탕으로 인하여 간부급 폭력배들이 대거 구속되고 잔여 폭력배 또한 삼청 교육대 입소 등으로 사회 전반

적으로 폭력조직의 활동에 제약을 받아 오면서 전통적인 재정확보의 수단이었던 유흥업, 사채업, 유기장업, 도박 등에 한정되어 이를 직접 운영하는 등 조직의 실체를 최대한 숨기면서 조직을 운영, 관리하는 형태로 나아갔다.

7. **1985연부터 1990연도까지**는 폭력조직의 전성기로 유흥업, 건축업, 도박, 연예계, 밀수, 마약, 정치, 유기장업, 경마, 주류업, 사채, 하청업, 인신매매, 상가분양, 노점갈취, 재개발, 청탁사건, 종교계, 카드회사, 증권사업, 일본 야쿠자 연계사업 등으로 사회 각 분야에서 다양하게 이권에 개입하면서 폭력과 협박으로 폭력조직의 재정을 마련 폭력조직이 이권사업을 직접 운영하는 형태로 바뀌어 간다.

8. **1990연부터 1995연도까지**는 1990. 10. 13. "범죄와의 전쟁선포"이후 폭력조직의 두목 급들이 대거 구속되거나 잠적하면서 폭력조직의 이권개입이 사라지는 형태이고 폭력조직에서 유흥업, 건축 하청업, 주류도매업, 유기장업, 사채업, 카드회사, 사설 도박장등에 직접관여 운영하며 조직을 관리 운영하는 형태로 그 모습을 변모하여 가고있다.

9. **1995년 이후 1999년까지**는 "범죄와의 전쟁선포" 이후 구속되었던 폭력조직 간부 및 조직원들 대거 출소, 이들을 중심으로 침체되었던 폭력조직의 재건 및 세력의 확장이 시도되고 있으며, 그러한 조직을 뒷받침하기 위하여 자금 원도 다변화를 이룬다. 특히 1985연도부터 1990년 초반까지의 폭력조직의 전성기를 이루었던 만큼 제 2 의 전성기를 꿈꾸며 유흥업, 건축업, 도박, 연예계, 밀수, 마약, 유기장업, 경마, 주류업, 사채, 하청업, 인신매매, 상가분양, 노점갈취, 재개발, 청탁사건, 카드회사, 증권사업 등을 중심으로 자금 원을 확대하고 있는 것으로 파악되고 있으며, 특히 합법을 가장한 기업형 폭력조직이 뿌리를 내리 단계이다.

10. **1999년부터 2003년 현재까지**는 전국적으로 대형 폭력조직 간부 및 조직원들의 출소로 지방 폭력조직의 재 결집 및 조직 재건에 힘을 기울이고 있는 실정으로 폭력조직의 재건 및 세력의 확장 시도를 기업의 대형화, 합법화를 가장하는 양상으로 바뀌어 가고 있다. 특히 조직간의 전쟁이나 조직간의 이권 다툼보다는 규모가 큰 자금을 마련하기 위하여 대형아파트 재 건축, 상가 분양, 골프도박 및 사설 카자노, 에 눈을 돌리고 있으며 기업을 위장하기 위한 방법 및 대규모 자금을 손쉬운 방법으로 조달하기 위하여 벤처 회

사의 인수, 파니낸스등 금융업을 가장한 사기, M&A 기업의 합병을 조작, 작전세력들과 연계 주식의 조작, 정치인 및 수사기관과의 밀착 등을 시도하며 폭력조직을 합법화된 기업화로 위장 세력을 확장하고 있는 실정이다. 특히 최근에는 명성이 나있는 폭력조직의 보스등이 합법을 가장한 기업의 사장 회장으로 위장 폭력조직의 대형화는 물론 외국 폭력조직과 연계 세계화하려는 경향으로 변모하여 가고 있다.

제3장. 전국 조직폭력 의 분포 및 세력판도.

제1절 전국 조직폭력의 분포 및 성장과정.

1. 서울
가. **명동:** 신상사파(신상현). **무교동:** 범호남파(오종철 박종석), 양은이파(조양은), 서방파(김태촌, OB 동재파(이동재)

나. **영등포:** 삼일당(이명훈 이춘식(맘보)→ 중앙동파(김영태) 이경태).

다. **청량리:** 국필이파(황국필)→ 까불이파(윤상균)→ 청량리파(백승하).

라. **강남:** 목포파(강대우), 동아파(문병현), 장진석파(장진석), 학동파(정만수)

마. **미아리:** 쌍택이파(박상택)

2. 광주
가. **학생** 폭력조직 으로 출발 : 행여나(심백학)→ 대호파→
성인 폭력조직으로 변천: OB파(김재백)→신OB파(박남현)- OB동재파(서울: 이동재).

나. **학생** 폭력조직 으로 출발 : 케세라(전희장)→
성인 폭력조직으로 변천 : 동아파(김광채)→ 동아파(문병현)
양은이파(서울: 조양은).

다. **학생** 폭력조직 으로 끝남 : OK파(최정섭).

라. **광주 서방파**(김성호)→ 서방파(서울: 김태촌)

마. **기타 광주 전남조직:** 국제PJ파(여운환. 김길용). 콜박스파(송광식). 무등산파(원영철). 대인동파(이해수). 순천 시민파(오철묵). 순천 중앙파(신경수). 목포 서산파(김일국). 광양 백호파(백호인). 나주 대흥동파(최창호). 보성 역전파(신정식)

3. 부산
가. **학생** 폭력조직 으로출발 : Seven Star(황홍)→
성인 폭력조직으로 변천 : 칠성파(이경섭, 이강환)→ 신칠성파(김영찬)→ 영도파(천달남).

나. **부산 기타조직 :** 20세기파(김성두)→ 신 20세기파(안용섭). 백호파(최재문).

다. **기타 경남조직:** 울산 목공파(김석기). 울산 신역전파(강근중).
밀양 영성파(강영성). 마산 북 마산파(김영득)

4. 대구

가. **폭력조직** : 향촌동파(박범준). 동성로파(오대원)→ 신동성로파(김상완)

나. **기타 경북조직:** 안동 대명회(이헌용). 구미 금오산파(조창조)

　　포항 일심회(최용진)

5. 전주

가. **폭력조직** : 전주파(이승환). 월드컵파(주오택). 나이트파(김용구)

나. **기타 전북 조직:** 일송회(김항락). 군산 그랜드파(김정근). 군산백악관파(강복영). 익산 배차장파(정진군). 남원 솔벗파(천병철). 김제 성산파(정필영). 고창 모양파(조정기)

6. 청주

가. **학생** 폭력조직 으로 출발 : 야망파→

　　성인 폭력조직으로 변천 : 파라다이스파(김수영 최광열).

나. **기타** 폭력조직 : 시라소니파(김창근. 신윤식. 김광웅). 화성파(전치우). 14인조파(황용민)

7. 대전

가. **폭력조직** : 쪽제비파(서종식)→ 진술이파(김진술). 목포내기파(김기홍) → 옥태파(김옥태)

나. **기타 충남 조직:** 대천 태양회(구백용). 아산 태평양파(이정환)

8. 인천

가. **폭력조직** : 꼴망파(최태준). 선장파(김학수).

나. **기타** 폭력조직 : 부평 식구파(유상용). 부천 식구파(김진환).

9. 경기

가. **폭력조직** : 수원파(최창식). 남문파(차원식). 북문파(김찬웅).

나. **기타 조직** : **안양** 학생조직 4월의 불사조(장석문)→ AP파 → AP신파(조대규). **안산** 주택파(하민수). 안산 목포파(박연두). 안산 원주민파(유상열). 아산 전주파(최만기). **파주** 스포츠파(김춘식). **광주** 애향회. 신장 청개구리파(권진국). **여주** 희망상조회(김석광 임철수). **이천** 애향회(유지광)→ 생활파(장용극. 정준경). 새생활파(장용극). 설봉파(정준경). **안성** 백아관파(김대식). 안성 파라다이스(김용산). **성남** 국제마피아(김용호). 성남 종합시장파(고영록).

성남 관광파(박영대). **평택** 청하위생파(김화창). **광명** 불출이파. 광명 사거리파(이경화).

제2절 전국 조직폭력의 세력판도

1. 서울

서울지역 조직폭력은 최근 들어 기업화, 합법화, 대형화하여 가는 경향을 보이고 있으며, 조직의 규모는 수사기관의 감시를 피하여 **slim화**(조직원을 3-5 정도의 규모로 분산 조직원의 생계를 유지하며 유사시 핸드폰 등을 이용 1시간대에 일정한 장소에 소집이 용이하도록 조직을 운영하는 형태) 현상을 보이고 있다.

서울지역 조직폭력은 폭력조직의 전통적 자금원인 사창가 및 유흥업소, 오락실보다는 수사기관의 감시가 소홀하고 그 실체가 드러나지 않는 정당하고 합법적인 사업으로 전환하는 경향을 보이고 있다.

그 실례를 보면, 대형 상사분양 사업(동아파 김상오의 밀레오래상가등 분양), 금융 파이넨스 사업(서방파 오기준의 신양팩토링), 벤처기업 의 M&A(이용호 게이트의 국제PJ파 여운환), entertainment 사업인 연애인 프로덕션 사업(서산파 김일국, 목포파 강대우, 학동파 한석창) 등 처럼 수사기관의 감시가 어려운 사업을 통하여 조직을 관리하고 자금 원을 확보하려는 경향을 보이고 있다.

2. 부산

부산도 조직폭력이 서울과 유사한 형태를 보이며 성장하고 있으나 서울 조직과는 다른 현상을 보이고 있다. 부산 폭력조직의 최대 계파인 칠성파 두목 이강환이 구속 된 것을 기화로 4대 두목으로 굳어지고 있는 권봉기(현재 영화 친구 사건으로 구속)에 의하여 부산 폭력조직이 통합 및 화해되고 있는 조짐이 감지되고 있다.

이러한 폭력조직의 통합 현상은 국내적으로는 폭력조직의 대형화를 방치하여 사회 불안 요인을 발생시킬 것이며, 국외적으로는 일본의 야쿠자, 러시아 마피아, 중국의 삼합회 와의 연계를 감시 경계하여야 될 것이다. 만약 이를 게을리 한다면 우리나라도 국제 범죄조직으로부터 자유롭지 못한 국가 머지않아 될 것이기 때문이다.

3. 광주, 목포등

광주 조직폭력 은 서울 일대로 진출한 많은 조직들이 치부한 대규모 자금들이 유입되어 예전과는 달리 조직끼리의 생존유지차원의 대규모 전쟁이나 조직끼리의 충돌이 소멸되어 가는 양상을 보이고 있으나 조직의 보스들이 지역의 사회 유지(광주: 여운환, 목포: 김일국)로 행세하거나 하려는 움직임이 많이 나타나고 있다. 이러한 현상은 지역사회의 청소년들에게 나쁜 영향을 줄뿐만 아니라 선량한 시민들에게 소외감을 줄 수 있어 사회 전체에 악영향을 초래 할 수 있으므로 수사기관이 이들에 대한 사회 활동을 철저히 감시함으로서 불법 부당한 사회활동 발견 시 즉시 법 에 의하여 엄단하여야 할 것이다.

4. 전북 전주 및 기타지역

전북지역은 전국의 어느 지역보다 폭력조직의 발호가 가장 심하였던 지역으로 지역의 경제 발전으로 사회가 안정되어 가듯이 폭력 조직 또한 안정되어 가고있는 실정으로 전주 최대의 폭력조직인 전주 월드컵파의 두목인 주오택에 의하여, 부산 폭력조직과 비슷한 현상으로 통합, 화해 되어가고 있는 실정이다.

그러나 폭력조직의 발호가 심하였던 지역인 만큼 김제 성산파 남규환, 익산 중앙동파 박경열 등에 의한 지역 폭력조직이 통합 되어가고 있으며 이들에 대한 수사기관의 철저한 감시활동 또한 지속되어야 할 것이다.

제4장. 조직폭력의 이권개입

제1절. 최근 폭력조직의 이권 개입 유형
(기업화 대형화 세계화하는 경향으로 발전)

1. 서방파 두목 오기준의 신양 팩토링 사건, 파이낸스 회사를 차리고 금융사기 사건 등을 주도함.

2. G&G 회사의 이용호 사건, 조직폭력 국제PJ파 고문인 여운환 등과 결탁 회사의 합병인 M&A 작업을 유도하고 가명 홍콩계 한국인 "데니스 리"등의 가공인물을 이용 주식을 사들이는 등 외국인 투자가 주식을 사는 것처럼 위장 개미군단을 끌어 모아 주식을 팔아 선량한 주식 투자가에게 피해를 입게 한다.

3. 아파트 및 오피스텔 사업추진 중 자금난에 처한 건설업자에게 사채를 돈을 빌려준 뒤 협박 사업권 전부를 빼앗은 경우.

   가. 군산 그랜드파 전종채 및 여상만등은 건설업자 이씨에게 2000년 8월 2개월간 1일 1%의 이자를 조건으로 5억원을 빌려주었고, 자금난이 가중된 건설업자 이씨가 돈을 못 갚자 여상만은 건설업자에게 그 돈은 군산 그랜드파 돈이니 빨리 갚아라 협박하며 이왕 돈을 빌렸으니 2억원을 더 쓰라고 강요 한 뒤 2001. 8월 사업권을 넘겨받은 뒤 여상만은 오피스텔을 담보로 80억원을 대출 받아 40억원을 사용하였고, 건설업자 이씨는 그로 인하여 공사대금 등 25억원 상당의 빚을 지게 되었다.

   나. 국제 PJ파 여운환 및 나주 동아파 나백근, 광주 콜박스파 황양신 등은 위와 같은 비슷한 방법으로 기업인들에게 사채를 빌려주고는 협박 70억원을 갈취하였다.

4. 그외에 자금 사정이 어려운 벤처 회사나 유망한 벤처 회사등에 자금을 데어주고 는 사장 등을 협박 경영권을 가로채**는** 수법 등을 사용.

5. 벤처 기업에 관여 기술 개발이나 투자보다는 벤처 기업 육성자금 등을 받아 가로채고 기계에 대한 니스 자금 등을 챙기는 수법을 사용.

6. 골프장에 드나드는 조직폭력들이 골프장 업주 관계임원들을 협박 부킹 없이 필드에 마음대로 나감.

7. 대형 룸살롱. 단란주점 등에 주류, 물수건, 안주, 등을 조달하는 방법으로 폭력배 등을 동원하여 유흥업소 사장 등을 협박.

8. 명문대 최고고위과정을 다니며 정. 재계 인사와 친분을 쌓은 다음 폭력사건, 탈세, 등의 뒷 배경으로 이용하고 더 나아가 주식 투자 부동산 매매 등 고급 정보 취득에 이용한다.(예: 부산 칠성파 K, 서방파 행동대장 M 등)

9. 검. 경찰의 선도위원. 치안자문위원 등으로 위장 수사기관 접근 폭력사건 및 유흥업소등의 뒷 배경으로 이를 활용한다.

10. 정치인과 연계 선거운동 및 상대방 운동원 가장 하여 선거운동원으로 들어가 폭력을 행사하거나 양심 선언 등을 통한 폭로 전에 가담.

11. 연예인 프로덕션을 차리거나 인수하여 합법을 가장 연예인등 을 통한 주식회사 상장과 연예인의 등에 대한 협박과 갈취.
    (K, K, O, H 등이 연애인 프로덕션 운영)

12. 정선 카자노장 2층과 주변 에 사무실을 차리고 고급 승용차를 잡고 고리사체를 대어주거나 도박자금을(일명꽁지) 대어주고 도박자금 회수 과정에서 폭력 등을 행사.

13. 카지노 장에서 하는 박카라(J 는 필리핀 마닐라에서 하던 도박)등 게임머 등을 고용 대형 아파트 및 휴양지, 콘도 등을 빌려 하는 대형 사설 카지노 폭력조직.

14. 사채시장에 관여 고리 사채를 놓고 회수 과정에서 일부러 자금회수를 차일피일 미루다가 폭력배를 보내거나 법원 등을 통하여 합법적인 방법으로 압류하는 수법을 사용함. (동아파 두목 M 이 자주 이용하는 방법)

15. 밀리오레등 동대문 상가 분양처럼 상가 분양 과정에서 상인들 에게 내용이 충분히 설명되지 않는 각서(규격 포장지이용, 이미태션 금지. 지각금지) 등

에 도장을 찍게 하고 이를 이용하여 상가에서 내쫓는 등 폭력을 행사하고 다른 상가 분양 시에 강제로 상가를 분양시키는 방법 등을 사용. (검찰과 경찰에서 밀레오레 수사를 하였고 동아파 행동대장 K. 보령파 두목 S 등을 대상으로 수사하였으나 폭력배 동원 및 조직으로 처벌하지는 못하고 업무방해 단순폭력 등으로 만 처벌)

16. 아파트 분양 등에 개입 폭력배들을 동원 바람을 잡아 분양하고 이를 해제하려는 분양자 에게 무언의 협박 등으로 불이익을 감수케 하는 등 협박.

17. 폭력 조직에서 부도가 난 건물이나 입주자들 때문에 골치 아픈 건물 입찰에 관여하여 경락을 받은 다음 인수금액의 20% 정도만 준 다음 실제 건물 인수자를 선정 이들에게 건물을 인계하는 과정에서 건물 입주자 들을 권리금을 포기하도록 강요 협박하고 건물 내 진입을 못하게 하는 방법을 동원 건물을 강제로 인수하는 방법.(동아파 조직에서 자주 사용하는 방법)

18. 아파트 건설 예정 부지 및 재개발 지역에 전문적으로 개입 폭력배들을 자주 보내거나 상주토록 하여 주변분위기를 험악하게 만들고 장악 지주, 입주자 대표들을 협박하는 등 사업이권을 챙기며, 지주 등에게는 계약금만 주고 계약 후 잔금을 차일피일 미루고 잔금을 포탈하는 수법.

19. 폭력조직에서 아파트 등 시행 권만을 따 갖고는 시행은 건설 업체에게 일임 후 폭력배들을 동원 모든 이익금을 챙기고 분양 권도 받아 가로 체는 수법으로 폭력 자금을 마련함.

20. 낙찰 받은 건설 업체를 찾아가 공갈 협박을 하고 공사대금의 10% 정도를 주고는 건설을 다른 업체로 이관하는 수법.

21. 건설 입찰 과정에 폭력배들이 들어가 위력을 과시하고 다른 입찰 업자들의 정상적인 입찰을 방해 자신들이 내세운 업체가 낙찰을 받도록 유도.

22. 대형 건설 현장에 진입 알미늄 샷시, 타이루, 도배등 내장재 도급을 할 수 있도록 협박과 공갈을 하는 수법.

23. 일본 야쿠자 등과 연계하여 국내 부동산등을 헐값으로 매입 이를 관리하고 세

입자 들에게 공갈과 협박 등을 자행 갈취. (예 : 부산 칠성파 L이 오사카 사카우메 구미조의 자금을 끌어들임)

24. 러시아 마피아 조직이 러시아 윤락녀를 공급하고 권총 등 무기를 인천 및 부산항을 통하여 밀수하여 폭력조직에 무기를 판매하는 것으로 판단됨.
    (최근 폭력조직의 무장이라는 명분아래 검찰 수사관의 총기 휴대 이야기를 검찰에서 비추이고 있으며, 부산 서면 조직원이 권총을 사용한 예는 있으나, 부산과 인천 등지에서 폭력조직의 조직적인 권총 사용 실례는 없음)

25. 마카오, 홍콩 등지에서 카지노등 도박을 하는 한국인을 대상으로 도박자금을 빌려주고 삼합회, 흑방등 중국 폭력조직이 한국에 들어와 도박자금을 회수하고 폭력을 행사하고있는 것으로 판단. (아직까지 구체적인 적발 사례는 없으나 도박 계에서는 공공연한 사실로 받아들여지고 있음)

26. 연변 등지의 조선족 및 한족들이 국내 마피아식 조직을 두고 조선족 등을 상대로 공갈 협박 및 청부 살인 등 폭력을 행사. (인천 및 구로동 등지에서 살인 및 밀수 갈취 등 조선족 마피아식 폭력조직의 증가)

27. 서해안 및 남해안을 끼고있는 해안가의 군소 폭력 조직들이 중국산 참깨 등 농산물을 대량으로 밀수입하여 조직의 자금으로 활용.

28. 조선족 등을 앞세운 중국 삼합회 및 흑방, 러시아 마피아들이 중국내의 군소 폭력조직과 연계 양귀비, 히로뽕 등 북한산 마약들을 한국으로 반입하거나 중간 기착지로 한국을 이용 일본으로 반입하는데 국내 폭력조직들이 개입 수익금을 조직의 자금으로 활용하는 것으로 판단됨. (국내 폭력조직은 마약 밀수를 금기 시 하였는데 1980년도 후반에 칠성파 L이 자신의 치료 등을 목적으로 히로뽕을 밀수 사용하였으며, 1996년 J는 마약밀수를 시도하였다가 검거되었으며 최근에는 러시아 마피아, 중국의 삼합회 등에서 국내 폭력조직과 연계된 마약밀수 설이 있으나 정황 증거 등은 발견되지 못하였음)

제2절. 조직폭력의 일반적 이권개입유형 (해방이후 각종 유형)

1. 유흥업계 폭력조직–
   o 유흥업을 직접 운영하고 종업원들을 조직적으로 관리운영.
   o 유흥업소 사고처리(외상 주대를 받아주고, 폭력사건 등을 해결)
   o 유흥업소에 물품을 강매(양주, 맥주, 안주, 기타 물품등)
   o 주류업을 직접 운영하고 유흥업소에 양주, 맥주 등을 강매하며 타 주류업소
     의 거래 유흥업소까지 침투 거래선을 잠식한다.

〈실례〉

가. "양은이파" 조직원 정안수가 서초구 서초동에서 "서편제"라는 유흥주점을
   운영 중, "범서방파" 행동대장 이양재가 강남구 논현동에서 "메디슨" 유흥
   주점을 운영하였으며, "신상사파" 행동대장이었던 서상철이 중구 퍼시픽
   호텔에서 "홀리데이인 서울"을 운영하고 있는 등 한강 이남지역에서만 약
   30 여개의 업소를 폭력배들이 직접 운영하고 있는 것으로 파악되고 있음.

나. 청주 폭력조직 "야망파"의 조직원 박덕규등이 서울 폭력조직으로부터 넘겨
   받은 무자료 맥주등을 청주시 서소문 소재 "아마존" 주점에 강매하는 등
   서울 및 청주 유흥가 일원에 약 4억 6천만원 상당을 강매하여 그 이익금
   을 활동 자금으로 사용하였으며,

다. 1989. 6. 12. "서방파"의 자금책이자 진원유통 사장 정전식을 "이리배차장
   파" 서울총책 신진규 일당이 살해하는 사건이 발생하였는데 이는 연예계
   의 대부이며 배차장파 자금책 최봉호와 개인적인 감정싸움으로 인하여 벌
   어진 사건으로 종결되었으나 실은 배차장파와 서방파 간에 세력다툼 및
   주류업계의 이권다툼이 표면화된 사건으로 해석되고 있는 등 본건 외 수
   많은 사례가 있듯이 유흥업계는 조직폭력배들이 가장 손쉽게 음성적인 자
   금을 쉽게 획득하기 쉬운 곳이다.

2. 건설업계
   o 소규모 건설업 면허를 대여받아 건축을 하며 건축하청, 사고처리
   o 건설업체로부터 내장재, 알루미늄 샷시등 부대시설 도급을 강요
   o 건설업체에서 분석하는 오피스텔, 스포츠클럽 회원권, 상가분양
   o 건설 업체에서 재개발하는 재개발 지역 사고처리 (재개발 지역에서 철수하
     지 않은 주민을 소개).

〈실례〉

가. 장준모등은 관악구 상도동을 무대로 상가 분양권 등과 관련하여 각종 이

권에 개입, 알선비 명목으로 금품을 갈취하는 폭력배들로 91. 12월 초순경, 산호안전관리 주식회사 대표이사 안병학에게 인천시 동구 송림동 59의 4 소재 지하상가 379평에 대하여 분양대행 계약체결을 주선하여 주었으나 동인이 계약체결이 잘못되었다며 해약을 하고 알선료 1억여원도 주지 않자 동인의 가족을 몰살시키겠다고 수회에 걸쳐 협박하여 금 1,000만원을 교부받는등 수회에 걸쳐 2,245만원 상당을 교부 받아 이를 갈취한 사례이며,

나. 안산일대의 폭력배들이 신규 입주 아파트 단지에서 알루미늄 샤시 공사를 주문받고자 하는 업주들을 위협 780만원 갈취한 사실이 있는 등 조직 폭력배의 자금 원으로 건설업계는 없어서는 안될 중요한 부분으로 법망을 교묘히 빠져나가는등 그 갈취 수법도 다양해졌다.

3. 도박계(일명 라인계)

○ 도박장을 오피스텔, 아파트 등에 개장(일명: 하우스)하여 고스톱, 포커판을 붙이고 뒷돈(일명: 꽁지)를 대주고 빌린 돈을 갚지 않으면 폭력행사.

○ 경마장을 무대로 사설경마(일명:마때기)를 붙힘.

○ 골프장을 무대로 도박 골프를 붙여 (예: 1타에 10만원) 중간 이익을 챙김.

○ 사행성 전자오락실이 호텔 빠찡고업 몰락으로 폭력조직 새로운 자금줄로 정착되어가고 있음.

○ 카지노업이 폭력조직의 새로운 자금원으로 부상되어 국내 특급호텔 등에 개설예정인 카지노사업과 일본 홍콩 마카오 중국 개발 특구 까지 폭력조직과 연계된 카지노 사업 참여가 활발히 진행되고 있음.

〈실례〉

가. 서울 사당동 일대 폭력배인 최한덕등이 89. 1월 초순경, 도박장 개장 책(속칭: 하우스 장), 자금 책(속칭: 꽁지), 감시 책(속칭: 병장)등의 역할을 분담하는 도박 조직을 결성한 후 도박을 개장하여 거액의 자릿세 갈취(승한 금액의 3할)및 도박 자금의 고리대여등 행위를 하면서 말을 듣지 않거나 빌려준 돈을 갚지 않을 경우 조직원을 동원 폭력을 행사하는 등 30여회에 걸쳐 2억원 상당의 부당이득을 취한 사례가 있고,

나. 동마장을 무대로 하는 폭력배들이 같은 곳 소재의 경마장의 발매소를 장악하고 5회에 걸쳐 사설마권(일명: 마때기)을 발매하여 1,990만원 상당의 이익을 취득한 사례가 있으며,

다. 1989. 12월경부터 1990. 1월경까지 폭력조직 "서방파" 두목 김태촌이 피해자 변동윤을 납치 협박 제주 칼 호텔 및 서귀포 칼 호텔의 지분 60%를 반값에 인수한 사례가 있으며,

1989. 2월경, 피해자를 협박하는 방법으로 광주 신양파크 호텔 오락실 영업권 시가 7억 5천만원 상당을 갈취하였고,

라. "서방파" 폭력조직의 조직원 이석권등은 국내 부유층 인사들을 중국 마카오 소재 호텔 카지노에 끌어들여 도박자금을 대여해 주는 업을 하여오면서 국외로 도피중인 조직폭력배를 고용 폭행과 협박으로 도박채무를 받아내고, 90. 3월경부터 90. 7월경까지 8회에 걸쳐 미화 80만 달러를 마카오로 밀 반출하는 등 그 외에도 OB파 박영장, 수원파 최창식, 찰성파 이강환등의 수많은 사례가 있으며 이는 거액의 조직 운영자금을 확보하는 방편으로 호텔 카지노 및 사행성 성인 오락실등이 조직 폭력배의 자금원으로 중요한 부분을 차지하고 있는 것을 알 수 있다.

※ 현재 폭력조직 최대의 자금원은 라인계이며 강남 송파 강동 등에 위치한 오피스 빌딩 등지를 중심으로 하우스를 운영.

4. 사채업계

ㅇ 사채업은 현재 대부분이 카드회사 가맹점을 위장으로 차리고 운영하며 유흥업소등에서 나오는 현찰 카드등을 폭력배들이 수금하고 카드회사(예: 위너스, 비씨등) 단속요원들과 결탁, 차액의 수수료 이익금을 챙기고 일반 사채업, 증권사업도 병행하고 있음.

<실례>

가. 서울 동대문구 장안동을 무대로 활동하던 폭력배들은 1985. 10월경부터 서울 답십리 2동에 유령회사를 차려놓고 광고를 보고 찾아오는 부녀자를 상대로 1인당 10만원에 안마시술소 등에 넘기면서 동녀들이 취업시 업주나 부장등에게 납입하는 선금 200-300만원을 빌려주고 월 3부의 이자를 받아 갈취한 사례가 있고,

나. 1986. 8. 15경, 서진 룸살롱 사건으로 그의 실체가 밝혀진 장진석파의 대부 정효섭도 폭력세계의 천하통일을 목표로 그의 조직을 키워왔었는데 제1의 자금원을 강남지역 유흥가의 업주 및 종업원들을 대상으로 하는 고리대금업으로 확보 그 세력을 키워온 것으로 확인되는 등 현재는 신용카드 할인업(일명 카드깡)까지 진출한 것으로 파악되고 있다.

5. 연예계

ㅇ 연예계 폭력은 연예계의 대부 최봉오등의 구속으로 폭력조직의 관련여부는 없는 것으로 보이나 일부 프로덕션에서 메니져와 방송국 PD등에 얽킨 금품관련 폭력 등이 있음.

<실례>

가. 1987. 9월경, OB파 조직원들이 영동나이트에 출연중인 개그맨, 가수 등을 위협 경기 이천 소재 월봉 나이트에 강제 출연케 하고 수수료 명목으로 금원을 갈취한 사례가 있고,

나. 1988. 9월 중순경에서 1989. 11. 14경 사이 4회에 걸쳐, 광주 리버사이드파 육득수등이 연예인 오재미, 김진호, 나한일, 김한국, 김미화, 박영규 등을 영등포구 여의도동 소재 워커힐 스탠드바에 출연시키고 소개비조로 3,700,000원을 갈취하였고,

다. 1988. 10월경, 강남구 신사동 소재 "88성인 디스코 클럽" 부근의 커피숍에서 전남 보성에서 올라온 폭력배 10여명이 일본도를 들고 난입하여 동 클럽의 연예부장 전종선을 난자 살해하는 사건이 발생하였는데 이는 전종선이 무희들을 다른 폭력조직으로부터 공급을 받았다는 이유로 기존 기득권을 확보하고 있던 폭력조직이 보복을 한 사례이며,

라. 최근의 대표적인 사례로는 1994년경, 군산 그랜드파 조직원 최재인 등이 연예인 송해, 김상순등을 강제로 고용 농어민을 상대로 건강식품을 만병통치약으로 선전하게 하여 이를 판매하는 방법으로 그 수익금을 조직의 자금원으로 활용하였던 사건이 있었으며 현재도 "△△프로덕션"등의 위장 연예업체를 설립하여 조직적으로 개입 갈취를 하는 것으로 파악되고 있다.

6. 밀수업계

ㅇ 국내 밀수업은 부산 칠성파 폭력조직을 중심으로 한 부산 폭력조직과 호남(목포, 여수)폭력조직에서 관여하여 왔으나 폭력조직의 와해로 폭력조직의 밀수 관여는 미미한 편임.

<실례>

구체적 사례는 검, 경에서 설로만 전해져 내려오고 있으며 그에 대한 자료 수집 중으로 추후 발췌 기록코자 함.

7. 마약관련

ㅇ 국내 폭력조직 마약관련은 폭력조직에서 금기시 되어오던 사항이었으나 폭력조직의 자금조달이 어려움을 계기로 히로뽕등 마약에 조금씩 관여하는 추세이나 그 정도가 미약함.

<실례>

1995. 5월 초순경, 서울 마포 가든 호텔에서 조양은이 자신의 심복인 정동식과 함께 필로폰 밀수업자인 윤길하를 만나 "신정훈이 중국에서 제조한

필로폰 10kg을 국내로 반입하여 달라"는 부탁을 하고, 같은달 하순경, 강남구 역삼동 소재 사무실 및 경주호텔 커피숖에서 2회에 걸쳐 윤길하와 필로폰 밀수 진행과정에 대하여 확인하였으나 윤길하가 같은해 7. 13. 별 건으로 부산지검에 구속되는 바람에 미수에 그친 사례가 있었는데 이는 외국의 마피아처럼 폭력조직의 두목이 필로폰 제조 조직과 손을 잡고 암흑가의 대부로 성장을 시도한 것으로 보인다.

8. 정치관련

ㅇ 1987년 통일민주당 지구당 창당 방해사건을 배후에서 조정한 호국청년련합회 회장이며 전주 주먹의 대부인 이승완 이후 폭력조직의 정치관련 사실은 전무함.

<실례>

가. 1976. 5월경, 신민당 전당대회에서 당시 박종석 및 박영장의 휘하에 있던 김태촌이 자신의 조직원을 동원 각목등을 들고 대회장에 난입, 폭력을 행사하는 등 전당대회를 방해한 사건.

나. 1987. 4월경, 이승완이 배후에서 조정하고 김용남(일명:용팔이) 및 이용구 등이 주축이 된 통일민주당 지구당 창당대회 방해사건은 18개 지구당 창당 대회장에 연합 폭력배를 동원 폭력을 행사한 것으로 나중에 전 국회의원 이택희등이 관련된 것으로 밝혀지는데 이는 폭력세계에서 야당 정치인은 물론 각종 권력기관과 친분을 긴밀하게 유지하고 필요에 의해 조직 활동범위를 가리지 않는 한 단면을 보여준다. 이후 정치 폭력은 없었던 것으로 파악되고 있다.

9. 인신매매 관련

ㅇ 국내 폭력조직이 오랜 기간동안 공존하여 온 장소가 사창가로서 전국의 유명 사창가에는 창녀들이 윤락을 직업으로 여기며 정착되어 가는 추세로 인신매매 등이 차츰 사라져감.

<실례>

1997. 6월 일자 미상경, 강동구 천호동 사창가 등지를 중심으로하는 폭력조직 "구사거리파" 조직원 이문환이 전남 목포에서 15세의 유모양을 유인, 강동구 천호동 사창가에 매매한 것을 비롯하여, 그 사례는 대부분의 사창가를 중심으로 하는 폭력조직 청량리 까불이파 등에서도 쉽게 찾아 볼 수 있는데, 인신매매는 사창가를 중심으로 한 폭력조직의 중요 자금원으로 부녀자를 납치, 성폭행등의 단계를 거쳐 이를 윤락업소에 매매하여 조직 자

금으로 활용 하였으며, 이들은 매매의 대상과 장소를 사창가에 국한하지
않고 성인의 남자를 유인 섬 등지의 인력시장에 매매하는 형태로 그 방법
등을 다양화했으며, 최근에 들어서는 국내뿐만 아니라 일본, 홍콩, 태국,
마카오, 미국 등지로 부녀자들을 국외로 송출하는데 관련이 되고 있는 것
으로 파악되고 있다.

10. 노점갈취 관련

○ 노점갈취 폭력은 전국 어느 곳에서나 흔히 볼 수 있는 지역폭력조직의 기
생형태 이며 폭력조직의 근원이므로 노점갈취 폭력배는 생성 당시부터 관
할 수사기관의 상시 단속과 관찰을 계속하여 폭력조직이 광역화하지 못하
도록 하여야 한다.

〈실례〉

가. 동대문구 장안동 일대 폭력조직 "장안파" 두목 박기철 등은 장안동 유흥가
주변에서 포장마차를 운영하여 오던 피해자 이석호로 부터 자릿세 명목으
로 300만원을 갈취하는 등 인근 노점을 상대로 약 3,000여만원 상당을
갈취한 사례가 있고,

나. 여의도 시민공원을 무대로 하는 "짱구파" 두목 원태희 등은 1989. 4월경
부터 같은해 7월경까지 여의도 고수부지 내의 200여개의 노점상 등으로
부터 업소당 매월 5 - 10만원 상당을 보호비 명목으로 갈취하고, 이에 불
응하는 노점상에 대하여는 자신의 조직원을 동원 영업을 방해하는 등 폭
력을 행사하고 동소의 얼음및 안주, 주류 공급권까지 독점한 사례가 있는
등 노점상 갈취는 폭력조직의 원초적 형태이나 이권 등이 큰 노점상등에
대하여는 현재도 폭력조직이 개입 금품을 갈취하고 있는 것으로 파악되고
있다. (예: 전국 풍물시장등 개최하고 노점을 구좌식으로 분양)

11. 종교관련

○ 종교계 폭력사태는 김용남(일명: 용팔이)의 중구 제일교회 사건, 김태촌의
순복음교회 사건, 경주 불국사 사건, 관악산 연주암 사건, 강남 봉은사 사
건, 종로 조계사 사건등이 시대적으로 종종 발생하였으나 폭력조직의 자발
적인 개입보다는 종교계에서 필요로 하여 폭력조직을 이용하였으므로 종교
관련 폭력조직 연계는 우려할만한 사항은 되지 못함.

〈실례〉

가. 수원파 두목 최창식은 1979. 11월경, 관악산 산막사 영불암의 신임 주지
로부터 전 주지를 축출하여 달라는 부탁을 받고 2,000만원을 받은 다음

낫, 도끼, 일본도로 무장한 행동대원 80여명을 동원 염불암을 습격 전 주지를 축출한 사례가 있으며,

나. 1994. 3. 29. 06:40경, 조계종 조계사 경내에서 총무원장 3선 출마와 관련 범승가종단 개혁추진위원회와 총무원 집행부간의 마찰을 빚는데 이때 규정부장 정진길, 고중록 등이 폭력배 동원을 교사 불출이파 및 영등포 동아파, 광주 동아파, 여주 희망 상조회 폭력배들이 개입 폭력을 행사하는 사례등이 있었는데, 이는 추후에도 수요에 의한 폭력배 개입 사태가 있을 것으로 사료된다.

12. 기업관련
○ 특정기업을 상대 약점등을 빌미로 단발적인 갈취 (고전적)
○ 전문성을 가지고 총회꾼 및 청산폭력등의 형태로 이익 취득.
○ 구사대등의 형태로 노조개입

〈실례〉

가. 1989. 7. 6. "문회장파"는 5-6명으로 구성된 소규모 구성원 이었지만 이들은 자금난에 처한 중소업체에 접근 '자금등을 융자하여 준다거나 동업' 등의 이야기로 환심을 산 후 이들의 회답이 오면 은행등에 당좌를 개설하여 회사 자금을 독점한 후 업주를 호텔 등으로 납치 협박하여 수 천만원짜리 강제 지불각서를 작성케 하는 등 이러한 수법으로 전남 나주의 세광연탄, 서울의 이원무역을 포함 4개 업체를 몰락시킨 사례가 있고,

나. 1990. 8월경, 경남 사천시내 영업용 택시회사 노조활동과 관련 회사측으로부터 청부폭력을 의뢰 받고 노조원에게 폭력을 행사한 사례가 있으며,

다. 1993. 9. 15. 서방파의 방계조직인 방배동파 자금책 정순환이 인천 월드코아 백화점 중 지분의 40%를 소유하고 있는 한일 은행으로부터 51억원에 매수하고 그 계약금으로 5억원을 지불 개업한 후 은행직원을 협박 중도금을 한 푼도 내지 않고 위 백화점을 점거한 사례, 그외 총회꾼 및 청산폭력등의 사례등을 볼때 이는 겉으로는 하자 없는 기업으로 합법을 가장한 기업형 폭력조직의 형태로 발전하여 가고 있음을 알수 있다.

13. 해상갈취
○. 어민상대 어패류 채취 및 관리계약을 강제로 체결 이들로부터 저가에 매입 후 이를 되파는 형식으로 갈취.

〈실례〉

가. 1987. 9월경, 이리 배차장파 두목 김항락이 동방이라는 회사를 설립후 전

북 부안군 위도면 말도리 일대 공유수면 500헥타에서 키조개 채취 어민들과 키조개 관리계약을 강제로 체결 하도록하여 약 5억원 상당을 갈취한 사례가 있으며,

나. 1988. 11월경, 목포파 폭력조직 두목 강대우 등이 충남 서산군 부석면 간월도 일대 공유수면에 세 조개 채취권을 취득 후 이권을 독점하기 위하여 서산거주의 폭력배 조규현 등을 물속에 빠뜨려 사망케 하고 인근 어민등을 상대로 폭력을 행사하고 갈취한 사례가 있으며, 이들은 독자 조직으로 어민상대 해상갈취를 하기 어렵다는 점을 알고 타 폭력조직과 연합하여 이러한 갈취를 하여온 것으로 파악되고 있다.

14. 외국 폭력조직 연계

○ 국내 폭력조직과 연계된 외국 폭력조직은 일본 야쿠자 폭력조직이며 그 대표적 조직은 동경을 무대로 하는 "이나가와 구미". "스미요시 구미", 오사카를 주 무대로 하는 "야마구찌 구미", "사카우메 구미"등이 있으며 이들 야쿠자 조직 중 국내조직과 연계된 조직은 오사카를 중심으로 하는 "야마구찌 구미", "사카우메 구미"의 "가네야마파"등 이다.

○ "가네야마파"는 부산 칠성파 등과 연계 조직간에 형제의 예를 갖추고 부산 부근을 중심으로 부동산등에 투자를 하였다.

○ "야마구찌 구미" 휘하 "시게야마 구미"는 부산 "백호파(두목 최재문)"와 연계 부산으로 진출을 꾀하였으나 현재는 그 세력이 미미하다.

○ 그 외에도 일본 교토를 중심으로 한 재일교포 폭력조직의 대부 강외수의 자금 국내류입및 저팬라이프(다단계 판매망), 일본 상사등을 통한 "야마구찌 구미"등 일본 야쿠자 자본 유입설등이 있으므로 지속적인 내사 및 관찰이 요망되는 사항이다.

○ 일본 외에도 외국 폭력조직은 마카오, 홍콩 등을 중심으로 하는 도박계 중국 폭력조직과 국내 서방파 계열(이석권), 보성파(곽종석)등과 연계 도박자금 회수등에 관여하고 있음.

○ 그 외에 국내에 체류중인 동남아인, 네팔인, 파키스탄인 등과 연계된 국내 폭력조직은 발견된 사례가 없으나 상시 연결고리를 차단 감시하여야 한다.

※ 폭력조직의 이권개입은 새로운 형태의 사업 (예: 특급호텔 카지노 사업, 현금카드회사 가맹점 운영 사업)등에 교묘히 참여 폭력조직 운영자금 조달 방법으로 발빠른 전환을 꾀하고 있으며 상시 이를 파악 감시하여야 한다.

제5장. 조직폭력에 대처하는 외국의 사례

제1절. 한국

1. 특정범죄가중처벌 등에 관한 법률
2. 폭력행위 등 처벌에 관한 법률
3. 특정 강력 범죄의 처벌에 관한 특례법
4. 특정범죄 신고자 등 보호법

제2절. 미국

1. 조직범죄대책법(Organized Crime Control Act. 1970년)
2. 종합범죄규제법(Comprehensive Crime Control Act. 1984)
※ 증인보호프로그램(Wetness Security Protection Program) 운영

제3절. 일본

1. 폭력단 대책법(1991. 5. 15일 제정).
2. 일본 4대 야쿠자 조직
   가. 야마구찌구미(山口組)　나. 이나가와카이(稻川會)
   다. 스미요시카이(住吉會)　라. 아이스코데츠(會律小鐵) 등

제4절. 중국(홍콩)

1. 조직범죄기본법(1997. 5월 유조직급엄중죄행조례)
2. O.C.T.B(Organized Crime & Triad Branch) 97년 200여명의
   삼합회 전문형사를 선발 조직범죄와 삼합회 전담과 신설
3. **중국 조직**
   가. 三合會(홍콩등 중심)
   나. 흑사회(흑방: 광둥성 및 신천특구둥)

제5절. 기타국가

1. 러시아- K.G.B 의후신 F.S.B 가 조직범죄 검거에 투입.
2. 미얀마 쿤사 조직.(샴국 독립 추진)
3. 콜롬비아 카르텔.

제6장. 폭력조직 검거 방안 및 사례

제1절. 조직폭력배 식별요령.

1. 간부급 식별요령

가. 간부급은 주로 외제 차나 고급 차를 타고 옷이나 신발 등은 외제를 즐겨 입거나 신고, 눈에 띠는 양복 (상하 같은 색깔로)을 입고 조직원들과 차별을 두는 복장을 한다.

나. 목소리는 조금은 굵게 느린 듯 천천히 하며 위엄을 보이려고 허세를 부린다.

다. 걸음걸이는 느린 듯한 폭 좁은 팔자 걸음을 한다.

라. 양복 안주머니에 많은 돈을 넣고 다니며 주변에는 항시 건장한 청년들을 데리고 다닌다.

마. 주로 호텔 이나 유흥가 밀집지역을 돌아다니며, 만나는 청년들이 대부분 굴신 경례를 표시한다.

바. 폭력배들의 행사, 모임, 단합대회, 등 참석이 두드러지며 축의금 및 부조금 등을 많이 낸다.

사. 몸에 크고 화려한 문신을 많이 하고 목욕탕 등에서 자신을 과시하려는 태도를 보인다.

아. 아무런 이유 없이 호텔 등지에서 장기간 투숙하거나 장기간 합숙을 하며 건장한 청년들을 데리고 다닌다.

2. 조직員 식별요령

가. 폭력 조직원들은 대부분 머리는 스포츠형(깍뚜기머리)이고 옷은 주로 검정색 계통의 양복(상하 같은 색깔로)이나 옷을 입는다.

나. 말소리는 턱을 앞으로 쭉 빼면서 가라앉는 목소리로 길게 말하고 대답한다(예: 형-님--)

다. 걸음걸이는 주로 팔자 걸음을 한다.

라. 핸드폰 등을 손에 들고 다니며 핸드폰에다 대고 "네 형님--"등의 용어를 자주 사용한다.

마. 지갑에 1회용 화장지나 명함 등을 넣어 가지고 다니며 마치 많은 돈을 소지하고 다니는 양 부풀려 바지 뒷 주머니에 넣고 다닌다.

바. 외출시간이 평일에는 저녁 5-6시경, 토요일과 일요일은 오후 3-5시경

사이에 외출을 주로 하고 귀가 시간은 평일과 토요일 일요일 모두 새벽 3-4시가 넘어야 귀가한다.

사. 평소 알지 못하는 같은 또래의 남자들이나 여자들에게 수시로 전화를 받거나 전화를 걸곤 한다.

아. 주로 유흥가 밀집지역이나 시내 중심가 등지에서 하는 일이 없이 돌아 다니며 자주 눈에 띠곤 한다.

자. 안 하던 운동을 자주하며 주로 살찌우는 운동이나 몸을 가꾸기보다는 살을 쪄서 몸매를 다지고 "어깨 혹은 가다" 가되려고 노력을 한다.

카. 여러 날 동안 가출을 하고도(단합대회 참석 및 타 지역 조직폭력배 초청에 의한 가출) 부모나 친지들에게 용돈을 요구하지 않는다.

타. 싸움을 자주 하는지 몸 등에 가끔 상처가 생기거나 모든 행동이 거칠어 지는 듯한 인상을 준다.

하. 옷과 술, 좋은 음식 등을 먹는 것 같은데 용돈을 요구하지 않는다.

거. 여러 가지 이유를 대고는 여관 호텔 등지에서 장기간 투숙하거나 장기 간 합숙을 한다며 집을 비운다.

너. 길을 지나가다 아는 선배 등을 만나면 90도 각도로 인사를 하며 대답 등을 할 때 목소리를 깐다.

더. 몸에 **"龍"** 등 문신을 하거나 손가락에도 **"王"**자 표시의 작은 문신과 일 본 야꾸자 들을 흉내낸 **"사이고마데"(최후까지** 라는의미) 등의 문자를 새 긴다.

3. 폭력배들이 자주 사용하는 은어

가. 형님 : 두목이나 부 두목 조직의 보스 등을 뜻함.

나. 슈킹 하다 : 금전이나 물품의 갈취를 뜻함.

다. 노상 깐다 : 길거리에서 금전이나 물품 등 갈취를 뜻함.

라. 난장 깐다 : 길거리에서 밤을 지새우는 것을 뜻함.

마. 잠수 탄다 : 한동안 모든 연락을 두절하고 숨어 지내는 것을 뜻함.

바. 씹는다, 코푼다 : 폭력배들이 일반인 및 폭력배들끼리의 약점 및 비위사 실을 수사기관에 폭로하는 경우를 뜻함.

사. 손본다, 손을 봐라 : 일반인 및 폭력배들끼리의 폭력 및 폭력을 사주 할 때를 뜻함.

아. 진상 나간다 : 원정하여 접대를 받거나, 폭력배들의 요구에 응하지 안는 사람들에게 협박, 공갈, 폭행 등 보복을 하는 것 등을 뜻함.

자. 전쟁한다 : 폭력조직이나 폭력배들간의 패싸움을 뜻함.

카. **작업한다** : 상대조직이나 상대개인에게 폭력을 행사하거나 겁을 주는 것을 뜻함.

타. **쩐** : 현금이나 수표를 뜻함.

파. **깔치. 냄비** : 애인 및 여자친구를 뜻함.

하. **짱구** : 멍청한 사람이나 바보 같은 짓을 한사람을 뜻함.

거. **기소 떳다** : 수배중이거나 기소중지 된 상태를 뜻함.

너. **달렸다** : 수사기관에 검거된 경우를 뜻함.

더. **짱 밟혔다** : 수사기관에 범죄사실이 노출되었거나 발각이 된 경우를 뜻함.

러. **곰, 짜부** : 경찰관을 지칭하는 말들로 곰은 형사를 뜻하고 짜부는 파출소 경찰관을 뜻함.

머. **학교 갔다, 들어갔다** : 범죄자가 구치소나, 교도소 수감이 되는 경우를 뜻함.

버. **학교를 졸업했다, 나왔다** : 범죄자가 구치소나 교도소에서 출소한 경우를 뜻함.

서. **한바퀴 돌았다, 두바퀴 돌았다** : 범죄자가 교도소에서 몇 년간을 복역하였는가를 뜻함.

제2절. 조직폭력 관련 정보수집 요령.

1. 자신이 근무하는 관내를 대상으로 조직폭력배 기생 가능한 회사 및 유흥업소 등을 선정 이들 회사 및 업소를 중심으로 회사 및 업소의 **사장, 직원, 종업원 등을 정보원**으로 활용하도록 최선의 노력을 경주한다.

2. 조직폭력배 기생 및 갈취 대상 업소를 대상으로 하여 **혈연(고향. 동성 동본등). 지연. 학연(학교). 인척. 친구. 주거지 등을 사전**에 알아내고 접근함으로서 대상자가 마음을 열고 피해신고 등을 거리낌없이 상의 할 수 있도록 하는 것이다.

3. 관내의 조직폭력배 대상업소의 대상자들에게 모든 이용 가능한 접근 방법을 최대한 활용 접근 이들과 친숙하여 짐으로서 관내 피해 예상업소들과 돈독한 관계를 유지하여 **조직폭력배 접근 및 피해발생 시 이를 즉시 경찰관에게 신고** 할 수 있는 자동체계를 형성하는 것이다.

4. 모든 정보 및 **정보원(informant)과**의 접촉 및 내사는 **일대일 내사**를 원칙으로 하며 정보원과 정보제공자에 대한 **비밀보장**을 원칙으로 한다.

5. 정보제공자나 신고자 등에 대하여 **2000. 6. 1일 자로 발효된 특정범죄신고자등 보호법**의 취지를 충분히 숙지하고 이를 정보제공자와 신고자에게 안심하도록 잘 설명한다.

6. 정보제공자나 신고자와의 대화에서는 자신이 알고 있는 이야기나 피해 당한 사실을 잘 말을 하나 진술서를 받으려고 하면 잘 말을 하지 않는 경향이 있으니 2-3차례 접촉을 하여도 진술서 등을 받을 생각을 하지 말고 **녹음이나 메모지**를 활용하여 **습작**을 하는 형식을 빌어 메모하고 진술서를 정식으로 받을 경우 이를 활용하며 진술을 할 경우도 피해자가 이 부분을 진술하면 자신이 위험 하니 이런 부분은 말 할 수 없다고 하는 경우 이 부분을 **수사보고서를 작성 조서 말미**에 첨부한다.

7. 사전에 **검사와 상의**하여 **함정수사, 잠입수사, 완전잠입수사** 등을 활용하여 기업화 대형화하는 폭력조직을 적발 검거한다.

제3절. 조직폭력 관련 지방 사건 사례.

1. **부산** : 일명 **탕치기**(선금등을 받고는 달아나는 숫법) 사건인 **부녀자 등 가출인 신고를 주의 깊게 관찰** 부녀자 등 인신 매매 조직 관계를 파헤치고 부녀자를 이용 유흥업소 비리 약점을 잡아 공갈 및 협박을 한 폭력조직원들을 추적 일망타진함.

2. **대구** : 폭력조직원들이 자주 드나드는 호텔 등에 잠복 **나이 어린 20대 폭력배들의 얼굴 사진 및 승용차 등도 함께 사진 촬영**을 하여 이들의 얼굴 및 인적사항, 승용차번호 등을 사전에 숙지 및 파악을 하여 이들의 검거 시 이를 활용한다.

3. **울산** : 신 목공파 폭력조직 검거 시 이들이 주로 활동하는 **새벽시간대에 폭력배들의 활동 사항을 파악 조사하기 위하여 형사들을 주간에는 잠을 자고**

새벽 시간대에 활동하도록 하여 이들의 범죄 사실을 면밀히 파악 이들 검거함.(사진 촬영기법을 이용함)

4. **경기** : 피해자로 지목되는 사람을 처음 만나면 피해사실이 전혀 없다고 하고 두 번째 만나면 피해사실이 없다고 하고 세 번째 만나면 별로 할말이 없다고 하고 네번째 만나면 진술을 하면 자신이 피해를 입어 말을 할 수 없다고 하고 **다섯 번째 만나면 자신을 보호 해주고 폭력조직들이 모르게 하면 진술**을 하겠노라고 하면 진술을 하여 폭력조직을 일망타진하였다.

5. **제주** : 관내 대상 업소를 단속하여 **빠다제로** 하여 폭력조직의 갈취 부분을 파악 폭력조직을 검거하였고 관내에서 **왕따가 되어 버린 사람들이나 조직에서 배제가 된 자**(항시 조직과 반대파나 그들로 인하여 손해를 본자)를 찾아 첩보를 입수함.

6. **강원** : 업소에 대한 **불법과 위법사항을 적발**(위생법, 건축법등) **이를 이용하여 유흥업소를 폭력배에게 빼았기게 경위를 알아내고** 이를 토대로 폭력조직을 일망타진(일대일로 수 차례 접촉하고 **여관에서 조사를 하였는데 조사당시 여관 밖에서도 폭력배들의 감시여부를 관찰** 하여야하는데 이를 소홀히 하여 수사관을 찾으러온 피해자들을 폭려배 들에게 빼았긴 경우가 있음)

7. **충북** : 관리 대상자가 아닌 **비 관리 대상자인 폭력배들을 수시로 접촉**하여 관내에서의 폭력배 동향에 대한 첩보를 입수하고 폭력조직원들을 일망타진하였음.(합의서, 탄원 등으로 쉽게 풀려남)

8. **충남** : **교도소를 자주활용** 조직원들과의 **면회내용**과 등을 참고로 하여 **면회자 인적사항을 발췌**하고 이를 토대로 일망타진.

9. **경남** : 야간 유흥업소를 업소를 상대로 윤락 및 위반 사항을 적발 하고 빠다제로 하여 업주의 진술을 유도하고 이들이 진술을 하지 않을시는 이들의 약점인(노래방. 단란주점. 유흥주점을 함께 운영하는등 변태적인 방법을 사용하고 있으나 시설변경 에 대한 처벌규정이 없으므로 **카드 가맹점에 대한 실사를 벌이고 2년 분의 특소세를 세금으로 통보** 세금을 부과한다.

10. **김해** : **야간 유흥업소하고 한 두 군데를 단속함**으로서 패해 진술을 하지

않으면 영업을 못한다는 인상을 심어 주어 모든 **유흥업소의 정보원 화**를 실현한다.

11. **전남** : 구청 등에 가서 **한 지번에 여러 개의 허가를** 받은 업소를 찾아 이를 조사하여 이들 업소를 친다.

12. **전남동부** : 업소를 바로 치고 들어가면 아가씨들 수첩에 몇 일날 2차 아니면 팁을 얼마 받았다는 등 **개인의 수첩에 비밀부호**를 이용 모든 내역을 기재하였으므로 이를 활용하고 신용카드 내역 등 조사

13. **전북** : 피해자나 피의자가 기소 단계에서의 진술 번복 을 막기 위하여 **실황조서**를 작성하고 사진 촬영 등을 활용하여 완벽한 조사를 실시하여 놓는다. 그리고 만일의 경우 **한 두가지 약점**(세금탈루. 소방법등)을 잡아 코를 끼워 놓는다.

제7장. 조직폭력 사건 조사방법

제1절. 조직폭력사건 조사개시 요령.

1. 가상 범죄 시나리오 및 가상인지보고서 작성
2. 가상 조사 대상자에 대한 조사 요령을 사전에 모니터
   (두목, 부 두목, 행동대장, 조직원 등 조사 대상 담당 조사관 을 사전에 선정 가상 시나리오와 가상 인지보고서에 맞는 조사요령 등을 사전 에 습득 대비함)

제2절. 조직폭력사건 조사 대상자 선정 방법

1. **폭력배검거 후** 제일먼저 조직폭력배 용의자 전원을 대상으로 자필 진술서 3 매 이상을 상세히 작성토록 한다.

2. **혈연, 지연, 학연 등 상세히 기록.**
   대상자에 대한 원적. 본적. 주소. 실주거지. 성명. 생년월일. 주민등록번호. 현직 업. 전직업. 전화번호. 핸드폰번호. 양부모 성명. 양부모 직업. 친척 중 제일 성공한 사람 2명.

3. **출생과정을 세밀히 조사**
   태어난 곳. 초등교. 중등교. 고등. 대학등 - 군입대 과정. 직장 취직. 현대 조직폭 력사건에 가담을 하게된 경위 및 동기. 현재의 심정.

4. **폭력조직원 들 중 1-2명을 선별 한 후 조사**
   자세한 자필 진술서를 통한 피의자 지연. 혈연. 학연 등과 가장 가까운 관계에 있는 경찰관을 선발 이들로부터 조사토록 하며, 선별 한 피의자 중 다음 순서 에 의하여 조사.
   가. 나이가 가장 어린순.
   나. 폭력조직 가입이 가장 최근인자.
   다. 나이가 많더라도 순박한 자.
   라. 협박 등으로 폭력 조직에 가담한자.

마. 생계 수단으로 어쩔 수없이 폭력조직에 가담 한자.

위 사항에 적합한 대상자를 선별하며 5개 항목 중 2개 이상에 부합되는 자를 조사하는 것이 범죄의 전모를 밝히는데 유리하며 범죄사실을 밝히는 결정적 계기가 될 수 있다.

이들 조직원들 중 1명이라도 결정적인 진술을 받아 낸다면 범죄 사실 전모를 밝히는 것을 물론이고 이러한 진술을 토대로 다른 공범들의 자백을 얻어 내는 것 또한 어려움이 없을뿐더러 피의자들을 기소하는데도 결정적인 증거로 활용 될 것이다.

조직범죄수사에 있어서는 결정적인 증거를 우호적으로 처음 진술한 피의자에 대하여서는 검사로부터 불구속 지휘 혹은 감형이 되도록 최대한 협조를 하고 갱생 할 수 있도록 도와주어야 할 것이다.

제3절. 조직폭력사건 피의자 조사 요령.

1. 피의자의 변명과 후회 등에 대하여 진술을 전부 들어주고 이해하는 모습을 보인다. (혈연, 지연, 학연 등을 꺼내며 상대 피의자의 말을 거든다)

2. 일단 구두청취가 끝난 후 조서 작성에 들어가기 전에 2000.6.1일자로 발효된 "특정범죄신고자등 보호법"의 취지를 충분히 인식시키고 감형 등에 도움을 주겠다고 하며 진술을 유도한다.

3. 피의자에 대한 조사가 시작되면 조사자 는 범죄단체조직(폭력행위등 처벌에 관한 법률 제4조 적용)을 적용하는데 3대 원칙인,
   가. 조직의 명칭, 조직의 결성 장소, 일시
   나. 조직원의 구성요건인 조직원수, 조직원의 체계, 행동강령.
   다. 폭력에 의한 경제적인 이익. 등을 머리 속에 생각하며 조서 상에 3개항이 적절히 표기 될수 있도록 최선을 다하여야한다.
4. 조사자는 피의자에게 가급적 자극적인 용어를 사용하지 않으면서 범죄단체 혐의를 인정하도록 유도하여 조사를 한다.
   가. OO 조직이라는 표현보다는 동네 선후배 및 고향 선후배로 자주 만난다는 등으로 표현하고 조직 명은 조사시 제일 자주 사용되거나 피의자의 진술에 자주 등장하는 적당한 문구를 구상하여 이를 조직 명으로 적용한다.

나. 조직결성일시는 피의자들이 자주 만나는 장소와 최초로 만났던 장소를 조서 상에 자연스럽게 표현하고 범죄인지보고 작성 시 이를 적용하면 된다.

다. 두목은 큰 형님으로, 부두목 이나 행동대장은, 작은 형님이나 형님으로, 조직원들은 동생이나 아우들이란 표현으로 사용한다.

라. 행동강령은

<우리는 선배를 보면 굴신 경례를 한다>. 등의 표현보다는 자연스럽게 선배를 보면 깍듯이 90도 각도로 인사를 한다 등으로 표현한다.

마. 두목 혹은 부 두목의 지시에 따라 행동을 하였다는 표현보다는 선배가 혹은 큰 형님이 돈을 받아 오라고 시켜서 다녀왔다 등의 표현이나, 누구를 만나서 자신의 말을 전하라고 하였다. 라는 등 부드러운 표현을 사용한다.

바. 두목, 부 두목의 지시에 따른 조직의 결속 및 단결이라는 표현보다는 형님들이 우리들에게 앞으로는 형제처럼 잘 지내보자 라든가, 의리를 지키라고 말하였다는 등의 표현을 사용한다.

사. 범죄사실에서도 죽여라, 달아라 하는 표현보다는 손좀 봐 주라, 정신 차리게 해줘라 하는 표현을 사용한다.

아. 강취, 절취등 표현은 물건 혹은 현금을 들고 나왔다 혹은 가지고 나왔다 라는 식의 부드러운 표현을 사용.

자. 피의자 진술은 상대방이 말을 하는 그대로를 조서에 표기하고 피의자의 진술을 이해하는 것처럼 대하되, 피의자조서 상에는 범죄단체가 성립되도록 묶어서 조사를 받는다.

카. 조사관은 조직범죄 조사시 피의자 신문조서의 증거능력을 확보하기 위하여 조사시 현장 상황을 자세히 기록하며(예: 당구장의 내부 상황과 주변인물의 인사착의 등 을 묘사한 간이 실황조서를 작성하고, 주변 및 내부 약도 등을 피의자가 직접 그리게 하여 조서 말미에 첨부한다)

제4절. 소 년 조 직 폭 력 배

1. 靑소년 폭력배의 증가 원인

가. 어촌 지역의 급격한 도시화 현상과 농어촌 인구의 대도시 집중현상은
우리사회의 청소년들에게 삼강오륜 등 전통적인 유교적인 사회질서에
반발케 하고 기본질서와 규범을 경시하려는 풍조가 만연되어 가고 있는
실정이다.

나. 맞벌이 봉급 생활자의 증가와 기본적인 가족의 구성단위가 변화하며
핵가족화하여 가는 현상이 심화됨으로서 개인의 이주의적인 이기심이
팽배되고 자기 중심적인 사고가 만연 되어가고 있다.

또한 부모와 자녀간 대화의 단절로 가족 구성원으로서의 소외현상이 갈
수록 두드러지고, 부모로서의 자녀지도 기능이 약화되어 가고 있으며 더
나아가 부모로서의 권위가 상실되어 부모와 자식간 상대적 소외감이 증
대되고 있다.

다. 메스 미디어의 급격한 보급과 증가 현상은 부모의 역할이 상대적으로
줄어들고 매스 미디어나 친구들의 역할이 상대적으로 증가되어 청소년
들은 사회의 유해 환경으로부터 많은 영향을 받아 물질 만능 주의에 흘
러 사회의 유해환경으로부터 더욱 노출되어 가고 있다.

라. 국민의 생활수준이 향상되고 여가활동이 증가됨으로서 소비성 쾌락주의
산업과 퇴폐적인 유흥산업 등이 발달함으로서 청소년들은 폭력 등 범죄
조직 등에 무방비로 노출 되어가고 있다.

마. 기존 생활 방식의 급격한 변화와 다양한 국제 문화의 보급으로 건전한
체육활동, 봉사활동, 크럽 활동보다는, 소비적, 유흥적, 쾌락적인 경향으
로 흐르고 있다. 이러한 도덕적인 해이는 청소년들의 불건전한 이성교제
와 풍기문란행위 등을 초래하고 있다.

2. 청소년 폭력배 조사 요령.

가. 청소년 폭력배들을 대상으로 조직범죄를 조사하는 수사관들은 이들을
조사하기에 앞서 조직범죄에 가담한 청소년들을 먼저 이해하려는 마음
가짐을 가져야 하는 것이다.

청소년 폭력배들은 대부분 정의와 불의, 옳은 일과 옳지 못한 것에 대
한 명확한 개념이 정립되지 않은 상태에서 범죄조직에 발을 들여놓아
자신이 폭력조직원으로 법에 의한 처벌을 받게 되는 것을 두려워하지
않고 오히려 자랑스럽게 여길 경우가 많은 것이다.

또한 이들은 자신이 조직폭력배 라는 사실을 별로 부끄럽게 생각하지 안고 있기 때문에 폭력조직 가입 등에 관한 모든 사항을 의외로 순순히 자백하는 경우가 많다

그러므로 이들을 조사하는 수사관은 조직폭력 범죄의 폐해를 주지시키고. 조직범죄원 의 법적 처벌 또한 중형으로 다스린다는 내용을 주지시키는 등 조사관은 청소년을 교화시킨다는 마음가짐을 갖고 조사하여야 한다.

나. 청소년 폭력배들은 범죄조직에 들어간지 얼마나 되었는가는 그들의 태도를 보면 알 수 있다. 조직범죄에 익숙지 않은 청소년들은 수사관 앞에서 두려운 태도를 보이고 말투도 맑고 나이 어린 그대로 의 목소리로 말을 하지만 조직에 가입한지 오래 된 청소년 폭력배들은 자신의 턱을 앞으로 내밀며 굵은 목소리로 가라 안은 듯한 쉰 소리를 흉내내며 대답을 한다.

다. 조직 범죄에 가담한지 오래되지 않은 청소년들은 유사시 조직과의 연락을 취하기 위하여 자신의 수첩과 핸드폰 등에 조직원의 이름과 전화번호 등을 기재하거나 입력하여 사용함으로 수첩과 핸드폰 등을 조사하면 조직원의 숫자와 조직원들의 행동반경을 파악 할 수가 있다.

라. 조사관은 조사가 시작되면 청소년폭력조직원이 처한 현재의 상황과 주변환경 등을 이해하고있다는 인상을 주고 수사관은 그들을 마음속으로부터 이해하려는 노력을 하여야 한다.

마. 청소년폭력조직원의 조사시에는 조사관은 범죄 조직이 부모와 형제, 그리고 주변의 친한 친구들에게 미치는 영향을 감동적으로 주입하며 조사에 임한다.

바. 조사관은 조직범죄가 사회와 일반시민들 에게 미치는 나쁜 영향과 그로 인하여 생기는 폐해 등을 이해시켜 자신이 조직폭력배라는 사실을 부끄럽게 여기도록 설파한다.

사. 조사관은 청소년 조직폭력 피의자의 삐뚤어진 영웅적 심리를 자극함으로서 청소년 폭력 피의자가 폭력조직에 환멸을 느끼도록 유도하여야 한다.

제8장. 조직폭력 수사 현실화 방안
(조직범죄단체에 대처하는 선진국 수준의 수사현실화 방안)

제1절. 법률적 제도 개선.

1. 중요범죄 신고자 및 증인 등의 직계 가족을 포함한 안전과 보호를 위한 현실적 대처방안으로 이들에 대한 획기적 예산편성 및 신변경호와 증인면책 과 기소면책 등을 법률로 보장한다.

2. 조직범죄와 강력 범죄에 대한 함정수사를 법률적으로 보장하고 재판 과정에서의 현실적인 증거능력을 인정하도록 하여야 한다.

3. 조직범죄와 강력 범죄에 필요한 정보원 제도를 법률적으로 보장하고 정보원에 대한 신분보장과 유급정보 비를 현실화한다.

4. 잠입수사 시 수사관의 위장신분을 위한 현실적 제도개선과 수사관의 위장신분에 따른 법적 보장과 예산 등의 확보.

5. 범죄에 사용되는 통신수단에 대하여 일률적으로 적용되는 감청 제도를 개선, 조직범죄와 강력 범죄는 신속하고 간편한 감청 제도로 개정.

6. 조직범죄와 강력 범죄에 이용되는 금융권에 대한 계좌추적을 신속하게 할 수 있도록 법적인 절차의 간소화 방안을 추진.

7. 수사기관과 공무상 수사하는 수사관에 대한 일반인에 참고인 진술등을 의무화와 하고 거짓증언에 대한 처벌 강화 등을 법제화.

8. 사건 관련인 들에 대한 소환조사와 미 출석자에 대한 형사처벌을 법제화하여 수사의 활성화를 도모하는 방안.

9. 조직범죄와 강력 범죄에 대하여 미국의 RICO법(재산몰수제도)과 같은 강력한 조세제도를 신설, 범죄집단에 대한 경제적인 제재로 부정수익을 몰수하는 법적

장치를 마련하는 방안.

(최근 서울지검 마약부 에서는 마약범죄로 인하여 증액한 재산을 몰수하도록 하는 방안으로 재산 몰수 요청서를 법원에 제출하였음)

제2절. 수사장비의 현대화

1. 조직범죄를 단속하는 일선 수사관들이 사용하는 모든 장비를 최신장비로 교체하고(자동차, 컴퓨터, 권총, 체증장비 등 수사장비일체) 수사에 필요한 자금 일체를 선지급 하도록 한다.

2. 최첨단 수사기법을 적극 활용 조직범죄자와 강력 범죄자들에 대하여 범죄수법, 조직의 특성, 개인의 특징, 성격까지 모든 신상자료를 통합전산망으로 관리 운영하는 방안.

3. 국립과학수사연구소에 준 하는 감식 센타를 지방경찰청 별로 신설 유전자 감식 및 모든 범죄와 관련된 검사와 조사를 지방청별로 신속히 실시 할 수 있도록 하는 시스템을 도입하도록 제도를 개선한다.

제3절. 수사전문요원의 양성

1. 조직범죄는 전세계적으로 기업화, 조직화, 전문화, 합법화, 대형화 하고있는 추세이다. 이러한 조직범죄를 전담하는 수사요원은 이러한 추세에 걸 맞는 수사의 전문성과 연속성을 유지 할 수 있는 전문수사요원 이어야 한다. 그러므로 전문 수사요원의 양성 또한 매우 절실한 것으로 전담 교육기관의 설립으로 전담 수사요원의 체계적인 교육과 양성이 절실한 것이다.

2. 조직범죄의 특성은 장기적, 상습적, 지속적인 범죄집단이므로 이들에 대한 정보수집 또한 장기적, 체계적, 누적적인 관리가 요망되므로 조직범죄에 대처하는, 누적적인 정보관리를 위하여 비밀경찰제도의 신설이 및 양성이 시급한 실정인 것이다.

3. 조직범죄의 특성상 일정한 지역을 전담하고 책임을 지는 전담수사 요원 제

가 도입 되어야하며 이들에 대한 평생보직과 신분보장 및 승진 등을 보장하는 제도 또한 활성화되어야 한다.

제4절. 대 국민 홍보

1. 메스컴 등을 통한 조직범죄에 대한 수시 홍보프로그램 신설 또는 범죄전문채널을 운영 조직범죄와 강력 범죄를 배척하는 국민운동을 지속적으로 추진하여 대 국민 범죄 배척운동을 사회운동으로 확산 전개하여야 한다.

2. 조직범죄와 강력 범죄에 대한 대 국민 정보원 화 운동을 전개하여 조직범죄를 신고자하는 일반인과 검거경찰에 대한 현실적인 포상제도 신설 활성화하여야 한다.

제9장. Best 수사관이란 ?

제1절. C.E.O (Chief. Executive. Officer) mind

(C.E.O mind는 미국의 대기업에서 처음으로 도입 지금은 전세계의 수 많은 기업과 정부에서 채택하고있다)

1. **New Idea**
   최고 의 수사관은 새로운 아이디어를 적극 개발하여야한다.
2. **Speed**
   최고 수사관은 변화에 민감하고, 민생치안과 연관된 업무는 선 행동, 후 행동하며 판단하여야 한다. (범인검거 등 신속대응)
3. **Presentation**
   최고 수사관은 본인의 mind와 Vision을 상대방에게 감동적으로
   전달하거나 혹은 설득 이해시키는 노력을 하여야 한다.
4. **partnership**
   1). 최고 수사관은 기회 창출을 위한 새로운 모임구성 및 가입을
      위한 적극적인 행동과 능동적 사고를 가져야 하며,
   2). 최고의 수사관이 되려면 주변의 많은 사람들과 네트워크를 구성, 인맥
      을 형성하여야한다.(정보원 등 많은 정보수집 가능)
5. **Paranoia**
   최고 수사관은 사건해결이 자신의 퇴근시간이라는 관념으로 업무에 전념하여야
   하며, 집중력이 탁월한 마인드 가져야 할 것이다.

제2절 20 : 80 의 Rule (법칙)

(이탈리아 경제학자 Vilfredo Pareto (빌프레도 파레토)가 처음으로 발견 주창한 것으로 Vilfredo가 19세기 영국의 부와 소득의 유형을 연구하다가 우연히 발견하였다. 20 : 80 의 법칙은, 富의 불균형 현상으로 전 인구의 20%가 전체부의 80%를 차지하고 있다는 사실이다. 그런데 재미있는 현상은 어떤 시대, 어떤 나라를 분석해 봐도 이러한 부의 불균형 비율이 유사하게 존재한다는 것이며, 더 나아가 이러한 20 : 80 의 법칙은 우리사회와 우리생활 속에서도 어김없이 유사

하게 작용되고 있다는 사실이다)

1. 사회에서 20%의 생각을 가진 자들에 의해 80%의 생각을 가진 자들이 지배 당하고 있다.
2. 사회 20%의 구매력을 가진 자들에 의해 사회 80%의 구매력이 창출되고 있는 것이다. (은행, 백화점 VIP 고객 유치등)
3. 성실한 사람 20%의 작업이 전체작업 공정의 80%까지 성과를 끌어올릴 수 있는 것이다. (사무실에서 형사1-2명이 일함)
4. 조직원 20%가 그 조직의 80%의 일을 수행하고있다.
5. 건실한 사업 20%의 이윤은 사업전체 80%의 이윤을 차지한다.
6. 운전자 20%가 전체 교통위반의 80% 정도를 차지한다.
7. 범죄자 20%가 전체 범죄의 80%를 저지르고 있다.
8. 전체상품 중 20%의 상품이 80%의 매출액을 차지한다.
9. 공부는 20%의 집중력으로 80% 까지 능률을 향상시킬 수 있다.

※ 효과적인 수사란: 수사관은 우선 순위를 범인검거에 두고 최소한의 노력으로 최대의 성과를 얻는데 최선을 다하여야 한다.

"한국조직폭력의 실체"

1. 조직폭력이란 ? (조직폭력, 소년폭력, 개념)
2. 조직폭력의 변천사 (역사 및 시대별 이권개입유형)
3. 전국조직폭력의 분포및 세력판도
   (분포, 성장과정, 세력판도)
4. 조직폭력의 이권개입 유형. (최근, 일반적 유형)
5. 조직폭력에 대처하는 외국의 사례 (미국, 일본, 중국)
6. 조직폭력 검거 방안 및 사례
   (식별요령, 정보수집, 지방의 사건사례)
7. 조직폭력사건 조사방법.
   (조사개시, 조사 대상자 선정 방법, 피의자 조사 요령)
8. 수사 현실화 방안. (15개 항목)
   (법률적 제도개선, 수사장비 현대화, 수사전문화, 대국민 홍보)
9. Best 수사관 이란?
   (C.E.O Mind, 20: 80의 Rule)

安 興 振

1. 폭력조직의 개념

조직폭력배란 법적으로 규정된 개념은 아니다. 다만 형법제114조(범죄단체의 조직)와 <폭력행위등처벌에관법률>제2조에 규정된 범죄를 목적으로 구성된 단체나 집단의 구성원이라고 규정할 수 있을 것이다.

1991. 5. 28 대법원판결 선고91도 739호의 판결을 참조하고 발표된 논문에 통해 정리하여 본다.

첫째: 폭력조직은 최소한 통솔체재를 갖추어야한다.

둘째: 폭력조직은 폭력을 그 존립의 최후의 수단으로 삼고 있다.

셋째: 폭력 조직은 경제적 이익의 추구를 목표로 하고 있다.

위와 같은 개념을 종합하여 **조직폭력배란 "폭력을 그 존립 및 해결수단으로 삼고 경제적 이익을 추구하는 최소한의 통솔체계를 갖춘 계속적 다수인의 모임"** 이라고 정의 할 수 있을 것이다.

2. 조직폭력의 역사 및 시대별 이권개입 유형

2-1. 조직폭력의 역사
1). 고려시대 경대승의 도방정치.
2). 조선시대 수양대군의 계유정난. (홍윤성등)
3). 조선말기 대원군의 심복 천, 하, 장, 안 등.
4). 조선시대 보부상 등의 독립협회 만민공동회 등 태러.
5). 1895.8.20日 일본 浪人(야쿠자)들에 의한 민비 시해.
6). 일본 정계와 야쿠자계의 거물 두산만의 휘하 하야시(선우용빈).
7). 일제말 구마적(고희경) 신마적(엄동욱) 종로우미관패(김두환)
   서대문패(김기환) 등 반일주먹이라 하였다.

2-2. 시대별 이권개입 유형.
※ 1930-40년대 - 1950 - 1960 - 1970 - 1980 - 1990 - 2000년대

3. 전국 조직폭력 의 형성과정 및 최근 의 세력판도.

3-1. 전국 조직폭력의 형성과정.
1). 서울: 신상사파, 삼일당, 국필파 - 신상사파, 중앙동파, 까불이파.
2). 광주: 학생 폭력조직 OK, 케세라, 행여나 - OB파, 동아파.
3). 부산: Seven Star, 20세기파 - 칠성파, 20세기파, 영도파.
4). 전주: 전주파, 월드컵파, 나이트파, 베차장파, 군산파.
5). 청주: 파라다이스, 시라소니.

3-2. 최근폭력조직 의 세력판도 (서울, 부산, 광주, 전주, 청주, 대구)

4. 조직폭력의 최근 이권개입유형 및 일반적 유형

4-1. 2003年 최근의 폭력조직의 이권 개입 유형
(기업화 대형화 세계화하는 경향으로 발전)
1). 파이낸스등 금융기관을 이용사기및 자금갈취.(오기준의 신양팩토링)
2). G&G 이용호 사건. 조직폭력과 결탁 M&A 기업합병 등을 이용.
3). 벤처기업에 관여 기술개발투자보다는 벤처육성자금 및 니스자금 등 이용.
4). 골프장 출입 폭력배 내사를 업주, 골프협회, 임원, 캐디등 상대수사.
5). 대형룸살롱, 단란주점, 주류, 물수건, 안주 등을 조달과정에서 협박.
6). 명문대 최고고위과정에서 정, 재계인사와 친분을 쌓은 다음 이용.
7). 검, 경찰의 자문위원 등으로 위장접근 각종사건의 뒷배경로 이용.
8). 정치인과 연계 선거운동 및 상대방 운동원 가장하여 양심선언 등 폭로함.
9). 연예인 프로덕션을 차리거나 인수하여 합법을 가장 연예인 협박.

10). 정선 카자노장 주변에서 고급 승용차, 고리사체 등으로 협박.
1 1). 카지노 게임머 등을 이용, 사설 도박장을 개설 운영하는 폭력조직.
12). 사채시장의 고리사채를 이용 자금회수를 지연 합법적인 방법으로 압류.
13). 밀리오레등 동대문 상가 분양처럼 상가 분양과정에서 폭력사용.
14). 아파트분양 등에 개입 폭력배들을 동원 분양하고 해제과정에서 협박.
15). 부도난 건물이나 입주자들과 문제 있는 건물입찰에 관여 폭력 행사.
16). 아파트 건설 예정부지 및 재개발 지역에 건달들을 동원 협박 및 폭력.
17). 아파트 시행권 만을 갖고 건설은 건설 업체에게 일임 후 이익에 관여함
18). 낙찰 건설업체를 찾아가 공갈 협박후 공사대금의 10%를 주고 이관.
19). 건설 입찰과정에 폭력배들이 개입 위력을 과시하고 입찰업자를 협박
20). 대형 건설현장의 알미늄샷시, 타이루, 도배등 내장재 도급에 협박.
21). 야쿠자등 폭력조직과 연계, 국내 부동산등을 헐값으로 매입 세입자 등에 협박.
22). 러시아 마피아 조직이 러시아 윤락녀를 공급하고 권총등 무기를 밀매
23). 마카오 등지에서 카지노 하는 한국인을 대상, 도박자금회수에 폭력행사.
  4-2. 조직폭력의 일반적 이권개입유형 (解放以後 各種 유형)

5. **조직폭력에 대처하는 외국의 사례(미국, 일본, 중국)및 국가중요정책으로 입안하여야 하는 이유.**
  1).**한국**- 정보제공자나 신고자 등에 대하여 **2000. 6. 1일** 자로 발효된 **특정범죄 신고자등 보호법을** 제정.
  2).**미국**- 1984년 **종합범죄규제법을** 미국 MAFIA등 조직범죄를 소탕하기 위하여 새로이 제정하였다.
  3). **일본**- 1991. 5. 15일 **폭력단대책법을** 제정.
    ※. 야마구찌구미, 2. 이나가와카이, 3. 스미요시카이
  4). **중국**- 삼합회(홍콩등 중심), 흑방(광둥성 및 신천특구 등)
  5). **기타**- 러시아 마피아, 미얀마 쿤사, 콜롬비아 카르텔.
    ※ : MAFIA에 관한 History 생성과정, 케네디가의 암살, F.B.I등 수사기관, 이라크전과 부시 그리고 MAFIA.

6. **조직폭력 검거 방안 및 사례**
  (식별요령. 정보수집. 지방 사건사례)

7. **조직폭력 조사방법**
  (조사개시, 조사 대상자 선정방법, 피의자 조사요령)

8. 수사 현실화 방안

8-1. 검찰의 고문 치사사건의 실례

※ 최근 서울지검 강력부에서 98.6.25일 박우관(일산서 미제). 98.10.17일 이영구(마포서 미제) 살인사건을 조사도중 파주 스포츠파 조직원 장천복(1주)의 자백으로 부두목 조천훈(30세), 권창현, 정원석, 박대진 등을 검거 조사중 부두목 조천훈이 검찰 수사관들의 폭행으로 사망함으로서, 독점적 수사권을 행사하던 검찰 조직조차도 최대의 수난을 당하고 있다.

8-2. 조직폭력 수사 현실화 방안

1. 법률적 제도 개선.

1). 중요범죄 신고자 및 증인 등의 직계 가족을 포함한 안전과 보호를 위한 현실적 대처방안으로 이들에 대한 획기적 예산편성 및 신변경호와 증인면책과 기소면책 등을 법률로 보장한다.

2). 조직범죄와 강력 범죄에 대한 함정수사를 법률적으로 보장하고 재판 과정에서의 현실적인 증거능력을 인정하도록 하여야 한다.

3). 조직범죄와 강력 범죄에 필요한 정보원 제도를 법률적으로 보장하고 정보원에 대한 신분보장과 유급정보 비를 현실화한다.

4). 잠입수사 시 수사관의 위장신분을 위한 현실적 제도개선과 수사관의 위장신분에 따른 법적 보장과 예산 등의 확보.

5). 범죄에 사용되는 통신수단에 대하여 일률적으로 적용되는 감청 제도를 개선, 조직범죄와 강력 범죄는 신속하고 간편한 감청 제도로 개정.

6). 조직범죄와 강력 범죄에 이용되는 금융권에 대한 계좌추적을 신속하게 할 수 있도록 법적인 절차의 간소화 방안을 추진.

7). 수사기관과 공무상 수사하는 수사관에 대한 일반인에 참고인 진술등을 의무화와 하고 거짓증언에 대한 처벌 강화 등을 법제화.

8). 사건 관련인 들에 대한 소환조사와 미 출석자에 대한 형사처벌을 법제화하여 수사의 활성화를 도모하는 방안.

9). 조직범죄와 강력 범죄에 대하여 미국의 RICO법(재산몰수제도)과 같은 강력한 조세제도를 신설, 범죄집단에 대한 경제적인 제재로 부정수익을 몰수하는 법적 장치를 마련하는 방안.
(최근 서울지검 마약부 에서는 마약범죄로 인하여 증액한 재산을 몰수하도록 하는 방안으로 재산 몰수 요청서를 법원에 제출하였음)

2. 수사장비의 현대화

1). 조직범죄를 단속하는 일선 수사관들이 사용하는 모든 장비를 최신장비로 교체하고(자동차, 컴퓨터, 권총, 체증장비 등 수사장비일체) 수사에 필요

한 자금 일체를 선지급 하도록 한다.

2). 최첨단 수사기법을 적극 활용 조직범죄자와 강력 범죄자들에 대하여 범죄수법, 조직의 특성, 개인의 특징, 성격까지 모든 신상자료를 통합전산망으로 관리 운영하는 방안.

3). 국립과학수사연구소에 준 하는 감식 센타를 지방경찰청 별로 신설 유전자 감식 및 모든 범죄와 관련된 검사와 조사를 지방청별로 신속히 실시 할 수 있도록 하는 시스템을 도입하도록 제도를 개선한다.

3. 수사전문요원의 양성

1). 조직범죄는 전세계적으로 기업화, 조직화, 전문화, 합법화, 대형화 하고있는 추세이다. 이러한 조직범죄를 전담하는 수사요원은 이러한 추세에 걸 맞는 수사의 전문성과 연속성을 유지 할 수 있는 전문수사요원 이어야 한다. 그러므로 전문 수사요원의 양성 또한 매우 절실한 것으로 전담 교육기관의 설립으로 전담 수사요원의 체계적인 교육과 양성이 절실한 것이다.

2). 특히 수사간부의 전문화는 선택이 아닌 가 필수적이어야 한다.
수사간부는 조직범죄 사건을 지휘는 중요한 위치에 있으므로 사건의 전반적인 지휘와 송치전 사건을 재검토하여 수사관들이 입수한 정황증거나, 명확하지 못한 심증자료, 참고자료 등까지도 세밀히 검토 수사상 직접적인 증거가 될 수 있도록 수사서류화 하여 이를 포괄적인 조직폭력의 범죄단체구성 죄 인 형법 제11조 범죄단체의 조직, 폭력행위등처벌에관한법률 제4조1.2항을 적용 할 수 있도록 하는 전문가적 소견을 갖춘 수사간부를 양성하여야 하는 것이다.

3). 조직범죄의 특성은 장기적, 상습적, 지속적인 범죄집단이므로 이들에 대한 정보수집 또한 장기적, 체계적, 누적적인 관리가 요망되므로 조직범죄에 대처하는, 누적적인 정보관리를 위하여 비밀경찰제도의 신설이 및 양성이 시급한 실정인 것이다.

4). 조직범죄의 특성상 일정한 지역을 전담하고 책임을 지는 전담수사 요원제가 도입 되어야하며 이들에 대한 평생보직과 신분보장 및 승진 등을 보장하는 제도 또한 활성화되어야 한다.

4. 대 국민 홍보

1). 메스컴 등을 통한 조직범죄에 대한 수시 홍보프로그램 신설 또는 범죄전문채널을 운영 조직범죄와 강력 범죄를 배척하는 국민운동을 지속적으로 추진하여 대 국민 범죄 배척운동을 사회운동으로 확산 전개하여야 한다.

2). 조직범죄와 강력 범죄에 대한 대국민 정보원화 운동을 전개하여 조직범죄를 신고자하는 일반인과 검거경찰에 대한 현실적인 포상제도 신설 활성화

하여야 한다.

9. Best 수사관 이란?

9-1. C.E.O Mind. (Chief. Executive. Officer)

1). New Idea (새로운 혹은 발전적인 생각)
2). Speed (속도감과 신속성)
3). Presentation (설득력과 이해시키는 능력의 배양)
4). partnership (다양한 인간관계와 상호 정보력의 협조)
5). Paranoia (어떠한 것이든 꼭 해결하려는 편집증적인 집중력)

9-2. 20 : 80 의 Rule

(이탈리아 경제학자 Vilfredo Pareto가 처음 발견 주창한 것으로 19세기 영국의 부 와 소득의 유형을 연구하다가 우연히 발견하였다)

1). 사회의 구성은 20%의 생각을 가진 자들에 의해 80%의 생각을 가진 자들이 지배를 당하고 있다.
2). 사회 20%의 구매력을 가진 자들에 의해 사회 80%의 구매력이 창출되고 있는 것이다. (은행, 백화점 VIP 고객 유치)
3). 성실한 사람 20%가 전체공정의 80%의 성과를 낼 수 있다.
4). 운전자 20%가 전체 교통위반의 80% 정도를 차지한다.
5). 범죄자 20%가 전체 범죄의 80%를 저지르고 있다.

※ 조직폭력에 관한 문의 사항이나 질문사항은 경찰청 전문수사관 시스템 "경찰 수사 정보 시스템"(http://10.14.5.253:8090/ekp35/) 조직폭력(안흥진)으로 들어오시면 됩니다.

제3편 수사기록 편철방법

제1장 수사기록의 조제

1. 기록의 조제

● 기록에 편철된 서류를 일정 방식에 따라 분류, 정리하여 하나의 기록으로 편성하는 것을 말함.

● 서류에는 수사기관 작성 서류(각종 조서, 수사보고서 등)와 사건관계인 등이 수사기관에 제출한 서류가 있음

● 사건관계인 등이 제출한 서류는 사건의 본안과 관계가 없다고 판단되는 경우에도 접수를 한 경우에는 기록에 첨부하여야 함.

2. 기록의 편성 방식

● 작성 또는 제출 순서에 따라 차례로 편성하는 '편년체식 편성방식'과 작성 또는 제출 순서와 관계없이 일정한 원칙에 따라 분류하여 그 분류별로 별책으로 하거나 따로 장수를 부여하여 편성하는 '사항별 편성방식'의 2가지가 있음

● 수사기록은 원칙적으로 편년체식 편성방식에 따라 작성한 순서 및 접수한 순서에 따라 가철하여야 함

● 다만, 구공판하는 경우 구속에 관한 서류는 공소장 뒤에 일괄하여 편철하게 되어 있어 사항별 편성방식에 따르고 있음

● 경찰은 의견서, 범죄인지보고서를 기록목록 바로 뒤에 따로 편철하고 있으며, 검찰은 직수사건을 직접 처리하는 경우 경찰의 의견서에 해당하는 직수사건직접처리결과보고서를 기록목록 바로 뒤에 따로 편철하게 되어 있어 사항별 편성방식에 따르고 있음

3. 분책

● 기록의 장수가 방대한 것(예컨대 1,500매 이상)은 500매 내외를 전후하여 분책하여야 함

● 그 이하의 기록은 분책된 기록의 장수가 서로 비슷하도록 나누는 것이 좋음

4. 별책

● 경찰에서 기소중지 의견으로 송치되어 기소중지 결정되었다가 소재발견되어

다시 경찰에 수사지휘를 하는 경우에는 기존 수사기록과 별도로 독립된 기록을 만들어야 함

● 이 때 별책으로 만든 기록은 원 수사기록과 철끈으로 연결하여 일체를 이루게 하여야 함

● 다만, 경찰에 지휘하지 않고 검찰에서 사건을 직접처리할 경우에는 재기 이후의 기록을 별책으로 만들지 않고 원 수사기록에 가철하여 하나의 기록으로 조제해도 무방함.

5. 가철요령

● 서류를 가철하는 경우에는 매 서류용지의 좌측 한계선과 하부 한계선을 맞추어 가지런히 철하여야 함

● 사건관계인으로부터 제출받은 서류를 가철하는 경우는 그 서류의 내용이 무엇이고 입증취지가 무엇인지를 요약한 수사보고서를 작성하여 수사보고서 뒤에 그 서류를 첨부하여 가철함

● 팩스밀리로 송부받은 서류는 시일이 경과함에 따라 잉크가 날아가 글자가 보이지 않는 경우가 있으므로 원 서류 뒤에 이를 등본한 서류를 가철하여야 함

● 우편제출된 서류는 봉투를 내용물인 서류의 바로 뒤에 붙여 가철함

● 기록표지보다 큰 서류는 표지규격에 맞도록 하단과 우단을 접어 넣어 가철함

● 기록표지보다 작은 서류는 그대로 철하되, 너무 작아서 철하기 곤란한 것은 받침종이에 붙여서 가철함

● 파손된 것은 투명 셀로판 테이프나 받침종이로 보수하여 가철함

● 각 서류에 사용된 편철용 끈이나 핀, 압철기, 바늘 등은 제거하여 가철함

● 서류는 그때그때 기록에 가철하는 것이 원칙이나, 기록이 두꺼운 사건 등 서류를 그때그때 기록에 가철하는 것이 조사에 불편한 경우에는 일단 기록에 가철하여 철끈 구멍을 맞춘 후 다시 떼어내어 그 부분만 임시로 철끈으로 묶어 사용하다가 조사 종료 후 원 기록에 가철하는 것이 편리함

6. 장수

● 장수는 기록의 매장 표면 하단 중앙에 기재하여야 하며, 앞뒷면에 모두 기재가 되어있는 서류인 경우에도 표면(앞면)에만 표시하여야 함

● 기록목록 자체에는 장수를 부여하지 않으며, 의견서는 1면으로 하여 자번호를

부여하게 되어 있고(1-1, 1-2, 1-3,- - -), 그 뒤에 편철되는 고소장, 수사지휘서, 인지보고서를 2면으로 하여 일련번호로 장수를 부여하면 됨

● 조서 뒤에 서류를 첨부하거나, 수사보고서에 서류를 첨부하는 경우에는 그 조서 또는 수사보고서의 마지막 장에 표시된 장수를 모번호로 하고 순차로 자번호를 부여하는 방식도 시도해볼 만한 가치가 있다고 판단됨(예 : 25-1, 25-2 등)

제2장 기록목록의 작성

1. 기록목록의 작성

● 기록목록은 기록의 내용을 일목요연하게 표시하여 열람의 편의를 기하는 동시에 편철된 서류의 분실과 산일을 방지하고 기록의 일체성을 보전하기 위하여 작성되는 것임

● 실무상 수사가 종료된 후 기록목록을 작성하는 경우가 많으나, 체계적인 수사를 위하여는 수사 도중 적당한 시기에 그때그때 기록목록을 작성해 나가는 것이 좋음

2. 기록목록 작성 요령

● 대질조사를 한 경우에는 '진술자란'에 그 진술자를 전부 표시하여야 함(그래야만 증거목록을 작성할 때 진술증거를 누락하지 않게 됨)

● '작성일자란'에는 조서를 작성하거나 사건 관계인으로부터 서류를 접수한 날짜에 기재하면 됨(사건관계인이 서류작성일자와 수사기관이 제출받은 날짜는 다르므로 서류접수시 접수인을 찍어 접수일자를 명백하여야 함)

● 목록은 수기로 작성하거나 컴퓨터로 작성하게 되나, 피의자신문조서, 진술조서, 진술서는 고무인을 찍는 것이 시각적으로 보기 좋음

● 기록에 첨부된 서류의 주종관계를 알 수 있도록 '들여쓰기'를 적절히 활용하여야 함(예컨대, 수사보고서에 서류를 편철한 경우에는 목록의 수사보고서란 밑에 들여쓰기를 하여 서류 제목을 기재하여야 함)

● 조서를 작성하면서 서류를 제출받은 경우에는 실무상 그 서류의 제목을 목록에 기재하지 않고 있으나, 그 서류도 목록의 조서항목 밑에 '들여쓰기'를 하여 기재하는 것이 체계적인 수사에 도움이 되고 또 증거목록 작성에도 편리함

제3장 등본기록의 조제

1. 등본기록의 조제가 필요한 경우

● 일부 피의자는 송치하고 일부 피의자는 기소중지 처분하는 경우에 기소중지 피의자가 소재발견시 구속해야하는 등 사안이 중하여 신속한 수사가 필요한 경우

● 사건중 일부를 다른 노동사무소 등으로 이첩하는 경우

2. 등본기록 조제요령

● 실무상 원 기록의 기록표지, 기록목록, 서류 등을 복사하여 그 복사된 기록표지에 근로감독관 명의의 '등본임' 고무인을 찍고 복사된 서류에 간인하는 형식으로 등본기록을 조제하는 경우가 보통임

● 그러나 복사된 기록표지, 복사된 기록목록 등은 복사서류에 불과한 것이고, 기록표지, 기록목록의 기능을 수행할 수 없으므로 이는 부적절한 조제방식이라고 생각함

● 따라서, 새로운 용지로 기록표지와 기록목록을 만든 후, 그 뒤에 '기록을 등본하여 첨부한다'는 내용의 수사보고서를 첨부한 다음, 그 뒤에 복사한 기록표지 · 기록목록 · 의견서 · 각종 조서를 순서대로 첨부, 간인하여 등본기록을 조제하여야 함

● 즉, 등본기록은 "기록표지→기록목록→수사보고서→복사서류(기록표지, 기록목록, 의견서, 각종 조서 및 서류)"의 순이 됨

● 이때 원 기록을 전부 복사할 경우에는 새로 작성된 기록목록과 중복되므로 원 기록의 기록목록을 복사하여 첨부할 필요가 없으나, 원 기록의 전부를 복사하지 않고 필요부분만 복사하는 경우에는 복사되지 않은 서류가 무엇인지 알 수 있도록 기록목록도 복사하여 첨부하여야 함

● 장수는 수사보고서를 1면으로 하여 일련번호로 부여하되, 하단 중앙에 기히 기재되어 복사된 장수의 좌측 또는 우측에 일관성 있게 기재하는 것이 좋음

● 기록목록의 최상단에는 '수사보고'가 기재되고 그 다음에는 복사된 서류를 들여쓰기를 하여 순서대로 기재하여야 함

● 등본기록을 조제할 때에는 복사가 제대로 되었는지, 빠진 서류가 없는지, 이면복사를 누락하지 않았는지 등을 담당자가 세심하게 살펴 성심 성의껏 기록을 조제했다는 평가를 받아야 함

제4장 등본서류의 가철

● 다른 수사기록의 전부 또는 일부를 사본하여 현재 수사중인 사건기록에 가철하는 경우에는 '기록을 복사하여 첨부한다'는 내용의 수사보고서를 작성하고 그 뒤에 복사한 서류를 첨부하여 가철하여야 함

● 최근 복사기의 발달과 컴퓨터 사용에 따라 기록에 첨부된 서류가 복사서류인지, 아니면 원 서류인지 외관상 알기 어려운 경우가 많으므로 수사보고서에 '몇 장부터 몇 장까지 사본하여 첨부한다'는 것을 부가하는 것이 좋고, 나아가 등본서류의 뒤에 말미용지를 첨부하는 것도 좋은 방법임

● 기록목록은 수사보고 뒤에 '들여쓰기'를 하여 복사된 서류를 순서대로 기재하여야 함

제5장 기록의 조제에 흠이 있는 경우

● 기록의 조제에 흠이 있는 경우에는 그 흠을 제거하는 조치를 취하여야 함

● 간인이 되어 있지 않거나, 서명날인이 누락된 경우 등에는 그 흠을 보정여야 함

● 가철순서가 잘못되거나 기록목록작성이 부실하게 된 경우 등에는 기록목록을 재작성하고 가철 순서를 바로잡는 조치를 취하여야 함
  - 다만 나중에 문제될 소지도 있으므로 어떤 서류를 어떻게 바로 잡았는지 수사보고서를 작성하여 편철해 두여야 함

제6장 송치기록 편철 순서

● 사건 송치서 표지
● 압수물 총 목록(압수물이 없는 경우 편철 생략)
● 기록목록
● 의견서(간이, 정식)
● 범죄인지 보고서, 고소장, 고발장, 수사지휘서 등
  - 여러건일 경우 범죄사건부 접수일자 순으로 편철
● 진정서, 탄원서 등

● 수사서류 (수리, 작성된 날짜순으로 편철)
  - 접수 또는 작성일자가 같을 경우에는 피의자 순으로 편철
● 수사결과 보고서
● 범죄경력 조회서
  - 일반 수사서류로 취급하여 날짜순으로 편철
  - 날짜에 관계없이 피의자신문조서 다음에 편철
  - 날짜에 관계없이 수사결과 보고서 다음에 편철

제7장 공소시효의 기재

● 범죄 행위가 종료한 때로부터 진행(형사소송법 제252조)
● 공범 ⇒ 최종행위가 종료한 때로부터 전 공범에 대한 시효기간을 기산
● 포괄일죄 ⇒ 최종 범죄행위의 종료시부터 기산
● 결과적 가중범 ⇒ 중한 결과가 발생한 때부터 기산
● 계속범 ⇒ 법익 침해가 종료된 때부터 기산

　2007.12.21.자 형사소송법 개정 시 공소시효가 대부분 연장되었으므로 반드시 정확하게 확인해야 한다. 특히, 2007.12.21. 이전에 발생한 범죄에 대해서는 종전 공소시효를 적용하고 2007.12.21.부터 발생ㅎ한 범죄에 대해서는 개정된 공소시효를 적용함으로 유의해야한다.

● 단기·장기 기재방법

　피의사실이 한 개인 경우 공소시효 만료일이 단일하므로 공소시효의 단기는 기재하지 않고, 장기에만 공소시효 만료일을 기재한다. 공소시효 만료일은 이를 '명기'해야 하므로 반드시 일자를 특정해서 기재해야 한다.

(1) 절도죄의 범행 일자가 2019. 8. 초순경
　　→초순의 마지막 일자인 2019. 8. 10.을 범행 일자로 간주

공소시효	장기	2026. 8. 9.
	단기	

(2) 절도죄의 범행 일자가 2019. 8. 중순경

    →중순의 마지막 일자인 2019. 8. 20.을 범행 일자로 간주

공소시효	장기	2026. 8. 19.
	단기	

(2) 절도죄의 범행 일자가 2019. 8. 하순경 혹은 2019. 8. 경

    →하순의 마지막 일자인 2019. 8. 31.을 범행 일자로 간주

공소시효	장기	2026. 8. 30.
	단기	

개정 전·후 공소시효 비교

해당 범죄	개정 전	개정 후
사형	15년	25년
무기징역 또는 무기금고	10년	15년
장기 10년 이상 징역 또는 금고	7년	10년
장기 10년 미만 징역 또는 금고	5년	7년
-장기 5년 미만 징역 또는 금고 -장기 10년 이상 자격정지 -(다액 1만 원 이상의 벌금)	3년	5년
장기 5년 이상 자격정지	2년	3년
-장기 5년 미만 자격정지 -(다액 1만 원 미만의 벌금) -구류, 과료, 몰수	1년	1년

제4편 범죄사실 작성요령

Ⅰ. 총설

1. 문장 체제의 개선

한 개의 문장으로 작성되던 범죄사실의 문장 구조를 근본적으로 고쳐 필요한 경우에는 여러 개의 짧고 간결한 문장으로 작성한다.

검사가 작성하는 종전 공소장의 문장을 분석하였던 국어학자는 공소장의 문장이 중세시대에 작성된 고문에서나 볼 수 있었던 문장 작성법에 따라 길게 이어지는 하나의 문장으로 작성되었으며 공소장의 모든 문장 문제는 여기서 발생하는 것이라고 진단하였다. 복잡다단한 행위와 상황으로 이루어진 범행 경과를 기술하면서 한 개의 문장으로 작성하는 원칙을 고수하다보니 무리하게 많은 구절을 연결하고 한 개의 문장 내에 여러 개의 주어, 동사를 섞어 쓰게 되어 많은 문법적 오류를 양산하는 결과를 낳았다. 이러한 문법적 오류는 문장의 내용을 쉽게 한눈에 알아보기 힘들게 하고, 명확한 의미 전달을 방해한다.

새로운 범죄사실 작성 방식에서는 복잡한 범죄사실을 하나의 문장으로 작성하던 관행을 버려 범죄사실의 문장을 알기 쉽게 만드는 동시에 우리 국어 문법에 맞게 작성할 수 있다.

2. 상투적인 시작 및 종결 문구 개선

종전 범죄사실은 첫머리에 '피의자는 ~자인바'라는 문구로 시작하고, '~한 것이다'라는 문구로 끝난다. 이러한 시작 및 종결문구는 다소 권위적으로 비추어질 뿐 아니라 문장을 어색하게 만들며, 일본어 문투의 잔재라는 지적을 받고 있으므로 '피의자는 ~하였다'의 형식으로 개선한다.

이와 같은 시작문구는 범죄사실의 문장을 하나로 작성하면서 등장한 표현으로서 범죄사실의 문장을 나누어 작성하고 현대 국어 어법에 맞는 문장으로 작성하게 되면 존재 근거가 사라진다. 위 종결문구 역시 일본어투의 직역으로 어색할 뿐 아니라 주어가 사람인데 술어가 사물을 나타내는 방식으로 표현되어 국어 문법에 맞지 않으며, 시제에도 어긋나는 표현이므로 '~하였다'로 바꾸어 기재한다.

또한 기존의 범죄사실에서는 시작문구를 사용하다보니 모두사실로 달리 쓸 내용이 없는 경우에도 피의자의 인적 사항란에서 이미 밝히기도 하였고 구성요건 요소도 아닌 직업을 다시 중복하여 모두사실로 기재하는 경우도 많았다. 그러나 새로운 작성방식에 따르면 이러한 경우 다시 직업을 기재하지 않는다.

□ 시작문구와 종결문구의 작성예

[현행 작성 방법]

> 피의자는 2005. 5. 28. 서울중앙지방법원에서 관세법위반죄로 징역 6월을 선고받아 2005. 9. 20. 안양교도소에서 그 형의 집행을 종료하였다.
> 피의자는 2007. 1. 27. 23:10경 ······ 하였다.

3. 현대 국어 어법에 맞는 문장 작성

가. 들여쓰기의 개선 및 행과 문단의 구분

종전에는 범죄사실을 작성할 때 모두사실을 쓰고 난 다음 또는 모두사실이 없는 경우 '피고인은'이라 기재한 다음에 관행상 본문을 들여쓰기 하여 작성하여 왔다. 그러나 이러한 문서의 형태는 현대 국어 문장의 작성 방식에 맞지 않는다. 따라서 새로운 작성방식에서 들여쓰기는 일반 문장 작성에서와 마찬가지로 새로 시작되는 문단의 첫 단어에서만 하면 될 것이다.

또한 모두사실을 적시하고 문장이 끝나지 않았는데도 행을 바꾸어 쓰는 방식 역시 국어의 문장 작성법에도 어긋나므로, 모두사실을 작성하면서 부적절하게 행을 바꾸어 쓰던 방식에서 벗어나 문장을 완결한 다음 새로운 문단으로 구분하면서 행을 바꾸어 쓰기로 한다.

이렇게 하면 범죄사실 첫머리가 문단의 첫줄이 되므로 들여쓰기를 하여 첫머리를 작성하고, 전체 사실로 보아 행위상황이나 생각의 단위가 바뀌면 문단도 바꾸어 새로운 문단으로 문장을 작성하며, 새로이 바뀌는 문단의 첫줄은 들여쓰기를 한다.

□ 들여쓰기와 행의 변경 작성례

[현행 작성 방법]

> 피의자는 2007. 6. 25. 20:00경 서울 중구 봉래동 소재 서울역 대합실에서 술병을 깨뜨리면서 ······ 방해하였다.

□ 문단의 구분 작성례

[현행 작성 방법]

> 피의자는 서울 구로구 구로동 234에 있는 신흥목재주식회사의 기숙사에서 생활하고 있는 회사원이다.
> 피의자는 2007. 4. 29. 07:30경 강원 평창군 봉평면 유포리 산 38의4 소재 임야내 바위에서 담배를 피우다가 그 담배꽁초를 버리려고 하였으므로 담배꽁

초의 불을 완전히 꺼 안전한 곳에 버리는 등의 조치를 취하여 화재의 발생을 미리 막아야 할 주의의무가 있었다.

그럼에도 불구하고, 피의자는 이를 게을리 한 채 담배꽁초의 불을 빈 담배갑에 2~3회 비벼 뭉개는 정도로 완전히 끄지 아니한 채 바위 아래로 집어던지고 그대로 귀가하였다.

위와 같은 과실로 그 무렵 위 담배꽁초에 남아있는 불씨가 주위의 마른 풀에 불이 붙게 하고 그 시경 그 불이 바위 옆에 있던 잡목 등을 거쳐 위 임야의 주인 김상봉 소유 소나무 등에 번지게 하였다.

그리하여 김상봉 소유 35년생 소나무 110주 등 시가 110,000,000원 상당을 모두 태워 이를 소훼하였다.

나. 문장의 주어 등 구성요소 명시

종전 범죄사실에서 피의자의 범죄사실이 여러개일 경우 주어는 각항에 공통된 모두사실의 피의자이므로 항이 바뀌어도 주어를 다시 반복하지 않았으나, 이러한 경우 새로운 작성방식에서는 각 항을 별개의 문장으로 작성하게 되므로 각 문장마다 주어를 명기하여 작성한다.

문맥의 흐름에 따라 피의자 이외의 주어를 사용하는 것도 가능하다. 다만 같은 항을 여러 개의 문장으로 작성할 경우 각 문장마다 주어인 피의자가 바뀌지 않고 주어를 생략하여도 전체 문맥을 명확히 이해할 수 있으면 피의자를 중복하여 기재할 필요가 없다.

☐ 문장을 나누고 문장마다 주어를 명시하는 작성례

[현행 작성 방법]

피의자는 2007. 6. 27. 23:00경 서울 중구 봉래동에 있는 서울역 대합실에서 피해자 김길수가 혼잡한 승객들로 인해 잠시 주의를 소홀히 하고 있는 틈을 타 그에게 접근하였다.

피의자는 피해자의 양복 상의 속으로 오른손을 집어넣어 가지고 있던 면도칼로 그 안 주머니를 찢은 후 동인 소유 현금 300,000원이 들어 있는 지갑 1개 시가 20,000원 상당을 꺼내어가 절취하였다.

4. 부적절한 용어와 문구의 개선

종전 공소장의 문장이 일반 국민들에게 쉽게 이해되기 어려운 이유 중의 하나는 그 용어 때문이다. 공소장에는 기소되는 범죄사실의 특정을 위하여 형법상의 고유한 법률 용어가 사용되거나 일반 용어로 쉽게 대체할 수 없는 특유한 용어가 포함되어 있다. 그리고 일반인들이 거의 사용하지 않고, 국어 학자들이 옳지 않거나 부적절하다고 지적하는 용어나 문구를 실무 법조계에서만 관행적으로 또는 별 의심 없이 사용하는 경우도 적지 않다. 게다가 우리말로 쉽게 바꾸어 표현될 수 있는 한문 투의 문어체와 일본어 투의 표현도 여전히 사용되고 있다.

따라서 이러한 용어나 문구를 개선하여 일반 국민들이 쉽게 이해할 수 있는 우리말로 바꾸어 표현하기로 한다. 우선적으로 검토하여 변경하기로 하는 용어나 문구는 아래의 표와 같다.

□ 구체적인 용어 및 표현 문구 개선 방안

---

1. 법률상 용어는 그대로 사용
■ 법률상 일정한 의미가 부여된 용어이므로 법 개정 이전까지는 원칙적으로 그대로 사용함
○ 절취, 강취, 합동하여, 공동하여, 상습으로, 징역 ○월 등
2. 관용어의 개선
○ 편취한 것이다 → 사람을 기망하여 재물의 교부를 받았다.
또는 재산상 이익을 취득하였다.
○ 갈취한 것이다 → 사람을 공갈하여 재물의 교부를 받았다.
또는 재산상 이익을 취득하였다.
○ 구공판되어 → 구속 기소되어
불구속 기소되어
○ 구약식되어 → 약식명령이 청구되어
○ 공소외 → 사용하지 않음
○ 갈취한 것이다 → 사람을 공갈하여 재물의 교부를 받았다.
또는 재산상 이익을 취득하였다.
○ 구공판되어 → 구속 기소되어
불구속 기소되어
○ 구약식되어 → 약식명령이 청구되어
○ 공소외 → 사용하지 않음
○ 상피의자, 상피고인 → 사용하지 않음
○ (불법) 영득의 의사로 → (자신이) 가질 생각으로
3. 개선 용어
■ 부적절한 용어, 문투, 구문
○ 소재 → ~에 있는
○ 성명 불상 → 성명을 알 수 없는(모르는)
○ 박명불상 → 박 아무개

○ 초순 일자불상경 → 초순경
○ 상호불상 커피숍 → 상호를 알 수 없는 커피숍
○ 그 시경 → 그 무렵, 그 때쯤
○ 금원 → 돈
○ 동인, 동녀 → 피해자 또는 그, 그녀
○ 피고인 ○○○, 같은 ◎◎◎ → 피고인 ○○○, 피고인 ◎◎◎
　　피해자 ○○○, 같은 ◎◎◎ → 피해자 ○○○, 피고인 ◎◎◎
○ 각 절취하고, → 각각 절취하고
○ 반항을 억압한 후 → 반항하지 못하게 한 후
○ 동인을 외포케 한 후 → 피해자에게 겁을 준 후
○ 불응하면 → 응하지 않으면
○ 1매 → 1장
○ 시계 1개 시가 30만 원 상당을 절취하고 (품명, 수량, 시가의 순)
　　→ 시가 30만 원 상당의 시계 1개를 절취하고(시가, 품명, 수량의 순)
○ 귀걸이 1점 등 보석류 5점 시가 합계 200만 원 상당을 절취하고
　　→ 귀걸이 1점 등 시가 합계 200만 원 상당의 보석류 5점을 절취하고
○ ~되어 그 뜻을 이루지 못하고 미수에 그친 것이다 → ~되어 미수에 그쳤다
○ ~하는 등으로(등하여) ~하였다
　　→ ~등 또는 등의 행위를 함으로써 ~하였다
■ 부적절한 어미 사용
○ ~인 바, 한 바, 하였던 바 → ~인데, 하니, 하였더니
○ ~하고(공소사실을 계속 연결시킬 때 사용 어미)
　　→ 하였고 또는 하였다(시제 일치)
○ ~하였으면 ~할 주의의무가 있음에도
　　→ ~하였으므로 또는 '~하였다. 그러므로'
■ 비교적 흔한 조사의 오류
○ ~한 외 → ~한 외에, 외에도
○ ~에 불구하고 → ~에도 불구하고
○ 범죄전력 3회 더 있는 → 범죄전력이 3회 더 있는
○ ~ 운전의 → ~가 운전하던
○ 피해자 ~ 경영의 → 피해자 ~가 경영하는
○ 그곳은 도로로서 → 그곳은 도로로
○ ~의 책임있는 사유로 → ~에게 책임있는 사유로
■ 비교적 흔한 부정확한 문장, 표현
○ 등 수리비 10만 원 상당을 부수어
　　→ 등 수리비가 10만 원이 들 정도로(들도록) 부수어

> ○ 주먹과 발로 마구 때려 → 수먹으로 때리고, 발로 차서
> ○ 불능케 하고 → 불가능하게 하고
> ○ ~로 하여금 ~입게 하고(과실범 표현) → ~에게 ~입게 하고
> ■ 구두점, 문장부호 사용 오류
> ○ "이 자식아" → "이 자식아!"
> ○ 위 가.항에서 → 위 '가'항에서

5. 제목의 적절한 활용

종전 범죄사실에서도 피의자나 죄명이 다수이거나, 범죄사실이 여러 개이고 내용 또는 복잡한 경우에는 개별 범죄사실마다 '1. 가. (1). (가).' 등 항을 나누는 번호를 붙여서 기재하여 왔다. 새로운 작성방식에서는 그 번호와 함께 적절한 제목을 붙여서 작성하여 전체적인 내용을 쉽게 파악하도록 한다.

각 범죄사실은 행위 주체나 죄명 등으로 쉽게 다른 범죄사실과 구분이 가능할 것이므로 행위주체인 피의자 등의 성명이나 죄명 등을 번호와 함께 제목으로 활용한다. 또한 종래의 범죄사실에서 모두사실로 정리하였던 부분 중 피의자의 범죄사실이 간단한 경우에는 별도의 제목을 달지 않고 기재하게 되겠지만, 범죄사실에 기재하여야 하는 범죄전력이 다수이거나 기타의 이유로 범죄사실과 구분을 명확하게 하고자 하는 경우에는 각 범죄사실 마다 제목을 활용하는 것과 마찬가지로 '범죄전력'이라는 제목을 붙인다. '범죄전력'이라는 제목을 사용할 경우에는 범죄사실 체제의 균형상 그 이하의 범죄사실에도 '범죄사실'이라는 제목을 붙인다.

□ 피의자가 여러 명이고 죄명이 각 1개인 작성례(피의자의 이름을 제목으로 활용)
[현행 작성 방법]

> 1. 피의자 하대근
>   피의자는 2007. 2. 9. 10:00경 강원 평창군 봉평면 유포리 산 38의4 피해자 김상길 소유의 임야에서 ‥‥‥ 절취하였다.
> 2. 피의자 장길수는
>   피의자는 2007. 2. 9. 12:00경 강원 평창군 진부면 하진부리 55 피의자가 운영하는 "동명 목재소"에서 ‥‥‥ 하여 장물을 취득하였다.

□ 피고인은 1명이고, 죄명이 여러 개인 작성례(죄명을 제목으로 활용)

[현행 작성 방법]

---

1. 상습절도

 가. 2007. 2. 9. 10:00경 강원 평창군 봉평면 유포리 산 38의4 피해자 김상길 소유 임야에서 ······ 이를 절취하였다.

 나. 같은 해 5. 7. 23:30경 위와 같은 곳에서 같은 방법으로 ··· 이를 절취하였다.

이로써 피의자는 2회에 걸쳐 상습으로 타인의 물건을 절취하였다.

2. 철도법위반

 피의자는 2007. 5. 8. 00:00경 서울 중구 봉래동 소재 서울역 대합실에서 ···· 폭행을 가하였다.

□ 피고인이 여러 명, 죄명도 여러 개인 작성례(각 항의 행위 주체인 피의자 이름 과 각 항의 죄명을 제목으로 활용)

[현행 작성 방법]

피의자 김지홍은 ······ 집행을 종료하였다.

1. 피의자들의 공동범행

 가. 폭력행위등처벌에관한법률위반(공동 폭행)

   피의자들은 2007. 4. 6. 15:30경 서울 중구 봉래동 소재 서울역 대합실에서 ··· ··· 폭행하였다.

   이로써 피의자들은 공동하여 피해자를 폭행하였다

 나. 강도상해

   피의자들은 2007. 4. 6. 17:00경 위와 같은 장소에서 ····· 절취하였다. 계속 하여 다른 물건을 물색하던 중 ····· 붙잡히게 되었다. 그러자 체포를 면탈할 목 적으로 ····· 하였다.

이로써 피의자들은 공모하여 피해자 장근혁에게 약 3주간의 치료를 요하는 비골골 절 등의 상해를 가하였다.

2. 피의자 김강현

 가. 상습절도

   (1) 피의자는 2007. 2. 15. 22:00경 ····· 절취하였다.

   (2) 피고인은 2007. 4. 7. 23:30경 ····· 절취하였다.

     이로써 피의자는 2회에 걸쳐 상습으로 타인의 물건을 절취하였다.

 나. 상해

   피의자는 2007. 4. 8. 00:00경 ····· 피해자에게 약 2주간의 치료를 요하는 우안검부좌상 등을 가하였다.

□ 피고인이 여러 명, 죄명도 여러 개이며 모두사실의 범죄전력이 많은 경우의 작성례(범죄전력과 범죄사실을 별개의 제목으로 구분하고, 각 항의 행위 주체인 피고인 이름과 죄명을 제목으로 활용)

[현행 작성 방법]

범죄전력

　　피의자 김지홍은 ······ 집행을 종료하였다.

　　피의자 문정기는 ······ 가석방기간을 경과하였다.

　　피의자 김강현은 ······ 약식명령을 각각 받았다.

범죄사실

1. 피의자 김지홍, 피의자 문정기, 피의자 김강현의 공동 범행

　가. 총포 · 도검 · 화약류등단속법위반

　　　피의자들은 2007. 5. 2. 14:00경 ······ 전자충격기 1대를 ······ 보관하여 이를 소지하였다. 그 때 피의자들은 주소지 관할 경찰서장의 전자충격기 소지 허가를 받지 아니하였다.

　나. 강도예비

　　　피의자들은 2007. 5. 5. 02:00경 ······ 대상자를 물색하기 위해 동정을 살피는 등 강도를 예비하였다.

2. 피의자 김지홍, 피의자 문정기, 피의자 김강현, 피의자 이성남의 공동 범행

　가. 폭력행위등처벌에관한법률위반(공동폭행)

　　　피의자들은 2007. 5. 6. 15:30경 서울 중구 봉래동 소재 서울역 대합실에서 ······ 폭행하였다.

　　　이로써 피의자들은 공동하여 피해자를 폭행하였다.

　나. 피의자들은 2007. 5. 6. 15:30경 위와 같은 장소에서 ······ 절취하였다. 계속하여 다른 물건을 물색하던 중 ······ 붙잡히게 되었다. 그러자 체포를 면탈할 목적으로 ······ 하였다.

　　　이로써 피의자들은 공모하여 피해자 장근혁에게 약 3주간의 치료를 요하는 비골 골절 등의 상해를 가하였다.

3. 피의자 김강현

　가. 상습절도

　(1) 피의자는 2007. 2. 15. 22:00경 ······ 절취하였다.

　(2) 피의자는 2007. 5. 7. 23:30경 ······ 절취하였다.

　　　이로써 피의자는 2회에 걸쳐 상습으로 타인의 재물을 절취하였다.

　나. 상해

　　　피의자는 2007. 5. 8. 00:00경 ······ 피해자에게 약 2주간의 치료를 요하는 우안검부좌상 등을 가하였다.

종전의 모두사실 중 전과사실을 별도의 제목을 달아 기재하는 경우, 전과 이외의 직업이나 신분 등을 새로운 방식에서는 어떻게 기재할 것인가? 피의자가 1명이고 범죄사실도 1개인 경우에는 종전과 같이 범죄사실의 앞부분에 문장을 완성하는 형식으로 기재한다. 피의자가 여러 명이거나 범죄사실이 여러 개이고 직업 등이 그 중 어느 한 범죄사실에만 관련되는 경우에는 해당 범죄사실과 같은 항목에서 함께 기재하면서 그 항 범죄사실의 앞부분에 기재하면 될 것이다. 한편 구성요건 요소가 아닌데도 관행적으로 기재하였던 직업은 새로운 공소사실 작성방식에 따르면 기재할 필요가 없다.

<h2 align="center"><<범죄사실의 범죄전력 기재례>></h2>

1) 누범 전과가 있는 경우

[현행 작성 방법1]

● 피의자는 2006. 1. 18. 서울북부지방법원에서 약사법위반죄로 징역 1년 6월(또는 징역 1년 6월의 형)을 선고받아 2007. 4. 6. 안양교도소에서 그 형의 집행을 종료하였다(마쳤다).

[현행 작성 방법2]

● 피의자는 2006. 8. 1. 서울중앙지방법원에서 철도법위반죄로 징역 1년을 선고받고 2007. 7. 2. 영등포교도소에서 그 형의 집행을 마쳤다.

[현행 작성 방법3]

● 피의자는 2006. 10. 21. 서울중앙지방법원에서 수질환경보전법위반으로 징역 1년을 선고받은 후 2006. 12. 24. 특별사면에 의하여 징역 6월로 감형되어 2007. 2. 13. 영등포교도소에서 그 형의 집행을 마쳤다.

2) 집행유예 전과가 있는 경우

[현행 작성 방법1]

● 피의자는 2007. 2. 5. 서울중앙지방법원에서 폐기물관리법위반죄로 징역 3년에 집행유예 5년을 선고받고 2007. 2. 13. 위 판결이 확정되어 현재 그 유예기간 중에 있다.

[현행 작성 방법2]

● 피의자는 2004. 12. 23. 전주지방법원에서 산림법위반죄로 징역 1년에 집행유예 2년을 선고받고, 그 유예기간 중인 2005. 8. 9. 서울중앙지방법원에서 절도죄로 징역 1년을 선고받아 2005. 10. 5. 그 판결이 확정됨으로써 위 집행유예의 선고가 실효되었으며, 2007. 3. 30. 안양교도소에서 위 각 형의 집행을 종료하였다.

[현행 작성 방법3]

● 피의자는 2005. 12. 22. 서울서부지방법원에서 식품위생법위반죄로 징역1년에 집행유예 2년을 선고받아 2005. 12. 30. 위 판결이 확정되었으나, 2006. 8. 16. 위 집행유예의 선고가 취소되어 2007. 2. 27. 안양교도소에서 그 형의 집행을 종료하였다.

3) 가석방된 전과가 있는 경우

[현행 작성 방법1]

● 피의자는 2004. 9. 3. 서울중앙지방법원에서 관세법위반죄로 징역 3년을 선고받고 안양교도소에서 그 형의 집행 중 2006. 10. 20. 가석방되어 2007. 47. 17. 그 가석방기간을 경과하였다.

[현행 작성 방법2]

● 피의자는 2005. 2. 1. 서울중앙지방법원에서 특정범죄가중처벌등에 관한 법률위반(절도)죄로 징역 3년을 선고받고 2005. 2. 9. 위 판결이 확정되어 안양교도소에서 그 형의 집행 중 2007. 4. 3. 가석방되어 그 가석방기간(2007. 12. 24. 형기종료 예정) 중에 있다.

4) 상습범에 해당하는 전과가 있는 경우

[현행 작성 방법1]

● 피의자는 2000. 3. 4. 서울지방검찰청에서 절도죄로 기소유예 처분을 받고, 2001. 1. 6. 서울지방법원 동부지원에서 특수절도죄 등으로 징역 1년에 집행유예 2년을 선고받았다. 그 후 2004. 3. 2. 서울중앙지방법원에서 특정범죄가중처벌등에관한법률위반(철도)죄로 징역 3년을 선고받아 2007. 2. 1. 안양교도소에서 그 형의 집행을 종료하였다.

[현행 작성 방법2]

● 피의자는 2006. 8. 4. 서울동부지방법원에서 특수절도죄로 징역 1년에 집행유예 2년을 선고받고 같은 날 그 판결이 확정되어 현재 그 유예기간 중에 있다. 그 외에도 2000. 3. 7. 서울지방검찰청에서 특수절도죄로 기소유예 처분을, 2001. 6. 7. 수원지방검찰청에서 특수절도죄로 소년보호처분을, 2004. 4. 9. 서울중앙지방검찰청에서 특정범죄가중처벌등에관한법률위반(절도)죄로 소년보호처분을 각각 받았다.

　※ 상습범의 경우에는 범죄전력이 상습성 인정의 중요한 자료가 되므로 실형은 물론 벌금·기소유예·보호처분 전력뿐만 아니라 실효된 형도 모두 기재하는 것이 원칙이다. 다만 피의자에게 수회의 전과가 있고 이를 일일이 기재하는 것이 매우 번잡하게 되는 경우에는 아래와 같이 최근 또는 가장 중요한

전과만을 기재하고 나머지 전과는 간략히 기재하는 것도 무방하다.

[현행 작성 방법3]

● 피의자는 2004. 3. 2. 서울중앙지방법원에서 특정범죄가중처벌등에관한법률위반(절도)죄로 징역 3년을 선고받고 2007. 2. 1. 안양교도소에서 그 형의 집행을 종료한 외에 동종 전과가 5회 더 있다.

[현행 작성 방법4]

● 피의자는 2007. 4. 4. 서울동부지방법원에서 상습절도죄로 징역 1년에 집행유예 2년을 선고받고 2007. 4. 12. 위 판결이 확정되어 현재 그 유예기간 중에 있는 외에 같은 종류의 벌금형 전과가 2회 더 있다.

5) 형법 제37조 후단 경합범의 경우

[현행 작성 방법1]

● 피의자는 2007. 3. 14. 춘천지방법원 속초지원에서 절도죄로 징역1년에 집행유예 2년을 선고받고 2007. 3. 22. 위 판결이 확정되었다.

6) 누범 전과와 형법 제37조 후단 경합범이 혼합된 경우

[현행 작성 방법1]

● 피의자는 2006. 4. 1. 서울중앙지방법원에서 절도죄로 징역 1년을 선고받고 2006. 4. 9. 위 판결이 확정되어 2007. 3. 2. 영등포교도소에서 그 형의 집행을 종료하였다.

6. 숫자와 부호의 표기개선

숫자는 아라비아 숫자를 사용하는 것이 원칙이지만 혼동의 여지를 줄이고 읽기 쉽게 하기 위하여 필요하다고 판단되면 4자리 단위로 한글을 혼용하는 방식도 허용한다. 특히 높은 단위의 금액을 기재할 때 빠르고 쉽게 이해하는데 도움이 될 것이다.

□ 숫자의 기재례(종전 기재방식과 새로이 허용되는 방식)

```
12,345,600 ⇒ 1,234만 5,600원
12,345,678,900 ⇒ 123억 4,567만 8,900원
12,345,678,901,000원 ⇒ 12조 3,456억 7,890만 1,000원
```

숫자 앞에 관행적으로 부가하는 표현도 큰 의미가 없으면 생략하여도 무방하다. 예를 들면 '금 1,000,000원'의 '금' 같은 말은 생략하는 것이 좋다.

km, ㎡, ㎤, kg, ℓ, cal, % 등 각종 단위는 부호 그대로 표기하는 방식도 허용하

되, 필요한 경우에는 한글로도 표기할 수 있도록 한다. 위와 같은 단위는 이미 일반인들에게도 익숙한 것으로 굳이 한글로 풀어서 표기할 실익도 없고 외래어도 아니어서 우리의 맞춤법에도 어긋나지 않기 때문이다. 또한 컴퓨터로 문서를 작성하면 단위 부호를 바로 이용하는 것이 작성에도 편리하다.

□ 각종 단위부호의 기재례(종전 기재방식과 새로이 허용되는 방식)

10킬로미터 ⇒ 10㎞

234제곱(평방)미터 ⇒234㎡

70킬로그램 ⇒ 70㎏

0.14퍼센트 ⇒ 0.14%

■ 감 수 정해룡 ■

□ 동국대학교 경찰행정학과 졸업
□ 경찰청 특수 수사과장
□ 서울지방경찰청 수사형사 과장
□ 경기지방경찰청 2부장
□ 인천지방경찰청 차장
□ 경찰대학 지도부장
□ 서울지방경찰청 수사부장

■ 편 저 신현덕 ■

□ 청주대 법학과 졸업
□ 충청북도 경찰국 수사과
□ 치안본부 수사지도과
□ 서울지방경찰청 형사과(경감)
□ 경찰대학 부설 수사보안연구소 강사
□ 경찰종합학교 강사
□ 서울지방경찰청 수사직무학교 강사
□ 서울지방경찰청 수사부범죄수사연구관

■ 편 저 윤홍희 ■

□ 2010. 2. 천안동남경찰서 형사계장
□ 2011.2. 동대문경찰서 강력계장
　　　　　　(마약수사)
□ 마약예방상담사
□ 금연예방강사
□ 도박예방강사
□ 경찰교육원 강사
□ 국정원대학원 강사
□ 한성대학교 대학원 행정학 박사
□ 한성대학교 국제대학원 마약범죄학 석사

2021년판 검·경 수사권 조정에 의한
범죄경찰 수사규칙

정가 180,000원

2021年 2月 15日 인쇄	
2021年 2月 20日 발행	
감　　수 : 정 해 룡	
편　　저 : 신 현 덕 외	
발 행 인 : 김 현 호	
발 행 처 : 법률미디어	
공 급 처 : 법문 북스	

152-050
서울 구로구 경인로 54길4
TEL : 2636-2911~2,　FAX : 2636-3012
등록 : 1979년 8월 27일 제5-22호
Home : www.lawb.co.kr

▌ISBN 978-89-5755-246-9
▌파본은 교환해 드립니다.
▌이 책의 내용을 무단으로 전재 또는 복제할 경우 저작권법 제136조에 의해 5년
　이하의 징역 또는 5,000만원 이하의 벌금에 처하거나 이를 병과할 수 있습니다.

법률서적 명리학서적 외국어서적 서예·한방서적 등

최고의 인터넷 서점으로

각종 명품서적만을 제공합니다

각종 명품서적과 신간서적도 보시고

법률·한방·서예 등 정보도

얻으실 수 있는

핵심법률서적 종합 사이트

www.lawb.co.kr

(모든 신간서적 특별공급)

대표전화 (02) 2636 - 2911